Dankbar gewidmet

meinen Erziehern:
Mutter, Christoph Martin Wieland,
(Dr. med.) Fritz Euler, (Prof. Dr. med.) Franz Rose
und (Prof. Dr. med.) Peter Pitzen;

meinen Patienten und Mitarbeitern;

und wieder einmal
meiner Bett-, Haus- und Klinik-Frau

INHALT

ZWEITER TEIL: DIE KETZEREI

Ein Wahn, der mich beglückt,
ist eine Wahrheit wert,
die mich zu Boden drückt!

Christoph Martin Wieland
in *Idris und Zenide* (1768)

VORWORT

Diesem Buch habe ich ein geflügeltes Dichterwort von Christoph
Martin Wieland (1733–1813) als Titel und Leitspruch vorangestellt.
Warum? Nicht nur, weil ich eine Ausrede brauche, sondern mehr
noch, weil dieser Dichter als Kämpfer für die Ideale des Humanis-
mus wie wohl kein anderer zum »Mitschuldigen« für die Art und den
Grad meines »Idealismus« wurde. Wielands Werke, insbesondere
seine *Geschichte des Agathon*, gehören zu den »Schrittmachern«
meiner Ideale und Illusionen, meiner erfüllbaren und utopischen
Wunschträume und damit auch meines berufsreformatorischen
»Wahns«.

Dieser Wahn, der mich mit zunehmendem Alter immer mehr beglückt hat, heißt Neuordnung der Pflichten und Rechte im Arzt-
Patient-Verhältnis: *Weg* vom traditionellen Arzt-Patient-Verhältnis von
Herr zu Knecht, von Herrscher zu Untertan eines vielfach inhumanen, auf einen Falscheid, nämlich den »Meineid des Hippokrates« ge-
stützten Gesundheitshilfe-Systems, *hin* zu einer humanen Arzthilfe
nach dem von mir formulierten EUBIOS-Humanitas-Gelöbnis, dessen
Leitsatz lautet: »*Als Patientenarzt aus Liebe verspreche ich, jeden Patienten wie meinen besten Freund zu behandeln – oder gar nicht.*«

Als Wahn muß ich diesen, meinen allergrößten Wunschtraum
wohl oder übel deshalb betrachten, weil wahrlich eine übergroße
Portion Wunschdenken in der Hoffnung steckt, weltweit ein vollkommen neues Selbstverständnis des Arztberufes zu erreichen. Denn
einen Berufskodex nach Art des genannten Gelöbnisses gab es noch
nie und nirgendwo. Auch das ärztliche Sittengesetz des jüdischen
Religionsphilosophen, Gelehrten und Arztes Moses Maimonides
(1135–1204) und das ihm und dem »Gebet des Arztes« des italie-
nischen Arzt-Rabbis Jacob Zahalon nachempfundene »Medizinische
Gebet« von Marcus Herz (1747–1803) lassen einer auf das eigene
Wohl des Arztes ausgerichteten Berufsausübung zu viel Spielraum. In
meiner *Iatreia*, einer in Arbeit befindlichen Schrift nach dem Vorbild

von Platons *Politeia*, seiner Verfassung für den Idealstaat, werde ich das erläutern und begründen. Ich möchte diese *Iatreia*, meinen Vorschlag für ein »Grundgesetz idealer Arzthilfe«, den Staatsregierungen als Entscheidungshilfe für ihre gesundheitspolitischen Gesetzeswerke anbieten. Sie wird eine auf den neuesten Stand gebrachte, ergänzte Fassung meines EUBIOS-Humanitas-Gelöbnisses aus dem Jahre 1990 sein, das in meinem Buch *Der Meineid des Hippokrates* (1992) abgedruckt ist. Es enthält inzwischen vierundzwanzig konkrete Einzelversprechen für ein Arzt-Patient-Verhältnis von Freund zu Freund.

Sollte es zu einer Neuordnung der Pflichten und Rechte nach meinen Vorstellungen kommen, so hätte das traumhafte Folgen für Patienten und Ärzte. Das Ansehen des Arztberufes würde einen noch nie dagewesenen Höhepunkt erreichen. Vor allem würde das wünschenswerte Höchstmaß an Vertrauenswürdigkeit erreicht. Beinahe könnten die Patienten ihrem Arzt blind vertrauen, was sie aber trotzdem nicht tun werden – denn es werden GIMPs sein, **G**ut **I**nformierte **M**itdenkende **P**atienten.

Man muß wohl nicht unbedingt wahnsinnig sein, also medizinisch als Maniker oder Paranoiker eingeordnet werden, wenn man sich in dem, was althochdeutsch »wan« hieß und ursprünglich Hoffnung, Erwartung, Meinung bedeutete, aus unausrottbarem Wunschdenken sehr weit und auch zu weit vorwagt. Da haben sich doch inzwischen eine ganze Menge von Beweisen gegen die böse Unterstellung angesammelt, daß der Wahn und seine Schwestern Illusion und Idealismus immer nur Ausfluß einer Geisteskrankheit sein müßten.

Ich erinnere: Es gibt die geflügelte Volksweisheit »Illusionen sind die Schmetterlinge des Lebens«. Der Schriftsteller Mark Twain rät: »Trenne dich nie von deinen Illusionen. Wenn sie verschwunden sind, wirst du weiter existieren, aber aufgehört haben zu leben.« Ein Utopist kann sich immerhin mit dem englischen Staatsmann und Humanisten Thomas Morus herausreden, der in seinem Buch *Utopia* eine halb scherzhafte Schilderung der idealen, auf Gemeineigentum beruhenden Gesellschaft gegeben und zugleich ein Reformprogramm unter Einschluß aktiver Erlösungstodhilfe entwickelt hat. Und Alphonse de Lamartine behauptet: »Die utopischen Träume sind oft nur vorzeitige Wahrheiten.«

Auch das »Ideal« ist als »konkret gedachtes Hochbild eines Menschen, eines Werkes, eines Verhaltens, eines Zustandes« – so die Definition der *Brockhaus Enzyklopädie* – eine Art Wahn, denn »daß ein Ideal nie völlig erreichbar ist, sondern ständig zu erstreben bleibt, gehört zu seinem Wesen«. Der Dichter Novalis schwärmt: »Idealist sein bedeutet, Kraft haben für andere.« Und der Schriftsteller Victor Hugo läßt hoffen: »Nichts auf der Welt ist so stark wie eine Idee, wenn ihre Zeit gekommen ist.«

Um meine Betrachtungen zum Thema »Wahn« abzuschließen, zitiere ich noch den amerikanischen Schriftsteller Edgar Allan Poe, den bedeutendsten Vertreter der amerikanischen Romantik, dessen Scharfsinn, gepaart mit einem Hang zum Makabren und Phantastischen, sehr gerühmt wurde: »Man behauptet von mir, ich sei wahnsinnig – aber es ist doch die Frage, ob der Wahnsinn nicht die höchste Stufe der Durchgeistigung ist.«

Habe ich mich nun genug herausgeredet?

Meine »Wahn«-Aktivitäten waren in den letzten zwanzig Jahren mit zunehmender Intensität darauf ausgerichtet, das in mehr als zweitausend Jahren anerzogene und gepflegte, weithin patientenfeindliche Selbstverständnis der Ärzte ändern zu helfen – zur Änderung zu drängen, ja zu zwingen. Allein die aus diesem Selbstverständnis erwachsenen außerordentlichen Sonderrechte der Ärzte, Privilegien, wie es sie in keinem anderen Beruf gibt, mußten sich als riesige Hindernisse dem entgegenstellen. Sie betreffen die wichtigste direkte Menschzumensch-Beziehung, nämlich die eines aus Not und Angst nach Hilfe Rufenden zu seinem Helfer.

Nichts ist schlimmer, als es die Nöte und Ängste um Gesundheit und Leben sind. Niemand hat mehr Macht über einen anderen Menschen als der, dem vom Staat offiziell Gesundheit und Leben der Staatsbürger mit dem staatlich verliehenen und geschützten Titel »Arzt« als berufliche Aufgabe übertragen worden sind, So ist es in fast allen Staaten. Kein anderer Mensch ist *mehr* Herr über Leben und Gesundheit und damit »Herr über Leben und Tod« eines einzelnen Menschen als der Arzt. Nur der Arzt hat das Recht zu quälen, zu vergiften, zu verletzen, zu foltern, zu verstümmeln und zu töten. Die Erlaubnis dazu bekommt er durch den »Behandlungs«-Auftrag des potentiellen Opfers, genannt Patient, der sich mit diesem Auftrag auch all dem ausliefert, was als Nebenwirkung auftreten kann, ohne daß dies als schuldhafter Arztfehler (Kunstfehler) gewertet werden muß – auch in krassesten Fällen nicht. Dieser »Behandlungs«-Auftrag bedeutet für etwa 80 Prozent der Patienten, die ja SIMPs – **S**chlecht **I**nformierte **M**edizinblindgläubige **P**atienten – sind, eine ärztliche Pauschalvollmacht. Gefordert wird von der Ärzteschaft nicht ein durch Leistung erworbenes Vertrauen zu einem bestimmten Arzt, sondern ein blindes Vertrauen in die sogenannte ärztliche Kunst, deren gewissenhafte Ausübung nur im Interesse und nur zum Wohle des Patienten angeblich durch den – sogenannten – Eid des Hippokrates gesichert ist.

Keinem anderen Beruf werden von Gesellschaft und Staat Geheimhaltung und Geheimbündelei in vergleichbarem Umfang zugestanden. Sie gibt es sonst nur bei Geheimbünden wie der Mafia.

Die Mafia wird deshalb als verbrecherische Organisation betrachtet, weil sich dieser Geheimbund insbesondere gegen das materielle Privat- und Staatseigentum richtet. Er behauptet, sich auch als Nothelfer zu engagieren, insbesondere der Armen, und tut das wohl auch begrenzt. Aber im Gegensatz zur Ärzteschaft ist es dieser Organisation nicht gelungen, im Volke und bei seinen Gesetzgebern als »ehrenwerte Gesellschaft« zu gelten.

Der »Meineid des Hippokrates«, Schwur einer Priesterkaste zu Verschwiegenheit und zu gegenseitigem Schutz, hat die Ärzteschaft bis heute so gut wie unangreifbar gemacht.

Zu einem echten Problem ist die Macht des Arztes über Gesundheit und Leben durch die Sozialisierung der schulmedizinischen Gesundheitshilfe einerseits und die Fortschritte der Hochtechnik- und Hochchemie-Medizin hin zur Hochrisiko-Arzthilfe andererseits geworden – und dies seit etwa hundert Jahren von Jahrzehnt zu Jahrzehnt mehr. Vor Einführung der Staatsmedizin und der quasistaatlichen Kassenmedizin war niemand gezwungen, sich, wenn er ärztliche Hilfe in Anspruch nahm, damit gleichzeitig den Risiken schulmedizinischer Glaubenswissenschaft mit ihren Falsch- und Irrlehren auszuliefern. Es gab keine Medizinindustrie, welche das Volk aus Eigennutz mit vielfach falschen Gesundheitshilfe-Parolen und gewaltigem propagandistischem Aufwand, auch gestützt auf Wissenschaftsbetrügereien, zum Konsum nötigte. Vor allem aber fehlte das »sozialistische« Geschenk: »Gut leben und faul sein dürfen auf Kosten der Fleißigen!«

Warum gibt es nun Hoffnung, daß mein »Wahn«-Wunsch sich doch bald erfüllt?

Noch nie war die Notwendigkeit zu einer Neuordnung der Pflichten und Rechte im Arzt-Patient-Verhältnis so zwingend wie heute.

Und dieser Zwang wird sich nicht nur von Jahrzehnt zu Jahrzehnt, sondern von Jahr zu Jahr im Gleichschritt mit der Weiterentwicklung von Hochtechnik, Hochchemie und Hochrisiko verstärken.

Max Planck hat einmal gesagt: »Eine neue wissenschaftliche Wahrheit pflegt sich nicht in der Weise durchzusetzen, daß ihre Gegner überzeugt werden und sich als belehrt erklären, sondern vielmehr dadurch, daß die Gegner allmählich aussterben und daß die heranwachsende Generation von vornherein mit der Wahrheit vertraut gemacht ist.« Er meinte sogar, daß es zwei Generationen dauert, weil nicht nur die Lehrer, sondern auch die Schüler gestorben sein müßten.

Bis vor kurzem habe ich trotz meiner Neigung zu Wunschträumen allenfalls zu hoffen gewagt, daß bis zur Neuordnung des Arzt-Patient-Verhältnisses nicht mehr so viel Zeit vergeht, wie Planck es befürchtet. Aber angesichts der geradezu dramatischen Fortschritte von Wissenschaft und Technik und der öffentlichen Information darüber könnte die pseudohippokratische Medizin-Polit-Jurokratie wesentlich früher auf dem Müllhaufen der Geschichte landen. Die Opfer dieses Systems – inzwischen gehört fast jeder dazu – werden es immer weniger hinnehmen, ihre Gesundheit zum Spielball und zur Beute der Mächtigen von heute machen zu lassen. Doch ungeachtet dessen wird mich mein »Wahn« auch dann weiter beglücken und für die Neuordnung der Arzt-Patient-Welt weiterkämpfen lassen, wenn ich diese nicht mehr erlebe. Schließlich gibt es ja den Himmel für ein glückliches Weiterleben nach dem Tode. Dieser Himmel heißt: Traumloser Ewigschlaf mit »Fortleben im Andenken der Nachwelt«. Zu diesem Himmelsglauben hat mich mein Jugendidol Wieland bekehrt. Einen anderen Himmel wünsche ich mir gar nicht!

Das mag vorweg genügen, um Titel und Motto dieses Buches zu begründen. Meinem Idol Christoph Martin Wieland wird der Leser in einem späteren Kapitel wiederbegegnen.

Hypomnemata war das Wort des griechischen Philosophen Platon für eine bestimmte Art von Erinnerungsschriften über das eigene Leben. Platon setzte vor das griechische Wort mnemata = Erinnerungen noch ein hypo, hier im homerischen Sinne »hypomnemykisch« = tiefstapelnd, das heißt mit niedergeschlagenen Augen aus Scham, Schüchternheit oder Bescheidenheit. So jedenfalls entnehme ich es meiner Schatzgrube für Wortahnenforschung, dem 120 Jahre alten griechisch-deutschen Lexikon von V. C. F. Rost. Für Eigenlob oder Prahlschriften zur Erinnerung an angebliche Verdienste oder gar

Heldentaten des Schreibers waren Erinnerungen im Sinne von Platon also nicht vorgesehen. Mir liegt daran, daß die Beschreibung meines Lebens als Hypomnemata verstanden wird. Deshalb bitte ich die »geneigte Leserschaft« alles, was nach Eigenlob riecht oder gar nach Prahlerei stinkt, als Selbstironie hinzunehmen oder in jenen Gänsefüßchen zu denken, mit denen man etwa eine bestimmte Sorte von »Freunden« kennzeichnet.

Zu Platons Zeiten waren solche Hypomnemata nur den ganz großen Denkern und Schreibern vorbehalten. Denn Pergament und Schreibzeug waren teuer, die zu erwartende Leserschaft klein und deren Lesewut begrenzt. Im ausgehenden Mittelalter änderte sich das, auch dank Gutenberg.

Die erste Blütezeit der Memoirenschreiberei begann im 17. Jahrhundert. Es wurde Mode, an geheimgebliebene Politschurkereien, höfische Intrigen und schlüpfrige Liebesaffären – wohlgemerkt nur anderer – zu erinnern und dies mit einer großen Portion Selbststreichelei zu garnieren. Das machte viele neugierig. Aber die Zahl der »Autobiographiker« blieb relativ klein.

Inzwischen schreibt jeder Dummkopf seine Memoiren. Namen darf ich – außer meinem – leider nicht nennen. Denn »Dummkopf« wird rechtlich immer als Schmähvokabel eingeordnet. So dumm ist angeblich keiner, daß man seine Dummköpfigkeit beweisen kann, urteilen die Richter. Wenn inzwischen mehr Selbstüberschätzer ihren Lebenslauf niederschreiben (lassen) als Leute, die etwas Nützliches zu berichten hätten, will ich es auch riskieren.

Mein Leben als Arzt ist seit dem sogenannten »Erlanger Professorenkrieg«, spätestens aber seit dem Erscheinen meines Buchs *Auf Messers Schneide*, weitgehend ein öffentliches Leben gewesen. Zum Teil bin ich gegen meinen Willen in die öffentliche Diskussion gezogen worden, meistens aber habe ich sie vorsätzlich gesucht, insbesondere durch meine schriftstellerische Arbeit. Alle meine medizinkritischen Bücher – »wissenschaftliche Bücher in Volkssprache«, wie ich sie nenne – sind unmittelbar aus meiner Arbeit und meinen Kämpfen, meiner Rebellion erwachsen. Sie waren insoweit immer auch autobiographische Bücher. Deshalb ist es nur zwangsläufig, daß manche Gedanken und Vorgänge meiner früheren Bücher in den vorliegenden Erinnerungen erneut ihren Niederschlag finden, wenn auch oft in einem neuen, weiter gespannten Zusammenhang. Mein Leben – jedenfalls das, was ich von ihm in meiner »Selbstlebensbeschreibung« für berichtenswert halte – ist von meiner Arbeit nicht zu trennen, ja, es besteht im wesentlichen daraus.

Natürlich will ich mich mit diesem Buch in ein gutes Licht stellen. Das beginnt man raffinierterweise mit Tiefstapelei. Mein Problem: So tief kann ich gar nicht stapeln, wie mich andere prominente Schreiber schon niedergemacht haben. Ein paar Vokabeln dazu: Nestbeschmutzer, Verräter, Aggressionstriebtäter, Scharlatan, Publicitygeiler, Quacksalber. Mein Glück: Alles Schlimme aus meiner Lebensgeschichte wurde schon publiziert. Ich habe es selbst ausgeplaudert. Auch aus taktischen Gründen. Was beweist, daß Taktik im Umgang mit Journalisten nicht meine Stärke ist. Ich glaubte, es sei klüger, Sünden meines Vorlebens zu beichten, bevor sie ein Journalist aufdeckt. Da gab es ja eine ganze Menge, zumindest aus der Sicht der feinen Gesellschaft. Manches erzähle ich noch mal. Lassen Sie sich bitte überraschen, falls Sie die Schlagzeilen nicht gesammelt haben. Mein taktisches Kalkül jedenfalls scheint eine Fehlrechnung gewesen zu sein.

Meine »Wahn«-Aktivitäten begannen 1963/64 als Rebellion gegen die Medizin-Ordinarien-Hierarchie, mit meinem »Ersten Reformationskrieg«. Ja, ich weiß, eigene Aktivitäten – frei nach Martin Luther – unter dem Ehrentitel »Reformation« einzuordnen, klingt überheblich. Ich meine es nur im Sinne von (lat.) reformatio = Veränderung. Dieser mein Veränderungskampf setzte sich 1968 mit Beginn des »Zweiten Reformationskrieges« fort als Kampf gegen die Hoheit von Bürokraten über die Versorgungsqualität eines Stadtkrankenhauses und 1974 mit dem »Dritten Reformationskrieg« gegen Ärztekammer und Kassenmedizin. Und sie mündete schließlich in ein publizistisches Trommelfeuer gegen unser Arzt- und Gesundheitssystem ab 1976.

Wohlgemerkt habe ich meine Kritik nicht – wie in Medizinerkreisen weithin üblich – aus dem Ruhestandsessel geäußert, sondern während ich mich selbst in Praxis und Klinik an ihr messen lassen mußte. Das gilt bis heute. Außerdem wurde meine Ärzteführerschelte seit Beginn meiner eigenverantwortlichen Tätigkeit im Jahre 1965 immer von Bemühungen begleitet, in der schrittweisen Verbesserung des Arzt-Patient-Verhältnisses mit gutem Beispiel voranzugehen. Das Ergebnis war unter anderem: Eine Klinik für Allgemein- und Unfallchirurgie, zugeschnitten auf den Bedarf einer Kleinstadt und ihres Umkreises auf hohem Niveau, danach eine eigene Praxisklinik mit Schwerpunkt Bewegungssystemchirurgie und weit überdurchschnittlicher Leistungsbilanz, schließlich die Verwirklichung meines Konzepts für ein »Gastliches Krankenhaus ohne Angst für Jedermann« in Form des EUBIOS-Zentrums am Chiemsee und heute des EUBIOS-Zentrums im Gut Spreng mit Medizinischer Versorgung und Patientenhotel in ehelicher Regie.

Wenn man das Ergebnis von Meinungsumfragen liest, könnte man daran zweifeln, daß eine Kritik an unserem Arzt- und Gesundheitssystem berechtigt sei. Auf jeden Fall liegt es nahe, mich für einen notorischen Nörgler aus Unverstand und wider besseres Wissen zu halten. Denn nach wie vor stehen Ärzte auf der obersten Stufe des Reputationstreppchens der Gesellschaft, weit vor allen anderen Bereichen. Dazu gibt es einen hochaktuellen Bericht der *Ärzte-Zeitung* vom 14. Juni 1994. Danach sollen bei einer Umfrage unter AOK-Mitgliedern 85 Prozent der befragten Patienten die ärztliche Betreuung mit den Noten »Sehr gut« und »Gut« bewertet haben. Nach einer IN-FRA-Studie sind angeblich 90 Prozent der Patienten mit der ambulanten Behandlung durch den zuletzt besuchten Arzt zufrieden gewesen. Eine im Auftrag des Berliner Gesundheitssenates durchgeführte Untersuchung soll ergeben haben, daß 80,5 Prozent der Patienten an der ambulanten Versorgung in Berlin »kaum etwas auszusetzen« hatten.

Aber wie zuverlässig sind Meinungsumfragen tatsächlich?

Dazu gibt es ein neues Buch von Heiner Dorroch: *Meinungsmacher-Report. Wie Umfrageergebnisse entstehen* (Steidl Verlag, Göttingen 1994). Laut *Spiegel* vom 27. Juni 1994 erschüttert dieser Bericht des Insiders die Glaubwürdigkeit der Demoskopen: »Schummelei bei der Datenerhebung ist weit verbreitet, viele Umfrageergebnisse sind nachlässig ermittelt, die Zahlen dubios.«

Zur Frage der Zuverlässigkeit von Meinungsumfragen über die Qualität ärztlicher Versorgung hat das Wissenschaftszentrum Berlin kürzlich eine Zufriedenheitsstudie in Auftrag gegeben. Ihr Resultat: »Die Ergebnisse der Zufriedenheitsstudie hängen von der Methodik ab. Sehr allgemein gehaltene Fragen nach der Zufriedenheit mit dem Arzt führen fast immer zu sehr hohen Werten... Oft werden nur oberflächliche Fragen gestellt, die fast automatisch zu positiven Ergebnissen führen... Hohe Zufriedenheitswerte sind daher nicht nur mit der Abwesenheit negativer individueller Erfahrungen und Empfindungen der Patienten gleichzusetzen... So weichen die Ergebnisse einer abstrakten und konkreten Bewertung der gesundheitlichen Versorgung deutlich voneinander ab.

Nachfragen ergaben ein deutlich anderes Bild. Danach waren nur noch 65 Prozent der stationär versorgten Patienten mit der Pflege und 55 Prozent mit der Zuwendung der Ärzte und Schwestern zufrieden. 17,2 Prozent fanden die pflegerische und 25,2 Prozent die ärztliche Zuwendung ›weitestgehend unzureichend‹. Zu ähnlichen Ergebnissen kommen Befragungen im ambulanten Bereich. Bei einer 1982 durchgeführten Befragung waren 85 Prozent mit ihrem Arzt zufrieden, jedoch hatte fast ein Drittel das Gefühl, vom Arzt nicht ausreichend über Entstehung und Verlauf der Krankheit informiert worden zu sein.«

Das Fazit der Studie: »Die vorliegenden Untersuchungen machen leider eher den Eindruck, die Legitimation der gesundheitlichen Versorgung der Bevölkerung soll nicht überprüft, sondern hergestellt werden, indem widersprechende Ergebnisse ignoriert oder durch solche Befragungen positive Antworten ›erzeugt‹ werden.«

Wenn wir Ärzte auf der Reputationstreppe höher gestellt werden als etwa Politiker, Priester oder Juristen, so mag das vielleicht Anlaß sein, über deren Nutzen und Leistung nachzudenken. Das aber als Lob für uns Ärzte zu verstehen, entlockt dem Insider homerisches Gelächter.

Die wahre Qualität einer Arzthilfe kann nur an gesicherten Erkenntnissen und praktikablen Möglichkeiten bester Patientenversorgung gemessen werden, nicht aber am Grad angeblicher Zufriedenheit Schlecht Informierter Medizinblindgläubiger Patienten, den erwähnten SIMPs. Nur gestandene, unbestechliche, ehrliche Insider können ein brauchbares Werturteil abgeben. Dazu rechne ich mich, auch wenn es überheblich klingt. Mein Urteil: Anstand und Leistung der Ärzteschaft sind in der Mehrzahl nicht ausreichend.

Im Sommer 1994 berichteten alle Medien über einen riesigen Ärzteskandal. Fast alle deutschen Herzchirurgen sollen sich an überteuerten Herzklappen direkt oder indirekt bereichert haben. Dies wurde zwar von den Ärzteführern heftig bestritten, vor allem mit der Ausrede, die kassierten Zuschläge dienten hauptsächlich der Forschung. Aus meiner Sicht macht es nur einen scheinbaren Unterschied, ob der Chefarzt zusätzlich abkassierte Gelder aufs eigene Konto überweisen läßt oder auf ein Nebenkonto mit der Bezeichnung »Forschungshilfe«. Denn der Kontobevollmächtigte ist der Chefarzt, meist ein Chirurgie-Ordinarius, und die Forschung dient weit überwiegend seinem höchstpersönlichen Interesse an Geld, Macht, Ruhm und Ehren. Im übrigen herrscht er über einen staatlichen oder quasistaatlichen

Klinikbetrieb, der von der Kassenmedizin und aus Steuergeldern finanziert und subventioniert wird.

Prof. Dr. Ulrich Kleeberg, Chef der Kassenärztlichen Vereinigung von Hamburg, nahm – laut *Ärzte-Zeitung* vom 14. Juni 1994 – die Schelte der Medien wegen des Herzklappenskandals zum Anlaß, um zu klagen: Die Ärzte seien »als Gesamtheit zur Zielscheibe geworden – als ›Beutelschneider‹, ›Großverdiener‹, ›Schmarotzer‹ und ›Diebe‹.« Er sehe »eine wachsende Unzufriedenheit in der Gesellschaft, die sich auf einen Teil ihrer Exponenten, die Ärzte, richte. Der Grund: Enttäuschung über das Nichterreichen des Idealbildes der Ärzte: Altruismus, unermüdlicher Dienst am Nächsten, soziales Engagement und Führung.« Am Pranger stehe das Idealbild des Arztes.

»Die Öffentlichkeit«, so zitiert die *Ärzte-Zeitung* Kleeberg, »...baue jetzt schadenfroh ihr nostalgisches Arztbild ab, schraube aber selbst ihre egoistischen Ansprüche an den Wohlfahrtsstaat immer höher... Die Arztkritik komme von Gesunden, nicht von Kranken, die um jeden noch so kleinen Heilungsschritt bangen.« Das Fazit von Kleeberg: »Die derzeitige Arztschelte ist unverantwortlich.«

Was soll ein von Ärzten gewählter KV-Chef wohl anderes sagen? Wenn er auch nur andeuten würde, daß diese Kritik berechtigt sein könnte, würde er beim nächsten Mal abgewählt. Denn die Mehrzahl der Ärzte ist in ihrem Dünkel, die Größten zu sein, zu jeglicher Selbstkritik unfähig.

Wie entwickelte sich mein reformatorischer Wahn?

Am herrschenden Schulmedizinsystem – und zwar zunächst nur an der Ordinarien-Hierarchie – öffentlich Kritik zu üben, habe ich erstmals kurz nach Beginn des sogenannten »Erlanger Professorenkrieges« zum Jahreswechsel 1963/64 in Erwägung gezogen. Die Bezeichnung »Krieg« mag befremden, aber sie stammt von Journalisten und scheint auch mir den Geschehnissen angemessen.

Gut zwanzig Jahre schulmedizinische Erfahrung gingen voraus. Zwar hat meine innerärztliche Kritik schon mit meiner ersten wissenschaftlichen Veröffentlichung 1947 begonnen und sich seither – bezogen auf fehlerhafte Diagnostik und Therapie – mit zunehmender Erfahrung intern immer mehr erweitert und verstärkt. Aber an meiner grundsätzlichen Schulmedizingläubigkeit hatte sich bis 1963/64 nichts geändert.

Auch danach habe ich in Praxis und Klinik zunächst fast alles weiter so praktiziert, wie es die Lehr- und Handbücher der Schulmedizin vorschreiben. Vieles mache ich heute noch so, vor allem was Operations- und andere Techniken betrifft. Das Andersdenken und Andersmachen entwickelte sich langsam, Schritt für Schritt innerhalb von dreißig Jahren für manches, aber nicht für alles.

In ihrer Gegenkritik haben sich die schulmedizinischen Ärzteführer und Arztkollegen allgemein keine feingesellschaftlichen Hemmungen auferlegt. Da war von »Ehre, Würde und edler Überlieferung« wahrlich nicht viel zu spüren. Ein paar Schimpfwörter habe ich zitiert. Davon ist »Nestbeschmutzer« eines der häufigsten, seit ich medizinkritische Bücher schreibe, aber auch eines der mildesten. Da bin ich anderes gewohnt: »Den sollte man vergiften und aufhängen!« Auf diese kollegiale Wertschätzung hat es kürzlich der Internist Dr. med. H.J.T. zusammenfassend gebracht. Sein Gemeinschaftspraxis-Kompagnon Dr. med. G.W. sei zugegen gewesen und habe beifällig mit dem Kopf genickt, heißt es in dem Brief meines Patienten R.T., den ich wenige Tage nach Beginn der Niederschrift dieses Buches erhielt.

Die Ärzteführer wüßten mich am liebsten längst in einer Irrenanstalt, so wie seinerzeit Ignaz Semmelweis. Einer der prominentesten unter ihnen, Prof. Dr. med. multiplex Gotthard Schettler, hat das 1978 öffentlich gefordert. Aber die Symptome haben wohl nicht ganz ausgereicht, und so laufe ich immer noch frei herum.

Das Schwarze in der Zielscheibe meiner Kritik war von Anfang an nicht die Ärzteschaft allgemein, sondern die Ordinarien-Hierarchie, speziell im Bereich der Chirurgie mit ihrem vielbeschworenen »Höchstmaß an ärztlicher Verantwortlichkeit«. Der Ordinarius einer Chirurgischen Universitätsklinik hat den Generalauftrag »Forschung und Lehre«. Dafür stehen ihm kranke Menschen und gesunde Tiere zur Verfügung. Wie er mit ihnen umgeht, liegt allein in seiner Macht. Eine Kontrolle auf Gut und Böse gibt es de facto nicht. Denn eine Ordinarius-Krähe hackt der anderen kein Auge aus, und Nichtordinarien katzbuckeln, wenn sie überhaupt von einem Gericht als »Sachverständiger« qualifiziert werden. Die Medizinmachthaber auf den Heilgottesthronen mögen einander zwar weithin nicht, aber den anderen Heilgott gutachtlich einer Sünde zu zeihen, wäre Sägen am eigenen Thronsesselbein. Ohne Schuldgutachten eines Ordinarius gibt es weder Untersuchung noch Anklage, noch Schuldspruch eines Gerichts. Und wenn es einmal vorkommt, dann nur, wenn der Ordinariuskollege eklatant gegen die Regeln des Heilgötter-Clubs verstoßen hat.

Hier steckt das Problem für die Untertanen, sowohl als Patienten, als Leidende menschlicher und tierischer Spezies, wie als nachgeordnete Ärzte. Alle sind der Ordinarienwillkür bis ins Extrem ausgeliefert. Patienten auf Leben und Tod, Ärzte auf berufliches Sein oder Nichtsein. Wer als Arzt Widerstand leistet, hat keine Karrierechance. Das muß sich ändern.

Noch einen Grund gibt es für mich, diese Lebensbilanz und Lebensbeichte zu schreiben: Ich will es den »Zwergen an den Hebeln der Macht« schwerer machen, Unwahres, Halbwahres und Irreführendes ins Volk zu posaunen. Pressefreiheit ist etwas Großartiges und Unverzichtbares. Aber zur Freiheit für Lügengeschichten – in jenem Umfange, wie bei mir geschehen – mißbrauchbar und mißbraucht, wird die Pressefreiheit auch zum Ärgernis. Die Regeln unserer Betrugsgesellschaft machen es möglich.

Natürlich würde ich mir wünschen, daß es in der Kollegenschaft eine Bewegung gäbe, welche sich eine Änderung der Berufsordnung hin zu einem Arzt-Patient-Verhältnis nach dem Bestfreundprinzip zum Ziel gesetzt hätte. Sie gibt es nicht. Auch bei den Fortschrittlichsten unter den Ärzten stehen egoistische Interessen – mehr Geld, mehr Freizeit, weniger Schwerarbeit – im Vordergrund.

Selbstverständlich gab und gibt es Ärzte, die ihren Beruf im parazelsischen Sinne als »Patientenarzt aus Liebe« vorbildlich ausgeübt haben und ausüben. Leider verweigern sich aber gerade sie einem medizinpolitischen Engagement. Es ist wie in der Politik sonst: Die Besten konzentrieren sich auf die bestmögliche Berufsarbeit und andere – auch gemeinnützige – Aufgaben, überlassen die Politik aber den Schlechteren. Ausnahmen bestätigen auch diese Regel.

Vielleicht gelingt es mir mit diesem Buch, eine größere Zahl von Kollegen als Mitstreiter zu gewinnen. Ich wünsche es mir sehnlichst, denn von den amtierenden Ärzteführern ist – von zwei Ausnahmen abgesehen – nichts zu erhoffen. Niemand will ein Stück seines Machtbereichs abgeben!

Ich fürchte, daß nur durch Gesetzgebung und Rechtsprechung die längst überfällige Neuordnung von Pflichten und Rechten im Arzt-Patient-Verhältnis erzwungen werden kann. Was die Initiative zu neuen Gesetzen betrifft, so setze ich große Hoffnungen auf den Bundesgesundheitsminister Horst Seehofer. Aber als am wirksamsten dürfte sich die höchstrichterliche Rechtsprechung erweisen. Unsere Richter mögen meine Überzeugung auch zu der ihren machen: Der Gesundheitsgrad eines Volkes ist nur so gut und immer so schlecht, wie ihn seine Richter die Ärzteführer und die Ärzteschaft machen lassen!

Diese Autobiographie ist nicht nur die Lebensgeschichte eines Arztes, sondern auch eine Anklage unseres Rechtsstaates. Wohlgemerkt behaupte ich nicht, daß die Bundesrepublik Deutschland kein Rechtsstaat sei, aber er muß immer wieder an seine Pflichten erinnert werden. Wenn es so wäre, daß mein Mißtrauen gegenüber den staatlich beauftragten Rechtshütern größer wäre als mein Vertrauen, hätte ich nicht in den letzten dreißig Jahren mehr als eine halbe Million Mark verprozessiert. Einige höchstrichterliche Entscheidungen fielen zu meinen Gunsten aus. Es waren, wie in diesem Buch zu lesen sein wird, richtungsweisende Urteile auch zugunsten aller Patienten.

Aber in meinem »rechtlichen Lebensschicksal« steckt doch viel zu viel Unrecht, begangen von Staatsanwälten und Richtern an meinen Patienten, an mir und am Gesundheitswesen allgemein. Deshalb scheint mir dieses Schicksal Grund genug zu sein, über die Unzulänglichkeiten und Lücken unseres Rechtsstaates nachzudenken und daraus Konsequenzen zu ziehen. Um das Fehlverhalten von Staatsanwälten und Richtern zu belegen und glaubhaft zu machen, wurde dieses Buch zwangsläufig in einzelnen Hauptkapiteln auch so etwas wie ein *Weißbuch*. Dabei geht es mir auch um die Rechtfertigung meines Verhaltens, das ja den Verdacht auf Streitlust sehr nahelegt. Bei einem »Aggressionstriebtäter« ist dies natürlich immer im Spiel, aber das macht mir deshalb keine Gewissensbisse, weil ich nie für mich allein gestritten habe, sondern immer auch für andere, immer auch in reformatorischer Absicht.

Platon hat gesagt: »Du begehst selbst Unrecht, wenn du Unrecht nicht bekämpfst!« Und Goethe fordert: »Wer das Recht auf seiner Seite fühlt, muß derb auftreten. Ein höfliches Recht will gar nichts heißen.«

In dieser reformatorischen Absicht schreibe ich auch dieses Buch und hoffe sehr, daß es dazu beiträgt, in unserem Rechtsstaat mehr Gerechtigkeit zu erreichen. Es muß endlich aufhören, daß man die »Patientenärzte aus Liebe« hängt und die Ärzteführer laufen läßt. Ärztliche Straftaten gegen das Privateigentum Gesundheit und Leben jedes einzelnen Staatsbürgers müssen eher stärker verfolgt und bestraft werden als manch andere Straftaten, weil die Gesundheit das wertvollste persönliche Gut ist. Jeden Patienten zu behandeln wie

den besten Freund muß gesetzlich verankerte Arztpflicht werden –
und täglich praktizierte Wirklichkeit.

Schließlich liegt mir daran, darauf hinzuweisen, daß ich im Sinne
von Christoph Martin Wieland ein Humanist sein möchte. Humanitas
ist für mich Ausübung der menschlichen Tugend *Anstand* – also nicht
von »Moral« und »Ethos«, wie die jeweils modischen Unsitten und
Sitten einer Gesellschaft genannt werden. Die Tugend *Anstand* aber
orientiert sich weithin an der Faustregel: »Was du nicht willst, das
man dir tu, das füg auch keinem andern zu!«

Am Schluß meines Vorwortes möchte ich mich, wie es sich gehört,
bei denen bedanken, die mir bei diesem Buch geholfen haben. Dies
waren meine Sekretärinnen Petra Nahiri und Ingrid Hiebl. Sie mußten meine mit Streichungen und Radierspuren garnierten Bleistift-
buchstaben auf kariertem Papier entziffern und in lesbare Buchstaben umsetzen, meine öfters unverständlichen Zwischendiktate auf
Band entschlüsseln und jede maschinengeschriebene Manuskript-
seite mehrfach korrigieren und ergänzen – all dies unter Zeitdruck
und dem Drängen eines zur Ungeduld erzogenen Chirurgen. Die
Leseratte Erika Assmann-Schmitt hat es auf sich genommen, mein
Erzeugnis kritisch auf Schwer- und Mißverständliches durchzusehen
und Überflüssiges zu streichen. Meine Frau mußte mir immer wieder
ewig lange zuhören, wenn ich ihr vorlas, um mich von ihr loben oder
tadeln zu lassen. Mein Autoren-Schutzengel Reinhold Stecher begleitete mich eineinhalb Jahre lang mit Rat und Tat. Und eine wahre
Sisyphusarbeit mußten Lektor und Herstellerin leisten, um das Manuskript auf eine erträgliche Länge zu stutzen und allzu vehemente
Gefühlsausbrüche zu mildern. Ihnen allen danke ich herzlichst!

Bernau am Chiemsee, den 30. Januar 1995

Julius Hackethal

ERSTER TEIL: DIE KARRIERE

Muttersohn
Schwarmgeist
Pépinièrezögling
Chirurgieprofessor

KINDHEIT (1921–1933)

6. NOVEMBER 1921

Mene tekel ufarsin. Gewogen und zu leicht befunden. An den Anfang einer Lebensbeichte gehört ein Bibelspruch.

Als Warnsignal deutete der Prophet Daniel seinem König Belsazar etwas, das eine geheimnisvolle Hand an die Wand des königlichen Saales geschrieben hatte. Zwar stand am 6. November 1921, um sechs Uhr früh, dieses Etwas nicht an der Wand, sondern es lag, fünf Pfund leicht und mit der Nabelschnur um den Hals, blitzblau am Bettende. Aber ein Warnzeichen muß es wohl gewesen sein.

»Dar starbet« – hochdeutsch: »Der stirbt« –, sagte im Nebenzimmer mit meiner Wenigkeit auf dem Arm die Kindsfrau auf Eichsfelder Platt. Nicht leise genug. Mutter schwor, mich, ihren Erstgeborenen, durchzubringen, koste es, was es wolle. Es klappte, wie man weiß. Aus der kleinen Portion wurde innerhalb von siebzig Jahren ein knapp Hundert-Kilo-Schwergewicht.

Das als Gebärstätte dienende elterliche Schlafzimmer lag im Obergeschoß des Wohnteiles von Karls Hof. Urgroßvater Karl (1828 bis 1888) hatte den ehemals Tichmannschen Bauernhof in Reinholterode mit dreihundert Morgen (fünfundsiebzig Hektar) Land für 17000 Thaler gekauft. Weit über hundert Jahre alt waren Haus, Hof und Entbindungszimmer 1921. Es gab weder Wasserleitung noch elektrischen Strom, weder ein Badezimmer noch ein WC im Hause. Das Wasser kam aus einem Brunnen in der Küche, das Licht aus Petroleumlampen. Gebadet wurde, wenn überhaupt, in großen Waschkübeln, und fürs Allzumenschliche gabs ein Plumpsklo mit Herzchentür draußen auf dem Hof.

Die Hebamme wußte schon, daß sie sich die Hände mit Kernseife und Chlorwasser waschen und ihre Nabelschere auf dem Küchenherd auskochen mußte, bevor sie handgreiflich werden durfte. Immerhin war ein Dreivierteljahrhundert vergangen, seit Ignaz Semmelweis am 20. März 1847 die – pardon! – Dreckpfoten der Ärzte als Ursache des Kindbettfiebers angeklagt hatte. So respektlos drückte er es zwar damals nicht aus. Er nannte das, was »an den Händen klebte«, »Verunreinigtwerden durch Cadavertheile«, aber trotz dieser sachlichen Ausdrucksweise bezeichneten ihn die Ärzteführer von damals als »Ungeheuer«, sperrten ihn später in eine Irrenanstalt und brachten ihn dort um.

Ob meine Hebamme Geburtshilfehygiene nach Semmelweis oder uralter Kindsfrautradition gepflegt hat, muß offenbleiben. Kindbettfieber bekam Mutter jedenfalls weder 1921 noch vierzehn Monate später, 1923, nach der Geburt von Hansi im gleichen Gebärzimmer und unter Mitwirkung der gleichen Dorfhebamme.

Einen Arzt als Geburtshelfer wollten sich meine Eltern nicht leisten. Dazu kam es erst zehn Jahre später, beim letzten Sproß der Familie, meinem Bruder Wilbert. Doktor med. Peter S., mein Onkel, Firmpate und Mitverführer zum Arzt, übernahm bei ihm den ärztlichen Beistand. Auch da ging alles gut. Ich erwähne dies vor dem Hintergrund des Entbindungsluxus der heutigen Schulmedizin, der die Geburtshilfe nicht nur unmäßig teuer, sondern auch weit gefährlicher gemacht hat – ausgenommen den Notfall. Zurückzusehnen nach Petroleumlampen und Plumpsklo auf dem Hof braucht man sich deshalb nicht.

In schamloser Neugier habe ich schon vor langer Zeit zurückgerechnet. Am Sonntag, dem 30. Januar 1921, muß es gewesen sein, als Vater Franz und Mutter Clara den Grundstein für ihren Erstgeborenen im selben Zimmer und selben Bett legten, in dem er 280 Tage später das Licht der Welt erblickte. Es war eine Woche nach der Hochzeitsnacht. Für Jungbäuerinnen und Jungbauern war der Sonntagmorgen die Stunde der Liebe, alltags war keine Zeit dafür.

Auch meine Geschwister Doris und Wilbert wurden an einem Sonntag geboren und gezeugt. Nur bei Hansi klappte es mit der Bauernregel nicht. Er verpaßte seine Geburt als Sonntagskind um eine Stunde. Ob sich das nachteilig für ihn ausgewirkt hat, steht in den Sternen.

Karls Hof nannten die Dorfbewohner den Hof, den Urgroßvater Karl um 1864 herum gekauft und danach bewirtschaftet hat. Mein »Opapa«, Karl Anton, hat ihn dann übernommen und in gleicher Größe weitergeführt. Er übertrug ihn 1920 seinem ältesten Sohn Franz, meinem Vater, der damals 28 Jahre alt war. Aus Karls Hof wurde später »Karlshof«. Der Name blieb auch, nachdem er 1928 gänzlich abgebrannt war und neu aufgebaut wurde. An den alten

Karlshof erinnere ich mich nur sehr dunkel, am deutlichsten noch, als er am 24. Juni 1928 in hellen Flammen stand. Doch darüber später.

Karl Heinrich Julius ließ mir Vater als Vornamen ins Taufbuch der katholischen Filialgemeinde und später auch ins Geburtsbuch des Achthundert-Seelen-Dorfes Reinholterode eintragen. Erst die Kirche, dann der Staat – das war uralte Tradition im kargen erzkatholischen Eichsfeld, dort, wo die Welt mit Brettern zugenagelt war.

Der Name Eichsfeld hat seine Wurzel im Althochdeutschen des 7. Jahrhunderts und ist zusammengesetzt aus eich = Eiche und velt = Feld. Zu diesem Land voller Eichen, dem thüringischen Ureichsfeld, später Obereichsfeld genannt, kam das niedersächsische Untereichsfeld hinzu. Als Teilgebiet des preußischen Thüringen wurde das Obereichsfeld im April 1945 Teil der amerikanischen Besatzungszone und im Juli 1945 als Tauschobjekt gegen Westberlin der russischen Besatzungszone zugeschlagen. Dies war der schlimmste Niedergang in der Geschichte des Obereichsfeldes, das nur im Mittelalter als »Fürstentum Eichsfeld« eine kurze Blütezeit erlebt hatte. Sie endete im Dreißigjährigen Krieg. Nur 12 000 Menschen, ein Fünftel der Eichsfelder Einwohner, überlebten. Zur Jahrhundertwende soll es »für die meisten eine Terra incognita« – ein unbekanntes Land – »oder gar ein Gegenstand des Bedauerns oder Schauderns« gewesen sein.

An dem Eichsfeld als »Armenhaus Preußens« änderte sich – bezogen auf das Obereichsfeld – bis zu meiner Geburt (und auch danach bis heute) nichts.

Mein urkundlicher Vorname hat folgenden teils stammesgeschichtlichen, teils geschmacklichen Hintergrund: »Karl« mußte sein, einerseits wegen des Großvaters Karl-Anton, andererseits weil unser »Karl der Große« so hieß, der Hofgründer. »Julius« setzte Mutter durch, um ihren Vater nicht zu kurz kommen zu lassen. Und das Mittelstück »Heinrich« kam dazu, weil mein Erzeuger mir als Rufnamen »Karl Heinz« zugedacht hatte.

»Karl Heinz« ohne Bindestrich steht auf allen meinen Zeugnissen, auf dem Doktordiplom und auf der Urkunde, die mich zum Professor für Chirurgie beförderte. Als »Karl Heinz« bewarb ich mich um die Chefarztstelle des Städtischen Krankenhauses Lauenburg, nachdem mir – dem Verlierer im »Erlanger Professorenkrieg« – als Alternative nur die Flucht nach Ghana geblieben wäre. So blieb es bis zum 21. März 1974.

An diesem Frühlingsanfang stieg ich um auf »Julius«. Ich wollte mit der fristlosen Selbstkündigung meines bis zum fünfundsechzigsten Lebensjahr befristeten Chefarztvertrages auch *nominell* einen Schlußstrich unter eine Leben unzumutbarer Abhängigkeiten setzen!

Den Neugierigen, die den Grund der Namensänderung wissen wollten, erklärte ich mit feierlicher Stimme: »Ich habe jetzt erfahren, daß die Zuhälter in Düsseldorf ›Karlheinzchen‹ genannt werden. Das darf ich mir nicht länger antun, nachdem ja ›Ehre, Würde und edle Überlieferung‹ die heilige Dreifaltigkeit meines ärztlichen Berufes sind.«

Auch mein Nachbar, ein – wie ich – damals am Südpol Schleswig-Holsteins gestrandeter Franzose, war neugierig. Sein Kommentar: »Wissen Sie, wie die procurateurs, die Zuhälter, in Paris heißen? *Jules*!«

Also beschloß ich, Zuhälter der Patienten zu werden – pardon: *procurator patientium!*

MUTTER

Vom Vater hab ich die Statur,
Des Lebens ernstes Führen,
Vom Mütterchen die Frohnatur
Und Lust zu fabulieren.

Goethes vielzitierte Selbstcharakteristik aus seinem Buch *Zahme Xenien* (1823) mag im Miniformat auch auf mich zutreffen, selbst wenn die »bucklige Verwandtschaft« zum Teil behauptet hat, mein Gesicht ähnele dem von Mutter mehr als dem von Vater. So ähnlich waren sich die beiden nicht, wie die Fotos zeigen.

Die Lust zu fabulieren ist wohl sicher nur mütterliches Erbteil. Und zwar zu »fabulieren« in der ursprünglichen Bedeutung von (lat.) fabulari = schwatzen, plaudern, sich unterhalten. Daraus wurde dann »fabula« im Sinne von Gerede der Leute, lockere Redensart, Posse, mythische Sage, Ammenmärchen bis hin zum lustigen Schauspiel, zur Komödie. Fabulator nannte man im alten Rom den Unterhalter zum Zeitvertreib – heute »Entertainer« genannt, auch dann, wenn er nur Langeweile verbreitet.

Ja, Mutter war eine »Fabulatorin«, als »lustiges Haus« stets zu

Späßen aufgelegt. Sie verbreitete eine ansteckende Fröhlichkeit, oft selbstironisch, nie auf Kosten anderer. Ich erinnere mich daran, daß mein Vater, weiß Gott keine »Frohnatur«, immer am lautesten gelacht hat, wenn Mutter ihre Späße machte.

Sie haßte Wichtigtuerei. Wenn jemand versuchte, supergescheit daherzureden, mit Fremdworten, die er selbst nicht verstand, fragte sie ungeniert: »Wie schreiben Sie denn das?« Wir Kinder bekamen sofort eins drübergebraten, wenn wir als Küken klüger sein wollten als die Henne. Mutter konnte aber auch sehr ernst sein. Denn die Lust zu fabulieren schließt ja bekanntlich das Bemühen um Ernsthaftigkeit, wenn's nötig ist, nicht aus. Nur die Humorlosen, also die, vor denen man sich fürchten sollte, behaupten das.

Mutter war ein Sonderexemplar des lieben Gottes. Ich will versuchen, das glaubhaft zu machen, und zwar schön der Reihe nach: Clärchen, urkundlich Clara Katharina, war das Nesthäkchen der Großfamilie von Julius Hackethal und seiner Johanne, beide seßhaft in Duderstadt, einer Kleinstadt im Untereichsfeld, am Vorfuße des Südharzes.

Als Nummer elf der Nachwuchsproduktion meiner fruchtbaren Großeltern war sie vierundzwanzig Jahre jünger als ihre älteste Schwester Sophie. Deshalb mokierten sich ihre ältesten Geschwister, wenn sie vorlaut freche Antworten gab: »Eigentlich müßtest du Tante und Onkel zu uns sagen.«

Clärchen, geboren am Dreikönigstag 1899, war das Geschenk ihrer fünfundvierzigjährigen Mutter an ihren Mann zu dessen neunundvierzigstem Geburtstag. Sie sollte dieser Bestimmung als Feiertagskind immer voll gerecht werden.

Ihre Wiege stand auf dem Pfarrgut zu Duderstadt, dem größten Gutshof am Ort, der 1911 abbrannte. Nach dem Brand war Großvater auf seinen eigenen Hof »Am halben Mond« umgezogen. Beim großen Brand in Duderstadt 1915 hatte es ihn wieder erwischt. Da zog er sich dann auf den Unterhof zurück, den er für seinen Sohn Julius gekauft hatte. Dieser aber wurde ein Opfer der Chirurgen, starb an einer Blinddarmoperation.

Großvater Julius gehörte im wilhelminischen Kaiserreich zu den Honoratioren der Kleinstadt.

Sein Vater Ignaz, der einen Hof in der Haberstraße hatte und als Posthalter die Gespanne lieferte, die die Postkutsche von Duderstadt nach Harzburg zogen, hatte für Großvater Julius dreihundert Morgen

Land gekauft. Dieser übernahm zusätzlich das Pfarrgut von Duderstadt mit vierhundert Tagwerken Pachtland und bewirtschaftete also
bereits als Einundzwanzigjähriger zusammen mit seiner angetrauten
Johanne siebenhundert Morgen. Sie hatten bald 25 Pferde, 50 Kühe,
400 Schafe und 11 Kinder.

Ich habe »Großvater« – im Gegensatz zu »Opapa«, Vaters Vater –
heiß und innig geliebt. Leider starb er schon vor meinem fünften Geburtstag. Aber ich erinnere mich nicht nur an seinen Vollbart, sondern vor allem an sein Reitpferd, auf das er mich setzte, wenn Mutter
die Fünfundzwanzig-Kilometer-Kutschfahrt vom Karlshof zum Unterhof gemacht hatte. Das Gnadenbrotpferd, ein Hannoveraner, mußte
mich im Kreis um einen Apfelbaum herumtragen, an den es mit langer Leine gebunden war, immer und immer wieder. Denn ich sei, behauptete Mutter, unersättlich gewesen.

Ein Drittes ist mir in lebhafter Erinnerung: Großvater Julius war
ein Erfinder – ein urologischer, aus medizinischer Sicht. Er erfand das
Betturinal in Gestalt einer Bettflasche mit Schlauchleitung in den
Nachttopf unter dem Bett. Eine großartige Erfindung aus meiner damaligen Sicht. Denn im eiskalten Winter mußte ich nicht aus dem
molligwarmen Bett auf den kalten Nachttopf, sondern konnte das Allzumenschliche wie er unter der Bettdecke erledigen, wenn ich bei
ihm schlief.

Das mag mein späteres Interesse für die männliche Abwasserlei-
tung und ihre Hindernisse gebahnt haben. Großvater war damals
vierundsiebzig, also sicher ein »blasenschwacher Prostatiker«. Mit
fünfundsiebzig starb er dann leider schon. »An Altersschwäche«, wie
Mutter erzählte. Mag sein, denn wessen Lebenskerze an beiden Seiten brennt wie seine, der altert rascher.

Clärchen wurde nach Strich und Faden verwöhnt. Nach Ansicht
von Psychologen sollen Nesthäkchen faul und bequem, andererseits
aber von besonderem Charme sein, von charismatischer Lebensfreude und ansteckendem Humor.

Da hätten die Psychologen wieder einmal nur zur Hälfte recht.
Denn fleißiger und agiler als Mutter kann keine Frau sein. Schon als
Kind war sie ein Ausbund an Fröhlichkeit und Übermut, als Erwach-
sene dann das, was man eine »Betriebsnudel« nennt.

Ich höre im Geiste noch heute – wie vor sechzig Jahren im Bett
über dem Eßzimmer – die vielstimmigen Kirmes- und Geburtstagsge-
sellschaften in unserem Hause lauthals lachen, wenn Mutter ihre

lockeren Sprüche losließ. Vater war dann immer besonders stolz auf seinen ehelichen Besitz.

Mutters um zwölf Jahre ältere Schwester Hildegard wurde von den gottesfürchtigen katholischen Eltern zum Gottes-Dienst auserkoren, nachdem entgegen der Familientradition keiner der sieben Brüder Kaplan hatte werden wollen. Hildegard avancierte zur Ordensschwester Mater Julia bei den Ursulinen. Als solche nahm sie Clärchen nach dem Besuch der Ursulinenklosterschule zu Duderstadt im Kloster Geisenheim, danach im Ursulineninstitut zu Königstein im Taunus unter ihre studienrätlichen Fittiche.

Dort soll die vorwitzige Quintanerin eines Nachts Brausepulver in den Nachttopf der im Schlafsaal Aufsicht führenden Ordensschwester getan und damit ein nächtliches Brausegewitter entfacht haben. Mater Julia war wohl froh, daß Vater und Mutter ihr übermütiges Clärchen nach dem »Einjährigen« wieder nach Hause holten. Dort pflegte sie dann ihre alt gewordenen Eltern, bis ihr von diesen ein angeblich besonders tüchtiger Landwirt gleichen Familiennamens als künftiger Ehemann auserkoren wurde.

Und das kam so: Seine Eltern besuchten kurz vor Beginn des Ersten Weltkrieges aus gemeinsamem landwirtschaftlichen Interesse ihre Eltern, dies in Begleitung ihres zweiundzwanzigjährigen Ältesten Franz. Er war sieben Jahre älter und Hoferbe des Karlshofes zu Reinholterode auf dem Obereichsfeld. Da ergab es sich, daß Franz dem fünfzehnjährigen Clärchen als Steigbügelhalter beim Aufsitzen auf ihr Pferd helfen durfte. Dabei muß er sich wohl verguckt und auch gedanklich gründlich verhoben haben.

Jedenfalls ließ den künftigen Karlshof-Erben von nun an das blondzopfige Clärchen nicht mehr los. Der Erste Weltkrieg begann, Franz kam zur berittenen Artillerie. Wegen seiner O-Beine, wie es in der Hochzeitszeitung hieß. Denn die Kanonen mußten damals von stämmigen Kaltblutpferden gezogen werden. Vater behauptete allerdings später, die O-Beine seien eine Kriegsbeschädigung, die er erst als Soldat zu Pferde erlitten habe.

Wie auch immer, vielleicht zeigte ihm Clärchen auch deshalb bei seinen hartnäckigen Besuchen auf dem Unterhof die kalte Schulter. Seine rasche Beförderung zum Unteroffizier der Reserve imponierte ihr wohl ebenfalls nicht. Der entscheidende Grund aber: Sie hatte einen anderen, einen »Studierten«, wie man die Akademiker damals nannte. Einen Bauern wollte sie auf keinen Fall. Das sagte sie dem

Franz eines Tages auf dem Rotenberge zwischen dem Ober- und Untereichsfeld unverblümt ins Gesicht. Darauf soll er – laut Hochzeitszeitung – mit tränenfeuchter stockender Stimme gesagt haben: »Hoffentlich wird es dich nicht gereuen!« Ihre erbarmungslose Antwort: »Niemals!«

Weil die Tochter sich distanziert gab, setzte Franz nun sein Pferd auf ihre Eltern. Er umwarb seine Wunschschwiegermutter Johanne mit kleinen Geschenken und meinen späteren Großvater Julius mit Kostproben landwirtschaftlicher Tüchtigkeit. Das Kalkül ging auf: Clärchen heiratete Franz, aus Gehorsam und Liebe zu ihren Eltern.

Hochzeit war am 22. Januar 1921 in Reinholterode. Die Trauung fand in der Dorfkirche statt, einen Steinwurf entfernt vom Karlshof. Als Mitgift brachte Clara 50 000 Goldthaler in die Ehe. Die sollen dem konkursbedrohten Hof aus der ärgsten Patsche geholfen haben. Denn damals ging es den kleinen bis mittelgroßen Bauern in ganz Deutschland, ganz besonders aber auf dem Eichsfeld, ausgesprochen dreckig. Der Pleitegeier schwebte über den meisten Höfen.

Aus dem verwöhnten Nesthäkchen mußte notgedrungen eine zupackende Bauersfrau werden. Meine früheste Erinnerung an sie reicht siebzig Jahre zurück. »Mutter« nannten wir Kinder sie immer. Mit »Mutti«, »Mama« oder gar »Mami« hätten wir uns vor den Dorfbewohnern lächerlich gemacht.

Zwei Jahre etwa muß ich gewesen sein, als ich von ihr den ersten Klaps bekam. Trotz Warnung und Verbots war ich in einem unbewachten Augenblick in den Pferdestall neben dem Wohnhaus gelaufen, angeblich schon recht flink auf den Beinen, nachdem ich bereits mit neun Monaten laufen gelernt hatte, wie Mutter immer stolz erzählte.

Im Stall fand sie mich in fester Umarmung mit dem Elefantenbein eines Ackergauls vom Typ Kaltblut, wie man sie heute viel zu selten noch vor Bierkutschen sieht. Einen Aufschrei habe sie nur mühsam unterdrücken können, so erschrocken sei sie gewesen. Vorsichtig habe sie sich an das linke Hinterbein des tonnenschweren vierbeinigen Bauernknechtes herangeschlichen, das die Ärmchen gar nicht rings umfassen konnten. Dann aber sei es passiert: Sie habe mich gepackt und mir als erstes einen festen Klaps auf das Windelhöschen gegeben, bevor sie mich an ihr Mutterherz drückte.

»Hiebe gibt Liebe.« Es muß wohl mehr als ein Körnchen Wahrheit in dieser Redensart stecken. Denn die meisten Hiebe habe ich von meiner Mutter bekommen – nicht nur ich, sondern alle meine Geschwister. Und sie haben wir alle am meisten geliebt.

Ja, sie war auch eine strenge Mutter. Wenn Ermahnungen und Drohungen nichts nutzten, gab es Schläge. Das bevorzugte Schlagwerkzeug war der Stiel des hölzernen Kochlöffels. »Hände her!« lautete der mütterliche Befehl. Meistens mußte sie ihn mindestens einmal wiederholen, bevor wir ihr schuldbewußt unsere Händchen mit der Fleischseite hinhielten. Patsch! Patsch! Nur selten gelang es, die zweite Hand dem flinken Zuschlag zu entziehen.

Für die Erziehung war in allererster Linie Mutter zuständig. Sicher waren es die Hiebe nicht allein, die mich in meine Mutter so verliebt gemacht haben. Aber mir kann keiner einreden, daß liebevolle Strenge weniger zur Gegenliebe verführt als sogenannte antiautoritäre Erziehung.

»Schade um jeden Schlag, der vorbeigeht!« Mutter hat dies öfter gesagt als Vater, wenn wir uns beschweren wollten. Ich erinnere mich an kein einziges Mal, an dem ich mich ungerecht oder maßlos bestraft gefühlt hätte. Von Mutter nicht, von Vater später öfters schon.

Es gibt keine Frau und niemanden sonst, den ich so geliebt habe wie meine Mutter. Ich gehe noch weiter: Man kann niemanden mehr lieben, als ich meine Mutter geliebt habe. Lange Zeit dachte ich, das sei nichts Besonderes, weil mir auch meine Geschwister nicht die Möglichkeit gaben, bei ihnen anderes zu vermuten. Später erzählte mir dann ein Mitstudent, er habe seine Mutter gehaßt. Danach mochte ich ihn nicht mehr. Aber das soll es ja auch sonst geben!

In besonders starker Erinnerung habe ich Mutters Gutenachtlied. Sie sang es uns, Hansi und mir, bis zu den ersten Volksschuljahren Abend für Abend: »Guten Abend, gut' Nacht. Mit Röslein bedacht, mit Näglein besteckt, schlupf unter die Deck'.« An die weiteren Strophen erinnere ich mich nicht. Aber Mutters Gutenachtlied gehört zu meinen schönsten Kindheitserinnerungen.

Mutter hatte eine wunderbare Stimme, nicht nur für unsere verliebten Kinderohren. Am liebsten wäre sie Sängerin geworden. Das wollte sie mit achtzehn Jahren werden. Aber ihre Eltern hielten »Sängerin« für einen anrüchigen Beruf. Bauersfrau war aus ihrer Sicht sehr viel solider und anständiger. Als Ersatz besang sie für uns später eine Schallplatte, die wir dann so oft abgespielt haben, daß wir sie eines Tages wegwerfen mußten.

Mutter hat sicher mehr als Vater dazu beigetragen, daß ich sehr

viel später dann doch recht fleißig wurde. Im Ohr steckt mir immer
noch ihre halbsprichwörtliche Mahnung: »Tuste was, dann haste was,
und haste was, dann biste was!«

An den Schluß dieser Muttergeschichte gehören vielleicht noch
ein paar Zeilen aus dem Brief, den ich ihr am 6. Januar 1983 im D-Zug
nach Duderstadt kurz vor ihrem Tod geschrieben und später in ihrem
Nachlaß gefunden habe. Hier ist er:

> »Meine liebe, gute Mutter! Ewig junges, altes Mädchen!
> Allerliebster Schatz!
> Vierundachtzig wirst Du heute. Mit zweiundzwanzig hast Du
> mich geboren. Mehr als einundsechzig Jahre unermüdliche Liebe,
> Sorge und Treue für mich. Unermüdlich! Du bist das Ideal einer
> Mutter. Besser und liebevoller geht es nicht. Welch ein Glück für
> mich und alle Deine Kinder, für alle, denn Du warst immer ge-
> recht, hast niemanden bevorzugt oder benachteiligt...
> Kinder sind immer undankbar, gemessen an dem, was Mütter für
> sie tun, jedenfalls Mütter wie Du. Ich habe ein ganz besonders
> schlechtes Gewissen. Wie wenig habe ich mich im Ganzen um
> Dich gekümmert. Es ist eine Schande. Trotzdem hat sich an Dei-
> ner Liebe und Treue zu mir nichts geändert. Nie. Ich danke Dir
> von ganzem Herzen.
> Möge Gott – den es hoffentlich gibt – Dich noch ein paar Jahre
> hier auf dieser Welt lassen. Natürlich nur so lange, wie Du es
> willst...«

Dann folgt etwas, das vor dem Hintergrund dessen, was ich dann bei
ihr fand, wie Hohn klingt:

> »Versprich mir, daß Du keine Tabletten nimmst, die ich nicht aus-
> drücklich empfehle. Die teuersten Medikamente würde ich Dir ho-
> len, wenn sie helfen könnten, Dich frischer und lebensfroher zu
> machen. Leider gibt es sie nicht. Nur dumme Leute glauben, daß
> Pillen immer gut sind. Die weitaus meisten schaden mehr als sie
> helfen.«

Dann erzählte ich noch etwas von meinem neuen häuslichen Glück
mit Li – wir lebten damals noch ohne Trauschein zusammen – und
von meinen Plänen. Und der Schlußsatz lautete:

»Ich möchte, daß Du wieder in Schwung kommst, ewig junges
altes Mädchen! In herzlicher Liebe, Dankbarkeit und Treue
Dein Julius mit Li.«

Das mag vorweg über Mutter genug sein. Es wird immer wieder von
ihr die Rede sein, da es bis zu ihrem Tode 1984 keinen Abschnitt in
meinem Leben gab, in dem sie nicht direkt oder indirekt eine wichtige Rolle gespielt hätte.

VATER

»Meine Kinder sollen es einmal besser haben.« Das hat Vater x-mal zu
Mutter gesagt. Vor der Heirat und in den ersten Jahren danach. Dann
muß er es wohl vergessen haben.

Schon Opapa war streng, allzu streng vielleicht, aber ein solcher
Tyrann wie unser Vater war er nicht!

Ja, ich denke, unser Vater hat die Strenge vor allem bei mir stark
übertrieben. Mir gegenüber wohl deshalb, weil ich der Faulste und
Vorwitzigste von uns vieren war und so gar kein »Bauernblut« in mir
zu haben schien. Vor allem träumte ich ihm zu viel.

Unter »Bauernblut« verstand Vater: Fleißig sein, früh aufstehen,
zupacken statt reden, praktisch denken und handeln, zuverlässig
sein – alles gepaart mit Härte gegen sich selbst und andere, mit Spar-
samkeit bis hin zum Geiz, mit Bauernschläue beim (Ver-)Handeln,
mit einem rein sachlichen Verhältnis zu den Haustieren und anderen
»Tugenden« dieser Art.

Hansi, mein jüngerer Bruder, das einzige Montagskind der Familie, hatte Bauernblut im besten Sinne des Wortes. Er war fleißig und
zuverlässig von Kindheit an, packte zu und redete nicht viel. Er
dachte und handelte praktisch.

Ich dagegen hätte es nie fertiggebracht, einem Hahn mit dem Beil
den Kopf abzuhacken. Er aber konnte und tat das, was nötig war, um
Hühnerfleisch auf den Tisch zu bekommen. Er konnte helfen, wenn
Schweine geschlachtet wurden. Ich lief davon, bevor das Blut spritzte.
Auch deshalb wollte ich nie Chirurg werden, noch bis 1943 nicht.

Hansi war sparsam, ich verschwenderisch. Er konnte verhandeln,
nahm ein mickriges Kaninchen unter den Arm und kam mit einem
stattlichen zurück, ohne Zuzahlung. Ich war zu dämlich dazu.

Zum Bauern war ich also nicht geboren, eher »zu gar nichts Gescheitem«, wie Vater meinte. Trotzdem kann und will ich mein Bauernblut nicht verleugnen. Ganz ohne bäuerliche Zutaten ist es sicher nicht. Leider? Gott sei Dank!

Meine erste Erinnerung an Vater ist positiv. Fünf Jahre etwa war ich alt. In der Heuernte 1927 mußte ich zum erstenmal ein großes Fuder Heu allein nach Haus fahren. Von der knapp einen Kilometer entfernten »Stockwiese« die Landstraße herunter, um zwei scharfe Kurven herum auf den Hof.

Ich lief links neben dem Leitpferd, dessen Zügel ich mit meinem rechten Händchen krampfhaft festhielt. Es war ein riesiges braunes Pferd mit Namen Max. Vater hatte mir den Zügel in die Hand gedrückt und gesagt: »Nun paß auf. Schmeiß das Fuder nicht um!« Max mußte es verstanden haben. Er brachte das Fuder und mich auf den Hof, ohne umzuschmeißen und ohne mir mit seinen Riesenhufen auf die rechte Sandale zu treten.

Schläge hätte ich wohl mit fünf von meinem Zuchtvater noch nicht bekommen, wenn Max die Kurven geschnitten und das Heufuder umgeworfen hätte. Aber ohne drohenden Tadel wäre es wohl nicht abgegangen. So aber wurde ich nach dieser gelungenen Premiere, nach diesem zweifelhaften Frühtest auf bäuerliche Begabung, wie ein kleiner König gefeiert. Vater und alle waren stolz, also mußte ich es wohl auch sein. Obwohl ich fast in die Hose gemacht hätte, aus Angst vor meinem Vater.

Danach gab es fast keinen Grund mehr zu väterlichem Lob. Zumindest erinnere ich mich nicht, und mein Langzeitgedächtnis ist noch recht gut. Mag sein, daß er nach dem Erziehungsgrundsatz seines eigenen Vaters gehandelt hat: »Man muß seine Kinder lieben, sie dürfen es nur nicht merken!«

Geliebt habe ich meinen Vater nicht, aber respektiert. Ich war ihm öfters sehr böse, aber zu Haß ist das Sohn-Vater-Verhältnis nie ausgeartet. Je älter ich wurde, um so mehr überwogen Verständnis und Dankbarkeit in meinen Erinnerungen.

Wenn er *mich* züchtigte, verübelte ich ihm das weniger, als wenn er zu Mutter böse war. Da gab es schreckliche Szenen. So wollte er einmal, als ich als achtzehnjähriger Soldat auf Heimaturlaub war, gegen Mutter handgreiflich werden.

Der Anlaß war ausgerechnet ein gutgemeinter väterlicher Rat für mich. Er wollte, daß ich mich um eine Militärarztlaufbahn bewerbe sollte, nachdem ich schon so »idiotisch« gewesen war, mich als Kriegsfreiwilliger zu melden. Ich opponierte heftig, und Mutter hielt – wie meist – zu mir. Das steigerte sich zu einer primitiven Streiterei mit Schimpfworten und beleidigenden Vorwürfen hin und her, Schließlich wurde es Vater zu bunt. Er rannte Mutter die Treppe hinauf nach und drohte ihr. Ich sprang dazwischen, als die beiden vor unserem Schlafzimmer angekommen waren. Nun drehte er sich zu mir. Ich wich in den gemeinsamen Schlafraum von Hansi und mir zurück. Er holte zum Schlag aus. Da habe ich ihn gepackt und auf mein Bett geworfen. Mehr nicht.

Anschließend flüchtete ich in die Wohnung meiner Omama nebenan und verschloß die Tür von innen. Vater war außer sich. Das hatte er noch nie erlebt. Er tobte.

»Ich schlage die Tür ein, wenn du nicht aufmachst«, wütete der Verlierer des Zweikampfs.

Auch den nächsten Tag verbrachte ich in Omamas Behausung. Mutter versorgte mich reichlich mit Speis und Trank. Ich wälzte mich im Bett, hörte Schlagermusik und träumte. Gewissensbisse hatte ich nicht.

Erst am Morgen darauf kam Mutter und verkündete, Vater habe mir verziehen. Schon lange war uns aufgefallen: Nachts war Mutter stärker als Vater. Früher, vor der Pubertät, hatten Hansi und ich uns das nicht erklären können. Da wunderten wir uns nur, daß der heftigste Vater-Mutter-Streit morgens immer spurlos verflogen war.

Im Doppelbett scheint eine ungeheure friedensstiftende Kraft zu stecken. Es wird Zeit, daß mehr Frauen an die Macht und dann mehr Politiker ins Doppelbett kommen.

Ganz verziehen hat mir Vater diese brachiale Respektlosigkeit wohl nie. Aber der Urlaubsrest verlief ohne Zank. Und am Schluß versprach ich sogar, mich als Militärarzt zu bewerben. Aber davon erzähle ich später.

Vater war ein außerordentlich ehrgeiziger Landwirt. Er übernahm den elterlichen Hof 1922, mit dreißig Jahren, nachdem er eine Landwirtschaftsschule besucht hatte.

Dreihundert Morgen gehörten seit Urgroßvaters Zeiten zum Karlshof. Die hegte und pflegte Vater nach allen Regeln zeitgemäßer Wissenschaft und Technik. Noch mehr am Herzen aber lag ihm die Viehzucht. Es gab einen großen Kuhstall mit zwanzig Milchkühen nebst vielen Rindern, Kälbern und einem Zuchtbullen für die ganze Gemeinde. Auch der Schafstall war gut bestückt mit etwa siebzig Schafen und vielen Lämmern dazu.

Der Schweinestall interessierte ihn weniger. Dort war Mutter mit ihren Mägden zuständig. Die kümmerten sich vor allem um die Muttersauen und ihre Ferkel. Ihr größter Stolz war die Heranmästung von säuischen Schwergewichtlern bis sechs Zentner und mehr. Natürlich gab es auch reichlich Federvieh aller Sorten, ebenfalls im Zuständigkeitsbereich von Mutter und ihren Gehilfinnen.

Die große Bauernliebe Vaters galt seinen Pferden. Speziell waren es Kaltblutrösser, Braunschimmel der belgisch-thüringischen Rasse, halbe Elefanten, die etwa achtzehn Zentner auf die Viehwaage brachten.

Nur ein zartgliedriges Kutsch- und Reitpferd zum Bereiten der Ländereien und zum Reitsport war dabei, meist ein Trakehner reinen Geblütes. Bis 1934 allerdings, bevor es das erste Auto gab, waren es zwei Warmblutstuten für die zweispännige Besuchskutsche.

Kaltblutpferdezüchter Franz Hackethal hatte bei Kriegsende nur Hauptstammbuch- und Staatsprämienstuten im Stall. Einer der Zuchthengste stand weit entfernt, in Beienrode, bei Heinrich Hille, einem Freund von Vater. Dorthin mußten wir die Braunschimmel reiten, wenn Vater sie decken lassen wollte.

Manchmal durfte ich mit. Das war dann im Vergleich zur Feldarbeit reines Vergnügen, gepaart mit sündhafter Neugierde. Denn wir durften auch dabei sein, wenn das Liebesspiel zwischen dem equinen Hochadel seinen Lauf nahm.

Dies präsentierte sich uns als eine geradezu feierliche Handlung im Vergleich zu dem Deckakt zwischen Zuchteber und potentieller Muttersau zu Schweinehirtens Zeiten. Da durften wir auch zuschauen. In meiner frühen Kindheit gab es im Dorf noch einen Schweinehirten, der die Schweine über die Felder trieb und auch den Zuchteber verwahrte. Wenn dieser für schweinischen Nachwuchs sorgen sollte, sperrte er den Lüstling zur Schweinedame und dann gings ruckzuck. Der Schwergewichtler stürzte sich laut grunzend auf sein Sexualopfer und vergewaltigte es. Dies schrie dann wie am Spieß. Wie ein Lustschrei jedenfalls klang es nicht. Aber wer kennt schon die Weiber!

Jedenfalls fiel uns auf, daß es zwischen Pferdemann und Pferdefrau sehr viel liebevoller zuging. Da wurde erst mal zärtlich mit der weichen Pferdeschnute in die Flanke gestupst und der Euterbusen geküßt, begleitet von wohligem Geschnaube beiderseits – vorausgesetzt, die Stute »stand«, war liebesbereit. Immer wieder drückte man das Fell aneinander. Hautimachen nennt man das in Bayern. Dann wurde es intimer, alles mit gehöriger Verzögerung, bis zum erhebenden Finale …

Stute müßte man sein, mag manche Frau beim Zuschauen gedacht haben.

Dem stolzen Pferdezüchter ward manche Ehrung zuteil. 1935/36 mag es gewesen sein, als Franz Hackethal auf einer Kaltblutpferdeschau bei der Zugleistungsprüfung den ersten Preis gewann. Seine Schwergewichtler Max und Pless brachten eine 306-Zentner-Last in Bewegung und über die vorgeschriebene Strecke, wurden damit PS-Landesmeister. Das wiederholte sich.

Auch beim Schönheitswettbewerb trugen seine blitzblank gestriegelten Braunschimmel mit ihren liebevoll geflochtenen Mähnen und modegerechtem Stummelschwanz manchen Miß-Germany-Preis für Pferdinnen in den heimatlichen Stall.

Besondere Verdienste erwarb sich Vater auch als Milchproduzent. Er gründete 1936 die Molkerei in der Kreisstadt Heiligenstadt und leitete sie viele Jahre lang. Damit verbunden war die Organisation der Milchlieferung im ganzen Kreis – von den Reinheitskontrollen in den Ställen über die Messung des Fettgehaltes der Milch bis zum pünktlichen Transport.

Das alles war in der Blütezeit des Karlshofes, etwa von 1935 bis 1945. Da ging es meinen Eltern gut, bescheidene Maßstäbe angelegt.

Von 1922 bis 1925 dagegen ist das Karlshofbauer-Dasein nichts als üble Schinderei gewesen. Ich weiß es vor allem aus den Erzählungen meiner Mutter, wie sie und Vater sich quälen mußten, zunächst, damit der Hof nicht Pleite machte, und später, daß es aufwärts ging. In den ersten Jahren gab es weder fließendes Wasser noch elektrischen Strom, geschweige denn Maschinen. Das meiste mußte mit Händen und Füßen gemacht werden.

Als Handwerkszeug standen zur Verfügung: Pflug und Egge, Sense und Sichel, Hacke und Schaufel, Hammer und Zange, Messer und Säge, Eimer und Wannen, Nägel und Schrauben, Mistgabel und Rechen, Besen und Kehrblech und anderes.

Der Werktag begann im Sommer um vier, im Winter etwas später, und endete erst nach Eintritt der Dunkelheit. Werktag war von Montag bis Samstag. An Sonn- und Feiertagen mußte »nur« das Vieh gefüttert werden. Im Sommer, wenn Regen drohte, gabs Arbeitslizenz von Kirche und Staat, damit die Ernte trocken in die Scheune kam.

Vater war in der Schinderzeit morgens der erste und abends der letzte auf dem Hof.

Diese hoffnungslose Plackerei mag der Grund gewesen sein, daß er bereits im Dezember 1931 in jene Partei eintrat, die sich national-sozialistisch nannte und den Bauern goldene Zeiten versprach: »Blut und Boden« wurden zur Grundlage eines besseren deutschen Vater-landes erklärt. Also nicht nur das »arische« Blut, sondern auch der den Bauern anvertraute Boden.

Vater war also »Alter Parteigenosse« und erhielt diesen »Ehren-titel«, als Adolf Hitler am 30. Januar 1933 an die Macht kam. Damit empfahl er sich als Parteiführer. Er wurde es im Kleinformat als »Stützpunktleiter«. Zu einem höheren Parteirang brachte er es nicht. Nur im »Reichsnährstand« gelangte er als Vize des Kreisbauernfüh-rers innerhalb des Landes Thüringen, zu dem das Obereichsfeld gehörte, zu höheren Ehren.

1935/36 kam es zum ersten Bruch mit den Nazis. Mehrere Dinge waren zusammengekommen. Den Ausschlag gaben wohl Streitereien im Zusammenhang mit »Separation und Flurbereinigung«. So nannte man die Aktion zur Rationalisierung bäuerlicher Betriebe durch Zu-sammenlegung verstreut liegender Flurstücke zu größeren Ländereien, durch Ausbau der Feldwege, Kanalisation von zu feuchten Äckern etc. Da verlor Vater immerhin elf seiner fünfundsiebzig Hek-tar Land, vor allem durch Feldwege, die ins Gemeineigentum über-führt wurden. Zwar pachtete er Land in gleicher Größe dazu, so daß es bei dreihundert Morgen zum Bewirtschaften blieb. Aber er fühlte sich betrogen – zu Recht, wie ihm sehr viel später bestätigt wurde –, und der Streit mit den neuen Machthabern begann.

Zwar machte man ihn sogar zum »Amtsvorsteher«, einem unpoli-tischen Amt zwischen Bürgermeister und Landrat, aber nur für kurze Zeit. Tatsächlich verwaltete Mutter dieses Amt für ihn, denn Schrei-ben war nicht seine Stärke. »Frau Amtsvorsteher« wurde sie respekt-voll genannt, nicht weil sie die Frau des nominellen Amtsinhabers, sondern der wahre Amtsvorsteher war. Mutter mußte auch die Be-schwerdebriefe an Behörden und Parteiführer schreiben. Alles schrieb sie nicht, was ihr der Verbitterte diktierte.

Lange währte auch dieses unpolitische Ehrenamt nicht. Dafür sorgte Kreisleiter Hasselwander, der mächtigste Mann im ganzen

Kreis, weit mächtiger als der Landrat, keinem anderen Gesetz als der
Nazi-Ideologie unterworfen. Dieser demütigte meinen Vater, wo er nur
konnte, entmachtete ihn als Ortsgruppenleiter und Amtsvorsteher. Im
»Reichsnährstand« jedoch behielt mein Vater auf Kreis- und Landes-
ebene bäuerliche Ämter. Da wollte man auf seinen Rat und seine Tat-
kraft nicht verzichten. Auch hatte er im Regierungspräsidenten einen
Fürsprecher. Der besuchte uns von Zeit zu Zeit, im Krieg später wohl
auch deshalb, weil es auf dem Karlshof immer gut zu essen gab.

Das i-Tüpfelchen setzte der Kreisleiter auf seine Demütigungspoli-
tik gegen Vater, indem er mich, den Erstgeborenen, als »Sittenstrolch«
entlarven und von der Schule werfen ließ. Zumindest kann ich mich
damit herausreden.

Mein Rauswurf aus dem Staatlichen Katholischen Gymnasium zu
Heiligenstadt, die größte öffentliche Schande im Leben des Karlshofbauern, ereignete sich am 10. Juni 1937. Von da an titulierte Vater die
Nazis im Familienkreis und hinter vorgehaltener Hand nur noch als
»die Verbrecher«. Das allerdings rettete ihn 1945 nicht davor, seinerseits als »Verbrecher« – nämlich als »Naziverbrecher« – ein schlimmes
Ende zu finden. Aber das ist ebenso wie mein Schulskandal eine Geschichte für später...

FRÜHESTE ERINNERUNGEN

Nur allzu gerne würde ich mich an das erste Halbjahr meines Lebens
erinnern. Denn ein knappes Vierteljahr nur soll ich an Mutters Brü-
sten Lebenskraft und Liebeslust in mich hineingesaugt haben. Dann
wurde ich umgewöhnt auf Mischfütterung, halb mit, halb ohne Bu-
senküssen. Nach einem guten halben Jahr war es dann total aus mit
dem Mutter-Sohn-Ödipussi.

Schuld war wohl Hansi, der sich schon Mitte April 1922, als ich
knapp fünf Monate alt war, in Mutter eingenistet hatte. Da muß einer
von Vaters Hodenschlingeln bis zu dem Mikro-Ei in Mutters Eileiter
per Schraubenantrieb geschwommen und gelandet sein. Mutter erzählte, daß Hansi noch mit einem Jahr das Fußbänkchen selbst for-
dernd vor ihre Füße plaziert hat, auf das sie beim Stillen ihre Füße
stellte, um dem Säugling einen fleischigen Sitzplatz zu bieten.

Meine früheste Erinnerung setzt erst zu Beginn des fünften
Lebensjahres ein. Ich entsinne mich, wie Hansi und ich – es war wohl

Weihnachten 1925 – im steinernen Hausflur vor der »Guten Stube«
standen und auf das Christkind warteten. Mutter ermahnte uns, auf
keinen Fall neugierig durchs Schlüsselloch zu schauen, um das
Christkind zu sehen. Wir würden sonst blind. Ich wollte auf keinen
Fall erblinden, aber Hansi war weniger ängstlich und wagte schließlich den riskanten Blick. Zu unserer Überraschung trat das angedrohte
Ereignis nicht ein. Mutter erklärte das damit, daß das Christkind
schon wieder weg gewesen sei. Das leuchtete uns ein.

Als nächstes erinnere ich mich an die Gruselgeschichten von
»Tante Liesbeth« im nächtlichen Schweinestall. Immer wenn eine
hochschwangere Sau kurz vor der Entbindung war, mußte nächtliche
Wache gehalten werden. Schweinehebamme war Tante Liesbeth S.,
über sechzig Jahre alt, und eine von Mutters treuesten Hofdamen im
Magd-Range. Alle Älteren im Dorf hatten wir mit Tante oder Onkel
anzureden.

So eine schweinische Geburtshilfe dauerte zwei bis vier Stunden.
Die verbrachten wir drei, die Gebärende, Tante Liesbeth und ich, zusammen in einer etwa fünf Quadratmeter großen Box. Die Hebamme
saß auf einem Hocker, ich kauerte auf dem Boden in einer Ecke. Aufgabe der Schweinekindsfrau war mitzuhelfen, falls es bei der Geburt
stockte, bei Bedarf erste Atemhilfe zu leisten und vor allem zu verhindern, daß sich die von der Geburt erschöpfte Ferkelmutter auf eines
ihrer Neugeborenen legte und es erdrückte. Da passen die wohlbe-
leibten Haustiere weniger auf als ihre wildlebenden Artgenossen.

Die lange Wartezeit bis zur Geburt des ersten und während der
Vielgeburt von weiteren acht bis zwölf Ferkeln bot sich zum Erzählen
spannender Geschichten an. Der Vorrat von Tante Liesbeth – nicht
nur aus meiner kindlichen Sicht eine alte weise Frau – war uner-
schöpflich. Meist waren es Gruselgeschichten von Irrlichtern und fin-
steren Gestalten, von Gespenstern in alten Schlössern, von Hölle und
Teufel. Dann drückte ich mich ganz fest in die Ecke, eng gegen die
Steinmauer gelehnt, sicherheitshalber, damit mich niemand von hinten fassen konnte, und zitterte vor Angst und neugieriger Erregung.

Auch erzählte sie von Nostradamus und seiner Prophezeiung, daß
im Jahre 2000 der »Antichrist« an die Macht kommen werde. Und das
gebe ein schreckliches Gemetzel. Sie tröstete mich damit, daß er be-
siegt würde.

Seit mehr als sechzig Jahren denke ich nun an diesen »Antichri-
sten«, wenn die Jahrtausendwende ins Gerede kommt. Vorstellen

konnte ich mir darunter nie etwas Konkretes, aber für mich war es stets der Erzteufel Beelzebub, auch wenn ich jetzt nachlese, daß man sogar Päpste und Kaiser verdächtigt hat, der »Antichrist« zu sein.

Mir scheint, daß meine ständige Lebensbegleiterin, die Angst, eine ihrer Hauptursachen in den Gruselgeschichten von Tante Liesbeth hat. »Angsthase« war das am häufigsten gebrauchte Schimpfwort Hansis, wenn wir Streit hatten. So machte er sich lustig über meine Art, nachts das Scheunentor zu schließen. Das mußte immer abwechselnd einer von uns tun. Das Tor lag am Ende einer tunnelartigen Durchfahrt durch die zwanzig Meter breite Scheune hinter dem großen Innenhof. Dahinter mußten wir im Stockfinstern gehen, mir blieb jedesmal vor Angst beinahe das Herz stehen. Damals habe ich schnell laufen gelernt. Mit hundert Metern in 11,3 Sekunden erreichte ich später als Student meine persönliche Bestzeit.

Hansi hatte keine Angst. Ich habe als Kind, Jugendlicher und Erwachsener immer als erstes unters Bett und in den Schrank geschaut, wenn ich abends vor dem Zubettgehen ein Zimmer betrat, auch das eigene. Nie war jemand drunter oder drin.

Nach dem großen Brand, von dem ich noch erzählen werde, fürchtete ich jede Nacht vor dem Einschlafen, daß neben unserem Schlafzimmer auf dem Heuboden erneut ein Brand ausbräche. Oft bin ich aus dem Bett gesprungen, habe aus dem Fenster geschaut und nach Brandgeruch geschnüffelt.

Noch mehr Angst hatte ich um Mutter. Immer wenn Vater und Mutter von irgendeiner Feier spät in der Nacht noch nicht zurück waren, bekam ich eine Höllenangst, daß Mutter etwas passiert sein könnte. Um Vater fürchtete ich nicht.

Auch heute noch schaue ich zuerst in den Schrank, wenn ich allein ein Hotelzimmer betrete. Nie gehe ich nachts in den Keller ohne eine kleine Ängstlichkeit im Nacken. Aber im großen und ganzen hat sich von Jahrfünft zu Jahrfünft die Angst um meine persönliche Sicherheit mehr und mehr gemildert.

An ihre Stelle trat die Angst um meine Patienten, schon zu meiner Zeit als »Volontärarzt« im Kreiskrankenhaus Eschwege, ab 1946 etwa. Besonders schlimm war es immer in den Nächten vor einem Operationstag. Ab 1952 mag diese Angst dadurch verstärkt worden sein, daß mein zweiter medizinischer Hauptlehrer, (Prof. Dr.) Peter Pitzen, bei jeder Großvisite durch die Orthopädische Universitätsklinik Münster mit lispelnder Stimme mahnte: »Daß mir ja nichts passiert!«

Vor OP-Tagen habe ich in vielen Nächten gebetet. Nie war mir der liebe Gott näher. Mein Angstgebet: »Lieber Gott hilf, daß morgen alles gut geht!«

Seit ich nicht mehr operiere, sondern nur noch »OP-Trainer mit Aktivlizenz auf der Reservebank« bin, das heißt, seit meinem fünfundsechzigsten Geburtstag, haben sich die größten Ängste gegeben. Denn das »Höchstmaß an Verantwortlichkeit« von Menschen überhaupt haben, laut Karl Heinrich Bauer, Chirurgen, die Operateure mit Messer, Schere, Säge und anderem für Leib, Geist und Seele der Patienten gefährlichen Handwerkszeug. Ich höre noch heute seine mächtige Stimme auf dem Chirurgenkongreß von 1952: »Im Höchstmaß an Verantwortlichkeit gipfelt die Sonderstellung des Chirurgen!«

Sicher hat er übertrieben. Es gibt auch andere Berufe mit einem »Höchstmaß an Verantwortlichkeit«. Aber alle dreitausend Chirurgen hat diese Botschaft mit Stolz erfüllt, mich Ehrgeizling ganz besonders. Wie vielen es zur Richtschnur wurde, lassen wir offen.

Immer wieder haben mich Alpträume aus dem Schlaf geschreckt und bei der Nachtschwester anrufen lassen, ob etwas passiert sei und ob es dem Patienten X gut gehe. Heute drehen sich meine Hauptängste um meine Frau, die in meinem Herzen Mutters Rolle übernommen hat. Immer wenn sie sich verspätet, bekomme ich Herzklopfen…

In die Schule kam ich ein Jahr früher als vorgeschrieben, Ostern 1927, mit fünf Jahren. Mutter wollte mich, ihre Nervensäge, los sein, zumindest halbtags. Ich war zu neugierig, fragte ihr angeblich dauernd »ein Loch in den Ärmel«.

Lesen und Schreiben konnte ich schon ein bißchen. Mutter und Omama hatten es mir beigebracht, bevor ich in die Volksschule kam. Jedenfalls soll ich schon im Winter 1927/28 mein erstes Gedicht mit dem Titel »Die Schneeballschlacht« niedergeschrieben haben:

In der Schneeballschlacht
viel Spaß es macht.
Die Bälle fliegen groß und klein,
manchmal auch ins Fenster rein…

An mehr erinnere ich mich nicht, obwohl Mutter mit dem vollen Text tausendmal geprahlt hat.

Die ersten beiden Jahreszeugnisse der »Kleinen Schule« waren voller guter Noten. Der »kleine Schull-Lehrer« (mit zwei l auf Eichsfelder Platt), »Herr« Jeziorek – nicht »Onkel« –, lobte mich wegen meiner »raschen Auffassungsgabe«. Ein bißchen mag bei diesem Lob mit schuld gewesen sein, daß seine Tochter meine Schulfreundin war. Sie war nicht nur das! Marlies Jeziorek, hellblondzopfig, blauäugig, gut gewachsen und pfiffig, wurde zu meiner ersten großen Liebe.

Wir bastelten zusammen im Sandkasten hinter der Lehrerwohnung Figuren und Häuser, machten Wettspringen mit dem Seil, bauten Schneemänner, fuhren Schlitten und Schlittschuh, spielten Hand- und Fußball ohne Regeln. Mehr war nicht.

Gezankt haben wir uns natürlich auch. Manchmal mochte ich sie gar nicht, und zwar wenn ihr die Eiterglockenstränge aus der Nase hingen. Dann roch sie immer so komisch, daß es mich schauderte. Ich rieche es noch heute.

Ich war von Mutter – vielleicht ein wenig übertrieben – zum Ästheten gedrillt worden. So nennt man das heute. Immerhin stammte Mutter ja »aus besserem Hause«, und man hatte ihr im Ursulinenkloster die Manieren der feinen Gesellschaft beigebracht. Die zelebrierte sie mit Lust und Liebe. Auch unserem Vater, der sich anfangs beim Essen mit dem Ellenbogen auf den Tisch fläzte, die Gabel wie eine Mistgabel anfaßte und die Kartoffeln mit dem Messer schnitt, wurde sie zur Lehrmeisterin für gehobene Eßkultur und sittsames Benehmen. Er war ein gelehriger Schüler, später in bester Mittelstandsgesellschaft vorzeigbar.

Naseputzen, bevor es tropfte, Händewaschen mit peinlichem Fingernägelsäubern vor jeder Mahlzeit und zwischendurch, beim Gähnen, Husten und Niesen die Hand vor Mund und Nase halten sowie tausend Anstandsdinge mehr, das war Mutters Erziehung, ausgeübt mit liebevoller Strenge.

Heute sind korrekte Essens- und Umgangsmanieren weithin eine Selbstverständlichkeit. Aber als ich mit elf ins Konvikt, ins Bischöfliche Knabenseminar kam, fraßen die meisten Mitschüler wie die Schweine und mußten Tischsitten erst lernen. Auch später unter meinen Jahrgangskameraden, den Fahnenjunkern im Sanitätskorps, gab es nicht wenige ohne Manieren.

Am 24. Juni 1928 um neun Uhr, in der ersten Schulpause, rief einer meiner Mitschüler: »Bei Hackethals brennt's!« Ich höre es noch heute. *Wir* konnten nicht gemeint sein, denn in der Dorfsprache hießen wir »Karls«, nach dem Rufnamen von Urgroßvater und Großvater. »Hackethals« gab es auch. Die wohnten oben im Dorf, waren mit uns, wenn überhaupt, allenfalls weitläufig verwandt.

Also stürmte ich zusammen mit anderen in Richtung Oberdorf. Aber da brannte nichts. Jetzt sah man schon die Rauchwolken im Mitteldorf. Deshalb stürmten wir in die andere Richtung. Als wir vor dem Karlshof ankamen, schlugen die Flammen zum Himmel, und man konnte schon ahnen, daß das halbe Mitteldorf abbrennen würde.

Der alte Karlshof lag an der Hauptstraße, mitten im Dorf, nicht einmal hundert Meter von der Kirche entfernt. Das Wohnhaus grenzte an den Anger, den ehemaligen Thingplatz, wo früher die Dorfversammlungen und Gerichtsveranstaltungen stattgefunden hatten. Er war so groß wie ein Hallenhandballfeld und mit uralten Linden bepflanzt. Außerdem gab es einen steinernen Tisch und mehrere Bänke aus Stein. Vor dem Anger stand die majestätische Friedenseiche, gepflanzt 1871.

In meiner Kindheit war dieser Anger bereits zweckentfremdet. Vor allem diente er den Kindern zum Spielen – soweit sie durften – und bei der Kirmes, falls das Wetter schön war, auch noch als Tanzplatz.

Für die Flammen war es jedenfalls nicht zu weit bis zum Nachbargebäude, einer kleinen Zigarrenfabrik mit Wohnhaus, danach zum Haus des Dorfschneiders, zur Schule und zur Kirche.

Links vom Karlshof lag Wand an Wand mit dem Nebenhaus für Waschküche und Schweinestall unten, für Fremdenzimmer und Schlafräume oben, ein kleiner Bauernhof, daneben das uralte Schützesche Haus, an dessen Ecksäule noch Kettenstücke des Prangers hingen. An diesen wurden noch bis zur Mitte des neunzehnten Jahrhunderts Übeltäter angebunden, um die vom Dorfrichter verhängte Freiheitsstrafe öffentlich abzubüßen, nicht nur zum Gespött der schaulustigen Dorfjugend.

Alles, alles brannte ab.

Auf dem Heuboden, direkt neben dem Wohnhaus, hatte der Brand begonnen und in der Heuernte reiche Nahrung gefunden. Die Flammen schlugen viele Meter hoch über die Dächer. Ich wollte in den Hof laufen, wurde aber zurückgehalten und mußte auf der Hauptstraße stehenbleiben.

Da sah ich, wie Omama im ersten Stock in Panik alles, was sie in der Wohnung zu fassen bekam, aus dem Fenster warf, egal, ob zerbrechlich oder nicht. Darunter war ein 10-Liter-Steinkrug mit Birnenmus. Omama war mit ihren sechzig Jahren, angesichts der drohenden Vernichtung ihrer restlichen Habe in der Altenteilwohnung, total durchgedreht. Sie rief dauernd: »Rettet! Rettet!«, ließ am Schluß jedoch ihre größte Kostbarkeit zurück: Die Kittelschürze mit vierhundert Reichsmark in bar.

Omama war zu der Zeit, als Opapa noch als Karlshofbauer fungierte, die wichtigste Vorarbeiterin gewesen, auch auf dem Feld. Da schuftete sie dann mit den Knechten, Mägden und Tagelöhnern bis tief in die Dunkelheit hinein. Das wurde selbst meinem fleißigen Opapa zu viel. Also sorgte er eines Abends dafür, daß bei Beginn der Dunkelheit am Horizont ein Gespenst in weißem Gewand erschien. Dieses wedelte mit den Flügelarmen auf und ab und bewegte sich auf die Feldarbeiter zu. Das sah eine Magd und schrie: »Ein Gespenst! Ein Gespenst!« Daraufhin raffte Omama ihren Rock und stürmte allen voran Richtung Karlshof. Danach soll sie mit allem Gesinde immer vor Beginn der Dunkelheit auf dem Hof gewesen sein.

Als erste haben den Brand auf dem Heuboden Hansi und seine gleichaltrige Freundin Ursula entdeckt. Mutter hatte die beiden Fünfjährigen zum Holzholen für den Küchenherd auf den Hof geschickt. Als sie, die Ärmchen voller Holzscheite, auf dem Rückweg waren, sahen sie die meterhohen Flammen über dem Pferdestall, an der Stelle, wo das Heu gestapelt war. Schnell liefen sie in die Küche, lieferten das Holz der Mutter ab und rannten nach draußen. Alarm schlugen sie nicht. Mutter wurde erst durch Brandgeruch und -geräusche alarmiert.

Später hat dann die Kriminalpolizei auch die beiden Holzholer als Brandstifter verdächtigt. Mutter saß dabei, als Hansi verhört wurde. Er erinnert sich: »Immer wieder hat sie mich ermahnt, gib es nicht zu, wenn du es nicht gewesen bist!« Er bestritt es, und Ursula war seine glaubhafte Zeugin.

Als Brandursache wurde schließlich ein Kurzschluß vermutet. Außer Mutter und den beiden Kindern war niemand auf dem Hof gewesen. Alle waren weit draußen auf dem Feld, auch Vater. Also mußte der Verdacht auf Brandstiftung – zum »Aufbrennen«, wie man in Bayern sagt – fallengelassen werden.

Falls es Mutter gewesen wäre, hätte ich es ihr sicher verziehen. Damals brannte es auf dem Eichsfeld alle paar Wochen irgendwo.

Brandversicherungsvater Staat wurde für den – von ihm begonnenen – verlorenen Weltkrieg und seine bösen Folgen in Haftung genommen.

Um elf Uhr stürzte die Kirchturmkuppel mit lautem Getöse auf
den Kirchfriedhof. Auch im Innern der Kirche brannte es, aber Pfarrer
Kullmann hatte alles Bewegliche sofort herausschaffen lassen.

Das Großvieh, Pferde und Kühe, wurde gerettet. Ein paar
Schweine und fast das gesamte Federvieh verbrannten. Für Hansi
und mich war der schmerzlichste Verlust der Tod unseres Hof- und
Jagdhundes Bruno. Sein bevorzugter Schlafplatz war der Heuboden.
Der Hund brannte lichterloh, als er mit letzter Kraft die lange steile
Holztreppe heruntersprang. Wir haben tagelang geheult.

Plötzlich hatten wir keine Wohnung und auch sonst fast nichts
mehr. Ein über hundert Jahre alter Bauernhof, mehr aus Holz und
Lehm als aus Stein, brennt wie eine Fackel. In Minuten fressen die
Flammen halbe Häuser. Die Freiwillige Feuerwehr des Dorfes und
schließlich beinahe des ganzen Obereichsfelds konnten zwar verhindern, daß das ganze Dorf abbrannte, aber vom Karlshof und seiner
Nachbarschaft blieb fast nichts.

Erste Aufnahme fanden wir bei Georg Hepke, dem »Großen
Schull-Lehrer«– im Gegensatz zum »Kleinen«, der die ersten beiden
Klassen unterrichtete. Er war mit Tante Annchen verheiratet, einer
Cousine von Vater. Für uns Kinder war das enge Zusammenleben mit
der Familie unserer Großcousine Ruth und der Großcousins Romi
und Karl-Josef eine abwechslungsreiche Zeit.

Mich verpflanzte man bald nach Ahlen in Westfalen zu Tante
Luzie, Vaters Schwester, mit Onkel Otto und Cousine Annemarie.
Erstmals erlebte ich die Welt einer Stadt. Es war wahnsinnig interes-
sant. Alles war viel größer und moderner als in Heiligenstadt, unserer
Kreisstadt, wohin ich allerdings zu jenem Zeitpunkt auch erst ein
paar Mal mitgenommen worden war.

Meine Verwandten behandelten mich wie den eigenen Sohn, auf
den sie noch warteten. Annemarie war das einzige Kind, zwei Jahre
älter als ich. Ich mochte die Blondzopfige gern, aber verliebt habe ich
mich in diese Cousine nicht, schon deshalb nicht, weil sie ja »viel,
viel älter« war.

In Ahlen besuchte ich die Volksschule in der Klasse meines Onkels
Otto, eines gutmütigen Oberlehrers mit unendlicher Geduld. Mein
neuer Freund Theo K., ein Schusterjunge, lehrte mich die ersten

Streiche: Dauerklingeln an fremden Wohnungen. Man mußte ein angespitztes Streichholz neben den eingedrückten Klingelknopf stecken und ganz schnell davonlaufen. In Reinholterode gab es keine elektrischen Klingeln.

In böser Erinnerung habe ich nur die Besuche bei Kinderarzt Dr. H. in Hamm, einem entfernten Verwandten. Er war ein Sadist. Das Bettnässen wollte er mir austreiben, das hatte er meinen Eltern versprochen. Nie werde ich den leicht abgedunkelten Raum mit dem Elektrisierapparat vergessen. Da wurde ich festgeschnallt und von einer Schwester festgehalten. Dann gab's Stromstöße auf die undichte Blase. Mein Gezeter nutzte nichts. Eine Viertelstunde dauerte die Ewigkeit ohne Gnade.

Ja, er muß ein Sadist gewesen sein, dieser renommierte Kinderarzt. Nichts Herzliches, nur hochnäsige, drohende Mahnworte von Heilgott zu Patientenwürstchen: »Na, pinkelst du immer noch ins Bett? Das werden wir deinem Bläschen schon austreiben!« So ähnlich habe ich in Erinnerung, was mir jener gute Doktor, auf den die ganze Verwandtschaft, einschließlich meiner Eltern, stolz war, mit psychologischem Feingefühl zu sagen hatte. Ich hätte ihn umbringen können.

Grausamer Höhepunkt war eine Operation in Äthernarkose, zu der er mich verurteilte. Ein nicht weniger sadistischer Kollege übernahm die Teilschlachterei in einer Klinik. Angeblich hatte ich Polypen in der Nase und eine zu große Rachenmandel. Meine Eltern mußten es glauben.

Es kam zu meiner ersten Begegnung mit einem Operationsraum. An alle Einzelheiten erinnere ich mich mit Grausen. Aus vielen Lampen strahlte es gleißend hell. Alles glitzerte vor Chrom und Glas und aus eiskalten Augen. Man übergab mich einem Dragoner mit weißgestärktem Sturzhelm in Giebeldachformat. Die Schwester vom heiligen Vincenz Paul setzte sich in einen Operationsstuhl und nahm mich auf ihren beschürzten Schoß.

Dann kam eine fromme Schwesternkollegin und drückte mir etwas aufs Gesicht, die Narkosemaske. Es roch fürchterlich. Ich hustete, riß mich aus den Dragonerfesseln los und stürmte auf den Flur. Alle rannten hinter mir her und fingen mich schließlich ein. So ähnlich muß es im Zuchthaus zugegangen sein, wenn die Wärter einen Ausbrecher bei der Flucht ertappten. Ich weiß nicht, was mir nach der Vergewaltigung zur Teilschlachtung weher getan hat, Nase und Rachen oder die blauen Flecken überall.

Arzt werden wie Onkel Peter – Mutters sehnlichster Wunsch – wollte ich danach nicht mehr. Und das Bettnässen hat mir der sadistische Kinderarzt auch nicht ausgetrieben. Es blieb die größte Schamlast meiner Kindheit!

Mein Seitensprung nach Ahlen dauerte vom Sommer 1928 bis zum Frühjahr 1929. Als das erste Nebengebäude des Karlshofes aufgebaut war, wurde die Familie wieder zusammengeholt. Hansi hatte man auf dem Oberhof in Duderstadt bei Mutters Bruder Johannes einquartiert. Die Eltern wohnten mit Doris, die bei dem großen Brand sechzehn Monate alt war, weiterhin im Dorf bei Hepkes.

Dann begann, was zum Alptraum meiner Kindheit wurde.

Mit Knechten und Mägden aufgewachsen

Zum Karlshofgesinde gehörten zwei bis drei Knechte und ebenso viele Mägde, zahlreiche Tagelöhner – Saisonarbeiter weiblichen und männlichen Geschlechts – und, seit wir fünf Jahre alt waren, wir Kinder.

Unsere Arbeit als Bauernjungen bestand zunächst in Botengängen zum Schmied, zum Stellmacher, zum Tischler, zum Bäcker, zum Krämer, zu den Tagelöhnern und anderen. Der Vorspann für die Botschaften hatte einen unabänderlichen Wortlaut: »Einen schönen Gruß von Vater, Sie möchten bitte …«

Im Gegensatz zu Hansi vergaß ich oft, was ich »bestellen« sollte, oder hatte nicht richtig zugehört und bestellte deshalb etwas Falsches. »Nur Blödsinn hast du im Kopf, hörst nie richtig zu!« schimpfte mein Vater. Mutter nahm mich dann in Schutz. Schließlich sei ich doch noch ein Kind. Das aber ließ er nicht gelten. »Papperlapapp. Ein Kind! In dem Alter mußte ich ganz andere Sachen machen – und wehe, es klappte nicht! Das ist deine Erziehung!«

Mein Gott, wie oft habe ich diesen Vorwurf mitanhören müssen, noch im Urlaub als Soldat: »Das ist deine Erziehung!« Alle meine Unarten – und es gab und gibt viele – wurden Mutter angelastet. Sie sei, hieß es bei den meisten elterlichen Streitereien, einfach »zu gut« zu uns gewesen, speziell zu mir. Dabei zog sie mich keineswegs meinen anderen Geschwistern vor. Aber ich war halt der Vorwitzigste und Faulste. »Superkluger«, »Faulenzer«, »Langschläfer«, »Träumer« – das waren Vaters häufigste Tadelsvokabeln. Und sie stimmten!

Zu den Botengängen kam bald schwerere Arbeit. Diese begann in der Regel wie folgt: Wenn wir aus der Schule kamen, hieß es »Schnell, schnell, zieht eure guten Sachen aus, Vater wartet schon!«. Auf dem Bauernhof mitzuhelfen war noch wichtiger als Schularbeiten zu machen. Wenn wir murrten, sagte Mutter nur: »Ihr hättet eben bei der Wahl eurer Eltern vorsichtiger sein sollen!«

»Ja, Lehrerskind hätte ich werden sollen«, habe ich oft gedacht. Denn sowohl Kleinlehrerstochter Marlies wie Ruth, Romi und Karl-Josef, Onkel Georgs Kinder, durften den ganzen Tag spielen, wenn sie ihre Schularbeiten gemacht hatten. Vater hatte dafür kein Verständnis. Höchstens mal sonn- oder feiertags bekamen wir Spiel- und Sporterlaubnis.

Es gab fast keine Knechtsarbeit auf Hof und Feld, zu der wir nicht auch befohlen wurden. Mein Soll an Spaziergängen habe ich durch Hundert-Kilometer-Märsche hinter der Drillmaschine und beim Pferdeleiten schon in der Kindheit für den Rest des Lebens erfüllt.

Mit der Drillmaschine wurde die Saat in die Erde gebracht. An einem ungefähr zwei Meter breiten Blechtrog hingen etwa ein Dutzend teleskopartig gestaltete Rohre mit »Scharen« an den Enden. Die kleinpflugähnlichen Scharen tauchten in den locker gepflügten und geeggten Ackerboden ein und versenkten die Saat einige Zentimeter tief. Hinter den Lenkrädern marschierten ein Großknecht, davor zwei Pferde in Bierkutschgaulformat und hinter der Drillmaschine ich. Auf den um die hundert Meter langen Feldern ging es etwa fünfzigmal auf und ab. Ich mußte die Schare mit einem kleinen Spaten von verstopfender Erde freimachen und kontrollieren, ob noch genug Saat in der Blechwanne war. Das ging viele Stunden lang, vom frühen Nachmittag bis in die Dämmerung hinein.

Auf dem lockeren Boden lief es sich mit den Sandalen an den nackten Füßen mühsam. Öfters war ich so erschöpft, daß ich mich auf eine der Schare stellte und mich ein Stück mitziehen ließ. Einmal hatte das böse Folgen. Denn als die Saat aufging, entdeckte Vater, daß immer wieder streckenweise eine Saatreihe fehlte. Mein Gott, hat er danach zu Haus »ein Theater« gemacht, wie wir das nannten. Einzelheiten verschweige ich lieber.

Es war ein Lichtblick, wenn Großknecht August die Drillmaschine lenkte. Im Gegensatz zu seinem miesepetrigen älteren Bruder Johannes war der zwischen zwanzig und dreißig Jahre alte August ein Spaßvogel, steckte voller Blödsinn und Münchhausen-Geschichten.

Von ihm hörte ich die ersten schlüpfrigen Witze und Zoten. Sie wurden von Jahr zu Jahr deftiger. Auf einschlägige Zitate seiner Leibsprüche verzichte ich besser.

Noch unangenehmer als der Drillmaschinen-Dauermarsch ist mir das Pferdeleiten zum Verhacken mit dem Pflug im Gedächtnis. Wenn die breiten Saatreihen von Zuckerrüben aufgegangen waren, mußte das Unkraut dazwischen weggepflügt werden. Das geschah mit einem etwa dreißig Zentimeter breiten, flachschürfenden Pflug, vor den ein Kaltblutpferd gespannt war. Dieses mußte am Zügel so geleitet werden, daß es genau in dem schmalen Zwischenraum ging und nicht auf die Pflänzlinge trat. Auf diesen Vielkilometermärschen trat das fleißige Pferd mit seinem eisenbehuften Elefantenfuß auch mal daneben, und wenn ich nicht aufpaßte, mir auf die Sandale. Nur der lockere Boden hat mich wohl vor wiederholten Vorfußbrüchen bewahrt.

Leider war Jugendarbeit zu damaliger Zeit nicht verboten. Im Gegenteil: Sogar Schwerstarbeit von Kindern war erlaubt, weil für die meisten Bauern überlebenswichtig. Sicher hatten sie auch darum früher so viele Kinder.

Ganz schlimm war es in der Erntezeit. Deshalb fürchtete ich mich vor den Sommerferien. Wir arbeiteten sechs Tage in der Woche von sieben Uhr morgens bis neun Uhr abends mit nur kurzen Pausen. Mit der Rapsernte ging es los. Nachts mußte der Raps auf die großen Leiterwagen geladen werden, weil die Schoten am Tag in der Sonne aufgingen.

Ich mußte laden, das heißt, die Rapsbündel vorschriftsmäßig in das fünf Meter lange, oben zweieinhalb Meter breite Leitergerüst packen und dann, Schicht für Schicht, nach außen überstehend, hochstapeln, bis in etwa vier Meter Höhe über dem Erdboden. Mit Weizen- und Haferbündeln machte das sogar manchmal Spaß, weil das Fuderladen eine Art Baukunst war und man sich am Schluß an seinem stattlichen symmetrischen Bauwerk erfreuen konnte.

Aber Rapsstrohbündel waren nicht leicht und weich wie Haferbündel, sondern schwer und hart. Das gab schmerzhafte Striemen, oft blutige Kratzer an allen Hautstellen, die nicht von Turnhemd und Turnhose bedeckt waren, also im Gesicht, an Hals, Schultern, oberer Brust, Armen und Beinen. In der heißen Badewanne am Abend brannte der ganze Körper wie Feuer.

Die einzig schönen Augenblicke während der Erntezeit waren die gemeinsamen Pausen mit Knechten, Mägden und Tagelöhnern, eine

Viertelstunde für Frühstück und Nachmittagskaffee und eine halbe Stunde für die Mittagsmahlzeit. Da aßen und tranken alle gemeinsam, was Mutter an Köstlichkeiten eingepackt und eingefüllt hatte. Es gab riesige Wurst- und Käsebrote mit dick Butter drunter, für Vaters Geiz oft zu dick. Auch Musbrote waren sehr beliebt. Manchmal wurde mittags eine große Milchkanne voll heißer Erbsen-, Linsen- oder Kohlsuppe mit viel Kartoffel- und Fleischstückchen ins Feld gebracht. Zu trinken gab's aus Aluminiumfeldflaschen und mächtigen Steinkrügen: Heiße Milch, weißen Malzkaffee, kalten Tee, Himbeer- und Apfelsaft.

Das alles schmeckte mir damals besser als heute ein Galadiner bei Schuhbeck in seinem Kurhausstüberl am Waginger See oder ein Luxusessen im Trader's Vic in München, bei Winkler in der Residenz Aschau oder ein lockeres Abendessen im Hotel Chiemgauhof bei Ex-Kammersänger Imdahl und auch im Jägerhof Bernau, um unsere beliebtesten Atzplätze zu nennen. Das ist keine Kritik an unseren liebsten Luststätten für den Zungen-Gaumen-Orgasmus, sondern hohes Lob vor dem Hintergrund einer köstlichen Kindheitserinnerung.

GESTOHLENES KINDHEITSGLÜCK

Abgesehen von der Liebe, mit der uns Mutter überschüttet hat, mußten wir uns den Rest an Kindheitsglück meist heimlich, gegen den Willen des Vaters holen, also stehlen. Dafür boten sich die Stunden und Tage an, an denen Vater zu Reichsnährstandssitzungen unterwegs war. Weniger oft kamen wir in den Genuß der totalen Narrenfreiheit, nämlich nur dann, wenn Vater und Mutter gemeinsam »in die Stadt« oder zu Freunden fuhren.

Nie reisten die beiden ab, ohne uns, ihre abenteuerlustigen Söhne, auf Artigkeit zu vergattern. Artig sein, den elterlichen Geboten gehorchen, das wurde uns als wichtigste Sohnespflicht eingeimpft.

Unsere große Leidenschaft war Motorradfahren. Vater hatte sich als ersten Reitpferdersatz für den Weg auf die Felder ein Motorrad der Marke NSU angeschafft. Ein gewaltiges Rädertier aus unserer kindlichen Perspektive.

Ich war acht und Hansi sieben, als wir den ersten verbotenen Fahrversuch machten. Die Maschine mit dem riesigen langgestreckten Tank und der Trompetenhupe konnten wir allein weder vom Ständer heben noch in Ruhestellung halten. Also wandten wir uns an Emil, unseren Schweizer, zuständig für den Kuhstall, speziell für das Melken der zwanzig Milchkühe. Emil war ungefähr fünfundzwanzig Jahre alt und ein Pfundskamerad. Wenn wir der Versuchung, gegen Vaters Befehle oder Verbote zu handeln, nicht widerstehen konnten, gab er uns Tips und half uns sogar öfters.

Emil wollte zunächst nicht, als wir ihn anflehten, uns bei der Jungfernfahrt mit dem heißen Ofen behilflich zu sein. Aber wir bettelten so lange, bis er es doch tat. Erstens mußte er die Maschine vom Ständer herunterbugsieren, zweitens den Startkicker antreten, drittens das Ungetüm halten, bis wir aufgesessen waren, und viertens ein Stück mitlaufen, bis die Maschine genügend Tempo hatte, um nicht umzufallen.

Das erste Mal lief er rings um die »Miste« mit, die Lagerstätte für den wertvollen Dünger, den die vierbeinigen Mägde und Knechte des Hofes produzierten. Diese Miste lag im Zentrum des etwa siebzig Meter langen und vierzig Meter breiten Innenhofs, gleich weit entfernt von den einander gegenüberliegenden Ställen, die ja alle paar Tage »gemistet« werden mußten.

Ich, der Ältere, lenkte, Hansi war Sozius. So drehten wir die Runden um die Miste herum. Schon vom zweiten Mal an brauchte Emil nicht mehr nebenherzulaufen. Wir konnten ihn überzeugen, daß wir fahrtüchtig waren, sobald das Zweirad eine bestimmte Mindestgeschwindigkeit erreicht hatte.

Bei den zwanzig bis dreißig Stundenkilometern – viel mehr kann es ja nicht gewesen sein – befiel uns ein ungeheurer Geschwindigkeits- und Freiheitsrausch. Dazu kam das ohrenbetäubend knallende Auspuffgeräusch, das an den Hofmauern widerhallte. Unsere Herzen wären uns fast davongehüpft.

Nach etwa zehn Runden mußte Emil uns auffangen. Das war abgemacht. Er tat es gekonnt, schob die Maschine an ihren Standort neben dem Schweinestall und bockte sie auf. Da stand sie dann wie die Unschuld vom Lande, und Vater merkte nichts.

Unser selbsterteilter Fahrunterricht auf dem Hof wurde heimlich wiederholt, so oft es ging. Eines Tages durften wir die große Tour wagen, rückwärtig aus dem Hof hinaus auf die hintere Dorfstraße und von dort, Richtung Günterode, weiter die Straße hoch mit dem Ziel »Hohe Straße« als Rennstrecke. Die Hohe Straße lag auf einer An-

höhe. Sie war ein Stück der uralten Verbindungsstraße von Heiligenstadt nach Duderstadt, vom Ober- zum Untereichsfeld.

Unsere Eltern wollten nach dem Mittagessen in die Stadt fahren,
um einzukaufen und sich mit Freunden zu treffen. Es könne spät
werden, informierten sie auch uns. Vor der Abfahrt gab es die üblichen Ermahnungen, dieses Mal mit der besonderen Warnung, uns
auf keinen Fall am Motorrad zu vergreifen; denn einmal schon waren
wir erwischt worden.

»Ich haue euch durch«, drohte Vater wie immer. Mutter flehte uns
an: »Tut mir den Gefallen und laßt das Motorrad stehen. Ihr wißt
doch, was euch blüht!« Wir hörten gesenkten Blondschopfes zu, ver-
sprachen jedoch nichts.

Kaum waren Mutter und Vater außer Sichtweite, stürzten wir uns
auf das Motorrad. Ich war zehn, Hansi neun. Inzwischen brauchten
wir Emil nicht mehr, höchstens zum Schmierestehen, wenn wir nicht
genau wußten, wann Vater zurück sein würde.

Fünf bis zehn Minuten später waren wir auf der Rennstrecke angekommen. Ich lenkte wegen der besseren Windschlüpfrigkeit tief
heruntergeduckt, Hansi lag halb auf meinem Rücken. Der Gashebel
am linken Lenkarm wurde bis zum Anschlag aufgedreht, alles her-
ausgeholt, was der Zweitaktmotor hergab. Wir machten auf der
schlaglöchrigen Straße regelrechte Luftsprünge. Tempo fünfzig mag
es gewesen sein, vielleicht maximal siebzig. So schnell hatte uns
noch nichts durch die Lüfte getragen. Es war der totale Wahnsinn an
Wollust.

Die Rennstrecke hatte eine Länge von etwa zwei Kilometern. Kurz
vor dem Rotenberge gab es eine Straße zum Dorf hinunter, den vom
Feldweg zur Landstraße aufgebesserten Dülkenweg. Es ging stark
bergab. Da kam ich auf die Schnapsidee, Benzin zu sparen, damit
Vater unsere Freveltat nicht am geringeren Tankinhalt entdecken
konnte. Ich schaltete auf Leerlauf, wir duckten uns noch tiefer und
brachten es ohne Motor auf Höchstgeschwindigkeit.

Als wir beinahe unten angekommen waren und die Geschwindigkeit nachzulassen begann, schien es mir an der Zeit, den Motor wieder einzuschalten. Ich legte den ersten Gang ein, nicht wissend, daß
der ja nur zwanzig bis dreißig Kilometer Höchstgeschwindigkeit zu-
ließ. Es gab einen gewaltigen Ruck, das Motorrad schlingerte, war
nicht mehr zu bändigen. Links neben der Straße lag, etwa fünf Meter
tiefer, ein kleiner Teich. Den hatte sich die ausgebrochene NSU als

Ziel ausgesucht, wahrscheinlich weil sie heißgelaufen war. Doch unser Schutzengel griff in letzter Sekunde in den Lenker und riß ihn herum, unmittelbar vor der steilen Uferböschung.

Wir kamen wieder auf die Straße, stürzten nicht einmal. In den Ohren hatten wir noch ein Motorengeräusch jenes Klanges, wie wir uns das Zähneknirschen von Krokodilen vorstellten. Das Ergebnis ließ nicht lange auf sich warten. Vom *Motor*rad war lediglich ein schweres *Fahr*rad ohne Pedale übriggeblieben, nur noch durch Schieben fortzubewegen.

Mein erster Gedanke: »Wären wir doch im Teich gelandet und ertrunken!« Denn was uns nun bevorstand, war sicher schlimmer als das Fegefeuer, in dem wir Sünder ja vor der Hölle zunächst gelandet wären. Ob Vater uns nun doch »totschlagen« würde, wie er uns, vor allem mir, in seinem Jähzorn früher bereits angedroht hatte?

Wir schoben die Unglücksmaschine etwa einen halben Kilometer weiter, direkt zu der einzigen Werkstatt im Dorf, zuständig auch für kleine Motorradwehwehchen. Die Diagnose war – ins Medizinische übersetzt – vernichtend: Herzstillstand durch Kunstfehler. Der verantwortliche Operateur – nicht von (lat.) operire = mit Erde bedecken, begraben, sondern von (lat.) operari = tätig sein, hier als Motorradlenker – hatte einen schuldhaften Fehler begangen. Schuldhaft wegen fehlender Einwilligung des Eigentümers in die Operation, nicht wegen Nichtwissens, also Dummheit. Denn Dummheit galt und gilt nach unserer Rechtsprechung nicht als Schuld. Deshalb werden Chirurgen meist freigesprochen – pardon, kleine Abschweifung.

Ein neuer Motor mußte her, koste es, was es wolle. Wir flehten ihn an, den Nothelfer. Vergeblich. Das dauere ein paar Wochen, bis das Motorrad sich wieder selbst fortbewegen könne. Na dann, gute Nacht! Da schien es uns das beste, die kaputte Maschine an ihren angestammten Platz zu stellen. Damit hatten wir wenigstens einen Strafaufschub bis zum nächsten Morgen. Äußerlich sah man ihr ja nichts an.

Die Hölle, nicht nur das Fegefeuer, begann am nächsten Morgen gegen sieben Uhr. Vater wollte mit seinem Stahlroß ins Feld, und es sprang nicht einmal an. Vom vergeblichen Antreten aus der Puste gekommen, stürmte er ins Haus zu Mutter. Wir waren noch oben in unserem Zimmer, kurz davor, aus Angst in die Hosen zu machen.

»Die verfluchten Jungens waren wieder auf dem Motorrad! Kaputt haben sie's gemacht, die verdammten Bengels!«

»Ausgeschlossen«, antwortete Mutter. »Du hast es ihnen doch streng verboten. Und mir haben sie's versprochen, es nicht anzufassen!«

Wir hörten es mit Entsetzen. Nichts hatten wir versprochen. »Wenn sie doch den Schnabel hielte«, sagte Hansi reichlich respektlos.

»Red doch keinen Blödsinn. Gestern morgen lief die Maschine noch wie ein Uhrwerk. Nimm sie nur wieder in Schutz! Das ist deine Erziehung!«

Mutter schwor, daß wir es dieses Mal nicht gewesen sein konnten. Soviel Respektlosigkeit gegenüber Vater hielt sie für ausgeschlossen. Wir zitterten: Mutter hatte einen Meineid geschworen.

Dann waren wir dran: »Ja, wir waren es!« Mutter wollte in den Boden versinken, aber er war aus Stein. Wir sind nach dem »Theater« noch schneller gewachsen. Schläge sollen auch das körperliche Wachstum anregen!

Es hat lange gedauert, bis wir das nächste Mal unerlaubt Motorrad gefahren sind. Mindestens ein paar Wochen.

Auch die Zeit zum Fußballspielen und für anderen Sport mußten wir uns stehlen. Die Lehrerskinder und fast alle anderen Jungen und Mädchen unseres Alters hatten immer dafür Zeit, nur die meisten Bauernkinder nicht.

Einen Sportplatz gab es noch nicht. Also spielten wir auf Hepkes Weide, bis das Gras restlos zertrampelt war. Schimpfe gab es deshalb nicht. Aber vorübergehendes Spielverbot. Dann wichen wir auch mal auf eine Wiese von Vater aus. Schließlich hatten wir ja die größten Weiden und Wiesen, und da wollten wir uns nicht drücken. Es war eine der vielen Mutproben.

Mein großes sportliches Vorbild war Romi, mein Großcousin, zwei Jahre älter als ich. Er war athletisch durchtrainiert, kannte alle Spielregeln. Mit ihm zusammen baute ich eine Sprunggrube zum Weitsprungtraining, etwas außerhalb vom Dorf an verborgener Stelle. Da überboten wir dann unsere persönlichen Rekorde im Weitsprung immer wieder. Hier wurde der Grundstein für die sportliche Höchstnote neun gelegt, die ich sehr viel später auf dem Kaiser-Wilhelm-Gymnasium zu Frankfurt am Main erzielte.

Nicht zu stehlen brauchte ich die Zeit für meinen Lieblingssport: Das stundenlange Träumen beim Kühehüten. Das gilt aber nur für die Zeit, nicht fürs Träumen. Denn ich sollte ja aufpassen.

Nach der Heuernte im Frühsommer und Frühherbst mußten die Kühe auch auf den Wiesen gehütet werden, nachdem die eingezäunten Weiden leergegrast waren. Haupthüteplatz war die riesige Stockwiese, gut einen Kilometer vom Hof entfernt. Dorthin wurden die dreißig bis vierzig Stück Rindvieh von vier Treibern und einem Hund über die Landstraße getrieben. Dann mußte jemand ein paar Stunden aufpassen, daß das Rindvieh nicht in Nachbars Rüben-, Kartoffel- und Getreidefeldern fremdging und fremdfraß. Dieser Jemand war sehr oft ich, schon deshalb, weil ich »zu sonst fast nichts zu gebrauchen war«.

Sobald die Kühe grasten, legte ich mich auf den Rücken, schaute in den Himmel und träumte. Wachträume waren es wohlgemerkt, gespickt mit hundert Ideen, oft konstruktiver Art. Über mir flogen nicht nur Schmetterlinge und Vögel aller Sorten, sondern auch das tägliche Postflugzeug pünktlich auf die Minute.

Also konstruierte ich in Gedanken auch Flugmaschinen, darunter den ersten Hubschrauber. Jedenfalls bilde ich mir heute noch ein, daß ich den Hubschrauber erfunden habe. Leider ließ ich mir das damals nicht patentieren.

Aber ich träumte nicht nur von technischen Dingen. Bis elf wollte ich Priester werden, zunächst Kaplan und später dann Bischof. Ich sah mich im Bischofsgewand, den Blick zum Himmel gerichtet, mit dem Bischofsstab Kindern die heilige Firmung spendend. Das war ja – wie ich wußte – Bischofssache. Kardinal oder gar Papst wollte ich nie werden, so hoch angesiedelt waren meine Wunschträume denn auch wieder nicht.

Ja, damals, so zwischen acht und elf, war ich ein frommer Junge. Ich hatte beichten gelernt und nahm es sehr genau. Mutter kontrollierte immer unseren Beichtzettel. Da war dann viel nachzutragen, bevor es in den Beichtstuhl zu Pfarrer Kullmann ging.

Das Abendgebet zu vergessen war auch Sünde. Also knieten Hansi und ich jeden Abend vor unserem Bett und beteten laut. Dabei haben wir schon mal vergessen, für Vater zu beten, für Mutter jedoch nie. Vor unseren Betten lag eine grobgeflochtene Kokosmatte. Da kniete ich mich mit nackter Haut voll drauf. Es tat weh. Denn das harte Geflechtmuster grub sich tief in die Kinderhaut ein. Selbstverständlich war das klaglos zu ertragen, hatte ich mir eingeredet. Hansi sah das anders. Er legte sich sein Kopfkissen zwischen Kokosmatte und Knie.

Schuld an meinen priesterlichen Berufswünschen war vor allem Omama. In ihrer Wohnung durfte ich immer Messe und Kaplan spielen. Zu Meßdienern verpflichtete ich Hansi und auch unsere Schwester Doris von ihrem dritten Lebensjahr an. Omama half uns mit Zeitungspapier und Stoffetzen bei der Verkleidung zu Priester und Meßdienern. Sie kniete andächtig hinter mir mit dem Gebetbuch in der Hand, während ich vor einem provisorischen Altar mit Kelch und Monstranz zelebrierte. Die Meßdiener mußten nach Vorschrift schreiten, stehen, knien, alles im richtigen Wechsel.

Klein-Doris tat sich schwer. Sie fand das alles lästig und versuchte immer wieder zu streiken. Da sprang ihr pflichtbewußter Bruder Hansi auf, packte sie grob an den Ärmchen und brachte sie in die rituell festgelegte Position. Sie schrie auf, fügte sich – jedoch nur für kurze Zeit. Dann mußte sie immer wieder angeschnauzt und in Position gebracht werden, fand Hansi. Ich fürchte, daß schon damals der Grundstein des bis heute gestörten Bruder-Schwester-Verhältnisses zwischen den beiden gelegt wurde.

Unsere stockkatholische Omama war bei solchen kindlichen Gottesdiensten überglücklich, redete immer von mir als »unserem Kaplänchen«. Zu ihrem großen Kummer wurde mir ab zwölf der Wunsch, Priester und Bischof zu werden, im Bischöflichen Knabenseminar mit Stumpf und Stiel ausgetrieben. So konnte sie nur noch begrenzt auf mein Seelenheil einwirken. Aber das tat sie nach besten Kräften. Sie erinnerte unermüdlich an Kirchgänge, Beichte und Kommunion.

Einen Höhepunkt erreichte ihre großmütterliche Gottesfürchtigkeit, als ich mich von ihr nach einem Heimaturlaub als Soldat verabschiedete. Ich besuchte sie im ersten Stock und sagte ihr auf Wiedersehen. Da bat sie: »Warte einen Moment, ich hole Weihwasser.« Ich aber ergriff die Flucht und stürmte die Treppe hinunter. Da hat sie mir den gesamten Inhalt ihres Weihwassergefäßes, ein halber Liter mag es gewesen sein, auf den Pelz geschüttet. Feldmütze und Uniform trieften, patschnaß war ich noch, als ich auf dem Bahnhof in Bodenrode ankam. Omama war die Jahre danach ganz sicher, daß sie mich damit vor dem Heldentod bewahrt hat.

Vielen Dank, liebe Omama! Hoffentlich könnt ihr im Himmel auch Bücher lesen, damit Du weißt, daß ich Dir dankbar bin!

Es gab noch ein Kindheitsglück, das wir uns *nicht* stehlen mußten: Das Karussellfahren und Luftschaukeln bei der großen und kleinen Kirmes. Die große Kirmes im August – die kleine fand im Oktober statt – war das wichtigste Ereignis für alle achthundert Dorfbewohner. Darauf freuten sich fast alle das ganze Jahr lang. Denn da wurde ausgelassen gefeiert, zusammen mit der zum Teil von weit angereisten »buckeligen Verwandtschaft«.

Für uns Kinder war das schönste das Karussellfahren. Das Karussell stand auf der anderen Seite der Hauptstraße, auf einem kleinen freien Platz, wenige Schritte von unserem Hoftor entfernt. Für alle drei Kirmestage erhielt Vater Freifahrten, nicht nur für Hansi und mich, sondern auch für alle angereisten Cousinen und Cousins. Ein Dutzend kam meist zusammen.

Als Gegenleistung lieferte Vater dem Karussellbetreiber Hafer für das Pferd, welches das Karussell im Kreis herumziehen mußte. Ich sehe noch heute den schwergewichtigen Kaltblüter unermüdlich im Kreis um die Säule herumlaufen, um die sich das Karussell drehte.

Die Mitglieder der »Karlsbrut« waren morgens die ersten und abends die letzten auf dem Karussell. Vaters Erkennungshinweis für den Karussellbetreiber: »Alle mit weißen Haaren sind unsere!«

Ich benutzte lieber die Luftschaukel als das Karussell. Einmal, weil es da rasanter zuging, zum anderen, weil man damit einen Wettkampf veranstalten konnte. Es galt, zu zweit die Luftschaukel am schnellsten so hoch wie möglich zu bringen. Hansi und ich waren unter den Gleichaltrigen meist die Sieger.

WARUM MUTTER WOLLTE, DASS ICH LANDARZT WURDE

Warum wollte Mutter unbedingt, daß ich Landarzt wurde? Ganz einfach: Weil sie in Onkel Peter, den Landarzt Dr. med. S., unsterblich verliebt war.

Schätzen gelernt hatte sie ihn als tüchtigen Geburtshelfer von Doris am 6. Februar 1928. Da war sie neunundzwanzig, er achtundzwanzig Jahre jung und ledig. Zur Liebe mag sich die Wertschätzung zwei Jahre später ausgewachsen haben. Da nämlich soll er meiner kleinen Schwester das blutjunge Leben gerettet haben. Ohne ihn gäbe es sie nicht, hat Mutter uns eingehämmert.

Angeblich hatte unsere Schwester mit zwei Jahren Ruhr. Schuld daran seien unreife Mirabellen gewesen, die ihr einer von uns in den Mund gesteckt hatte, meinte Mutter. Sie ahnte nicht, daß sie damit die Wunderheilung entzauberte. Wahrscheinlich mußte der liebe Gott

den Hauptteil der Arzthilfe leisten. Er mußte schon deshalb, weil
noch nie so viele Kerzen in der Dorfkirche flammend zum Himmel
gebetet hatten. Sehr schwer hatte es der liebe Gott nicht. Denn der
heftige Durchfall beförderte das Zuviel an grünen Mirabellen rasch in
die Windeln. Onkel Peters Anteil an der Heilhilfe dürfte noch kleiner
gewesen sein. Das jedoch Mutter gegenüber zu vermuten, wäre Fre-
vel gewesen. Also ließ ich es auch später als Doktor der Medizin bei
der todesschwangeren Diagnose Ruhr.

Trotz, besser noch *wegen* Mutters Verehrung für den gutaussehenden, tüchtigen jungen Landarzt, wollte meine Liebe zu ihm nicht
recht gedeihen. Zwar imponierte mir sein viertüriges großes Auto der
Marke Adler sehr, mit dem er immer von seinem fünfundzwanzig
Kilometer entfernten Praxisort Küllstedt zu seinem Geburtsort Reinholterode kam, um seine Mutter und später wohl mehr noch *meine*
Mutter zu besuchen. Vielleicht hat gerade dieses tolle Auto immer im
Unterbewußtsein mitgeholfen, daß ich dann doch Arzt werden
wollte, Landarzt wohlgemerkt. Aber irgendeiner Sympathie für meinen mir aufgezwungenen Firmpaten entsprang dieser Berufswunsch
mit Sicherheit auch dann noch nicht, als er mir sein Mikroskop ver-
erbte. Denn ich war eifersüchtig auf ihn.

Mir saß er zu oft mit Mutter allein in der »Kleinen Stube«, wenn
Vater nicht da war. Einmal ist es sogar passiert, daß ich sie beinahe
beim Tête-à-tête erwischt hätte. Ihre Köpfe flogen auseinander, als
ich unverhofft die Tür aufmachte, ohne anzuklopfen. Puterrot war
der von Mutter, reichlich blaß der des erwischten Liebhabers. Das
muß 1931 gewesen sein, als ich zehn war. Von da an war es aus, auch
mit geheuchelter Nettigkeit. Ich mochte ihn nicht und floh, wenn er
kam.

Eigentlich hätte ich Verständnis haben sollen für Mutters Ersatz-
liebe. Denn Vater gab sich nur selten liebenswert. Sicher war er in
Mutter verliebt, auch körperlich-sinnlich und nicht nur, weil sie ihm
geistig überlegen und insoweit sein Renommierstück und der
Hauptanziehungspunkt für den großen Freundeskreis der Familie
war. Zu Vater fühlten sich fast nur die Verwandten aus väterlicher Linie hingezogen. Gewiß hatte auch er Freunde, aber mehr aus Zweck-
mäßigkeitsgründen. Zu meiner Mutter jedenfalls war er nicht nur
»nicht gut genug«, sondern allzu oft rücksichtslos und grausam.

Und darum war es nur natürlich, wenn sie liebevolle Zuwendung
bei einem anderen Mann suchte, um nicht unter den Alltagsbelastun-

gen frühzeitig zu verwelken, uns allen zum Nachteil. Vater seinerseits muß den sprichwörtlichen »sagenhaften Geschlechtstrieb« gehabt haben. Warum soll ich das nicht erzählen? Der liebe Gott hat ihn
halt so konstruiert. Jedenfalls ist Vater nach Strich und Faden fremd-
gegangen, auch weit unter seinem Niveau.

Das soll kein Vorwurf sein, weder gegenüber Vater noch gegen-
über dem lieben Gott, der so lieb gar nicht sein kann, wenn er uns
Männer so gemacht hat, daß wir nicht in den Armen der am meisten
Geliebten die potentesten Liebhaber sind, sondern bei der »größten
Schnalln« – um es bayerisch auszudrücken. Jedenfalls werde ich
mich hüten, aus meinem sexuellen Glashaus heraus auf Vater mit
Steinen zu werfen. Doch ganz so rücksichtslos hätte er es nicht trei-
ben dürfen.

Es war nicht nur Mutters Recht, sondern ihre Pflicht, sich als lie-
besstarke Frau unter vierzig – noch nicht dreißig Jahre alt war sie bei
Doris' Geburt – in den akademisch gebildeten, charmant-galanten,
gutaussehenden Dr. med. zu verlieben, um gesund und schön zu
bleiben, nicht nur für sich, sondern für alle, die sie liebten, für sehr
viele also. Zu dieser weisen Einsicht bin ich allerdings erst lange
nach dem frühen Tod von Onkel Peter herangereift.

Er starb 1935, erst fünfunddreißig Jahre alt, an Schwindsucht. Ich
sehe ihn noch heute auf dem Totenbett in einer Kammer seines elterlichen Bauernhofes: Zum Skelett abgemagert, wächsern bleich, die
dünnen Spinnenfinger vor dem weißen Totenhemd gefaltet. Es war
der erste Leichnam, den ich mit eigenen Augen sah. Auf dem Totenbett mochte ich ihn plötzlich.

Natürlich hat Vater Mutters Verliebtheit bemerkt. Da war er maßlos eifersüchtig. »Du mit deinem Peter!« höre ich ihn wie damals.
Schrecklich, diese dauernde Zankerei vor unseren Kinderohren.

GYMNASIALZEIT (1933–1939)

VOR-LATEIN BEI PFARRER KULLMANN

Zum Bauern war ich nicht zu gebrauchen, also blieb mir nur ein akademischer Beruf. Mutter wollte, daß ich Landarzt wurde. Aber ich hatte immer noch den Kaplan mit Aufstieg zum Bischof im Querkopf. Beides ging nicht ohne höhere Schulbildung. Die aber war für mich nur im Staatlichen Katholischen Gymnasium zu Heiligenstadt erreichbar.

Dort mußte man nicht unbedingt mit der Sexta beginnen, sondern konnte auch in die Quinta einsteigen, wenn man das Lateinpensum der Sexta beherrschte. Dieses hatte unser Ortspfarrer Kullmann schon einigen Schülern aus Reinholterode und Steinbach vermittelt. Steinbach war der Sitz der Pfarrei, drei Kilometer von Reinholterode entfernt.

Mein erstes Er............r Kullmann hatte ich schon mit zwei Jahren. Bes............hatte es. Sie war zu spät in die Sonntagsmesse g............ßte deshalb hinten stehen bleiben. Mich hatte s............ich ihr zu schwer wurde, stellte sie mich ab, nebe............die anderer Zuspätgekommener, halb unter die Röc............knapp knielang waren. Das versperrte mir dann doch............u sehr. Als Pfarrer Kullmann in seiner Predigt innehielt, rief ich laut: »Mutter, heb mich. Ich will den Kasper auch mal sehen!«

Pfarrer Kullmann war als Ortspfarrer auch unser Beichtvater. Ihm konnte keiner was vormachen. Er kannte alle Sündenregister, auch meines. Trotzdem hat er es auf Wunsch meiner Eltern übernommen, mir Latein beizubringen.

Meistens holte ich ihn von unserer Kirche ab und marschierte mit ihm durch die Felder bis zum drei Kilometer entfernten Steinbach. Unterwegs lehrte er mich Grammatik, fragte Vokabeln ab und gab mir neue auf.

Ich jedoch war faul, konnte oft die Vokabeln nicht, und er ärgerte sich darüber. Aber auch wenn in seinem linken Rockärmel immer ein

Rohrstock steckte, hat er mich nie geschlagen. Wahrscheinlich wäre es besser gewesen. Denn schließlich hatte mir dieses Erziehungsmittel immer am meisten imponiert. So aber versprach ich Besserung, hielt jedoch mein Versprechen oft nicht.

Eines Tages, im Sommer 1932, hatte ich seine Geduld überstrapaziert. Wir gingen hintereinander auf einem schmalen Pfad zwischen zwei Kornfeldern. Das Korn, die Kornblumen und die feuerroten Mohnblumen standen so hoch, daß wir nicht drüberschauen konnten.

Er fragte mich ab. Ich stotterte, riet falsch oder paßte. Plötzlich drehte er sich herum und sagte: »Kunde, ich bin es leid. Geh nach Hause!« Mit Kunde redete er alle Lämmer seiner zweibeinigen Schafherde an, um es biblisch auszudrücken. Mir fiel das Herz in die kurze Hose. Mein erster Gedanke: »Vater schlägt mich tot. Und Mutter vielleicht gleich mit!«

Er war stehengeblieben, schaute mich mit zornigem Gesicht an. Da fiel ich vor ihm auf die Knie, umklammerte seine schwarzbehosten Beine und flehte: »Lieber Herr Pfarrer! Bitte versuchen Sie es noch einmal mit mir. Bitte, bitte! Ich verspreche hoch und heilig, meine Vokabeln gut zu lernen!«

Das erweichte sein rauhes, aber gutes Herz. »Kunde, steh auf. Aber das ist der letzte Versuch!«

Dieses Mal hielt ich mein Versprechen nicht nur, sondern erfüllte ein Übersoll. Er lobte mich sogar manchmal, ganz gegen seine gewohnte Art. Von nun an setzte er die Lateinstunde öfters auch in seinem Pfarrhaus fort. Dabei steckte er sich eine langrohrige Pfeife an. Es roch wunderbar. Ich rieche es immer noch.

Daß ich Kaplan werden wollte, habe ich ihm nie erzählt. Wahrscheinlich hätte er protestiert, denn er kannte ja mein Sündenregister. Ich vergaß bei der Beichte keine Sünde, weil ich vom Spickzettel ablas, den Mutter kontrolliert und ergänzt hatte. Es waren fast immer die gleichen Sünden:

»Ich war ungehorsam.

Ich war frech.

Ich habe gelogen.

Ich habe mich gezankt.

Ich war unandächtig in der Kirche.«

Und in letzter Zeit stand öfters dabei:

»Ich habe Unkeusches gedacht.«

»Was denn?« wollte er wissen. Dann stotterte ich: »An Tante Liesbeth.« Dabei dachte ich an die andere, die echte Tante Liesbeth.

»Was ist mit Tante Liesbeth, Kunde?«

»Ich habe beim Schafkopfspielen in ihrer Küche immer auf ihren großen Busen geguckt und mir gewünscht, daß ich ihn mal nackt sähe!«

»Aber, Kunde, das ist eine Todsünde. Bereust du das?«

»Ja, ich bereue es«, log ich.

Da gab er mir drei Vaterunser als Strafe auf und erteilte mir die Absolution.

Am nächsten Morgen, Sonntag, sollten wir zur Kommunion gehen. Ich war ob meiner Reuelüge in höchster Seelennot, sann auf eine Ausrede. Denn im Stande der Sünde zur Kommunion zu gehen, das wollte ich nicht riskieren.

Das wäre versuchte Selbstverstümmelung gewesen. Denn Omama hatte uns erzählt, eine ihrer Mägde habe das heilige Sakrament unwürdig empfangen. Da sei sie anschließend in der Küche mit einem Topf voll kochenden Wassers ausgerutscht und habe sich im Sturz alles ins Gesicht, vor allem in den Mund geschüttet, in den sie eben noch die Hostie aus dem goldenen Kelch gelegt bekommen hatte. Dann sei sie elend zugrunde gegangen.

Ich glaubte ihr solche Gruselgeschichten aufs Wort. Also trank ich am nächsten Morgen einen Schluck Wasser, angeblich versehentlich. Nun hatte ich eine gute Ausrede. Denn für die Kommunion mußte man vollkommen nüchtern sein.

Apropos »nüchtern«: In Lauenburg, am Südpol von Schleswig-Holstein, erfuhr ich als frischgebackener Chefarzt, was im hohen Norden »nüchtern« heißt. Ich fragte einen zur Magenoperation vorgesehenen Patienten auf dem Operationstisch vor Narkosebeginn, ob er etwas gegessen oder getrunken habe. Da sagte er auf Schleswig-Holsteiner Platt: »Klar! Ick heww chut chefrühstückt!« Ungnädig erinnerte ich ihn: »Nüchtern sollten Sie bleiben, habe ich Ihnen doch mindestens zweimal gesagt.« Seine erstaunte Antwort: »Bin ich doch!« Man klärte mich auf. »Nüchtern« hieß: Noch kein Bier und keinen Korn getrunken!

Hansi, der ja nicht Bischof werden wollte, nahm es nicht so genau. Ich weiß, daß er nach der Beichte Agnes, Mutters Magdlehrling, abgeknutscht hat und trotzdem zur Kommunion gegangen ist. Kochendes Wasser konnte er sich schon deshalb nicht ins Gesicht schütten, weil wir Kinder in der Küche nur immer die riesigen Berge schmutzigen Eß- und Trinkgeschirrs mit abzuwaschen hatten, nicht aber beim Kochen helfen mußten. Auch sonst ist ihm nach »unwürdiger Kommunion« nie was Ernsthaftes passiert.

ALS GYMNASIAST UND KONVIKTZÖGLING IN HEILIGENSTADT

Als Kullmanns Kunde im Frühjahr 1933 die Aufnahmeprüfung für die Quinta in der Penne, zehn Straßenkilometer von Heiligenstadt entfernt, bestanden hatte, ergab sich die Frage: Fahrschüler oder Konviktzögling. Fahrschüler hieß: Per Fahrrad drei Kilometer bis zur Bahnstation Bodenrode und von da mit dem Zug nach Heiligenstadt. Konviktzögling hieß: Wohnen im bischöflichen Knabenseminar zu Heiligenstadt mit einem Kilometer Fußmarsch zum Staatlichen Katholischen Gymnasium neben dem Bahnhof.

Meine Eltern entschieden sich fürs Konvikt. Dieses beherbergte mehr als hundert Zöglinge der neun Klassen von Sexta bis Oberprima. Es wurde von zwei Geistlichen geleitet, dem Präses Dr. Schmitt und seinem Vize, dem Präfektor Bolte – später Weihbischof von Fulda. Unterstützt wurden beide von dem Präzeptor Degenhart, einem »Weltlichen«, dem Pförtner Michel und einigen Bediensteten für Küche, Putzen, Schweinezucht und so weiter. Auch Primaner waren dienstlich zeitweise miteingesetzt, zur Aufsicht.

Das Konvikt bestand aus drei zwei- bis dreistöckigen Gebäuden, in Hufeisenform um einen großen Innenhof angeordnet. Die Pforte lag an der uralten Lindenallee, wo seit jeher Jahrmärkte abgehalten wurden. Auf diesen hatten schon die Vorgänger der Urologen, die Steinschneider, ihr blutiges Geheimhandwerk betrieben: In der Rechten hielten sie das Steinmesser, mit der Linken verdeckten sie die Schnittführung, stets auf dem Sprung zu flüchten, bevor der von starken Männern festgehaltene Prostatiker verblutet war. Wenig Steine gab's und viele fehldiagnostizierte verblutete Prostatiker!

Das Konvikt war eine Ansammlung von vielen großen Sälen: Zum Studieren, zum Essen, zum Spielen und zum Schlafen. Das erleichterte die Aufsicht. Ich wurde zunächst in einem vom Haupthaus zwei Kilometer entfernt gelegenen Nebenhaus einquartiert, bald darauf dann in der Lindenallee.

Mutter lieferte mich ab und half beim Einräumen. Obwohl ich

mich aufs Konvikt als Ende des Knechtseins riesig gefreut hatte, wurde es ein tränenreicher Abschied von Mutter. Nächtelang habe ich noch ins Kopfkissen geheult – vor Mutterweh, nicht vor Heimweh.

Tagsüber aber überwog das Glück ob des neuen Lebens in Gemeinschaft mit gleichaltrigen Jungen und auch mit den älteren, bis hinauf zu den Unter- und Oberprimanern, die angehalten wurden, uns Jüngeren Vorbild zu sein. Übertrieben haben die das nicht. Deshalb ging es im großen und ganzen recht locker zu. Nur die pünktliche Einhaltung des Stundenplans, vom Wecken um sechs Uhr bis zum totalen »Silentium«, dem absoluten Schweigegebot in den Schlafsälen ab neun, wurde streng kontrolliert.

Als Quintaner durfte ich mit meiner dunkelroten samtenen Schirmmütze schon ein bißchen stolzer sein als die dunkelgrün bemützten Sextaner. Diese Kopfbedeckung wies uns im Volke als Gymnasiasten und damit als etwas »Besseres« aus. Mit Kniff und besonders schief aufgesetzt, unterschied sie uns auch von den eher hausbackenen Mitschülern bei der kurzen abendlichen Promenade auf der Wilhelmstraße, der einzigen Möglichkeit zu einem gegengeschlechtlichen Blickfang.

Der Alltag begann mit kurzem Waschen in kaltem Wasser hinter den Blechtrögen im großen Wasch- und Duschraum. Um sieben Uhr folgte allmorgendlich die »Morgenandacht«. Nur sonntags begann sie erst um acht. Das Knien auf den harten Holzbänken machte die dreißig Minuten zu einer kleinen Ewigkeit. Danach gab's zum Frühstück Muckefuck, ein Brötchen mit Mus oder Marmelade sowie am Schluß das Pausenbrot mit auf den Weg, das in einer Blechbüchse verstaut wurde. Anschließend begann der Schulweg mit großer übervoll gepackter Rindsledertasche – die Zeit des Volksschulranzens war überwunden –, meist im Matrosenanzug und mit stolzer Schülermütze.

Bis zum Gymnasium dauerte es bei forschem Ausschreiten fünfzehn Minuten. Mit hechelnder Zunge war es auch schon in zehn Minuten zu schaffen. Das empfahl sich bei verbummeltem Start. Denn wer beim dritten Schellen der überall im Riesengebäude unüberhörbaren Klingelanlage nicht auf seiner Schulbank saß, mußte nachsitzen.

Das Gymnasium war ein relativ neuer, riesiger Steinbau mit vier Geschossen für ungefähr fünfhundert Schüler. Auf der Stirnseite führte eine sehr breite Steintreppe zu einem großen Portal in der Mitte. Außer unendlich vielen Klassenzimmern gab es eine große Turnhalle und darüber die ebenso große, mit einer imposanten Orgel bestückte Aula für feierliche Anlässe. Neben dem Schulhof mit Kieselsteinbelag befand sich der Schulsportplatz mit einem Rasenfeld, einer Aschenbahn drumherum und Weitsprunggruben dahinter. Sport war zwar anfangs noch kein Hauptfach, aber auf Geheiß der Nazis das wichtigste Nebenfach.

Der Unterricht dauerte von acht bis dreizehn Uhr, unterteilt in sechs Dreiviertelstunden Unterricht und Pausen.

Um Viertel nach eins war gemeinsames Mittagessen im Konvikt, anschließend Mittagsruhe bis drei. Danach hatten wir an unserem Studierpult zu sitzen und Schularbeiten zu machen. Der Präzeptor führte Aufsicht und half uns bei Bedarf. Er kontrollierte durch Stichproben und zückte auch öfters seinen Rohrstock, um Faulenzer zu bestrafen oder Flüchtigkeitsfehler zu ahnden.

Wer seine Schularbeiten gemacht hatte, durfte auf dem Hof Fuß-, Hand- oder Schlagball, im Spielsaal Tisch- oder Saaltennis – ein »kastriertes Hallentennis« mit Tischtennisbällen über eine Holzbanklehne hinweg – spielen, musizieren, Karl May lesen, Karten oder Schach spielen, auf der großen Kegelbahn kegeln oder im Sommer schwimmen.

Da holte ich alles nach, was ich zu Hause nicht gedurft hatte, und entwickelte mich zu einem Top-Tischtennisspieler und Top-Taucher. Im Tisch- und Saaltennis schlug ich als Quartaner sogar die Primaner. Als Taucher im siebzehn mal fünf Meter großen und drei Meter tiefen Schwimmbecken des Konvikts schaffte ich in meiner besten Zeit drei Längen unter Wasser, ohne aufzutauchen. Meine Spezialität war das Suchtauchen nach blind hineingeworfenen Münzen. Ich fand alle.

Selbstverständlich trat ich im April 1933 sofort in die katholische Jugendorganisation ND (Neues Deutschland) ein. Die hellgrünen Hemden und grauen Hosen mußten wir aber bald gegen die Pimpfkluft der »Baby-Hitlerjungen« tauschen. Uns war es egal, in welcher Uniform wir Hordenfeuer machten und vaterländische Lieder sangen.

Fast alle, auch ich, setzten bald Hitler-Jungvolk-Ideale über Kirchentreue und Frömmigkeit. Dazu half der vaterlandsliebestolle Geschichtslehrer. Den Canossagang unseres Kaisers Heinrich IV. zum Papst habe ich der katholischen Kirche nie verziehen. Die Frömmigkeit wurde mir durch die schlafverkürzenden Morgenandachten und die spielzeitraubenden Mai-, Rosenkranz- und sonstigen Andachten – ständig fielen dem Präses und Präfektor andere Andachtsgründe ein – schnell und gründlich ausgetrieben.

Die »Andachten« ließen mich über die Stumpfsinnigkeit ständig wiederholter, heruntergeleierter Gebetssätze nachdenken. Schon als Zwölfjähriger hielt ich es für ausgeschlossen, daß uns der liebe Gott zu Zwangsgebetsmühlen und Zwangszuhörern von Predigern geschaffen hatte, die ständig dasselbe »Zeug« aus Bibel und Katechismus vorlasen, uns kein einziges Mal in freier Rede überzeugend und praxisnahe ins schlechte Gewissen redeten, um uns so zu besseren Menschen zu erziehen. Dem Satz »Religion ist Opium fürs Volk« konnte ich schon als Jugendlicher nicht aus dem Kopf heraus widersprechen, nach dem, was ich im Konvikt und später an Glaubenszumutungen erlebt habe. Kaplan und Bischof wollte ich schon im Herbst 1933 nicht mehr werden. Um Himmels willen nicht!!

Das anfängliche nächtliche Mutterweh ließ allmählich nach. Mutter kam alle zwei bis drei Wochen und besuchte mich, anfangs per Kutschwagen, später mit dem gebraucht gekauften DKW. »DKW, das kleine Wunder, schieb mich rauf, dann lauf ich runter«, lästerten wir.

Wenn Mutter kam, gab's auch Taschengeld: Fünfzig Pfennig bis zum nächsten Mal. Darüber mußte ich im Vokabelheft Buch führen. Da stand dann meist fein säuberlich zehnmal untereinander: 1 Eis = 0,05 Reichsmark. Das Eis gab es auf der Wilhelmstraße beim Eismann. Wir hatten rausgefunden, daß es für zwei Eis zu fünf Pfennig mehr Eis gab, als für ein Eis zu zehn Pfennig.

Auch die »Jungvolkideale« wurden gepflegt. Aus unserer Pimpfessicht waren die schicke Uniform – schwarze Hose, braunes Hemd, schwarze Blusen, Koppel und Hakenriemen über einer Schulter –, Hordenfeuer, Zeltlager, Wettkampfspiele und lautstarkes Singen die wichtigsten.

Dies am Leib und im Kopf zogen wir im Frühsommer 1934 »ins Lager«, in ein Wäldchen bei Bischhagen, einen Zehn-Kilometer-Marsch entfernt. Wir machten Hordenfeuer, kochten in einem riesigen Kessel Kakao und sangen: »Es zittern die morschen Knochen.«

Anscheinend zitterten auch die Hormone, denn dort wurde der Grundstein zur Gruppenonanie gelegt. Ich war zwölf, die meisten waren dreizehn, einige vierzehn und fünfzehn. Alles blieb streng geheim.

Als besonders verführerisch erwies sich nach der Rückkehr ins

Konvikt der riesige Schlafsaal mit vierzig Betten in drei Reihen und weißleinenen Kabinenvorhängen, die nachts zugezogen wurden.

Eines Nachts weckte mich Hübner, mein Bettnachbar aus Erfurt, durch zielsicheren Griff unter die Bettdecke. Dann nahm er meine Hand und führte sie durch die Schlafanzughose zu seinem Riesenpenis. Hübner war schon vierzehn, ich zwölf. Das artete zur regelmäßigen Fortsetzung der Masturbation aus. Hübner wurde zum Onanier-Häuptling der unteren Klassen. Fast alle machten mit, zu zweit, auch zu dritt, nicht nur im Schlafsaal. Vor allem allein unter der Bettdecke oder tagsüber auf dem Klo.

Übrigens blieb es immer beim Hohlhand-Koitus, jedenfalls bei mir, anscheinend nicht bei allen. Denn Hübner hat später zugegeben, er hätte auch Analverkehr gehabt. Die Geschichte sollte, wie noch zu berichten sein wird, bald üble Folgen haben…

In der Quinta war ich beinahe Klassenbester, unzweifelhaft in Latein, denn mein Kniefall vor Pfarrer Kullmann wirkte noch eine Weile nach. In der Quarta ließ der Fleiß schon nach. Zwar klappte es mit dem neuen Fach Französisch ganz gut. Aber sonst war Ebbe. Meine zunehmende Faulheit bezog sich vor allem auf Mathematik.

Ostern 1935, als ich Untertertianer geworden war, kam auch Hansi ins Konvikt. Auch ihm hatte Pfarrer Kullmann das Sexta-Latein beigebracht, so daß er gleich Quintaner wurde. Wir rückten sehr eng zusammen. Er nahm die Ratschläge seines erfahrenen Bruders zumindest anfangs gern an. Vor allem unterstützte er mich, wenn es Kämpfe zu bestehen galt. Da waren wir mit vereinten Kräften fast unschlagbar.

In der Untertertia bekamen wir Griechisch und die hellgrüne Samtmütze. Die legten wir aber bald ab. Sie störte die Jungvolkkameradschaft mit Nichtgymnasiasten. Das besonders schief aufgesetzte schwarze Jungvolkkäppi glich den Schönheitsfehler aus.

Überhaupt hatte ich in den Ferien die bunte Schülermütze fast immer in Heiligenstadt »vergessen«, wenn mich die enttäuschte Mutter danach fragte. Ein paar meiner Reinholteroder Freunde konnten nicht aufs Gymnasium, vor allem mein Busenfreund Jupp Fulle nicht. Denen wollte ich nicht wehtun.

Besonders peinlich war mir – und zwar bis zur Flucht im Jahr 1945 –, daß ich zu »Karls, den Richsten im Dorfe« gehörte. So sagten es die Leute auf Eichsfelder Platt. Ein Kind der Reichsten zu sein, empfand ich als Erbübel, auch wenn sich der Reichtum meiner Eltern wahrlich in bescheidenen Grenzen hielt. Vaters Geiz allein – Mutter war im Vergleich zu ihm spendabel bis verschwenderisch – kann der Grund dafür wohl nicht gewesen sein. Die Quartierkosten fürs Konvikt jedenfalls konnten nicht mit Geld, sondern nur durch Kartoffellieferungen beglichen werden. Aber wie unter Blinden der Einäugige König ist, so ist unter den Ärmsten der Arme der Reichste!

Der Bravste war ich als Konviktzögling spätestens ab Untertertia nicht mehr. Hansi und ich gehörten im Gegenteil wohl eher zu den Wildesten, wenn ich nur an unsere Hochdachbesteigungen und andere Wildheiten denke.

Als Untersekundaner konnte ich die Unterschrift von Dr. Schmitt, dem Präses, unter den Entschuldigungszetteln für das Fehlen beim Unterricht am besten von allen nachahmen. Ich kann sie noch heute. Für mich selbst habe ich nie einen Zettel unterschrieben. Ob mich das entschuldigt?

Jedenfalls benutzten wir alle möglichen Tricks, um nicht nur uns das Zuchtleben leichter zu machen. So spielte ich zur Abkürzung der Morgenandacht öfter den U.V.D. Der »Umfaller vom Dienst« mußte sich zu Beginn zu Boden fallen lassen, weil ihm angeblich übel geworden war. Dann trugen ihn zwei andere hinaus und betreuten ihn, bis die Andacht zu Ende war.

Zweimal habe ich auch den Kranken gespielt, obwohl ich »pumperlg'sund« war. Es hatte sich herumgesprochen, daß Doktor med. Suckau, der Konviktsarzt, jeden für krank erklärte, der irgendein Wehwehchen vorschwindelte. So wäre ich beinahe als Blinddarmpatient auf dem OP-Tisch gelandet, als ich über Bauchschmerzen klagte, ohne welche zu haben.

Vor einer Blinddarmoperation aber hatte ich gewaltigen Schiß. Denn 1934 wäre Mutter im Krankenhaus der Barmherzigen Schwestern – damals hielt ich den Namen noch für berechtigt – beinahe an durchgebrochenem Blinddarm gestorben. Jedenfalls habe ich eine Woche lang Höllenangst ausgestanden und jede freie Minute an Mutters Bett gesessen.

Was an Freizeit übrig blieb, nutzte ich zum Schifferklavierspielen. Beim Klavierunterricht hatte ich schlappgemacht. Da bekam ich dann Weihnachten 1936 ein großes Schifferklavier geschenkt, damit wenigstens *einer* in der Familie ein Musikinstrument spielte.

Erstmals dazu genötigt hatte mich Mutter als Quintaner, also 1933. Da hatte sie mir eine Gitarre geschenkt und mich zur Gitarrenstunde

bei einer Nonne im Mädchenlyzeum überredet. Dorthin schlich ich
mich nur heimlich, denn meine Klassenkameraden durften es nicht
wissen. Mit elf sollte ein Junge ja weit über Mädchen erhaben sein!
Und ins Lyzeum zu gehen, galt als männlicher Abstieg.

Ostern 1937 nahmen uns unsere Eltern aus dem Konvikt. Insgesamt
dauerte also die Zeit im Bischöflichen Knabenseminar für mich vier,
für Hansi zwei Jahre. Ich denke an diese Jahre mit einem lachenden
und einem weinenden Auge zurück. Das Gesamtergebnis war sicher
positiv – schulisch, erzieherisch und vor allem »spielerisch« gesehen.
Das Negative offenbarte sich erst später.

Meine Zeit nach dem Konvikt als Fahrschüler sollte nicht lange
dauern. Ich benutzte sie trotz schlechter Zeugnisse weniger zum Lernen als zu Aktivitäten im Jungvolk. Dort hatte ich es zum »Horden-
führer«, dem niedrigsten Dienstgrad, gebracht! Meine Horde von
Zehn- bis Dreizehnjährigen baute am Mühlenberg über dem Mühl-
bach gegenüber dem Mitteldorf ein kleines Jungvolkheim nur mit
eigenen Händen.

Der Rauswurf in Schande

Zur Untersekunda war ich 1937 mit Hängen und Würgen versetzt
worden. Danach bahnte sich bald eine der größten Katastrophen meines Lebens an.

Das begann so: Den Nazis war das Bischöfliche Knabenseminar
schon lange ein schwarzer Dorn im braunen Auge. Man suchte nach
Gründen zur Schließung dieser aus Nazisicht unzeitgemäßen Erzie-
hungsstätte.

Da boten sich die einstigen Paragraphen 175 und 176 des Strafgesetzbuchs, »Widernatürliche Unzucht«, zur Einleitung eines staatsanwaltschaftlichen Ermittlungsverfahrens an. Denn in einem Knabenseminar mit Zölibatsverpflichtung gibt es nur ein Ventil zur Milderung
des Triebstaus: Die Selbstbefriedigung – »allein oder mit anderen«,
wie es im Fragenkatalog der Beichte heißt.

Also war zu hoffen, daß man durch Verhöre schnell fündig werden würde. Vor allem spekulierte man darauf, daß auch die vorgesetzten Geistlichen mit von der homosexuellen Partie gewesen waren. Dies sollte sich dann allerdings als falscher Verdacht erweisen,

so daß der erhoffte Schließungsgrund »Widernatürliche Unzucht mit Abhängigen« nicht an die große Verleumdungsglocke gehängt werden konnte.

Ein Spitzel wurde ins Konvikt eingeschleust, und bald konnte mit den ersten Verhören begonnen werden. Fast jeder Verhörte war geständig. Der nannte dann die Namen von »Mittätern«. Bald war eine stattliche Liste zusammen. Und auf der stand dann selbstverständlich auch mein Name.

Das erfuhr der Kreisleiter Hasselwander, mit dem Vater inzwischen stark verfeindet war. Er beauftragte mit der Ermittlung einen seiner ergebensten Diener, den obersten Kriminalpolizisten von Heiligenstadt und Gestapomann in Personalunion Arno H. Zu dem wurde ich an einem sonnigen Maitag zusammen mit drei anderen zwecks Vernehmung ins Rathaus bestellt.

Ich kam als letzter dran. Die drei anderen waren hochrot oder leichenblaß aus dem Vernehmungszimmer gekommen und durften nach Hause gehen.

Für das, was ich nun zitieren muß, bitte ich schon im voraus um Verständnis. Mich ekelt selbst vor dieser Gossensprache. Aber ich meine, meine Leser sollten wissen, wie sehr mir als Fünfzehnjährigem die Seele verletzt wurde.

Meine letzte sexuelle Untat lag zum Zeitpunkt des Verhörs bereits lange zurück. Schon ab der Obertertia konnten wir öfters auch abends aus dem Konvikt heraus. Da habe ich mich auf der Wilhelmstraße in ein Mädchen verliebt. Also war es ohnehin vorbei mit gleichgeschlechtlichen Notbehelfen. Für immer. Ich »stehe« auf weibliche Formen und frauliche Gegenliebe, und zwar total!

Als ich das Gestapobüro betrat, saß Arno H. mit einer Pobacke auf dem Schreibtischrand. Er befahl: »Setz dich, du Wichser!« Dabei bleckte er mit einem diabolischen Lachen seine drei Goldzähne in der oberen Zahnreihe. So muß der Erzteufel Beelzebub aussehen, mag es mir durch den Kopf geschossen sein.

»Du weißt, warum du herbestellt bist!?«

»Nein.«

»Dann sag ich es dir: Weil du ein Arschficker bist! Gibst du das zu?«

»Nein, das habe ich nie getan!«

»Du lügst. Hier steht es schwarz auf weiß.« Dabei zeigte er auf eine Akte.

Mir schlotterten die Knie. Kreidebleich muß ich gewesen sein, nahe daran, umzufallen.

»Nein. Ich gebe zu, mit anderen Jungen Unkeusches getan zu haben, aber nur mit der Hand gegenseitig.«

»Gewichst habt ihr auf Deubel komm raus, ihr Schweine. Aber das war dir noch nicht genug, du Arschficker!«

Dann begann der Menschenteufel einer Sekretärin in die Schreibmaschine zu diktieren. An Einzelheiten des Protokolls erinnere ich mich nicht, nur daran, daß ich zugegeben hätte, mit meinem Bettnachbarn auch mehrmals Analverkehr gehabt zu haben.

Am Schluß sollte ich das Protokoll unterschreiben. Als ich zögerte, drohte er: »Ich sperre dich so lange in die Zelle, bis du unterschreibst!«

Mein Herz klopfte fast aus dem Hals heraus. Mich überlief der kalte Schweiß, aber ich blieb eisern: »Nein, das kann ich nicht unterschreiben, weil es nicht stimmt!«

Da sprang er von seinem Schreibtisch und schrie: »Du verdammter Lügner. Dein Bettnachbar hat es unterschrieben, daß du ihm in den Arsch gefickt hast, und er dir, nicht nur einmal. Nun lasse ich dich sitzen, bis du die Wahrheit sagst.«

Er ließ einen Wachtmeister rufen und befahl, mich in der Untersuchungszelle des Rathauses einzusperren. Der Wachtmeister sagte: »Jawoll«, packte mich am Arm und führte mich die Steintreppe hinunter auf einen Flur vor eine eisenbeschlagene Tür mit einem riesigen Schloß. Da hinein steckte er einen der größten Schlüssel seines wahrscheinlich ein Kilo schweren Schlüsselbundes und schloß auf.

Weil ich nicht hinein wollte und stehen blieb, schob er mich sanft in die Zelle. Dabei schaute er mich mit einem mitleidigen Gesicht unter seinem Tschako an. Dann verschloß er die eiserne Zellentür von außen.

Völlig durcheinander stand ich in der Gefängniszelle. Zwar hatte ich in den letzten zehn Jahren schon eine ganze Menge von den Ungereimtheiten, Merkwürdigkeiten und vor allem auch vom Ernst des Lebens spüren können. Etwas abgehärtet war ich also mit meinem fünfzehn Jahren schon. Aber diese Teufelei einer Gestapovernehmung und nun die Einkerkerung – das schien mir des Bösen dieser Welt zuviel.

Ich blickte mich in dem schlauchartigen steinernen Käfig von etwa zwei Metern Breite, fünf Metern Länge und drei Metern Höhe um. Er hatte ein vergittertes Fensterloch hoch oben unter der Decke und einen Kloeimer in der Ecke. Dann warf ich mich verzweifelt auf die Klapp-Pritsche an der Wand und heulte hemmungslos.

Erste Zweifel an Ordnung und Gerechtigkeit in diesem bislang so heißgeliebten Vaterland kamen auf, nachdem ich die Heulattacke überwunden hatte. Ich lag auf der harten Pritsche und haderte mit meinem staatsverschuldeten Schicksal.

Aber ich machte mir auch Selbstvorwürfe. Mein Gott, diese Schande für Mutter und Vater! Ihr Ältester, ein 175er oder gar 176er! Entsetzlich! Dafür würde mich Vater schwer bestrafen – und das zu Recht!

Vielleicht flöge ich sogar von der Penne. Doch diesen schrecklichen Gedanken schob ich sofort beiseite. Soweit würde es wohl nicht kommen. Denn dann müßten ja mindestens die Hälfte der Konviktschüler und auch viele der übrigen Gymnasiasten rausgeworfen werden.

Ich sprang auf und versuchte aus dem Fensterloch in der halbmeterdicken Rathausmauer zu schauen. Mit Hilfe des etwas wackeligen Hockers gelang mir das schließlich. Ich blickte auf den kleinen Marktplatz mit dem wasserspeienden Neptun und dem Café Propf im Hintergrund, dem zentralen Treffpunkt zum Nachmittagskaffee. Die Sonne schien hell. Ich sah Bekannte, wollte um Hilfe schreien, ließ es aber dann lieber.

Danach lief ich in der Zelle auf und ab wie ein wildes Tier, das man eingefangen und eingesperrt hat. Es war kühl in dem uralten Gemäuer. Mich fror. Ich sah die dünne Filzdecke auf der Pritsche und bekam eine eisige Vorahnung von der Nacht.

Da klopfte es plötzlich an dem Fenster der Zellentür, das kurz danach aufgesperrt wurde. Man rief mich und hielt mir einen Blechnapf mit Suppe hin. Fünf Uhr nachmittags mag es gewesen sein. »Frühes Abendbrot also«, zitterte es mir durch die Glieder. Also wollte man mich über Nacht dabehalten.

»Ich hab keinen Hunger, will raus hier«, heulte ich los.

»Na, dann nich!« rief der Wärter ungnädig, zog den Napf zurück und verriegelte die Klappe.

»Laßt mich raus hier! Ich habe die Wahrheit gesagt, nicht gelogen!« Ich schrie wie am Spieß.

Dann schwächte ich meinen Hilferuf ab: »Bitte, bitte, machen Sie auf, lassen Sie mich nach Hause!«

Wahrscheinlich konnte mich niemand hören. Die dicken Mauern, die schwere Zellentür und das geschlossene Fensterloch dürften schalldicht gewesen sein. Trotzdem flehte ich unter Tränen weiter. Aber daß ich unterschreiben wollte, versprach ich nicht.

Ständig wechselte ich zwischen Hinundherlaufen, Auf-der-Pritsche-liegen und Aus-dem-Fensterloch-schauen. Es wurden die schlimmsten Stunden meines Lebens – bis heute!

Nach einer Ewigkeit von Angstquälerei begann es dämmrig zu werden. Da hörte ich plötzlich, daß der Schlüssel ins Türschloß gesteckt und aufgeschlossen wurde. Ich sprang von meiner Pritsche und blickte auf die Tür. Sie wurde geöffnet, ein Polizist erschien und forderte mich auf mitzukommen.

Ich wollte an ihm vorbeilaufen. Er sagte: »Halt! Warte!« Ich gehorchte. Er verschloß die Zellentür. Dann sagte er: »Komm mit« und führte mich die Steintreppe hinauf zum Vernehmungszimmer.

Da saß der leibhaftige Teufel hinter seinem Schreibtisch.

»Setz dich und unterschreib hier, du Arschficker! Sonst laß ich dich gleich wieder einsperren«, drohte der Gestapomann.

Ich blieb stehen und sagte: »Nein, das kann ich nicht unterschreiben, weil ich das nicht getan habe!« Als ich das raus hatte, erschrak ich selbst über meine Tollkühnheit. Denn damit hatte ich mich ihm erneut ausgeliefert.

Zu meiner riesigen Überraschung aber sagte er plötzlich: »Hau ab, du Wichser! Halt dich bereit. Ich hole dich wieder oder lasse dich holen. Hau ab!«

So schnell bin ich selten eine Treppe hinunter und aus einem Haus auf die Straße gelaufen. Es war die Wilhelmstraße, unsere Poussierpromenade für den frühabendlichen Flirt. Ich lief rasch auf die gegenüberliegende Seite und in eine Nebenstraße, damit mich bloß niemand von meinen Kameraden mit verweinten Augen sah. Es klappte.

Ich lief weiter, wollte zu Freunden meiner Eltern. Da sah ich unser Auto vor dem Parkhotel, wo wir früher unsere Pferde stehengelassen hatten, wenn wir mit dem Kutschwagen »in die Stadt« fuhren. Ich ging hinein. Drin saß Vater mit einem Bekannten. Er schaute mich erstaunt an und fragte, wieso ich nicht zu Hause sei. Er wußte also nichts.

Ohne meine Antwort abzuwarten, sagte er: »Warte im Auto, ich komme gleich!« Kurz danach kam er und fragte erneut. Da heulte ich los und erzählte ihm die Geschichte. Er hörte überraschend geduldig zu, stellte ein paar Zwischenfragen und sagte am Schluß nur: »Dieser verdammte Hasselwander, der Verbrecher!« Kein Wort des Vorwurfs oder gar der Schelte für mich. Ich begann, ihn zu lieben.

Mutter weinte herzzerreißend, als sie die Hiobsbotschaft erfuhr. Ich heulte mit. Dann nahm sie mich in den Arm und streichelte mich, wie schon lange nicht mehr.

Nach ein paar Tagen kam das dicke Ende. Ich wurde zum stellvertretenden Direktor gerufen, unserem Griechischlehrer, einem strammen Nazi. Er schaute mich mit dem schlimmsten Blick der Verachtung an und erklärte, ich sei mit sofortiger Wirkung der Schule verwiesen. Warum, wisse ich ja.

Dann hielt er mir das Abgangszeugnis hin. Ich nahm es beschämt und sagte: »Danke! Auf Wiedersehen, Herr Direktor!« Er antwortete lautstark mit: »Heil Hitler!« Dies tat er mit tadelndem Unterton, weil ich den vorgeschriebenen Gruß unterlassen hatte. Das war's dann: Mein unrühmliches Ende als Schüler des wegen seiner hohen Anforderungen gerühmten und gefürchteten Gymnasiums von Heiligenstadt.

Um es vorwegzunehmen: Ich wurde ein gutes Jahr später von dem Schwurgericht Nordhausen zusammen mit Hübner und ein paar anderen Missetätern zu einer Gefängnisstrafe verurteilt. Drei Monate auf Bewährung. Angeblich hatte ich das Protokoll unterschrieben, also gestanden. Ich bestritt es nochmals. Mein Rechtsanwalt widersprach nicht. Auch er glaubte mir nicht.

Ich war zum Zeitpunkt der Schandurteilsverkündung bereits in der Obersekunda des Kaiser-Wilhelm-Gymnasiums in Frankfurt am Main und hatte schreckliche Angst, wieder von der Schule zu fliegen. Aber es passierte nichts. Bis Frankfurt hat sich die Schande nicht herumgesprochen. Auch in meiner Schulakte fand ich kürzlich, bei einem Besuch des jetzt Freiherr-von-Stein-Schule genannten ehemaligen Kaiser-Wilhelm-Gymnasiums, keine Notiz darüber.

Als Knecht zur Probe auf Vaters Hof

Ganz ohne Vorwürfe ging mein schändlicher Rauswurf aus dem Gymnasium zu Hause nicht ab. Mutter hielt mir vor, daß ich ihr Vertrauen mißbraucht hätte. Vater monierte vor allem, daß ich mich hatte erwischen lassen. Aber die häusliche Schelte hielt sich in Grenzen.

Das traf mich fast noch mehr als das übliche große Donnerwetter. Denn ich fühlte mich trotz aller Ausreden zutiefst schuldig und war fest entschlossen, Buße zu tun. Es war Mitte Juni, ein paar Wochen vor den großen Schulferien.

Da schien mir beim Abendessen die passende Gelegenheit, mein Bußgelübde zu verkünden. Als die ganze inzwischen sechsköpfige Familie zusammensaß, faßte ich Mut und erklärte beinahe feierlich: »Vater, ich möchte Knecht werden!«

Vater schaute mir so in die Augen, daß es fast weh tat. Mutter tat einen gewaltigen Seufzer. Hansi grinste. Doris, damals zehn, interessierte das nicht, und Wilbert, knapp sechs, erst recht nicht.

»So, Knecht willst du werden«, wiederholte Vater meine bußfertige Absichtserklärung. »Dann weißt du ja, wann es morgen früh losgeht!?«

»Ja, Vater!«

Mutter fing an zu weinen. Das war für sie dann doch zuviel: Ihr Ältester, ihre Hoffnung und ihr Stolz, wollte nicht Landarzt, sondern Knecht werden! Hatte ihr Mann vielleicht doch recht mit seinem oft wiederholten Vorwurf: »Das ist *deine* Erziehung?!« Dies mag ihr durch den Kopf geschossen sein. Da kann man nur noch heulen. Sie tat es. Tage und Nächte lang.

Vater sah das gelassener. Er wußte wohl schon: In ein paar Wochen ist für ihn, den Phantasten, den Träumer, das Schularbeitenmachen eine Lust im Vergleich zur Knechtsarbeit auf dem Karlshof unter Vater Franz. Jedenfalls sorgte er bald selbst dafür, daß er recht behielt.

Am nächsten Morgen begann die Galeerensträflingszeit. Um vier Uhr klingelte der riesige Wecker auf dem Nachtschränkchen. Unüberhörbar! Ich sprang aus den Federn. Das hatte ich schon früher ausprobiert: Bloß nicht versuchen, langsam wach zu werden, sondern sofort aufspringen.

Das Anziehen der Jungknechtskluft – Turnhemd, Turnhose, Turnschuhe ohne Strümpfe, für frühmorgens eine alte kurze Hose und einen Pullover darüber – war in zwei Minuten erledigt. Waschen oder baden mußten wir uns abends vor dem Zubettgehen. Fürs Baden hatten Hansi und ich den zwei Meter hohen Badeofen mit seinem Kupferblechzylinder für zweihundert Liter Brunnenwasser selbst mit Papier und Holzscheiten anzuheizen und mit Braunkohlenbriketts das Feuer in Gang zu halten. Das Baden in der Wanne voll heißen Wassers war eine der täglichen Freuden, nachdem der erste Brennschmerz vom Sonnenbrand und den zahlreichen frischen Riß- und Schürfwunden von der Arbeit vorbei war. Oft machten Hansi und ich ein Wettauchen daraus. Bald konnte ich länger unter Wasser bleiben als er. Das war eines der nur wenigen Dinge, in denen ich besser war als er.

Morgens mußten wir nur das Gesicht kurz mit kaltem Wasser munter machen und die Zähne putzen. Danach schlich ich leise die Treppe hinunter, damit sonst keiner aufwachte, lief in den Pferdestall und half Johannes und August, meinen Knechtskollegen, beim Füttern. Dann bot ich mich im Kuhstall Franz und Emil als Hilfsarbeiter an. Zum Melken konnten sie mich nicht gebrauchen. Das konnte ich nicht fix genug mit meinen kleinen Hebammenpfoten. Auch das Ausmelken, die wichtigste Vorsorge gegen Euterentzündungen, machte ich nicht gut genug. Also blieb für mich nur Füttern und Ausmisten als Knechtsdienst.

Zwischen sechs und sieben Uhr wurde ich von Mutter zum Kaffeetrinken reingerufen. Da gab's heiße Milch und Musbrote von selbstgemusten Birnen und Zwetschgen. Das mußte hopphopp gehen. Denn Vater und Mutter hatten mir immer wieder vorgebetet: »Wie man ißt, so arbeitet man.«

Vor sieben Uhr schon wurden die Pferde angespannt, um aufs Feld zu fahren. In der zweiten Junihälfte war noch Heuernte. Da mußte das mit pferdegezogenen Grasmähern geschnittene, in endlosen, gut meterbreiten Schwaden liegende, oben zu Heu grau getrocknete, unten noch grünfeuchte Gras mit einer vielstiftzahnigen Harke gewendet werden. Mähen war Großknechts-, Wenden Magds- und Jungknechtsarbeit.

Zu viert oder zu fünft nebeneinander wendeten wir das Heu. Jedem war eine Schwade zugeteilt. Anstrengend wurde es erst nach ein paar Stunden, wenn uns der ablenkende Erzählstoff ausgegangen war. Da taten mir dann auch öfters das Kreuz und die Arme weh vom Muskelkater – den sich die Gymnasiasten bei Spiel und Sport holten, was ihn zweifellos erträglicher machte.

Wenn das Heu richtig trocken war, mußte es auf die großen Leiterwagen geladen werden. Da war ich dann der »Lader vom Heudienst«, eine vergleichsweise angenehme Aufgabe, weil Heu ja bekanntlich auch als weiches Schlaflager einen guten Ruf hat. Ein Problem war nur das symmetrische Packen des ungebündelten Heus. Da geriet das drei bis vier Meter hohe Fuder am Ende manchmal so schief, daß es auf dem Heimweg in einer Kurve umstürzte.

Schuld war immer ich, entschied Vater. Doppelt schuld, wenn ich Lader und Leitpferdeführer zugleich war. Dann gab's Krach.

Im Juli begann die Rapsernte, die bereits erwähnte und wegen des harten Rapsstrohs mit Recht gefürchtete Nachtarbeit. Nur vor dem Auf- und Ablagen getrockneten Erbsstrohs kurz vor Ernteschluß fürchtete ich mich etwa gleich stark.

Etwa gleichzeitig mit dem Raps mußte die Gerste geerntet werden. Dies war im Vergleich zu Roggen, Weizen und Hafer die unangenehmste Getreideart. Denn die Gerstenähre ist viel- und feinstachelig. Da fliegen dem Lader die Stacheln auch öfters in Mund und Rachen und verursachen Hustenanfälle. Außerdem kratzen die Stacheln an der weithin nackten Haut. Wenn ich das hohe Lied vom Gerstensaft singen höre, kratzt es mich noch heute im Hals.

Während der Gerstenernte wurde öfters ein Kleiner Maschinentag eingelegt. Dieser fand auf dem Hof vor der Scheune mit der hofeigenen elektromotorgetriebenen Dreschmaschine statt. Sein Pendant, der Große Maschinentag, lief in der riesigen Feldscheune ab, dreihundert Meter vom Hof entfernt, am Rande der Weiden, und zwar als Mietdienst vom Schmied, der eine auf Drescharbeit umgearbeitete Dampflokomotive besaß und eine Riesendreschmaschine dazu.

Der Kleine Maschinentag war immer ein Schreckenstag. Es klappte nie, wie Vater das wollte. Entweder blieb der oft funkensprühende Elektromotor in seinem fahrbaren Holzhäuschen stehen, oder ein Strohbündel verklemmte sich in der Dreschtrommel, oder es klappte mit dem Zuwerfen der Strohbündel mit der Mist- und Getreidegabel nicht, oder der Strohbinder, eine kleine Extramaschine hinter der großen Dreschmaschine, band das Strohbündel nicht, weil die Bindfadenrolle nicht rechtzeitig nachgelegt wurde. Im Zweifelsfall erklärte Vater mich zum Haupt- oder Mitschuldigen, manchmal zu Unrecht.

Einmal hätte ich mich beinahe selbst hingerichtet – nach Art des Todes auf dem elektrischen Stuhl. Auf dem Holzgehäuse des Elektromotors stand ein riesiges Warnschild mit der Aufschrift »Vorsicht elektrischer Strom! Berühren des Motors verboten!« Für den Fall, daß wir das Verbot mißachteten, hatte uns Vater Prügel angedroht.

Genau das muß der Anreiz gewesen sein. In einem unbewachten

Augenblick übermannte mich die Neugierde, wie man den Wissensdurst von Kindern und Frauen nennt. Bei Männern heißt das Wissensdrang, bei Akademikern Forschergeist…

Ich wollte nämlich wissen, ob man wirklich einen Schlag bekam, wenn man den Griff zum Regulieren des Motorlaufs anfaßte. Vater – und in seiner Vertretung der Großknecht – taten das ja auch.

Bald wußte ich es. Als ich den Hebel berührte, ließ mich ein Hochvoltstromstoß die Engel im Himmel trompeten hören. Vater habe ich das nie gebeichtet, auch Mutter nicht, aber aus anderem Grund. Hansi wollte sich kaputtlachen.

Das Schlimmste eines Kleinen Maschinentages habe ich noch nicht erzählt. Es war die von der Dreschtrommel ausgeworfene Getreidestaubwolke. Der Hustenreiz aus den Staublungen der Asbestarbeiter kann nicht stärker sein als der von uns Dreschmaschinengeplagten beim Separieren von Körnern und Stroh nach der Gersten- und Erbsenernte. Wie ein Schornsteinfeger nach der Innenkaminbesteigung sah ich aus – allerdings mit Grauton.

Im August war das böse Ende der freiwilligen Knechtschaft abzusehen. Es bedurfte nur noch einer kleineren bis mittleren knechtischen Ungeschicklichkeit, keiner großen mehr. Alle warteten nur darauf: Sämtliche Mägde und Knechte, alle Tagelöhner, Hansi, Doris, Wilbert, Mutter und speziell ich. Denn inzwischen bedauerten mich alle, hofften, daß mit einem schrecklichen Donnerwetter der Schlußpunkt unter das gesetzt würde, was sonst ein Schrecken ohne Ende zu werden drohte.

Jede Oper mit tragischem Ausgang hat eine unheilprophezeiende Ouvertüre. So war es auch bei der Sohnesknechtsoper auf dem Karlshof. Allerdings spielte die Ouvertüre ein paar Tage vor der Oper. Es war kurz vor Feierabend, als das stimmgewaltige Jungknechtsdrama seinen theatralischen Höhepunkt erreichte. Als Opernbühne bot sich die Feldscheune an. Die Haferfuder waren geladen, und ein großer Leiterwagen sollte leer mit auf den Hof genommen werden.

Ich hätte besser mit Hansi und anderen das kurze Stück über die Weide nach Hause gehen sollen. Doch meine Beine taten so weh, daß ich lieber auf dem Leitpferd, das den Leiterwagen mitzog, nach Hause reiten wollte. Also kletterte ich auf das Pferd und setzte das Gespann mit Leiterwagen in Bewegung. Dabei galt es, zunächst geradeaus zu reiten, um das fünf Meter lange hölzerne Ungetüm aus der Scheune herauszubugsieren.

Doch ich war wohl zu müde, um richtig auf mein Leitpferd aufzupassen. Das aber hatte Durst und Hunger auf seine Abendmahlzeit mit viel Hafer zur Belohnung und wollte auf dem kürzesten Weg in den Stall. Also bog es nach rechts in Richtung Heimat, bevor das Hinterteil des eisenbeschlagenen Wagens mit seinen riesigen Speichenrädern an dem letzten scheunentragenden Holzträger vorbei war. Es krachte so laut, daß Vater es am anderen Ende der Scheune hörte. Im Nu stand er neben Max, dem Kurvenschneider. Im Vorbeisprinten hatte er die Bescherung gesehen. Das letzte Stück des Leitergerüstes war abgebrochen.

Vater zerrte mich am fast nackten linken Bein vom nackten warmen Fell des Braunschimmels und riß die Lederriemenpeitsche aus dem Zuggeschirrköcher des Pferdes, um mich windelweich zu schlagen. Dabei schrie er, daß alle den gerechten Prügelgrund hören konnten: »Du verdammter Faulenzer! Wer hat dich denn geheißen, daß du den Leiterwagen nach Hause fahren solltest! Hansi läuft, der hätte den Wagen nicht kaputtgefahren. Ich werde dir helfen!«

Ich werde dir helfen. So nannten es die Eltern auf dem Eichsfeld, wenn sie ihren Kindern Schläge androhten. Erziehungs*hilfe* wird wohl gemeint gewesen sein. Weil Eltern für ihre Kinder haften, galten damals zuwenig Prügel als Erziehungsmangel. In Preußen trugen die Schullehrer noch Anfang der zwanziger Jahre auch bei Sonnenschein neben dem Regenschirm mit Silbergriff einen Rohrstock bei sich – als Symbol ihres staatlichen Erziehungsauftrags.

Was mir Vater an diesem Feierabend angetan hat, wäre eigentlich unverzeihbar – auch aus damaliger Sicht. Trotzdem habe ich ihm im Spätsommer 1945 auch das verziehen.

In seinem Jähzorn schlug er mich nahezu krankenhausreif. Drei Tage mußte ich im Bett liegen. So übersät war ich mit breitstreifigen Blutergüssen. Maximale Eigenbluttherapie!

Damals hat Mutter Vater gedroht, sie würde ihn auf der Stelle verlassen, wenn er mich noch einmal auch nur annähernd so mißhandelte. Das hat sie übrigens in dreiundzwanzig Ehejahren dreimal getan. Dreimal ist sie geflüchtet. Leider immer nur mit Doris und Wilbert, den beiden Kleinsten. Wir Zurückgelassenen waren dann wohl der demonstrative Beweis dafür, daß Mutter Vaters Besserungsversprechen glauben wollte.

Nach der Ouvertüre nun gleich der letzte Akt der tragischen Oper, mit der die Sohnesknecht-Festspielwochen zu Ende gingen. Es war ein sehr kurzer Akt. Bühne blieb die Feldscheune, wenige Tage, nachdem die abschließende Gelbtönung der Blaublutergüsse abgeklungen war. »Großer Maschinentag« stand auf dem Operationsprogramm des Karlshofbauern.

Es wurde Weizen gedroschen. In der luftigen Feldscheune mit Dampflok und großer Besetzung an Helfern beim »Maschinen« machte der Große Maschinentag im Vergleich zum Kleinen beinahe Spaß. Ich war dazu eingeteilt, auf der Weizenpanse, also dem viele Schichten hohen Stapellager für die Weizenbündel, die Bündel einzeln aufzuheben und einem Mitknecht zuzuwerfen, der sie mit der Gabel dem »Dreschmann« hinter der Dreschtrommel servierte. Das tat ich in gehörigem Tempo, so daß kein Leerlauf der Trommel eintreten konnte.

Da passierte es im Eifer des Dreschgefechts, daß mir der knechtische Kollege mit seiner Forke in den Daumenballen stach. Er hatte zugestochen, als ich das Bündel noch halb in den Händen hielt. Die Wunde blutete stark. Also mußte ich wohl unterbrechen und kletterte von der Panse herunter. Vater sah mich bluten.

Er schrie mich an, aber er schlug mich nicht. Dann mußte ich mich hinten auf sein Motorrad setzen und wir fuhren auf den Hof. Dort packte er mich am Kragen und dirigierte mich zu Mutter in die Küche.

»Da hast du ihn, deinen Kronsohn!« Mit diesen Worten schubste er mich auf sie zu. Sie nahm mich in den Arm und schrie Vater an: »Du Ungeheuer! Ich halte das nicht mehr aus!«

Vater verschwand. Mutter nahm das Taschentuch ab, das ich mir zur Blutstillung um die Wunde gewickelt hatte. Es blutete nicht mehr. Da küßte sie mich auf den Daumenballen. Das war der Himmel!

Dann holte sie Jod und eine Binde und versorgte die Stichwunde als Familienkrankenschwester kunstgerecht. Danach sagte sie liebevoll: »Mein Junge, setz dich mal zu mir. Ich habe mir in den letzten Wochen überlegt, wie wir diese böse Geschichte zwischen Vater und dir beenden können.«

Sodann offenbarte sie mir ihren Operationsplan zur Trennung von Vater und Sohn mit einem gordischen Schwertschlag.

Ich solle mit dem Fahrrad nach Heiligenstadt zu Paul Trümper fahren, dem Haus- und Hofjäger in Vaters Jagdrevier. Vater hatte seit eh und je die Jagd gepachtet, nicht nur die Reinholteroder Feldflur von 875 Hektar Größe, sondern auch viele Hektar Wald und Feld der

Nachbardörfer dazu. Er selbst war ein Sonntagsjäger. Wenn er zu Jagdsaisonbeginn im Oktober den ersten Hasen geschossen hatte und bei der großen Treibjagd auch noch ein oder zwei, war sein »Soll« als Jagdpächter erfüllt.

Also brauchte er einen passionierten Hobbyjäger. Das war Paul Trümper, unser »Herr Trümper«, nicht mehr Onkel, weil wir schon Gymnasiasten waren, als er zum festen Bestandteil des Karlshofstaates wurde. Dies blieb er bis zur Flucht der Karlshof-Restfamilie von Ost nach West im November 1945.

Auf unseren Herrn Trümper war Verlaß. Er hatte schon vieles mit Mutter und uns Kindern »durchgesteckt«, um uns vor Vaters Strenge, Geiz und Jähzorn zu schützen. Wie er sein Geld verdiente, habe ich nie erfahren. Es ging ihm gut. Er hatte ein großes schönes Haus in Heiligenstadt und – uns zur Freude – unendlich viel freie Zeit.

Zu diesem Nothelfer der vaterschikanierten Familie sollte ich fliehen, bei ihm über Nacht bleiben und am nächsten Tag mit dem Fahrrad nach Frankfurt am Main weiterfahren. Dort erwarte mich Onkel Adalbert, Mutters Bruder. Bei ihm könne ich wohnen und in Frankfurt eine »Presse« besuchen, um mich für eine Aufnahmeprüfung an einem Frankfurter Gymnasium einpauken zu lassen.

Ich umarmte Mutter überglücklich und hielt mich lange an ihr fest. Dann heulten wir im Duett. Doch plötzlich riß sie sich los: »Schnell, schnell, wir müssen uns beeilen. Bevor Vater wiederkommt, mußt du über alle Berge sein!«

Sie raffte rasch eine große Portion Proviant an Wurst, Butter und Brot zusammen und steckte sie mir mit einer Feldflasche voll gesüßtem Pfefferminztee, mit Messer, Gabel und Blechbecher in einen Rucksack. Dazu packte sie ein paar Klamotten zum Wechseln und einen Regenumhang. Am Schluß der tränenreichen Abschiedsumarmung steckte sie mir fünf Reichsmark, ein kleines Vermögen, als Reisegeld für alle Fälle zu.

Alles ging ruckzuck. Dann ab die Post per Fahrrad Richtung Heiligenstadt, mit dem Rucksack auf dem Buckel und einem Persilkarton auf dem Gepäckträger.

Herr Trümper war telefonisch verständigt worden. Er erwartete mich und bereitete uns beiden – seine Frau war nicht da – ein köstliches Abendbrot. Dann kontrollierten wir zusammen den Reifendruck und überprüften die Fahrradtasche auf Vollständigkeit an Reparaturwerkzeug.

Schließlich breitete er eine Landkarte aus und zeigte mir, wie ich fahren mußte. Sein Rat: Ich solle auf der Hauptstraße bleiben, lieber auf Abkürzungen verzichten, damit ich mich nicht verfuhr. Die Namen der Städte auf der Stecke nach Frankfurt mußte ich der Reihe nach auf einen Zettel schreiben, denn die kostbare Landkarte konnte er mir nicht mitgeben. Wir rechneten zusammen aus, daß rund zweihundert Kilometer per Pedalantrieb zu bewältigen waren.

Dann packte er mich ins Bett. Um sechs würde er mich wecken, gab er mir mit auf die nächtliche Traumreise. Ob ich geträumt habe, weiß ich nicht mehr. Schon um vier war ich putzmunter, wartete aber trotz meiner Ungeduld lautlos, um den Fluchthelfer nicht in seiner Nachtruhe zu stören.

Kurz vor sechs weckte mich Herr Trümper. Schnell stopfte ich ein Musbrot in mich hinein und spülte eine Tasse Muckefuck hinterher. Dann begleitete mich das Prachtstück eines etwa vierzigjährigen, breitscheiteligen »Jägers von Kurpfalz« nach unten zum Fahrrad. Ich verabschiedete mich per Handschlag, sagte mindestens fünfmal danke und schwang mich auf das mit allem Reisezubehör beladene Stahlroß.

Ein himmlisches Gefühl durchrieselte mich. Endlich – beinahe – vogelfrei. Los- und ausgelassen pfiff und sang ich vor mich hin: »Nun ade, du mein lieb Heimatland«, »Kommt ein Vogel geflogen«, »Waldeslust« und all die Volkslieder, die ich schon als Kind gelernt hatte. Nach vaterländischen Liedern war mir in dem Gedanken an den Staatsdiener Arno H. nicht mehr zumute.

Die erste Pause legte ich hinter Kassel ein. Da tat mir der Po schon ein bißchen weh, und es kündigte sich mit stärkerer Hautrötung eine Verbrennung ersten Grades an. Es sollte stellenweise eine zweiten Grades werden, mit Blasenbildung. Denn die Sonne schien zwar tempobeschleunigend, aber gnadenlos auf die sonnenempfindliche Haut des strohblonden Junggermanen.

Übrigens müßte ich schon vor dreißig Jahren an Schwarzem Hautkrebs verstorben sein, wenn die schulmedizinische Theorie stimmen würde, daß Kinder mit häufigem Sonnenbrand in überdurchschnittlichem Maße von Malignem Melanom bedroht sind. Mehr Sonnenbrände, als ich sie als Kind und später hatte, kann niemand bekommen!

Am Nachmittag meiner Vaterflucht nahm mich samt Fluchtfahrzeug – etwa in der Mitte zwischen Kassel und Frankfurt – ein mitleidiger Lastwagenfahrer etwa dreißig Kilometer mit. Anschließend strampelte ich weiter. Leider ging die Wegstrecke über viel bergiges Gelände. Eine Flachlandfahrt durch die Lüneburger Heide zur Nordsee wäre mir lieber gewesen.

Nachts zwischen zehn und elf erreichte ich Frankfurt. Auf den letzten Kilometern hatte mir die Angst vor der Finsternis im Nacken gesessen. Deshalb war ich heilfroh, als ich endlich die von Straßenlampen hell erleuchtete Großstadt erreichte.

Zum Oberweg 57 mußte ich, ziemlich in Stadtmitte gelegen. Ich fragte mich durch und benutzte streckenweise die leeren Bürgersteige als Radweg, bis mich ein Polizist anhielt. Ob ich nicht wüßte, daß man auf Trottoirs nicht mit dem Rad fahren dürfte, wollte er wissen. Ich stotterte, daß ich aus einem Dorf auf dem Eichsfeld käme. Mit einem beleidigenden »Ach so« entschuldigte er mich als »Unschuld vom Lande«.

Kurz vor elf kam ich bei Onkel Adalbert und Tante Erna an. Man hatte schon auf mich gewartet. Lange erzählt wurde nicht mehr. Nach kurzer Abfütterung im Stehen steckte mich Tante Erna in die Badewanne. Dann fiel ich ins Bett. Morgens lag die Bettdecke weit entfernt auf dem Boden. Ich hatte im Tiefschlaf mit letzter Kraft weitergestrampelt, die Angst vor der Finsternis immer noch im Nacken!

Später erfuhr ich: Knapp drei Tage lang hatte Mutter Vater in der Angst bestärkt, daß ich »mir etwas angetan« hätte. Er selbst suchte die Scheunen und alle Wälder ringsum nach mir ab. Denn sonst durfte es ja keiner wissen. Immer wieder soll er in schrecklicher Ungewißheit und tiefster Zerknirschung nach Hause gekommen sein. Mutter blieb hart – ließ ihn zappeln. In den drei Tagen sei er um ein paar Jahre gealtert, erzählte Mutter später augenzwinkernd. Als frühen Greis hätte sie ihn aber nicht weiter verwahren wollen. Deshalb habe sie am dritten Tag ihr Geheimnis gelüftet. So zahm und friedfertig wie in der folgenden Woche sei ihr Franz in allen dreiundzwanzig Ehejahren nicht gewesen.

Mein Gott, lieber Vater, hätte ich dir nur einmal in dein unergründliches Rätselherz schauen können!

GROSSSTADT FRANKFURT ALS VERSAGERASYL UND AUFWÄRTSZÜNDER

Die Großstadt Frankfurt faszinierte mich vom ersten Morgen an. Nach dem durchstrampelten Tiefschlaf rieb ich mir die grau-blaugrünen Augen aus, kletterte vor Muskelkater steif aus dem Bett und blickte durch das große Doppelfenster der herrschaftlichen Onkelvilla auf die Straße hinunter.

Die größte Stadt, in der ich bis dahin längere Zeit gelebt hatte, war Ahlen in Westfalen. Zwar einige Nummern größer als Heiligenstadt, doch eine Kleinstadt im Vergleich zu der Halbmillionenstadt am Main. Nun sah ich eine Straßenbahn voller Menschen mit lautem Gebimmel links den Oberweg entlangfahren. Dahinter war ein Riesenschaufenster, so groß, wie ich es noch nie gesehen hatte. Gegenüber waren mächtige vierstöckige Wohngebäude, den Oberweg entlang nach rechts, so weit ich vom Fenster aus sehen konnte. Ihre Dächer waren so hoch, daß es mir die Sicht auf den Himmel fast ganz versperrte. Doch die hoffnungsvolle Aussicht auf einen Himmel auf Erden war mir lieber als der unendlich große Himmel über Vaters Vorhölle.

In diesem Hochgefühl hörte ich Schritte die Treppe hinunterkommen. Ich zog den Schlafanzug, den mir Mutter mit eingepackt hatte, über die kurze Unterhose und machte mich hausfein. Dann öffnete ich die Tür meines künftigen Schlaf- und Studierzimmers, ganz behutsam und leise, wie sich das in einem vornehmen Haus gehört.

»Guten Morgen, Tante Erna«, rief ich ihr die Treppe hinunter nach. »Guten Morgen, Karl Heinz, hast du gut geschlafen? Geh ins Badezimmer und wasch dich. Dann zieh dich an und komm zum Kaffeetrinken.« Ich tat wie geheißen, zog das beste »Zeug« an, das mir Mutter zu den wohlsituierten »Frankfurtern« mitgegeben hatte, damit wir, sie und ich, uns nicht schämen mußten.

Unten im Eßzimmer ging es ungewohnt fein zu, besser noch als sonn- und feiertags zum Morgenkaffee bei uns zu Hause. Der mit kostbarem Geschirr auf weißer Stickdecke hergerichtete Tisch mit den Servietten neben dem Gedeck und den schweren hochlehnigen Stühlen davor machte mich ein bißchen verlegen. Ich schaute mir schnell noch mal meine Fingernägel an, ob die auch blitzsauber waren und zu den feinen Tischsitten paßten. Ja, es ging. Meine »Hebammenhände« – Mutters Hoffnung auf geburtshilfliche Berufswünsche – waren zwar rissig und rauh geworden vom Zupackenmüssen als Bauernknecht. Aber ich hatte sie mit Wasser, Seife und Bürste blank geschrubbt.

»Setz dich, Junge, und greif zu«, ermunterte mich meine Ersatzmutter. Es war bereits halb neun und wir waren allein. Onkel Adalbert war schon in seiner Großbank, wo er mittlere Karriere gemacht und es zum Reichsbankrat gebracht hatte. Heinz-Günther, mein drei Jahre älterer Cousin, saß bereits auf der Schulbank der Wöhler-Oberschule, nicht weit weg von seinem Elternhaus. Er wurde zu meinem großen Vorbild, vorgelebt von ihm, aber vor allem täglich hingelobt von seiner Mutter, die auf ihr einziges Kind über die Maßen stolz war.

Heinz-Günther konnte Klavier spielen wie ein junger Gott. Nie wurde mir seine stundenlange Überei auf den Elfenbeintasten zu viel, die weder die starke Wohnzimmerdecke noch die Zwischenwände bis zu meiner Studierbude dämpfen konnten. Im Gegenteil, flotte Musik hat mich immer munter gemacht – sehr zur Qual meiner Mutter.

»Stell das Radio leiser«, höre ich sie immer noch von der Küche zu mir nach oben rufen, wenn ich mich in den Ferien auf bessere Schulnoten und im Urlaub als Medizinstudent aufs Physikum einpaukte. Sie wußte nicht, daß bei mir ohne flotte Musik mit deutlich spürbaren Trommelfellschwingungen weniger hängenblieb.

Im Klavierspielen wollte ich meinem Cousin nicht nacheifern, dafür im Sport um so mehr. Er war ein überdurchschnittlich guter Leichtathlet und Schwimmer. Das motivierte mich. In Leichtathletik und Schwimmen gehörte ich bald zu den Klassenbesten.

Gute Tischmanieren kannte und beherrschte ich von zu Hause. Aber etwas anderes war neu für mich: Die Atmosphäre in dieser Beamtenfamilie unterschied sich in vieler Beziehung wohltuend von dem Umgangston auf unserem Bauernhof sowie auch im Konvikt. Da gab es keine Hast, keine Überraschungen, keine Streitereien.

Man benahm sich rücksichtsvoll. Onkel Adalbert zelebrierte geradezu den feinen gesellschaftlichen Umgangston, sprach mit wohlgesetzten Worten und beinahe feierlichem Unterton. Nicht ein einziges böses Wort hörte ich von ihm.

Tante Erna, eine kleine, dunkelhaarige, quecksilbrige Mittfünfzigerin, sprach ein thüringisch unterlegtes – sie hatte in Erfurt sprechen gelernt – Möchtegern-Frankfurter Spitzdeutsch, gestelzt, aber allgemein verständlich. Mich ließ sie bei aller verwandtschaftlichen

Gastfreundschaft immer wieder spüren, daß ich vom Land kam und ihrem Heinz-Günther das Wasser nicht reichen konnte.

An diesem Morgen beim ersten gemeinsamen Kaffee überbot sie sich an Gesten der Gastfreundschaft. Es gab Brötchen statt Bauernbrot, Delikateßmargarine statt selbstgemachter Butter – ich mochte sie damals viel lieber –, Konfitüre statt Mus und sogar ein Ei, dazu Kakao, zuckersüß. Es schmeckte mir wie noch nie beim Morgenkaffee. Da war ich wohl im Himmel auf Erden gelandet! – Genug über die Anfangsschwärmerei, die sich zwar abschwächte, aber in vielerlei Beziehung als gehobene Grundstimmung mein Leben im Oberweg auch weiterhin beherrschte.

Bald kam Mutter nachgereist und meldete mich in einer Presse an. »Professor Brunners Höhere Privatschule Westend« nannte sie sich.

Die Aufnahme in die Untersekunda war nach Vorzeigen des Abgangszeugnisses ohne Prüfung mit höherem Schulgeld käuflich zu erwerben. Immerhin hatte ich ja auf dem freundlicherweise nicht als »Rausschmiß«-, sondern als »Abgangs«-Zeugnis titulierten Zensurenblatt kein einziges Mal »Nicht genügend«, die damals schlechteste der vier Noten. Diese Bescheinigung über meinen Abgang aus der Obersekunda war vom Oberstudienrat und SA-Führer Herlerth zweimal unterschrieben, rechts in Vertretung des Klassenleiters und links als Direktor der »Abteilung Gymnasium i.U.z. Deutschen Oberschule« der »Vereinigten Höheren Schulen zu Heiligenstadt/E.« Der ursprüngliche Name »Staatliches Katholisches Gymnasium« war – wie ich erst jetzt nachgelesen habe – dem glaubensfeindlichen Schulsystem der Nationalsozialisten zum Opfer gefallen.

Zur »Allgemeinen Beurteilung des körperlichen, charakterlichen und geistigen Strebens und Gesamterfolges« hieß es in der Abgangsbescheinigung: »Um körperliche Ertüchtigung mit ausreichendem Erfolg bemüht; den wissenschaftlichen Fächern brachte er wenig Interesse entgegen und erzielte dementsprechend nur leidliche Erfolge.«

Die Leistungen wurden in den fünfzehn Fächern ausnahmslos mit Genügend bewertet. Das war sowohl im Negativen wie im Positiven ungerecht. In Leibeserziehungen hatte ich mindestens eine Zwei verdient, auch in Deutsch und Biologie, öfters wohl nicht. In Mathematik dagegen wäre nur ein Nicht genügend gerecht gewesen, und auch in Religionslehre und Chemie hätte ich eher eine Vier verdient.

Die Begründung des hoheitlich verfügten Abgangs folgte am Schluß unter »III. Bemerkung«: »Nach Maßgabe der Ziffer II des Mini-

sterialerlasses über Schülerauslese vom 27.3.1934 – E-III-E-202 – ist er
von der Schule verwiesen worden.«

Den Text des Erlasses habe ich übrigens nie in Erfahrung bringen
können. Jedenfalls war es wohl mit der »Auslese« nicht sehr weit her,
denn wenig später flog ich auch aus der Hitlerjugend, wurde allerdings 1938 auf meinen Antrag hin wieder aufgenommen. Onkel Adalbert hatte mir dringend zur Antragstellung geraten, weil es sich für
einen deutschen Jungen so gehöre. Er selbst war Parteigenosse der
Karriere wegen, aber kein überzeugter Nazi. Ich gehorchte.

Obwohl es Mode wurde, sich schon vor dem achtzehnten Lebensjahr um Aufnahme in die Partei des Führers, die NSDAP, zu bewerben, unterließ ich das. Aus dem einstigen präpubertären Jungvolk-
idealisten war unter dem Eindruck der Gestapo-Erfahrung nie mehr
als ein passiver HJ-Mitläufer geworden.

Vater sollte in seiner Vorausschätzung meiner nachknechtlichen
geistigen Arbeitsbereitschaft recht behalten: Die Schularbeit auf der
Presse wuchs sich zur regelrechten Lerntriebhaftigkeit aus.

Sonst trieb mich nichts mehr! Eine platonische Schwärmerei für
eine von den Nazis mit dem Stern für die Zugehörigkeit zu einer besseren Rasse ausgezeichnete süße, schwarzhaarige Oberweg-Nach-
barin half mir gegen irgendwelche triebhaften Entgleisungen. Auch
meine spätere Tanzstundenliebe verführte mich nicht einmal zu
Hand-, geschweige denn zu Mundgreiflichkeiten. Und vor der Berührung von Knabenhaut bewahrte mich ein tiefliegender Ekel. Ich
wurde und blieb ein unschuldiges Frankfurter Würstchen.

Frankfurter Würstchen – auch aus Fleisch, ohne Blut, aber mit
geräucherter Pelle – gehören zu den schönsten Erinnerungen an Frankfurt. Was sich im Börsenkeller nahe der Hauptwache abspielte, wenn
Mutter mich besuchte, war die reinste Freßorgie. »Frankfurter Würstchen satt« stand dann auf ihrem Spendierprogramm. Ein Dutzend mit
mehreren Portionen aus dem Senfspender schaffte ich spielend. Das
hängt mir bis heute an: Als Vertilger von Frankfurter Würstchen und
Eis aller Sorten sollte ich im Guinnessbuch der Rekorde stehen!

Zur Presse fuhr ich jeden Morgen mit der Straßenbahnlinie 3, die
mich von der Wohnungstür bis zur Schulpforte brachte. In besonderer Erinnerung habe ich meinen Mathematiklehrer Hultzsch, der für
ein Vierteljahr auch mein Nachhilfelehrer war. Er war der Typ des für
uns Schüler zum Hänseln geborenen Gymnasiallehrers: Klein, leise,
wehruntüchtig.

Als sein ein und alles entpuppte sich ein Langhaardackel, in Affenliebe zum Großmops angefüttert. Der begrüßte mich, wenn ich die bescheidene Lehrerwohnung betrat, um mir das Große Einmaleins beibringen zu lassen – selbst das war mir zu hoch. Die Geruchsmischung aus neuantikem Mobiliarmuff, billigem Pfeifentabakduft und Langhaardackelodeur steckt mir noch heute in der Nase.

Studienrat Hultzsch hatte die Gabe, den Faulsten und Dümmsten zum Mitdenken zu zwingen. Der Faulste war ich zwar nicht mehr, aber mathematisch strohdumm. Sein Lehrtrick: Tangoschritt für Zwerge = drei Schrittchen vor, zwei Schrittchen zurück. Das bringt, rechnerisch gesehen, immer ein Schrittchen vorwärts. Langer Schreibe schwacher Sinn: Nach drei Monaten Hultzsch-Tango war Mathematik neben Sport mein Lieblingsfach und blieb es bis zum Abitur.

Von den übrigen Privatschullehrern erinnere ich mich nur an den Geschichtspauker, das heißt mehr an seine vaterlandsverliebte Geschichtsdeutung als an ihn selbst. Er brachte es tatsächlich fertig, mich halb umzupolen, aus dem – zugegeben nur passiven – Anti-Nationalsozialisten einen halben Vaterlandsidealisten zu machen. Vor allem schürte er unsere – nicht nur meine – abgrundtiefe Verachtung von Päpsten, indem er über Kaiser Heinrichs Demütigung in Canossa, über Papst Alexander VI. und andere päpstliche Schwerverbrecher mit Heiligenschein ausgiebig dozierte.

Dies ist aber bei weitem nicht der einzige Grund, warum ich ein stark gestörtes Verhältnis zu dem katholischen Bodenpersonal Gottes habe – was indes meine Toleranz gegenüber Religionen als Glaubensgemeinschaften nicht einschränkt. Das Menschenrecht eines jeden einzelnen, in seinem Glauben selig zu sein und zu bleiben, sollte allen heilig sein. Aber die von vielen Religionsführern verkündete Intoleranz gegenüber Andersgläubigen ist Teufelswerk zum Machtmißbrauch, nichts anderes.

Im Dezember 1937 bestand ich die Aufnahmeprüfung für die Obersekunda des Kaiser-Wilhelm-Gymnasiums (KWG) in Frankfurt-Sachsenhausen, das ich dann ab Ostern 1938 besuchte. Irgendwann im Winter 1937/38 kam es zum Bruch zwischen Mutter und ihrem Bruder Adalbert. Markante Eigenheiten von Tante Erna als Ersatzmutter waren der Hauptgrund. Da gab es einiges zu beanstanden. Schwamm drüber! Alles in allem habe ich das halbe Jahr im Oberweg in guter Erinnerung.

Ich wurde ans Nordende von Frankfurt zu weit entfernten Verwandten in die Comeniusstraße umquartiert. Mutter war von der schnellen Truppe. Die ganze Aktion von bilanzierender Aussprache im Oberweg, über Kofferpacken, Taxifahrt zur Comeniusstraße und Einquartierung dauerte zwei Stunden.

Ich bekam das schönste Zimmer des Hauses, eine Erkerstube unten mit Blick auf den Günthersburgpark, unendlich viel abgas- und staubfreier Luft und einer himmlischen Ruhe. Tante Clärchen und Onkel Weissenstein nahmen mich auf wie einen verlorenen Sohn. Die Kinder des Vier-Mädel-Hauses waren, bis auf Anne, in die Arme starker Männer ausgeflogen, hatten eine »gute Partie« gemacht, nicht nur finanziell betrachtet. Auch ich profitierte davon. Denn alle pflegten die Beziehung zu den Eltern liebevoll und mit häufigen Besuchen. So gab es endlose, anregende Gespräche und Diskussionen zwischen den Schwiegersöhnen und mir, dem Pflegesohn, unter reger Beteiligung der Restfamilie.

Anne war zwar in den festen Händen eines Mediziners, aber nur linksberingt, also nur halb gefesselt und noch nicht offiziell zum ehelichen Beischlaf freigegeben. Ihr Verlobter war ein Zauderer und wollte nicht so schnell anbeißen, wie es Familienwunsch war. Ich hatte nichts gegen seine Zauderei, denn Anne wurde mir zur älteren Schwester, nannte mich »Heinzi« und verwöhnte mich mit kleinen Geschenken aller Art, die ja bekanntlich die Freundschaft sehr stärken. Aber auch Tante Clärchen, mit der Figur von Wilhelm Buschs Tante Lotte und einem Herzen aus purem Gold, ließ ihre spätmütterlichen Gefühle wohltuend an mir aus. Und Onkel Heinrich übertraf seine Frau an Sanftmut und Geduld. Ihn konnte buchstäblich nichts aus der Ruhe bringen. Das überstieg zwar manchmal die Nervenkraft seiner heißgeliebten Ehehälfte, die dann langgezogen »Aber Heinrich« sagte. Mehr war nicht nötig. Es änderte ohnehin nichts.

Ich sehe den Kaiser-Wilhelm-Zwirbelbart von Oberlehrer Heinrich Weissenstein deutlich vor mir. Die Schenkellänge rechts und links schätze ich auf zehn Zentimeter. Die Tönung seiner Barthaare war im Schaftbereich etwas angegilbt, mischfarben weiß-grau-gelb und an den Enden ziemlich ungemischt gelb, vom Tabakrauch aus der ellenlangen Meerschaumpfeife mit dem bunt verzierten Porzellankopf, die wahrscheinlich noch aus der Tabaksrunde vom Alten Fritz stammte.

Nicht vergessen darf ich meine spezielle Freundin, die Uromi, Tante Clärchens Mutter. Sie war dreiundneunzig Jahre alt und trotz liebevollster Pflege durch ihre Tochter öfters einsam. Also lockte sie mich durch Schmeicheleien zu sich, wenn ihr die Zeit zu lang wurde. Dabei war sie sehr darauf bedacht, mich immer mit »Sie« anzureden, und begann die Unterhaltung zwischen dreiundneunzig und siebzehn meist mit den Worten: »Karl Heinz, Sie sind ein sehr vernünftiger Mensch!« Leider war die Uromi damals wohl die einzige, die mich dafür gehalten, bestimmt aber die einzige, die es ausgesprochen hat. Das stärkte meine Liebe zu ihr sehr! Uromi starb bald, nachdem ich fort war. Ob ein bißchen Heimweh nach unseren Plaudereien über Gott und die Welt das Lebenslicht mit hat erlöschen lassen? Ich jedenfalls hatte Heimweh nach dieser Frau, die sich nach einem langen aufopferungsvollen Leben zu kindlicher Ehrlichkeit und Liebenswürdigkeit »zurückentwickelt« hatte. Zurück? Nein, empor!

Von der Comeniusstraße zum KWG fuhr ich etwa drei Kilometer mit dem Fahrrad. Hin ging es den halben Weg im Freilauf bergab, was zurück zu büßen war. Die tägliche Radtour zur Schule auf der anderen Mainseite und retour war mir mehr Sport als Last. Nur bei starkem Frost im Winter benutzte ich die Straßenbahn, was dann doppelt so lange dauerte. Das KWG war eine der renommiertesten Schulen Frankfurts, ein Reformgymnasium mit Französisch ab Sexta, Latein erst von Quarta und Griechisch erst von Untersekunda an. In der »Philosophischen Arbeitsgemeinschaft« lernten wir die ersten Schritte im Philosophieren. Das hat mich bis heute nicht losgelassen – und war wohl mit der Grund dafür, daß ich als Medizinstudent in Göttingen auch Psychologie belegt habe. »Der philosophierende Arzt ist göttergleich!« hat Homer gesagt, ein Satz, der leicht zum Hochmut verführt. Aber ich fürchte, daß ein Arzt, der nicht philosophiert, nur ein Mediziningenieur bleibt.

Das Schulgebäude des KWG war ein gewaltiger Steinbau, der die Bomben auf Frankfurt nur leicht verwundet überlebt hat. Im Oktober 1992 konnte ich mich selbst davon überzeugen, als der Elternbeirat des von Kaiser Wilhelm auf Freiherr von Stein umgetauften Gymnasiums zu einem Vortrag eingeladen hatte.

Dieser Vortrag fand in derselben Aula statt, in die wir Schüler ein halbes Jahrhundert vorher beordert wurden, wenn es etwas zu zelebrieren galt, meist zu Lob und Ehre des »Führers«. Etwas mitgenommen sah er aus, der vor allem fürs Festliche bestimmte Saal. Die Stadtväter von Frankfurt sparen wohl an den Schulen, was sie zuviel in die Asozialenfürsorge stecken.

Am lebhaftesten konnte ich mich an die gewaltigen Steintreppen und den von zwei Hauptstraßen flankierten Schulhof erinnern, auf dem wir die Pläne zum Abbau des Aggressionsstaus in der jeweils nächsten Unterrichtsstunde schmiedeten. Zielscheibe waren immer die gleichen: Die Gutmütigen mit Herz und kleinen Schwächen. Dazu gehörte auch mein Förderer, der Oberstudienrat Steigleder, den auch ich durch allen möglichen Blödsinn kräftig ärgerte. Ich sehe den nur körperlich etwas bulligen Typ mit seiner achtunggebietenden Hornbrille deutlich vor mir und habe noch seine vibrierende Baßstimme im Ohr, mit der er uns Strafe androhte. Geglaubt haben wir ihm nie.

Eigentlich sollte ich, einer der Hauptquatschmacher, ihn noch heute um Verzeihung für die vielen kleinen Ärgernisse bitten, die ich ihm bereitet habe. Das tue ich hiermit. Denn ihm verdanke ich, der in Schande ausgestoßene Sittenstrolch, meine Zulassung zur Aufnahmeprüfung. Mutter hatte das eingefädelt durch Mitleiderregung und ein bißchen wohl auch mit Hasen- und Rehkeulen aus Vaters Jagd. Denn Oberstudienräte lebten, selbst als Stellvertreter des Schuldirektors, nicht in Saus und Braus.

Ein Hoch auf die Empfänglichkeit für kleine Liebesdienste! In die Hölle aber mit den professionell Bestechlichen unserer gegenwärtigen Betrugsgesellschaft, die zu Lasten der Ehrlichen den eigenen Großprofit vermehren!

Am liebsten erinnere ich mich an meine sportlichen Erlebnisse in Frankfurt. Im Sport mauserte ich mich sogar, von Lust und Ehrgeiz getrieben, zu einem der Klassenbesten. Rekordschwimmen, Rekordsprinten, Rekordhochsprung waren die Ziele. Boxen galt als Krönung des Kampfsports, weil es der »Wehrertüchtigung« diente. Mein Gegner war öfters der boxstarke Sportlehrer – jeweils unter dem Gaudi-Gejohle der Klasse, wenn ich einmal voll traf. Meistens traf er, voll in die Visage und ins Hirn. Ob das zu Dauerschäden geführt hat?

Das Abiturzeugnis holte ich mir vorzeitig mit einem Trick. Ich meldete mich als Kriegsfreiwilliger. Wie es dazu kam, erzähle ich im nächsten Kapitel. Hier beichte ich nur noch, was in dem Zeugnis steht, das mich für hochschulreif erklärt:»Allgemeine Beurteilung des körperlichen, charakterlichen und geistigen Strebens und des Gesamterfolges: Seine Haltung war gut. Sein erfreuliches Streben führte zu einem befriedigenden, zum Teil guten Gesamterfolg.«

Für Leistungen in den einzelnen Fächern gab es inzwischen – wie heute – sechs Noten: Von Sehr gut bis Ungenügend. Die Note Zwei gab man mir für Mathematik, Geschichte, Musiklehre, Handschrift und Leibesübungen. Nur über die letzte Zwei war ich traurig, weil ich in Sport sonst immer eine Eins hatte. Aber im Winter gaben die Leistungen im Geräteturnen den Ausschlag. Und bei den Sportarten, die Armkraft verlangten, wie Reck und Barren, war ich nicht sehr gut. Ich hatte es vor allem in den Beinen und dem Brustkorb. Die Hände und Arme waren anscheinend vom lieben Gott mehr für Fühl- und Feinarbeit konstruiert.

In Deutsch, Latein, Griechisch, Französisch, Englisch, Erdkunde, Physik und Biologie erhielt ich die Note Drei, auch im Wahlfach »Philosophische Arbeitsgemeinschaft«. Die einzige Eins im Reifezeugnis bekam ich in Religionslehre. Dies war mir immer peinlich, weil höchst unverdient. Aber unser katholischer Religionslehrer wollte mir vielleicht den Weg in den Himmel ebnen. Wenn ich als prospektiver Kriegstoter dem Petrus das Abgangszeugnis mit der Note Sehr gut in Religion vorzeigen könnte, würde das vielleicht meine Fegefeuerzeit abkürzen und die Himmelspforte früher öffnen.

Das Wichtigste war der Schluß: »Dem Schüler wird aufgrund der nachgewiesenen Einberufung zum Heeresdienst gemäß Erlaß des Herrn Reichsministers für Wissenschaft, Erziehung und Volksbildung vom 8. September 1939 – E III A 1947 B, R V (B) – die Reife zuerkannt. Frankfurt am Main, den 1. Dezember 1939.«

In Frankfurt lernte ich, daß es im Leben nicht ohne Diplomatie, das heißt, ohne die feine Lüge, den geplanten Betrug geht, wenn man rascher vorwärts kommen will. Sehr gelehrig scheine ich jedoch nicht gewesen zu sein, was mir bis heute Probleme macht.

Ich lernte auch, daß man alle Liebe verliert, wenn man – nach den Begriffen der feinen Gesellschaft – aus der Rolle fällt. Beim Abschlußball der Tanzstunde im Frankfurter Hof – festlicher ging es damals nirgendwo zu – war ich der einzige im rotbraunen Sportanzug. Alle anderen waren feierlich in Schwarz oder Dunkelblau gekleidet. Mir hatte Vater das Geld für – aus Reinholteroder Sicht – »so etwas Unnötiges« verweigert.

Meine Tanzstundenliebe schaute mich strafend an, vom Rockkragen bis zu den Hosenaufschlägen. Nicht nur sie: Alle der weit über hundert festlich kostümierten Ballgäste richteten ihren mißbilligenden und abschätzenden Blick auf mich. Obwohl ich als flotter Tänzer galt, kam ich immer wieder aus dem Walzertakt. Dabei trat ich meiner Angebeteten auf die feinen Lackschühchen. Nicht mit Absicht, obwohl sie es verdient hätte. Denn offenbar waren alle ihre Liebessignale nur auf Höheres ausgerichtet, auf die Karrierechancen eines Unterprimaners und seine Kostümierung dafür!

Zum Schluß des Kapitels muß ich noch einmal etwas aus der Lebensschule plaudern. Ein so total unschuldiges Frankfurter Würstchen, wie eingangs behauptet, war ich doch nicht. Weil man es nicht durch die Rippen schwitzen kann, was von sechzehn bis achtzehn in einem rumort. Eines Abends muß es mich völlig aus dem Häuschen gebracht haben. Ich war in Sachsenhausen zu irgendeinem Treffen, an das ich mich nicht erinnere. Auf dem Rückweg mit der Straßenbahn kam ich in die Nähe der Altstadt und deren traditionsreichen Rotlichtviertels. Da stach mich der Liebeshormon-Hafer so, daß ich einen Abstecher machte. Ich war siebzehn und mit einer kurzen Hose leicht als Jugendlicher zu identifizieren. Das aber hätte polizeiaufsichtlich ins Auge gehen können. Also schlich ich mich die Straße entlang, immer im Blickschatten eines breitschultrigen Puffbesuchers, von Bordellhaustür zu Bordellhaustür, und das nicht aus Interesse für den üppigen gründerzeitlichen Skulpturenschmuck, sondern für das, was halbnackt und giersteigernd aufgetakelt davor stand. Das Angebot an Sünde wider das sechste Gebot erregte alle meine Sinne.

Nachdem ich in zweimaliger Beschleichung ausnahmslos allen in das »Holz vor der Hütt'n« geschaut und das Lebendgewicht taxiert hatte, nahm ich all meinen Mut zusammen und steuerte auf die Vollbusigste zu. Vorher hatte ich das Geld in der Kurzhosentasche zählend abgetastet. Sieben Mark waren angespart, seit Mutters letztem Besuch.

»Na, Bubi, willschte dich mal verwöhne lasse«, animierte mich die Wollust in Person auf Frankfurterisch.

»Was kostet das denn?« stammelte ich betreten vor Aufregung.

»Des kommt darauf a, was du willscht, Bubi! Angezogen kostet es fünf, oben ohne sibbe und nackert zehn Märker!«

Noch während sie die Verkehrsgebühren bekannt gab, hatte sie mich schon in den dunklen Flur gezogen. Da gab es kein Zurück mehr. Es ging eine halsbrecherische Treppenstiege hinauf in eine schmuddelige Kammer. Auf dem Plüschsofa lag ein brauner Kater. Er schlief fest. Davor stand eine couchartige Liege. Das Bettuch war schon wegen des bevorzugten Billigverkehrs in dreckigen Klamotten nicht mehr von reinstem Weiß. Ekel stieg in mir auf.

»Ich bin Elli. Wie heißt du denn, mein Schatz?«

»Franz«, log ich.

»Fränzsche also! Dir mach ich es oben ohne für fünf Mark.«

Das war ein verlockendes Angebot. Denn angezogen hätte ich es auf keinen Fall gewollt, hatte schon zur Tür geblickt, die Gott sei Dank nicht abgeschlossen war.

Dann stieg sie aus dem Rock und stand plötzlich in Strapsen vor mir. Vier schwarze Strumpfbänder waren am Oberrand der Seidenstrümpfe mit Gummiknöpfen in Drahtspangen festgemacht. Da mußte ich plötzlich an Mutter denken. Sie hatte – aus Sohnessicht ohne ödipussierliche Belastung – eine scheußliche Angewohnheit. Wenn sie in der Küche stand und irgend etwas sie zwickte, raffte sie plötzlich das Kleid hoch und hantierte an den Strapsschnallen herum. Mich ignorierte sie dabei völlig, nahm mich als Schamgrund nicht wahr. Daß ich mich davor ekelte, habe ich ihr nie gesagt.

Die große Brust, das, was mich zu der Fleischeslustmacherin hingezogen hatte, war noch nicht frei. Bislang gab es nur Abstoßendes zu sehen: Die schmuddelige Bude, das dreckige Bettuch und nun die Strapsschau. Das war des Widerlichen zu viel.

Ich zog mein Höschen hoch und stürmte zur Tür. Der eigentlich schon per stillschweigendem Vertrag Gekauften hatte es für eine Sekunde die Sprache und den Sperrschritt zur Tür verschlagen. Das reichte, um die Treppe zu erreichen und die Tür hinter mir zuzuwerfen. Sie rief mir irgend etwas wenig Schmeichelhaftes nach, warf mir meinen Grünschnabelstatus und meine angeblich ungenügende Trockenheit hinter den Ohren lautstark vor. Doch ich war schon auf halber Treppe, nicht mehr zu bremsen. Auch den dunklen Schmalflur schaffte ich, ohne anzuecken.

Einem flüchtenden Schwerverbrecher kann nicht freier zumute sein, wenn er die Gefängnismauer überwunden hat. In diesem Erlösungsgefühl rannte ich die Puffstraße entlang. Genau das hätte ich nicht tun sollen. Denn Schnelläufer machen sich nachts in einer Altstadt immer verdächtig. Plötzlich stand ein Mann vor mir und versperrte den Fluchtweg.

»Halt! Stehenbleiben! Kriminalpolizei!«

Eigentlich hätte ich vor Schreck sofort in die Hosen machen müssen, groß, wohlgemerkt. Aber ich muß wohl verstopft gewesen sein.

»Was machst du denn hier, Bürschchen?« fragte er mich drohend. »Kannst du nicht lesen? Überall steht, daß das Betreten dieses Bezirks abends für Jugendliche streng verboten ist! Zeig mal deinen Ausweis!«

Ich faßte in meine Hosentasche und zog meinen »Lehrschein der Deutschen Lebensrettungsgesellschaft« heraus, meinen Stolz, den ich als Ausweis benutzte. Er blickte hinein und las, daß ich Obersekundaner des KWG war. Da fackelte er nicht lange, schlug mir rechts und links ein paar hinter die Ohren und jagte mich wortlos davon, indem er mir den Ausweis vor die Füße warf. Ich packte ihn und rannte los.

Bis zur Comeniusstraße waren es etwa zwei Kilometer. Leider hat niemand die Zeit für die ersten 1500 Meter – eine offizielle Laufstrecke – mit der Stoppuhr genommen. Es muß ein persönlicher Rekord gewesen sein!

CHR. M. WIELAND ALS MEIN MITVERFÜHRER ZUM SCHWARMGEIST-GYMNASIASTEN

Nach meiner Aufnahme ins Kaiser-Wilhelm-Gymnasium hatte ich zu Haus in den Ferien im Bücherschrank von Mutter auch eine mehrbändige Ausgabe der Werke von Christoph Martin Wieland (1733–1813) entdeckt. Ich blätterte darin, vertiefte mich, und dann packte mich die Neugierde auf diesen mir bis dahin nur dem Namen nach bekannten Dichter so, daß er mich nicht mehr losließ. Ich bat Mutter, die Bücher mit in meine Studierbude nach Frankfurt nehmen zu dürfen. Sie war stolz und schenkte sie mir.

Wieland wurde zu meinem Dichterfavoriten, überrundete sogar Friedrich Schiller, bereits seit der Volksschule mein Idol. Johann Wolfgang von Goethe stand mir, auch wenn ich für seine Geburtsstadt Frankfurt inzwischen als dankbarer Asylant einen gewissen Lokalpatriotismus entwickelt hatte, weniger nah. Er war mir nicht feurig und streitbar genug. Die Wieland-Lektüre wurde mir zum wichtigsten Freizeitsport geistiger Art.

Nach meiner Einberufung als Kriegsfreiwilliger brachte ich den Wieland-Schatz zusammen mit meinem sonstigen spärlichen Hab und Gut zurück ins Elternhaus. Dort mußte er bei der Flucht Mutters und meiner Geschwister vom Karlshof über die Zonengrenze in der

Novembernacht 1945 zurückgelassen werden. Seither ist mein Wieland verschollen.

Er blieb es bis zu meinem zweiundsiebzigsten Geburtstag, nicht nur als greifbares Muttergeschenk und lesbare Gymnasiastenerinnerung, sondern auch als Großhirnrinden-Bewohner. Fünfzig Jahre lang schlummerte mein Mitverführer zum jugendlichen Schwarmgeist in der Tiefe des Gehirns, da, wo das angesiedelt ist, was Unterbewußtsein genannt wird. Und von dem man weiß, daß es, uns unbewußt, bei allem mitregiert, was die Großhirnrinde zu tun und zu lassen beschließt und befiehlt.

Den ersten Anstoß zur Erinnerung an Wieland erhielt ich durch Büchmanns *Geflügelte Worte,* ein Geschenk zu meinem fünfzigsten Geburtstag, das seither neben zwölf Lexika und zwei Enzyklopädien zu meinen wichtigsten Büchern gehört. Darin stehen auch ein paar Spruchweisheiten von Wieland wie »Sie sehen den Wald vor lauter Bäumen nicht« (aus *Musarion,* 1768), »Nichts halb zu tun ist edler Geister Art« und »Ein einziger Augenblick kann alles umgestalten« (aus *Oberon,* 1780) sowie »Mit Lust und Liebe« (aus *Horazens Briefe,* 1782).

Am meisten zu denken gegeben hat mir aber immer jenes geflügelte Wort vom »Wahn«, das sich als versteckter roter Faden durch dieses Buch zieht. Mehr als hundertmal habe ich es in den letzten zwanzig Jahren nachgelesen, vor allem wohl, um mich zu trösten. Dabei erinnerte ich mich auch meiner literarischen Jugendliebe, nahm mir immer wieder vor, Wielands Sämtliche Werke zu erwerben, um die Erinnerung aus der Tiefe des Hirns an die Oberfläche zu holen. Doch immer wieder vertrieben Alltagszwänge und andere Freizeitvorlieben die Treuepflichtgefühle.

Wieder war es ein Geburtstagsgeschenk, das mir zu Wieland hin auf die Sprünge half. *Wielands Werke,* neu herausgegeben in vier Bänden in der »Bibliothek Deutscher Klassiker«, bekam ich zu meinem Geburtstag 1993. Seither habe ich mir nachlesend ins Gedächtnis gerufen, was mich als Gymnasiasten ab siebzehn fasziniert, mich im Hinterkopf nie mehr losgelassen hat und mir insoweit auch mit zum guten und bösen, zum glücklichen und unglücklichen Schicksal wurde.

Ich muß von Wielands Werken erzählen, weil sie mein Leben mitgesteuert haben wie weniges sonst. Ich tue es aber auch, um das Andenken an einen großen Kämpfer für den Humanismus aufzufrischen.

Denn leider sind Wieland und seine Werke weitgehend in Vergessenheit geraten, obwohl er als Sechzigjähriger gegen Ende des 18. Jahrhunderts einer der berühmtesten deutschen Schriftsteller war, in ganz Europa als »Deutscher Voltaire« verehrt wurde und für Goethe und Schiller, für Wilhelm von Humboldt, Friedrich Hölderlin und andere große Deutsche das war, was in der Antike Sokrates für Platon gewesen ist, nämlich Vorbild und geistiger Lehrmeister. Bei meiner Erzählung kann ich mich auf das stützen, was der Germanist Dr. Hans Böhm in seiner Einleitung zu *Wielands Werken* schreibt.

Christoph Martin Wieland – etwa gleichaltrig mit Lessing und Klopstock, sechzehn Jahre älter als Goethe und sechsundzwanzig Jahre klüger als Schiller – war ein Wegbereiter des Neuhumanismus, jenes Bildungsideals, das eine Wiederbelebung der humanistischen Bewegung des ausgehenden Mittelalters mit erneuter Hinwendung zum klassischen Altertum anstrebte. Der Neuhumanismus hatte sich zum Ziel gesetzt, die Ideale des humanen Lebens im Sinne der harmonischen Seelen- und Leibesbildung der Antike zu verwirklichen, letztlich die Humanitas im Sinne einer vollentfalteten edlen Menschlichkeit als höchstes Lebensziel zu propagieren.

Vom Vater, einem Pastor, und ab vierzehn in einer Internatsschule bei Magdeburg streng christlich-religiös erzogen, wäre Wieland 1749 als Sechzehnjähriger wegen eines als obszön eingestuften Aufsatzes über die Entstehung der Venus aus Meeresschaum als »ketzerischer Schüler« beinahe aus seiner pietistischen Lehranstalt geflogen. Nur zwei Jahre später bekannte er sich als Achtzehnjähriger in seinem Lehrgedicht »Die Natur der Dinge« – angeregt durch das Liebesverhältnis zu seiner Cousine Sophie von Gutermann, die später als Sophie von La Roche in die Literaturgeschichte einging – zum »Deismus«, nach dem Gott zwar die Welt erschaffen habe, sich aber jedes weiteren Eingriffs enthalte, so daß sich die Schöpfung seitdem allein nach den ihr innewohnenden Gesetzen entwickle – ein Glaubensbekenntnis, das durch ihn auch zu meinem wurde.

Im Kern war und ist der Deismus aus der Sicht der Kirchenmänner Atheismus, Gottlosigkeit. Denn deren Gott hat die Welt nicht nur geschaffen, er lenkt sie seither auch, und zwar in allem, und bestimmt insoweit auch das Schicksal jedes einzelnen Lebewesens. Diese Ausrede für unanständiges Benehmen wollte Wieland nicht akzeptieren. Jeder sei im Rahmen der von Gott geschaffenen Naturgesetze für sein Tun und Lassen selbst verantwortlich, glaubte und verkündete er. Diese Gesetze zu erkennen sei Aufgabe von Wissenschaft und Philosophie. Hans Böhm: »Gott wird für ihn zu einem philosophischen Prinzip, dessen schöpferisches Wirken auf das Wohl der Menschheit gerichtet ist. Jegliche Jenseitsmystik, jede Vermittlungsfunktion, ob von Kirche und Konfessionen beansprucht oder einem Gottessohn zugesprochen, und selbst eine göttliche Vorsehung werden als unvereinbar mit diesem Prinzip abgelehnt.« Dieser Deismus Wielands ist seit meinem siebzehnten Lebensjahr auch mein Glaube.

Der zeitgenössische Theologe Waser nannte Wieland deshalb einen »philosophischen und theologischen Ketzer«. Die Kritik am religiösen Fanatismus, den er für die schlimmsten Exzesse menschlicher Barbarei verantwortlich machte, und an der weltlichen Herrschaft der Kirche beherrschte Wieland sein ganzes Leben lang. »Er trat« – wie Böhm es formuliert – »für religiöse Toleranz ein, da über die sogenannten letzten Dinge nur Mutmaßungen angestellt werden könnten, aber keine Gewißheit zu erzielen sei... Der Glaube war für Wieland eine Privatsache des einzelnen. Die konfessionelle Zwistigkeit zwischen Katholiken und Protestanten verspottet er daher bitter in dem Roman *Der goldene Spiegel* (1772) als Kampf zwischen zwei Parteien, die einen blauen bzw. einen feuerfarbenen Affen als höchste Gottheit verehren.«

Nach Wieland sind Staat und Kirche strikt zu trennen. In der *Geschichte des Agathon* prangert der Dichter die mönchisch-priesterliche Frömmelei an und entlarvt die dahinter sich verbergende Unmoral. Scharf wandte sich Wieland gegen die theologische Verketzerung der Sinnenwelt als Brutstätte der Sünde; die harmonische Einheit von Sinnlichkeit und Vernunft schwebte ihm als Lebensziel vor.

Kein Menschenbild hat mich als Gymnasiasten mehr fasziniert als das im *Agathon* beschriebene Bildnis eines glücklichen Menschen. »Ich schildere darin mich selbst«, schreibt der Dichter am Schluß der Geschichte, »wie ich in den Umständen Agathons gewesen zu sein mir einbilde.«

Vor allem dieses Selbstbildnis des damals Dreißigjährigen wurde zu meinem Gymnasiastenschwarm. Es hat mich – wie geschrieben – nicht mehr losgelassen und ist mir mit zum Schicksal geworden. Wohlgemerkt: So übergeschnappt bin ich nicht, um mich auch nur entfernt mit Wieland vergleichen zu wollen. Aber es gibt zweifellos Gemeinsamkeiten und Parallelen nicht nur zu seinem Agathon, sondern vor allem auch zu seinem eigenen Lebensweg. Wie weit sich

dies über schwärmerische Ideen, Wunschträume, Illusionen und Uto-
pien hinaus zu beispielhaften Taten entwickelt hat, mögen andere beurteilen.

Hans Böhm kommentiert: »In priesterlich-klösterlicher Obhut als
idealistischer Schwärmer erzogen, lernt Agathon (›der Gute‹) die
Stadtrepublik Athen kennen, steigt dort zum gefeierten Politiker auf,
wird gestürzt und verbannt. Er gerät in Sklaverei, wird mit der vul-
gär-materialistischen Philosophie eines Hippias vertraut und erlebt
mit der Hetäre Danae die Schönheit echter Liebe. Agathon versucht,
den Tyrannen Dionysius von Syrakus zum aufgeklärten Fürsten zu
erziehen, und flüchtet, gescheitert, zum Schluß in die utopische bür-
gerliche Republik eines Archytas.«

Archytas von Tarent, ein Freund Platons, war griechischer Philosoph, Mathematiker, Staatsmann und Feldherr in der zweiten Hälfte
des 4. Jahrhunderts v.Chr. Er gilt als Begründer der wissenschaftlichen Mechanik, erkannte den Schall als Luftschwingung und konstruierte den ersten Automaten in Form einer »flatternden Taube«.

Was folgt, schildert Böhm so: »Agathons Lebensauffassung wan-
delt sich vom Streben nach ausschließlich individueller Glückseligkeit zu der Erkenntnis, daß der Mensch ein gesellschaftliches Wesen
und sein Glück daher untrennbar mit dem der menschlichen Gemeinschaft verbunden ist. Der einzelne soll seine Kräfte deshalb vorzüglich für das Wohl dieser Gemeinschaft einsetzen. Individuum und
Gesellschaft aber müssen in einem sich gegenseitig fördernden Verhältnis stehen, damit sowohl der einzelne seine Fähigkeiten voll entfalten als auch die Gesellschaft eine hohe Blüte erreichen kann. Nur
so ist das Ziel menschlichen Lebens, die Humanität, zu erreichen.
Agathon wird durch die Erfahrungen seines Lebens zu einem ›weisen
und tugendhaften Mann‹ gebildet, von dem es heißt, er sei ›rechtschaffen… Liebhaber der Wahrheit…, empfindlich für das Beste des
menschlichen Geschlechts, edel gesinnt und wohltätig…, zur vorzüglichen Teilnehmung an der Glückseligkeit irgendeiner Gesellschaft… und zur Freundschaft aufgelegt‹.«

Im *Agathon* übt Wieland an seiner Zeit Kritik, welche fast haargenau auch auf die heutige Zeit gemünzt sein könnte. Böhm: »Gunst
oder Haß der Parteien bestimmen das Schicksal des Individuums. Die
Meinung des Volkes ist von geschickten Demagogen leicht zu lenken,
und nicht die Verdienste des einzelnen werden wirklich gewogen,
sondern die günstige oder ungünstige Beleuchtung seiner Handlun-

gen und Ansichten entscheidet letztlich über sein Schicksal... Das Volk ist nicht reif (und ist es im bisherigen Geschichtsverlauf nie gewesen), sich selbst zu regieren... Der Hof von Syrakus steht stellvertretend für die deutschen Fürstenhöfe des 18. Jahrhunderts, die im antiken Gewand wahrhaft vernichtend charakterisiert werden. ... Mißwirtschaft, Tyrannei, Intrigen herrschen, alle guten, menschlichen Eigenschaften wie Ehre, Anstand, Liebe, Treue, Freundschaft, Rechtschaffenheit sind verkümmert, das Streben nach einem sinnvollen Dasein ist verlorengegangen. Dem Fürsten und seinen Kreaturen geht es nur noch um die eigene schmarotzerhafte Existenz, die ausschließlich auf Kosten der Untertanen geführt wird.«

Agathon, »in einem Priestermilieu zu religiöser und sinnlicher Schwärmerei erzogen«, erkennt, »daß sich der Traum vom tugendhaften Menschen nicht durch Spekulationen, sondern allein durch praktisches humanes Handeln verwirklichen läßt. Weltoffenheit und nicht Abkapselung wird gefordert; Ideal und Wirklichkeit sind durch sittliche Betätigung in Übereinstimmung zu bringen...«

»Der Verlauf der Handlung zeigt weiter, daß sich die menschliche Persönlichkeit nur in der Einheit von Verstand und Gefühl, von Erziehung und Erlebnis, von Tätigkeit und Muße, Arbeit und Genuß zu vollenden vermag. Vernunft muß sich mit natürlicher Sinnlichkeit verbinden, da zum Menschsein auch und gerade die Beziehungen der Geschlechter, das Glück und die veredelnde Wirkung wahrer Liebe gehören. Wieland polemisierte damit zugleich gegen asketische theologische Auffassungen.« Prompt brachte ihm das für *Agathon* eine Kirchenzensur ein!

1768 erschien der Erstdruck von *Idris*, nach Wieland »ein gereimtes Feenmärchen«, ein Versepos in Stanzen geschrieben, das er viele Jahre später zu *Idris und Zenide* umarbeitete. In der 9. und 10. Stanze des Dritten Gesangs erzählt die Märchenfigur Zerbin, eine der Hauptgestalten, aus ihrem Leben. Als Königssohn der Gnome aufgewachsen, hatte Zerbin den Wunschtraum, ein Mensch zu sein.

> ›Nein‹, sagt' ich einst zu einem Spielgesellen,
> Dem ich gewogner war, ›beredet mich nur nicht,
> Daß hinter jenem Berg, der in die Wolken sticht,
> Nichts sei als Luft und uferlose Wellen;
> Sagt mir's, so oft ihr wollt, ich nenn' es ein Gedicht;
> Vergebens zwing' ich mich, mir selber vorzustellen,

Ich sei ein Gnom und Euers Königs Sohn;
O, sagt mir, wer ich bin, und nehmt dafür den Thron!
Der junge Gnom, der nie von Menschen was gehört,
Verlachte mich mit meinen Träumereyen;
Er stritt mit mir; doch blieb ich unbekehrt;
Die Stimme der Natur läßt sich nicht überschreien.
›Ist's‹, dacht' ich, ›auch ein Traum, der schmeichelnd
mich bethört,
Dem Hoffnung und Begier der Wahrheit Farbe leihen,
Es sei! Ich lieb' ihn doch! *Ein Wahn, der mich beglückt,*
Ist eine Wahrheit werth, die mich zu Boden drückt.‹

In seiner ebenfalls 1768 veröffentlichten Verserzählung *Musarion oder die Philosophie der Grazien* offenbart Wieland seine Einstellung zu den Frauen, die vorbildlicher nicht sein kann. Danach, so faßt Böhm zusammen, »verkörpert die Frau im höchsten Maß die Kraft des Lebens, der Liebe, der Anmut, der Toleranz. Hier ist sie dem Manne sogar überlegen. Ohne die Frauen, so meint Wieland, würden nur die Extreme herrschen, würde man die scheinbar als absolut erkannte (philosophische) Wahrheit mit Gewalt durchsetzen...«

Wieland wurde als »Freigeist« gepriesen. Goethe lobte ihn: »Nur in dem, was der Mensch tut, zu tun fortfährt, worauf er beharrt, darin zeigt er Charakter, und in diesem Sinne hat es keinen festern, sich selbst immer gleichern Mann gegeben als Wieland.« Goethe nannte »Heiterkeit« als Grundzug des Wielandschen Naturells, darüber hinaus »Herzensgüte, Menschlichkeit, bedeutender Intellekt und hohes ästhetisches Feingefühl«.

Dem Roman *Geschichte der Abderiten* rühmte Goethe nach: »Wieland lehnte sich darin auf gegen alles, was wir unter dem Wort Philisterei zu begreifen gewohnt sind, gegen stockende Pedanterie, kleinstädtisches Wesen, kümmerliche äußere Sitte, beschränkte Kritik, falsche Sprödigkeit, platte Behaglichkeit, anmaßende Würde und wie diese Ungeister, deren Name Legion ist, nur alle zu bezeichnen sein mögen.« Die ganze Schärfe seiner Satire aber richtete sich gegen die Borniertheit, die sich bewußt den Interessen der Menschheit und des Fortschritts entgegenstellt und sich um jeden Preis am Althergebrachten festklammert.

Fast kein Ausspruch offenbart die wahre Größe Wielands mehr als der letzte Satz in seinem Artikel *Was ist Wahrheit?*: »Einem Menschen aber ziemt es, ungeachtet des aufgerichteten Angesichts, des Blicks gen Himmel, der ihm gegeben ist, von Zeit zu Zeit auf seine Füße zu sehen und – *bescheiden zu sein*!«

Kurz vor seinem Tode hat Wieland am 12. Oktober 1812 in der Freimaurerloge Anna Amalia, der er seit 1809 angehörte, einen Vortrag mit dem Titel über das »Fortleben im Andenken der Nachwelt« gehalten. Ich zitiere daraus ausführlich, weil sein Glaube an unser Weiterleben nach dem Tode auch mein Glaube und mir aus dem Herzen gesprochen ist: »Was ist denn eines jeden dieses namenswürdigen ›Menschen‹ wahres Leben? ... Etwa diese dumpfe Art von Dasein, die der Mensch mit dem Tiere des Feldes gemein hat und worin sich seine ganze Tätigkeit auf Befriedigung seiner sinnlichen Triebe und Bedürfnisse und, wenn's hochkommt, auf Erstrebung selbstsüchtiger, von tausend Zufälligkeiten abhängender und daher auch selten gelingender Entwürfe beschränkt? Mit einem Worte, besteht das Leben in dem, weswegen es den Namen eines Traums verdient? Oder nicht vielmehr in wohlgeordneter und, soviel möglich, ununterbrochener Übung und Anwendung der edelsten Kräfte unseres Geistes und der schönsten Gesinnungen und Gefühle unseres Herzens, wodurch beide eine unverwandte Richtung auf Beförderung des Guten, außer uns, das heißt auf solche Kraftäußerungen (von welcher Art sie auch sein mögen) erhalten, welche als Bestandteile des allgemeinen Wohls und der allseitigen Ausbildung und Vervollkommnung der Menschheit anzusehen sind? Lebt nicht jeder edelgesinnte Mensch weniger für sich selbst als für andere? Ist nicht sein Dasein mehr oder weniger eine immerwährende Aufopferung? War nicht aus diesem Grunde ein sich selbst nach und nach verzehrendes Licht von Alters her das schönste Sinnbild eines edlen und guten Menschen? Und kann man nicht mit der Wahrheit sagen: *Das Leben im Andenken der Nachwelt*, da es nur die natürlichste Folge ausgezeichneter und immer fortwirkender Verdienste ist, sei mit dem vorhergegangenen sichtbaren Leben in der Mitwelt gleichsam aus einem Stück und als eine wirklich fortgesetzte Persönlichkeit in derselben zu betrachten?«

Dann aber ergänzte Wieland in einer Bescheidenheit, die seine wahre Herzensgröße offenbart: »Ein tugendhafter, um seine (wenn auch kleine) Vaterstadt, auf welche Art es auch sein mag, vorzüglich verdienter Bürger ist ungleich würdiger als mancher, der die Welt mit dem Geräusch seiner Taten betäubt hat, daß sein Andenken von den

Nachkommen in Ehren gehalten und sein musterhaftes Beispiel, zur Nachfolge aufgestellt, unter ihnen fortlebe und wohltätig bleibe.«

Dieses Fortleben unterscheidet er ausdrücklich von den sokratischen Vorstellungen eines »Ich«, das »seiner Natur nach unkörperlich, folglich unaufhörlich« sei. In einer »höchstangenehmen Verbindung« mit den Lebenden sieht er jenes *Fortleben im Andenken der Nachwelt*, wozu wir uns durch ausgezeichnete Verdienste um unser Vaterland, unsere Mitbürger, unser Volk und um die Menschheit überhaupt, durch öffentliche und Privattugenden und den edlen Gebrauch, den wir von vorzüglichen Geisteskräften und Talenten gemacht, ein Recht erworben haben.«

Damit soll es genug sein mit dem, was Wieland mir als Gymnasiasten zum Wegweiser an den Lebensweg gestellt hat und was meine späteren Taten und Untaten unbewußt mitbestimmt hat.

Meine ausführliche Erinnerung an ihn möge dazu beitragen, daß er in unserem Andenken jenen hohen Rang wiederbekommt, der seinen Verdiensten gerecht wird. Es kann kein größeres Vorbild für die Jugend geben als den »Agathon« Christoph Martin Wielands!

FÜRS VATERLAND IN DEN KRIEG (1939–1940)

FREIWILLIGENMELDUNG

Eigentlich hatte ich schon genug erlebt, was mich vor übertriebener Vaterlandsliebe hätte bewahren müssen: Meine Gestapovernehmung, Vaters stehende Redensart »die Verbrecher«, die Judensternplakatierung meiner platonischen Untersekundanerliebe und meine Verurteilung zu einer Gefängnisstrafe als Sittenstrolch durch ein Nazigericht. Aber selbst das Erlebnis der »Kristallnacht« reichte noch nicht, um mir die patriotischen Flausen aus dem Wirrkopf zu treiben.

Am 10. November 1938 fuhr ich wie jeden Morgen mit dem Rad zur Schule. Im Sandweg, einer kilometerlangen Hauptstraße, sah ich plötzlich, daß eine Horde von Männern in Zivil Schaufenster einschlug. Das wiederholte sich, niemand leistete Widerstand, kein Polizist war zu sehen. Ich fuhr weiter, weil ich wie immer knapp dran war und nicht zu spät kommen wollte.

Mein Schulweg führte mich an zwei Synagogen vorbei. Beide brannten lichterloh. Da liefen auch ein paar Männer in SA-Uniformen herum. Ich hielt an, wollte in die zweite Synagoge hinein, aber ein Polizist verwehrte mir das. Schließlich fuhr ich weiter zur Schule.

Dort angekommen, war schon eine lebhafte, wenn auch mit leiser Stimme geführte Streiterei für und wider die »Volksrache für den Rathenau-Mord« im Gange. So wurde der Naziterror in den Rundfunksendungen genannt, die durchs Schulhaus dröhnten. Die meisten Mitschüler werteten es als schlimme Barbarei, was sie gesehen hatten. Aber nur hinter vorgehaltener Hand. Das laut zu sagen, hätte KZ bedeuten können.

Alle wußten, daß es Konzentrationslager gab. Aber auch ich glaubte, dahin kämen nur arbeitsscheue Kommunisten und die schlimmsten Nazigegner. Wie es da zuging, wußten wohl nur wenige. Ich wußte und ahnte es nicht. Insbesondere nicht, daß sie Stätten des Massenmordes an Juden, Polen, Zigeunern und anderen Angehörigen sogenannter minderwertiger Rassen und Völker waren.

Zurück von der Schule fand ich Onkel Heinrich in heller Aufregung. Nun hätten die Nazis die Maske endgültig fallengelassen. Nun würden hoffentlich auch die Dümmsten merken, in welch großes Unglück Hitler, Goebbels, Göring und all die »braunen Schurken« das Volk stürzen würden. Ja, braune Schurken sagte er ganz gegen seine sonst in der Wortwahl zurückhaltende Art.

Ich widersprach ihm dieses Mal nicht, sondern stimmte in seine Nazischelte ein. Sonst waren wir nicht immer einer Meinung. Er war mir zu stockkatholisch. Da gab's dann auch schon mal ein kritisches Wort des Pflegesohns, aber nur im Rahmen dankbarer Liebe zum Ersatzvater.

Was seine Hoffnung anbetraf, daß das Volk gegen solchen Terror lautstark aufbegehren würde, sollte sich Onkel Heinrich gründlich irren. Das Volk war im November 1938 schon außer Rand und Band. Der große Führer hatte die Wirtschaft aus dem Abgrund hochgepuscht. Die Welt kuschte vor ihm. Den Rest an Volksgehorsam besorgten die Erziehungsfrüchte durch die Alten seit Hermann dem Cherusker, die Spitzel und nazihörige Richter.

In den Weihnachtsferien 1938/39 war es Vater, der noch das i-Tüpfelchen auf die Nazischelte setzte. Er hatte viele Geschäftspartner, die Juden waren und die er als tüchtig und verläßlich schätzte. Von ihnen hatte man schon einige verjagt, ins Ausland, wie er vermutete. Das sei eine himmelschreiende Ungerechtigkeit »dieser Verbrecher«.

Um ein weiteres antinazistisch geläutert, fuhr ich also nach Frankfurt zurück. Auch im nächsten Dreivierteljahr ereignete sich nichts, was meine Abneigung gegen die Nazis hätte mindern können. War ich also endgültig gegen blinde Vaterlandsliebe im Sinne der Nazis gefeit?! – Ganz und gar nicht!

Auch das werde ich ein Leben lang nicht vergessen: Am 1. September 1939 saß ich in der Wohnstube bei Weissensteins auf dem Plüschsofa. Eine Sondermeldung des Führers war im Radio angekündigt. Nach den gewohnten Fanfarenklängen ging es los: »Es spricht der Führer Adolf Hitler!« So ähnlich habe ich die Ankündigung in Erinnerung. Sehr aufregend war das nicht. Denn so war schon vieles angekündigt worden, was ich mehr achselzuckend als begeistert zur Kenntnis genommen hatte.

Dann aber dröhnte seine Dämonenstimme aus dem kleinen Volksempfänger. Den genauen Wortlaut habe ich nicht im Kopf. Aber den Inhalt seines Appells an das deutsche Volk um so mehr: Unser aller Vaterland sei in Gefahr! Die Polen hätten es überfallen. Sie wollten sich an den segensreichen Errungenschaften von deutschem Fleiß und deutscher Tüchtigkeit bereichern. »Seit fünf Uhr fünfundvierzig wird zurückgeschossen!« Diese Verteidigungslüge des Führers ist mir noch im Ohr.

Mir lief es abwechselnd siedendheiß und eiskalt den Rücken hinunter. Das Vaterland war bedroht! Im Hinterkopf begann der prickelnde Schauer und rieselte bis zum Steiß. Immer wieder runter und rauf. Gegen diesen dämonischen Appell zur Rettung der Heimat aus höchster Gefahr war mein Dummkopf machtlos. Noch dazu, weil ja die »Pollacken« der böse Feind sein sollten, die uns von Kindheit an glaubhaft als minderwertiges Volk, nur für Hilfsarbeiten geeignet, verteufelt worden waren.

Ich war am Schluß der Führerrede wie betäubt. Alles drehte sich im Kreise. Onkel Heinrich richtete die Augen himmelwärts, dahin, wo er die Seelen der zum Krieg Verurteilten in Kürze vermutete. Denn er hatte ja den Ersten Weltkrieg mitgemacht. Diesmal würde es noch viel schlimmer werden, ahnte er voraus.

»Das ist das Ende«, prophezeite er. Ich widersprach, sagte, daß nun eine gänzlich andere Lage eingetreten sei. Wenn die »Pollacken« uns angegriffen hätten, müßten wir uns doch wehren. Er merkte wohl, daß es keinen Sinn hatte, mir meine Spinnerei ausreden zu wollen. Also schwieg er.

Aufgewühlt ging ich die Treppe hinunter in mein Erkerzimmer. Da legte ich mich aufs Bett und träumte in patriotischer Schwärmerei. Nicht lange dauerte es, bis ich wußte, was meine verdammte Pflicht und Schuldigkeit war: Freiwilligenmeldung als Jagdflieger zur Verteidigung des Vaterlandes.

Wie ein Vogel im Wahnsinnstempo durch die Lüfte fliegen, um ein vielfaches schneller als mit dem Motorrad! Und das für ein erhabenes Ziel, die Rettung des Vaterlandes! Meine Tagträume steigerten sich zum beglückenden Wahn. Daß ich als Jagdflieger andere abschießen müßte, an diese bittere Wahrheit dachte ich nicht. Daß ich selbst in die ewigen Jagdfliegergründe befördert werden könnte, hinderte meine Schwärmerei ganz und gar nicht. Also nur idealistische Träumerei? Ich fürchte, nein. Im Unterbewußtsein wird schon der Ehrgeiz, der Wunsch nach Ruhm und Ehre, mitgeträumt haben.

Ein paar Tage vergingen. Dann marschierte ich zum Wehrbezirkskommando im Ortsteil Dornbusch. Nur Jagdflieger wollte ich werden. Wie Manfred von Richthofen, der Rote Teufel im Ersten Weltkrieg!

Ich fragte mich durch das Rekrutierungslabyrinth durch, wollte zur Meldestelle für die Luftwaffe. Da muß mich wohl ein Schutzengel begleitet haben. Denn plötzlich stand ich nicht vor einem blau uniformierten Fliegeroffizier, sondern vor einem grün-grau kostümierten Major des Heeres.

Ich nannte meinen Namen und erklärte mit fester Spätknabenstimme, daß ich mich als Kriegsfreiwilliger zu den Jagdfliegern melden wolle. Er musterte mich von oben bis unten. Dann erhob er seine Majorsstimme und fragte mit hämischem Unterton: »So, Sie wollen Jagdflieger werden?« Ohne meine Bestätigung abzuwarten, fuhr er zynisch fort: »Da können die doch nur Zwerge gebrauchen. Sie großer, kräftiger, junger Mann gehören zur Königin der Waffen, zur Infanterie. Zur *motorisierten* Infanterie«, schob er schnell nach. Er ahnte wohl, daß ich ein Tempofetischist war. Da leuchtete es plötzlich in mir: Zur motorisierten Königin der Waffen, ja, dahin wollte ich! Der Rest war Formularsache. Ich füllte aus und unterschrieb meinen Antrag auf Aufnahme als Freiwilliger in die Wehrmacht, Waffengattung Heer.

Außer ein paar Klassenkameraden hatte ich niemandem von meiner Absicht erzählt. In diesen Entschluß wollte ich mir weder von meinen Pflegeeltern und schon gar nicht von meinen leiblichen Eltern hineinreden lassen. Zuerst offenbarte ich mich Tante Clärchen. Sie fing sofort zu heulen an und nahm mich in den Arm. Onkel Heinrich kam hinzu und schüttelte nur den Kopf, als er hörte, was passiert war. Auch Anne weinte über diese vor ihr verheimlichte »Verrücktheit« ihres Heinzi.

So wenig Vaterlandsliebe! Ich verstand die Welt nicht mehr. Ein paar Tage ließ ich noch ins Kriegsland ziehen, bevor ich Mutter anrief. Der »Blitzkrieg« gegen die angeblichen Aggressoren aus dem Osten war bereits siegreich beendet. Allen waren noch die täglichen Sondermeldungen aus dem Führerhauptquartier im Ohr, die von Sieg zu Sieg jubelten. Da durfte ich auf elterliche Zustimmung hoffen! Wünschte ich mir.

»Mutter, ich muß dir was beichten.«

»Um Gottes willen, was denn nun schon wieder?«

»Nein, nein, was Gutes: Ich habe mich als Kriegsfreiwilliger gemeldet.«

»Junge, ich habe Angst. Warum hast du nicht erst dein Abitur gemacht?«

»Dann ist der Krieg vielleicht schon vorbei, und ich habe mich gedrückt, nichts zum Sieg beigetragen!« Ich schob nach: »Übrigens bekomme ich doch das Notabitur, wenn ich eingezogen werde. Da verliere ich doch nichts!«

»Junge, ich habe Angst. Vater wird schimpfen. Und dich wird man totschießen.«

»Aber Mutter, was redest du denn da?! Totschießen?! Im Krieg werden doch nicht alle totgeschossen!«

»Junge, ich habe Angst. Mein Gott, was wird Vater sagen?! Ich bereite ihn schon mal vor. Ruf Sonntag noch mal an und sprich selbst mit ihm!«

Das tat ich. Schlimmer hat er mich wohl nie gescholten. Also muß er mich wohl doch mehr geliebt haben, als ich glauben konnte. Dieser Gedanke kam mir jedoch erst sehr viel später, als er schon tot war. Während des Gesprächs jedenfalls habe ich ihn zum Teufel gewünscht.

Auch er hatte nichts begriffen. Man zog doch nicht für die Nazis in den Krieg, sondern für das überfallene Vaterland. Das wollte er nicht kapieren, konnte es wohl auch nicht mehr in seinem Haß, dachte ich.

Ein paar Tage später wurden die Unterprimaner aus allen höheren Frankfurter Schulen zusammengetrommelt. Es sollten Freiwillige für die Waffen-SS, für die Elitetruppe des Führers, angeworben werden. Die flammende Rede hielt ein »Gruppenführer der Waffen-SS«, ein höherer Offizier mit Schmiß im Gesicht. Zackig und drahtig sah er aus, der Typ des aufgemotzten Helden. Ganz so dämonisch wie der Führer konnte er seine Stimme nicht donnern lassen. Aber dafür hörte man ihn nicht nur, sondern man sah und spürte ihn hautnah.

Die Waffen-SS sei mit Abstand die Glanz-und-Gloria-Truppe des Deutschen Reichs. Es sei die größte Ehre, bei ihr als Kriegsfreiwilliger aufgenommen zu werden. Da werde streng ausgewählt. Nur die Besten seien geeignet, aber die seien ja hier versammelt.

Gemeint sein konnten natürlich nur die sportlich Besten. Wie mochte man die rausgefunden haben? Ich schaute mich um. Da sah ich gleich ein paar, die keine sehr sportliche Figur hatten. Einen kannte ich. Er gehörte in den theoretischen Fächern zu den Klassenbesten, war aber sportlich eine absolute Niete. Allzu wählerisch war man also nicht gewesen.

Falls sich schon jemand zu einem anderen Wehrmachtsteil frei-

willig gemeldet habe, lasse sich das leicht rückgängig machen, erklärte der Redner. Im Gegenteil, das vereinfache die Angelegenheit.

Eine gute halbe Stunde mag der Appell an den Ehrgeiz von körperlich Starken, aber geistig Halbstarken gedauert haben. Wir standen dicht an dicht. Die meisten blickten eher verlegen drein als wild
entschlossen. Denn das Kürzel SS war doch vorbelastet. So nannte
sich die Schutzstaffel, jene 1925 aus der »Stabswache« hervorgegan-
gene schwarz uniformierte Schlägertruppe zum persönlichen Schutz
Hitlers.

Sie hatte sich mit der Ernennung Heinrich Himmlers zum Reichs-
führer-SS zu einer Sonderformation entwickelt. Ihr Ziel: Unschädlich-
machung aller Nazigegner und aller Menschen, die nicht zur »germa-
nischen Herrenrasse« gehörten, bis hin zu Mord und Totschlag. So
klar, wie ich das heute schreibe, war uns das damals zwar nicht, aber
es gab aus Erzählungen hinter vorgehaltener Hand viel Grund zum
Mißtrauen und zur Zurückhaltung, sich bei der SS aktiv zu engagieren.

Ganz besonders hatte die reichsweite Mordwelle, die mit der Er-
mordung des SA-Führers Ernst Röhm begann und als »Röhmputsch«
deklariert wurde, bei vielen zu einer gewissen mentalen Distanz – zu
mehr aber auch nicht – gegenüber den Schwarzbetuchten und Lang-
gestiefelten geführt.

Am Schluß seines pathetischen Appells an die Vaterlandsliebe warf
uns der Flammenwerfer in Waffen-SS-Uniform mit beschwörender
Stimme die erpresserische Gretchenfrage hin: »Wer von euch meldet
sich *nicht* freiwillig zur Waffen-SS, zur Elitetruppe des Führers?!«

Peng! Da standen wir potentiellen Heldensöhne wie die begossenen Pudel. Fürs Vaterland JA! JA! – oder notfalls nur JA! –, kreiste es
in unseren idealsüchtig gemachten Dummköpfen. Seit fast sieben
Jahren hatte man uns im Geschichtsunterricht eingepaukt: »Du bist
nichts, Dein Volk ist alles! Führer befiehl, wir folgen!«

Dein Volk ist alles! Und wir gehörten ja nicht zu irgendeinem
Volk, sondern zum Volk der Herrenrasse. Das sei mehr Grund zur
Pflichterfüllung als zum Stolz. Zur Herrenrasse hätten sich die Ger-
manen und ihre Nachfahren in vielen Kriegen fürs Vaterland mit Blut
und Tränen hochgekämpft, nicht hochgestreichelt. Krieg sei der Vater
aller Dinge, Heldentum die Bereitschaft, auf Befehl des Vaterlandes
zu sterben und zu töten.

So drastisch hatte man uns letzteres zwar nicht gesagt, aber dar-

auf lief es für einen, der denken konnte und wollte, hinaus. Wir wollten es schon, konnten es aber noch nicht gut genug.

Was man uns auch in die Köpfe hineingehämmert hatte: Unser
Führer Adolf Hitler sei ein Gottesgeschenk, besser: ein Geschenk der
»allmächtigen Vorsehung«, wie er selbst es nannte. Also wisse er am
besten, was für uns alle gut und schlecht war. Seinen Befehlen dürften und müßten wir ohne Wenn und Aber folgen.

Ja, so waren wir als höhere Schüler erzogen worden! Nicht von
den paar Hunderttausend aktiven Nazis, sondern von den zig Millionen Mitläufern, die alles nachplapperten, fast alles mitmachten und
zu allem Bösen und Zweifelhaften schwiegen.

Alle standen wir ängstlich und ratlos da. Keiner wagte es, die
sportgeübte Hand als erster aus der Masse der Wirrköpfe herauszu-
heben. Das Gesicht des Redners begann schon zu leuchten.

»Alle wollen – wohl oder übel«, mag er schon innerlich trium-
phiert haben. Also konnte die Auswahl beginnen. Denn daß nicht alle
Herbeigetrommelten zur Auslese gehörten, hatte er mit wenigen
Führerblicken vom Rednerpult aus längst erkennen können.

Drei Sekunden feiges Schweigen und drei Sekunden diabolisches
Hoffen beherrschten die Versammlung – eine kleine Ewigkeit lang.
Dann hob ganz in meiner Nähe plötzlich der seinen Arm, den ich
schon als sportliche Niete abgewertet hatte. Der längste Arm war es
nicht, aber das mutige Pfötchen war unübersehbar. Es gehörte einem,
der es eigentlich gar nicht hätte in die Höhe heben müssen. Denn er
wäre als einer der ersten durchs Auslesesieb gefallen. Sollte doch was
dran sein an dem Volksspruch: »Mut zeigt nur der kleine Muck«?

Wie eine Maschinengewehrsalve mit Schalldämpfer flogen auf
einmal die Hände aus dem Haufen der etwa zweihundert Vor-Auser-
wählten in die Höhe. Meine Hand flog als erste mit. Plötzlich machten wir alle eine mutig-entschlossene Visage. Nur ein knappes Dutzend ließ die Hände an der Hosennaht.

Was mag aus denen geworden sein? Ob sie rückblickend wohl alle
ein stolzes Buch schreiben wollten, wie der ehemalige SS-Mann
Schönhuber, falls sie überlebt haben? In Scham zu versinken brau-
chen gewiß nicht alle, da gab es Schlimmere in anderen Uniformen.
Aber muß man sich öffentlich zu loben versuchen, wenn man das
Pech gehabt hatte, zur Waffen-SS selektiert worden zu sein?

Für so viel um drei Sekunden verspäteten und nachexerzierten
Mut hatte der SS-Scherge nur eine wegwerfende Handbewegung tief-

ster Verachtung übrig. Das störte niemanden mehr. Alle hatten nichts Eiligeres zu tun, als nach Hause zu fliehen. Eine Diskussion in Grüppchen, wie sonst, fand nicht statt. Vielleicht deshalb nicht, weil alle – außer einem – ein schlechtes Gewissen hatten. Wie viele waren es? Und wie lange hat man sich erinnert, wie oft mehr Mut gelobt und auch mal gezeigt?

Als Geburtstagsgeschenk zum Achtzehnten bekam ich die schriftliche Einberufung zum 1. Dezember 1939. Ich hatte mich beim 4. Maschinengewehr-Ersatzbataillon des Infanterieregimentes 71 in Erfurt zu melden, in der 71er Kaserne.

Ende November verabschiedete ich mich von meinen Mitschülern und meinen Lehrern am KWG, von meinen Pflegeeltern und der ganzen »Weissenstein-Brut«, den liebevollen Begleitern, Förderern und Miterziehern in einhundert meiner schönsten Lebenswochen.

Von zu Hause war der Abschied kurz. Mit Vater war nicht zu reden, Gott sei Dank! Mutter, die mich immer verwöhnt hatte, wenn ich in den Ferien zu Hause war, übertrieb es dieses Mal wie noch nie. Täglich durfte ich mir mein Lieblingsgericht wünschen: Gulasch mit Makkaroni und Butterbröseln drauf, hinterher einen halben Eimer Apfelmus.

AUSBILDUNG ZUM MASCHINENGEWEHRSCHÜTZEN

Am 1. Dezember meldete ich mich am Tor der 71er Kaserne zu Erfurt, bepackt mit einem Persilkarton. Da hinein hatte ich ein paar Toilettenutensilien und Mutters Fressalien wie für vier Wochen Himalajabesteigung gepackt. Viel schlimmer können die Qualen beim Aufstieg zu den Gipfeln vom Dach der Welt nicht sein als das, was uns im eiskalten Winter 1939/40 in Marbach bei Erfurt als Lehrlingen im Maschinengewehrschießen abverlangt wurde.

Zunächst jedoch mußte ich in der Kleiderkammer der Gneisenau-Kaserne das, was ein Soldat stets an und mit sich tragen mußte, befehlsgemäß in Empfang nehmen. Alles war nagelneu und – nein, nicht vom Feinsten, sondern – vom Kriegerischsten. Die Unterwäsche und die Wollsocken kratzen mich heute noch. Die graue, auf Hochwasser gekürzte Hose durfte sich immerhin auf grobledere »Ausgehschuhe« aufstützen. Im übrigen mußten die Hosenbeine in die Marschstiefelschäfte hinein längsgefaltet werden, in jene Knobelbecher, die zum

Symbol preußisch-deutscher Marschierwut geworden sind. Die Feld-
uniformjacke aus schlichtem Grünflanell mit den unverzierten Schulterstücken verriet dem Soldatenliebchen, daß ich nur ein »Schütze
Arsch« war, wie man den Infanterierekruten titulierte.

Zum Umschnallen gab es einen fünf Zentimeter breiten Rind-
ledergürtel mit einer Eisenschnalle. Darauf stand – eigentlich nicht
zu fassen! – »Gott mit uns«.

(Mein Gott, wofür man Dich so alles mißbraucht, wenn's in den
Kram paßt. Du sollst mit von der Partie sein, wenn Krieg gemacht
wird! Doch wahrscheinlich nicht nur als stiller Begleiter, sondern um
treffen zu helfen. Mit Karabiner 98 K, Handgranaten, Maschinengewehr, Granatwerfer, Feldhaubitze, Kanone, Torpedo bis hin zur Tau-
sendkilobombe. Volltreffer waren mit Deiner Hilfe zuverlässiger zu
plazieren – auch auf die Zivilbevölkerung von Warschau.)

Weiter zum feldmarschmäßigen Zubehör. Da wären noch die vorgeschriebenen Kopfbedeckungen: Der Stahlhelm gegen eisenhaltige
Luft und das Stoffschiffchen für den Aufenthalt in weniger gefährlichen Lüftchen. Schief aufgesetzt brachte sie einem bei Möchtegern-
Soldatenliebchen Pluspunkte.

Als völlig unnütz – Gott sei Dank nur lästig – erwies sich bis zum
Kriegsende das schwerste Zubehör, die Gasmaske. Dieses unhand-
liche blecherne Ungetüm mußte immer dabeisein. Wer ohne erwischt
wurde, bekam eine Verwarnung, bei Rückfälligkeit gab's Schlimme-
res. Ich habe sie gehaßt, die Gasmaske, weil sie mir viele große Rück-
märsche wegen Vergeßlichkeit beschert hat.

Bleibt noch das wichtigste Handwerkszeug eines Infanteristen zu
nennen, sein Schießgewehr, angeblich die Braut des Soldaten. Der
liebe Gott, die Braut – nichts ist den heißen Kriegern heilig, wenn es
gilt, das Kriegshandwerk als gottgefällig und liebenswert schönzu-
reden.

Meine Braut im freiwillig begonnenen Voreheleben für Führer und
Vaterland – in dieser Reihenfolge hatten wir uns per Soldateneid ver-
schwören lassen – hieß Karabiner 98 K. Warum, weiß ich nicht. Sollte
das Baujahr gemeint sein, dann war die Braut 1939 einundvierzig
Jahre alt – ein wunderbares Frauenalter, wie ich heute weiß. Mit dem
Alter hatte es also bei der Soldatenbraut ohne Unterleib und ohne
Rundungen, mit jenem Teil aus Holz, den man an die Wange drücken
sollte, im übrigen aber eiskalt und flintendürr, nichts zu tun, daß ich
kein Liebesverhältnis zu ihr aufbauen konnte. Schon die Schrotflinte

von Vater zum Totschießen von Hasen, Rebhühnern und Rehen mochte ich nicht, obwohl ich mit dem Zimmerstutzen, den unser »Jäger aus Kurpfalz« Hansi und mir geschenkt hatte, ein paar Dutzend diebische Spatzen erschossen habe, weil sie dem Federvieh auf Mutters Hühnerhof den Weizen und Hafer stahlen.

Meine Braut 98 K hat mich immer nur geärgert. Am meisten beim Karabinerappell, zu dem sie dem Kontrolleur auf Hochglanz geputzt und in Öl gebadet präsentiert werden mußte. Aber auch der schönste Flintenleib hielt frustrierte Unteroffiziere und Hauptfeldwebel nicht davon ab, ihre Aggressionen an uns abzureagieren. Zum Ärgernis wurde meine Braut für mich aber vor allem, weil sie die Kugeln ein bißchen zu oft an der Schießscheibe vorbeilenkte.

Nach der feldmarschmäßigen Einkleidung in der Kaserne von Erfurt wurde ich zusammen mit den übrigen Frischrekrutierten meiner Kompanie auf Lastwagen nach Marbach verfrachtet, weil in der Kaserne kein Platz mehr war. Man quartierte uns in den Häusern der Dorfbewohner ein. Ich schlief gemeinsam mit vier älteren »Kameraden« in einer größeren, als Schlafraum dienenden Wohnstube.

Die »Schreibstube« der Maschinengewehrkompanie war in einem Wirtshaus untergebracht. Dort residierten der Hauptfeldwebel, der Spieß und seine »Schreibhengste«. Auch unser Kompaniechef, ein Leutnant, hatte da sein Dienstzimmer. Auf der Straße vor der Schreibstube begann und endete unser Rekrutendienst tags und nachts.

Ich wurde zum MG-Schützen 2 ernannt, und zwar beim Maschinengewehr Typ 08. Dieser Typ bestand aus einer Lafette als Trägergerüst und der Schnellfeuer-Kleinkanone, beides Monstren aus heutiger waffentechnischer Sicht.

Der MG-Schütze 1 trug und bediente die Kleinkanone und marschierte an der Spitze, wenn Gänsemarschformation befohlen war. Hinter ihm hechelte ich, beladen mit dem schlittenartigen Eisengerüst, auf dem das Mordinstrument beweglich befestigt wurde, wenn Menschentöten geübt werden sollte. Sein Gewicht schätze ich auf vierzig Kilo, einen knappen Zentner. Mir kam es schon nach ein paar hundert Marschmetern wie zwei Zentner vor.

Hinter mir trotteten, von drei bis sechs durchnumeriert, die Träger des Munitionskistenpaares mit den meterlangen Patronenbändern. Zusammen hießen wir MG-Trupp, wenn ich mich recht erinnere. Jede Maschinengewehrkompanie hatte viele solcher MG-Trupps als Kerntruppe.

Außer dem MG-Zubehör mußte jeder sein Gewehr, seine Gasmaske und seinen Stahlhelm mit sich tragen. Ein knapper Zentner war also dem MG-Schützen 2 Karl Heinz Hackethal bei den Wehrübungen auf den Buckel geladen. Damit mußte nicht nur marschiert, sondern beim Kommando »Sprung-auf-Marsch-Marsch!« auch gehüpft und gesprungen werden.

Für mein freiwilliges Laseseltraining – mehr war es ja kaum – hatte ich mir die härteste Jahreszeit ausgesucht. Der Winter 1939/40 soll einer der kältesten gewesen sein. Mir werden heute noch die Hände klamm, wenn ich an das vereiste Schlittengerüst denke, an dem die Lastelpfoten eisig festklebten. Denn die grünwollenen Handschuhe mußten zwischendurch immer wieder ausgezogen werden.

MG-Schütze 2 war Vize des MG-Schützen 1, wenn das Maschinengewehr aufgebockt war und die Nummer 1 ausfiel. Das wurde mit Platzpatronen und auf Pappfiguren mitgeübt. Vor einem kriegerischen Einsatz als Schnellfeuermann blieb ich jedoch Gott sei Dank bewahrt.

Anfangs war ich der Liebling des schneidigen Leutnants – Abiturient wie ich, und nur wenige Jahre älter –, weil ich beim Robben mit Karabiner der Schnellste war und wiederholt gegen die eiserne Kommißregel verstieß, niemals aufzufallen. Genau das verschlechterte meine Position gegenüber dem Spieß, der ein gespanntes Verhältnis zu seinem Kompaniechef hatte, »Arborenten« – wie er Abiturienten nannte – nicht leiden konnte und Kriegsfreiwillige schon gar nicht. Er triezte mich, wo er nur konnte. Dabei kam ihm zupaß, daß ich ein schlechter Schütze war, gemessen an meiner Trefferquote auf der Schießscheibe. Meine Ausrede, daß ich ja MG-Schütze sei und auch da nur die Nummer 2, ließ er nicht gelten.

Die fünfmonatige Rekrutenausbildung war die Hölle an Strapazen und Stumpfsinn, weit schlimmer als meine Zeit als Knecht auf Vaters Hof. Jedenfalls hätte es keine zuverlässigere Methode geben können, mir den Irrsinn meiner Freiwilligenmeldung zu beweisen.

Das seltene Vergnügen einer Ausgangserlaubnis machte es nicht besser. Einmal, bei einem Ausflug mit Stubenkameraden nach Erfurt zu einem Kneipenbesuch, bot sich mir die Möglichkeit, meine Mannbarkeit zu beweisen. Ich, der Bubi, hatte das besonders nötig. Dabei muß ich meine Trinkfestigkeit wohl überschätzt haben. Jedenfalls hätte ich mich beinahe – pardon – totgekotzt. »So nie wieder!« habe ich mir im Straßengraben zwischen Erfurt und Marbach geschworen.

Rekrutenzwischenspurt in der Uralt-Universitätsstadt Jena

Etwa im März 1940 wurde unser Ersatzbataillon für sechs Wochen nach Jena verlegt. Bleibende Eindrücke sind mir von der altehrwürdigen Universitätsstadt Jena nicht geblieben. Ich erinnere mich aber an den sternklaren Nachthimmel während des Wachdienstes auf dem riesigen Kasernengelände mit den Munitionslagerhäuschen. Ohne diesen Himmel hätte ich mich vor Langeweile hinter einem Munitionshäuschen schlafen gelegt, worauf die Todesstrafe stand.

Langeweile auf Befehl macht mich, den »Zappelphilipp«, wie Mutter mich nannte, krank. Ich konnte nie ruhig am Familientisch sitzen bleiben und geduldig warten, bis auch die Langweiler den letzten Bissen in sich hineinzelebriert hatten. Da fing ich dann zu zappeln an.

Die Psychologen haben für diese kindliche Zappelei eine schmeichelhafte Erklärung: Bewegungszwang aus Tatendrang. Nur mit allergrößter Beherrschung konnte ich diesen »Tatendrang« beim »Fassen der Mittagsverpflegung« im Zaum halten. Mit der außen grau-grün angestrichenen Zwei-Liter-Emaillebüchse, genannt Kochgeschirr, sehe ich noch das ganze Bataillon auf dem Kasernengelände von Jena in Gänsemarschformation Schlange stehen. Es dauerte zwanzig Minuten oder länger, bis man drankam. Dieses stumpfsinnige In-der-Reihe-stehen war die Hölle für mich. Fast alle anderen waren über die Exerzierpause – die befohlene Möglichkeit zur Denk- und Tu-Faulheit – glücklich. Ich aber hätte aus der Haut fahren können.

Ungeduldiger Tatendrang hat mir das Leben schwer und leicht gemacht, alles in stetem Wechsel. Ein bißchen war wohl Mutter wieder mal mitschuld. Die Langweiligen konnte sie nicht leiden. »Der/dem kann man im Gehen die Strümpfe stopfen!« war ihre ständige Redensart. Wen sie so einordnete, der war als Mitarbeiter/in erledigt. Etwas langsam tun, war für sie kein Arbeiten, sondern Faulenzen. Man müsse auch schnell denken lernen, meinte sie. Mit Recht. Langsam denken dürfen nur Internisten. Nicht-zappeligen Chirurgen dagegen bleiben zu viele Patienten auf dem OP-Tisch, und der Exitus in tabula gilt mit Recht als größte Chirurgenschande.

Als Kradmelder und Besatzer im »Frankreichfeldzug«

Anfang Mai 1940 wurde unser Ersatzbataillon für frontreif erklärt und zum aktiven Regiment 71 an den Rhein abkommandiert. Wir ahnten warum. Denn auch Frankreich hatte uns den Krieg erklärt, nachdem wir auf Führerbefehl in Polen eingefallen waren, um mittels millionenfachen Raubmordes das Vaterland größer und reicher zu machen.

Am 10. Mai ging es mit Donner und Doria los. Schütze Hackethal hatte man als MG-Schützen für untauglich erklärt und in den Beiwagen eines Motorrades, militärisch Krad = Kraftrad genannt, abkommandiert. Mein Auftrag war, auf den staubigen Straßen und Feldwegen Geheimbefehlskassiber von vorn nach hinten und von hinten nach vorn zu transportieren. Dies war Dreckarbeit in stark eisenhaltiger Luft. Abends saß der Staub halbzentimeterdick auf Stahlhelm, Tarnanzug, Stiefeln und allem, was die Kriegsuniform an Schützenhaut freiließ.

Wenn nichts per Beiwagenkrad zu melden war, wurde ich auch als Gewehrschütze eingesetzt. Ich sehe sie noch heute in etwa einhundert Metern Entfernung über dem Grabenrand: Die Franzosenstahlhelme, flacher und bräunlicher als unsere und mit Krempe. Nicht nur die Helme sah ich, sondern vor allem die Gesichter darunter. Da drauf konnte ich dann nicht mehr gezielt schießen. Kurz vor dem Abdrücken schwenkte ich den Karabinerlauf nach oben. Ich bin todsicher, nicht einen einzigen Franzosen und auch sonst keinen »Feind« totgeschossen zu haben. Trotzdem wurde der sogenannte Frankreichfeldzug gewonnen.

Mein unblutiges Verhalten hat übrigens mein Unteroffizier, unser Gruppenführer, einmal beobachtet. Er nahm mich zur Seite, ermahnte mich, aber verpfiff mich nicht. Wahrscheinlich tat ihm der »Bubi« – so nannten mich meine Stubenkameraden und ein paar andere – leid. Eine Meldung beim Spieß hätte tödlich enden können. Selbiger Unteroffizier schoß jedoch um so treffsicherer, und zwar mit geradezu wollüstiger Miene. Ich werde seinen mordlustigen Gesichtsausdruck nie vergessen.

Zur Belohnung bekam er dann das Eiserne Kreuz erster Klasse und wenig später eines aus Holz aufs Grab.

Der Auftrag unserer 29. Infanteriedivision, die Eroberung von Belfort und Besançon, wurde befehlsgemäß erfüllt. Die Zahl der Verwundeten und Toten unseres Bataillons hielt sich in Grenzen. Ich erinnere mich nur an zwei aus meiner Kompanie, die neben mir durch Granatwerfereinschlag tödlich verwundet wurden. Es war gräßlich.

Während des Vormarsches gerieten auch Champagnerkellereien in unsere Gewalt. In endlosen Reihen waren die Champagnerflaschen gestapelt. Der offiziell erlaubte Mundraub wurde mehr ein Rausch für die Augen als fürs Blut. Denn mehr als zwei Flaschen konnte keiner mitnehmen. Und getrunken werden durfte erst abends, und nur mit großen Zeiträumen zwischen jedem einzelnen Schluck.

Zum Triumphmarsch in Paris wurde unser Bataillon nicht befohlen. Also konnte ich nicht mitstolzieren. Unser Regiment lag in einem Vorort von Paris, nachdem wir von der kämpfenden Truppe zur Besatzungsmacht geworden waren. Von da aus besuchten wir später truppweise auch Versailles. Unser Verhältnis zu der französischen Zivilbevölkerung war anfangs befehlsgemäß distanziert, aber nicht unfreundlich, auf keinen Fall herrisch-böse. Auf Diebstahl während der Besatzungszeit stand Karzerstrafe, bei Raub konnte das Kriegsgericht den Delinquenten in schweren Fällen sogar zum Tod durch Erschießen verurteilen.

Irgendwann im Sommer 1940 wurde unser Regiment aufs Land verlegt. Das Dorf, in dem unsere 8. MG-Kompanie einquartiert wurde, lag an der Loire. Es war beinahe wie im Manöver zu Hause. Man traute den Franzosen nicht nur nichts Böses, sondern sogar versteckte Sympathie zu. Anders jedenfalls wäre nicht zu erklären gewesen, warum ich beispielsweise allein bei den Eltern von Janine Felon einquartiert wurde. Echte Feinde killen doch auch?!

Das kleine Einfamilienhaus am Ende der Hauptstraße lag etwas erhöht auf einem Hügelchen. Mein Schlafzimmer befand sich im Dachgeschoß. Zum Wohnen durfte ich das ganze Häuschen mitbenutzen. Das war nicht überall so, erzählten die »Kameraden«. Ich schreibe diese Vokabel immer in Anführungsstrichen, weil »Kamerad« ein von Kriegstreibern erfundenes Schmeichelwort für die potentiellen Mit-Todeskandidaten ist. Ich konnte es noch nie leiden. »Alte Kameraden«!? Mir graut!

Leider fällt mir kein besseres Wort für die Mitbesetzer ein. Jedenfalls hat man die »Kameraden« zum Teil nicht in die besetzte Franzosenfamilie mitaufgenommen. Mich aber wohl, worauf ich noch heute stolz bin.

Meine Quartiergeber waren einfache Leute, er ein kleiner Paysan, ein Zubrotbäuerlein im Nebenberuf. Im Hauptberuf arbeitete er irgendwo als Handwerker. Mit Monsieur le Patron habe ich schon bald über Gott und die Welt radebrechend parliert, um mein Französisch zu verbessern, aber auch um mitzuhelfen, entgegen der befohlenen Feindschaft Keime einer späteren Freundschaft zwischen unseren Nationen zu säen, etwas geschwollen ausgedrückt.

Während sich also zu Madame und Monsieur Felon ein freundschaftliches Verhältnis entwickelte, war ich in die süße sechzehnjährige Mademoiselle schon am ersten Tag über beide Schützenohren verliebt. Genauer waren es Oberschützenohren, denn man hatte mich inzwischen befördert, obwohl ich nicht schießen konnte und wollte. Fast alle anderen hatten diesen Dienstgrad übersprungen und waren gleich zum Gefreiten ernannt worden. Janine schien das egal zu sein, denn sie tat zumindest bald auch in mich verliebt.

Ein Soldatenliebchen war Janine nicht. Meine Liebeszeichen erwiderte sie erst nach ein paar Wochen und zunächst auch recht schwach. Erst nachdem vom Patron zweifelsfrei geklärt war, daß ich schon immer ein fernes Sympathieverhältnis zu den Franzosen hatte und daraus nun ein nahes geworden war, durfte und wollte Janine sich von mir umarmen und küssen lassen. Mehr nicht. Und mehr mochte auch ich nicht, um unsere Liebe nicht zu entweihen. Selbstverständlich wollte ich sie schon bald heiraten, wie alle, in die ich mich später verliebt habe. Wie könnte es bei einem Träumer auch anders sein?

Der böse Krieg machte meine heimlichen Heiratsabsichten zunichte. Als unsere Verliebtheit auf dem Höhepunkt angekommen war, kam über Nacht der Marschbefehl Richtung Norden. Hals über Kopf mußte ich mich von Wunschbraut und Wunschbrauteltern verabschieden. Der Adressenaustausch half nicht. Es wurde ein Abschied auf Nimmerwiedersehen, leider bis heute. Aber vielleicht fahre ich doch eines Tages an die Loire, um meine erste wahre Liebe kurz vor hundert noch einmal zu treffen. Vive la France! Je t'aime encore, ma douce Janine!

Kriegstraining gegen »Engeland« in Belgien

Im Herbst setzte sich das »Infanterieregiment (mot.) 71« mit einem uns Landsern unbekannten Ziel in Marsch. Ich marschierte als »Kradmelder im Training« per Dreirad im Beiwagen, beneidete die »Kameraden« im LKW, die von oben auf mich erdbodennahen Staubschlucker herabgrinsten.

Ein paar Nächte später – Truppenbewegungen geschehen immer im Schutze der Dunkelheit – erreichten wir hinter Antwerpen die Nordseeküste. Nicht weit vom Meer bezogen wir Quartier, dieses Mal in Zelten.

Aus dem südlich-sonnigen Frankreichwetter wurde unfreundliches Nordlandklima mit Wind und Regen. In den Zelten hörte man fern das Meeresrauschen, aber es lud nicht zum Bade, sondern war eher furchterregend. Vor allem aber fror mich nachts.

Tagsüber trainierten wir »Einsteigen in Fährschiffe«. Den Zweck der Übung verriet man uns nicht, gerüchtweise hieß es, wir sollten über den Kanal transportiert werden, um England ebenso blitzartig zu besiegen und zu besetzen wie Polen, Frankreich, Belgien und Holland. Über das Gelingen machten wir uns nicht groß Gedanken. »Adolf der Große« würde es schon richten, versicherten uns die bereits mit dem Eisernen Kreuz für »Tapferkeit vor dem Feind« Dekorierten, wie die blinde Bereitschaft, sich töten zu lassen, schönfärberisch genannt wurde.

Ob ich damals an den Führer geglaubt habe, weiß ich nicht mehr. Wahrscheinlich, denn Denken hatte ich mir, soweit ich es überhaupt schon konnte, vorsorglich wieder abgewöhnt, weil es mir nur angst machte.

Die Fährschiffe, die uns vor die Küstenartillerie der Briten und unter ihre Bomber transportieren sollten, schoben ihren Hintern mit offenem Heck auf den Küstensand. Dann mußten wir im Maximaltempo mit Stahlroß und Wagen auffahren üben.

Patschnaß war ich jedesmal in meinem Beiwagen, spätestens nach dem Üben des Aussteigens, wobei der böse Feind mit »Hurrah« erschreckt werden sollte.

Das Lied mit dem Schlußreim »Denn wir fahren gegen Engeland« wurde uns auffallend oft aus dem Volksempfänger ins Ohr gesungen und getrommelt. Auch das böse Kriegsmärchen vom »Lügenlord«, als den man Churchill verteufelte. Aber umgekehrt soll man uns ja auch als kinderfressende Ungeheuer präsentiert haben, um das Britenvolk zur blutigen Gegenwehr zu animieren.

Dabei kann ich bezeugen: Wir wurden immer wieder ermahnt, uns »wie deutsche Soldaten« zu verhalten. So nannte man das Kampfunfähigschießen des Feindes nach den Regeln fairen Soldatentums. Wer kampfunfähig war, durfte nicht totgeschossen, Gefangene durften nicht mißhandelt werden. Zivilisten waren tabu, Kinder waren auf den Soldatenarm zu nehmen. Diese Soldatenpflichten wurden uns unter Strafandrohung eingedrillt. Aufgrund mancher späterer Landserbekenntnisse ist allerdings zu befürchten, daß es nicht bei allen Regimentern so war.

Damit will ich den mit schamlosen Lügen propagierten Angriffskrieg Hitlers und die begeisterte Mittäterschaft seiner Generäle, insbesondere derer aus uraltem Kriegsadel, nicht beschönigen. Ich möchte vielmehr meine »Kameraden« und mich gegen den später oft erhobenen Vorwurf in Schutz nehmen, eine Bande von Lust- und Raubmördern, von Frauen- und Kinderschändern gewesen zu sein.

AUSBILDUNG ZUM SANI (1940–1941)

Abkommandiert zum Sani-Kurs nach Kassel

Mitten in den Vorbereitungen für das Todeskommando gegen England wurde Oberschütze Hackethal zum Kompaniespieß befohlen. Klopfenden Angsthasenherzens meldete er sich.

»Oberschütze, Sie sind zur Ausbildung als Sanitätssoldat zum Reservelazarett Kassel-Dönje kommandiert. Hier ist der Marschbefehl. Setzen Sie sich in Marsch!«

Eigentlich hätte ich vor Freude in die Luft springen müssen. Doch ich, der Glückspilz, durfte nicht laut jubeln, während meine »Kameraden« für den vaterländischen Opfertod weitertrainieren mußten. Also blieb nur ein stilles Gebet: »Lieber Gott, ich danke Dir!«

Wie ich nach Kassel gereist bin, weiß ich nicht mehr. Wahrscheinlich per Eisenbahn, die noch nahezu pünktlich verkehrte. Denn der Luftkrieg gegen Deutschland war noch in weiter Ferne. Aber ich werde wohl selten so gern mit der Bahn gefahren sein wie damals, obwohl ich stundenlange Bahnfahrten schon in meiner Jugend haßte. Ich konnte nicht länger als eine Stunde stillsitzen. Dann bekam ich »fidele Beine«, das heißt, einen unwiderstehlichen Bewegungsdrang, nicht zum Aushalten, obwohl mit keinerlei Schmerz verbunden. In der Bahn half ich mir, indem ich mich, wenn möglich, querlegte und die Beine an der Außen- oder Innenwand des Abteils senkrecht in die Luft streckte.

An die Ausbildungszeit im Dönje-Lager erinnere ich mich nur dunkel. Beigebracht wurde uns das, was der berühmte »Sanitätsgefreite Neumann« können muß. Erstens »Jawoll, Herr Stabsarzt« sagen. Zweitens melden, wer sich krank gemeldet hat. Drittens dem Bataillonsarzt beim Untersuchen helfen. Dann kam lange nichts an Sani-Pflichten und -Rechten. Grobe Sani-Arbeit allerdings sollten und durften wir auch in eigener Verantwortung machen: Erste Hilfe leisten, das heißt, Verwundete bergen, notverbinden, notschienen und auf einer Trage abtransportieren, Arme und Beine abbinden, wenn das Blut aus Schlagadern schoß, den Verletzten richtig auf die Bahre lagern und abtransportieren, zu zweit einen Verwundeten auf Händen tragen und so weiter.

Die Ausbildung zu Barfuß-Ärzten geschah eher stiefmütterlich. Griffe zur Lebensrettung durch Herzmassage und Beatmung wurden exerziert. Kunstvolle Verbandstechnik übten wir auch. Vor allem mußten wir die Namen der Medikamente im Sanitätskoffer auswendig lernen wie Dimethylaminophenyldimethylpyrazolon oder Acidum acetylo-salicylicum und und und. Nie mehr habe ich das unnütze Medizinbabylonisch vergessen. Pyramidon und Aspirin hätten als Bezeichnung für die Schmerzmittel, die ein Sani abgeben durfte, genügt. Aber nein, eine Medizin imponiert dem Patienten, dem Doktor und dem Hilfsdoktor nur, wenn sie einen unverständlichen, gefährlich klingenden Namen hat. So predigen es die Medizinlehrer ihren Schülern seit eh und je. Und die müssen es sich einpauken, wenn sie von ihnen das Diplom bekommen wollen! Und wenn sie es sich einmal eingepaukt haben, sind sie stolz darauf und lehren es nach unten genauso weiter!

Mit einem erstaunlichen Grad von medizinischer Halbbildung ausgestattet, bestand ich die Prüfung zum Sanitätssoldaten und durfte mich ab sofort Sanitätsoberschütze nennen. Auf andere mit Karabiner oder Maschinengewehr schießen mußte und durfte ich nun nicht mehr. Nur noch mit Spritzen auf nackte Landserpopos.

EINSATZ ALS »SANITÄTSGEFREITER NEUMANN«

Als frischgebackener Sanitätssoldat kehrte ich zu meiner 8. MG-Kompanie in Belgien zurück. Hier war meine wichtigste Aufgabe als Kompanie-Sani das »Nülleflicken«. Nülle steht in keinem Lexikon, weder im alten, noch im neuen Brockhaus. Das Wort ist so ordinär, daß man es nur als Landser in den Mund nehmen darf. »Nüllenflicken« hieß das Einträufeln einer Silbernitratlösung in die Harnröhre zur Vorbeugung gegen die Gonorrhoe, den Tripper. Jeder Soldat, der außerehelichen Beischlaf ausgeübt hatte, mußte sich sofort nach der Rückkehr beim Sani melden. Dieser hatte dann nach HDV (Heeresdienstvorschrift) das Glied des Fremdgehers mit links unterhalb der Eichel zu fassen, die Harnröhrenmündung von der Vorhaut freizuspreizen und dann mit rechts fünf Tropfen einer Targesinlösung in die Harnröhre zu träufeln. Das brannte scheußlich und sollte erstens von weiterem Fremdgehen abschrecken und zweitens die Gonokokken verbrennen. Weder das eine noch das andere gelang, jedenfalls meistens nicht. Denn »Flicken« kann man ja eigentlich nur etwas, das erkennbar kaputt ist. Genau dieses aber war verboten. Wenn der Harnröhrenschnupfen bereits eitrig tropfte, durfte nicht mehr »saniert« werden.

Gott sei Dank mißachteten fast alle Fremdgänger den Sanierbefehl. Anderenfalls wäre mein Nachtdienst wohl zum Nüllenflickdienst am laufenden Band entartet. Aber der Sani-Befehl bescherte mir als Kompaniesanitäter eine starke Machtposition. Denn wer einen Tripper bekam und nicht im Sanierbuch stand, bekam drei Tage verschärften Arrest. Da war schlecht dran, wer es sich mit mir verdorben hatte. Für den riskierte ich die Urkundenfälschung nicht. Im Sanierbuch steckte juristisch ja angeblich Urkundenkraft.

Dazu ein Schlüsselerlebnis: Eines Tages kam ein Unteroffizier unseres Bataillons in meine Sanitätsstube und wollte Hilfe. Nach kurzer Vorrede holte er seinen Penis aus der Hose – ein beängstigender Anblick: Er war unförmig geschwollen, die Eichel dunkelrot. Aus der Harnröhre tropfte gelber Eiter. Verschleppter Riesentripper schlimmster Sorte!

Nein, saniert werden wolle er nicht, auf gar keinen Fall. Das hätte ich auch gar nicht mehr gedurft. Er wollte nur, daß ich ihn ins Sani-Buch eintrug, rückdatiert natürlich, damit er nicht in den Knast kam.

Ich tat es. Er landete auf irgendeiner Folterstation. Knast statt dessen wäre der Himmel gewesen, zusätzlich zur Medizinfolter aber des Bösen sicher zu viel. Davor habe ich ihn bewahrt. Durch Urkundenfälschung. Und darauf stand Militärstrafanstalt und Ende der Sanitätslaufbahn.

Ich war das erste Mal stolz auf mich als Gesundheitshelfer. Peinlich fast, daß es nicht mit Pflaster, Spritze oder gar Messer, sondern nur mit Tinte auf Papier geschah. So begann meine Tätigkeit als Schreiber für mehr Liebe im Umgang mit Patienten mit einer Urkundenfälschung!

Einen Tripper zu bekommen war das Schlimmste, was einem Landser geschehen konnte. Denn damals gab es noch kein Penicillin. Und wenn im Eiterabstrich unter dem Mikroskop der typische Doppelpunkt zu sehen war, dann gnade ihm Gott, dem armen Sünder. Ich habe noch immer das Wehgebrüll von Männern im Ohr, das sogar uns als Medizinstudenten in Würzburg 1942/43 angst machte, wenn

1 *(oben)* Mutter Clara mit Vater Franz, 1920

2 *(unten links)* Mutter mit dem neun Monate alten Karl Heinz, 1921

3 *(unten rechts)* Hansi und Karl Heinz, Pfingsten 1924

4 *(oben)* Geburtshaus Alter Karlshof in
Reinholterode/Eichsfeld, 1921

5 *(unten)* Als Volksschüler mit sechs, 1928

6 *(links)* Die Karlshof-Familie Ostern 1930. Mutters Kommentar auf der Rückseite: »Ihr wißt ja, daß ich in Wirklichkeit viel hübscher bin ...«

7 *(unten)* Karl Heinz mit seiner Konviktklasse, 1933

8 *(ganz oben)* Mutter mit ihren Pimpfen, 1934

9 *(oben)* Konviktzögling und Jungvolkpimpf
Karl Heinz

10 *(rechts)* Die Tempo-Fetischisten, 1935

11 *(oben links)* Der Mitverführer zum
Schwarmgeist-Gymnasiasten: Christoph Martin
Wieland

12 *(oben rechts)* Als Gymnasiast in der
Frankfurter Comeniusstraße, zwischen 1936
und 1939

13 *(unten)* Tanzstunden-Abschlußball
im Frankfurter Hof, 1939. Karl Heinz (3. v. r.)
ohne Festtags-Anzug

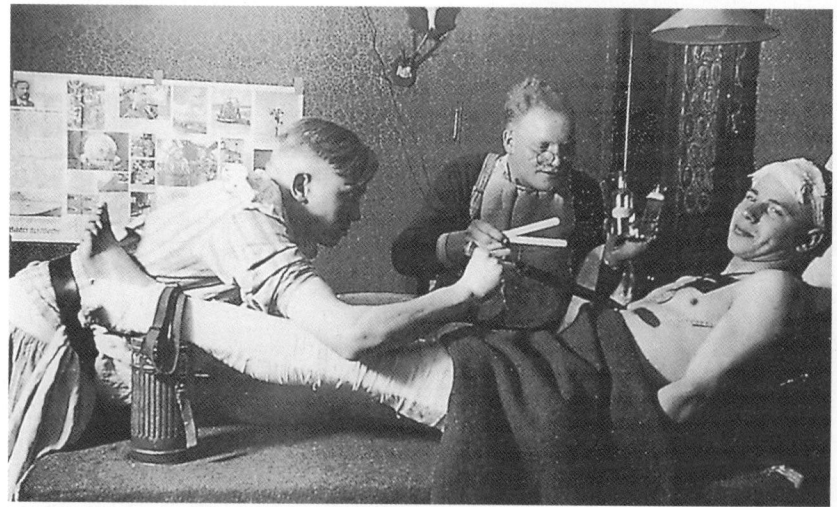

14 *(oben links)* Sanitätsgefreiter KHH
beim Studieren

15 *(oben rechts)* MG-Schütze KHH
(mit Akkordeon) in Frankreich, 1940

16 *(unten)* Als Möchtegern-Chirurg, 1941

17 *(oben)* Die Pépinière in Berlin, 1941

18 *(unten links)* Nacherzieher und Vorbild
von 1941 bis 1943: Dr. med. Fritz Euler

19 *(rechts)* Fahnenjunker-Feldwebel KHH,
1941/42

20 *(oben)* Im Anatomie-Hörsaal der
Universität Würzburg, 1942

21 *(unten)* Schlüsselerlebnis Präpariersaal,
1942

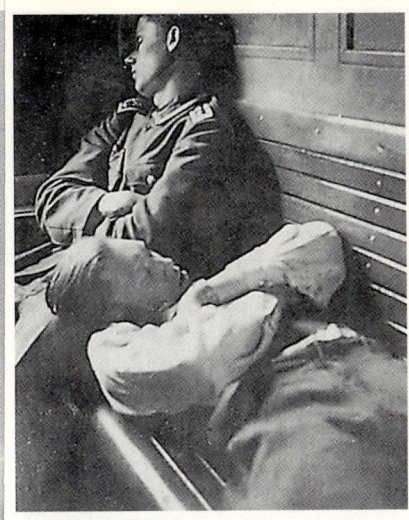

22 *(oben links)* Reise zur Rußlandfront, 1943

23 *(oben rechts)* In der Kaserne zu Würzburg, Wintersemester 1944/45

24 *(unten)* Die Karlshof-Familie 1944

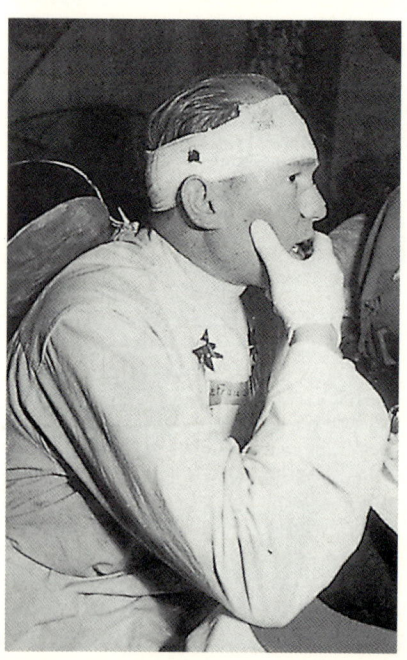

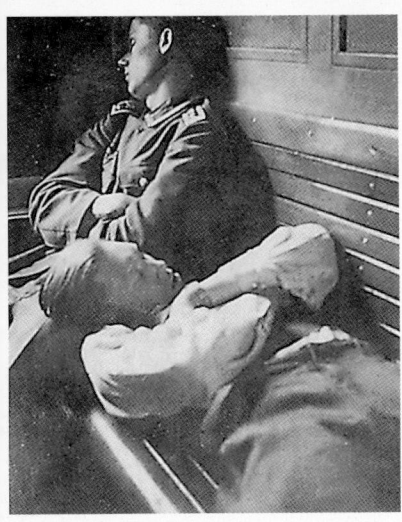

22 *(oben links)* Reise zur Rußlandfront, 1943

23 *(oben rechts)* In der Kaserne zu Würzburg, Wintersemester 1944/45

24 *(unten)* Die Karlshof-Familie 1944

25 Patientenarzt
aus Liebe und Top-
Chirurg: Prof. Dr.
Franz Rose. Famula-
tur-Lehrer 1943,
Medizin-Hauptlehrer
1945-1950

26 Katholisches
Krankenhaus unter
der Leitung Barm-
herziger Schwestern
zu Heiligenstadt 1989
(unverändert seit
1943)

27 *(rechte Seite oben)*
Doris Wähler und
Karl Heinz Hackethal,
1948

28 *(rechte Seite unten
links)* Doris
als Verlobte, 1946

29 *(rechte Seite unten
rechts)*
Mit Ulrike, 1948

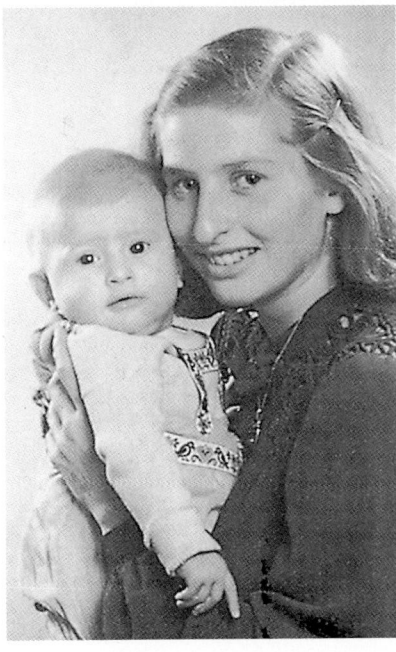

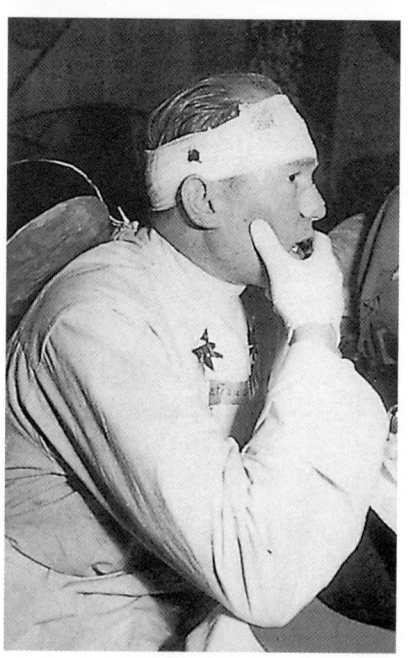

30 *(linke Seite oben)* Erster Assistent der
Chirurgischen Abteilung des Kreiskrankenhauses in Eschwege als Alt-Kabriolett-Besitzer,
1951

31 *(linke Seite unten links)* Als Engel beim
ADAC-Fasching, 1952. Brustaufschrift: »Meine
Frau saß am Steuer«

32 *(linke Seite unten rechts)* Bayern-Urlaub
1952

33 *(links)* Als Referent des Deutschen
Orthopäden-Kongresses 1953

34 *(unten)* Versuchstier-Quäler KHH
während einer Knochenverpflanzungsope-
ration am Schäferhund in Münster, 1954

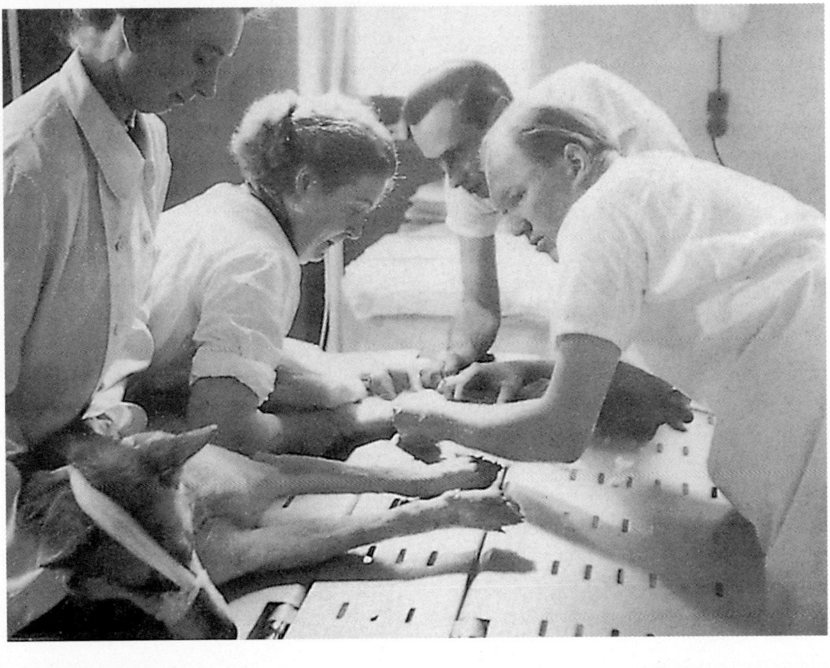

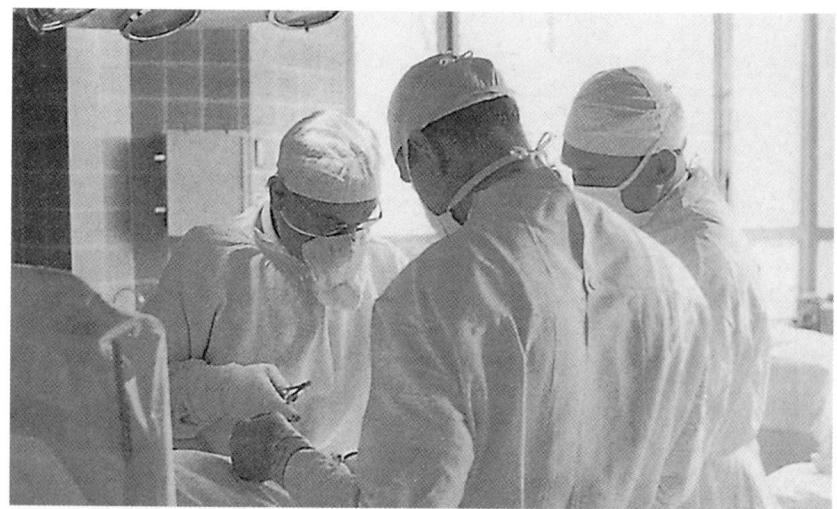

35 *(oben)* Prof. Dr. Peter Pitzen beim
Operieren mit OP-Assistent KHH

36 *(unten)* Prof. Dr. Peter Pitzen mit Dekan
Goecke

37 *(rechte Seite oben)* Verleihung der
Privatdozent-Urkunde durch Dekan Sünder-
Plassmann, Januar 1956

38 *(rechte Seite unten)* Prof. Dr. Oskar Hepp
als Empfänger des »Vaterordens«

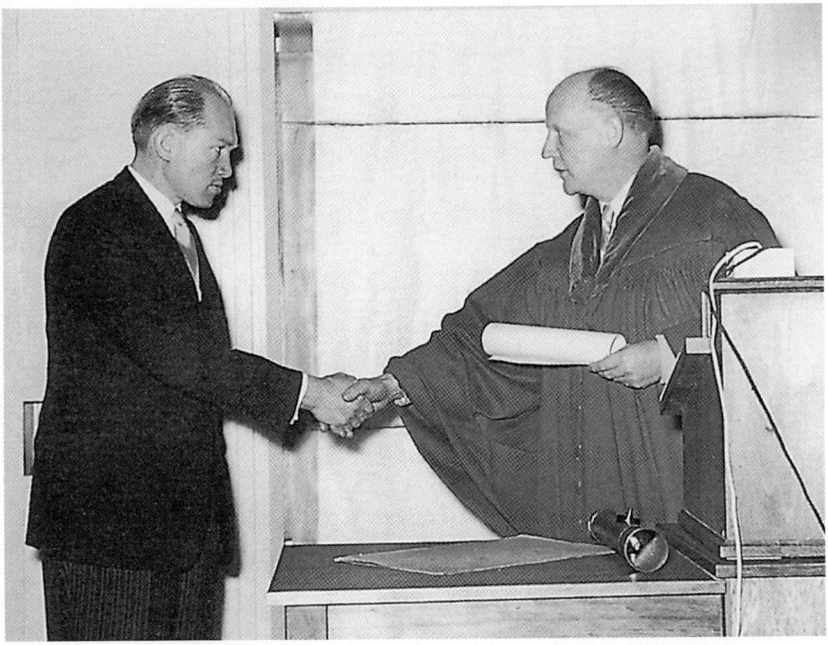

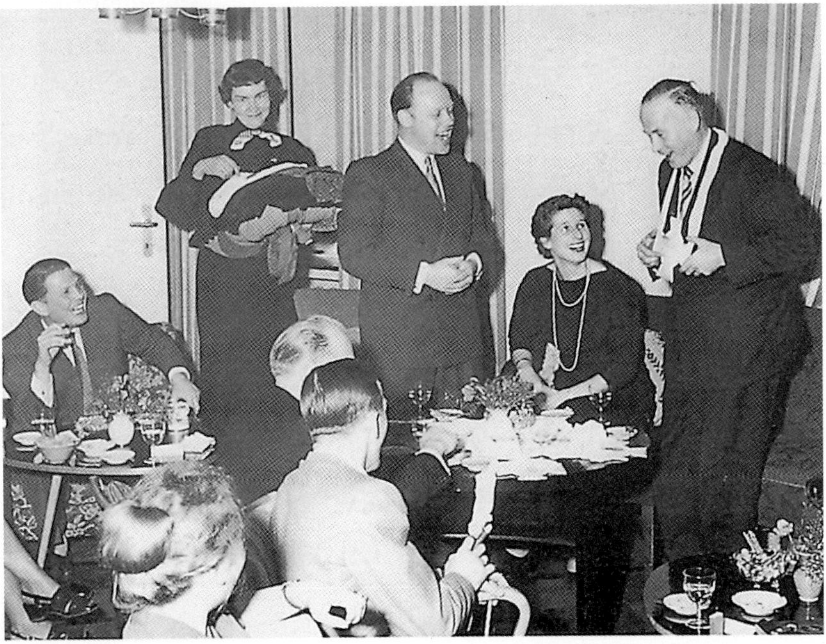

39 Karl Heinz Hackethal 1961

es aus den Behandlungsräumen der »Ritterburg« auf dem Lazarettflur widerhallte.

Ritterburg hieß das Gebäude auf dem Universitätsklinikgelände, das der Regie des Ordinarius für Haut- und Geschlechtskrankheiten unterstellt war, und welches auch einen Lazarettteil hatte, also der Behandlung von Soldaten diente, hier besser Mißhandlung genannt. Denn daß die dort praktizierte »Therapie« keine Heilhilfe, sondern Folterei war, konnte der dümmste Medizinstudent erkennen. Als »Methode der Wahl« galt die Bougierung der Harnröhre mit gekrümmten Metallstäben von knapp Bleistift- bis Kleinfingerdicke – ohne Betäubung selbstverständlich. Damit sollte einerseits ein Reiz zur Aktivierung der Abwehrentzündung erzeugt, andererseits das Eintreten einer Harnröhrenenge durch Narbenschrumpfung verhindert werden. Beide Hypothesen zur Begründung der schlimmsten Folter konnten nur dem Hirn von Sadisten ohne biologischen Minimalverstand entsprungen sein.

Die Sanitätsoffiziere auf der Ritterburg waren Folterknechte, nichts anderes. Das Ergebnis der täglich wiederholten Bougierung war nicht raschere Heilung, sondern massive Verschlimmerung mit wochenlanger Verzögerung der Selbstheilung und schweren Harnröhrenstrikturen für immer.

Anfang 1941 wurde unser Regiment von der geplanten Invasion Englands ins Reich zurückbefohlen und nach Oberhessen verlegt, um für den künftigen Rußlandfeldzug zu trainieren. Das allerdings wußten wir nicht.

Mich hatte man zum Sanitätsgefreiten befördert und in dieser Funktion dem Bataillonsarzt unterstellt. Im übrigen aber gehörte ich weiterhin zur 8. MG-Kompanie. Mein erster Auftrag war, im Schulhaus des Dorfes das Sanitätsrevier einzurichten. Das tat ich mit so großem Eifer, daß mein Stabsarzt voll verhaltenen Lobes war.

Er selbst residierte beim Bataillonsstab in der nächsten Kleinstadt. Von da aus überwachte er die Sanitäter der einzelnen Kompanien und bereiste die Sanitätsreviere, um sich die Krankgemeldeten vom Sani vorführen zu lassen und ihm seine militärärztlichen Befehle zur Versorgung der Revierkranken zu geben. Außerdem kontrollierte er, ob im Revier alles seine militärisch-sanitäre Ordnung hatte.

Meine Aufgaben waren: Erstens dem Bataillonsarzt bei der Unterscheidungsdiagnostik zwischen Kranken und Simulanten zu helfen, zweitens die Revierkranken nach seinen Befehlen zu behandeln, drittens bei Bedarf Tag und Nacht erste Hilfe zu leisten, viertens Buch zu führen über Krankmeldungen, Revierkrankheitsverläufe sowie verbrauchte Arzneien und Hilfsmittel und fünftens im Revier für Vollständigkeit und Brauchbarkeit der Sanitätsmaterialien sowie peinliche Sauberkeit und Ordnung zu sorgen.

Mit zunehmender Erfahrung als Assistent des Stabsarztes bei seinen von ihm hochnäsig auch »Sprechstunde« und »Visite« titulierten Einsätzen, wurde ich immer froher, daß man meine Bewerbung zur Militärarztlaufbahn wohl in den Papierkorb geworfen hatte. Denn das, was dieser Stabsarzt an ärztlichem Wissen und Können zeigte, und die Art, wie er mit seinen Patienten umsprang, war aus meiner Sicht ein Skandal. Ein Leben lang als Militärarzt arbeiten zu müssen, das wurde mir immer mehr zur Horrorvision.

Die Militärärzte hatten mit Recht bei den Landsern und beim Volk einen schlechten Ruf. Das war nicht ihre Schuld. Denn eine Medizinerausbildung in Deutschland – und in den meisten Staaten sonst, außer in den angloamerikanischen Ländern – war und ist rein theoretischer Art und völlig praxisfremd.

Der praktische Umgang mit den Patienten wurde und wird auf den Universitäten nicht geübt. Die Mediziner dürfen zuschauen beim Verbinden, beim Spritzen, beim Infusionlegen, aber nichts selbständig tun. Sie dürfen beim Operieren bestenfalls Haken halten und sonst nichts. Das notwendige schrittweise Vormachen und Nachmachenlassen, von Schritt zu Schritt etwas schwieriger, findet nicht statt. Denn in diesem Fall müßten sich ja die Medizinlehrer zu Lehrlingsdienern herablassen, immer und immer wieder. Da ist es viel herrschaftlicher, flotter und bequemer, alles selbst zu machen und den Lehrling zuschauen und später allein wursteln zu lassen, vor allem im Nachtdienst. Auch deshalb müssen die Kollegen wie Brüder zusammenhalten, um den mitverschuldeten Lehrlingspfusch zu decken.

Militärärzte wurden in Krieg und Frieden als unerfahrene Theoretiker auf ihre Kranken und verwundeten Soldaten losgelassen. Als Truppenärzte konnten sie gar keine nützlichen Erfahrungen sammeln. Denn erstens hatten sie es ja nur mit jungen Männern und ihren meist harmlosen Jungmännerkrankheiten zu tun. Und zweitens blieben diese ja meist nicht ihre Patienten, so daß sie Fehler gar nicht entdecken und daraus lernen konnten.

Trotz allem genossen, wie ich bald erleben sollte, die Militärärzte, jedenfalls die aktiven und auf Lebenszeit verpflichteten, eher eine bessere theoretische Ausbildung als die Medizinstudenten allgemein.

Da mein Stabsarzt stinkfaul und meist abwesend war, avancierte ich zwangsläufig zum Kompaniearzt m.b.H. Trotz meiner beschränkten Haftung ließ sich sogar unser Hauptmann von mir behandeln, als ihn »die Scheißerei« plagte. Der Stabsarzt hatte auf telefonische Anfrage unseres Kompaniechefs die Ferndiagnose »Diarrhoe« gestellt und Kohletabletten zum Stopfen verordnet. Der Hauptmann ließ mich rufen, bestellte sie bei mir, fragte mich aber, ob auch ich zu Kohletabletten riete. Ich fragte ihn respektvoll achselzuckend, aber noch recht naseweis, ob er nicht vielleicht etwas Verdorbenes gegessen habe, das raus müsse. In dem Falle solle er vielleicht erst einmal Rizinus nehmen. Er bestätigte meinen Verdacht, und mein Rat leuchtete ihm ein. Also mußte ich ihm Rizinus statt Kohletabletten bringen. Am nächsten Tag ließ er mir durch den Spieß bestellen, er habe sich fast »totgeschissen«, aber nun sei er gesund.

Die Wunderheilung des Hauptmanns durch seinen Sani sprach sich herum. Bald kamen die Kranken der Kompanie auch mit größeren Wehwehchen nicht zur Stabsarzt-»Sprechstunde«, sondern erst einmal zu mir. Nur die Simulanten meldeten sich bei ihm. Und er schrieb sie meist dienstunfähig, die echt Kranken aber meistens gesund.

Die Hauptbefriedigung als Sani bescherte mir die Versorgung von Bagatellwunden, die Abgabe von Aspirin gegen Katerkopfweh und gegen Zahnschmerzen, die heißen Hand- und Fußbäder bei Finger- und Zeheneiterungen und die Puderbehandlung des Marschwolfs an den Reibflächen der Oberschenkel-Innenhaut. Auch die kleinen Pflege-, Verbands- und Hilfsdienste sonst bei den Revierkranken brachten mir dankbare Patienten.

Besonders stolz war ich auf meine Zivilpatienten aus dem Dorf, die mit ihren Alltagswehwehchen zu mir in die Sanitätsstube kamen. Das stärkte meine Beliebtheit bei den Dorfbewohnern, mit denen ich noch heute brieflichen Kontakt habe.

KARRIERESPRUNGBRETT PÉPINIÈRE (1941–1943)

VOM HELDENTOD DISPENSIERT

»Sanitätsgefreiter Hackethal, Sie sind mit sofortiger Wirkung zur Militärärztlichen Akademie Berlin abkommandiert. Ich gratuliere Ihnen!«
Im Befehlston verkündete mir unser Kompaniechef, Hauptmann der Reserve Stendel, am 23. Mai 1941, was – trotz meiner angeführten Abneigung gegen die Laufbahn des »Aktiven Sanitätsoffiziers« als Berufsziel – in meinen Ohren wie ein Geschenk des Himmels klang. Nicht im entferntesten hatte ich damit gerechnet.

Ich schlug die Stiefelhacken laut hörbar zusammen und meldete: »Jawoll, Herr Hauptmann!« Nicht mal »Danke« durfte ich sagen, obwohl ich ihm am liebsten um den Hals gefallen wäre. Vorausgegangen war das übliche Zittern aus schlechtem Gewissen, wenn man als Soldat zur »Schreibstube« bestellt wurde. Ich kramte gerade in meiner Sanitätsstube, hielt »Nüllenflickwache«, als plötzlich eine Ordonnanz vom Hauptfeldwebel den Befehl überbrachte: »Du sollst zum Spieß kommen!« »Mein Gott«, dachte ich, »was hab ich denn nun wieder verbrochen?!« Ein permanent schlechtes Gewissen war mir ja seit frühester Jugend anerzogen worden. Und als ich am Ende des Quartierdorfes ankam, empfing mich der Spieß schroff und barsch wie immer: »Sanitätsgefreiter, wo bleiben Sie denn?! Der Kompaniechef will Sie sprechen!«

»Oh je, sogar der Hauptmann«, durchschoß es mich. »Unter drei Tage Bau wird es wohl nicht abgehen.« Bau war Karzer, die Zelle für den »verschärften Arrest«.

Zu meiner Überraschung blieb der Kompaniechef nicht hinter seinem Schreibtisch sitzen, sondern stand auf und kam halblächelnddistanziert auf mich zu. Im Gegensatz zum Spieß mochte ich ihn, weil er seine warmherzige Ausstrahlung nicht hinter der Kriegsuniform verstecken konnte. Das aber schloß harte Bestrafung von Untergebenen für soldatisches Fehlverhalten nicht aus.

Mir war ganz schwindelig vor Glück, als ich die Schreibstube verließ. Einen größeren Luftsprung als an diesem lebensrettenden Frühlingstag habe ich wohl in meinem ganzen Leben nicht getan, weder vorher noch später. Zwar ahnte ich damals nicht, daß mein Infanterieregiment 71 nur ein paar Wochen später an der Spitze des »Rußlandfeldzuges« bis über Smolensk hinaus für Führer und Vaterland mit Karabinern 98 K, Maschinengewehren und Granatwerfern mordend-stürmend fast ohne Ausnahme verbluten oder erfrieren würde. Aber ich war eineinhalb Jahre nach meiner Prostitution als Kanonenfutter – wie Vater meine Freiwilligenmeldung immer abfällig genannt hat – des Kriegsspielens restlos müde.

Zunächst hatte ich Vater wegen seiner »Vaterlandslosigkeit« abgrundtief verachtet. Aber dieser wenig geliebte Vater war es schließlich, der mich vor dem Heldentod bewahrte. Er hat mich zur Militärarztlaufbahn genötigt, ja erpreßt, allerdings unter heimlicher Mithilfe meiner Mutter. Ein Militärarzt höheren Dienstgrades in der weiteren väterlichen Verwandtschaft wurde mobil gemacht, alles anfangs hinter meinem Rücken.

»Ich, Militärarzt für immer?! Nie!! Da verzichte ich lieber aufs Medizinstudium und werde Ingenieur.« Ich weiß nicht, wie oft ich das zu Mutter gesagt habe. Sie trickste mich schließlich schon im ersten kurzen Weihnachtsurlaub 1940 aus: »Tu doch Vater den Gefallen und bewirb dich. Vielleicht nimmt man dich ja gar nicht.«

Das war's! »Natürlich nimmt man mich nicht – mich, den militärischen Versager«, redete ich mir ein. Schließlich hatte ich ja schon in den ersten Wochen bei der 4. Maschinengewehr-Ersatzkompanie 71 kläglich versagt, meine Pflichten als MG-Schütze 2 nur mangelhaft erfüllt und trotz meiner Sportlichkeit bei den Gewaltmärschen in klirrender Kälte mit dem zentnerschweren MG-Schlitten auf dem Buckel immer wieder schlappgemacht. Also bewarb ich mich Weihnachten 1940 um Aufnahme in die Militärärztliche Akademie, um den Hausfrieden zu wahren. Danach aber muß wohl die Nachrichtenübermittlung zwischen Truppe und Sanitätskommando nicht recht funktioniert haben.

Jedenfalls wurde mein soldatisches Versagen entweder nicht bekannt, oder – falls doch – war das eingetreten, was ich immer als Schande gewertet habe: Durch »Beziehungen«, nicht Leistungen, Karriere zu machen!

All das ging mir auf dem Weg in mein Revier durch den Kopf. Dort angekommen machte ich Ordnung. Anschließend hatte ich es sehr eilig, in mein Quartier zu kommen.

Nachdem ich meine Packbeeren zusammengerichtet, mich in Ausgehuniform geworfen und meine Stiefel auf Hochglanz gebracht hatte, ging ich zur Schreibstube, um meinen »Marschbefehl« zur Militärärztlichen Akademie abzuholen.

Kurze Zeit später saß ich im D-Zug nach Berlin.

ELITE-AKADEMIE PÉPINIÈRE

Ja, die 1795 von dem Preußenkönig Friedrich Wilhelm II. gegründete »Pépinière« war eine Eliteschule. Die französische Bezeichnung ging wahrscheinlich darauf zurück, daß damals die französische Chirurgie als führend galt und bereits Friedrich der Große zwölf französische Chirurgen in seiner Armee eingestellt hatte, damit die deutschen Wundärzte von ihnen lernen konnten.

»Pépinière« heißt Baumschule, Pflanzstätte. Die Berliner nannten die Studenten dieser Anstalt »Pepiens«. Von dort war der Weg über »Piephahn« zum »Pfeifhahn« nicht mehr weit. Fortan wurden die Angehörigen der Pépinière »Pfeifhähne« genannt. Der Pfeifhahn wurde zum Symbol, schmückte das Eßgeschirr, das Sportzeug der Pepiens und vieles andere mehr.

Offiziell hieß die Anstalt auch »Chirurgische Pépinière«. Ihr erster Direktor war der Generalchirurgus Dr. Johann Goercke, der als dirigierender Generalchirurg des Feldlazaretts und Mitdirektor des gesamten Feldlazarettwesens während des Rheinfeldzuges Kriegserfahrungen gesammelt hatte. Auf seine Initiative ging die Kabinettsorder vom 2. August 1795 zurück, mit der der König die Errichtung der Pépinière genehmigte. »Hier sollen ausgewählte Chirurgen eine umfassende wissenschaftliche Ausbildung erhalten«, lautete die Zielsetzung.

Zur Ausbildung der Pfeifhähne gehörte damals:

1. Allgemein-wissenschaftlicher Unterricht (Sprachen, Mathematik, Geschichte, Geographie) in der Pépinière.

2. Fachwissenschaftlicher Unterricht am Collegium medico-chirurgicum.

3. Praktische Ausbildung am Krankenbett in der Charité, dem größten Berliner Krankenhaus bzw. Lazarett im Frieden-Krieg-Wechsel.

1809 wurde als Folge des verlorenen Krieges das Collegium medico-chirurgicum aufgelöst. Damit fehlte der Pépinière der Lehrkörper. Die Professoren der neuen Berliner Universität waren nicht verpflichtet, die Zöglinge der Pépinière zu ihren Vorlesungen zuzulassen.

Goercke löste das Problem, indem er 1811 die Gründung einer »Medizinisch-chirurgischen Akademie für das Militär« mit einem eigenen Lehrkörper vorschlug und durchsetzte. Erster Direktor dieser neuen Anstalt wurde kein Geringerer als der königliche Leibarzt und Verfasser des Buches »Makrobiotik und die Kunst, das menschliche Leben zu verlängern« (Prof. Dr.) Christoph Wilhelm Hufeland (1762–1836). Im Jahre 1818 erfolgte die Umbenennung der Pépinière in » Medicinisch-Chirurgisches Friedrich-Wilhelms-Institut«.

Ab 1819 wurde allen Chirurgen der Armee, mit Ausnahme der Kompaniechirurgen, die Bezeichnung »Arzt« zuerkannt. Ab 1822 konnten die Eleven des Friedrich-Wilhelms-Institutes nach vierjährigem Studium den Doktortitel erwerben. Von nun an unterschied man im Heer:

1. Promovierte Ärzte (Mediko-Chirurgen und Mediker);
2. Wundärzte 1. Klasse (nicht promovierte Mediko-Chirurgen);
3. Wundärzte 2. Klasse (durften nur kleine Chirurgie ausüben, die innere Praxis war ihnen untersagt).

Die akademischen Pfeifhähne wohnten in Privatquartieren, die sie sich selbst beschaffen mußten. Dafür bekamen sie eine monatliche Beihilfe von fünfzehn Mark. Die Eltern mußten neben der Kleidung einen Lebensunterhaltsbeitrag von fünfundsiebzig Mark monatlich stellen. Dazu kamen noch Gelder für die Beschaffung von Büchern, Geräten, Prüfungsgebühren und für die Ausrüstung als Einjährig-Freiwilliger und später als Unter- und Assistenzarzt.

1895 wurde die Pépinière durch »Allerhöchste Kabinetts-Ordre« in »Kaiser-Wilhelm-Akademie für das militärärztliche Bildungswesen«, abgekürzt KWA, umbenannt.

Interessant sind die »Aufnahmebestimmungen« von 1890, die 1907 in einer überarbeiteten Form veröffentlicht wurden. Im Paragraphen 1 steht:

»Die Kaiser-Wilhelm-Akademie für das militärärztliche Bildungswesen hat die Bestimmung, dem Heere und der Marine Sanitätsoffiziere auszubilden und zu erziehen. Den großen Anforderungen, die an die Sanitätsoffiziere im Frieden wie im Kriege gestellt werden müssen, können nur Ärzte gerecht werden, die eine hohe wissenschaftliche und technische Leistungsfähigkeit besitzen, von hinge-

bender Liebe für den ärztlichen Beruf beseelt und zugleich von sol-
datischem Empfinden und Begeisterung für unser Heer erfüllt sind.
Hieraus ergibt sich von vornherein, daß nur diejenigen jungen Männer zur Aufnahme in die Kaiser-Wilhelm-Akademie geeignet sind,
die eine ausgesprochene Neigung zum ärztlichen Beruf haben, be-
gabt und so erzogen sind, daß ihnen in ihrem ganzen Wesen eine
vornehme Gesinnung, Taktgefühl und gute Umgangsformen zu
eigen geworden sind. Gleichzeitig müssen diese jungen Männer körperlich gut entwickelt, kräftig, gewandt und im Besitz unge-
schmälerter Gesundheit sein, damit sie nicht nur den Ansprüchen
des militärischen Dienstes gewachsen, sondern auch unter Entbeh-
rungen und Strapazen noch zur Ausübung ihres besonderen Berufes
fähig sind.«

Am 10. Juni 1910 wurde ein zwischen Invaliden- und Scharnhorststraße errichteter Prachtbau für die Kaiser-Wilhelm-Akademie durch
den Kaiser eingeweiht. Über dem Hauptportal in der Invalidenstraße
standen in goldenen Lettern die Worte: *Scientiae, Humanitati, Patriae.* Man beachte die Reihenfolge: Für Wissenschaft, Menschlichkeit und Vaterland.

Die Wissenschaft rangierte also vor der Humanitas, woran sich in
der Schulmedizin bis heute nichts geändert hat. Daß das Vaterland
erst an dritter Stelle folgte, geht wohl letztlich auf Christoph Wilhelm
Hufeland zurück, einem der wenigen wahrlich großen Ärzte unseres
Volkes.

1920 mußte die Kaiser-Wilhelm-Akademie aufgrund des Versailler
Vertrages aufgelöst werden. Daß es sich tatsächlich um eine Elite-
Akademie gehandelt hat, beweist die große Zahl hervorragender
Ärzte und Forscher, die aus ihr hervorgegangen sind: Die Hygieniker
bzw. Bakteriologen Friedrich Loeffler, Richard Pfeiffer, Georg Gaffky,
August Gärtner, Emil von Behring; die Internisten Ernst von Leyden,
Hermann Nothnagel, Alfred Goldscheider; die Pathologen Rudolf
Virchow und Felix Marchand; der Dermatologe Erich Hofmann, der
Hals-Nasen-Ohren-Arzt Adolf Passow, der Gynäkologe Peter Esch, der
Augenarzt Max Burcherdt, der Physiologe und Physiker Hermann von
Helmholtz und der Philosoph Berthold von Kern.

Weitere Einzelheiten über die Geschichte der Pépinière können in
der Jubiläumsschrift von (Dr. med.) Fritz Ulrich Braun zum einhun-
dertneunzigjährigen Bestehen der Pépinière 1985 nachgelesen werden. Dieser Schrift mit dem Titel »Erinnerungen an eine unverges-

sene Pflanzstätte« habe ich auch meine Hinweise auf die Frühge-
schichte der Akademie entnommen.

Wieder anerkannt wurde die Pépinière unter dem Namen »Militärärztliche Akademie« – abgekürzt MA – am 1. Oktober 1934, nachdem Hitler 1933 den Versailler Vertrag gebrochen hatte. Zweckbestim-
mung: »Sie dient zur Aufnahme und Ausbildung der Fahnenjunker im
Sanitätskorps sowie von Marine-Sanitäts-Kadetten und -Fähnrichen
während ihres medizinischen Studiums.«

Man unterteilte die MA in drei Lehrgruppen: A für Vorkliniker
(Medizinstudenten vor dem Physikum), B für Kliniker (bis zum
Staatsexamen) und C für Forschungsinstitute und Sammlungen mit
der Bücherei, dem »Wissenschaftlichen Senat«, der auf den Chirurgen
Bernhard von Langenbeck zurückging und dem sechzehn der prominentesten Medizinordinarien als ordentliche und achtundzwanzig
weitere Lehrstuhlinhaber als außerordentliche Mitglieder angehör-
ten, sowie den »Beratenden beim Heeressanitätsinspektor«, unter anderem Generalarzt (Prof. Dr.) Ferdinand Sauerbruch.

Die »Bücherei der Militärärztlichen Akademie (Deutsche Ärzte-
bücherei)« umfaßte über 200000 Bände und war die größte medizinische Fachbibliothek des Deutschen Reiches. Die praktische Ausbildung der Zöglinge fand vornehmlich an der Berliner Charité, dem
größten preußischen Lazarett, statt.

Die Lehrgruppen A und B waren in »Jahrgänge« unterteilt, und
zwar ursprünglich nach dem Eintrittsjahr der Fahnenjunker benannt:
Jahrgang 1934, 1935 etc. Eine andere Bezeichnung war »Sanitätsoffi-
zier-Ergänzungsjahrgang«. Nach Kriegsbeginn gab es auch »Zwi-
schenjahrgänge«, darunter den »Zwischenjahrgang 1940«, dem ich
später zugeordnet wurde.

Dem Jahrgangsdienst lag eine Dienstordnung zugrunde, im einzelnen festgelegt durch »Jahrgangsbefehle«. Diese regelten die Glie-
derung in »Züge« und »Gruppen«, die Unterbringung, den Vor-
lesungsplan, den Sport, die Jahrgangsabende, den Urlaub und die
Zivilerlaubnis. Bekanntgemacht wurden die Jahrgangsbefehle durch
Anschläge am Schwarzen Brett.

Jeder Jahrgang unterstand einem »Jahrgangsoffizier« und seinem
Stellvertreter, dem »Aufsichtsoffizier«. Aus den Reihen der »Fahnenjunker im Sanitätskorps« wurden jeweils ein »Jahrgangsältester« und
sein Stellvertreter als direkte Verbindungsperson zu den Offizieren
bestimmt.

Um sieben Uhr war Wecken, von sieben Uhr bis sieben Uhr dreißig in den gemeinsamen Duschräumen im Kellergeschoß Duschen, von acht Uhr bis acht Uhr dreißig gemeinsames Frühstücken im Fähnrichsheim. Danach begannen die Vorlesungen an der Universität Berlin, für die es zwar Empfehlungen, aber keine strengen Kontrollen gab. Von dreizehn bis vierzehn Uhr fand das Mittagessen statt, wiederum im Fähnrichsheim. Nach der Mahlzeit wurde die Abendkost ausgegeben. Das Abendessen konnte jeder nach Lust und Laune selbst arrangieren.

Im übrigen gab es feste Zeiten für Sport, für den wöchentlichen Jahrgangsabend und den sogenannten Dienstunterricht im großen Hörsaal. Zum festen Jahrgangsprogramm gehörten Musik- und Gesellschaftsveranstaltungen mit Tanzstunden und Anstandsunterricht. Es gab auch Studentenverbindungen der MA wie das »Corps Suevo-Borussia«, dem die Pfeifhähne beitreten konnten, wenn sie wollten. Ich wollte nicht!

Aufnahme als stolzer Fähnenjunker im Sanitätskorps

Als ich in der Militärärztlichen Akademie eintraf, hatte das Sommersemester an der Friedrich-Wilhelm-Universität Berlin bereits begonnen. Die meisten meines Jahrganges waren schon am 1. April eingerückt. Wir wohnten in Ein-, Zwei- und Dreibetträumen um den Cotheniushof herum, benannt nach dem Leibarzt Friedrichs des Großen, Generalstabschirurg Cothenius. Ich landete fürs erste in einer Dreibettbude und wurde von Karl Heinz auf Charlie umgetauft. Diese Mischung aus Spitz- und Kosename blieb mir bis zum bitteren Ende der stolzen Zeit.

Unsere Dienstbezeichnung war »Fähnenjunker im Sanitätskorps«. Meinem letzten Dienstgrad entsprechend wurde ich beim Eintritt in die MA Fähnenjunker-Gefreiter. Im Juni 1941 beförderte man alle niederen Dienstgrade zu Fähnenjunker-Unteroffizieren und im September 1941 zu Fähnenjunker-Feldwebeln. Zum Zwischenjahrgang 1940 gehörten insgesamt 134 Fähnenjunker. Davon waren 75 bei Kriegsende im März/April 1945 übriggeblieben, die anderen waren zum Teil bei Frontkommandos gefallen, zum Teil zu anderen Jahrgängen versetzt worden.

Das Eindrucksvollste während der ersten Monate als »Pfeifhahn«

war für mich das geradezu riesige Ausmaß an Freiheit im Vergleich zur Soldatenzeit vorher. Es gab zwar die beschriebene Dienstordnung, aber die Kontrollen waren sehr leger. Am meisten imponierte uns die Festlegung des »Zapfenstreiches« auf 22 Uhr im Winter und 23 Uhr im Sommer sowie die Möglichkeit, außerhalb des Dienstes Zivil zu tragen. Eine strenge Kontrolle der Einhaltung des Zapfenstreiches fand nicht statt. Denn zuständig dafür war in erster Linie der Portier am Eingang Scharnhorststraße 35, ein waschechter wohlbeleibter Berliner, der beide Augen zudrückte, wenn wir verspätet aus dem Berliner Nachtleben kamen. Er trug eine rotverbrämte Gala-Uniform und war die Auskunftsperson Nummer eins für alles. Zur Belohnung erhielt er den traditionellen »Schließgroschen«, den die Fahnenjunker auf das Türbrett zu legen pflegten.

Eine kleine Angst hat mich weiterverfolgt, nämlich daß ich auch nach dem gewonnenen Krieg weiter Militärarzt bleiben müßte. Denn ich hatte mich ja »zum Dienst in der Wehrmacht auf unbestimmte Zeit« verpflichtet. Bis zu dem Desaster von Stalingrad 1942/43 glaubten ja fast alle an ein siegreiches Ende. Aber die Freude über die Aufnahme in diese Elite-Akademie und den Beginn des Medizinstudiums überwog meine Befürchtungen bei weitem.

Denkwürdig war die feierliche Überreichung der Eintrittsurkunde durch den Kommandeur der Militärärztlichen Akademie. Auf der Titelseite fand sich der Wahlspruch »Scientiae, Humanitati, Patriae« sowie der Satz: »Dieses Erinnerungsblatt ist dem Fahnenjunker-Unteroffizier im Sanitätskorps Karl Heinz Hackethal ausgehändigt worden.«

Die beiden nächsten Seiten enthielten in gotischer Schrift folgenden Text:

»Diese Worte grüßen Dich beim Eintritt in die Deutsche Militärärztliche Akademie. Von ihren Wänden blicken die Bilder und Büsten großer Männer auf Dich herab, die sich um die Wissenschaft, den Dienst am Soldaten und das Heeressanitätswesen unvergängliche Verdienste erworben haben.
Strebe dem Beispiel dieser Männer nach.
Weihe Dein Leben der Wissenschaft und richte Deine ganze Arbeit auf die Erwerbung tüchtiger theoretischer und praktischer Kenntnisse.
Bedenke das hippokratische Wort: Wo Liebe zum Menschen ist,

da ist auch Liebe zur ärztlichen Kunst. Menschentum und Arzttum sind nicht voneinander zu trennen. Arbeite unermüdlich an
Dir, ein von Menschenliebe erfüllter, innerlich und äußerlich
freier, charakterfester Arzt zu werden. Sieh im Kranken nie etwas
anderes als den leidenden Mitmenschen, dem Du helfen sollst.
Such den einfachen Soldaten so zu verstehen, als ob Du mit ihm
aufgewachsen wärest und seine Kinderstube geteilt hättest, denn
uns alle verbindet das gleiche Schicksal.

Wahre als Studierender schon unverbrüchlich das unantastbare
Heiligtum der Medizin aller Zeiten, das ärztliche Berufsgeheim-
nis, wenn Du auch noch nicht gesetzlich dazu verpflichtet bist. Es
bezieht sich nicht nur auf das, was Du von kranken Soldaten und
ihren Familien erfährst, sondern auch auf vieles, was in den Vorlesungen und praktischen Stunden des Unterrichts behandelt
wird.

Gemeinsame frohe Studienzeit, gemeinsames Streben zum gleichen Ziel haben manches enge Band der Freundschaft für das Leben geschlossen.

Fördere auch Du den alten Gemeinschaftsgeist der Akademie. Sei
darüber hinaus Deinen Kommilitonen ein treuer Studiengenosse.
Ein Egoist kann niemals ein guter Arzt werden. Selbstsucht und
Arzttum sind unverträglich.

Diene dem Vaterland als treuer Soldat. Sei als werdender Sanitätsoffizier stets Hüter und Vorbild des echten Kameradschaftsgeistes,
wie er von jeher der Stolz der Deutschen Wehrmacht war. Halte
Dir stets vor Augen, daß in Deine Hand als Truppenarzt die hohe
Aufgabe der Pflege besten deutschen Erbgutes gelegt werden
wird.

Sanitätsoffizier heißt auch Führender sein. Das Wort ›Führertum
ist nicht Boden des Glücks, sondern der Selbstzucht und Entsagung‹, gilt auch Dir. Richtig verstandene akademische Freiheit
lehrt Dich Selbstbeherrschung. Dann bekommst Du alle Kraft frei,
andere zu führen.

Führe Dein Leben zu jeder Stunde so, daß Deine Taten werben.«

Bemerkenswerterweise gibt es darin kein Wort, das – wie alle Dienst-
vorschriften der Wehrmacht sonst – ausdrücklich auf den Namen
Adolf Hitler und das sogenannte Dritte Reich verpflichtet hätte. Überhaupt herrschte ein distanziertes Verhältnis zu den Nazis. Wie ich

waren zwar fast alle »Jahrgangskameraden« vorher im Jungvolk und später in der HJ. Aber es gab nur wenige, die Mitglied der SA, anderer Parteiorganisationen oder gar im Besitz des Parteibuches der NSDAP gewesen sind.

NACHERZIEHUNG ZU ANSTAND – MENSCHLICH UND ÄRZTLICH

Viel besser als es die zitierte Eintrittsurkunde formuliert, kann man Anstandspflichten nicht ins Herz bringen. Wohlgemerkt war es kein Tagesbefehl wie sonst beim Militär, sondern eine Urkunde mit Anstandsregeln. Zwar erschien in der Devise die Wissenschaft vor der Humanitas, also vor der Menschlichkeit im besten Sinne des Wortes, doch ist dies aus dem damaligen Zeitgeist gewachsen, der seit der Mitte des 19. Jahrhunderts von einem blinden Glauben an Wissenschaft und Technik geprägt war.

Trotzdem kann es keinen Zweifel geben, daß man aus den Akademiezöglingen »Patientenärzte aus Liebe« im parazelsischen Sinne machen wollte. Stichwörter wie »Liebe zum Menschen«, Untrennbarkeit von »Menschentum und Arzttum«, »charakterfester Arzt«, Hilfsbereitschaft für den »leidenden Mitmenschen«, insbesondere für den »einfachen Soldaten« (ins Zivilleben übertragen heißt das: für den Kassenpatienten) sprechen dafür.

Tief ins Unterbewußtsein einprogrammiert wurden die Leitsätze: »Führertum ist nicht Boden des Glücks, sondern Selbstzucht und Entsagung« und »Führe Dein Leben zu jeder Stunde so, daß Deine Taten werben«. Gewiß soll man solche »Worte von Ewigkeitsbedeutung« – wie unser Jahrgangsoffizier Dr. Fritz Euler sie nannte – nicht überbewerten. Wer den Eid des Hippokrates oberflächlich liest und unberücksichtigt läßt, wie er praktiziert wurde und wird, kann tatsächlich in Versuchung kommen, ihn für ein gutes Werk zu halten. Und wer nur seine Überschrift kennt und an das Märchen vom Arzt als Schutzengel des Patienten blind glaubt, ist kaum eines anderen zu belehren. Ich habe diesem Täuschungsmanöver der Ärzteführer, einem zweitausend Jahre währenden Betrug, unter dem Titel *Der Meineid des Hippokrates* 1992 ein ganzes Buch gewidmet.

Was aus den Worten der Urkunde spricht, ist nichts anderes als die Verpflichtung zum *Anstand*. »Anstand« ist für mich die beste Vokabel für gutes Benehmen – (griech.) eupraxia, (franz.) bienséance.

Worte wie Ethik und Moral – abgeleitet von (griech.) ethos und (lat.) mos, moris = Sitte, Mode – erscheinen mir weniger gut, weil zu allen Zeiten »Sitten« als gut ausgegeben wurden, die in Wahrheit Unsitten waren.

Bemerkenswert ist, daß die Urkunde von »Liebe zum Menschen« spricht. Das Wort *Liebe* kommt weder im sogenannten Hippokrateseid noch im Genfer Gelöbnis des Weltärztebundes vor, nicht ein einziges Mal. Auch in der deutschen Berufsordnung für Ärzte ist es nicht zu finden. Zwar wird ein Satz von Hippokrates zitiert (»Wo Liebe zu Menschen ist, da ist auch Liebe zur ärztlichen Kunst!«), aber er findet sich nur in den »Hippokratischen Schriften«, nicht im Eidestext.

Übergeben wurde uns der Anstandswegweiser für Ärzte – wie geschrieben – am 13. Juli 1941 im Rahmen eines hochfeierlichen Aktes durch den Pépinière-Kommandeur Generalstabsarzt Prof. Dr. Hamann persönlich. In Fleisch und Blut aber wuchsen sie uns Halbwüchsigen erst durch die darauf aufgebauten »Grundsätze über Gepflegtheit«.

Das war die Sprache für Ohren und Augen in der »Firstlifecrisis« zwischen Pubertät und Mannbarkeit: Klar, einfach, locker, überzeugend. Nicht das feierliche Geschwafel mit Fremdwörtern und todernster Miene ohne Glaubenskraft.

Doch das war nur der Prolog für das Erziehungstheater zu einfachem menschlichen Anstand bis hin zu den modischen Spielregeln der feinen Gesellschaft. Es gab nicht nur im wöchentlichen Stundenplan Anstandsunterricht, sondern die Anstandsgebote schwarz auf weiß, verfaßt von unserem Jahrgangsoffizier Dr. Fritz Euler, damals einunddreißig Jahre alt, Arzt seit sieben Jahren.

Die Eulersche Anstandsfibel hatte sechs Hauptkapitel, aus denen ich nur das Markanteste, nicht das Wichtigste, zitiere:

Grundsätze über Gepflegtheit:
Gesellschaftliche Formen erleichtern das Zusammenleben. Sie sind nicht die Ausgeburt der Überheblichkeit müßiger Scharlatane, sondern das Bedürfnis kultivierter Menschen, in schwerer Zeit eine Gemeinschaft zu pflegen…
Wer zum guten Benimm Frack, großes Abendkleid und Chanel braucht, wird es nie lernen…
Scherze auf Kosten anderer sind meist ein Zeichen eigener Dürftigkeit oder der Beweis von Herz- und Taktlosigkeit…

Ein geschickter Gesellschafter bringt auch den unsichersten Back-
fisch zum Reden, und damit unterhält er ihn am besten...

Die meiste Arbeit bei einem Fest hat das Dienstpersonal, denke
beim Abschied an das Trinkgeld. Zuviel ist meistens ebenso falsch
wie zuwenig. Maßstab ist Dein Geldbeutel...

Dein Anzug ist nie auffällig, es sei denn, dem Fachmann fiele die
Güte des Stoffes, Deinen Kameraden der gute Sitz, Deiner Tänze-
rin die geschmackvolle Krawatte auf; Du selbst aber sollst begeistert sein von der Bequemlichkeit Deines Anzuges...

Berlin ist kein Kampfgelände gegen soldatische Gegner. Du
brauchst daher auch nicht frontmäßig aufzutreten. Hier hast Du
die Möglichkeit, im Äußeren gepflegt zu sein, sei es daher auch,
wenn Du nicht der Lächerlichkeit oder disziplinaren Bestrafung
anheimfallen willst...

Bedenke, daß Du als Arzt Deiner Umgebung ein Vorbild an Gepflegtheit sein mußt...

Körperpflege ist nicht als sonntägliche Kulthandlung zu betreiben, sondern täglich als herzhaftes Morgen-, Tisch- und Abendgebet dem alten Adam darzubringen...

Wer unrasiert frühstückt, bohrt sich, wenn er allein ist, in der
Nase und kneift Kellnerinnen unter dem Tisch in die Schenkel...

Die ritterliche Haltung gegen die Frau hängt nicht von dem Alter,
dem Gesicht und der Figur der Frau oder dem Geldbeutel ihres Vaters ab, sondern von Deiner inneren Haltung...

Näherst Du Dich einem jüngeren Mädchen, so vergiß nie, daß
auch Deine Mutter einmal ein junges Mädchen gewesen ist...

Wer dem Dienstmädchen seiner Eltern oder seines Gastgebers
schöne Augen macht, beweist damit nicht seine männlichen
Fähigkeiten, sondern menschliche Dürftigkeit...

Du wiederholst nie Deinen Namen und windest Dir nie ein »sehr
angenehm« und so weiter ab. Blicke beim Handschlag unter der
schlichten und einfachen Verbeugung Deine Begrüßte an – Du
hast es nicht nötig, Deinen Blick schamhaft zu senken...

Beim Betreten des Hauses nicht noch einmal klopfen, wenn Dein
Besuch angemeldet ist. Dauer des Besuchs zehn Minuten (Zigaret-
tenlänge). Nicht nach der Uhr sehen. Keinen Grund für die Beendigung des Besuches angeben. Beim Verlassen des Zimmers
nicht den Anwesenden den Rücken zukehren. Öffnen der Tür mit
der Front zum Zimmer.

Gesprächsthemen über Vorgesetzte, Tanzstunden und deren Damen vermeiden...

Zigarettenasche soll zwar vor Mottenfraß schützen und als Blumendünger geeignet sein. Trotzdem kann man sich durch derartige Flegeleien die Sympathien auch der großzügigsten Hausfrau verscherzen, denn für die Asche sind Aschenbecher da, und wenn sie zufällig fehlen, dann bittet man höflich darum...

Richte Dich immer nach der Hausfrau, sie eröffnet die Mahlzeit und hebt sie auf. Sitze richtig auf Deinem Stuhl. Die eigenen Beine gehören nicht um die Stuhlbeine. Bei Tischreden hört man auch dem ungeschicktesten Gestammel aufmerksam zu, ohne ablehnende Zwischenbemerkung, und unterläßt das Weiteressen und auch heimliches Zutrinken...

Trinke als Gast stets mäßig. Trinkgelage gehören nur in den Freundes- oder Kameradenkreis. Wer sich in Anwesenheit von Damen betrinkt, ist unmöglich...

Ich habe aus der Eulerschen Anstandsfibel seine »Worte von Ewigkeitsbedeutung« ausführlich zitiert, weil diese Worte in ihrer Vernunft und ihrem menschlichen Takt Bände sprechen. Darum abschließend noch ein Zitat aus seinem Brief vom 14. April 1942 »An die Eltern meiner Fahnenjunker«. Wir waren inzwischen nach Würzburg kommandiert.

Mein Ziel ist es, aufgeschlossene und bescheidene junge Sanitätsoffiziere heranzubilden, die von höchster Verantwortungs- und Einsatzfreudigkeit erfüllt, doch einen offenen Sinn behalten für die Schönheiten und Harmonien inner- und außerhalb ihrer Berufswelt...

Ihre Söhne verdienen im Sommersemester monatlich ungefähr 250 RM. Mit diesem Geld kann jeder sehr gut auskommen. Sehr viele Jahrgangsangehörige bestritten bisher schon von ihrem jetzigen Gehalt ihre Studiengebühren, ohne sich wesentlich einschränken zu müssen.

Um die schädliche Wirkung der finanziellen Großzügigkeit auszuschalten, bitte ich Sie, Ihren Söhnen keinerlei Geldzuschüsse zuzusenden. Die Studiengebühren von 250 RM im Höchstfall wird ein sparsamer Junge, der seine Gelder nur etwas zu verwalten versteht, aus seinem Gehalt bestreiten können...

Es wird auch in den folgenden Kapiteln noch von Fritz Euler die Rede
sein. Vorwegnehmen möchte ich hier, daß er als Landarzt mit achtzig
»in den Sielen« gestorben ist. Seine Asche wurde, wie er es verfügt
hat, über dem Meer verstreut. Ein leibliches Denkmal wollte er nicht,
nicht einmal in seiner Minimalform, der Aschenurne im Familien-
grab. Warum nicht?

Beginn des Medizinstudiums

Als sogenannte Vorkliniker belegten wir im Sommersemester die Vorlesungen: Einführung in das Studium der Medizin, Chemie II, Physik
II, Botanik sowie die Kurse Chemisches Praktikum und Chemischer
Vorbereitungskurs. Im Wintersemester folgten dann Vorlesungen
über Zoologie, Anatomie, Chemie I, Physik I und als Kurse der Zoolo-
giekurs und jeden Nachmittag drei Stunden lang der Präparierkurs in
Anatomie.

Anatomie und Präparierkurs waren die wichtigsten Studienfächer.
Sehr lebhaft ist mir die erste Bekanntschaft mit dem Präpariersaal in
Erinnerung, die uns ohne jede Vorwarnung zugemutet wurde. Da
lagen auf etwa dreißig Tischen Leichen mit und ohne Kopf, forma-
linkonserviert. Der Formalingeruch war durchdringend, geradezu
betäubend.

Das Erschrecken über die vielen Leichname und der penetrante
Geruch machten mich schwach. Mir wurde schlecht und ich mußte
eilig aufs Klo flüchten. Die ganze Angelegenheit erschien mir äußerst
peinlich. Diesen unsoldatischen Schwächeanfall durfte möglichst
niemand sonst bemerken. Die Geheimhaltung gelang.

Aber der Schreck über die wie auf einem Exerzierplatz Körper an
Körper aufgereihten, uns zum Zerschneiden freigegebenen menschlichen Leichname ist mir eigentlich nie ganz aus den Gliedern gewi-
chen. Es war ein Horrorszenarium, auf das man uns nicht vorbereitet
hatte. Sicher standen »Präparierübungen« im Vorlesungsverzeichnis
und auf unserem Stundenplan. Aber außer Gerüchten gab es keinerlei Hinweise.

Dies habe ich später vielfach kritisiert. Gewiß, ohne Anatomie –
von (griech.) anatome = das Aufschneiden – kann man das für einen
Arzt wichtigste Grundwissen nicht lernen, nämlich das über den Bau
des menschlichen Körpers im Großen, Kleinen, Kleinsten und Aller-

kleinsten. Sicher kann man auch ohne Aufschneiden zuverlässige Diagnosen stellen und gute Gesundheitshilfe leisten – oft sogar besser als mit –, aber das geht nur, wenn man über den Bau des menschlichen Körpers außen und innen bis ins Mikroskopische hinein Bescheid weiß.

»Anatomie« hieße besser »Morphosophie« oder »Morphologie« – von (griech.) morphe = Leibesform, sophia = Wissen und logos = Lehre, Kunde –, auf Deutsch Bauwissen oder Baulehre, dies bezogen auf Bau und Form von Menschen, Tieren und Pflanzen. Aber selbst die blödsinnigsten Vokabeln sind in der Medizin unausrottbar. Also nenne auch ich Anatomie, was eigentlich Morphologie heißen sollte.

Anatomie ist ohne Frage das wichtigste Fach für Gesundheitshelfer – nach der Anstandslehre. Denn: »Alles ist formbedingt, forma causa omnium. Nur die Form eines Etwas bestimmt sein Sein, sein Tun, sein Können und sein Werden.« So habe ich es 1987 formuliert.

Hier, im Zusammenhang mit dem Präparierkurs, ist nur klarzustellen, daß man Morphosophie, Bauwissen über den menschlichen Körper, schon im Altertum nur durch Aufschneiden erwerben konnte und sich daran bis heute wenig geändert hat.

Aber muß nicht solche Anatomie, solches Auf- und Herumschneiden von Medizinstudenten an Verstorbenen wie eine heilige Messe, wie ein Gottesdienst vorbereitet und zelebriert werden, um dem werdenden Arzt die gehörige Ehrfurcht und Achtung vor dem Patienten, auch nach seinem Tode, anzuerziehen?!

Genau das geschieht in aller Regel nicht. Medizinstudenten werden unvorbereitet mit menschlichen Leichen als Studienobjekten konfrontiert, so als ob das eine Art Spielzeug wäre. Da werden auch die empfindsamsten schnell abgebrüht. Aus der Präparierübung wird rasch eine Übungsspielerei mit begleitenden Obszönitäten. So habe ich es in Erinnerung. Medizinerwitze im Leichensaal zu erzählen, kräftigt die Pointe.

Zu viele der besten Medizinstudenten haben nach dem zweiten Semester ihre Unschuld verloren und ein gestörtes Arzt-Patient-Verhältnis entwickelt, das eigentlich ein Verhältnis von Freund zu Freund sein sollte.

Gleiches wie für Präparierkurse zum Erlernen des normalen Körperbaus gilt für die Übungen in Pathologischer Anatomie, also dem Aufschneiden Verstorbener zur Klärung der Todesursache. Auch in den Pathologiesälen – einschließlich derer für Gerichtsmedizin – muß ein Freund-zu-Freund-Klima im Umgang mit den Toten kultiviert werden. Zur Zeit ist es alles andere als ein Kult.

Freunde darf und muß man operieren, wenn es nötig ist und sie einverstanden sind. Das gilt auch nach ihrem Tode, wenn sie wollen, daß die Todesursache geklärt wird – etwa um ihre Kinder vor einer verspäteten Diagnose vererbbarer Krankheiten zu schützen. Ohne rechtswirksames Einverständnis jedoch sollten Verstorbene nicht seziert werden dürfen, auch wenn es wissenschaftlich noch so interessant wäre. In jedem Fall ist gegen Operationen an Verstorbenen – und nichts anderes darf eine Anatomie sein als eine sorgfältig geplante und ausgeführte Operation – nichts einzuwenden, wenn sie praktiziert werden, wie es sich gehört, nämlich mit Takt und Anstand. Sie geschehen im Interesse aller Patienten und Ärzte.

Außer an Anatomie unter der Regie des renommierten Anatomen Stieve erinnere ich mich deutlicher nur an die Botanikvorlesung im Botanischen Garten Berlin-Dahlem – insbesondere wegen der unendlichen Schönheit und des köstlichen Duftes der exotischen Pflanzenwelt. Leider floß die Behandlung mit Pflanzen und pflanzlichen Arzneien, die Phytotherapie, nicht in die Vorlesungen ein. Das mußte der Pharmakologie, der Arzneilehre in den klinischen Semestern, überlassen werden. Dort wurde dann aber später fast nur über Medikament-Chemikalien gelehrt. Also lernten wir Medizinstudenten über den wichtigsten Teil der Arzneilehre für die häufigsten Volkskrankheiten nichts. Daran hat sich bis heute so gut wie nichts geändert.

Nicht vergessen darf ich meinen Besuch in der Charité, um dem berühmtesten Arzt Berlins, Professor Dr. Ferdinand Sauerbruch höchstpersönlich, beim Operieren zuzuschauen. Da gab es hoch oben an einer Nebenwand des Hörsaals ein großes schräges Glasfenster für Zuschauer des gepriesenen Heldenchirurgen, der als Generalarzt auch zur Lehrgruppe C der Militärärztlichen Akademie gehörte, und zwar als eines der sechzehn ordentlichen Mitglieder des »Wissenschaftlichen Senats« und als »Beratender Chirurg beim Heeressanitätsinspekteur«, letzteres aber erst von 1944 bis zum Kriegsende. Sauerbruch müsse man beim Operieren zugeschaut haben, wurde uns gesagt. Denn er sei – auch weltweit – der größte lebende Chirurg. Also ließ ich an einem Vormittag alle Vorlesungen ausfallen, um mich auf der Zuschauertribüne einzureihen.

Mein Gesicht war etwa fünf Meter von den begnadeten Händen des großen Meisters und dem Instrumentiertisch seiner beiden OP-

Schwestern entfernt. Und da ich gute Augen hatte, entging mir kaum etwas von der handwerklichen Zusammenarbeit zwischen Operateur sowie erster und zweiter Instrumentenschwester. In der Operationswunde konnte man allerdings aus fünf Metern Entfernung nichts erkennen. Deshalb kann ich mir über die Geschicklichkeit der Heldenchirurgenhände kein Urteil erlauben. Und über die technische Operationsqualität erst recht nicht; denn als Medizinstudent versteht man davon genausoviel wie ein Patient – nämlich nicht das geringste.

Was man von der Zuschauertribüne des Sauerbruch-OP aber bestens beobachten konnte, war, wie gesagt, die Kooperation zwischen dem berühmten Operateur und seinen ruhmlosen OP-Schwestern. Der große Meister brüllte immer wieder in bewährter Heldenchirurgenmanier – zu sagen »wie ein Stier« träte dem unschuldigen Rindvieh zu nahe –, und er warf nicht nur Messer, Pinzette, Schere und Nadelhalter herrisch auf den Instrumententisch, statt sie einer Schwester in die Hand zu geben, sondern schleuderte angeblich stumpfe Messer und Scheren dicht an seinen Helferinnen vorbei auf den Steinboden des Operationssaales. Auch die OP-Assistenten – ein Professor war erster Assistent – bekamen bei dieser Demonstration unumschränkter Heilgottesmacht ihr Fett ab.

Es war ein blutiges Schauspiel. Blut spritzte immer wieder wie aus einer Fontäne in die OP-Luft und in die Gesichter von Operateur und Assistenten. Diese hatten damals noch keine Tücher vor den Mund gebunden, lediglich die Assistenten trugen auf dem Kopf eine durchlöcherte weiße Frisierhaube, damit die Haare adrett gescheitelt blieben.

Soweit ich mich erinnere, war Ferdinand »oben ohne« – getreu der Heldenchirurgenregel: Gefährliche Keime streuen nur die Assistenten und die OP-Schwestern. Deshalb wuschen sich die Chefoperateure ihre Pfötchen nur ein paar Minuten lang, während sich alle anderen eine Viertelstunde mit Wasser und Seife schrubben und dann mit hochprozentigem Alkohol, der wie Salzsäure brannte, desinfizieren mußten. Mit dem Ergebnis, daß deren Hände und Unterarme oft voller Ausschlag waren, dem besten Nährboden für Krankheitskeime.

Nicht nur die Gesichter und die OP-Häubchen, sondern vor allem die weißen OP-Kittel waren am Ende der Vorstellung voller Patientenblut. So, wie ich Sauerbruch erlebte, habe ich mir immer jenen Frankenstein vorgestellt, den Mary Shelley 1818 in ihrem gleichnamigen Schauerroman beschrieben hat. Ohne Sauerbruchs Verdienste um die Entwicklung der Chirurgie schmälern zu wollen – schon damals, 1941/42, glaubte ich, daß man sich als Chefchirurg auch mit einem großen Namen nicht so hätte benehmen dürfen. Chirurg wollte ich nach dieser Show nicht mehr werden, auf gar keinen Fall!

PLÖTZLICH WAR ICH WER

Ich muß es bekennen: Die Zeit an der Militärärztlichen Akademie hat mich auch eitel, ehrgeizig und stolz gemacht.

Plötzlich war ich wer, als Fahnenjunker-Unteroffizier und wenig später – ab September 1942, erst zwanzig Jahre alt – als Fahnenjunker-Feldwebel. Vater, sonst geizig, hatte mir das Geld für eine Gala-Uniform spendiert: Engsitzende Reithose mit Sitzfleisch-Lederbesohlung, Ziehharmonikastiefel aus weichstem Leder, taillierter Uniformrock mit silberumrahmten Schulterstücken und dem stolzen unverwechselbaren A für Akademie, langer Säbel untergeschnallt und als Krönung eine dekorativ verzierte Schirmmütze mit Kniff, verwegen schief aufgesetzt, versteht sich.

Plötzlich hatte ich »Schlag« bei den Frauen. Ich mit meinem banalen Gesicht, den mischfarbenen Augen, der zu breiten Nase, den angewachsenen Ohrläppchen und der »Schlatte« – Eichsfelder Platt für eine zu dicke Unterlippe. »Mach die Schlatte weg«, ermahnte mich Vater unzählige Male. Deshalb hatte ich lange Zeit die Gewohnheit, meine Unterlippe hundertmal am Tag schamhaft einzuziehen.

Außerdem verunzierte mich immer schon ein Hohlkreuz mit der Folge eines vorstehenden Bauches. Daß er auf einem mütterlichen Erbfehler beruhte, nämlich einem fehlenden Bogenschluß des fünften Lendenwirbels mit Vorwärtsgleiten – medizinisch Spondylolisthesis genannt –, habe ich allerdings erst mit etwa sechzig entdeckt, als ich die untere Wirbelsäule zum ersten Mal röntgen ließ.

Das einzige, was ich an mir einigermaßen gut geraten fand, waren meine Hände, Mutters berühmte »Hebammenhände«.

Plötzlich hatte ich auch die Möglichkeit, meine sportlichen Fähigkeiten zu präsentieren. Als Schnell- und Dauerläufer, Hochspringer, »Leistungs- und Lehrschwimmer«.

Plötzlich konnte ich prahlen, daß ich Medizinstudent einer Elite-

Akademie sei, aus der viele international renommierte Ärzte und Wissenschaftler hervorgegangen waren.

Plötzlich war der Groschen zum Kapieren und Lernenwollen gefallen. Ich begriff und wurde wiß- und lernbegierig in einem Maße wie nie zuvor.

Die Versuchung der Arroganz war vor diesem Hintergrund groß. Aber es gab ja die »Eulerschen Worte von Ewigkeitsbedeutung«, wie etwas dieses:

> Wenn Du mit Menschen zusammenkommst, die weniger oder anderes als Du gelernt haben, so fühle Dich nie dazu berufen, diese wohlwollend zu belehren; Unterhaltung und Unterricht sind etwas Verschiedenes.

Manche Unarten kann man mir zu Recht vorwerfen: Ungeduld, Aggressivität, Eitelkeit, Ehrgeiz und anderes mehr. Aber Überheblichkeit habe ich seit meiner Kindheit gehaßt und mich sehr bemüht, den Eindruck zu vermeiden, selber arrogant zu sein. Ob es mir immer gelungen ist, weiß ich nicht.

Die ersten zwei Semester studierten wir in Berlin. Es bildeten sich Freundschaften und Abneigungen. Es gab jede Woche »Kameradschaftsabende«, in die auch – zugegeben, nur bei wenigen – burschenschaftliche Unsitten einflossen wie Salamanderreiben, Extrinken um die Wette und so weiter.

Unser Euler pflegte diese Rituale nicht, sondern duldete sie nur, wahrscheinlich aus Toleranz gegenüber akademischen Gebräuchen. Ich fand sie albern, konnte auch später nie eine innere Beziehung zu den Burschenschaftlern bekommen, obwohl man mich wiederholt anwerben wollte. Nicht, daß ich für Späße und lockere Lebensart nicht zu haben gewesen wäre. Im Gegenteil: Als Kind wollte ich sogar einmal eine Zeitlang Zirkusclown werden, so sehr saß das mütterliche Erbgut in mir.

Nein, in den zeitweilig bis zum Exzeß exerzierten Bräuchen der »Füchse« bis hin zu den »Alten Herren« steckte mir zu viel militärisch Eingedrilltes, zu viel Patriotisches und zu wenig Grips. Meinen Vorstellungen davon, wie man am besten aus träumerischen Studenten anständige und tatkräftige Menschen machen kann, entspricht das bis heute nicht.

Vor allem aber stößt mich die Karriereklüngelei mit den zur Macht gekommenen »Alten Herren« ab. Nur Leistungsfähigkeit und bewiesene Leistung sollten für eine Karriere zählen, sonst nichts. Man merkt, auch hier träume ich weiter.

LANDJÄGERDIEB IM FAHNENJUNKER-FELDWEBEL-RANG

Es gab ein Schlüsselerlebnis, dessen ich mich heute noch schäme. Eines Tages stand die Besichtigung eines Heeresverpflegungslagers auf dem Jahrgangsprogramm. 138 Fahnenjunker-Feldwebel marschierten und fuhren per S-Bahn geschlossen irgendwohin an den Rand von Berlin. Im Januar 1942 muß es gewesen sein, als es allgemein Bezugsscheine auch für Nahrungsmittel gab und die »Fressalien«– wie wir es nannten – knapp wurden.

Da führte man uns unter anderem vorbei an Holzstangengerüsten, an denen neben-, über- und untereinander »Landjäger« in unvorstellbarer Zahl hingen: Kurzgliedrige flachgepreßte Zwillingswürste aus geräucherter Rohwurst mit rechteckigem Querschnitt. Die wurstbestückten Gerüste waren fünfzig bis sechzig Meter lang – zumindest habe ich es so in Erinnerung.

Uns allen lief das Wasser im Munde zusammen. Der Hungrigste war ich sicher nicht, denn Mutter schickte mit zuverlässiger Regelmäßigkeit Freßpakete vom Bauernhof in Reinholterode. Ich teilte sie zwar mit meinen Zimmergenossen und -nachbarn, kam aber selbst auch nicht zu kurz.

Eigentlich hatte ich von allen also den geringsten Grund, zum Landjägerdieb zu werden. Aber irgendwie packte mich gegen Ende der Wurstparade der Übermut. Ich griff hinein in den Überfluß. Ein halbes Dutzend Wurstzwillinge mögen es gewesen sein, die ich plötzlich in Händen hielt. Nicht lange, denn alle um mich herum stürzten sich drauf wie eine Hyänenherde auf die erbeutete Gazelle. Mir blieb nur ein Landjäger, den allerdings verteidigte ich mit soldatischer Tapferkeit und biß besitzanzeigend hinein. Um mich herum war das große Landjägerkauen mit vollen Backen. Denn mehr als ein »Mundraub«– die Entwendung einer geringen Menge zum »alsbaldigen« Verzehr – sollte es ja nicht werden.

Die Besichtigung ging weiter. Alle hatten ausgekaut. Da ertönte plötzlich die Stimme des Jahrgangsältesten: »Jahrgang, zum Appell antreten!«

Wir versammelten uns in einem großen Raum des Heeresverpflegungslagers und ahnten nichts Böses. Da trat unser Stabsarzt mit zornigem Gesicht vor die Diebesbande: »Etwas Ungeheuerliches ist passiert. Bei der Besichtigung wurde gestohlen. Es fehlen fünfzehn Paar Landjäger. Wir brechen die Besichtigung ab. Der ganze Jahrgang hat ab sofort bis auf weiteres Ausgangssperre.«

Mir fiel das stolze Fahnenjunker-Feldwebel-Herz tief in die Stiefelhose. Schwacher Trost: Allein konnte ich es nicht gewesen sein, bei fünfzehn Paar Landjäger-Defizit! Schon bei der Heimfahrt gab es wilde Diskussionen. Wir Täter hielten den Schnabel, schämten uns. Dabei war auffallend, daß ein paar von denen, die mir die Landjäger aus der Hand gerissen hatten, am lautesten über die Wursträuber schimpften. Pharisäer gab es also auch auf der Elite-Akademie.

Dies schien das schnelle Ende meines so hoffnungsvoll begonnenen Höhenflugs zu sein. Am nächsten Morgen zögerte ich nicht, mich dem Jahrgangsoffizier als Landjägerdieb zu stellen. Auch die anderen taten es. Trotzdem blieb es an diesem Tag noch bei der »Sippenhaft« des ganzen Jahrgangs in Form der Ausgangssperre außerhalb der Vorlesungen. Uns Wurstdieben wurde eröffnet, daß dem Kommandeur der MA Meldung gemacht werden müsse. Die Lage sei ernst. Es drohe der Rauswurf und das Frontkommando. Ich bin vor Angst beinahe verrückt geworden.

Am folgenden Abend hatte ich eine Verabredung mit meiner Tanzstundenliebe. Entflammt war die Liebe ein paar Wochen vorher und bislang unschuldig wie eine Engelsliebe.

Die Vorgeschichte: Einmal in der Woche hatte unser Jahrgang Tanzstunde mit Benimmlehre nach Knigge. Da hatte ich mich in eine süße Berlinerin verliebt, aus besserem Hause, versteht sich. Aber aus welchem, hatte ich noch nicht gefragt. Ich glaube, sie hieß Margot, bin mir dessen aber – Schande über mich – nicht sicher; denn es blieb bei einer Semesterliebe.

Margot und ich trafen uns am Abend nach Aufhebung der Ausgangssperre im Park auf der anderen Seite der Scharnhorststraße, winterfest vermummt. Dann spazierten wir Händchen in Hand los. Ich schämte mich, wollte aber den Schamgrund vor ihr verbergen, redete wirres Zeug daher. Aber da hatte ich den Instinkt der Frauen unterschätzt. Sie unterbrach mich und sagte: »Karl Heinz, du hast doch was. Was ist los? Sag es mir!«

Mehr stotternd als flüssig erzählte ich ihr die Diebesgeschichte.

Zu meiner Überraschung ließ sie meine Hand nicht los, sondern drückte sie fester. Das sei doch wirklich kein Staatsverbrechen, urteilte sie, noch dazu, wo ich mich sofort gestellt hätte. Sie liebte mich, wollte mich trösten! Dann aber sagte sie plötzlich, sie müsse schnell nach Hause. Den angeblichen Grund weiß ich nicht mehr, aber sie drängte mich, sie am nächsten Abend wiederzutreffen. Fortlaufen wollte sie mir also nicht.

Wie verabredet trafen wir uns. Sie lachte. Mir saßen weiterhin Scham und Angst in den Gebeinen. Nun beichtete sie: Sie sei die Nichte unseres MA-Kommandeurs Prof. Dr. Hamann. Mit ihm habe sie gestern abend noch gesprochen. Er sei bereits informiert gewesen. Ich brauche mir keine Sorgen mehr zu machen. Es gebe nur einen Verweis, allerdings mit Androhung des Rauswurfs bei dem kleinsten Dienstvergehen in nächster Zeit.

So lange hatte ich sie noch nie umarmt und geküßt. Ob ich ihrer Fürsprache meine Rettung verdanke oder nur die frohe Botschaft, weiß ich bis heute nicht. Ich fürchte, daß sie meine Frühkarriere- und Lebensretterin war. Denn unser Kommandeur hielt sonst auf äußerste Disziplin und Zuverlässigkeit. Ich sage »fürchte«, weil ich undankbar war und sie bald später »sitzengelassen« habe. Denn wenige Wochen später wurde unser Jahrgang von Berlin nach Würzburg verlegt. Da waren wir in Privatquartieren untergebracht, ich bei einem Ehepaar mit einer Tochter namens Gabi. Diesen Namen vergesse ich nie. Denn es wurde mehr daraus, schon bald. Für mich war sie das schönste Mädchen meines bisherigen Lebens überhaupt – nach Janine, meiner ersten Liebe.

Ich verliebte mich auf Anhieb so, daß ich meine Lebensretterin Margot vergaß. Kein schöner Zug von Ihnen, Herr stud. med. Karl Heinz H.! Ich habe leider nie wieder von ihr gehört.

TRAUM-STUDENTENZEIT IN WÜRZBURG

Das Fahnenjunker-Studentenleben in Würzburg übertraf unsere kühnsten Erwartungen. Stabsarzt Dr. Euler und seinem Aufsichtsoffizier, Oberarzt Dr. Walter Thiele, ist es vor allem zu danken. Es waren wahrlich Sonderexemplare des lieben Gottes! Für alle Ausgelassenheit und jeden studentischen Blödsinn hatten sie nicht nur Verständnis, sondern sie machten auch mit. Das gipfelte ein Jahr später im

Durchschwimmen des Mains in Gala-Uniform unter Führung von Oberarzt Thiele nach einer fröhlich durchzechten Nacht.

Unsere Liebe zum Jahrgangsoffizier Euler fand ihren stärksten Ausdruck, als er im Dezember 1942 zum Oberstabsarzt befördert wurde. An einem Sonntagmorgen überraschten wir ihn durch Anklopfen ans Schlafzimmerfenster im dritten Stock eines Vierfamilienhauses mit einer Flasche Sekt, einer Torte und einem Blumenstrauß. Die Feuerwehr hatte uns dafür ihre längste Leiter geliehen. Um die Leiter herum stand die ganze Meute und sang das Studentenlied »Wütend wälzt sich einst im Bette!« und »Lasset es schallen von Haus zu Haus!«

In Würzburg war der Studienstoff wesentlich interessanter als in Berlin. Hinreißende vorklinische Medizinlehrer waren der Physiologische Chemiker (Prof. Dr.) Ackermann – selbst als Medizinstudent beim Physikum in Physiologischer Chemie durchgefallen – und der Physiologe (Prof. Dr.) Wöhlisch, der allerdings zu oft wegen Krankheit ausfiel. Der Anatom verblaßte gegenüber dem Berliner Anatomen (Prof. Dr.) Stieve, aber sein Oberarzt (Prof. Dr.) Hayek, ein Österreicher, war große Klasse. Ich studierte mit großem Eifer bis in die Nächte hinein, im Nacken noch immer die Bewährungsstrafe.

Das Sommersemester 1942 wurde eine wunderbare Zeit. Denn Würzburg war:

Die Perle vom Frankenland mit der Feste Marienberg, dem Käppele, dem prächtigen Schloß, dem großen Dom und den vielen Kirchtürmen sonst...

Die Mozart-Kultstätte, in der nur Mozartwerke gespielt wurden (und werden)...

Die Stadt mit dem Schutzpatron Sankt Kilian, nach dem wir »Pfeifhähne vom heiligen Kilian« benannt wurden...

Die ländliche Großstadt am Main mit den herrlichen Bademöglichkeiten in Flußbädern und in der freien Natur...

Die Universitätsstadt mit der großen Tradition, wo Konrad Röntgen seine X-Strahlen entdeckte, wo es das Julius-Spital gab, eines der berühmtesten Hospitäler Europas um die Jahrhundertwende...

Das Nest meiner ersten großen Liebe...

Selbstverständlich wollte ich Gabi N. noch vor dem Physikum heiraten und zog Mutter ins Vertrauen. Sie flehte mich an, es noch nicht zu tun, erfand alle möglichen Gründe, mir die Idee madig zu machen.

Ich war nicht der einzige Fahnenjunker-Feldwebel, der auf frühen Freiersfüßen unreif daherstolzierte. Das wohl beunruhigte unseren Fritz Euler. Er heftete ein Gedicht von Wilhelm Busch ans Schwarze Brett in der Köllikerstraße, das ich hier aus dem Gedächtnis niederschreibe:

Sie hat nichts, und du desgleichen!
Dennoch wollt ihr, wie ich sehe,
Zu dem Bund der heil'gen Ehe
Euch bereits die Hände reichen.
Kinder, seid ihr denn bei Sinnen?
Überlegt euch das Kapitel!
Ohne die gehör'gen Mittel
Soll man keinen Krieg beginnen!

Wahrscheinlich waren diese Verse mit schuld, daß aus den allzu frühen Heiratsplänen nichts wurde.

Nicht vergessen darf ich Würzburg als die Hauptstadt des Frankenweines in den Boxbeuteln, mit ihrem Ratskeller und den vielen gemütlichen Futterplätzen für uns ewig durstige und hungrige Studenten. Ein Alkoholiker war ich jedoch nie, habe für mich nie allein Wein, Sekt oder gar Schnaps getrunken – bis heute nicht. Höchstens mal ein Glas Bier! Das »Alleinsaufen« scheint mir das wichtigste Kriterium für die Unterscheidung von Süchtigen und Genießern. Aber ich erinnere mich an köstliche Räusche aus Boxbeuteln, mit ausgelassenen Disputen, meist auch in liebreicher Gesellschaft. Diese Zuneigung zum Weingeist in den verschiedensten Arten und Flaschen ist mir bis heute geblieben. Darauf führe ich es unter anderem zurück, daß alle meine Schlagadern – wie es scheint – gut durchlässig sind für das Blut und sich deshalb mein Blutdruckwert an der unteren Normgrenze aufhält.

Doch ganz ungestraft läßt die Natur tägliche Weinseligkeit nicht, zumindest nicht bei starker Übertreibung. Die Leberzellen, die den Geist aus der Flasche entgeistigen müssen, schrumpfen und verfetten dabei. Deshalb rate ich, Alkohol in seinen vielen Varianten als köstliche Arznei zu genießen. Das darf auch ein paar Mal im Jahr in einen mittleren Rausch münden, aber man trinke nie allein und höre stets auf seine Frau. Frauen sind weniger gefährdet als Männer. Und wenn sie saufen, sind immer wir Männer schuld!

In Würzburg bot sich dem Landjäger-Räuber die Chance, sein angeschlagenes Ansehen durch körperliche und geistige Leistungen wiederherzustellen.

Im Sport errang ich für meinen Jahrgang verschiedene Medaillen in den Laufdisziplinen. Laut Zeitung war ich im Sommer 1942 der schnellste 1500-Meter-Läufer Mainfrankens. Ein Jahr vorher in Berlin hatte ich unseren Jahrgang auf der gleichen Langstrecke zum Sieg über die anderen Jahrgänge geführt, trainiert von dem Weltklasse-Zehnkämpfer, Olympioniken und späteren Heeressportlehrer Erwin Huber. Beim 100-Meter-Lauf in Würzburg war nur der Luftwaffen-Fahnenjunker Mattuschek – später Ordinarius für Psychiatrie in München – beim großen Leichtathletikfest im Sommer 1942 schneller.

Und im Studium gelang es mir, zu den wenigen des Jahrgangs zu gehören, die im Physikum die Note eins bekamen. Dahinter steckten unzählige Nächte, in denen ich bis zum frühen Morgen Anatomie, Physiologie, Physiologische Chemie, Physik und Chemie gepaukt hatte, Zoologie und Botanik weniger.

Meist geschah das gemeinsam mit Hartwig Gotthardt, meinem engsten Freund seit 1942. Es gab Heizprobleme im Wintersemester 1942/43, dem letzten Studienhalbjahr vor dem berufsentscheidenden Medizinerexamen. Denn wer das Physikum geschafft hatte, mußte goldene Löffel stehlen, um nicht Arzt zu werden. Landjäger reichten dafür wohl nicht aus. Es ging die Mär, in Würzburg sei 1895 das letzte Mal jemand endgültig durchs Staatsexamen gefallen.

Da es inzwischen auch Kohlen nur auf Bezugsschein gab, beschlossen wir, abwechselnd unsere Studier- und Schlafbuden zum gemeinsamen Büffeln zu heizen.

Unsere Freundschaft basierte auf entgegengesetzten Temperamenten. Hartwig war kleiner und zierlicher als ich. Nichts konnte ihn aus der Ruhe bringen. Wenn wir in einer heißen Sache meinungsgleich waren, wollte ich vor Tatendrang aus der Haut fahren. Er dagegen blieb äußerlich und innerlich so emotionslos, daß ich ihn am liebsten in die Rippen gestoßen hätte. Das trug gesellschaftliche Früchte. Ihn mochten alle des Jahrgangs, mich ertrug man mehr, als daß man mich liebte.

An seiner Freundestreue gab es keinen Zweifel. Deshalb durfte ich ihm im Sommersemester 1944 in Göttingen meine neue Freundin Ursula S. als Badepartnerin anvertrauen. Die Sonne schien oft in jenem Sommer, den ich für meine Doktorarbeit auserkoren hatte. Noch heute höre ich Hartwigs ironischen Abschiedsgruß, wenn er mit meiner strohblondgelockten Philosophiestudentin unsere gemeinsame Primitivwohnung in Göttingen verließ.

»Tschüß dann, Charles!« Er nannte mich als einziger nicht Charlie. »Viel Vergnügen mit der Wissenschaft! See you later!« Dann wehrte ich mich mit der schlichten Redensart: »Warte nur, alter Junge. Wer zuletzt lacht, lacht am besten!« So kam es dann auch: Ich erhielt den Doktortitel mit dreiundzwanzig, am 19. Juli 1945. Er wurde etwa fünfunddreißig, bis er sein Praxisschild mit dem geschäftsbelebenden Dr. med. zieren durfte.

Sportlich war Hartwig der große Theoretiker, der alle Regeln viel besser kannte als ich, sich aber auf die Zuschauerrolle beschränkte, wo es ging.

Wie verschieden wir busenlosen Busenfreunde waren, spiegelte sich auch in der Berufszweig-Empfehlung unseres gemeinsamen Medizinlehrers während einer Famulatur im »Krankenhaus der (Un-) Barmherzigen Schwestern« zu Heiligenstadt 1943 wider. Doch gerade diese Gegensätze festigten unsere Freundschaft für viele Jahrzehnte. Hartwig verdanke ich den Austausch meiner Notapprobation ohne Staatsexamen durch eine Bestallungsurkunde nach einer »Ärztlichen Prüfung« in Göttingen.

Am Ende des Sommersemesters 1942 in Würzburg wurde ein großes Fest auf der Feste Marienberg geplant, zu dem alle Medizinprofessoren der Universität mit ihrem Anhang, insbesondere mit Frauen und Töchtern, eingeladen werden sollten. Im Mittelpunkt dieser Aktion vor dem drohenden Physikum sollte ein Theaterstück mit der Überschrift stehen: »Die Entwicklung des Sanitätswesens im Laufe der Jahrhunderte«. Alle Hobby-Schauspieler des Jahrgangs waren aufgefordert, ihr Talent zur Schau zu stellen. Gesucht wurden Landsknechte und Feldschere des Mittelalters, Lange Kerls und Barbierchirurgen des Alten Fritz und als Schwerpunkt aus der Zeit der Präparierübungen in Berlin unter Stieve und Waldeyer ein Darsteller des Vorpräparierers Dr. Wuttke sowie Präparierlehrlinge. Einer davon war ich.

Das Proben während der Wochen vor meinem ersten großen Auftritt als Schauspieler seit meinen Auftritten als Kaplänchen vor Omama und kleineren Rollen als Räuberhauptmann im Konvikt war lustiger als Generalprobe und Premiere.

In der ersten Julihälfte war es dann soweit. Der größte Saal des

Wirtshausteiles der Feste Marienberg war festlich geschmückt. Auf perfekte Tischdekoration, feinste Tischmanieren und allerfeinste Kleidung wurde trotz viertem Kriegsjahr größter Wert gelegt. Das waren wir unserem »Alten« schuldig. Da gab es natürlich kriegsbedingte Schönheitsfehler, aber nur was den Schmuck des Festsaales mit Tafelsilber und die Bekleidung der Zivilpersonen mit Spitzenrobe und Frack anbetraf. Wir Fahnenjunker-Feldwebel hatten uns in die Ausgehuniform geworfen, ohne Knautschstiefel, mit langem Säbel zwar wie alltags, viele dabei mit Uniformjacke aus Seidentuch, am Kragen markante Offiziersspiegel, auf der Schulter die Feldwebelinsignien mit dem A und zugeknöpft mit leuchtenden Metallknöpfen – alles mit Silberglanz überzogen oder umlegt. Alles in allem machten wir von Kopf bis Hüften einen durchaus eleganten Eindruck. Auf die schlichte graue Hose und die schwarzen Schnürschuhe schaute niemand.

Selbstverständlich wurden die Damen mit Handkuß begrüßt. Jedenfalls mit dem, was so genannt wird, obwohl es keiner ist, keiner sein darf. So war es uns in der Tanz- und Benimmstunde in Berlin beigebracht worden: Man nehme die hingehaltene rechte Hand der Dame vorsichtig mit seiner Rechten, hebe sie nur ein wenig nach oben, aber reiße sie nicht wild bis in Mundhöhe, sondern bücke sich elegant tief hinunter, rasch, aber nicht überhastet, bis die eigene Nase etwa fünf Zentimeter vom Handrücken der zu begrüßenden Dame entfernt ist. Auf keinen Fall darf der weibliche Handrücken mit dem männlichen Mund berührt werden, auch wenn die Dame noch so verführerisch aussieht. Dann richte man seinen Oberkörper auf, weniger rasch als bei der Bücklingsbewegung, und schaue auch dem häßlichsten Mauerblümchen mit mild-begehrendem Blick in die Augen. Niemals darf die Nase gerümpft werden, auch nicht, wenn die Frauenhand ungepflegt duftet. Danach lasse man auch das huldreichst gereichte Pfötchen bald los, damit die nächste in der Reihe sich nichts Schlimmes denken kann und auch nicht eifersüchtig wird. Feingesellschaftlich streng kontraindiziert sei das feste Zudrücken nach Art eines preußischen Händedrucks von Soldat zu Soldat. Denn bei den Damen könne man mit solchen kraftvollen Männlichkeitssignalen nur einen schmerzlichen Aufschrei bewirken.

Am Anfang des Festabends stand ein solcher Handkuß nach feiner Fahnenjunkerart. Denn fast alle eingeladenen vorklinischen Medizinlehrer kamen mit ihrem weiblichen Anhang. Auch ein paar der Klinikordinarien wurden vorsorglich eingeladen, obwohl die klinischen Semester noch in weiter Ferne lagen. Aber man konnte ja nie wissen!

Stabsarzt Dr. Fritz Euler hielt die Festrede, mit der er zugleich seine »Heldensöhne«, wie er uns liebevoll spöttisch nannte, ansporne.

Als Höhepunkt der Festivität kam dann unser Theaterstück. Es wurde zum Lustspiel für die Gäste und zur Lachorgie für den Restjahrgang. Der Österreicher Robert Sch. spielte den Marketender, einen schrulligen Juden, im originaljüdischen Dialekt, aber ohne den geringsten Bezug auf den antijüdischen Naziterror. Bei Kriegsende geriet er völlig aus den Fugen, machte weder ein medizinisches Staatsexamen noch eine Doktorprüfung, aber mit falschen Papieren große Karriere. Er war später Chefpsychologe der Bundeswehr, bevor man ihn in Österreich für mehrere Jahre ins Zuchthaus sperrte.

Die meisten Überlebenden meines Jahrgangs brachten es zu sehr ansehnlichen Positionen. Mindestens acht wurden Medizinordinarien, viele Chefärzte und vom Rest wurden die meisten das, was ich am liebsten geworden wäre: Hausarzt.

Hans F., später Anatomie-Ordinarius, spielte einen der Langen Kerls, zusammen mit Albert S., später Landesgewerbearzt eines Stadtstaates. Mir hatte man ausgerechnet die Rolle eines Lehrlings im Präpariersaal von Berlin unter Dr. Wuttke übertragen. Da mußte ich aus dem Lehrbuch der Anatomie von Rauber-Kopsch das Kapitel über Gesichtsmuskeln herunterbeten. Noch heute kann ich den Anfang meines Textes auswendig: »Der Musculus buccinatorius, Backenoder Trompetenmuskel, entspringt in hufeisenförmiger Linie von der Außenseite der Alveolarfortsätze beider Kiefer im Gebiet der zwei hinteren Molaren sowie von der Raphe bucipharyngica, einem Bandstreifen, der rapheähnlich den Bucinatorius vom Cephalopharyngicus trennt und zwischen dem Hamulus pterygoideus und der Mandibula vertikal ausgespannt ist...«

Mit dem automatenhaften Herunterbeten des Anatomiekapitels allein war es bei meinem Auftritt nicht getan. Es gab ein Frage- und Antwortspiel zwischen Anatomiegesellen und -lehrling, in dem auch frech geantwortet werden durfte. Das habe ich gründlich ausgenutzt, sehr zum Gaudium meiner Kommilitonen.

Nach dem Zwischenbeifall und dem Applaus am Ende zu urteilen, muß ich meine Lehrlingsrolle publikumswirksam gespielt haben. Vielleicht hätte ich doch lieber Komödienstadler werden sollen! Oder bin ich es gar – im Medizintheater?

Die Studienzeit in Würzburg war und blieb mein schönstes und fruchtbarstes Studentenerlebnis. Auch daran hat die MA das Hauptverdienst, speziell unser »Alter«, Fritz Euler. Er war nicht nur – nach Mutter – mein wichtigster lebender Erzieher, sondern mein leuchtendes Vorbild. Insoweit hat er wesentlichen Anteil an meinen Bestrebungen (Wahnideen?) zur Umwandlung des Arzt-Patient-Verhältnisses vom Herr-Knecht-Verhältnis in eines von Freund zu Freund.

Im Frühjahr 1943 wurde er – inzwischen Oberstabsarzt – als Divisionsarzt zur Front abkommandiert. Wir bereiteten ihm dazu einen »Großen Bahnhof« im wahrsten Sinne des Wortes, nämlich auf dem Bahnsteig in Würzburg vor seinem D-Zug ins Ungewisse.

Würzburg wurde nach dem Krieg für meinen »Zwischenjahrgang 1940« zum Treffpunkt der »Pfeifhähne vom heiligen Kilian«, inzwischen alle über siebzig. Ich war nur ein paarmal dabei, weil ich einiges in zweifelhafter bis schlechter Erinnerung habe. Viele zeigten mir, dem Nestbeschmutzer, die kalte Kameradenschulter.

Vor dem Würzburgtreffen 1993 hatte ich zwei der Organisatoren zu mir eingeladen. Beide kamen auf mein Drängen mit gemischten Gefühlen. Keiner von beiden hatte auch nur eines meiner elf Bücher gelesen. Weder eines der drei ersten, nur an meine Arztkollegen adressierten wissenschaftlichen Bücher in Medizinbabylonisch, *Thrombose und Embolie* (1957), *Das Sudecksche Syndrom*« (1958) und *Die Bündel-Nagelung* (1959), noch eines der acht ebenfalls wissenschaftlichen Bücher in Volkssprache. Aber sie kannten die Schlagzeilen der Boulevardzeitungen und die Schmähartikel im *Deutschen Ärzteblatt* und anderen Ärztezeitschriften.

Erstmals hatte ich die Möglichkeit, ihnen ein bißchen davon zu erzählen, was in meinen Büchern steht. Das vorletzte und letzte Buch in Volkssprache habe ich ihnen mitgegeben und ihnen auch unsere Klinik gezeigt, damit sie kontrollieren konnten, ob ich meine Verbesserungsvorschläge auch selbst praktiziere. Später haben wir miteinander telefoniert und uns geschrieben. Mir scheint, daß wir uns näher gekommen sind, daß sie nun die Dinge etwas anders bewerten als vorher.

Als ich zum Altentreff 1993 in dem Würzburger Hotel eintraf, war der »Konvent«, die für achtzehn Uhr angesetzte Begrüßung mit anschließendem Bericht der Organisatoren über das letzte Jahr, leider schon vorbei, da ich wegen meiner Sprechstunden nicht rechtzeitig hatte losfahren können. Die Teilnehmer waren inzwischen weit verstreut in den vielen Räumen des Hotelrestaurants und eines anderen Hotels in der Nachbarschaft. Nur vier standen in der Nähe der Rezeption, zwei Männer, zwei Frauen. Einer sprang auf mich zu und umarmte mich. Die anderen drei waren herzlich freundlich. Das ließ hoffen.

Nach der Einquartierung suchte ich nach der Meute. Es gab fast nur große Tische mit zahlreichen Gästen. Im ersten Raum sah ich nur unbekannte Gesichter. Im nächsten entdeckte ich dann einen Tisch mit etwa zwanzig Personen: Fünfzehn Frauen und fünf Männer, zehn Witwen also.

Ich erkannte sofort Horst T., ehemals Chefarzt einer Unfallchirurgischen Abteilung, der mit seinem breiten Rücken am oberen Tischende saß. Dem klopfte ich auf die Schulter: »Na, alter Junge, wie geht's denn?« Er drehte den Kopf nach rechts zu mir hin und zuckte dann blitzartig zurück. Meine zur Begrüßung ausgestreckte Hand mißachtete er. So strafte er mich, den Schänder der Chirurgen.

Vor 1976 konnten wir es ganz gut miteinander. Ich erinnere mich an den gemeinsamen Besuch des großen Chirurgenkongresses in München in den fünfziger Jahren. Wir saßen nebeneinander, als sein Chef, ein Professor, über eine eigene neue Knochennagelungsmethode berichtete und dazu eindrucksvolle Diapositive zeigte. Ich erschrak vor dem riesigen Stahlgerüst, das da in den Knochen montiert worden war. Der weithin anerkannte Unfallchirurg empfahl seine Erfindung als »Methode der Wahl« bei einem etwa gleichartigen Knochenbruch. Da sagte Horst T. halblaut: »Vorsicht, mein Lieber! Das Bein ist längst amputiert!«

Daran hat er sich wohl nicht mehr erinnert, nachdem 1976 mein Buch *Auf Messers Schneide* erschienen war. Er mag sich, wie viele seiner Kollegen, von meiner Kritik getroffen gefühlt haben.

Die anderen am Tisch machten unterschiedliche Gesichter. Wie sie den Affront des »Jahrgangskameraden« beurteilten, konnte und wollte ich nicht mehr wissen. Ich nickte der Gesamtrunde zu, drehte mich um und verschwand.

Die meisten waren inzwischen zu einem Nachbarhotel gewechselt. Dort traf ich sie dann in einem größeren Raum an verschiedenen Tischen an. Ich begrüßte alle per Handschlag, und keiner verweigerte sich. Aber große Begeisterung löste mein Anblick auch nach den langen Jahren meines Fehlens bei diesen Altherrentreffs nicht aus. Ich setzte mich auf einen freien Platz an einem kleinen Tisch. Es entwickelte sich ein ganz freundliches Erinnerungsgespräch. Dann kam ein Verspäteter an unseren Tisch, (Prof. Dr.) Hans B., langjähriger Chefarzt der Neurologischen Abteilung einer großen Hamburger Klinik. Er umarmte mich, wie mir schien, demonstrativ liebenswürdig. Das war mein schönstes Erlebnis.

Am nächsten Morgen beim Frühstück sah ich den Psychiatrie-Ordinarius Max-P. E. Er wirkte und war krank. Als ehemaliger »Jahrgangsältester« hatte er zu den Herausragenden des Jahrgangs gehört. Es kam zu einem guten Gespräch, bei dem wir auch über meine Medizinkritik sprachen. Ich bot an, ihm die letzten beiden Bücher zu schicken, um seine Kritik zu erfahren. Er nahm das Angebot an, schickte mir ein paar Wochen später – wenige Wochen vor seinem Tode – eine Briefkarte:

»Mein Lieber!
Endlich will ich Dir auch im Namen meiner Frau sehr herzlich danken für Deinen Brief vom 19. Oktober und die beiden Bücher. Volkesstimme: ›In vielem hat er ja recht.‹ Ein bitteres Krankheitsjahr 1992 hat mich gelehrt, daß vieles, womit Du anscheinend Ärgernis erregt hast, auch ausgesprochen werden muß. ›Personale Medizin‹, das war das Thema meiner Lehrtätigkeit. Womit ist es in unserem Stand so verdorben? Ich finde nicht die gleichen Antworten und Wege wie Du, habe ja auch ein ganz anderes Temperament. Aber unser beider Ziel liegt, was die Begegnung mit Kranken angeht, doch in der gleichen Richtung. Nochmals Dank also und eine ruhige Adventszeit. Irgendwann muß man ja auch zur Ruhe kommen.
Dein Max-P.«

Resümee: Den meisten meiner »Jahrgangskameraden« und ihren Witwen wäre es lieber gewesen, man hätte meiner zusammen mit den 1939 in Rußland Gefallenen in Ehren gedenken können. Mir nahm dieser Altherrentreff die letzte Hoffnung, daß die Ärzte meiner Generation und der beiden nächsten Generationen dem Meineid des Hippokrates abschwören könnten. Max Planck hat sicher recht, daß falsche Wissenschaftslehren erst zusammen mit den Enkeln sterben – auch die angehängten Unsitten.

Einsatz im Medizinpraktikum

Die Zulassung zum Physikum setzte die Ableistung eines mindestens vierwöchigen Praktikums voraus.

Mein erstes Praktikum leistete ich nach dem Sommersemester 1941 am Reservelazarett Berlin-Zehlendorf ab. Geholfen und gelernt habe ich nichts, weil man mich als Feldwebel nicht zu niederen Diensten an einfachen Landsern einsetzen mochte. So wurde das Praktikum zum Theoretikum. Ich lief dem Stationsarzt hinterher, las in den Krankengeschichten und poussierte mit den Rotkreuzschwestern. Sonst passierte nichts.

Als Praktikant sollte man Pflegerdienste leisten. Denn nichts wäre besser als Eignungstest für den Beruf des Arztes, als zu prüfen, wie ein Medizinstudent die niedersten Dienste erledigt: Die Patienten auf den Schieber heben und ihnen den Po abputzen, die – um es deutlich auszudrücken – vollgeschissenen Bettlaken wechseln, die Urinflasche ins Bett reichen und später abholen, die Brechschale halten und sich dabei vollkotzen lassen sowie hundert andere »niederste Dienste« für Schwer- und Schwerstkranke.

Ein einjähriges Pflichtpraktikum im vierteljährlichen Wechsel an mehreren Krankenhäusern und mit abschließender Prüfung als Pflegehelfer sollte der entscheidende Eignungstest für die Zulassung zum Medizinstudium sein. Dieses Praktikum böte sich auch als Wehrersatzdienst für alle an, die Medizin studieren wollen, wobei ein Vierteljahr in einem Lazarett abgeleistet werden sollte. Durch dieses Praktikum könnte auch dem Mangel an Pflegekräften mit abgeholfen werden.

Mein zweites Praktikum absolvierte ich nach dem zweiten Semester im Sommer 1942 in der Krankenheilanstalt der Barmherzigen Schwestern zu Heiligenstadt, jener Eichsfelder Kreisstadt, in der ich das Bischöfliche Knabenseminar besucht hatte. Das Praktikum fand nicht in Feldwebeluniform, sondern in Zivil statt. So ein richtiges Praktikum wurde es trotzdem nicht, sondern mehr eine Mischung zwischen Praktikum und Famulatur. Der Einsatz zu niedrigen Pflegediensten war wesentlich seltener als der zu einfachen ärztlichen Handreichungen.

Das Krankenhaus gab es seit 1845, gegründet auf Initiative eines katholischen Theologen, geführt von einem Kuratorium aus drei Pfarrern, dem Bürgermeister und einem nebenamtlich verpflichteten

Arzt, und geleitet von einer Ehrwürdigen Mutter Oberin. Es begann mit siebzehn Betten und drei Krankenschwestern, Nonnen des Ordens vom heiligen Vincenz Paul, erkennbar an den riesigen weißgestärkten Hauben im Format von Giebeldächern.

Anfangs war es – wie fast alle Krankenhäuser Mitte des 19. Jahrhunderts – mehr ein Seuchen- und Siechenhaus. Seine erste große Bewährungsprobe erlebte es bei der Cholera-Epidemie, die Ende Juni 1849 auf dem Eichsfeld ausbrach und insgesamt 620 Tote forderte. Von da an galt das Krankenhaus im Volksmund als »Entvölkerungsanstalt«– ein schlechter Ruf, den es mit allen »Krankenheilanstalten« der damaligen Zeit teilte.

Dabei kamen auch die Barmherzigen Schwestern nicht gut weg, deren Haupttätigkeit weniger die Krankenpflege als die Bettelei für die Kirche gewesen sein soll. Ein Chronist kritisiert: »Diese Damen haben freilich nicht für Haus und Hof und Weib und Kind zu sorgen – für sie ist es ein leichtes, Zeit und Liebe den Werken der sogenannten Nächstenliebe zu widmen und mit den Geldmitteln anderer sich einen Heiligenschein der Barmherzigkeit, statt der ehelichen Haube aufzusetzen.« Ich zitiere das deshalb so ausführlich, weil mir auch von meiner späteren Begegnung mit den Barmherzigen Schwestern ein fader Nachgeschmack geblieben ist.

Die Cholera-Epidemie Mitte des 19. Jahrhunderts hat das von jeher arme Eichsfeld noch viel ärmer gemacht. Vorausgegangen waren mehrere Mißernten und Hungerjahre. All das mündete auch in eine erschreckend hohe Säuglingssterblichkeit: Jedes vierte Neugeborene starb.

So kann es nicht wundern, daß auch die Krankenheilanstalt zu Heiligenstadt ihren Armenhausstatus nicht verleugnen konnte, auch nicht, nachdem 1854 ein Neubau errichtet und sie 1890 zur »Kranken-, Heil- und Pflegeanstalt« unter gleicher Leitung erweitert wurde. Dabei hat man dieses Krankenhaus in allen vier Kriegen seit seiner Gründung – 1866, 1871/72, 1914 bis 1918, 1939 bis 1945 – zum Teil auch als Kriegslazarett genutzt.

Während das Krankenhaus vorher ärztlich nur von Praktikern, von »Feld-, Wald- und Wiesenärzten« nebenamtlich mitbetreut wurde, erhob man es 1929 zum Chefarzt-Krankenhaus. Chefarzt des 240-Betten-Krankenhauses mit einundzwanzig Vincentiner-Ordensschwestern aus dem Mutterhause Paderborn sowie fünf Pflegerinnen und einem Pfleger als Hilfskräfte – also einem Pflegekraft-Patient-Verhältnis von 27 zu 240! – wurde der Chirurg Dr. O. A. Beykirch, ausgebildet an der Universität Göttingen. Er war der Vorgänger von Prof. Dr. Franz Rose, den man 1942 zum Chefchirurgen des zivilen Teils des Krankenhauses machte.

Bei diesem damals bereits neunundsechzig Jahre alten Professor Rose meldeten wir uns, mein Freund Hartwig und ich, als Praktikanten der Chirurgischen Abteilung an. Er war 1941 aus Charkow vor den Sowjets zu den Nazis ins Großdeutsche Reich geflüchtet, nachdem die Ukraine von den Deutschen erobert und besetzt worden war.

Wie der Name erkennen läßt, war Franz Rose deutschstämmig. Seine Vorfahren waren in die Ukraine ausgewandert. Als Chirurg hatte er es dort zu großen Ehrungen gebracht. Eine seiner Großtaten war die erste Hypophysektomie in der UDSSR. Als erster entfernte er die kranke Unterhirndrüse eines Patienten. Der Patient überlebte die schwierige Hirnoperation und wurde weitgehend gesund. Das war in den zwanziger Jahren, zwei Jahrzehnte, bevor es in Deutschland die ersten Spezialisten für Hirn- bzw. Neurochirurgie gab, eine Glanzleistung.

Prof. Dr. Franz Rose war zuvor als Allgemeinchirurg Chefarzt in der Medizinischen Akademie Charkow gewesen und hatte nebenamtlich eine Tuberkuloseklinik geleitet. Dort wurde er in den dreißiger Jahren zu einem der weltweit bekanntesten Thorakoplastiker. Thorakoplastik nennt man eine Operation, bei der mindestens die Hälfte der Rippen einer Brustkorbseite entfernt wird, um den Lungenflügel ganz oder teilweise außer Funktion zu setzen. Sie galt damals als wichtigste Therapie zur Ausheilung von Lungenabszessen durch Tuberkulose. Voraus ging die Anlegung eines Pneumothorax, eines Luftbrustkorbes, durch Einlassen von Luft in den Spaltraum zwischen Lungen und Rippenfell. Dadurch fiel der Lungenflügel zusammen, und der Abszeß ebenfalls.

Seit es die Chemotherapie gegen Tuberkulose gibt, ist die Thorakoplastik Gott sei Dank aus der Mode gekommen. Denn es war eine schreckliche Operation für Patient und Operateur.

Als Hartwig und ich uns zum Praktikum bei dem neuen Chefchirurgen anmeldeten, wußte ich nur, daß man sich von ihm auf dem Eichsfeld bereits Wunderdinge erzählte. Als Chefarzt für »Bedarfschirurgie von Kopf bis Fuß« einer Kreisstadt war er für fast alles zuständig, was operativer Behandlung bedurfte. Gut zwanzig Jahre später habe ich im Städtischen Krankenhaus Lauenburg ob der Elbe eine ähnliche Position als »Bedarfschirurg von Kopf bis Fuß« übernommen. Seitdem kann ich mich noch besser in seine Rolle hineindenken. Auch was die Gängelei durch den »Krankenhausträger« betraf.

Krankenhausträger wird derjenige genannt, der die Zulassung zum Betrieb eines Krankenhauses bekommt, auch wenn er die Hauptverantwortung dafür *nicht zu tragen* hat. Denn die liegt immer auf den Schultern, mehr noch auf dem Gewissen des Chefarztes oder der Chefärzte.

Die Gängelei des von uns hochverehrten Chefarztes durch den Krankenhausträger in Gestalt der »Ehrwürdigen Mutter Oberin« fanden wir Praktikanten unerträglich. Sie kommandierte ihn herum wie einen Pfleger. Dauernd lief sie durch seine Chirurgische Abteilung und meckerte, vor allem weil angeblich nicht sparsam genug gearbeitet wurde. Am liebsten hätte sie wohl gehabt, daß alle schmutzigen Wundauflagen und Binden nochmals benutzt würden. Die Katgutfäden zum Abbinden von Gefäßen und für Nähte durften von der OP-Schwester nicht länger als zehn Zentimeter angereicht werden. Da blieben zum Knüpfen auf jeder Seite fünf Zentimeter. Es reichte für schlanke Finger, auch für rascheres Knüpfen, wenn man geübt ist. Aber ein paar Zentimeter länger klappt es halt immer ohne nachzufassen und rascher. Auch läßt sich der Knoten noch sicherer festziehen.

Von Barmherzigkeit und fürsorglicher Nächstenliebe war bei dieser »Ehrwürdigen Mutter Oberin« ohne jede mütterliche Eigenschaft nichts zu spüren, auch bei den meisten der ihr unterstellten Vincentiner-Nonnen nicht.

Wehe den Patienten, die sich nicht als fleißig praktizierende Katholiken benahmen. Denen bereiteten die Unbarmherzigen Schwestern das Fegefeuer schon auf Erden. Wer keinen Rosenkranz in der Hand und keine Bibel auf dem Nachttisch hatte, nicht dauernd in die Krankenhauskapelle lief, sobald er mit Krücken gehen konnte, oder gar die Morgen- und Abendandachten versäumte, bekam seine Schmerzspritze verspätet oder gar nicht. Ausgesprochen bösartig wurden die Nonnen, wenn ein Patient ohne Letzte Ölung gestorben war oder sterben wollte. Das Personal war vergattert: Lieber dreimal »Letzte Ölung« ohne, als einmal mit Tod danach. Daß Kranke, insbesondere junge, an dem Letzte-Ölung-Schreck gestorben sind, viele zumindest beinahe, hat keine der Schwestern interessieren dürfen.

Wir Medizinpraktikanten durften den großen Chef meistens auf

Schritt und Tritt begleiten. Dabei konnten wir vor allem beobachten, wie er mit seinen Patienten umging. Er lebte uns allen vor, daß man jeden Patienten nur wie seinen besten Freund behandeln darf. Mir offenbarte er sich schon damals als Musterexemplar eines »Patientenarztes aus Liebe« im parazelsischen Sinne.

Für die Sprechstunden und Visiten nahm sich »unser Professor« viel Zeit. Bei den Operationen war es umgekehrt. Da lehrte er uns, daß jede Minute Operationsbummelei das Komplikationsrisiko vergrößerte. 1942 wurden die Narkosen noch von Schwestern und Pflegern gemacht, meist mit Äther oder Chloroform, für Kurznarkosen auch mit Chloraethyl. Da gab es ein hohes Anästhesierisiko. Deshalb bevorzugte Prof. Rose die örtliche Betäubung, wo immer es ging. Das allerdings war öfters auch eine Quälerei für den Patienten.

Hartwig und ich lernten von Franz Rose die ersten Untersuchungsschritte. Wir durften die ersten Spritzen setzen und auch Wundverbände anlegen. Vor allem wurden wir auch als zweite Assistenz bei Operationen eingeteilt, das heißt zum Haken- und Schnauzehalten – wie es in der Chirurgensprache heißt. Das war oft mühsam und schweißtreibend. Aber der Stolz, diesem großen Chirurgen assistieren zu dürfen, ließ keinerlei Mißgefühle aufkommen.

Wie gut oder schlecht der damals bereits neunundsechzigjährige Chirurg operierte, konnten wir nicht beurteilen. Aus meiner Sicht war er ein großartiger Operateur, ganz besonders deshalb, weil er sich total anders benahm als Ferdinand Sauerbruch. Er brüllte nicht wie ein Stier, warf nicht mit Instrumenten um sich, sondern benahm sich, wie es sich auch für Chirurgen gehört: Kurz angebunden anständig. Das Blut spritzte allerdings ebenso wie im Sauerbruch-OP. Blutsparendes Operieren durch kleine Schnitte mit stets sofortigem Abklemmen oder Verschorfen der spritzenden Adern war noch nicht üblich. Alles stand unter der Devise »Schnell-schnell«, insbesondere wegen der Anästhesiemängel.

Die Praktikantenzeit unter Franz Rose wurde für mich zum Schlüsselerlebnis. Es war enorm eindrucksvoll, wie rasch und zuverlässig den Patienten durch Operationen geholfen werden konnte, wenn die Indikation zur Operation richtig gestellt war. Hier half unserem Professor natürlich vor allen Dingen die Erfahrung eines halben Jahrhunderts. Sein Leitsatz hieß: Vermeide vermeidbare Operationen, um so mehr Freude und Stolz werden dir die unvermeidbaren bringen, falls du sie gut machst!

An diesen Leitsatz hielt er sich und hatte Erfolge, die mir wie
Wunder vorkamen. In meinem aus mehreren bösen Erlebnissen ge-
waschsenen Vorsatz, niemals Chirurg werden zu wollen, wurde ich
von Woche zu Woche wankelmütiger. Da bedurfte es nur noch des
i-Tüpfelchens, um die Weichen endgültig in Richtung Chirurgie zu
stellen. Das geschah dann beim Abschied von Franz Rose mit jenen
Worten, die Hartwig und mir zum ärztlichen Schicksal wurden: »Gotthardt, Sie müssen Internist, Hackethal, Sie müssen Chirurg werden!«
Beide folgten wir seinem Rat.

KLINISCHE SEMESTER ALS CAND. MED. UND FELDUNTERARZT (1943–1945)

ERSTE STATION: HEIMATUNIVERSITÄT GÖTTINGEN

Nach bestandenem Physikum kam für uns Sanitätsfahnenjunker die große Freiheit. Wir durften uns die Universität aussuchen, an der wir weiterstudieren wollten, und das als Zivilisten. Zwar mußten wir uns bei dem jeweiligen militärischen Standortkommandeur melden und auch zu gelegentlichen »Appells« in Uniform erscheinen. Aber im übrigen waren wir völlig frei, durften uns selbst eine Bude besorgen, uns selbst verpflegen und konnten uns die Zeit zum Studieren einteilen, wie wir wollten. Die noch etwa einhundert Jahrgangskameraden verteilten sich über sämtliche großdeutschen Universitäten: Von Königsberg bis Straßburg, von Kiel bis Wien.

Mich zog es in die Nähe von zu Hause. Göttingen ist nur fünfundzwanzig Kilometer von Reinholterode entfernt, war also mit dem Fahrrad in gut einer Stunde erreichbar. Solche Nähe zu den »Fleischtöpfen Ägyptens« – um die Nahrungsreserven auf dem Karlshof biblisch einzuordnen – war im vierten Kriegsjahr mit seinen Bezugsscheinen für Hungerrationen mehr als verlockend.

Ich quartierte mich in einem Zimmer nahe den Universitätskliniken ein, belegte nicht nur, sondern besuchte auch alle fürs erste Klinische Semester empfohlenen Vorlesungen und Übungen mit großem Eifer. Dabei sind mir in besonders starker Erinnerung geblieben: Die Pathologievorlesung von (Prof. Dr.) Georg B. Gruber, die Vorlesung über Chirurgie von (Prof. Dr.) Rudolf Stich und die über Frauenheilkunde und Geburtshilfe von (Prof. Dr.) Heinrich Martius. Alle drei waren – soweit ich mich erinnere – bereits im sechsten bis siebten Lebensjahrzehnt oder kurz davor und galten als reichsweit prominente große Meister ihres Fachs.

Der »alte Gruber« hatte die Gabe, uns die Pathologie, die Grundlagen der Krankheitslehre, anhand eindrucksvoller Krankengeschichten und locker erzählter Patientenschicksale nahezubringen. Das machte die Leichenmedizin nicht nur erträglich, sondern auch interessant. Dabei ging er selbst sehr pietätvoll mit seinem menschlichen

»Lehrmaterial« um. Aber im übrigen schien mir alles sonst reichlich pietätlos, was sich im Kellergeschoß des Pathologischen Instituts bei den Sektionen abspielte.

(Prof. Dr.) Rudolf Stich war ein Original, niedrig von Statur, dagegen hoch an Stimme. Ich sehe ihn noch heute, sowohl hoch auf dem Fahrrad als auch inmitten des Chirurgischen Hörsaals, ganz deutlich vor mir. Seine Vorlesungen waren gespickt mit Anekdoten, insbesondere warnender Natur. Dabei benahm er sich keineswegs als Heldenchirurg, sondern eher bescheiden zurückhaltend. Im Umgang mit den Patienten, an denen er uns chirurgische Krankheiten und Operationsergebnisse demonstrierte, war er höflich und zuvorkommend, keineswegs herrisch von oben herab, wie ich es später bei fast allen Chirurgie-Ordinarien erlebt habe. Rudolf Stich erinnerte mich sehr an Franz Rose, nicht nur im ersten, sondern auch in den folgenden Klinischen Semestern. Ich habe ihn in allerbester Erinnerung und war deshalb sehr traurig, daß man ihn nach dem Kriegsende als Nazi mit Schimpf und Schande von seinem Lehrstuhl stieß.

Der Gynäkologe (Prof. Dr.) Heinrich Martius war der Typ des Frauenarztes, der die Herzen der stolzesten Frauen im Vorübergehen bricht: 1,85 Meter groß, drahtigschlank, mit lässig geöffnetem, tailliertem hochkragigen Chefarztkittel und einem tollen Schmiß im markanten Gesicht. Martius wußte, wer er war, und ließ niemanden über die hohe Potenz seiner Persönlichkeit im Zweifel. Ich erinnere mich nicht, ihn jemals ohne mindestens zwei ebenfalls sehr stattliche Weißkittelträger als Begleitung bzw. Ordinariusordonnanz gesehen zu haben. »Heilgott in Weiß« ist für Martius zu wenig: »Gottvater in Edelweiß« trifft es besser.

Die Vorlesungen von Martius waren didaktisch sehr gut. Seine zahlreichen Lehrbücher zeichnen sich vor allem durch hervorragende schematische Zeichnungen und anschauliche Bilder aus. Als gynäkologisch-geburtshilflicher Operateur hatte er weit über Göttingen hinaus einen guten Ruf. Aber seine Arroganz war schier unerträglich. Sie äußerte sich unter anderem in einer hemmungslosen Art, mit seinem Nasensekret umzugehen, falls dieses die Nasenlöcher zu verlassen drohte. Wir nannten die dann folgende Abwehrbewegung zur Verhinderung des Abtropfens auf den Boden des Hörsaals – in Anlehnung an die geburtshilfliche Position »Beckenendlage«– »Martius'scher Aufzug bei Tropfenendlage«. Diesen präsentierte er uns fast in jeder Vorlesung mehrmals mit lautem Aufzugschnarcher. Ich habe damals überlegt, ob ein Arzt mit solchem Benehmen wirklich ein guter Arzt sein kann.

Das alles hat mich jedoch nicht abgehalten, mich um eine Doktorarbeit in seiner Klinik zu bemühen, und dies schon im fünften Semester. Es hatte sich herumgesprochen, daß man von einem der Martius-Oberärzte am ehesten eine Doktorarbeit bekommen konnte, deren Anforderungen sich »in vernünftigen Grenzen« hielten. Also sprach ich bei seinem Oberarzt Prof. Dr. Bickenbach vor, der später Gynäkologie-Ordinarius in München wurde. Zu meiner großen Freude hatte er sofort ein Thema: Untersuchungen zum Schwangerschaftstest mit dem Xenopus-Frosch.

1943 – also vor fünfzig Jahren – gab es noch keine standardisierten Frühtests zur Erkennung einer Schwangerschaft. Man wußte nur, daß es nach dem Einspritzen von Schwangerenurin unter die Haut des exotischen Krallenfrosches innerhalb von vierundzwanzig Stunden zum Laichen, also zur Ausstoßung vieler Eier, kam. Nicht bekannt war der Grad der Zuverlässigkeit des Tests. Diesen Xenopus laevis, den glatten Krallenfrosch aus Afrika, sollte ich züchten und die Verläßlichkeit des Tests wissenschaftlich kontrollieren. Ich nahm das Angebot freudestrahlend an und bedankte mich für den Forschungsauftrag. Dann begann ich mit der Suche nach einer geeigneten Stallung. Das erwies sich als nicht ganz einfach, weil sie ja in der Nähe der Frauenklinik liegen sollte. Doch noch bevor ich fündig geworden war, ereilte mich ein Befehl von oben. Mit sofortiger Wirkung wurde ich von der Militärärztlichen Akademie zur Front nach Rußland abkommandiert. Dies geschah gleichzeitig mit meiner Beförderung zum Feldunterarzt.

Also mußte ich meinem frischgebackenen Doktorvater den ehrenvollen und doktorhutträchtigen Auftrag aufgrund höherer Gewalt zurückgeben. Dies sollte sich als ein Geschenk des Himmels erweisen. Denn mein Nachfolger ist meines Wissens nach jahrelangen Mühen an seiner Züchtungsaufgabe gescheitert. Alle Xenopus-Frösche sollen ihm mitsamt der Doktorarbeit eingegangen sein.

ZUR FAMULATUR ALS FELDUNTERARZT AN DIE RUSSLANDFRONT

Famulatur leitet sich ab von (lat.) famulari = dienen, Knecht sein, als Sklave arbeiten. Daran gemessen hat sich Famulus gewaltig aufwärts entwickelt. Denn als Famulus wurden wir von den Patienten

bereits mit »Herr Doktor« und von den Ärzten mit »Herr Kollege« angeredet.

In den Rang eines Famulus kommt man auf den Krankenhaus-
und Lazarettstationen mit bestandenem Physikum. Als Famulus soll
man Schritt für Schritt vom Medizin-Theoretiker zum -Praktiker erzogen werden. Das Problem: Die paar Wochen, die vor dem Staatsexamen dafür vorgesehen sind, reichen bei weitem nicht aus.

Meine erste Famulatur stand unter dem Zwang der Kriegsereig-
nisse. An allen Fronten wurde Ersatz für die verwundeten und gefallenen Truppenärzte gebraucht. Außerdem wollte man die künftigen
Militärärzte für ihren späteren Aufgabenbereich schulen. Also wurden alle Angehörigen meines MA-Jahrgangs nach dem ersten klinischen Semester zum Feldunterarzt befördert und als Hilfstruppen-
arzt zu irgendeiner Fronteinheit kommandiert.

Mich schickte man zur 122. Infanteriedivision, in den sogenannten Mittelabschnitt von Rußland, nach Welikije Luki, gut vierhundert
Kilometer westlich von Moskau und eineinhalbtausend Kilometer
östlich von Göttingen. Es dauerte drei Tage und Nächte, bis ich Anfang August 1943 beim Divisionsstab der angeblichen Elitetruppe aus
dem Pommernland mit dem Namen Greif-Division angekommen war.
Meine »fidelen Beine« ließen da keine seelisch-geistige Fidelität aufkommen.

An Einzelheiten dieser »Frontbewährung« erinnere ich mich
kaum. Ich wurde irgendeinem Bataillonsarzt als Hilfsarzt zugeteilt.
Unser Sanitätsrevier war in Zelten, unter Brücken, in Scheunen und
Häusern untergebracht, alles in raschem Wechsel, entsprechend dem
sich ständig ändernden Frontverlauf. Meine Hauptaufgaben waren:
Notverbände bei Verwundeten, Spritzen gegen Wundstarrkrampf und
Gasbrand sowie Abgabe von Medikamenten gegen Durchfall, Zahn-
und Kopfschmerzen. Darüber hinaus mußte ich bei der Bergung von
Verwundeten und Toten helfen sowie Verwundete beim Transport auf
den Hauptverbandsplatz oder ins Feldlazarett begleiten.

Die Stalinorgeln heulten fast den ganzen Tag, nachts weniger.
Ständig schlug irgendwo in der Nähe ein Granathagel ein. Unsere
Maschinengewehre und Granatwerfer blieben keine Antwort schuldig. Häufig flogen Kampfflieger im Tiefflug hin und her, um ihre Bomben abzuladen. Über unsere Stahlhelme hinweg brausten auch die
Geschosse aus den Kanonen der eigenen Artillerie, einige Male auch
zu kurz, mit schlimmen Folgen in den eigenen Reihen.

Da blieb es nicht aus, daß ich auch mehrmals getroffen wurde: Einmal von einer Infanteriegewehrkugel durchs linke Hosenbein hindurch, mit einem fünf Zentimeter langen Hautstreifschuß in der Oberschenkelmitte vorn, sowie kurz hintereinander zweimal durch Granatsplitter am Kopf, am Rücken und an der rechten Schulter. Immer waren es Bagatellverletzungen, die mich nur das erste Mal bis zum Hauptverbandsplatz der Division rückwärts beförderten, leider nicht weiter. Dienstunfähig war ich jeweils nur für ein paar Stunden.

Zu einem Heimatschuß reichte es also nicht, aber doch zur Verleihung von drei Kriegsorden wegen angeblicher Tapferkeit vor dem Feind. Mit den Verwundetenabzeichen in Bronze und in Silber sowie dem Eisernen Kreuz zweiter Klasse kam ich, dem eigentlich ein Aufkleber mit der Aufschrift »Angsthase« auf der Rückseite der Uniformjacke gebührt hätte, ehrenvoll dekoriert aus dem Krieg zurück. Das Schlimmste: Ich war auch noch stolz auf die unverdienten Tapferkeitsmedaillen!

Die erste Verwundung hatte ich mir als Begleitarzt eines Spähtrupps geholt. Im Morgengrauen waren ein Dutzend Freiwillige mit mir als Nothelfer aufgebrochen, um die Stellungen der Russen auszuspähen. Das endete damit, daß wir in einer Schlucht entdeckt und gezielt unter Feuer genommen wurden. Im Zubodenwerfen muß mich die Kugel getroffen haben. Ich merkte es zuerst nur daran, daß mir irgend etwas warm in der Hose am Bein herunterlief und daß das Hosenbein ein Loch hatte. Das angenehm Warme entpuppte sich dann als Blut und seine Quelle als besagte Streifschußwunde. Ich drückte wider jede Erste-Hilfe-Regel sofort mein dreckiges Taschentuch drauf. Dann kontrollierte ich, ob ich mein linkes Bein bewegen konnte. Es ging ohne Schmerzen und Behinderung. Danach blieb nur noch Beten: »Lieber Gott hilf, daß die Russen mich nicht noch mal treffen!«

Der liebe Gott half. Es zischten zwar immer wieder Kugeln an mir vorbei und über mich hinweg, und das viele Stunden lang bis zur Abenddämmerung – wahrscheinlich konnten uns die bösen Feinde sehen –, aber Gottes Hilfe erwies sich als umfassend: Sie bescherte mir auch eine Verstopfung. So konnte ich nach stundenlanger Todesangst schließlich in der Dunkelheit mein Erdloch verlassen und das Sanitätsrevier mit trockener Hose erreichen.

Nie vorher und hinterher habe ich länger und inbrünstiger zu Gott gebetet. Selbst wenn es den lieben Gott nicht geben sollte, als unsichtbarer Adressat eines hoffnungsvollen Angstgebetes wird er unbedingt weiter gebraucht. Hoffentlich irre ich mich, lieber Gott, hoffentlich gibt es Dich doch!!

Der Vollständigkeit halber muß ich hier noch erzählen, was ich früher einmal einem Journalisten gezielt vorgeschwindelt habe, der als Würze eines Berichts über mein Vorleben unbedingt eine Schlagzeile brauchte: Beim Heulen der Stalinorgeln hätte ich den schützenden Stahlhelm vom Kopf genommen und vor meine Genitalien gehalten, weil die aus meiner Sicht der wichtigere Körperteil gewesen seien. Diese Story gehört seither, neben dem angeblich geplanten Pistolenattentat auf meinen früheren Chef im »Erlanger Professorenkrieg«, zu den wichtigsten Publikationen über mein Leben. Es lebe die journalistische Genügsamkeit!

Dekoriert zurück nach Göttingen zu Studium, Doktorarbeit und Vierter Liebe

Ende Oktober 1943 schon fiel der erste Schnee. Welikije Luki, die im frühen Mittelalter zur Festung gegen die Litauer ausgebaute, ehemals zum Fürstentum Nowgorod gehörende stolze Stadt, war inzwischen fast völlig zerstört. Unser Regiment begann, sich für einen Stellungskrieg in die noch nicht hart gefrorene Rußlanderde einzugraben. Da bekam ich den erlösenden Befehl zur Rückkreise nach Göttingen.

Die Bahnfahrt zurück dauerte noch länger als die Reise ins Feindesland drei Monate vorher. Aber die Freude, dem Kriegsterror ohne Verstümmelung entronnen zu sein, ließ alle Strapazen gering erscheinen. Überglücklich kam ich auf dem Bahnhof von Göttingen an. Kurze Zeit später konnte Mutter dann ihren beinahe verlorenen Sohn an ihr gutes Herz drücken. Alle waren stolz auf den dekorierten Feldunterarzt, am stolzesten der Träger der Orden für angebliche Tapferkeit vor dem Feind, in Wahrheit für harmlose Wunden eines Feiglings.

Für die beiden nächsten Semester in Göttingen war ich mit meinem Freund Hartwig verabredet, der das Sommersemester in seiner Heimatstadt Hamburg verbracht hatte. Wir suchten eine gemeinsame größere Studierbude mit Bad und fanden sie bei einer Witwe hoch in den Sechzigern, die uns wie Söhne betreute. Zu den Vorlesungen fuhren wir meistens per Fahrrad. Mittags aßen wir in der Nähe der Unikliniken in einer Studentenkneipe, in der es auch im fünften Kriegsjahr noch satt zu essen gab.

Hier passierte mir dann eines Tages etwas Folgenschweres. Zum Mittagessen gab es eine stattliche Fleischportion aus zähem Schweinsgeselchtem und dazu eine große Portion Spinat. Ich hatte ausnahmsweise kein Zivil an, sondern mich in die schicke Feldunterarztuniform geworfen. Hartwig, der mir gegenüber saß, ebenfalls. An den Tischen ringsum saßen nicht nur männliche, sondern auch viele weibliche Mitstudierende der verschiedensten Fakultäten, darunter auch sehr attraktive. Also galt es, in jeder Beziehung einen guten Eindruck zu machen, zumal wir beide total ledig, das heißt nicht nur unverheiratet, sondern auch auf Studentenbrautsuche waren.

Meine Liebe zu Gabi in Würzburg hatte unter der großen Entfernung bis Göttingen und schließlich bis kurz vor Moskau gelitten. Briefe binden halt doch weniger als »Hautimachen«, zumal, wenn man schreibfaul ist.

Während ich nach den Regeln der feinen Gesellschaft mit Messer und Gabel hantierte, war mein Teller etwas über den Tischrand zu mir hin gerutscht. Beim nächsten Trennschnitt des zähen Schweinemuskels mit kräftigem Gabel-und-Messer-Druck auf die vordere Tellerhälfte traten dann die physikalischen Hebelgesetze in Kraft. Das Ergebnis: Die gesegnete Mahlzeit landete spinatgrün auf der Ausgehuniformjacke. Hartwig jodelte vor Vergnügen, und ich saß als begossener Pudel da. Nur mühsam rang ich mir ein gequältes Lächeln ab. Ringsum wurde schallend gelacht. Schadenfreude ist halt – und vielleicht gerade in Akademikerkreisen – die herzlichste aller Freuden. Das Peinlichste für mich: Am Nachbartisch saß jene blauäugige Blondine, auf die ich schon seit mehreren Mittagen mein lüsternes Auge geworfen hatte. Was nicht ohne Blickecho geblieben war. Und in diesen Flirt hinein hatte sich nun der Spinatteller auf die stolz dekorierte Brust entleert. Solche Tolpatschigkeit mußte für das Entstehen zarter Bande tödlich sein.

Doch das Gegenteil war der Fall. Die süße strohblonde Philologiestudentin Ursula wurde meine vierte Liebe nach Janine, Margot und Gabi, flüchtige Liebeleien nicht mitgezählt. Komischerweise nahm sie mich und nicht den viel hübscheren Hartwig. »Es wird doch hoffentlich nicht Mitleid mit einem Tolpatsch der Hauptgrund gewesen sein!« dachte ich damals.

Heute ist mir der Liebesgrund völlig egal – und dies schon seit langem. Hauptsache: Meine Frau liebt mich und ist mir treu, treu genug. Es soll Leute geben, die es als bösen Grund unterstellen, meine um ein Vierteljahrhundert jüngere Frau habe mich alten Dackel »nur des Geldes wegen« zunächst als O-Mann (Ohne Trauschein) und später als M-Mann (Mit Trauschein) genommen. Für unsere O-Ehe kann das nicht stimmen. Denn damals hatte ich kein Geld, vielmehr einen großen Haufen Schulden. Aber hätte es mich denn abgewertet, wenn sie mich auch deshalb geliebt hätte, weil sie mich für einen fleißigen Mann hielt, der es wieder zu Geld für uns beide bringen würde? Mich würde es nicht mal stören, wenn das der Hauptgrund gewesen wäre...

Mag sein, daß die Gegenliebe von Ursula auch versteckt auf »die gute Partie« ausgerichtet war, die ein Cand. med. zu werden verspricht. Damals hätte mich das beleidigt. Warum? Weil mir als Kind, Jugendlichem und jungem Erwachsenen anerzogen worden war, daß wahre Liebe und Geld wie Feuer und Wasser seien. Ein totaler Blödsinn, wenn man die Dinge zu Ende denkt. Aber wer tut das schon, noch dazu mit zweiundzwanzig?

Jedenfalls habe ich mich im Wintersemester 1943/44 zum vierten Mal unsterblich verliebt. Und wenn ich an die Studienzeit in Göttingen gern zurückdenke – beinahe so gern wie an die in Würzburg –, so verdanke ich es vor allem meiner, *damals* meiner Ursula. Selbstverständlich wollte ich auch sie heiraten. Und zwar gerade, weil sie aus armem Haus stammte – aber nicht nur, ich gestehe es. Nein, vor allem, weil sie äußerlich und innerlich dem Bild meiner Traumfrau entsprach. Daß es mit der Heirat dann doch nichts wurde, war wieder höhere Gewalt: Die leibliche Entfernung von der Geliebten in Kombination mit der leiblichen Nähe einer anderen verführerischen Frau.

Im Wintersemester 1943/44 lag der Schwerpunkt auf Vorlesungen und Übungen in den großen Fächern Innere Medizin, Chirurgie, Gynäkologie und Geburtshilfe sowie Kinderheilkunde. Die Übungen hießen nur so, waren irgendwelche Puppenspiele mit Patienten und ohne Patienten, aber keine Einarbeitung in praktische Gesundheitshilfe, was sie hätten sein sollen. Hartwig und ich ließen keine Vorlesung und Übung aus. Daneben blieb uns immer noch reichlich Freizeit. Denn das Staatsexamen lag in weiter Ferne und die Büffelei dafür hatte noch lange Zeit. Das jedenfalls redeten wir uns beruhigend ein. Also nutzten wir die vielen freien Stunden und Wochenenden für Ausflüge, Spiel, Sport und Liebe. An sonstigen Unterhaltungsmöglichkeiten gab es im fünften Kriegsjahr kaum noch etwas.

Nach den Vorlesungen in der Universitätsfrauenklinik setzte ich meine Jagd auf eine Doktorarbeit fort. Zielscheibe waren die drei Oberärzte von Martius. Keiner gab mir eine totale Absage, alle vertrösteten mich von Mal zu Mal auf später. Also blieb ich dran, was ihnen jedoch auf die Nerven zu gehen schien. Denn öfters ergriffen sie die Flucht, wenn sie mich nach der Vorlesung auf sich zusteuern sahen. Hartwig, der das alles für verfrüht hielt, verbarg seine Schadenfreude nicht.

Gegen Ende des Wintersemesters klappte es. Privatdozent Dr. Kepp, der spätere Gynäkologie-Ordinarius von Gießen, erbarmte sich meiner. Sein Forschungsauftrag für meine »Inaugural-Dissertation« lautete: »Das histologische Bild bei Juvenilen Blutungen«.

Nach einem Lazarettkommando in Heiligenstadt während der Semesterferien stürzte ich mich im Mai zu Beginn des Sommersemesters auf meine Doktorarbeit. Zunächst mußte ich in der Bibliothek der Uni-Frauenklinik die gesamte Literatur über Gebärmutterblutungen im allgemeinen und Juvenile Blutungen im besonderen studieren. Juvenile Blutungen nennt man abnormale bzw. krankhafte Blutungen junger Frauen aus der Gebärmutter. Sie beruhen auf einer nicht krebsartigen Wucherung der Gebärmutterschleimhaut, verursacht durch Fehlsteuerung der Liebeshormone. Meine Aufgabe war, die Patientenakten aller Frauen mit Juvenilen Blutungen herauszusuchen und zu analysieren, dann die Feinschnittpräparate der ausgeschabten Gebärmutterschleimhaut im Mikroskop durchzumustern, die Bilder vergleichend auszuwerten und die Ergebnisse unter Berücksichtigung der Literatur zu beschreiben und zu diskutieren.

Es gab viel zu tun. Ich schaute mir mein linkes Auge durchs Mikroskopokular kurzsichtig. Doppeläugige Mikroskope gab es noch nicht, und mit rechts sah ich weniger, bildete ich mir ein. Also mußte das linke Auge ein Vierteljahr lang täglich viele Stunden den blaurot gefärbten Schleimhautzellen ins Herz und auf die Figur schauen. Das hat es nicht ganz schadlos überstanden. Aber zum Lesen ohne Brille reichte die Sicht noch gut dreißig Jahre.

Der Zwang, genau zu beobachten, die Bilder zu beschreiben und zu vergleichen, dabei auch kleine und winzige Abweichungen und Unterschiede zu erkennen und zu bewerten, hat mich auch im wissenschaftlichen Denken geschult. Darüber hinaus lernte ich Mikroskopieren, also die einzelnen Zelltypen und ihre Produkte in den verschiedensten Vergrößerungen, von fünfzig- bis tausendfach, zu identifizieren und normale von anormalen Formen zu unterscheiden. Das war mir bis heute eine große Hilfe. Denn seither muß ich den Pathologen nicht alle Deutungen ihrer mikroskopischen Befunde glauben. Ich konnte und kann mir aufgrund der Befundbeschreibung ein eigenes, nicht selten abweichendes Urteil bilden.

Durch das vorgeschriebene Ausmaß des Mikroskopstudiums allein hätte ich mir dieses Wissen über die Grundbausteine des Viel-Billiarden-Zellstaates Mensch nicht erwerben können. Deshalb scheint mir, die Mikroskopie müßte im Medizinstudium einen viel höheren Stellenwert bekommen, weit höher als das Auswendiglernen chemischer Formeln in der Pharmakologie. Dann wären die Patientenärzte nicht in der extremen Form, wie es heute der Fall ist, der Mikroskopdiagnose der Pathologen ausgeliefert. Diese hat sich bei Krebsverdacht zum Endurteil über Verstümmelung und Nichtverstümmelung, wenn nicht gar über Leben und Tod vieler Patienten entwickelt. Dabei dürfte sie nicht mehr sein als *einer* von vielen Steinen im Diagnosemosaik.

Nach dem Sommersemester habe ich die Dissertation bei meinem Doktorvater abgeliefert, der nur wenig zu korrigieren fand. Nobelpreisverdächtig scheint sie jedoch nicht gewesen zu sein, denn sie bekam nicht einmal die Note »Sehr gut«, sondern nur »Gut«. Aber ich war 's zufrieden. Der Rest, die mündliche Prüfung, die erst nach der Arztapprobation abgelegt werden konnte, war nämlich nur Formsache, wie sich herumgesprochen hatte. Also konnte mir der begehrte Titel »Dr. med.« nicht mehr entgehen.

In das Sommersemester 1944 fiel das Attentat auf Hitler. Daß der Anschlag vom 20. Juli scheiterte, bedauerten wir, Hartwig und ich, wie auch die meisten, mit denen wir darüber redeten, was nicht ganz ohne Risiko war. Die Universität Göttingen ließ es sich aber nicht nehmen, eine Treuekundgebung für den großen Führer zu veranstalten. Die Teilnahme wurde allen Studenten zur Pflicht gemacht. Es soll eine machtvolle Demonstration mit großer Beteiligung geworden sein. Und das zu einem Zeitpunkt, an dem schon kein vernünftiger Mensch am Untergang des Tausendjährigen Reiches mehr zweifeln konnte! Hartwig und ich verweigerten uns. Es blieb unbemerkt. Jedenfalls unbestraft.

DER REST VOM MEDIZINSTUDIUM

Nach dem Sommersemester 1944 gab es für alle MA-ler wieder Lazarettkommandos. Das Lazarett durften wir uns aussuchen. Hartwig schlug vor, nach Prag zu gehen. Denn nach Böhmen hatte man seinen Vater, einen Hamburger Volksschullehrer, strafversetzt.

Hartwigs Eltern waren ein Muster an bürgerlicher Wohlanständigkeit, vertrauenswürdig bis in die kleine Zehe. Doch den Nazis war nicht verborgen geblieben, daß sie trotz Verbots der SPD ihre sozialdemokratische Gesinnung nicht verleugneten. Im Gegensatz zu den weitaus meisten seiner Lehrerkollegen, hatte Hartwigs Vater es abgelehnt, in die NSDAP einzutreten. Also wurde er mit Strafversetzung in eines der besetzten Gebiete gemaßregelt.

Wir wählten das Reservelazarett Prag-Reuth. Dazu hatte die Wehrmacht die Alters- und Pflegeheimanlage der Stadt Prag zweckentfremdet, einen riesigen kasernenartigen Gebäudekomplex. Dort brachte man uns dann auch unter. Zugeteilt wurden wir der Infektionsabteilung des Lazaretts. Hier fand sich außer den sogenannten Geschlechtskrankheiten alles an ansteckenden Krankheiten, was Soldaten bekommen konnten: Fleckfieber, Typhus, Paratyphus, Ruhr, Tuberkulose und anderes.

Es gab noch kein Penicillin und erst recht keine Breitbandantibiotika, also Medikamente mit großer Wirkungsbreite gegen zahlreiche Infektionserreger gleichzeitig. Die antiinfektiöse Therapie steckte noch in den Kinderschuhen. Zur Verfügung stand nur das von dem Pharmakologen Gerhard Domagk 1935 entwickelte Sulfonamid Prontosil, eines der ersten Chemotherapeutika überhaupt. Dieses aber wirkte nur gegen wenige Krankheitskeime, vor allem nicht gegen die häufigsten Infektionskrankheiten von Soldaten. Also blieben nur die Maßnahmen zur Bekämpfung der Krankheitssymptome, dies allerdings mit zweifelhafter Heilwirkung. Denn schon damals unterschied die Schulmedizin nicht mehr zwischen Unheil- und Heilsignalen. Unter dem Einfluß führender Medizin-Ordinarien, vor allem der Inneren Medizin, begann die Medizin sich selbst als »exakte« Wissenschaft (wie Physik und Chemie) zu verherrlichen. Bernhard Naunyn (1839–1925), einer der mächtigsten Medizin-Ordinarien der Jahrhundertwende, hatte die Parole verkündet: »Medizin wird Naturwissenschaft sein, oder sie wird nicht sein.«

Unter »Naturwissenschaft Medizin« verstand Naunyn: Der Mensch ist eine physikochemische Maschine in Menschengestalt und als solche zu diagnostizieren und zu reparieren. Maßstab für Gesundheit und Krankheit waren die Normsignale, die möglichst zahlenmäßig erfaßten Werte des nach Durchschnittswerten genormten Maschinenmenschen. Alles Abnormale, also das, was von der Norm, der normalen Schwankungsbreite, abwich, wurde mit der Bezeichnung Symptom – von (griech.) symptoma = Unfall, Unglück, Widerwärtigkeit – als feindlich-krankhaft eingeordnet.

Dies führte zur »Normomanie«, zu Drang und Zwang, die abnormen Werte zu normalisieren. Ein Maschinenmensch hat keine Selbstheilungskräfte. Also war jedes Abnormsignal ein Feindsignal und als solches vorbehaltlos zu normalisieren. Althergebrachte Begriffe wie Heilentzündung, Heilhaut, Heilschmerz verschwanden aus den Lehrbüchern, wurden in den Vorlesungen ins Lächerliche gezogen.

1944 wirkte sich das deshalb schlimmer aus als heute, weil es spezifische, also treffsichere Wirkstoffe gegen Infektionserreger nur vereinzelt gab. Dazu gehörten Salvarsan gegen Syphilis, Chinin gegen Malariaerreger und Prontosil gegen die banalen Eitererreger in Wunden.

Die Ausgangssituation für die Behandlung von Infektionskrankheiten war bei uns noch in den vierziger Jahren schlechter als einhundert Jahre vorher. Man bekämpfte Unheil- und Heilsignale gleichzeitig und verschlechterte die Heilungsaussichten. Denn das Waffenarsenal zur Bekämpfung der Unheilsignale war klein.

Wir erlebten also bei unserer Famulatur auf der Infektionsabteilung des Reservelazaretts Prag-Reuth die Machtlosigkeit der Schulmedizin. Es gab keine erkennbare positive Beziehung zwischen Behandlung und Heilungsverlauf. Viele der Patienten mit Fleckfieber, Typhus und Ruhr starben meist qualvoll und rasch. Nur bei den Tuberkulosekranken ging es weniger schnell, bedingt durch die geringere Aggressivität des Tuberkelbazillus. Dafür erlitten die Schwindsüchtigen eher noch größere Qualen.

Außerdienstlich war die Prag-Famulatur sehr interessant und kurzweilig. Hartwig und ich inspizierten die vielen Sehenswürdigkeiten der altehrwürdigen Universitätsstadt in jeder freien Minute. Kurzweil brachte mir auch ein Liebesverhältnis zu einer Rotkreuzschwester aus Belgien mit süßem französischen Akzent. Sie arbeitete auf der Infektionsabteilung. Wir haben in Liebelei geturtelt, aber auch stundenlang über Krieg und Frieden, Vaterlandsliebe und Vaterlandswahn, Glauben und Nichtglauben diskutiert – dies auch auf

Französisch, weil ich meine Kenntnisse in der meistgeliebten Fremdsprache auffrischen wollte. Was mag aus dieser passionierten »Patientenschwester aus Liebe«, die sich hingebungsvoll um die Schwerund Schwerstkranken kümmerte, nach dem Krieg geworden sein? Sie war weder ein Nazi-Fan noch ein Soldatenliebchen. Sie wollte nur heilen helfen und pflegen, alle Kranken und Verwundeten, egal welcher Nationalität.

Zum Wintersemester 1944/45 gab es eine böse Überraschung. Wir durften nicht nach freier Wahl weiterstudieren, sondern wurden kaserniert, um das vierte klinische Semester als geschlossener Jahrgang abzuleisten. Der einzige Trost: Würzburg war der gemeinsame Studienstandort.

Ich erinnere mich an den ersten Jahrgangsappell vor unserem Kasernengebäude in dem weitläufigen Komplex der »Artillerie-Kaserne« auf der anderen Seite des Mains. Übrig geblieben waren 84 des ursprünglich 134 Mann starken Zwischenjahrgangs 1940. Wir mußten feldmarschmäßig uniformiert antreten. Das Kommando »Stillgestanden« gab Albert S., der Halblange, unser Jahrgangsältester. Dann befahl er: »Die Augen links!« Da kam beim Linksblick ein etwa 1,65 Meter kleiner Stabsarzt mit markantem Korpsstudentenschmiß und wilder Entschlossenheit im Gesicht auf uns zu. Er musterte uns gnadenlos streng, salutierte und übernahm das Kommando, nachdem ihm der Halblange – so genannt, weil es noch einen Längeren im Jahrgang gab – gemeldet hatte: »Zwischenjahrgang 1940 zum Appell angetreten!« Nach dem Entwarnungsbefehl »Augen geradeaus! Rührt euch!« durften wir uns nicht rühren, sondern nur das rechte Knie leicht beugen und den linken Fuß um Fußlänge nach vorn stellen. Die strammen Marschierer mögen mir verzeihen, aber »Rührt euch« als Kommando für die nächste starre Körperhaltung ist Schwachsinn.

Anschließend mußten wir uns etwa eine halbe Stunde lang im aufrechten Einbeinstand rechts die lautstarke Mahnrede eines Führungsoffiziers anhören, den man uns als Jahrgangschef zubefohlen hatte. In der zweiten Kriegshälfte, als es unter den Soldaten immer mehr Zweifler an einem siegreichen Ende gab, wurden einzelnen Wehrmachtseinheiten »NS-Führungsoffiziere« als Gesinnungskontrolleure zugeteilt. Sie sollten Verstöße gegen bedingungslose Hitlertreue melden, damit die Treulosen von Nazirichtern bestraft würden.

Unserem Jahrgang traute man wohl wenig Hitlertreue zu. Denn man setzte einen Nazi nicht nur als Kontrolleur, sondern gleich als

Chef ein. Bock hieß er, den man uns zum Gärtner gemacht hatte, um das antinazistische Unkraut zu jäten. Er schrie lautstark auf uns ein: Das Vaterland sei in höchster Gefahr. Da sei es unsere Pflicht, an der Heimatfront für Führer und Vaterland wenigstens mit Worten zu kämpfen, nachdem uns die Taten dafür erspart geblieben seien. Durchhalteparolen sollten wir ins Volk schicken, zu Studierfleiß ermunterte er uns nur am Rande. Zwei »Vaterlandsverräter« eines anderen Jahrgangs, berichtete er, seien von einem Erschießungskommando hingerichtet worden. Später erfuhren wir, daß es unser Bock war, der die beiden als Jahrgangsoffizier vor das Kriegsgericht gebracht hatte.

Von nun an hieß es aufpassen bei unseren Diskussionen. Das alles hielt uns aber nicht davon ab, täglich mehrmals »Feindsender« zu hören. Ich hatte einen Volksempfänger besorgt, das auf Befehl des Reichspropagandaministers in Vielmillionenauflage produzierte Primitivradio fürs Volk, um die Naziparolen in die Hirne zu hämmern. Diesen Volksempfänger plazierten wir in einem abhörsicheren Käfig, den wir in der Mitte unseres Studier- und Schlafsaales aus mehreren Holzspinden gebaut hatten. Um den Käfig herum war eine mindestens vier Meter breite mobiliar- und versteckfreie Zone. Außer Hartwig und mir waren noch Jörg H. und Hänschen F. in unserer Kasernenbude. Ein Verräter scheint nicht dabeigewesen zu sein, sonst gäbe es drei von uns nicht mehr. Denn auf Feindsenderhören stand die Todesstrafe.

Im Winter 1944/45 fanden die Luftangriffe auf deutsche Großstädte ihren Höhepunkt. Sehr viele lagen schon in Schutt und Asche.

Auch in Würzburg gab es jeden Tag und jede Nacht Fliegeralarm. Dann mußten wir in kompletter Kriegsuniform, mit Stahlhelm auf dem studierten Haupte, einer Pistole am Koppel und der Genfer Rotkreuzbinde am Ärmel, irgendeine Wachposition beziehen oder uns in den Luftschutzkeller der Kaserne verfügen. Die Pistole war dem Feldunterarzt nicht als Angriffswaffe, sondern allein zur Verteidigung an den Lederriemen gehängt. Da ich mich nie verteidigen mußte, blieb der Pistolenlauf jungfräulich.

Meistens flogen nach dem Fliegeralarm die Bomber über uns hinweg oder an Würzburg vorbei. Manchmal verloren sie auch ein paar Bomben. Aber so richtig heiß wurde es bis zum Semesterende nicht. Erst zwei Wochen danach kam der entsetzliche Luftangriff, der unser heißgeliebtes Würzburg fast total zerstörte.

Die Lehrveranstaltungen fanden auch im fünften Kriegsjahr pünktlich und regelmäßig statt. In übler Erinnerung ist mir die Vorlesung über Psychiatrie und Neurologie, serviert von dem SS-Obergruppenführer Prof. Dr. Heyde, oft in SS-Uniform, mit wehendem, weit offenem Weißkittel darüber. Auch er hatte einen Korpsstudentenschmiß in der Visage. Seither habe ich ein stark gestörtes Verhältnis zu allen säbelverschnittenen Heldenantlitzen. Denn der Seelen-Heyde war ein Gefühlsheide schlimmster Sorte, ein Teufel auf dem Heilgottesthron.

In jeder Vorlesung stellte er uns mehrere Patienten vor, die in seiner Klinik als Geisteskranke eingesperrt waren. Darunter gab es Patienten, an deren schwerer Geistesgestörtheit kein Zweifel sein konnte. Aber ich erinnere mich auch an mehrere, die er als »Schizophrene« demonstrierte, welche uns aber geistesgesund erschienen. Gewiß ist für die Schizophrenie typisch, daß dieses »Spaltungsirresein« die Persönlichkeit in Bereiche und Zeiten von anomalen und normalen Geistesäußerungen spaltet. Also konnte auch mal ein schwerkranker Schizophreniepatient in einer Vorlesung seine Normalphase haben.

Aber bemerkenswerterweise waren die meisten dieser angeblichen Psychotiker auch mit Führer und Vaterland in Konflikt gekommen. Also fürchte ich zumindest heute, daß auch einige Vorführpatienten darunter waren, die man als »Geisteskranke auf höheren Befehl« eingesperrt hatte. Die gab und gibt es ja in allen Diktaturen, egal ob Kaiser und Könige oder Sozialistenführer an den Hebeln der Allmacht hantieren.

Nur allzu oft haben sich Ordinarien der Psychiatrie als willfährige Erfüllungsgehilfen von Diktaturen zur Verfügung gestellt und Regimegegner als Geisteskranke diagnostiziert.

Auffallenderweise wurde ihnen nur in Ausnahmefällen der Prozeß gemacht. Vor allem ist mir nicht bekannt, daß solche Unärzte auch nur ein einziges Mal *zuerst* vor einem ärztlichen Berufsgericht angeklagt worden wären. Dabei sind es doch zu allererst die Arztkollegen, welche solche »Kunstfehler« erkennen können und müssen.

Besonders übel war die Art, in der Heyde seine Patienten vorstellte. Er behandelte sie so, wie Tierfeinde mit Tieren umgehen: Stupide, roh, sadistisch. Hinterher machte er sich zum Teil über die armen Geschöpfe lustig. Kein Wunder, daß er als einer der schlimmsten Nazi-Euthanasie-Verbrecher, als einer der führenden Handlanger der

Todesmaschinerie zur Vernichtung von aus Nazisicht unwertem Leben enttarnt wurde.

Nach dem Krieg gelang es Heyde, unter dem Namen Sawade in Schleswig-Holstein eine beachtliche Arztposition aufzubauen. Es ist schwer vorstellbar, daß viele Ärzte diesen Gesichtsverschnitt besonderer Art in den Jahren nach 1945 nicht wiedererkannt haben. Warum hat kein Kollege diesen Schwerverbrecher angezeigt? Sollte das etwas mit Satz sieben des Genfer Arztgelöbnisses zu tun haben: »Meine Kollegen will ich wie Brüder achten«?

1944 glaubte ich noch fest an die Schulmedizin als hochanständige und einzig wahre Medizinlehre. Abstoßende Verhaltensweisen von Hochschullehrern registrierte ich allenfalls als Ausnahmen, die das ehrwürdige Bild des Arztes nicht gefährden konnten. Später allerdings kamen mir in der Rückerinnerung immer öfter ketzerische Gedanken.

Am 2. März 1944, unmittelbar nach dem Ende des Wintersemesters, bekamen wir den Marschbefehl in ein weiteres Reservelazarett unserer Wahl. Die meisten zog es in die Nähe ihrer M- und O-Bräute (mit und ohne Verlobungsring), so auch mich. Ich landete im Reservelazarett Iserlohn in Westfalen, dem Wohnort meiner Ursula. Es war eine Fehlentscheidung. Zwar hatte der Chefchirurg Dr. Fuchs einen exzellenten Ruf als Operateur und Arzt – so differenziert man ja –, aber wenige Wochen vor dem Ende des Krieges waren die Versorgungsmöglichkeiten in den Krankenhäusern und Lazaretten stark eingeschränkt. Hinzu kam, daß die Kriegsfront immer näher rückte; die Alliierten waren nur noch ein paar Dutzend Kilometer von Iserlohn entfernt.

Also ergriff ich bald die Flucht. Denn das Kriegsende wollte ich lieber zu Hause als fern der Heimat erleben. Dafür hatte Ursula Verständnis. Wir verabredeten das gemeinsame Weiterstudium in Göttingen, sobald das wieder möglich sein würde. Dahinter steckte aber mehr Wunschdenken als Wirklichkeitssinn. Denn viel Hoffnung auf ein baldiges Leben in Freiheit konnte man eigentlich nicht haben. Dafür hatte sich unser Staat nach innen und außen zu schlecht benommen. Dessen war ich mir, insbesondere als Hörer von Feindsendern, sicher.

Der Abschied war schwer und tränenreich, die Heimreise abenteuerlich. Alles war zerbombt, Züge verkehrten nicht mehr. Da blieb mir nur, mich als Anhalter von Militärfahrzeugen und Versorgungslastwagen mitnehmen zu lassen. Die Straßen waren im Loch-an-Loch-Zustand kaum noch befahrbar, die meisten Brücken gesprengt. Ich anhaltete mich durch, von Kilometer zu Kilometer. Am meisten half mir dabei meine Rotkreuzarmbinde mit dem Originalstempel vom Schweizer Roten Kreuz.

Wider Erwarten schaffte ich die etwa 200 Kilometer bis zum Karlshof in zwei Tagen. Mutter wollte zuerst ihren Augen nicht trauen. Dann stieß sie einen so lauten Jauchzer aus, daß er noch heute in meinen Trommelfellen nachvibriert: »Junge, mein Junge, daß du noch lebst. Mein Gott, ich habe geträumt, du seiest tot!«

»Was Mütter so alles träumen«, dachte ich beschämt. Ich war doch ein Kriegsgewinnler, im Gegensatz zu den weitaus meisten Männern fast nie in größerer Todesgefahr gewesen. Was hätte mir in den letzten paar Wochen als Lazarett-Unterarzt schon passieren können!?

Als zweite Wahl für das Lazarettkommando hatte ich das Reservelazarett im »Krankenhaus der Barmherzigen Schwestern« zu Heiligenstadt angegeben. Also fand ich mich dort am übernächsten Tag ein. Der Fahnenflucht wollte ich mich nicht schuldig machen. Denn auch darauf stand die Todesstrafe.

Ich meldete mich beim Lazarettchefarzt Dr. Nikolaus Busse. Er war seit Jahrzehnten als praktischer Arzt und Geburtshelfer in Heiligenstadt niedergelassen und unser Hausarzt seit dem Tod von Onkel Peter S. Meine Eltern waren mit ihm und seiner Frau befreundet. Der Krieg hatte den quirligen Landarzt zum nebenamtlichen Lazarettchefarzt im Range eines Oberstabsarztes aufsteigen lassen. Das genoß der überaus eitle, gepflegte Dr. med. »Nik der Kleine«– etwa 155 Zentimeter kurz mag er gewesen sein – außerordentlich. Ich sehe sein ausdrucksvoll stolzes Gesicht und seine grazilen »Hebammenhände« mit der eindrucksvoll männlichen Hand- und Fingerrückenbehaarung in Schwarz noch deutlich vor mir. Er soll ein exzellenter Geburtshelfer gewesen sein.

Mein Dienst im Lazarett glänzte weniger durch nützliche Arbeit als durch Abwesenheit. Kontrolliert wurde ich von niemandem. Ich tat, was mir Spaß machte. Also war ich mehr im Zivilteil des Krankenhauses bei Prof. Rose als im Lazarett. Als erste Assistenz durfte ich ihm beim Operieren helfen und die ersten Nähte machen. Das nahm mir die letzten Zweifel über mein Berufsziel nach bestandenem Staatsexamen. Chirurg wollte ich werden wie mein Arztidol Franz Rose.

NOTAPPROBATIONSDIEBSTAHL, KRIEGSENDE, VIZEBAUER MIT DOKTORTITEL UND FLUCHT (1945)

NOTAPPROBATION FÜR EINE KISTE ECKSTEIN-ZIGARETTEN

Anfang April 1945 erfuhr ich, daß in Göttingen für Medizinstudenten nach dem neunten Semester Notapprobationsurkunden ausgestellt wurden. Ich hatte aber erst acht hinter mir. *Was sollte ich tun?*

Der Krieg war verloren. Was die Siegermächte aus dem besiegten Naziland machen würden, konnte man ahnen. Natürlich würden sie uns bestrafen für das Unheil, das Deutschland über die Welt gebracht hatte. Josef Goebbels, der Reichsminister für sogenannte Volksaufklärung, ließ uns das ja seit vielen Monaten übers Radio wissen, um das Letzte an Widerstand aus dem Volk herauszuholen.

Die Alliierten, hieß es, würden blutige Rache nehmen. Und es gebe den Morgenthau-Plan zur totalen Zerstückelung und Knechtung Deutschlands. Tatsächlich hatte Henry Morgenthau jr., ein enger Freund und Berater des damaligen US-Präsidenten Franklin D. Roosevelt, im September 1944 auf der zweiten Konferenz von Quebec eine Denkschrift vorgelegt, welche außer der Entmilitarisierung eine Verkleinerung und Aufteilung Deutschlands, die Internationalisierung des Ruhrgebietes und der deutschen Wasserstraßen, die Demontage von Industrieanlagen und Schließung der Kohlengruben empfahl. Deutschland sollte auf den Status eines Agrarlandes reduziert, also auf das Niveau einer Kolonie mit einem Entwicklungsstand wie am Anfang des 19. Jahrhunderts heruntergezwungen werden. Dieser Plan war beschlossen worden. *Was sollte ich tun?*

Ich dachte nach und kam zu folgendem Schluß: Erstens würde das Dritte Reich in wenigen Tagen als Staat aufgelöst, seine Gesetze und Vorschriften wären damit ungültig. Zweitens hatte dieser Staat mich aufs Schlimmste betrogen. Mein bisheriges Leben, meine Reifezeit zum mündigen Staatsbürger war zwar nicht ohne Sünde, aber doch von viel Idealismus getragen gewesen, von *gelebtem* Idealismus wohlgemerkt. Seit der Kindheit war mir gepredigt worden: »Du bist nichts, dein Volk ist alles!« und »Unser Volk ist das größte!« Also sei es die Pflicht eines jeden, seine ganze Kraft für das Wohl des Vaterlandes einzusetzen. Im Rahmen meiner Möglichkeiten hatte ich dies mit eher überdurchschnittlichem Fleiß und auch Opferbereitschaft getan. Nun aber stellte sich heraus, daß alles Lug und Trug gewesen war. Daß die vom Volk gewählten Führer schwerste Verbrechen gegen die Menschlichkeit begangen und uns Heranwachsende für ihre Weltherrschaftsziele mißbraucht hatten.

Was sollte, was durfte ich angesichts dieser Vorgeschichte tun, um meine berufliche Zukunft so gut als möglich zu sichern? Meine Antwort damals und heute: Alles, was nicht zu Lasten Unschuldiger bzw. anständiger Mitmenschen ging! Dies gedacht und beschlossen, nahm ich mein Studienbuch für die Klinischen Semester und fälschte die Semesterzahlen. So wurde aus dem achten das vollendete neunte Semester. Damit waren die papierenen Vorbedingungen für die Notbestallung als Arzt erfüllt.

Aber wie nun damit bei der katastrophalen Verkehrslage durch Bombenteppiche und Tieffliegerkanonaden nach Göttingen kommen?! Gott sei Dank macht Not erfinderisch. Ich erfand, daß ich mit dem Krankenwagen vom Reservelazarett Heiligenstadt in die Chirurgische Universitätsklinik Göttingen transportiert werden mußte, um eine komplizierte Operation machen zu lassen. Den Fahrer des Sanitätsautos weihte ich ein. Er mochte mich schon seit meinem ersten Praktikum in Heiligenstadt; wir hatten damals öfters miteinander zu tun und viel Spaß dabei gehabt.

Ich ließ mir meinen linken Arm eingipsen und legte mich auf die obere Trage des Krankentransporters. Auf der unteren lag ein echter Schwerverwundeter. Dann dirigierte ich den Sani-Freund nach Reinholterode auf den Karlshof, um dort »Bestechungsutensilien für alle Fälle«, nämlich eine große Kiste voll »Eckstein«-Zigaretten und ein paar Flaschen Schnaps, einzuladen.

Der Umweg über mein Heimatdorf betrug nur wenige Kilometer. In der Autogarage vom Karlshof war seit ein paar Wochen ein Heeresverpflegungsdepot untergebracht, angefüllt mit vielerlei Köstlichkeiten in Großpackungen, die es schon längst nicht einmal mehr auf Bezugsschein gab. Ich schreckte auch vor »Kameradendiebstahl« nicht mehr zurück, zumal sich das Heer in Auflösung befand.

Unterwegs nach Göttingen wurde das Rotkreuzfahrzeug mehrmals vom Streifendienst der Wehrmacht kontrolliert. Man inspizierte auch mich auf der oberen Trage, verlangte mein Soldbuch, den sogenannten Soldatenpaß. Der Gipsverband zerstreute dann die

letzten Zweifel der Feldgendarmen auf der Suche nach Fahnen-
flüchtigen.

In Göttingen wurde zunächst der Schwerverwundete in der Uniklinik abgeliefert. Mit mir fuhr man dann auf einen Parkplatz, um mir
den Gipsverband abzuschneiden. Danach warf ich mich in meine or-
densdekorierte Feldunterarztuniform mit Internationaler Rotkreuzbinde und dirigierte den Fahrer zum Pharmakologischen Institut.
Dekan der Medizinischen Fakultät war damals der Ordinarius für
Pharmakologie, soweit ich mich erinnere. Jedenfalls gab es in seinem
Institut die Notapprobationsurkunden.

An diesem 5. April 1945 wurde der Dekan von einem seiner Oberärzte vertreten. Das erleichterte meinen Approbationsdiebstahl. Und
mein größtes Glück: Der Oberarzt war Kettenraucher. Ich fand ihn im
Kellergeschoß, umgeben von einer blaugrauen Rauchwolke. Mit der
rechten Hand hielt ich eine Aktentasche, darin das gefälschte Studienbuch und die Scheine als Nachweis für die Teilnahme an den
vorgeschriebenen Übungen. Links trug ich die Kiste mit den Zigaret-
ten an einem Paketholzgriff.

Ich setzte alles auf eine Karte. Als erstes stellte ich dem Kettenraucher die Zigarettenkiste vor Nase, Mund und das süchtige Hirn.
Dann erklärte ich dreist, die hätte ich ihm mitgebracht, weil wir damit dank dem Heeresproviantdepot in unserer Garage im Überfluß
gesegnet seien. Er möge das um Gottes willen nicht als Bestechungs-
versuch auffassen. Es sei nur eine kleine Aufmerksamkeit als Anerkennung für seine schwierige und verantwortungsvolle Arbeit.

Er schaute mich groß an, sah meinen Dienstgrad, mein silbernes
Verwundetenabzeichen und mein Eisernes Kreuz. Dann bat er um
mein Studienbuch. Ich kramte es klopfenden Fälscherherzens aus der
Aktentasche und gab es ihm. Er blätterte ruckzuck die letzte Seite
auf. Da stand »9. Semester«. Warum die »8« dahinter durchgestrichen
war, interessierte ihn nicht. Er schlug das Heft zu, erklärte, es sei alles in Ordnung und ich könne die Notapprobation bekommen. Eine
Viertelstunde später war ich mit einer Urkunde aufgrund des »Er-
mächtigungserlasses des Reichsministers des Inneren« staatlich approbierter Arzt.

Ich unterstelle nicht, daß es niedere Beweggründe waren, die ihn
veranlaßten, mir die Approbationsurkunde auszustellen. Vielleicht
hätte ich die Urkunde auch ohne die Zigarettenkiste bekommen.
Denn einen großen Wissensunterschied zwischen dem achten und

neunten Semester gab es wahrlich nicht. Fürs Staatsexamen gepaukt wurde ohnehin erst im zehnten Semester. Mir scheint, daß mein »Arzttitelproduzent« vor allem aus Mitleid gehandelt hat – und was für einen ehrenwerteren Grund gäbe es für einen Arzt. Herzlichen Dank, Herr Kollege, falls es Sie, inzwischen wohl ein Mittachtziger, noch gibt!

Den Schnaps haben wir auf der Heimfahrt selbst getrunken und dabei auf den gelungenen Coup geprostet. Entsprechend beschwipst landeten wir vor der Pforte des Heiligenstädter Krankenhauses. Freudestrahlend meldete ich meine Eroberung nicht nur dem Lazarettkommandeur, sondern auch Professor Rose im Zivilkrankenhaus nebenan. Beide glaubten, es sei alles mit rechten Dingen zugegangen. War es ja auch – gemessen an den herrschenden Verhältnissen und dem daran orientierten Rechtsverständnis.

Dr. Nik Busse, den Freund meiner Eltern, bat ich, mir einen Rotkreuzausweis als Zivilarzt auszustellen. Er tat es sofort. Dieser Ausweis rettete mich ein paar Tage später vor der amerikanischen Kriegsgefangenschaft.

DIE AMIS ALS BEFREIER

Vier Tage nach meiner Notbestallung als Arzt hörte man im Krankenhaus Heiligenstadt bereits den Kanonendonner in der Ferne. Da schien es mir an der Zeit, mich aufs Fahrrad zu schwingen und auf dem »Stadtwege« durch die Felder ins heimische Nest zu radeln. Unterwegs begegneten mir flüchtende Soldaten. Sie erzählten, daß Göttingen schon von den Amerikanern eingenommen sei, die sich, nur noch wenige Kilometer entfernt, im Anmarsch befänden.

Ich legte mich mit letzter Kraft in die Pedale und kam gegen Mittag auf dem Karlshof an. Da sprang ich vom Rad und raste ins Haus, um mir einen Zivilanzug zu holen. Es war jene rotbraune Tanzstundenabschluß-Robe, in der ich mich sechs Jahre zuvor in Grund und Boden geschämt hatte. Die packte ich mir, dazu ein kariertes Hemd, Socken und ein paar braune Schuhe und lief damit in den Keller. Dort riß ich mir die Uniform vom Leibe und stürzte mich in das Zivilzeug. Die Rotkreuzarmbinde streifte ich über den linken Ärmel und das Soldbuch tauschte ich gegen den Rotkreuzausweis aus.

Als Zivilist von Kopf bis Fuß präsentierte ich mich auf dem Hof.

Dort standen Mutter, meine Schwester Doris und unser Kleinster, Wilbert, dreizehn Jahre alt. Hansi war als Leutnant der Infanterie irgendwo an der Westfront verschollen.

Vater lief zusammen mit unseren drei Zwangsarbeitern aus Polen und einem weißen Bettuch als Kapitulationsfahne in Richtung hinteres Hoftor. Ein paar Minuten später fuhr ein kanonenbestückter Panzer von hinten auf den Hof. Aufrecht in der Panzerluke stand ein amerikanischer Soldat schwarzer Hautfarbe. Rechts und links neben dem stählernen Ungetüm liefen Soldaten im typischen »Government Issue«, also mit Uniform und Ausrüstung des amerikanischen Landsers – daher der Name GI. Einer der Farbigen sprang, sein Schnellfeuergewehr im Anschlag, auf mich zu. »Du Soldat!« rief er und packte mich vorn an der Jacke. Den Rest an Mißtrauen verkündete er auf Englisch.

Ich stotterte mit meinem gebrochenen Wahlfachenglisch: »No, no! I am a medical doctor, not a soldier.« Dabei zückte ich meinen Rotkreuzausweis und zeigte auf meine Armbinde. Dann log ich hinterher: »I am sick, suffering of tuberculosis.« Da trat er einen Schritt zurück und fragte: »Tuberculosis? You?« Ich: »Yes, Sir, tuberculosis of the lungs.« Das unterstrich ich mit einem diskreten Hustenstoß. Er drehte sich herum und ließ mich stehen. Mutter sagte später, ich sei so kreidebleich gewesen, daß auch sie mich beinahe für schwindsüchtig gehalten hätte.

Es passierte nichts Unangenehmes auf unserem Hof, auch Vater geschah nichts. Die drei polnischen Arbeiter beschwerten sich bei den Amerikanern nicht über schlechte Behandlung, auch später nicht. Anderswo wurden Hofbesitzer vielfach verhaftet, weil sie sich gegenüber Fremdarbeitern schlecht benommen hatten. Unsere Polen blieben noch ein paar Tage bis Wochen und halfen weiter mit, bevor sie sich auf den Weg in die Heimat machten.

Aus dem ganzen Dorf hörte man nicht eine einzige Klage über das Verhalten der GIs gegenüber der Bevölkerung. Es gab keine Plünderungen, keine Prügeleien, keine Vergewaltigungen.

Das alles fügte sich in mir zu einem riesigen Glücksgefühl zusammen. Endlich zog der Friede ins Land. Endlich brauchte man nicht mehr in ständiger Angst zu leben, weder vor den Schrecken des Krieges noch vor den Nazis.

Auch ich hatte seit Stalingrad mal mehr, mal weniger in ständiger Sorge gelebt, als »Wehrkraftzersetzer« denunziert zu werden. Denn meinen Mund konnte ich noch nie halten, wenn mir etwas nicht paßte. Seit der Katastrophe an der Wolga im Winter 1942/43 gab es von Vierteljahr zu Vierteljahr für alle mehr Grund, Unzufriedenheit und Empörung über die Nazis und ihre Politik zu äußern. Den »totalen Krieg«, den Goebbels im Berliner Sportpalast ausgerufen hatte, *mußte* man zum Wahnsinn erklären. Im übrigen war ich ein eifriger Weitererzähler von Witzen, welche das Nazisystem lächerlich machten.

Überall wimmelte es bis zum Schluß von Denunzianten. In Würzburg hatte der Henkerslieferant Bock versucht, einen Spitzelkreis zu schaffen. Die Jahrgangsältesten machten das böse Spiel zum Schein mit, benannten »Vertrauensleute«, auf die sie sich verlassen konnten. Also wurde auch niemand verpfiffen. Aber wir waren nicht eingeweiht, so daß wir vermuten mußten, daß es Spitzel gab.

Vor allem wußte man nicht, was sich die Nazis noch an Scheußlichkeiten ausdenken würden, um diesen Krieg vielleicht doch nicht zu verlieren. Immer wieder wurden Gerüchte über eine Wunderwaffe, die kurz vor der Fertigstellung stehe, ins Volk gestreut. Das Wort Atombombe gab es noch nicht, aber die Zerstörungskraft der angeblichen Wunderwaffe mußte man sich ähnlich gewaltig vorstellen, wenn sie kriegsentscheidend sein sollte.

Wenn der Krieg doch gewonnen werden konnte, bedeutete das für mich: Militärarzt auf ewig! Das war keine Schreckensvision mehr wie früher einmal, aber doch zu weit entfernt von dem, was ich mir unter meiner ärztlichen Tätigkeit vorgestellt hatte. Bei aller Dankbarkeit und Achtung vor der Pépinière als Erziehungsanstalt – eine Sanitätsoffizierslaufbahn entsprach nicht meinen Wünschen. Entweder Landarzt – wie bis vor dem Praktikum bei Professor Rose ersehnt – oder Chirurg. Etwas anderes kam nicht in Frage!

All diese Sorgen und Ängste der letzten Jahre, die mich mindestens unterschwellig immer belastet hatten, waren nach dem 5. April 1945 wie weggefegt. In mir entwickelte sich ein riesiges Gefühl der Dankbarkeit gegenüber den Amerikanern, das bis heute anhält. Ihnen hatten wir es ja allen voran zu danken, daß die Naziherrschaft gebrochen war. Bestärkt wurde es durch das Verhalten der GIs bei der Besetzung unseres Hofes und Dorfes, das uns von den Nazis als Barbarei prophezeit worden war, aber humaner nicht sein konnte. Seither habe ich zu den US-Amerikanern ein »Dank-Liebes-Verhältnis auf ewig«.

Ein paar Wochen nach der Befreiung gab es eine böse Überraschung. Ich saß in meinem Zimmer und bastelte noch an einer Krankengeschichte, die meine Lungentuberkulose für den Fall des Falles glaubhaft machen sollte. Da fuhr ein Jeep vors Haus, besetzt mit vier GIs und einem Zivilisten. Sie sprangen ab und rannten auf den Hof. Dort fragte der Zivilist nach mir. Man wies sie ins Haus, und plötzlich standen die fünf vor mir.

Der Fall des Falles war da.

Der Zivilist, ein junger Pole, der auf unserem Hof gearbeitet hatte, zeigte auf mich. »Du Soldat«, schrie mich einer der GIs an, und der Polenjunge nickte dazu. Mir fiel das Herz in die Hose. Ich holte den Rotkreuzausweis hervor, zeigte ihn und hustete. Dann radebrechte ich mit letzter Kraft auf englisch: Ja, ich sei Soldat gewesen, aber wegen Lungentuberkulose entlassen worden. Hier sei ein Auszug aus meiner Krankengeschichte. Ich hielt die drei Blätter hin, die ich mir zusammenphantasiert hatte. Da stand das Wort Tuberkulose in vielfacher Wiederholung und öfters fett unterstrichen. Darauf zeigte ich und hustete demonstrativ.

Wahrscheinlich hatte ich die gleiche Gesichtsfarbe wie bei der GI-Inspektion am 5. April, nämlich gar keine.

Alles zusammen muß jedenfalls glaubhafter gewesen sein als die Anzeige unseres ehemaligen Fremdarbeiters. Denn der Truppführer schüttelte den Kopf, drehte sich zu dem Polen und stieß einen Fluch aus. Damit war der Fall des Falles für immer überstanden.

VIZEBAUER MIT DOKTORTITEL

Wenige Tage nach der Besetzung gelang es mir, einen Passierschein nach Heiligenstadt zu bekommen. Damit konnte ich das Krankenhaus der Barmherzigen Schwestern erreichen und dort als täglicher Pendler mitarbeiten. Es gab viel zu tun, weil das Krankenhaus mit Verwundeten vollgestopft war. Ich arbeitete überall, wo Not am Mann war und wo man meine Hilfe wollte. Geld gab es dafür nicht. Ich war froh, daß man mich als Hilfsarzt arbeiten ließ.

Eines Morgens, Anfang Juni 1945, hieß es, Professor Rose sei mit seiner Frau über Nacht abgereist. Niemand wußte, warum und wohin. Später erfuhren wir es dann. Sie hatten erfahren, daß der Einmarsch der Russen kurz bevorstünde. Da sie 1942 als Rußlanddeutsche aus der Sowjetunion geflüchtet waren, mußten sie das Schlimmste befürchten. Also flohen sie erneut westwärts.

Ein paar Wochen später war es dann so weit. Ende Juni zogen die Amerikaner ab und Anfang Juli die Russen ein. Mir lief es eiskalt den Rücken herunter, als ich die Rotarmisten auf der Wilhelmstraße in Heiligenstadt anmarschieren sah. Das konnte nichts Gutes bedeuten. Die meisten wurden von diesem Besatzungswechsel überrascht, obwohl schon im Februar 1945 auf der Jalta-Konferenz von Roosevelt, Churchill und Stalin beschlossen worden war, daß der Westen Berlins den westlichen Alliierten als Besatzungszone zugeteilt wurde, und zwar im Tausch gegen Thüringen, das die Russen besetzen wollten.

Auch Reinholterode – das Obereichsfeld gehörte zum preußischen Thüringen – bekam eine russische Kommandantur. Nach ein paar Tagen wurde ich zum Ortskommandanten befohlen. Er litt unter Durchfall und hatte erfahren, daß ich der einzige Arzt im Dorf war. Ein Dolmetscher übersetzte meine Fragen und seine Antworten. Ich untersuchte ihn und diagnostizierte eine Darmgrippe. Dann verordnete ich ihm Bettruhe, eine heiße Wärmflasche auf den Leib, Kamillentee und totales Fasten. Er vertraute mir und gehorchte. Am nächsten Tag ging es ihm schon viel besser und am übernächsten Tag war er gesund. Das belohnte er mit einem neuen Passierschein nach Heiligenstadt, und so pendelte ich wieder täglich mit dem Fahrrad ins Krankenhaus und zurück.

Als ich am 15. Juli nach Hause kam, war Vater nicht mehr da. Mutter berichtete, was geschehen war. Wenige Tage nach dem Einmarsch der Russen kamen zwei Rotarmisten in Begleitung eines Dorfbewohners und eines jungen Polen und verhafteten Vater auf seinem Hof. Der Pole war derselbe, der schon mich ins Gefangenenlager hatte bringen lassen wollen.

Den Dorfbewohner hatte Vater immer als »Kommunisten« gescholten, und der Pole war Vater aus folgendem Grund böse: Den Fünfzehnjährigen hatte man zwei Jahre zuvor dem Karlshof als Zwangsarbeiter zugeteilt. Wie alle anderen Zwangsarbeiter war er in die große Karlshof-Familie aufgenommen und genauso gut behandelt worden wie die deutschen Knechte und Mägde. Mutter hatte ihn, als den jüngsten von ihnen, sogar besonders unter ihre Fittiche genommen, und uns Kindern war er mehr Freund als Vaters Knecht.

Da passierte es eines Tages, daß Vater sah, wie er einer seiner hochträchtigen Staatsprämienstuten mit dem Knüppel gegen den Bauch schlug. Das war schlimmer, als wenn er ihn selbst geschlagen hätte.

Vater ohrfeigte ihn und warf ihn vom Hof. Der junge Pole wurde Zwangsarbeiter in einem Nachbarort.

Daß die beiden meinen Vater bei den Russen als Naziverbrecher, Leuteschinder und Kommunistenfeind anzeigten, war späte Rache. Das einzige, was stimmte: Vater war ein Kommunistenhasser. »Du Kommunist« – das war das schlimmste Schimpfwort aus dem Munde eines Mannes, der es dank des Fleißes seiner Vorfahren und durch eigene Kraftanstrengung zu bescheidenem Wohlstand gebracht hatte. Für Vater waren Kommunismus und Sozialismus falsche Paradiesversprechen von machtgierigen Diktatoren an die Dummen und Faulen der Nation. Auch der National-(=Vaterlands-)Sozialismus – auf dieses Edelwort muß man erst mal kommen! – war für ihn ab 1935/36 nichts anderes.

Vater würde sich vor Zorn im Grabe herumdrehen, wenn er wüßte, was die sozialistische Diktatur aus seinem Musterhof gemacht hat. Sein Karlshof soll in den letzten Jahren der bestgeführte und gepflegteste Bauernhof des Obereichsfeldes gewesen sein. Sozialistische Planwirtschaft – mit der Parole »Eigentum ist Diebstahl! Alles gehört allen!« und dem Ergebnis »Niemandem gehört etwas, also faulenzen wir!«– hat das Schmuckstück zu einer baufälligen, verrotteten Ruine zerwirtschaftet. Kaputter und dreckiger geht es nicht! Wer daran zweifelt, daß der Diktatursozialismus nahezu jede Volkskultur in den Abgrund führt, sollte sich den ehemaligen Karlshof in Reinholterode ansehen und anschließend die bebilderte Familienchronik aus der Zeit davor.

Ich war nicht daheim, als man Vater verschleppte; denn ich arbeitete ja tagsüber als unbezahlter »Volontärarzt« im Krankenhaus der (Un-)Barmherzigen Schwestern zu Heiligenstadt. Als ich nach Hause kam und von der Verhaftung erfuhr, spannte ich sofort unseren Trakehner vor den Dogcart, die zweirädrige, luftbereifte Kutsche, und fuhr im Eiltempo auf dem Feldweg nach Heiligenstadt. Der war zwar holpriger, aber gegenüber den zehn Kilometern Landstraße verkürzte sich der Weg vorbei am Galgenhügel auf sechs Kilometer.

Ins Gefängnis sollte man Vater gesperrt haben. Also stellte ich Pferd und Dogcart bei einem Freund der Familie unter und marschierte mit dem Mut der Sohnespflicht zum Gefängnis. Ein russischer Soldat ließ mich ein und versperrte das ausbruchsichere Portal hinter mir. So was geht an Herz und Nieren!

Man führte mich zum Gefängniskommandanten, einem russischen Offizier voller Kriegsorden. Ein deutscher Dolmetscher übersetzte. Ich erklärte, mein Vater säße hier unschuldig im Gefängnis. Er sei kein Nazi gewesen, hätte die zugewiesenen Zwangsarbeiter immer gut behandelt, nicht schlechter als die deutschen landwirtschaftlichen Mitarbeiter. Deshalb hätten ihn unsere polnischen Knechte und Mägde – im Gegensatz zu anderen Bauern des Dorfes und im Umkreis – bei der amerikanischen Besatzungsmacht *nicht* angezeigt, sondern sich schützend vor ihn gestellt. Er sei ein erfahrener Landwirt und die Ernte habe begonnen. Man möge ihn freilassen, auch aus ernährungspolitischen Gründen. So etwa brachte ich es vor, halb stotternd vor Angst und Erregung.

Der Kommandant unterbrach mich, hielt mir ein Foto im Postkartenformat vor die Nase. »Dein Bruder SS«, radebrechte er. Das Foto zeigte Hansi in Leutnantsuniform. Ich erwiderte: »Nein, mein Bruder war nicht bei der Waffen-SS, sondern Leutnant der Infanterie.« Zum Beweis zeigte ich auf den Vogel an der Uniformjacke und erklärte: »Hier ist der Vogel auf der rechten Brustseite. Die Waffen-SS trägt ihn außen am Ärmel.«

Der Dolmetscher übersetzte. Daraufhin ließ mir der Russe sagen, ich solle verschwinden, sonst sperre er mich gleich mit ein. So schnell bin ich selten aus einem Haus gelaufen.

Ein paar Tage später wurde Vater nach Leinefelde gebracht, einem etwa fünfzehn Kilometer entfernten größeren Dorf. Mutter erfuhr davon, machte sich auf den Weg und fand ihn tatsächlich.

Aus einem Kellerloch rief er mit unverwechselbarer Stimme: »Clara, geh zum Kommandanten. Ich habe schon mit ihm gesprochen.« Das waren seine letzten Worte an ein Mitglied seiner Familie.

Der Kommandant war nicht zu sprechen. Ende des Jahres etwa erfuhren wir gerüchtweise, Vater sei im KZ Buchenwald verhungert und erfroren. Die offizielle Nachricht des Roten Kreuzes über seinen Tod kam 1961. Er sei »am 28.9.45 auf dem Territorium der UDSSR verstorben«. Zehn Wochen hatte man gebraucht, um den kräftigen, kerngesunden, wetterfesten Bauern zu Tode zu peinigen.

Ein paar Tage, bevor Vater abgeholt wurde, hatte ich erfahren, daß man in Göttingen die Doktorprüfung machen könne, falls man approbierter Arzt sei und bereits eine Doktorarbeit vorliege. Also radelte ich am 18. Juli nach Göttingen. Die Grenze war noch offen. Ich meldete mich im Sekretariat des Dekans der Medizinischen Fakultät, des Internisten Prof. Dr. Rudolf Schoen, legte meine Notapprobationsurkunde und ein Exemplar meiner Doktorarbeit vor. Ich bat um einen möglichst raschen Termin für die mündliche Prüfung, weil ich inzwischen in der russischen Besatzungszone wohnte und die Grenze vielleicht schon in wenigen Tagen geschlossen würde. Man hatte Verständnis, und ich bekam schon für den nächsten Vormittag den gewünschten Termin.

An die Prüfung erinnere ich mich nur sehr verschwommen. Ich wurde mehr nach den russischen Besatzern und der Lage in der Ostzone befragt, als zu dem Inhalt der Doktorarbeit und meinen Schlußfolgerungen. Danach erhielt ich die heißersehnte Urkunde. Einen Doktorhut gab es leider nicht dazu.

Als Vizebauer mit Doktortitel kehrte ich nach Hause zurück. Denn nachdem der Karlshof hofherrenlos war und unsere Versuche, Vater frei zu bekommen, gescheitert waren, mußte ich ran. Nicht »Dichter und Bauer« waren gefragt, nein: Doktor und Bauer. In ersterer Eigenschaft vertrat ich Dr. Nik Busse, einen der Ärzte, die den Umkreis landärztlich versorgten. Viel zu tun gab es für mich als Arzt nicht; um so mehr Arbeit erwartete mich als Bauer, denn es war Erntezeit.

Mit Hilfe der Tagelöhner von früher und der achthändigen Restfamilie gelang es, den Betrieb am Leben zu erhalten. Ich bekam sogar Spaß daran, Karlshofbauer zu sein. Denn vieles war inzwischen mechanisiert und motorisiert. Das für den Traktor notwendige Rohöl gab es, Benzin für das Motorrad allerdings nicht. Aber zum Weg über die Felder stand das Reitpferd Heide, eine prächtige Trakehnerstute, als Motorradersatz zur Verfügung. Sie transportierte mich im Sattel oder fuhr mich, vor den zweirädrigen Dogcart gespannt, durchs hügelige Dorfgelände.

Im September meldete sich plötzlich unser verschollener Infanterieleutnant Hansi aus dem Krieg zurück. Die Amerikaner hatten ihn beinahe verhungern lassen, bevor sie ihn laufen ließen. Die Russen durften nicht wissen, daß er da war. Also agierte er zunächst nur als heimliche Arbeitskraft auf seinem künftigen Hof. Er war ja der designierte Nachfolger Vaters als Karlshofbauer. Damals allerdings hofften wir noch auf Vaters Rückkehr.

Irgendwann im September wurde es dann doch im Dorf bekannt,

daß mein Bruder zurückgekommen war. Auch der Dorfkommandant erfuhr davon. Es geschah jedoch nichts, man ließ ihn in Ruhe. Nun gab es für mich keinen Grund mehr, auf dem Karlshof zu bleiben.

Für mich galt es, eine Stelle an einem Krankenhaus zu finden, um zu werden, was inzwischen mein fester Wunsch war: Chirurg. Dabei war ich von Anfang an entschlossen, auf keinen Fall in der Ostzone zu bleiben. Dort war nichts Gutes zu erwarten, weder für den Karlshof noch für mich. Die Unfreiheit unter den Nazis wollte ich nicht gegen die wahrscheinlich noch schlimmere Unfreiheit im Kommunismus tauschen. Vor dem Kommunismus hatte uns Vater immer überzeugend gewarnt. Das sei das schlimmste aller politischen Systeme, bedeute Herrschaft der Faulenzer und Unterdrückung der Fleißigen. Ich erinnerte mich an den Freiheitsspruch: »Lieber tot als Sklav!« Er war mir schon seit dem Einmarsch der Russen zum Leitspruch geworden.

FLUCHT VOR DEM KOMMUNISMUS

Meine Fluchtpläne bekamen eine Zielrichtung, als ich erfuhr, daß Professor Rose Chefarzt der Chirurgisch-Gynäkologischen Abteilung des Kreiskrankenhauses Eschwege geworden war. Zu ihm wollte ich so schnell wie möglich. Aber zunächst mußte ich erkunden, ob überhaupt eine Stelle in seiner Abteilung für mich frei war. Von Reinholterode bis Eschwege in Nordhessen, dicht an der Grenze zum Obereichsfeld, sind es rund siebzig Kilometer. Öffentliche Verkehrsmittel gab es nicht, fürs Motorrad weder Zulassung noch Benzin. Also beschloß der Familienrat, daß ich mit dem Dogcart und Heide als Hafermotor fahren durfte. Wilbert sollte mich begleiten.

Aber wie über die Grenze kommen? Die Zonengrenze war zwar noch nicht mit Stacheldrahtzäunen verbarrikadiert. Aber die Straßen über die Grenze waren mit Schlagbäumen verschlossen und von russischen Soldaten bewacht. Im übrigen gab es einen schwer bewaffneten Streifendienst der Russen entlang der Zonengrenze.

Wir erfuhren, daß man im Dorf Bischhagen am leichtesten über die Grenze kam. Die Passiererlaubnis ohne Passierschein gab es nach Mitternacht mit zwei Flaschen Schnaps, wie unser »Herr Trümper« ausgekundschaftet hatte. In Bischhagen wohnten entfernte Verwandte. Auf deren Bauernhof konnten wir uns bis nach Mitternacht unterstellen.

Wie lange wir hin und zurück unterwegs sein würden, stand in den Sternen. Also verproviantierten wir uns vorsichtshalber für eine Woche. Heide sollte es gut haben, für sie wurde ein Zentner Hafer eingeladen. Auch ein Zelt und Luftmatratzen nahmen wir mit.

Am Spätnachmittag fuhren wir los. Bis Bischhagen waren es zwölf Kilometer. Von unserer Großcousine wurden wir herzlich aufgenommen und gut verpflegt. Dann schliefen wir ein paar Stunden vor. Kurz nach Mitternacht machten wir uns startbereit.

Bis zum Schlagbaum waren es etwa zwei Kilometer. Man mußte die Hauptstraße entlang, vorbei am Haus des Dorfkommandanten.

Unsere Heide war mit Eisenhufen beschlagen. Jeder Huftritt auf steinigem Untergrund schallte laut in die Totenstille der Nacht. Das würde den Dorfkommandanten aufwecken. Also mußten wir etwas zur Schalldämpfung tun. Da fiel uns ein, wie die Indianer bei Karl May das gemacht hatten. Wir umwickelten Heides Hufe mit Stoffstücken, die wir aus Säcken schnitten und mit unzähligen Zirkeltouren aus Bindfäden befestigten. Heide war ein kluges Roß besten Pferdegeschlechts und hielt brav still, als ahnte sie, warum das nötig war!

Wir öffneten das Hoftor, und Wilbert leitete Heide auf die Straße hinaus. Ich saß auf dem Dogcart und steuerte den Hafermotor mit langem Zügel.

Dann ließ mein Bruder den Kopf des Pferdes los und sprang auf den Dogcart. Wir wollten zunächst langsam und lautlos die Hauptstraße entlang am Dorfkommandanten vorbeifahren und hinter dem Dorf die Schalldämpfer entfernen, um zur Grenzstation zu traben.

Doch da hatten wir den Fahrplan ohne unsere vierbeinige Lokomotive gemacht. Heide empfand die Stoßdämpfer nicht nur als lästig, sondern als unheimlich. Sie bekam Angst und schaltete den Schnellgang ein, um dem Gespenst an den Füßen davonzulaufen. Im vollen Galopp stürmte sie mit uns die Dorfstraße hinauf.

Die Verschnürungen der Stoffstiefel waren dem Tempo und der Schrittkraft nicht gewachsen. Nach fünf Galoppsprüngen war Heide wieder barfuß, noch bevor wir das Haus des Kommandanten passiert hatten. Laut schallten ihre galoppierenden Huftritte durch die Herbstnacht, mit Widerhall von den Häusern. Da ließ ich die Zügel los. Nun gab's nur eins: So schnell wie möglich aus der Gefahrenzone. Aber viel Hoffnung hatten wir nicht, daß das gutgehen konnte.

Überraschenderweise blieben die Fenster des Kommandantenhauses dunkel. Nur in anderen Häusern machte man Licht und schaute neugierig aus dem Fenster. Wahrscheinlich schlief der Russenhäuptling einen Rausch aus, den er sich vom Wodka seiner Grenzsoldaten geholt hatte. Alkohol hat doch auch viele gute Eigenschaften!

Kaum hatte sich Heide ihrer lästigen Stiefel entledigt, wurde sie wieder zügelbrav. Im leichten Trab erreichten wir den Schlagbaum. Ein Grenzsoldat rief: »Stoj!« Wir hielten. Wilbert übergab den flüssigen Grenzzoll. Der Schlagbaum ging hoch und gab die Reise nach Hessen, in die amerikanische Besatzungszone, frei.

Am Spätnachmittag kamen wir in Eschwege an, nachdem wir einige Verschnaufpausen für Heide eingelegt hatten. Es gab reichlich Obst am Straßenrand, vor allem auch Äpfel für unsere Freundin und Helferin. Professor Rose und seine Anuschka umarmten uns vor Wiedersehensfreude. Ich war ein Stück ihrer Fluchtheimat Heiligenstadt, wo sie sich in den letzten zweieinhalb Jahren gut eingelebt hatten. In Eschwege waren sie noch neu und allein. Ihr hoffnungsvoller Sohn Woldemar war als Jagdflieger der deutschen Luftwaffe gefallen, zu der er sich als Student in Deutschland freiwillig gemeldet hatte; ihre Tochter Valentina nach Amerika ausgewandert.

Professor Rose sagte mir für Mitte Oktober eine Volontärarztstelle gegen freie Kost und Logis zu. Ein Gehalt könne er mir vorerst nicht in Aussicht stellen. Ich war hochzufrieden. Per Handschlag besiegelten wir den Arbeitsvertrag.

Die Heimreise war unproblematisch. Einreisen in die sowjetische Besatzungszone durfte mit Pferd und Wagen jeder. Die Familie hörte die frohe Botschaft mit einem lachenden und einem weinenden Auge, insbesondere Mutter. Einerseits freute man sich mit mir, daß ich eine Stelle gefunden hatte, was nach dem Krieg nicht leicht war. Andererseits war schon abzusehen, daß die Kommunisten die Zonengrenze bald dichtmachen würden.

Im übrigen war auch sonst nichts Gutes zu erwarten. Unser Hof fiel mit seinen fünfundsiebzig Hektar zwar nicht unter die Bodenreform zur Entmachtung der »Junker«, wie man die Gutsbesitzer mit mehr als hundert Hektar Land verächtlich nannte. Aber unter kommunistischer Herrschaft wollten wir nicht leben. Erste Fluchtpläne der Restfamilie wurden insgeheim geschmiedet, da die Voraussetzungen für eine Flucht nicht ungünstig waren. Die Zonengrenze war nur zwei Kilometer vom Hof entfernt, unsere Ländereien lagen zum Teil dicht an der Grenze.

Am 13. Oktober 1945 sagte ich Mutter, Hansi, Doris und Wille auf dem Karlshof adieu. Mit Rucksack und einem messingfarbenen Eimer voll Pflaumenmus in der Hand setzte ich mich Richtung Zonengrenze in Marsch. Im Wald wollte ich über den inzwischen schon gut bewachten Stacheldrahtzaun.

Kurz vor der Grenze taten mich zwei russische Grenzsoldaten auf. Deutsch konnten sie nicht. Also hatte es erst gar keinen Zweck, ihnen vorzuschwindeln, ich wolle bloß jemanden im Nachbardorf besuchen. So zeigte ich nur auf das Dorf Neuendorf. Sie schauten in meinen Rucksack und auf meinen messingfarbenen Eimer, den ich öffnen mußte. Das Pflaumenmus verharmloste alles. Man nahm mich nicht fest, sondern schickte mich mit drohender Gebärde zurück, die Kalaschnikow im Anschlag. Ich gehorchte.

Als die beiden außer Sicht waren, nahm ich einen neuen Anlauf in anderer Richtung. Hinter dem Waldstück robbte ich einen Feldrain entlang. Plötzlich hörte ich einen Schuß. Er galt wohl mir als Warnschuß. Ich hörte Zurufe auf Russisch und sah die beiden Soldaten. Sie mußten mich oder meinen in der Herbstsonne blinkenden Pflaumenmuseimer gesehen haben und suchten nun nach mir.

Ich verkroch mich in ein Gebüsch und betete: »Lieber Gott, hilf!« Er half seinem ungläubigen Geschöpf, obwohl es schon lange nicht mehr in die Kirche, weder zur Beichte noch zur heiligen Kommunion gegangen war und das Dankgebet schon seit Jahren aus seinem Pflichtenkatalog gestrichen hatte. Nur das Angstgebet steckte noch in den Knochen. Das aber hätte der liebe Gott eigentlich nicht erhören dürfen. Er tat es trotzdem. Vielleicht weil er mich ja mit all meinen schlechten Eigenschaften selbst geschaffen hat?

Die Russen suchten mit dem Schnellfeuergewehr im Anschlag weiter. Ab und zu riskierte ich einen ängstlichen Blick. Erst nach etwa zwei Stunden gaben sie auf. Ich aber mußte noch ein paar Stunden länger liegenbleiben, bis es dunkel war. Dann machte ich mich auf. Der Stacheldraht war kein Hindernis für einen Sportsmann. So wurde der 13. Oktober für mich doch noch zum Glückstag.

WEITERBILDUNG ZUM CHIRURGEN (1945–1952)

(Prof. Dr.) Franz Rose, Patientenarzt aus Liebe, Philosoph und Top-Chirurg als erster Medizin-Hauptlehrer

Der »programmierte Zufall« wollte es: Mein Hauptlehrer als Arzt und Chirurg wurde nicht irgend jemand, sondern ein ganz Besonderer – Franz Rose. Der Professor war dreiundsiebzig Jahre alt, als ich nach dem Ende der Pflichtassistentenzeit bei ihm am 6. April 1946 die chirurgische Fachausbildung offiziell begann, und siebenundsiebzig, als ich sie bei ihm abschloß. Bis dahin, bis zum Sommer 1950, hat er als Chefoperateur dreimal pro Woche ein großes Operationsprogramm bewältigt. Ich habe nicht eine einzige Operation erlebt, der er nicht voll gewachsen gewesen wäre. Aber er war sicher eine Ausnahme an Vitalität und Geschicklichkeit, die für den Durchschnitt der Chirurgen nicht zum Maßstab genommen werden kann. Das hohe Alter meines Handwerksmeisters – Chirurgie leitet sich ab von (griech.) cheirourgia = Handarbeit, Handwerk – hatte für mich einen Vorteil, den man bei einem chirurgischen Lehrer nicht hoch genug einschätzen kann: Er hatte nicht nur die Sturm-und-Drang-Periode hinter sich und ein halbes Jahrhundert Erfahrung als Chirurg, sondern er war auch ein weiser Mann. Nicht alle über siebzig sind das.

Das gilt jedenfalls, wenn man Weisheit nicht mit Wissen und Wissenschaft gleichsetzt. Deshalb gab es schon bei den Griechen und Römern zwei verschiedene Wörter für Weisheit und Wissen. Weisheit heißt auf Griechisch sophia, auf Lateinisch sapientia, Wissen griechisch episteme und lateinisch scientia. Gewiß wurde von eitlen Wissenschaftlern schon zu allen Zeiten versucht, Vielwissen als Weisheit anzupreisen. Aber es ist mit der Weisheit wie mit dem Essen: Für ein Supermenu braucht man nicht nur viele Zutaten, sondern die richtigen in der richtigen Dosis.

Nach Platon ist Weisheit eine der drei höchsten Tugenden, die nur von (wahren) Philosophen erreicht werden können. Und der römische Dichter Horaz meint: »Vis consilii expers mole ruit sua – Kraft ohne Weisheit stürzt durch die eigene Wucht.« An anderer Stelle fordert er: »Sapere aude – Wage es, weise zu sein!«

Warum? Weisheit ist deshalb ein Wagnis, weil sie nur den Wissenden und den dank ihres bloßen Wissens Mächtigen auf die Finger klopft. Aber ohne Weisheit gibt es keine humane Welt. Weisheit ist: Mit viel Wissen wahre Menschlichkeit vorzuleben.

In diesem Sinne war mein ärztlicher Hauptlehrer und väterlicher Freund Franz Rose nicht nur ein weiser Mann, sondern ein herausragender Philosoph.

Franz Rose wurde am 14. Januar 1873 in die Zeit der »Neuen Ära« des Zaren Alexander II. (1855–1881) hineingeboren, dem Rußland eine tiefgreifende Umwandlung verdankt, insbesondere auch eine Förderung der Universitäten. Sein Sohn Alexander III. (1881–1894) und dessen Nachfolger Nikolaus II. (1894–1917) hatten zwar im Regieren keine glückliche Hand, förderten aber nachdrücklich Kunst, Literatur, Musik, Wissenschaft und Philosophie. Der Philosoph Wladimir Sergejewitsch Solowjow (1853–1900) schuf das erste System ganzheitlichen Wissens in Rußland, aufbauend auf der Lehre des griechischen Philosophen Plotin und dessen Neuplatonismus sowie des französischen Philosophen René Descartes – »Cogito, ergo sum = Ich denke, also bin ich!« – und des Deutschen Friedrich Nietzsche. Seine Metaphysik der »All-Einheit« wurde zur Grundlage der russischen Philosophie des ausgehenden 19. und beginnenden 20. Jahrhunderts, vor der des dialektischen Materialismus der marxistischen Sowjetphilosophie.

Franz Rose war ein begeisterter Verehrer des russischen Pianisten und Komponisten Anton Rubinstein und des Komponisten Peter Tschaikowskij, aus dessen Suite *Nußknacker* er uns virtuose Kunststücke auf dem Klavier vorspielen konnte.

Das Haus von Franz Rose in Charkow entwickelte sich am Anfang des 20. Jahrhunderts zu einem kleinen Musentempel, in dem nicht nur hervorragend musiziert, sondern auch den schönen Künsten sonst gehuldigt und darüber hinaus ausgiebig philosophiert wurde. Diese Tradition pflegte man auch nach der Revolution weiter, so gut es ging. Aber in den letzten Jahren vor der Flucht ging es von Jahr zu Jahr weniger gut. Vor allem deshalb floh er aus der Traufe des Kulturbolschewismus in die Traufe des Kulturnazismus.

Ich habe die Vorgeschichte des Ästheten und Philosophen Franz Rose der des Arztes und Chirurgen vorangestellt, weil sie mir für die Entwicklung seiner Persönlichkeit noch wichtiger erscheint als seine medizinische. Die allerdings stand auch unter einem guten Stern.

Sein chirurgischer Lehrer (Prof. Dr.) Grube erwarb sich zwar keinen großen Ruhm als Chirurg, war aber nach Schilderungen von Franz Rose ein begnadeter Operateur. Die Anleitung dazu verdankte er wahrscheinlich zur Hauptsache seinem »chirurgischen Vater« Ernst von Bergmann (1836–1907), bei dem er studierte, als dieser an der Universität des estnischen Dorpat als Chirurg arbeitete und lehrte.

Bergmann, der später in Würzburg und Berlin tätig war und dem die Kriegs- und Hirnchirurgie bedeutende Fortschritte verdankt, hat das Zeitalter der Aseptik begründet. Erst durch die zuverlässige Abtötung aller Keime an und in den Operationsmaterialien mit Hilfe der Hitzesterilisation wurde die Entwicklung der (aseptischen) Chirurgie zu ihrem heutigen Hochstand möglich.

Um die Jahrhundertwende galt die deutsche Chirurgie in der Welt als führend, vor allem auch dank Ernst von Bergmann und seinem Nachfolger auf dem Lehrstuhl der Universitätsklinik Berlin, August Bier (1861–1949), dem Erfinder der Lumbalanästhesie, die er im Selbstversuch ausprobiert hat: Er war der menschlich größte Chirurg Deutschlands, Förderer der Naturmedizin und Homöopathie und Verfasser eines Buches über die Seele.

Wie mit August Bier, seinem größten Vorbild, war Franz Rose von der Jahrhundertwende bis zum Beginn des Zweiten Weltkrieges mit fast allen prominenten Chirurgen Deutschlands und Europas persönlich bekannt, zum Teil befreundet.

Dazu gehörten Franz König (1832–1910), der Wegbereiter der operativen Unfallchirurgie und Chirurg an der Charité (ab 1895); Theodor Kocher (Bern, 1841–1917), der Begründer der Bauchchirurgie und Nobelpreisträger (1909); Erwin Payr (Leipzig, 1871–1946), der große Gelenk- und Hirnchirurg; Otfrid Foerster (Breslau, 1873–1941), der Begründer der Neurochirurgie und Behandler Lenins.

Die deutschen Chirurgenführer nach dem Zweiten Weltkrieg lagen dem damals bereits über siebzigjährigen Franz Rose nicht. Eine Ausnahme war Rudolf Nissen (1896–1981), ein Sauerbruch-Schüler, der als Jude 1933 vor den Nazis nach Istanbul floh, später Chirurgie-Ordinarius in Basel wurde und 1963/64 Präsident der Deutschen Gesellschaft für Chirurgie war. Nissen hatte die Roses in Charkow besucht, woraus sich eine späte Freundschaft entwickelte.

Über meine Erlebnisse mit Franz Rose als ärztlichem Hauptlehrer von 1945 bis 1952 berichte ich in den folgenden Kapiteln. Hier möchte ich nur noch schildern, welch trauriges Schicksal ihm von 1952 bis zu seinem Tode am 11. Januar 1965 beschieden war. Ich habe das alles nur aus weiter Ferne erlebt, von Kurzbesuchen im Abstand von ein bis zwei Jahren abgesehen.

Als ich Eschwege am 31. Mai 1952 verließ, um an der Universität Münster weiterzuarbeiten, war Franz Rose noch im Kreiskrankenhaus beschäftigt. Er hatte dort ein Sprechzimmer und auch das Recht, einige Betten zu belegen, obwohl er schon neunundsiebzig Jahre alt war. Diese Möglichkeit, seinen Lebensunterhalt zu verdienen, mußte er noch ein paar Jahre nutzen, denn er hatte alles verloren, als er 1942 nach Deutschland flüchtete. Rechnungen zu schreiben hat er – jedenfalls in Deutschland – nie richtig gelernt. Er lebte vor allem von den Geschenken seiner Patienten. Die allerdings bekam er aus Dankbarkeit reichlich.

In den letzten Praxisjahren beschränkte sich Franz Rose im wesentlichen auf die Beratung seiner Patienten, zumal ihm das Sehen von Jahr zu Jahr größere Probleme machte. Treu blieben ihm als Arzt vor allem die Alten, denen er früher als Chefarzt operativ und nichtoperativ geholfen hatte. Geistig war er bis zu seinem Tode in exzellenter Verfassung.

Schon etwa 1950 war Franz Rose mit seiner Frau und Jackie, dem an Kindes statt angenommenen Zwergspitz mit dem weißesten Weiß als Fell, schweren Herzens aus dem Krankenhaus in eine kleine Wohnung, wenige Meter vom Krankenhaus entfernt, umgezogen. Dort mußten sie sich selbst versorgen, was dem greisen Ehepaar recht schwer fiel.

Etwa 1955 erblindete Franz Rose völlig. Die letzten zehn Jahre seines Lebens mußte er in Dunkelheit verbringen. Dabei traf ihn nicht das Blindsein am schlimmsten, sondern die Sorge, anderen, vor allem seiner Frau, deshalb mehr Last als Hilfe zu sein. Tatsächlich aber wäre seine Frau ohne seine Gesellschaft und seinen Rat hilflos und ohne seinen Humor sehr viel ärmer gewesen.

Stationsarzt und Staatsexamensbüffler gleichzeitig

Am 16. Oktober 1945 meldete ich mich um sieben Uhr als »Volontärarzt« zum Dienst bei Professor Rose auf seiner hundert Betten großen Chirurgisch-Gynäkologischen Abteilung, bestehend aus einer Männerstation mit fünfzig, einer Frauenstation mit vierzig und einem

Kinderzimmer mit zehn Betten. Weil mir noch ein halbes Jahr an der sogenannten Pflichtassistentenzeit fehlte, bevor ich die chirurgische Fachausbildung offiziell beginnen konnte, wurde mir nur die Hälfte der Männerstation als Halbstationsarzt übertragen, mit der Auflage, stundenweise auch auf der Inneren Abteilung mitzuarbeiten. Bereitschaftsdienst nachts und an Sonn- und Feiertagen mußte ohnehin für die internistischen Patienten mitgeleistet werden. All das reichte für die Bescheinigung des Chefarztes der Inneren Abteilung später, daß ich vom 16. Oktober 1945 bis 5. April 1946 »als Pflichtassistent... tätig war«. Darum ging es in erster Linie. Geldlohn gab es nicht, nur freie Station, also Wohnung und Verpflegung im Krankenhaus.

Untergebracht wurde ich in einem zwölf Quadratmeter großen Zimmer mit Waschbecken und Zentralheizung im Dachgeschoß. Das war ein halbes Jahr nach dem verlorenen Krieg der totale Luxus. Daß man zum WC und zum Badezimmer weit über den Flur mußte, minderte das Glücksgefühl nicht.

Wand an Wand mit mir wohnte das Ehepaar Rose. Ihre Einzimmerwohnung war nicht sehr viel größer als meine. Aber auch sie waren's zufrieden. Ein verlorener Krieg macht bescheiden.

Dieses Nebeneinander erwies sich bald als ein weiterer Glückstreffer. Es bahnte außerdienstliche Kontakte an und führte schließlich zu einem Vater-Sohn-Verhältnis zwischen Meister und Lehrling. Gefördert wurde dies dadurch, daß das Ehepaar Rose durch den Tod des Sohnes und die Auswanderung der Tochter kinderlos geworden und ich ein lediger Jüngling war.

Offiziell begann meine Weiterbildung zum Chirurgen am 6. April 1946. Ich bekam die ganze 50-Betten-Männerstation als Stationsarzt zugeteilt. Einen Oberarzt oder Ersten Assistenzarzt gab es nicht. Mein direkter Vorgesetzter und Lehrmeister war der Chefarzt selbst. Neben mir arbeiteten auf der Chirurgisch-Gynäkologischen Abteilung hauptamtlich noch eine Ärztin und ein Arzt. Wir Assistenzärzte waren im Ausbildungsniveau etwa gleich und deshalb gleichberechtigt. Mein Anfangssalär betrug einhundert Reichsmark plus freie Station.

Der Hauptdienst erstreckte sich von Montag bis Samstag täglich von sechs bis achtzehn Uhr mit kurzer Mittagspause, pünktlichem Anfang und sehr unpünktlichem Ende. Meist wurde es eine 75-Stundenwoche. Bereitschaftsdienst war jeden dritten Tag, selbstverständlich ohne ausgleichende Freizeit. Da kam es öfters vor, daß man von

Samstag um sechs Uhr morgens bis Montag um sechs Uhr abends im
Dauereinsatz war. Leider gab es keine Vorschriften wie heute im Be-
rufsstraßenverkehr, die zu langes Fahren als Steuermann unter Strafe
stellen. Also mußte durchgearbeitet werden. Dafür blieb Einschlafen
bei Operationen infolge Übermüdung als Kavaliersdelikt unbestraft,
auch wenn der Patient auf Dauer miteinschlief. Aber das geschah
trotzdem sehr selten. Denn die Angst vor Cheftadel machte unerhört
munter, vielleicht gerade deshalb, weil er lautlos war. Brüllen wie
bei Sauerbruch und den meisten Heldenchirurgen war nicht die feine
Rose-Art.

Wie laut Franz Rose früher, insbesondere in seiner Sturm-und-
Drang-Periode agiert hat, weiß ich nicht. Ich fürchte, er war nie laut,
und bekomme deshalb ein furchtbar schlechtes Gewissen. Denn in
dieser Beziehung färbte sein Vorbild zu wenig auf mich ab. Da schlug
Vaters Art durch. Sicher war ich nicht entfernt so laut, vor allem nicht
so oft und so hemmungslos, wie ich es später bei meinem Chef in Erlangen erlebt habe. Aber wohl doch zu laut und das zu oft. Vielleicht
kann man mir mildernde Umstände zubilligen, weil ich mich nach
Entgleisungen fast immer entschuldigt habe.

Das Kreiskrankenhaus Eschwege bestand aus einer Chirurgisch-
Gynäkologischen und einer Inneren Abteilung mit insgesamt 240 Betten und je einem Chefarzt. Zur Inneren Abteilung gehörte eine Ba-
racke für Infektionskrankheiten. Dadurch war sie etwas größer als
die Chirurgische. Es gab ein paar Belegbetten für je einen in der
Kreisstadt niedergelassenen Augen- sowie Hals-Nasen-Ohren-Arzt.

Zum Aufgabenbereich der Chirurgisch-Gynäkologischen Abteilung
gehörte die gesamte Bedarfschirurgie von Eschwege und seinem Umkreis mit etwa 80000 Menschen. Sie umfaßte damals nicht nur All-
gemein- und Unfallchirurgie von Kopf bis Fuß – außer Augen- und
HNO-Chirurgie – und Geburtshilfe sowie Frauenheilkunde, sondern
auch Urologie und Orthopädie.

Operiert wurde planmäßig an drei Tagen in der Woche von sieben
bis dreizehn Uhr, außerplanmäßig fast jeden Tag und jede Nacht.
Schnitt für die erste Operation des planmäßigen OP-Programms war
um sieben Uhr. Eine halbe Stunde dauerte die Vorbereitung dafür, das
heißt die richtig positionierte Lagerung des Patienten auf dem OP-
Tisch, die Narkoseeinleitung, die Händedesinfektion, das Anziehen
der sterilen OP-Kittel, das Desinfizieren des OP-Feldes und das Abdecken mit sterilen Tüchern. Vorher mußte Visite bei den Schwer-

kranken gemacht werden. Also hieß es: Um sechs Uhr auf der Matte stehen!

Chefvisite über die ganze Station war dreimal wöchentlich, bei Schwerkranken täglich, oft mehrmals. Bei Zwischenvisiten klopfte Professor Rose im Vorbeigehen an meine Tür, rief: »Hackthal, Visite« – wobei er grundsätzlich das »e« wegließ – und ging weiter. Wenn ich keine Lust hatte, mußte ich nicht hinterherlaufen. Meistens hatte ich aber Lust.

Nie wieder habe ich einen Chefarzt erlebt, der so liebevoll mit seinen Patienten umging, und zwar ausnahmslos. Jeden Patienten faßte er an. Seltener indem er ihm nur die Hand gab, meistens indem er den Puls fühlte. Letzteres machte er nicht nur mit ein oder zwei Fingerspitzen – wie es die meisten Ärzte tun –, sondern mit breitem Griff ums Handgelenk. Der Patient muß die Hand seines Arztes fühlen. Das beruhigt ihn und schafft Vertrauen.

Zu Schwerkranken setzte er sich auf die Bettkante. Wenn einem Patienten übel war, hielt er ihm selbst den Kopf und die Brechschale. Falls der Patient eine trockene Zunge hatte, reichte er ihm die Schnabeltasse mit Tee. Schwerkranken schüttelte er das Kopfkissen auf und legte ihnen öfters lange die Hand auf den Kopf, damit sie seinen liebevollen Beistand auch fühlen konnten.

Das Arzt-Patient-Verhältnis von Franz Rose war so wie das einer Mutter zu ihrem kranken Kind. Manchmal wurde er von seinen Patienten umarmt, allerdings häufiger von ausländischen als von deutschen.

Nach dem Krieg gab es in Eschwege sehr viele Ausländer, weil der große Kasernenbereich in ein UNRRA-Lager umfunktioniert worden war (UNRRA = United Nations Relief and Rehabilitation Administration). Im Eschweger Lager lebten mehrere tausend Verschleppte und Vertriebene aus den östlichen Ländern, darunter auch viele Juden.

Vor deutschen Ärzten fürchteten sich die in der Nazizeit aufs schwerste Mißhandelten verständlicherweise. Viele von ihnen hatten Jahre im KZ verbracht und waren zum Teil dort auch als Versuchskaninchen für grausame Experimente mißbraucht worden. Da erschien ihnen der ehemals berühmte Chirurg aus der Ukraine wie ein Gottesgeschenk.

Nicht nur aus dem UNRRA-Lager, auch von weither kamen verschleppte Russen, um einem Arzt, der ihre Sprache sprach, ihre Nöte vorzutragen und sich von ihm beraten und behandeln zu lassen.

Gleiches galt für Patienten aus Polen und anderen slawischsprachigen Ländern.

Auch bei den Deutschen erwarb sich Franz Rose, ähnlich wie schon in Heiligenstadt, bald einen hervorragenden Ruf als Chirurg. Auch hier sprach sich herum, daß er ein sanfter Chirurg war, der die unblutige Chirurgie perfekt beherrschte und nur dann operierte, wenn das Nutzen-Schaden-Verhältnis einer Operation günstiger war als das ihrer Unterlassung. Von seinem Renommee profitierten alle seine Mitarbeiter, auch ich. Sprechstunden und Stationen quollen über von Patienten.

Professor Rose war nicht nur zwingendes Vorbild im Umgang mit Patienten, sondern auch ein vorzüglicher Chirurgielehrer, sowohl was die konservative wie die operative Chirurgie anbelangt. Insbesondere war er ein Meister der konservativen Knochenbruchbehandlung. Handgelenksbrüche, Fußknöchelbrüche und Wirbelbrüche gab es nach dem Krieg wie Sand am Meer. Ihre Hauptursache, die Osteoporose – das zu poröse, brüchige Knochenskelett, damals vor allem durch Mangelernährung verursacht –, war noch nicht bekannt. Alles wurde unterschiedslos als traumatische bzw. durch Unfall verursachte Fraktur bewertet. Die Behandlung bestand nur im Reponieren und Fixieren, so formgerecht und stabil als möglich. Dazu sind spezielle Einrichtungsmanöver wie Ziehen, Abknicken oder Drehen erforderlich. Fixiert wird dann unter anderem mit Schienen, Gips, Pflasterverbänden und so weiter.

Franz Rose war ein Anhänger der funktionellen Knochenbruchbehandlung im Unterschied zur weitverbreiteten Eingipsmanie überlang und überlange. Gipsverbände betrachtete er als notwendiges Übel, vermied sie, wo nicht unbedingt notwendig, und entfernte sie so bald wie möglich.

Das Operieren lehrte er uns in kleinen Schritten. Sobald er uns eine bestimmte Operation oft genug vorgemacht hatte, durften wir einzelne OP-Schritte als Operateur unter seiner Aufsicht machen. Sein Grundsatz war: Kein Qualitätsverlust durch Lehrlingsarbeit! Sobald der drohte, nahm er uns Messer, Meißel und Hammer aus der Hand.

Er machte uns nie einen Vorwurf, wenn wir ihn unnötigerweise zur Hilfe gerufen hatten, hingegen schwere Vorwürfe, falls er nicht geholt wurde, obwohl es angebracht gewesen wäre.

Zur Bedarfschirurgie des Kreiskrankenhauses gehörten von 1946 bis 1950 Bereiche, die bald oder im Lauf der Zeit von der heutigen »Allgemeinchirurgie« als selbständige Fachbereiche abgetrennt wurden.

Ein Auszug aus dem Zeugnis, das mir Professor Rose am Ende meiner Fachausbildung zum Chirurgen 1950 ausstellte, mag die Vielseitigkeit der Weiterbildung illustrieren: »Die insgesamt vierjährige Chirurgische Ausbildung des Herrn Dr. Hackethal erstreckte sich auf alle Gebiete der Vollchirurgie, einschließlich Röntgendiagnostik, Urologie, Unfallheilkunde und -begutachtung, Orthopädie, operative Gynäkologie und Geburtshilfe. Mit Geschick und Umsicht hat Dr. Hackethal mir bei chirurgischen Eingriffen jeder Größe assistiert und sich allmählich im selbständigen Operieren so vervollkommnet, daß er im letzten Jahr fast alle Eingriffe der großen Chirurgie, wie Magen- und Darmresektionen, Strumaresektionen, Schädeltrepanationen, Nieren- und Blasenoperationen und anderes mehr selbständig durchgeführt hat. Besondere Fertigkeit erwarb er sich auf dem Gebiet der Knochenchirurgie, wo er unter anderem vielfach Schenkelhals- und Küntschernagelungen alleinverantwortlich ausführte.«

Von 1946 an hatte ich nicht nur meine Arbeit als Stationsarzt zu verrichten, sondern mußte mich auch aufs Staatsexamen vorbereiten. Ab dem Sommersemester 1946 konnte man in Göttingen wieder studieren. Mein Freund Hartwig G. und andere ehemalige Jahrgangsangehörige ohne ergatterte Notapprobation setzten ihr Medizinstudium in Göttingen fort. Also immatrikulierte ich mich auch. Denn ohne Staatsexamen wollte ich auf Dauer kein Arzt sein. Und Voraussetzung für die Zulassung war der Nachweis des neunten und zehnten Semesters.

Ich besorgte mir ein neues Studienbuch – das gefälschte alte zog ich lieber aus dem Verkehr – und übergab es Hartwig mit der Bitte, die fehlenden Pflichtvorlesungen jeweils mitsignieren zu lassen und mir auch die restlichen Übungsscheine für das neunte Semester zu besorgen. Das tat er, Probleme gab es dabei nicht.

Dann fehlte mir nur noch das letzte Semester. Pflichtvorlesungen und Übungen mußte ich nicht mehr besuchen. Ich brauchte mich nur einschreiben zu lassen und pro forma ein paar Fächer zu belegen. Danach konnten wir uns zum Staatsexamen anmelden. Die ersten Prüfungen begannen in der zweiten Oktoberhälfte.

In den Prüfungen konnte ich mich nun nicht mehr durch Hartwig vertreten lassen, dorthin mußte ich selbst. Also hieß es in jeder freien Minute, die mir als Stationsarzt blieb, fürs Staatsexamen zu pauken. Die meisten freien Minuten waren nachts. Deshalb wurde aus meinem Wohn- und Schlafzimmer eine Studierbude, in der das Licht meistens bis drei Uhr morgens brannte. Augenzeugen haben berichtet, daß ich fast das ganze Jahr 1946 hindurch bei der Stationsarbeit immer wieder eingeschlafen sei, sobald ich mich hinsetzte. Wie oft das bei Operationen war, habe ich Gott sei Dank vergessen.

Insgesamt waren fünfzehn Prüfungsfächer zu bewältigen. Dazu mußten sich die Prüflinge jeweils am Nachmittag zuvor beim Prüfer anmelden und am Prüftage dann zur befohlenen Zeit antreten. All dies hatte in feierlicher Kleidung zu geschehen, das heißt mit weißem Hemd und Krawatte sowie im dunklen Anzug.

Von Eschwege bis Göttingen sind es rund siebzig Kilometer. Die mußte ich mit dem Motorrad bewältigen. Denn Züge fuhren selten, jedenfalls nie zur richtigen Zeit, und die Bahnfahrt dauerte auch viel zu lange. Mit Vaters altem Motorrad, zuletzt Marke DKW, mußte ich für die Strecke vom Krankenhaus bis zum Klinikviertel zwei Stunden einkalkulieren – achtzig Minuten Fahrt und vierzig Minuten Pannendienst. Denn irgendwas passierte unterwegs immer.

Das größte Problem war die Kette vom Motor zum Hinterrad. Die hatte die Gewohnheit, von einem der Zahnräder abzuspringen oder gar zu reißen. Das gab beim Reparieren schwarze Finger, von denen der Öldreck im WC der Prüfklinik oder des Prüfinstituts nicht mehr total abzubürsten war. Auch Reifenpannen waren auf den schlechten Nachkriegsstraßen nicht selten. Verölte Zündkerzen, schlechtes Benzin, verglühte Scheinwerferbirnen vergrößerten die Gefahr eines Pannendramas. Leichter noch als das Staatsexamen hätte ich schließlich die Prüfung zum Motorradmechanikergesellen bestanden.

Vor der Vorstellung am Tag zuvor bewahrte mich Hartwig. Immer wieder erzählte er das gleiche Märchen: Ich hätte unterwegs von Eschwege eine Motorradpanne gehabt. Das ließ sich unentdeckt fünfzehnmal wiederholen, weil es immer ein anderer Prüfer war.

Die Prüfer ließen bei allen weithin Gnade vor dem Recht ergehen, eine schlechte Note zu geben. Ein verlorener Krieg macht nicht nur bescheidener, sondern auch gnädiger. Jedenfalls bestand ich am 14. Dezember 1946 das letzte Fach und bekam mit gleichem Datum gnadenhalber sogar die Gesamtnote Gut. Verdient hatte ich sie schon deshalb nicht, weil ein angehender Arzt ohne stets peinlich saubere Finger eigentlich nicht auf die Menschheit hätte losgelassen werden dürfen.

FRÜHE OPERATIONSERLEBNISSE

Meine häufigste selbständige Operation war in den ersten Jahren die Ausschabung wegen schwerer Gebärmutterblutungen. Es verging fast kein Tag oder keine Nacht ohne die Einlieferung von jungen Frauen mit einer Fehlgeburt. Viele kamen aus dem UNRRA-Lager. Wahrscheinlich war die massive Blutung öfters auch die Folge eines mißglückten Abtreibungsversuchs, denn oft hatten sie hohes Fieber, wie es nach dem Gebrauch von unsauberen Instrumenten häufig ist. Not animiert Frauen nicht zum Kinderkriegen. Manche Frauen kamen total ausgeblutet. Dann mußte blitzschnell eine Blutersatzlösung infundiert und besonders vorsichtig narkotisiert werden.

Besonders wichtig waren die korrekte Lagerung und das feste Anschnallen der Patientinnen auf dem OP-Tisch. Denn wenn die intravenöse Narkose nicht zur vollen Entspannung führte, machte die Patientin Fluchtbewegungen.

Die Kürettage mußte schnell gehen. Ich schaffte es bald in fünf Minuten, gerechnet vom Einsetzen des Scheidenspiegels bis zum letzten Kürettenstrich mit »Muskelton«. Man spürt es, wenn das Schabinstrument die Schleimhaut entfernt hat und auf der Gebärmuttermuskulatur schabt. Wer dies nicht spürt, sollte die Finger davon lassen, denn dem passiert es mangels Feingefühl auch, daß er die Muskelwand durchstößt und mit der Kürette in der Bauchhöhle landet – eine höchst gefährliche Panne.

Ich hatte Glück. Bei mehreren hundert Kürettagen – auch nach Eschwege habe ich noch viele Abrasionen gemacht, vor allem in Lauenburg – habe ich nicht ein einziges Mal eine Gebärmutterwand perforiert. Nachkürettagen wegen nachblutender Schleimhautreste sind mir allerdings nicht erspart geblieben.

Im Notdienst gab es auch anderes als Ausschabungen. Da erinnere ich mich besonders stark an meine erste lebensrettende Alleinoperation. Damals war die Infektionskrankheit Diphterie noch sehr häufig. Dabei kommt es zu starken eitrigen Belägen in Rachen, Schlund und Kehlkopf. Diese können zur Erstickung führen. Eines

Nachts rief mich die Nachtschwester gegen halb drei Uhr an: »Herr Doktor, kommen Sie schnell zur Infektionsbaracke. Ein Junge mit Diphterie ist am Ersticken.« Ich sprang aus dem Bett in Hemd und Hose und stürzte die Treppen hinunter. So schnell fährt kein Fahrstuhl. Die Tür des Isolierhauses stand schon offen. In Zimmer 3 hielt Schwester Helene den drei Jahre alten Jungen auf dem Arm. Er war im Gesicht blitzblau, schnappte laut hörbar nach Luft mit kurzen krächzenden Atemzügen. Der kleine Brustkorb zog sich jedesmal tief ein.

Die diensthabende OP-Schwester war gleichzeitig mit mir angerufen worden, aber noch nicht da. Dann kam sie endlich mit dem Operationsbesteck für einen Luftröhrenschnitt. Ich ließ das Kind rasch auf den Tisch im Verbandszimmer legen. Es war inzwischen im Gesicht fast schwarzblau, atmete langsamer, weniger krampfhaft. Das war kein gutes Zeichen. Die Kraft des Kindes ließ nach. Das kleine Herz schlug wie wild. Ich schätze: 160mal in der Minute, doppelt so schnell wie normal.

Schwester Helene hielt das Köpfchen, Schwester Renate reichte die Gummihandschuhe, ein kleines Lochtuch zum Abdecken und ein Skalpell. Eine Narkose war nicht mehr möglich, auch nicht nötig, denn das Kind war bereits bewußtlos. Ich machte einen 3 cm langen Schnitt über der Luftröhre, setzte die kleinen Häkchen ein. Die OP-Schwester hielt die Wunde auf. Ich tastete den winzigen Ringknorpel. Dann stach ich genau in der Mittellinie in die Luftröhre ein und schob eine Klemme nach, mit der ich das Loch aufspreizte. Es gab ein zischendes Geräusch. Die Atemluft wurde von dem Kind mit letzter Kraft eingezogen. Nach ein paar Atemzügen wurde die Gesichtshaut rosiger, das Kind fing an, sich zu wehren. Es begann zu husten. Schaumige Flüssigkeit spritzte mir ins Gesicht, voller Diphterie-Bazillen wahrscheinlich. Für ein Mundtuch war in der Eile keine Zeit gewesen. Schnell setzte ich die Luftröhrenkanüle ein. Danach drückte ich auf die Wunde, damit es zu bluten aufhörte. Das tat es dann auch. Der Junge wachte vollends auf. Schreien konnte er Gott sei Dank nicht, denn die Stimmritze blieb verstopft. Schnell war ein Notverband angelegt.

Alles verlief komplikationslos. Eine Diphterie bekam ich nicht, obwohl ich nicht geimpft war. Ich avancierte zum großen Lebensretter, vor allem bei der Mutter des Jungen. Nach vielen Jahren wurde ich dann mal in Eschwege auf der Straße angesprochen. Es war der inzwischen hochaufgeschossene Junge, den ich vor dem Erstickungstod gerettet hatte. Er zeigte stolz auf die Narbe unter seinem Kehlkopf. Aber so stolz wie ich kann er wohl nicht gewesen sein!

Neben Ausschabungen waren Wundversorgung und Wurmfortsatzentfernungen des Blinddarms für uns die häufigsten blutigen Operationen. Diese mußten wir als erste erlernen, weil sie oft im Bereitschaftsdienst anfielen.

Es wurde bald offenbar, daß das Erfahrungswissen meines Medizinlehrers Rose in vielen Bereichen mit den Lehren der Schulmedizin nicht harmonierte.

Beispielsweise mußte im Staatsexamen die Antwort auf die Frage »Wie versorgen Sie eine frische Hautwunde?« lauten: »Nach Friedrich« – das hieß: Innerhalb der ersten acht Stunden nach der Verletzung durch totale Wundausschneidung mit anschließender primärer Naht. Der Chirurg Friedrich hatte einige Jahrzehnte zuvor im Tier- und Menschenversuch den Nachweis erbracht, daß »im Gesunden« ausgeschnittene Wunden bei richtiger Technik wie aseptische, also nichtinfizierte Operationswunden heilen. Voraussetzung war eine Ausschneidung mehrere Millimeter vom Wundrand entfernt, nicht nur zur Seite hin, sondern auch in der Tiefe. Wenn das gelingt, werden die Wundränder zwar glatt und die eingeschleppten Infektionserreger entfernt. Aber bei den häufigen unregelmäßigen und in die Tiefe reichenden Wunden ist der Defekt nach der Friedrich-Exzision oft doppelt so groß wie vorher und eine Wundinfektion mit Eiterung und Auseinanderplatzen der Wundflächen trotzdem nicht selten. Die vollständige Ausschneidung gelingt deshalb oft nicht, weil in der Tiefe der Wunde häufig Sehnen, Nerven und Gefäße liegen, die man nicht mitausschneiden darf.

Jedenfalls war der Flurschaden bei einer Wundversorgung nach Friedrich oft ungleich größer als bei Verzicht darauf. Aus diesem Grund lehnte Franz Rose diese Schulmedizinregel ab. Er lehrte uns, frische Wunden gründlich auszuwaschen, um sie bestmöglich zu entkeimen, die Wundränder lediglich knapp zu glätten, einen Sicherheitsdrain einzulegen und die Wunde nur locker zu vernähen. Am wichtigsten sei die Ruhigstellung bis zur Wundheilung, für ein bis zwei Wochen also. So wenig er das Eingipsen für viele Wochen mochte, so sehr liebte er es für wenige Tage, weil es die zuverlässigste Art der Ruhigstellung ist. Bei Schürfwunden und großflächigen zerklüfteten Wunden bestimmter Art sonst war Rose ein Anhänger

des Lebertran-Gipsverbandes nach Löhr – im Anschluß an die »Wund-
toilette«. Diese Behandlung stand im krassen Gegensatz zur chirurgischen Schulmedizinlehre, wie sie auch auf den Chirurgenkongressen gepredigt wurde. Aber unsere Ergebnisse waren hinsichtlich
Heilungsdauer, Komplikationsrate, Behinderungsgrad und Kosmetik
weit besser, als die nach schulmedizinischer Vorschrift erzielbaren.
Deshalb drängte mich mein Chef, darüber meine erste wissenschaftliche Publikation zu verfassen.

Ich tat dies mit großem Eifer, nachdem ich nicht mehr fürs Staatsexamen büffeln mußte. Franz Rose half dabei, kontrollierte, verbesserte und gab seinen abschließenden Segen. Ich schickte die Arbeit
dem Schriftleiter der Zeitschrift *Der Chirurg*. Nach ein paar Wochen
bekam ich sie zurück. Die Veröffentlichung wurde mit einer faden-
scheinigen Begründung abgelehnt. Warum? Sie paßte nicht zur gelehrten Schulmedizinmode, hätte die Sitten der Unfallchirurgie verderben können. Mode war: So blutig und kompliziert wie möglich.

Jede öffentliche Diskussion über die »HDV« der Chirurgie-Ordinarien mußte verhindert werden. HDV ist dem Kriegshandwerk entnommen und heißt Heeres-Dienst-Vorschrift, hier »Heilsarmee-
Dienst-Vorschrift«, auf die Heilsarmee der Ärzteführer bezogen. Die
Chirurgie hat sich in Deutschland mit der Gründung der Deutschen
Gesellschaft für Chirurgie 1872 durch Generalärzte von der diktato-
rischen Kriegschirurgie zur allgemeinen Befehlschirurgie entwickelt.

1947 wußte ich das alles noch nicht und kam nicht entfernt auf die
Idee, an der Glaubenslehre der Ordinarien als einzig gültiger Medi-
zinreligion zu zweifeln. Ich war nur sehr enttäuscht über die Ablehnung meines Aufsatzes.

Wundversorgungen konnten fast immer in örtlicher Betäubung,
nach Umspritzung der Wunde mit Novocain, einem künstlichen Ko-
kainpräparat, durchgeführt werden. Das vereinfachte sie und machte
sie risikoarm. Vor allem dies unterschied sie von den Blinddarmope-
rationen, für die immer eine Narkose erforderlich war. Anästhesisten
gab es noch nicht, in Deutschland erst zehn bis dreißig Jahre später,
überall erst seit Ende der siebziger Jahre. Narkosen wurden von
Schwestern und Pflegern unter Aufsicht der Chirurgen gemacht, und
zwar als Maskennarkose mit Äther oder Chloroform. Die Narkose
war meistens gefährlicher als die Operation.

Wie viele Blinddärme ich damals herausgeschnitten habe, weiß
ich nicht mehr. Aber an eines erinnere ich mich sicher: Bei den Ap-

pendektomien aufgrund der Diagnose »Chronisch rückfällige Appendicitis« wurden immer Unschuldswürmer entfernt, frei von jeder akuten Entzündung. Niemand kam auf den Gedanken, daß das auch falsch sein könnte. Wir freuten uns über jede Einweisung wegen »Blinddarmverdachts«. Denn Operieren macht nicht nur Spaß, wir brauchten auch eine Mindestzahl von Appendektomien für die Facharztanerkennung.

Alle Narkoseoperationen standen unter Zeitdruck. Zwar nicht so sehr wie bis Mitte des 19. Jahrhunderts, vor Erfindung der Äthernarkose, als jede Minute OP-Zeit den Schmerz verdoppelte und Billroth ein Bein innerhalb einer (!) Minute amputiert haben soll. Aber: »Langweiler taugen nur zum Internisten!« war chirurgische Redensart. Also machten wir Assistenten operative Wettläufe, auch mit der Stoppuhr. Das allerdings durfte Franz Rose nicht wissen. Mein schnellster Blinddarm vom Hautschnitt bis zur letzten Naht dauerte 1950 exakt gestoppt fünf Minuten und fünfzig Sekunden. Der Patient überlebte.

Es gab und gibt schnellere Chirurgen. Voraussetzung für eine Rekordzeit ist jedoch ein Unschuldswurm, der besser drin bliebe. Nicht alle sollen 's überlebt haben.

Die häufigsten »Großen Operationen« waren damals Teilausschneidungen des Magens wegen chronischer Geschwüre und Krebs, des Dick- sowie Dünndarms wegen Darmverschlusses durch Volvulus (= Darmverschlingung) – Darmverschlingungen waren in den Hungerjahren sehr häufig –, durch Verwachsungen oder Krebs. Ebenso galten auch die nicht seltenen Eingriffe an Gallenblase und Gallenwegen sowie Nieren, Harnleiter und Blase aufgrund von Steinen als Große Operationen. Hinzu kamen Schilddrüsenoperationen – wobei es wahre Kropf-Prachtexemplare mit einer Kragenweite von bis zu achtzig Zentimetern gab. Reich an Schilddrüsenwucherungen war – ähnlich wie das Voralpengebiet – das Vorland des Meißnergebirges, wenige Kilometer von Eschwege entfernt.

Leisten-, Schenkel- und Nabelbruchoperationen werden den mittelgroßen Eingriffen zugerechnet, die wir nach Ausschabungen, Wundversorgungen und Appendektomien bald selbständig machen durften. Manchmal allerdings wurde auch eine Große Operation daraus. So erinnere ich mich an einen Leistenbruch von der Größe eines Fußballs. Sein Besitzer hatte ihn aus Angst vor der Operation innerhalb von zwanzig Jahren zu dieser Größe anwachsen lassen. Er war

Organist einer Dorfkirche und hatte sich eine entsprechend große Vertiefung in die Orgelbank machen lassen, weil er sonst nicht hätte sitzen können. Zu Professor Rose faßte er Vertrauen. Leider, dachte ich bei der Operation, denn diese wurde auch für mich als Hakenhalter zum Martyrium. Der athletische Zweieinhalbzentnermann war nicht tief genug in die Äthernarkose zu kriegen. Er preßte all seine Gedärme durch die im Durchmesser etwa zehn Zentimeter große Bauchwandlücke nach außen. Es mußten also gleichzeitig die Darmschlingen zurückgedrängt und die OP-Wunde mit Haken aufgehalten werden, damit der gewaltige Bruchsack abgetragen und die Lücke vernäht werden konnte. Sicher ist dabei auch eine große Portion Schweiß in die Wunde getropft. Sie heilte trotzdem glatt. Das Loch im Orgelstuhl konnte nach der Operation eingeebnet werden. Franz Rose wurde vom Volksmund zum größten Operateur aller Zeiten in Nordhessen ernannt.

Aber es gab nicht nur Erfolgserlebnisse. In weniger guter Erinnerung habe ich die Thorakoplastiken, um tuberkulöse Eiterhöhlen auf Dauer zum Kollaps zu bringen. Sie wurden in örtlicher Betäubung gemacht, um die Schwindsüchtigen nicht durch eine Äthernarkose zusätzlich zu belasten. Aber diese Anästhesie reichte oft nicht für alle fünf bis acht Rippen, die zu entfernen waren. Ich mag an die Schmerzensschreie der meist jungen Patienten gar nicht zurückdenken. Da konnte ich meinem Idol in seinem Glauben an die Wohltätigkeit der Mammutoperation öfters nicht folgen. Ich meinte, derart schmerzhafte Operationen seien ein zu hoher Preis für die Heilungschance. Doch mein Häuptling sollte recht behalten. Auch der größte Schmerz war von den Patienten nach ein paar Tagen halb und nach einigen Wochen ganz vergessen. Es blieb nur Dankbarkeit für die gelungene Operation. Trotzdem: Vor der Erfindung der Äthernarkose und der örtlichen Betäubung wäre ich zum Chirurgen untauglich gewesen. Operationen mit Schmerzensschreien von Patienten waren mir immer ein Alptraum.

Natürlich passierte in Eschwege auch einiges. Da wurde zum Beispiel ein eingeklemmter Schenkelbruch von mir nicht als Ursache starker Bauchschmerzen diagnostiziert und deshalb der Patient zu spät operiert, was tödlich endete. Da starb ein anderer nach einer falschen Bluttransfusion und noch ein anderer an einer zu starken Morphiumspritze, beides von mir verschuldet. Auch ein Kropfpatient starb nach Einspritzung der Flüssigkeit zur örtlichen Betäubung vor

Operationsbeginn, und es geschah noch einiges mehr. All das passierte in den ersten Jahren nach dem verlorenen Krieg unter wahrlich stark erschwerten Bedingungen. Ob das eine Entschuldigung ist?

Dr. Hans Kessler als technischer Mit- und Nachlehrer

Etwa ab 1946 arbeitete an der Chirurgischen Abteilung neben Professor Rose zu dessen Entlastung ein knapp vierzigjähriger Chirurg als Belegarzt mit eigener Sprechstunde. Es war Dr. Hans Kessler, der später sein Nachfolger als Chefarzt wurde.

Franz Rose gestattete, daß ich auch ihm assistieren und so von ihm mitlernen konnte. Dr. Kessler verdanke ich als technischem Lehrer viel. Er war wie Rose ein exzellenter Operateur, entstammte aber nicht nur einer anderen Chirurgenschule, sondern einer anderen Chirurgengeneration.

Seine Ausbildung als Chirurg hatte er an einem großen Kreiskrankenhaus in Schlesien bekommen. Wo er sein geburtshilflich-gynäkologisches Wissen und Können erworben hat, weiß ich nicht mehr. Auf jeden Fall hatte er auch hier eine überaus glückliche Hand. Zu operativen Eingriffen kam es bei der Geburtshilfe selten, von Dammschnitten bei drohendem Dammriß abgesehen. Die Geburtszange verabscheute Kessler, lieber machte er einen Kaiserschnitt – soweit ich mich erinnere, immer zum Segen für Mutter und Kind. Auch meine beiden Töchter Ulrike und Claudia brachte er unversehrt mit zur Welt – ohne Kaiserschnitt.

In der Unfallchirurgie, Gynäkologie und Urologie gab es seit Anfang der vierziger Jahre neue technische Entwicklungen. Dazu gehörten die konservative Knochenbruchbehandlung von (Prof. Dr.) Lorenz Böhler, die Knochennagelung von (Prof. Dr.) Gerhard Küntscher, die endoskopische Urologie und auch gynäkologische und urologische Operationen sonst. Hier war Hans Kessler dem Altchirurgen Franz Rose überlegen.

Das respektierte Franz Rose. Da gab es keine Konkurrenz, sondern eine leistungsorientierte Arbeitsteilung. Auch die Röntgendiagnostik übernahm Dr. Kessler. Sie schloß damals Magendurchleuchtungen, Kontraströntgen von Dickdarm, Nierenbecken, Harnleitern und Blase sowie anderes ein, was heute Röntgenärzte, Internisten und Urologen tun.

Das Nebeneinander der beiden Chirurgen ergänzte und erweiterte meine Weiterbildung sehr, nicht nur in der Allgemeinchirurgie, sondern auch in der Unfallchirurgie, in der Gynäkologie und Geburtshilfe und in der Urologie. Ohne dies hätte ich meinem späteren Aufgabenbereich als Vielfach-Bedarfschirurg eines Feld-, Wald- und Wiesenkrankenhauses in Lauenburg nicht gerecht werden können.

Nachdem ich meinen chirurgischen Facharzttitel erworben hatte, machte mich Dr. Kessler 1950 zu seinem 1. Assistenten. So nannte man Oberärzte, für die es im Haushalt keine entsprechende Planstelle gab. Fortan vertrat ich ihn verantwortlich in der Sprechstunde, insbesondere auch als »Durchgangsarzt« der Berufsgenossenschaften und in der Klinik. Dr. Kessler war es, der meine Liebe zur Unfallchirurgie weckte, die mir später zum beruflichen Schwerpunktziel wurde. Bei ihm lernte ich die fortschrittlich-konservative Knochenbruchbehandlung nach Böhler umfassend und die ersten Schritte der Knochennagelung nach Küntscher. Sowohl Lorenz Böhler in Wien wie Gerhard Küntscher in Hamburg habe ich später wiederholt als Gastarzt besucht, um vor Ort zu spionieren.

Als Chefarzt gestattete mir Dr. Kessler, dem Belegarzt Professor Rose weiter als Assistent und auch Vertreter zur Verfügung zu stehen. Auch meine wissenschaftliche Tätigkeit förderte Hans Kessler wohlwollend. Er selbst hat außer seiner Doktorarbeit keine wissenschaftliche Publikation verfaßt. Insoweit war er ein astreiner Praktiker – hellhörig und hellsichtig gegenüber jeder technischen Neuigkeit, die er sofort übernahm, wenn sie ihm einleuchtete –, jedoch kein Neuerer wie Franz Rose.

Mit Dr. Kessler blieb ich immer in guter Verbindung. Er stärkte mir im »Erlanger Professorenkrieg« den Rücken. Ich habe ihn über die Entwicklung auf dem laufenden gehalten. Nach seiner damaligen Überzeugung konnte ich den Krieg gar nicht verlieren. Also glaubte er wohl auch an unseren »Rechtsstaat«.

Kessler setzte als späterer »Direktor des Kreiskrankenhauses Eschwege« einen imposanten Neubau durch und kam in Eschwege und Umgebung zu großem Ansehen als Chirurg.

Im April 1971, mit zweiundsechzig Jahren schon, ließ er sich pensionieren. Er gehörte zu den Chirurgen, die mit dem Operieren aufhören wollen, bevor ihre Schnitte ins Zickzack ausarten. Dann widmete er sich der Psychotherapie. Das Durchschnittsalter deutscher Männer erreichte er leider nicht, trotz sportlicher Fitneß und gesunder Lebensweise. Er erkrankte an Knochenmarkskrebs. Mir scheint, daß er ein Opfer der Röntgenstrahlen wurde. Denn in seiner Obhut lag die Röntgendiagnostik für das ganze Krankenhaus. Darüber hinaus war es üblich, die Knochennagelungen unter Röntgendurchleuchtung ohne elektronische Bildverstärkung zu machen. Bis Ende der sechziger Jahre war die Röntgenstrahlen-Hygiene noch recht begrenzt. Da hat Dr. Kessler wahrscheinlich ein Übermaß an Strahlen abbekommen. Er starb im November 1980 mit einundsiebzig Jahren, obwohl er sich chemotherapieren ließ. Oder weil?

Von der Neugierde zur Forschungssucht

»Halb zog sie ihn, halb sank er hin.« Auf diesen Dichtervers läßt sich meine Motivation zur Medizinforschung und auch -lehre komprimieren. Kräftig mitgezogen hat von Anfang an Franz Rose. Sein Glaubensbekenntnis: Diagnostik, Therapie und Operieren ist Silber, Forschung und Lehre Gold. So sagte er es nicht wörtlich, aber sinngemäß hämmerte er es mir in Hirn und Herz. Außerdem nötigte er mich geradezu mit immer neuen Forschungsideen. Das erste Forschungsprojekt endete – wie geschrieben – im Nichts. Das gilt jedenfalls für sein Ziel, die Publikation des Forschungsergebnisses. Als Trost blieb nur, daß ich ja selbst durch die intensive Beschäftigung mit dem Forschungsthema eine ganze Menge dazugelernt hatte.

Aus heutiger Sicht ist das eigentlich Wichtigste jeglicher wissenschaftlicher Tätigkeit das, was man selbst dadurch lernt. Kein Leser eines darauf gewachsenen Artikels profitiert auch nur entfernt so viel davon wie der Forscher selbst. Der Zwang, einer Frage auf den Grund zu gehen, um das Ergebnis öffentlich zur kritischen Diskussion zu stellen, schult wie kaum etwas anderes das selbstkritische Denken.

Als man mir 1947 das Manuskript meiner ersten wissenschaftlichen Fleißarbeit zurückschickte, war ich jedoch sehr deprimiert. Ich hatte Minderwertigkeitskomplexe, fühlte mich – aus wissenschaftlicher Sicht – als Dummkopf entlarvt. Auf die Idee, daß Schulmedizin eine hierarchisch geführte Glaubenswissenschaft sei, so wie die Religionen es sind, mit diktatorisch erlassenen Katechismen als Wertungskatalog für Gut und Böse, für Tugend und Sünde, für Lob und Tadel, kam ich nicht. Als Opfer einer Diktatur hätte ich mich besser gefühlt. Franz Rose tröstete mich mit dem Hinweis, das sei ihm als jungem Doktor auch passiert. Also hemmte die Enttäuschung meinen Forscherdrang nicht.

Mit der nächsten wissenschaftlichen Arbeit hatte ich mehr Glück. Sie erschien 1947 in der wichtigen Monatsschrift *Der Chirurg*, wo ich beim ersten Mal abgelehnt worden war, und hatte den Titel: »Zur chirurgischen Behandlung der pneumonischen Pleuraempyeme«. Professor Rose hatte eine einfache eigene Operationstechnik entwickelt, um Rippenfelleiterungen nach Lungenentzündungen zur Ausheilung zu bringen. Diese durfte ich mit den Ergebnissen publizieren.

Das schmeichelhafte Erfolgserlebnis motivierte meine wissenschaftliche Neugierde gewaltig. Es wurde bald eine wahre Forschungssucht daraus, die mich nie mehr verlassen hat.

Als nächstes stürzte ich mich in die Suche nach einer besseren Narkose. Üblich war bei Großen Operationen die Chloraethyl-Äther-Inhalationsnarkose. Auf eine Art Maulkorb aus einem mullbespannten verchromten Eisengerüst – nach ihrem Erfinder »Schimmelbusch-Maske« genannt – wurde Chloraethyl getropft, ein rasch betäubendes Flüssiggas, das nicht ganz so schrecklich roch wie Äther, aber immer noch scheußlich genug. Wenn der auf dem OP-Tisch wie ein tobsüchtiger Schwerathlet an Beinen und Armen festgeschnallte Patient nach ein paar Minuten ausgehustet hatte, wurde Äther nachgetropft, bis er über die Erregungsphase in das oberflächliche und nach zehn Minuten in das tiefe Narkosestadium verfiel. Erst dann gab es keine Abwehrbewegungen mehr, eine unbedingte Voraussetzung für Große Operationen in der Bauchhöhle und auch sonst.

Hauptaufgabe der Narkoseschwester war – Narkosen rechneten zu den niederen Medizindiensten –, den Patienten zuverlässig in Tiefnarkose zu halten. Andernfalls gab es Anpfiffe vom Operateur. Je tiefer die Narkose, um so geringer die Anpfiffgefahr. Das Problem: Bis zum Atemstillstand war es nicht weit. Dann aber befand sich der Patient auch schon kurz vor dem Herzstillstand, und der war damals irreparabel tödlich.

Für die Patienten war die Zeit nach dem Aufwachen noch schlimmer als die Zeit vor dem Einschlafen. Sie kotzten sich die Seele aus dem Leib, wenn sie lange nach dem OP-Ende langsam aufwachten. Kurzum: Chloraethyl-Äther-Narkosen waren ein Alptraum für Patienten, Narkoseschwester, Operateur und ganz besonders für mich als hakenhaltenden Assistenten und nachbetreuenden Stationsarzt.

Also sann ich nicht nur aus Forscherdrang, sondern auch aus praktischen Gründen auf Abhilfe. Damals gab es schon die Spritzennarkose für kleine Operationen. Ein Schlafmittel wurde in eine Armvene gespritzt. Gebräuchlich waren die Barbiturate Evipan und Eunarkon. Die Patienten schliefen nach den ersten Millilitern in wenigen Sekunden ohne irgendein Mißgefühl ein und erwachten ohne Übelkeit und Erbrechen, jedenfalls meistens. Aber leider konnte man damit die Patienten nicht in eine Tiefnarkose versetzen.

Evipan und Eunarkon verdrängten zwar das Chloraethyl zur Narkoseeinleitung. Aber beim scheußlichen Äther zum Tiefschlaf mußte es bleiben. Da erinnerte ich mich daran, in meinem pharmakologischen Lehrbuch gelesen zu haben, daß Magnesiumsulfat eine muskellähmende Wirkung hat, die sich mit Calciumchlorid aufheben läßt. Dann mußte es doch möglich sein, die oberflächliche Spritzennarkose durch Muskellähmung mit der Infusion einer Magnesiumsulfatlösung zu vertiefen und damit Abwehrbewegungen des Patienten zu verhindern. Steuern konnte man dann die Narkosetiefe durch Infusion einer Calciumchloridlösung, hoffte ich.

Also konstruierte ich eine Narkoseapparatur mit drei Flaschen, drei Schläuchen und einem Dreiwegehahn vor dem Endschlauch an der Venenkanüle. Mit der verdünnten Eunarkonlösung als Tropf – das heißt mit Flüssigkeitsnachschub über ein zwischengeschaltetes Tropfglas, an dem die Tropfgeschwindigkeit ablesbar war – wurde der Patient eingeschläfert. Dann folgte die Umschaltung auf die Magnesiumflasche, bis die Narkose tief genug war, jeweils mit Zwischentropf von Eunarkon, damit der Patient nicht aufwachte. Falls die Infusionsnarkose zu tief wurde, erkennbar an einem Blauwerden der Gesichtshaut, wurde auf die Calciumflasche umgeschaltet. Sofort kam es zu einer Rötung des Gesichts und die Gefahr einer Atemlähmung war abgewehrt.

Bereits beim ersten Patienten klappte meine »Direkt steuerbare intravenöse Kombinationsnarkose«. Ausprobiert hatte ich Verträglichkeit und Antagonismus, daß heißt Entgegenwirkung der Magnesium- und Calciumlösungen, an mir selbst, aber ohne Narkose. Auf dem Mittelrheinischen Chirurgenkongreß in Wiesbaden konnte ich dann schon im Frühjahr 1948 über meine Methode einen Vortrag halten. Der große Beifall wurde zum stolzesten Erlebnis meines sechsundzwanzigjährigen Lebens. Auch Franz Rose konnte den Stolz auf seinen fleißigen Schüler nur mühsam verbergen.

Leider hatte die Narkoseerfindung des Hobby-Anästhesisten Karl Heinz Hackethal nur eine kurze Lebensdauer. Der Konkurrenz zur Muskellähmung mit dem Pfeilgift Curare in Kombination mit der Intubationsnarkose war sie nicht gewachsen. Diese Methode angloamerikanischer Anästhesisten verbreitete sich in den fünfziger Jahren auch in der Bundesrepublik und wurde zur Anästhesiemethode der Wahl für alle Großen Operationen.

Aber auf den Nobelpreis konnte ich ohnehin nicht hoffen. Denn bemerkenswerterweise hat seit dem Geburtsjahr des Nobelpreises 1901 kein einziger Operateur den Preis bekommen. Das Nobelpreis-Komitee hält offenbar nichts davon, Spitzenhandwerker der Medizin zu dekorieren, auch wenn sie weit herausragende Fort-Schritt-Macher waren. Nicht einmal der erste Herzverpflanzer Christian Barnard hat den Nobelpreis bekommen. Die Chirurgen Kocher (1909) und Forssmann (1956) erhielten den Preis, jedoch nicht für operative Leistungen.

Außer den Narkosemängeln machte mir als Stationsarzt ein anderes Problem Sorgen: Der Blitztod durch Lungenembolie. Wiederholt hatte ich es erlebt, daß ein Patient, meist in der zweiten Woche nach technisch gelungener Operation, öfters sogar kurz vor der geplanten Entlassung, beinahe gesund, ohne Vorboten innerhalb weniger Minuten starb.

Todesursache war die Verschleppung eines großen Blutpfropfes, eines Thrombus, in die Lungenschlagader, der sich ohne erkennbare Zeichen schleichend in einer Oberschenkel-Rückblutader (= Vene) und/oder einer Hüft- oder Beckenvene entwickelt hatte. Solche Thromben sind oft so dick und lang wie ein Zigarillo, manchmal sogar 30 bis 50 Zentimeter lang. Wenn sie in der Lungenarterie landen, kommt es zu einer blitzartigen Verstopfung dieser großen Schlagader mit schwerer Kreislaufblockade und oft sofortigem Herzstillstand. Da ist häufig jede Behandlung umsonst.

Dieses Gefühl der Ohnmacht bedrückte mich nach jedem Embolietod tage- und nächtelang. Da passierte es eines Tages, daß in der *Deutschen Medizinischen Wochenschrift* ein Artikel mit der Überschrift »Von einer rationellen Thromboseprophylaxe zu einer emboliefreien Klinik« erschien. Ich habe diesen fettgedruckten Titel bis heute nicht vergessen.

Der Autor war niemand Geringerer als der Chirurgie-Ordinarius der Universität Freiburg, (Prof. Dr.) Eduard R. Angeblich hatte es in seiner Klinik keine schwere Lungenembolie gegeben, seit bei allen Patienten eine systematische Behandlung mit blutgerinnungshemmenden Medikamenten betrieben wurde.

Sofort ging ich mit dem Artikel zu meinem Chef und bat ihn, nach Freiburg reisen zu dürfen, um dort die Methode zwei Wochen lang zu studieren. Auf eigene Rechnung und unter Anrechnung auf den Urlaub, verstand sich! Professor Rose war sofort einverstanden.

Mitte Juni 1948 reiste ich mit der Bahn nach Freiburg, nachdem ich die Genehmigung von Professor Eduard R. zu einem Aufenthalt als Gastarzt an der Universitätsklinik bekommen hatte. Mein Ansprechpartner war Thor H., der Leiter des Kliniklabors. Er überwachte die Thrombose- und Embolieprophylaxe, insbesondere auch die Untersuchungen der Blutgerinnungszeit und die an ihrem Ergebnis orientierte Dosierung der Gerinnungshemmer vom Typ Thrombocid und Dicumarol. Ich hielt mich meistens im Labor auf, nahm aber auch an Visiten teil, unter anderem an der wöchentlichen Chefvisite mit dem Riesenschwanz von etwa fünfzig Weißkittel-Gefolgsleuten. Von Kollegen in diesem Gefolge erfuhr ich, daß es seit Einführung der Antikoagulation mehr Embolietote gegeben hatte als zuvor. Alle wußten es, nur der Großklinikchef nicht. Es war ihm verschwiegen worden, weil er angeblich gedroht hatte, jeden Stationsarzt zu entlassen, auf dessen Station ein Patient an Embolie sterben würde. So überzeugt war er von der Zuverlässigkeit seiner prophylaktischen Methode, daß eine tödliche Embolie nur an einer Schlamperei hatte liegen können.

Im Labor entdeckte ich Unregelmäßigkeiten in den Gerinnungszeitbestimmungen und auch sonst. So war der Calciumgehalt im Blut seit mehreren Jahren falsch gemessen worden. Und aus den falschen Werten hatte man weitreichende theoretische Schlüsse gezogen und publiziert.

Alles in allem war für mich der Gastarztaufenthalt eine riesige Enttäuschung. Da kam mir die Ankündigung der Währungsreform wenige Tage vor dem 21. Juni 1948 gerade recht, um vorzeitig abzureisen.

Zu Hause angekommen, erbat ich die Genehmigung zur Einrichtung eines Gerinnungslabors mit einer eigenen Laborantin. Ich glaubte an die Möglichkeit, durch planmäßige Kontrollen der Blutgerinnungszeit eine Thrombosegefahr zu erkennen und ihr dann durch die Gabe eines Antikoagulans vorzubeugen. Das Labor wurde genehmigt und eingerichtet. Es war das erste ausschließlich der Gerinnungsmessung dienende Labor Deutschlands.

Mit diesem Labor hatte ich mir eine große zusätzliche Arbeitslast aufgeladen. Jeden Morgen mußte ich zwischen sechs und sieben Uhr etwa zwanzig Blutproben entnehmen. Nicht alle Patienten hatten gute Venen. In den Krankensälen mit acht bis zwölf Betten paßten alle mit auf, wie gut ich traf. Da lernt man das Punktieren auch der schlechtesten Venen!

Es gelang tatsächlich, eine Gerinnungsmeßmethode zu entwickeln, mit der die Thrombosegefährdung erkannt werden konnte. 1950 habe ich darüber auf einer Chirurgentagung und vor der Medizinischen Gesellschaft in Göttingen berichtet.

Bei den Blutuntersuchungen nach der Eunarkon-Magnesium-Narkose fiel mir auf, daß sich die Blutpfröpfe nach der Gerinnung der Blutproben großenteils vollständig auflösten, und auch, daß die Blutgerinnungszeiten meistens verlängert waren, nicht stark, aber doch mit großer Regelmäßigkeit. Darüber publizierte ich 1949 in der *Klinischen Wochenschrift*.

Aufgrund dieser Beobachtung fragte ich mich, ob man mit Magnesium eine Thromboseprophylaxe betreiben konnte. Ich untersuchte es und stellte fest, daß dies mit zitronensaurem Magnesium möglich war. Auf dem Großen Chirurgenkongreß 1951 konnte ich dann über Methode und Ergebnisse der »Thrombosevorbeugung und Behandlung von Thrombosen und Embolien mit Magnesium« referieren. Der Vortrag wurde mit starkem Beifall bedacht. Das Magnesium citricum, in der Dosierung von dreimal hundert Milligramm täglich eingenommen, hemmte die Verklumpungsneigung der Blutplättchen, wirkte leicht gerinnungshemmend, thrombusauflösend und gefäßkrampflösend. Diese Eigenschaften machten das Magnesium zu einer sanften Anti-Thrombose-Arznei ohne Blutungsgefahr, wie es sie ja bei den damals angebotenen harten Antikoagulantien Thrombocid und Dicumarol gab.

Diese harmlose und billige Methode der Thrombose- und Embolievorbeugung, die ich in der Hauptgefährdungszeit nach Operationen immer in Kombination mit Gymnastik, Massagen und Druckstrümpfen empfohlen habe, wurde in den fünfziger Jahren in vielen Kliniken angewandt. Es gab zahlreiche Erfolgsmeldungen, auch aus dem Ausland.

Noch heute ist die Gabe von Magnesium bei meinen Patienten die wichtigste arzneiliche Thrombosevorsorge geblieben, in den letzten

Jahren in Kombination mit Miniaspirin und einem Physiotherapie-
programm, das auf dem OP-Tisch beginnt. Thrombosen und Throm-
busembolien sind seither in meiner Klinik eine Rarität. Ihre geringe
Zahl wird meines Wissens von keiner anderen Klinik unterboten.

In dem Hauptkapitel »Thrombose und Embolie« des dickbändigen
OP-Handbuchs von Kirschner-Nordmann habe ich 1958 die Kombina-
tionsmethode ausführlich beschrieben und begründet. Breit durchgesetzt hat sie sich nicht. An dem Grund dafür kann es kaum einen Zweifel geben. Es ist die Werbekampagne der Pharmaindustrie für weit
teurere Antithrombosepräparate vom Typ Heparin und Cumarin, die
unter Mithilfe von höchstwahrscheinlich großzügig subventionierten
Klinischen Studien zum Werbebombardement der Klinikärzte ausgeartet ist.

Immerhin hat sich das Magnesium, dessen praktisch nutzbaren
Antagonismus zum Calcium ich damals als erster publik gemacht
habe, zu einem der meistverordneten Arzneimineralien entwickelt.
Seither gibt es viele tausend Publikationen über Magnesium als Heilhilfe bei zahlreichen Gesundheitsstörungen. Mein Name bleibt in diesem Zusammenhang seit dem 22. November 1963 unerwähnt, seit ich
infolge des »Erlanger Professorenkrieges« wegen Ketzerei gegen die
schulmedizinischen Glaubenslehren der Ächtung durch die Ordinarien der Glaubenswissenschaft Medizin anheimfiel.

Insgesamt erarbeitete ich in meiner Freizeit, vor allem nachts,
von Anfang 1947 bis Anfang 1952 zehn größere wissenschaftliche Publikationen – und das an einem Kreiskrankenhaus. Dies wurde von
meinen Kollegen mit Kopfschütteln, von den Schwestern und Arzthelfern mit Respekt aufgenommen. Ein paar bedachten mich mit dem
liebevollen Spitznamen »unser kleiner Professor«. Dabei war ich
einen halben Kopf größer als der große Professor. Länger!

Nicht unerwähnt darf meine gutachtliche Tätigkeit bleiben. Weniger deshalb, weil Gutachten die einzige Möglichkeit zu einem kargen
Nebenverdienst waren, als vielmehr aus einem anderen Grunde: Gutachten zwingen zu logischem Denken, da der kausale Zusammenhang zwischen behaupteten Schädigungen der Gesundheit und behaupteten Ursachen wissenschaftlich begründet oder widerlegt
werden muß. In der Medizin sonst ist die Schulung zu logischem
Denken ein Stiefkind. Deshalb tun sich viele Arztkollegen damit ein
Leben lang sehr schwer.

Ich entwickelte mich zu einem versierten Gutachter bei Unfall-

schäden. Das sprach sich herum bis hin zum Oberversicherungs-
amt in Kassel, später Sozialgericht genannt. Man bestellte mich zum
Gerichtsarzt, für einen Dreißigjährigen eine recht schmeichelhafte
Position.

Noch heute erinnere ich mich nicht ohne Stolz, daß ich des öfte-
ren sogar Gutachten von Universitätsprofessoren zu Fall bringen und
damit fälschlich negativ begutachteten Patienten zu einer gerechten
Entschädigung verhelfen konnte. Die lukrative Kumpanei zwischen
Gutachtern und Versicherern zu Lasten des Versicherten war schon
damals sehr verbreitet.

Verliebt, verlobt, verheiratet

Für die Liebespflege blieb dem bis tief in die Nacht vollbeschäftigten
Halbstations- und später Ganzstationsarzt wenig Zeit. Bis zu meiner
Ursula S. waren es ein paar hundert Kilometer, damals zu weit fürs
Telefonieren und erst recht für Hautkontakte in der für einen voll-
blütigen Endzwanziger notwendigen Mindesthäufigkeit. Die Kraft
zum Schreiben erschöpfte sich im Dienstlichen und Wissenschaftlichen. Also verkühlte sich die heiße Studentenliebe von Göttingen
tödlich.

Hinzu kam: Gelegenheit macht Liebe! Das Wohn- und Schlafzimmer eines Junggesellen im Dachgeschoß eines Krankenhauses mit
vielen Jungschwestern ist eine unwiderstehliche Gelegenheit. Öfters
blieb ich mucksmäuschenstill, wenn mein Chef Sonntag nachmittags
oder nach Dienst an die von innen verschlossene Tür klopfte, um
mich zu einer Zwischenvisite mitzunehmen. Zweimal klopfte er Gott
sei Dank nie.

Mehr als Liebeleien durften es nicht werden, beschloß ich karrie-
resüchtig. Es schien, als ob ich meinem Vorsatz treu bleiben könnte.
Da geschah eines Tages etwas Unvorhersehbares. Beim Gang über die
Frauenstation zum OP erblickte ich eine höchst attraktive Jung-Frau
mit Schürze und Tablett, eine neue Schwesternschülerin oder Stationshelferin, wie es schien. Denn für eine diplomierte Kranken-
schwester sah sie zu jung aus.

Es war Liebe auf den ersten Blick. Das konnte gefährlich werden.
Das wurde es auch, jedenfalls für meinen Junggesellenstatus. Ich erfuhr, daß sie Doris Wähler hieß und den Oberschulbesuch in Unter-

prima abgebrochen hatte, weil sie Geld verdienen mußte. Denn ihrer Mutter ging es finanziell schlecht. Um ihr zu helfen, hatte sie einen Job als Stationshelferin angenommen.

Ich verabredete mich mit ihr zu einem Spaziergang, bald danach zu einem Kinobesuch. Viel mehr konnte ich ihr zwei Jahre nach Kriegsende nicht bieten. Doch das reichte wohl. Denn bald durfte ich die erste Umarmung und den ersten Kuß wagen. Und es gab keine Gegenwehr, im Gegenteil: Liebesecho.

Natürlich durfte niemand merken, was da zwischen der Stationshelferin und dem Assistenzarzt lief. Doch die Geheimhaltung gelang nur kurze Zeit. Denn alle Türen hatten Ohren und alle Schwestern Stielaugen. Also ließen wir die Geheimniskrämerei sein. Bald wußten es alle, daß es mehr als eine Liebelei war.

Auch vor Mutter konnte und wollte ich es bald nicht länger verbergen. Mutter hatte inzwischen ihr Zuhause gewechselt. Sie wohnte im Nachbardorf Etzenborn, jenem Dorf auf der anderen Seite der Zonengrenze, in das sie gemeinsam mit meinen drei Geschwistern und sämtlichem lebenden Inventar des Karlshofes, das laufen konnte, geflüchtet war. Die Flucht in der kalten Nacht vom 22. auf den 23. November 1945 hatte damals hohe Wellen geschlagen. Immerhin war es gelungen, sämtliche sieben Pferde, vier Fohlen und fast zwanzig Kühe, Rinder und Kälber im Geleitzug unentdeckt drei Kilometer weit über die Felder und über die Grenze zwischen russischer und britischer Besatzungszone zu treiben und auch viel bewegliche Habe auf Pferdewagen mitzunehmen. Die Flucht wurde von den kommunistischen Machthabern zu einem räuberischen Staatsverbrechen erklärt.

Meine Schwärmerei von der vierten großen Liebe quittierte Mutter mit besorgter Zurückhaltung. Schließlich hatte sie sich an Ursula S. als Schwiegertochter in spe gerade erst gewöhnt. Mehr notgedrungen, denn auch Ursula bot nicht das, was Mutter unter einer »guten Partie« verstand. Sie selbst war ja einmal eine gewesen, mit fünfzigtausend Goldmark als Mitgift.

»Wie man sich bettet, so liegt man«, schrieb sie mir in einem Warnbrief, den ich noch besitze. Mutter sollte recht behalten, wenn auch in anderem Sinne, als sie es befürchtet hatte. Denn mehr als dreißig Jahre lag ich gut mit meiner ersten Ehe.

Es kam, wie es kommen mußte: Im Juli 1947 war Verlobung, und im Oktober wurde es höchste Zeit für die Heirat, wenn der Ruch einer Mußehe leidlich kaschiert werden sollte. Das sollte er. Denn in den fünfziger Jahren waren die Sitten strenger als heute – die der feinen Gesellschaft, der wir unbedingt zugerechnet werden wollten.

Am 3. Oktober 1947 fand die standesamtliche Trauung im Rathaus von Eschwege statt. Trauzeugen waren Bruder Hansi und Dr. Fritz Euler, vom Oberfeldarzt zum Feld-, Wald- und Wiesenarzt auf dem Hohen Meißner nahe Eschwege avanciert, wo er – bis 1991 – eine Landpraxis betrieb.

Mutter verweigerte ihre Anwesenheit, weil ich ihrem Rat, mich reich zu betten, nicht gefolgt war. Vater gab es nicht mehr, Schwiegervater Dr. med. Karl W. wollten wir nicht dabei haben, weil er sich seiner Frau gegenüber zu schlecht benahm. Nur Schwiegermutter »Tinni« gab uns ihren elterlichen Segen.

Es wurde eine karge Hochzeitsfeier, so karg, daß ich mich an nichts erinnere. Anzubieten hatten wir zweieinhalb Jahre nach dem verlorenen Krieg außer einer Tasse Malzkaffee und trockenem Kuchen nichts, auch keinen Sekt zum Anstoßen. In unsere Wohnung paßten vier Personen gerade eben hinein. Die Studier- und Schlafbude des einstigen Junggesellen unter dem Krankenhausdach war jetzt unsere eheliche Wohnung.

Die staatliche Trauung allein war uns zu wenig. Ohne Gottes Segen schienen uns die Chancen für eine glückliche Ehe zu schlecht. Das Wie und Wo hatten wir mit Hilfe von Mater Julia, Mutters um zwölf Jahre älterer Schwester, geklärt und vorbereitet. »Tante Hilde« nannten wir sie nach ihrem Rufnamen, bevor sie Nonne wurde und sich nach klösterlicher Sitte umtaufen ließ – auf ihres Vaters Namen. Tante Hilde wollte die Trauung in der Klosterkirche zu Königstein im Taunus organisieren. Meine Doris war evangelisch und ich katholisch. Ganz wohl fühlte sich Mater Julia bei dieser mischehelichen Gotteslästerung aus katholischer Sicht nicht. Aber sie ahnte wohl zu Recht, daß wir uns sonst irgendwo protestantisch hätten trauen lassen.

Am 4. Oktober fuhren wir mit der Bahn Händcheninhändchen nach Königstein. Am Bahnhof überraschte uns Mutter. Sie hatte mir meinen Ungehorsam verziehen und war heimlich im gleichen Zug angereist. Überglücklich fielen wir uns in die Arme. Wohnen durften wir im Ursulinenkloster, aber nur getrennt, auch in der Hochzeitsnacht.

Zwar hatte ich Tante Hilde die Plättbrettlösung vorgeschlagen, um im Kloster dem frommen Schein Genüge zu tun. Dazu erzählte ich ihr die Geschichte von dem Bischofsbesuch in einem Pfarrhaus, dem Trennbrett im Doppelbett zwischen Zölibatär und Haushälterin, der besorgten Frage nach der Widerstandskraft, wenn die große Versuchung komme, und der beherzten Antwort: »Dann nehmen wir das Brett weg.« Mater Julia lachte verschämt, wies uns aber zwei getrennte Schlafzimmer zu.

Die Trauung in der altehrwürdigen Kirche konnte feierlicher nicht sein. Hinterher empfing uns im Kloster ein liebevoll gedeckter Tisch. Die Nonnen hatten uns zwei Myrthenkränzchen ineinander geflochten. Es gab Gänsebraten aus einem Einweckglas. Mutter hatte ihn mitgebracht – ein unvergeßliches Festessen in den Hungerjahren damals.

Zu Hause wurde es in unserer Wohnung noch enger, weil mein um zehn Jahre jüngerer Bruder Wilbert in Eschwege als Textilkaufmannslehrling angefangen hatte und ich in Mutters Auftrag den Sechzehnjährigen als Vizevater unter Kontrolle halten sollte. So kam er nach dem Dienst zu uns und blieb bis nach dem Abendessen.

Der Winter 1947/48 war hart. Es gab wenig zu essen, meistens Kohlrabi, Rote Beete, Mohrrüben, Quark und Kartoffeln. Kaum Fleisch und Fett. Die »Freßpakete« von Mutter wurden immer kleiner und seltener. Das stärkste Kraftfutter war Pferdefleisch vom Pferdemetzger Fritz Heinisch. Dem hatte Franz Rose seinen kindskopfgroßen Kropf wegoperiert, damals eine blutreiche Operation auf Leben und Tod. Ich hatte bei der Operation Haken und hinterher stundenlang Metzgerhändchen gehalten. Das wollte er mir nicht vergessen.

Meine schwangere Frau mochte leider kein Pferdefleisch, auch nach stärkstem Zureden nicht. Deshalb machte ich mir Sorgen, ob die Zutaten für unseren Erstling wohl reichen würden. Aber es fehlte dem Kind überraschenderweise später nichts.

Ausgerechnet am 1. April nach Mitternacht steigerten sich die Wehen des Vorabends so, daß Geburtsalarm geschlagen werden mußte. Die aus dem Schlaf geholte Hebamme verweigerte sich dem Ruf ins Krankenhaus, weil sie nicht einem Aprilscherz aufsitzen wollte. Schließlich kam sie doch, gerade noch rechtzeitig.

Dr. Kessler machte einen Dammschnitt, während ich die rechte Hand der preßwehengeplagten Entbinderin mit beiden Händen festhielt. Ich litt stark mit, aber Gott sei Dank nur im Kopf, nicht da, wo es ihr schrecklich weh tat. Bei allem Liebesmitleid und gebührender

Hochachtung vor dem geistigen Schmerz: Tauschen wollte ich den geistigen gegen den leiblichen Schmerz nicht!

Ja, so sind wir Männer. Vater möchten wir gern werden, vor allem aus männlicher Eitelkeit. Aber Mutter nicht. Vor allem *deshalb* nicht.

Bei den Schmerzensschreien – sie konnte sie bei den letzten Preßwehen nicht ganz unterdrücken, so tapfer sie auch alles ertrug – habe ich mir geschworen: Nie wieder! Ein Kind reicht! Was aus diesem Schwur wurde, berichte ich noch.

Dann endlich passierte es, zwei Schreie nacheinander aus verschiedenen Kehlen. Den zweiten deuteten alle egoistisch als Freudenschrei, obwohl es mit Sicherheit keiner war. Alle vier waren darauf stolz: Die Hebamme, der chirurgische Geburtshelfer, der Vater und die total erschöpfte Mutter.

Warum schreit das Neugeborene? Weil es weh tut, auf die Welt zu kommen und selbst leben zu müssen. Weil es eine Vorahnung von den Schrecklichkeiten hat, die jedes Lebewesen erwartet. Eva soll schuld sein, daß das Leben für Menschen kein Paradies werden kann, behaupten die Kirchenmänner. Daß sie den Apfel für Adam pflücken wollte, verschweigen sie.

Ulrike ließen wir unser erstes Kind taufen, mit dem Vornamen von Großmutter Clara als Anhängsel. Überernährt wurde sie sicher nicht. Aus der Mutterbrust kam nur blaue Milch, Hungermagermilch. Auch zum Heilschlaf für Mutter und Kind entwickelte sich die erste Nachthälfte nicht. Der Mutter- und Kindmacher aus Wollust wollte sich seine Karrierechancen nicht durch schlichte Bürgeridylle verderben lassen. Also mußte ein großer Regenschirm her, um Mutter und Kind gegen die 200-Watt-Studierlampe abzuschirmen. In der Regel bis weit nach Mitternacht.

Acht Wochen dauerte das Kleinfamilienleben im Studier-, Wohn-, Schlaf- und Liebesnest. Anfang Juni bekamen wir eine Zweizimmerwohnung mit Küche und Bad im ersten Stock über einem Krämerladen, dreihundert Schritte von der Krankenhauspforte. Wir hatten weder Möbel noch Geld, aber Freunde, die reicher waren als wir. Sie schenkten und liehen uns fürs erste das Nötigste. Das reichte für unendliches Kleinfamilienglück.

Es dauerte eine Woche, dann reiste ich nach Freiburg, um mich wissenschaftlich ohrfeigen zu lassen. Am letzten Reichsmark-Sonntag kam ich zurück. Am ersten D-Mark-Montag gab es vierzig Mark für jeden von uns dreien. In der Mittagszeit machten meine Frau und ich einen neugierigen Einkaufsbummel im Zentrum der Dreißigtausend-Seelen-Stadt. Im Portemonnaie hatte ich meine vierzig D-Mark. Da kamen wir an ein Schaufenster, hinter dem ein beige-braun-karierter Faltenrock lag, Größe 38 für 39,50 DM. Meine zwanzigjährige Stiergeborene schaute ihn mit sehnsuchtsvollem Blick an. Da gab es kein Halten für einen verliebten Skorpion.

»Darf ich ihn dir kaufen, Schatz?«

»Nein, auf keinen Fall. Dein ganzes Geld für einen Luxusrock, nein!«

Die Lieblingsblumen der Stiere sind die Hundertmarkscheine, erfuhr ich sehr viel später von meinen beiden Stierehefrauen. Vier Zehnmarkscheine in der Haushaltskasse dufteten meiner Doris aus Vernunftgründen stärker als das Schmuckstück.

Ich kaufte ihr die Luxusrobe aus purem unvernünftigem Egoismus. Zu noch mehr Liebe wollte ich nötigen. Geld hatte für mich immer nur einen Hauptzweck: Luxus für Liebe schenken.

(Lat.) luxus heißt im ursprünglichen Sinne – ich zitiere wörtlich aus meinem dickleibigen Lateinlexikon: Üppige Fruchtbarkeit, Geilheit der Erde und Gewächse. Im übertragenen Sinne verstanden die alten Römer darunter: Üppigkeit, Prunk, Schwelgerei, Wohlleben und auch Wollust, letztlich also all das, was das Leben vor allem anderen lebenswert macht. Jedenfalls aus meiner Sicht, nämlich dreidimensional ganzheitlich betrachtet: leiblich, geistig und seelisch. Wobei die Seele das Produkt, nicht aber die Summe aus Leib und Geist ist.

Vernünftiger Luxus ist natürlich nur gemeint. Unvernünftiger nicht. Gemessen an meiner Vernunft…

Vernunft? Was ist das eigentlich? Die griechischen Philosophen unterschieden die geistige Vernunft = logos, von der praktischen = gnome. Die römischen Philosophen unterschieden fünf Vernunftarten: Als berechenbares Etwas nannten sie die Vernunft ratio, als Denkkraft mens, als Klugheit prudentia, als Weisheit sapientia und als Einsicht consilium. Was also ist Vernunft? Die Einsicht kraft Denkens, daß das klug ist, was die Weisen raten – und danach handeln.

Meine Frau wußte, daß ich ein Arbeitstier – neudeutsch »Workaholic« genannt – und die Triebfeder dazu der Ehrgeiz war, ein vielgelobter Chirurg zu werden. Ja, Lob und Anerkennung wollte ich erreichen, und zwar durch überdurchschnittliche Leistungen in meinem Arztberuf. Denn bei meiner durchschnittlichen Begabung ohne angeborenes Supertalent mußte ich weit fleißiger sein als meine Kollegen allgemein. Das wußte ich und wollte ich. Daran hatte es für uns beide auch nie einen Zweifel gegeben, weder als Verliebte noch als Verlobte. Auch deshalb heirateten wir. Ich hatte meiner Verlobten nie versprochen, meinen Beruf dem trauten Familienleben unterzuordnen. Wenn ja, hätte ich in meiner ersten Ehe ein schlechtes Gewissen haben müssen. Deshalb jedenfalls brauchte ich es nicht zu haben.

Obwohl mein Beruf immer mein liebstes Hobby war, schloß dies die Pflege anderer Liebhabereien nicht aus. Dies waren damals zunächst Tischtennis, weil es billiger war, dann Tennis, immer auch mit dem Drang nach Spitzenleistungen, was begrenzt gelang.

Es bildete sich ein Freundeskreis mit Gleichgesinnten und endlosen Diskussionsabenden über Tod und Teufel. Gefeiert wurde natürlich auch, nicht oft, aber wenn, dann sehr ausgelassen. Auf einem ADAC-Kostümball bekam ich 1949 als Engel den ersten Preis für die Aufschrift auf meinem wallenden Gewand: »Meine Frau saß am Steuer«. Ich erzähle es nur deshalb, weil knapp zehn Jahre später mein Assistent Dr. Franz Paul G. – seit 1967 Chirurgie-Ordinarius der Universität Erlangen-Nürnberg – mit demselben Kostüm im Erlanger Karneval Lob geerntet hat. Ordinarius wurde er aber aus anderen Gründen.

Zur rascheren Fortbewegung über größere Distanzen diente anfangs dasselbe Motorrad, mit dem ich schon mein Staatsexamen gemacht hatte. 1950 konnten wir uns dann ein nagelneues Zweirad der Marke »Triumph« leisten, mit dem wir eine Sommerurlaubsreise nach Bayern unternahmen. Es war ein einziger Traum: Mit der Heißgeliebten auf dem Sozius, einem großen Koffer auf dem Gepäckträger und dem Titel »Chirurg« als Berufsbezeichnung auf dem Anmeldeformular des Hotels.

Unser Ziel war Untergrainau bei Garmisch-Partenkirchen. Dort hatten wir uns in einem bayerischen Landhaus mit großem Holzbalkon und Blick auf die Zugspitze einquartiert. Wir kamen uns vor wie im Paradies. Natürlich wollten wir auch später zu Hause damit prahlen können, daß wir höchste Alpengipfel bestiegen hatten. Das aber wäre beinahe bös ausgegangen.

Als Nordlichter von jenseits der Mainlinie waren wir bergsteigerisch unterbelichtet. Also zogen wir an einem heißen Sommertag halbnackt los, ich mit kurzer Hose, Turnhemd und Sandalen. Anfangs bewältigten wir den Aufstieg mit sportlicher Rasanz. Dann verlor sich das Grün in ein Felsenmeer, wobei wir uns auf den in die Felswand geschlagenen Eisentritten gipfelwärts vorarbeiteten. Meine zarte, blutjunge Frau tat sich schwer, wollte mir aber den Höhenrausch nicht verderben!

Daß sie im fünften Monat schwanger war, hatten wir nicht bemerkt. Denn eigentlich war es nicht möglich.

Gut zweitausend Meter waren es jedenfalls, die wir erklommen hatten, als sich plötzlich eine Nebelwolke auf uns Halbnackte herabsenkte. So rasch bin ich weder früher noch später aus einem Rausch anderer Herkunft nüchtern geworden. Erstens sahen wir nichts mehr außer uns selbst – und auch das nur verschwommen –, und zweitens zitterten wir vor Kälte. Da half nur noch beten. Trotz Mischehe schickte der liebe Gott die Wolke nach einer kleinen Ewigkeit weg. Mit letzter Kraft und pochendem Herzen kletterten wir talwärts.

Zu Hause konnten wir dann von einer wundersamen Errettung aus tumber Bergnot erzählen, unter anderem auch Mutter. Die hörte nur halb zu, nachdem sie Doris gesehen hatte. Ihre Antwort packte sie in die Diagnose: »Dorettchen, bekenne, ihr habt den Jungen bestellt!« Da erst wußten wir, was passiert war. Vier Monate später bestätigte sich Mutters Prophezeiung beinahe total. Nur ein Junge wurde es dann nicht. Claudia Christine ließen wir auf der Geburtsurkunde eintragen.

Ab 1951 ging es in unserer Familie auch finanziell spürbar aufwärts. Dies äußerte sich unter anderem im Wechsel vom Motorrad zum ersten Auto. Ein Cabrio mußte es natürlich sein. Wir erwarben einen Adler Triumph Junior mit Klappverdeck. Zehn Autojahre mag er alt gewesen sein, entsprechend zehn Hundejahren. Also war er fit wie ein rüstiger Siebzigjähriger. Doch er reichte uns fürs erste. Denn das Wichtigste für eine Viererfamilie besaß unser Oldie: Vier Sitzplätze, zwei große und zwei kleine.

Das Kleinfamilienglück konnte nicht größer sein. Leider war es in dieser Fünferkombination nicht von langer Dauer. Denn der Cabrio mußte Anfang 1952 den Umzug ins Münsterland zur Erlangung höherer Medizinerweihen vorfinanzieren.

Bleibt außerdienstlich nur zu berichten, daß sich das beruflich-wissenschaftliche Vater-Sohn-Verhältnis zwischen Franz Rose und mir auch ins Private übertrug, nachdem der »Vater« bemerkt hatte, daß das Familienleben den Sohn in seinem beruflichen und wissenschaftlichen Tatendrang eher förderte als behinderte. Dabei erwies

sich Zwergspitz Jackie, den Mutter dem Ehepaar Rose als schnee-
weißes Wollknäuel geschenkt hatte, als starkes Bindeglied. Damals
wurde mir erstmals bewußt, wie wichtig ein kleines vierbeiniges
Lebewesen zur Entsorgung angestauten Liebestatendranges werden
kann, wenn Kinder und Enkel fehlen. Jackie wurde zum Mittelpunkt
der Rose-Familie.

BEGINN DER UNI-LAUFBAHN IN MÜNSTER (1952–1956)

ZWISCHENLÖSUNG ORTHOPÄDISCHE UNIKLINIK MÜNSTER

Eigentlich sollte und wollte ich an eine chirurgische Universitätsklinik, um meinen starken Drang nach Forschung und Lehre zu befriedigen, auch um auf der Karriereleiter nach oben zu kommen.

Aber mit der Chirurgie klappte es nicht. Mein Versuch, eine Stelle als »Wissenschaftlicher Assistent« bei (Prof. Dr.) Rudolf Zenker in Marburg zu erhalten, war gescheitert. Obwohl mir meine Chefs Rose und Kessler glänzende Zeugnisse ausgestellt hatten, bot mir Zenker, damals der aufgehende Stern am Himmel der Heldenchirurgie, 1951 nur eine Volontärarztstelle für 250 Mark monatlich an. Das war mir mit Frau und zwei Kindern zu wenig, ihm aber wäre mehr gerade deshalb zu viel gewesen. Denn normalerweise läßt der Fleiß eines Familienvaters merklich nach.

Dann machte ich noch einen Versuch in Tübingen. Dort hatte die Chirurgie seit Anfang des 20. Jahrhunderts einen guten Ruf. Der damalige Lehrstuhlinhaber und Direktor der Chirurgischen Uniklinik war (Prof. Dr.) Naegeli. Zu ihm reiste ich nach Voranmeldung mit einem Empfehlungsbrief von Franz Rose. Ich quartierte mich in einem kleinen Hotel nahe der Uniklinik ein, um mich am nächsten Morgen vorzustellen.

Beim Abendessen kam ich dann ins Gespräch mit dem Wirt, dem ich von meinem Vorhaben erzählte. Ja, die Chirurgische Klinik habe als Lehrstätte für Studenten einen guten Ruf, machte er mir Hoffnung. Nach dem dritten Glas badischen Weins aber verriet er mir hinter vorgehaltener Hand: Von den Tübingern werde der Chefarzt nur »Sarg-Naegeli« genannt.

Auf den Volksmund war schon immer weit mehr Verlaß als auf die schulmedizinischen Qualitätsmaßstäbe wie die Zahl wissenschaftlicher Veröffentlichungen, die Häufigkeit von Zitaten durch andere Vielschreiber und die Bewertung durch Arztkollegen. Deshalb habe ich mich am nächsten Morgen gar nicht mehr bei ihm vorgestellt. Bei allem Drang nach Höherem: Mitnageln wollte ich da nicht!

Anfang 1952 bekam ich einen Anruf aus Münster. Der Oberarzt der Orthopädischen Universitätsklinik Münster, Dr. Werner A., wollte mich sprechen. Warum, erfuhr ich dann von ihm selbst. Er stehe in engster Wahl für die Chefarztstelle der Orthopädischen Landesklinik in Kassel. Das entscheidende Wort für den Zuschlag habe der Eschweger Politiker XY, den ich doch kennte. Ich kannte ihn, erinnere mich aber nicht an seinen Namen. Bei ihm möge ich doch ein gutes Wort für ihn einlegen.

Mächtig stolz auf diese Hochschätzung versprach ich es, ohne nachzudenken. Warum er mir, einem dreißigjährigen 1. Assistenten der Chirurgischen Abteilung des Kreiskrankenhauses, einen solchen Einfluß zutraute, habe ich nie erfahren. Gewiß, ich hatte mir in den sechs Jahren als rechte Hand von Professor Rose und später von Dr. Kessler in der Kleinstadt ein kleines Renommee als »patenter Arzt« und »guter Operateur« erworben. Aber mehr auch nicht.

Zunächst informierte ich mich über die Orthopädische Universitätsklinik Münster, von der ich noch nie etwas gehört hatte. Ich erfuhr, daß ihr Chef (Prof. Dr.) Peter Pitzen war, dessen *Kurzgefaßtes Lehrbuch der Orthopädie* ich besaß und sehr schätzte. Meine Verwandten in Münster erzählten, die Klinik, das sogenannte Hüffer-Stift, sei sehr angesehen und Pitzen habe als Arzt und Orthopäde einen ausgezeichneten Ruf. Auch sein erster Oberarzt, Dr. Werner A. – es gab damals zwei Oberärzte –, sei als guter Orthopäde stadtbekannt.

Mit diesen Informationen bewaffnet legte ich das versprochene gute Wort ein. XY bedankte sich für das Gespräch, das ihm angeblich eine wertvolle Entscheidungshilfe war. Ich machte Rückmeldung bei dem Chefarztbewerber. Er fragte das Übliche: Wie er sich erkenntlich zeigen könne. Ich wußte es gleich, sagte aber erst mal scheinheilig: »Dafür nicht!«

Dann aber hakte ich nach, ob ich denn seine Klinik nicht einmal als Gastarzt besuchen dürfe. Denn ich interessiere mich sehr für die Orthopädie, insbesondere auch wegen der Rehabilitation von Unfallverletzten und der Behandlung von Wirbelsäulenerkrankungen.

Am Schluß des langen Telefonats riet er mir kurz und bündig, mich doch über ihn um eine Stelle als »Wissenschaftlicher Assistent« zu bewerben. Er werde das bei Professor Pitzen befürworten. Ich tat es umgehend. Gesamtergebnis unserer Kontakte: Ich bekam die gewünschte Stelle, er nicht. Die Entscheidung gegen ihn fiel erst ein paar Wochen nach der für mich.

Aus chirurgischer Sicht war es damals ein Abstieg, von der Chirurgie zur Orthopädie zu wechseln. So empfand es auch Franz Rose. Denn Orthopäde wurde damals nur, wer nicht zum Chirurgen taugte, kein Talent zum Operieren hatte.

Die Orthopädie war bis Anfang der fünfziger Jahre streng konservativ. Behandelt wurde mit Gips- und Streckverbänden, mit Orthesen (Orthopädischen Stützapparaten) und Prothesen, mit Krankengymnastik, Massagen und Packungen. Die Behandlung frischer Knochenbrüche von Wirbelsäule, Armen und Beinen war – im Gegensatz zu den angloamerikanischen Ländern – nicht Orthopäden-, sondern Chirurgensache. Ebenso wie die meisten Operationen an Knochen und Gelenken, Muskeln und Sehnen. Nur vereinzelt gab es eine Entwicklung im Sinne der Orthopädischen Chirurgie der angloamerikanischen Länder, wie sie sich heute auch in Deutschland weithin durchgesetzt hat.

Meine große Liebe galt der Unfallchirurgie. Hier allerdings gab es das Problem, daß »für die verpfuschten Fälle die Orthopäden zuständig waren« – wie es in lockerer Chirurgensprache hieß. Ich tröstete mich damit, daß ich die zumindest als Auch-Orthopäde selbst zu Ende behandeln konnte.

Jedenfalls stand für mich von Anfang an fest, daß die Orthopädie nur als Zwischenlösung für eine Chefarztposition in der Unfallchirurgie akzeptabel war.

Warum ich das betone, erläutere ich später.

PATIENTENSCHUTZENGEL (PROF. DR.) PETER PITZEN ALS ZWEITER MEDIZIN-HAUPTLEHRER

Am 1. Juni 1952 begann ich meinen Dienst als Wissenschaftlicher Assistent der Orthopädischen Universitätsklinik und Poliklinik Münster. »PP«, wie wir unseren Chef und Meister nannten, empfing mich mit wohlwollender Distanz. Der international renommierte Orthopädie-Ordinarius, einer der fünf mächtigsten Orthopädenführer der Bundesrepublik, residierte in einem imponierenden Thronsaal hinter einem gewaltigen Schreibtisch – viele Nummern größer als das Chefarztzimmer in Eschwege. Entsprechend ehrfürchtig setzte ich mich ihm gegenüber auf den zugewiesenen Stuhl.

PP laß in meinen Bewerbungsunterlagen. Dann schaute er auf

und sagte: »Sie scheinen ja ein ganz tüchtiger Chirurg zu sein. Aber merken Sie sich bitte: Ein guter Chirurg ist noch lange kein guter Orthopäde!« Ich habe diese mit leicht lispelnder Stimme verkündete Mahnung nie mehr vergessen. Nicht nur, weil er sie bald danach angesichts eines schlecht modellierten Gipsverbandes, sondern weil er sie auch später noch mehrmals wiederholte, wenn ich Mist gemacht hatte. Von Woche zu Woche wurde mir klarer, zwischen dem Temperament von Chirurgen und Orthopäden liegen Welten. Die Unterschiede sind fast noch größer als die zwischen Chirurgen und Internisten.

Hier das Schnellschnell, die Ungeduld, als wichtigste Voraussetzung für einen erfolgreichen Operateur. Dort die langsame Bedächtigkeit, die Geduld, als notwendige berufliche Eigenschaft, um orthopädische Krankheiten, damals fast ausnahmslos chronische Langzeitübel, in den Griff zu bekommen.

Nicht nur im Temperament unterschieden sich die Orthopäden der Pitzen-Generation von den Chirurgen. Da gab es auch Feindschaften, versteckte Antipathien, gewachsen aus Unterdrückungen und Demütigungen derjenigen, die der Allmutter Chirurgie entfliehen wollten. Hier teilten sie das Schicksal aller Nestflüchtlinge seit eh und je.

Auch PP war in seiner ersten selbständigen Position als Leiter der Orthopädischen Abteilung unter der Regie des Chirurgie-Ordinarius von Gießen schwer unterdrückt und gedemütigt worden. Das konnte er den Chirurgieführern nie vergessen, und es klang auch in dem Begrüßungsgespräch unüberhörbar an.

Dann kam PP auf meine wissenschaftlichen Publikationen zu sprechen. Er registrierte die Fleißarbeiten mit zurückhaltender Anerkennung. Ich berichtete ihm, daß eine weitere Veröffentlichung in Vorbereitung sei, die ich ihm gern zur kritischen Durchsicht vorlegen würde. Sie handele vom Sudeckschen Syndrom und eigenen Überlegungen zu seiner Verursachung.

Der Hamburger Chirurg Paul Sudeck hatte 1900 – fünf Jahre nach Entdeckung der Röntgenstrahlen – ein Krankheitsbild beschrieben, das vor allem nach Verletzungen an Armen und Beinen auftrat und dessen eindrucksvollstes röntgenologisches Merkmal die »Knochenatrophie« im Bereich eines Gelenks war. So bezeichnete er den heute mit Osteoporose benannten Knochenabbau, bei dem das von Haus aus poröse, schwammige Knochengewebe (= Spongiosa) noch poröser wird. Seine und anderer Theorien über die Ursachen erklärten viele Besonderheiten der Krankheitsentwicklung nicht. Also gab es Forschungsbedarf bei dieser Erkrankung, welche Unfallchirurgen und Orthopäden gleichermaßen Probleme machte.

PP fragte kritisch nach. Ich schilderte ihm meine Beobachtungen und begründete meine Hypothese einer Nervenwurzelschwellung als Teilursache. Darin wollte er mir nicht so ohne weiteres folgen. Also verzog sich sein imposantes Gelehrtengesicht zu jenem PP-typischen wortlosen Grinsen von oben herab, das nicht nur mich sofort und oft später, sondern alle seine Untertanen zuverlässig in Minderwertigkeitskomplexe versetzte.

Trotzdem wagte ich es, gleich vorzufühlen, ob ich mich eventuell über die Ursachenfrage des Sudeckschen Syndroms habilitieren könne. Da entminte er sein Antlitz. Denn das klang hoffnungsvoll nach Forscherfleiß eines Klinikassistenten, wie er sonst bei allzu vielen zu wünschen übrig ließ. Ja, damit sei er einverstanden. Meine Arbeit als Stationsarzt dürfe aber nicht darunter leiden. Ich solle ihm in regelmäßigen Abständen über die Zwischenergebnisse berichten. Dann entließ er mich mit Handschlag. Ich fühlte mich weniger auf gute Zusammenarbeit als auf gehorsame Pflichterfüllung vergattert – unmißverständlicher Ausdruck der Ordinarienhierarchie.

Damals gab es an der Berechtigung dieser Hierarchie, ja an ihrer Notwendigkeit für einen leistungsstarken Klinikbetrieb noch keinen Zweifel. Heute wird der Zweifel oft übertrieben, so getan, als ob Chef-Teamarbeit das Gelbe vom Führungs-Ei wäre. Nein, Hierarchie war, ist und bleibt für die Bestimmung der Hauptverantwortlichkeit ohne Ausrede notwendig. Das geht aber nur bis zu einer maximalen Größenordnung, die im Klinikbereich da endet, wo der Chefarzt nicht mehr jeden einzelnen Patienten hauptverantwortlich untersuchen und behandeln kann. Die Größenordnung liegt im Akut-Versorgungsbereich zwischen zwanzig Betten einer Intensivstation und siebzig Klinikplätzen sonst. Nur in Rehabilitationskliniken darf sie höher liegen. Megahierarchien darüber hinaus waren immer und bleiben von Übel.

1952 gab es in der Chirurgie und Orthopädie fast nur Mega-Ordinarien-Hierarchien mit mehreren hundert Klinikbetten. Über das Für und Wider wurde nicht einmal nachgedacht, geschweige denn diskutiert.

Auch die Orthopädische Universitätsklinik Münster hatte den Sta-

tus einer Mega-Hierarchie. Mich machte man zum Stationsarzt einer
großen Frauenstation mit etwa 50 Betten für Rheumatische Erkrankungen, Arthrosen, Überlastungsfolgen nach Fehlentwicklungen
angeborener, im Wachstumsalter oder später erworbener Art wie
Mißbildungen der Wirbelsäule und Verkrümmungen (Skoliosen),
Hüftdysplasien, X- und O-Beine. Viele Patientinnen hatten Lähmun-
gen nach Poliomyelitis (Kinderlähmung). Auch Knochen- und Ge-
lenktuberkulose war relativ häufig.

Meine Aufgabe als Stationsarzt war die Aufnahmeuntersuchung
und die »Verordnung« eines Programms zur ergänzenden Diagnostik
und für die Therapie.

Apropos Verordnung: Laut *Brockhaus* ist das »eine von einer staatlichen Behörde erlassene allgemeine Anordnung«, also ein hoheit-
licher Akt. Ärzte befehlen kraft Therapiehoheit über die unwissenden
Patienten seit eh und je, was diese als kranke Untertanen zu tun und
zu lassen haben. Sie bieten nicht an, raten oder empfehlen. Nein, sie
befehlen. Und das bis heute nicht nur dem einfachen Volk, sondern
auch den Mächtigsten in Staat, Kirche und Wirtschaft.

Warum ist das möglich? Weil medizinisches Grundwissen nicht
zur Allgemeinbildung gehört, obwohl bis heute das Mephisto-Wort
gilt: »Der Geist der Medizin ist leicht zu fassen.« Gemeint ist das erforderliche Grundwissen, um das Selbstbestimmungsrecht über Gesundheit und Leben bestmöglich auszuüben.

Ich bin sicher, daß dieses Grundwissen genauso rasch erlernbar
ist wie eine Fremdsprache. Trotzdem wird es nicht als Lernstoff in
den Lehrplan der Schulen aufgenommen. Die Ärzteführer aller Zeiten
haben dies mit Erfolg verhindert. Der Meineid des Hippokrates
machte es möglich.

Damals, vor vierzig Jahren, gab es keinen Patienten, der meine
Verordnungsbefehle verweigert hätte, egal ob zwanzig Röntgen-
schichtaufnahmen oder fünf Probepunktionen, ob ein Beckenbeingips beiderseits von der Taille bis zu den Zehen oder eine Hüftver-
steifungsoperation befohlen wurde. Selbstverständlich gab es keine
schriftlichen Einwilligungserklärungen von Patienten, für nichts,
selbst für die schlimmsten Verstümmelungen, Folterungen und Frei-
heitsberaubungen nicht. Gibt es eine schlimmere Freiheitsberaubung
als drei Monate Beckenbeingips beiderseits?

Daran gemessen sind wir heute weiter, ein kleines Stück, mehr
nicht. Verordnung wird weiterhin genannt, was wir Ärzte längst »An-

gebot« nennen sollten, damit sich der Patient stets seiner grundge-
setzlich garantierten Therapiehoheit bewußt ist.

Diese Abschweifung geschieht in wertender Rückbesinnung auf
meine eigene Sicht der Dinge. Nicht entfernt bin ich damals, immer-
hin drei Jahre nach Erlaß des Grundgesetzes (Art. 1 und 2), auf die
Idee gekommen, daß nicht uns Ärzten, sondern den Patienten die
Therapiehoheit zustünde. Das ließ meine Erziehung zu ärztlichem
Ethos, zur Unterwerfung unter überlieferte Medizinsitten nicht zu.

Für meine Patienten erschien es mir auch nicht unbedingt notwendig. Denn mein medizinischer Hauptlehrer Franz Rose hatte mir ja
als zwingendes Vorbild das Arzt-Patient-Verhältnis »von Freund zu
Freund« vorgelebt. Also habe ich meinen Patienten immer nur das verordnet, was ich in der gegebenen Situation für das Bestmögliche hielt.

Peter Pitzen hatte ein hoheitlich-distanziertes Verhältnis zu seinen
Patienten. So habe ich beispielsweise nie erlebt, daß er sich zu einem
Patienten ans Bett gesetzt hätte, um ihm die Hand zu halten, außer
um den Puls zu fühlen. Mitfühlende Liebe zu zeigen, widersprach
seiner ganzen Art. Aber das vielzitierte und selten beachtete »Primum
nil nocere = Vor allem nicht schaden«, war ihm heilig.

»Daß mir nur nichts passiert!« Diese mit leichtem Lispeln hervor-
gebrachte Mahnung haben wir orthopädischen Lehrlinge und Gesellen von PP so oft gehört, daß sie auch dem Dickfelligsten unter die
Haut gehen mußte.

»Das mir nur nichts passiert« war nicht nur häufigste Redensart
des von Natur aus eher schweigsamen Großklinikdirektors bei den
Chefvisiten. Vor allem drohte er damit, wenn forschungssüchtige Un-
tergebene Genehmigungen für das Ausprobieren neuer Methoden
einholen wollten. Unter dieser Voraussetzung allerdings genehmigte
er durchaus großzügig.

Schließlich war Forschung seine Hauptaufgabe als Universitätsprofessor. Im Rang kam sie sogar noch vor der Lehre. Nur »Forschung
und Lehre« hat der Staat den medizinischen Fakultäten der Universitäten aufgetragen, nicht etwa »bestmögliche Patientenversorgung«,
nicht einmal an dritter Stelle der Pflichtaufgaben. Das habe ich in
meinen Vorträgen und Büchern immer wieder kritisiert. Kürzlich war
zu lesen, daß das nun geändert werden soll.

Forschen sollten alle Ärzte der Orthopädischen Universitätsklinik.
Daher der Name »Wissenschaftlicher Assistent« für uns Lehrlinge.

Aber »passieren« durfte nichts. Das war eiserners PP-Gesetz. Und deshalb hätte ich eigentlich einen Herzinfarkt bekommen müssen, als mir eines Morgens trotzdem etwas Schreckliches passierte. Denn meine Karriere hing für eine halbe Stunde Ewigkeit am seidenen Faden. Grund genug für einen medizinischen Himmelsstürmer, tot umzufallen.

PP hatte genehmigt, daß ich meinen Patientinnen mit einem Schulter-Arm-Schmerzsyndrom eine Therapiespritze in den Spaltraum zwischen der Dura (= harte Rückenmarkshaut) und dem Gelben Band, dem Verbundband der Wirbelbögen, geben durfte. Das Problem: Der Spaltraum liegt fünf bis sieben Zentimeter unter der Oberhaut des Nackens und ist nur zwei Millimeter breit. Ihn muß man treffen. Zwei Millimeter zu tief eingestochen bedeutet Rückenmarksverletzung – und das im Halsmarkbereich. Richtig plaziert umspült die eingespritzte Lösung die Halsmark-Nervenwurzeln, welche die Schultern und Arme sowie das Zwerchfell motorisch, sensibel und zum Teil auch vegetativ versorgen.

Durch eine »peridurale antiphlogistische Infiltration«, also die Einspritzung einer entzündungshemmenden Lösung in den Spaltraum um die Dura, wollte ich eine Abschwellung der Nervenwurzeln erreichen, deren entzündliche Schwellung ich als Mitursache des Schmerzsyndroms vermutete. »Nackenpick« nannten meine Wiss-Ass-Kollegen die Versuchsprozedur spöttisch.

Tatsächlich gelang es auf diese Weise, quälende Schmerzzustände so eindrucksvoll zu unterbrechen, daß mich viele Patientinnen sogar selbst zu häufigen Wiederholungen drängten. Denn leider war die Wirkungsdauer oft nur auf Stunden bis Tage begrenzt.

Nackenpick-Stunde war zweimal pro Woche von sieben bis acht Uhr morgens, vor Dienstbeginn. Eine »Patientenschwester aus Liebe« stand für meine Patientinnen und mich eine Stunde früher auf. Im Schnitt schafften wir fünf Patientinnen. Es passierte immer mal, daß die Spritze nicht saß, etwa bei jeder zehnten Infiltration. Aber etwa ein Vierteljahr lang gab es nicht einen einzigen unangenehmen oder gar bedrohlichen Zwischenfall.

Doch dann kam der Tag X. Vor mir saß die erste Patientin des Morgens, den Nacken nach vorn gebeugt, die Stirn fest auf ein Widerlager gestützt. Ich hatte den Stichkanal mit feinster Kanüle vorbetäubt und die Periduralkanüle richtig plaziert, erkennbar an dem plötzlichen Nachgeben des Spritzenkolbens hinter dem Stopp durch das

Gelbe Band. Da reichte mir die Schwester wie immer eine Spritze mit zehn Millilitern Inhalt. Ich injizierte sie langsam, aber vollständig und zog die Kanüle heraus. Dann lagerten wir die Patientin wie üblich halb sitzend auf dem Untersuchungstisch.

Nach ein paar Minuten sagte die Patientin, sie könne die Finger kaum noch bewegen. Sofort schaute ich auf den Spritzentisch. Da stand das Fläschchen mit der Therapielösung unberührt. Irrtümlich war mir die Betäubungslösung für den Stichkanal aufgezogen worden. Mir trat der kalte Schweiß auf die Stirn. Periduralanästhesie in Höhe des Halsmarks mußte zur tödlichen Atemlähmung führen, dessen war ich sicher. Wie es zu verhindern war, wußte ich nicht. Künstliche Beatmung durch Intubation, das heißt durch Einführen eines Atemschlauches in die Luftröhre, war 1952 in Deutschland noch weitgehend unbekannt.

Kreidebleich sei ich gewesen, erzählte die Schwester hinterher. Kein Wunder, denn die Patientin begann über Atemnot zu klagen. Also waren wohl die Zwerchfellnerven gelähmt, schloß ich in Panik. Ich ließ die Fenster aufreißen, um frische Luft hereinzuholen. Eine Sauerstofflasche, damals noch stiefmütterliches Narkosezubehör, war nicht verfügbar. Die Patientin klagte über Übelkeit und Schwindel. Die Arme waren inzwischen völlig gelähmt. Der Blutdruck lag systolisch unter 90. Die Patientin wurde ohnmächtig.

Ich packte die Beine des Kunstfehleropfers und hob sie steil in die Höhe. Flach lagern durfte ich den Oberkörper nicht, weil das die Atmung zusätzlich behindert hätte.

»Lieber Gott, hilf! Laß sie nicht sterben!« flehte ich zum Himmel. Angst macht gottgläubig. Panik treibt den aufgeklärtesten Atheisten zum Angstgebet. Jedenfalls dann, wenn er wie ich katholisch erzogen wurde. Da reagiert der Urinstinkt zur Urangstabwehr.

Etwa zwanzig Minuten waren vergangen, da öffnete die Patientin die Augenlider. Ich rief sie an: »Tief einatmen, bitte, ganz tief!« Sie wollte wohl, konnte aber nicht. Doch sie ließ die Augen offen und atmete, wenn auch oberflächlich und rasch.

In den nächsten fünf Minuten blieb der Zustand konstant. Da wurde langsam aus der Angst Hoffnung. Denn nun mußte die volle Wirkung der ungewollten hohen Periduralbetäubung eingetreten sein. Schlimmer konnte es nicht mehr werden, wußte ich von meinen Erfahrungen mit der Periduralanästhesie zur Betäubung von Unterbauch oder Beinen.

Mir fiel ein Mühlstein vom Streberherzen. Nach einer Stunde konnte die Patientin zu Fuß auf die Station ins Bett zurück. Selten habe ich eine Frau mit einem so großen Glücksgefühl zum Bett begleitet. Nachfreude macht uns Ärzte glücklicher als Vorfreude!

Zunächst habe ich das Nackenpick-Drama vor meinem gestrengen Chef geheimgehalten. Erst nachdem er mich ab Oktober 1954 zu seinem Privatassistenten gemacht hatte, fühlte ich mich sattelfest genug, es ihm zu beichten. Das geschah zwei Monate später bei der Weihnachtsfeier, nachdem der Punsch die Zunge gelockert hatte. Viele hörten es mit. PP hat als einziger nicht gelacht.

Privatassistent bei dem angesehensten Münsteraner Medizinordinarius zu werden, war eine hohe Auszeichnung. Als solcher mußte ich seine Privatpatienten in der Sprechstunde voruntersuchen und in Gegenwart des Patienten einen Vorbericht erstatten, bevor er mich hinausschickte, um die Hauptuntersuchung höchstpersönlich und intim zu erledigen. Für die penible Dokumentation in der Patientenakte war ich zuständig. PP war bis in die kleinste Kleinigkeit hinein schwer zufriedenzustellen. Da gab es kein Pardon.

Im Gegensatz zu Franz Rose behandelte PP seine Privatpatienten anders als die Kassenpatienten. Nicht, daß er bei ihnen sorgfältiger in Diagnostik und Therapie gewesen wäre. Nein, nur was den Umgang mit ihnen betraf. So hoheitsvoll er sich sonst gab, so locker agierte er mit seiner Privatklientel. In der Regel war es die Crème de la crème der feinen Gesellschaft.

Peter Pitzen war nicht nur ein exzellenter orthopädischer Arzt und ein bahnbrechender Forscher, sondern vor allem ein begnadeter Medizinlehrer für Studenten und Ärzte. Sein *Kurzgefaßtes Lehrbuch der Orthopädie* galt seit der Erstauflage 1936 wegen seiner Prägnanz und seiner Beschränkung auf das Wesentliche als eines der besten Medizinlehrbücher überhaupt.

Nur in einem tat sich PP schwer: Im Operieren. Da machte es sich doch bemerkbar, daß die Orthopädie ursprünglich operationsfeindlich eingestellt war. Damit meine ich Operationen mit dem Messer, nicht unblutige operative Manöver zur Beseitigung von Fehlstellungen mit anschließender Gips- oder Apparatefixation.

Die reservierte bis ablehnende Einstellung zu allen Schnittoperationen mag zum Teil aus der Opposition zur Chirurgie, zur Allmutter der handwerklichen Medizin, gewachsen sein. Denn die Herrscher auf den chirurgischen Heilgottesthronen sahen mit Verachtung auf die langsamen »Gipskünstler«, »Korsettarchitekten« und »Plattfuß-doktoren« herab.

Daß inzwischen das Zeitalter der orthopädischen Chirurgie anglo-amerikanischer Machart angebrochen war, sprach sich nach und nach auch bis zum Hüffer-Stift zu Münster herum. Vor allem verstei-fende Operationen wurden mehr und mehr Mode, sowohl um schmerzende Gelenke dauerhaft schmerzfrei zu machen, als auch zur Reparatur von Pseudoarthrosen, das heißt Gelenken an falscher Stelle infolge ungeheilter Knochenbrüche.

Eine solche Pseudoarthrose stand eines Tages auf dem Opera-tionsprogramm für den Privatoperateur, seinen Privatassistenten und einen zweiten Assistenten. Die attraktive Tochter eines prominenten Juristen hatte sich im Skiurlaub den Oberarm in Schaftmitte ge-brochen. Nach mehrmonatiger Mißhandlung durch einen Chirurgie-Ordinarius, der bei Privatpatienten auch Knochenbrüche behandelte, obwohl er sonst nur Bauch- und Thoraxoperationen machte, wackelte der Oberarm wie ein Lämmerschwanz. Da konnte nur noch eine Na-gelung mit Knochenspanverpflanzung Stabilität versprechen.

Das operative Problem war der Speichennerv, der in Schaftmitte dem Knochen direkt anliegt und bei Operationen häufig verletzt wird. Die Folge ist eine Lähmungsfallhand, bei der es unmöglich ist, Hand-gelenk und Fingergrundgelenke zu strecken – also eine starke Behin-derung.

In Seitenlage der Patientin machte PP einen langen Schnitt an der Außenseite des Oberarms. Dann arbeitete er sich mit Messer und Schere an das Falschgelenk heran, nur eines im Sinn: Bloß dem Ner-vus radialis nichts antun! Dabei tat er sich schwer, den gut paketkor-delstarken, also vier bis fünf Millimeter dicken Nervenstrang zu fin-den. Schließlich präparierte er einen weißen Strang heraus, der wie der Speichennerv aussah. Behutsam wurde er mit einem Zügelband angeschlungen und mir in Obhut gegeben. »Hüten Sie ihn wie Ihren Augapfel, Herr Hackethal.«

Ich hütete, er nahm den elektrischen Fräsbohrer, um die Bruch-stelle fräsend aufzufrischen. Da sprang der Fräskopf zur Seite und zerriß den behüteten Strang. »Oh, mein Gott!« Mehr konnte der neunundsechzig Jahre alte Operateur nicht sagen. Dann mußte er sich schnell setzen, fahl im Gesicht, mit dicken Schweißperlen auf der Stirn, soweit sie von der OP-Haube freigelassen wurde.

Stumm saß er da. Man konnte ahnen, was ihm durch den Kopf

schoß: Dieses Malheur, ein operativer Kunstfehler mit Hand-
lähmung – und das nicht nur kurz vor der Emeritierung, sondern
ausgerechnet bei der selbstbewußten Tochter eines einflußreichen
Rechtsanwalts. Aber bei diesem überaus gewissenhaften Arzt überwog das Bewußtsein, seiner Patientin schwer geschadet zu haben,
die Sorge vor den juristischen Folgen sicher bei weitem.

Während er so dasaß, um sich von dem Schreckschock zu erho-
len, operierte ich weiter. Nicht um ihm vorzugreifen, also den Bruch
weiter freizulegen, sondern um den Speichennerv zu finden. Denn
schon als mir PP den Hütezügel in die Hand gab, hatte ich daran ge-
zweifelt, daß dies der Nervus radialis war. Schnell wollte ich das un-
verletzte Kleinod finden, um meinen hochverehrten Chef und Förderer aus seiner Seelennot zu befreien. Nach fünf Minuten konnte ich
melden: »Herr Professor! Das war nicht der Radialis. Der lag dahinter. Er ist unverletzt!«

Ungläubig erhob er sich, wechselte OP-Kittel und Handschuhe,
trat heran. Inzwischen hatte ich den Nervenstrang so weit freigelegt,
daß an seiner Identität kein Zweifel mehr bestehen konnte. Wortlos
setzte PP die Operation fort, schlug den Marknagel ein und bedankte
sich, indem er mich die Operation zu Ende führen ließ. Das hatte ich
bei ihm noch nie erlebt.

Große Operateure treten erst an, wenn das zu operierende Organ
freigelegt, und sofort wieder ab, wenn es repariert ist. Den schäbigen
Rest überlassen sie den OP-Assistenten. Nicht so Peter Pitzen: Versprochen ist versprochen! Wer seinem Privatpatienten versprochen
hat, ihn selbst zu operieren, war aus seiner Sicht vom ersten Schnitt
bis zur letzten Naht im Wort. Ein größeres Lob, als mich in dieses
Wort einzubinden, konnte es für mich nicht geben.

Vor dem Hintergrund des späteren Streites mit meinem Uniklinikchef in Erlangen 1963/64 muß ich aus zwei Briefen zitieren, um mein
grundsätzliches Schüler-Lehrer-Verhältnis klarzustellen.

Den ersten schrieb mir PP am 12. Januar 1964. Daraus ein Auszug:

»…hoffentlich sind Sie trotz Nebel und Glatteis und Dunkelheit
wieder wohlbehalten in Erlangen angekommen. Wir haben uns
schon Sorgen um Sie gemacht. Wir wissen genau, wie gefährlich
unter solchen Umständen Autofahren ist.

Hoffentlich entwickelt sich Ihre Angelegenheit, lieber Herr Hackethal, entsprechend Ihren Erwartungen. Für eine kurze Mitteilung

des Ausgangs wäre ich Ihnen dankbar. Schön wäre, wenn der Chirurgenkongreß Sie zu uns führen würde.

Mit freundlichen Grüßen von Haus zu Haus

Ihre Pitzens.«

1971 feierte Peter Pitzen seinen 85. Geburtstag. Es wurde ein großes Erinnerungsalbum zusammengestellt. Jeder seiner Schüler dokumentierte, was aus ihm geworden war. Hackethal, dem er ins Zeugnis geschrieben hatte, er sei »gewiß, daß die Orthopädie durch seine weiteren Arbeiten noch eine wesentliche Bereicherung erfahren« werde, konnte nicht viel bieten, auf das sein alter Lehrer hätte stolz sein können. Lauenburg war eher peinlich. Damals schrieb ich ihm und er mir einen langen Brief. Verstoßen hat er mich nicht. Denn »Treue und Verbundenheit« versicherte der untadelige Universitätsemeritus dem in die Wüste geschickten Hochschulrebellen.

Meinen zweiten Brief habe ich ihm im Sommer 1976 zu seinem neunzigsten Geburtstag geschrieben. Das war dreizehn Jahre nach dem unrühmlichen Ende meiner Universitätskarriere und kurz nach der Abgabe des druckreifen Manuskripts meines ersten medizinkritischen Buches in Volkssprache mit dem Titel *Chirurgie – Handwerk zum Heilen und Töten.*

»Lauenburg, am 16. Juni 1976

Hochverehrter Herr Professor Pitzen!

Bis heute noch hatte ich gehofft, am 18. Juni in Jünkerath dabei sein zu können. Nun muß ich mich doch darauf beschränken, Ihnen meinen Dank und meine Glückwünsche zum neunzigsten Geburtstag im Briefumschlag zu schicken.

Vorangestellt sei mein Dank. Gemessen an der Dauer sind drei von dreißig Berufsjahren bei Ihnen nicht gerade imponierend viel. Gemessen an den Auswirkungen ist seit 1952 wohl kein Arbeitstag vergangen, der nicht in irgendeiner Form von Ihnen beeinflußt wurde.

›Herr Hackethal, Herr Hackethal! Ein guter Chirurg ist noch lange kein guter Orthopäde.‹ Dieser Tadel innerhalb der ersten Wochen für einen schlechten Gipsverband wird mir auf ewig in den Ohren klingen.

Ich kam zu Ihnen kurz nach meiner Facharztanerkennung für Chirurgie. Professor Franz Rose, der Flüchtling aus Charkow, hatte mich das Einmaleins im Umgang mit Patienten gelehrt und wie man ein Messer anfaßt. Zwangsläufig erzog er mich auch zur Ungeduld, jener historisch tief verwurzelten Chirurgeneigenschaft, die Tugend und Laster zugleich ist.

Daß der Arzt für den Patienten da ist und nicht umgekehrt, war schon von meinem väterlichen Lehrer Franz Rose vor- und durchexerziert worden. Sie, hochverehrter Herr Professor Pitzen, haben das in markanter Weise unterstrichen.

›Daß mir ja nichts passiert, Herr Hackethal!‹ Auch dieser Satz verfolgt mich, seit ich um Ihre Genehmigung zu der ›zervikal-periduralen antiphlogistischen Infiltration‹ bat. Der Schreck nach einer irrtümlichen Novocain-Injektion in den zervikalen Periduralraum sitzt mir noch heute in den Gliedern. In der halben Stunde des drohenden irreparablen Atemstillstandes hatte ich keine Hoffnung auf Gnade für etwas, was an anderen Universitäten schlimmstenfalls als Kavaliersdelikt gilt – wie ich erst viel später erfuhr.

Außer der kompromißlosen Unterordnung forscherischer Tätigkeit unter das Wohl des betroffenen Einzelpatienten als Pitzen-Maxime empfinde ich die Erziehung zur Geduld als markanteste Auswirkung Ihrer Lehrerfunktion auf mich. Daß trotzdem viel Ungeduld übrig blieb, liegt am Schüler.

Da wäre ich eigentlich beim Thema, aber ich möchte Ihre Geburtstagsfreude nicht mehr trüben, als es durch ein enfant terrible in der Schülerschar zwangsläufig geschieht.

Zwei große weise Männer als Lehrer der Chirurgie und Orthopädie – ein größeres Glück kann wohl kein junger Arzt haben. Ob ich dieses Glück glücklich genutzt habe, mag hier offenbleiben. Jedenfalls erinnere ich mich voll Dankbarkeit der Jahre am Hüfferstift unter Ihrer Führung. Sie waren und sind für mich das, was Sie als hervorstechendste Eigenschaft Ihres Lehrers Fritz Lange gerühmt haben: Ein zwingendes Vorbild. Wie zwingend, haben mir erst die zwanzig Jahre nach Münster richtig klargemacht.

Ich wünsche Ihnen, hochverehrter Herr Professor, einen glücklichen Geburtstag im Kreise Ihrer Lieben und Ihrer Schüler und noch viele Jahre bei Gesundheit und Zufriedenheit. Ich hoffe sehr, daß ich meinen Besuch bei Ihnen bald nachholen kann. Es läge mir daran, Ihnen ein paar Erläuterungen zu manchem zu geben, was dem erläutert werden sollte, der mich neben Franz Rose stän-

dig am Schreibtisch meiner kleinen Praxisklinik in fast Lebens-
größe beobachtet.
In Dankbarkeit und Treue
Ihr Schüler K.H. Julius Hackethal.«

HABILITATIONSSTRESS BIS ZUR KLINIKEINWEISUNG MIT HERZRASEN

Habilitation – von (lat.) habilitas = Geeignetheit, Tauglichkeit – nennt
man den Erwerb der akademischen Lehrbefugnis, auch (lat.) venia
legendi genannt, wörtlich: Die Gnade, vorlesen zu dürfen.

Ja, es ist zur Hauptsache Gnade, als Privatdozent – dem Zwi-
schending von Doktor und Professor – tauglich gesegnet zu werden.
Den Segen erteilen nur die auf den Heilgottesthron Berufenen, die
»Ordentlichen Universitätsprofessoren«, genannt Ordinarien. Dies ist
der höchste Rang in den akademischen Hierarchien Deutschlands,
Österreichs und der Schweiz. In den angelsächsischen Ländern nennt
man den Ordinarius »full professor«, in Frankreich »professeur titu-
laire de chaire«.

Nirgendwo ist die Macht der Ordinarien so groß und unkontrol-
liert wie in den deutschsprachigen Ländern. Ich beziehe das wohlgemerkt nur auf die Humanmedizin. Wie es in anderen Fakultäten
aussieht, weiß ich nicht gut genug.

Formale Voraussetzungen für die Zulassung zum Habilitationsverfahren sind die Promotion, also der Doktortitel, die Vorlage von
Publikationen, die den Bewerber als selbständigen und produktiven
Wissenschaftler ausweisen, das Verfassen einer Habilitationsschrift,
deren Absegnung durch drei Ordinarien der Medizinischen Fakultät
und die nichtöffentliche Probevorlesung vor den Ordinarien der Medizinischen Fakultät mit wissenschaftlicher Disputation – von (lat.)
disputare = gänzlich ins Reine bringen, Gründe und Gegengründe ab-
wägen.

Endgültig entscheidet die der Probevorlesung folgende Geheimab-
stimmung der Ordinarienversammlung über die Frage: Würdig des
Titels Privatdozent oder nicht? Ob einfache Mehrheit oder Zweidrit-
telmehrheit dafür oder nur eine Stimme dagegen entscheiden, ist geheim. Gekrönt wird die Gnade, vorlesen zu dürfen, dann durch die
öffentliche Antrittsvorlesung als Privatdozent.

Habilitationsstreß muß sein. Ohne harte Forschungsarbeit sollte niemand den Titel »Privatdozent« bekommen dürfen, und erst recht nicht den Titel »Universitätsprofessor«, egal ob in der Feinabstufung apl = außerplanmäßiger, pl = planmäßiger, ao = außerordentlicher oder oö = ordentlicher öffentlicher Professor. Der Professor h.c. – offiziell: honoris causa (für Ehrwürdigkeit), inoffiziell: humilitatis causa (für kriecherische Demut) – ist dagegen, da ohne wissenschaftliche Leistungen erteilt, eine Diffamierung des Professorentitels.

Ich wiederhole: Habilitationsstreß muß sein. Nicht aber die Erteilung des Titels »Privatdozent« in jener unkontrollierten Größenordnung an Ordinarius-Gnädigkeit, wie sie bei uns gang und gäbe ist. Das gehört auf den Müllhaufen einer humanen Medizingeschichte.

Denn eine der Humanitas und dem Können unterzuordnende ärztliche Gesundheitshilfe darf nur Universitätsprofessoren anvertraut werden, die nach einem öffentlichen Habilitationsverfahren und in öffentlicher Abstimmung eines Wahlgremiums aus Ordinarien der Medizinischen Fakultät einerseits und aller übrigen Fakultäten in gleicher Zahl als Patientenvertreter andererseits mit einfacher Stimmenmehrheit gewählt werden. Nur so ist die Gnade für kriecherische Speichelleckerei als Auswahlfaktor auf das nötige Maß zu reduzieren, damit es es in der Medizinforschung endlich aufwärts geht. Aufwärts zu einer größeren Volksgesundheit als Produkt aus Ganzheits-Gesundheits-Grad (von 100 bis 1) mal Zeit.

Diese Volksgesundheit ist in Deutschland weit kleiner als sie, gemessen an den Möglichkeiten von heute, sein dürfte. Aber das gilt nicht nur für Deutschland.

Man könnte entgegenhalten wollen: Die seit hundert Jahren ständig steigende durchschnittliche Lebenszeit-Erwartung in den Industrienationen beweise die positive Entwicklung der Medizinforschung für die Volksgesundheit.

Wer so denkt, hat vom Wert des Lebens nichts begriffen. Mehr als 25 Prozent der über Achtzigjährigen wären lieber tot. Die und alle schon früher total Lebensüberdrüssigen herausgerechnet, werden die Menschen nicht älter als vor fünfzig Jahren.

Nicht nur ohne das verlockende Beispiel und das beharrliche Drängen meines ersten Hauptlehrers Franz Rose, sondern auch ohne Peter Pitzen als Förderer hätte ich höchstwahrscheinlich nicht habilitiert. Das, was PP viel später im Schlußsatz meines Zeugnisses geschrieben und was er mich schon in den ersten Tagen hat spüren lassen, war mit schuld, daß ich den Habilitationsstreß durchgehalten habe: »Dr. Hackethal beabsichtigt, sich im Fachgebiet der Orthopädie zu habilitieren. Ich bin gewiß, daß die Orthopädie durch seine weiteren Arbeiten noch eine wesentliche Bereicherung erfahren wird.«

Als Habilitationsthema hatte ich vorgeschlagen: *Über die Bedeutung mechanischer Nervenirritationen für die Pathogenese des Sudeckschen Syndroms*. Pitzen war einverstanden. Gewachsen war das Thema einerseits aus Beobachtungen an Patienten, über die ich erstmals auf dem Deutschen Chirurgenkongreß 1953 in München referiert und im gleichen Jahr im *Archiv für Orthopädische Chirurgie* publiziert hatte. Andererseits ließ das Ergebnis der ersten Tierversuche mit Kaninchen auf eine Beweisführung im Sinne meiner These hoffen.

Die Untersuchungen für die Habilitationsschrift gliederten sich in einen Experimentellen Teil und einen Klinischen Teil. Über den Experimentellen Teil berichte ich mit sehr schlechtem Gewissen. 60 Kaninchen im Alter von 7 bis 18 Monaten habe ich grausam gefoltert und schließlich getötet, um Privatdozent zu werden.

Alle 60 wurden unter Assistenz einer Tierpflegerin und einer Medizinisch-Technischen Assistentin in Narkose operiert. Operationsziel war, den Ischiasnerv einer Seite freizulegen und dann einen Metallring oder eine Kunststoffmanschette um ihn herum einzupflanzen, um ihn direkt oder indirekt einzuschnüren. Direkt geschah dies dadurch, daß der Nerv schon bei der Operation unterschiedlich stark stranguliert wurde. Indirekt wurde der Schnüreffekt dadurch bewirkt, daß ich in die Fußsohle der operierten Seite eine ätzende Flüssigkeit spritzte, um über eine örtliche Entzündung eine aufsteigende Ischiasnervschwellung und damit eine Selbststrangulation zu erreichen. Die Nervenschnürung mußte so gering gehalten werden, daß es nur zu einer Reizung bzw. Irritation, nicht aber zu einer Lähmung kam.

Heute wird mir übel, wenn ich an diese systematische Tierfolterei denke. Denn eine Folterung war es deshalb, weil den Versuchstieren mit der Operation allein oder der späteren Einspritzung eine viele Wochen lange schmerzhafte Krankheit anexperimentiert wurde. Daß Operation und Einspritzung in Betäubung stattfanden, schmälert die Grausamkeit wenig.

Leider heulen und schreien Kaninchen nicht laut hörbar, wenn ihnen etwas weh tut. Deshalb konnte ich es bei der täglichen Visite im Versuchsstall der Klinik nicht einmal bemerken, daß und wie sie gelitten haben.

Das Schlimmste aus heutiger Sicht: Ich hatte nicht die Spur eines schlechten Gewissens, prahlte sogar im Klinikkasino und unter Freunden stolz mit meinem Experimentierfleiß. So sehr hatte mich die schulmedizinische Erziehung charakterlich deformiert. Jede Grausamkeit und Rücksichtslosigkeit war nicht nur erlaubt, sondern galt als überaus verdienstvoll, wenn sie nur der Wissenschaft diente. Der Anschein, daß es so sein könnte, genügte. Auch Betrug im Dienste der Wissenschaft galt schlimmstenfalls als Kavaliersdelikt.

Jedes zu Anstand erzogene Kind verurteilt solche Tierversuche ohne Nachdenken als Untat eines Bösewichts. Medizinstudenten, für die Mitleid und Barmherzigkeit die wichtigste Grundbedingung des späteren Arztberufes sein sollten, wird dieser anerzogene Anstand in den ersten Semestern systematisch ausgetrieben. Ich schäme mich noch heute, nicht nur dafür, daß ich mich trotz der hautnah miterlebten »Kristallnacht«-Ereignisse vom 9. November 1938 freiwillig zum Krieg der Nazimörder gemeldet habe. Mehr noch betrübt es mich, als über Dreißigjähriger nicht nur diese Kaninchenfolterungen durchgeführt zu haben, sondern auch – später noch, bis Anfang 1956 – grausame Experimente an Hunden. Daß ich einem Tier nie gezielt Schmerzen zugefügt, sondern die Tiere vor schmerzhaften Eingriffen stets betäubt habe, entschuldigt mich wohl nur wenig. Später habe ich den riesigen Tierstall im obersten Stockwerk des Bettenhochhauses der Chirurgischen Universitätsklinik Erlangen-Nürnberg gemieden wie die Pest. Es war eine der grausamsten Tierfolterstätten, die man sich vorstellen kann. Ich fürchte, sie ist es noch heute.

Mit der Tierfolter muß endlich Schluß sein. Denn ohne das Verbot quälerischer Tierversuche für Medizinstudenten und Ärzte wird es keine humane Arzthilfe als berufliche Selbstverständlichkeit geben.

Die Ergebnisse des experimentellen Teils meiner Habilitationsforschungen waren zwar der wichtigste Beweis für die Qualifikation zum Privatdozenten, aber nicht der einzige. Hinzu kam der Klinische Teil in Form von Untersuchungen von Patienten mit Sudeckschem Syndrom und der Befundauswertung. Und fast am anstrengendsten und zeitraubendsten erwies sich das Studium der Literatur und seine Berücksichtigung. Fast 400 Publikationen habe ich studiert und daraus zitiert, nicht nur Zeitschriftenartikel, sondern auch zahlreiche Bücher.

Für das alles stand, von wenigen heimlich gestohlenen Dienststunden am Nachmittag abgesehen, nur die dienstfreie Zeit zur Verfügung. Meine Arbeit als Stationsarzt durfte nicht leiden. Also blieben außer den Wochenenden, Feiertagen und dem Urlaub nur die Nächte. Die verbrachte ich in einem Studierzimmer der Klinik. Zu Hause bei der Familie war ich nur zu Besuch.

Wachhalten mußte ich mich über Mitternacht hinaus mit starkem schwarzem Tee. Das endete schließlich im Frühjahr 1955 damit, daß ich wegen Herzrasens aus unbekannter Ursache in die Medizinische Uniklinik eingewiesen wurde. Dort drehte man mich durch die Diagnostikmühle, verordnete im übrigen strenge Bettruhe und irgendwelche Medikamente, an deren Namen ich mich nicht erinnere. Der anfängliche Verdacht auf Hyperthyreose (= Schilddrüsenüberfunktion) bestätigte sich ebensowenig wie der auf stummen Herzinfarkt. In den nächsten zehn Tagen reduzierte sich die Tachykardie von 120 auf 90 Pulsschläge pro Minute, die Diagnose-Ungewißheit aber nicht. Meine Verdachtsdiagnose »Chronische Schwarzteevergiftung« war den Medizinischen Universitätsklinikern zu banal.

Doch schlußendlich gab es keinen Zweifel: Besserung in der Klinik brachten nicht die strenge Bettruhe und die Medikamente, sondern der Ersatz des Schwarztees durch Malzkaffee und Kräutertee und die Zeit. Die Heilung zu Hause erfolgte prompt. Auf Schwarztee habe ich vorsorglich ein paar Jahre lang verzichtet. Einen Rückfall gab es nicht.

Im Frühsommer 1955 war die Habilitationsschrift reif für die Begutachtung durch die dafür vorgeschriebenen drei Ordinarien. Normalerweise dauert dies insgesamt nur ein paar Wochen, so daß ich mit meiner Ernennung zum Privatdozenten noch zum Ende des Sommersemesters rechnen durfte. Anfangs schien dies zu klappen. Denn der Nachfolger meines mit seiner Emeritierung ausgeschiedenen Habilitationsvaters PP, (Prof. Dr.) Oskar Hepp, und der zweite Medizin-Ordinarius brauchten nur ein paar Tage für ihr Urteil. Aber der Chirurgie-Ordinarius (Prof. Dr.) Paul S.-P. ließ sich Zeit. Er verstaute meine Streßarbeit erst einmal in seiner Schreibtischschublade und lächelte mich beim Tennisdoppel von oben herab an, wenn er die Partie verlor.

Mein Doppelpartner gegen ihn war sein Wissenschaftlicher Assistent Dr. Karl Th., später Chefchirurg eines katholischen Krankenhauses. Er meinte öfter, wir sollten seinen Chef doch lieber mal gewinnen lassen, auch im Hinblick auf meine Habilitation. Das jedoch ließ mein Ehrgeiz nicht zu. Nicht der, kein Tennisspiel verlieren zu können. Verlieren nach hartem Kampf störte mein Wohlbefinden nicht. Aber einen Ordinarius gewinnen zu lassen, nur um schneller Karriere zu machen, das ging mir verdammt gegen die Ehre.

Es wurde Dezember, bis der Heilgott sein Gutachten abgab. Abgeschossen hat er mich nicht, obwohl ich es ihm zugetraut hätte, diesem ordentlichen Professor für Roboterchirurgie.

Nicht ganz so anstrengend wie meine Habilitation war der Rest an Forschungsarbeit. Sie galt der Knochentransplantation. Mir wurde die Oberhoheit über die Knochenbank übertragen, die in den fünfziger Jahren als Vorratslager für Knochenverpflanzungen modern wurde. Als Spender dienten Unfalltote. Aus der Chirurgischen Klinik und der Pathologie wurde uns gemeldet, wenn ein Unfallverletzter verstorben war.

Dann setzte ich mich, meist nachts, mit einem Helfer in Marsch, um dem Spender unter den Bedingungen einer aseptischen Operation aus Beinen, Armen und Becken Knochenteile herauszusägen und durch eine Holzprothese zu ersetzen. Diese Knochen mußten langzeitkonserviert werden. Zur Verfügung standen die Tiefkühlung und die Einlagerung in eine Konservierungslösung namens Cialit. Beide Verfahren waren bereits anderweitig als tauglich befunden worden. Ungeklärt war jedoch noch, welche Methode zu rascherer und zuverlässigerer Einheilung führte.

Auch zur Klärung dieser Frage unternahm ich – wie schon gebeichtet – Tierversuche, und zwar an Hunden. Diese Versuche waren weniger grausam als das den Kaninchen bereitete Martyrium, aber trotzdem nicht entschuldbar.

In Narkose pflanzte ich Schäferhunden nebeneinander drei Knochenstücke ein: Ein cialitkonserviertes, ein kältekonserviertes von einem anderen Hund (»homologer« Fremdspan, das heißt von der gleichen Tierart) sowie ein frisches unkonserviertes von demselben Hund (»autologer« Eigenspan). Ergebnis der Einheilungszeit: 3:2:1. Das heißt, beim chemisch konservierten Fremdspan dauerte es dreimal so lange wie beim frischen Eigenspan.

Eigentlich konnte nichts anderes herauskommen, als daß der frische Eigenpflänzling am raschesten und sichersten einheilte. Das hätte jeder voraussagen können, der biologisches Grundwissen hat. Aber genau hier steckt das Forschungsproblem generell. Als wissenschaftlich bewiesen – oder neuschulmedizinisch ausgedrückt, als »wissenschaftlich allgemein anerkannt« – gilt nur, was dreifach experimentell getestet wurde: Im physikochemischen Labor, an Tieren und an Versuchspersonen.

Einfache, in sich schlüssige Beweisführungen aufgrund biologischer Gesetzmäßigkeiten gelten ebensowenig als Beweis wie jahrhundertealte Erfahrung. Ich schätze, daß neunzig Prozent aller Tier- und Menschenversuche der Schulmedizin zur Qualitätstestung von Gesundheitshilfen überflüssig sind, also unterbleiben sollten. Oft würde nur ein gründliches Literaturstudium genügen, um festzustellen, daß entsprechende Versuche schon längst gemacht und publiziert wurden.

Im Bundesgesundheitsministerium sollte eine Forschungs-Kontrollkommission eingerichtet werden, abgekürzt »FKK«, auch weil die Forscher ihr Vorhaben nackt auf den Kontrolltisch legen müssen.

Meine Forschungsarbeit in Münster fand ihren publizistischen Niederschlag in fünf Vorträgen auf Kongressen und zehn Artikeln in medizinischen Zeitschriften. Sie betraf außer dem Sudeckschen Syndrom und der Knochentransplantation: Thrombose, Blutgerinnung, Bandscheibenverletzungsdiagnostik und Halswirbelsäulenprobleme. Auch meine Erfinderlust kam nicht zu kurz. Ich erfand eine spezielle Periduralkanüle und entwickelte zum gezielten Angriff auf Tuberkuloseherde in den Knochen ein Punktionsinstrumentarium sowie eine Technik zur höheren Treffsicherheit.

Diese Eigenschöpfung hat mir dann ein Wiss-Ass-Kollege gestohlen. Er nahm es mit der wissenschaftlichen Redlichkeit auch sonst nicht so genau. Im Klinikkasino lästerte man über den »R-Faktor«, mit dem Dr. R. die Zahl seiner Forschungsexperimente multiplizierte, um ihre Beweiskraft zu stärken. Von der Tierlaborantin kannte man die wahren Zahlen. Es soll zum Teil ein zweistelliger Faktor gewesen sein. Das R-Faktotum wurde Medizin-Ordinarius!

BEWÄHRUNGSPROBEN ALS MEDIZINLEHRER

Ein bißchen hatte ich schon am Kreiskrankenhaus Eschwege als Medizinlehrer vorgeprobt: Als Lehrer an der Schwesternschule in den Fächern Anatomie, Physiologie und Chirurgie. Dabei habe ich selbst am meisten gelernt. Woran sich bei allen späteren Unterrichts- und Vorlesungsstunden nichts geändert hat. Keine Prüfungsangst hat mich so zum Lernen motiviert wie der Ehrgeiz, vor wißbegierigen Schülern keine Defizite in der Beherrschung des Lehrstoffs zu zeigen.

Meine eigentliche Bewährungsprobe als Medizinlehrer begann aber erst an der Universität Münster. Dort gab es – angeschlossen an die Orthopädische Universitätsklinik – eine Staatliche Schule für Krankengymnastik und Massage. Hier verdiente ich mir die ersten Sporen als Dozent für Funktionelle Anatomie und Chirurgie. Später kamen auch andere Fächer hinzu. Damit wurden vor allem meine Kenntnisse in der Physiotherapie erweitert und vertieft. Das kam außer mir vor allem meinen Patienten zugute. Im übrigen wurde bei mir der Grundstein für die Gründung der Staatlichen Krankengymnastikschule der Universität Erlangen-Nürnberg 1957 gelegt, deren Leiter ich später bis 1964 war.

Die Hauptvorlesung Orthopädie hielt selbstverständlich der Orthopädie-Ordinarius von Münster. Die Anwesenheit war für alle Klinikärzte Pflicht, für mich eine angenehme. Denn PP hatte großes pädagogisches Talent, von dem man als angehender Lehrkanzelprediger viel lernen konnte. Fast noch wichtiger aber war, sich aus erster Hand oder besser erstem Mund über die Strategie »nach Art des Hauses« – hier die der »Pitzen-Orthopädieschule« – ergänzend informieren zu lassen.

Die Qualität der Pitzen-Vorlesung faszinierte mich so, daß ich die Möglichkeit, eigene Vorlesungen zu halten, kaum erwarten konnte. Die erste Gelegenheit war die Probevorlesung vor den Ordinarien der Medizinischen Fakultät kurz vor Weihnachten 1955. Man mußte vorher drei Themen zur Auswahl anbieten, die mit dem Habilitationsthema nichts zu tun hatten. Welche ich angeboten habe, weiß ich nicht mehr.

Die Probevorlesung war auf den Abend eines Wochentages angesetzt. Lange vor der Zeit saß ich brav im »Stresemann«, der ungeschrieben vorgeschriebenen Uniform für akademische Weihen, vor der Tür zur Dekanatsveranstaltung. Da konnte ich die im unregelmäßigen Gänsemarsch ankommenden Habilitationsrichter inspizieren, bevor sie im Gerichtssaal verschwanden. Dabei hätte ich schon auf freche Gedanken kommen können. Denn überzeugende Autorität strahlten nur zwei der zwei Dutzend Angehörigen jener Kaste aus, die sich Umfragen zufolge auf der höchsten Ehrbarkeitsstufe dieser Welt befindet: Nicht der der Philosophen, Juristen oder anderer Gelehrter, sondern der der Inhaber medizinischer Universitätslehrstühle. Aber freche Gedanken dieser Art brauchte ich mir gar nicht zu verbieten, denn ich hatte sie nicht.

Endlich wurde ich hineingerufen. Da saß das Hohe Habilitationsgericht im Kreis herum. Man schaute auf den Würdestreber mit distanzierter Neugierde. Der Dekan erhob sich. Mit betont würdevoller Miene kompensierte er den Auftritt ohne Würde-Insignien. Dann erhob er zusätzlich auch seine Stimme auf eine Tonhöhe, wie ich sie von ihm beim Tennisspielen gar nicht kannte.

Ja, Dekan der Medizinischen Fakultät war Doppelgegner Paul S.-P. An das, was er sagte, erinnere ich mich nicht, nur an das Wie. Und daran, daß ich aller Ordinariengläubigkeit zum Trotz den Gedanken plötzlich nicht mehr unterdrücken konnte: »Du arrogantes Arschloch!« Pardon!

Der Rest ist geschenkt. Ich hielt die Probevorlesung, vorschriftsmäßig frei. Vierzig Minuten hatte ich Zeit. Ein paar betont jovialfreundliche Ordinariengesichter senkten mein Lampenfieber: Das meines neuen Chefs seit gut einem halben Jahr, das des Ordinarius der Frauenklinik, der die Magnesium-Thrombose-Prophylaxe nach Hackethal eingeführt hatte, und ein paar andere. Am Schluß klopfte man nach akademischer Sitte mit den Knöcheln der Langfingermittelgelenke hölzernen Beifall. Verhalten, versteht sich.

Dann begann die Disputation um das Habilitationsthema. Dümmer hätte kein Schalterbeamter fragen können, als die meisten fragten. Obwohl es eher kleine Esel waren, an ihrem Fachwissen gemessen. Beschränkt hochintelligent!

Schließlich beendeten »Spectabilität« – der Anredetitel eines Fakultätsdekans, von (lat.) spectabilis = sehenswert – die Disputatio. Ich solle draußen warten, verfügte er. Also zog ich mich zurück, damit sich das Hohe Habilitationsgericht beraten konnte. Knapp eine Viertelstunde nur brauchte man für Diskussion und Abstimmung über das Urteil. Dann kam der große Augenblick, der bislang größte des Treppauf-Marathons.

Spectabilität verkündeten den Urteilsspruch der Ordinarien: »Herr Dr. Hackethal, Sie haben die Prüfung bestanden. Ich ernenne Sie im Namen der Medizinischen Fakultät der Westfälischen Wilhelms-Universität Münster zum Privatdozenten für Orthopädie.«

Mir stiegen die Tränen auf. »Bloß nicht heulen«, dachte ich entsetzt. Ich jagte meine Gedanken zur linken Hirnhälfte. Dorthin, wo bei Rechtshändern der nüchterne Verstand sitzen soll – von der

Traumseite zur Arbeitsseite des Großhirns. Vergeblich! Ererbte und
anerzogene Gefühlsduselei ließen den Tränenkanalsiphon überlaufen. Ein paar Tropfen nur, mehr links als rechts. Zu wenig für die
meisten im Kreis, zu viel für den Dekan, der mir die Hand drückte,
daß es weh tat. Denn in seinem Blick lag Verachtung für einen
Schwächling, der sich nicht beherrschen konnte. Sofort trockneten
meine Tränendrüsen aus. Eigentlich hätte ich ihm für den bösen
Blick danken sollen.

Alle Ordinarien gratulierten mir, mehr oder weniger aus dem
Herzen. Dann war es geschafft. Ich machte mich auf den Heimweg.
Unsere kleine Wohnung im Universitätsviertel war bald erreicht. Zu
sagen brauchte ich nichts. Es gab eine lange Umarmung. An was
meine Frau dabei gedacht hat, glaube ich zu wissen: Hoffentlich hat
er in Zukunft mehr Zeit für uns! Erfüllt hat sich diese Hoffnung leider
nicht. Leider?

Die Antrittsvorlesung als Privatdozent war auf Mitte Januar 1956
angesetzt. Das schien mir eine gute Gelegenheit, sie mit einer Veranstaltung zu verbinden, die ich ursprünglich für eine andere Zeit
geplant hatte, nämlich mit dem »2. Internationalen Magnesium-Sym-
posion«.

So geschah es. Ich lud mehrere Medizinwissenschaftler ein und
machte das Vorhaben bekannt. Es meldeten sich noch zahlreiche
weitere Vortragende. So entstand ein Zwei-Tage-Programm, das eine
interessante Veranstaltung versprach.

Das einleitende Referat war gleichzeitig der Titel meiner Antrittsvorlesung: »Magnesium – ein physiologisches Antithrombotikum. Bilanz einer siebenjährigen experimentellen und klinischen Kontrolle«.
Der große Hörsaal des Anatomischen Instituts, den man mir zur Verfügung gestellt hatte, war brechend voll. Da schlug das Herz des Ehrgeizlings einige Takte schneller und höher.

Während der Vorlesung gab es viel Zwischenbeifall und vor allem
Zwischenlacher. Aber ich gestehe: Es waren auch genug Claqueure
eingeladen. Die halbe Verwandtschaft und zahlreiche Freunde hatte
ich herbeigenötigt. Sie waren zum Teil von weither angereist. Daß
es – anders als vorgeschrieben – zum Teil keine Mediziner waren,
wurde Gott sei Dank nicht kontrolliert.

Auch mit dem Schlußapplaus durfte ich zufrieden sein. Danach
kam die öffentliche Krönung zum Privatdozenten durch den Dekan
der Medizinischen Fakultät, dieses Mal in vollem Ornat, versteht sich.

Das Symposium hat dazu beigetragen, die allgemeine Aufmerksamkeit der Ärzte auf das Magnesium zu lenken, das in der damaligen Zeit – abgesehen vom Bittersalz (= schwefelsaures Magnesium) – als Arznei fast überhaupt keine Rolle spielte.

Ich stellte zur Diskussion, daß Magnesium, der mineralische Gegenspieler von Calcium, im Adersystem eine Schutzfunktion gegen Thrombusbildung, also gegen Thrombose und damit auch gegen ihre gefährlichste Folge, die Thrombus-Embolie, haben könnte.

Ohne Calcium gerinnt das Blut nicht, wird die flüssige Vorstufe des Faserstoffes (= Fibrinogen) nicht zum (festen) Blutfaserstoff (= Fibrin). Deshalb entkalkt man die Blutproben mit zitronensaurem Natrium, wenn sie flüssig bleiben sollen. Wenn man zur entkalkten Blutprobe Calcium gibt, gerinnt sie.

Der Calcium-Gegenspieler Magnesium hemmt die Fibrinbildung in sehr mildem Grade. Darüber hinaus fördert er, wenn es zur Thrombose gekommen ist, die Fibrinauflösung (= Fibrinolyse) und wirkt damit heilungsfördernd. Außerdem stabilisiert das Magnesium die Blutplättchen, Thrombuszellen bzw. Thrombozyten genannt, weil sie die Thrombusbildung einleiten.

Schließlich wirkt Magnesium adererweiternd und damit gegen den Gefäßkrampf, der eine thrombotische Teilverstopfung der Ader durch Umklammerung komplett macht. Diese Gefäßerweiterung und Krampflösung wird über das Nervensystem bewirkt. Es kommt zu einer Hemmung der nervalen Impulsaktivität, der nervalen Stromstöße zur Regulation der Zellarbeit im Viel-Billiarden-Zellstaat Mensch und auch der Arbeit der Muskelzellen. Auf das Nervensystem allgemein wirkt das Magnesium dämpfend. Bei niedriger Dosierung nur leicht, im Sinne einer Beruhigung, bei höchster Dosierung bewirkt es eine tödliche Lähmung.

Die Wirkung von Magnesium auf das Nervensystem ist in den letzten zwei Jahrzehnten generell zum Schwerpunkt der Magnesiumtherapie geworden. Bei einer Erhöhung des Magnesium-Blutspiegels wirkt das Magnesium in jenen Organen und Organteilen am stärksten, in denen eine Überaktivität der Nerven besteht. Das macht Magnesium zur Arznei gegen »Nervositäten«, also gegen ein Zuviel an nervaler Aktivität der verschiedensten Art vom Kopf, über Herz und Eingeweidesystem bis zu den Füßen.

Die Besonderheit des Magnesiums: Als körpereigene Regulationsarznei gehört es zur sanften Medizin, mit der man nur bei extremer

Dosierung und unnatürlicher Zufuhr (zum Beispiel durch Einspritzung) schaden kann.

Meine Schrittmacherfunktion für die Magnesiumtherapie wird von der Schulmedizin ignoriert. Alle vier erstmals von mir entdeckten und wissenschaftlich begründeten Magnesiumwirkungen wurden inzwischen von anderen Forschern bestätigt.

Als Antithrombotikum hat sich Magnesium allgemein nicht durchsetzen können. Sanfte Arzneien, die sich im Tierversuch dem Letal-Dosis-Beweis verweigern, haben keine Chance, den schulmedizinischen Gütestempel »wissenschaftlich allgemein anerkannt« zu bekommen. Für die schulmedizinischen Antithrombotika vom Typ Cumarin (= Marcumar), Heparin (= Liquemin) und Heparinoid (= Thrombocid) konnte der Letal-Dosis-Beweis vielfach geführt werden. Auch beim Menschen!!

Mehr nicht zu meiner Antrittsvorlesung als frischgebackener Universitätsdozent, der von nun an das Recht hatte, eigene Vorlesungen im Vorlesungsverzeichnis der Universität anzumelden.

Nummer eins war bereits im Wintersemester 1955/56 die Vorlesung »Erkrankungen der Wirbelsäule und ihre Behandlung«. Dabei blieb es dann in Münster allerdings, weil es mich bald zurück in die Chirurgie trieb.

OFFENSIVORTHOPÄDE (PROF. DR.) OSKAR HEPP ALS TECHNISCHER NACHLEHRER UND ENTTÄUSCHTER LIEBHABER

Offensivmedizin nenne ich – in Parallele zum Angriffskrieg – jene Art der ärztlichen Gesundheitshilfe, welche sich im Gegensatz zur Defensivmedizin nicht nur darauf beschränkt, Gesundheitsschädlinge im weitesten Sinne mit Verteidigungswaffen zu bekämpfen und Schäden zu reparieren, sondern darüber hinaus anzugreifen. Solche Schädlinge sind: Verletzungen und Vergiftungen, Infektionserreger, falsche Lebensweise etc., welche den Viel-Billiarden-Zellstaat Mensch angegriffen haben und weiter angreifen.

Der Vorreiter der Offensivmedizin war die Offensivchirurgie, welche Anfang der vierziger Jahre in größerem Umfang begann. Die Offensivorthopädie hinkte etwa zehn Jahre hinterher. Sie hat sich in Deutschland als »Orthopädische Chirurgie« in den siebziger Jahren zum schulmedizinischen Standard gemausert.

In der Orthopädie ist die Offensivmedizin dadurch charakterisiert, daß die Zahl der Operationen zu Lasten der konservativen Behandlung erheblich zunahm. Peter Pitzen war ein Defensivorthopäde. Ganz im Sinne des französischen Arztes Nicolas André (1658–1742), der den Stab und die Seile, mit denen ein krummer Bäumling zum Geradwuchs erzogen werden soll, zum Vorbild und Symbol der Orthopäden machte.

Der von der Universität Kiel auf den Orthopädischen Lehrstuhl von Münster berufene Oskar Hepp war ganz auf die offensive Orthopädische Chirurgie der Angloamerikaner ausgerichtet. Diese erstreckte sich nicht nur auf den bisherigen Bereich der Orthopädie, sondern auch auf die Einbeziehung der Unfallchirurgie des Bewegungssystems. Hier waren bereits in den fünfziger Jahren unter den Ärzteführern von Chirurgie und Orthopädie Verteilungskämpfe im Gange. Schließlich ging es um das größte Stück aus der fachärztlichen »Sahnetorte« Unfallchirurgie, um das Bewegungssystem – in D-Mark ausgedrückt: Um viele hundert Millionen pro Jahr.

Ich habe diese Entwicklung der Traumatologie des Bewegungssystems hin zur Orthopädischen Chirurgie damals nicht erkannt. Sonst wäre ich wahrscheinlich der Orthopädie treu geblieben. Nicht auszudenken, was dann aus mir geworden wäre. Höchstwahrscheinlich ein schulmedizinbraver Orthopädie-Ordinarius, der seinen Ehrgeiz im operativen Wettkampf mit der Ordinarienkonkurrenz unter Wahrung traditioneller Spielregeln im pharisäisch-kollegialen Umgang ausgetobt hätte. Der programmierte Zufall wollte es anders. Hoffen wir, daß es der bessere Weg war. Für wen?

Im Gegensatz zu den üblichen Gepflogenheiten wurden bei dem Klinikchefwechsel nicht alle Oberärzte mitsamt dem Privatassistenten des Vorgängers aufs Altenteil geschoben und durch mitgebrachtes frisches Blut ersetzt. Die »Kieler Sprotte« gab allen die Chance, sich in den erreichten Positionen zu bewähren, auch mir. Mich übernahm er als Privatassistent. Das ließ hoffen, auch was das Schicksal meiner gerade abgeschlossenen Habilitationsschrift und meines erhofften Aufstiegs zum Privatdozenten anbetraf. Ohne sein Wohlwollen und seinen Segen wäre alle Mühe umsonst gewesen.

Die Heppsche Offensivorthopädie entsprach meinem chirurgischen Temperament mehr als die Defensivorthopädie von Pitzen. Es wurde von Monat zu Monat häufiger operiert. Auch ich bekam öfter die Chance, bei Kassenpatienten zu operieren.

Damals kam auch die Operation des Bandscheibenvorfalls mehr und mehr in Mode. Hier hatte ich schon unter Pitzen selbständig operieren dürfen, wenn auch – ich bekenne es – nicht mit überzeugendem Erfolg. Allerdings hatte ich mir die OP-Technik selbst erarbeiten müssen, ohne Lehrer und ohne Aufpasser bei den ersten eigenen Operationen. Nachdem ich die Technik im OP-Atlas studiert und bei dem Star unter den Bandscheibenchirurgen, (Prof. Dr.) Reischauer in Essen, einen OP-Tag lang zugeschaut hatte, kam die Bewährungsprobe – ausgerechnet beim Bruder unseres ersten Oberarztes. Da kann es bei einem Autodidakten mit Premierenlampenfieber nur danebengehen. Am Schluß war ich heilfroh, daß er nicht zusätzlich zu seinem fortdauernden Ischiasschmerz noch eine Lähmung bekommen hatte. Das Schicksal war mir gnädig: In den nächsten Wochen wurden die Ischiasschmerzen geringer, und am Schluß waren der Patient, sein Oberarztbruder und meine sonst eher konkurrenzkritischen Kollegen der Meinung, meine Operation habe das bewirkt. Ich selbst glaube es bis heute nicht, habe aber diesen Unglauben tief im Herzen bewahrt. Was wären wir Ärzte ohne die Selbstheilungskräfte?

Oskar Hepp förderte mich so, daß ich mir schließlich wie sein Kronprinz vorkam. Dabei überrundete ich seinen aus Kiel importierten Günstling Dr. Hans-Henning M., der sich später, 1961, bei ihm habilitierte, 1967 außerplanmäßiger Professor und 1968 sein Nachfolger wurde. Ein bißchen mag dazu beigetragen haben, daß ich mit Hepps Frau regelmäßig Tennis spielte. Sie war eine gute Spielerin mit einem eher männlichen Schlagstil. Ich hielt durch, weil es auch mir Spaß machte. Denn zum Gespielen allein tauge ich nicht. Auch nicht, wenn's taktisch klug wäre.

Frau Hepp war Ärztin, inzwischen zur Mutter von drei Kindern avanciert, und eine attraktive, selbstbewußte Brünette. Auf dumme Gedanken kam ich aber nicht, und sie schon gar nicht! Aber wahrscheinlich mochte sie mich, ihren Tennispartner, mehr als den Lieblingsgesellen ihres Mannes. Und sie hatte die Hosen an. Daß Oskar parierte, war einhellige Wiss-Ass-Einschätzung im Klinikkasino.

Übrigens habe ich zu keiner Zeit, weder früher noch später, im Dienst so viel und so laut gelacht wie in diesem Kasino. Spaßvogel Nummer eins war Dr. Walter M., später Cheforthopäde der renommierten Hessing-Klinik in Augsburg. Zuvor hatte ich ihn meinem Chef in Erlangen als Nachfolger von Dr. Schoberth – dem späteren Leiborthopäden der Fußballnationalmannschaft – aufgenötigt.

Walter M. gehörte schon zum festen Hüffer-Stift-Inventar, als ich zu Pitzen kam. Dank seiner großformatigen Hände hatte er sich in das Herz von PP eingegipst. Er modellierte die perfektesten Gips-schalen vom Hinterkopf bis zu den Fersen und die druckstellenärm-sten Becken-Bein-Gipse. Deshalb hatte ihn PP zum Häuptling des Gipssaales ernannt, der wichtigsten Handwerksstätte des Orthopä-den, im Therapie-Rang damals weit vor dem OP-Saal.

Es gab in der Klinik – außer Kapelle und Hörsaal – nur einen Saal, der größer war als der Gipsraum: Die Werkstatt der Orthesen- und Prothesenmacher, also der Orthopädiemechaniker im Klinikkeller. Im zweitgrößten Therapieraum, im Gipssaal, bewies mir Walter M. handgreiflich, daß ein einigermaßen guter Chirurg noch lange kein guter Orthopäde ist. Ich sehe ihn noch heute kopfschüttelnd und hä-misch grinsend vor mir.

Walter M.s Gipskünste wurden durch sein Talent als Spaßvogel noch weit übertroffen. Keiner beherrschte Lispelstimme und Leit-sprüche unseres großen Meisters so wie er. »Daß mir nur nichts passiert«, gab er mindestens einmal pro Woche, also wohl hundert-dreißigmal während meiner Zeit im Hüffer-Stift zum besten. Geist-reicher Mutterwitz verband sich in appetitlicher Mixtur mit stumpf-sinnigsten Blödeleien. Mit vielen seiner Repetierzoten habe ich mir später eigene Spaßmachererfolge erschwindelt. Aus meiner Sicht gibt es nichts Verdienstvolleres auf dieser Welt, als möglichst viele an-spruchsvoll Denkende möglichst oft zu lautem Lachen zu nötigen. Deshalb gehört Loriot (Vico von Bülow) zu den geistig Größten und Verdienstvollsten der Nation.

Nach Franz Rose und Peter Pitzen konnte Oskar Hepp als Mitt-vierziger mir, dem nur zehn Jahre Jüngeren, kein weiteres Vorbild sein. Gelernt habe ich von ihm nur Technisches. Er war ein erstklas-siger Mediziningenieur – allerdings mit größerem Talent zum Or-thopädiemechaniker als zum Operateur und in allem der Wissen-schaft mehr zugetan als seinen Patienten.

Nicht daß ich ihm konkrete Vorwürfe machen könnte oder gar wollte. Nicht einen einzigen! Wenn ihm etwas passierte, dann nicht aus schuldhaftem Verhalten, sondern aus Mißgeschick und Pech. Vielleicht hat er hie und da sein operatives Können überschätzt. Doch das geschieht nur dem nicht, der nicht operiert.

Leider mildert die Schuldlosigkeit des Operateurs nicht das Un-glück für den falsch operierten Patienten. Hier denke ich an Hepps schlimmste Fehloperation mit der Folge einer Querschnittslähmung vom Nabel an abwärts bei einem Patienten im besten Alter. Dieser litt unter einer starken Verkrümmung seiner Rumpfwirbelsäule nach vorn, so stark, daß er beim Gehen nur noch auf den Boden und auch das nur bis wenige Meter vor sich schauen konnte. Die Ursache dafür war eine Bechterew-Erkrankung, die aus der normalerweise (begrenzt) schlangenartig beweglichen Wirbelsäule einen bogenförmig gekrümmten Stock gemacht hatte.

Anfang der fünfziger Jahre hatten die waghalsigsten unter den deutschen Chirurgen und Orthopäden mit der Wirbelsäulenosteotomie zur Korrektur starker Fehlstellungen begonnen. Da kam dann bald jeder Orthopädie-Ordinarius beim »Operationsschach« in Zugzwang, auch Oskar Hepp.

Die Operationspremiere wurde auf das Sorgfältigste vorbereitet. Hepp tat sich sehr schwer. Die Großoperation dauerte viele Stunden. Es blutete, daß der ganze OP schwamm. Der Premierenoperateur schwitzte »Blut und Wasser«, und ihn plagten Sorge und Angst vor der drohenden Schwerstverstümmelung seines Patienten.

Trotzdem erschrak OH (= Oha) – wie wir ihn in Sympathie auch nannten – nach Entdeckung des unseligen Ausgangs weniger als PP nach der vermeintlichen Kleinverstümmelung durch Zerfräsen des Pseudo-Speichennervs. Ich war dabei, als OH bei dem aus der Langnarkose erwachten Patienten Visite machte und ihn, Böses ahnend, aufforderte, die Beine zu bewegen. Als sich nichts rührte, schaute er mich sprachlos an, mehr über sein Pech erschrocken, als über das seines Patienten. Zu wenig, auch aus meiner damals noch forschen Sicht. Da konnte mir nicht einmal ein Trostwort herausrutschen.

Pitzen hätte sich wahrscheinlich vorzeitig pensionieren lassen, wenn ihm das passiert wäre. Ich hätte geheult wie ein Schloßhund, so wie 1986 – also viele Jahre später – im Kreiskrankenhaus Traunstein, als ich erfuhr, daß ich einen jungen Mann beinahe zu Tode operiert hatte.

Ich muß an dieser Stelle erzählen, was damals geschah. Der Patient litt an einer Dickdarmpolyposis mit Schwerpunkt im Mastdarm. Ich wollte ihm vom After aus die einem Blumenkohlfeld gleichenden Mastdarmpolypen herausschneiden. Kein ganz leichtes Unterfangen. Dabei habe ich ein Loch in den Darm geschnitten, ohne es bereits bei der Operation zu bemerken. Zum Glück stellte ich die Verdachtsdiagnose etwa zwei Stunden nach der Operation und ließ ihn mit Tatütata zum Chefchirurgen von Traunstein transportieren. Der operierte ihn sofort, schnitt ein großes Stück von Mast- und S-Darm mit dem Loch heraus und flickte die Darmenden zusammen.

Die meisterlich ausgeführte Bauchoperation rettete dem Patienten das Leben und mich vor einer Anklage wegen Kunstfehlers. Darüber, daß ich nach der Hiobsbotschaft von der Mastdarmlochung vor allen Leuten auf dem Stationsflur laut geheult habe, soll man im Kreiskrankenhaus Traunstein noch heute lachen. Der ausgewachsene Professor für Chirurgie konnte sich nicht beherrschen! Meine Frau umarmte mich dafür. Ob sie mich loben oder nur trösten wollte, danach habe ich vorsichtshalber nie gefragt.

Oskar Hepp war mir weiter zugetan, weil oder obwohl ich zu seiner mißglückten Wirbelsäulenoperation kein Trostwort wußte. Sein Privatassistent war ich ja schon. Nun erkor er mich darüber hinaus dazu aus, den »Kieler Knochenspan« in die Heilschatzkammer nach Münster zu holen. Mit dem Erfinder, (Prof. Dr.) Richard M., Oberarzt jener Chirurgischen Universitätsklinik Kiel, der Hepps Orthopädische Abteilung einst angeschlossen war, verband OH eine nicht nur berufliche Freundschaft. Zu ihm schickte er mich, um die Methode der Spanherstellung aus Kalbsknochen zu erlernen und dann in Münster zu ihrer Verbreitung beizutragen. Ich verbrachte in Kiel zwei lehrreiche Wochen in OP und Labor und lustige Stunden im Kasino der Chirurgischen Uniklinik.

Nicht nur das. Auch die Lust am Großgewinn durch Glücksspiel im Spielkasino von Travemünde, unweit von Kiel, ließ ich mir eines Abends schmecken. Sie wurde zum totalen Frust für immer. Denn der Croupier betrog mich um siebzig Mark, für mich damals viel Geld. Ich hatte als einziger den letzten meiner fünf Zwei-Mark-Chips auf die 13 gesetzt und gewonnen. Da behauptete eine brillantenglitzernde, aus meiner damaligen Sicht alte Spielschachtel – fünfzig mag sie gewesen sein –, das sei ihr Chip gewesen, obwohl sie nur Fünf-Mark-Chips vor sich liegen hatte. Der Croupier glaubte nicht mir, der Eintagskasinofliege, sondern der Dauerkundin, was ihr Augenzwinkern in Richtung Geldverteiler verriet. Ich protestierte nur gesittet, weil es in dieser Pokergesellschaft ohnehin hoffnungslos war.

Als perfekter Präparator des Kieler Spans kam ich zurück. Der größte Vorteil für mich war, daß ich nachts nicht mehr zur Entnahme von Menschenknochen aus dem Bett geholt wurde. Denn von nun an stand nur noch Kalbsknochen nach Kieler Art auf dem OP-Menü. Ich hatte zwar schwere Bedenken, hielt mich allerdings mit meiner Skepsis in karrieresichernden Grenzen. Später, nach Münster, habe ich mich jedenfalls darauf beschränkt, die Kieler Späne wieder herauszuoperieren.

Alles in allem hat mich Oskar Hepp in den neun Monaten von Anfang Mai 1955 bis Ende Januar 1956 wie einen Kronprinzen behandelt. Das habe ich ihm nicht gedankt, denn im Februar schlug ich ihm die Liebe und Hoffnung, die er in mich investiert hatte, rücksichtslos um die Ohren, worüber noch zu berichten ist.

PRIVATE ERINNERUNGEN AN MÜNSTER

Privat war der Wechsel von Eschwege nach Münster ein tiefer Abstieg, vor allem für den Rest der Familie. Als Erstwohnung fanden wir nur ein winziges Zimmer, mit dem Klo über den Flur. Nicht einmal für ein zweites Kinderbettchen war noch Platz. Also wurde die achtzehn Monate alte Claudia erst einmal in die Obhut der Oma in Etzenborn gegeben. Unser Cabrio hatten wir verkaufen müssen. Denn sehr üppig war das Gehalt eines Wissenschaftlichen Assistenten 1952 nicht. Da hieß es kleine Brötchen backen und essen.

Unserer Liebe tat die private Talfahrt allerdings keinen Abbruch. Tapfer ertrug meine Doris das ihr zugemutete Schicksal. Das Familienleben erschöpfte sich wochentags in einem Gutenachtkuß für Klein-Ukki und (bayer.) »Hautimachen« mit der Geliebten. Zum Höhepunkt familiärer Freuden wurde die Radfahrt am Wochenende ins Grüne – bei gutem Wetter und wenn's im Westfalenland grün war. Also selten und nur im Sommer. Denn das Münsterland heißt im Volksmund »Pißpott Europas«!

Irgendwann im Spätherbst bekamen wir dann eine Dreizimmerwohnung im ersten Stock eines Reihenhauses. Ein entfernter Verwandter der mütterlichen Linie war Regierungspräsident in Münster und hatte ein gutes Wort für uns eingelegt. In der Wohnung wurde es jedoch wieder recht eng, weil nicht nur meine Schwiegermutter, sondern auch meine Schwester Doris und ihre Tochter Iris mit untergebracht werden mußten.

Zu dieser Zeit hatte ich mir schon eine Studierbude in einem Anbau des Hüffer-Stiftes erobert, so daß sich die größte Enge zu Hause nur auf ein paar Nachtstunden und einige Wochenendstunden beschränkte.

Ich schreibe das alles nicht, um zu klagen. Denn dafür gab es keinerlei Grund, jedenfalls nicht für mich. Ich hatte es ja nicht anders gewollt. Aber auch meine Frau hat mich trotz oder wegen meines Karrierestrebens immer – und das bis 1974 – in dem Glauben gehalten, daß sie glücklich sei. Also blieb die Glücksfrage nur für die Kinder. Denen aber konnte es gar nicht eng genug zugehen.

In Münster entwickelten sich viele Freundschaften, vor allem zu anderen Familien von Wissenschaftlichen Assistenten und Oberärzten der Medizinischen Fakultät. In einer Auffrischungstanzstunde ließen wir uns die zeitgemäßen Schritte und Drehungen für Foxtrott, langsamen Walzer, Tango etc. pp. beibringen, um sie dann auf den Festivitäten zu demonstrieren. Sportlich betätigte ich mich mit Tennisspielen, familiär mit Rad- und Badeausflügen. In besonders guter Erinnerung habe ich die gelegentlichen Sonntagsfrühschoppen bei Stuhlmacher am Prinzipalmarkt. Dort floß das köstlichste Bier der Welt eisgekühlt aus dem Zapfhahn. Das erste Halbliterglas mußte in einem Zug ausgetrunken werden. Es war der Himmel: Über Zunge und Schlund direkt zur rechten Hirnhälfte.

1955 hatten wir so viel angespart, daß wir uns wieder ein Auto leisten konnten. Ein gebrauchter, gut erhaltener Ford Taunus mit Rundrücken kutschierte uns fortan durchs Münsterland mit seinen Schlössern und Naturschönheiten, öfter allerdings mich zu irgendwelchen Kongressen.

Die Antrittsvorlesung wurde zu einer großen Feier mit Freunden und der buckeligen Verwandtschaft aus nah und fern. Auch mein Schwiegervater Dr. Karl W. war dabei, praktischer Arzt und Kassenlöwe aus einem Dorf nahe Kassel und hohes Tier in Ärztekammer und Kassenärztlicher Vereinigung von Südhessen. Er verkörperte jenen Typ des Kassenarztes, der seiner Tochter und mir herzlich zuwider war. Daß wir ihn eingeladen haben, geschah weit mehr aus Eitelkeit als aus Zuneigung. Schließlich wollten wir ihm zeigen, daß man es auch ohne finanzielle Unterstützung und aktivierte Beziehungen zu was bringen kann. Wir titulierten ihn nur mit »Der Bastler«, weil er uns aus Geiz nur aus Kunststoff selbstgebastelte Portemonnaies, Täschchen und anderes schenkte. Seine gegen eine jüngere Kollegin ausgetauschte Frau bedachte er mit einer so schäbig geringen monatlichen Zuwendung, daß sie ohne uns verhungert und/oder erfroren wäre. Es mag eine Strafe Gottes gewesen sein, daß er vereinsamt und qualvoll an Bronchialkrebs starb.

Zur feinen akademischen Sitte gehörte es, nach der Ernennung zum Privatdozenten im Hause der Ordinarien der Medizinischen Fakultät im Stresemann und mit weißer Hemdbrust Anstandsbesuche zu absolvieren. Kurz nach elf mußte man an der Haustür läuten und danach tiefe Bücklinge machen, bevor man sich artig auf eine halbe Pobacke setzen durfte, um auch im Sitzen Untertanenhaltung zu offerieren.

Mit meinen vierunddreißig Jahren, kurz nach Kriegs- und Nachkriegselend, empfand ich das nicht nur als lästig, sondern als albern. Turnschuhe und Jeans jedoch hätte ich mir als Festkleidung nicht einmal damals vorstellen können.

Alles in allem gehörten die vier Jahre in Münster zu meinen glücklichsten Lebensperioden, auch und besonders wegen des glücklichen Familienlebens.

KARRIERESPRUNG ZUR CHIRURGISCHEN UNIKLINIK ERLANGEN-NÜRNBERG (1956–1959)

»ZU DEM WÜRDE ICH AUCH GEHEN!«

Ein Wiss-Ass-Kollege an der Orthopädischen Uniklinik Münster war Dr. R.H., jüngerer Bruder meines späteren Chefs G.H. Ein anderer Bruder, Ferdinand H. , arbeitete als Privatdozent und Oberarzt an der Medizinischen Uniklinik Münster. Alle drei waren Söhne des Chefarztes der Heil- und Pflegeanstalt Münster, eines Psychiaters, den kurz nach dem Krieg ein ehemaliger Patient erschossen hat. Über den Grund gab es böse Gerüchte, die ich aber nicht ernst nahm.

Eines Tages, im Sommer 1955, sagte R. H. im Vorbeigehen auf dem Klinikflur: »Mein Bruder hat Erlangen bekommen!« Meine Antwort: »Toll! Zu dem würde ich auch gehen!«

Ich hatte von G.H. auf Chirurgenkongressen Vorträge gehört und kannte Veröffentlichungen von ihm. Sein Steckenpferd waren Verbrennungen, ihre Diagnostik und Behandlung nach den neuesten Erkenntnissen. Das interessierte mich als Unfallchirurgie-Sympathisanten stark. Die Publikationen von G.H. hatten mir wegen ihrer Prägnanz und Überzeugungskraft besonders imponiert.

Zwei Wochen später gab es ein Geheimtreffen zwischen dem frischgebackenen Chirurgie-Ordinarius und Direktor der Chirurgischen Universitätsklinik mit Poliklinik Erlangen-Nürnberg, einer Mega-Hierarchie mit dreihundert Klinikbetten, und mir, dem Facharzt für Chirurgie und Orthopädie und – damals noch – Privatdozenten in spe. Höchste Geheimhaltungsstufe war angezeigt. Denn falls mein Chef OH davon erfahren hätte, wäre meine Habilitation höchstwahrscheinlich gestorben. Also trafen wir uns im Schlafzimmer seines Oberarzt-Bruders auf dem roten Inlett des Ehebetts.

Nach flüchtiger Durchsicht meiner Bewerbungsunterlagen fragte er mich einiges. Dabei gab er sich betont locker und unkompliziert. Mir imponierte der neun Jahre Ältere mit seiner Sportsfigur, seinem scharfgeschnittenen Gesicht und seinem forschen Blick kolossal. Er war der Typ des Heldenchirurgen, des chirurgischen Himmelsstürmers. Ich schmolz vor ehrfürchtiger Bewunderung dahin. Anscheinend gefiel ich ihm auch, machte ich ihm Hoffnung, als sein Oberarzt den Ruhm seiner Klinik zu mehren.

Wie ich sehr bald täglich erfuhr, hatte er sich in dieser Richtung sehr viel vorgenommen. Seinem früheren Chef (Prof. Dr.) Rudolf Zenker, dem Chirurgie-Ordinarius von Marburg, wollte er den Rang als Spitzenchirurg der Bundesrepublik abjagen, ihn hinter sich auf Platz Nummer zwei drängen. Denn als Opfer angetaner Demütigung nach dem Chefwechsel 1951 in Marburg hatte G.H. eine alte Rechnung zu begleichen. Damals hatte Zenker ihn als Oberarzt zurückgestuft, ihm den aus Mannheim mitgebrachten acht Jahre jüngeren unhabilitierten Dr. Georg Heberer vorgeordnet und ihn schließlich in den Klinikkeller verbannt, um ein Operationshandbuch zu schreiben. Das vergißt man auch dann nicht, wenn man später nach oben fortgelobt wird.

»Denen in Marburg werden wir's zeigen!« Dieses geflügelte Wort wurde in den nächsten Jahren zum stärksten Antreiber für alle seine Untertanen.

Die Geheimsitzung auf dem roten Inlett endete mit dem Handschlag auf sein Versprechen, mich ab 1. April 1956 zu seinem ersten Oberarzt zu machen. Zunächst solle ich als Oberarzt eine Abteilung für »Allgemein- und Unfallchirurgie« übernehmen. Später böte sich auch ein Wechsel zur Thorax- und Herzchirurgie an. Das mache zur Zeit Walter B., den er aus Marburg mitgenommen habe. Der aber sei mehr ein Praktiker, nicht habilitiert, habe wenig wissenschaftliches Interesse.

Stolz bekräftigte ich das angebotene Versprechen mit kräftigem Gegenhändedruck. Viel beschwörender kann der Nibelungenschwur nicht gewesen sein. Daß ich kein Herzchirurg, sondern nur Unfallchirurg werden und bleiben wollte, mußte ich ja nicht verraten.

Wenig später besuchte ich den designierten Chirurgie-Ordinarius von Erlangen noch einmal im Keller der Chirurgischen Klinik, wo er an dem Operationshandbuch arbeitete. Dort festigten wir das Geheimbündnis und machten Pläne.

Auge in Auge sahen wir uns danach vorerst nicht mehr, wir führten nur von Zeit zu Zeit heimliche Telefongespräche.

Am 2. Januar 1956 schrieb mir G.H. unter anderem wörtlich an meine Privatadresse: »Lösen Sie sich in Münster, und sprechen Sie bald mit Ihrem Chef, und sagen Sie ihm, daß Sie hier *Orthopädie und Unfallchirurgie* in der Klinik machen sollen. Schreiben Sie mir einmal über die Reaktion darauf.« Mit diesem begrenzten Angebotshinweis sollte OH der Verlust schmackhafter gemacht werden.

In demselben Brief stehen auch folgende Sätze: »Herr Becker« – gemeint war der renommierte Chefarzt der großen Orthopädischen Klinik in Altdorf bei Nürnberg – »hat mir gesagt, es wäre allerdings ein schwerer Verlust für die deutsche Orthopädie, wenn Herr Hackethal ihr verlorenginge. Auch das zeigt mir, daß ich in Ihnen den rechten Mann gefunden habe, und ich freue mich, wenn Sie zu mir kommen.«

Anfang Februar 1956 kam dann das böse Ende in Münster. Ein paar Wochen nach der Antrittsvorlesung nahm ich all meine Courage zusammen und ließ mich bei meinem Habilitationsstiefvater und liebevollen Förderer von seiner Sekretärin anmelden. Den Grund für meinen Wunsch nach einem Gespräch verschwieg ich ihr schamhaft.

Das Herz klopfte mir bis zum Hals, als ich mit schlechtem Gewissen, wie es schlechter nicht sein konnte, seinen Heilgottesthronsaal betrat. Nachdem ich eingetreten war, stand OH von seinem Schreibtisch auf und kam auf mich zu. Er legte seine rechte Hand um meine Schulter, so wie schon sehr oft vorher. PP hat das nie getan, ist so tief nie von seinem Heilgottesthron hinabgestiegen. OH gab sich da lockerer, ohne allerdings jeden zu umarmen. Bei mir tat er es oft, öfters sogar demonstrativ.

»Na, mein lieber Herr Hackethal, was haben Sie auf dem Herzen?« Mir zog es fast die Beine weg. Einen Moment zögerte ich, suchte nach einer Ausrede. Nein, in seinem Arm durfte ich ihm die geplante Fahnenflucht nun wirklich nicht vor die Füße werfen. Mir fiel jedoch nichts ein, was ich ihm ersatzweise als Grund für den Gesprächswunsch vorschwindeln konnte. Also begann ich zu stottern: »Herr Professor, es ist mir schwer ums Herz, aber ich muß es Ihnen nun sagen. Ich möchte in die Chirurgie zurück. Wegen der Unfallchirurgie – Sie wissen, daß mein Herz daran hängt.«

OH nahm seinen Arm von meiner Schulter, stellte sich vor mich und schaute mich erstaunt an. Sein Lächeln war verflogen. Ich stotterte weiter: »Professor H. hat mir eine Oberarztstelle in Erlangen angeboten. Dort soll ich nicht nur die Unfallchirurgie, sondern auch die Orthopädie übernehmen. Ich habe ihm zugesagt, am 1. April zu ihm zu kommen.«

Bevor ich stockend weiterreden konnte, um meine Kündigung ergänzend zu entschuldigen, schnitt er mir das Wort ab: »So! In die Chirurgie wollen Sie zurück! Dann tun Sie das!«

Aus! Ende! Er drehte sich um, ließ mich wie einen begossenen Pudel stehen, schritt zur anderen Tür und hinaus. Ich ging mit weichen Knien ins Sekretariat zurück. Die Chefsekretärin schaute mich mit großen Augen an. Tränen der Rührung wollten Gott sei Dank nicht aufsteigen, denn ich fühlte mich verletzt. »Bei aller Enttäuschung«, schoß es mir durch den Kopf, »so hätte er mich nicht abfertigen dürfen.« Wer mich verletzt, entlockt mir keine Träne. Ich heule nur aus Anteilnahme und Liebe.

Die nächsten paar Wochen am Hüffer-Stift habe ich in schlechter Erinnerung. Für Hepp war ich Luft, für alle anderen der in Ungnade gefallene Oberarzt. Den durfte man sogar anspucken, ohne daß der Chef etwas dagegen hätte.

Vor diesem »Abgrund an Stiefvaterverrat« – so könnte man es in Anlehnung an ein Adenauer-Wort nennen – war das spätere Zeugnis des verschmähten Liebhabers eine beklemmende Überraschung. Beklemmend deshalb, weil es mich in seiner Großzügigkeit bloßstellte. Zur Beruhigung meines Gewissens hätte ich mir eigentlich ein schlechteres Zeugnis gewünscht.

Lange war ich der Meinung, nur er habe sich schlecht benommen, weil er mir von einer Sekunde auf die andere die Freundschaft gekündigt und mich dies in den restlichen Wochen erbarmungslos hat fühlen lassen. Schließlich war es doch *mein* berufliches Lebensglück, das ich verwirklichen wollte. Und schließlich hatte ich ihm doch zu meiner Kündigung einleitend auch erzählt, warum mein Herz an der Chirurgie hing, nämlich wegen der Unfallchirurgie. Da hätte er mehr Verständnis haben müssen, grollte ich. Aber da hatte ich wohl die Größe seiner enttäuschten Liebe unterschätzt.

Daß er mir auch besonders deshalb böse war, weil er mich als Schrittmacher für die »Eingemeindung« der Unfallchirurgie in die Orthopädische Chirurgie geplant hatte, hat er mich weder früher noch am Kündigungstag spüren lassen.

Viele Jahre später hätte ich mich gern bei ihm entschuldigt. Ob er mir hätte verzeihen können, weiß ich nicht. Denn nach 1976, mit Beginn meiner öffentlichen Schulmedizinkritik, war es ja nicht nur das, was er mir zu verzeihen gehabt hätte. Er starb jedoch 1967 an seiner Zuckerkrankheit, bevor ich die Scheu vor einem »Korb« überwunden hatte. Also blieb mir nur der telefonische Entschuldigungsversuch bei seiner Frau, meiner Tennispartnerin für einen Sommer. Seither weiß ich: S*ie* ist mir Gott sei Dank nicht mehr böse.

»Vergessen Sie alles, was Sie in der Chirurgie gelernt haben!«

»Vergessen Sie alles, was Sie in der Chirurgie gelernt haben!« Diesen Rat gab mir mein neuer Chef gleich bei der Begrüßung am 1. April 1956 mit auf den gemeinsamen Weg. Eigentlich ein tief frustrierender Satz! Denn schließlich hatte ich ja schon zehn Jahre Chirurgie auf dem Buckel, speziell in Hirn und Händen. Er fügte hinzu: »Gut, Herr Hackethal, daß Sie da sind!« und schüttelte mir kräftig die Hand.

»Heldenchirurgie« stand als Wegweiser über seiner Chirurgischen Universitätsklinik. Wir würden – nach dem Goldenen zum Jahrhundertwechsel – nun das Diamantene Zeitalter der Chirurgie erzwingen. Und: »Über uns steht nur der Herrgott.«

Dieser Ausspruch stammte zwar nicht von ihm, sondern von dem himmelschreiend arroganten Chirurgie-Ordinarius (Prof. Dr.) Hans-Franz Edmund K., der sich zu dieser Überheblichkeit sogar mit einem Buchtitel bekannt hat. Aber unter dem Schutz dieser herrschenden Selbsteinschätzung der Chirurgie-Ordinarien – Wahnstärke zwölf auf der nach oben offenen Richterskala ihrer Megalomanie – hat G.H. dann die Chirurgie in Erlangen praktiziert.

Anfangs war ich hell begeistert. G.H. hielt in Wort und Bild eine Chirurgievorlesung, die an Brillanz und Einprägsamkeit alles übertraf, was ich als Student und Arzt vorher gehört hatte. Seine Chefvisiten waren souverän, seine Diagnosen treffsicher, seine Anordnungen überzeugend. So jedenfalls erschien es mir, dem von seinen eigenen Karrierechancen Geblendeten.

Ich glaubte fest an ihn und seine heldenchirurgische Glaubenslehre. Das fiel mir auch deshalb sehr leicht, weil er mich zunächst ebenfalls wie einen Kronprinzen behandelte. Das hatte er mit Oskar Hepp gemeinsam, auch das Umdieschulterfassen. Sonst leider nichts.

Das Versprechen, mich sofort als Oberarzt einzusetzen, löste G.H. dann nicht ein. Seine Ausrede war, er könne den von seinem Vorgänger notgedrungen übernommenen Oberarzt Prof. Dr. Kurt D. nicht vor den Kopf stoßen. Dies tat er dann anderweitig um so mehr. Denn die beiden waren wie Hund und Katze. Der 1952 zum apl. Professor ernannte Kurt D. war neun Jahre älter und hatte selbst Nachfolger seines langjährigen Chefs und Lehrers Prof. Dr. Otto Goetze, der ihn 1940 habilitiert hatte, werden sollen. An praktischem Können konnte ihm sein neuer Chef nicht das Wasser reichen.

Mit Kurt D. hatte der Himmelsstürmer aus Marburg noch ein Dutzend Wiss-Asse des Vorgängers übernehmen müssen. Alle hatten sich natürlich ihren früheren Oberarzt als Ordinariusnachfolger gewünscht. Nun aber mußten sie damit rechnen, so rasch wie möglich abgeschoben zu werden. Also scharten sie sich um Prof. Dr. Kurt D. und gingen mit ihm in Opposition zum neuen Klinikchef. Selbstverständlich taten sie das so geheim, wie es nur ging. Denn im Grunde ist jeder Widerstand gegen einen vom Ministerium berufenen Ordinarius hoffnungslos.

Hier aber gab es für sie einen schwachen Hoffnungsschimmer: Das krasse operative Versagen des ihnen aufgezwungenen Klinikchefs in den ersten Wochen und Monaten. Man berichtete von schweren Fehlern des Wenigoperateurs. Goetze galt als hervorragender, international anerkannter Dickdarmoperateur, ein Ruf, der mit der Position auch seinem Nachfolger zugewachsen war. Die Folgen waren verheerend und schwemmten viel Wasser auf die Mühlen der G.H.-Gegner. Sie lachten sich ins vorgehaltene Fäustchen, lästerten, daß es in den Fugen der uralten OP-Scheune krachte. Man hoffte auf ein Wunder: Darauf, daß erstmals in der Medizingeschichte ein Chirurgie-Ordinarius wegen erwiesener praktischer Unfähigkeit abberufen wurde.

Als ich im April 1956, etwa ein Dreivierteljahr nach dem Chefwechsel, nach Erlangen kam, nahm mich die aus Marburg mitgebrachte rechte Hand des Chefoperateurs mit zwei linken Händen, Walter B., zur Seite und sagte: »Mensch, Hackethal, es wird Zeit, daß Sie kommen. Wir müssen zusammenhalten!« Dann erzählte er mir von der Opposition der G.H.-Kontras. Wir beide müßten als designierte Oberärzte – gemeinsam mit den anderen aus Marburg Mitgebrachten und den Neuerwerbungen – den bösen Gerüchten entgegentreten. Da sei zwar einiges passiert, aber das werde maßlos übertrieben. Die Hauptstänkerer seien Florian Z. und Erich R., beide Fachärzte für Chirurgie. Kurt D. stehe in engster Wahl für die Position des Chefchirurgen in Fürth. Da würde er die beiden wohl mitnehmen. Aber so lange seien sie ein Pfahl im Fleische der fortschrittlichen Chirurgie unseres Chefs.

Selbstverständlich hielten wir G.H.-Anhänger wie Pech und Schwefel gegen die ehemaligen »Goetzen-Diener« zusammen. Ich wollte es einfach nicht glauben, was da an Schauergeschichten erzählt wurde. Das konnte nur auf Mißgunst, Neid und Eifersucht beruhen, redete ich mir ein.

Letztlich waren wir G.H.-Pros doch in der weit stärkeren Position als die G.H.-Kontras. Mit dem Weggang von Kurt D. nach Fürth Ende 1956 stärkte sie sich noch mehr. Er nahm zwar weder Florian Z. noch Erich R. mit, aber die beiden heulten von nun an um so mehr mit den G.H.-Wölfen. Das gelang ihnen so gut, daß sie mich bald im Wettlauf der Chef-Günstlinge überholten und schließlich überrundeten.

Nach dem Weggang des Altoberarztes löste G.H. dann sein Versprechen ein. Er machte mich zum Oberarzt der Abteilung für Allgemein-, Extremitäten- und Unfallchirurgie, urkundlich »Oberassistent« genannt.

Zu dieser Abteilung gehörten zirka 60 Klinikbetten, untergebracht in zwei Scheunen. Ja, genau so sahen jene Großpavillons aus, die Ende des 19. Jahrhunderts als großer Fortschritt im Krankenhausneubau gefeiert worden waren. Hinter der Scheune lagen die gemeinschaftlichen WC- und Waschräume, je einer für Frauen und Männer. Davor war links ein Stationsschwestern- und Verbandsraum und rechts das einzige Einbettzimmer der Abteilung, meist als Sterbezimmer genutzt.

Als Assistent war mir neben anderen der hoffnungsvollste Nachwuchs zugeteilt: Dr. Franz Paul G. und Dr. Heiner B. Beide wurden der Hoffnung ihres Dienstherrn später gerecht, der eine als sein und der andere als mein Nachfolger. Beide sind noch im Amt und gelten als Top-Chirurgen ihres Fachbereichs. Ich schreibe es mit verhaltenem Stolz, denn eine größere Portion ihres Wissens und Könnens haben beide als meine Lehrlinge erworben.

Franz Paul G. war mein Stationsarzt. Ihm überließ ich bald stückweise Messer, Schere und Nadelhalter, wenn ich als Operateur eingeteilt war. Denn Operieren lernt man nur vom Selbsttun. Dafür bekam ich eines Tages einen gewaltigen Anschiß vom Chef. Nicht ich, sondern er allein bestimme, wer was operieren dürfe. Wenig später wurde Franz Paul G. dann dem Oberarzt Walter B. zugeteilt.

Heiner B. hat eigentlich fast alles, was er 1964 als mein Nachfolger konnte, von mir gelernt. Denn er blieb mein Wissenschaftlicher Assistent sieben Jahre lang. Bis zum Schluß war er meine zweite rechte Hand. Ich bin Rechtshänder!

Außer der Arbeit als Klinischer Oberarzt hatte mir der Chef die Poliklinik hauptverantwortlich übertragen. Zusätzlich mußte ich mich im Oberarzt-Bereitschaftsdienst zunächst mit Walter B. teilen. Später kam als dritter Oberarzt Florian Z. hinzu. Aber auch danach

reichte meine offizielle Dienstzeit von 45 Wochenstunden bei weitem
nicht aus.

Florian Z. hat es zur Hauptsache mir zu verdanken, daß er ebenfalls Oberarzt wurde. Beim Chef war er in totaler Ungnade, als ich
nach Erlangen kam. Der wollte ihn sogar rauswerfen, wie er mir
eines Tages sagte. Ich legte ein gutes Wort für Florian Z. ein. Schließlich gehöre er ja zu den Alten, die sich auch zurückgesetzt fühlten. Es
sei doch ein guter Bauchoperateur. Ob ich nicht mal mit ihm reden
solle. Ja, das solle ich. Ich tat es, und bald danach wurde er der dritte
Oberarzt. Und mein schärfster Rivale, am Schluß sogar eidesstattlicher Spitzenzeuge für die Unschuld des von mir schwerstbeschul-
digten Klinikdirektors! So ist das Leben.

Übrigens erklärte G.H. bei der ersten gemeinsamen Chef-Oberarzt-Besprechung: »Jeder meiner drei Oberärzte übernimmt eine Abteilung der Klinik. Meine Vertretung wird so geregelt, daß keiner zu
kurz kommt!« Anfangs geschah das auch so, im Laufe der Jahre aber
immer weniger. Walter B. wuchs die Stelle des 1. Oberarztes und Chef-
vertreters zwangsläufig zu. Er kannte die Marburger Heldenchirurgie-
Schule am besten und war auch der geübtere Allgemeinchirurg für
die Rumpfhöhlenchirurgie in Bauch und Brustkorb. Ohne dessen OP-
Assistenz wäre G.H., der über lange Zeit nur wenig operiert hatte, anfangs total hilflos und später noch glückloser gewesen.

Die »Extremitäten-Chirurgie« – G.H.s Titel für die Bewegungssystem-Chirurgie – rangierte in der Allgemeinchirurgie unter »ferner liefen«. Selbstverständlich landeten alle Privatpatienten auf der Privatabteilung, egal welchem Teil der Allgemeinchirurgie sie zugeordnet
wurden. Dort wurden sie mangels Erfahrung und Übung vom Klinikchef oder seinem Vertreter mehr schlecht als recht versorgt. Woraus
ebenfalls ein Konfliktpotential erwuchs.

Die Chirurgische Universitätsklinik war 1956 in vielen Klein-
gebäuden aus dem 19. Jahrhundert untergebracht. Es gab nur einen
späteren Anbau an den Neubau der Medizinischen Uniklinik als Verbindung zur Chirurgischen, dem Institutionspartner des »Univer-
sitätskrankenhauses«.

In diesem zweistöckigen Gebäude waren unten der Thronsaal des
Chirurgie-Ordinarius und Mammutklinik-Direktors mit Sekretariat
und Untersuchungszimmer untergebracht.

Die Klinikpatienten waren verteilt auf 7 Abteilungen, und zwar:
1. für Privatpatienten, 2.–4. für die Oberarztbereiche Allgemein-,

Thorax- und Herzchirurgie, Allgemein- und Unfallchirurgie sowie Allgemein-, Bauch- und Gefäßchirurgie, 5. für Neurochirurgie, 6. für Urologie und 7. für Orthopädie. Später kamen hinzu: 8. Wachraum/Wachsaal, 9. Krankengymnastikschule, 10. Höhere Schwesternschule, 11. Anästhesie-Abteilung. Als Funktions-Abteilungen gab es die OP-Abteilung mit einem Großsaal, mehreren Kleinsälen und sonstigen Räumen plus Riesenflur, die (Allgemeinchirurgische) Poliklinik, den Hörsaal mit Vorraum, die Räume für Physikalische Therapie und das Kliniklabor.

Zusammengefaßt bot der Klinikzustand der Jahre 1956 bis 1958 ein Bild hospitalen Elends. Das ebenfalls uralte Hüffer-Stift in Münster glänzte für mich im Rückblick dagegen wie Gold. Es gab also viel zu tun, um zeitgemäßen Standard zu erreichen.

Hier entfaltete der neue Klinikdirektor gewaltige Kräfte, um Kultusministerium und Bayerischen Staat zur Renovierungshilfe zu motivieren. Keine Universitätsklinik ist in den nächsten Jahren so gefördert worden wie unsere. Welche versteckten Beziehungen eine Rolle spielten, konnte man zwar ahnen, aber nie erfahren.

Jedenfalls wurde schon bald mit dem Neubau eines elfstöckigen Bettenhochhauses begonnen, das bereits 1960 bezugsfertig war. Das machte dann den Altbau weithin frei für Funktionsräume. Als Ausweichhörsaal stand zusätzlich, insbesondere für meine Schulen und OP-Kurse, der alte Hörsaal der Uni-Zahnklinik zur Verfügung.

Der Fortschritt im apparativen und instrumentellen Bereich ging noch rascher als der bei Bau und Mobiliar. Hier dürfte schon 1957 das Durchschnittsniveau anderer chirurgischer Unikliniken erreicht worden sein.

Meine Tätigkeit als Oberarzt erstreckte sich auf die Allgemein- und Unfallchirurgie und auf die Oberhoheit über die allgemein- und unfallchirurgische Poliklinik. Dafür waren mir fünf bis sieben Assistenten zugeordnet. Schwerpunkt waren die Operationen, planmäßige Operationstage Dienstag bis Samstag, außerplanmäßige täglich, Tag und Nacht.

Neben meinen Hauptaufgaben war ich immer der »Organisator Nr. 1« des Klinikchefs für alles Neue und alles, was nicht klappte. So war ich an der Ausarbeitung der Baupläne für das Bettenhochhaus maßgeblich beteiligt. Eine Zeitlang war ich die Ober-Oberin, weil es an Nachschub und Einsatz von Krankenschwestern mangelte. Auch mit der Erstorganisation des »Wachraumes«, des primitiven Vorläufers der Intensivstation, beauftragte mich der Klinikchef 1957. Ich machte mich sofort an die Arbeit. Wenige Tage später hatte ich einen größeren Raum mit acht Betten eingerichtet, unterteilt durch Vorhänge und besetzt mit zwei Wachstationsschwestern. Auch die Fieberkurvenblätter zur exakten Dokumentation der diagnostischen und therapeutischen Leistungen dieser Wachstation für Schwerstkranke habe ich erarbeitet.

Aus dem Wachraum wurde 1958 der »Wachsaal«, ebenfalls von mir rundum installiert. Untergebracht war er in einer der Scheunen, die durch den Umzug der Patienten in das Bettenhochhaus frei geworden waren. Bald aber entzog mir der Chef die Regie über diese Intensivstation. Ich wollte wenigstens ein Minimum an Intimsphäre durch Vorhänge zwischen den Betten bewahren. Der Klinikchef aber wollte dies nicht, wegen der besseren Übersichtlichkeit auf einen Blick. Dieser habe sich jegliches Bedürfnis eines Uniklinik-Patienten nach Intimität unterzuordnen.

Die Bezeichnung Wachsaal paßte mehr auf die Patienten, die wegen des Lärms nicht schlafen konnten, als auf die Zuverlässigkeit der Überwachung.

Ich werde das Bild des Intensivgrauens nie vergessen. Da lagen die Objekte von Forschung und Lehre in ihren Betten, angehängt an Infusionsgeräte mit mindestens einem Arm oder Fuß, öfters mit mehreren Gliedmaßen. Im hinteren Bereich waren die Hirnoperierten untergebracht, die meisten splitternackt und bewußtlos, mit einem Beatmungsschlauch in der Luftröhre, angeschlossen an Beatmungsautomaten, die mit- und gegeneinander im Marschschritt dröhnend wetteiferten. Ein Horrormaschinenraum mit Spielpuppen der Wissenschaft. Bei allem rückblickenden Verständnis für unvermeidbare Anfangsprobleme: So rücksichtslos hätte man auch damals nicht mit Patienten umgehen dürfen.

Diese von mir eingerichtete Intensivstation sollte Jahre später der letzte Auslöser in einem dramatischen Vorgang werden, der den Klinikchef G.H. endgültig von mir befreite, dem mehr und mehr gefürchteten Heldenchirurgie-Bremser, welcher ab 1962 den Titel Professor (= Bekenner) allzu wörtlich nahm.

Im Einsatz als Forscher, Schreiber und Kongressredner

Meine Tätigkeit in Forschung und Lehre begann damit, daß mir G.H. die ehrenvolle Aufgabe übertrug, an seinem zweibändigen Operationshandbuch mitzuarbeiten, einer Neuauflage von Band 1 des *Kirschner*, der OP-Bibel der deutschsprachigen Länder. Handbuch ist der Fachausdruck für ein Buchwerk, das ein Lehrbuch an Tiefe und Dicke weit übertrifft. Das Kapitel »Thrombose und Thrombus-Embolie« wurde mir übertragen. Ich war stolz wie ein Schneekönig.

Mit großem Eifer stürzte ich mich in die Arbeit. Am Schluß lieferte ich doppelt so viele Manuskriptseiten ab wie ursprünglich vorgesehen waren. Leider wurde vieles von dem, was aus meiner Sicht wichtig war, nicht ins Buch aufgenommen. Jedenfalls hat das Ganze mich und meine Familie ein gutes halbes Jahr lang sehr viel Freizeit und sehr viele Vormitternachtsstunden gekostet.

Natürlich rechnete ich fest damit, daß es in dem Handbuch, das 1958 erschien, einen Hinweis auf meine Autorenschaft geben würde. Kurz vor dem Druck erfuhr ich, daß das nicht geplant war. G.H. wollte sich mit meinem Beitrag selbst schmücken. Das allerdings ließ ich nicht zu. Ich bat ihn – brav, aber bestimmt –, mich als Autor meines Kapitels zu nennen. Dies geschah dann nach einer unwirschen Bemerkung nicht vorn auf dem Titelblatt, wo es hingehört hätte, sondern kleingedruckt unter der ersten Seite des Artikels. Die erste Stufe meines Abstiegs auf der Gunstleiter meines Ordinarius hatte ich erreicht.

Das Handbuchkapitel war nicht meine einzige wissenschaftliche Tätigkeit. Gleichzeitig erweiterte ich meine Habilitationsschrift zu einem Buch. Es hieß *Das Sudecksche Syndrom* und erschien ebenfalls 1958 als Band 1 einer neuen, von Prof. Dr. Hans Schaefer herausgegebenen Schriftenreihe *Medizin – Theorie und Klinik in Einzeldarstellungen*.

Hans Schaefer – damals zweiundfünfzig Jahre alt und ein international hochangesehener Physiologe, später einer der höchstdekorierten großen Weisen der Bundesrepublik – schrieb für die neue Reihe ein Geleitwort, das sich für die Auserwählten sehr schmeichelhaft liest. Sein Inhalt wurde im Klappentext des Buchumschlags wie folgt zusammengefaßt:

»Der Plan für diese Reihe entstand aus der Absicht, besonders wertvolle medizinische Habilitationsschriften zu veröffentlichen. Diese und ähnliche Arbeiten jüngerer Gelehrter werden, soweit sie eine monographische Darstellung eigener und fremder Ergebnisse sind, einer strengen Auswahl unterzogen. Hierfür sind folgende Faktoren bestimmend:

– ein abgegrenztes Gebiet der Medizin wird möglichst erschöpfend dargestellt,

– die Weltliteratur wird (mit Titeln) ausführlich zitiert,

– die eigene Forschung der Verfasser ist ein wesentliches Element der Monographie,

– Herausgeber und Beirat bürgen für sorgfältige Auswahl,

– Forscher, Kliniker und Praktiker erhalten einen umfassenden Einblick in die neuesten internationalen Forschungsergebnisse.«

Von den elf nach mir Auserwählten wurden sechs Medizinordinarien und fünf Chefärzte großer Kliniken.

Meine ersten Sporen als Promoter einer fortschrittlicheren Chirurgie verdiente ich mir schon im Spätsommer 1956. Damals gab es aus dem Ausland die ersten Meldungen über ein neues Spezialfach mit dem Namen Handchirurgie. Neben Moberg in Schweden war auf diesem Gebiet der Franzose Marc Iselin führend. Beide hatten Bücher über Handchirurgie geschrieben, die ich mir besorgte. Dann bat ich meinen Chef, mich nach Paris fahren zu lassen, um an dem »Cours superieur de chirurgie de la main« teilzunehmen. Er war einverstanden, nützte aber die Gelegenheit, um mir nochmals nachdrücklich zu sagen, daß die Handchirurgie wie auch die Unfallchirurgie Teilbereich der Allmutter Chirurgie bleiben müsse.

Ich reiste für ein paar Wochen zu Iselin nach Paris an sein Hospice de Nanterre. Dort wurden etwa zwei Dutzend Chirurgen aus aller Herren Länder intensiv theoretisch und praktisch geschult, letzteres an amputierten Leichenarmen. Keinen Bereich der Chirurgie habe ich fortan so geliebt wie die operative Reparatur von Handschäden aller Art. Diese Uhrmacher-Operationen mit kleinsten Instrumenten, auch unter Lupensicht, entsprachen meinen chirurgischen Wunschvorstellungen am meisten: Peinlich genaue Präparation unter Schonung kleinster anatomischer Strukturen, insbesondere auch aller Mini-Nervenäste und -Aderverzweigungen, Beschränkung von Gewebsausschneidungen auf das kleinstmögliche Maß, feinste Nähte. Damals entwickelte sich, was ich später zur Vorschrift fürs OP-Programm – »Behutsame (Ausschneidungs- oder Reparatur-)Operation« – gemacht habe, als Mahnung für alle mir nachgeordneten Operateure.

Diese OP-Technik stand in krassem Gegensatz zu der herkömmlichen Radikalchirurgie. Ursprünglich waren ja die Chirurgen fast nur Amputeure, im Großen und im Kleinen, mit Messer, Schere, Säge, Meißel und Glüheisen. Denn zur reparierenden, konstruktiven »Flick-Chirurgie« bedurfte es erst der Entdeckung und Fortentwicklung von Asepsis und Antisepsis. Aber der Hang zur Amputation blieb, ja, er wurde später durch die Ersatzteil-Heldenchirurgie ganz groß wiedergeboren.

Wenn alle Operateure als erstes die Handchirurgie erlernen müßten, brauchten sich viele Patienten weniger vor den Chirurgen aller Fachbereiche zu fürchten. Die Handchirurgie ist der Wegbereiter der MIC, der Mini Invasiven Chirurgie, inzwischen auf dem besten Wege, die operative Medizin – mit Hilfe von Mini-Fernrohren und Mini-Handwerkszeug – zu evolutionieren.

Am 29. September 1956 bekamen wir die schmucke Urkunde über den erfolgreich abgeleisteten Oberkurs aus der Hand des großen Meisters Dr. Marc Iselin. Zur Krönung wurden wir in dessen schloßartiges Domizil eingeladen. Dabei habe ich mich schrecklich blamiert. Als einziger der zwei Dutzend Gäste wußte ich nicht, daß man zu einem solchen Empfang keine Blumen mitbringt, sondern erst am nächsten Tag schickt. Ich hatte mich den mit viel Hoffnung auf Hausfrauenlob ausgesuchten Blumenstrauß mehr kosten lassen, als ich mir damals eigentlich leisten durfte. Selten mußte ich mich meiner feingesellschaftlichen Tolpatschigkeit so teuer schämen.

Meine dritte große Forschungsarbeit widmete ich der operativen Unfallchirurgie. Mir schienen die Knochennagelung nach Gerhard Küntscher und spätere Abwandlungen verbesserungsbedürftig, weil sie nicht bestmöglich formgerecht stabilisierend waren, außerdem unnötig riskant, zu kompliziert und zu teuer. Da kam mir eines Tages die Idee für die »Bündelnagelung«, wie ich sie später getauft habe. Anstelle eines starren Nagels bestimmter Länge und Dicke werden so viele fünfzig Zentimeter lange und drei Millimeter dicke elastische Stahlnägel in die Markhöhle eines langen Röhrenknochens eingeschlagen, wie hineinpassen, und die überstehenden Nagelenden abgeschnitten. Man braucht also, um für alle Markraumgrößen sortiert zu sein, nicht ein Vorratslager mit mehr als fünfzig verschiedenen und teuren Nagelgrößen, sondern nur einen Einheits-»Bündelnagel«, davon zwischen drei und maximal zwanzig pro Nagelung.

Wohlgemerkt wurden keine Tierversuche dafür gemacht. Vielmehr bat ich im Frühsommer 1959, als ich die Methode theoretisch ausgefeilt und an Leichenknochen genügend ausprobiert hatte, einen Patienten mit doppeltem Unterschenkelschaftbruch um sein Einverständnis. Er gab es mir, und es klappte auf Anhieb. Einzelheiten stehen in dem Buch *Die Bündelnagelung*, das im April 1961 im Julius Springer Verlag erschien.

Übrigens war nicht die Bündelnagelung selbst, sondern ihre Voraussetzung, nämlich die formgerechte Einrichtung des Knochenbruchs vorher ohne operative Freilegung der Bruchstelle, der eigentliche »Knüller« meiner Erfindung. Den dafür entwickelten »Viermastkran« ließ ich mir patentieren. Das Patent gab ich in Lizenz und kassierte dafür im Laufe der nächsten paar Jahre mehr als einhunderttausend Mark, ein größeres Vermögen für einen beamteten Universitätsoberarzt. Die primitive Bündelnagelung war nicht patent-, sondern nur gebrauchsmusterschutzfähig.

Bei Durchsicht meiner Unterlagen bin ich während der Arbeit an diesen Erinnerungen auf eine Liste aus dem Jahre 1962 gestoßen, in der ich meine Erfindungen zusammengestellt hatte. Es waren 31 praxisbewährte Erfindungen, die meisten patentiert oder gebrauchsmustergeschützt: Vom Repositionsgerät über Knochen-OP-Instrumente verschiedener Art und Meßgeräte bis hin zum »Erlanger Bett«. 29 der 31 Eigenschöpfungen waren in den vier Jahren vorher entstanden.

Darüber hinaus war ich auch an der Fortentwicklung des Fernseh-Bildverstärkers indirekt maßgeblich beteiligt. Die Firma Siemens hatte in Erlangen ein Werk für Medizintechnik. Sie stellte uns die Fernseh-Bildverstärker zur Verfügung. Ich benutzte sie mit meinen Assistenten und machte Verbesserungsvorschläge, die dann weitgehend in die Nachfolgekonstruktionen einflossen.

Erfinder wird man durch Fleiß, nicht durch geniale Eingebung. Jedem, der fleißig nachdenkt, muß Neues einfallen, auch ohne die Gnade eines genialen Gottesgeschenks. Für Fleiß muß man Anreize schaffen, sonst wird keiner mit Grips fleißig, weil der Mensch zur Faulheit geboren wird. Geld reizt, viel Geld reizt sehr, aber für die Besten sind andere Anreize stärker. Gerechtigkeit zum Beispiel, die berechtigte Hoffnung darauf, daß man nicht um die Früchte seines Fleißes so betrogen wird, wie es an den Universitäten ungestrafte Unsitte ist.

Das Buch *Die Bündelnagelung* ist ein Zeugnis dafür, daß für mein

Arzt-Patient-Verhältnis auch in meiner Sturm-und-Drang-Periode als Kandidat für die Heldenchirurgie die Warnung meines Lehrers Pitzen »Daß mir nur nichts passiert« verhaltensbestimmend war. Ich zitiere:

> »Das Ziel der Bündelnagelung ist die *risikoarme Osteosynthese* (= Knochenzusammenfügung). Der Wert einer Behandlungsmethode wird nicht allein von ihrer Heilwirkungskraft, sondern zu einem wesentlichen Teil von der *Größe der Gefahren* bestimmt, die mit ihr heraufbeschworen werden. Völlig risikofreie Behandlungsarten gibt es nicht. In jedem Einzelfalle muß geprüft werden, ob der zu erwartende Erfolg in einem gesunden Verhältnis zum Behandlungsrisiko steht.«

Es folgen 15 Seiten, auf denen die Risiken dargestellt und Methoden zu ihrer bestmöglichen Verhinderung beschrieben werden. Letztlich erwies sich die Bündelnagelung gegenüber allen anderen Nagelungsverfahren vor allem wegen des weit geringeren Risikos überlegen. Dies konnte ich durch eine genaue Analyse der ersten 100 Bündelnagelungen glaubhaft machen. Ganz besonders galt das auch für das OP-Infektionsrisiko, das bei allen 85 Nagelungen geschlossener Knochenbrüche – also ohne Weichteilwunde über der Bruchstelle – null Prozent betrug und damit nicht nur weit unter der Infektionsquote anderer Nagelungsmethoden lag, sondern im krassen Gegensatz zur Häufigkeit von OP-Infektionen bei anderen Operationen unserer Klinik stand.

Jedenfalls wurde die Bündelnagelung nach dem Erscheinen des Buches sehr rasch in Europa zu einer starken Konkurrenz für alle anderen Nagelungsmethoden. Sie fand Eingang in alle Unfallchirurgie-Lehrbücher der folgenden Jahre, zum Teil als »Methode der Wahl« für bestimmte Schaftbrüche an Unterarm, Oberarm und Schienbein, ganz besonders bei Kindern und Jugendlichen.

Auch bei Knochenbrüchen von Tieren soll sich die Bündelnagelung ein breites Feld erobert haben. Dort nennt man sie auch heute noch so unter Zufügung meines Namens. Das allerdings haben sich die Chirurgen für menschliche Unfallopfer inzwischen weitgehend abgewöhnt, seit ich zum Chirurgenkritiker geworden bin. Denn keiner möchte sich seine Karrierechancen verspielen.

Zur schnellen Verbreitung der neuen Technik trugen anfangs auch Operationskurse für Unfallchirurgen an unserer Klinik mit der Bezeichnung »Erlanger Kurs für unfallchirurgische Technik« bei. Alle Kurse waren ausgebucht. Der dritte Kurs fand vom 10. Juni bis 12. Juni 1963 im neuen Hörsaal der Chirurgischen Universitätsklinik unter meiner Leitung statt.

In seiner Eröffnungsansprache lobte der Klinikdirektor nicht nur die Bündelnagelung, sondern auch mich überschwenglich, allerdings in einer Art, die – wie ich meiner Frau erzählte – auf seine Eifersucht schließen ließ. Denn er litt darunter, daß sich für seine Herz-Heldenchirurgie kaum ein anderer Chirurg des In- und Auslandes interessierte.

Dieser Kurs, zu dem Chirurgen aus der ganzen Welt kamen, war weit überbucht, so daß schon für den Herbst ein neuer Kurs geplant war. Den allerdings verhinderte der Klinikdirektor.

Zu den Hauptthemen gehörten nicht nur die »Geschlossene vollapparative Frakturreposition zur Marknagelung« und die »Bündelnagelung«, sondern auch die »Formgerechte Schenkelhalsnagelung« und der »Ersatz deformierter Hüftköpfe durch die selbsterhaltende Moore-Endoprothese«. Geübt wurden Brucheinrichtung und Nagelung an amputierten Beinen aus der Anatomie. Höhepunkt war eine aus der OP-Abteilung in den Hörsaal übertragene Operationsdemonstration. Am Schluß wurde die Einpflanzung eines künstlichen Hüftkopfes geübt.

Als einer der ersten Chirurgen der Bundesrepublik habe ich 1960 eine neue Art des Hüftkopfersatzes übernommen, bei der der künstliche Hüftkopf nicht im Schenkelhals, sondern im Oberschenkelschaft verankert wurde. Die frühere Technik mit Verankerung des Endoprothesenstiels im Schenkelhals hatte ausnahmslos zu Lockerungen und zu Ausbrüchen geführt. Mit der Moore-Endoprothese begann die Ära erfolgssicherer Hüftgelenk-Ersatzplastiken.

Insgesamt entstanden in meiner Erlanger Zeit 23 Publikationen, darunter drei in Buchform. Aber meine Aktivitäten als Forscher trug ich nicht nur mit Druckbuchstaben, sondern auch mit großem Mund und Lichtbildern auf kleinen und großen Versammlungen und Kongressen an die Ohren und Augen der wissenschaftlichen Ärzteführer und ins Ärztevolk. Dabei achtete ich streng darauf, mich nie nur als Wiederkäuer zu präsentieren, sondern immer auch Neues zu bringen. Die dadurch geweckte Neugierde war es dann, die mir fast stets ein volles Haus nebst schmeichelhaftem Applaus bescherte.

Von 1956 bis 1963 hielt ich 24 Vorträge, darunter ab 1960 Haupt-
vorträge auf großen Tagungen. Hinzu kamen fünf wissenschaftliche
Filme, zuerst über »Die Magnesiumwirkung auf die Entwicklung arti-
fizieller Thrombosen im Tierexperiment«, zuletzt über »Daumen-
ersatz durch die Großzehe«. Für den Großzehendaumen, den ich Anfang der sechziger Jahre einem jungen Mann als Ersatz überpflanzt
habe, hat sich der Empfänger vor ein paar Jahren, also drei Jahrzehnte später, noch einmal bei mir bedankt.

SCHULMEDIZINLEHRE ALS HOBBY NUMMER EINS

Für Hobbys und Freuden außerhalb des Berufs blieb in Erlangen, abgesehen vom Tennisspielen, noch weniger Zeit als in Münster. Also
hätte ich stark verkümmern müssen, wenn es nicht die mir mütterlicherseits eingepflanzte »Lust zum Fabulieren« gegeben hätte. Die
leitete ich dann in den Hörsaal für Medizinstudenten mit und ohne
akademische Weihen um.

Beginnen wir mit denen ohne, weil sie mir mehr Spaß gebracht
haben: Mit den Studentinnen der Krankengymnastik- und der Kran-
kenschwesternschule. Sie waren im allgemeinen aufmerksamer und
fleißiger als die Medizinstudenten. »Meine« Krankengymnastik- und
Krankenschwesternschülerinnen hätte man nach dem Examen mit
größerem Erfolg und geringerem Risiko als Hausärzte einsetzen können als die frisch approbierten Ärzte damals und heute. Sie erzielten
nicht nur alle sehr gute Prüfungsergebnisse, sondern hatten auch
eine sichere Hand in der praktischen Patientenversorgung.

Als ich nach Erlangen kam, gab es am Universitätskrankenhaus
zwei Schwesternschulen mit Hauptschulabschluß als Voraussetzung,
die der Medizinischen bzw. Chirurgischen Großklinik angeschlossen
waren. Die Chirurgische Schwesternschule litt stark an Nachwuchs-
mangel und dümpelte klippschulartig vor sich hin.

Eine Krankengymnastikschule gab es nicht. Für mich bestand
schon in Münster, als Chef der Schule für Krankengymnastik und
Massage, kein Zweifel, daß die Physiotherapie als naturgemäße Be-
wegungstherapie aktiver und passiver Art mit all den Zutaten nach
Prießnitz, Kneipp usw. die Basistherapie jeglicher Gesundheitshilfe
sein müßte. Denn richtig praktiziert ist die Naturmedizin »Physiotherapie« eine der besten Heilhilfen überhaupt, weil sie auf Leib, Geist

und Seele gleichzeitig gesundheitsfördernd einwirkt und »vor allem nicht schadet«. Weil aber die Naturmedizin im 19. Jahrhundert als »unwissenschaftlich« verteufelt wurde, führte auch die Physiotherapie in den fünfziger Jahren ein Mauerblümchendasein, fast nur gepflegt von den Orthopäden. Obwohl es als chirurgische Rarität in Marburg die Klapp-Schule für Physiotherapie gegeben hatte, hielt G.H. nicht viel von Krankengymnastik und ihren Zutaten. Deshalb bedurfte es einiger Überredungskunst, ehe er mir seinen Segen zur Gründung einer Schule erteilte.

Am 10. Oktober 1957 wurde die Staatliche Krankengymnastikschule Erlangen-Nürnberg mit dreißig Schülerinnen eröffnet. 1958 kamen weitere dreißig dazu, so daß fortan sechzig Krankengymnastikschülerinnen des ersten und zweiten Lehrjahres vormittags als zusätzliche Klinikhelferinnen zur Verfügung standen, die dafür sogar noch Schulgeld bezahlten. Deshalb mochte sie dann bald auch der Klinikchef nicht mehr missen. Der Unterricht fand nachmittags statt und störte den Klinikbetrieb nicht. 1997 kann die Krankengymnastikschule ihr vierzigjähriges Bestehen feiern. Zu allen runden Geburtstagen war ich eingeladen, aber ich versagte mich jedesmal, um mir Tränen zu ersparen.

Bei einer Oberarztbesprechung im Laufe des Jahres 1958 sagte Dr. Walter B., nebenamtlich ärztlicher Chef der Chirurgischen Schwesternschule, am Schluß kleinlaut: »Herr Professor! Für den nächsten Lehrgang haben sich nur drei gemeldet. Sollen wir die Schwesternschule nicht lieber schließen?« G.H. schaute unangenehm überrascht in die Runde. Da faßte ich Mut und bat: »Herr Professor, lassen Sie es doch mal mich probieren.« Er schaute Walter B. an. Der witterte Konkurrenzschaden im alltäglichen Kampf um die Gunst des Imperators und zögerte deshalb mit dem Zunicken. Doch der Schnellschütze G.H. schoß sein Ja ab, bevor der Gefragte Bedenken signalisieren konnte.

So gründete ich die »Höhere Schwesternschule der Chirurgischen Universitätsklinik Erlangen-Nürnberg«, verlangte Mittlere Reife und Schulgeld. Fortan konnten wir uns vor Bewerberinnen nicht retten. Im ersten Ausbildungsjahr hatten wir zwanzig, im zweiten vierzig und danach für immer sechzig.

Die grauweiße Tracht für meine zweibeinigen »Streifenhörnchen«, ihre Häubchen und die Silberbrosche als Ordensschnalle mit der Prägung »SORORES CHIRURGICAE UNIVERSITATIS ERLANGENSIS« (Chirurgische Schwestern der Universität Erlangen), all das erdachte ich mir selbst. Das allgemein übliche Dienstmädchensymbol, die weiße Schürze, wurde als unzeitgemäß verworfen.

Meine hundertzwanzig unakademischen Medizinstudentinnen wurden bald zu unentbehrlichen Helfern aller Erlanger Unikliniken, sehr viele zu Liebeleipartnern und nicht wenige zu Ehefrauen von Erlanger Medizinstudenten und Klinikärzten. Dies alles soll noch heute so sein. Es hat die letzten fünfunddreißig Jahre überlebt, nur die Erinnerung an den Gründer nicht.

Im Sommersemester 1956 hielt ich meine Erlanger Antrittsvorlesung als Privatdozent für Chirurgie und Orthopädie. Meine Vorlesungsarbeit begann mit »Frakturen und Luxationen« (Knochenbrüche und Gelenkverrenkungen) – fortan ein Thema für jedes Sommersemester. Hinzu kamen Vorlesungen über »Sportverletzungen«, »Chirurgie der Hand (mit Operationskurs)«, »Chirurgisch-Orthopädische Begutachtung«, »Unfallbegutachtung«, »Grundlagen der Orthopädie«, »Krankengymnastik«, »Erste Hilfe«, »Klinische Visite«, »Chirurgische Poliklinik« und andere.

Ganz besonders am Herzen lag mir die zweistündige Pflichtvorlesung »Allgemeine Chirurgie«, die mir vom Wintersemester 1959/60 an übertragen wurde. In ihr muß das Basiswissen über Operationen sowie ihre Vor- und Nachsorge vermittelt werden. Nach meiner Überzeugung ist es die wichtigste chirurgische Vorlesung überhaupt und eine der wichtigsten für alle medizinischen Fächer, auch die nichtoperativen. Das sprach sich wohl bei allen Medizinstudenten herum. Denn der Hörsaal war bald immer brechend voll, in den letzten zwei Jahren sogar voller als die Hauptvorlesung »Chirurgische Klinik« des Ordinarius.

Öfters mußte ich in Vertretung des Chefs dessen Hauptvorlesung übernehmen. Das tat ich ungern, weil der Auftrag meistens erst kurz vor Vorlesungsbeginn kam. Also mußte aus dem Stegreif improvisiert werden. Das aber konnte nicht mal der Chef ohne Mängel. Gut vorbereitet hielt er die beste Vorlesung von allen. Leider aber bereitete er sich von Jahr zu Jahr schlechter vor.

Meine Lehrtätigkeit erweiterte sich – wie bereits geschrieben – ab 1962 auf Operationskurse für Chirurgen. Der »1. Erlanger Kurs für unfallchirurgische Technik« fand an einem Wochenende im Frühling 1962 statt. Zur Demonstration der Technik der »Self-locking Hip Prothesis« des US-Chirurgen Austin T. Moore wurde per TV live aus dem OP in den Hörsaal gesendet. Das geschah nicht ohne Risiko, wie folgender Zwischenfall zeigt: Mein erster Geselle, Heiner B., machte eine Hüftkopf-Ersatzplastik, ich erläuterte das gesendete Fernbild im Hörsaal. Alles lief wie am Schnürchen. Plötzlich machte es »knack«, so diskret, daß nur ich es hörte. Danach gab es eine Sendestörung. Nur ich wußte warum. Der OP-Assistent, der dem Operateur das Bein halten und hindrehen mußte, hatte zu wild gedreht und einen Drehbruch des Oberschenkelschaftes produziert. Die Sendestörung dauerte so lange, daß eine größere Pause eingelegt werden mußte. Daß es keine Übertragungsstörung war, habe ich damals nicht gebeichtet. Niemand hat es bemerkt. Dem allgemeinen Lob über das große Können meiner Mannschaft wurde kein Abbruch getan.

Eine wichtige Aufgabe war die Prüfung der Staatsexamenskandidaten in Chirurgie und Orthopädie. Ich galt, glaube ich, nicht als gefürchteter Prüfer. Viele kannte ich aus Vorlesungen und Kursen, so daß ich schon ahnen konnte, was geboten wurde.

Darüber hinaus habe ich sehr viele Doktorarbeiten vergeben. Bei meinem Fortgang aus Erlangen waren es 24 Doktoranden, die über unvollendeten »Inaugural-Dissertationen« brüteten. Die Anleitung kostete viel Mühe und Zeit. Ich habe sie gern aufgewendet, weil diese Studenten für ein wissenschaftliches Problem zu begeistern waren.

ZEUGNISSE UND ANDERE SCHMEICHELEIEN
(1959–1963)

DAS ERSTE GROSSE LOB IN ERLANGEN

Im Gegensatz zu vielen anderen Universitätsoberärzten war es von Anfang an mein Ziel, bis zur Professur an der Universität zu bleiben und nicht vorher einen lukrativen Chefarztposten anzustreben.

Bei gutem Betragen konnte ich spätestens im Januar 1962 damit rechnen, sechs Jahre nach der Antrittsvorlesung. Eigentlich hatte ich mir schon für ein Jahr früher eine Chance ausgerechnet. Denn bei besonders intensiver Lehre und Forschung hätte mich mein Ordinarius schon zu diesem Zeitpunkt vorschlagen können.

Meine Hoffnung auf vorgezogene Ernennung zum apl. Professor war nicht ganz unbegründet. Am 20. Oktober 1959 nämlich hatte der Direktor der Chirurgischen Universitätsklinik dem Bayerischen Staatsminister für Unterricht und Kultus über seinen Privatdozenten Hackethal eine »Dienstliche Beurteilung« abgegeben, von der man als Ehrgeizling eigentlich nur träumen konnte. Diese Beurteilung schrieb er im Zusammenhang mit seinem Vorschlag, mich vom Oberassistenten und Angestellten – unter Berufung in das Beamtenverhältnis auf Probe – zum Oberarzt zu befördern. Vor dem Hintergrund meines späteren Konflikts mit G.H. scheint es mir notwendig, aus diesem amtlichen Dokument die Beurteilung meiner Leistungen im einzelnen auf der nachfolgenden Seite wiederzugeben.

Entgegen meinem ursprünglichen Plan, mich erst nach Ernennung zum Professor um eine Position als Klinikleiter zu bewerben, tat ich es im Sommer 1961 im Einverständnis mit meinem Chef dann doch. Der Grund: Es gab die Chance, Chefarzt der größten und traditionsreichsten Unfallklinik Deutschlands und einer der größten Europas zu werden. In einer Anzeige vom 25. August 1961 war in der *Deutschen Medizinischen Wochenschrift* die »Stelle des Chefarztes der Chirurgischen Klinik und Poliklinik der Berufsgenossenschaftlichen Krankenanstalten ›Bergmannsheil‹ in Bochum« offiziell ausgeschrieben worden. Sie sollte zum 1. Juli 1962 besetzt werden. In der Ausschreibung stand unter anderem: »Die Chirurgische Klinik hat zur

DIENSTLICHE BEURTEILUNG

A. Gegenstände der dienstlichen Beurteilung

1.	Anlagen	vorzüglich
2.	Diensteifer	ausgezeichnet
3.	Allgemeinbildung	sehr gut
4.	Berufskenntnisse	hervorragend
5.	Zuverlässigkeit	absolut zuverlässig
6.	Verantwortungsfreudigkeit	sehr gut
7.	Mündlicher Vortrag	ausgezeichnet
8.	Schriftliche Darstellung	sehr gut
9.	Gewandtheit und Verhalten im Verkehr mit der Bevölkerung	hervorragend
10.	Organisationsfähigkeit	ganz ausgezeichnet
11.	Verhalten zu Vorgesetzten, Gleichgestellten und nachgeordneten Dienstkräften	vorbildlich

B. Kurze Darstellung über:

1.	die Gesamtpersönlichkeit des Beamten	vorbildlicher Beamter
2.	seine persönlichen Eigenschaften und Fähigkeiten	vorzüglicher Hochschullehrer, sehr guter Wissenschaftler, ausgezeichneter Operateur, guter Organisator
3.	seine gesundheitlichen Verhältnisse	gut
4.	seine Eignung für besondere Aufgaben	s. o.
5.	dienstliches und – soweit Anlaß besteht – außerdienstliches Verhalten	unauffällig

C. Gesamturteil

(folgende Bewertungsnoten werden angegeben: Hervorragend, erheblich über dem Durchschnitt, über dem Durchschnitt, Durchschnitt, unter Durchschnitt) hervorragend

Erlangen, den 20. Oktober 1959 Unterschrift: G.H.

Zeit 372 Betten, ihr ist eine umfangreiche Poliklinik angegliedert.« Bezogen auf die Qualifikationsanforderungen gab es den Hinweis: »Als Bewerber kommen nur Universitätsprofessoren mit erstklassiger fachlicher und wissenschaftlicher Qualifikation (Lehrstuhlbefähigung) in Betracht, die durch längere Tätigkeit an einer großen Klinik in verantwortlicher Stellung umfassende klinische und wissenschaftliche Erfahrungen auf dem Gesamtgebiet der Chirurgie einschließlich der Unfall- und Wiederherstellungschirurgie besitzen sowie mit der Behandlung und Begutachtung von Arbeitsunfällen und Berufskrankheiten vertraut sind.«

Meinem Bewerbungsschreiben vom 2. Oktober 1961 fügte ich außer dem Lebenslauf, einer Bescheinigung des Dekans über die bevorstehende Ernennung zum apl. Professor, einer Aufstellung über den Ausbildungsgang, einem Verzeichnis der wissenschaftlichen Veröffentlichungen und meinen beiden Monographien über *Das Sudecksche Syndrom* und *Die Bündelnagelung* vor allem das Zeugnis meines Chefs vom 23. September 1961 bei. Es war das erste Zeugnis meines Chirurgie-Ordinarius. Auch daraus möchte ich zitieren, um besonders deutlich zu machen, welche Mißhandlungen und Demütigungen sich ein Chirurgie-Ordinarius auch bei Mitarbeitern leisten darf, denen er höchste berufliche Qualifikation bescheinigt hat.

Auch dieses Zeugnis enthält wieder zahlreiche Superlative. Wenn es die dienstliche Beurteilung aus einer Zeit, in der ich noch nicht fortgelobt werden sollte, nicht gäbe, müßten die Superlative wohl weitgehend so gelesen werden, daß mich mein Chef fortloben wollte. Mir scheint auch, daß es dieses Mal mit ein Grund für das Hochlob war. Denn im Dezember 1961 hatte es so viele Zerwürfnisse zwischen ihm und mir gegeben, daß auch er sich ein wenig vor der weiteren Entwicklung fürchtete. Es gab auch viel Grund zur Eifersucht. Denn inzwischen kamen mehr Chirurgen in unsere Klinik, die sich für meine Bündelnagelung interessierten als für seine herzheldenchirurgischen Taten. Je mehr er im Zeugnis für Chefarztbewerbungen meine Qualitäten pries, um so eher konnte er hoffen, mich aus der Klinik erfolgreich fortzuloben. Das war mir klar, als ich das Zeugnis zu Gesicht bekam.

Zunächst bescheinigte er mir »hervorragende Kenntnisse und Fertigkeiten« in den operativen und konservativen Behandlungsverfahren. »Der Schwerpunkt... seiner Tätigkeit lag auf der Unfall-, Wiederherstellungs- und Extremitätenchirurgie, die bei mir den Regeln der

Schule Bürkle de la Camp folgt. Auf diesem Gebiet hat er sich in der näheren und weiteren Umgebung größtes Ansehen verschafft. Herr H. beherrscht die Methoden der konservativen und operativen Traumatologie und der plastischen Chirurgie mit großer Perfektion. Er konnte auch in schwierigsten Behandlungsfällen bemerkenswerte Erfolge erzielen. Er hat die modernen Methoden der Handchirurgie in die Klinik eingeführt und besonders gepflegt. Er ist vertraut mit dem Verfahren zur Rekonstruktion der Aorta und der peripheren Gefäße durch Kunststofftransplantate... Herr H. ist ein perfekter Bauchchirurg.«

Sodann pries der Klinikchef meine »hervorragende Forschungsarbeit auf dem Gebiet der Allgemein- und Unfallchirurgie« sowie meine wissenschaftlichen Veröffentlichungen: »Besonders hervorheben möchte ich seine Monographien über das Sudecksche Syndrom und die Bündelnagelung. Gerade hier zeigt sich besonders deutlich, daß Herr H. es versteht, aus seinen Forschungen für die Praxis die richtigen Konsequenzen zu ziehen... Der Ideenreichtum und das erfinderische Talent des Herrn H.«, fährt das Zeugnis fort, »finden auch ihren Niederschlag in den verschiedensten Instrumentarien, die er entwickelt hat. Ein Meßgerät für Gelenkmessungen (auch der Wirbelsäule), ein Kalottentraktor zur Behandlung von Verletzungen der Halswirbelsäule, ein chirurgisches Mehrzweckbett, das Instrumentarium für die Bündelnagelung sollen hier genannt werden. Besondere Erwähnung verdient das von ihm entwickelte Repositionsgerät für Frakturen, das es mit einer bisher nicht gekannten Erfolgssicherheit ermöglicht, Knochenbrüche geschlossen und völlig formgerecht einzurichten.«

Als »vorzüglicher Lehrer und lebendiger Redner« hätte ich »einen didaktisch ausgefeilten Unterricht erteilt«. Er rühmte meine »hervorragenden Kenntnisse in der Begutachtung und Sozialmedizin« sowie die von mir aufgebaute »reibungslos funktionierende Gutachtenabteilung«. Meine Leistungen als »außergewöhnlich tüchtiger Organisator« lobte er ebenso wie meine »gründlichen Kenntnisse in der Übungsbehandlung von Verletzten und Kranken«.

Schließlich faßte mein Chef sein Urteil zusammen: »Herr H. besitzt die Hochschullehrerqualifikation für Chirurgie. Er wird mit Sicherheit Ende dieses oder Anfang nächsten Jahres zum apl. Professor ernannt. Er verfügt über hervorragende Kenntnisse und Fähigkeiten in der Unfall- und Wiederherstellungschirurgie und ist einer der wenigen Dozenten für Chirurgie und Orthopädie. Er ist ein ganz sicherer

Operateur, ein Fachmann in allen Fragen der Unfallbegutachtung, ein außergewöhnlich guter Organisator. Für die Leitung der Chirurgischen Klinik der Berufsgenossenschaftlichen Krankenanstalten in Bochum bringt er außergewöhnlich gute Eigenschaften mit. Ich zweifle nicht daran, daß er die Tradition der Chirurgischen Klinik des ›Bergmannsheil‹ erfolgreich weiterführen wird.«

Aufgrund dieses hervorragenden Zeugnisses und der sonst miteingereichten Bewerbungsunterlagen habe ich mir sehr große Hoffnungen darauf gemacht, Chefarzt der Chirurgischen Klinik von »Bergmannsheil« zu werden. Denn bald nach der Bewerbung erfuhr ich, wer mit mir zusammen in die engste Wahl gekommen war. Dies waren Prof. Dr. Wilhelm Schink und Privatdozent Dr. Jörg Rehn.

Wilhelm Schink war gut fünf Jahre älter als ich und 1958 in Marburg unter Zenker zum apl. Professor für Chirurgie ernannt worden. Zweifellos hatte er, der Allgemeinchirurg, sich auch mit der Unfallchirurgie intensiver beschäftigt. Wir hatten auch gemeinsam den »Oberkurs für Handchirurgie« in Paris besucht. Aber ihm fehlte im Positionswettkampf mit mir die zusätzliche Ausbildung zum Facharzt für Orthopädie. Auch konnte er weit weniger eigenschöpferische Leistungen aufweisen als ich. Deshalb durfte ich mir eindeutig bessere Chancen ausrechnen.

Jörg Rehn, drei Jahre älter als ich, hatte sich 1956 habilitiert, also ein Jahr später als ich. Er war zum Zeitpunkt seiner Bewerbung ebenfalls noch kein Professor. In der Unfallchirurgie galt er 1961 als »unbeschriebenes Blatt«. Wissenschaftlich hatte er sich nur mit Verbrennungen beschäftigt. Markante eigenschöpferische Leistungen gab es überhaupt nicht. Eine echte Konkurrenz konnte er weder für Schink noch für mich sein. Daß er der Sohn des Chirurgie-Ordinarius von Freiburg war, erschien weder Schink noch mir eine echte Gefährdung unserer Aussichten zu sein. Dies faßte dann Schink bei unserem gemeinsamen Spaziergang im Hof von »Bergmannsheil«, während Rehn seinen Probevortrag hielt, in folgenden, mir unvergeßlichen Worten zusammen: »Herr Hackethal, wer von uns beiden kriegt's denn?«

Chefarzt wurde dann weder er noch ich. Dies empfanden alle »vom Fach« als einen riesigen Skandal. Auch Schink, mit dem ich später darüber sprach, äußerte sich ähnlich. Mein Chef war geradezu außer sich. An seine Worte erinnere ich mich nicht, nur daran, daß er die Berufung von Rehn schärfstens kritisiert hat. Wenn man Schink

genommen hätte, wäre er damit einverstanden gewesen. Aber die
Chefarztwahl von Rehn für diese renommierte Unfallklinik betrachtete er als eine böse Fehlentscheidung.

Wohlgemerkt habe ich keinen Grund, Jörg Rehn irgend etwas vorzuwerfen, was seine spätere Tätigkeit als Chefarzt von »Bergmannsheil« anbetrifft. Überhaupt habe ich ihn als Kollegen gemocht, seit
ich 1948 bei seinem Vater Prof. Dr. Eduard Rehn als Gastarzt in Freiburg war. Ich war ihm auf vielen Chirurgenkongressen begegnet. Andere hätten den Sohn des Ordinarius arrogant herausgekehrt, aber er
gab sich immer bescheiden und freundlich.

Sonstiges Zeugnislob meines Chirurgie-Ordinarius

Ein bißchen mag wohl mein Chef schon im September 1961 befürchtet haben, daß es mit meiner Chefarztnachfolge in »Bergmannsheil«
nichts werden könnte. Denn er drängte mich etwa gleichzeitig dazu,
mich für die Chefarztnachfolge der Chirurgischen Klinik des Städtischen Krankenhauses Ludwigshafen zu bewerben. Ich wollte das
schon deshalb nicht, weil ich befürchtete, daß dies bis nach Bochum
dringen könnte und meine Chancen dort verringerte.

Aber er insistierte, daß ich mich bewarb, und stellte mir am
26. September 1961 ein Zeugnis aus, das mit dem glänzenden Zeugnis
für »Bergmannsheil« fast wörtlich übereinstimmte. Das mußte für die
Allgemeinchirurgische Klinik von Ludwigshafen ebenfalls reichen,
hofften er und ich.

Aber auch da reichte es nicht. Chefarzt wurde Prof. Dr. Heinz
Gelbke, und das völlig zu Recht. Gelbke, vier Jahre älter als ich, war
1959 apl. Professor in Göttingen geworden, wo er sich schon 1953 habilitiert hatte und seither als Oberarzt eingesetzt war. Keinen Moment habe ich angezweifelt, daß er über die besseren Voraussetzungen als Allgemeinchirurg verfügte als ich.

Ein paar Monate später, am 11. Januar 1962, wurde mir die »Amtsbezeichnung außerplanmäßiger Professor« durch den Bayerischen
Staatsminister für Unterricht und Kultus verliehen.

Im Mai 1962 bekam ich ein weiteres Zeugnis von meinem Chef für
die Bewerbung um die Chefarztnachfolge für die »Zweite Chirurgische Klinik der Städtischen Krankenanstalten Nürnberg«. Sein
Wortlaut war wiederum im wesentlichen der gleiche wie der des

Zeugnisses für »Bergmannsheil« und Ludwigshafen. Am Schluß bestätigte mir G.H. ausdrücklich, daß ich »vor allem aber auf dem Gebiet der Bauchchirurgie… umfassende Kenntnisse und praktische Erfahrungen« hätte und gerade deshalb auch »als Vorstand der Zweiten Chirurgischen Klinik der Städtischen Krankenanstalten Nürnberg hervorragend geeignet« sei.

Ebenfalls im Mai 1962 schlug mich G.H. an zweiter Stelle für die Berufungsliste der »Klinik mit Schwerpunkt Unfall-, Wiederherstellungs-, Gliedmaßen- und Bauchchirurgie« der Universität Mainz vor. Der Schlußsatz seiner Begründung lautete: »Meines Erachtens ist er nach Herrn Allgöwer im deutschen Sprachgebiet der beste junge Chirurg, der für einen Lehrstuhl der Unfall-, Wiederherstellungs-, Gliedmaßen- und Bauchchirurgie sowie für Allgemeine Chirurgie zu nennen wäre.« Das Lob, der Beste nach Prof. Dr. Martin Allgöwer, dem Chirurgie-Ordinarius der Universität Basel, zu sein, hätte mich eigentlich überschnappen lassen müssen. Denn bis heute bin ich der Meinung, daß Martin Allgöwer zu den zehn besten Chirurgen Europas der siebziger Jahre gehört hat. Er war Mitbegründer der Schweizerischen Arbeitsgemeinschaft für Osteosynthese, welche die operative Unfallchirurgie entscheidend mitgeprägt hat.

Ob ich auf die Berufungsliste für Mainz gekommen bin, weiß ich nicht. Aber auf die von Köln Ende 1962 kam ich dann. Am 6. November 1962, an meinem einundvierzigsten Geburtstag, wollte mir mein Chef trotz aller Zerwürfnisse etwas Nettes sagen. Er erzählte, daß er mich als einen der Kandidaten für die Besetzung des Lehrstuhls der Zweiten Chirurgischen Klinik in Köln-Lindenthal vorgeschlagen habe. Dort sei ich in der engsten Wahl. Sein Votum für Köln übergab er mir. Zusammenfassend schrieb er: »Herr Hackethal ist m.E. für einen Lehrstuhl, dessen Schwerpunkt auf der gesamten Unfallheilkunde, der Handchirurgie und der plastischen Chirurgie liegen soll, wie kaum ein anderer Chirurg des deutschen Sprachraumes geeignet.«

Das Berufungsgremium der Stadt Köln sah das anders. Es berief Wilhelm Schink zum Chirurgie-Ordinarius, eine Entscheidung, die ich nie kritisiert habe.

Danach gab es nur noch ein Zeugnis von G.H., und zwar am 6. März 1963 für meine Bewerbung um die Stelle des Leiters der »Chirurgischen Klinik im Zentralkrankenhaus Bremen-Nord«. Dieses Zeugnis fiel etwas kürzer aus als die früheren, aber nicht weniger positiv: »Aufgrund seiner Kenntnisse und Fähigkeiten habe ich ihm nach weni-

gen Monaten eine Oberarztstelle an der Klinik übertragen, die Herr H.
nunmehr seit sechs Jahren innehat. Er war in allen Aufgabenbereichen
der 340 Betten großen Klinik eingesetzt. Der Schwerpunkt seiner Tätigkeit lag auf der Bauchchirurgie und auf der Unfall-, Wiederherstel-
lungs- und Extremitätenchirurgie. In seinem Operationskatalog kann
er annähernd 2000 große bauchchirurgische Eingriffe und über 1500
Operationen der Wirbelsäule, des Beckens und der Extremitäten nachweisen. Herr H. ist ein erfahrener Diagnostiker und beherrscht die
operative Technik mit großer Sicherheit. Er konnte auch in schwierigsten Behandlungsfällen bemerkenswerte Erfolge erzielen.«

In diesem seinem letzten Zeugnis, bevor er mich mit Schimpf und
Schande davonjagte, wiederholt er nochmals, was er mir schon
früher öfters, zum ersten Mal bei meiner Bewerbung für »Bergmannsheil«, bescheinigt hatte: »Herr H. ist ein guter Arzt und ein tatkräftiger, wirklichkeitsnaher Mann, mit einem sauberen, klaren Charakter.
Er kümmert sich unermüdlich um seine Kranken. Er versteht es, auf
sie einzugehen und ihr Vertrauen zu gewinnen. Er hat sich immer
durch großen Fleiß und wirkliche Zuverlässigkeit und Redlichkeit
ausgezeichnet. Auch schwierige und unangenehme Aufgaben faßt er
mit großer Energie und Umsicht an. Seine Mitarbeiter schätzen ihn
als einen sachlichen, gerechten und ruhigen Vorgesetzten. Herr H. ist
menschlich absolut zuverlässig. Er war immer ein vertrauenswürdi-
ger, geschätzter Mitarbeiter. Es ist meine Überzeugung, daß Herr H.
durch seine menschlichen Qualitäten und fachliche Eignung als Vorstand einer großen chirurgischen Klinik hervorragend geeignet ist.
Unterschrift G.H.« – Na bitte!

ZWEITER TEIL: DIE KETZEREI

»Erlanger Professorenkrieg«
Mein »Lambarene«
Kollegenschelte und Reformationsaktivitäten
Eigene Praxisklinik als Kontrapunkt

ENTWICKLUNGSGESCHICHTE MEINES KONFLIKTES
MIT DER HELDENCHIRURGIE (1959–1961)

VORBEMERKUNG

Held ist »jemand, der sich mit Unerschrockenheit und Mut einer schweren Aufgabe stellt oder eine ungewöhnliche, bewundernswerte Tat vollbringt«. So steht es in der *Brockhaus Enzyklopädie*. Als Held geehrt und gerühmt zu werden, danach streben die Ehr- und Ruhmsüchtigen. Denn das ist das Größte, was man aus Volkes Sicht im Leben erreichen kann. Damit geht man am zuverlässigsten in die Geschichte ein.

Wie alles hat auch Heldentum seine zwei Seiten: Eine gute und eine böse. Gut ist das Streben danach, wenn es nicht zu Lasten anderer geht, wenn die Anstandsgrenzen gewahrt bleiben und das Endergebnis hervorragend gut ist. Das gilt auch für die Medizin: Ihre Helden waren Hippokrates, Paracelsus, Ignaz Semmelweis, Robert Koch, Samuel Hahnemann, Sebastian Kneipp, Albert Schweitzer.

Hier mag man die Aufzählung von Chirurgen und Internisten vermissen. Die eigenberufsstolzen Medizingeschichtsforscher nennen da viele, viele Namen. Mir fällt kein einziger ein, wenn ich die Definition für wahres Heldentum zum Maßstab nehme. Sicher gab und gibt es welche. Die aber kennt keiner.

»Heldenmedizin« ist meine Bezeichnung einer Ausübung des Arztberufes, die allzu stark auf Ehre und Ruhm ausgerichtet ist und zu wenig auf das Wohl der Patienten – womit ich nicht dessen vermeintliches Wohl meine, sondern das Wunschwohl des gut informierten mitdenkenden Patienten. Heldenmediziner neigen dazu, ihre Patienten auf dem Altar der Götzin Medizinwissenschaft zu opfern. Vor ihnen sollten sich die Patienten fürchten. Tatsächlich aber werden sie bewundert, allen voran die Helden*chirurgen*.

Es gab von Mitte der fünfziger bis Mitte der siebziger Jahre auf dieser Welt nichts Verführerischeres für einen ehrgeizigen Mediziner als die Heldenchirurgie. Schrittmacher waren die Schlagzeilen der Presse und der Tagesschau des Fernsehens, vor allem aufgehängt an der »Großen Herzchirurgie«.

Deren Zeitalter begann 1952. In diesem Jahr brachte der Amerikaner F. John Lewis ein Herz künstlich zum Stillstand, schnitt die
Herzwand auf, saugte das Blut ab und vernähte unter Sicht ein angeborenes Loch in der Vorhofscheidewand.

Vorher hatte es nur Operationen am pulsierenden, blutgefüllten
Herzen gegeben. Reparaturen am Herzinnern mußten sich auf Eingriffe wie primitive Sprengungen verengter Klappen durch einen von
einem Knopflochschnitt aus eingeführten Zeigefinger beschränken.

Dieser erste Schritt zur Großen Herzchirurgie war durch die Methode der künstlichen Hypothermie (Unterkühlung) möglich. Das auf
30 Grad abgekühlte Herz konnte für maximal acht Minuten angehalten werden, ohne daß das Gehirn Schaden nahm. Dieses Verfahren
benutzte Lewis.

Den zweiten großen Schritt für die Große Herzchirurgie tat ein
Jahr später, 1953, John H. Gibbon. Er benutzte eine Herz-Lungen-Maschine. Mit ihrer Hilfe konnte das Herz für mehrere Stunden stillgelegt werden. Das ermöglichte auch langandauernde Präzisionsein-
griffe am Herzen, innen und außen. Zum technischen Höhepunkt
wurde Christian Barnards Herzverpflanzungsoperation von 1967.

Die Große Herzchirurgie war 1956, als ich nach Erlangen kam, die
Spitze der Heldenchirurgie. Wer sie beherrschte, rangierte in der
Werteskala der Ärzte an höchster Stelle. Alles andere kam danach.
Trotzdem gab es auch verführerische Möglichkeiten für operative
Heldentaten an anderen lebenswichtigen Organen, insbesondere
Großeingriffe an Lunge, Speiseröhre, Magen, Darm, Leber, Bauch-
speicheldrüse und an den großen Gefäßen.

Diese Heldenchirurgie hatte unser Chef zum Schwerpunktziel seiner Universitätsklinik erklärt und sie unter den Leitsatz gestellt: »Denen in Marburg werden wir's zeigen!«

Mein Konflikt mit dieser Heldenchirurgie war, rückblickend betrachtet, vorprogrammiert. Denn meine Medizin-Hauptlehrer hatten
mir ein Arzt-Patient-Verhältnis ganz anderer, beinahe entgegengesetz-
ter Art so überzeugend vorgelebt, daß es mir zum unverrückbaren
Vorbild geworden war. Trotzdem dauerte es ein paar Jahre, bis ich erste ernste Zweifel bekam, daß ich den richtigen Weg gewählt hatte,
Zweifel, die ich dann auch immer weniger vor meinem Chef verbergen konnte.

Zwar gab es schon am Anfang vage Zweifel. Ich unterdrückte sie,
redete mir ein, daß mein Chef schließlich eine viel größere wissen-

schaftliche Erfahrung hätte. Ich zwang mich zu geduldiger Beobachtung, wurde zum Mittäter und Mitläufer, halb aus Unsicherheit, halb aus Trotz, dem Trotz des Ehrgeizlings, der nicht wahrhaben wollte, daß er sich in der Wahl des Schrittmachers zum Heilgottesthron geirrt hatte.

Anfangs imponierte mir der heldenchirurgische Impetus meines Chefs kolossal. Sein Fleiß und seine Zielstrebigkeit waren beeindruckend. Seine *Allgemeine Operationslehre* schien mir ein Meisterwerk. Immerhin hatte man ja ihn auserwählt, die ruhmreiche Tradition des von Martin Kirschner begründeten, meistverbreiteten Standardwerkes fortzusetzen.

Auch hatte ich viel Grund zur Dankbarkeit. Schließlich gab er mir die Chance, nicht in der Orthopädie, sondern in der Chirurgie Karriere zu machen. Außerdem behandelte er mich seit längerer Zeit wie seinen Kronprinzen. Da hatte man gehorsam zu sein und den Schnabel zu halten.

Aber es gab auch andere Gründe, mich mit vorschneller Kritik zurückzuhalten. So war ich nicht frei von eigenen Schwächen und Fehlern, besonders als Operateur. Als Orthopäde hatte ich vier Jahre lang relativ wenig operiert. Das war nicht spurlos an mir vorübergegangen.

Chirurgie – von (griech.) cheirourgia = Handarbeit – ist handwerkliche Tätigkeit am Patienten. Dazu bedarf es einerseits gründlichen Wissens über Bau und Funktion des Körperteils, an dem operiert werden soll, andererseits eines Mindestmaßes an Geschicklichkeit – und danach bis in alle Ewigkeit Übung, Übung und noch mal Übung. Ohne ständiges Training für das Operieren allgemein wie für spezielle Eingriffe verkümmert der beste Operateur zum Stümper.

An diesem operativen Training fehlte es mir 1956. Bei der ersten Blinddarmoperation nach knapp vier Jahren habe ich Blut und Wasser geschwitzt, ebenso wie bei allen anderen Standardoperationen, die mir 1951/52 leicht von der Hand gegangen waren. In Eschwege und Münster galt ich als fixer Operateur. Alle meine Lehrer – Franz Rose, Hans Kessler, Peter Pitzen und Oskar Hepp – hatten mir in ihren Zeugnissen ja auch als Operateur sehr gute Noten gegeben.

Meine operativen Mängel haben mich lange Zeit stark belastet. Ich brauchte nicht nur mehr Zeit für die einzelnen Operationen, sondern es ging auch einiges schief. Zum Tiefpunkt wurde eine Magenoperation am 28. Februar 1958. Der Patient litt an einem rückfälligen

Geschwür am Zwölffingerdarm. Für einen solchen Fall galt damals die Ausschneidung der unteren zwei Drittel als »Therapie der Wahl«. Danach mußte der obere Magenstumpf entweder nach Billroth I mit dem Stumpf des Zwölffingerdarms End-zu-End zusammengenäht werden, oder man mußte nach Billroth II eine Schlinge des Krummdarmes mit dem Magenstumpf verbinden.

Vorgesehen war die Methode nach Billroth II. Alles lief zwar langsam, aber ohne Fehler, wie es bei der Operation schien. Das böse Erwachen kam eine Woche später. Was war passiert?

Statt mit dem Krummdarm hatte ich den Magenstumpf mit dem Leerdarm, kurz vor dessen Einmündung in den Dickdarm, verbunden. Dadurch wurde fast der ganze Dünndarm aus der Nahrungspassage und damit aus der Verdauungsarbeit ausgeschaltet.

Das ist ein Operationsfehler, wie er schon vielen Chirurgen vor und sicher auch manchen nach 1958 unterlaufen ist – nicht nur unerfahrenen. Denn die Verwechslungsgefahr ist nicht gering. Der Oberarzt Privatdozent Dr. Franz Paul G. hat 1968 über 132 in der Weltliteratur publizierte Fälle »versehentlicher Gastroileostomie« berichtet, von denen sich bis 1967 allein sieben in der Erlanger Klinik ereignet haben. Publizierte Fälle sind die Spitze des Pfusch-Eisbergs! Trotzdem hätte das mir, dem Oberarzt einer Chirurgischen Uniklinik, 1958 nicht passieren dürfen.

Der Kunstfehler meldete erst nach ein paar Tagen Verdachtssymptome. Zunächst lief alles glatt. Der Patient stand schon am Abend des OP-Tages vor dem Bett und spazierte vom nächsten Tag an immer länger ums Bett und im Krankensaal herum. Aber er erholte sich nicht, bekam Durchfälle. Eine Kontrastbreiuntersuchung des Magen-Darm-Traktes brachte das Unglück an den Tag. Die beiden anderen Oberärzte lachten sich ins Fäustchen. Sie waren noch ohne Privatdozententitel und mögen gelästert haben: »Ja, ja, der Herr Privatdozent, wissenschaftlich hui, operativ pfui!«

Der Konkurrenzdruck unter den Oberärzten ist groß. Man buhlt um die Gunst des Chefs. Böse Zungen sagen: »Ein Oberarzt freut sich, wenn dem anderen ein Patient stirbt.« Ganz abwegig ist dieser Verdacht sicher nicht, bei dem beinahe täglichen Umgang mit dem Tod in einer Großklinik. Jedenfalls war die Blamage riesig. Vom Chef gab es keinen Vorwurf, zumindest nicht mir direkt ins Gesicht. Er dachte wohl an eigene Fehler, die ihm unterlaufen waren, seit ich unter und mit ihm arbeitete.

Der Klinikchef beauftragte den Oberarzt Dr. Walter B. mit der Nachoperation. Sie fand am 6. März, eine Woche nach der Erstoperation statt. Die Magen-Leerdarm-Verbindung mußte getrennt, das Loch im Leerdarm verschlossen, die Verbindung zwischen Magenstumpf und Krummdarm hergestellt werden. Dieser Eingriff war in etwa so schwierig wie die Voroperation, bei der die Versorgung des Zwölffingerdarmstumpfes wegen starker Verwachsungen besondere Schwierigkeiten bereitet hatte.

Nach der Zweitoperation tat sich der Patient sehr schwer. Die Darmtätigkeit wollte nicht in Gang kommen. Er mußte weiterhin künstlich ernährt werden. Es kam zu einer schleichenden Infektion der Operationswunde und im Bauch. Nach zwei Wochen entschied der Chef auf eine zweite Nachoperation. Die machte er selbst. Knapp drei Wochen später, am 8. April 1958, starb der Patient.

Ohne meine Fehloperation wäre er nicht gestorben. Das steht fest, da gibt es keine Ausrede. Aber ich allein war es nicht, der ihn getötet hat. Zwangsläufig war der Tod keineswegs. Nach meiner Überzeugung starb der Patient letztendlich an der falschen Indikation zur dritten Operation und an der Infusomanie unseres Chefs.

Jedenfalls bedurfte es – auch wegen eigener Mißerfolge – einer Vielzahl von Negativerlebnissen, um mich vom gläubig-gehorsamen Paulus über einen heimlichen Abweichler zum ungläubig-ungehorsamen Saulus zu machen, um es biblisch, wenn auch im gegenläufigen Sinne, auszudrücken. Diese Entwicklung möchte ich im Folgenden an den wichtigsten Beispielen erläutern.

Zweifelgrund Fremdblut-Transfusomanie

Bluttransfusionen – von (lat.) transfundere = in ein anderes Gefäß schütten – habe ich, sofern sie nicht der unmittelbaren Nothilfe gegen drohende Ausblutung dienten, schon vor vierzig Jahren skeptisch gegenübergestanden, danach mit zunehmender Antipathie. Das mag wie nachträgliche Besserwisserei klingen, aber ein Schlüsselerlebnis rief frühes Mißtrauen hervor. Danach bedurfte es nur noch der kritischen Beobachtung und eines bißchen Nachdenkens banaler Art.

1949 habe ich als Assistenzarzt in Eschwege einen Patienten zu Tode transfundiert. In dem Kapitel »Blutübertragung« meines Buches *Auf Messers Schneide* (1976) habe ich ausführlich darüber berichtet.

Heute, fast ein halbes Jahrhundert nach dem Vorfall, könnte ich, wenn das alte Krankenhaus nicht durch ein vielstöckiges Klinikfabrikgebäude ersetzt worden wäre, noch Zimmer und Bett zeigen, wo der junge Mann nach bösem Todeskampf starb.

Damals war die direkte Blutübertragung eine fixe Operation: Dünne Flügelkanüle in die Empfängervene, Schlauch dran, Kochsalz. Dicke Flügelkanüle in die Spendervene, Schlauch dran. Los geht's. Saugen, drehen, drücken. Zehnkubikzentimeterweise. Fünfzigmal hin und her. Das klappte nur, wenn es flott ging. Sonst verstopften Schläuche, Kanülen und Venen.

Trotz Auswahl eines Spenders mit der angeblich universell verträglichen Blutgruppe Null starb der Patient kurz nach der Direktübertragung.

Aus chirurgischer Ungeduld hatte ich bei der »biologischen Vorprobe« nicht lange genug gewartet, hatte nach den ersten zehn Millilitern nicht, wie vorgeschrieben, die Wirkung erst einmal fünf Minuten beobachtet, bevor ich die Halbliterportion im Eiltempo hinterherspritzte. Als der erste Schüttelfrost begann, war ich, der Rekordhalter im Schnelltransfundieren per Schwenkspritze, mit der Prozedur fertig, der Patient eine gute Stunde später tot. Rettungsmöglichkeiten gab es nicht.

Seither passe ich auf. Seither habe ich mich eingehend für das Schrifttum über Blutübertragungen interessiert und mir über ihr Nutzen-Schaden-Verhältnis viele Gedanken gemacht. Beim Literaturstudium entdeckte ich, daß schon 1883 kein Geringerer als der Heldenchirurg Ernst von Bergmann – der chirurgische Großvater meines Chirurgievaters Franz Rose – vor Blutübertragungen gewarnt hatte. Gewiß war vor 1900 der Hauptgrund die Unkenntnis der Blutgruppen, die Übertragung gruppenfalschen Blutes die größte Gefahrenquelle. Aber seine Warnungen bezogen sich schon damals auf die Folgen von Übertransfusionen und Infektionsübertragungen. Ich zitiere:

»Noch sind nicht zehn Jahre über sie dahingezogen, und in Deutschland wie in England ist die Begeisterung verraucht, stehen die Transfusionsapparate stille…« Fast bedauert er es, daß er bremsen muß: »So wahr es ist, daß Geben seliger denn Nehmen thut, so mag es mehr Freude und Befriedigung schaffen, durch neue Heilmethoden das ärztliche Können zu mehren, als an dem bestehenden zu rütteln und mitbeizutragen, daß an sie die Axt gelegt werde.« Aber er fährt fort: »Allein, es soll der angehende Arzt nicht bloß in Kunst und

Wissenschaft geübt, sondern durch die Zucht seiner Schule auch zu einer strengen Kritik und Beurteilung einer jeden seiner Handlungen angehalten werden.«

Anfang der fünfziger Jahre kam an Stelle der direkten Transfusion vom danebenliegenden Spender zum Empfänger mit Spritzenpumpe die indirekte Blutübertragung in Mode. Man hängte eine Blutkonserve an. Aus der Transfusion wurde eine Infusion.

Die Indikation zur Blutübertragung orientiert sich schon seit 1950 etwa an folgenden einleitenden Sätzen zu dem Kapitel »Blutersatz« in dem von G.H. 1958 verfaßten Band 1 der *Allgemeinen Operationslehre:* »Bluttransfusionen haben für die Chirurgie in den letzten Jahren eine außerordentlich große Bedeutung erlangt. Ob ein Kranker bestimmte Operationen übersteht, hängt häufiger mehr von der ausreichenden Blutzufuhr – vor, während oder nach dem Eingriff – ab, als von der Technik des Chirurgen allein. Die erfolgreiche Bekämpfung von Schockzuständen und Eiweißmangelerscheinungen durch Bluttransfusionen hat die Entwicklung der modernen Chirurgie ähnlich stark beeinflußt wie früher die Einführung der Aseptik und der Narkose.«

Mit Blutübertragungen wurde an einzelnen Kliniken ein wahrer Kult getrieben. Vor jeder größeren Operation gab es ein bis zwei Vollblutübertragungen. Rein prophylaktisch. Ob die Patienten blutarm waren oder nicht, spielte keine Rolle. Sie sollten mit Vollblut für den bevorstehenden Eingriff gestärkt werden.

Bereits 1956 wurde in den USA vor den Risiken einer Blutübertragung nachhaltig gewarnt und der Standpunkt vertreten, daß eine Transfusion von nur 500 Millilitern ihre Unnötigkeit beweise. Denn Patienten, die nur einen halben Liter Blut benötigen, seien immer auch ohne Transfusion zu retten. 1957 schrieb der kanadische Chirurg B. Chown, daß mindestens die Hälfte der durchgeführten Transfusionen, wahrscheinlich erheblich mehr, nicht notwendig sei.

1959 kritisierte William H. Crosby, Chefhämatologe am Walter Read US Army Research Institute, man spiele Russisches Roulett mit Blutkonserven statt mit Pistolen. Ebenfalls 1959 schrieb der amerikanische Chirurg P. I. Hoxworth: »Anstatt sich zu fragen, was kann ich tun, um eine Transfusion zu vermeiden, greift der Arzt – eine einfache Antwort – zum Blut.« Seit 1960 steht auf den Blutkonservenflaschen großer nordamerikanischer Kliniken Ärzten und Kranken zur Warnung: »Trotz sorgfältiger Wahl der Spender kann dieses Blut Viren der homologen Hepatitis enthalten.«

Auch aus der Bundesrepublik gab es Warnungen vor den Gefahren der Übertragung von Hepatitisviren durch Bluttransfusionen. Hier verweise ich auf eine Veröffentlichung von Prof. Dr. Kommerell von der Medizinischen Universitätsklinik Heidelberg, die zwar erst 1969 erschien, aber die großen Risiken von Blutübertragungen während der fünfziger und sechziger Jahre eindrucksvoll beleuchtet. Danach sollen jährlich allein in der Bundesrepublik mindestens 200 000 Neuinfektionen mit Hepatitisviren aufgetreten sein, davon ein Viertel, also 50 000, durch Bluttransfusionen. Die Sterblichkeit bei Serumhepatitis soll zwischen 4 und 30 Prozent liegen. Wenn wir sie niedrig mit 10 Prozent ansetzen, so wären allein 1969 rund 5000 Patienten durch verseuchte Vollbluttransfusionen umgebracht worden, und jährlich mindestens die gleiche Zahl in den zehn Jahren zuvor sowie nicht sehr viel weniger in den Jahren danach.

R. Ehler und Th. Schricker haben die Häufigkeit von Transfusionshepatitis von Januar 1964 bis Juli 1969 bei 561 Patienten der Chirurgischen Universitätsklinik Erlangen-Nürnberg untersucht und festgestellt, daß es zu einer Serumhepatitis B in folgender Häufigkeit kam: 26 Prozent bei Herzoperationen, 10 Prozent bei Krebsoperationen und 2,5 Prozent bei Knochen- und Gelenkoperationen. Die Unterschiede beruhen wahrscheinlich auf der unterschiedlichen Zahl von Transfusionen. Aber die Häufigkeit ist in jedem Fall erschreckend.

Gewiß gab es diese Veröffentlichungen in meiner Erlanger Zeit von 1956 bis 1963 noch nicht. Aber schon damals konnte keinerlei Zweifel an dem gewaltigen Infektionsrisiko bestehen. Deshalb habe ich schon 1962 auf der Bayerischen Chirurgentagung vor den Gefahren von Bluttransfusionen sehr eindringlich gewarnt. Man hatte mich zu einem Hauptvortrag über das Thema »Die Erstversorgung des Verletzten am Unfallort« eingeladen. Dabei habe ich wörtlich Folgendes erklärt: »Bluttransfusionen am Unfallort sind unnötig. Einem Verletzten, der am Unfallort theoretisch nur durch Bluttransfusionen zu retten wäre, ist praktisch aus vielerlei Gründen nicht zu helfen.« Das war vor dem Hintergrund der damals lautstark erhobenen Forderungen, schon am Unfallort Bluttransfusionen zu verabreichen, geradezu revolutionär. An das Gesicht meines Chefs bei dieser auch auf ihn gemünzten Bemerkung erinnere ich mich nicht. Aber um so besser erinnere ich mich daran, daß mein damaliger Hauptvortrag von den anwesenden Chirurgen mit starkem Beifall aufgenommen wurde. Der Tagungspräsident fand sehr lobende Worte, nicht nur sofort vor versammelter Zuhörerschaft, sondern auch am Festabend danach. Und das, obwohl ich nicht nur den leichtfertigen Umgang mit Bluttransfusionen, sondern auch vieles andere an der damals üblichen Erstversorgung von Verletzten am Unfallort kritisiert hatte. Oder weil?

Die warnenden Stimmen wurden bei uns nicht ernst genommen. Im Gegenteil, die Indikation zur Blutübertragung entwickelte sich unter G.H. derart ins Extrem, daß man sie als Transfusomanie bezeichnen muß. Fast kein Operationspatient entging dem Transfusionswahn des Herrn und Gebieters, nicht nur über Leben und Tod unserer Patienten, sondern auch über unsere Berufschancen. Fast vor jeder Operation mußten mindestens ein bis zwei Fremdblutkonserven transfundiert werden. Die Blutbank der Klinik wurde zum größten Labor aller Universitätskliniken ausgebaut. Sie diente auch als Lager für Infusionsflaschen und -beutel aller Sorten von Elektrolytlösungen und von allem sonst, was als Infusion theoretisch indiziert sein konnte.

Zu dieser Transfusomanie mögen unkritische Publikationen von Anästhesisten beigetragen haben. Die Anästhesie entwickelte sich auf internationaler Ebene Ende der vierziger Jahre aus ihrem Chirurgie-Hilfsarbeiter-Status zu einem eigenständigen medizinischen Berufszweig. Da gab es dann viele Anfängerfehler, ganz besonders bei der Indikation zur Bluttransfusion. Das Anhängen von Vollblutbeuteln in Vielzahl wurde zum wichtigsten Alibi gegen den Vorwurf eines Kunstfehlers als Ursache eines Anästhesiezwischenfalls.

Dies blieb es bis heute, ohne Rücksicht auf das Ergebnis von überzeugenden Untersuchungen zur Frage: Wieviel Blut braucht der Mensch? Dieser Frage ging Anfang der siebziger Jahre K. Messmer am Institut für Chirurgische Forschung in München nach. Über das Ergebnis berichtete er auf dem Internationalen Chirurgenkongreß 1975 in Edinburgh.

Was Messmer mit modernster Technik weitgehend zuverlässig beweisen konnte, hat die Praxis aufmerksam beobachtenden Chirurgen und Anästhesisten schon vor Jahrzehnten gezeigt: Blutverluste bis zu einem Liter brauchen beim vorher gesunden Erwachsenen nie, bis zu zwei Litern meistens nicht durch Vollblut ersetzt zu werden. Erst über zwei Litern wird es kritisch.

Das überraschend Neue an Messmers Arbeit: Es ist für den Operierten sogar gut, wenn er ein bis zwei Liter Blut verliert, es muß nur für Volumenersatz gesorgt werden. Das aber geht ohne Blut, ohne

Vollblut und ohne Plasma. Da gibt es viele ausreichende Ersatzflüssigkeiten.

Die Folgerungen, die Chirurgen der Bundesrepublik aus den Experimenten des Theoretikers Messmer bereits gezogen haben, klingen angesichts der Vorgeschichte geradezu grotesk: Es wird vor der Operation nicht mehr Blut übertragen, sondern abgelassen, der Volumenverlust durch eine Ersatzlösung ausgeglichen. Das nennt man Hämodilution (Blutverdünnung). »Das Verfahren der Hämodilution hat sich inzwischen an verschiedenen Chirurgischen Kliniken eingebürgert«, teilte Messmer laut *Selecta* den Teilnehmern des Internationalen Chirurgenkongresses mit. Die teilnehmenden deutschen Chirurgen mögen aus dem Staunen nicht herausgekommen sein.

Ich erinnere vor allem wegen des späteren AIDS-Transfusionsskandals daran, der bei Beachtung dieser Erkenntnis mindestens sehr viel geringere Ausmaße angenommen hätte. Die Katastrophe wäre unter Umständen sogar vermeidbar gewesen.

Rückblickend betrachtet sind mir erste ernste Zweifel viel zu spät gekommen. Zu lange ließ ich mich von der Heldenchirurgie-Idee so faszinieren, daß ich mitschuldig an unzähligen bösen Patientenschicksalen wurde. Mitläufer sind immer mitschuldig, immer. Nur der Schuldgrad wechselt je nach Erfahrungs- und Intelligenzgrad.

Jedenfalls besteht für mich kein Zweifel, daß damals nicht nur viele Patienten der Klinik an der Transfusomanie unseres Chefs gestorben, sondern weit mehr noch mit Dauerschäden für den Rest des Lebens infiziert worden sind. Zur Begründung verweise ich auf das zitierte Kapitel »Blutübertragung« in meinem Buch *Auf Messers Schneide.*

In meinem später erschienenen Buch *Krankenhaus* habe ich 1979 meine Warnungen vor Bluttransfusionen ergänzt. Daß auch in der Großen Chirurgie – im Gegensatz zur Mittleren und Kleinen – Blutübertragungen vielfach unnötig sind, habe ich von 1974 bis 1978 in meiner Praxisklinik beweisen können.

Während der viereinhalbjährigen Tätigkeit habe ich 2300 Operationen durchgeführt. Etwa 70 Prozent davon waren Großeingriffe wie Hüftgelenk-Ersatzplastiken, Kniegelenk-Ersatzplastiken, Bandscheibenoperationen und so weiter. Es wurde keine einzige Bluttransfusion gemacht, und kein einziger Patient hat dadurch Nachteile erlitten. Im Gegenteil: Es ist vielen ein chronischer Leberschaden und anderes erspart geblieben. Bei der Übertragung von tausend Blutkonserven hätte meine Transfusionshäufigkeit damals noch nicht über dem Durchschnitt gelegen!

Natürlich weiß ich auch, daß es in der Herzchirurgie nicht ohne Fremdblut geht. Aber auch hier wäre jede Blutkonserve weniger ein großes Risiko weniger.

Fremdblut ist ein Medikament. Wozu gibt es die teuer bezahlte Arzneimittelkommission der Bundesärztekammer, wenn der Bundesärztekammerpräsident sie nicht darauf verpflichtet und entsprechend kontrolliert, daß sie im *Deutschen Ärzteblatt* unüberlesbar vor den Gefahren von Fremdblut als Vollblut- oder Teilblutinfusion immer wieder warnt?

Die Bedrohung der Volksgesundheit durch Rauschgifte und anderes sind eine Lappalie im Vergleich zu den täglichen unnötigen Gesundheitsschädigungen durch rezeptpflichtige Arzneien und andere angebliche Gesundheitshilfen. Das schreibe und predige ich seit fast zwanzig Jahren fett und lautstark als staatlich lizensierter Professor der Medizin.

Nicht nur die Indikation zur Blutübertragung, sondern auch die zu Infusionen überstieg das vernünftige Maß bei weitem. Die Infusion ist zweifellos eine Säule der modernen Schulmedizin. Ihre Unterlassung oder der zu späte Einsatz werden bei gegebener Indikation von allen Ärzten als Kunstfehler (schuldhafter Arztfehler) gewertet. Das gilt beispielsweise schon dann, wenn nur vor einer Kurznarkose das Anhängen einer Infusion versäumt wird. Denn mit der Infusion schafft man einen schnellen sicheren Weg ins kreisende Blut, der bei Bedarf sofort für die Injektion eines Medikamentes in den Infusionsschlauch, wenige Zentimeter von der Vene entfernt, benutzt werden kann.

Für maßvolle Infusionen gibt es inzwischen unzählig viele gute bis zwingende Gründe. Die Kehrseite dieser Bereicherung unserer Möglichkeiten aber ist, wie überall in der Medizin, die Gefahr der Maßlosigkeit in Indikation und Anwendung – auch hier bis hin zur Manie wie in Erlangen schon 1956.

Gewachsen ist sie aus der Forschungsarbeit von G.H. über die Infusionstherapie bei Verbrennungen schweren Grades. Ohne Zweifel gehört bei großflächigen Verbrennungen zweiten bis dritten Grades die Infusion zu den wichtigsten Not- und Heilhilfen. Dies gilt vor allem für die Zufuhr von Elektrolytlösungen, also von Salzwässern verschiedener Art mit der Eigenschaft, durch Ionenwanderung elektri-

schen Strom zu erzeugen. Bei schweren Verbrennungen kommt es zu
starken Mineralsalzverlusten des Blutes in den Verbrennungswun-
den. G.H. hat wohl aus diesen Erkenntnissen heraus unterstellt, daß
die positiven Effekte von Elektrolytinfusionen bei Verbrennungen
ausnahmslos auch für Operationsverletzungen gelten. So erkläre ich
mir sein zu einer Art Infusomanie ausgeartetes Verhalten.

Während der Indikationsspielraum für Blutinfusionen als Maß-
nahme zur Gesundheitsaufpäppelung fast keine Grenzen hatte, war
für Salzlösungsinfusionen der Blutspiegel an Mineralsalzen ein vor-
geschriebener Indikator. Wenn auf dem Laborzettel zum Beispiel ein
Calciumwert unter der Norm stand, mußte eine Calciumlösung infundiert werden. Entsprechendes galt für alle physiologischen Elektrolyte. Daß die Werte oft nicht stimmten, lag einerseits an den vor
dreißig Jahren sehr begrenzten technischen Möglichkeiten. Andererseits gab es auch unter den Medizinisch-Technischen Assistentinnen
nicht nur zuverlässige.

Gemessen jedenfalls an der wahren Aussagekraft eines Laborwer-
tes für Elektrolyte und dem Risiko einer Schädigung durch Über- oder
Falschinfusion bestand damals ein unverantwortbares Mißverhältnis
zwischen Nutzen und Risiko. Abgesehen davon ist die Verschiebung
des Elektrolytspiegels zu erhöhten oder erniedrigten Werten gegenüber der Norm oft eine zweckmäßige Regulation im Rahmen des
natürlichen Selbstheilungsbestrebens des Organismus, deren künstliche Änderung sich deshalb verbietet.

Wohlgemerkt werfe ich G.H. nicht vor, daß er seine falschen Indi-
kationsvorschriften vorsätzlich, also wider besseres Wissen erlassen
hat. Das nicht. Aber vorwerfbare Wissensdefizite mindern als grob-
fahrlässiges Unterlassen die strafwürdige Schuld nicht wesentlich.
Das sollte unsere höchstrichterliche Rechtsprechung im medizinischen Bereich ebenso zum Maßstab nehmen wie in anderen Bereichen auch.

Die Zahl der Todesfälle an unserer Klinik war sehr hoch. Viel zu
hoch! Eine Vergleichsmöglichkeit mit anderen Chirurgischen Unikliniken gibt es nicht, weil es für Kontrollen an Vorschriften zur Dokumentation fehlt. Aber indirekt ist dies aus der überdurchschnitt-
lichen Sterblichkeitsquote für viele Operationen und Erkrankungen
beweisbar.

In den Jahren 1959 bis 1962 konnte man den Sektionsberichten
über bei uns verstorbene Patienten häufig entnehmen, daß sie an

einem Zuviel an Bluttransfusionen oder Infusionen verstorben waren. Ich erinnere mich zuverlässig an eine der im Wochenrhythmus durchgeführten »Exitusbesprechungen« im Pathologischen Institut. Dies war im Frühjahr 1962. Der Pathologe hatte erklärt, daß der Patient an einer Übertransfusion gestorben sei. Dies wurde von allen Anwesenden schweigend zur Kenntnis genommen. Hinterher sprach ich den Mit-Oberarzt Walter B. auf diesen Sektionsbericht an. Da erklärte er frank und frei: Das mit der Übertransfusion als Todesursache sei Blödsinn. Die Pathologen könnten das überhaupt nicht beurteilen. Sie verstünden nichts von Transfusionen und Infusionen. Ich hielt entgegen, er möge doch zugeben, daß bei uns die Indikation zur Blutübertragung zu leichtfertig gestellt werde. Im übrigen wäre auch die Indikationsstellung zu den Infusionen in vielen Fällen zumindest zweifelhaft. Einigen konnten wir uns nicht. Aber mir fiel in der Folgezeit auf, daß von diesem Oberarzt die Indikation zu Blutübertragungen und Infusionen sehr viel zurückhaltender gestellt wurde als vorher.

Für mich besteht kein Zweifel, daß viele Todesfälle Über- und Falschinfusionen mindestens als wesentliche Teilursache hatten. Diese Zweifel wuchsen ab 1956 von Jahr zu Jahr mehr. Erste Abweichungen von der »Art des Hauses« gab es bei meinen Patienten schon seit 1957, von Vierteljahr zu Vierteljahr öfter, aber immer nur heimlich. Denn ich wollte ja Professor werden.

Richtig aufmüpfig wurde ich erst, nachdem ich den Titel hatte, nach dem 12. Januar 1962. Schließlich wurde mein offener Widerstand gegen die Transfuso- und Infusomanie meines Chefs am 22. November 1963 zum Auslöser meiner Befehlsverweigerung mit dem Satz: »Nur über meine Leiche!«

ZWEIFELGRUND CHEF-OPERATIONEN BEI PRIVATPATIENTEN UND SONSTIGES

Unmittelbar erlebte ich das chirurgische Können meines neuen Chefs als Assistent bei der Operation von Privatpatienten. Da mußte in der Regel einer seiner drei Oberärzte die 1. Assistenz übernehmen, auch damit er sich an der Operationstechnik des Meisters ein Beispiel nahm. Schon beim ersten Mal fiel mir auf, daß G.H. bei weitem nicht so geschickt operierte wie Franz Rose und insbesondere Hans Kessler. Das schien mir anfangs an seinen zu großen und zu plumpen Händen zu liegen. Damals und auch später habe ich mich oft gefragt, warum die Größe und Beweglichkeit der Hände bei der Zulassung zum Beruf des Chirurgen nicht ebenso berücksichtigt wird wie gute Noten in Anatomie.

Ein Uhrmacher mit plumpen Händen macht Pleite. Chirurgie ist vielfach auch Uhrmacherhandwerk! Es gibt so viele attraktive Berufe, bei denen es auf Fingerfertigkeit nicht ankommt. Warum müssen so viele mit Möbelpackerhänden ausgerechnet Chirurgen, ja sogar Hand- und Gefäßchirurgen werden?!

Aber dieses Handicap war nicht der einzige Grund für die operativen Mangelerscheinungen des Chefoperateurs. Er operierte auch unsystematisch und überhastet. Mit »Hos tachista – Los, schnell-schnell!« stachelte er andere und sich selbst an. Das allerdings ging dann nicht ohne Flurschäden ab.

Schon bei der ersten Operation hätte ich meinem Chef gerne das Skalpell oder die Schere aus der Hand genommen. Nicht um mich wichtig zu machen, sondern um ihm zu helfen, damit er sich leichter tat. Aber das wäre Gotteslästerung gewesen, also verjagte ich solche bösen Gedanken.

Daß er bei Operationen brüllte und mit Instrumenten warf – was mich bei Sauerbruch mit Abscheu erfüllt hatte –, sah ich inzwischen als notwendiges heldenchirurgisches Zubehör. Chirurgie war nun einmal kein Betätigungsfeld für schwächliche Sensibelchen, beschwichtigte ich kritische Gedanken.

Doch steter Tropfen höhlt nicht nur den Stein, sondern läßt auch das Faß eines Tages überlaufen. Und dieser Tag kam mit dem Tod eines Privatpatienten nach einer »Hos tachista«-Blinddarmoperation. »Los, schnell-schnell auf den OP-Tisch«, hieß die Devise auch für Blinddärme. Jeder Patient, der mit Verdacht auf Wurmfortsatzentzündung des Blinddarmes eingeliefert wurde, mußte schnell-schnell auf den OP-Tisch. Nachts und tags.

Franz Rose hatte mich gelehrt: Eine Appendizitis, deren Beginn länger als 48 Stunden zurückliegt, darf nur operiert werden, wenn die Zeichen für eine fortschreitende eitrige Bauchfellentzündung sprechen, sonst nicht. Denn nach zwei Tagen ist der Entzündungsherd oft so fest abgekapselt, daß er ohne Operation ausheilt. Wenn man trotzdem operiert, kann gerade dadurch eine tödliche Peritonitis eingeleitet werden. Einerseits, weil Infektionserreger in die freie Bauchhöhle verschleppt werden. Andererseits, weil nach dem Herausschneiden des Wurmfortsatzes in der durch die Entzündung brüchig gewordenen Blinddarmwand keine Verschlußnaht für den offenen Wurmstumpf hält.

Genau das passierte dem Privatpatienten. Als er eingeliefert wurde, sprachen die Signale für Abkapselung. Das hat den Heldenchirurgen in seinem Tatendrang nicht bremsen können. Er kam, sah – und Gevatter Hein siegte.

»Einmal ist keinmal!« – Damit hätte ich meine Zweifel damals gerne zerstreut. Aber Gleiches war schon bei anderen Patienten passiert und auch disputiert worden, mit aller karrieregebotenen Behutsamkeit. Über weniger aggressive Chirurgie war mit unserem potentiellen Karriere-Blocker nicht zu disputieren, nur über noch offensivere.

»Weil du arm bist, mußt du früher sterben!« Diese Volksfurcht hat er bei seinen Privatpatienten zwischen 1956 und 1963 überzeugend widerlegt.

Doch nicht nur bei den Privatpatienten, auch sonst hatte der Chefchirurg nicht nur keine glückliche Hand, sondern Pech an den Fingern. Man mußte nicht extra Buch führen, wie mir vorgeworfen wurde, um zu merken, daß ihm bei allen Standardoperationen mehr Patienten starben als allen anderen Operateuren der Klinik. Das lag keinesfalls daran, daß er sich nur die schwierigsten Fälle vorbehalten hätte. Jedenfalls bei den Standardoperationen an Magen, Darm, Gallenblase und dergleichen nicht. Nur wo operatives Neuland zu erobern war, übernahm er »das Wagnis« selbst. So nennen es ja die Chirurgen, wenn sie die Patienten zu dem Wagnis überredet oder verurteilt haben.

Am 21. Oktober 1959 wurde der 49-jährige Patient G.M. in guter körperlicher Verfassung auf der Privatstation aufgenommen. Aufgrund der Röntgenuntersuchung bestand Verdacht auf ein tiefes Zwölffingerdarmgeschwür mit narbiger Verengung des Anfangsteils des Zwölffingerdarms. Zwei Tage später operierte G.H. den Patienten, ich assistierte. Im Bereich des Zwölffingerdarms fanden sich starke Verwachsungen. Der Anfangsbereich war zum Teil verhärtet und geschrumpft. Ohne weitere Untersuchung der Bauchhöhle begann der Operateur sofort mit der Magen-Zwölffingerdarm-Ausschneidung. Deshalb wurde zunächst die faustgroße Zyste im hinteren Bereich des Oberbauches nicht bemerkt. Sie enthielt eine Flüssigkeit und war

wahrscheinlich in der Hauptsache für die Beschwerden verantwortlich. Nach der Entdeckung der Zyste verzichtete der Chef auf eine
nähere Klärung ihrer Natur, punktierte lediglich die gallige Flüssigkeit.

Bei dem Freipräparieren des Anfangsbereichs des Zwölffingerdarms verletzte er dann den Darm, den er danach in Höhe der Er-
öffnungsstelle quer durchtrennte. Trotz der offensichtlich starken
Schrumpfung des Zwölffingerdarmes mobilisierte der Operateur weitere drei Zentimeter und trennte sie ab. Alles geschah wie üblich
überhastet und unsystematisch. Dabei entblößte der Operateur den
Kopf der Bauchspeicheldrüse mehr als erforderlich von der decken-
den Zwölffingerdarmwand. Bei dem Versuch, auf der Bauchspeicheldrüse zurückgebliebene Darmwandreste zu entfernen, wurde
dann – laut OP-Bericht – »tangential ein etwa stricknadeldicker Gang
eröffnet in etwa zwei Millimeter Ausdehnung«. Dies war die Einmün-
dungsstelle des zweiten Ausführungsganges, die nach Entfernung der
verdeckenden Schleimhaut frei zu Gesicht kam. Der dann folgende
Versuch des Operateurs, die seitliche Eröffnung dieses gut streich-
holzdicken Ganges dauerhaft zu vernähen, war von vornherein zum
Scheitern verurteilt, weil die Zusammenziehung zur weitgehenden
Verlegung der etwa zwei Millimeter großen Lichtung führen mußte.
So war das Aufgehen der Naht vorprogrammiert, weil sie dem Druck
des gestauten Saftes – von dem täglich 1500 Kubikzentimeter produziert werden – und seiner starken Verdauungskraft nicht gewachsen
sein konnte. Zwangsläufig führte das zu Gewebszerstörungen in der
Umgebung des Bauchspeicheldrüsenkopfes. Erstaunlicherweise überlebte der Patient zunächst die Operation. Am 9. November 1959 kam
es dann zu einer massiven Blutung und zum üblichen Gnadenstoß
durch die Nachoperation. Wenig später starb der Patient.

Im Arztbrief steht, daß »der ganze Duodenalstumpf, der Kopf des
Pankreas und die Leberpforte so nekrotisch waren, daß hier keine
einzelnen Strukturen mehr identifiziert werden konnten«. Damit
wollte sich unser Chef nach dem Mißlingen der Nachoperation herausreden. Vielleicht hat der Arzt es ihm sogar geglaubt.

Nicht lange danach machte der Chef unter der Diagnose »Akuter
Bauch« eine Oberbauchoperation, bei der ich wieder assistierte. Da-
bei legte er die große Eingeweideschlagader (A. coeliaca) frei. Die
A. coeliaca ist beim Erwachsenen ein Gefäß mit einem Durchmesser
von vier bis fünf Millimeter. So war es auch hier. Bei sorgfältiger OP-
Technik kann sie von anderen – eventuell entbehrlichen – Gefäßfor-

mationen ähnlicher Bauart unzweifelhaft unterschieden werden. In der Meinung, daß es sich bei dem freigelegten Gebilde um ein unwichtiges Gefäß handelte, unterband er es hopplahopp. Erst danach merkte er, was geschehen war. Eine Rekonstruktion war nicht mehr möglich. Der Patient verstarb an der nachfolgenden ausgedehnten Ernährungsstörung der von den Ästen dieses Hauptgefäßes nicht mehr versorgten Oberbauchorgane.

Mein Verdacht einer allzu hohen OP-Mißerfolgsquote unseres Chefs verstärkte sich in den ersten drei Jahren nur allmählich, danach zunehmend schneller. Aber nachgerechnet habe ich sie vor meiner Entlassung nicht. Sonst hätte ich wesentlich früher Alarm schlagen müssen.

STEIN DES ANSTOSSES HIGHTECH-WUNDSTARRKRAMPF-BEHANDLUNG

Tetanus (Starrkrampf) war eine Geißel für die Verwundeten des Zweiten Weltkrieges und schon vorher. Verursacht wird er durch den Tetanusbazillus Clostridium tetani, ein 0,5 mal 2-8 My winziges, hantelartiges Stäbchen, das sehr widerstandsfähig ist und als Anaerobier nur unter Luftabschluß gedeiht. Entdeckt wurde der Bazillus 1884 von Nicolaier. Er speit ein böses Gift aus, genannt Tetanustoxin. Dieses schwimmt in dem Kanalsystem der Nervenfasern hin zum Zentralnervensystem und führt zu schweren Krampfattacken der gesamten Muskulatur bei vollem Bewußtsein. Erstickungsanfälle durch Atemmuskelkrämpfe quälen die Patienten schrecklich, oft zu Tode. Schluckstörungen, Wirbelbrüche und Höchstfieber kommen hinzu und erhöhen Leidensdruck und Todesgefahr erheblich. Ausgelöst werden die Krampfanfälle durch kleinste Reize von außen auf Haut und Sinnesorgane. Das Anknipsen einer Glühbirne, der Hustenstoß eines benachbarten Patienten, ein Schleimhautreiz auf Mund oder Nase und eine ungeschickte Hautberührung können tödlich sein.

Den Tetanusbazillus gibt es überall, wo Erde, Staub, Holz, Heu und Kot ist, also sogar im gepflegtesten Milieu, und er hat einen solchen Panzer, daß man ihn fast mit nichts töten kann. An der Häufigkeit von Bagatellverletzungen und ihrer Verunreinigung mit Tetanusbazillen gemessen, müßte die Mensch- und Tierheit längst durch Tetanus ausgestorben sein.

Tatsächlich gehört der Wundstarrkrampf aber zu den sehr seltenen Erkrankungen, auch bei fehlendem und bei unwirksam gewordenem Impfschutz, also bei fast allen Menschen auch in den Industrieländern.

Es gibt also einen starken angeborenen oder erworbenen Schutz dagegen, daß aus der Wundinfektion mit Tetanusbazillen eine Infektionskrankheit wird. Diese entwickelt sich fast nur nach Schußverletzungen und anderen großen Verwundungen mit starker Verschmutzung. Auch das nur selten, aber angesichts der hohen Sterblichkeit, sobald die Infektionskrankheit erst einmal ausgebrochen ist, besteht bis heute Grund genug zur Schutzimpfung. Bei allen Bagatellverletzungen dagegen halte ich die Schutzimpfung für gefährlicher als den Verzicht darauf. Meine Kinder, engsten Freunde und ich selbst müßten ausnahmslos an Tetanus verstorben sein, wenn die Gefahr größer wäre als vom Blitz erschlagen zu werden. Denn wir alle hatten unzählige Bagatellverletzungen, haben aber auf eine Tetanus-Nachimpfung verzichtet.

Auch den meisten meiner Patienten mit Bagatellwunden habe ich seit 1965 sogar als Durchgangsarzt der Berufsgenossenschaft von Tetanus-Wiederholungsimpfungen abgeraten. Kein einziger Patient und kein einziger Angehöriger hat mich später wegen »Unterlassener (pflichtgemäßer ärztlicher) Hilfeleistung« verklagt.

Einige tausend Mark hatte ich wegen dieses eigengeschäftsschädigenden Verhaltens weniger auf dem Konto. Aber es hat auch so immer gereicht, trotz unzähliger weiterer Unterlassungen auf eigenes Risiko. Das Arzt-Patient-Verhältnis von Freund zu Freund mißt sich vor allem an dem, was man aus schulmedizinischer Sicht dürfte oder gar müßte – und trotzdem nicht tut.

Wundstarrkrampf galt in den fünfziger und sechziger Jahren als »höchst-chirurgische« Erkrankung, also nur kunstgerecht behandelbar in Chirurgischen Universitäts- und Großkliniken. Nur für Kinder hatten sich einzelne Unikliniken an der chirurgischen Zuständigkeit vorbeigemogelt. Dazu gehörte die Unikinderklinik Erlangen unter Leitung von Prof. Dr. Adolf Windorfer.

Mir war als Konsultationsoberarzt außer der Frauen-, HNO-, Augen- und Zahnklinik auch die Kinderklinik zugeteilt. Wenn es in einer dieser Kliniken einen chirurgischen Notfall gab, mußte ich hin, meist wegen Verdachts auf akute Blinddarmentzündung, aber auch aus anderen Gründen. Das vertiefte meine Beziehungen zu den Oberärzten und Stationsärzten dieser Kliniken, teilweise auch zu den Chefs, soweit sie nicht zu hoch auf ihrem Heilgottesthron saßen. Windorfer saß mehr am Bett seiner schwerkranken Kinder, wo ich ihn öfter erwischte, auch bei Kindern mit Tetanus. Dort allerdings saß er meistens nicht, sondern stand in respektvoller Entfernung, um bloß keinen Krampfanfall auszulösen.

Mir fiel in der Kinderklinik auf, daß bei Tetanus alles ganz anders gemacht wurde als bei uns. Unser Chef schwor auf die Hightech-Therapie. Die Patienten lagen im riesigen Wachsaal, nur abgeschirmt durch Bretterwände, oben breit und unten schmal offen, mitten im Krach von Beatmungsautomaten, von lautstarken Kommandostimmen der Ärzte und Wachsaal-Dragonerinnen und von tausend anderen Schrecklauten Tag und Nacht.

Der Tetanuspatient war meist nicht nur wie ein Schwerverbrecher an Händen und Füßen gefesselt, sondern über einen Luftröhrenschnorchel oder eine Luftkanüle in der Gurgel an einen Beatmungsautomaten angehängt. Am Arm, am Bein und/oder an einem in die Schlüsselbeinader eingeführten Schlauch hing eine Dauertropfinfusion. Eine Schwester war ständig damit beschäftigt, irgendwelche hochwirksamen Medikamente in den Infusionsschlauch zu spritzen, die Luftröhre vom angestauten Schleim freizusaugen, Infusionsflaschen zu wechseln und und und. Der Patient wurde in halber Dauernarkose gehalten. Der stark Abwehrgeschwächte badete, ja war untergetaucht in der Dreckluft des Wachsaales. Verschmutzter und damit gefährlicher kann eine Luft nicht sein. Mehr Krankenhauskeime pro Kubikmeter Luft gibt es nirgendwo.

Ab und zu ließ die Wachschwester ihre Intensivpflege-Objekte trotz höchster akuter Lebensgefahr minutenlang allein. Ab und zu machte der Chefanästhesist oder sein Wachsaal-Vertreter Stippvisite, lautstark und handgreiflich. Dann wunderte er sich, daß der Patient trotz Halbnarkose einen schweren Krampfanfall bekam.

Alles in allem: So stelle ich mir im Zeitalter der Hochtechnik die Hölle vor. Maschinenfolter höchster Qualitätsstufe, gesteuert und überwacht von Luzifern in Weißkitteln mit Silberbügel-Stethoskop um den Hals.

Größer kann der Unterschied einer Patientenversorgung nicht sein, als wie ich ihn von 1956 bis 1963 zwischen der Chirurgischen und der Pädiatrischen Uniklinik Erlangen erlebte, nicht nur bei Tetanus. Dort der laute, ungeduldige Mediziningenieur als Chef und Vorbild, hier der leise, geduldige Kinderarzt aus Liebe. Die Liebesbeziehung des Kinderklinikchefs zu seinen kranken Kindern kam nirgendwo stärker zum Ausdruck als bei der Versorgung tetanusvergifteter Patienten im Kindesalter. Diese waren in einem abgedunkelten Einzelzimmer untergebracht, das eigens gegen Geräusche isoliert war. Am Kinderbett oder im Sessel daneben saß eine Kinderkrankenschwester. Sie verlor ihren Schützling keine Sekunde aus den Augen, half behutsam bei Krampfanfällen, auch mit Sauerstoffbeatmung. Sie lüftete rasch, wenn es draußen still war, fütterte und lobte das Kind unter liebevollem Zureden, streichelte es auch. Streicheln reizt nicht, sondern beruhigt. Beruhigende und andere Medikamente wurden auch gegeben, aber alles von Mal zu Mal anders dosiert, immer streng angepaßt an den jeweiligen Zustand und die kontrollierte Wirkung, also nicht im voraus programmiert mit festgelegter Stunde und Dosis wie im Wachsaal gut hundert Meter entfernt.

Alles in allem: So wünsche ich mir den Himmel. Keine Maschine – und einen Engel in Gestalt und Kleid einer Kinderkrankenschwester von Windorfer zur Gesellschaft.

Diese großen Unterschiede in der Behandlung Tetanuskranker habe ich jahrelang beobachtet. Aber mehr als vorsichtige Fragen bei Oberarztbesprechungen riskierte ich nicht. Ob man denn vielleicht die Tetanuskranken nicht in ein ruhiges Einzelzimmer legen könnte, statt in die Wachsaalkabine? Ob man sie vielleicht wirklich so in Halbnarkose versetzen müsse, mit der Gefahr der Verschleimung, dem Zwang zu künstlicher Ernährung und anderem? Ob denn vielleicht die riesigen Mengen an Tetanusserum wirklich nötig und ungefährlich seien? Vorsichtige Ob-denn-vielleicht-Fragen stellte ich auch darüber hinaus. Aber mehr tat ich nicht. Trotz zunehmender Bedenken von Jahr zu Jahr. Meine Ausrede: Für Sterbeziffern im Vergleich habe ich mich vor dem 22. November 1963 nicht interessiert. Also kannte ich den krassen Unterschied in der Sterberate nicht. Er war gewaltig! In der Kinderklinik betrug die Tetanussterblichkeit von 1958 bis 1962 9 Prozent, bei uns für Kinder 60 Prozent. In der Zeit von 1928 bis 1958 – also vor der Hightech-Therapie – hatte sie in der Chirurgischen Universitätsklinik Erlangen bei Kindern im Schnitt um 25 Prozent gelegen.

Stein des Anstosses Operationsinfektionen

Zu psychischen Verdauungsstörungen führte bei mir von Anfang an die lockere Praxis zur Verhütung von Infektionen bei Aseptischen Operationen. Das machte mir zwar keine großen Bauchschmerzen oder gar Durchfall. Denn meine psychische Verdauungskraft war aus Ehrgeiz hochgefahren. Aber langsam entwickelte sich für mich die allzu große Häufigkeit von Eiterungen nach Operationen zum Ärgernis, zumal auch meine Patienten davon betroffen waren.

Asepsis heißt: Ohne Eitererreger. Man unterscheidet: Septische Operationen, das heißt Eingriffe an einem infizierten Organ – Beispiel: Spaltung eines Abszesses –, Bedingt-aseptische Operationen, das heißt Eingriffe mit Eröffnung von Organen, die natürlicherweise auch Wundinfektionserreger enthalten – Beispiel: Operationen an Magen und Darm sowie in der Mundhöhle – und Aseptische Operationen, bei denen Operationsmesser und andere Operationsinstrumente nicht mit infiziertem Gewebe in Berührung kommen – Beispiel: Operationen an Herz und Gefäßen, Haut, Muskeln, Knochen und Gelenken, Gehirn und Rückenmark, sofern keine Infektion vorausgegangen ist.

Aseptische Operationen sollten um 1960 herum eine Infektionsquote unter 2 Prozent haben, Bedingt-aseptische unter 5 Prozent. In Eschwege und Münster lagen sie niedriger, in Erlangen weit höher. Das hatte viele Gründe:

Die baulichen Voraussetzungen waren schlecht. Die OP-Baracke stammte aus dem 19. Jahrhundert. Dort befand sich auch der Hörsaal, in dem die Schauoperationen für Studenten stattfanden. Da gab es noch die Haken für die Karbolbehälter zur Abtötung der Eitererreger in der Raumluft. Vielleicht wäre es besser gewesen, das Karbol noch verströmen zu lassen. Denn die OP-Abteilung ähnelte einem Bahnhofswartesaal mit Nebenräumen. Da lief jeder in voller Zivilmontur, auch mit dreckigen Schuhen, hinein, der irgendwas von einem Arzt, einer Schwester, einem Pfleger wollte, die gerade im OP beschäftigt waren. Auch für die OP-Mannschaft war weiße Klinikkleidung keine Vorschrift. Es reichte, wenn man die Jacke auszog und über die Straßenschuhe Gummigaloschen stülpte.

Gelüftet wurden die OP-Fabrikräume während des OP-Programms überhaupt nicht. Man konnte es an der besonderen Duftnote der Luft riechen, daß der Keimgehalt zum Himmel stank. Sie steckt mir süßlich-modrig-faulig noch heute in der Nase. Über die Renaissance der Infektionsgefahr aus der OP-Luft in den angloamerikanischen Ländern seit Ende der vierziger Jahre hatte unser Chef zwar in seiner Operationslehre berichtet, jedoch praktisch keine Konsequenzen daraus gezogen. In der Praxis hielt er es weiterhin mit denen, welche die Luftfäulnistheorie, mit der bis vor hundert Jahren die Infektionen bei Operationen erklärt wurden, für widerlegt hielten.

Auch sonst ging es im Hinblick auf die Infektionsverhütung genial zu. Operateur und Assistenten hingen sich eine riesige Schürze vor, damit sie beim Händewaschen nicht naß wurden, nicht etwa, um Kleiderdreck zurückzuhalten. Was G.H. von der Kopfbedeckung im OP hielt, kann man seiner *Allgemeinen Operationslehre* entnehmen: »Der Chirurg braucht einen klaren, kühlen Kopf; deswegen lassen wir Hauben und Schleier, die den ganzen Kopf einhüllen, nur von Frauen mit langen Haaren tragen.« Makabrer Scherzversuch eines OP-Hygiene-Muffels. Kopfhaube und Mundtuch waren zwar bei den Operationen vorgeschrieben, aber sonst in der OP-Abteilung nicht. Beides wurde immer mal vergessen oder weggelassen, wenn's eilte. Das Mundtuch ließ die Nasenlöcher frei, auch bei Schnupfen.

Für die Händedesinfektion gab es zwar dehnbare Vorschriften, aber keine Kontrolle. Also war Zeitmogeln an der OP-Tagesordnung. Die »mechanische Reinigung« mit Bürste, Wasser und Seife dauerte je nach Lust und Laune drei bis fünf Minuten. In Eschwege und Münster und auch bei mir ab 1965 waren zehn Minuten Vorschrift, deren Einhaltung streng kontrolliert wurde. Die »chemische Desinfektion« geschah mit »Quats«, sogenannten quaternären Ammoniumverbindungen vom Typ Quartamon oder Zephirol in 0,5- bis 1,0-prozentiger Lösung. Darin sollten die sauber gebürsteten Pfötchen bis unterhalb des Ellenbogengelenks fünf Minuten lang eingetaucht oder damit abgewaschen werden.

In Eschwege und – soweit ich mich erinnere – auch in Münster mußten wir nach zehn Minuten Bürsten die Haut von Händen und Unterarmen mit hochprozentigem Alkohol oder einer Jodlösung desinfizieren. Das brannte manchmal wie Feuer. Unverträglichkeit war aber bei den einzelnen Ärzten und Schwestern weit seltener als später bei den Quats.

Um 1950 herum setzte es die Pharmaindustrie mit Hilfe von Hygiene-Ordinarien-Gutachten durch, daß die billige Desinfektion mit Alkohol und Jod ins Abseits chirurgischer Kunst verdammt wurde.

Desinfektionskraft und Hautverträglichkeit seien viel schlechter als die Hautentkeimung mit den viel teureren Quats. Einige Hygiene-Ordinarien dürften sich mit ihren Gefälligkeitsgutachten eine goldene Nase verdient haben. Der Quats-Boom dauerte ein paar Jahrzehnte. Dann wurden die Quats im Massenbetrieb immer billiger. Da wurde der Alkohol als das bessere Desinfizienz gutachtlich wiederentdeckt, natürlich teuer »parfümiert«. Danach war es nicht mehr »wissenschaftlich allgemein anerkannt«, die Hände mit Quats zu entkeimen. Seit diesem desinfizierenden Schlüsselerlebnis traue ich auch keinem einzigen Hygieniker-Gutachten mehr!

In der *Allgemeinen Operationslehre* unseres Chefs war zwar »Die aseptische Vorbereitung des Chirurgen« auf drei Seiten ausführlich beschrieben, aber wie jeder Chefchirurg hätte er wissen müssen, daß Vorschriften nutzlos sind, wenn nicht jeder im OP auf Schritt und Tritt kontrolliert wird. Daran aber mangelte es entschieden.

Fast noch wichtiger als die korrekte Händedesinfektion vor der Operation ist die »Noninfektion«, die Infektionsvermeidung im Umgang mit infizierten Wunden, also die Vermeidung jeglicher Fingerberührung mit Eiter. Denn die Eitererreger dringen oft so tief in die Ausführungskanäle von Talg- und Schweißdrüsen ein, daß kein Desinfektionsmittel bis zu ihnen kommt. Auch an der Noninfektionskontrolle mangelte es schwer. Das Anfassen eitriger Verbände und infizierter Hautbereiche von Patienten war allgemein üblich, weil's schneller ging.

Umgekehrt ließen die Operateure und OP-Assistenten die blutverschmierten OP-Handschuhe an, spülten sie nur kurz ab, bevor sie zwischen den Operationen damit alles anfaßten, was ihnen vor die »goldenen« Hände kam. Damit glaubten sie sich erneutes Händewaschen ersparen zu können und nur in frische OP-Handschuhe umsteigen zu müssen. Fast nirgendwo gedeihen Eitererreger so gut wie im Handschuhsaft. Fast kein Gummihandschuh überstand die Dreckarbeit zwischen den Operationen ohne winzige Risse – für Mikroben wahre Scheunentore.

Ein weiterer Grund für die überdurchschnittliche Infektionsquote in Erlangen war die ungenügende Trennung von infizierten und nichtinfizierten Patienten auf den Stationen. Sowohl in Eschwege wie in Münster gab es viel strengere Sitten als in Erlangen, um Infektionen zu verhüten. So war es streng verboten, Patienten, die für eine Aseptische Operation vorgesehen waren, im gleichen Krankenzimmer wie Patienten mit eiternden Wunden unterzubringen. In Erlangen wurde das nur ungenügend beachtet.

Wenn in einer OP-Abteilung die Zahl der Wundinfektionen nach einer Aseptischen Operation vor dreißig Jahren höher als 2 Prozent war und heute höher als 1 Prozent ist, mußte und muß der Chefoperateur sofort gefeuert werden, egal ob Allgemeinchirurg, Orthopäde oder Gynäkologe. Ich habe es von 1976 bis 1978 in meiner Praxisklinik erreichen können, die OP-Infektionsquote bei großen Aseptischen Operationen auf Null zu senken. Näheres dazu steht in meinem 1978 erschienenen Buch *Sprechstunde*.

Als Beispiele für die übergroße Infektionshäufigkeit an der Chirurgischen Universitätsklinik Erlangen führe ich für Aseptische Operationen die Infektionsquote bei Herzoperationen an. Sie betrug 1961 bei Eingriffen ohne Herz-Lungen-Maschine 23 Prozent, mit Herz-Lungen-Maschine 32 Prozent, darunter 17 Prozent schwere Infektionen. 1961 berichteten H. Sloan und A. Stern aus der Universität Michigan/USA, daß dort von den letzten 300 Kranken mit offenen Herzoperationen nur ein Operierter (= 0,33 Prozent) eine Infektion bekam.

Beispiele für Bedingt-aseptische Operationen: Von 1956 bis 1962 betrug in Erlangen die Infektionshäufigkeit bei unkomplizierten Magenoperationen 18 Prozent. Sie war gegenüber der Siebenjahresperiode vorher (1949 bis 1955) fast verdoppelt (18% : 10%). Im Vergleich zum General Hospital in Massachusetts von 1952 bis 1958 lag sie mehr als doppelt so hoch (18% : 8%). Bei Wurmfortsatzentfernungen betrug die Infektionsquote in Erlangen im Zeitraum von 1956 bis 1961 bei akut entzündlichen Prozessen 4,8 Prozent und bei nichtentzündlichen Prozessen 2,6 Prozent. Auch hier war sie im Vergleich zum Zeitraum davor von 1946 bis 1955 unter dem Direktorat von Goetze mit 3,3 und 1,6 Prozent wesentlich höher.

Allein die Infektionsquote bei sauberen Operationen von 1956 bis 1963 hätte in einem »Rechtsstaat« zur sofortigen Entlassung des Chefoperateurs einer Chirurgischen Universitätsklinik führen müssen. Denn sie war von ihm zu verantworten.

Leider habe ich auch über die OP-Infektionshäufigkeit nie »Buch geführt«, sonst hätte ich spätestens 1960 Alarm geschlagen und vielen Patienten wäre ein böses Infektionsschicksal erspart geblieben. Aber der »Rechtsstaat« hätte sich dafür vermutlich ebensowenig interessiert, wie er es 1964 tat, als ich die viel zu hohe Infektionsquote zum Anklagepunkt bei der Staatsanwaltschaft gemacht habe.

Ärgernis Herz-Heldenchirurgie

Schon in den ersten Wochen meiner Zeit als Oberarzt in Erlangen war mir klar: Hauptziel des jungen Chirurgie-Ordinarius war es, in die Spitzengruppe der Herzchirurgen vorzustoßen. Auch in Marburg und Heidelberg arbeitete man fieberhaft daran, die Düsseldorfer Chirurgen um Derra in der Großen Herzchirurgie zu überholen. Da galt es, beim Wettlauf die richtigen Schwerpunkte in der Forschungsarbeit zu setzen.

Die besten Herzchirurgen gab es in den USA. Bei einem von ihnen mußte man Werkspionage betreiben, um die Operationstechnik und alles, was sonst nötig war, kennenzulernen und nachzumachen. Die Wahl fiel auf das Herzchirurgiezentrum Houston in Texas. Dort arbeiteten Michael E. De Bakey und Denton A. Cooley, zwei der berühmtesten Herzchirurgen der Welt. Eine ausreichend gründliche Werkspionage braucht Zeit, mindestens viele Monate. So lange konnte der Chef natürlich nicht weg. Also mußte ein geeigneter Ersatzmann gefunden werden, auf dessen Herrschertreue und Gehorsam er sich ebenso verlassen konnte wie auf enormen Fleiß.

Nicht ganz unerwartet kam ich in die engste Wahl. So fragte mich eines Tages G.H., ob ich denn nicht Lust hätte, für etwa ein Jahr an ein Herzchirurgiezentrum nach Amerika zu gehen. Ich erschrak mehr, als daß ich mich über das wahrlich schmeichelhafte Angebot freute. Also stotterte ich: »Danke, Herr Professor, daß Sie mir das zutrauen. Aber Sie wissen doch, mein Herz hängt an der Unfallchirurgie. Nur deshalb habe ich auch die Fachausbildung zum Orthopäden gemacht. Bitte lassen Sie mich lieber die Unfallchirurgie hier kräftig ausbauen.«

Da hatte der Chef meinen Ehrgeiz wohl doch überschätzt. Er schüttelte mehr unwillig als enttäuscht den Kopf, eine typische Geste. Betteln wollte er nicht. »Na, dann nicht, Kleingeist«, mag er gedacht haben. »Das wird dir wohl noch leid tun eines Tages.« Da allerdings hätte er total daneben getroffen.

Die Kronprinzersatzwahl fiel auf meinen Assistenten Franz Paul G., der es an Gehorsam unserem obersten Chef gegenüber sicher nicht fehlen ließ. Ein bißchen schmeichelhaft war seine Wahl auch für mich. Denn er gehörte mit meinem Assistenten Heiner B. zu den Rivalen vom harten Kern der beiden anderen Oberärzte. Insoweit war ich ein gutes Jahr lang einer seiner Medizinlehrer, durfte hoffen, daß ein bißchen von meiner Pro-patiente-Erziehung auf ihn abgefärbt war. Als Assistenzarzt war er zuverlässiger und viel fleißiger als Heiner B. Aber der übertraf ihn an Auffassungsgabe, manueller Geschicklichkeit sowie an Witz, Schlagfertigkeit und Ideen. Als mein Lehrlingspaar jedenfalls waren sie eine prächtige Mischung.

Franz Paul G. reiste nach Amerika und spionierte – selbstverständlich im Einverständnis mit Denton A. Cooley. Parallel dazu wurden zwei Assistenten beauftragt, gemeinsam mit einer Apparatefabrik das »Erlanger Modell« einer Herz-Lungen-Maschine (HLM) nachzuerfinden. Wenn schon, denn schon: Große Herzchirurgie mit einer Eigenbau-HLM! Weder die HLM von Gibbon noch die Rollenpumpen-HLM von De Bakey genügten beim Wettlauf zur Weltspitze.

Für die »Chirurgie am offenen Herzen« – wie die Reparatur im Herzinnern auch genannt wurde – braucht man eine Apparatur aus Schläuchen, Schlauchpumpe und Sauerstofferzeuger (Oxygenator) als Stellvertreter für Herz und Lungen. Hat man diese an das Gefäßsystem angeschlossen, kann das Herz stillgelegt, die Herzwand aufgeschnitten und können Defekte an der Herzscheidewand oder an den Klappen repariert werden.

Wenn ich allein an die Hunde denke, die unnötig gefoltert und getötet wurden, nur um es »denen in Marburg zu zeigen«, werde ich zornig. Denn dieser Apparat war so überflüssig wie ein Kropf. Ich bezweifele, daß er je von anderen Herzchirurgen benutzt wurde.

Wie gefährlich der Einsatz von Herz-Lungen-Maschinen in den späten fünfziger Jahren war, habe ich hautnah miterlebt. Bei einem Besuch der Chirurgischen Universitätsklinik Heidelberg im Jahre 1950 lud mich der Oberarzt-Kollege Privatdozent Dr. S. P. ein, beim letzten Test einer HLM im Hundeversuch vor dem geplanten ersten Einsatz am Menschen dabeizusein.

Als ich in den OP kam, war der Modellversuch bereits in vollem Gange. Unter den sterilen OP-Tüchern blickte der Kopf eines großen Schäferhundes hervor. Er schlief tief in einer Intubationsnarkose. Das kleine Hundeherz schlug ruhig und gleichmäßig, verriet das EKG. Man war gerade dabei, die HLM an den Kreislauf anzuschließen. Einige Zeit später wurde das Ersatzherz in Marsch gesetzt. Die Schläuche des Ersatzkreislaufs waren mit mehreren Litern Blut von anderen Hunden aufgefüllt. Das Fremdblut kreiste, vermischte sich mit dem Blut des Versuchstieres. Das Herz schlug weiter, obwohl ihm die Pumparbeit schon abgenommen worden war.

Dann kam die entscheidende Versuchsphase. Das Herz wurde mit einer Kaliumchloridspritze stillgelegt, die Herzwand aufgeschnitten, das Herzblut abgesaugt. Dann legte der Operateur die Vorhofscheidewand frei. Denn es war ein Vorversuch zur Reparatur eines Loches zwischen rechtem und linkem Herzvorhof. »Schade eigentlich, daß kein Loch zum Reparieren da ist«, mag der Hundeherzchirurg gedacht haben. Er schaute zufrieden und stolz in die Runde. Die Generalprobe habe wie am Schnürchen geklappt, würde er seinem gestrengen Herrn und Meister gehorsamst melden können. Da kommt bei einem Privatdozenten, der bald Professor werden will, Freude auf.

Plötzlich machte es knack. Der Herz-Lungen-Maschine war das Herz gebrochen. Alle erschraken, nur einer nicht. Seine gequälte Seele flog ganz schnell in den Hundehimmel, konnte endlich den Peinigern entfliehen.

Es stellt sich die Frage: Dürfen in einer humanen Welt quälerische Tierversuche erlaubt sein? Die Antwort muß wegen des vielfach falsch zugeordneten Begriffs ausnahmsweise Ja *und* Nein lauten. Ja, wenn es eine versuchte Heilhilfe, also der Versuch ist, bei dem Tier eine Krankheit zu bessern. Denn das ist ja auch beim Menschen erlaubt und passiert täglich millionenfach. Bei der Einmaligkeit jedes menschlichen Organismus mit unzähligen Unterschieden zu anderen Menschen ist jede Behandlung ein Heilhilfe-Versuch. Der ist natürlich auch beim kranken Tier erlaubt.

Für den Versuch ohne Heilhilfe-Absicht braucht man einen anderen Namen. Ich schlage »Modellversuch« vor, weil das Versuchstier oder der Versuchsmensch nur als Versuchsmodell zur Forschung benutzt wird. Also formuliere ich die Frage neu: Dürfen quälerische Tier-Modellversuche in einer humanen Welt erlaubt sein? Meine Antwort stellvertretend für wohl alle Tierfreunde: Nein, niemals! Kein Forschungsprojekt, und richte es sich gegen die schlimmste Menschheitsgeißel, darf die einfachsten Anstandsregeln im Umgang mit Mensch und Tier verletzen, nämlich andere für das eigene Wohl zu quälen. Quälerische Modellversuche sind inhuman!

Die Frage »Sind quälerische Tier-Modellversuche erlaubt?« ist aus heldenchirurgischer Sicht lächerlich. So sah es nicht nur unser Ordinarius für Forschung und Lehre, sondern auch der Chef des Generalproben-Operateurs mit dem Ergebnis »Operation gelungen, Patient tot«, der im gleichen Jahr als Präsident der Deutschen Gesellschaft für Chirurgie amtierte.

Der Chef des Generalproben-Operateurs war Prof. Dr. Dr. h.c. multiplex Karl Heinrich Bauer. Ich erinnere mich gut an seine glänzende Eröffnungsansprache auf der Jubiläumstagung der Deutschen Gesellschaft für Chirurgie, dem fünfzigsten Chirurgenkongreß 1958. Es war kurz nach meinem Besuch in Heidelberg. Damals rief er dem Chirurgenvolk mit erhobener Stimme beschwörend zu: »Im Höchstmaß ärztlicher Verantwortung kulminiert die Sonderstellung des Chirurgen.« Dann allerdings wiegelte er ab: »Gerade der jetzige Chirurg hat allen Grund zur Bescheidenheit.« Danach bekannte er, für mich überraschend, das Malheur mit der Herz-Lungen-Maschine. »Wir haben die Crafoordsche Herz-Lungen-Maschine seit vierzehn Monaten in Betrieb. Aber zweimal kam es im Versuchslabor durch Materialbruch zu einem momentanen Ausfall der Maschine. Am Kranken hätte das den Tod bedeutet.« Zweimal – das wußte ich gar nicht. Einmal war ich jedenfalls dabeigewesen. Und es passierte bei der ersten Herzoperation, die ich gesehen habe. Seither mochte ich erst recht kein Herzchirurg mehr werden.

Die Herzchirurgie wurde Forschungsschwerpunkt unserer Klinik, hinter dem alles andere zu kurz kam. So habe ich aus dem riesigen Forschungsetat keinerlei finanzielle Unterstützung für Forschungsprojekte zur Verbesserung der Unfallchirurgie bekommen. Immerhin habe ich in meiner Erlanger Zeit 31 Erfindungen gemacht. Alles, was ich da an Aufwendungen hatte, mußte ich selbst finanzieren, auch alle meine Forschungsreisen. Das habe ich in den ersten zwei Jahren geduldig ertragen. Danach wurde mir auch das immer mehr zum Ärgernis.

Selektion einer Herzgesunden für die »Menschenversuchsrampe« Herz-Heldenchirurgie-Forschung

»Rampe« nannte man in den Konzentrationslagern den Zuweg zum »Isolierblock« für »wissenschaftliche Experimente«, für Modell-Menschenversuche also und für die »Tötung lebensunwerten Lebens«, genannt Euthanasie. Solche Isolierblocks gab es zum Beispiel im KZ Dachau für Malaria-, Höhendruck- und Unterwasserversuche, im KZ Ravensbrück für Sulfonamid-Experimente, im KZ Auschwitz für Sterilisationsversuche sowie für die »Euthanasie« im KZ Brandenburg/Havel nahe Berlin-Beelitz, der Kommandozentrale des SS-Obergruppenführers und »Begleitarztes des Führers« Prof. Dr. med. Brandt.

Das Bild der »Rampe« drängt sich mir unabweisbar auf, wenn ich sehe, wie Patienten für Operationen ausgewählt werden, die man nur als Modellversuche bezeichnen kann, da ihnen keine dringende Indikation zugrundeliegt, sondern in erster Linie Forscherehrgeiz und Ruhmsucht – etwa um »es denen in Marburg zu zeigen«.

Auf einer solchen »Selektionsrampe« als Zuweg zum OP mit dem Ziel einer Versuchsoperation landete 1959 die Patientin Susanne L. In seiner ganzen Tragweite ist mir der skandalöse Vorgang aber erst 1964 klargeworden.

Zwar gab es schon 1959 böse Verdachtsgründe. Zum Beispiel, daß der Chef in der Oberarztbesprechung die Saumseligkeit des auserwählten Lieferanten von Patienten für die erste Operation am offenen Herzen immer öfter kritisierte. Der Kritisierte war Dr. Kurt B., Wissenschaftlicher Assistent der Medizinischen Uniklinik. Ihm war versprochen worden, daß er sich über das Thema »Indikation zur Korrekturoperation im Herzinnern« zum Privatdozenten habilitieren könne. So ähnlich lautete der Titel für sein Tier- und Menschenversuchsprogramm. Er hatte die Herzkatheter-Untersuchung und auch anderes an großen Hunden und an Patienten seiner Station seit längerer Zeit geübt. Nun konnte er es angeblich, aber er lieferte keine Patienten.

Das mußte nur am falschen Indikationsverständnis liegen, argwöhnte der Chef unter (uns vier) Brüdern. Einmal ließ er sich aus der Oberarztbesprechung heraus mit dem Zauderer verbinden. Folgende Sätze unseres Chefs habe ich in Erinnerung: »B., sind Sie am Apparat? … Warum finden Sie keinen Patienten für uns? … Papperlapapp, ein Loch in der Vorhofscheidewand hat doch jeder dritte. Da werden Sie doch einen finden?! … Das weiß ich auch! Lieber B., ich weiß doch, daß Sie ein tüchtiger Mann sind. Aber nun mal los. Um so eher werden Sie doch Privatdozent. Ende!«

Wenig später ging das Gerücht durch die Klinik, daß auf Station 3 eine junge Frau zur ersten Operation am offenen Herzen aufgenommen worden sei. Der Alte sei selig. Mehr erfuhr ich nicht. Dann stand die Patientin für den 16. Februar auf dem OP-Programm, als Operateur der Klinikchef. An diesem Tage war großer Auftrieb im OP-Saal. Nicht nur die OP-Mannschaft, die Anästhesie-Crew und viele OP-Pfleger und OP-Schwestern hasteten herum oder saßen mit wichtiger Miene da. Vor allem hatte sich der Hoffotograf Riepl auf einem Podest eingerichtet, um Fotos und Dias zu schießen. Denn der Chirurgen-

kongreß stand vor der Tür, mit G.H. als Starredner. Dafür brauchte
man Bilder, die für sich sprachen.

Alles andere war an diesem Spätwintertag lächerliche Nebensache. Ich hatte genügend anderes zu tun, bekam von der Operation
selbst nichts Genaues mit. Nur daß die Naht des Loches in der Vorhofscheidewand in Hypothermie, also Unterkühlung, geplant sei, so
wie es Lewis 1952 erstmals mit Erfolg gemacht hatte. Maximal acht
Minuten darf man ein unterkühltes Herz anhalten, ohne einen
schweren Hirnschaden zu riskieren. Es fiel uns dann auf, daß man
nach fünf Stunden immer noch nicht fertig war. Ein paar Minuten nur
würde die Operation dauern, hatte man der Patientin gesagt, wie ich
allerdings auch erst 1964 erfuhr. Doch nach den ersten fünf Stunden
war erst Halbzeit. Die Heldenchirurgie-OP führte zu einem neuen Rekord.

Der Rest war für die Patientin Intensivfolter. Das wurde bald auch
allen Unbeteiligten klar, die im Wachsaal zu tun hatten. Ich konnte
und wollte es nicht mit ansehen, erledigte meine Wachsaal-Visiten
rascher als sonst. Auffälligerweise war der Chefoperateur fast immer
am Bett der Patientin, egal wann ich kam. So hatte er sich noch nie
um einen Patienten gekümmert. Auch ihm wollte ich nicht durch
Neugierde zu nahe treten. Denn daß eine schlimmere Tragödie, hin
zum Exitus, ablief, konnte man auch von weitem erkennen. Da verschwindet man so rasch wie möglich von der Bildfläche.

Bald waren in der Klinik hinter vorgehaltener Hand böse Gerüchte
zu hören: Die fünfunddreißigjährige Patientin sei gar nicht herzkrank
gewesen. Dr. B. habe einer herzgesunden Ischiaskranken eine tödliche Gefahr wegen eines angeborenen Herzfehlers eingeredet. Das
Loch in der Herzscheidewand sei bei der Operation nur winzig gewesen. Es habe zahlreiche Pannen gegeben, eine nach der anderen, vor
allem beim Operateur, aber auch beim Anästhesisten mit der Hypothermie. Der Chef habe gebrüllt, noch viel mehr als sonst. Schuld
seien wie immer alle anderen gewesen, nur er nicht.

Ich widersprach solchen Gerüchten, äußerte pflichtgemäß mein
Mißfallen über die Tratscherei. Mir paßten solche Hiobsbotschaften
nicht in den Kram. Schließlich war es ja auch unsere und meine Klinik.

Am 24. Februar starb die Patientin. Endlich! Der Chef gab sich
schwer deprimiert. Alle OP-Beteiligten liefen mit langen Gesichtern
herum. Keiner wagte, das Horrorthema anzuschneiden. Ein paar
Wochen war Grabesstille, auch in der Gerüchteküche.

Dann sickerte wieder etwas durch. Der Geliebte der Patientin, ein älterer verheirateter Reichsbahn-Oberinspektor, habe am 24. März 1959 Strafanzeige gegen B. gestellt. Wegen vorsätzlicher Tötung. Der Mann sei außer sich, nehme kein Blatt vor den Mund. Dr. B. habe er Mörder genannt.

Die Gerüchte verstummten wieder. Alles ging seinen gewohnten Gang. Unser Chef war wieder ganz der alte. Nichts konnte man ihm anmerken. Im Gegenteil: Die Heldenchirurgie brachte er noch mehr auf Touren. Helden sind halt Helden und keine Waschlappen!

Am 25. Mai schlug dann in der Klinik die Bombe ein. Dr. B. hatte sich in einem Wäldchen bei Erlangen erhängt. Nicht mit irgendeinem Strick, sondern mit zwei Leinen seiner Versuchshunde – und das drei Tage nach seiner Vernehmung durch den Staatsanwalt aufgrund der Mordanzeige.

Wir alle kannten Dr. B. von Gesprächen im Kasino her und auch sonst. Er war gehbehindert, hatte ein Bein verloren, wahrscheinlich im Krieg. An ihm imponierten seine Gewissenhaftigkeit und Zuverlässigkeit. Er gab sich zurückhaltend und freundlich, selbstbewußt, aber nicht überheblich. Darüber hinaus war er lebensfroh, zu jedem Spaß aufgelegt und allgemein beliebt. Daß er bald Privatdozent wurde, daran zweifelte keiner von uns.

Für alle, mit denen ich darüber gesprochen habe, und auch für mich gab es schon damals keinen Zweifel: Dr. B hatte an unseren Rechtsstaat geglaubt, das heißt daran, daß von der Staatsanwaltschaft pflichtgemäß bis ins kleinste ermittelt und bei gegebenem Verdacht angeklagt werden würde. Er war sich sicher, daß es für ihn keine Chance der Rechtfertigung gab. Die Patientin hatte keinerlei Anzeichen einer Herzerkrankung gezeigt, nicht einmal einer Herzschwäche, und das seit fünfunddreißig Jahren nicht, obwohl das Miniloch in der Vorhofscheidewand angeboren war.

Er konnte die der Patientin vorausgesagte Frühinvalidität, ja, sogar Frühsterblichkeit, nicht auf die erhobenen Befunde stützen. Die Operation verhieß nicht Rettung, sondern bedeutete im Gegenteil höchste Gefährdung. Er hatte gewußt, daß der Chirurgie-Ordinarius keinen guten Ruf als Operateur besaß, daß sein eigener Ordinarius und Klinikchef Prof. Dr. Norbert H. seine Privatpatienten nach Fürth und anderswohin zum Operieren schickte, nicht jedoch in die Chirurgische Klinik seiner eigenen Universität. Er hatte auch gewußt, daß die Operation am offenen Herzen in Hypothermie unter enormem

Zeitdruck stand und als Erstoperation mit zusätzlichem Risiko verbunden war. Fazit: Das Nutzen-Schaden-Verhältnis der Operation war
so kraß negativ, daß als Grund für die Indikation und Überredung zur
Operation nur Karrierestreben hin zur Privatdozentur übrigblieb, also
ein niedriger Beweggrund aus strafrechtlicher Sicht. Also drohte eine
Anklage wegen bedingt-vorsätzlicher Tötung. Denn den tödlichen
Ausgang hatte er ja in Kauf genommen. Und das gilt in einem Rechtsstaat als Mord, wenn ein niedriger Beweggrund dafür beweisbar ist.
Der aber lag klar auf der Hand.

Also war für Dr. B. alles vorbei: Nicht nur die Hochschulkarriere,
sondern überhaupt die Hoffnung auf ein aus seiner Sicht lebenswertes Leben. Unter diesen Umständen wollte er nicht weiterleben. Aber
alleinschuldig fühlte er sich nicht. Also sollten es alle wissen, warum
er sich erhängt hatte und wen die Mitschuld traf. Nichts konnte das
deutlicher machen als die zur Selbsttötungswaffe gewählten Leinen
seiner Herzversuchshunde. Dieses Zeichen wies unmißverständlich
in Richtung Menschenversuchsrampe.

Die Vorgänge waren für mich damals beunruhigend und erschreckend, aber in ihrer ganzen Tragweite sollten sie mir erst knapp
fünf Jahre später deutlich werden, auf dem Höhepunkt des »Erlanger
Professorenkrieges«. Darüber wird noch zu berichten sein.

Prahlerei ohne Reue und Scham auf dem Chirurgenkongress 1959

Wenige Wochen nach dem Märtyrer-Folter-Tod von Susanne L. stand
G.H. als Hauptredner auf dem Podium des 51. Kongresses der Deutschen Gesellschaft für Chirurgie. Wegweisendes Thema: »Die Operabilität unserer Kranken«. Auch ich saß unter den Zuschauern des
großen Chirurgentheaters im Deutschen Museum zu München, ich,
sein Privatdozent und Oberarzt.

Natürlich war ich stolz, daß mein Chef den ehrenvollen Auftrag
für den ersten wissenschaftlichen Vortrag dieses Kongresses bekommen hatte. Doch dieser Stolz wich schon nach den ersten Sätzen be-
klemmenden Gefühlen, die von Satz zu Satz größer wurden und bald
in Niedergeschlagenheit und Scham endeten.

Der Präsident fand am Ende sehr lobende Worte: »Ich danke Herrn
H. dafür, daß er uns in so vortrefflicher Weise eine Übersicht gegeben

hat über die Möglichkeiten, die Operabilität zu beurteilen und sie zu verbessern.« So wie er mögen die meisten der Zuhörer empfunden haben. Denn sie wußten nicht wie ich aus eigenem Erleben, wie kraß hier Eigenlob und Wirklichkeit, also Sein und Schein auseinanderklafften. Zwar hatte ich nie Buch geführt, aber mir waren zu viele Mißerfolge allzu lebhaft in Erinnerung, als daß die angeführten Zahlen über die niedrige Operationssterblichkeit in unserer Klinik stimmen konnten. Fast noch mehr bedrückten mich die Heuchelei und Scheinheiligkeit, die den einführenden Sätzen zugrunde lagen. Ich zitiere:

»Wenn eine Operation auch technisch durchführbar und physiologisch sinnvoll ist, so müssen wir uns in jedem Falle doch noch fragen: ›Welches Ausmaß an Gefährdung bringt der vorgesehene Eingriff mit sich? Ist dieser Patient der geplanten Belastung und Schädigung gewachsen?‹ Diese Beurteilung ist eine tägliche Sorge des Chirurgen. Sie beschäftigt uns *vor* dem Eingriff (›Wäre es in diesem Falle nicht besser, auf die Operation überhaupt zu verzichten?‹), *bei* dem Eingriff (›Ist es nicht richtiger, jetzt mit dem Schneiden aufzuhören?‹), und diese für das Chirurgenleben so charakteristische und schwerwiegende Urteilslast der ›Operabilität‹ beherrscht uns auch *nach* dem Eingriff bis zur völligen Gesundung des Patienten – ja ein prognostischer Irrtum verfolgt uns bis in den Sektionssaal und darüber hinaus.«

Angesichts dessen, was wenige Wochen vorher mit Susanne L. geschehen war, hätte ich eigentlich aufspringen und angeekelt davonlaufen müssen. Aber dazu war ich zu feige.

Nach den herzergreifenden Einführungsworten lobte der Festredner dann die Fortschritte der Chirurgie:

»Aseptische Operationen an der Körperperipherie, die Amputation der Gliedmaßen, der Mamma und auch die Hernienoperation sind seit Einführung der Asepsis (etwa seit 1880) ungefährlich. Daneben stehen Eingriffe, die erst in den letzten fünfzehn Jahren seit der durch Antibiotika, Intubationsnarkose und Blutersatz herbeigeführten zweiten Revolution in der Chirurgie wirklich ungefährlich wurden, das heißt eine Mortalität um ein Prozent haben. Dies sind alle Operationen in den Körperhöhlen und alle Eingriffe mit der Eröffnung des Respirations-, Intestinal- oder Urogenital-Traktes.«

Noch nie hatte ein Chirurg derartiges behauptet: *Null Prozent Sterblichkeit* bei Amputationen von Beinen oder der Brustdrüse oder bei Leistenbruch-, Schenkelbruch-, Nabelbruch-, Bauchnarbenbruch-operationen. Und eine *Mortalität um ein Prozent* bei Magen-, Gallen-

blase- und Gallenwegs-, Dünndarm- und Dickdarm-Ausschneidungs-
operationen, teilweise oder ganz. Und das auch bei Lungenoperationen sowie Nieren-, Harnleiter- und Blasenoperationen der
verschiedensten Art. Also konnten solche Traumzahlen für die Operationssterblichkeit nur an der Chirurgischen Universitätsklinik Erlangen erreicht worden sein. Dann aber hätte es sich eigentlich gehört,
daß es nicht nur starken Zwischenbeifall gab, sondern Standing ova-
tions für diesen Weltrekord. Als erster hätte der amtierende Präsident
aufspringen müssen.

Nichts dergleichen geschah. Also glaubte man wohl dieses Ordi-
nariusmärchen nicht? Dann aber hätte man eigentlich scharren und
pfeifen müssen. Denn das war nicht nur untertrieben, nein, hier war
hemmungslos das Blaue vom Himmel heruntergelogen worden.

Ausgenommen von dieser minimalen Sterblichkeitsquote hat der
Festredner nur Operationen an den »zentralen Regulationseinrichtun-
gen (Hirn, Herz, Aorta, Leber) und an anatomisch besonders ungünstig liegenden Organen (Oesophagus und Pankreas)«. Diese gingen
»auch bei den besten Bedingungen mit erheblichem Risiko« einher,
räumte er ein.

Dann aber widerlegte er selbst seine Prahlerei über die Operationsergebnisse mit einem Diapositiv über 7045 größere Operationen
von 1956 bis 1958 in Erlangen, mit einer angeblichen Gesamtsterblichkeit von 3,4 Prozent, davon 5,7 Prozent bei Notoperationen und
2,7 Prozent bei Wahloperationen. Denn es kann keinen Zweifel geben, daß der Anteil an Eingriffen, denen er ein erhebliches Risiko zurechnete, nicht so groß gewesen sein konnte, um die Sterblichkeit auf
mindestens das 3,4fache der angegebenen Mortalität zu erhöhen. Abgesehen davon fürchte ich, daß auch die auf dem Diapositiv angege-
bene Sterblichkeit weit, weit untertrieben war. Hier verweise ich auf
die Zahlen, welche ich im Januar 1964 der Staatsanwaltschaft gemeldet habe.

Auch die Zahlen auf einem anderen Diapositiv zum Vergleich der
Operationssterblichkeit in verschiedenen Altersklassen zwischen der
Heidelberger Chirurgischen Universitätsklinik unter Kirschner (1920
bis 1927) und der Chirurgischen Universitätsklinik Erlangen unter
G.H. (1955 bis 1958) können nach meinen Beobachtungen bei weitem
nicht stimmen. Angeblich hatte sich die Sterblichkeit in den verschiedensten Altersklassen unter dem Chefchirurgen G.H. generell um
mindestens die Hälfte, zum Teil sogar um ein Vielfaches verringert.

Schließlich brachte der Vortragende ein Diapositiv mit den Zahlen für die Sterblichkeit bei Resektionen bzw. Teilausschneidungen des Magens der Jahre 1956 bis 1958 in Erlangen. Nach 222 Resektionen unter Einschluß von Magenkrebs soll die Gesamtsterblichkeit nur 2,2 Prozent betragen haben. Angeblich sind nur fünf Patienten verstorben. Eine Lüge, wie sie krasser nicht gelogen werden konnte. Denn in den folgenden drei Jahren, von 1959 bis 1961, sind nach etwa gleich vielen Magenoperationen 18 Patienten gestorben, wie ein Doktorand später errechnet hat.

Das i-Tüpfelchen an Schamlosigkeit offenbart sich in folgenden Sätzen: »Unter dem Schutz aller modernen Unterstützungsmaßnahmen dürfen wir lebensnotwendige Operationen bei Herzerkrankungen viel häufiger als früher vermutet wagen. Das beweisen am besten unsere Erfolge bei Eingriffen am kranken Herzen selbst.« Spätestens jetzt hätte ich aufspringen und unüberhörbar laut in den Kongreßsaal rufen müssen, was ich ihm drei Jahre später lautstark vorgeworfen habe: »Sie sind ein ganz infamer Lügner!« Aber wer Professor werden will, muß auch die krassesten Lügen seines Ordinarius schweigend hinnehmen.

Während der Starredner des Chirurgenkongresses so laut prahlte, lief bei der Staatsanwaltschaft Erlangen-Nürnberg ein Ermittlungsverfahren »wegen vorsätzlicher Tötung im Falle L.« gegen den einliefernden Internisten. Selbstverständlich mußte in diesem Zusammenhang – praktizierte Rechtsstaatlichkeit vorausgesetzt – auch gegen den Operateur ermittelt werden. Also hätte er allen Grund gehabt, das Schlimmste zu befürchten. Es sei denn, daß er auf einen Rechtsstaat hoffte, der nur so hieß, in Wirklichkeit aber weitgehend nach dem Wort des Volksmundes funktionierte: Die Kleinen hängt man, die Großen läßt man laufen! Und diese Hoffnung hätte nicht getrogen!

SONSTIGE STÖRFAKTOREN IM VERTRAUENSVERHÄLTNIS ZWISCHEN OBERARZT UND KLINIKDIREKTOR

Außer den sieben beschriebenen Hauptgründen für meine Zweifel und Ärgernisse bis hin zu schrecklichem Verdacht gab es noch andere Störfaktoren im Vertrauensverhältnis zu meinem Chef. Einige davon möchte ich beispielhaft schildern. Auch hier war die Entwicklung meist ähnlich: Anfangs unbeirrbare Nibelungentreue mit blindem Vertrauen. Dann eine geistige Ohrfeige nach der anderen, indirekt und direkt, von leise bis schallend. Ab dem dritten Viertel meiner Erlanger Zeit (1960/61) schließlich versteckter und erst im vierten Viertel (1962–1964) offener Widerstand.

Zum Beispiel: *Forschungsobjekt Patient ohne Rücksicht auf Verluste*
Als Nachfolger des weggedrängten Leiters der Orthopädischen Abteilung, Dr. Hannes Sch., hatte ich Dr. Walter M. dem Chirurgie-Klinikchef vorgeschlagen. Ich kannte ihn von Münster, wie weiter vorn berichtet. Er bekam die Stelle 1960. Ein paar Tage nach Beginn besuchte er uns sonntags zu Hause, um sich zu bedanken. Dabei erzählte er, G.H. habe, um ihn zu intensiver Forschung zu aktivieren, als erstes folgendes gesagt: »Bei mir können Sie einen Patienten mitten auseinanderschneiden!« Dies als Wegweisung bei der Begrüßung eines neuen Abteilungsarztes! Das schien dem ehemaligen Pitzenschüler doch recht makaber.

Zum Beispiel: *Tödliche Narkoseversuche mit Hydergin*
1958 ernannte der Uniklinikchef Dr. K. zum Leiter der Anästhesie-Abteilung. Dieser machte im ausdrücklichen Einverständnis mit dem Klinikdirektor Betäubungsversuche mit dem Präparat Hydergin. Mindestens zwei Kranke starben an den Folgen dieser Versuche. Das war klinikbekannt. Später wurde der Anästhesist fortgelobt. Aber nicht deshalb!

Zum Beispiel: *Erstickungstod von zwei Kindern nach Lippen-Gaumenspalten-Operation*
In den ersten Jahren erstickte ein Kind nach einer Lippen-Gaumenspalten-Operation, einem fast ungefährlichen Eingriff. Es war im Pavillonsaal 6 der ehemaligen Kinderstation untergebracht. Zwei Schwestern mußten nachts die Patienten der ganzen Klinik versorgen. Sie fanden das Kind beim Routine-Rundgang tot. Es war unbemerkt an der nachoperativen Schwellung elend erstickt. Der Chef schimpfte, aber es änderte sich an der Überwachung nichts. Nicht lange danach passierte das gleiche bei einem anderen Kind. Den Eltern erzählte man, es sei an einer Nachblutung gestorben. Das gebe es leider nach solchen Operationen, dagegen sei man machtlos. Sie glaubten es.

Zum Beispiel: *Lungen-OP-Todesfälle durch Lehrlingspfusch*

Zu Lungenoperationen reisten der Chef und sein 1. Oberarzt etwa jede zweite Woche in eine Lungenheilstätte in Oberfranken. 1960 sollte auch Florian Z. mit eingearbeitet werden. Klar ist: Nur durch Selbstmachen wird der Lehrling zum Gesellen und der Geselle zum Meister, auch im Operationshandwerk. Aber der Chef hat dafür zu sorgen, daß dies nicht in Pfusch ausartet. Denn auch für Lehrlingspfusch haftet der Chef, wenn er die Verantwortung keinem anderen, ausreichend Erfahrenen übertragen hat. Auch Oberärzte brauchen bei den ersten Operationen in einem nicht vertrauten Organbereich, beispielsweise an den Lungen, einen erfahrenen 1. Assistenten. Genau das unterblieb bei Florian Z. Zu früh wurde er allein gelassen. Mehrere Patienten starben daran. Dies sprach sich nicht nur in unserer Klinik, sondern auch in der Heilstätte herum und eskalierte zum OP-Verweigerungsstreik. Florian Z. mußte aus dem Fernverkehr für Lungenschnitte gezogen werden. Sonst passierte nichts. Auf den Todesbescheinigungen wurde »Natürlicher Tod« angekreuzt. Das war es ja auch. Tod durch Pfusch gilt als »Natürlicher Tod«. Natürlich!

Zum Beispiel: *Pfusch durch lizensierte Selbstüberschätzung*

Auf der Privatstation vertrat der 1. Oberarzt den Chef. Was er sich zutraute, durfte er operieren. Diese Cheflizenz schloß Pfusch durch Selbstüberschätzung ein. Nachdem ich wegen immer offeneren Widerstands nach meiner Professur in Ungnade gefallen war, durfte der in der Unfallchirurgie total ungeübte und unerfahrene Chefvertreter sich auch die Versorgung von Unfallverletzten zutrauen. Das konnte nicht gutgehen. Es gab zahlreiche Pannen, auch bei Bagatelloperationen, aber keine ernsthaften Vorwürfe oder gar Kunstfehleranzeigen von Patienten. Denn die Verschwörung auf Geheimbündelei funktionierte bis Mitte der siebziger Jahre perfekt. Die Patienten mußten alles glauben, was ihnen die Ärzte vorlogen. Beispielsweise, als der Operateur den herauszuoperierenden Draht nicht fand, die Lüge, der Bruch sei nicht zusammengeheilt, deshalb müsse der Draht drinbleiben. Oder die Speichennervlähmung bei der Operation eines Speichenköpfchenbruches sei Folge des Blutergusses nach der Operation. Dabei war er durchgeschnitten worden. Das sind nur zwei von vielen damaligen »Schutzbehauptungen« zur Pfuschtarnung.

Zum Beispiel: *Archiv-Tohuwabohu*

Sorgfältigste Dokumentation aller Krankendaten in Schrift und Bild und sichere Archivierung gehören zu den wichtigsten Erfordernissen einer kunstgerechten Patientenversorgung seit Anfang der vierziger Jahre. Das gilt für alle Kliniken und mit dem Höchstmaß an Dokumentationspflicht für Universitätskliniken. Denn ohne das kann der staatliche Forschungsauftrag nicht erfüllt werden.

Sowohl die Dokumentation wie die Archivierung der »Krankengeschichten« lagen in unserer Klinik schwer im argen, insbesondere bis zur Fertigstellung des Bettenhochhauses 1959. Dann wurden – vor allem auf mein Drängen hin – die »Grünen Tüten« eingeführt, große Plastiktüten, in denen nicht nur die Krankengeschichten, sondern auch die Röntgenbilder, EKG-Kurven und sonstiges untergebracht waren. Danach wurde es besser, aber längst nicht gut genug. Die Unauffindbarkeit von Krankengeschichten blieb das Normale.

Dies behinderte unter anderem die Arbeit meiner zahlreichen Doktoranden schwer. Ich habe an der Klinik viele Doktorarbeiten vergeben, wohlgemerkt nicht, um Doktoranden als Arbeitstiere für meine wissenschaftliche Karriere auszunutzen, sondern um fleißige Medizinstudenten im wissenschaftlichen Arbeiten auszubilden und sie für gute Arbeit mit dem Doktortitel zu belohnen. Das war und ist keineswegs üblich. Die meisten Doktorarbeiten werden unter dem Namen des Doktorvaters oder Klinikchefs in Zeitschriften oder Bücher geschmuggelt. Meine beiden Kon-Oberärzte haben sich fast ausschließlich mit Hilfe von Doktorarbeiten habilitiert.

Ende 1963 hatte ich 24 Doktoranden, die noch an ihren Dissertationen arbeiteten. Die von ihnen errechneten Prozentzahlen für unauffindbare Krankengeschichten schwankten zwischen 7,1 und 37 Prozent. Dies habe ich übrigens 1964 ebenfalls der Staatsanwaltschaft Erlangen angezeigt und die Namen der Doktoranden als Zeugen angegeben. Es wurde wohl als Bagatelle gewertet.

Und zu guter Letzt: *Hilfsarbeiter-Hungerlöhne*

Geld stinkt! Das ist der wichtigste ungeschriebene Lehrsatz der Schulmedizinlehrer für die nachwachsende Konkurrenz. Darüber redet und schreibt man nicht, nicht nur nicht expressis verbis, sondern gar nicht. Das ignoriert man so, daß es keines Extrawortes bedarf. Folglich stank Geld mir so, daß es mich ekelte, bei der Patientenversorgung an Geld zu denken.

Als angestellter Arzt bekam ich das Geld größtenteils von einer Verwaltung – das Gehalt von der Verwaltung des Krankenhauses oder der Uniklinik, die Nebeneinnahmen durch Gutachten von der Verwaltung des Unfall- oder eines anderen Versicherungsträgers –, aber nie indirekt oder direkt von einem Patienten. Dieses Geld stank mir nicht. Mangels Masse konnte es gar nicht stinken.

Mein Klinikchef hat auf seiner Privatabteilung mit zirka fünfzig Betten auf zwei Stationen, in einer Privatsprechstunde und durch seine Bestellung zum Unfall-D-Arzt der Berufsgenossenschaften schätzungsweise *zwei bis drei Millionen Mark pro Jahr* zusätzlich zu seinem Gehalt mit Emeritierungsanspruch als Nebeneinnahme hinzuverdient. Wohlgemerkt hätte ich es ihm immer neidlos gegönnt, denn zu den Neidhammeln gehöre ich nicht.

Aber rückblickend betrachtet meine ich, daß er die Hilfsarbeiter bei seiner Privattätigkeit ein bißchen besser hätte entlohnen sollen. Was die anderen bekommen haben, insbesondere sein 1. Oberarzt, weiß ich nicht. Viel kann es nicht gewesen sein, nach dem, was meine damalige Frau den Andeutungen seiner Frau entnommen hat. Ich jedenfalls bekam für meine privaten Hilfsarbeiterdienste einen Hundelohn. Bevor ich das erläutere, eine wichtige Vorbemerkung: Das hat als Konfliktstoff nicht die kleinste Rolle gespielt!

Wie wenig ich auch als Professor von Anfang 1962 bis Ende 1963 verdient habe, wurde mir erst richtig klar, als ich im Februar 1964 Kassensturz machte und das Ergebnis frisch aus der Erinnerung in meinem Tagebuch niederschrieb. Ich zitiere:

»Ich bin blank, habe Schulden, zum ersten Mal richtige Schulden. Nur ein paar tausend Mark zwar, aber zum ersten Mal. Und ich habe doch ganz schön Geld verdient? Konnte mir schon 1949 ein neues Motorrad leisten, 1951 ein altes Auto, 1953/54 zwar nur ein Fahrrad, aber 1954 einen alten Ford. 1959 leisteten wir uns sogar einen neuen Mercedes 190 mit Schiebedach.

Mein Monatsgehalt betrug damals – nach vierzehnjähriger ärztlicher Tätigkeit – rund 1500 Mark. Brutto! Dazu kamen rund 1000 Mark für in der Freizeit erarbeitete Gutachten und für D-Arzt-Berichte. Ich war ständiger Vertreter von Prof. G.H. als berufsgenossenschaftlicher Durchgangsarzt. Darum kümmerte er sich überhaupt nicht. Ich bekam angeblich 20 Prozent der Einnahmen aus D-Arzt-Berichten.

Außerdem habe ich von Prof. G.H. etwa zehnmal für von mir in seiner Vertretung operierte Privatpatienten einen Anteil an Operationsgebühren bekommen. Wieviel Prozent es waren, weiß ich nicht. Lustschreie mußte ich deshalb nicht ausstoßen.

Keinen Pfennig bekam ich dafür, daß ich ihm unzählige Male bei Privatoperationen assistierte. Bei manchen stand er auf dem OP-Programm und ich machte die Operation. Bei sehr vielen begann er die Operation und ich vollendete sie. Bei den meisten unfallchirurgischen und chirurgisch-orthopädischen Operationen operierte er unter meiner Anleitung.

Auf meinen Stationen lagen in den beiden letzten Jahren viele Selbstzahler dritter Klasse. Sie kamen zu mir aus ganz Deutschland. G.H. kassierte, ich habe nie einen Pfennig dafür bekommen. Auch in der Privatsprechstunde habe ich ihn bei unfallchirurgischen Patienten oft vertreten, für einen Gotteslohn.

Für Unterricht an Krankengymnastik- und Schwesternschule kassierte ich durchschnittlich etwa 100 Mark im Monat. Ein sauer verdientes Geld. Für das Dreifache würde ich es nicht gemacht haben, wenn es nicht *meine* Krankengymnastik- und Schwesternschule gewesen wäre. Von den Vorlesungsgebühren für Ordinariusvertretungen bekam ich keine müde Mark.

Insgesamt betrugen meine monatlichen Einnahmen zirka 3000 Mark vor Steuern. Davon mußten sieben Personen ernährt werden. Zusätzlich zur engsten Familie meine Schwiegermutter und ab 1957 ein mittelloser Medizinstudent, Sohn von Bekannten aus meiner Eschweger Zeit.

Seit 1961 erhielt ich von der eingezahlten Lohnsteuer trotz der angegebenen Nebeneinnahmen Steuerrückzahlungen.

Mit meinen 3000 Mark Monatseinkommen war ich zufrieden und glücklich. Das aber kann wohl dem Geizkragen auf dem Heilgottesthron nicht gutgeschrieben werden?!«

Die Ursachen meines Mißtrauens gegenüber dem einst verehrten Chef waren nur mein Problem. Ihre Folgen jedoch wurden zunehmend zum Problem seines Verhältnisses zu mir. Denn trotz großer Geheimhaltungsanstrengungen – ich wollte mir die Chance zum Professor nicht verspielen – sickerte immer mehr von meinen Sünden wider die heldenchirurgische »Art des Hauses« zum Heilgottesthron durch. Eine spezielle Charaktereigenschaft unseres Chefs machte den Sickerfluß zu einem Gebirgsstrom, nämlich seine Anfälligkeit für Einflüsterungen durch Speichellecker.

Der aktivste Zuträger war ein aus Marburg importiertes Kriechtier, das er zu seinem Privat- und Vorlesungsassistenten gemacht hatte. Dieser gehörte später zu denen, deren Chefarztqualifikation er im Zeugnis so überschwenglich lobte, daß sie in der Tat Chefchirurgen wurden, aber rasch so viele Patienten zur Strecke brachten, daß sie trotz bester Gebet- und Parteibuchhilfen von den Krankenhausträgern nicht lange als Chefärzte zu halten waren. Aber dieser Hochverstärker aller Flüstereien in der Klinik und weit drumherum war nicht der einzige Lieferant von Chef-Ohrenschmaus, dem wichtigsten Schmiermittel für eine erfolgreiche Universitätskarriere.

Als Kronprinz der ersten Jahre lag ich bald unter Lauschkontrolle und damit munitioniertem Dauerbeschuß der Oberarztkonkurrenz und ihrer Vasallen. Zugegeben, ich habe es ihnen leicht gemacht. Denn Geheimhaltung gehört nicht zu meinen Stärken. Schon von Kindheit an habe ich mich schwer getan, Geheimnisse streng in meinem Herzen zu bewahren. »Halt deinen Schnabel«, hat Mutter oft zu mir gesagt, nicht nur, wenn ich vorlaut war. Öfters konnte ich nicht für mich behalten, worüber ich schweigen sollte. Nicht, daß ich um eines Vorteils willen jemanden verpfiffen hätte, dem ich Geheimnistreue schuldete. Nein, mit meiner Unart als Plaudertasche wollte ich mich anschmusen, ohne jemanden anzuschwärzen.

Meine Frauen können ein Liedchen davon singen, was meine Geheimhaltung geplanter Überraschungen anbetrifft. Weihnachts- oder Geburtstagsgeschenke darf ich immer erst ganz kurz vorher einkaufen. Weihnachtsgeschenke möglichst erst am 24. Dezember – sehr zur Freude von Reizwäsche-Verkäuferinnen früher und von Juwelieren heute, weil ich unter Zeitdruck gleich das Teuerste kaufe. Jedenfalls ist es mir sehr oft passiert, daß ich ein lange vor dem Anlaß eingekauftes Geburtstagsgeschenk vorzeitig aus dem Versteck holen mußte, weil ich das Geheimnis nicht mehr für mich behalten konnte.

In Erlangen äußerte sich meine begrenzte Fähigkeit zum Versteckspielen darin, daß ich vor meinen engsten Mitarbeitern keine Geheimnisse hatte. Also redete ich auch über meine Zweifel und Glaubenshindernisse.

Noch schlechter geheimzuhalten waren aktive Verstöße gegen die Vorschriften nach »Art des Hauses« wie unterlassene Laboruntersuchungen, Infusionen, Blutübertragungen oder gar Operationen. Da gab es immer schwatzhafte Zeugen im weißen Kittel, auch Patienten und Angehörige, die den Mund nicht halten konnten.

An zwei Chefrügen aus dem Jahre 1961, kurz vor dem Zeitpunkt meiner Nominierung für den Professorentitel, erinnere ich mich recht deutlich. Die erste bekam ich dafür, daß ich ihm eine Krankengymnastikschülerin als OP-Kandidatin für die Offene Herzchirurgie verjagt hatte. Und das kam so: Wir hatten bei der Vorauswahl der Bewerberinnen für den KG-Kurs 1961/63 nicht aufgepaßt und unter anderem ein zwar adrettes, aber doch zu graziles Mädchen von der Insel Borkum ausgesucht. Beim Aufnahme-Checkup stellte sich dann heraus, daß sie einen schwereren Herzfehler hatte, der sich schließlich als Vorhof-Septumdefekt entpuppte, und zwar mit einem markstückgroßen Loch, und zusätzlich eine falsche Lage der Lungenvene. Da konnte nur eine Offene Herzoperation bei Einsatz einer Herz-Lungen-Maschine helfen.

Die Voruntersuchungen machte Dr. B.s Nachfolger, der bald später zum Privatdozent avancierte. Selbstverständlich empfahl er den Chirurgie-Ordinarius als Operateur. Dieser bestätigte die Operationsindikation mit beschwörenden Worten und sagte – wie üblich –, es sei sehr dringend. Die verängstigte Schülerin rief ihre Mutter herbei. Nun redete der bislang recht glücklose Herzchirurg gewaltig auf Mutter und Tochter ein. Dabei prahlte er wörtlich mit »großen Erfahrungen in der Offenen Herzchirurgie«. Er wiederholte, es sei dringend, jeder Tag früher verbessere die Langzeit-Erfolgschancen.

Danach kamen die beiden völlig aufgelöst zu mir, um meinen Rat als Schulleiter und Arzt zu hören. Das brachte mich furchtbar in die Klemme. Denn selbstverständlich mußte ich verhindern, daß sie das gleiche Schicksal erlitt wie Susanne L. Aber wenn der Chef das erfuhr, wackelte meine Professur. Also redete ich wie die Katze um den heißen Brei herum. Ganz vorsichtig brachte ich ins Gespräch, daß man zur Zeit wohl in Düsseldorf die größten Erfahrungen mit solchen Eingriffen in der Bundesrepublik habe. Dann schwenkte ich rasch auf die Frage der Berufseignung um. Da empfehle sich wohl auf jeden Fall ein Wechsel auf einen Beruf ohne körperliche Anstrengungen.

Danach brauchte ich nicht mehr viel zu sagen. Denn nachdem der Krankengymnastikberuf ausschied, kam Erlangen als Ausbildungsort nicht mehr in Frage. Es bestand also auch kein Grund, die Tochter dort operieren zu lassen. Die Mutter sagte, sie wolle ihre Tochter gleich mit nach Hause nehmen und wegen der Operation noch weiteren Rat einholen. Beide reisten ab, ohne sich vom Chefchirurgen zu verabschieden.

Am nächsten Tag rief mich der verschmähte Herzchirurg zu sich. Er war voll im Bilde, daß Mutter und Tochter bei mir gewesen und bald danach abgereist waren. Warum die KG-Schülerin sich denn nicht in Erlangen operieren lassen wollte, fragte er mich. Sie hätte doch bald nach der Operation ihre Ausbildung bei uns fortsetzen können. Ob ich ihr das nicht gesagt hätte.

Mir fiel das Herz in die weiße Hose. Wenn ich jetzt beichtete, daß ich diesen Köder von der Angel genommen, ihr vom KG-Beruf abgeraten hatte, mußte ich das Schlimmste befürchten. Also verschwieg ich es, sagte, die Mutter habe schon zu Beginn des Gespräches keinen Zweifel gelassen, daß sie ihre Tochter mit nach Hause nehmen wolle. Er schaute mich verächtlich an, machte seine typische Kopfschüttelbewegung und drehte sich um. Schnell fragte ich untertänigst: »Kann ich gehen, Herr Professor?« Er murmelte etwas Unverständliches, ich verschwand.

Am 2. Dezember 1961 schrieb der Klinikchef einen Brief an die Mutter, angeblich um ihr die endgültigen Herzkatheterbefunde des Internisten mitzuteilen. Wörtlich steht in dem Brief: »Wie wir Ihnen ja bereits persönlich angedeutet haben, kann dieser Herzfehler mit Hilfe der Herz-Lungen-Maschine operiert werden. Die ungefähre Summe dürfte 5000 bis 10 000 DM betragen.« Die Schlußsätze lauten: »Nach der Operation wird sie voraussichtlich einer Schonung von etwa einem halben bis zu einem Jahr bedürfen. Wir nehmen an, daß sie danach die Ausbildung als Krankengymnastin wieder anfangen kann, ohne weitere gesundheitliche Schäden zu erleiden.«

Bei einem Telefongespräch am 21. April 1964 erzählte mir die Mutter, daß es seinerzeit große Schwierigkeiten gegeben habe, die Untersuchungsunterlagen von der Chirurgischen Universitätsklinik Erlangen ausgehändigt zu bekommen. Die Klinik habe sich zunächst geweigert, sie herauszugeben. Wiederholt habe sie gemeinsam mit dem Hausarzt Dr. Z. angerufen. Der Hausarzt habe bereits erwogen, die Herausgabe der Befunde über die Ärztekammer zu erzwingen. Bei einem Telefongespräch, das er mit dem Klinikchef führte, habe dieser aus seiner Verärgerung keinen Hehl gemacht und so laut ins Telefon geschrien, daß Dr. Z. den Hörer immer wieder weit weg halten mußte. Wiederholt habe ihn der Klinikchef auf seine großen Erfahrungen mit Herzoperationen hingewiesen und wörtlich erklärt: »Verdammt noch mal, so etwas mache ich jeden Tag!«

Im übrigen berichtete die Mutter etwa zwei Jahre nach der Operation, die dann in Düsseldorf gemacht worden war, eine Besserung gegenüber dem vorherigen Zustand sei bisher nicht eingetreten.

Vor diesem Hintergrund müssen wohl doch ernste Zweifel an dem auftreten, was ein Assistent des Klinikchefs am 4. Mai 1964 zu dem geschilderten Fall an Eides statt versichert hat. Wörtlich steht in der Stellungnahme: »Zu den Anschuldigungen von Herrn Professor Hackethal, daß der Mutter Schwierigkeiten bereitet worden seien hinsichtlich der Wahl des Ortes, wo die Herzoperation bei ihrer Tochter durchgeführt werden sollte, ist zu erklären, daß hiervon nicht die Rede sein kann, daß auf die Vorschläge der Mutter jederzeit eingegangen und ihrem Ansinnen das vollste Verständnis entgegengebracht wurde.«

Bald nach dem Laufenlassen der KG-Schülerin als Herz-OP-Privatpatientin wurde das Vertrauen des Chefs in seinen Oberarzt noch stärker belastet. Ein weiterer Vorfall trug mir die zweite Rüge ein.

Bei der Montags-Chefvisite stellte mein Stationsarzt dem Großvisitator einen etwa fünfzigjährigen Patienten mit Speiseröhrenkrebs vor. Der war relativ gut beieinander, hatte fast keine Beschwerden. Sein Krebs war bei einer Röntgendurchleuchtung wegen leichter Schluckbeschwerden entdeckt worden. Leider erfuhr auch ich von dieser Diagnose erst bei dieser Chefvisite. Andernfalls hätte ich es zu der Vorstellung gar nicht erst kommen lassen. Denn daß sie mit einem Todesurteil endete, war unzweifelhaft.

Außer der Herzchirurgie hatte sich der Chefchirurg auch die Speiseröhre als Objekt dafür ausgewählt, es »denen in Marburg zu zeigen«, die sich 1958 nach München emporgearbeitet und emporpubliziert hatten. Die Ausschneidung einer Speiseröhrenhälfte mit Ersatz durch Heraufziehen des Magens in den Brustraum oder Zwischenpflanzen eines Darmstückes zwischen Speiseröhrenstumpf und Magen war eine noch größere, noch riskantere Operation als die am offenen Herzen. Das reizte den jungen Aufsteiger in der Ordinarien-Hierarchie ungemein. Daß alle seine so operierten Patienten den heroischen Eingriff nicht überlebt hatten, konnte für einen Heldenchirurgen kein Hindernis, sondern nur eine gewaltige Herausforderung sein. Also war keine Frage, was der Chef am Krankenbett zu mir gewandt entschied: »Bereiten Sie den Patient zur Operation für nächste Woche vor!«

»Jawoll, Herr Professor«, fuhr es mir heraus. Ein bißchen zu spitzgehorsam muß es wohl geklungen haben. Denn der Chef, der schon am nächsten Bett stand, drehte sich herum und schaute mich strafend an. Vom »Jawollsagen« hielt er angeblich nichts mehr, seit der Krieg verloren war. Er wollte Gehorsam aus Überzeugung, hatte er öfters gefordert. So sehr überzeugt aber muß wohl mein »Jawoll!« nicht geklungen haben.

Es sollte bei der nächsten Chefvisite noch schlimmer kommen. Denn der Patient war weg. In seinem Bett lag ein anderer. Der Stationsarzt wollte den Patienten gerade vorstellen, da unterbrach ihn der Klinikchef: »Lag in diesem Bett nicht der Patient mit der Speiseröhre?« Eigentlich wäre die richtige Antwort gewesen: »Das *ist* ein Patient mit einer Speiseröhre.« Aber bevor mein Stationsarzt antworten konnte, sprang ich ein: »Der Patient mit dem Speiseröhrenkrebs wollte sich nicht operieren lassen, Herr Professor!«

Da schoß ihm die Zornesröte ins Ordinariengesicht und er donnerte – eingedenk der Herzpatientenflucht – als erneut verschmähter Operateur so laut, daß es der letzte der fünfzig Visitenmitläufer hören mußte: »Ein Oberarzt, der es nicht fertigbringt, daß sich ein Patient operieren läßt, den wir operieren wollen, ist zum Oberarzt ungeeignet!« »Wir« war ein Pluralis maiestatis!

Peng! Das saß! »Ade, du mein Professorentitel!« Mehr fiel mir dazu nicht ein. Die Konkurrenz und ihre Vasallen lachten sich sicher ins Fäustchen. Ich schätzte, ein Drittel des weißen Visitenschwanzes. Ein Drittel war auf meiner Seite. Das dritte Drittel war neutral und hatte wahrscheinlich gar nicht richtig zugehört.

Degradiert hat mich der Klinikchef als Oberarzt dann nicht. Und wahrscheinlich hatte er den Antrag auf meine Beförderung zum apl. Professor auch schon eingereicht. Aber sicher hätte er ihn zurückgezogen, wenn ihm hinterbracht worden wäre, was passiert war. Das aber wußte niemand. Denn nach der letzten Chefvisite hatte ich dem Patienten unter vier Augen geraten: »Packen Sie Ihre Koffer und hauen Sie ab. Sonst sind Sie ein Kind des Todes!«

Er tat es. Was aus ihm wurde, weiß ich nicht. Ich jedenfalls hätte mich damals wegen Speiseröhrenkrebs von niemandem operieren lassen, mein Schicksal »in Gottes Hand« gelegt

ES SIEHT NACH PROFESSORENKRIEG AUS (1962–1963)

(LAT.) PROFITEOR, PROFESSUS SUM = ICH BEKENNE FREI,
LAUT UND ÖFFENTLICH.

So steht es in meinem »Georges« aus dem Jahr 1897, dem Lateinisch-Deutschen Handwörterbuch, das ich 1934 im Konvikt zu Heiligenstadt einem Mitschüler für fünf Reichsmark abgekauft habe. Er hatte die Abiturprüfung bestanden und meinte, er brauche es nun nicht mehr. Für mich wurde es erst nach dem Abitur zu einem meiner wichtigsten Bücher, nämlich zum Fahndungsinstrument für Begriffs-Ahnenforschung. Seither ist mir von Jahrzehnt zu Jahrzehnt klarer geworden, wie häufig Akademiker und ganz besonders Medizinlehrer den ursprünglichen Wortsinn manipuliert und falsch gelehrt haben.

Professor nannten die alten Römer einen Schullehrer, der sich öffentlich zu einer Wissenslehre bekannte und sie zu seiner Schullehre machte. In diesem Wortsinne deutete ich meine Pflichten als apl. Professor, als ich die Ernennungsurkunde am 11. Januar 1962 vom Rektor der Universität Erlangen-Nürnberg ausgehändigt bekam.

Daß (lat.) profiteor auch heißen könnte »ich mache Profit« – auf diesen Gedanken kam ich damals nicht. Auch hielt ich es nicht für möglich, daß mich der Bayerische Staatsminister für Unterricht und Kultus, der »im Namen des Freistaates Bayern« die Urkunde über die »Verleihung« der Amtsbezeichnung »außerplanmäßiger Professor« unterschrieben hatte, mir seinen Beistand verweigern würde, falls ich den Titel wörtlich nähme. Er hieß Theodor Maunz und war – was ich damals nicht wußte – 1937 von den Nazis zum Ordentlichen Professor für Öffentliches Recht in Freiburg ernannt worden. »Für diese Berufung hatte er in Arbeiten – die damals als wissenschaftlich galten – und in Vorträgen alles getan, um dem NS-Regime als vertrauenswürdig zu gelten.« Daran erinnerte einer der honorigsten Journalisten Deutschlands, Gerhard Mauz, am 18. Oktober 1993 (*Der Spiegel* 42/1993). Maunz habe als Rechtsordinarius in Wort und Schrift gelehrt, daß »ein Führerbefehl als oberstes Gesetz zu befolgen« sei.

Dieser Ordinarius sollte mir gemeinsam mit dem Rektor der Universität Erlangen-Nürnberg, dem Ordinarius Götz Freiherr von Pölnitz – ebenfalls mit einer düsteren Vergangenheit –, im Laufe des »Professorenkrieges« zum bösen Schicksal werden.

Schon 1946 hatte es der Rechtsprofessor Maunz geschafft, wieder in den badischen Staatsdienst übernommen zu werden. Niemand störte sich an seiner makabren Vorgeschichte. 1938 hat er die Ideologie der Minderwertigkeit »artfremder Rassen« öffentlich für rechtens erklärt und sich insoweit zum »NS-Täter mit blutigen Händen« (Gerhard Mauz) gemacht. 1952 wurde er trotzdem Ordinarius für Staatsrecht der Universität München, 1957 sogar Kultusminister, als der er 1961 die »Woche der Brüderlichkeit« in München eröffnete.

ERSTER KLINIKINTERNER PROFESSORENSTREIT

Aus der versteckten Weigerung seit 1960, meine Patienten nach den Vorschriften des Klinikchefs zu versorgen, und meinem andersartigen Vorgehen in Diagnostik und Therapie erwuchs schon Anfang 1962 ein offener klinikinterner Professorenstreit.

Am 24. Januar 1962 starb der kleine Franz Ludwig (»Fränzchen«). Seit dem 3. März 1961 war ich unfreiwilliger Zeuge seines schrecklichen Martyriums gewesen. Denn während dieser Zeit hatte das Kind immer wieder wochenlang im Wachsaal gelegen. Diese skandalöse Geschichte eines sträflichen Fehlverhaltens habe ich in meinem Buch *Auf Messers Schneide* ausführlich beschrieben. Dort kann sie jeder nachlesen. Die wesentlichen Umstände des Falles habe ich knapp zwei Jahre nach Fränzchens Tod dem Kultusminister in einem Brief dargestellt und die Beweise angeboten. Er wollte sie nicht.

Allein diese Patientenmißhandlung hätte in einem Rechtsstaat ausreichen müssen, den verantwortlichen Chefarzt spätestens am Todestag des mißhandelten Patienten fristlos zu entlassen. Aber »wo kein Kläger ist, da ist kein Richter«, weiß das Volk. Im Januar 1962 gab es den Vater noch nicht als Kläger. Und es gab auch noch keine Beschwerde des frischgebackenen zweiten Klinikprofessors beim Rektor und beim Kultusminister, sondern nur den Vorsatz, derartiges in Zukunft nicht mehr stillschweigend hinzunehmen.

Vor dem Hintergrund dieses schrecklichen Falles von Operationspfusch und seinen Folgen konnte es nicht ausbleiben, daß es bald zur ersten Auseinandersetzung mit dem Chefchirurgen kam.

Bei einer Chef-Oberarzt-Besprechung kritisierte ich die Indikation zu einer Großen Magenoperation bei der Patientin Gertrud G., die ebenfalls nach einem wochenlangen Martyrium mit zwei Operationen elend zugrunde gegangen war. Meine vorsichtige Kritik bezog sich vor allem auf die falsche Ernährung nach der ersten Operation als wesentliche Ursache für die Verstopfung der Magen-Darmverbindung und der deshalb notwendigen Nachoperation , die zum Tod der Patientin geführt hatte. Zunächst war sie nach der Erstoperation wie üblich ein paar Tage mit Infusionen künstlich ernährt worden. Dann hatte man sie schluckweise trinken und über die Magensonde flüssige Nahrung einfließen lassen. Obwohl sie seit mehreren Tagen ein unangenehmes Völlegefühl im Magenbereich hatte, ständig aufstieß und auch kleine Portionen Flüssiges erbrochen hatte, wurde die entlastende Magensonde routinemäßig am sechsten Tag gezogen und feste Nahrung verabfolgt, ohne vorher die Magen-Darmpassage nach einem Kontrastmittelschluck mit Röntgendurchleuchtung zu kontrollieren. Das geschah dann am zehnten Tag, nachdem die Patientin ständig gebrochen hatte. Ergebnis: Die Anastomose, die Öffnung zwischen Magen und Dünndarm, war verstopft, es lief nichts durch.

Man legte wieder einen fünf Millimeter dünnen Magenschlauch durch die Nase ein und saugte galligen Mageninhalt ab. Feste Nahrungsbröckel gingen nicht durch den Schlauch, auch kleine nicht. Die blieben also drin. Durch Verdauung zerkleinert werden konnten sie nur begrenzt, weil der salzsäureproduzierende Teil des Magens herausgeschnitten und nur ein winziger Restmagen übriggeblieben war. Eigentlich hätte der Magen mit einem größeren Schlauch vorsichtig von Nahrungsresten freigemacht werden müssen. Denn fest stand: Die Anastomose war viel zu eng angelegt und wie immer in den ersten ein bis zwei Wochen nach einer Operation zusätzlich durch eine entzündliche Schleimhautschwellung verengt. Da genügen kleine Nahrungsbröckel, um das Verbindungsloch zu verstopfen. Alle Magenchirurgen wissen, daß bei zu eng angelegter Anastomose nach Abschwellung am Ende der zweiten Woche der Durchgang für gut zerkleinerte Speisen reicht und sich dann später von selbst erweitert, so daß keine Nachoperation notwendig ist. Man muß nur feste Nahrungsbröckel entfernen und lange genug flüssig ernähren. Genau das aber geschah nicht.

Statt dessen passierte am elften Tag folgendes: Gegen elf Uhr machte der Stationsarzt Visite. Er fragte, was die Patientin zu essen bekommen habe. Stationsschwester O. sagte. »Frühstück wie immer.« Das hieß: Gekochtes Ei, Weißbrot mit Kruste, Butter und Tee. »Was, essen mit Magenschlauch, nein!« tadelte der Oberarzt die Schwester. Den Wortlaut hat die Patientin in ihrem Tagebuch festgehalten, ebenso wie den Satz: »Auch Pfarrer Meier wunderte sich darüber.«

Von nun an wurde die Patientin nur noch mit Infusionen ernährt. Ein Magenspülversuch unterblieb, obwohl es in der Literatur zahlreiche Hinweise auf die Notwendigkeit solcher Spülversuche gibt, bevor man sich zur Magenoperation entschließen darf.

Am 20. März erzählte die Patientin ihren Angehörigen, man habe ihr eine Nachoperation vorgeschlagen, sie habe aber abgelehnt. Denn sie wisse, daß sie die Operation nicht überleben werde. Eineinhalb Stunden danach fuhr man die Patientin in den OP-Saal – zum Verbandswechsel, wie sie glaubte. Man gab ihr eine Spritze in den Arm. Sie schlief ein, und die Nachoperation begann. Man fand eine starke Schwellung im Bereich der Anastomose. Der Dünndarm wurde eröffnet und ein Magenschlauch durch die Anastomose in den Magenstumpf und weiter durch die Speiseröhre in den Mund geschoben und nach außen geleitet. Die geplante Anlegung einer größeren Anastomose war nicht möglich. Irgendwelche Hinweise auf eine Bauchspeicheldrüsenentzündung oder deren Mitbeteiligung stehen im OP-Bericht nicht. Die Patientin starb am 29. März. Sie war über die Magensonde und mit Infusionen ernährt worden. Den Todesstoß hatte ihr die Operationsinfektion gegeben, von der auch sie nicht verschont blieb. Auf der Todesbescheinigung wurde »Natürlicher Tod« angekreuzt. Angeblich ist die Patientin an einer Bauchspeicheldrüsenentzündung gestorben.

Die Versäumnisse und Fehler *nach* der ersten Operation waren aber nicht die einzigen schuldhaften Arztfehler (= Kunstfehler), die letztlich den Tod der damals zweiundsechzigjährigen Patientin verursacht haben. Schon bei der Indikationsstellung zu dieser Operation hatte man schwer gegen die Richtlinien verstoßen, welche der Chefchirurg in seiner *Allgemeinen Operationslehre* wie folgt beschrieben hat: »Bei Patienten in höherem Lebensalter sind wir mit der Operationsindikation im allgemeinen zurückhaltend, weil uns bekannt ist, wie leicht solche Kranken einer schweren Komplikation (Pneumonie, Embolie, Herzversagen, Nierenstörung, Schock, Peritonitis, Platzbauch) zum Opfer werden.« Selbst bei einem internistisch gut eingestellten Diabetiker ist das Operationsrisiko ungleich größer als bei vielen dieser Stoffwechselstörungen. Einerseits ist die Wundheilung schlechter, andererseits kann es bei Kleinststörungen zu schwersten Stoffwechselkrisen kommen. Weiter heißt es: »Fettsucht warnt vor Komplikationen während der Operation und in der Rekonvaleszenz.« Schließlich bringen Krampfadern für operierte Kranke ein zusätzliches Risiko wegen der Gefahr einer Thrombose und einer tödlichen Thrombus-Embolie.

All diese Risiken galten für die Patientin. Sie war fast fünfundsechzig Jahre alt, zuckerkrank, sehr dick (87 Kilo bei 163 Zentimetern Größe) und hatte starke Krampfadern. Trotzdem stellte der 1. Oberarzt Dr. Walter B. am 21. Februar 1962 als Konsiliarius in der Medizinischen Universitätsklinik die Indikation zur Operation. Nach kurzer Untersuchung sagte er in Gegenwart der Tochter zu der Patientin: »Gern operiere ich Sie nicht, weil Sie dick sind, Zucker und starke Krampfadern haben. Aber es muß sein!«

Als der Sohn der Patientin wenige Tage später darum bat, die Mutter nach Nürnberg zu verlegen, erklärte Oberarzt Walter B., der Transport sei zu gefährlich. Dies war eine böse Lüge. Die Patientin hätte von den Angehörigen sogar in einem normalen PKW ohne Probleme in das zwanzig Kilometer entfernte Nürnberg gefahren werden können. Die angebliche Durchbruch- und Blutungsgefahr war sehr gering und hätte den halbstündigen Heimtransport auf keinen Fall gefährdet.

Dann redete der Oberarzt nochmals eindringlich auf die Patientin ein. Er versprach, die Operation selbst zu machen. Der Eingriff sei bei einem erfahren Operateur praktisch ungefährlich. Zusätzlich erfuhr die Patientin, daß der Oberarzt ein besserer Operateur sei als der Chef, was stimmte. Also gab sie schließlich doch ihre Einwilligung. Aber ein paar Tage später, am OP-Tag, hatte der Oberarzt wohl sein Versprechen vergessen. Denn als Operateur wurde der damals in Bauchoperationen noch unerfahrene Stationsarzt Dr. Sch. eingesetzt. Oberarzt Walter B. assistierte ihm, machte auch Teile der mehrstündigen Operation selbst. Eigentlich hätte die große Resektion gar nicht vorgenommen werden dürfen, nachdem bei der Besichtigung des Magens festgestellt worden war, daß überhaupt keine Durchbruchgefahr des Geschwürs bestand, sich nur narbige und auch auf Krebs unverdächtige Veränderungen fanden. Denn die Operation war durch die Fettleibigkeit sehr erschwert, das Risiko viel zu groß.

Im OP-Bericht steht dann auch: »Die Anastomose-Darstellung gestaltet sich zunächst, bis die Serosa-Hinterwand aneinandergehängt ist, schwierig, weil das Fett stört und die gebogene Magenklemme nicht einwandfrei sich adaptieren läßt.« Es war unverantwortlich, in dieser Situation einen unerfahrenen Assistenten operieren zu lassen. Selbstverständlich war die zu kleine Anastomose ein technischer Fehler, der nicht dem unerfahrenen Assistenten, sondern dem assistierenden Oberarzt vorzuwerfen ist.

Ich habe 1964 auch das Schicksal dieser Patientin dem Klinikchef angelastet, weil er für alles die Hauptverantwortung trug, was seine Untergebenen taten.

Sechs schwere Vorwürfe trafen die Verantwortlichen:

1. Falsche Aussage über die Transportfähigkeit der Patientin;

2. Indikation zu einer großen Magenoperation trotz gegebener Kontraindikation;

3. falsche Nachbehandlung nach der Erstoperation;

4. falsche Indikationsstellung zur Nachoperation;

5. Führung der zweiten Operation ohne rechtswirksame Einwilligung der Patientin;

6. falsche Angaben auf der Todesbescheinigung.

Zur Widerlegung meiner Vorwürfe wurde ein Wiss-Ass bestellt, der zur Entschuldigung für die falsche OP-Indikation anführte, im Arztbericht der Medizinischen Universitätsklinik heiße es wörtlich: »Die Patientin ist operationsfähig.« Daß dies nicht zutraf, jedenfalls unter den gegebenen Umständen, hat der Verlauf der Operation bewiesen. Dies alles war vorhersehbar. Die Behauptung, daß der postoperative Verlauf »zunächst völlig unauffällig« gewesen sei, ist ebenso unwahr. In Frage zu stellen, daß bei zu enger Anastomose Nahrungsbröckel die Passage verstopfen können, beweist die Unerfahrenheit des begutachtenden Assistenten. Ausgerechnet aus dieser Situation heraus wirft er mir vor, ich sei ein »gastroenterologisch völlig unerfahrener Traumatologe«.

Immerhin hatte ich zu diesem Zeitpunkt eine insgesamt mehr als zwölfjährige bauchchirurgische Erfahrung, selbst eine sehr große Zahl von Magenresektionen durchgeführt.

In meinem Zeugnis des Klinikchefs vom 12. Mai 1962 steht wörtlich: »Der Schwerpunkt seiner Tätigkeit lag auf der Bauchchirurgie und auf der Unfall-, Wiederherstellungs- und Extremitätenchirurgie. Auf diesen Gebieten hat er sich in der näheren und weiteren Umgebung großes Ansehen verschafft. Herr Hackethal ist ein erfahrener Diagnostiker und beherrscht die operative Technik mit großer Sicher-

heit. Er konnte auch in schwierigsten Behandlungsfällen bemerkenswerte Erfolge erzielen…«

Besagter Wiss-Ass hat am Schluß seiner Stellungnahme erklärt:
»Ich versichere an Eides statt, daß die Angaben richtig sind. Der straf-
rechtlichen Folgen einer Verletzung der Wahrheitspflicht bin ich mir
bewußt.« Unterschrift B. Er wurde Chirurgie-Ordinarius. Der Staatsanwalt glaubte dem Wiss-Ass und nicht mir.

Ebenfalls Anfang 1962 operierte der Klinikchef selbst einen Privatpatienten unnötigerweise zu Tode. Eigentlich hätte ihm die schlechte
Erfahrung bei Hos-tachista-Operationen anderer Patienten eine Warnung sein müssen. Aber sein Starrsinn hinderte ihn immer, aus Negativerlebnissen zu lernen. So auch bei dem Patienten Emil B., den er
am 10. Januar 1962 operierte. Der sechsundsechzig Jahre alte Mann
war mehrere Tage zuvor mit Bauchbeschwerden erkrankt. Bei der
Einlieferung in der Klinik fühlte man im rechten Mittelbauch eine ab-
gegrenzte, sehr druckempfindliche Verhärtung von etwa Handteller-
größe. Alle Befunde sprachen für eine entzündliche Verhärtung im
Blinddarmbereich nach einer schon mehrere Tage alten Wurmfortsatzentzündung. Die Beschwerden des Kranken waren nach dessen
zuverlässigen Angaben in rückläufiger Entwicklung. Der übrige
Bauch war frei von Entzündungserscheinungen.

Die Risiken einer Operation bei einer Blinddarmentzündung, deren Beginn mehr als achtundvierzig Stunden zurückliegt, habe ich an
früherer Stelle bereits beschrieben. Aber die Regel, dann abzuwarten
und nur zu operieren, wenn Zeichen einer allgemeinen eitrigen
Bauchfellentzündung auftreten, gilt in der Heldenchirurgie nicht. Der
Chefchirurg stellte die Indikation zur Operation. Meine Bedenken tat
er ohne Diskussion ab. Bei dem dann von ihm durchgeführten Eingriff fand sich der rechten Bauchwand anliegend eine etwa faustgroße offensichtlich entzündliche Verhärtung, bestehend aus dem
Blinddarm und mit ihm verklebten Dünndarmschlingen. Die Wand
des Blinddarms war stark verdickt und mit Fibrinhäuten bedeckt.
Eine Eiteransammlung fand sich nicht. Die Suche nach dem Wurmfortsatz blieb erfolglos. Offenbar lag er in den entzündlichen Schwie-
len, die sich um die Dickdarmwand gebildet hatten.

Plötzlich entschloß sich der Operateur, die ganze rechte Dickdarm-
hälfte zu entfernen, weil er angeblich einen Krebs für die Ursache der
Veränderungen hielt. Ob dies der wahre Grund für den plötzlichen
Entschluß zur Großen Operation war, muß dahingestellt bleiben. Denn

nach der Vorgeschichte und den erhobenen Befunden mußte auch für den Operateur der Verdacht auf eine verschwielende Wurmfortsatzentzündung viel näher liegen. Jedenfalls entfernte er die gesamte rechte Dickdarmhälfte und legte eine neue Darmverbindung zwischen den Enden des linken Querdarmes und des Dünndarmes an.

Der Patient starb wenige Tage nach der Operation. Die feingewebliche Untersuchung des Operationspräparates ergab keinen Anhalt für Krebs, sondern nur für entzündliche Veränderungen. Die Sektion des Verstorbenen wurde von den Angehörigen verweigert.

In diesem Fall sind dem Chefchirurgen drei Fehler vorzuwerfen:

1. Die Operation war überhaupt überflüssig. Das war schon vor Beginn der Operation feststellbar und wurde während der Operation bestätigt.

2. Es war grob fahrlässig, unter der im höchsten Maße unsicheren Verdachtsdiagnose Krebs den halben Dickdarm zu entfernen. Es wäre vielmehr Pflicht des Operateurs gewesen, einen Probeschnitt zu machen und – falls der Probeschnitt nicht sofort untersucht werden konnte – den Bauch wieder zu schließen, um nach Sicherung der Diagnose die Große Operation zu einem späteren Zeitpunkt zu machen. Die Erfolgsaussichten des Eingriffes hätten sich dadurch – falls sich Krebs ergeben hätte – nicht nur nicht verschlechtert, sondern wesentlich verbessert, da eine gute Vorbereitung des Kranken auf den Eingriff möglich gewesen wäre.

3. Die Entfernung des halben Dickdarms ist ohne Einwilligung des Kranken geschehen. Dieser hatte lediglich der Wurmfortsatzentfernung zugestimmt.

TÖDLICHER KONTRASTBREI-EINLAUF IN DIE BAUCHHÖHLE

Am 11. September 1963 wurde die siebenundfünfzigjährige Magdalene H. in die Klinik eingeliefert. Sie hatte nach einer Mastdarmkrebsoperation vor mehreren Jahren unklare Bauchbeschwerden. Bei der früheren Operation war der Mastdarm entfernt und ein endständiger künstlicher After des S-Darmes angelegt worden. Um die Ursache der Beschwerden zu klären, ordnete ich eine Röntgenuntersuchung des Dickdarmes an. Diese fand dann gegen Mittag statt. Es wurde ein Darmrohr in den künstlichen After eingeführt und dann Bariumbrei eingespritzt, um das Innere des restlichen Dickdarmes zur Darstellung zu bringen. Am Nachmittag des gleichen Tages um halb fünf bei der Röntgenbesprechung wurde auch das Röntgenbild der Patientin gezeigt. Ich sagte sofort: »Der Kontrastbrei liegt doch nicht im Dickdarm.« Darauf widersprach der Röntgenologe: »Doch, der liegt im Dickdarm.« Nach einer kurzen Diskussion war klar, daß der Brei zwar den Dickdarm entlanggelaufen war, aber in der freien Bauchhöhle lag.

Ich ging sofort auf meine Station 33 und schaute die Patientin an. Sie klagte über starke Bauchschmerzen. Es fanden sich alle Zeichen einer Bauchfellentzündung. Ich fragte die Patientin, ob sie denn bei der Einführung des Schlauches keine Schmerzen gehabt habe. Sie sagte, sie hätte vor Schmerzen laut geschrien, aber keiner habe darauf geachtet. Man habe sie unbedeckt auf dem Röntgentisch liegen lassen. Lange Zeit habe sich niemand um sie gekümmert, ohwohl sie weiterhin laut vor Schmerzen und Kältegefühl gestöhnt habe. Es sei ihr sehr übel gewesen und sie habe noch auf dem Röntgentisch erbrochen. Aber der Röntgenarzt habe sie nicht weiter angesehen, sondern sie auf Station transportieren lassen.

Ich sagte der Patientin, sie müsse sofort operiert werden. Sie war einverstanden. Die Operation wurde vorbereitet, aber es dauerte vom Einlauf an doch etwa sieben Stunden, bis die Bauchhöhle geöffnet werden konnte, um den Kontrastbrei zu entfernen. Ich operierte die Patientin selbst. Die ganze Bauchhöhle war voller Bariumbrei. Schätzungsweise war ein knapper Liter Kontrastbrei eingeflossen. Ich saugte den Brei aus der Bauchhöhle ab und spülte intensiv mit einer Kochsalzlösung. Der größte Teil des Bariumbreis konnte entfernt werden. Aber es blieben doch größere Reste zurück, weil sie so stark mit dem Darm verklebt waren, daß man sie nicht entfernen konnte. Etwa 10 Zentimeter vom Ende des künstlichen Afters fand sich ein kirschgroßes Loch. Hier, im Bereich eines gesunden Darmabschnittes, war offensichtlich das Darmrohr durchgestoßen worden. Ich vernähte das Loch und steppte ein Stück vom großen Netz auf, um die Nahtstelle zu sichern. Dann wurde der Bauch rasch verschlossen, nachdem verschiedene Drains gelegt worden waren.

Unter Intensivbehandlung mit Antibiotika und Infusionen überlebte die Patientin zunächst. Aber die Darmtätigkeit kam nicht in Gang, die Bariumbreireste wirkten als lähmender Fremdkörper. Nach ein paar Tagen starb die Patientin.

In erster Linie war der Röntgenarzt schuld an dem Tod der Patientin. Er hätte natürlich die Durchstoßung des Dickdarms sofort bemerken müssen. Denn er war ja dabei, als das Darmrohr eingeführt wurde.

Bei jeder Einführung eines Darmrohrs kann der Dickdarm verletzt werden. Das lernen die Schwestern schon im ersten halben Jahr des Schwesternunterrichts. Aber behutsamen Schwestern passiert das nicht, nur groben. Im übrigen weiß natürlich jede Schwester, daß bei Auftreten von Schmerzen während eines Einlaufs sofort damit aufgehört und Meldung gemacht werden muß.

Es sind also mehrere Fehler passiert, die nur in einem schlechtgeführten Betrieb möglich sind. Die Grundverantwortung dafür hat der Klinikchef. Dies war nicht der einzige Todesfall, der infolge einer Dickdarmdurchbohrung bei Kontrasteinläufen seit dem 1. April 1956 passiert war.

Auch diesen tödlichen Zwischenfall und schuldhaften Arztfehler habe ich später der Staatsanwaltschaft gemeldet. Als Widerlegung wurde die eidesstattliche Versicherung des Klinikassistenten Dr. H. B. von der Staatsanwaltschaft akzeptiert. Sie war gespickt mit Unwahrheiten! Der Staatsanwalt glaubte alles. Es fand keinerlei Nachprüfung auf den Wahrheitsgehalt statt.

DER GROSSE KRACH IM MAI 1962

Das Chef-Oberarzt-Verhältnis war in den ersten Monaten nach meiner Ernennung zum Professor sehr labil. Großes Lob mit Schulterfassen und -klopfen wechselte mit Mißmutsäußerungen über mein Verhalten und auch stärkerem Tadel ab. Ich meinerseits wurde von meinen Gefühlen hin- und hergerissen. Einerseits war schon derart viel Schlimmes in der Klinik passiert, daß ich nun endlich den Mund aufmachen sollte. Schließlich war ich von den gut fünfzig Untergebenen der einzige außer ihm, der den Professorentitel schon hatte und nicht mehr darauf hinarbeiten mußte. Aber andererseits verstand es der Klinikchef auch immer wieder, mich zu besänftigen, insbesondere mir mit Versprechungen Hoffnung zu machen.

So war es auch an einem Sonntag im Mai 1962. Der Chef spürte wohl, daß sich in mir einiges an Unzufriedenheit und Zorn angesammelt hatte. Also lud er mich ein, ihn in seiner Privatwohnung zu besuchen. Sein Haus lag nur hundert Schritte von unserer Wohnung entfernt. Es gab auch familiäre Kontakte, ganz intensiv zwischen unseren Kindern, aber auch zwischen den Frauen. Gerade das war einer der Gründe, daß sich das Spannungsverhältnis zwischen Oberarzt und Chef in der Vergangenheit nicht heftiger entladen hatte. Wenn ich meiner Frau von dem Tagesärger erzählte, auch von meinen Gegenreaktionen, war sie stets auf meiner Seite. Aber immer wieder gab sie auch zu bedenken, daß unsere familiären Kontakte doch erfreulich gut wären. Also gäbe es doch auch viel Hoffnung.

Als ich um elf Uhr an der Haustür angekommen war, empfing mich Frau H. ganz besonders liebenswürdig. Sie fragte nach meiner Frau und den Kindern. Dann führte sie mich in das Arbeitszimmer des Chefs. Der saß zwischen Büchern, sprang sofort auf und schüttelte mir auffallend fest und lange die Hand. Im Händeschütteln war er einsame Spitze. Da stand er den schüttelstärksten Politikern in nichts nach. Er bot mir einen Platz an und kam sofort auf den Punkt. Ja, er spüre, daß es zwischen uns beiden stärkere Harmoniestörungen gebe. Ich solle ihm doch mal erzählen, was ich zu kritisieren hätte. Nach diesem freundlichen Präludium fiel mir zunächst fast nichts ein. Dann aber kam ich auf eine Auseinandersetzung wegen einer Privatpatientin zu sprechen.

Folgendes hatte sich kurz zuvor auf meiner Frauenstation B 8 zugetragen: Bei der großen Chefvisite durchs ganze Haus mußte ich ihm die Frau eines prominenten Universitätsprofessors als Patientin vorstellen. Sie hatte sich bei einem Skiurlaub in Italien einen Unterschenkelbruch zugezogen. Dort war sie zunächst in einer Klinik behandelt worden. Nach Einrichtung des Bruches hatte man einen Gipsverband angelegt. Damit ließ sie sich dann zur Weiterbehandlung in unsere Klinik verlegen. Vorher hatte sie mit mir telefonisch verabredet, daß sie zu mir auf die Station kam. Es hatte sich in Erlangen und Umgebung herumgesprochen, daß ich in der Klinik der Spezialist für Knochenbrüche sei. Auch wußte man, daß der Klinikchef Privatpatienten aller Art selbst behandelte und daß es deshalb bei Unfallverletzten schon größere Scherben gegeben hatte.

Schon bei dem Telefongespräch mit der Patientin hatte ich kein gutes Gefühl. Eigentlich war der Krach mit dem Chef vorprogrammiert. Aber ein bißchen stolz machte es mich auch und ich hoffte, daß es geheimgehalten werden konnte. Also stimmte ich zu.

Bei der Chefvisite auf meiner Station versuchte ich nun, den Chef abzulenken, ihn an der Tür des Einzelzimmers vorbeizureden. Aber es gelang nicht. Offensichtlich war er bereits vorinformiert. Er marschierte schnurstracks auf die Tür des einzigen Einbettzimmers der Kassenpatientenstation zu. Ich öffnete sie ihm schnell, kam dem Stationsarzt zuvor und machte die Meldung an den Kommandeur selbst. Wie üblich nannte ich den Namen der Patientin und berichtete, daß sie einen Unterschenkelbruch mit verzögerter Bruchheilung hätte. In Italien habe man sie operieren wollen. Ich sei aber der Meinung, daß der Bruch auch ohne Operation heile. Deshalb wolle ich die Gipsverbandbehandlung fortsetzen und die Patientin schon bald in ambulante Weiterbehandlung entlassen.

Der Chef hörte sich alles mit steinerner Miene an. Falls er noch nicht gewußt hatte, wer da in dem Krankenbett lag, mußte es ihm nun klar sein. Wahrscheinlich kannte er die Patientin sogar. Wortlos drehte er sich um und verließ das Zimmer. Vor der Tür blieb er stehen und fragte, wieso die Patientin in der dritten Klasse und nicht auf Privatstation liege. Ich sagte, sie hätte es so gewollt. Er schüttelte in bekannter Art und Weise den Kopf. Das war bei der Großvisite gegenüber einem Oberarzt fast die höchste Tadelstufe.

Später machte er mir zum Vorwurf, daß ich es nicht abgelehnt hatte, die Patientin zu behandeln. Selbstverständlich gehöre die Frau des Ordinarius einer anderen Fakultät auf Privatstation, und ich hätte dafür zu sorgen, daß das dann auch geschehe.

Bei dem Sonntagmorgen-Gespräch im Haus meines Chefs bot sich mir nun die Gelegenheit, hier für die Zukunft Klarheit zu schaffen. Also nutzte ich das mit aller erforderlichen Zurückhaltung. Ich fragte ihn, wie ich mich denn zukünftig verhalten solle, wenn Patienten ausdrücklich wünschten, nur von mir behandelt zu werden. Ich fürchte, daß dies in Zukunft öfter als früher vorkommen würde, weil man ja wisse, daß ich in der Klinik die Unfallchirurgie schwerpunktmäßig betreue und nun ja auch den Professorentitel hätte. Da antwortete er mir ohne Zögern: »Es ist selbstverständlich, daß Sie solche Kranke auf Privatstation legen und dort selbst behandeln.«

Zu Hause gab ich meiner Frau den wichtigsten Inhalt des Gesprächs wieder, darunter auch diesen Satz. Beide waren wir erfreut über die großzügige Haltung meines Chefs. Bald aber geschah etwas, das mich die frohe Sonntagmorgen-Botschaft im genauen Wortlaut nie mehr vergessen ließ. An diesem Sonntagmorgen jedenfalls gab es für mich nur Grund zu hoffnungsvoller Freude. Die Zusage, Patienten auf Privatstation eigenverantwortlich behandeln zu dürfen – die Rechnung schrieb selbstverständlich der Chef –, war nicht sein ein-

ziges Versprechen. Schon damals zeichnete sich ab, daß sein 1. Oberarzt, Walter B., wohl bald anderswo Chefarzt einer größeren Chirurgischen Klinik werden würde. Also beschwor mich der Chef: »Mensch,
Hackethal, Geduld! Es kommt eine große Umorganisation der ganzen
Klinik. B. konnte ja nicht organisieren. Daran lag es. Es wird viel besser. Auch für Sie. Alles. Glauben Sie es mir!«

Allzugern wollte ich es glauben. Wohlgemerkt hatte er nicht gesagt, daß er mich als Nachfolger von Walter B. zu seinem Vertreter,
also de facto zum 1. Oberarzt machen wolle. Das konnte ich weder erwarten, noch wollte ich es. Denn die meisten Patienten auf Privatstation und in der Privatsprechstunde waren Patienten für allgemeinchirurgische Eingriffe, insbesondere für Bauch-, Lungen- und andere
Weichteiloperationen. Zu Herzoperationen kam zwar kein Privatpatient nach Erlangen, aber nachdem der Klinikchef die Herzchirurgie zu
seinem heldenchirurgischen Schwerpunkt gemacht hatte, wäre ich
auch deshalb nicht der geeignete Chefvertreter im Urlaub gewesen.

Er hat also – auch in der Euphorie des Sonntagmorgen-Gesprächs –
nicht versprochen, mich zum 1. Oberarzt zu machen. Ich wiederhole
es, weil er später behauptet hat, der Grund meiner Anschuldigungen
gegen ihn sei meine Verärgerung darüber, daß er mich nicht zum
1. Oberarzt gemacht hätte. Diese Lüge wurde in den Medien zum stärksten Zweifelgrund an der Glaubhaftigkeit meiner Anschuldigungen.

Schon wenige Tage nach dem bewußten Sonntag widerrief der Chef
seine Zusage, daß ich Unfallpatienten eigenverantwortlich auf seiner
Privatstation behandeln dürfe. Ich schwieg, war aber fest entschlossen, ihm seinen Wortbruch bei nächster Gelegenheit vorzuhalten.

Es folgten die nächste Chefvisite und der nächste Appell des gesamten Klinikärztestabes. Es war immer ein Appell im militärischen
Sinne eines »Antretens zur Befehlsausgabe« und nie dazu gedacht,
Mißstände und Verbesserungsmöglichkeiten zu diskutieren. In mir
schwang die Verärgerung über den erneuten Wortbruch meines Chefs
nach. Also setzte ich mich in Positur und bekannte als Professor »frei,
laut und öffentlich« meine Kritik an der »Bluttransfusomanie«. Dieses
Schimpfwort benutzte ich selbstverständlich nicht, brachte meine
Kritik vielmehr mit respektvollem Unterton vor. Denn die Professur
reichte mir ja noch nicht. Ich wollte auch Ordinarius werden, mindestens aber Chefarzt einer Großklinik. Und ohne die wohlwollende
Unterstützung des Klinikchefs war ich da chancenlos.

Ich begann damit, auf neuere Veröffentlichungen aus den USA

und auch aus der Bundesrepublik über Transfusionsrisiken hinzuweisen. Darin sei das Infektionsrisiko durch Fremdblut, insbesondere
das einer Übertragung des Hepatitis-B-Virus herausgestellt und vor
den damit verbundenen Gefahren nachdrücklich gewarnt worden.
Deshalb sollten wir nach meiner Meinung mit der Indikation zu Blutübertragungen doch etwas zurückhaltender sein.

Schon bei den letzten Worten sprang der Chef auf und brach den
Appell ab. Er forderte mich auf, mit in sein Dienstzimmer zu kom-
men. Ich folgte ihm. Unten angekommen, brüllte er mich mit größter
Lautstärke an, um mich wie beim Militär »zur Sau« zu machen.

Das Ganze spielte sich etwa so ab, wie ich es im Folgenden aus relativ guter Erinnerung im Wortlaut niedergeschrieben habe. Da mag
das eine oder andere Wort anders gewesen sein. Aber es gibt wenige
Ereignisse in meinem Leben, die mir so stark in allen Einzelheiten im
Gedächtnis geblieben sind.

Er: »Herr Hackethal, was erlauben Sie sich?! Ich verbiete Ihnen,
vor allen Ärzten der Klinik anzuzweifeln, daß unsere Indikationen zu
Blutübertragungen richtig sind. Hier bestimme ich, was gemacht und
nicht gemacht wird. Sie meinen wohl, jetzt, wo ich Sie zum Professor
gemacht habe, könnten Sie eine freche Lippe riskieren. Ich werfe Sie
auf der Stelle raus!«

Wir standen uns Auge in Auge gegenüber. Ich versuchte ihn zu unterbrechen: »Aber, Herr Professor, ich wollte doch nicht …«

Er: »Halten Sie den Mund! Ich weiß, was Sie wollten. Noch ein
Mal, dann schmeiße ich Sie raus!«

Das war mir dann doch zuviel. Ich nahm all meine Courage als
chirurgischer »Aggressionstriebtäter« zusammen.

Ich: »So wie mit einem dummen Jungen lasse ich Sie mit mir nicht
umspringen. Ich bin vierzig Jahre alt, seit zwanzig Jahren Mediziner
und seit über zehn Jahren Facharzt für Chirurgie.«

Er: »Das interessiert mich nicht. Hier bestimme ich und kein anderer.« Er drehte sich um.

Ich: »So nicht, Herr Professor. Das mache ich nicht länger mit.
Viel zu lange schon habe ich mitgemacht. Jetzt ist Schluß. Werfen Sie
mich raus. Dann werde ich dem Rektor und dem Kultusminister erzählen, was hier in den letzten Jahren gelaufen ist.«

Er: »Nichts ist schlecht gelaufen. Überall passiert was. Wir haben
hervorragende Ergebnisse.«

Ich: »Das sagen Sie. Ich weiß es besser. Ihre Zahlen, mit denen Sie

1959 auf dem Chirurgenkongreß geprahlt haben, stimmten doch hinten und vorn nicht.«

Er: »Papperlapapp. Da haben Sie wohl nicht richtig zugehört.«

Ich: »Ihre Versprechungen halten Sie auch nicht. Angeblich sollten Ihre Oberärzte gleichberechtigt sein, auch bei Ihrer Vertretung. Jeder auf seinem Gebiet, auch auf Privatstation. Das haben Sie mir versprochen, bevor ich zu Ihnen kam, dies später wiederholt und erst am vorletzten Sonntag erneut bestätigt. Aber leider halten Sie ja Ihre Versprechen nicht!«

Er: »Das habe ich nie versprochen.«

Da war es mit meiner Fassung vorbei. Nun war mir alles egal. Ich schrie so laut, daß es auch seine Sekretärin gehört haben muß: »Sie sind ein ganz infamer Lügner!«

Als es raus war, schoß mir erschrocken durch den Kopf: Das war irreparabel! Dies mußte das endgültige Ende bedeuten! Es gab eine Pause. Ich erwartete, daß er mich sofort fristlos entließ. Denn das wäre ja wirklich ein Kündigungsgrund gewesen. Und bestreiten würde ich es nicht. So gut kannte er mich.

Aber es kam ganz anders. Er hatte sich hinter seinen Schreibtisch gesetzt. Ich stand weiter. Die Frechheit hatte ihm die Sprache verschlagen. Er sagte kein Wort, saß eine ganze Minute schweigend da. Ich überlegte, ob ich nicht schnell das Feld räumen sollte.

Er brütete. Dabei muß ihm wohl doch etwas eingefallen sein, was ich gegen ihn vorbringen könnte. Denn es geschah etwas, das mich nur deshalb nicht so sehr überraschte, weil ich es auch schon bei anderen erlebt hatte, wenn er zu lautstark vorgeprescht war. Plötzlich machte er gute Miene zum bösen Spiel und sagte: »Aber Herr Hackethal, warum denn so böse?! Sie müssen doch einsehen, daß ich meine Autorität als Klinikchef nicht in Frage stellen lassen kann. Ich weiß doch, daß Sie ein fleißiger und tüchtiger Mann sind. Aber drohen dürfen Sie mir nicht. Passieren tut überall was. Damit kommen Sie nicht durch.«

Dann faßte er mich um die Schulter. Das war lange nicht mehr passiert. Ich glaubte zu träumen. Da weckte er mich geradezu liebevoll auf: »Lieber Herr Hackethal! Was soll's. Wir müssen uns vertragen. Sie wiederholen das nicht, und ich verspreche, das Ganze zu vergessen. Vergessen wir es beide! Geben Sie mir Ihre Hand drauf!«

Er hatte meine Schulter schon losgelassen und streckte mir seine Rechte entgegen. Ich faßte schnell zu, wagte nicht einmal einen frechen Gedanken. Es gab einen Händedruck vom Ordentlichen zum Außerplanmäßigen Professor, so fest wie der professorale Blick Auge in Auge.

Da fehlte dann nur noch die Erinnerung an die guten zwischen-familiären Beziehungen. Sie folgte prompt: »Grüßen Sie Ihre liebe Frau, Herr Hackethal. Auf Wiedersehen und auf weitere gute Zusammenar-beit!« Ich war entlassen. Als Oberarzt komischerweise aber nicht.

Draußen auf dem Flur standen ein paar Neugierige. Einige davon dürften sehr enttäuscht gewesen sein. Denn wie ein Rausgeworfener sah ich wohl nicht aus. Man hoffte auf ein erklärendes Wort von mir, vielleicht auf eine frech-forsche Rechtfertigung, die man dann wieder hinterbringen konnte. Aber mir war nicht danach. »Bloß schnell nach Hause«, mag ich gedacht haben. Denn was passiert war, konnte ich nur meiner Frau erzählen. Sie mußte heulen. Mehr wohl aus Freude darüber, daß mein Chef und ich uns wieder vertragen hatten. Selbst-verständlich hätte ich mich wehren müssen, meinte sie. Aber Gott sei Dank sei es ja nicht schiefgegangen. Die Ehefrauen von Chirurgen denken öfters konservativer als ihre Männer.

Eigentlich konnte es nach diesem grob beleidigenden Wortwech-sel als Ergebnis einer sechs Jahre langen Zusammenarbeit keine ver-trauensvolle Kooperation mehr geben. Die gab es auch nicht, nur einen Waffenstillstand, erstaunlicherweise sogar für fast zwei Jahre. Dann aber war mein Lügenvorwurf einer der wichtigsten Begründun-gen für meinen Gegenantrag vom 26. November 1963 auf »Vorläufige Dienstenthebung« meines Chefs. Was mag sich der Kultusminister und Prof. Dr. jur. – sogar beider Rechte – da wohl gedacht haben? Zwei Jahre unbeschwerte Vergangenheit im Chef-Oberarzt-Verhältnis nach dem schlimmsten aller Vorwürfe?!

ZÄHNEKNIRSCHENDE PROFESSORENKOOPERATION

Beide dürften wir in den nächsten zwei mal neun Monaten bis hin zur »Ausgeburt« dieser Zwangskooperation aus Karrieregelüsten – den einen zog es auf den Präsidentensessel der Deutschen Gesell-schaft für Chirurgie, der andere wollte mindestens Chefchirurg einer Großklinik werden – fast jede Nacht mit den Zähnen geknirscht ha-ben. Streitpunkte gab es en masse. Aber zugebissen hat keiner, ob-wohl es viele Anlässe gegeben hätte.

Ein ständiger Streitpunkt war die hemmungslose Organräuberei, auf Medizinbabylonisch Ektomie, Amputation und Resektion genannt.

Mein Lehrer Franz Rose war ein Chirurg, der schon in den vierziger Jahren dem operativen Grundsatz huldigte: Soviel als möglich flicken, so wenig wie möglich in den Abfalleimer! Organerhaltende Chirurgie rangierte ganz oben. Verstümmelnde Operationen waren ihm aus dem Herzen heraus ein Greuel. Nicht dazu rechnete er selbstverständlich das Entfernen abgestorbener oder geschwulstig entarteter, also nutzloser oder gar gesundheitsbedrohender Organteile. Aber das Herausschneiden gesunden Gewebes war aus seiner Sicht keine Heilhilfe, sondern unnötige Verstümmelung. So lehnte er bei Krebs jede Radikaloperation »weit im Gesunden« ab. Und beim chronisch rückfälligen Magengeschwür beschränkte er sich auf eine knappe Halbresektion der unteren Magenhälfte, um das Zuviel an Salzsäureproduktion des Magens zu reduzieren und damit den »Schleimhautfraß« zu verhindern. Tatsächlich gelingt das ja durch Teilausschneidung des Magens mit eindrucksvoller Zuverlässigkeit.

Aber es gibt Ausnahmen. Und allein wegen dieser Ausnahmen forderten die Heldenchirurgen der Kirschner-Zenker-Schule, der sich G.H. ausdrücklich ideologisch zurechnete, bei chronischen Magen-Zwölffingerdarmgeschwüren nicht nur eine Zweidrittelresektion vorzunehmen, wie es in den meisten Lehrbüchern stand, sondern eine Dreiviertel- bis Vierfünftelresektion, also nur das an der Speiseröhre hängende oberste Fünftel bis Viertel zu belassen.

Dies ging mir schon seit 1956 gegen den Strich. Aber Befehl war Befehl. Auch ich mußte die Schwerverstümmelung mitmachen, sonst hätte es Anpfiffe und Ärger gegeben. Doch da kann man schummeln, ohne daß es grob auffällt. Also habe ich ab 1962 immer öfter und immer größer geschummelt, das heißt, weit mehr als vorgeschrieben als Magenrest gelassen. Das kam dann spätestens bei den Röntgenbesprechungen heraus. Denn da hat sich dann ein viel zu großer Magenstumpf mit Kontrastbrei gefüllt.

Der Chef aber wollte wohl nach der verlorenen Mai-Offensive keinen lauten Vorwurf mehr riskieren. Aber jeder »Fall« wurde aufs geheime Schuldkonto gebucht. Und mir wurden immer weniger »Mägen« zugeteilt.

Ein Doktorand war damit beauftragt worden, für die Zeit von 1956 bis 1961 die Ergebnisse von Milzamputationen aufzuarbeiten. Die Milz gilt in der Heldenchirurgie als eines der Organe, welche der liebe Gott eigens für die Amputationsoperateure einbauen ließ. Dazu rechnen von oben nach unten aufgezählt: Die Rachen- und Gaumenmandeln, die Gallenblase, die Milz, der Wurmfortsatz des Blinddarms, eine Niere, ein Hoden, ein paar Zehen, bei Frauen ab fünfundvierzig die Gebärmutter und die Eierstöcke und bei Männern ab fünfundfünfzig die Prostata und beide Hoden.

Außer den AO(= Amputationsorgan)-Geschenken des lieben Gottes für Chirurgen aller Art gibt es die RO(= Resektionsorgan)-Geschenke in Form von – aus heldenchirurgischer Sicht – unnötig großen Organen. Dazu gehören fast alle anderen, ganz besonders alle auch nur leicht vergrößerten Schilddrüsen sowie der Magen, der Dünn- und Dickdarm, das große Netz, die Lungen, die Blase sowie auch die Arme und Beine.

Das mag genügen, um die Problematik der Verstümmelungschirurgie nochmals deutlich zu machen. Dabei konnte es aus biologischer Sicht nie einen Zweifel geben, daß jedes wegoperierte lebensfähige und nicht gesundheitsbedrohende Teilstück des Ganzheitsorganismus Mensch, auch das kleinste, ein Stück fehlende Gesundheit ist, sich gemessen am Ganzheitsgesundheitsgrad von maximal +100 (= idealgesund) bis hin zu –100 (= tot) verschlechtern kann.

Irgendwann im Jahre 1962 kam es beim Appell nach der Chefvisite zu einer Diskussion über die Zweckmäßigkeit der Milzamputation. Grundsätzlich gab es die Vorschrift, daß bei jedem Einriß der Milz, egal wie groß, wegen der Nachblutungsgefahr immer die ganze Milz entfernt werden müsse. Tatsächlich ist die Nachblutungsgefahr nicht größer als bei einer Verletzung anderer drüsiger Organe wie Leber, Nieren, Schilddrüse und so weiter und wie bei diesen niemals ein Grund zur Organamputation. Milzrisse gibt es bei stumpfen Bauchverletzungen nicht selten, immer gefolgt von starken Blutungen. Ich habe viele Patienten mit traumatischen Milzrissen operiert, aber nur ein einziges Mal die Milz im Ganzen entfernt, weil sie irreparabel in tausend Stücke zerrissen war. Es gab nicht *eine* Nachblutung, weder vor noch nach Erlangen. Seit ein paar Jahren propagieren sogar die Lehrbuchschreiber auch in Deutschland statt der Amputation die Milznaht. Vorher galt diese als Kunstfehler.

Bei der Disputation unter Professoren 1962 konnte ich mich selbstverständlich nicht durchsetzen, obwohl auch die hohe Sterblichkeit nach Milzamputationen an unserer Klinik mit zur Sprache kam, ganz am Rande, versteht sich. Sie war von dem erwähnten Doktoranden mit 29 Prozent beziffert worden. Innerhalb von sechs Jahren hatte man siebzig Patienten die gesunde Milz geräubert, nach einem Riß oder bei Magenkrebs als operative Zugabe. Nur fünf Patientenakten waren dieses Mal nicht auffindbar gewesen, erstaunlicherweise nur 7 Prozent, also viel weniger als sonst. Von den dokumentierten Patienten mit Milzamputation waren neunzehn gestorben – und das, obwohl die Operationssterblichkeit bei Eingriffen in der Bauchhöhle angeblich »nur um 1 Prozent« lag! Sie war 29mal höher als seinerzeit vom Klinikchef beim Chirurgenkongreß 1959 angegeben!

WORTBRUCH UNFALLCHIRURGIE

Der Klinikchef hatte mir im September 1955 in die Hand versprochen, daß ich als Oberarzt die Abteilung für Unfall- und Extremitätenchirurgie im Rahmen der Allgemeinchirurgie leiten sollte. Auf das Berufsziel Unfall- und Orthopädische Chirurgie war bei mir seit 1950 schon alles ausgerichtet gewesen. Nur deshalb hatte ich auch den Facharzttitel für Orthopädie erworben. All das wußte G.H. Sein Angebot, mich zum Herzchirurgen zu machen, war von mir aus dem gleichen Grund abgelehnt worden.

Von 1956 bis 1962 habe ich dann die Unfall- und Orthopädische Chirurgie an der Klinik zu einem hohen Qualitätsniveau ausgebaut. Forschungsreisen zu Kapazitäten der Unfall- und Orthopädischen Chirurgie finanzierte ich selbst, machte zahlreiche Erfindungen, die auch Anwendung fanden. Ich war in die engste Wahl als Chefarzt für eine der größten Unfallkliniken der Welt, »Bergmannsheil« in Bochum, gekommen.

Über meine Qualifikation als Unfallchirurg hatte mir mein Chef am 23. September 1961 ein glänzendes Zeugnis ausgestellt, aus dem ich bereits ausführlich zitiert habe und in dem er ausdrücklich meine »hervorragenden Kenntnisse und Fähigkeiten in der Unfall- und Wiederherstellungschirurgie« unterstrich.

Ich habe nie einen Zweifel daran gelassen, daß ich nur Unfall- und Orthopädischer Chirurg werden wollte, nicht aber Allgemeinchirurg, der von Kopf bis Fuß schlechthin alles operiert, was ihm vors Messer kommt. Für mich war es nie eine Frage, sondern unzweifelhaft, daß sich die Unfallchirurgie in den nächsten Jahren zu einem Spezialfach der Chirurgie entwickeln würde. Die Deutsche Gesellschaft für Orthopädie hatte sich umgetauft in »Deutsche Gesellschaft für Orthopädie und Traumatologie«. Es war also auch ein Wettlauf im Gange, ob die Unfallchirurgie des Bewegungssystems ein Fach der Chirurgie bleiben oder künftig der Orthopädie zugeordnet werden sollte.

Ich hoffte, daß zumindest das meinen Chef dazu bewegen könnte, die Spezialisierung der Unfallchirurgie an unserer Klinik zu fördern, wobei es mir 1963 egal war, welchem Mutterfach die Chirurgie des Bewegungssystems zugerechnet würde.

Auf dieses Ziel hin hatte ich meine Oberarztabteilung systematisch ausgebaut. Wir behandelten möglichst keine Patienten mit Hirn- und Harnsystemverletzungen, sondern übergaben sie den Fachärzten für Neurochirurgie oder Urologie im Hause. Auch die Weiterbehandlung der Thorax- und Bauchverletzungen versuchte ich einem der beiden anderen Oberärzte zu überlassen, weil sie es besser konnten. Vor dem Chef mußte das geheimgehalten werden, was begrenzt gelang. Aus meiner Sicht war die Blockade der Organ- bzw. Organsystem-Spezialisierung durch den Klinikchef eine Blockade des Fortschritts zu besseren Behandlungsergebnissen.

Ich hielt seit mehreren Jahren Vorlesungen über »Frakturen und Luxationen«, »Sportverletzungen«, »Chirurgie der Hand«, »Erste Hilfe und Verbandtechnik« sowie »Unfallbegutachtung«. In meinem Probevortrag nach meiner Chefarztbewerbung im Herbst 1961 vor den Bergassessoren in Bochum, den Klinikträgern von »Bergmannsheil«, hatte ich in Anwesenheit ihres Klinikdirektors meine Vorstellungen von einer organspezialisierten Bewegungssystem-Chirurgie dargestellt und eine Unterteilung der 350-Betten-Klinik auf mehrere selbständige Fachbereiche empfohlen. Es gab während des Vortrags seitens der Bergassessoren viel zustimmendes Kopfnicken, leider nicht des Klinikdirektors. Später erfuhr ich, daß mir diese vorgetragene Wunschvorstellung endgültig das Genick als potentieller Chefarzt gebrochen hatte. Prof. Dr. Bürkle de la Camp stand fest im Lager der Chirurgieführer, die mit aller Macht gegen weitere finanzielle Einbußen durch Abwanderung von Privatpatienten zu Spezialisten kämpften. Übrigens hat auch der Chirurgie-Ordinarius von Heidelberg, K.H. Bauer, der selbst 1952 die Spezialisierung als schicksalhaft für die Wissenschaft gefordert hatte, vor seiner Emeritierung Abtrennungsversuche der Neurochirurgie und anderer Spezialitäten erfolgreich verhindert. Er selbst wollte bis zuletzt keine Privatpatienten abgeben.

Auch auf dem Gebiet der Unfallbegutachtung hatte ich richtungsweisende Verbesserungen auf den Weg gebracht, nicht nur in unserer Klinik, sondern für ganz Deutschland. Herausragendes Ergebnis war ein Hauptvortrag auf dem Kongreß der Deutschen Gesellschaft für Unfallheilkunde 1961 mit dem Titel »Das Messen in der Unfallchirurgie«. Da habe ich über unsere Erfahrungen mit meinem »Erlanger Meßbogen« berichtet und ihn als Meßbogen für die Unfallbegutachtung allgemein vorgeschlagen. Er wurde später als »Nullgrad-Meßblatt« zum festen Bestandteil der Unfallbegutachtung – selbstverständlich ohne Hinweis auf den Erfinder, der sich im »Erlanger Professorenkrieg« als zitierbarer Autor auf ewig disqualifiziert hat.

Außerdem arbeitete ich im Auftrag des Springer Verlags, Heidelberg, an einem »Leitfaden der Gelenk-, Umfang- und Längenmessung« und an einem Buch über »Frakturen und Luxationen«.

Das alles, weder sein versprochenes Wort noch meine Aktivitäten für die Unfallchirurgie, hinderte den Klinikimperator nicht daran, mir Ende 1962 die Oberhoheit über die Unfallchirurgie zu entziehen und dem Oberarzt Florian Z. die Station B 8, eine meiner beiden Stationen, zu unterstellen. Dieser war zweifellos ein guter Bauchchirurg, sicher zu radikal und auch zu grob, aber als Bauchoperateur weit besser als der Klinikchef. Jedoch hatte er sich vier Jahre überhaupt nicht mit der Unfallchirurgie und die Jahre vorher auch nur ganz am Rande mit dieser Materie beschäftigt.

Plötzlich durfte er die verantwortungsvollsten unfallchirurgischen Operationen machen. Ergebnis: Vom Dezember 1962 bis Ende 1963 hat er bei mindestens der Hälfte seiner unfallchirurgischen Eingriffe unnötige Fehler gemacht. Es mußte zu den krassesten Fehlleistungen kommen. Von meinem mehrfachen Angebot, ihm bei unfallchirurgischen Operationen zu assistieren, machte er aus Prestigegründen keinen Gebrauch. Der Chef ließ ihn weiterhin rumwursteln.

1964 habe ich dem Gericht zur Begründung meiner Vorwürfe eine Liste mit 57 von Florian Z. im Zeitraum eines knappen Jahres durchgeführten unfallchirurgischen Operationen übergeben, bei denen in mehr als der Hälfte der Fälle vermeidbare technische Fehler, zum Teil schwerster Art, mit Todesfolge oder lebenslangen Schwerbehinderungen, passiert sind.

Beispielsweise operierte er am 30. Dezember 1962 bei der fünfundsiebzig Jahre alten Patientin Anna G. einen Oberschenkelbruch im Rollhügelgebiet. Es dauerte ewig. Er nagelte diesen Bruch ohne Einrichtung in schlechter Stellung zusammen. Am übernächsten Tag war die Patientin tot. Auf der Todesbescheinigung wurde »Natürlicher Tod« angekreuzt.

Am 4. Juli 1963 operierte Oberarzt Florian Z. das fünf Jahre alte Kind Konrad K. mit doppeltem Abbruch des speichenseitigen Gelenkknochens vom Oberarm. Der Operateur mit den Händen eines Möbelpackers wurde nervös. Das zweite Bruchstück fiel ihm aus der Hand auf den Boden. Ergebnis: Steifes Ellenbogengelenk und Wachstumsstörung mit lebenslanger Behinderung.

Bei einer Hebammenschülerin aus der Universitätsfrauenklinik wagte sich der überforderte Operateur an die Korrektur eines fehlgebildeten, aber funktionsfähigen Fingers. Dabei verletzte er die ernährenden Gefäße so, daß der Finger abstarb und amputiert werden mußte. Die Patientin, die er mehr zur Operation gedrängt hatte, als sie es selber wollte, machte ihm schwere Vorwürfe. Er quittierte es mit abfälligem Gelächter.

Unter den von Florian Z. schlecht operierten Unfallpatienten fanden sich viele Ältere mit einem Bruch des Schenkelhalses und des hüftnahen Oberschenkels sonst. Viele davon starben an den Folgen unzureichender Operationstechnik und/oder falscher Nachbehandlung.

Zum Tiefpunkt der Bündelnagelungskünste von Florian Z. entwickelte sich eine Schau-Nagelung bei einem Unterschenkelbruch im Spätsommer 1963. Zwei Abgesandte aus dem Krankenhaus der Barmherzigen Brüder in Regensburg, wo sich Florian Z. um eine Chefarztstelle beworben hatte, waren eigens als Zuschauer der Nagelungsoperation eingeladen worden. Das Theater endete mit einer miserablen Bruchstellung am Schluß der Bündelnagelung. Der Bewerber um die Chefarztstelle wurde abschlägig beschieden, nach meiner späteren Information insbesondere wegen der mißlungenen Schauoperation. Trotz Tarnungsversuchs hatte der unerfahrene Knochenoperateur den beiden OP-Pflegern nichts vormachen können.

All das geschah unter meinen Augen, und ich war machtlos, etwas dagegen zu unternehmen. Der Chef stellte sich auf den Standpunkt, daß auch Florian Z. unfallchirurgische Operationen erlernen müsse. Sonst habe er keine Chance, Chefarzt einer Allgemeinchirurgischen Krankenhausabteilung zu werden. Sicher war das bei der damals ge-

gebenen Auswahlsituation für chirurgische Chefärzte ein beachtens-
werter Gesichtspunkt. Aber es hätte ja auch die Möglichkeit gegeben,
Oberarzt Florian Z. unter meiner Regie unfallchirurgisch einzusetzen, wie ich es vielfach vorgeschlagen habe. Umgekehrt hatte ich
nicht nur angeboten, sondern darum gebeten, mich unter seiner
Oberhoheit in der Bauchchirurgie weiterbilden zu lassen. Damit
wollte ich auch verhindern, daß es zu Prestigeärger kommen konnte.
Meine Angebote und Vorschläge wurden nicht nur vom Klinikchef abgelehnt, sondern auch von dem konkurrierenden Oberarzt zurückgewiesen. Er war der Stärkere, hatte mich inzwischen im Rang der
Chefgünstlinge weit hinter sich gelassen.

STREITPUNKT VERFLUCHTE HERZCHIRURGIE

Die schwerste Belastung der Zusammenarbeit zwischen den beiden
einzigen Professoren der Universitätsklinik war die »verfluchte Herzchirurgie«, verflucht im Ergebnis und verflucht als Hindernis bei der
Erfüllung des allgemeinen staatlichen Auftrags für Forschung und
Lehre der Chirurgie.

Als Maßstab für korrekte Aufgabenverteilung in der Chirurgielehre
eignet sich das Seitenverhältnis in den Lehrbüchern. Ich habe es aus
den drei bekanntesten deutschen Lehrbüchern für das Verhältnis
Herzchirurgie zur sonstigen Chirurgie errechnet. Es beträgt in der
Gesamtsumme für die achtziger Jahre 94:2905 Seiten = 1:31. In den
sechziger Jahren dürfte der Anteil der Herzchirurgie noch weniger als
ein Dreißigstel betragen haben.

Gleiche Maßstäbe kann man für die Aufgabenteilung in der Forschung nicht anlegen. Hier darf es sicher Forschungsschwerpunkte
für Teilbereiche geben, die in den Ermessungsspielraum des Uniklinikchefs gelegt sind. Aber unbegrenzt in herzheldenchirurgische
Narrenfreiheit darf das Ermessen sicher nicht ausarten. So aber war
es bei uns. Das Verhältnis der von oben herab befohlenen und praktizierten Aufgabenteilung und der dafür bereitgestellten Mittel an Geld
und Zeit von der Herzchirurgie zur Chirurgie sonst betrug für die
Forschung grob geschätzt 30:1 und für die Lehre 30:10. Es hätte
großzügig gerechnet für die Forschung 30:15 und für die Lehre 2:30
betragen dürfen.

Deshalb beklagte ich mich bei vielen Gelegenheiten und nutzte jede Möglichkeit, daß meine Aufgabenbereiche in Forschung und Lehre nicht allzu kurz kamen. Der Chef registrierte das als Affront, aber zum großen Krach ließ er es deshalb nicht kommen.

Es waren vor allem die schlechten Ergebnisse bei Herzoperationen, die mich im Glauben an meine Pflicht und mein Recht zum Widerstand bestärkten. Im Spätherbst starben innerhalb von zwei Wochen zwei Patienten nach einer offenen Herzoperation. Beiden jungen Männern, H.W. im Alter von 32 Jahren und G.N. mit 27 Jahren, war wegen einer undichten Klappe am Abgang der großen Körperschlagader, der Aorta, als künstliche Herzklappe eine Starr-Edwards-Prothese eingepflanzt worden. Es waren nach meiner Erinnerung die ersten beiden menschlichen Versuchskaninchen für den Chefchirurgen als Aortenfehleroperateur.

Kurz zuvor hatte ich zufällig ein Gespräch zwischen ihm und seinem 1. OP-Assistenten für die HLM-Chirurgie auf dem Flur mitangehört. Der Wiss-Ass fragte, ob er die Starr-Edwards-Prothese bestellen dürfe. »Ja, schnell«, antwortete der ungeduldige Chirurg. »Sie kostet aber 40 000 Mark, Herr Professor.« »Egal, sofort ein Dutzend bestellen!« »Jawoll, Herr Professor!« – Eine halbe Million nur für Herzklappenprothesen, und für andere Forschungsprojekte war kein Geld da!

Beide Herzklappenpatienten starben an vermeidbaren Fehlern, begangen aus Schlamperei, Unerfahrenheit und Unvermögen: H.W. nach wochenlangem Martyrium, den sicheren Tod tagelang vor Augen, an einer schweren Wundinfektion, die zum Abriß der Klappenprothese führte. Bei G.N. riß die Prothese infolge falscher Nahttechnik aus.

Beide zu Tode operierten, qualvoll gestorbenen jungen Männer waren herzkrank, ohne Frage. Ich bestreite nicht, daß sie auf längere Sicht stark invaliditätsgefährdet waren. Aber beide hatten bis kurz vor der Operation in ihren Berufen voll gearbeitet. Und auf keinen Fall hatten der eine, wie ihm prophezeit worden war, eine Lebenserwartung von »nur zwei Jahren« und der andere von nur »wenigen Wochen«.

Mit einer ähnlichen Voraussage hatte man auch Susanne L. zur Operation genötigt. Was generell von solchen Vorhersagen zur Operationsnötigung zu halten war, zeigte sich dann besonders eindrucksvoll 1968 bei dem zur ersten Herzverpflanzungs-OP in der Bundesrepublik auserwählten Patienten, bei dem den Herzoperateur G.H. erst am OP-Tisch die Courage verließ. Ohne Herzverpflanzung hatte man dem Patienten und seiner Frau nur wenige Tage Überlebenszeit prophezeit. Der alte Mann lebte mit seinem kaputten Herzen danach noch fast zehn Jahre!

Jedenfalls war es in höchstem Maße unverantwortbar, diese beiden Patienten nicht auf ihre Rolle als Versuchspatienten für die ersten Herzklappen-Reparatur-Operationen in Erlangen hinzuweisen, und vor allem darauf, daß es in den USA Herzchirurgiezentren mit erwiesenermaßen vielfach größeren Erfolgschancen gab. Auch in Düsseldorf waren die Erfolgsaussichten damals bei weitem größer.

Oder gab und gibt es für Ordinarien ein Recht, ohne Rücksicht auf Verluste alles an Operationen auszuprobieren, was sie wollen? Mußte nicht zu allen Zeiten der Maßstab für ein Operationsangebot das sein, was man für seinen besten Freund wollte? Nein? Das sei übertrieben, meinen Sie? Denn dann gäbe es ja keinen Fortschritt in der Chirurgie auf breiter Basis?

Wer so denkt, vertritt die Nazi-Ideologie, daß es »Minderwertige Menschenrassen« gibt, Menschen also – der Rassen sind unendlich viele –, die man der Forschung oder einem anderen Zweck opfern darf. Niemals hätte der ehrgeizige Herzchirurg G.H. seine Frau, eines seiner Kinder oder gar sich selbst von einem Operateur mit gleichem Können operieren lassen.

In einer Stellungnahme vom 5. Mai 1964 für das Gericht »Über die Indikation zu Eingriffen am Herzen« erklärte G.H. geradezu feierlich: »Der Entschluß zur Operation fällt demjenigen Chirurgen um so leichter, der je gesehen hat, wie durch einen oft kleinen, technisch einfachen, kurz dauernden Eingriff in kläglichem Zustand ein gesunder, voll leistungsfähiger und glücklicher Mensch geworden ist.«

Das war jene typische Prahlerei, wie ich sie in Vorlesungen und Vorträgen seit 1956 unzählige Male erlebt habe. Vor dem Hintergrund der schlechten Operationsergebnisse von G.H. selbst konnte man sich als sein Oberarzt nur schämen. Eigentlich hätte man jedesmal davonlaufen sollen.

Unschuldige Opfer der »verfluchten Herzchirurgie« waren die vierbeinigen Patienten auf der Station 11, im obersten Stockwerk des Bettenhochhauses. Was hier an Tierquälereien passierte, übersteigt die Vorstellungskraft eines jeden human denkenden Menschen. Schon zu meiner Zeit wurden dort viele hundert Tiere, insbesondere Hunde, aus den abwegigsten Versuchsgründen durch Operationen und anderweitig mißhandelt. Leiter dieser »Experimentellen Abteilung« war der Chefanästhesist Dr. Erich R.

Ja, auch ich hatte mich an Tieren schwer versündigt, um Privatdozent zu werden. Aber 1960, bei Eröffnung dieser Versuchsstation, waren inzwischen fünf Jahre vergangen. Zwar nur fünf Jahre, aber ein halbes Jahrzehnt intensiver Aktivitäten von Tierschutzvereinen. Da konnte sich keiner mehr damit herausreden, für die Forschung seien quälerische Tierversuche erlaubt. Jedenfalls habe ich den Umgang mit den Hunden auf Station 11 damals lautstark kritisiert. Durch OP-Schwestern und -Pfleger, welche auch auf der »Experimentellen Abteilung« mithelfen mußten, obwohl sie das nicht wollten, war ich über die Tierquälereien bestens informiert. Aller Widerstand hat nichts genutzt.

Großen Aufruhr gab es eines Tages in der Klinik, weil ein zur Operation mit der Herz-Lungen-Maschine vorgesehener Versuchshund plötzlich verschwunden war, als man ihn in den Versuchs-OP abholen wollte. Das Hunde-Kidnapping aus Barmherzigkeit wurde nie aufgeklärt, der Täter nicht gefunden. Es war eine Täterin, die mir später ihre Mitleidstat vertrauensvoll offenbarte.

TÖDLICHE OPERATIONSFEHLER DURCH FEHLBESETZUNG

Operationsfehler durch Fehlbesetzung waren in der Chirurgischen Universitätsklinik Erlangen an der Tagesordnung. Die Einteilung der Operateure behielt sich der Klinikdirektor jeweils selbst vor. Das Operationsprogramm wurde ihm vom 1. Oberarzt vorgelegt. Dann entschied der Klinikchef, wer die jeweilige Operation machen durfte. Das geschah oft zu willkürlich. Bei insgesamt 43 Klinikassistenten konnte der Chef gar nicht beurteilen, wie sicher jeder einzelne im Operieren war. Das wußten natürlich die jeweiligen Oberärzte und Abteilungsärzte am besten. Deren Vorschläge aber wurden sehr häufig ignoriert. Ganz besonders galt das für mich, nachdem ich in Ungnade gefallen war.

Mitte Januar 1963 wurde ein Patient zur Nachoperation in die Klinik aufgenommen, der ein halbes Jahr zuvor auf einer meiner Stationen gelegen hatte und dort von meinem 1. Assistenten Dr. Heiner B. operiert worden war. Ursprünglich hatte es sich um ein Zwölffingerdarmgeschwür gehandelt, das in die Bauchspeicheldrüse eingebrochen war. Die erste Operation fand am 6. Juli 1962 statt. Dabei wurde im Bereich des Zwölffingerdarms eine kleinapfelgroße entzündliche Geschwulst entdeckt. Damit hatte man vor der Operation nicht gerechnet. Heiner B. rief mich, seinen Oberarzt, hinzu. Ich operierte am Nebentisch und unterbrach den dortigen Eingriff. Nachdem ich den Befund kontrolliert hatte, war ich der Meinung, die Operation solle abgebrochen werden, weil das Risiko der geplanten Ausschneidungsoperation zu groß sei. Ich wollte jedoch die Entscheidung nicht allein treffen und ließ deshalb den Chef rufen. Dieser kam, entschied, daß weiteroperiert werden solle, und übernahm den Eingriff selbst.

Erwartungsgemäß gestaltete sie sich äußerst schwierig. Nach der Operation ging es dem Patienten sehr schlecht, aber er überlebte den Eingriff. Es entwickelte sich ein Abszeß, ein großer Eiterherd im OP-Bereich. Dieser wurde am 2. August eröffnet und drainiert. Danach besserte sich der Zustand des Patienten, und er konnte am 10. August entlassen werden. Doch dann entstand eine Fistel, das heißt eine Dauereiterung im Bereich der Drainagestelle, aus der sich in den folgenden Wochen und Monaten ständig weiter Eiter entleerte. Deshalb hatte man den Patienten Mitte Januar 1963 wieder aufgenommen, um eine Revisionsoperation durchzuführen.

Die Operation wurde als »Fistelrevision nach Billroth II« für den 22. Januar 1963 angesetzt, als Operateur Oberarzt Florian Z. vorgeschlagen. Der Klinikchef aber setzte den Assistenzarzt Dr. J.H. als Operateur ein. Zur Assistenz wurde ihm ein blutjunger Anfänger, Dr. D., zugeteilt. Dies war eine krasse Fehlbesetzung. Zwar gehörte Dr. J.H. zu den älteren Assistenten. Aber dieser schweren Nachoperation konnte nur der beste Bauchoperateur der Klinik bestmöglich gewachsen sein, und das war Florian Z.

Wie vorauszusehen, gestaltete sich die Operation wiederum sehr schwierig. Es bestanden starke Verwachsungen und Verschwielungen. Laut OP-Bericht wurde der Fistelgang gespalten und in die Bauchhöhle hinein bis zum Zwölffingerdarmstumpf mit Sonden verfolgt. Dabei glaubte der Operateur, bei der Präparation des Fistelganges habe er die freie Bauchhöhle nicht eröffnet. Jedenfalls steht es so im OP-Bericht. Er beendete die Operation, nachdem er einen Drain eingelegt hatte. Am Schluß des OP-Berichtes findet sich der Vermerk: »Bei der OP, insbesondere bei der Fisteldarstellung war Oberarzt Walter B. zugegen, später ebenfalls Professor H., der mit den eingeleiteten Maßnahmen einverstanden war.« Es ist natürlich völlig ausgeschlossen, daß die hinzugezogenen Ärzte die Situation ausreichend überblicken konnten. Dies wäre nur einem Mitoperateur möglich gewesen.

In den nächsten Stunden nach der Operation kam es zu den Zeichen einer diffusen, das heißt über die ganze Bauchhöhle ausgebreiteten Bauchfellentzündung. Der Zustand des Patienten verschlechterte sich rasch. Am nächsten Tag war der Zustand bereits hoffnungslos. Trotzdem wurde der Patient nochmals operiert, diesmal von Oberarzt Walter B. Die Bauchhöhle war voller Galle, welche aus dem bei der Voroperation verletzten Zwölffingerdarm herausfloß. Selbstverständlich konnte diese Operation an dem bösen Ende nichts ändern. Ein paar Tage später starb der dreißigjährige Mann, der wenige Tage vorher in guter körperlicher Verfassung in die Klinik aufgenommen worden war. Dem Operateur selbst ist kein Vorwurf zu machen. Er konnte diesem Eingriff nach Lage der Dinge nicht gewachsen sein. Die tödliche Eröffnung des Zwölffingerdarms hatte er gar nicht bemerkt.

Auch diesen unnötigen Operationstod habe ich später bei der Staatsanwaltschaft angezeigt. Der Gutachter, dem dieser »Fall« zur Beurteilung vorgelegt wurde, stellte sich auf den Standpunkt, ein solcher Fehler hätte auch einem erfahreneren Chirurgen unterlaufen können. Also sei dem Klinikdirektor, der den Assistenzarzt als Operateur eingesetzt hatte, kein Vorwurf zu machen.

Ein weiterer tödlicher Zwischenfall ereignete sich ein paar Monate später, ebenfalls weil ein Operateur eingeteilt wurde, der den Anforderungen nicht gewachsen sein konnte. Es handelte sich um die Patientin K.B., bei der am 31. Mai wegen eines inoperablen Mastdarmkrebses ein künstlicher After angelegt werden sollte. Die Patientin lag auf meiner Station. Ich schlug als Operateur den Stationsarzt Dr. J.H. vor, der diese relativ leichte Operation mit Sicherheit bewältigen konnte. Der Chef lehnte meinen Vorschlag ab und setzte den chirurgisch unerfahrenen Dr. R.F. ein. Eine Woche später starb die Patientin nach schrecklichen Qualen an einer kotig-eitrigen Bauchfellentzündung. Der Operateur hatte die Darmenden mangelhaft zusammengenäht, die Naht war undicht, und durch dieses Loch floß Kot in den Bauch.

Auch diesen Fall habe ich später der Staatsanwaltschaft angezeigt und darauf hingewiesen, daß ich mich an mindestens zwanzig Patienten erinnere, die durch eine vom Klinikdirektor angeordnete

Fehlbesetzung des Operateurs schweren Schaden erlitten hätten. Ich schlug vor, mir die Möglichkeit zu geben, die Krankenakten durchzusehen, um diesen Beweis führen zu können. Dies wurde vom Staatsanwalt abgelehnt. Auch das Schicksal dieser Patientin wurde vom Gutachter als Folge einer schicksalhaften Entwicklung eingeordnet, die man dem Klinikchef nicht anlasten könne.

Ein paar Tage vorher war der einundsiebzigjährige Patient J.K. nach einer Unterschenkel-Bündelnagelung an Erbrochenem erstickt. Nach Entfernung des Narkosetubus war nicht aufgepaßt worden. Der Patient hatte in einem unbewachten Augenblick erbrochen und das Erbrochene in die Luftröhre eingeatmet. Wenig später kam es zu einem Herzstillstand, der durch Herzmassagen und künstliche Beatmung zunächst beseitigt werden konnte. Es wurde ein Atemtubus eingelegt, der Patient an Beatmungsautomaten angeschlossen und in den Wachsaal verlegt. Dort passierte der nächste Überwachungsfehler. Der Patient riß sich den Atemtubus heraus und erstickte.

Auch diesen tödlichen Zwischenfall durch Überwachungsfehler habe ich später der Staatsanwaltschaft gemeldet. Ergebnis: Kein Verschulden nachweisbar.

SCHWERÄRGERNIS WISSENSCHAFTSBETRUG AUF DEM CHIRURGENKONGRESS 1963

Zum Chirurgenkongreß kurz nach Ostern 1963 hatte man den Chirurgie-Ordinarius von Erlangen-Nürnberg erneut zu einem Hauptvortrag eingeladen. Titel: »Der Wandel der Infektion in der Chirurgie«. Wie 1959 saß ich unter den 3000 Zuhörern. 1959 hatten mich die Heuchelei und das Vorbringen falscher Zahlen überrascht, jedenfalls in ihrem extremen Ausmaß. Dieses Mal aber war ich auf das Schlimmste an Hochstapelei mit falschen Zahlen und an pharisäischen Floskeln gefaßt. Denn nach sieben Jahren fast täglicher hautnaher Zusammenarbeit konnte mir mein ordentlicher Professor nichts mehr vormachen. Es gab buchstäblich nichts, was ich ihm 1963 nicht mehr zugetraut habe!

Aufgabe des Vortrages sollte sein, den Stand der Erkenntnisse zu der Frage vorzutragen, wie weit sich die Möglichkeiten der Verhütung und Behandlung von Infektionen im allgemeinen und von Operationsinfektionen im besonderen verbessert hatten. Hier war sehr viel Hoffnung auf die Entdeckung und Fortentwicklung der Antibiotika gesetzt worden.

Nach einer skeptischen bis negativen Bewertung der Antibiotika kam er auf sein Steckenpferd zu sprechen. In seiner *Allgemeinen Operationslehre* und auch in vielen Vorträgen und Artikeln hatte er sich immer für die Transfusions- und Infusionstherapie ganz besonders stark gemacht. Das wußten fast alle anwesenden Chirurgen. Also galt es, bei dem Vortrag ergänzenden Beweis für die Richtigkeit seiner Lobeshymnen auf Blutübertragungen zur Stärkung der Heilkräfte zu führen.

Dazu brauchte er einen eindrucksvollen Beweis aus seiner Klinik. Dabei kam ihm sehr zu Hilfe, daß ich einem meiner Doktoranden die Infektionshäufigkeit bei Operationen an der Erlanger Chirurgischen Klinik seit den Vorkriegsjahren zum Thema gestellt hatte. Dessen Statistik wollte er benutzen, um zu beweisen, daß der verstärkte Einsatz von Bluttransfusionen zu einer erheblichen Abnahme von Operationsinfektionen führen würde. Der Doktorand hatte eine Statistik über die Häufigkeit der Bauchdeckeninfektionen nach Magenresektionen erarbeitet, und zwar einerseits ohne und andererseits mit Notindikation. Mit Hilfe dieser Statistik wollte G.H. unter anderem beweisen, daß es mit dem verstärkten Einsatz von Bluttransfusionen, sowohl bei den Magenoperationen mit wie bei denen ohne Notindikation, zu einem Absinken der Bauchdeckeninfektionen gekommen ist. Also setzte er den Pfeil auf die Jahre 1956 und 1961, weil danach die Kurve für beide Arten von Magenresektionen steil abgefallen war.

Tatsächlich hatte aber mein Doktorand festgestellt, daß die Infektionsrate im Zusammenhang mit häufigeren Bluttransfusionen zustatt abgenommen hatte. Nachdem mir der Doktorand das Dia mit den vom Chef falsch eingesetzten Pfeilen zeigte, drängte ich ihn, den Klinikchef ausdrücklich auf diesen Fehler hinzuweisen. Das tat er, der Chef änderte jedoch an den Pfeilen nichts. Sie blieben auch in der Abbildung 10b des Artikels mit der Vortragswiedergabe im *Archiv für Klinische Chirurgie* von 1963. Das war vorsätzlicher Wissenschaftsbetrug! Ironischerweise wurde in der Überschrift das Wort Bluttransfusion mit dem Wort Antibiotika irrtümlich vertauscht.

ICH SCHWOR: SO ETWAS PASSIERT MIT MEINEN PATIENTEN
NIE WIEDER!

Eine Woche vor meiner Gehorsamsverweigerung geschah etwas
Schreckliches: Am 14. November 1963 starb Frau Anna W. Nicht einmal vierundzwanzig Stunden nach einer relativ ungefährlichen Operation. Trotz guter körperlicher Verfassung überlebte sie den technisch einfachen Eingriff nicht. Ich war es, der die Widerstrebende
überredet hat, obwohl sie keine Beschwerden hatte. Ich habe sie operiert, ohne daß es notwendig gewesen wäre. Ich habe Frau Anna W.
umgebracht.

Furchtbares hatte ich verschuldet. Als ich in der dritten Novem-
berwoche auf Station B 3 Oberarztvisite machte, war Frau W. gerade
im Begriff, die Klinik zu verlassen. Sie hatte ihre Sachen zusammen-
gepackt und stand neben ihrem Bett. Da betrat ich das Zimmer. »Die
Oma will sich nicht operieren lassen«, sagte die Stationsschwester.
»Ja, sie will nicht«, bestätigte der Stationsarzt. Er ließ keinen Zweifel
daran, daß er Frau W. nach besten Kräften von der Notwendigkeit des
Eingriffs zu überzeugen versucht hatte. Vergebens. Ich aber überzeugte die uneinsichtige Patientin.

»Warum wollen Sie sich denn nicht operieren lassen«, fragte ich,
obwohl der Grund offensichtlich war. Denn daß sie Angst hatte,
konnte man auch merken, ohne Professor zu sein. »Sie sterben, wenn
Sie es nicht machen lassen, Frau W.!« nötigte ich sie. Es war mehr als
Nötigung, es war Erpressung.

Es hat Eindruck auf die Patientin gemacht, als ich mich auf ihr
Bett setzte und ihr ohne Eile die Gründe für die Notwendigkeit des
Eingriffs auseinanderzusetzen versuchte. Ich, der Professor, und sie,
die arme Rentnersfrau! »An Ihrem Dickdarm sitzt etwas, was ihn ab-
drückt«, erklärte ich. »Die Röntgenärzte haben festgestellt, daß der
Darm schon stark eingeengt ist. Sie vermuten eine Geschwulst!« Die
Frau hörte es, ohne betroffen zu sein, denn der Stationsarzt hatte ja
schon dasselbe gesagt. Ich wurde härter: »Wenn es ein Gewächs ist,
geht bald nichts mehr durch den Darm. Und nach Meinung der Rönt-
genspezialisten ist es ein Gewächs.«

»Ich spüre doch seit ein paar Tagen gar nichts mehr«, verteidigte
sich die ängstliche Frau. »Gar nichts«, beteuerte sie.

»Aber Sie hatten doch starke Beschwerden, als Sie kamen, Frau W.«,
erinnerte ich sie. »Das kam, weil der Dickdarm schon stark eingeengt

ist. Der Darminhalt hat sich gestaut. Deshalb hatten Sie Bauchschmerzen und mußten brechen. Darum hatten Sie tagelang keinen Stuhlgang und auch früher schon öfters Verdauungsstörungen.«

Ich fuhr fort: »Dieses Mal konnten wir den Darm noch mal ohne Operation durchgängig machen. Das nächste Mal ist es vielleicht schon nicht mehr möglich. Dann müssen wir Sie unter viel ungünstigeren Bedingungen operieren. Vielleicht geht es überhaupt nicht mehr, weil wir Angst haben müssen, daß Sie nicht lebend vom Operationstisch kommen. Daß Sie nicht einmal die Narkose mehr aushalten!«

Die vom Leben nicht verwöhnte Greisin erwiderte: »Wenn ich halt bald sterben muß, ist es nicht zu ändern. Ich bin alt genug.«

Solche Schicksalsergebenheit geht einem an die Fortschritte der Greisenchirurgie glaubenden Chirurgen an die Nieren. »Aber Sie werden dann unter schlimmen Qualen sterben«, prophezeite ich ihr. Frau W. erinnerte sich an die starken Leibschmerzen vor wenigen Tagen und setzte sich aufs Bett. Das waren ekelhafte Koliken gewesen. »Vielleicht hat der Oberarzt doch recht«, dachte sie so laut, daß ich es hören konnte. Halb hatte ich die Festung erstürmt. Jetzt galt es, nicht locker zu lassen.

»Wollen Sie, daß Ihre Frau bald stirbt?« nahm ich mir den zum Abholen erschienenen Ehemann vor. »Ihre Frau hat vielleicht einen Krebs, den man jetzt noch gut operieren kann. Dann könnte sie hundert Jahre alt werden! Wenn man aber diesen günstigen Zeitpunkt verpaßt, ist nichts mehr zu machen.« Der weit stärker als seine Frau gealterte, schwächliche Ehemann war in größter Sorge. Das spürte man sofort. Er hatte Angst um seine Frau. Und um sich, denn er war auf sie angewiesen.

»Aber ist die Operation denn nicht gefährlich?« wollte Herr W. wissen. »Ungefährlich ist keine Operation«, antwortete ich, um mich für alle Fälle abzusichern. »Aber es ist für alte Leute auch nicht ungefährlich, heutzutage über die Straße zu gehen«, schwächte ich gleich ab, um einer übertriebenen Operationsfurcht vorzubeugen. Dennoch glaubte ich noch etwas zum Risiko sagen zu müssen: »Natürlich ist die Operation gefährlicher als eine Blinddarmoperation. Aber es ist viel gefährlicher, bei Ihrer Frau abzuwarten, als den Bauch aufzuschneiden und die Darmverengung zu beseitigen. Jetzt ist der günstigste Zeitpunkt!«

»Der Herr Professor wird es schon am besten wissen«, belehrte die inzwischen weitgehend zum Bleiben entschlossene Patientin ihren mißtrauischen Mann. »Er wird schon nichts machen, was nicht nötig ist«, fügte sie hinzu.

Da kam ich zum Endspurt meiner Nötigung: »Sie können sich darauf verlassen, Frau W., daß ich Sie so operieren werde, als ob Sie meine Mutter wären. Wenn sich nach dem Aufmachen des Bauches herausstellt, daß die Beseitigung des Hindernisses am Darm zu gefährlich ist, mache ich den Bauch wieder zu. Dann müssen wir eben alles dem lieben Gott überlassen. Aber ich glaube, daß die Operation rechtzeitig kommt und alles gut wird.« Ich nahm die Hand der Patientin und bekräftigte damit meine Versicherung. Die Patientin hielt sie so fest und sah mich so vertrauens- und hoffnungsvoll an, daß es mich noch heute eiskalt überläuft, wenn ich daran denke.

Für Mittwoch, den 13. November, standen auf dem planmäßigen Vormittagsprogramm des mit 4 Operationstischen bestückten OP der Klinik 15 Eingriffe der verschiedensten Schweregrade. Für Tisch 2 des Aseptischen Operationssaales war an vierter Stelle eingetragen »Operation: Sigma – Station 3 – Operateur Hackethal…«

Sigma heißt S-Darm. Das ist der dem Mastdarm vorgeschaltete Dickdarmteil.

Am späteren Vormittag war Frau W. an der Reihe. Der für Tisch 2 zuständige Anästhesist leitete die Allgemeinbetäubung durch eine Spritze in den Arm ein. Als die Patientin eingeschlafen war, führte der Anästhesist den Tubus ein. Das ist ein fingerdicker, etwa 30 Zentimeter langer, halbstarrer Gummischlauch mit einem Metallansatzstück für den Narkoseapparat. Nahe der Spitze trägt der Tubus eine aufblasbare Manschette, mit deren Hilfe der Zwischenraum zwischen eingelegtem Tubus und Luftröhreninnenwand so verschlossen wird, daß keine Flüssigkeiten am Schlauch vorbei in die Lungen laufen können. Das ist ein wichtiger Sicherheitsfaktor, vor allem bei Operationen im Bauchraum. Weil bei Druck auf den Inhalt der Speisewege der Magen überlaufen kann.

Die Intubation gelang ohne Schwierigkeiten. Ich bereitete mich auf die OP vor. Am Schaukasten hing das Röntgenbild. Man sah den Dickdarm mit Kontrastmittel gefüllt. Überall war die Bariumbreifüllung gleichmäßig, nur im Sigma-Bereich konnte man eine deutliche Aussparung erkennen. Hier war die Darmpassage offensichtlich behindert. Unsere Röntgenologen hatten Frau W. während des Einlaufens des Breies durchleuchtet und dabei den ganzen Füllungsvorgang beobachtet. Ihre Diagnose lautete: »Verdacht auf Sigma-Karzinom.« Die angefertigten Röntgenbilder sind immer nur ein Bruchteil der zahlreichen Einzelbilder, die ein Röntgenologe beim Durchleuchten sieht.

Während ich mir Hände und Unterarme wusch, sah ich die Geschwulst schon deutlich vor mir. Taubenei- oder auch mandarinengroß mochte der Krebsknoten sein. Ich wollte eine Resektion machen, das krankhaft veränderte Darmstück herausschneiden und die offenen Stümpfe des gesunden Dickdarms End-zu-End zusammennähen. Ich freute mich, daß es wahrscheinlich nicht notwendig sein würde, einen künstlichen Ausgang anzulegen. Auch nicht vorübergehend, um den Darm zu entlasten, wie es dann unumgänglich ist, wenn Patienten im Ileus, im Zustand fortgeschrittener Darmstauung, operiert werden müssen.

Ich zog den sterilisierten grünen Operationskittel an und streifte die blauen Gummihandschuhe über. Die Patientin lag bereits abgedeckt auf dem Tisch. Nur ein etwa 30 Zentimeter langes, 15 Zentimeter breites, vom Jodstrich braun verfärbtes Hautstück ließen die dunkelgrünen Tücher frei. Es war die mittlere vordere Bauchpartie vom Schwertfortsatz des Brustbeins bis zur Schambeingegend.

Durch einen etwa 15 Zentimeter langen Schnitt links neben der Mittellinie wurde der Bauch eröffnet. Es blutete kaum. Auch kleine blutende Gefäße wurden mit Gefäßklammern gefaßt und unterbunden. Der Kranken sollte selbst die bei solchen Operationen fast routinemäßig verabfolgte Bluttransfusion erspart werden, auch weil Blutübertragungen die gerade bei alten Leuten gefürchteten Thrombosen, die Blutpfropfbildungen in den Beinvenen, begünstigen. Nach Einsetzen der selbsthaltenden Bauchsperrer begann die Erforschung des Bauchraumes. Es bestanden Verwachsungen der großen Netzschürze – der Querdarm hat ein großes, schürzenförmiges Fettanhängsel – mit der rechten Bauchinnenwand. Ein strangartiges Gebilde zog sich über den erweiterten Anfangsteil des Dickdarmes, den (richtigen) Blinddarm hinweg ins kleine Becken. Es schien, daß der Strang den Darm leicht beengte. Er wurde mit einem Scherenschlag durchtrennt.

Nach Lösung der Verwachsungen konnte das Sigma gut überblickt werden. Es war völlig unauffällig, ohne jede Einengung. Mir war unbehaglich zumute. Die Kontrastmittelaussparung auf dem Röntgenbild war ein Kunstprodukt. Vielleicht hatte sie ein Kotballen vorgetäuscht. Vielleicht war der Druck des Bariumbrei-Einlaufs zu schwach gewesen, um den Darm richtig zu entfalten. Ich bat, einen Arzt der Röntgenabteilung zu rufen. Nicht um ihm Vorwürfe zu machen, sondern um kurz über den Irrtum zu sprechen. Damit er auf keinen Fall vergessen wurde. Denn Chirurgen und Röntgenologen müssen eng zusammenarbeiten und gegenseitig von ihren Fehlern lernen. Der Röntgenologe kam und wunderte sich. Er konnte es kaum glauben, daß er sich getäuscht hatte. Aber es gab keinen Zweifel.

Systematisch wurde der ganze Bauchraum weiter durchsucht. Irgend etwas anderes mußte die Ursache der Bauchschmerzen gewesen sein, mit denen Frau W. in die Klinik eingeliefert worden war. Magen, Dünndarm und Dickdarm wurden Schritt für Schritt, aber ohne unnötig Zeit zu verlieren, abgetastet und – soweit es möglich war – angesehen. Nichts Abnormes. Leber, Gallenblase, Milz und Bauchspeicheldrüse ohne krankhaften Befund.

Auch die Organe des kleinen Beckens waren unauffällig. Es blieb also nur der Verwachsungsstrang als Erklärung. Er hatte zwar den Blinddarm jetzt nur etwas eingeengt, aber vielleicht war durch ihn der Darm früher abgeknickt worden. Dennoch blieb unerklärlich, wodurch der Dickdarm in seinem ganzen aufsteigenden Teil erweitert war, die Erweiterung also auch den afterwärts des Stranges gelegenen Abschnitt betraf. Bei Darmverlegungen staut sich der Inhalt immer nur mundwärts vom Hindernis, weil er ja in Gegenrichtung abfließen kann.

Bei kritischer Betrachtung mußte man sagen, daß die Operation überflüssig gewesen war. Die Verwachsungen hatten sicher schon seit Jahren, wenn nicht Jahrzehnten bestanden. Wahrscheinlich waren sie Folge einer früher einmal abgelaufenen Wurmfortsatzentzündung, die ohne Operation ausheilte. Verwachsungen bilden sich nach Bauchoperationen fast regelmäßig. Man konnte im Falle der Frau W. keineswegs sicher sein, daß sie die durch die Operation bedingten Verwachsungen in Zukunft weniger belästigen würden als die alten.

Ich war bedrückt. Doch es half nichts. Sorgfältig wurde der Bauch zugenäht. Das einzig Beruhigende an der ganzen Angelegenheit war, daß der Eingriff leichter Natur war. Die Belastung stand in keinem Verhältnis zu der, wie sie die geplante Operation mit sich gebracht hätte. Und selbst deren Risiko wäre klein gewesen.

Als ich den Operationssaal verließ, ging es der Patientin gut. Der Anästhesist war mit den Kreislaufverhältnissen der Vierundsiebzigjährigen sehr zufrieden. Nach Beendigung der Narkose wurde Frau W. mit ihrem Bett routinemäßig in den Wachsaal verlegt. Dort besuchte ich sie mittags. Alles schien in Ordnung. Die noch schläfrige Kranke öffnete die Augen, als ich den Puls fühlte.

Bei der Nachmittagsvisite atmete die alte Frau etwas schwer. Sie war verschleimt und konnte schlecht abhusten. Ich sagte: »Halten Sie sich mit beiden Händen den Bauch fest und husten Sie.« Sie versuchte es. Zunächst waren die Hustenstöße kraftlos, weil es weh tat. Aber dann hustete die beherzte Frischoperierte kräftig gegen den Schmerz an. Sofort konnte sie besser atmen. Ich bat den diensthabenden Wachsaalarzt und die Stationsschwester, gut aufzupassen. Eigentlich wäre das unnötig gewesen, dafür war ja die Wachstation da, um die gefährdeten Kranken ständig unter Aufsicht zu haben. Frau W. war, gemessen an den Bettnachbarn, eher ein leichter Fall. Gerade deshalb legte ich sie dem Kollegen und der Schwester besonders ans Herz, weil unproblematische Patienten vergessen werden können!

Eigentlich konnte nichts passieren. Dennoch sagte ich: »Wenn irgend etwas sein sollte, rufen Sie mich bitte sofort an. Ich habe ein schlechtes Gewissen«, ergänzte ich noch, damit es nicht vergessen wurde. Man verstand und versprach gut aufzupassen. Ich verließ den Wachsaal ohne irgendwelche Befürchtungen.

Am nächsten Morgen lebte Frau W. nicht mehr. Als Bagatellfall war sie gestorben. Ich glaubte, falsch verstanden zu haben, als mir dies berichtet wurde. Man staunte über meine Erregung. Schließlich war sie eine vierundsiebzigjährige Greisin gewesen. Wirklich kein Grund zur Aufregung. Was ich dann erfuhr, überraschte mich allerdings weit weniger als die Todesnachricht.

In der Nacht war die Patientin auf die Station geschoben worden, weil es angeblich unnötig war, daß sie im Wachsaal lag. Die Nachtschwester der 30-Betten-Station hatte zwar protestiert, weil sie sofort sah, daß die Kranke schwer atmete und sie sich überfordert fühlte. Doch sie setzte sich nicht durch. Erst als die Patientin fast am Ersticken war, erreichte sie die Rückverlegung. Doch da war es bereits zu spät.

Dem Wachsaalarzt war es sehr unangenehm, daß das passiert war. Er entschuldigte sich. Er hatte mir aber gar nichts versprochen, sondern sein Vorgänger, der ihm den Wachsaal für die Nacht übergeben hatte. Ich konnte nicht einmal klären, wer die Anordnung zur Verlegung auf die Station gegeben hatte.

Auch wenn die Patientin an einem schweren Überwachungsfehler gestorben war – der Tod wäre nicht eingetreten, wenn ich sie nicht zuvor zu der unnötigen Operation genötigt hätte. Um so entschlossener schwor ich mir: So etwas passiert mit meinen Patienten nie wieder!

»ERLANGER PROFESSORENKRIEG«: KRIEGSERKLÄRUNG, ERSTE ANGRIFFS- UND VERTEIDIGUNGSGEFECHTE (NOVEMBER/DEZEMBER 1963)

»SIE SIND ENTLASSEN!«

Die Entwicklungsgeschichte meines Konfliktes mit der Heldenchirurgie vor der Ernennung zum Professor und die dramatische Entwicklung danach habe ich deshalb so ausführlich geschildert, um deutlich zu machen, daß der »Erlanger Professorenkrieg« langfristig vorprogrammiert war. Der letzte Anstoß zu meiner Gehorsamsverweigerung mit der Drohung »Nur über meine Leiche!« war nicht mehr und nicht weniger als der erste Schwall über den Faßrand hinaus, nachdem sich das Konfliktstoff-Faß zunächst mit Tropfen, dann in Millilitern und Dezilitern, später in Litern und schließlich kübelvoll gefüllt hatte.

Dieser Hinweis scheint mir deshalb wichtig, um spätere Behauptungen zu widerlegen, daß sich der zum Krieg ausgeartete Streit aus heiterem Himmel, in Form überschießender Reaktionen zweier heißblütiger Temperamente, entwickelt hätte. So wurde es ja oft genug dargestellt, insbesondere was meine Rolle betraf.

Der Anfang vom endgültigen Ende meiner Karriere begann am Freitag, dem 22. November 1963. Nach dem Ausscheiden des 1. Oberarztes, Privatdozent Dr. Walter B., den man zum Chefarzt der Chirurgischen Klinik des Katharinenhospitals in Stuttgart gekürt hatte, war eine Umorganisation des Oberarztdienstes erforderlich geworden. Der Chef hatte bereits entschieden, daß Privatdozent Dr. Franz Paul G. der Oberarztnachfolger würde. Aber die Rollenverteilung für die einzelnen Oberarztbereiche blieb zunächst offen. Fest stand nur, daß ich als einziger und immer heftigerer Chefkritiker nun endgültig außer Gefecht gesetzt werden sollte. Dies wußte ich anfangs nicht, aber schon bald konnte es daran keinen Zweifel mehr geben.

Um sicherzustellen, daß seine Rechnung aufging und das Vorhaben klappte, mich unschädlich zu machen, hatte sich der Klinikimperator eine ganz besondere Strategie ausgedacht. Zunächst sollten die drei Oberärzte allein eine Vorbesprechung über die künftige Aufgabenverteilung führen. Welche Neuorganisation sich der Chef zu meiner Kaltstellung ausgedacht hatte, wußten die beiden anderen Oberärzte. Das sollten sie mir beibringen und ihm über meine Reaktion berichten.

Die Besprechung fand am Freitagnachmittag statt und dauerte zunächst nur eine Stunde. Dann wurde sie mit irgendeiner Ausrede unterbrochen, mit Sicherheit deshalb, um den Chef über den Verlauf der ersten Stunde zu informieren und weitere Verhaltensbefehle einzuholen. Das aber sagte man mir nicht, sondern nur, wir müßten auf Anordnung des Chefs das Gespräch noch am selben Tag fortsetzen. Als Zeitpunkt für den Nachschlag verabredeten wir 19 Uhr. Die Dreierdiskussion dauerte dann bis 21 Uhr.

Über den Inhalt des gesamten Gesprächs gibt es einen Bericht, unterschrieben von den beiden anderen Oberärzten. Diesen Bericht fügte der Klinikdirektor seinem Antrag vom 26. November 1963 auf meine vorläufige Dienstenthebung als Anlage 2 bei.

Er beginnt mit dem Satz: »Die Besprechung fand auf Veranlassung von Herrn Prof. H. statt und hatte zur Aufgabe, die neue Stationsverteilung vorzubereiten und die dienstlichen Belange der Oberärzte abzugrenzen.«

Oberarztkollege Florian Z. gab die Befehle des Chefs wie folgt bekannt:

1. Im Wachsaal habe in Zukunft nur noch der Klinikchef oder sein Vertreter und der Chefanästhesist das Recht, die Intensivpatienten zu versorgen. Ausnahmen gebe es nur für die Abteilungsleiter der Neurologie und der Urologie.

2. Absoluten Vorrang vor allem anderen habe die Herzchirurgie, die noch stärker ausgebaut werden solle. Dieser Vorrangstellung hätten sich alle anderen unterzuordnen.

3. Ich solle die Allgemeinchirurgische Station B 3 abgeben, nur meine Männerstation B 7 und die oberärztliche Aufsicht über die Poliklinik behalten.

4. In Zukunft soll es keine Assistenzärzte geben, welche bestimmten Oberärzten und Abteilungsleitern für einen längeren Zeitraum zugeordnet wären. Der Chef behalte sich vor, allen Wissenschaftlichen Assistenten zu jeder Zeit andere Aufgabenbereiche zuzuteilen.

5. Die Gutachtenabteilung solle Oberarzt Florian Z. übernehmen.

6. Wer offizieller Chefstellvertreter und damit 1. Oberarzt würde, sei noch offen. Diese Entscheidung treffe der Chef in den nächsten Tagen.

Im Grunde war es sinnlos, mit den beiden Chefgünstlingen über eine sinnvolle Neuorganisation der oberärztlichen Aufgabenbereiche zu diskutieren. Florian Z. haßte mich, war seit Jahren mein schärfster Gegner, dies allerdings fast nur hinter meinem Rücken. Offenheit lag ihm nicht. Mein Assistent der ersten Erlanger Zeit, Franz Paul G., hatte sich im Gegensatz zu Florian Z. mir gegenüber immer korrekt verhalten. Ihm traute ich keine Hinterhältigkeiten gegen mich zu.

Aber wie er seinem Chef, war umgekehrt sein Chef auch ihm ans Herz gewachsen. Der hatte ihn zu seinem Kronprinzen gemacht, also war er seinem Klinikdirektor größte Achtung und untertänigsten Gehorsam schuldig. Eine eigenständige Stellungnahme konnte ich von ihm nicht erwarten, eine gegen den Chef gerichtete wäre aus seiner Sicht Hochverrat gewesen.

Trotzdem versuchte ich den beiden Mitoberärzten meine Vorstellungen von einer fortschrittlichen Umorganisation der Klinik darzustellen und zu begründen. Ich erinnerte daran, daß ich nur nach Erlangen gekommen war, weil mir der Chef in die Hand versprochen hatte, mir die Chirurgie des Bewegungssystems hauptverantwortlich zu übertragen, und zwar sowohl die Unfallchirurgie wie auch die Orthopädische Chirurgie, und dies nicht nur für ein paar Monate oder Jahre, sondern als Daueraufgabe. Er habe zwar Wert darauf gelegt, daß ich das im Rahmen der Allgemeinchirurgie täte, und mich deshalb auch bauchchirurgisch und anderweitig allgemeinoperativ eingesetzt. Aber es sei doch völlig klar, daß man um so mehr leisten könne, je mehr man sich auf Einzelgebiete beschränke. Schließlich sei es doch im Interesse des Klinikchefs, daß wir in möglichst vielen Einzelbereichen mit an der Spitze marschierten. Dann erklärte ich zu den sechs Punkten:

Punkt 1:

Die beabsichtigte Kaltstellung auf der Intensivstation würde ich auf keinen Fall mitmachen. Sie wüßten beide, daß es schon seit Jahren Differenzen mit dem Chef wegen der Indikation zu Blutübertragungen, zu Infusionen, zu Antibiotika, zu Cortison und vielem anderem gegeben habe. Auch bezüglich der Notwendigkeiten zur Vorbeugung postoperativer Thrombosen und Thrombus-Embolien und bezüglich Wundkontrollen, Verbandwechsel und so weiter sei ich anderer Meinung als der Chef. Für Operationen am Bewegungssystem gebe es zum Teil andere Gesichtspunkte als in der Allgemeinchirurgie.

Es könne doch unter uns dreien keinen Zweifel geben, daß die Erfolgssicherheit einer Großen Operation von der Nachversorgung in den ersten Tagen nach der Operation ganz entscheidend abhänge. Niemals würde ich zustimmen, daß meine Patienten in diesen kritischen Tagen nicht von mir persönlich überwacht und behandelt werden könnten. Daß der Chef auch bei meinen Patienten das letzte Wort habe, sei nun mal sein Recht als Klinikdirektor. Aber schon aus zeitlichen Gründen spiele das keine wesentliche Rolle. Auf keinen Fall käme es in Frage, daß ein anderer Chefstellvertreter oder gar der Chefanästhesist das Oberkommando über meine Patienten bekomme.

Punkt 2:

Die Benachteiligung aller übrigen Bereiche, insbesondere der Bewegungssystem-Chirurgie in der Patientenversorgung sowie in Forschung und Lehre, nähme ich nicht länger hin. Die extreme Bevorzugung der Herzchirurgie wie bisher sei unverantwortlich. Da habe der Klinikdirektor seine Macht als Ordinarius mißbraucht. Es könne doch nicht angehen, daß in der Woche drei Herzoperationen gemacht und auf die Weise der OP-Saal für andere Operationen weitgehend blockiert werde, dies vor allem auch auf Kosten unfallchirurgischer Eingriffe. Damit sei ich in Zukunft nicht mehr einverstanden.

Punkt 3:

Die Station 3 gäbe ich gern zurück, aber meine Frauenstation 8 wolle ich wiederhaben. Die Bauchstation B 3 hätte ich ja nur widerwillig übernommen. Bauchoperationen könnte ich wie früher auch auf meinen Stationen B 7 und B 8 machen.

Punkt 4:

Was den Einsatz der Wissenschaftlichen Assistenten anbeträfe, so könne es doch für alle Bereiche nur sinnvoll sein, wenn die einzelnen Assistenten nicht nur für ein paar Monate in der jeweiligen Abteilung verblieben, sondern für länger, mindestens ein Jahr, möglichst sogar noch länger. Da wolle ich natürlich keine Extrawurst. Aber ich lehne es ab, daß weiterhin Assistenten von einem Tag auf den anderen abgezogen und neu zugeteilt würden, und dies dann nur für ein paar Wochen oder Monate. Da könne man keine gleichmäßig gute Arbeit in seiner Abteilung leisten.

Punkt 5:

Die Leitung der Gutachtenabteilung stehe allein mir zu, da sie von mir aufgebaut worden sei. Kein anderer habe in der Begutachtung so große Erfahrungen wie ich.

Punkt 6:

Was die Chefvertretung betreffe, so bestünde ich nicht darauf, 1. Oberarzt zu werden, obwohl mir der Titel als einzigem Professor außer ihm vielleicht zustehen könnte, weil kein Arzt der Klinik so viel für die Hauptaufgabe der Universität, »Forschung und Lehre«, getan hätte wie ich. Aber es sei ja nun mal so, daß auf der Privatstation des Chefs hauptsächlich Patienten mit Bauch-, Lungen- und anderen Weichteiloperationen lägen. Im übrigen habe er ja die Herzchirurgie zum Forschungsschwerpunkt erklärt. Also solle vielleicht G. 1. Oberarzt werden, ihn allgemein vertreten, die Einteilung des Dienstplanes und so weiter machen. Aber ich bestünde darauf, daß im Bereich Unfall- und Orthopädische Chirurgie nur ich der Chefvertreter sei. Niemals würde ich mich auf diesem Gebiet einem anderen Oberarzt unterordnen.

Die beiden Oberarztkollegen hatten mich reden lassen und mir sicher auch gut zugehört, um anschließend dem Chef in allen Einzelheiten berichten zu können. Gelegentliche Fragen und Zwischenbemerkungen meiner Oberarztkollegen waren darauf ausgerichtet, mir deutlich zu machen, daß sie beide voll hinter dem Klinikdirektor stünden.

In diesem Sinne fiel dann auch der schriftliche Bericht über das Dreiergespräch an den Klinikdirektor aus, der von meinen beiden Kollegen unterschrieben wurde. Dabei lag der Schwerpunkt auf wörtlichen Zitaten meiner geplanten Gehorsamsverweigerungen. Zum Beispiel: »Mit der Allmacht der Ordinarien ist es endgültig vorbei, und es geht deshalb nicht an, daß der Chef ein bestimmtes Operationsgebiet bevorzugt behandelt. Es kommt zum Beispiel gar nicht in Frage, daß in einer Woche drei Herzoperationen durchgeführt werden auf Kosten von unfallchirurgischen Eingriffen. So etwas lasse ich niemals zu.«

Nachdrücklich hätte ich zu der beabsichtigten Anordnung des Klinikdirektors, daß auf der Wachstation nur er oder sein Vertreter und der Chefanästhesist die Oberhoheit habe, betont: »Damit werde ich mich nicht einverstanden erklären, nur über meine Leiche, denn auf der Wachstation herrschen seit Jahren zum Himmel schreiende Zustände. Ich habe wiederholt auf diese Mißstände aufmerksam gemacht. Ich wurde nie gehört. Ich fühlte mich persönlich zur Abstellung dieser Zustände verpflichtet.«

Das erste Gefecht im »Erlanger Professorenkrieg« fand also nur mit der Vorhut des kommandierenden Generals statt. Die Angriffswaffen waren die Mitteilung der geplanten Degradierung und Demütigungen. Meine Verteidigungswaffen habe ich unblutig eingesetzt, allerdings eine Gegenoffensive angekündigt. All das passierte am gleichen Tag, an dem John F. Kennedy einem Meuchelmord zum Opfer fiel.

Der nächste Chef-Oberarzt-Appell war auf den folgenden Tag anberaumt. Um die Zeugenschaft für meine zu erwartende Gehorsamsverweigerung zu verstärken, hatte er den Chefanästhesisten Dr. Erich R. mit hinzubefohlen. Auch über diese »Unterredung« gibt es ein Kurzprotokoll des Klinikdirektors persönlich mit der Zusatzerklärung der drei Zeugen: »Die obige Darstellung entspricht der vollen Wahrheit.«

Der vollen Wahrheit entspricht es schon deshalb nicht, weil man das Ergebnis einer mehrstündigen Besprechung nicht auf einer einzigen DIN-A-4-Seite protokollieren kann. Da gab es wahrhaftig sehr viel mehr an Wichtigem und Wesentlichem, was in ein solches Protokoll gehört hätte. Laut Protokoll soll ich wörtlich gesagt haben: »Es stinkt zum Himmel, was hier los ist, ich habe Buch geführt.« Nachdem der Klinikdirektor deutlich gemacht hatte, daß er an seinem Sechs-Punkte-Programm nicht rütteln lassen werde, schien mir die Zeit gekommen, ihm nun auch mit Fakten zu drohen. Leider hatte ich in Wahrheit nie Buch geführt. Ob ich es wörtlich wirklich so gesagt habe, wie er es im Protokoll geschrieben hat, weiß ich nicht. Gemeint kann es nur in dem Sinne gewesen sein: Ich habe schriftliche Unterlagen über vieles, was in der Klinik passiert ist.

Dabei habe ich an die Operationsberichte gedacht, von denen ich immer Durchschläge bekommen habe, und an eine Menge anderer Unterlagen, an die ich zur damaligen Zeit leicht herankommen konnte.

Im Protokoll des Chefs steht auch ein erzieherischer Hinweis auf eine Anstandsregel der feinen Gesellschaft: »Ich wies ihn darauf hin, daß ein Gentleman, besonders wenn er Oberarzt ist, kein Buch führt über die Fehler seiner Mitärzte, sondern diese Fehler sofort aufdeckt und abstellt.« Daß ich dies seit Jahren getan hatte und in den letzten zwei Jahren so oft, daß er mich nun rauswerfen mußte, vergaß er zu erwähnen.

Sonst bestätigt das Protokoll nur das, was ich auch schon im Oberarzt-Dreiergespräch beanstandet und erklärt hatte. Es war sein Problem, dies als Verstoß gegen meine Pflichten und als Mißbrauch meiner Rechte im Dienstverhältnis zu meinem Klinikdirektor zu werten. Ich war mir sicher, die Gesetze eines Rechtsstaates auf meiner Seite zu haben.

Meine wichtigste Äußerung steht übrigens nicht in dem Chefprotokoll. Die hat er wohl in der Rage beim Diktat vergessen. Denn mit dem Zitat hätte er das Protokoll noch kürzer halten können. Es hieß: »Nur über meine Leiche!« Klarer hätte ich meine beabsichtigte Gehorsamsverweigerung für bestimmte Anordnungen nicht deutlich machen können. Primitiver auch nicht! Aber ich bitte um mildernde Umstände. Denn in Rage gebracht hat es mich schon. Es ging um mein berufliches Sein oder Nichtsein. Offensive und Gegenoffensive des Professorenkrieges hatten begonnen. Viel Blut war schon geflossen, zuviel, um noch ernsthaft auf einen Waffenstillstand hoffen zu können.

Abends erzählte ich alles meiner Frau. Sie stand voll hinter mir, fand das Verhalten meines Chefs ungerecht und das der übrigen Oberärzte hinterhältig. Doch dann heulte sie herzzerreißend. Sie meinte, es gebe noch eine Hoffnung. Schließlich sei die Position des Chefs doch wirklich sehr wacklig und nach alle dem, was ich ihr seit Jahren erzählt hätte, könne er doch unmöglich seinen Klinikdirektor-Posten behalten, wenn das alles publik würde. Das wisse er doch auch. Daran habe er doch sicher damals auch gedacht, als er nach meinem Lügner-Vorwurf eingelenkt habe.

Ich glaubte zwar nicht mehr an die Möglichkeit eines Waffenstillstandes und schon gar nicht einer beiderseits akzeptablen Zusammenarbeit. Aber vielleicht irrte ich mich. Also versprach ich meiner Frau im Ehebett, einen erneuten sonntäglichen Versöhnungsversuch zu unternehmen, gegebenenfalls auch mit einigen Zugeständnissen meinerseits.

Am nächsten Morgen bat ich den Chef um eine Unterredung unter vier Augen. Schließlich ging es zu allererst um sein Prestige, ein bißchen auch um meines. Ich wollte ihm ein Friedensangebot machen, ein großzügiges aus meiner Sicht. Für eine Übergangszeit sei ich mit drei Punkten einverstanden. Auch wolle ich in Zukunft nur ihm persönlich sagen, was ich zu kritisieren hätte. Natürlich mußte ich ihm auch sein Risiko deutlich machen, ihm sogar drohen. Darum war ein Gespräch ohne Zeugen die einzige Chance.

Er aber sagte kurz und bündig: »Ja, anhören will ich Sie, aber nur wenn Z. dabei ist, sonst nicht!«

»Wenn Sie mich nur unter dieser Bedingung anhören und mit mir reden wollen«, antwortete ich, «muß ich darauf bestehen, daß ein Tonbandgerät mitläuft, um das gesamte Gespräch aufzuzeichnen, und daß dies Tonband dann auch mir unverfälscht zur Verfügung steht.«

»Damit bin ich einverstanden«, sagte er. Dann telefonierte er Z. herbei.

Ich kontrollierte, ob er das Tonband anstellte. Er drückte auf einen Knopf. Es folgte ein mehrstündiger Disput. Dabei hielt ich mich zunächst mit konkreten Angeboten und Zugeständnissen zurück, deutete nur an, daß ich unter bestimmten Bedingungen zu einem Kompromiß bereit sei. Ich bat ihn mit ähnlichen Begründungen, wie ich es in dem Oberarzt-Dreiergespräch getan hatte, seine Absichten nochmals zu überdenken.

Etwa eine Viertelstunde lang lief alles ganz moderat. Bei mir kam schon eine Spur von Hoffnung auf. Dann aber erhob der Klinikdirektor seine Befehlsstimme. So wie er es beabsichtigt habe, werde es gemacht und nicht anders! Ein Wort gab das andere. Zwei Aggressionstriebtäter redeten sich in Rage. Ich dachte stets daran, daß das Band mitlief, es also auch gegen mich benutzt werden konnte, wenn ich mit meiner Kritik und meiner Gehorsamsverweigerung überzog,

Meine beim Oberarzt-Dreiergespräch geäußerten Forderungen ergänzte ich um mehrere Zusatzwünsche, die ich für vertretbar und angemessen hielt. Im Vorlesungsverzeichnis müsse ich, bezogen auf Forschung und Lehre, nach dem Ordinarius an zweiter Stelle stehen. Die Pflichtvorlesung »Allgemeine Chirurgie« würde ich gern weiter halten. Völlige Gleichberechtigung unter den drei Oberärzten sei selbstverständlich. Auch auf der stellvertretenden Leitung der von mir gegründeten Krankengymnastikschule und Höheren Schwesternschule bestünde ich weiterhin.

Eigentlich waren es nur Versprochenes und Selbstverständlichkeiten, um die ich zusätzlich bat. Aber der Klinikdirektor fand es unverschämt, solches Ansinnen an ihn zu stellen. Immer wieder brüllte er lautstark auf mich ein. Da dachte ich: »Spinnt er nun? Das wird doch alles auf Band aufgenommen!« Doch da war ich im Irrtum.

Wieder mal hatte ich ihm geglaubt, obwohl er mich schon so oft hintergangen und belogen hatte. Als ich ihn am Schluß aufforderte, nun das Band zurückzuspulen, damit es eingetütet und fälschungssicher verpackt werden könne, stellte sich heraus, daß er das Gerät nicht auf Aufnahme gestellt hatte.

Da allerdings habe ich ihm am Schluß irgendeine Grobheit gesagt, welche, weiß ich nicht mehr. Jedenfalls schrie er mich an: »Sie sind entlassen!« Dann fiel ihm wohl ein, daß nicht er mich entlassen konnte, sondern nur der Kultusminister. Also korrigierte er: »Sie sind als Klinischer Oberarzt entlassen. Ihre Station übergeben Sie sofort an Dr. B., auch die Gutachtenabteilung. Die stellvertretende Leitung der Schwesternschule übernimmt sofort Oberarzt G. Sie sind als Oberarzt nur noch für die Poliklinik zuständig. Außerdem dürfen Sie die Krankengymnastikschule vorerst in meiner Vertretung weiterleiten.«

Meine Antwort darauf war nur: »Jetzt muß ich mich beschweren!«

Das später ebenfalls dem Antragsschreiben auf Dienstenthebung als Anlage beigefügte drei DIN-A-4-Seiten lange Protokoll über diese Unterredung hat der Chef wieder selbst angefertigt und anschließend mit der Erklärung von Privatdozent Dr. Z. unterschreiben lassen: »Die obige Darstellung des Herrn Professor H. entspricht der vollen Wahrheit.«

Das Protokoll strotzt vor Unwahrheiten. Sowohl was meine angeblichen Drohungen anbetrifft als auch sonst. Aber was blieb dem Oberarzt damals übrig, als dieses Protokoll zu unterschreiben?!

Bleibt für dieses wahrlich schicksalhafte verlängerte Wochenende nur zu berichten, daß der Klinikdirektor noch am Sonntagabend ein Gespräch mit dem Rektor der Universität Erlangen-Nürnberg führte. Unter Ordinarien dürfte man sich im Grundsatz einig gewesen sein: »Wehret den Anfängen!«

MEINE LAGE ALS VERTEIDIGER BEI KRIEGSBEGINN

Mit Wortgefechten begann der Professorenkrieg. Die erste Schlacht war geschlagen, gesiegt hatte der Stärkere. Ich war funktionell, bezogen auf meine früheren Oberarztfunktionen, degradiert. Aber es wäre nicht der erste Krieg, in dem das Schlachtenglück hin und her flog und am Schluß der siegte, der die besseren Waffen hatte.

Für mich konnte es zu diesem Zeitpunkt nicht den geringsten Zweifel geben, daß ich die besseren Waffen hatte, daß die Gesetze unseres »Rechtsstaates« mir zum Sieg verhelfen würden. Schließlich hatten sich unsere Staatsführer mit Erlaß des Grundgesetzes 1949 auf den Schutz der Menschenrechte jedes einzelnen Staatsbürgers verpflichtet. Schließlich waren daran auch meine Dienstvorgesetzten nach dem Klinikdirektor, also der Rektor der Universität Erlangen-Nürnberg und der Staatsminister für Unterricht und Kultus, gebunden. Also durften sie nicht nach Rang und Würden entscheiden, sondern mußten jedem ihrer Bediensteten, also auch mir, nach den Gesetzesvorschriften gerecht werden.

Im übrigen gab es ja auch den Dekan der Medizinischen Fakultät, der mir höchstwahrscheinlich beistehen konnte und würde. Es war der Direktor der HNO-Universitätsklinik Prof. Dr. Gerhard Th., neun Jahre älter als mein Chef, vergleichsweise weit weniger temperamentvoll. Seine Klinik betreute ich als chirurgischer Konsiliarius mit. Da hatte es bislang nur positive Kontakte gegeben. Leider erinnerte ich mich nicht daran, daß er erst 1960 HNO-Ordinarius in Erlangen geworden war, also es unter anderem wohl auch meinem Chef verdankte, daß er diesen Ruf bekommen hatte.

Für meine Hoffnung auf den Sieg gab es viele andere Gründe:

Ich war in der Medizinischen Fakultät der Nichtordinarien-Vertreter, hatte als solcher an verschiedenen Fakultätssitzungen teilgenommen und die Interessen der außerplanmäßigen und außerordentlichen Professoren sowie der Privatdozenten vertreten. Das war immer harmonisch verlaufen. Wahrscheinlich hatte ich in der Medizinischen Fakultät sehr viel mehr Rückhalt als mein Chef. Denn da gab es auch viel Konkurrenzneid, nicht nur wegen der außergewöhnlichen Förderung seiner Klinik durch den bayerischen Staat, sondern auch wegen der heldenchirurgischen Aktivitäten des Chirurgie-Ordinarius, der allen anderen den Rang abzulaufen schien. Viele der Ordinarien hatten schon Ärger mit ihm, der sein offensives Übertemperament nicht nur in der Klinik, sondern auch bei seinen außerklinischen Universitätskontakten oft nicht bremsen konnte. Allgemein galt er als Polterkopf.

Auch der größte Teil der Klinikangestellten war auf meiner Seite, je tiefer in der Rangordnung, um so mehr. Zu Hause auf dem Hof meines Vaters waren unsere Knechte und Mägde meine besten Freunde gewesen. Mutter hat es mir vorgelebt, daß man vor allem auch zu den »kleinen Leuten« freundlich und höflich sein muß, ganz besonders zu denen, die einem helfen. Wir mußten als Kinder alle Dorfbewohner immer zuerst grüßen, durften nicht warten, bis sie es taten, gleich wer es war. Und auf keinen Fall durften wir vergessen, danke zu sagen. Wenn wir es vergessen hatten, schickte uns Mutter noch mal hin, damit wir uns entschuldigten und den Dank nachholten. Auch Vater war in dieser Beziehung ähnlich eingestellt. So streng er auch zu allen war, ganz besonders zu den eigenen Familienangehörigen, so oft er auch mal laut schrie, wenn jemand nicht aufgepaßt oder sonst etwas falsch gemacht hatte, niemals behandelte er seine Knechte, Mägde und Tagelöhner schlecht und von oben herab. Nichts mutete er ihnen an Arbeit zu, die er nicht selbst zu verrichten bereit war. Mit Mutter gemeinsam achtete er darauf, daß es unseren landwirtschaftlichen Helfern besser ging als den Mitarbeitern anderer Landwirte im Dorf und im Umkreis.

Des Beistands von zirka Dreivierteln aller unserer Klinikangestellten durfte ich mir sicher sein, weil ich dazu erzogen worden war, ganz besonders zu den in der Hackordnung Rangniedrigeren ein gutes Verhältnis zu pflegen. Unter den Klinikärzten allerdings hatte ich so viele Verbündete nicht. Von denen stand nur ein Drittel fest auf meiner Seite, ein Drittel war fest gegen mich und das restliche Drittel verhielt sich im täglichen Konkurrenzkampf neutral. Aber wahrscheinlich waren die meisten von den Neutralen auf meiner Seite.

Die Medizinstudenten dürften zu 90 Prozent auf meiner Seite gewesen sein. Das konnte ich aus dem Besuch meiner Vorlesungen im Vergleich zu dem der Pflichtvorlesungen meines Chefs schließen. Pflichtvorlesungen sind aus naheliegenden Gründen immer gut besucht. Aber so voll wie meine Pflichtvorlesung »Allgemeine Chirurgie« waren seine Pflichtvorlesungen meistens nicht. Im übrigen hielt ich ja weit mehr Vorlesungen als er.

Auf die größere Zuneigung meiner 120 Schülerinnen in der Krankengymnastik- und Schwesternschule konnte ich mich unbedingt verlassen, auch auf die der Schulleiterinnen, die ich ja selbst ausgesucht hatte. Selbstverständlich hielt ich in meinen Schulen sehr auf Ordnung, Zuverlässigkeit und Pünktlichkeit. Insoweit war ich wohl ein strenger Schulleiter. Aber im Vergleich zu meinem Chef auf dem Heilgottesthron stand ich allen Schwestern- und Krankengymnastikschülerinnen sehr viel näher.

Nicht zu vergessen waren natürlich die unzähligen Patienten, die ich seit fast acht Jahren betreut hatte. Es waren, bezogen auf den unmittelbaren Patientenkontakt, wohl hundertmal so viele wie die des Klinikdirektors, wenn nicht weit mehr. In den Jahren gab es keinen einzigen Kassenpatienten auf meinen Stationen und in der Poliklinik, den ich nicht hauptverantwortlich betreut habe. Sicher mußten meine Assistenzärzte gründliche Vorarbeit leisten. Aber so wie ich es auch heute noch halte, war es immer: Jeder Neupatient mußte mir vorgestellt werden, und ich bestimmte die Art der Diagnostik und Therapie. Ich gab jedem »den letzten Segen«, um es arztpriesterlich auszudrücken.

Es gab noch andere Hoffnungen auf Verbündete in diesem Professorenkrieg. An erster Stelle stand der Präsident der Deutschen Gesellschaft für Chirurgie, Prof. Dr. Rudolf Nissen, damals Chirurgie-Ordinarius von Basel und Direktor des Kantonsspitals Basel. Aus meiner Sicht war es ein Glücksumstand, daß damals ausgerechnet er zum Chirurgenpräsidenten gewählt worden war. Denn er hatte 1933 als Jude vor den Nazis in die Türkei flüchten müssen. Danach war ihm die Lust auf die preußischen Traditionen seines deutschen Vaterlandes endgültig vergangen. Später bekam er dann den Ruf in die Schweiz nach Basel. Ich rechnete darauf, daß er ein distanziertes Verhältnis zu anderen Machthabern der Deutschen Gesellschaft für Chirurgie hatte, insbesondere auch zu Zenker in München, Zukschwerdt in Hamburg und ein paar anderen, die ich nicht mochte. Was sicher auf Gegenseitigkeit beruhte.

Rudolf Nissen traute ich zu, daß er in dieser außergewöhnlichen Situation, wie es sie seit Menschengedenken auf der Professorenebene in der Chirurgie nicht gegeben hatte, auch außergewöhnliche Beschlüsse durchsetzen konnte und wollte. Zugute kommen würde mir dabei wohl auch, daß Nissen mit meinem medizinischen Hauptlehrer Franz Rose befreundet war.

Stark hoffen durfte ich auch auf die Unterstützung des Marburger Bundes, dem ich seit seiner Gründung angehörte. Schließlich war der Marburger Bund der offizielle Interessenvertreter aller angestellten Ärzte. Die Ärzteführer des Marburger Bundes wußten, zum Teil aus eigenem Erleben, von der geradezu sklavischen Abhängigkeit der Oberärzte an den Universitätskliniken, deren Chefs, als die Herren über ihr berufliches Wohl und Wehe, sie in der Manier von Generalärzten schikanierten und demütigten.

Also mußte es eigentlich eine Sternstunde für den Marburger Bund sein, daß endlich ein Oberarzt seinem Imperator aus berechtigten Gründen den Gehorsam verweigerte.

Auch auf den Ersten Vorsitzenden des Ärztlichen Kreisvereins Erlangen durfte ich hoffen. Schließlich war der Kreisverein eine Körperschaft öffentlichen Rechts und vom Gesetzgeber als Hüter der Berufsordnung für Ärzte eingesetzt. Medizin-Ordinarien sind ja Pflichtmitglieder des Ärztlichen Kreisvereins und unterliegen dessen Kontrolle auf Erfüllung der Berufspflichten.

Eigentlich hätte die Ärzteschaft insgesamt zu meinen Verbündeten gehören müssen. Denn es gab sicher keinen, der nicht vom Machtmißbrauch der Medizin-Ordinarien gewußt und irgendwie als Student oder auch später als Arzt direkt oder indirekt darunter mehr oder weniger gelitten hatte.

Mehr noch durfte ich auf die Sympathien und die Unterstützung der Chirurgen allgemein rechnen. Meine Bündelnagelung war in den letzten drei Jahren an allen Universitätskliniken und Großkliniken und in vielen chirurgischen Abteilungen sonst zu einer festen Behandlungsmethode geworden. Das konnte ich aus der Zahl der verkauften Repositionsgeräte der Firma Maquet errechnen, mit der ich bekanntlich einen Lizenzvertrag hatte. Aber ich wußte es auch aus vielen anderen Informationsquellen. Zwar war die Zahl der Chirurgen, die an meinen Bündelnagelungskursen teilgenommen hatten, zwangsläufig noch relativ klein. Denn wir hatten ja erst damit angefangen und konnten jeweils nur zirka zwanzig Chirurgen in die Kurse aufnehmen. Aber unter den Chirurgen waren auch Oberärzte von sehr einflußreichen Großklinikchefs – und da glaubte ich, auch auf Unterstützung rechnen zu dürfen.

Der Montag nach dem Beginn des Angriffskrieges

Nach dem blutigen Wortgefecht als Kriegsbeginn am Wochenende vorher mußte ich mich auf die Gegenoffensive vorbereiten. Nach außen war noch nichts gedrungen. Selbstverständlich würde es am Montagmorgen wie ein Lauffeuer durch unsere Klinik gehen, daß mich der Chef als Oberarzt degradiert und weitgehend außer Gefecht gesetzt hatte. Sicher würde noch im Laufe des Tages auch über den Klinikbereich hinaus bekannt werden, was passiert war. Nun mußte ich aufpassen, daß nichts verkehrt lief. Es galt nicht nur die Regeln der feinen Gesellschaft, sondern die des hochfeinen akademischen Gelehrtenadels streng zu beachten. Nichts durfte ich mir zuschulden kommen lassen, was diese Sitten (und Unsitten) verletzte. Ich nahm mir vor, mein Temperament zu zügeln.

Am Montag, den 25. November 1963 stand auf dem Dienstplan für den Oberarztdienst Florian Z. Ich hatte am Freitag vorher als Oberarzt Nacht- und Bereitschaftsdienst für die 370-Betten-Uniklinik gehabt, wie immer für sämtliche Abteilungen.

Ich war schon vor sieben Uhr in meinem Dienstzimmer im Obergeschoß des Altbaus. Hier hatte ich mich mehr praktisch als wohnlich eingerichtet. Es war ein guter Arbeitsplatz für die Erledigung meiner zahlreichen Dienstaufgaben. Im Nebenzimmer bewachte mich meine Sekretärin, schützte mich vor Leuten, die mich von der Arbeit abhalten wollten, sowohl am Telefon wie auch sonst. Vor allem aber schrieb sie nahezu pausenlos. Es gab sehr viel in Druckbuchstaben umzusetzen, wofür die normale Dienstzeit oft nicht ausreichte.

Meine beiden Sekretärinnen in Erlangen waren Spitzenkräfte, an Zuverlässigkeit, Pünktlichkeit und Ordentlichkeit nicht zu übertreffen. Die erste, Lydia T., wurde mir nach ein paar Jahren weggeheiratet. Die zweite blieb bis zum bitteren Ende, kündigte sofort, als feststand, daß ich nicht als Oberarzt an die Klinik zurückkommen würde.

An diesem Montag kam meine Sekretärin Inge R. etwas früher als sonst. Sie hatte am Samstagmorgen mitbekommen, daß etwas im Gange war. Ich erzählte ihr, daß ich mich in der Klinik nur noch als Oberarzt der Poliklinik und als Vizeleiter der Gymnastikschule betätigen dürfe. Sie war entsetzt, fing sofort an zu weinen. Ich tröstete sie unter Hinweis auf meine großen Siegeschancen. Sie war lange genug an der Klinik, um zu wissen, was an Schlimmem in den letzten Jahren passiert war.

Schließlich sagte sie, eigentlich sei es ganz gut, daß nun eine Entscheidung fallen müßte. Daß diese zu meinen Gunsten ausfallen würde, daran hatte sie nicht den geringsten Zweifel.

Dann bestellte ich mir meinen ersten Assistenten Dr. Heiner B. Ihm wollte ich es selbst zuerst sagen, daß ich als sein Oberarzt abgesetzt war. Schließlich gab es ein sehr inniges Verhältnis zwischen uns beiden. Fast alles, was er konnte, hatte er von mir gelernt. Ich hatte an ihm einen sehr talentierten »Unteroberarzt«. An Intelligenz konnte ihm keiner der anderen Wissenschaftlichen Assistenten und Oberärzte das Wasser reichen. Was andere sich mit großem Fleiß erarbeiten mußten, flog ihm zu.

Er hatte sehr schöne, lange, schlanke Finger, operierte mit großer Eleganz. In allen oberärztlichen Aufgabenbereichen, auf den Stationen, in der Poliklinik, in der Gutachtenabteilung war er meine rechte Hand, auch als mein Vizechef der Krankengymnastik- und Schwesternschule.

Von seinem trockenen satirischen Humor, der einem die Tränen in die Augen treiben konnte, ließ sich mein mütterliches Erbe Frohnatur nur allzu gern entzücken.

Heiner B. war vom ersten bis zum letzten Kliniktag an meiner Seite, nur wenige Urlaubswochen und wenige Tage sonst ausgenommen. Ich kannte ihn und er kannte mich, wie sonst nur meine Sekretärinnen. Sicher nicht ganz so gut wie meine Frau. Also durfte ich auf seine Reaktion ganz besonders gespannt sein.

Als mein Unteroberarzt mein Dienstzimmer betrat, wußte er schon Bescheid. Schon am Sonntag waren die Telefone zwischen den Klinikärzten heißgelaufen. Ich erzählte ihm kurz und bündig, was sich von Freitag bis Sonntag ereignet hatte. An meiner Siegeszuversicht ließ ich keinen Zweifel. Er gab zu bedenken, daß die beiden anderen Oberärzte und der Anästhesist als meine Feinde nicht zu unterschätzen seien. Sie würden alles gegen mich bezeugen, was der Chef von ihnen verlangte. Das wußte ich natürlich auch.

Ich hielt dagegen, daß ich unumstößliche Beweise hätte. Das sah er auch so. Dann erklärte er, ohne daß ich ihn dazu aufgefordert hatte: »Herr Professor, ich bin Ihr Mann. Auf mich können Sie sich verlassen!« Eigentlich hatte ich diese Haltung erwartet, aber da ich mir auf keinen Fall vorwerfen lassen wollte, ich hätte meine Mitarbeiter in irgendeiner Form auf meine Seite genötigt und gegen unseren gemeinsamen Chef aufgewiegelt, sagte ich zu ihm: »Lieber Heiner, das Angebot Ihrer Waffenbrüderschaft finde ich toll. Vielen Dank dafür. Aber ich bitte Sie dringend: Halten Sie sich da raus. Das schaffe ich allein. Tun Sie alles, was Ihnen der Chef befiehlt. Damit helfen Sie mir am meisten. Es reicht mir zu wissen, daß Sie auf meiner Seite sind!«

Mit diesen Worten entließ ich ihn. Wir verabschiedeten uns mit einem kräftigen Händedruck. Er schaute mich an und lächelte: »Es wird schon alles gutgehen, Herr Oberarzt!«

Ich: »Na klar. Auf in den Kampf!« Er ging nach nebenan zu meiner, zu unserer Sekretärin.

Ich blieb sitzen und überlegte, was als Nächstes zu tun sei. Nicht entfernt kam mir der Gedanke, daß ich mit diesem Befehl an meinen Unteroberarzt, sich herauszuhalten, meine Niederlage in diesem Krieg vorprogrammiert hatte. Tatsächlich war dies der erste Schritt zu meiner Isolation, zur Entfremdung von Dreivierteln aller Klinikangehörigen, die mir in den letzten acht Jahren als Verbündete zugewachsen waren. Denn bei diesem weltfremden Schritt hin zum kriegerischen Alleingang blieb es nicht. In dieser ersten Kriegswoche ließ ich keine Gelegenheit aus, um mich zu isolieren. Allen, die mir ihre Mithilfe anboten, und es gab in der ersten Woche eine riesige Zahl, sagte ich das gleiche:

»Danke! Aber halten Sie sich bitte da raus. Es ist für mich besser und auch für Sie. Das schaffe ich ganz alleine!« Viele waren enttäuscht, nur wenige wohl erleichtert. Überall schlug mir Zustimmung entgegen. Noch viel mehr, als ich es erwartet hatte.

Nach Heiner B. kam die Oberschwester meiner Schwesternschule zu mir und bot mir an, sofort zu kündigen. Der Chef hatte Dr. Franz Paul G. zu meinem Nachfolger als Vizechef der Schwesternschule ernannt, und sie wollte ein deutliches Zeichen dafür setzen, daß man solches dem Gründer der Schwesternschule anständigerweise nicht antun durfte.

Bald danach kam die Stationsschwester meiner B 7 und sagte, sie wolle kündigen, aber nicht nur sie, sondern sämtliche Schwestern der Station wollten es. Das hat mir sehr gut getan. Ich sagte jedoch wieder den bereits zweimal zitierten Satz. Und man gehorchte.

Später kam auch einer meiner Assistenten zu mir, um mich zu drängen, einer Gegenaktion zuzustimmen. Ich lehnte ab. Dann kam ein Vertreter meiner 24 Doktoranden. Ich bedankte mich ebenfalls und wiederholte meinen Spruch.

Am 29. November war es dann ein Medizinstudent, der mir Schützenhilfe anbot. Er brachte mir eine Erklärung, die 76 Medizinstudenten unterschrieben hatten, und erzählte, man habe eine große Medizinstudenten-Demonstration für mich geplant. Es gebe schon einen PKW mit Lautsprecher. Aber sie wollten ohne meine Zustimmung nicht in Aktion treten. Selbstverständlich bleibe es streng geheim, daß man mich vorher gefragt habe.

Mir wäre vor Stolz bald der Kragen geplatzt. Aber mir fiel wieder nichts Besseres ein als die inzwischen zum geflügelten Wort gewordene Absage.

Man kann nichts Dümmeres tun, als sich bei einem Streit mit einem Vorgesetzten von eigenen Verbündeten zu isolieren. Da ist jeder Tag unwiederbringlich verloren. Jeder Tag länger treibt dem Gegner Sympathisanten zu. Freunde behält man nur durch hautnahe Kontakte, und durch nichts büßt man sie rascher ein, als wenn man sich aus den Augen verliert

Gegen neun Uhr rief ich im Sekretariat des Universitätsrektors an und bat um einen Besprechungstermin. Diesen bekam ich für abends acht Uhr. Dann kümmerte ich mich um die Poliklinik. Es war viel zu tun. Meine Poliklinik-Assistenten wußten ebenso Bescheid wie die Poliklinik-Schwestern. Sie signalisierten mir ihre Sympathie durch freundliches Lächeln und besondere Rührigkeit. Ich sagte kein Wort, wollte auf jeden Fall auch meine dortigen Mitarbeiter aus dem Streit heraushalten.

Die Poliklinik-Oberschwester wollte mich ohne ein Beistandswort nicht gehen lassen. Sie war eine meiner ehemaligen Schwesternschülerinnen aus Eschwege, das Idealbild einer »Patientenschwester aus Liebe«. Deshalb hatte ich sie mir schon vor vielen Jahren zusammen mit ihrer Freundin nach Erlangen geholt. Diese Freundin war vom Klinikdirektor zur Oberschwester der Groß-Blutbank unserer Klinik gemacht worden und bekleidete damit die bedeutendste Vertrauensposition für eine Schwester in der gesamten Klinik. Oberschwester Martha begleitete mich bis zum Ende des Flurs, um mir ausdrücklich zu sagen, daß meine beiden Schwesternschülerinnen aus Eschwege fest an meiner Seite stünden.

Die Poliklinik-Patienten merkten von dem Professorenkrieg nichts. Es mag ihnen nur aufgefallen sein, daß sich der Poliklinik-Oberarzt an diesem Montag ganz besonders viel Zeit für jeden einzelnen genommen hat.

Im übrigen hielt ich mich den ganzen Tag in meinem Dienstzimmer auf. Da bereitete ich mich auf das Abendgespräch mit dem Rector magnificus vor. Es gab für mich eine Spur Hoffnung, daß dieses Gespräch zu einem raschen Ende des Professorenkrieges führen könnte. Denn nach außen hin hatte es bislang nur Gerüchte, aber keine konkreten Anschuldigungen gegeben, weder vom Chef gegen mich, noch umgekehrt. Der ganze Krieg hätte noch im Sande versickern können, wenn der Universitätsrektor ein rector im altrömischen Sinne, ein gerader, aufrechter Lenker, gewesen wäre.

Ich bereitete mich also sehr sorgfältig vor, steckte alles in mein

Aktenköfferchen, was zu meiner Entlastung dienen und meine Gegenoffensive beweiskräftig stärken konnte. Selbstverständlich nahm ich auch meine Tagebuchaufzeichnungen mit, die ich seit dem 22. November über die Vorgänge geführt hatte.

Das Gespräch mit dem Rektor, Prof. Dr. Freiherr von Pölnitz, begann pünktlich um acht Uhr. Anwesend waren auch der Prokanzler und der Syndikus der Universität. Offensichtlich hatte mein Klinikdirektor am Tage vorher schon all das erzählt, was in seinem »Antrag auf Einleitung eines Disziplinarverfahrens und vorläufige Dienstenthebung des Herrn Prof. Hackethal« vom 26. November 1963 stand, den er auf dem Dienstweg über den Rektor an den Kultusminister in München schickte.

Ich berichtete zunächst über die Vorgänge seit dem 22. November, so wie ich sie im Vorangehenden geschildert habe. Dabei vermied ich es, konkrete Vorwürfe zu machen, welche den Rektor hätten zwingen können, pflichtgemäß dienstliche Schritte einzuleiten, die nicht mehr rückgängig zu machen waren. Ich deutete nur an, daß in den letzten Jahren vieles passiert sei, was man als schwere Dienstvergehen eines Chirurgie-Ordinarius werten müsse. Noch immer rechnete ich damit, daß der Rektor in einem weiteren Gespräch mit meinem Chef dessen Rückzug bewirken könnte, den Rückzug in die rechtsstaatlichen Grenzen seines Imperiums, heraus aus meinem Hoheitsgebiet, in das er eingefallen war. Das Vierergespräch verlief in einer wohltuend freundlichen Atmosphäre. Dabei hatte ich den Eindruck, daß Prokanzler und Syndikus auf meiner Seite standen. Seine Magnifizenz hielten sich eher bedeckt.

Ausdrücklich betonte ich während des Gespräches, daß mir sehr an einer friedlichen Regelung liege. In dieser besonderen Situation sei ich sogar bereit, auf einige Rechtspositionen zu verzichten, die mir meines Erachtens zustünden, um ein »Unglück« zu verhindern, nicht nur bezogen auf meinen Chef, mich und unsere Klinik, sondern auch auf die Medizinische Fakultät und die Universität Erlangen-Nürnberg insgesamt. Ich fragte, ob das Rektorat der Universität bereits im Zugzwang zu einem Bericht nach oben wäre. Nein, das sei man noch nicht. Vor Freitag könne es schon aus zeitlichen Gründen keinen Bericht an den Kultusminister geben. In gegenseitigem Einvernehmen sei auf jeden Fall bis dahin noch eine interne Beilegung des Streites möglich. In dieser Hoffnung verabschiedete ich mich.

TAGEBUCH DER NÄCHSTEN TAGE

Dienstag, 26.11.63:

Nach mehr hoffnungsvollen als zweifelnden Gesprächen mit meiner Frau bis weit über Mitternacht hinaus, fuhr ich am frühen Morgen wie immer mit dem Rad zur Klinik. Für das Auto war der Weg zu kurz, zu Fuß für mich, den Spaziermuffel, zu lang. Die Radfahrt dauerte fünf Minuten. Das Klinikgelände betrat ich immer von hinten, durch ein großes Loch, das man 1875 in die Mauer um das Universitätskrankenhaus gebrochen und mit einer inzwischen stark gealterten Holztür versehen hatte. Dieser Zugang war für mich sehr praktisch, weil er unmittelbar zum hinteren Eingang jenes Altbau-Flurs führte, über dem ich in meinem Dienstzimmer residierte.

Meine Sekretärin war schon da. Ich erzählte ihr ausführlich über das Gespräch beim Rektor. Sie war der festen Überzeugung, daß sich der Klinikchef aus seinem Angriffskrieg zurückziehen werde. Ins offene Messer würde dieser Polterkopf sicher nicht laufen wollen. Danach ließ ich mich von ihr mit dem Vorzimmer des Dekans der Medizinischen Fakultät verbinden.

Ich bat um einen Termin bei der Spektabilität, aber vorher um ein kurzes Telefongespräch. Er war angeblich nicht greifbar. Ich erbat baldigen Rückruf.

Wenig später rief mich der Dekan an. Spectabilis fragten mich in freundlichem Ton, was ich auf dem Herzen hätte. Ich begann mit der Schilderung dessen, was sich seit Freitag ereignet hatte. Da unterbrach er mich. Er wisse in groben Zügen schon Bescheid. Weiter sollten wir darüber später reden. Leider habe er erst am Donnerstag einen Termin frei. Ich fragte, ob es in dieser besonderen Situation nicht doch auch früher ginge, denn ich fürchte, daß in der Zwischenzeit zu viel geschehen könne, was nicht mehr rückgängig zu machen sei. Er lehnte freundlich, aber bestimmt ab. Dies nahm mir schon ein wenig von der Hoffnung auf seine Hilfe zur Beendigung des Professorenkrieges.

Rückblickend betrachtet, war es von mir eine recht naive Hoffnung. Denn primitiv ausgedrückt, hackt natürlich eine Ordinarius-Krähe der anderen in der gleichen Fakultät niemals ein Auge aus. Wohin käme er als Direktor der HNO-Klinik, wenn einer seiner Oberärzte plötzlich auf bestimmten Rechten bestünde?

Welcher Medizin-Ordinarius möchte es schon riskieren, daß einer seiner Oberärzte auch nur eine kleine Chance hätte, mit irgendwelchen Vorwürfen durchzukommen? Denn zu denen besteht oft genug Anlaß. Und nach der deutschen Rechtsprechung gilt nach wie vor jeder ärztliche Eingriff, auch jeder erfolgreiche, als vorsätzliche Körperverletzung, sofern der Patient nicht in sie einwilligt, und zwar in voller Kenntnis der Tragweite des Eingriffs. Dies bedeutet eine Gefahr, die nur durch eiserne Solidarität zwischen den Ordinarien abgewehrt werden kann.

Meine Vorlesungen und auch den Unterricht an meinen Schulen ließ ich an diesem Dienstag ausfallen – letzteres auf Anordnung. Das war mir recht, denn ich wollte mich vorbereiten, um mich nicht selbst in die Gefahr zu bringen, unbedachte Äußerungen zu machen. Daß alle Zurückhaltung schon an diesem Dienstag nichts mehr am Fortgang des Krieges ändern konnte, wußte ich noch nicht. Mein Chef war damit beschäftigt, sein Anklageschreiben zu diktieren und zu korrigieren, um es noch am gleichen Tage durch Boten auf dem Dienstweg über den Rektor an das Bayerische Staatsministerium für Unterricht und Kultus zu schicken.

Mittwoch, 27.11.63:

Am mittleren Vormittag bekam ich vom Syndikus der Universität einen Anruf mit der Aufforderung, zum Rektorat zu kommen, weil inzwischen der Antrag meines Klinikdirektors auf sofortige Dienstenthebung eingegangen sei. Dazu nahm ich den Entwurf eines Antwortbriefes an den Kultusminister mit, den ich schnell zusammendiktiert hatte.

Das Schreiben bezog sich zunächst nur auf die Vorhaltungen, die mir in der Aussprache beim Rektor in Anwesenheit des Prokanzlers und des Syndikus gemacht worden waren.

Als ich beim Syndikus ankam, verlas er den Antrag auf Dienstenthebung, gab ihn mir aber nicht zu lesen. Er bestand aus 11 Seiten mit 6 Anlagen und war das Musterbeispiel für einen schriftlichen Cocktail aus unwahren, halbwahren und irreführenden Behauptungen, garniert mit »Protokollen« und »Aufzeichnungen« der beiden anderen Kon-Oberärzte, des Chef-Anästhesisten, den der Klinikdirektor ebenfalls zum Oberarzt ernannt hatte, und vom Ordinarius selbst. Die eigenen Protokolle hatte der kalte Kriegsherr von einem seiner Getreuen mit der Erklärung unterschreiben lassen: »Die obige Darstellung des Herrn Prof. H. entspricht der vollen Wahrheit.«

Mir blieb zunächst nur die Möglichkeit, anhand des mitgebrachten Entwurfs und der Notizen zu den Vorwürfen Stellung zu nehmen. Ich zitierte aus dem Entwurf. Den Vorwurf, Prof. H. einen Lügner genannt zu haben, bestritt ich nicht, wohl aber meine angebliche Drohung: »Ich werde Sie vernichten!« Auch bestritt ich nicht meine Weigerung, Patienten von mir auf die Wachstation verlegen zu lassen, deren Weiterbehandlung durch andere als durch mich selbst ich nicht verantworten konnte. Ich wies aber zugleich darauf hin, daß der Chef mein entsprechendes Verhalten trotz anfänglicher heftiger Zurechtweisung anschließend hingenommen habe.

Mehr konnte ich bei der Aussprache mit dem Syndikus noch nicht vorbringen, weil ich das Schreiben meines Klinikdirektors noch nicht in Händen hatte.

Der Syndikus riet dazu, den ihm vorgelegten Entwurf so nicht abzuschicken, sondern zunächst das Schreiben meines Chefs zu lesen und dann im einzelnen darauf zu antworten. Dies sagte ich zu.

Donnerstag, 28.11.63:

An diesem Tage begann ich mit der Ausarbeitung meiner schriftlichen Verteidigung und auch schon einer gezähmten Gegenoffensive. Zwischenzeitlich fand das Gespräch mit dem Dekan statt. Es war bereits zu spät, Frieden zu schließen. Zuviel war seit jenem Dienstag passiert, als ich ihn dringend um dieses Gespräch gebeten hatte. Nun blieb mir nur, dem Dekan anzukündigen, daß ich einiges an Beweisen für schwere Mißstände in Reserve hätte. Ich nahm schon manches vorweg, was ich dann in meinem Antwortschreiben an den Kultusminister geschrieben habe.

Während des Gespräches gab sich der Dekan sehr viel reservierter als bei dem Telefongespräch vorher. Ich konnte noch deutlicher spüren, daß ich auf seine Vermittlung nicht mehr hoffen durfte. Nur die Weitergabe meiner Drohungen an meinen Chef hätte ihn vielleicht noch zu einem Friedensangebot bewegen können. Der Abschied zwischen dem HNO-Klinikdirektor und dem aufmüpfigen Oberarzt eines Kollegen war dann entsprechend kühl. Als ich in mein Dienstzimmer kam, erzählte mir meine Sekretärin, daß eine öffentliche Studentendemonstration für mich geplant sei. Ich fürchtete, daß dies vom Kultusminister gegen mich ausgelegt werden könnte. Also rief ich den Dekan sofort an und berichtete ihm – pflichtgemäß wie ich glaubte. Eine größere Dummheit hätte ich nicht begehen können.

Er setzte sofort alle Hebel in Bewegung, um die Demonstration zu verhindern. Wie ich später erfuhr, hat er den ASTA-Vorsitzenden zu sich bestellt und ihn darauf hingewiesen, daß teilnehmende Medizinstudenten exmatrikuliert werden könnten.

Am Nachmittag des Donnerstags rief mich dann der Dekan seinerseits an und berichtete, er habe inzwischen mit meinem Klinikdirektor gesprochen. Dieser sei bereit, seinen Antrag zurückzuziehen, falls ich bereit sei, bis auf Widerruf auf jegliche Patientenversorgung und selbstverständlich auch auf jede Operation zu verzichten. Im übrigen bleibe es bei seinen Anordnungen mit folgenden Ausnahmen: Die Krankengymnastikschule könne ich weiter leiten, die Vorlesung »Allgemeine Chirurgie« weiter halten, andere Vorlesungen aber nicht. Er sei auch einverstanden, daß ich im Vorlesungsverzeichnis nach ihm an der ersten Stelle stünde.

Der Dekan riet mir wörtlich: »Nehmen Sie an!« Für mich stand fest, daß diese Kaltstellungen als Oberarzt von den paar Zugeständnissen nicht im entferntesten aufgewogen wurden und deshalb der angebotene Deal für mich unannehmbar war. Aber ich wollte ihm nicht sofort eine Absage erteilen und bat um Bedenkzeit bis zum nächsten Tag.

An diesem Donnerstagnachmittag geschah noch etwas. Gegen 16 Uhr rief ein Journalist vom Nürnberger *8-Uhr-Blatt* an. Er habe von dem Streit mit meinem Chef gehört und davon, daß ich als Oberarzt abgesetzt worden sei. Er würde gern darüber berichten. Ich sagte ihm, daß ich in dieser Situation kein Interview geben dürfe und wolle, und bat ihn, von einer Veröffentlichung abzusehen. Irgendwann später stünde ich ihm zur Verfügung, aber nur, falls ich dazu die Erlaubnis vom Rektor der Universität bekäme. Er war einverstanden.

Sofort danach informierte ich den Dekan über das Gespräch. Er bedankte sich und erklärte, ich hätte mich »richtig verhalten«.

Am Donnerstagnachmittag hielt ich wie immer mein Kolleg »Allgemeine Chirurgie«. Vorsichtshalber ließ ich ein Tonband mitlaufen. Denn im Hörsaal saß auch ein Klinikassistent aus der Riege des Direktors. Zu den aktuellen Vorgängen konnte ich mir nur einen einzigen Satz am Schluß nicht verkneifen: »Ich habe keine Schweinereien gemacht!« Dies glaubte ich deshalb sagen zu müssen, weil Gerüchte umliefen, wonach ich für mich im Rahmen der Umorganisation Unmögliches verlangt und den Chef bedroht hätte, falls er meinen Wünschen nicht entspräche. Auch wäre er von mir mit unwahren Behauptungen schwer beleidigt worden.

Freitag, 29.11.63:

Ich diktierte meiner Sekretärin ein 16 Seiten langes Schreiben an den Kultusminister, um die gegen mich erhobenen Vorwürfe meines Klinikchefs zu entkräften und ihn meinerseits konkret mehrerer Dienstvergehen anzuklagen. Dabei konnte ich mich nur auf Notizen beziehen, die ich mir während des Gesprächs mit dem Syndikus gemacht hatte, als er mir den Antrag auf Diensthebung vorlas. Das Schriftstück hatte ich immer noch nicht in der Hand, für mich ein Zeichen dafür, daß man auch auf dem Rektorat schon Position gegen mich bezogen hatte.

Trotzdem konnte ich meines Erachtens alle Vorwürfe entkräften.

Nach dem Hinweis, daß mir der genaue Wortlaut der Vorwürfe noch nicht zur Verfügung stünde, schrieb ich: »Meine im Folgenden formulierten Erklärungen sind auf ein relativ kleines Maß beschränkt. An Beweisen sind nur wenige und auch fast nur solche angeführt, deren Beweiskraft sofort nachgeprüft werden kann. Ich bin in der Lage, *sofort* viele Zusatzbeweise zu erbringen sowie schließlich *später* – wenn ich die Möglichkeit habe, entsprechende Klinikunterlagen einzusehen – diese Beweise noch zu ergänzen.«

Sodann erklärte ich auf meinen Beamteneid:

»1. Alle im Folgenden niedergelegten Tatsachen, die meinen derzeitigen Klinikdirektor und Akademischen Lehrer Herrn Prof. H. belasten müssen, führe ich – jedenfalls zum jetzigen Zeitpunkt – nur an, weil und soweit meine Tätigkeit als Arzt, Hochschullehrer und Beamter bedroht ist.

2. Ich bestreite die Stichhaltigkeit aller Vorwürfe, die mich als Arzt, Hochschullehrer und Beamter belasten sollen. Ich behaupte, daß sie entweder unrichtig bzw. unwahr sind oder unpräzise und mißverständlich formuliert.«

Seine Vorwürfe hatte der Klinikdirektor in fünf Punkten zusammengefaßt. Sie lauteten:

»1. Herr Hackethal hat sich wiederholt geweigert, meine Anordnungen zur Regelung des internen Klinikbetriebes durchzuführen, bzw. ihre Befolgung von der vorherigen Erfüllung von Bedingungen abhängig gemacht, durch die er seine persönliche Besserstellung zu erzwingen versuchte. Der etwaige Hinweis, daß er dabei lediglich das (mißverstandene) Wohl der Patienten im Auge gehabt habe, wird damit von Anfang an widerlegt. Alle von mir getroffenen Anordnungen sind wohl überlegt und sachlich begründet.

2. Herr Hackethal hat mehrfach, allerdings vergeblich, versucht, andere Oberärzte der Klinik zur gemeinschaftlichen Opposition gegen mich als Klinikchef aufzuwiegeln. Er ist damit zu einem Unruhestifter geworden, der das erforderliche ruhige Arbeitsklima der von mir geleiteten Gesamtklinik in einer Weise verdirbt, die ich nicht tatenlos hinnehmen kann.

3. Herr Hackethal hat schwerste Vorwürfe gegen mich als Klinikleiter erhoben, die sich zum Teil in dunklen Andeutungen bewegen, zum Teil bis zu der konkreten Anschuldigung steigern, ich nähme chirurgische Eingriffe vor, die gar nicht nötig sind. In beiden Fällen handelt es sich um Verdächtigungen, die ebenso schwerwiegend wie unbegründet, wohl aber geeignet sind, mein berufliches Ansehen als Chirurg und meine Stellung als Klinikchef zu beeinträchtigen sowie meine persönliche Ehre zu verletzen.

4. Herr Hackethal hat versucht, mich durch Drohungen zur Änderung der von mir angeordneten Klinikorganisation zu zwingen, insbesondere zur Rücknahme der ihm nicht passenden Einzelmaßnahmen zu nötigen. Diese Nötigungen gipfelten in der Drohung, er werde mich notfalls durch einen öffentlichen Skandal vernichten, aus der Klinik verjagen, meinen Untergang herbeiführen und meiner Familie größtes Leid zufügen. Ziel all dieser Drohungen war, seine berufliche und persönliche Besserstellung zu erreichen.

5. Herr Hackethal hat mich durch den mehrfachen Vorwurf der Lüge und verantwortungslos vorgenommener operativer Eingriffe als Mensch und Arzt beleidigt.«

G.H. hat seine Vorwürfe später im einzelnen begründet. Um mich als Kritiker der allgemein-chirurgischen Mißstände und Kunstfehler unglaubwürdig zu machen, behauptete er, ich hätte in Erlangen fast nur unfallchirurgische und orthopädische Operationen durchgeführt, bauchchirurgische Eingriffe erst im letzten Jahr. Diese Lüge war leicht zu entkräften. Laut Operationskatalog vom 20. März 1963 hatte ich 1848 Bauchoperationen gemacht, davon waren 41 Prozent Große Operationen. Das konnte ich mit Operationsberichten und Operationsbüchern beweisen.

Im übrigen hatte mir mein Chef mit überschwenglichen Lobesworten bescheinigt, daß ich ein sehr erfahrener Bauchchirurg sei.

Ich bestritt mit ausführlicher Begründung, daß ich mich auch nur in einem einzigen Fall geweigert hätte, »eine klar formulierte Anordnung durchzuführen«. Ich bestritt die unwahren Vorwürfe, meinen Chef bedroht oder gar erpreßt zu haben. Ich widerlegte die Behauptung, ich hätte die Familie meines Chefs beleidigt.

Im einzelnen berichtete ich über das in Gegenwart von Oberarzt Florian Z. geführte Gespräch vom 23. November, bei dem der Chef mich um die Bandaufzeichnung betrogen hatte. Ich bestritt nicht, daß ich ihm früher den Vorwurf gemacht hatte: »Sie sind ein ganz infamer Lügner.« Im Gegenteil erzählte ich ausführlich, wie es dazu gekommen war. Im übrigen aber bestritt ich, daß ich den Chef, wie er behauptet hatte, in Gegenwart von Florian Z. Lügner genannt hätte. Das sei nur unter vier Augen geschehen.

Meine Stellungnahme zur Entkräftung der Vorwürfe endet mit den Sätzen: »Herr Prof. H. hat keinen stichhaltigen sachlichen Grund vorgebracht, der auch nur meine vorläufige Dienstenthebung rechtfertigen kann. Falls eine gegenteilige Auffassung meiner vorgesetzten Dienstbehörde besteht, so bitte ich, mich davon in Kenntnis zu setzen und mir die entsprechenden Punkte bekanntzugeben. Ich bin davon überzeugt, daß ich schnell das Gegenteil beweisen kann.«

Dann aber ging ich zum Gegenangriff über. Ich zitiere:

»10. Ich muß fürchen, daß die Hauptbeweggründe von Herrn Prof. H. für den Antrag auf meine Dienstenthebung sind:

a) Ein Unbehagen über meine nunmehr seit vielen Jahren regelmäßig stattfindende Kritik an Zuständen der Klinik, die ich für Mißstände, zum Teil für schwere Mißstände halte.

b) Ein Unbehagen über meine Erfolge bei Kranken, Studenten und auf wissenschaftlichem Sektor.

Von folgenden Tatsachen möchte ich Sie jetzt in Kenntnis setzen, die meines Erachtens für eine Chirurgische Universitätsklinik als ›Mißstände‹ – ein von mir oft gegenüber Prof. H. gebrauchter Begriff – anzusehen sind. Ich behalte mir vor, weitere Tatsachen anzuführen, falls meine vorgesetzte Dienstbehörde diese Mißstände als nicht erheblich und nicht sofort abstellungsbedürftig ansieht.

Es sind an der Chirurgischen Universitätsklinik Erlangen seit Übernahme der Leitung durch Herrn Prof. H. nach meiner Überzeugung *mehrere* Kranke in der Klinik *verstorben*, die bei guter Führung der Klinik hätten überleben können.«

Als ersten Beweis schilderte ich den Fall Ludwig B. auf zwei engzeilig beschriebenen Seiten. Ich habe darüber bereits berichtet.

Meine wörtliche Schlußfolgerung lautet: »Ein derartiger chirurgischer Eingriff ist – auch wenn zugestanden werden muß, daß gelegentlich schon die unglaublichsten Komplikationen bei Operationen eingetreten, jedenfalls in der Literatur beschrieben sind – wahrscheinlich auf der ganzen Weit *einmalig*. Ich behaupte: Er konnte nur passieren, weil der Klinikleiter versagt hat. Der Fall B. ist nur eine besonders schwere Auswirkung der seit Jahren bestehenden ungenügenden Organisationen und Planungen unserer Klinik. Ich behaupte weiter, daß spätestens der Fall B. für Herrn Prof. H. der Anlaß hätte sein müssen, größte Anstrengungen um eine Verbesserung von Organisation und Planung in der Klinik zu treffen. Es ist nichts Entscheidendes geschehen. Ich habe weiterhin wiederholt unter Hinweis auf diesen Fall B. meine Bedenken vorgebracht und dabei betont, daß gleiches oder ähnliches jeden Tag bei uns neu passieren könne. Es ist nichts zur Abhilfe geschehen.«

Mir schien, daß ich zu diesem Zeitpunkt noch darauf verzichten sollte, weitere Beweise für die Mißstände in der Klinik anzuführen. Denn mit weitergehenden Vorwürfen, insbesondere unter Angabe der zahlreichen Todesfälle, wäre die Möglichkeit eines Waffenstillstandes total verbaut worden. Deshalb erklärte ich weiter. »Weitere Beweise zu a) möchte ich nur anführen, wenn meine vorgesetzte Dienstbehörde zu der Auffassung kommt, daß der Fall B. für sich allein nicht genügt, um ›schwere Mißstände‹ in der Klinik – wie ich es vielfach Herrn Prof. H. wörtlich oder sinngemäß gesagt habe – nachzuweisen.«

Im Anschluß habe ich mich darauf beschränkt, allgemein die mangelhafte Aufsicht des Klinikdirektors zu kritisieren, wodurch es zu zahlreichen schweren Behandlungsfehlern nachgeordneter Ärzte gekommen sei. Dabei habe ich ausdrücklich auch betont, daß ich mich da einschließe. Auch mir seien Behandlungsfehler unterlaufen, die letztlich auf Fehlorganisationen beruhten.

Im Folgenden kritisierte ich die Unordnung im Krankenblattarchiv. Deshalb seien viele Krankenblätter nicht auffindbar. Im übrigen seien die Krankenblätter mangelhaft geführt. Allein aus diesen Gründen sei die Verwertbarkeit von Krankengeschichten für wissenschaftliche Veröffentlichungen zweifelhaft bis ungenügend. Das aber werde in den Vorträgen und Artikeln verschwiegen, statt dessen werde mit unzulässigen Bewertungen aufgewartet.

Im weiteren kritisierte ich die zu großzügige Indikationsstellung zu Operationen mit der Folge, daß viele Patienten durch unnötige Operationen Schaden erlitten hätten.

Ich benutzte auch die Gelegenheit, um zu kritisieren, daß eine Klinik in der Größe von 310 Betten mit den verschiedensten Spezialgebieten unter die Hauptverantwortung nur eines einzigen Arztes gestellt sei und dies allein zu schweren Versorgungsmängeln habe führen müssen.

Am Schluß wies ich darauf hin, daß meine Dienstenthebung zu schwerwiegenden Mängeln in der Patientenversorgung und in Lehre und Forschung führen müßte. Bezogen auf die Unfallchirurgie gebe es an der Klinik keinen Arzt – einschließlich des Klinikchefs – mit gleicher Erfahrung wie ich. Auch in Lehre und Forschung der Chirurgie des Bewegungssystems würde es bei meiner Dienstenthebung erhebliche Defizite geben.

Meinen Schriftsatz brachte ich selbst ins Rektorat zur Weiterleitung an das Bayerische Staatsministerium für Unterricht und Kultus.

Samstag, 30.11.63:

Im Laufe des Vormittags verlas der Oberarzt Florian Z. vor allen Ärzten der Klinik den Antrag des Klinikdirektors auf meine Dienstenthebung. Ich machte mich daran, eine Ergänzung zu meiner Stellungnahme vom Vortag auszuarbeiten, weil mir der Syndikus bei der Abgabe meines Antwortschreibens mitgeteilt hatte, es gebe inzwischen weitere Vorwürfe meines Chefs gegen mich. Angeblich hätte ich Patienten und Studenten aufgehetzt und auch die Presse informiert. Solche Aktivitäten würden mich stark belasten, falls sie wahr seien.

In meinem ergänzenden Schreiben versicherte ich, daß die erwähnte Unruhe in der Studentenschaft ohne meine Mitwirkung entstanden sei. Etwa einhundertfünfzig bis zweihundert Studenten hätten enttäuscht vor der Tür des Hörsaals gestanden, an die der Klinikdirektor eine Mitteilung habe anbringen lassen, daß das Kolleg ausfalle.

Ich wies auch darauf hin, daß die Studenten am 28. November eine Demonstration geplant hätten, weil mein Kolleg auch an diesem Tag ausfallen sollte. Mit meinem Vorschlag, mich das Kolleg halten zu lassen, um solche Demonstrationen zu verhindern, sei der Dekan einverstanden gewesen. Deshalb hätte ich das Kolleg gehalten. »Der (große, neue) Hörsaal der Klinik war voll besetzt«, berichtete ich. »Die Studenten waren offensichtlich überrascht, als ich den Hörsaal betrat. Was ich dann erlebte, hat mich zutiefst bewegt und sehr glücklich gemacht. Die ›Demonstration‹ war völlig sachlich. Das Kolleg wurde von Anfang bis Ende auf Magnetofonband aufgenommen. Dieses steht jederzeit zur Verfügung.«

Den Vorwurf, ich hätte dem *8-Uhr-Blatt* ein Interview gegeben, entkräftigte ich. Ich schilderte das Telefonat mit dem Journalisten des *8-Uhr-Blattes* wie folgt: »Er fragte (etwa sinngemäß): ›Ist es richtig, daß Sie fristlos entlassen wurden?‹ Ich antwortete: ›Ein Beamter kann nicht fristlos entlassen werden, man kann gegen ihn nur ein Dienststrafverfahren einleiten.‹ Er fragte: ›Ist es richtig, daß Sie heute nachmittag keine Vorlesung halten dürfen?‹ Ich antwortete: ›Nein, ich halte die Vorlesung.‹ Er fragte weiter verschiedenes, an dessen Inhalt ich mich nicht im einzelnen erinnere. Ich unterbrach ihn und sagte: ›Haben Sie dafür Verständnis, aber ich kann zu den Dingen jetzt nicht Stellung nehmen.‹ Ich fügte hinzu, daß ich anschließend sofort den Dekan über dieses Gespräch informiert hätte. Auch diesen Brief gab ich selbst beim Syndikus im Rektorat am Samstag gegen Mittag ab.

Am Samstagabend gab es zu Hause eine besonders erfreuliche Überraschung. Zwei Studenten übergaben mir eine Erklärung, die von ihnen und 76 weiteren Medizinstudenten auffallend leserlich unterschrieben war.

»Sehr verehrter Herr Professor, nachdem wir erfahren haben, daß Sie Ihre Lehrtätigkeit hier eingestellt haben, möchten wir Ihnen mitteilen, daß wir Studenten sehr bedauern, mit Ihnen einen hervorragenden und stets kollegialen Lehrer zu verlieren.
Ihre ergebenen...«

Die beiden Überbringer fragten mich, ob es mir nicht doch sehr helfen würde, wenn die Studenten für mich auf die Straße gingen. Rückblickend betrachtet bin ich über dieses Angebot noch heute stolz. Denn das war fünf Jahre vor den ersten Studentendemonstrationen

1968, und so etwas hatte es vorher noch nie gegeben, jedenfalls unter deutschen Medizinstudenten noch nicht. Trotzdem bat ich wiederum, von einer Kundgebung abzusehen, und nannte die bekannten Gründe. Also passierte auf den Straßen von Erlangen nichts. Das bedeutet jedoch nicht, daß es später nicht zu noch weit eindrucksvolleren Demonstrationen von Medizinstudenten kommen sollte. Auch andere Zeichen der Ermutigung gab es.

Als Beispiel möchte ich nur den Brief anführen, den der Vater eines von mir operierten Jungen am 29. November an den Rektor der Universität und an den Kultusminister schickte. Ich wußte von dem Brief nichts, erhielt lediglich ein paar Wochen später den Durchschlag. In dem Schreiben heißt es:

> »Heute mußte ich von der Beurlaubung und dem Operationsverbot, das Herrn Prof. Dr Hackethal betrifft, erfahren. Die Gründe, die dafür angegeben werden, die mir zu Ohren kamen, zwingen mich, mein Schreiben an Sie zu richten, um in der Angelegenheit einen gerechten Spruch zu fällen...
>
> Es würde mir mein Glaube an die Menschheit, meine Hoffnung an die Gerechtigkeit vollkommen verlorengehen, wenn das Wirklichkeit werden würde, wenn man solch fähige Köpfe, einen so hilfsbereiten Arzt wie Prof. Dr. Hackethal in die Wüste schickt. Ich müßte dies derbe Wort aussprechen, was man in den letzten Jahren so oft hörte: Es wäre ein ›Verbrechen an der Menschlichkeit‹, wenn so ein Arzt den Operationssaal nicht mehr betreten darf.«

Es beschämt mich heute noch, daß dieser Vater für mich sprach, obwohl ich nach einem ersten gescheiterten Versuch, das Bein seines Sohnes zu erhalten, dieses wegen eines Knochensarkoms in einer zweiten Operation amputieren mußte.

Der Vater fährt fort:

> »Wir sind uns dessen sicher, daß alle Überlegungen getroffen wurden, um unserem Sohn das schwere Schicksal zu ersparen, was sich nun nicht mehr abwenden ließ.
>
> Es war eine schwere Operation, mit noch schwererer Nachbehandlung, die unser Sohn überstehen mußte, Letzte Ölung wurde gespendet, es sah sehr traurig aus um unseren Sohn.
>
> Ich möchte mit reinem Gewissen sagen, Prof. Dr. Hackethal tat

alles, was in seinen Kräften stand, er kämpfte um das Leben unseres Sohnes in so aufopferndem Fleiß, mit so großem Können,
mit so großer Liebe, wie nur ein Vater für seinen Sohn kämpft.«

Manfred Sch. überlebte nicht nur die Operation ohne irgendwelche
Komplikationen. Er lebt noch heute. Am 4. Januar 1994 habe ich mit
ihm telefoniert. Es ging ihm »ganz gut«. Seine Phantomschmerzen
plagten ihn weniger als sein Kreuz. Ob es wirklich ein »Raubtierkrebs« gewesen ist?

DIE GRENZÜBERSCHREITENDE SCHLACHT DES ANGRIFFSKRIEGERS

Am 22. November hatte der Angriffskrieg des Chirurgie-Ordinarius
gegen mich mit einem Vorgefecht seiner beiden Oberärzte begonnen.
Am 23. November war dann die Generaloffensive vom Klinikdirektor
selbst eingeleitet worden. Von da an hat er das Kriegszepter nicht
mehr aus der Hand gegeben. Aber der Gefechtslärm drang sieben
Tage lang nicht über die inneren Grenzen der höheren Klinik- und
Uni-Ebene hinaus, jedenfalls nicht offiziell. Das änderte sich nach
einer Woche.

Mit der Verlesung seines Antrags auf meine Dienstenthebung vor
der versammelten Ärzteschaft durch Florian Z. am Samstag, dem 30.
November, hatte die grenzüberschreitende Schlacht begonnen. Es
fehlte nur noch die offizielle Mitteilung an die Medizinstudenten. Die
gab es dann im Hauptkolleg am Montag darauf. Damit waren über
mich diffamierende Behauptungen an die Öffentlichkeit gebracht
worden. Nun durfte und mußte auch ich mich öffentlich verteidigen.

Dabei hielt ich mich an den strategischen Leitsatz, daß der Angriff
die beste Verteidigung sei – in meinem Falle blieb mir nur der Gegenangriff. Schon bei den Gefechten in den Grenzen der höheren Ebene
in der Woche vorher hatte ich ein ungutes Gefühl bekommen. Vor allem war mir die Reaktion des Rektors, als Dienstvorgesetztem, viel
zu lahm.

Schließlich ging es ja nicht um einen Streit zwischen zwei Professoren der theologischen, philosophischen oder juristischen Fakultät,
sondern um einen Professorenkrieg zwischen zwei leitenden Ärzten
einer 310 Betten großen Universitätsklinik mit großer Ambulanz, wobei mir als Oberarzt ein weit größeres Spektrum der Patientenversor-

gung übertragen war als dem Klinikchef. In keinem medizinischen Bereich ist die Patientenversorgung mit einem solchen »Höchstmaß an Verantwortlichkeit« (K.H. Bauer) verbunden wie in den Chirurgischen Universitätskliniken, sowohl was die Nothilfe betrifft als auch die ärztliche Gesamtverantwortlichkeit.

Zusätzlich zu meinem Einsatz als Oberarzt mit großem Aufgabenbereich war ich stark als Medizinforscher und Medizinlehrer engagiert. Also bedeutete jeder Tag, an dem ich nicht in meinen Funktionen als Arzt, Medizinforscher und Medizinlehrer arbeiten konnte, eine Blockade meiner Pflichten und Rechte zu Lasten unzählig vieler Patienten, Studenten und Schülerinnen. Daß dies bei Patienten auch zu schweren Gesundheitsschäden führen mußte, wird jedem klar, der sich ausreichend in die Dinge hineindenkt. Und daß dadurch auch Menschenleben in Gefahr gebracht wurden, dürfte ebenso unzweifelhaft sein.

Aus all diesen vielen wichtigen gemeinnützigen Pflichtaufgaben wollte mich der Klinikdirektor hinauskatapultieren. Und der Rektor schien nicht im mindesten zu begreifen, was – ganz unabhängig von meiner Karriere oder der des Klinikchefs – auf dem Spiel stand. Diese Trägheit und Phantasielosigkeit, dieser ölige Rückzug aufs Formale, dieses temperamentlose Sichbedecktthalten mußte ein Temperament wie meines, nämlich das eines chirurgischen »Aggressionstriebtäters«, aufs äußerste reizen. Was ich mit dieser halb ironisch-selbstkritischen, aber überwiegend positiv gemeinten Bezeichnung meine, habe ich oft geschrieben. Jedenfalls brachte mich die lahme Reaktion des vorgesetzten Amtsinhabers mindestens so auf die Palme wie meine Empörung über meinen Chef.

Man spürt wohl, daß ich nach Ausreden dafür suche, warum ich in diesem Professorenkrieg bald wie ein Wilder zurückgeschossen habe. Ein Internist hätte sich wahrscheinlich sehr viel weniger gegenaggressiv verhalten. Aber das bin ich ja nun mal nicht. Und wenn für einen guten Chirurgen schon ein bestimmtes Mindestmaß an Aggressivität die unbedingte Voraussetzung ist, dann dürfen wir auch auf der Zubilligung mildernder Umstände bestehen, falls uns mal die Pferde durchgehen. Auf diese mildernden Umstände spekuliere ich. Denn da mögen schon ein paar Dinge passiert sein, welche bei nüchterner Betrachtung, und vor allem rückblickend aus weiter Ferne gesehen, überspitzt waren.

Aber auch für das Überspitzteste muß ich mich nicht entschuldigen. Denn ich bin ganz, ganz sicher, daß ich nicht ein einziges Mal jene Anstandsgrenzen verletzt habe, welche man im Umgang miteinander auf keinen Fall verletzen darf. Ich habe nie gelogen, also wider besseres Wissen Unwahres gesagt. Ich habe niemanden betrogen und niemanden bestohlen.

Nicht einmal echte Verletzungen meiner Dienstpflichten kann man mir vorwerfen, von Formalien abgesehen. Allein aus krassem Egoismus war ich daran gehindert. Denn ich habe in diesem Professorenkrieg doch etwa hundert Tage lang darauf gehofft, den Krieg zu gewinnen, das heißt meine Karriere als Universitätsprofessor und Beamter auf Lebenszeit fortsetzen zu können. Also mußte ich schon deshalb alles vermeiden, was mir als Dienstvergehen hätte vorgeworfen werden können.

Obwohl mein Gegner die grenzüberschreitende Schlacht begonnen hatte, habe ich mich mit meinen Anschuldigungen gegen den Aggressor anfangs zurückgehalten und nur mit Gegenangriffen gedroht.

Aus späterer Sicht wäre es möglicherweise sehr viel besser gewesen, mit meinem Beweismaterial gegen den Chef schon in der ersten Woche aufzutrumpfen. Dann wären unter dem Druck der öffentlichen Meinung möglicherweise sofort beide Kriegsgegner außer Gefecht gesetzt, von ihren Dienstgeschäften und bis zum Ende des Disziplinarverfahrens und des Rechtsstreites insgesamt beurlaubt worden.

Gott sei Dank kam es nicht dazu. Denn bis zur letzten Instanz hätte es fünf bis zehn Jahre gedauert, für einen Chirurgen eine absolut berufstödliche Zeit. Ich habe mich schon schwer genug getan, als ich zirka sieben Monate nach Beginn des Professorenkriegs, in der zweiten Junihälfte 1964, erstmals wieder ein Messer zu einer Operation in die Hand nehmen konnte.

Aber auch meine nur allgemeine Drohung mit Gegenangriffen muß dem Angreifer wohl doch seine Siegeszuversicht gedämpft haben. Denn am Samstag, dem 7. Dezember, bekam ich zwei Vermittlungsangebote.

Angeblich wußte der Klinikdirektor nichts davon. Vielmehr behaupteten beide Vermittler, sie wollten mir aus eigenem Antrieb helfen, ihr vertrauliches Angebot sei hauptsächlich in meinem Interesse. Der eine war Prof. Dr. K., Ordinarius der Medizinischen Fakultät. Der andere ausgerechnet der Wiss. Ass. Dr. Hermann B., neben Florian Z. einer meiner erbittertsten Feinde.

Prof. Dr. K. hatte sich angeblich das Band meiner Vorlesung angehört, die Gegenstand einer Fakultätsdebatte gewesen war. Auch er fand das Kolleg »unkorrekt«. Da habe die Medizinische Fakultät gar nicht anders entscheiden können als gegen mich. Gerade deshalb gebe er mir den wohlgemeinten Rat, unbedingt zurückzustecken, bei meinem Chef Abbitte zu tun. Er wolle das gern vermitteln, da er gute Kontakte zu G.H. habe. Wenn ich meine Vorwürfe zurücknähme, würde G.H. höchstwahrscheinlich nicht mehr auf einer Dienstenthebung bestehen. Ich solle mir das überlegen. Er stünde mir jederzeit zur Verfügung.

Am Abend desselben Tages meldete sich der nächste vertrauliche Vermittler. Der genannte Wiss. Ass. war es nicht selbst, sondern der Kontakter tat es in dessen Auftrag. Der Chef wisse nichts von diesem Vermittlungsangebot, hieß es wieder. Nun aber kamen konkrete Vorschläge und Angebote, die nur vom Klinikdirektor selbst oder in Absprache mit ihm formuliert sein konnten: Ich solle meine Vorwürfe widerrufen und Abbitte tun. Dann bekäme ich sechs Monate Urlaub bei voller Bezahlung, und der Chef selbst würde mir bei der Stellensuche intensiv helfen.

Beide Vermittler waren mir nicht geheuer. Das konnte wohl nur eine Falle sein. Selbst wenn ich wirklich widerrufen hätte, mußte ich damit rechnen, daß der Anbieter sein Versprechen nicht hielt, sich im Gegenteil nach meiner Kapitulation auf alle mögliche Art und Weise rächte. Zu oft hatte ich ja erlebt, wie stark sein Verhältnis zur Wahrheit gestört war. Abgesehen davon: Eigentlich war es eine Frechheit, mir so wenig Ehrgefühl zuzutrauen, wie die Angebote voraussetzten.

Ganz ohne Folgen blieb der angebotene Handel nicht. Mir stärkte er die Siegeszuversicht. Mit Sicherheit hatte es schon einige Telefonate des Klinikdirektors mit dem Rektorat und dem Kultusministerium gegeben. Und da mögen seiner Siegeszuversicht schon einige Dämpfer erteilt worden sein. Unter all diesen Umständen jedenfalls wollte ich mich auf keinen Kuhhandel einlassen.

Am 10. Dezember 1963 startete ich die Gegenoffensive. Ich stellte beim Kultusminister den »Antrag auf sofortige Beurlaubung des o. Prof. Dr. G.H. als Direktor der Chirurgischen Klinik mit Poliklinik der Universität Erlangen-Nürnberg«. Die Begründung:

»1. Herr Prof. H. hat in unverantwortbarer Art und Weise Leben und Gesundheit der ihm anvertrauten Kranken gefährdet. Es sind

Todesfälle und Behandlungsfehler bei Kranken der Klinik eingetreten, die bei guter Führung der Klinik nicht hätten eintreten dürfen (Beweis: Mein o.a. Schreiben vom 29.11.63).

2. Das derzeitige Verhalten von Herrn Prof. H. läßt nicht erwarten, daß er in naher Zukunft der hohen Verantwortung, die die Stellung als Klinikchef und Hochschullehrer mit sich bringt, gewachsen sein wird. Herr Prof. H. hält die von mir vorgebrachten Mißstände für ›Bagatellen‹. Er hatte ›schwerwiegendere Vorwürfe‹ erwartet (Beweis: Äußerungen von Herrn Prof. G.H.).

3. Wie ich die Dinge jetzt in den Einzelheiten und im Zusammenhang sehe, glaube ich, mich strafbar zu machen, wenn ich nicht alles versuche, um eine sofortige Beurlaubung von Prof. H. zu erreichen. Es besteht stündlich die Gefahr, daß weiterer Schaden an Leben und Gesundheit von Kranken eintritt, wenn Herr Prof. H. die Leitung der Klinik nicht sofort niederlegt (Beweis: Punkt 1 und 2).

4. Ich halte mich für verpflichtet, die Staatsanwaltschaft Erlangen um Abhilfe zu bitten, falls von dem Bayerischen Staatsministerium für Unterricht und Kultus keine sofortige Entscheidung im beantragten Sinne getroffen wird.«

Am 11. Dezember forderte mich der Prorektor der Universität in Vertretung des Rektors auf, ich solle die »erhobenen Vorwürfe näher substantiieren und über den Herrn Dekan der Medizinischen Fakultät dem Herrn Rektor oder dessen Stellvertreter zur Information zuleiten«.

Daraufhin habe ich am 12. Dezember in einem Brief an den Prorektor unter anderem folgendes geschrieben:

»Ich betrachte es als eine unnötige Verzögerung der Angelegenheit, wenn über den ›Instanzenweg‹ oder dergleichen Dinge geklärt werden sollen, die das Urteilsvermögen des Prorektors – und seiner unmittelbaren Berater – m.E. *nicht* überfordern. Es liegen m.E. eindeutige Gerichtsentscheidungen darüber vor, welche Anforderungen an die Sorgfaltspflicht eines ›durchschnittlichen‹ Krankenhauschirurgen zu stellen sind. In viel weniger krassen Fällen – als dem von mir ausführlich beschriebenen Fall B. – ist die Entlassung von Chefärzten erwirkt worden.

Es scheint mir, daß bei allen Erörterungen zu wenig berücksichtigt wird, daß ich alle meine Vorbringungen als – bisher unbescholtener – Beamter und Hochschullehrer mache. Ich nehme für mich das Recht in Anspruch, daß meine Vorbringungen so gewertet werden, wie es ein Beamter – der unter Beamteneid steht – erwarten kann. Es ist doch selbstverständlich, daß ich die volle Verantwortung für meine Behauptungen tragen muß.

Ich stelle fest, daß die Entscheidung verzögert wird, obwohl ich klar zum Ausdruck gebracht zu haben glaube, daß jede Verzögerung stündlich Gefahren für Leben und Gesundheit von Kranken sowie für Lehre und Forschung bringt. Meiner Bitte, Ihnen, Herr Prorektor, bestimmte Einzelheiten sofort vortragen zu dürfen, wurde nicht entsprochen.

Ich habe sofort nach Empfang des Schreibens den Dekan der Medizinischen Fakultät zu erreichen versucht. Ich konnte bisher einen Unterredungstermin nicht bekommen. Heute morgen um 8.05 Uhr soll ich erneut nach einem Termin nachfragen.

Ich werde tun, was mir aufgetragen wurde, möchte aber nochmals mit allem Nachdruck darauf hinweisen, daß Sie, Herr Prorektor, m.E. die Lage selbst mit genügender Zuverlässigkeit beurteilen und eine der Situation gerecht werdende Entscheidung treffen können, wenn Sie mir Gelegenheit geben, Ihnen über bestimmte Einzelheiten vorzutragen.

Ich stehe Ihnen jederzeit auf Abruf zur Verfügung.«

Als Anlage fügte ich eine Aufstellung über die Sterblichkeitsquote des Klinikdirektors bei Gastrektomie (Magentotalausschneidung) bei und verwies auf die Arbeit eines meiner Doktoranden, derzufolge in den Jahren 1958 bis April 1963 von insgesamt 26 Patienten mit Magenausschneidungen 9 Kranke = rund 35 Prozent gestorben seien. Die persönliche Mortalitätsquote von Prof. H. habe bei gleichem Schwierigkeitsgrad 57 Prozent betragen.

Desgleichen,verwies ich auf die Sterblichkeitsquote an unserer Klinik bei Fundektomien, also Ausschneidungen nur der oberen Magenhälfte. Hier seien von 43 Patienten 12 = 28 Prozent gestorben, wobei die persönliche Mortalitätsquote des Klinikdirektors 6 von 16 = 37,5 Prozent betragen hatte. Zum Vergleich führte ich an, daß beispielsweise der Privatdozent Dr. F. Holle von der Chirurgischen Universitätsklinik Würzburg über eine Sterblickeit von 6 Prozent berichtet hatte. Professor Nakayama, den G.H. kürzlich in Japan besucht habe, solle von 1946 bis 1955 von 316 Gastrektomierten 9 verloren haben, was einer Sterblichkeit von 2,85 Prozent entspreche. Rudolf Nissen hatte in seinem Lehrbuch der Chirurgie von 1962 eine durchschnittliche Sterblichkeit von 10 Prozent angegeben.

Mit Nachdruck forderte ich, daß diese Sterblichkeitsquote vor dem Hintergrund der Behauptung des Klinikchefs auf dem Chirurgenkongreß von 1959 gewertet werden müsse, die Sterblichkeit liege *»um 1 Prozent«.*

Nachdem mir auf dem Instanzenweg alles zu lange dauerte, habe ich am 12. Dezember beim Rektorat den Antrag gestellt, daß ich »die Presse über Vorgänge informieren darf, die m.E. vielleicht mit Hilfe der Presse schneller abgestellt werden können, als auf dem üblichen Dienstweg«.

Die Antwort bekam ich am 13. Dezember telefonisch in Form eines Verbots, der Presse irgendwelche Informationen zu geben. Ich hätte die Presse bei Anfragen sofort an meine vorgesetzte Dienststelle zu verweisen.

Gegen dieses Verbot erhob ich am 13. Dezember schriftlich Einspruch. Ich begründete das damit, daß eine Presseinformation »zur Zeit der einzig mögliche Weg« sei, »um zu erreichen, daß die *stündlich* gegebenen Gefahren für Leben und Gesundheit von Kranken ... *sofort* beseitigt werden. Mir wurde ja zur Kenntnis gegeben, daß die Erledigung meines Antrags auf dem Dienstwege mehrere Tage, eventuell Wochen in Anspruch nehmen werde«. Ich begründete im einzelnen, warum ich mich in meinen Grundrechten als Staatsbürger beeinträchtigt und in der Ausübung meiner Grundpflichten »behindert« fühlte.

Am 13. Dezember schob ich einen aktuellen Antrag nach.

Es herrschte Glatteis auf den Straßen von Erlangen und der näheren Umgebung, und bei Glatteis gab es immer eine Invasion von Unfallverletzten in unserer Klinik. Also beantragte ich meine sofortige Wiedereinsetzung als Oberarzt bzw. Abteilungsarzt für Unfallchirurgie beim Rektor. Da mit mir der erfahrenste Spezialist für Unfallchirurgie an der Klinik fehle, bestehe deshalb stündlich Gefahr für Leben und Gesundheit von Unfallopfern. Das habe mir auch der in meiner Vertretung eingesetzte Dr. Heiner B. in einem Telefongespräch bestätigt, zumal ich von uns beiden der erfahrenere Unfallchirurg sei.

Den Antrag bekam ich dann vom Rektor schriftlich ohne Beibrief, aber mit einem Anhängsel zurück. Dr. Heiner B. war von seinem Kli-

nikdirektor am gleichen Tag zu einer »Stellungnahme« aufgefordert
worden. Wie konnte mein langjähriger 1. Assistent, den der Chef zu
meinem Nachfolger ernannt hatte, da wohl nur Stellung nehmen? Es
lohnt nicht, das schriftliche Ergebnis des Hin und Her im Gefühl zwischen Dankes- und Treuepflicht mir gegenüber und Existenzängsten
mit Karrieregelüsten dem Ordinarius gegenüber wiederzugeben. Aber
der letzte Satz brachte dann doch alles auf den Punkt: »Ich muß allerdings zugeben, daß ich die Behauptung, er sei der erfahrenere Unfallchirurg, nicht bestreite.« Wahrlich ein mutiger Schlußakkord! Der
Chef mag gekocht haben. Aber eine Kaltstellung auch meines Nachfolgers, des einzigen, der dieser wichtigen Position des Universitäts-
unfallchirurgen gewachsen sein konnte, wollte er sich wohl doch
nicht antun.

Am 14. Dezember richtete ich ein Schreiben an die Bundesärztekammer, der ich zur Kenntnis gab, daß mir von meinem Chef am
25.11.63 mit sofortiger Wirkung untersagt worden sei, »irgendeine
Krankenbehandlung durchzuführen«. Dagegen hätte ich zwar sofort
Einspruch erhoben und meine vorgesetzte Dienstbehörde um Abhilfe
gebeten. Bislang sei jedoch nichts geschehen. Ich bat: »Bitte ergreifen
Sie sofort alle in Ihrer Macht stehenden Maßnahmen, um zu erreichen, daß das Recht der freien Arztwahl auch für Kranke, die von mir
behandelt werden wollen, sofort wiederhergestellt wird.«

Aus späterer und ganz besonders aus heutiger Sicht hätte ich diesen Brief auch in den Papierkorb werfen können. Denn selbstverständlich ist nichts von seiten der Bundesärztekammer geschehen.
Ich habe nicht einmal eine Antwort auf den Brief bekommen.

Der Rektor der Universität, ein Geschichtsprofessor, war keiner
von der schnellen Sorte. In die Nöte und Sorgen, die ein Chirurg um
die Patienten haben kann, konnte er sich überhaupt nicht hineindenken. Vielleicht wollte er auch gar nicht. Denn vor allen anderen
Erwägungen, insbesondere menschlichen Rücksichten, stand bei
Leuten seines Schlages – und seiner Vergangenheit – stets das uner-
bittliche hierarchische Denken, das Kritik an Vorgesetzten wie an jed-
weder Führung per se ausschloß. Seine Vergangenheit wurde mir
allerdings erst im Oktober 1965 durch den *Spiegel* bekannt, als er
öffentlich angegriffen worden war. Ich zitiere:

»›Die Fahne hoch, die Reihen dicht geschlossen‹, setzte der Münchener Dozent Götz Freiherr von Pölnitz 1934 unter einen Aufsatz in
den *Akademischen Monatsblättern*. Und 1940 entdeckte er: ›Die ur-

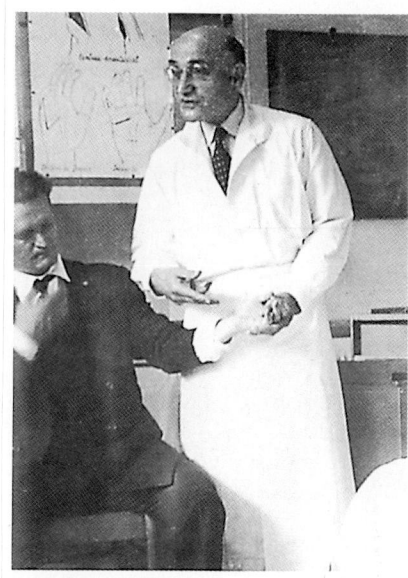

40 und 41 *(oben)*
Handchirurgie-Kurs
bei Dr. Iselin,
Paris 1957

42 *(links)* Helden-
chirurgie-Opfer
Susanne L. kurz vor
der Operation 1959

PROF. DR. K.H. JULIUS HACKETHAL

CHIRURG

VORSICHT ARZT!

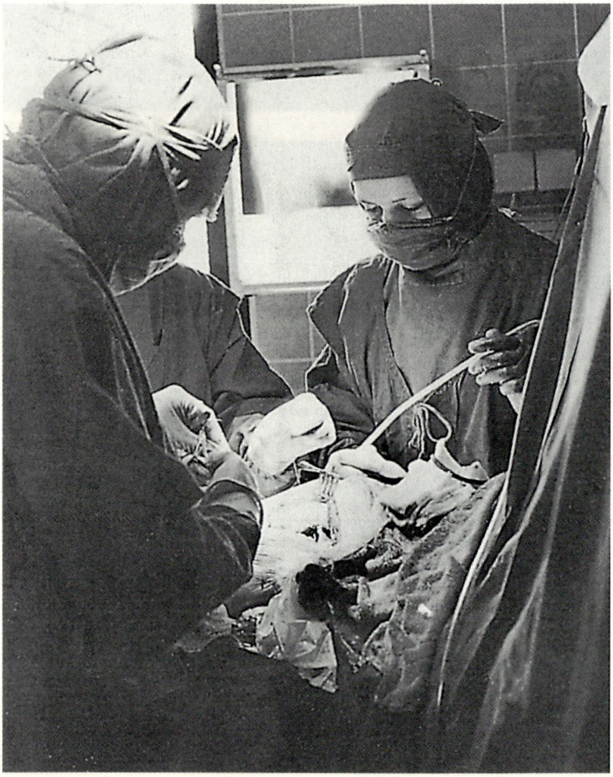

70 *(oben links)*
Das Ambulanzhaus
der Praxisklink
in Lauenburg, 1974

71 *(oben rechts)*
Schild vor der Praxis-
klinik mit neuem
Vornamen
und Warnung

72 *(rechts)* JuHa
als Operateur im OP-
Haus der eigenen
Praxisklinik bei
Hüftgelenk-Ersatz-
plastik-Operation
(Totalendoprothese),
1977

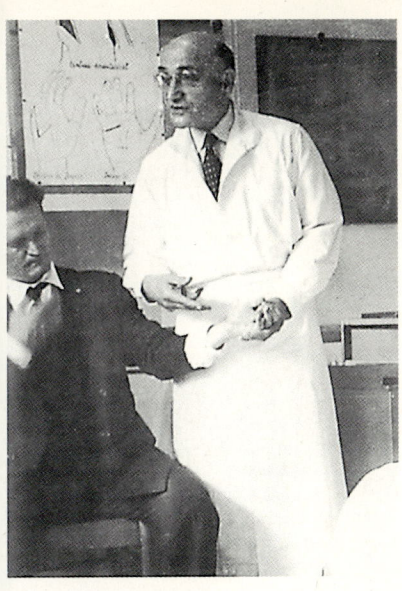

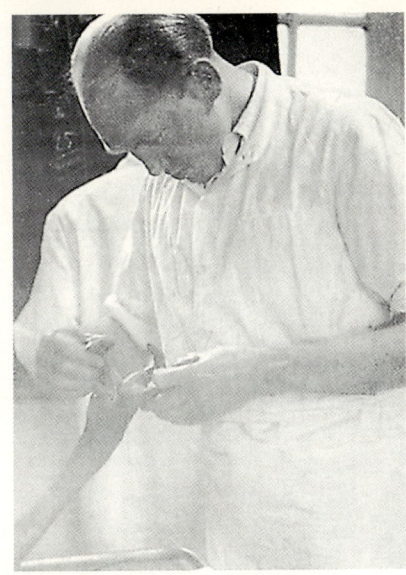

40 und 41 *(oben)*
Handchirurgie-Kurs
bei Dr. Iselin,
Paris 1957

42 *(links)* Helden-
chirurgie-Opfer
Susanne L. kurz vor
der Operation 1959

43 *(oben)* Meine
Krankengymnastik-
Schülerinnen

44 *(rechts)*
Abschlußfeier der
Krankengymnastik-
schule 1960.
Mit Elke Schmidt

45 (links) Mit Prof.
Dr. med. G. H.
bei der Abschlußfeier
1960

46 (unten) Meine
Krankenschwestern-
Schülerinnen

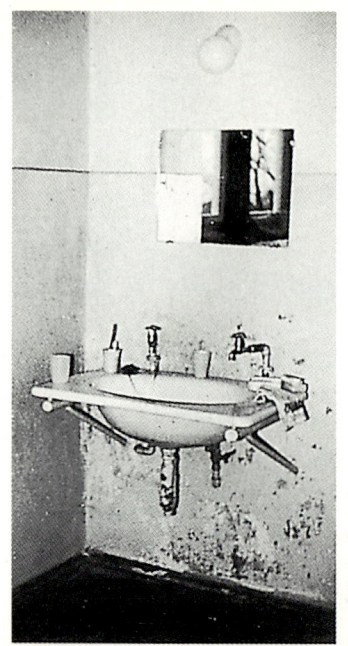

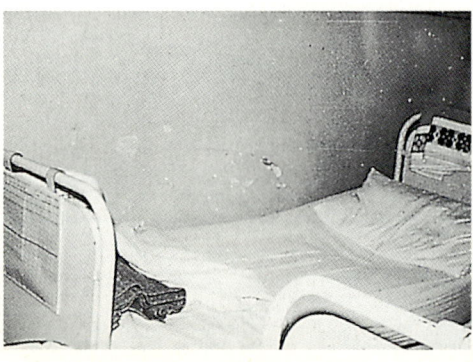

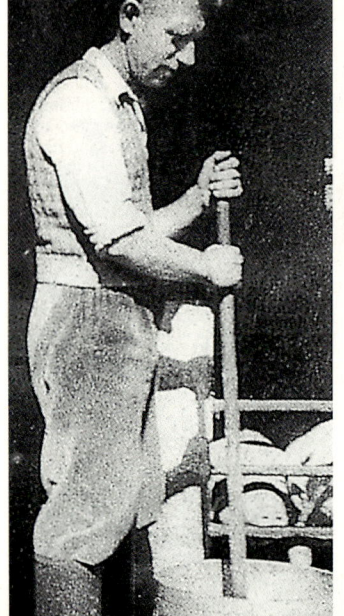

55 und 56 *(ganz oben)* Der innere Zustand des
Städtischen Krankenhauses 1965. Betten, Wände und
Waschbecken in einem Drei-Bett-Zimmer von 21
Quadratmetern Größe

57 *(links)* Der Schweinestall

58 *(oben)* Das Haus des Chefarztes

59 *(rechte Seite oben)* Das renovierte Krankenhaus

60 *(rechte Seite unten)* Unser »Elbschlößchen« hoch
über Lauenburg

45 (links) Mit Prof.
Dr. med. G. H.
bei der Abschlußfeier
1960

46 (unten) Meine
Krankenschwestern-
Schülerinnen

47 *(rechts)* Als frisch-
gebackener Professor
im Ornat der Medizin-
professoren der
Universität Erlangen-
Nürnberg beim Ein-
zug zur Rektorats-
feier, November 1962

48 *(unten)* Beim
Bündelnagelungskurs
1963

49 *(rechte Seite oben)*
Lagerung im OP auf
dem Repositionstisch
zur vollapparativen
geschlossenen Ein-
richtung eines Ober-
schenkelschaftbruches.
Kontrolle der Bündel-
nagelung durch
Fernseh-Röntgenbild-
verstärker. Patentierte
Erfindung des Autors
1960

50 *(rechte Seite
unten)* Grafik zur
Technik der Bündel-
nagelung

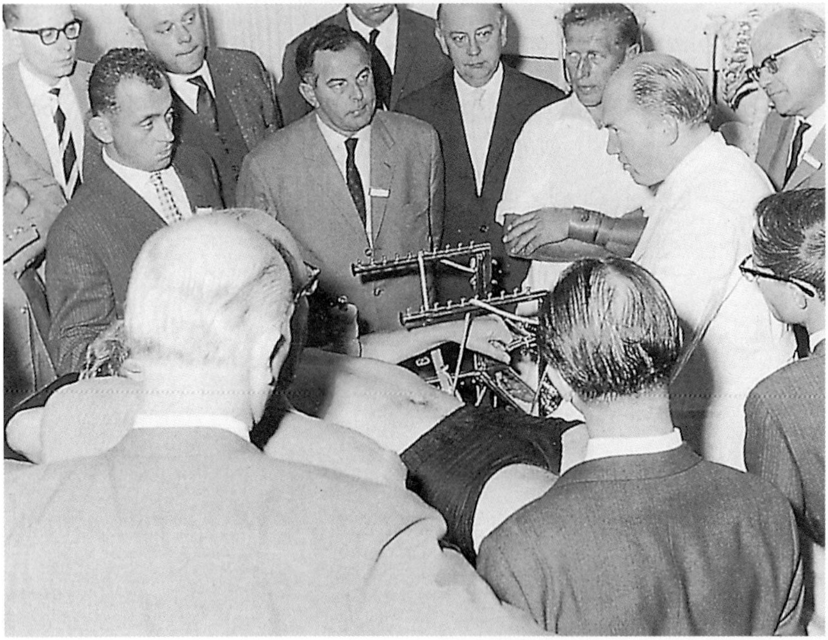

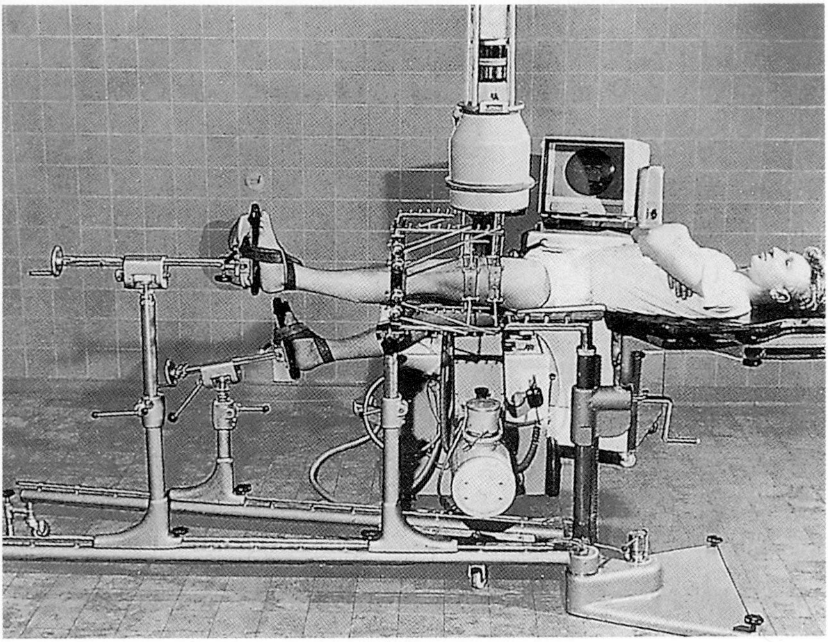

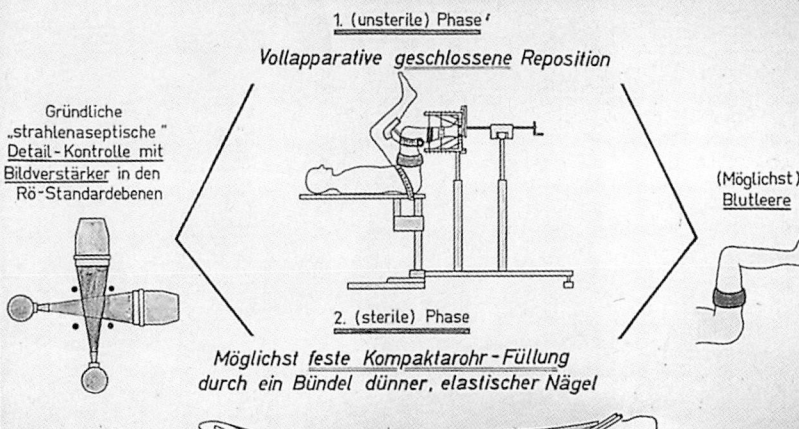

Elementar - Taktik der 2-phasigen Bündel - Nagelung

1. (unsterile) Phase

Vollapparative geschlossene Reposition

Gründliche „strahlenaseptische" Detail-Kontrolle mit Bildverstärker in den Rö-Standardebenen

(Möglichst) Blutleere

2. (sterile) Phase

Möglichst feste Kompaktarohr-Füllung durch ein Bündel dünner, elastischer Nägel

mit besenartiger Verteilung ihrer Spitzen
in der (bruchfernen) Spongiosa

51 *(oben)* Überfüllte
Gasthaus-Vorlesungen

52 *(rechts)* Verhand-
lung vor dem
Landgericht Nürnberg
wegen Einstweiliger
Verfügung des Klinik-
direktors gegen
KHH, 1964: Rechts-
anwalt Bader, KHH,
Rechtsanwalt Augstein

53 *(rechte Seite oben)*
Frontseite des Städti-
schen Krankenhauses
Lauenburg vor
dem Umbau, 1965

54 *(rechte Seite
unten)* Rückseite vor
dem Umbau

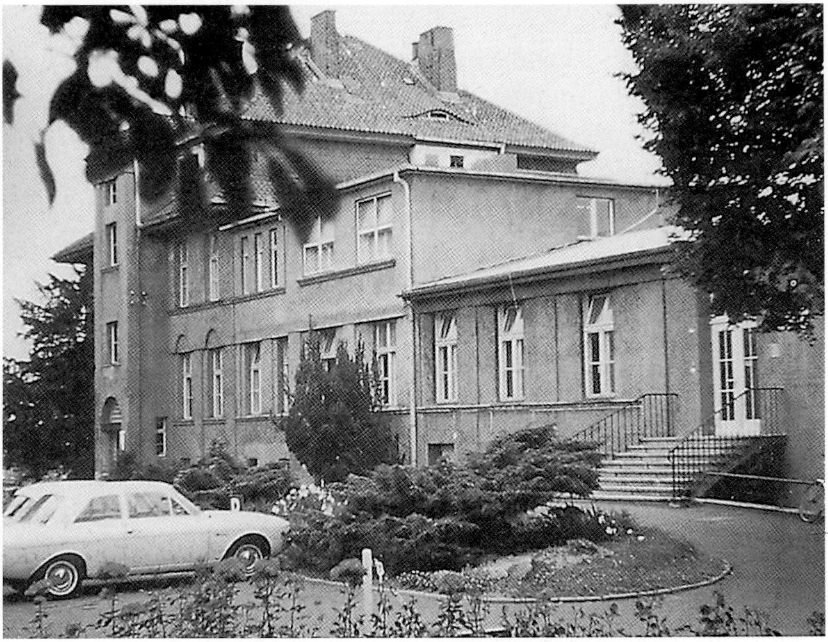

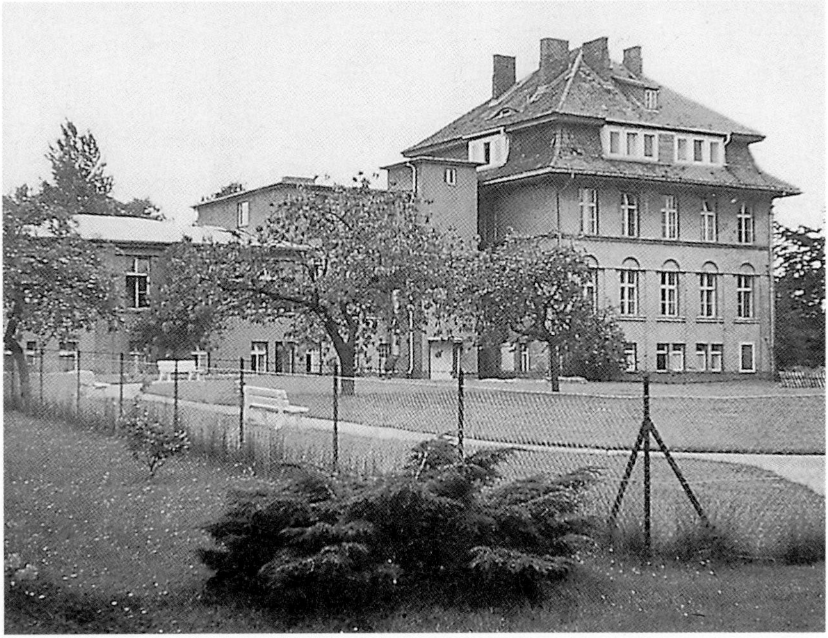

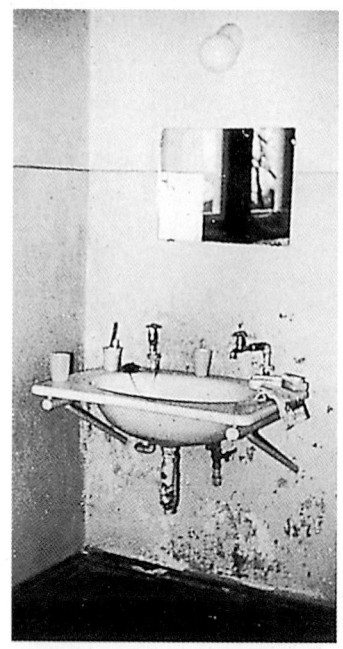

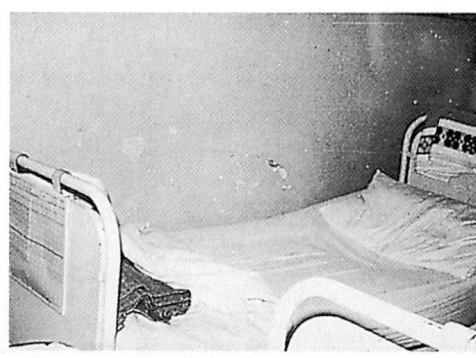

55 und 56 *(ganz oben)* Der innere Zustand des
Städtischen Krankenhauses 1965. Betten, Wände und
Waschbecken in einem Drei-Bett-Zimmer von 21
Quadratmetern Größe

57 *(links)* Der Schweinestall

58 *(oben)* Das Haus des Chefarztes

59 *(rechte Seite oben)* Das renovierte Krankenhaus

60 *(rechte Seite unten)* Unser »Elbschlößchen« hoch
über Lauenburg

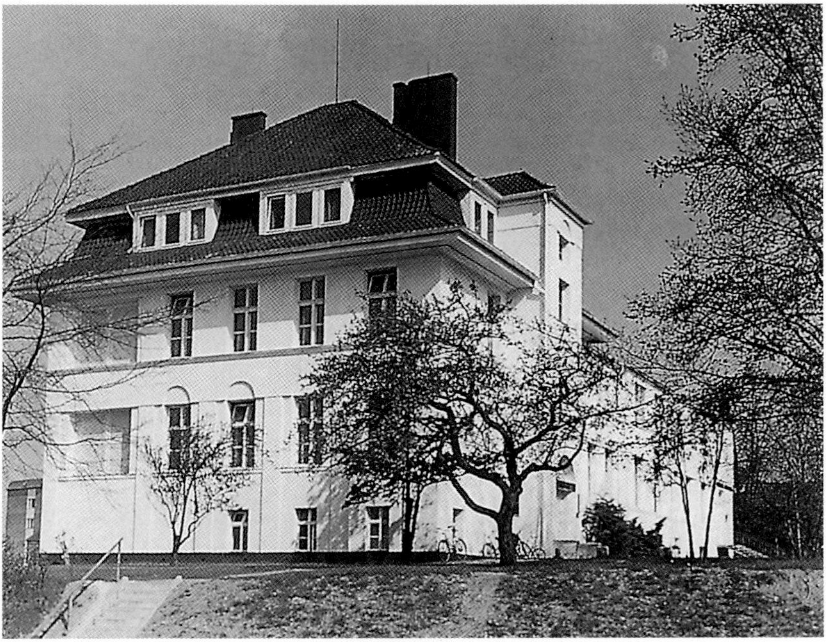

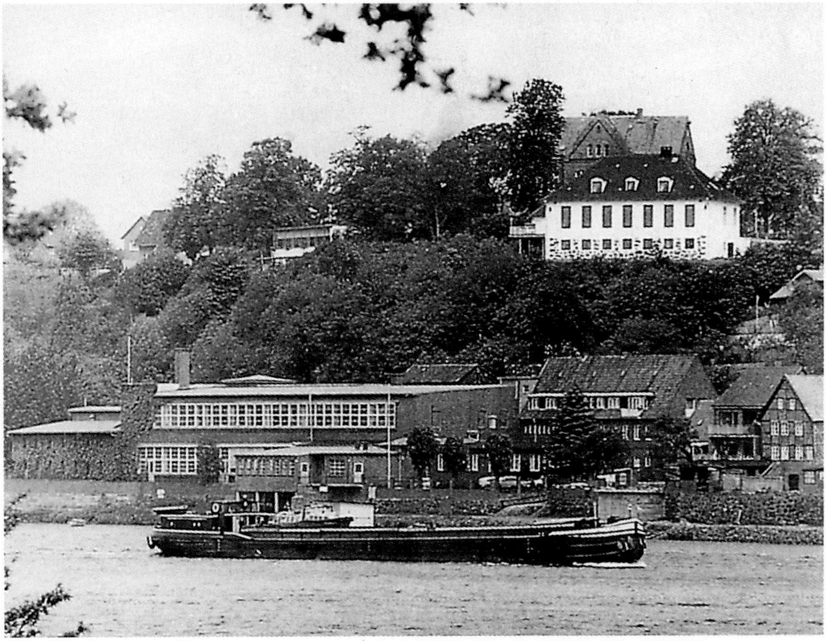

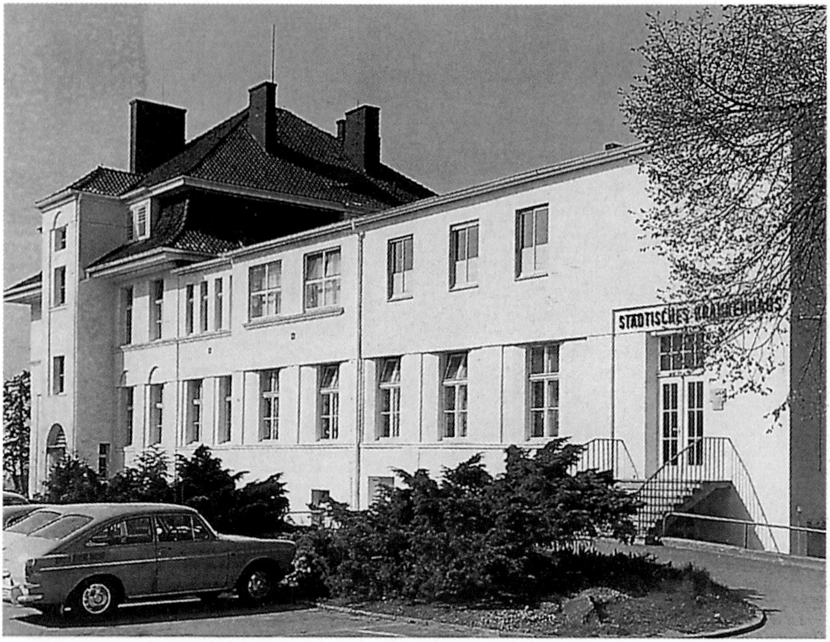
STADTISCHES

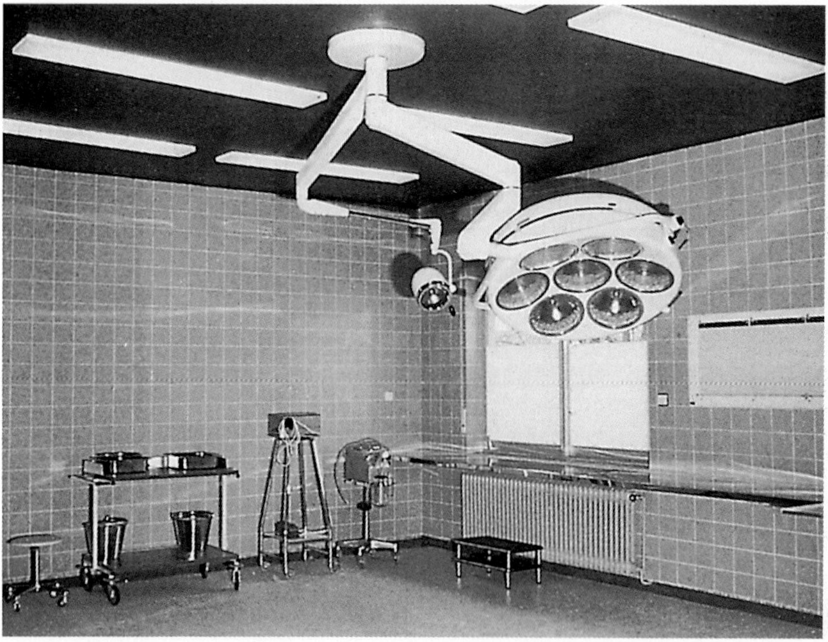

61 *(linke Seite oben)*
Der OP-Trakt im reno-
vierten Krankenhaus

62 *(linke Seite unten)*
Der neue Operations-
saal

63 *(links)* Fernseh-
Röntgenbildverstärker
im OP von Lauen-
burg: Grund für die
fristlose Kündigung
am 21. März 1974

64 *(unten)*
Intensivstation
in Lauenburg 1971:
Ein-Bett-Zimmer mit
Jalusie-Schaufenster

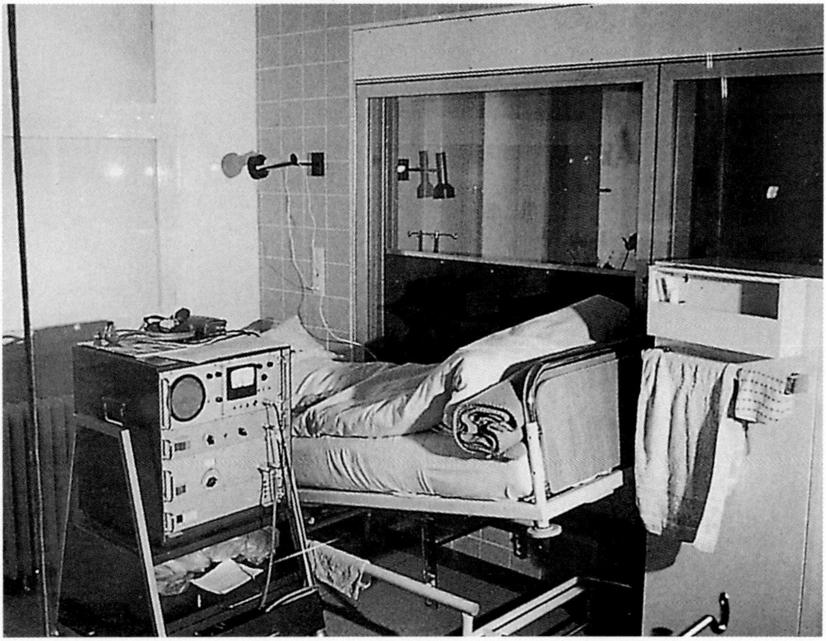

65 *(oben)*
Der Schreibtisch des
Chefarztes KHH
in Lauenburg, 1971

66 *(rechts)* Mit der
Familie im Hamburger
Thalia-Theater 1970

67 *(rechte Seite oben
links)* DRK-Chef
von Lauenburg, 1968

68 *(rechte Seite oben
rechts)* Als Komponist
des »Lauenburg-Liedes«,
1969

69 *(rechte Seite unten)*
Lauenburger Postkarte

Schloßturm

Der Rufer

Elbstr.

LAUENBURG / ELBE

MEIN KLEINES LAUENBURG

Von Karl Heinz Hockethal

1.
Wo der Ostsee Brise und der Heide Duft,
Hamburgs steifer Sturmwind und Berliner Luft
sich umarmen, küssen und verbinden,
da bist Du, mein Lauenburg, zu finden:

2.
Wo die Elbe kraftvoll strömt und mächtig breit,
wo die Brudergrenze hundert Schritte weit,
Schleswig-Holstein nicht mehr meerumschlungen,
liegst Du, meine Stadt, noch unbesungen:

3.
Wo die Stadt dem Herzogtum den Namen gab,
wo der Herzog nordwärts floh mit seinem Stab,
mit dem Salz und mit des Kreises Krone,
da ist's, wo ich leb und lieb und wohne:

4.
Wo die Elbchaussee verschlungen und verträumt,
wo die Elbe an 'ner lütten Mole schäumt,
auf der Reeperbahn die Liebe ohne Geld,
da ist mein Zuhause, da ist meine Welt:

Refrain:
Mein kleines Lauenburg(ch) am Elbehang,
Dich lieb ich durch und durch mein Leben lang.
Du alte Schifferstadt, in Deinem Hafen
mach einst mein Schiff ich fest zum ew'gen Schlafen.

PROF. DR. K.H. JULIUS HACKETHAL
CHIRURG
VORSICHT ARZT!

70 *(oben links)*
Das Ambulanzhaus
der Praxisklink
in Lauenburg, 1974

71 *(oben rechts)*
Schild vor der Praxis-
klinik mit neuem
Vornamen
und Warnung

72 *(rechts)* JuHa
als Operateur im OP-
Haus der eigenen
Praxisklinik bei
Hüftgelenk-Ersatz-
plastik-Operation
(Totalendoprothese),
1977

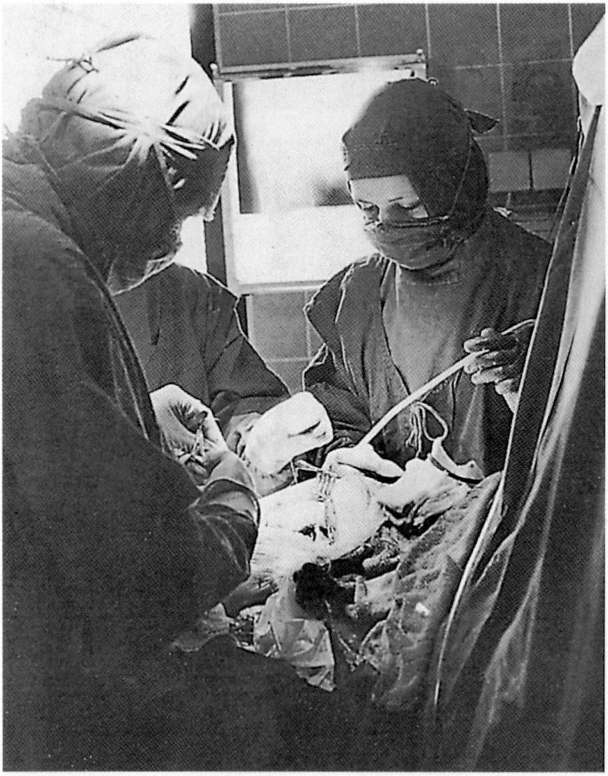

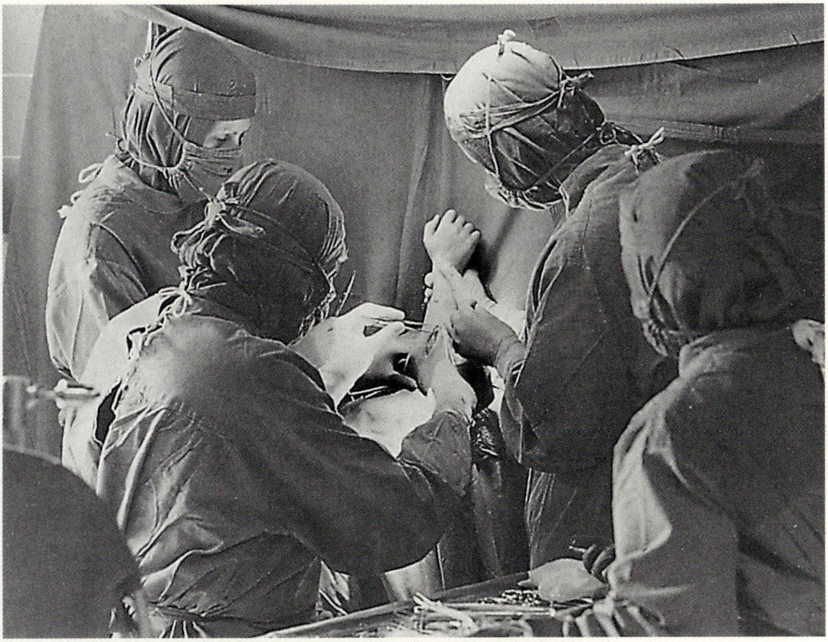

73 *(oben)* Bei Unter-
armoperation

74 *(links)* Beim Dik-
tat des OP-Berichts

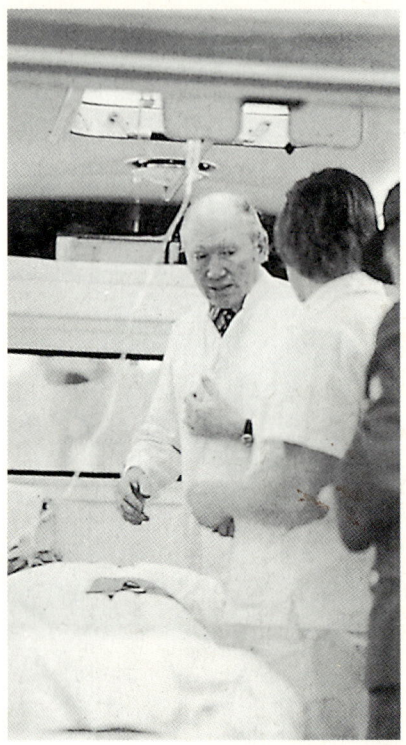

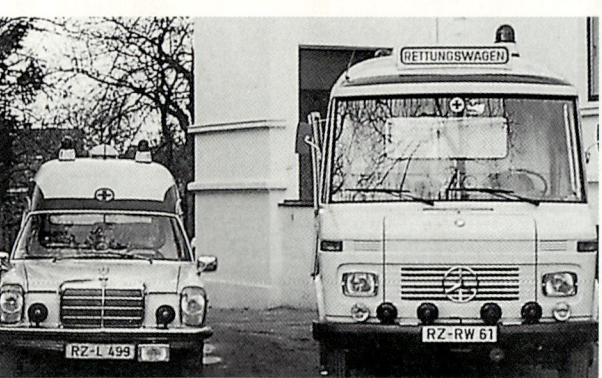

75 *(oben links)*
WORV-Transportfrei-
gabe eines Frisch-
operierten

76 *(oben rechts)*
Patientenhotel Diana-
Klinik in Bevensen,
1974

77 *(Mitte)*
Großraumtransporter

78 *(rechts)* WORV-
Transporter für Frisch-
operierte

alte Sehnsucht der gesamtgermanischen Idee nähert sich im Großdeutschen Reich ihrer Erfüllung.‹

Zwei Jahre darauf beschwor der Baron das ›hinreißende Beispiel‹
Hermann Görings, sah ›die Stunde des Sieges gekommen, als das Ha-
kenkreuzbanner gehißt wurde‹, hörte den ›Ruf des Führers‹ und erkannte die ›Erneuerung des Reiches‹.

Nach dem Krieg, als das Reich wieder einmal erneuerungsbe-
dürftig war, wurde aus dem Privatdozenten Pölnitz ein Professor,
ein Großoffizier des Ritterordens vom Heiligen Grabe und 1963 der
Rektor der Erlanger Universität. Im Jahr darauf schließlich avancierte der Baron zum Gründungsrektor der geplanten Universität
Regensburg…

Götz Freiherr von Pölnitz entstammt jenem vermögenden frän-
kischen Adel, der, gleichermaßen katholisch und national gesinnt,
mit den Nazis und Proleten jeder anderen Couleur nichts im Sinn
hatte. Vor Hitlers Machtergreifung schrieb denn auch der noch jugendliche Historiker Pölnitz einige Aufsätze, in denen er den National-
sozialismus scharf attackierte.

Nach dem braunen Sieg allerdings trat er dem Nationalistenbund
›Stahlhelm‹ bei und geriet, wie alle anderen Mitglieder des Vereins,
auf diese Weise automatisch in die SA. Pölnitz: ›Ich bekam auch einen
Rang, dessen Bezeichnung ich nicht mehr weiß; er entsprach dem
Oberschützen.‹ …

Nach Kriegsende fand er, als ›nicht betroffen‹ entnazifiziert, sofort
aufs Katheder zurück. Und nicht betroffen fühlt er sich auch jetzt
nach der Münchner Attacke.«

Soweit die nicht gerade von Standfestigkeit besonnte Vergangenheit eines Auch-Götz, der sich an seinem Namensvetter aus dem
Adelshause von Berlichingen eigentlich ein Beispiel hätte nehmen
sollen.

»Nach unten treten« – dazu gehört sicher weniger Courage als
»nach oben zu strampeln«. Am Tag vor Heiligabend schrieb mir dieser Freiherr von Pölnitz folgenden Brief:

»Sehr geehrter Herr Kollege!
Es befremdet mich, daß Sie mir in meiner Abwesenheit ›den Vorwurf machen‹, ich ›hätte mehr tun können, um das Ansehen der
Universität vor einer Gefährdung zu bewahren‹. Ich frage mich,
ob Sie zu einem solchen Vorwurf berechtigt sind, ebenso, weshalb

Sie einen solchen Vorwurf gerade in meiner Abwesenheit gegen mich erhoben, hingegen, als Sie mich wenige Tage darauf im Rektorat aufsuchten und mehrere Stunden blieben, davon keine Silbe sprachen.«

Hier irrten Magnifizenz! Oder haben Magnifizenz am 18. Dezember in den zwei Stunden von vier bis sechs Uhr nachmittags nicht so recht zugehört? In meinem Tagebuch steht, daß ich mich über die Langsamkeit des Instanzenweges beklagt habe, vor allem darüber, daß noch keine Entscheidung gegen meinen Chef getroffen wurde. Meine Vorwürfe waren so heftig, daß der Rektor drohte, das Gespräch abzubrechen.

Doch weiter mit seinem Brief:

»... ich muß es von Amts wegen zurückweisen, daß Sie von einer ›unnötigen Verzögerung‹ Ihrer Angelegenheit sprechen. Eine solche Behauptung entspricht nicht den Tatsachen. Im Gegenteil sind gerade mit Rücksicht auf diese Angelegenheit sehr viele andere Sachen leider zwangsläufig langsamer behandelt worden, und Sie haben an allerletzter Stelle – ich sage das in aller Höflichkeit, aber Klarheit – einen Grund, sich darüber zu beschweren, man habe Ihnen gegenüber nicht schnell und nicht interessiert genug gehandelt. Auch Ihre Eigenschaft als ›unbescholtener Beamter‹ hat jedermann respektiert. Daß Sie dabei freilich für Ihre Behauptungen die volle Verantwortung tragen müssen, ist eine Selbstverständlichkeit. Nur dürfen Sie nicht weiterhin behaupten, daß hier die Entscheidung verzögert wird, denn damit beleidigen Sie – wohl kaum zufällig – den Rektor, den Prorektor, den Dekan Ihrer Fakultät und den Syndikus dieser Universität.
Ich weiß nicht, was Sie sich von einem solchen Verhalten auf die Dauer Förderliches versprechen, und würde es in Ihrem eigenen Interesse begrüßen, wenn Sie sich im neuen Jahr dazu entschließen könnten, die berechtigte Wahrung Ihrer Interessen in einer Form durchzuführen, wie sie anderwärts in Universitätskreisen üblich, um nicht zu sagen selbstverständlich ist.«

Diesen Brief, der sich kaum in der Sache und schon gar nicht mit der Lage der Patienten, dafür um so mehr mit meinem vermeintlichen Affront gegen die akademischen Würdenträger befaßte, bekam ich nicht zu den Weihnachtsfeiertagen, sondern erst am Silvestertag. Da konnte ich mir dann eine Vorstellung davon machen, was mich im neuen Jahr erwartete.

Ganz ohne frohe Botschaft sollte das Weihnachtsfest für mich dennoch nicht bleiben. Ein paar Tage vorher bekam ich die Verfügung des Bayerischen Staatsministeriums für Unterricht und Kultus vom 11. Dezember 1963.

Damit wurde der Antrag des Klinikdirektors auf meine Dienstenthebung abgelehnt. Diese Verfügung wurde den beiden Kontrahenten zu gleicher Zeit zugestellt. Der Klinikdirektor wird vor Empörung außer sich gewesen sein. Denn nun mußte er mich in seiner Klinik weiter dulden. Allerdings war ihm das Recht eingeräumt worden, mir »anderweitige Dienstgeschäfte, die seiner« – also meiner – »Dienststellung als Oberarzt angemessen sind, zuzuteilen«. Damit war der Ermessensspielraum des Imperators erheblich eingeschränkt.

Im übrigen wurde mit der Verfügung »das förmliche Dienststrafverfahren eingeleitet«. Mit der Durchführung der Untersuchung bestellte der Kultusminister den ständigen Untersuchungsführer in Dienststrafverfahren bei der Staatsanwaltschaft im Bereich des Verwaltungsgerichts Ansbach. Begründet wurde diese Verfügung vorweg damit, daß es bei der Neuordnung der Oberarztdienstbereiche »zu Handlungen des Beschuldigten« gekommen sei, »die ihn in den hinreichenden Verdacht einer schweren schuldhaften Verletzung der ihm obliegenden Dienstpflichten gebracht haben«.

Dann werden die Vorwürfe des Klinikdirektors in seinem Antragsschreiben zweieinhalb Seiten lang zitiert. Mit nur drei Sätzen geht der Kultusminister auf das ein, was ich zu meiner Verteidigung vorgebracht habe, um aber gleich erneut unter Hinweis auf den Beschluß der Medizinischen Fakultät vom 9. Dezember auf mich einzuschlagen. Demgemäß hätte ich mich eines Dienstvergehens im Sinne des Art. 84 BayBG schuldig gemacht. Inwiefern das geschehen sein soll, habe ich ja weiter vorn geschildert.

Im Anschluß an die Verfügung des Kultusministers teilte mir der Klinikdirektor indirekt mit Schreiben vom 28. Dezember 1963 »An die Schwestern im OP« mit, daß meine Tätigkeit in der Chirurgischen Klinik auf die »stellvertretende Leitung der Gymnastikschule« beschränkt sei. »Ich verbiete ausdrücklich, daß Herr Prof. Hackethal irgendwelche Operationen in der Chirurgischen Klinik durchführt, und ich verbiete ausdrücklich, daß irgendwelche Instrumente, Medika-

mente, Binden oder sonstige Verbandsstoffe an Herrn Hackethal abgegeben werden. Falls gegen diese Anordnung verstoßen wird, müßte
ich das als eine schwere Dienstpflichtsverletzung ansehen.«

Daran, daß die angeordnete Beschränkung meiner Dienstgeschäfte auf die stellvertretende Leitung der Krankengymnastikschule
meiner »Dienststellung als Oberarzt« – die der Kultusminister meiner
Aufgabenzuteilung zugrunde zu legen befohlen hatte – nicht angemessen war, kann es wohl keinen Zweifel geben.

DIE ERSTEN STUDENTENDEMONSTRATIONEN DER BUNDESREPUBLIK WAREN FÜR MICH

Mit gewissem Stolz erfüllt mich, daß die ersten Studentendemonstrationen der Bundesrepublik – vier Jahre vor Beginn der Studentenrevolte – für mich an der Universität Erlangen-Nürnberg stattfanden,
vor allem deshalb, weil es überwiegend Medizinstudenten waren
und weniger Studenten aus Fakultäten, wo man aus der Studiermate-
rie heraus weit mehr zum Demonstrieren neigt.

Die vergleichsweise begrenzten Aktivitäten der *Medizin*studenten
bei der Studentenrevolte später richteten sich vor allem gegen die
Versorgung der Patienten in den psychiatrischen Anstalten und gegen
die Massenvernichtung von Menschen im Vietnamkrieg. Außerdem
forderten die Medizinstudenten schon damals eine praxisnahe Ausbildung und die Einführung neuer Fachgebiete wie medizinische
Psychologie, psychosomatische Medizin, Medizinsoziologie und Sozialmedizin. Der tragende Slogan der Studentenbewegung hieß: »Es
staubt aus den Talaren der Muff von tausend Jahren!« Wie stark der
Muff in anderen Fakultäten staubte, kann ich nicht beurteilen. Aber
in der Medizinordinarien-Hierarchie hat es gewaltig gemufft! Und
nirgendwo hat sich dieser Muff für Leib und Leben des einzelnen
Menschen so negativ ausgewirkt wie im Bereich der Gesundheitshilfe.

Zweifellos gab es auch böse Ausuferungen der Studentenrevolte.
Dazu gehören übertriebene Sozialisierungstendenzen mit Verherr-
lichung des Marxismus, Nivellierungsidiotien nach unten und anderes mehr. Aber insgesamt betrachtet war die »Studentenbewegung« weltweit und in der Bundesrepublik ein notwendiger
Reformanstoß.

Warum haben Medizinstudenten 1963/64 für mich demonstriert?

Ich war in Erlangen einer der fleißigsten Medizinlehrer, wie man aus den Vorlesungsverzeichnissen von 1956 bis 1964 entnehmen kann und worüber ich in einem früheren Kapitel berichtet habe. Wahrscheinlich steckte mir das Lehrerseinwollen im Blut. Jedenfalls haben aus meiner Lehrlust heraus die Vorbereitungen auf die Kollegs immer Spaß gemacht. Meinen besonderen Ehrgeiz setzte ich immer darein, daß es bei mir locker und lustig zuging. Ich selbst hatte am liebsten Vorlesungen besucht, die mit Anekdoten und schalkigen Bonmots gewürzt waren.

Fast alle meine Vorlesungen in Erlangen waren gut besucht, in den letzten Jahren sogar oft brechend voll. Also hatte ich das Gros der Medizinstudenten in den Klinischen Semestern auf meiner Seite.

Im Wintersemester 1963/64 fand am Dienstag- und Donnerstagnachmittag mein Kolleg »Allgemeine Chirurgie« statt. Im übrigen hielt ich im gleichen Semester Kollegs über »Chirurgische Poliklinik«, »Klinische Visite«, »Unfallbegutachtung«, »Erste Hilfe« und »Ausgewählte Kapitel aus der Orthopädie«. Jeweils mehr als hundert Studenten mögen regelmäßige Hörer gewesen sein, einschließlich der Zahnmedizinstudenten.

Wie schon berichtet, wurde mir am Abend des 30. November eine Sympathieerklärung überbracht, die von 78 Medizinstudenten unterschrieben worden war, an der Gesamtzahl meiner Medizinstudenten im Wintersemester 1963/64 gemessen eher wenig, aber zu den Reformfreudigsten oder gar Rebellen gehören Mediziner von Natur aus nicht.

Immerhin waren die 78 Unterschriften gut leserlich. Ich habe mir diese Sympathieerklärung gut aufbewahrt und sie jetzt noch einmal sorgfältig studiert. Dabei konnte ich keinen einzigen Namen entdecken, der später zu den Prominenten, zu den aus der Masse herausragenden Medizinern gehört hätte. Andererseits weiß ich aber, daß nicht wenige Erlanger Medizinstudenten der frühen sechziger Jahre zu hohen Rängen und großen Ehren gekommen sind. Was wieder einmal die These stützt, daß man nur als angepaßter Braver und mit schließlich gebrochenem Rückgrat Medizin-Ordinarius werden kann.

Mehrmals wurde ich von Medizinstudenten gedrängt, meine Zustimmung zu Patientendemonstrationen auf Erlanger Straßen zu geben. Eigentlich hätte man mich ja gar nicht zu fragen brauchen. Aber nachdem man es getan hatte, blieb mir nichts anderes übrig, als nein zu sagen. Denn herausgekommen wäre es auf jeden Fall, wenn ich nicht nur ja gesagt, sondern dazu sogar animiert hätte. Das aber konnte ich mir aus formalen Rechtsgründen nicht leisten

Zu Studentenprozessionen auf Erlanger Straßen kam es nicht. Aber es gab Sympathiekundgebungen auf akademische Art, nämlich in meinen Vorlesungen. Waren die schon früher immer gut besucht gewesen, so platzten sie ab Ende November 1963 aus allen Nähten.

Anfangs bemühte ich mich – wie schon erwähnt –, den Professorenkrieg aus meinen Kollegs herauszuhalten. Aber schon bald war ich meinen Studenten eine Erklärung schuldig, nachdem der Chirurgie-Ordinarius am 2. Dezember sowohl vor der versammelten Ärzte-Mannschaft der Chirurgischen Universitätsklinik wie auch in seiner Vorlesung »Chirurgische Klinik« seine »UHOIs«, seine Unwahren, Halbwahren Oder Irreführenden Vorwürfe gegen mich bekanntgegeben hatte. (Das Kürzel UHOI empfehle ich als Prozeßabwehrvokabel. Mit dem Wort »Lüge« kommt man zu oft in Beweisnöte. Gegen »UHOI« aber ist der gegnerische Anwalt machtlos.)

Da konnte ich es mir in meinem Kolleg »Allgemeine Chirurgie« am Dienstag, dem 3. Dezember, nicht verkneifen, ein Diapositiv auf die Leinwand werfen zu lassen, auf dem Napoleon in Kriegsuniform vor dem Spiegel steht und sich selbstgefällig bewundert. Mein Kommentar: »Die kleinen Napoleons gehören aufs Schlachtfeld, aber nicht an den Operationstisch!« Es gab ein ohrenbetäubendes Beifallklopfen auf die Hörsaalpulte, was beinahe in Sachbeschädigung ausartete.

Im Gegensatz zu den Studenten waren die Ordinarien der Medizinischen Fakultät später weniger begeistert. Ihnen hatte ich die Tonband-Aufzeichnung dieser Vorlesung als Gegenbeweis angeboten, nachdem dem Klinikdirektor von einem Spion über meine Parallele zu einem der blutigsten Kriegshelden berichtet worden war. Dieser hatte wie ein getroffener Hund gebellt und sich beim Dekan beschwert. Da meine Parabel ohne Namensnennung zu Gesicht und Gehör gebracht worden war, fühlte ich mich frei von Schuld. Die Hohe Fakultät mochte aber mein Magnetband und das mitgeschickte Diapositiv nicht als Unschuldsbeweis werten. Im Gegenteil, ich bekam am 19. Dezember 1963 ein Schreiben des Dekans mit der Mitteilung, daß die Medizinische Fakultät das Kolleg als »eine unwürdige und unsachliche Beeinflussung der Studenten« in einer außerordentlichen Sitzung am 9. Dezember mißbilligt habe.

Am gleichen Tage hatte ich in Gegenwehr folgenden Anschlag an die Türen vor dem großen Hörsaal der Chirurgischen Klinik heften lassen:

»Liebe Kolleginnen und Kollegen!
Ich habe erfahren, daß Herr Prof. H.G. heute – endlich wieder – sein Hauptkolleg selbst halten will.
Ich habe weiter erfahren, daß er die Gelegenheit benutzen will, um seine Vorwürfe gegen mich (erneut) öffentlich bekanntzugeben, ohne daß ich die Möglichkeit habe, zu erwidern.
Ich kann es nicht verhindern. Ich erkläre aber:
Die Vorwürfe sind ungeheuerlich. Ich bestreite nochmals, daß sie in auch nur einem Punkt, der mich wirklich belasten kann, richtig sind.
Obwohl Herr Prof. H. öffentlich – vor Ärzten, sogar Pflegern etc. – Einzelheiten seiner Vorwürfe bekanntgegeben hat, glaube ich mich noch immer verpflichtet, meine Gegendarstellung nicht öffentlich bekanntzugeben. Es steht zuviel auf dem Spiel.
Ich muß in Kauf nehmen, daß bei verschiedenen von Ihnen Zweifel auftauchen, ob nicht doch an den Vorwürfen oder Gerüchten etwas dran ist.
Ihre Geduld ist auf eine harte Probe gestellt. Meine aber auch, und jetzt ist Schluß: Heute ist eine entscheidende Sitzung. Ich werde darauf bestehen, daß definitive Entscheidungen fallen.
So glaube ich, daß Sie schon morgen früh erfahren, was los ist. Spätestens aber übermorgen; denn ich fahre morgen früh zum Kultusminister, falls heute keine der Situation gerecht werdende Entscheidung getroffen wird. Übermorgen – Mittwoch – stehe ich Ihnen öffentlich zur Verfügung. Mir paßt jeder Termin!
Zu Ihrer Beruhigung: Alle Unterschriften sind bei mir verschlossen. Es sieht sie niemand! Sie können kommen, damit wir sie gemeinsam verbrennen.
Ich danke Ihnen.
Unterschrift: Karl Heinz Hackethal.«

Danach ging es im Professorenkrieg auch gegen meine Vorlesungsaktivitäten Schlag auf Schlag. Der Rektor erteilte mir folgendes Verbot:

»Sehr verehrter Herr Kollege!
Aufgrund bestimmter Vorkommnisse sehe ich mich leider veranlaßt, im allseitigen Interesse und zur Vermeidung jeglicher Störungen des Lehrbetriebs Ihnen ab sofort das Betreten der Vorlesungen
von Herrn Prof. Dr. H. kraft des mir als Rektor zustehenden Haus-
rechtes zu untersagen.
Mit vorzüglicher Hochachtung Ihr sehr ergebener
Prof. Dr. Frhr. von Pölnitz.«

Ich durfte aber mein Kolleg »Allgemeine Chirurgie« im Hörsaal unserer Klinik zunächst weiter halten. Das tat ich dann dienstags und
donnerstags bis zu den Weihnachtsferien und danach. Der Hörsaal
war weiterhin brechend voll. Nach dem ersten Kolleg im neuen Jahr
kam ein Student zu mir und sagte, nun sei für mich doch ein Fackelzug geplant. Ich nahm es zur Kenntnis, sagte aber weder nein noch ja
dazu. Dieser Fackelzug soll dann an einem der nächsten Winter-
abende stattgefunden haben. Wann und wo, weiß ich nicht. Eine
große Fackelprozession kann es wohl nicht gewesen sein, denn der
Fackelschein hat offensichtlich nicht bis zu einer Tageszeitung hinge-
leuchtet.

Am Dienstag, dem 4. Februar, wurde es dann dramatisch. Gegen
Mittag bekam ich durch Boten den Bescheid, daß mir vom Großen
Senat der Universität Erlangen-Nürnberg am 3. Februar mit soforti-
ger Wirkung die Ausübung der Lehrbefugnis untersagt worden sei.
Also durfte ich die für den Nachmittag angesetzte Vorlesung nicht
mehr halten. Da beschloß ich kurzerhand, meine Vorlesung in eine
Vortragsveranstaltung umzuwandeln, und ließ die Studenten per
Flugblatt wissen, daß der »Vortrag als Vorlesungsersatz zur üblichen
Vorlesungszeit um 17 Uhr c.t. in der Erlanger Gaststätte ›Blaue
Traube‹« stattfinden werde. Als Vortragsthema wählte ich »Krebs-
krankheiten«.

Mein Vorlesungsassistent Günter Vogel bereitete das Ersatzkolleg
vor. Es gab ein Katheder, eine Leinwand und einen Diaprojektor. Der
kleine Saal der Gastwirtschaft füllte sich schon lange vor fünf Uhr.
Als die Ersatzvorlesung begann, war der Ersatzhörsaal brechend voll.
Draußen standen die Studenten auf der Straße vor den Fenstern, auf
dem Flur und im Innenhof. Ich wurde mit enthusiastischem Beifall
empfangen. Während meines Kollegs war es mucksmäuschenstill.
Ich stellte auch zwei Krebskranke vor, welche sich liebenswürdiger-

weise zur Verfügung gestellt hatten. Trotz des Ernstes der Lage konnte auch ich auf spaßige Bemerkungen nicht verzichten. Sie wurden jedesmal mit starkem Beifall bedacht.

Pünktlich um 18 Uhr beendete ich meine erste Gastwirtschaftsvorlesung. Das Klopfen und Klatschen wollte kein Ende nehmen. Anschließend lud ich zu einer »aktuellen Fragestunde« über den »Erlanger Professorenkrieg« ein. Vorweg gab ich eine Erklärung ab, in der ich alle gegen mich erhobenen Vorwürfe ausnahmslos zu »UHOIs«, also für falsch erklärte, soweit sie mich moralisch belasten konnten. Es gab keinen Widerspruch. Am Schluß bot man mir an, mich im Konvoi zu meiner Privatwohnung in der Palmstraße zu begleiten. Ich bat darum, dies nicht zu tun, weil ich noch immer darauf hoffte, daß meine Dienstvorgesetzten letztendlich eine positive, mich rehabilitierende Entscheidung treffen würden. Man hatte mir ja früher schon die Aufwiegelung der Studentenschaft zum Vorwurf gemacht. Dem wollte ich keine neue Nahrung geben.

Am nächsten Tag stand mit Schlagzeile im *Erlanger Tagblatt*: »Weil Prof. Dr. Hackethal nicht mehr in der Universität lehren darf: *Kolleg im Gasthaus*«. Darunter fand sich ein Foto, das je vier Studenten weiblichen und männlichen Geschlechts, die vor den beiden Straßenfenstern der Gastwirtschaft auf der Fensterbank stehen, abbildet. Die Bildunterschrift: »Der Gasthaussaal in Erlangen, in dem Professor Dr. Hackethal seine Vorlesung hielt, war derart überfüllt, daß etliche Studenten vor der Tür stehen blieben und von draußen durch die Fenster mithörten. Sie standen dabei auf den Fensterbänken und sahen durch die geöffneten Oberlichter.«

In dem Zeitungsbericht, der auch noch für mich die damalige Situation sehr objektiv wiedergibt, heißt es dann weiter:

»Der ›Vorlesungstermin‹ war durch Mundpropaganda weit über die Studentenschaft hinaus bekanntgeworden. So waren in dem Saal, an dessen Tür ein Schild ›Geschlossene Gesellschaft‹ verkündete, nicht nur Medizinstudenten versammelt. Deswegen vermied der Dozent Äußerungen, die gegen die ärztliche Schweigepflicht verstoßen hätten.

Hackethal sprach zunächst über Krebskrankheiten und stellte zum Abschluß der Vorlesung zwei Patienten vor … In der anschließenden, zum Teil lebhaften ›Fragestunde‹ lehnte er den Vorschlag eines Studenten, die Versammelten sollten Hackethal nach

Haus geleiten, mit dem Bemerken ab, das könne ihm als Aufwiegelung ausgelegt werden.

Hackethal beklagte, nicht vom Senat gehört worden zu sein,
während dieses Recht Prof. H. zugestanden worden sei. Er könne
sich nicht denken, daß wirklich, wie zugesichert worden war, unter Berücksichtigung aller Umstände über ihn entschieden worden
sei.

Hackethal kündigte an, daß er sich gegen das Vorlesungsverbot
wehren werde. Zunächst müsse er darüber mit seinem Rechtsanwalt sprechen. Prof. H. habe ihn von vornherein abschieben wollen. Er, Hackethal, zweifle keinen Augenblick an der Objektivität
des Großen Senats, er glaube aber nicht, daß der Senat richtig informiert wurde.

Auf eine Frage sagte der Universitätslehrer, er habe lange Zeit geglaubt, ›daß man auf dem Rechtsweg rasch zu seinem Recht
kommt. Daran glaube ich noch, was unsere Gerichte anbetrifft.
Ich glaube es aber nicht in bezug auf manche anderen Stellen.‹«

Die Zeitung berichtet weiter:

»Gegen eine Vortragsreihe Professor Hackethals gebe es ›keinerlei
juristische Handhabe‹, erklärte der Rektor der Universität Erlangen-Nürnberg, Prof. von Pölnitz, in Erlangen.
Von Pölnitz vertrat die Ansicht, daß sich Professor Hackethal, der
zumindest den Ausgang der schwebenden Verfahren hätte abwarten sollen, unklug verhalten habe. Der Rektor wertete Hackethals
Vorgehen als natürliche Reaktion des Chirurgen, in seiner Lehrtätigkeit fortzufahren. Andererseits sei es offensichtlich, daß Professor Hackethal damit die Entziehung der Lehrbefugnis bewußt
umgangen habe. Von Pölnitz stellte ferner fest, daß es theoretisch
möglich sei, daß Hackethal durch seine jetzigen Pro-Forma-Vor-
lesungen Mittelpunkt eines weiteren Verfahrens werde.«

Der kleine Gastwirtschaftssaal hatte sich dem Studentenansturm als
nicht gewachsen erwiesen. Es waren unter anderem einige Fenster-
scheiben zu Bruch gegangen. Darum verlegten wir meine Ersatzvorlesungen in Erlangens größten Tanzsaal im »Altstädter Schießhaus«
auf dem Burgberg, wo alljährlich die berühmte Erlanger Berg-Kerwa
stattfindet.

Der Name »Schießhaus« beflügelte mich. Immer mehr zeichnete sich ab, daß ich auf dem Dienstweg kein Recht bekommen würde. Also brauchte ich auf beamtenrechtliche Vorschriften keine Rücksicht mehr zu nehmen. In den Ersatzvorlesungen selbst hielt ich mich zwar an das jeweilige Vorlesungsthema. Aber in der »Fragestunde« danach nahm ich in meiner Kritik kein Blatt mehr vor den Mund.

Tatkräftig unterstützt wurde ich weiterhin von meinem Vorlesungsassistenten Günter Vogel, von meiner Sekretärin Ingrid Rink, von der Lehrerin der Krankengymnastikschule Elke Schmidt sowie der Krankengymnastin Alke Dietrich.

Die Studentendemonstrationen fanden nicht die Billigung der Medizinischen Fachschaft aber die Sympathie der Studentenschaft allgemein blieb mir elf Wochen lang erhalten, und zwar bis zum 6. Februar 1964. An diesem Donnerstag hatte der Chirurgie-Ordinarius für das Hauptkolleg »Chirurgische Klinik« seine Oberärzte aufgeboten, um die Studenten gegen mich aufzuwiegeln. Er selbst hielt sich fern. Alle drei Oberärzte meldeten sich nacheinander zu Wort, um meine Vorwürfe zu widerlegen.

Beispielsweise wurde behauptet, die erhöhte Operationssterblichkeit der Klinik im allgemeinen und von Prof. H. im besonderen sei nur darauf zurückzuführen, daß mehr Patienten operiert würden, die früher ohne Operation zu Haus gestorben wären. Im übrigen seien die von mir benutzten Zahlen viel zu klein, um sie statistisch verwerten zu können. Dabei hatte ich mich auf Zahlen bezogen, die von G.H. selbst und anderen publiziert worden waren.

Eine längere Diskussion gab es im Zusammenhang mit meinen zitierten Aktivitäten, um die Beinamputation bei einem jungen Mann zu verhindern.

Ein Student warf den Oberärzten vor: »Glauben Sie nicht, daß Professor Hackethal als einziger über genügend Erfahrung verfügt, den Fall beurteilen zu können?« Darauf antwortete der Oberarzt Heiner B.: »Sie scheinen nicht zu wissen, daß Prof. H. während des Krieges als Frontchirurg eine Riesen-Erfahrung gesammelt hat.« Er konnte natürlich nicht wissen, daß G.H. seine Zeit als Militärarzt weitgehend am Schreibtisch in Berlin-Beelitz zugebracht hatte.

Wörtlich erklärte Oberarzt Heiner B. weiter. »Ich als Schüler von Herrn Professor Hackethal verdanke ihm viel, wenn nicht alles. Der Mann ist ein ausgezeichneter Chirurg. Gibt es Ihnen nicht zu denken, wenn ich Ihnen nach all dem Gesagten erkläre, daß ich nicht mehr auf seiner Seite stehen kann?!«

Darauf ein Student: »Drängt sich nicht der Gedanke auf, daß in diesem Verfahren vom Kultusminister parteiisch entschieden wird, wenn man sich folgendes klar macht: Ein Professor wird des relativ harmlosen Vergehens der ›Erpressung‹ bezichtigt und suspendiert. Ein anderer Professor wird der ›fahrlässigen Tötung‹ bezichtigt und macht weiter?!« Darauf die Antwort: Das Kultusministerium habe den Fall vor seiner Entscheidung reichlich geprüft.

Dann rief ein Student: »Professor Hackethals Methode der Bündelnagelung wird doch inzwischen in 150 Kliniken des In- und Auslandes eingesetzt. Das beweist doch sein Können.« Daraufhin antwortete ein Oberarzt, die Zahl stimme nicht. Es gebe kaum eine Klinik, welche diese Methode benutze. Darüber empörte sich der Student V. so, daß er erklärte: »Ich werde jetzt den Professor anrufen und ihn fragen.« Da rief ein anderer Student: »Der Professor ist doch verreist.« Nun wollte der Oberarzt Florian Z. dem Studenten schmeicheln: »Das imponiert mir an Ihnen, junger Mann. Sie sind aus dem richtigen Holz. Sie müssen Assistent an dieser Klinik werden. So was findet man heutzutage selten. Sie haben Mut und Energie.« Daraufhin unterbrach ihn der Student V.: »Wollen Sie mich mit diesen Bemerkungen dazu verleiten, bei Professor Hackethal für Sie zu spionieren? Ich kenne den Professor. Der lügt nicht!«

Anschließend trat Oberarzt Franz Paul G. auf und erklärte wahrheitswidrig wörtlich folgendes: »Meine Damen und Herren! Wenn Sie ein offenes Herz operieren, und es kommt jemand in den OP-Saal gestürmt und will Ihnen quasi den Patienten vom Tisch ziehen, könnten Sie dann noch unter dieser psychischen Belastung in einem Operationsgebiet, in dem Millimeterarbeit nötig ist, ruhig und sicher arbeiten?« Dazu vermerkte die Hörerin, welche alles für mich protokolliert hat: »Dieses sagte G. alles mit langsamer eindringlicher Sprache und feierlichem Gesichtsausdruck, während man im Hörsaal eine Stecknadel fallen hören konnte.«

G. fuhr fort: »Wenn Sie das fertigkriegten, sagte ich Ihnen eine große Karriere voraus. Wir können das nicht. Sind Sie nicht auch der Ansicht, daß man jemanden, der unsere Arbeit so stört, an dieser Störung hindern muß?«

Mit dieser bösen Lügenstory zog er alle Studenten auf seine Seite. Meine Spionin notierte: »Derbes Klopfen und andere Beifallsäußerungen.« Anschließend soll in Gruppen diskutiert worden sein. Ein Student habe sich allerdings die Bemerkung nicht verkneifen können: »Ein richtiger Chirurg operiert sogar im Bombenhagel!«

Es gibt noch allerlei Notizen über diese Vorlesung. Es war eine einzige Verleumdungskampagne der Ordinarius-Vasallen im Oberarztrang. Kein einziger Vorwurf stimmte. Aber hier waren die Medizinstudenten überfordert. An diesem 6. Februar bekam ich als glaubwürdiger Medizinlehrer den Dolchstoß. Nicht für alle, denn meine Ersatzvorlesungen blieben voll. Aber für viele.

Zu ergänzen ist noch, daß während der Vorlesung am 6. Februar eine drei Seiten lange »Information« des Rektors der Universität an die Studenten verteilt wurde. Darin werden die unwahren, halbwahren oder irreführenden Behauptungen wiederholt und mit ihnen begründet, daß die Universität meine Dienstenthebung beantragt und der Kultusminister diese am 3. Februar mit sofortiger Wirkung verfügt habe. Außerdem habe mir der Große Senat die Lehrbefugnis entzogen. Am Schluß dieser Information für die Studenten steht in Großbuchstaben:

»An die Studenten ergeht hiermit der dringende Hinweis, sie möchten den objektiven Ablauf der anhängigen Verfahren mit der gebotenen Sachlichkeit abwarten. Jede vorzeitige Parteinahme, die als Eingriff in ein Verfahren verstanden werden könnte, wäre geeignet, neue Vorgänge oder Mißverständnisse zum Schaden der Universität, des Studienbetriebs in der Medizinischen Fakultät sowie Nachteile für die Kranken auszulösen. Ich bitte die Studenten, mit akademischer Einsicht und Ordnung in ihren wissenschaftlichen Arbeiten fortzufahren, vor allem zu keinen unbedachten Handlungen sich bewegen zu lassen und auf diese Art gemeinsam mit dem Lehrkörper, der einhellig die Vorgänge bedauert, welche diese Maßnahmen notwendig machten, Recht und Würde unserer Universität zu wahren.

Erlangen, den 6. Februar 1964
Der Rektor der Universität
Prof. Dr. G. Frhr. von Pölnitz.«

Am 5. März erhielt ich einen weiteren Brief des Rektors. Darin steht, daß meine Vorträge vor Medizinstudenten als Umgehung des Senatsbeschlusses zu werten seien. Deshalb fordere er mich auf, diese Vorträge einzustellen. Dies tat ich dann in der Hoffnung, daß der vorläufige Entzug der Lehrbefugnis vielleicht doch noch aufgehoben werden könnte.

Insgesamt waren meine zehn öffentlichen Tanzsaalvorlesungen vom 4. Februar bis zum 5. März 1964 zehn öffentliche Kundgebungen von Medizinstudenten für mich. Sie hätten zum Beginn der Studentenrevolte gegen den Universitätsmuff werden können, wenn man meine Glaubwürdigkeit als Vorreiter nicht durch eine ungeheuerliche Lügenkampagne in Frage gestellt hätte. So aber dauerte es noch gute vier Jahre, bis die große Studentenrevolte in der Bundesrepublik begann, die in vielen Bereichen zu nützlichen Reformen führen sollte.

VOM JUNGÄRZTEBUND VERRATEN UND VERKAUFT

Kurz nach dem verlorenen Zweiten Weltkrieg war in Marburg ein Jungärztebund gegründet worden, um die Interessen der »Angestellten Ärzte« gegenüber der Obrigkeit in den Krankenhäusern wahrzunehmen. Die damals in Akademikerkreisen anrüchige Vokabel »Gewerkschaft« wollte man dafür nicht benutzen, obwohl es nichts anderes war oder doch hätte sein sollen, nämlich eine Schutzorganisation für die Kleinen gegen die Großen. Diesem *Marburger Bund* bin ich schon im Gründungsjahr als Assistenzarzt des Kreiskrankenhauses Eschwege beigetreten. Ich hielt die Mitgliedschaft in diesem Verband der »Angestellten Ärzte« auch aufrecht, nachdem ich Beamter auf Lebenszeit geworden war. Denn aus meiner Sicht war es selbstverständlich, daß sich dieser Jungärztebund – diese Einordnung bezieht sich auf den Altersunterschied zwischen den Kleinen und den Großen – nicht nur für bessere Bezahlung und kürzere Arbeitszeiten, sondern auch gegen unangemessene Bevormundung durch ärztliche Vorgesetzte engagieren würde. Das allerdings erwies sich als ein folgenschwerer Irrtum.

Im Erlanger Professorenkrieg hatte ich von Anfang an auf den *Marburger Bund* als Verbündeten gehofft, von ihm sowohl engagierte »Schützenhilfe« wie auch potente Rechtshilfe erwartet. Denn dieser Professorenkrieg zwischen einem Klinikdirektor und einem Oberarzt hätte eine Sternstunde für den Jungärztebund werden können und müssen. Bessere Voraussetzungen für die Möglichkeit, die Medizin-

Ordinarien-Hierarchie in ihrer Machtfülle gegenüber Oberärzten und Assistenzärzten auf ein erträgliches Maß zu reduzieren, konnte es kaum geben: Ein Oberarzt mit Professorentitel kämpfte gegen einen Chirurgie-Ordinarius für die Rechte und Pflichten nachgeordneter Ärzte, für bestmögliche Patientenversorung im parazelsischen Sinne, gegen den Mißbrauch der Befehlsgewalt von Ordinarien.

Schon wenige Tage nach Beginn des Professorenkrieges versuchte ich, den Landesvorsitzenden des *Marburger Bundes*, Dr. Braun, telefonisch zu erreichen, um einen Gesprächstermin zu vereinbaren. Immer wieder rief meine Sekretärin an, immer wieder wurde ihr gesagt, Dr. Braun sei verhindert. Am Silvestermorgen 1963 wurde mir das zu bunt. Ich ließ mich mit Dr. med. Klaus Dehler in Nürnberg verbinden, damals Mitglied des Landtages von Bayern und außerdem hoher Funktionär des *Marburger Bundes*. Tatsächlich klappte das sofort zehn Minuten nach neun. MdL Dr. Dehler ließ sich nicht verleugnen.

Ich sagte ihm, daß ich inzwischen zwölfmal vergeblich versucht hätte, den Kollegen Dr. Braun zu erreichen. Auf meine Bitte, zurückzurufen, habe er nicht reagiert. Ich fühle mich als langjähriges Mitglied des *Marburger Bundes* verraten und verkauft. Nun hätte ich nur noch die Hoffnung, daß er mir helfen könne und wolle.

Dann erzählte ich ihm kurz und knapp, was passiert war. Er hatte natürlich längst davon gehört, gab sich aber merkwürdig bedeckt.

Schließlich kam ich zum Punkt, bat ihn um einen raschen Gesprächstermin, weil nun wahrlich Eile geboten sei. Dabei machte ich deutlich, daß ich mir selbstverständlich vom *Marburger Bund* eine entscheidende »Schützenhilfe« erhoffe. Dehler antwortete mir: Leider habe er vor dem 7. Januar keine Zeit für ein solches Gespräch. Er verreise und komme erst zwischen dem 6. und 8. Januar zurück. Es helfe nichts, bis dahin müsse die Unterredung verschoben werden. Wahrscheinlich klappe es am 7. Januar.

Ich wies darauf hin, daß ich schließlich gerade deshalb Mitglied des *Marburger Bundes* geworden wäre, um eine stärkere Position gegenüber den Dienstvorgesetzten zu haben. Dies sei doch wirklich eine außergewöhnliche Sache, daß ein Oberarzt mit Professorentitel gegen seinen Klinikdirektor und damit gegen die Ordinarien-Hierarchie streite. Die Zeit liefe davon. Er möge es bitte, bitte möglich machen, daß ich ihn gleich im neuen Jahr sprechen könne. Seine Antwort: Nein, es sei nicht möglich. Bei dieser Absage blieb es.

Über das Telefonat habe ich eine ausführliche Aktennotiz gemacht. Leider gab es mit dem *Marburger Bund* keinen Schriftwechsel, den ich dieser angeblichen Interessensvertretung nachgeordneter Ärzte auch heute noch unter die Nase halten könnte. Damals schien es mir vor dem Hintergrund der telefonischen Kneifereien Zeitverschwendung, einen schriftlichen Antrag zu stellen

Natürlich habe ich mir meine Gedanken gemacht, warum sich der *Marburger Bund* nicht für mich und gegen einen Chirurgie-Ordinarius engagieren wollte. Ergebnis: Nach meiner Überzeugung schielen die Ärzteführer des *Marburger Bundes* ebenso wie die Ärzteführer anderer Berufsverbände und auch die Ärztekammerherren, also alle, die es noch nicht zum Professor gebracht haben, auf den Professorentitel.

Vielen ist es ja auch gelungen, sich ohne die Anstrengungen einer Habilitationsarbeit und einer zwölfsemestrigen Forschungs- und Lehrtätigkeit diesen Titel zu holen. Ohne Wohlverhalten und katzbucklerische Ehrerbietung gegenüber den Medizin-Ordinarien klappt das in der Regel nicht!

In diesem Ordinarien-Recht, Professorentitel zu verleihen, steckt eine ungeheure Kraftreserve gegenüber allen Machthabern der Nation. Denn nach wie vor schlägt dieser Titel, soweit er nicht einem Studienrat angehängt wurde, jeden Titel und Orden sonst als Ehrfurchtgebieter. Gäbe es dieses Recht für die Ordinarien nicht, wäre die Ordinarien-Hierarchie längst in der Hölle verschwunden.

Leider muß ich meinen vorgeschichtlichen Dokumenten entnehmen, daß ich damals nicht aus dem *Marburger Bund* ausgetreten bin, wie es sich eigentlich gehört hätte.

Im Laufe der sechziger Jahre hat sich der *Marburger Bund* auch zu einem Interessenverband für »Angestellte Chefärzte« gemausert. Eigentlich widersprach das der primären Zielsetzung. Dies mag damit zu tun haben, daß im Vordergrund der Aktivitäten des *Marburger Bundes* immer die ordinäre Gier nach Geld, Arbeitszeitverkürzungen, Urlaub etc. gestanden hat. Aber nicht die Stärkung der Position nachgeordneter Ärzte in ihrer Eigenverantwortlichkeit als Arzt gegenüber den Vorgesetzten. Dieses weit wichtigere Grundanliegen hätte eigentlich immer an der ersten Stelle stehen müssen.

Staranwalt Dr. Josef Augstein als Kampfgefährte

Nach meinen vergeblichen Versuchen, Verbindung mit dem *Marburger Bund* aufzunehmen, wandte ich mich mit der vertraulichen Bitte um Rat an den Dekan der Juristischen Fakultät, Prof. Dr. Karl Schwab. Dieser empfahl mir, wenn Dr. Braun sich verleugnen lasse, eben einen anderen Anwalt zu nehmen.

Als bester Rechtsanwalt galt damals Dr. Josef Augstein in Hannover. Dieser Ruf bestätigte sich für mich zu einer erfreulichen unverrückbaren Erfahrung. Von den schätzungsweise vier Dutzend Rechtsanwälten, die mir bis heute beigestanden haben, gehörte er zu den drei besten. Wer die beiden anderen sind, darf ich nicht sagen. Damals, 1963/64, dürfte er mit Abstand der allerbeste gewesen sein!

Eine Frage war jedoch, ob dieser Allerbeste ausgerechnet für mich Zeit hatte. Etwas bangen Herzens rief ich ihn an, sagte schnell, wer ich war, und erzählte ihm in ein paar Sätzen, wozu ich mir seinen Rechtsbeistand erbat. Lange brauchte ich nicht zu reden. »Herr Professor Hackethal, es reicht!« unterbrach er mich kurz und knapp. »Ich übernehme die Vertretung. Ich brauche die Schriftsätze und was sonst wichtig ist.« Aus! Ende! So war er.

Am 17. Dezember schrieb er den ersten Brief an den Kultusminister von Bayern und den Rektor der Erlanger Universität gleichzeitig. Dabei verwies er auf mein Entgegnungsschreiben zu dem Antrag auf Dienstenthebung. Er mahnte an, auch meinen Interessen als Hochschullehrer und Beamter gerecht zu werden, vor allem meine Vorwürfe gegen Prof. H. zu klären und die notwendigen Konsequenzen zu ziehen. Auch stellte er sich auf den Standpunkt, daß mir das Recht einer Presseinformation nicht verweigert werden könne. Schließlich hätte ja mein Gegner seine Vorwürfe gegen mich in die Öffentlichkeit gebracht, und dagegen müsse ich mich verteidigen können.

Der Rektor antwortete unter anderem: »Was das Material Ihres Mandanten angeht, hat er mir zunächst einen Einzelfall angeführt und erst gestern eine Mortalitätsstatistik übermittelt. Der Begriff der Vorwürfe im einzelnen ist damit doch kaum schon gegeben.«

Man beachte das große Gewissen eines Universitätsrektors! Ein Jahr lang währende Qualen eines zu Tode operierten Kindes reichten ihm nicht für den »Begriff der Vorwürfe im einzelnen«, wie er es mit jener Gespreiztheit nennt, die immer ein Zeichen für ungenaues Denken und Fühlen ist.

Am 19. Dezember schrieb mir dann Dr. Augstein, daß er die Verfügung des Kultusministers inzwischen bekommen habe. Danach übte er – zunächst nur milde – Kritik an meiner bisherigen Kriegführung:

>>Die Sache macht mir offengestanden einige Sorgen. Wenn ich Sie von Anfang an beraten hätte, wäre einiges mit Sicherheit anders gelaufen. Sie haben in Ihren Eingaben allerlei zugegeben. Außerdem hat Herr Prof. Dr. H. Ihre Kollegen als Zeugen. Ich bin über die Verfügung offengestanden nicht glücklich … Meine Bitte geht dahin, daß Sie zunächst erst einmal nichts mehr allein unternehmen. Wir müssen auch taktisch klug handeln. Ich möchte verhindern, daß Sie Ihre Position überbewerten. Nur wenn Ihr Trumpf wirklich sticht, können Sie voll rehabilitiert werden. Ihr Verhalten ist ungewöhnlich. Nur schwere Mißstände an der Klinik können ein solches Verhalten rechtfertigen. Darauf kommt es jetzt also entscheidend an.
Ich schreibe Ihnen diesen Brief nicht, um Ihnen den Kopf schwer zu machen. Sie müssen aber klar erkennen, worauf es ankommt. Außerdem müssen Anordnungen des Klinikdirektors durch Sie befolgt werden, solange dieser noch Klinikdirektor ist. Das ergibt die Verfügung klar. Sie setzen sich sonst ins Unrecht.<<

Außerdem heißt es in dem Brief:

>>Die Sache kann nur noch zu einem günstigen Abschluß kommen, wenn Sie wirklich handfestes Material gegen Herrn Dr. H. haben. Sonst werden Sie eine Disziplinarstrafe erhalten. Ich bitte Sie deshalb, das Material zu sichten und zusammenzustellen. Es wird ein schwerer Kampf werden.<<

Schon am nächsten Tag jagte er einen weiteren Brief an mich hinterher. Es lag ihm daran, mir noch ein paar grundsätzliche Dinge zu schreiben, nachdem ich in meiner mündlichen und schriftlichen Korrespondenz mit ihm die Ordinarien-Hierarchie allgemein kritisiert und den Wunsch geäußert hatte, diesen Komplex auf jeden Fall in den Streit einzubeziehen. Dazu aber meinte er dann:

>>Auf der anderen Seite ist es nicht möglich, in Ihrem Fall die gesamten Fragen der ordentlichen Professur aufzurollen. Wenn Sie

das wollen, empfehle ich Ihnen, Ihren Traum vom ordentlichen Professor beiseite zu legen, aus dem Staatsdienst auszutreten, sich eine andere Existenz zu schaffen und dann eine Erklärung abzugeben, warum Sie das getan haben. Dann tritt das grundsätzliche Problem in den Vordergrund. Ein solcher Schritt muß aber sehr überlegt sein. Solange Sie auf eine ordentliche Professur noch Wert legen, können Sie nicht gegen die derzeitigen Zustände Sturm laufen. Es wäre dann ein Amoklauf.«

Der Rest des Briefes sollte dann meinen Optimismus auf den Sieg in diesem Professorenkrieg doch ein wenig dämpfen:

»Wenn Sie eine gute Stelle in einem Krankenhaus hätten, wüßte ich, was ich Ihnen raten würde. So habe ich Bedenken. Ihr Herz hängt an der Professur. Sie sind mit Leib und Seele Chirurg und wollen operieren. Dazu brauchen Sie ein Krankenhaus und einen großen Operationssaal. Ich warne daher vor übereilten Schritten. Sie haben von Anfang an mit sehr hohem Einsatz gespielt. Mein Rat geht zunächst dahin, die ganzen Mißstände schriftlich niederzulegen und der Universität und dem Minister bekanntzugeben. Wenn wir dann merken, daß wir trotzdem unrecht bekommen sollten, ist immer noch Zeit, der Katze die Schelle anzuhängen.«

Anschließend hat Josef Augstein offensichtlich alle Weihnachtsfeiertage für mich geopfert, um noch vor Jahresende, die – wie er ausdrücklich betont – auch seines Erachtens »berechtigten Forderungen« seines Mandanten auf den Punkt zu bringen:

»1. Sofortige Wiedereinsetzung meines Mandanten als verantwortlicher Chirurg für ein abgegrenztes Teilgebiet;
2. Einleitung eines Dienststrafverfahrens gegen Herrn Prof. Dr. H. mit sofortiger vorläufiger Amtsenthebung.«

Diese Forderungen begründet er auf drei Seiten. Insbesondere fordert er eine »angemessene Geschäftsverteilung, die es meinem Mandanten gestattet, verantwortlich zu beraten, zu behandeln und zu operieren. Das ist auch leicht möglich, ohne daß Überschneidungen vorkommen, wenn eine zweckentsprechende Planung stattfindet. Mein Mandant betreute früher die Stationen 7 und 3. Ich könnte mir vorstellen, daß mein Mandant wieder die Station 7 mit ambulanter Vor- und Nachbehandlung übertragen bekommt. Mein Mandant wäre auch bereit, sich auf bestimmte Operationstage mit Ausnahme dringlicher Operationen zu beschränken.«

Dann tritt Augstein mit Entschiedenheit der Einlassung des Rektors im Brief vom 19. Dezember entgegen, daß der »Begriff der Vorwürfe im einzelnen ... doch kaum schon gegeben« sei:

>»Ich kann mich allerdings dieser Argumentation nicht anschließen. Ich meine, der Fall B. wäre eindeutig genug. Das Kind wäre bei normaler Führung der Klinik nachweislich noch am Leben. Bei so gut wie allen Operationsgattungen ist die persönliche Mortalitätsquote des Herrn Klinikdirektors zwischen doppelt bis zwanzigmal so hoch wie bei anerkannten Spezialisten. Die Öffentlichkeit setzt aber bei einem Universitätsprofessor und Klinikleiter einen anerkannten Spezialisten voraus. Es geht immerhin um Menschenleben. Dann hört m.E. jede persönliche Rücksichtnahme auf die Belange einer Universität auf, wenn man sich nicht mitschuldig machen will. Die allgemeinen Mortalitätsquoten stehen wissenschaftlich fest. Die persönliche Mortalitätsquote des Herrn Professor Dr. H. ergibt sich aus den Krankenblättern in Verbindung mit Untersuchungen von Doktoranden.«

Dann verweist Josef Augstein auf die von G.H. in seinem Hauptvortrag 1959 auf dem Chirurgenkongreß zum Maßstab erhobene Mortalitätsquote von 1 Prozent gegenüber der persönlichen Mortalitätsquote des Klinikdirektors bei vollständiger Magenentfernung von 57 Prozent und bei Entfernung der oberen Magenhälfte (Fundektomie) von 37,5 Prozent.

>»Daran kann auch ein Gutachtergremium nichts mehr ändern. Es handelt sich um Tatsachen, nicht nur um Behauptungen. Bei meinem Mandanten ist bei genau den gleichen Operationen nachweislich nicht ein Patient verstorben. Wenn das Leben von Patienten auf dem Spiel steht, können Ansehen und Nimbus eines Ordinarius nicht ausschlaggebend sein. Da Herr Professor Dr. H. sicherlich auch in der Vergangenheit getan hat, was er konnte, wird in Zukunft mit der gleichen Mortalitätsquote zu rechnen sein. Sie dürfte eher noch steigen, da mein Mandant in seiner Un-

fallchirurgie, wie am Beispiel der Marknagelung errechnet wurde, an der untersten Grenze der allgemeinen Mortalitätsquote lag.«

Damit hatte Josef Augstein die Dringlichkeit einer Entscheidung derart auf den Punkt gebracht, daß es in meinen Augen für ein weiteres zögerliches Taktieren von Rektor und Kultusminister keine Rechtfertigung mehr geben konnte.

Doch noch im alten Jahr holte mich mein Rechtsberater auf den Boden der Tatsachen zurück. Am 30. Dezember schrieb er mir: »Der Fall ließ mich nicht zur Ruhe kommen. Ich habe deshalb die Rechtslage noch einmal überprüft. Das Ergebnis ist wenig schön. Es gibt keine Möglichkeit, einen Richter oder Ordinarius zu suspendieren oder seines Amtes zu entheben, wenn er noch zurechnungsfähig ist oder keine erhebliche Schuld auf sich geladen hat. Unfähigkeit ist kein Grund zur Suspendierung oder zur Amtsenthebung.«

Nachdem ich das gelesen hatte, mußte ich zunächst einmal eine Lesepause machen. Unfähigkeit sollte auch bei Chirurgie-Ordinarien kein Grund zur Amtsenthebung sein?! Das durfte doch nicht wahr sein! Ich las weiter:

»Das gleiche gilt nicht für Sie, da Sie noch kein Ordinarius sind. Es ist also kein Kampf mit gleichen Waffen. Da wir nicht behaupten können, daß Herr Professor Dr. H. absichtlich schlecht operiert hat, können Sie mit Ihrem Antrage nicht durchkommen. Das muß ich Ihnen klar sagen, damit Sie wissen, woran Sie sind.«

Doch total im Regen wollte mich mein Rechtsanwalt am Silvestertag auch nicht stehenlassen. Also diskutierte er die Frage: »Wie Sie Ihr Ziel trotzdem erreichen können.« Er sah fünf Möglichkeiten:

»1. Prof. Dr. H. tritt freiwillig zurück. Damit ist nicht zu rechnen.
2. Die Staatsanwaltschaft greift ein. Sie eröffnet ein Ermittlungsverfahren. Ich habe dazu kein Vertrauen. Sie können Herrn Professor Dr. H. wahrscheinlich keinen speziellen Kunstfehler nachweisen, der zum Tode eines Patienten geführt hat. Der Fall B. reicht nicht aus, weil Herr Professor Dr. H. nicht selbst operiert hat. Selbst wenn aber eine fahrlässige Tötung nachgewiesen würde, würde das nicht ausreichen. Jedem kann einmal ein Kunstfehler unterlaufen.

3. Die Presse und die Öffentlichkeit würden unterrichtet. Das könnte zum Ziele führen. Wenn dann Herr Professor Dr. H. stark kompromittiert würde, bliebe ihm wahrscheinlich nichts anderes übrig, als freiwillig zurückzutreten. Es liegt aber auf der Hand, daß alle Informationen von Ihnen kommen. Niemand sonst ist so unterrichtet und könnte die Presse informieren. Auch wenn ich es bestreiten würde, wäre gar nicht zweifelhaft, daß die Informationen über mich kommen. Man würde Ihnen den Kampf auf dieser Ebene sehr übel nehmen. Wahrscheinlich handelten Sie dadurch auch pflichtwidrig als Beamter und Professor. Dabei würden die ganzen Probleme aufgerührt. Sie bekämen die Stelle dann mit Sicherheit nicht.

4. Es ist sowieso sehr zweifelhaft, ob Sie noch Ordinarius werden können. Ihren Professortitel müssen Sie aber unbedingt behalten. Vielleicht wäre es zweckmäßig, daß Sie freiwillig aus dem Staatsdienst ausscheiden und sich selbständig machen. Danach könnte die Presse und die Öffentlichkeit unterrichtet werden. Sie können dann in Ruhe die weitere Entwicklung abwarten.

5. Einen Weg, Herrn Professor Dr. H. wegzukriegen, ohne daß Sie dabei selbst Schaden nehmen, finde ich nicht. Ihre Position ist rechtlich viel schwächer, als Sie es annehmen. Darauf sind die verschiedenen Fehler zurückzuführen, die Sie zweifellos von Anfang an gemacht haben.«

Augsteins Rat: »Ich neige dazu, Ihnen zu raten, aus dem Staatsdienst auszuscheiden, und zwar freiwillig.«

Man kann sich denken, in welcher Stimmung die Hackethal-Familie in das neue Jahr hineingefeiert hat. Das alte Jahr endete mit viel Tränen. Meine Frau ging der ganzen Familie mit feuchtem Beispiel voran. Nach ihr weinte meine Schwiegermutter Tinni am meisten. Die drei Kinder wußten zwar vor dem Hintergrund meiner Siegeszuversicht in den letzten Wochen nicht, warum geheult wurde. Aber aus Sympathie weinten sie alle mit. Da kam ich mir recht herzlos vor. Denn obwohl ich sonst eher zu den Heulsusen gehöre: Dieses Mal kam mir keine Träne. Da war nichts, was mein Herz in rührende Schwingungen versetzen konnte. Da gab es nur ein Gefühl der Gefühle: Heiligen Zorn und den Schwur, bis zum Letzten für den Sieg zu kämpfen. Jetzt zu kapitulieren, wäre Verrat an meinem Professorentitel und Kapitulation vor dem Unrecht gewesen.

»ERLANGER PROFESSORENKRIEG«: DIE ENTSCHEIDUNGS-SCHLACHT (JANUAR/FEBRUAR 1964)

GEGENANGRIFF ALS KAMIKAZEKRIEGER?

»Kamikaze« ist ein japanisches Wort und heißt göttlicher Wind. Die Japaner brauchten in der Endphase des Zweiten Weltkrieges freiwillige Kampfflieger, die sich mit ihrem sprengstoffbeladenen Flugzeug im Selbstopferangriff auf Einheiten der amerikanischen Flotte, vor allem auf Flugzeugträger, stürzten. Also suchten sie nach einem Namen, der den japanischen Soldaten diesen Heldentod so schmackhaft als möglich machen sollte. Da hat es sich in der Geschichte sehr bewährt, die Götter als Rückenwind zu benutzen.

Auf das Wort »Kamikaze« bin ich erst jetzt, bei der Suche nach der Überschrift für dieses Kapitel gekommen. Sie stimmt – Gott sei Dank! – nicht in dem Sinne, daß ich damals göttlichen Rückenwind zu einem Karriere-Suizid verspürte. Denn weder hoffte ich damals auf Gott als Kampfgefährten, noch glaubte ich zum Jahreswechsel 1963/64 im Schwung der Gegenoffensive an eine Selbsttötung meiner Karriere. Deshalb habe ich die Überschrift mit einem Fragezeichen versehen. Nur aus heutiger Fernsicht kommt es mir so vor, als ob ich damals total durchgedreht wäre. Denn da gab es schon einiges, was, von weitem betrachtet, einen solchen Eindruck macht.

Aber gibt es nicht in der Geschichte Parallelen, auch extremer Art, die uns als leuchtendes Vorbild hingestellt worden sind? Zum Beispiel den tapferen David der Bibel, welcher den Riesen Goliath erschlagen hat, damit die Herrschaft der Philister brach, und der dann König eines besseren Judenstaates wurde? Gab es da nicht auch den Reichsritter und Humanisten Ulrich von Hutten, der sich im Kampf gegen den bösen Herzog Ulrich von Württemberg große Verdienste um den Humanismus erworben hat und seither als Volksheld gefeiert wird? War er nicht das Leitbild der studentischen Jugend des 19. Jahrhunderts? Ich zitiere:

»Ich hab's gewagt mit Sinnen
Und trag deß noch kein Reu,

Mag ich nit dran gewinnen –
Noch muß man spüren Treu! ...

Da laß ich jeden lügen
Und reden, was er will;
Hätt' Wahrheit ich verschwiegen,
Mir wären Hulder viel:
Nun hab' ich's g'sagt,
Bin drum verjagt ...

Um Gnad' will ich nit bitten,
Dieweil ich bin ohn' Schuld;
Ich hätt' das recht gelitten;
So hindert Ungeduld,
Daß man mich nit
Nach alter Sitt'
Zu G'hör hat kommen lassen; ...

Bin unverzagt,
Ich hab's gewagt
Und will des End's erwarten.«
Ulrich von Hutten (1488–1523)

Nun werden wohl viele denken: Jetzt dreht der Alte völlig durch. Nun will er sich an die Seite der Größten der Weltgeschichte stellen!

Nein, so weit übergeschnappt bin ich nun doch nicht. Mir reicht es schon als Ehrung, wenn ich gelegentlich mit einem prominenten Heilpraktiker verwechselt werde. Das ist mir vor nicht allzu langer Zeit in München auf der großen Einkaufsstraße zwischen Marienplatz und Stachus passiert. Da stürzte eine spätmittelalterliche Dame auf meine Frau und mich zu und rief so laut, daß alle Leute stehenblieben: »Herr Doktor! Herr Doktor! Ich bewundere Sie so sehr. Ich habe alle Ihre Bücher gelesen.« Sie war gut bei Stimme, so daß auch alle nach diversen Lobpreisungen das Abschiedswort hören konnten: »Auf Wiedersehen, Herr Doktor Köhnlechner!« Dabei sind der Doktor Manfred und ich uns so ähnlich wie der Suppenkasper im *Struwwelpeter* und Günther Strack!

Es ist schon öfters passiert, daß ich als ein »Martin Luther der Medizin« bezeichnet.wurde nicht nur von Schwarmgeistern, die in mir den großen Guru sehen. Und ich bekenne, daß mich das immer ein bißchen stolz gemacht hat. Ein bißchen soll ja erlaubt sein. Aber ich bin weit davon entfernt, mich auch nur in die Nähe dieses großen Reformators rücken zu wollen.

Aber wurden und werden uns nicht solche Männer immer wieder als große Vorbilder hingestellt, denen wir im kleinen nacheifern sollen? Wollte das nicht auch mein Jugendidol Wieland mit seinem *Agathon?*

Ich hatte mich zweifellos in eine ungewöhnliche Rolle hineinmanövriert. Ob zu Recht oder Unrecht, möchte ich dem Urteil meiner Leser überlassen, spekuliere natürlich darauf, daß es »zu Recht« lautet.

Um den Jahreswechsel 1963/64 mußte ich mich entscheiden zwischen Kapitulation oder Kampf in einer gerechten Sache. Da schien mir, daß ich eher das Äußerste wagen mußte, als feige aufzugeben. Es war immer mehr als nur ein Krieg in eigener Sache. Es galt, sich als Vorkämpfer für eine bessere Medizin, nicht nur im Interesse der Patienten, sondern auch im Interesse aller Ärzte zu bewähren. Jetzt konnten nur Mut und Tapferkeit vor dem Feind noch zum Sieg verhelfen.

Im Frankreich- und Rußlandfeldzug, wo es darum ging, andere totzuschießen, hatte ich weder Mut noch Tapferkeit besessen. Aber im Erlanger Professorenkrieg ging es ja genau um das Gegenteil, nämlich darum, Menschen vor unnötiger Verstümmelung und vor unnötigem Tod durch medizinischen Irrglauben zu bewahren. Da war ich dann doch in einer weit stärkeren Position.

Trotzdem widerstrebt es mir, die beiden »Ehrenwörter« Mut und Tapferkeit für mich überzustrapazieren. Kampfeslust ist bei einem Chirurgen immer mit dabei. Sie mag sogar gelegentlich Mut und Tapferkeit vorgetäuscht haben, wo sie nur Aggressionstrieb war.

Da wird es nun höchste Zeit, daß ich die »Pistolenstory« erzähle. In mehreren Zeitungen war damals zu lesen, daß ich meinen Chef mit der Pistole bedroht hätte. Andere Publikationsorgane sprachen und schrieben immerhin nur von einem geplanten Duell. Zu solchen Schlagzeilen habe ich selbst tatkräftig beigetragen. Zum Beispiel, indem ich mich mit einer Spielzeugpistole im Anschlag von einem Journalisten fotografieren ließ, was zum »Schlagbild« gemacht wurde.

Mir schien, ich müsse den Versuch machen, das Ganze ins Lächerliche zu ziehen. Das ist mir auch prächtig gelungen. Fast nichts hat mir mehr geschadet als die Schlagzeilen über die geplante Erschießung meines Kriegsgegners.

Was war geschehen?

Ich erzähle es mit stockender Schreibe. Denn ganz muß es in meinem Kopf damals wohl doch nicht gestimmt haben. Was schon hätte mir eine Pistole als Verteidigungswaffe nützen können?

Unser Sohn Ulrich, damals sieben Jahre alt, war mit dem etwa gleichaltrigen Gertchen H., dem Nesthäkchen meines Chefs, eng befreundet. Die beiden spielten fast jeden Tag zusammen. Wir wohnten ja nur gut hundert Meter auseinander. Eines Tages kam Ulrich nach Haus und zu mir an meinen Schreibtisch unter dem Dach. Erst druckste er herum, wußte nicht so recht, ob er es mir erzählen sollte oder nicht. Dann aber konnte er es doch nicht für sich behalten:

Er: »Papi, Gertchen hat mir erzählt, sein Vater hat sich eine Pistole gekauft. Die liegt im Nachtschränkchen neben seinem Bett. Da hat er sie gestern selber gesehen.«

Ich: »Ja und? Meinst du, daß er mich jetzt erschießen will?«

Er: »Ich weiß nicht, Papi. Aber ich habe Angst!«

In unserer Familie gab es damals kein anderes Gesprächsthema als all das, was im Zusammenhang mit dem Professorenkrieg stand. Auch unsere drei Kinder waren über das Wesentliche im Bilde. Auch sie glaubten ihrem Papi, daß er der Sieger und der Chef der Verlierer dieses Krieges sein würde. Und ein Kind mit sieben Jahren kann sich ausmalen, was ein Mann tun könnte, um den zu bestrafen, der ihn vom Thron gestürzt hat. So ganz verrückt war die Angst des Siebenjährigen also nicht.

Um so verrückter aber war das, was ich als zweiundvierzigjähriger Universitätsprofessor dann getan habe. Ich beantragte bei der Polizeistation Erlangen einen Waffenschein. Es ist nicht zu fassen!

Meine Ausrede: Ich tat es sofort, ohne lange nachzudenken, und gab den Antrag dann auch gleich selbst im Rathaus ab. Ich hoffe, daß ich es nach einer durchschlafenen Nacht nicht mehr getan hätte. Denn das ist mir in meinem Leben schon öfter passiert, daß ein sofort, in der Rage diktierter Brief dann am nächsten Morgen nicht abgeschickt wurde. Auch deshalb nicht, weil ich stets meine Frau gefragt habe, früher und heute.

Selbstverständlich bekam ich den Waffenschein nie. Wie die Pistolenstory an die Öffentlichkeit gekommen ist, weiß ich nicht. Wahrscheinlich haben die Polizeibeamten es selbst ausgeplaudert.

Am 3. Januar bekam ich vom Ordnungsamt der Stadt Erlangen den Bescheid, daß mein Antrag vom 2. Dezember auf Ausstellung eines Waffenscheines »keine Aussicht auf Erfolg hat«. Voraussetzung für eine solche Ausstellung sei ein »zwingendes Bedürfnis zum Führen einer Waffe«. Dieses Bedürfnis sei dann gegeben, »wenn jemand ohne Waffe bei der von ihm ausgeübten beruflichen Tätigkeit ernsthaften Gefahren für Leib, Leben oder für sein Vermögen ausgesetzt« sei. »Diese Voraussetzungen liegen aber bei Ihnen nicht vor.« Was wirklich nicht zu bestreiten war!

Nachdem ich mir die Reformation des Medizinsystems zu einem Lebensziel gemacht hatte, also seit 1974/75, wußte ich, es geht nur mit Hilfe des Volkes und im Kampf gegen die Ärzteführer. Und um das Volk auf meine Seite zu bringen, mußte ich an die Öffentlichkeit gehen.

Dies war Bestandteil meiner Verteidigung und meiner Reformationsstrategie, keinesfalls aber blindes, selbstzerstörerisches Wüten gegen die eigene Position in diesem Kampf. Die Titelfrage dieses Unterkapitels »Gegenoffensive als Kamikazeflieger?« darf also wohl mit Nein beantwortet werden. Und was meinen Antrag auf einen Waffenschein betrifft, so war das der Ausrutscher eines heißblütigen Kriegers im Gegenangriff, von den Medien aufgeblasen zu einem riesigen Luftballon, dessen Schatten zu einer Art »Hackethal-Finsternis« geführt hat.

Erste Januar-Gefechte

Anfang Januar begann die Entscheidungsschlacht. Der Postweg war den Kriegern viel zu lang. Den Feindflug mit den Briefbomben übernahmen Boten. So ließ ich am 3. Januar dem Rektor einen Brief zustellen, in dem ich wegen meines Antrags auf sofortige vorläufige Beurlaubung des Klinikdirektors noch einmal nachgestoßen habe. Inzwischen war ein Jurist der Universität vom Kultusministerium damit beauftragt worden, G.H. zu den von mir vorgebrachten Vorwürfen »amtlich zu hören und darüber zu berichten«. Um zu verhindern, daß mein Kriegsgegner diesem Juristen wieder lauter UHOIs auftischte, bat ich den Rektor, »daß auch ich von dem gleichen Beauftragten der Universität gehört werde«. Meine Begründung dafür: »Aufgrund bestimmter Vorgänge in den letzten fünf Wochen glaube ich fürchten zu müssen, daß Herr Professor H. bei einem Nicht-Mediziner bzw. Nicht-Chirurgen den Eindruck erwecken könnte, daß das von mir vorgebrachte Belastungsmaterial nicht schwerwiegender Natur sei. Ich sehe mich in der Lage, sofort derartige Beweise für ein Versagen des Klinikdirektors erbringen zu können, daß auch ein Nicht-Mediziner die Beweiskraft der von mir vorgebrachten Tatsachen nicht mehr anzweifeln wird. Falls ich von dem Beauftragten nicht sofort gehört werde, bestehe die Gefahr einer weiteren Verzögerung der Angelegenheit. Jede weitere Verzögerung bringt stündlich Gefahren für Leben und Gesundheit von Kranken mit sich.«

Die Antwort bekam ich eine Woche später. Magnifizenz wußten von dem geplanten »amtlichen Hören« angeblich noch nichts, waren jedoch der Meinung, daß meine Anhörung nicht nötig sei. Auch die Gefahren für die Patienten beeindruckten ihn, der mal wieder hauptsächlich für den guten akademischen Umgangston fürchtete, nicht. So erhielt ich am 14. Januar von Magnifizenz ein geharnischtes Schreiben, in dem unter anderem steht, ich hätte mich geweigert, einem Regierungsamtmann Auskünfte zu geben. »Im Rahmen dieser Auseinandersetzungen sollen Sie Ausdrücke gebraucht haben, die ich aus Gründen des Anstandes hier nicht wiederholen möchte, die Ihnen aber vermutlich in Erinnerung sind. Ich kann, vorausgesetzt, daß die Nachricht stimmt, derartig unakademische Formen nur lebhaft bedauern und Sie dringend ersuchen, jedenfalls Ihrem Temperament in dieser Hinsicht die notwendigen Grenzen zu ziehen, da wir unsere Beamten und Angestellten, die zum Teil unter nennenswerter Arbeitsüberlastung und mitunter nicht einfachen Bedingungen zu arbeiten haben, unmöglich noch beleidigen lassen dürfen.« Und und und …

Die eigenen akademischen Formen des Rektors reichten allerdings nicht, um meinen darauf folgenden Brief vom 16. Januar, in dem ich um Begründung der weiteren in seinem Schreiben enthaltenen Vorwürfe bat, auch nur mit einer Zeile zu beantworten.

Am 5. Januar rief ich bei dem Präsidenten der Deutschen Gesellschaft für Chirurgie, Prof. Dr. Rudolf Nissen, in Basel an und bat dringend um einen Termin. Diesen bekam ich schon für Mittwoch, den 8. Januar.

Pünktlich meldete ich mich zur Stelle und übergab ihm einen Brief. Darin verwies ich zunächst auf den Antrag meines Chefs auf meine sofortige vorläufige Dienstenthebung. Dann kritisierte ich, daß er den Inhalt des Antrags vor allen Klinikärzten hatte verlesen lassen, ohne mir die Möglichkeit einer Stellungnahme zu geben. Denn der Antrag enthalte fast nur unwahre, halbwahre oder irreführende Darstellungen.

Wörtlich heißt es in dem Schreiben an den Chirurgen-Präsidenten: »Mein Ansehen als Chirurg ist dadurch stark gefährdet worden. Es ist mir bekannt geworden, daß in verschiedenen Städten (z.B. Marburg, München, Eschwege, Melsungen) Gerüchte über unkorrektes Verhalten von mir als Chirurg in Umlauf sind. Ich beantrage deshalb:

1. Prüfung der Angelegenheit durch den Präsidenten der Deutschen Gesellschaft für Chirurgie (eventuell das Präsidium),

2. Durchführung geeigneter Maßnahmen zu meiner Rehabilitation.«

Nissen behandelte mich sehr liebenswürdig, gab mir auch die Möglichkeit, ergänzende Erklärungen abzugeben. Aber mit einem eigenen Urteil hielt er sich verständlicherweise zurück. Auch im Vertrauen gab er mir keinen Tip. Er sagte nur, daß er mein Schreiben dem Vorstand der Deutschen Gesellschaft für Chirurgie vorlegen und ihm ergänzend berichten werde. Viel Hoffnung könne er mir aber nicht machen. Denn es handele sich um eine wissenschaftliche Gesellschaft, die in diesem Fall satzungsgemäß keine Kompetenzen habe.

Später wurde mir klar, daß ich von dem damaligen Vorstand – von Nissen abgesehen – keinerlei Neutralität, geschweige denn Unterstützung hätte erwarten können.

Kurze Zeit später erhielt ich von Franz Rose den Brief von Nissen, mit dem dieser Roses Bitte vom 15. Januar, sich doch im Sinne meines Antrags einzusetzen, beantwortete. Nissen schrieb:

»Sehr geehrter, lieber Herr Kollege,
… ich denke mit viel Vergnügen an die Stunden, die wir in Ihrem Charkower Institut zusammen waren. … Schade, daß ich mit Ihnen nicht sprechen kann. Ich hätte so gern die Angelegenheit Hackethal mit Ihnen erörtert. Denn ich fürchte, daß im Endergebnis beide Teile darunter leiden werden.
Vielleicht sehe ich Sie ja beim Münchener Kongreß.
Mit den besten Grüßen bin ich
Ihr sehr ergebener
Unterschrift: Nissen.«

Auf der Rückseite dieses Briefes schrieb mir Franz Rose:

> »Lieber Hackethal!
> Ich befürchte, daß Ihre Angelegenheit auf Sie einen Schatten legen
> kann. Gott gebe, daß meine Befürchtungen nicht hintreffen. Ge-
> stern habe ich mit Kessler gesprochen, und er meint, daß der Fall
> zu Ihren Gunsten ausfallen wird. Schreiben Sie bitte, wie der Fall
> weiter verläuft.
> Mit herzlichen Grüßen für Sie und Ihre Familie,
> Ihr ergebener
> Unterschrift: Franz Rose.«

Am 7. Januar beantragte ich beim Dekan der Medizinischen Fakultät
die Einberufung einer außerordentlichen Fakultätssitzung, damit ich
zu den falschen Vorwürfen meines Chefs Stellung nehmen und
gleichzeitig meinen Antrag auf seine vorläufige Dienstenthebung begründen konnte. Diesem Antrag wurde nicht stattgegeben.

Am 9. Januar ließ mir der Rektor der Universität die Durchschrift
eines Schreibens von G.H. an das Bayerische Kultusministerium vom
30. Dezember überbringen, in dem sich der Klinikdirektor darüber
beschwerte, daß seinem Antrag auf meine vorläufige Dienstenthebung nicht stattgegeben worden sei. »Ich wiederhole meinen Antrag
auf sofortige vorläufige Dienstenthebung. Ohne dem Ausgang des
Disziplinarverfahrens vorgreifen und ohne in das schwebende Verfahren eingreifen zu wollen, muß ich darauf hinweisen, daß die vorläufige Dienstenthebung von Herrn Hackethal unabweisbar ist, weil
die Versorgung der Kranken und der Unterricht der Studenten in der
Erlanger Chirurgischen Klinik durch weitere Tätigkeiten des Herrn
Hackethal akut gefährdet sind.«

Seine anschließende Begründung besteht fast nur aus unwahren
Behauptungen, wie zum Beispiel: »Herr Hackethal hat ungestraft
wiederholt den Klinikchef bedroht, erpreßt und öffentlich be-
schimpft. Er hat ungestraft Studenten zur Unruhe aufgewiegelt. Er
hat ungestraft Kollegs gehalten, die von der Fakultät als unwürdig,
unsachlich und mit den Pflichten eines Hochschullehrers als unvereinbar galten. Herr Hackethal beschimpfte und verleumdete den Klinikdirektor in immer neuen Eingaben...« und und und ...

Am 12. Januar meldete der Klinikdirektor »durch Boten« sowohl
»seiner Magnifizenz« wie mir, daß sich am gleichen Tage, am Sonn-

tagnachmittag, ein Journalist der *Bild*-Zeitung München telefonisch zum Besuch angemeldet habe. Das Gespräch hätte sein Sohn entgegengenommen. Daraufhin habe er sofort an die *Bild*-Zeitung telegrafiert: »Empfang des Herrn Alfred Riezler wegen dienstlicher Beanspruchung unmöglich. Zur Auskunft über interne Universitätsangelegenheiten ist allein der Rektor befugt. Die Verfahrensbeteiligten legen Wert darauf, daß die Angelegenheit erst einmal von den dafür zuständigen Stellen geprüft wird.«

Zu diesem Zeitpunkt wäre ich allerdings schon nicht mehr abgeneigt gewesen, ein Interview zu geben. Jedenfalls war diese Antwort an *Bild* mit mir, »dem anderen Verfahrensbeteiligten«, nicht abgesprochen. Trotzdem mag es gut gewesen sein, daß das Interview nicht zustande kam.

Am gleichen Sonntag habe ich abends Prof. Dr. Rudolf Zenker in München angerufen. Tatsächlich bekam ich ihn ans Telefon. Es entwickelte sich folgendes Gespräch, das meine Frau wörtlich mitgeschrieben hat:

Ich: »Herr Professor, ich rufe Sie an, weil ich vom Kultusministerium gehört habe, Sie hätten wörtlich gesagt: ›Ich lege meine Hand dafür ins Feuer, daß in Erlangen nichts Unrechtes passiert ist.‹«

Er: »Das habe ich nicht gesagt!«

Ich: »Herr Oberregierungsrat Dr. Hunger vom Kultusministerium hat mir das aber gesagt.«

Er: »Das stimmt nicht.«

Ich: »Herr Professor, das beruhigt mich sehr, denn es würde mich bedrücken, wenn Sie sich so festgelegt hätten, ohne auch mich dazu gehört zu haben.«

Er: »Ich lege mich nie fest!«

Ich: »Haben Sie vielen Dank, Herr Professor. Auf Wiederhören!«

Man beachte die Aussage eines Chirurgie-Ordinarius: »Ich lege mich nie fest!« Da allerdings muß ich an das denken, was Prof. Dr. h.c. mult. Rudolf Zenker, einer der renommiertesten Chirurgen der Bundesrepublik, der eine eigene Chirurgenschule begründete, aus der viele der heute führenden bundesdeutschen Chirurgen hervorgegangen sind, wörtlich gesagt hat: »Der Arzt darf nicht darüber entscheiden, ob der Patient nur mehr ein Bündel Zellen oder ein lebenswürdiges Individuum ist, denn er muß als Lebewesen am Leben erhalten werden. *Ob er auch noch ein Mensch ist, das ist mir gleichgültig.*«

(Hervorhebung v. Verf.) Dieses Zitat steht am Schluß meines Buches *Humanes Leben bis zuletzt.*

Am 13. Januar habe ich dann nochmals telefonisch bei dem Oberregierungsrat Dr. Hunger angerufen und mich darüber beschwert, daß er mir etwas Falsches gesagt hätte. Prof. Zenker habe die Äußerung bestritten, daß er für H. seine Hand ins Feuer lege. Seine Antwort: »Ich erzähle doch keine Märchen!«

Am 17. Januar schrieb mir der Dekan der Medizinischen Fakultät: »Ihrem Wunsche, lhnen das Protokoll über die außerordentliche Fakultätssitzung vom 9.12.63 zur Verfügung zu stellen, kann ich nach Rücksprache mit der Fakultät leider nicht nachkommen, da die Protokolle dem Fakultätsgeheimnis unterliegen.« Mir wurde also die Möglichkeit verweigert, zu kontrollieren, was in der Fakultätssitzung an Anschuldigungen gegen mich vorgebracht worden ist. Im anderen Fall hätte ich die Möglichkeit gehabt, unrichtige Behauptungen zu widerlegen. Dies wollte man nicht! Ich war ganz sicher, daß ich in meinem Kolleg nur Dinge gesagt habe, die ich auch verantworten konnte. Denn ich wußte ja, daß Spione anwesend waren.

Mitte des Monats forderte, wie am 18. Januar in einer Zeitung stand, »der Erlanger Professorenkrieg ein erstes völlig unschuldiges Opfer: Es ist die Krankengymnastin Elke Dietrich (22). Sie hatte, um das Wohl der Kranken besorgt, eine Unterschriftensammlung von 40 Patienten der Klinikstation B 7 beim Rektorat abgeliefert. Deswegen wurde Elke Dietrich fristlos entlassen. Die Entlassung wurde erst wieder zurückgezogen, als Prof. Hackethal (42) scharf protestierte. Aber die Krankengymnastin darf seitdem die Klinik nicht mehr betreten. Prof. H. (51), der Streit-Partner, hat es ihr verboten. Klinikdirektor Prof. H. hat sich zu den Vorgängen bisher nicht geäußert ...

Noch halten sich die 3000 Medizinstudenten zurück. Steffen Ronemann, Sprecher der Medizinischen Studentenfachschaft: ›In dem Augenblick, in dem wir was sagen, können wir schwer hereinfallen. Wir sind nun einmal von den Professoren abhängig. Und da wir nicht wissen, wie der Streit ausgeht, ist natürlich doppelte Vorsicht geboten.‹

Die Mehrheit scheint hinter Hackethal zu stehen, dessen Vorlesungen über ›Allgemeine Chirurgie‹ fast immer überfüllt sind...«

In den *Nürnberger Nachrichten* hieß es am selben Tag: »Der ASTA und die Medizinische Fachschaft der Studenten distanzierten sich bereits von diesen Vorgängen. Sie ließen sich vom Rektor der Universität, Prof. Dr. Götz Frhr. von Pölnitz, überzeugen, daß alles getan werde, den Streit beizulegen. Wie man hört, ist ein Versöhnungsvorschlag von beiden Parteien abgelehnt worden.« Dann folgte unter der Überschrift »Staatsregierung«: »In Kreisen der Staatsregierung und des Landtags ist man bestürzt über die Erlanger Vorgänge. Man sagt dort ganz offen, durch solche offensichtlich auf persönlicher Feindschaft beruhende Vorgänge werde nicht nur der Ruf der Universität und ihrer Chirurgie unnötig aufs Spiel gesetzt, sondern auch Unruhe unter die Patienten gebracht. Nichts könne gefährlicher sein, als das Vertrauen der Bevölkerung zu erschüttern.«

Im Fettdruck berichtete man danach: »In München äußerten Politiker die Meinung, der ganze Streit sei letztlich nur ein erneuter Beweis dafür, daß an den westdeutschen Hochschulen ein überlebtes hierarchisches System herrsche. Es begünstige Eifersüchteleien statt kollegiales Teamwork, überfordere die Lehrstuhlinhaber, Dozenten und Assistenten und belaste sie auf Kosten des Lehr- und Forschungsbetriebes unnötig mit bürokratischem Verwaltungskram.«

Am 17. Januar gab es im Nürnberger *8-Uhr-Blatt* die erste Veröffentlichung mit der Schlagzeile »Beschämendes Spiel in Erlangen: *Kranke in Angst, weil Professoren streiten*«.

Am nächsten Tag bekam ich den Anruf des ehemaligen Reichsbahn-Oberinspektors Wilhelm M. Er bat um einen Besuch, weil er mir eine schreckliche Geschichte erzählen wolle. Prof. H. habe seine Freundin Susanne L. zu Tode operiert, umgebracht. Sie habe ein winziges Loch in der Herzvorhofscheidewand gehabt, und man habe ihr eingeredet, daß sie daran sterben werde, wenn man sie nicht bald operiere. Tatsächlich habe sie nie Beschwerden gehabt. Er habe den Vorfall damals bei der Staatsanwaltschaft angezeigt. Die Angelegenheit sei dann jedoch im Sande verlaufen.

Ich erinnerte mich an die erste Operation am offenen Herzen in Unterkühlung wegen eines Vorhofseptum-Defektes und an das schreckliche Martyrium der Patientin im Wachsaal. Was aber damals vorher und hinterher im einzelnen geschehen war, wußte ich nicht. Deshalb fuhr ich am gleichen Tage mit meiner Frau in die Wohnung von Wilhelm M. Er hielt es für besser, daß wir uns zunächst bei ihm trafen.

Es erwartete uns ein etwa sechzigjähriger Mann, von Kopf bis Fuß ein pedantischer Beamter. Schon nach wenigen Sätzen zweifelten weder meine Frau noch ich an seiner unbedingten Glaubwürdigkeit. Er

übergab mir eine Abschrift seiner Anzeige vom 24. März 1959 und
überließ mir auch eine Ablichtung des letzten Briefes von Susanne L.
vom 15. Februar 1959 an ihn. Dann erzählte uns Wilhelm M., daß er
viele Jahre lang mit Susanne L. befreundet und zuletzt inoffiziell mit
ihr verlobt gewesen sei. Von seiner Ehefrau habe er schon seit längerer
Zeit getrennt gelebt und die Scheidung eingereicht. Er hätte Susanne L.
geheiratet, wenn sie nicht von Dr. B. und Prof. H. in böser Kooperation
umgebracht worden wäre. Ich erinnerte mich an den Internisten Dr. B.
und die merkwürdigen Umstände seines Selbstmords.

Über die Einzelheiten dieser entsetzlichen Patientengeschichte
und meiner Mordanzeige bei der Staatsanwaltschaft Nürnberg/Fürth
berichte ich in den beiden nächsten Kapiteln. Jedenfalls wühlte mich
der Bericht von Wilhelm M. mächtig auf. Immer stärker begann ich
mich auch an die Leidensgeschichte der Patientin im Wachsaal zu erinnern, die ich am Rande miterlebt hatte. Nach der Durchsicht der
Anzeige gab es für mich nicht den geringsten Zweifel, daß die Staatsanwaltschaft das Ermittlungsverfahren zu Unrecht eingestellt hatte.
Ich nahm mir vor, diesen »Fall« wieder aufzurollen und erneut zur
Anzeige zu bringen.

Das böse Schicksal der Patientin Susanne L.

Das Traumobjekt für die »Jungfernoperation« des Herzchirurgie-Zen-
trums fand Dr. Kurt B. auf seiner Station in der Medizinischen Universitätsklinik Erlangen Ende November 1958. Es war Susanne L.,
sechsunddreißig Jahre alt, mittelgroß, in gutem Allgemein-, Ernäh-
rungs- und Kräftezustand, geschieden, alleinstehend, ohne Kinder
und Eltern. Wegen Ischiasbeschwerden war Susanne L. eingeliefert
worden. Der eifrige Stationsarzt entdeckte einen operationsbedürf-
tigen Herzfehler bei der Patientin, die noch nie in ihrem Leben Herz-
oder Kreislaufbeschwerden gehabt hatte.

Die Diagnose des Stationsarztes wurde beiden zum Todesurteil.
Für die Patientin mochten es beide ahnen, doch an den Arzt als Mit-
verurteilten dachte sicher keiner der beiden. Dazu kam es dann auch
völlig unerwartet. Es war nur eine Kleinigkeit, die die Hochschulleh-
rer-Laufbahn des hoffnungsvollen Talentes jäh beendete: Ein Kalku-
lationsfehler. Dr. Kurt B. hatte eine Person nicht einkalkuliert, weil
sie auf keinem Krankenblatt, in keiner Karteikarte und auch sonst

nirgends vermerkt wird, obwohl sie eigentlich der wichtigste Angehörige einer erwachsenen Patientin ist – nämlich der Liebhaber.

Der Göttinger Herzchirurg I. Koncz schreibt: »Den Kern jeder Herzuntersuchung bildet die klinische Untersuchung mit einer eingehenden Anamnese.« Fangen wir also, wie üblich, auch bei Susanne L. mit der Vorgeschichte an: Während der ganzen sechsunddreißig Jahre ihres bisherigen Lebens hatte es keinerlei Anzeichen für eine Herzkrankheit gegeben. Nichts, was selbst ein sehr sorgfältiger Untersucher bei geradezu kriminalistischer Fahndung nach versteckten Symptomen in diesem Sinne hätte werten können. Normale Körperentwicklung. Große Leistungsfähigkeit und Ausdauer. Keinerlei Neigung zu Erkrankungen der Atemwege. Keine Fußschwellungen trotz anstrengender ganztägig stehender Berufstätigkeit.

Die Anamnese war also leer, wie die Mediziner sagen. Und was ergab die »klinische Untersuchung«? Darunter versteht man eigenartigerweise im medizinischen Sprachgebrauch gerade das, was ein Arzt ohne Klinik feststellen kann. Nämlich mit Hilfe der klassischen Untersuchungsmethoden: Besichtigung, Betastung, Abhorchen, Abklopfen und dergleichen. Also ohne komplizierte Apparate und Methoden. Die Amerikaner nennen es physikalische Untersuchung (und den Arzt, der sich vor allem ihrer bedient, den praktischen Arzt, »physician«).

Susanne L. war von ihrem Hausarzt gründlich »klinisch untersucht« worden. Dabei hatte er nichts festgestellt, was für ein Herzleiden sprach, sonst hätte er es ihr gesagt. Wobei erwähnt werden muß, daß ein vielleicht vorhandenes abnormes Herzgeräusch für sich allein in der Regel bedeutungslos ist. Nur von akademischem Interesse, nicht von praktischem.

In der Medizinischen Universitätsklinik stützte man die Anzeigestellung einer diagnostischen Herzkatheter-Operation auf das angeblich festgestellte vergrößerte Herz und bestimmte Veränderungen in der Herzstromkurve, dem EKG. Sicher kann sich daraus der Verdacht auf ein angeborenes Herzleiden ergeben, noch dazu in Gemeinsamkeit mit einem bestimmten Herzgeräuschtyp. Dennoch war die Frage einer ergänzenden Diagnostik, die – wie die Herzkatheter-Untersuchung – ein gefährlicher Eingriff ist, nur unter Berücksichtigung gegebener Behandlungsmöglichkeiten zu entscheiden. Die einzige in Frage kommende Behandlung bei einem angeborenen Herzfehler war eine operative Korrektur. Die aber kam bei einer sechsunddreißig-

jährigen Frau mit absolut leerer Herz-Vorgeschichte überhaupt nicht
in Frage.

Der Kardiologe vermutete schon vor der diagnostischen Herzkatheter-Operation ein Loch in der Scheidewand zwischen den beiden
Herzvorhöfen. Während der Entwicklungszeit im Mutterleib besteht
bei jedem Menschen ein Loch in der Scheidewand zwischen linkem
und rechtem Vorhof. Dieser Kurzschluß oder Shunt ist aus bestimmten Gründen nützlich. Das Blut fließt vom rechten Vorhof nicht nur in
die rechte Herzkammer, sondern teilweise durch das Loch direkt in
den linken Vorhof. Eine Ventilklappe sorgt dafür, daß kein Rückstrom
stattfindet.

Mit dem ersten Atemzug schließt sich dann diese Ventilklappe bei
etwa 70 Prozent aller Menschen vollständig. Bei 30 Prozent bleibt
eine winzige, etwa stecknadelkopfgroße Öffnung zurück. Man nennt
dies ein offenes Foramen ovale (= ovales Loch).

Bei ganz wenigen Menschen bleibt ein größeres Loch in der Vorhofscheidewand. Dabei sind alle Größen bis zum fast völligen Defekt
der gesamten Vorhofscheidewand möglich. Bei mittelständigen Lö-
chern spricht man vom Sekundum-Typ des Vorhof-Septum-Defektes.
Um einen solchen handelte es sich bei Susanne L.

Nicht jedes derartige Loch in der Vorhofscheidewand verursacht
Beschwerden oder Ausfallerscheinungen. Aber je größer der Defekt ist,
um so eher kommt es zu Herzleistungsstörungen. Sie äußern sich in
einer gewissen körperlichen Unterentwicklung des betroffenen Kindes,
in einem grazilen Körperbau. Dies erklärt sich durch die schlechtere
Sauerstoffversorgung des Körperkreislaufs, weil ein Teil des sauerstoff-
armen Blutes nicht in der Lunge wieder mit Sauerstoff angereichert
wird, sondern direkt in den Körperkreislauf zurückfließt. Die verringerte Blutzufuhr führt zu rascher Ermüdbarkeit und Schwäche bei
Belastung sowie zu Luftnot und stärkerer Herzbeschleunigung bei Anstrengungen. Durch die Überfüllung des Lungenkreislaufes mit erhöh-
tem Druck in den Lungengefäßen kann es außer zur Kurzatmigkeit
auch zu gehäuften Lungenentzündungen kommen.

Die gesamte äußerliche Körperform von Susanne L. war das Gegenteil von unterentwickelt bzw. grazil. Bei mittlerer Größe und
angedeutet athletischem Körperbau bestand eine leichte Übergewich-
tigkeit. Eine Wachstums- und Entwicklungsstörung, wie sie bei un-
ausgeglichenen angeborenen Vorhofscheidewand-Defekten die Regel
ist, fehlte völlig.

Angesichts des Gesamtzustandes und der Leistungsfähigkeit der Patientin kam eine Herzoperation überhaupt nicht in Frage. Deshalb war auch schon die diagnostische Herzkatheter-Operation ein schuldhafter Arztfehler, ein Kunstfehler: Selbst wenn ein beim Abhorchen festgestelltes Herzgeräusch und das EKG für einen Vorhofscheidewand-Defekt sprachen, hatte es keinen Sinn, dies weiter abzuklären. Denn es war für die weitere Behandlung völlig ohne Bedeutung, das Blutmischungsverhältnis oder den Blutdruck oder anderes im rechten Herzvorhof direkt zu messen.

Susanne L. wurde jedoch nicht nur einmal, sondern dreimal herzkatheterisiert. Zweimal vom Arm aus und einmal über eine Oberschenkelvene. Wie wenig Routine der Kardiologe Kurt B. hatte, kann man schon daraus ableiten, daß die diagnostische Herzkatheter-Operation dreimal gemacht werden mußte. Am Ende dieser Prozeduren fühlte sich Susanne L. erstmals herzkrank.

Ihr Verlobter Wilhelm M. schrieb in seiner Strafanzeige vom 24. März 1959: »Vom Tage der ersten Einführung des Katheters an klagte Frau L. über Schmerzen am Herzen, Schmerzen im ganzen Oberarm, welche sich durch Ausstrahlung bis in den Rücken, Nacken und Oberkörper naturgemäß verbreiteten.«

Als die letzte Herzkatheter-Operation vorbei war, informierte der internistische Herzspezialist die Patientin über das Loch in der Scheidewand. Dies sei eine angeborene Krankheit, die oft im Kindes- und Jugendalter keine Beschwerden verursache. Sie verschlimmere sich jedoch im Laufe des Lebens immer mehr und führe meistens zu rascher Invalidität und zu vorzeitigem Tod. Das müsse man auch bei ihr befürchten. Die einzige Rettung sei eine Herzoperation.

Die ischiaskranke Patientin erschrak. Sie besprach alles mit ihrem Freund. Der lebenserfahrene Reichsbahninspektor a.D. riet dringend von der Operation ab. Er sagte: »Du hast doch nie was am Herzen gehabt. Wenn das wirklich ein Loch ist, dann hättest du das doch schon längst spüren müssen. Du bist doch wegen Rheuma bzw. Ischias in die Klinik eingeliefert worden. Was haben die Ischiasschmerzen mit dem Loch im Herzen zu tun? Und wenn du wirklich operiert werden müßtest, käme nur die Universitätsklinik in Düsseldorf in Frage.«

Die stille und unbeholfene Frau war völlig durcheinander. Sie wußte nicht, was sie machen sollte. Einerseits war da dieser nette Dr. B., der sich mit ihr größte Mühe gab. Andererseits gab es die Warnungen ihres Verlobten. Ja, es war ja wirklich komisch, daß sie von diesem Herzfehler noch nie etwas gemerkt hatte. Das hätte sich doch bei ihrer anstrengenden Arbeit irgendwie zeigen müssen. Oder beim Tanzen und Laufen.

Aber wußten es die Ärzte nicht besser? Mußte man ihnen nicht vertrauen? Wenn es nun wirklich rasch schlimmer würde mit dem Herzfehler, müßte sie sich dann nicht Vorwürfe machen, daß sie die Operation abgelehnt hatte? Überhaupt: Was würde die Krankenkasse dazu sagen? Schreckliche Zweifel plagten die Frau.

Trotzdem nahm sie sich ein Herz und fragte ihren Herz-Doktor. Er erklärte ihr nochmals, daß die Operation unbedingt nötig sei. Auch die Ischiasschmerzen kämen von dem Herzfehler. (Ja, das behauptete er! Selbst vor dieser ungeheuerlichen Lüge schreckte er nicht zurück.)

Daraufhin sagte Susanne L., wenn es unbedingt nötig sei, wolle sie in Düsseldorf operiert werden. Der Habilitationsanwärter erschrak, denn nichts konnte er weniger gebrauchen, als daß ihm die vom Klinikchef langerwartete erste Herzoperationspatientin nach Düsseldorf abspränge. Was sollte er dem Herzchirurgen in spe sagen, der ohnehin schon sehr ungeduldig war.

Vielleicht dachte der sechsunddreißig Jahre alte Wissenschaftliche Assistent jetzt vor allem an seine Karriere. Die Habilitationsarbeit war weitgehend fertig. Sie hatte ihn viel Freizeit und Nerven gekostet. Nun war es auch Zeit, daß das alles Früchte trug. Auch die vielen Tierversuche mit Hunden. Dr. Kurt B. wußte, daß die beste Habilitationsarbeit nichts nutzt, wenn sie nicht entsprechend gefördert wird. Von dem Einfluß des Chirurgischen Ordinarius hing hier sehr viel ab. Wenn der hinter ihm stand, konnte praktisch nichts mehr schiefgehen. Falls er aber sein Wohlwollen verlor, sah es böse aus.

Wahrscheinlich wußte Dr. Kurt B., was der Chirurgie-Ordinarius von Mitarbeitern hielt, die es nicht fertigbrachten, Patienten zu Operationen zu überreden. Die Ärzte der Medizinischen und Chirurgischen Klinik aßen ja oft im gemeinsamen Kasino zusammen.

Natürlich wußte Dr. Kurt B., daß man in der Bundesrepublik die größten Erfahrungen mit Herzoperationen in Düsseldorf hatte. Das war ja allgemein bekannt. Zu der Zeit, als man an der Universität Erlangen mit offenen Herzoperationen beginnen wollte, hatte Prof. Dr. Ernst Derra mit seinem Team in Düsseldorf schon mehr als zweihundert Vorhofseptum-Defekte operiert. Seine Sterblichkeit bei »unkomplizierten Sekundum-Defekten«, also der gleichen Art Herzfehler, wie er angeblich bei Susanne L. vorlag, betrug 6,5 Prozent. Das erreichte damals kein Herzoperateur in der Bundesrepublik, obwohl es, gemessen an den Ergebnissen in amerikanischen Herzzentren, viel war.

Nachdem das Stichwort »Düsseldorf« gefallen war, bot der Kardiologe all seine Überredungskünste auf: Der berühmte Chirurg Prof. Dr. H. werde sie selbst operieren, obwohl sie keine Privatpatientin sei. Er sei Spezialist für solche Operationen, bei ihm brauche sie keine Angst zu haben. Die Naht des Lochs in der Herzscheidewand dauere nur drei Minuten.

Das sprach schon für eine bemerkenswerte Skrupellosigkeit. »Spezialist« nannte der Stationsarzt einen Mann, der Allgemein-Chirurg war, nicht nur von Kopf bis Fuß all das operierte, was in den Bereich der Allgemein- und Unfallchirurgie fiel, sondern fast alles schlechthin, weit in bereits verselbständigte Fachgebiete hinein. Und als Gipfel der Skrupellosigkeit mußte man werten, den Chirurgen »Spezialist für solche Operationen« zu nennen, obwohl dies seine erste Versuchsoperation war.

Die Versicherung, daß die Naht des Lochs in der Herzscheidewand nur drei Minuten dauere, war im Wortsinn ungefähr richtig, lief aber in ihrer Wirkung auf eine arglistige Täuschung hinaus. Denn die in medizinischen Dingen völlig ahnungslose Patientin mußte daraus schließen, daß der gesamte Eingriff in relativ kurzer Zeit beendet und nicht besonders riskant sein würde.

Der üble Trick des Stationsarztes gelang. Die Patientin ließ sich überreden. Doch sie stimmte zunächst nur einer Verlegung in die Chirurgische Universitätsklinik zu. Die Operation sollte ja ohnehin nicht sofort stattfinden. Also würde sie sich nochmals in Ruhe überlegen können, ob sie sich operieren lassen sollte. Wie der Kardiologe Susanne L. die Operation dargestellt hat, schildert Wilhelm M. in seiner Anzeige wie folgt: »Der Patient erhält nur einen Schnitt unterhalb der linken Brust, die Brust wird zurückgeklappt. Die Rippen werden nicht beschädigt. Der Eingriff dauert ungefähr drei Minuten, und zwar wird das Loch zwischen den Rippen hindurch zugenäht. *Die Operation ist leichter Art*, jedoch etwas schwieriger als eine Blinddarmoperation. Gewiß, jede Operation ist schwer, jedoch *sind bei dieser Operation keine Befürchtungen zu erwarten*. Diese Operation wird von einem Spezialisten bzw. in diesem Falle, welches nur ein leichter Fall ist, durch Professor H. selbst ausgeführt!« (Hervorhebungen vom Verf.)

Die Verlegung fand am 7. Februar 1959 statt. Susanne L. wurde auf der Station des Wissenschaftlichen Assistenten Dr. Franz Paul G. aufgenommen.

Mit der Vorbereitung für den Start in die Herz-Heldenchirurgie ließ man sich Zeit. Diese Zeit nutzte der Liebhaber der Patientin. Bei jedem Besuch redete er inständig auf sie ein, die Klinik zu verlassen, sich nicht operieren zu lassen. Doch die Überredungskünste des vor Operationsangst fast selbst krank gewordenen Freundes reichten nicht aus. Susanne L. hatte sich in ihr Schicksal ergeben.

Später hat der pensionierte Beamte behauptet, Susanne L. habe ihr Einverständnis zur Operation nie gegeben. Daß sie es nicht schriftlich tat, steht fest. Aber aus ihrem Verhalten mußte man wohl zumindest ein stillschweigendes Einverständnis entnehmen. Denn andernfalls hätte sie die Klinik verlassen müssen. Selbstverständlich konnte dieses Einverständnis jedoch keinesfalls für eine Versuchsoperation ausreichen – warum nicht, begründe ich später.

Am Tage vor der Operation schrieb Susanne L. an ihren Freund einen langen Brief. Aus den Zeilen, »die im übrigen« – laut Staatsanwalt – »von rückhaltloser Offenheit sind«, spricht große Angst vor dem Eingriff und Todesahnung.

Kurz vor der Operation geschah etwas, das der Verlobte in seiner Strafanzeige wie folgt schildert: »Zwei Tage vor der Operation erschien eine Schwester und nahm den Lebenslauf von Frau L. auf. Auf meine Frage, warum dies geschehe, wurde erwidert, es würde vor jeder Operation getätigt. Ich sagte: ›Zur Operation liegt keine Erlaubnis vor!‹ – ›Das bestimmt der Herr Professor‹, erhielt ich zur Antwort.«

Am 16. Februar 1959 war der größte Tag in der Geschichte der Chirurgischen Universitätsklinik Erlangen. So jedenfalls empfanden es alle Beteiligten. Mit der Operation von Susanne L. sollte das Zeitalter der Großen Herzchirurgie auch in Erlangen beginnen.

Dem ehrgeizigen Operateur scheinen zu keiner Zeit ernsthafte Bedenken gegen die Durchführung dieser Operation gekommen zu sein, obwohl der Mißerfolg vorprogrammiert war. Weder er selbst noch ein anderer seines Operationsteams hatte jemals eine Operation am stillstehenden offenen Herzen gemacht. Auch war seine Operationsabteilung aus hygienischer Sicht für einen derartigen Eingriff indiskutabel. Sie lag in einem etwa einhundert Jahre alten Gebäude, in dem – überspitzt formuliert – fast nur die Operationslampen ausgewechselt worden waren. Der Klinikdirektor wußte, daß die Wundinfektionsquote bei Eingriffen an Brust und Bauch erschreckend hoch lag. Und daß eine Wundinfektion in diesem Falle, selbst bei zunächst gelungener Operation, tödlich war.

Die Operation hätte schon deshalb nicht gewagt werden dürfen, weil die Wahrscheinlichkeit einer Fehldiagnose,was die Art des inneren Herzdefektes betraf, mindestens 10 Prozent betrug. So hoch schätzte man die Möglichkeit von Irrtümern sogar an Herzzentren mit größerer Erfahrung in der Herzkatheter-Diagnostik ein.

Es war also mit einer Unsicherheit von 10 Prozent nicht auszuschließen, daß in Wirklichkeit ein komplizierterer Herzfehler vorlag, den man mit Hilfe von künstlicher Unterkühlung allein – wie sie hier geplant war – nicht hätte reparieren können, für den man vielmehr unbedingt eine Herz-Lungen-Maschine benötigt hätte. Eine derartige böse Überraschung bei der Operation hätte durch Überschreiten der kritischen Operationszeit den sicheren Tod der Patientin bedeutet.

Selbstverständlich hätte auch ein andersartiger Herzfehler nichts an der Feststellung geändert, daß die Anzeigestellung zur Operation grundsätzlich falsch war. Denn welcher Herzfehler auch immer, er war ja »kompensiert«, durch Anpassung so ausgeglichen, daß die Herzleistung nicht wesentlich gestört war.

Die Operation am 16. Februar 1959 – dargestellt als Eingriff »leichter Art, etwas schwieriger als eine Blinddarmoperation« und veranschlagt auf »nur ungefähr drei Minuten« – dauerte sieben Stunden, von acht Uhr vormittags bis drei Uhr nachmittags.

Das bei der dritten Herzkatheter-Operation als zweimarkstückgroß diagnostizierte Loch in der Vorhofscheidewand soll dann in Wirklichkeit fünfmarkstückgroß gewesen sein. Das bedeutete: 30 Millimeter Durchmesser und eine Flächengröße von 720 Millimeter – wenn es zutraf! Denn ein so großes Loch ist aus folgenden Gründen unwahrscheinlich: 1. Die Patientin hatte nie auch nur geringste Herzbeschwerden. 2. Es hätte bei der Voruntersuchung nicht übersehen werden können. 3. Angeblich soll das Loch nur durch Vernähen der Ränder verschlossen worden sein.

Dazu schreibt der erfahrene Kinder-Herzchirurg R. E. Gross 1955 in seinem weltweit verbreiteten Buch *The surgery of infancy and childhood* (Philadelphia/London): »Deshalb glauben wir, daß es selten klug ist, eine direkte Naht eines Defektes zu versuchen, der mehr als 1 oder höchstens 1,5 Zentimeter weit ist.« Und diese Empfehlung gilt für ein kindliches Herz im Alter zwischen fünf und acht Jahren.

Das kindliche Gewebe ist aber immer elastischer, dehnungsfähiger als das des Erwachsenen.

Ein 15 Millimeter weiter Defekt hat eine Fläche von 180 Quadratmillimetern. Da bereits empfiehlt Gross einen »patch«, also einen Flicken, aufzusteppen und das Loch nicht einfach mit Nähten zusammenzuziehen.

Schon vor meinem Gespräch mit Wilhelm M. hatte ich meinen Vorgänger als beamteten Oberarzt der Klinik, Prof. Dr. Kurt D., angerufen. Ich fragte ihn, ob er es für möglich halte, daß man – wie mein Chef es angeblich bei Susanne L. getan hatte – ein fünfmarkstückgroßes Loch in der Vorhofscheidewand nur mit Nähten zusammenziehen könne, ohne daß dies zu schwerwiegenden Pumpstörungen führe. Seine spontane Antwort: »Das kann ich mir nicht vorstellen!«

Man kann also nur folgern: Entweder war die Behauptung, das Loch sei so groß wie ein Fünfmarkstück gewesen, nur eine Schutzbehauptung, und es war in Wahrheit nur stecknadelkopf- bis maximal daumennagelgroß, dann hätte sich die Operation wegen total leerer Herzfehlervorgeschichte verboten. Oder es wurde ein grober Kunstfehler bei der Operation gemacht. Jeder Chirurg weiß, daß unter zu starker Spannung gelegte Nähte spätestens nach ein paar Tagen ausreißen. Im Bereich der Herzscheidewand führt eine derart gewaltsame Zusammenziehung zusätzlich zu Störungen im Reizbildungs- und Reizleitungssystem mit Herzschlagunregelmäßigkeiten. Das Aufflicken eines »patch«, der aus dem Herzbeutel herausgeschnitten werden kann, wenn man nicht einen Kunststofflicken vorzieht, ist nicht in wenigen Minuten zu machen. Er muß in entsprechender Größe zurechtgeschnitten und dann ringsum eingenäht werden. Dazu benötigt man immer eine Herz-Lungen-Maschine.

In jedem Fall war die Patientin Opfer eines schweren ärztlichen Kunstfehlers geworden.

Von der siebenstündigen Operation merkte die Patientin nichts. Das Martyrium begann erst hinterher. Es gab fast keine Körperöffnung, aus der nicht ein Schlauch heraushing. Und auch an die Venen beider Arme und Beine wurden Schläuche angeschlossen.

Volle acht Tage dauerte der Todeskampf, die schreckliche Intensiv-Quälerei. Der Freund schildert seine Erlebnisse zwei Tage nach der Montagsoperation wie folgt: »Am Mittwoch früh gegen acht Uhr stand ich vor ihrem Bett. Sie war etwas aufgewacht und hatte mich sofort erkannt. Ich vernahm ihre Hilfe rufende Stimme: ›Willi, Willi!‹

Ich trat zu ihr heran und reichte ihr die Hand. Sie hielt mich krampfhaft fest, genau so wie wenn sich ein Schiffbrüchiger an den letzten
Strohhalm klammert. Und sie sagte mit leiser Stimme: ›Bitte Stirn und
Lippen naß machen.‹ Sofort nahm ich einen Gesichtslappen und
feuchtete ihr die Lippen und die Stirn. Ich durfte mich nicht aufhal-
ten und mußte mich von ihr für ewig verabschieden!«

Und der schriftliche Bericht an die Staatsanwaltschaft fährt fort:
»Sie hatte Fieber gehabt. Ehe ich mich verabschiedet hatte, fragte ich
noch, ob sie denn Stuhlgang hatte. Erst jetzt wußte man, daß sie
noch keinen Stuhlgang hatte. Und mit aller Gewalt wurde dann der
Stuhlgang herbeigeführt. Von Samstag an war kein Stuhlgang mehr
registriert … Am Donnerstag war die linke Hand eisigkalt! Ich vermutete das Schlimmste, und es hat sich auch bewahrheitet! Nach der
Operation wurden ununterbrochen Messungen in Abständen von
fünf Minuten durchgeführt. Es war dazu ein Extrabuch angelegt worden. Wie kann man einem so schwer kranken Menschen so etwas
zumuten? Das ist mir als vollkommen normal denkendem Menschen
unbegreiflich!«

Möglicherweise hat der Freund sogar recht, wenn er folgendes vermutet: »Schon bereits nach der Fehloperation wußte man, daß Frau L.
ein Todeskandidat war!« Diese Vermutung begründet er wie folgt: »Sowie Frau L. etwas munter wurde, wurden ihr sofort Spritzen verab-
reicht, und zwar bis zum eingetretenen Tod! Auf eine spätere Frage,
warum sie dauernd unter Narkose gehalten wird, gab man mir zur
Antwort, in der Narkose sind die Schmerzen leichter zu ertragen.«

Natürlich wurde sie nicht dauernd in der Narkose gehalten, sondern wachte zwischenzeitlich immer wieder auf, um dann halbstun-
den- bis stundenlang von rasenden Schmerzen gequält zu werden.

Am Montag war Frau L. operiert worden, am Dienstag der folgenden Woche spätvormittags wurde sie endlich von ihren Qualen und
einem hoffnungslosen Krankheitszustand erlöst.

Als ihr Freund von ihrem Tod telefonisch unterrichtet wurde, fuhr
er sofort mit Johanna G. in die Klinik. Sie fanden die Verstorbene bereits von den Apparaten und Schläuchen befreit. »Auf dem Fußboden
lag nur noch eine mit frischem Blut getränkte Unterlage.« Johanna G.
war die nächste erreichbare Angehörige. Beide erklärten, eine Sektion werde nicht gewünscht. Man gebe dazu keine Erlaubnis. Sie
baten um sofortige Überführung in die Leichenhalle. Dies wurde zugesagt.

Am nächsten Tag gegen Mittag ging der durch den Verlust seiner
Geliebten schwer erschütterte Beamte zum Friedhof in die Leichenhalle. Doch die Verstorbene war nicht da. Das anschließende Erlebnis
beschreibt der Verlobte wie folgt: »Weil nichts Gutes ahnend, forschte
ich nach dem Verbleib der Leiche. Auch diese Vermutung hatte sich
bewahrheitet: Die Leiche lag bei geöffneten Türen auf dem Tisch im
Pathologischen Institut. Der Anblick war herzzerreißend. Ich erhielt
einen Nervenschock. Mit äußerster Kraftanstrengung raffte ich mich
auf. Die Leiche lag auf dem ersten Tisch. Der Brustkorb war herausgeschnitten und lag daneben! Auf dem zweiten Tisch lagen Herz und
Lunge … Ich begab mich sofort zu Prof. H. und befragte ihn, wer die
Erlaubnis dazu erteilt hätte. Die Antwort dazu war: Er nicht. Auf die
Frage, was die Todesursache nun war, erklärte er mir, die Ader vom
Herzen nach der Lunge wäre doppelt so stark gewesen als normal.
Die Lunge konnte das Blut nicht verarbeiten, und das mußte zum
Tode führen!«

Der von Schmerz und Verzweiflung geplagte Hinterbliebene forderte von dem Professor, daß nun endlich die Verstorbene in die Leichenhalle des Friedhofs überführt würde. »Er hatte es mir versprochen, sofort alles zu veranlassen.«

Daß der handwerklich gescheiterte Herzchirurg auch im Halten
von Versprechen kein Meister war, wußten seine Mitarbeiter schon
lange. Der um seine Geliebte gebrachte Mann merkte dies erst am
Nachmittag. Vergeblich wartete er in der Leichenhalle auf die Ankunft der Verstorbenen.

»Ich fuhr sofort mit meinem Motorrad nach dem Pathologischen
Institut und fand die Türen wieder geöffnet. Der Anblick war derselbe. Ich benachrichtigte sofort die Kriminalpolizei, welche auch
wenige Minuten danach eintraf und sich von dem Zustand selbst
überzeugen konnte. Was die Kriminalpolizei später noch weiter veranlaßt hat, entzieht sich meiner Kenntnis … Jetzt, als die Kripo an
Ort und Stelle war, erschien der Professor des Instituts und stellte
sich vor. Auf meine erste Frage, wer ihm den Auftrag zur Sektion erteilt habe, erhielt ich keine Antwort. Darüber wutentbrannt verlangte
ich die sofortige Schließung der Leiche mit vollem Inhalt und Überführung nach der Leichenhalle. Ob die entnommenen Teile wieder in
die Leiche hineingekommen sind, entzieht sich meiner Kenntnis. Ich
zweifele daran und schenke keinem Glauben! Solche Zustände herrschen im Jahre 1959!«

Über die Todesursache erfuhr der Verlobte drei verschiedene Versionen: Auf dem sogenannten Leichenschauschein stand »Vorhofseptumdefekt«. Der Herzoperateur sagte: »Hauptader vom Herzen zur Lunge doppelt so stark wie normal«, und der Stationsarzt beschied ihn: »Es hat sich im Körper eine Embolie gebildet!«

Vier Tage nach dem Tod seiner Freundin, am 28. Februar 1959, ging Wilhelm M. gemeinsam mit den beiden Brüdern von Susanne L. zu Dr. Kurt B. Dieser war nach Meinung des Verlobten der Hauptschuldige am Tod seiner Susanne. Er hatte der ischiaskranken Frau den Herzfehler eingeredet. Er hatte von einer leichten Operation gesprochen und jene Frau, die Wilhelm M. in Kürze heiraten wollte, zur Operation durch den für den Tod verantwortlichen Herzoperateur überredet.

Nach der Todesursache befragt, antwortete Dr. B.: Die Operation sei geglückt, jedoch habe das Herz nachher versagt. Auf die Frage, ob es ohne Herzoperation gegangen wäre und Frau L. noch gelebt hätte, antwortete er: »Gewiß, es tut mir leid, sie hätte noch einige Jahre leben können. Aber es würden dann andere Krankheiten aufgetreten sein.«

Erregt fragte Wilhelm M., während die beiden Brüder dabeistanden, den internistischen Herzspezialisten: »Wer hat Ihnen den Auftrag zur Operation gegeben?« Dr. B. antwortete nicht. Dann sagte der Verlobte: »Vor der Operation hat Frau L. Sie gefragt, ob sie nicht zur Operation nach Düsseldorf überführt werden könnte, da doch die Ärzte dort berühmt seien. In Düsseldorf werden fast alle Operationen mit Erfolg durchgeführt. Sie gaben ihr zur Antwort: ›Frau L., haben Sie zu unseren Ärzten kein Vertrauen?‹ Sie antwortete Ihnen: ›Ich habe Bedenken und möchte hier nicht operiert werden.‹«

Der Arzt widersprach nicht. Die Brüder hörten es mit an. Den schwersten Vorwurf brachte der aufs höchste erregte Freund verschlüsselt an: »Ich hatte einen Traum, da sah ich Sie, Herr Doktor, vor mir. Darüber stand ein Schild: ›Ich bin der Mörder.‹«

Einen Monat nach dem Tod von Susanne L., am 24. März 1959, erstattete der Reichsbahninspektor a.D. Wilhelm M. Strafanzeige wegen »Vorsätzlicher Tötung« und wegen »Sachbeschädigung der Leiche«. Die Strafanzeige richtete sich in erster Linie gegen den Wissenschaftlichen Assistenzarzt der Medizinischen Klinik Dr. B.

Knapp zwei Monate nach Erstattung der Anzeige, an einem Samstag, wurde Dr. B. von der Staatsanwaltschaft vernommen. Am Sonntag machte er mit seiner Freundin einen ausgiebigen Ausflug. Abends erzählte er seinen Wirtsleuten, bei denen er zur Untermiete wohnte, das sei ein ganz besonders schöner Tag gewesen.

Am nächsten Tag, am Montagmorgen, ging Dr. B. wie immer zum Dienst. Dann sagte er seiner Stationsschwester, er müsse zu einem Orthopäden, und verließ die Klinik. Am gleichen Tag versuchte er einen befreundeten Staatsanwalt in der dreißig Kilometer entfernten Stadt Ansbach zu treffen. Das gelang ihm nicht, weil dieser gerade mit einem Umzug beschäftigt war. Daraufhin mietete er sich in Ansbach ein Hotelzimmer. Dies verließ er später, seine Aktentasche ließ er zurück.

Zwei Tage danach wurde Dr. Kurt B. in einem Birkenhain gefunden. Er hatte sich mit zwei Leinen seiner Versuchshunde an einem Ast aufgehängt.

Vier Monate nach dem Tod des Arztes wurde das Ermittlungsverfahren eingestellt.

Der später zu dem Suizid seines früheren Mitarbeiters im Team des Herzzentrums befragte Herz-Heldenchirurg soll, wie in einem Zeitungsbericht vom 20. Januar 1964 zu lesen war, wörtlich gesagt haben:

»Ja, wenn der gute B. noch leben würde! Soweit ich es weiß, ist er geistig krank geworden. Ich war von seinem Tod sehr erschreckt. Er war ein charakterlich wunderbarer Mann …«

Der Wissenschaftliche Assistent Dr. Kurt B. hat seine schwere ärztliche Schuld gesühnt. Nachträglich muß man sagen: Er hätte es nicht tun sollen. Denn er war zwar ein Schwerverirrter, aber im Grunde doch ein guter, gewissenhafter Arzt. Ein gewissenloser Mediziner schüttelt so etwas rasch ab. Sicher hätte der Hauptverantwortliche dieser Versuchoperation mehr Grund zur Selbsthinrichtung gehabt. Er hat es verkraftet, leicht, wie man aus seinem späteren Verhalten schließen kann.

Dr. Kurt B. hat nicht nur mit bewundernswerter Konsequenz Sühne geleistet. Nicht nur durch seinen Freitod, sondern auch durch die damit verbundene Demonstration seiner Schuld, indem er Versuchshundeleinen benutzte. Er wollte ein Beispiel geben, daran kann man kaum zweifeln. Ich meine, man muß diesem Patienten-Arzt ein Denkmal errichten, das für alle Ärzte ein Mahnmal sein sollte: Ein Mahnmal gegen Menschenversuche mit Patienten.

Wie schon erwähnt, ist es nach Lage der Dinge wahrscheinlich, daß Susanne L. ihr mündliches Einverständnis zu der Operation gab. Daß dieses Einverständnis wegen der fehlerhaften Aufklärung rechtlich gesehen unwirksam war, ist unzweifelhaft. Also lag eine vorsätzliche Körperverletzung vor. Denn jede Operation, die entweder nicht angezeigt ist oder für die keine rechtswirksame Einverständniserklärung vorliegt – hier waren beide Tatbestände erfüllt –, ist nach der bundesdeutschen Rechtsprechung vorsätzliche Körperverletzung.

Im Falle Susanne L. bedeutete das bei einem Operateur, der das Risiko kennen mußte, Körperverletzung unter Inkaufnahme des tödlichen Ausganges, also bedingt vorsätzliche Tötung.

Unterstellen wir, daß Susanne L. indirekt eine Zustimmung zur Operation gegeben hat, indem sie der Operation nicht ausdrücklich widersprach. Selbst dann hätte eine wirksame Operationseinwilligung im Sinne der Rechtsprechung deutscher Gerichte nicht vorgelegen. Sie setzt nämlich voraus, daß der Einwilligende das Wesen, die Bedeutung und Tragweite des ärztlichen Eingriffs – jedenfalls in seinen Grundzügen – erkannt hat. Vom Bundesgerichtshof (BGHZ 2/159) wird hervorgehoben, daß nicht der innere Wille, sondern der *erklärte Wille* des Kranken maßgebend ist. Selbst alles, was ein Kranker mündlich, stillschweigend und durch schlüssige Handlung erkläre, dürfe von den behandelnden Ärzten nicht ohne weiteres als wirksame, die möglichen Gefahren umfassende Einwilligung betrachtet werden.

Es widerspricht jeglicher Lebenserfahrung, daß ein verständiger Mensch ohne Herzbeschwerden die Zustimmung zu einer vorsorglichen Herzoperation gibt, wenn diese nicht als leicht und ungefährlich hingestellt wird. Denn für eine lediglich *vorbeugende Operation* dürfte kaum jemand sein Leben riskieren. Man hätte Frau L. nicht nur darüber aufklären müssen, daß es sich um eine *sehr* gefährliche Operation handelte, sondern auch um eine *neuartige*.

DIE VASALLEN-NÖTIGUNG

Am Mittwoch, dem 23. Januar, gab es eine dramatische Entwicklung. Ich hatte gehört, daß für diesen Tag auf dem Operationsprogramm eine Herzoperation vorgesehen war, und zwar wieder die Reparatur eines Vorhofseptum-Defektes wie bei der auf grauenhafte Weise um-

gekommenen Patientin Susanne L. Deshalb rief ich kurz nach acht
Uhr bei meiner Sekretärin an und bat sie, zu klären, ob diese Operation geplant sei. Sie rief zurück und sagte: »Ja, die Operation soll um
neun Uhr beginnen.« Daraufhin fuhr ich sofort in die Klinik.

Als ich zwanzig Minuten vor neun Uhr in das Büro der OP-Abteilung kam, traf ich dort Oberarzt Dr. Florian Z. und den Chefanästhesisten Erich R. Ich sagte wörtlich: »Ich bitte Sie inständig, sofort zu
überprüfen, ob die Patientin Beschwerden hatte, und wenn sie keine
oder wenig Beschwerden hatte, alles zu tun, um zu verhindern, daß
die Patientin heute morgen operiert wird.« Weil ich nicht genau
wußte, ob die Operation nicht doch schon begonnen hatte, fügte ich
hinzu: »Wenn die Operation aber schon so weit fortgeschritten ist,
daß es Gefahren für die Patientin bringt, jetzt aufzuhören, dann muß
sie fortgeführt werden.« Außerdem sagte ich: »Sie wissen doch, wie
die Mortalität bei Herzoperationen ist.« Dann wies ich darauf hin,
daß ich nun Anzeige bei der Staatsanwaltschaft Erlangen-Nürnberg
erstattet hätte.

Florian Z. bekam nun doch Angst. Denn er antwortete: »Wir tun
das, was Sie wollen.«

Anschließend ging ich auf die Station 3 und versuchte das Krankenblatt der Patientin zu finden. Es war nicht vorhanden. Wahrscheinlich war es im OP. Ich fragte eine Schwester, ob sie wisse, ob
die Patientin Beschwerden gehabt habe. Sie sagte mir, die Patientin
habe keine wesentlichen Beschwerden gehabt. Zwei andere Schwestern, die ich fragte, antworteten, sie wüßten es nicht. Daraufhin
ging ich in den OP zurück. Dort bat ich nochmals, die Operation zu
verhindern, falls die Patientin keine wesentlichen Beschwerden
hatte. Denn für eine Vorsorgeoperation war der Eingriff in Erlangen
viel zu gefährlich. Der Chefanästhesist erklärte: Die Patientin sei von
Professor Henning eingewiesen. Darauf sagte ich: »Professor Henning kennt die Mortalität nicht, aber Sie kennen sie. Und Sie wissen,
daß bei Herzoperationen viel passiert ist.« Ich wiederholte meine
Bitte, die Operation zu verhindern. Jetzt lautete die Antwort: »Wir
tun, was wir für richtig halten.«

Am gleichen Tage bekam ich vom Klinikchef einen Brief mit dem
Hinweis, ich hätte mich »in Klinikdinge eingemischt«, die mir »aus-
drücklich verboten« seien. Insbesondere hätte ich Patienten vor der
Operation gewarnt oder zu warnen versucht. Dann folgte wörtlich:
»Ich verbiete Ihnen zum wiederholten Male das Betreten aller Abtei-

lungen der Chirurgischen Klinik, außer der Krankengymnastik-schule.«

Am nächsten Tag um halb acht Uhr rief ich die Stationsschwester von Station 3 an, um mich nach dem Befinden der Patientin zu erkundigen, die dann doch wegen eines angeblichen Vorhofseptum-Defektes operiert worden war. Sie verwies mich an den Stationsarzt Dr. Wagner. Der sagte, eigentlich brauche er mir keine Auskunft zu geben. Aber er habe nichts zu verbergen. Der Patientin gehe es gut. Sie soll die Operation, wie man mir später versicherte, überlebt haben. Meine Befürchtungen waren nur allzu verständlich, denn immer mehr wurde deutlich, daß man in Erlangen Erfolge in der Herzchirurgie um jeden Preis herbeizwingen wollte, wobei man mit Erfolgsmeldungen in der Öffentlichkeit recht großzügig umging.

So war erst zwei Tage zuvor in den *Nürnberger Nachrichten* unter der Überschrift »Große Fortschritte der Herzchirurgie« von einem Vortrag zu lesen, den Oberarzt Privatdozent Franz Paul G. vor der Medizinischen Gesellschaft der Universität Erlangen gehalten hatte. Den hatte selbstverständlich sein Chef H. gezielt in Auftrag gegeben. G. sang das Loblied einer in Erlangen entwickelten »Herz-Lungen-Maschine«. Wörtlich hieß es: »Auch an der Chirurgischen Universitätsklinik Erlangen wurden seit dem Jahre 1959 mit einer an der Klinik entwickelten Herz-Lungen-Maschine 66 Patienten mit angeborenen und erworbenen Herzfehlern mit *gutem Erfolg* operiert ... Dieses Modell weise aber einige nicht ganz unwesentliche Nachteile auf. Deshalb sei eine neue Herz-Lungen-Maschine entwickelt worden ... Über den Erfolg wurde gesagt, daß man bisher mit der neuen, vereinfachten Herz-Lungen-Maschine 22 angeborene Herzfehler operiert hat und dabei keine Todesfälle auftraten.«

Ich habe später diese unwahren Aussagen von Dr. G. auch bei der Staatsanwaltschaft angezeigt und kritisiert, daß dieser behauptet habe, 66 Patienten seien »mit gutem Erfolg« operiert worden, obwohl 15 gestorben waren, also 23 Prozent. Dies hat G. später bei der staatsanwaltschaftlichen Vernehmung auch zugegeben, aber erklärt, eine Sterblichkeit von 23 Prozent sei in dieser Patientengruppe nicht als überhöht zu betrachten. Es sei durchaus üblich, auch bei nachträglichen Todesfällen bei einwandfreiem Einsatz der Herz-Lungen-Maschine von einem guten Erfolg zu sprechen.

Der Staatsanwalt glaubte ihm, obwohl zur gleichen Zeit an der Düsseldorfer Universitätsklinik die Sterblichkeit nach Operationen

am offenen Herzen 7 Prozent betrug, sie also in Erlangen dreimal so
hoch wie in Düsseldorf war.

Der 23. Januar 1964 war für mich ein schwarzer Tag. Ich bekam
den Anruf eines Klinikarztes, daß er gemeinsam mit den anderen
Klinikärzten genötigt worden sei, einen Brief an den Kultusminister
zu unterschreiben. Den Text habe der Klinikdirektor selbst verfaßt.
Oberarzt Florian Z. und Franz Paul G. hätten ihn als Eigenprodukt
ausgegeben, den Brief an den Staatsminister für Unterricht und Kultus als erste unterschrieben, danach alle Namen der Abteilungsärzte
und der Klinikassistenten so schreiben lassen, daß darüber nur noch
die Unterschrift der einzelnen Ärzte eingesetzt zu werden brauchte.
Der Brief sei dann im Original von Arzt zu Arzt gereicht worden. Kein
einziger der 51 Klinikärzte habe sich der Unterschrift entziehen können. Ich möge ihm die Unterschrift verzeihen. Aber weder er noch irgendein anderer Arzt der Klinik hätte die Unterzeichnung verweigern
können. Das wäre einem Karriere-Suizid gleichgekommen.

Selbstverständlich bat mich der Arzt um Vertraulichkeit. Die sagte
ich zu, und ich fühle mich bis heute daran gebunden, weil er wahrscheinlich als Arzt tätig ist. Seine Adresse konnte ich leider nicht feststellen und darum nicht um das Einverständnis bitten, seinen Namen
zu nennen.

Damals bat ich den Kollegen sogleich, meinen Rechtsanwalt an-
zurufen. Das tat er. Augstein schrieb an den Kultusminister unter anderem folgendes: »Ich wurde jetzt von einem Arzt in Erlangen verständigt, daß von den Assistenten der Chirurgischen Klinik Erlangen
eine Erklärung verlangt worden sei, die sich gegen Prof. Dr. Hackethal richte. Die Erklärung sei von Prof. Dr. H. vorbereitet gewesen. Es
hätte sich niemand der Unterschrift entziehen können. Dies teile
ich nur vorsorglich mit, damit Sie wissen, welche Bedeutung dem
Schriftstück zukommt.«

Besagten Brief vom 23. Januar schickte mir Oberarzt PD Dr. Franz
Paul G. mit dem Hinweis, er sei »von *allen* 51 Ärzten unserer Klinik
unterschrieben« worden.

Der Text lautet:

»Hochverehrter Herr Staatsminister!
Die Ärzte der Chirurgischen Klinik mit Poliklinik der Universität
Erlangen-Nürnberg sehen sich zu folgender einmütigen Stellung-
nahme veranlaßt: Herr Prof. Hackethal versucht durch immer

neue, völlig unbegründete Vorwürfe, neuerdings sogar in der Tagespresse, das Ansehen der Klinik und des Klinikchefs auf das schwerste zu schädigen.

Die Ärzte der Chirurgischen Klinik weisen diese Anschuldigungen mit aller Entschiedenheit zurück. Wir haben zu Herrn Professor H. als dem Direktor der Chirurgischen Klinik volles Vertrauen und schätzen ganz besonders seinen persönlichen Einsatz um das Wohl jedes einzelnen Patienten.

Das Fehlen des Herrn Prof. Hackethal hat zu keinem Zeitpunkt eine ›Gefahr für Leben und Gesundheit von Patienten‹ bedeutet. Die Versorgung der Kranken steht unter der bewährten Aufsicht durch Herrn Prof. H. und ist in jeder Weise gesichert. Die wiederholte Behauptung in der Presse, daß durch das Ausscheiden des Herrn Prof. Hackethal schwere Schäden bei Patienten aufgetreten seien, und die öffentlichen Vorwürfe über angebliche Fehlbehandlungen sind grobe Unwahrheiten und bösartige Diffamierungen. Die darin enthaltenen schweren Verstöße gegen die ärztliche Berufsordnung veranlaßten die Oberärzte und Abteilungsleiter, einen Antrag auf Einleitung eines Berufsgerichtsverfahrens zu stellen.

Von den Ärzten der Klinik ist bisher nicht gegen die Vorwürfe des Herrn Prof. Hackethal Stellung genommen worden. Es war bekannt, daß die Angelegenheit beim Ministerium für Unterricht und Kultus liegt und ein Disziplinarverfahren eingeleitet wurde. Damit war nach unserer Meinung die Gewähr gegeben, daß Herr Prof. Hackethal wegen seiner Diffamierungen rasch zur Verantwortung gezogen würde.

Da bis heute keine Maßnahmen sichtbar geworden sind, die abwertenden Äußerungen und schwersten Vorwürfe des Herrn Prof. Hackethal vor Studenten im Rahmen der Vorlesung und sogar in der Tagespresse in Form von Interviews aber täglich erfolgen, sehen wir uns – selbst auf die Gefahr hin, damit in ein schwebendes Verfahren einzugreifen – gezwungen, mit aller Schärfe gegen das Verhalten des Herrn Prof. Hackethal Stellung zu nehmen. Die in der Öffentlichkeit und möglicherweise im Ministerium für Unterricht und Kultus herrschende Ansicht, daß es sich um einen nicht ungewöhnlichen ›Gelehrtenstreit‹ handelt und daß dabei das ärztliche Personal der Klinik in zwei Lager gespalten sei, kann von uns nicht unwidersprochen hingenommen werden.

Sämtliche Ärzte der Klinik stehen eindeutig und geschlossen hinter dem Klinikdirektor in allen seinen Anordnungen und Bestrebungen.

Sämtliche Ärzte verurteilen dagegen das Verhalten und die Maßnahmen des Herrn Prof. Hackethal gegen die Klinik und ihren Direktor in den vergangenen acht Wochen auf das schärfste.

Diese gezielten Verleumdungen des Herrn Prof. Hackethal gefährden das hohe Ansehen unseres Klinikdirektors. Durch die unwahren Behauptungen des Herrn Prof. Hackethal in der Öffentlichkeit wird die Bevölkerung unnötig beunruhigt. Das Vertrauen der Kranken in die behandelnden Ärzte ist dadurch stark gefährdet. Dieser Zustand ist im Operationsbetrieb einer großen Klinik mit vielen schwerkranken Patienten eine unzumutbare moralische Belastung. Zum Schutz unseres Chefs und zur Beendigung dieser unwürdigen Situation bitten wir Sie, Herr Staatsminister, um energische und beschleunigte Schritte gegen Herrn Prof. Hackethal im Rahmen der beamtenrechtlichen Möglichkeiten. Wir möchten jedoch darauf hinweisen, daß es im Hinblick auf unsere persönliche und berufliche Ehre uns nicht mehr zugemutet werden kann, mit Herrn Prof. Hackethal in irgendeiner Form jemals wieder zusammenzuarbeiten.«

Darunter stehen die Namen von 51 Klinikärzten. und zwar die der drei Oberärzte PD Dr. Florian Z., PD Dr. Franz Paul G. und Dr. Heiner B., danach die des Chefanästhesisten und der Leiter von Neurochirurgischer, Urologischer, Röntgen- und Orthopädischer Abteilung und von 43 Wissenschaftlichen Assistenten mit der Dienstbezeichnung »Assistent der Klinik«.

Ohne jede Frage wurden sowohl der Rektor wie der Kultusminister mit diesem Brief in Zugzwang versetzt. Vor diesem Hintergrund glaubte ich, könne nur noch eine Bombe, oder was ich damals dafür hielt, auf das Hauptquartier des Kriegsgegners die Niederlage abwenden. In Vorbereitung hatte ich sie schon, aber mit dem Abwurf noch gezögert. Nun blieb sie die einzige Möglichkeit, noch eine, wie ich dachte, erfolgversprechende Gegenoffensive zu starten. Dies tat ich dann am nächsten Tag.

Unter Bezugnahme auf die »Unterschriftensammlung bei den Ärzten der Chirurgischen Klinik mit Poliklinik der Universität Erlangen-Nürnberg« schrieb ich am 28. Januar an den hochverehrten Herrn

Kultusminister und an die sehr verehrte Magnifizenz, daß ich es für unwahrscheinlich halte, »daß mehr als ein Drittel der Ärzte, die unterschrieben haben, bei voller Kenntnis der Lage von jetzt ihre Ablehnung aufrechterhalten«, mit mir »in irgendeiner Form jemals wieder zusammenzuarbeiten«. Jedenfalls erklärte ich hiermit meine ausdrückliche Bereitschaft, sofort die volle Verantwortung für Lehre, Forschung und Krankenbehandlung in der Erlanger Chirurgischen Universitätsklinik im Rahmen der Verantwortlichkeit eines Klinikdirektors zu übernehmen. Ich vertrat den Standpunkt, daß »fast alle Ärzte, die unterschrieben haben, bereit wären weiterzuarbeiten, sobald sie von dem wahren Sachverhalt in Kenntnis gesetzt sind und Herr Prof. H. die Klinik (zumindest vorläufig) verlassen hat«.

Um Mißverständnisse zu vermeiden: Der Gedanke, den Klinikdirektor zu stürzen, um sein Nachfolger zu werden, hat bei meinem Widerstand gegen verschiedene Chefanordnungen zur Patientenbehandlung und bei meiner Gehorsamsverweigerung am 23. November 1964 niemals eine Rolle gespielt, ist auch im hintersten Hinterkopf nie aufgekommen. Auch bei meiner Gegenoffensive habe ich daran nicht gedacht. Erst als ich die sofortige Dienstenthebung des Klinikdirektors forderte, mußte ich selbstverständlich auch einen Vorschlag für die provisorische Nachfolge machen. Und da kam als Nachfolger für eine Übergangszeit von den Oberärzten und Abteilungsärzten nur ich in Frage. Wer daran zweifelt, möge meine Zeugnisse nachlesen.

Das Problem war die lückenlose Weiterversorgung von 371 Klinikpatienten und von mehreren hundert Patienten der Poliklinik. Da kam es auf jeden einzelnen Tag an. Dieser gewaltige Zeitdruck war es, welcher zu raschem Handeln zwang. Unmittelbar ging es für mich nur um die Versorgung der Patienten meiner beiden Stationen und der Poliklinik. Im übrigen war lediglich eine konkrete Verteilung der Aufgabenbereiche der beiden anderen Oberärzte vorzunehmen. Die Herzchirurgie hätte ich sofort total gestoppt und darüber hinaus auch heldenchirurgische Extreme sonst. Davon abgesehen wäre für die Privatpatienten jeweils der Oberarzt bzw. Abteilungsarzt zuständig gewesen, in dessen Aufgabenbereich die Versorgung fiel.

Daß ich allenfalls kommissarischer Klinikdirektor werden konnte, war klar. Auf längere Sicht wäre ich mit der Position zufrieden gewesen, die dann meinem Nachfolger als Oberarzt, Heiner B., zugewachsen ist und die er bis zum Wintersemester 1963/64 ausgeübt hat. Nach seiner Emeritierung darf ich es wohl sicher verraten: Wir stehen seit etwa zwanzig Jahren wieder in guter Verbindung. Etwa zehn Jahre lang habe ich alles vermieden, was ihn seinem damaligen Klinikdirektor G.H. gegenüber hätte in Schwierigkeiten bringen können. Danach gab es aber von Jahr zu Jahr häufigere Kontakte. Zunehmend habe ich ihm Patienten für schwierige Operationen im Bereich der Orthopädischen Chirurgie überwiesen.

Gewiß, auch Heiner B., der vom ersten bis zum letzten Tage meiner Erlanger Tätigkeit mein Assistent, später mein 1. Assistent war, hatte den Vasallen-Nötigungsbrief mit unterschrieben. In der gegebenen Situation blieb ihm gar nichts anderes übrig. Da wäre jeder im deutschen Medizinsystem erzogene Arzt überfordert gewesen. Von hundert Ärzten vielleicht einer nicht. Aber an der Klinik gab es nach H. ja nur 51!

Auch hätte sich Heiner B. später nur unter dem Risiko, gefeuert zu werden, dem Auftrag entziehen können, ein Kunstfehler-Gutachten gegen mich zu erstellen. Wir hatten gemeinsam einen vom Klinikdirektor verpfuschten Jungen mit einem Ellenbogengelenksbruch operativ versorgt. Zweifellos war es eine sehr schwierige Operation, mit der ich mich äußerst schwer getan habe. Ich mußte das Bruchstück völlig aus seinen Gefäßverbindungen lösen, um es in die richtige Stellung zu bringen und dort zu fixieren. Aus der geplanten Stellungskorrektur wurde eine Knochenverpflanzung. Pflänzlinge haben aber leider eine schlechte Einheilungstendenz. Sie können ganz oder teilweise absterben. Dies passierte dann auch prompt, und das Endergebnis der Operation war schlecht.

Dieses schlechte Ergebnis benutzte dann der Klinikdirektor, um eine Strafanzeige wegen fahrlässiger Körperverletzung gegen mich in Gang zu bringen. Mit der gutachtlichen Begründung wurde Heiner B. beauftragt. Er gab sich große Mühe. Schließlich wollte er seinen Chef nicht verärgern, dem er ja meine Nachfolge als Oberarzt verdankte. Zusätzlich wurde noch das Gutachten des Orthopädie-Ordinarius Nikolaus W. eingeholt. Dieser haßte mich wie die Pest, nachdem ich es gewagt hatte, einen Ordinarius-Kollegen vielfacher Kunstfehler zu bezichtigen und sogar des Mordes zu beschuldigen. Entsprechend fiel sein Gutachten aus. Aber ich konnte dann doch anhand der Literatur beweisen, daß meine Operationstechnik aus der Situation heraus »kunstgerecht« war. Das Ermittlungsverfahren wurde eingestellt.

Zu den übrigen Klinikärzten habe ich nie Kontakt gesucht. Einige von ihnen – wie ich feststellen konnte, sind es fünf – haben insoweit

Karriere gemacht, als sie Ordinarien wurden. Andere wurden Chefärzte chirurgischer Kliniken oder Abteilungen. Von mindestens vieren
weiß ich, daß sie später wegen Unfähigkeit als Chefarzt gefeuert
worden sind. Alle anderen habe ich total aus den Augen verloren.

Strafanzeige wegen Mordes etc.

Die Vasallen-Petition vom 23. Januar an den Kultusminister war der
bisher schwerste Schlag für mich. Der Gegner hatte es geschafft,
sämtliche Klinikärzte gegen mich zu mobilisieren. Hier konnte nur
noch ein massiver Gegenschlag helfen. Am 24. Januar 1964 stellte ich
schriftlich Strafanzeige gegen Prof. Dr. G.H., nachdem ich am Vortage
meine Anzeige bereits mündlich erstattet hatte. In einem Schreiben
an die Staatsanwaltschaft Nürnberg-Fürth, das ich dem Ersten Staatsanwalt Dr. P. noch am gleichen Tag übergab, faßte ich die Anzeige-
punkte wie folgt zusammen:

1. Verdacht auf Durchführung von Menschenversuchen mit tödlichem Ausgang (StGB §§ 211, 212, 223 bis 226a, 230?),

2. Verdacht auf die Möglichkeit eines verbrecherischen Vorhabens
(§ 138?) und

3. Verdacht auf Verwahrungsbruch (§ 133), auf Versuch des Betruges (§ 263) und/oder auf Versuch der Urkundenvernichtung (§ 274).

Schwerpunkt meiner Anzeige war der Fall Susanne L. Dessen Verlauf, wie ihn mir der Reichsbahn-Oberinspektor Wilhelm M. in allen
Einzelheiten geschildert hatte, erfüllte nach meiner Überzeugung den
Tatbestand einer bedingt vorsätzlichen Tötung aus niedrigem Beweggrund, also eines Mordes.

Zugleich mit mir erstattete in dieser Angelegenheit Herr Wilhelm
M. Anzeige.

Punkt 2 begründete ich damit, daß der Klinikdirektor weiterhin
Menschenversuche in Form unnötiger lebensgefährlicher Herzoperationen durchführte. Dabei verwies ich auf die am Vortage trotz meines Einspruchs durchgeführte Operation am offenen Herzen und
fügte meine Ablehnnotiz vom selben Tage bei.

Zu Punkt 3 führte ich aus, daß am 22. Januar Krankenblätter des
Archivs durch Klinikangehörige in andere Räume verlagert wurden,
um sie, wie ich vermutete, vor einer Beschlagnahme zu schützen. Im
übrigen habe der Klinikdirektor am 18. Januar die beiden Kranken-

haus-Angestellten W.M. und G.K. zu sich bestellt und ihnen folgendes
gesagt: »An der Klinik läuft eine unerfreuliche Sache. Wenn Sie vernommen werden, machen Sie von Ihrem Recht Gebrauch und sagen
Sie, Sie wissen von nichts.«

Der Schluß der Anzeige lautet: »Ich beantrage, alle gesetzlichen
Mittel auszuschöpfen, um zu erreichen, daß die durch Prof. Dr. H. für
die Herzkranken der Chirurgischen Universitätsklinik einerseits, für
alle anderen Kranken der Chirurgischen Universitätsklinik andererseits stündlich gegebenen Gefahren für Leben und Gesundheit noch
heute beseitigt werden.«

Meiner Anzeige folgte eine »Vernehmung« durch den Staatsanwalt, über die es ein acht Seiten langes Protokoll gibt. Angehängt sind
42 Anlagen mit insgesamt 150 Seiten, über die sich am Schluß des
Protokolls der Vermerk findet: »Prof. Hackethal erklärte zu diesen Unterlagen wörtlich: Sämtliche überlassenen Unterlagen betreffen nur
Fälle, für die Prof. H. meines Erachtens direkt oder indirekt verantwortlich war.«

Meine dringlichste Forderung enthält das Vernehmungsprotokoll
in Form folgender Erklärung: »Mir ist daran gelegen, daß Herrn Prof.
H. ab sofort, das heißt noch heute, mit allen staatlichen Mitteln die
Möglichkeit genommen wird, weiter zu operieren. Falls das von mir
bisher Angeführte zu sofortigen Zwangsmaßnahmen nicht ausreicht,
möchte ich noch weitere Einzelheiten zu Protokoll geben.«

Dazu der Staatsanwalt: »Herrn Prof. Hackethal wurde erklärt, daß
die bisherigen Angaben nicht ausreichen, gegen Herrn Prof. H. irgendwelche Sofortmaßnahmen durchzuführen.« Deshalb habe ich
meine Anzeige am 1. Februar 1964 ergänzt. Laut Protokoll wurden der
Staatsanwaltschaft insgesamt folgende Unterlagen übergeben:

1. Neun Einzeldarstellungen von Herzoperationen.

2. Sechs Durchschläge von Operationsberichten über Eingriffe mit
tödlichem Ausgang.

3. Aufstellung über 153 Namen von Patienten, die in der Zeit vom
25. Februar 1963 bis 15. November 1963 in der Chirurgischen Universitätsklinik verstorben waren.

4. Aufstellung über 31 Patienten, die in der Zeit vom 24. November
1963 bis 2. Januar 1964 in der Chirurgischen Universitätsklinik verstorben waren.

5. Statistik über die Sterblichkeit bei Wundstarrkrampf in der
Chirurgischen Universitätsklinik.

6. Liste mit 8 Namen von Personen, die in der Zeit vom 16. April 1958 bis 8. März 1963 nach einer Magenoperation in der Klinik gestorben waren.

Unter den angeführten Fällen finden sich 74, in denen ich Anzeige wegen des Verdachts der »fahrlässigen bis bedingt-vorsätzlichen Tötung«, und 64, in denen ich Anzeige wegen des Verdachts der »fahrlässigen bis vorsätzlichen Körperverletzung« gestellt habe. Insgesamt waren es also 138 Fälle!

Die Staatsanwaltschaft leitete ein Ermittlungsverfahren gegen Prof. H. ein. Mit welcher Sorgfalt es durchgeführt wurde, kann man meinem Beschwerdeschreiben an den Generalstaatsanwalt in Nürnberg vom 11. Februar 1964 entnehmen: »Den *Nürnberger Nachrichten* vom 8./9. Februar 1964 (Seite 9) entnehme ich, daß Herr Oberstaatsanwalt Dr. Hans Sauter eine Erklärung herausgegeben hat, in der es hieß, ›daß das aufgrund der Vorwürfe Prof. Hackethals gegen Prof. H. eingeleitete staatsanwaltliche Ermittlungsverfahren demnächst eingestellt werde, da sich die Haltlosigkeit der Vorwürfe ergeben habe‹. Weiter soll Herr Oberstaatsanwalt Dr. Sauter geäußert haben: ›Entgegen der Behauptung des Herrn Dr. Hackethal ist nicht nur der Tod einer sechsunddreißigjährigen Frau, sondern auch die angeblich überhöhte Sterblichkeit bei verschiedenen Operationsgattungen Gegenstand des staatsanwaltschaftlichen Ermittlungsverfahrens. Wenn die Staatsanwaltschaft erklärt hat, die Vorwürfe von Prof. Hackethal gegen Prof. H. seien haltlos, so bezieht sich diese Erklärung auf alle Vorwürfe des Herrn Dr. Hackethal.‹«

Das Schreiben fährt fort: »Hiermit erhebe ich gegen die o.a. Erklärung des Oberstaatsanwaltes Dr. Sauter verschärften Protest. Ich halte es für ausgeschlossen, daß in der kurzen Zeit, seit Erstattung der Anzeigen durch Herrn Wilhelm M. und mich, sowohl im Falle der Frau L., als auch viel weniger in den übrigen Fällen, eine so gründliche Prüfung möglich war, daß von einer Haltlosigkeit der Vorwürfe bzw. der Anzeigen gesprochen werden kann. Ich glaube viel mehr fürchten zu müssen, daß Herr Oberstaatsanwalt Dr. Sauter hier eine voreilige Erklärung abgegeben hat. Warum das geschah, vermag ich nur zu vermuten … Ich halte den Herrn Oberstaatsanwalt Dr. Sauter in der Angelegenheit der Strafanzeigen gegen Prof. Dr. H. für befangen. Es ist meine Überzeugung, daß Herr Oberstaatsanwalt Dr. Sauter durch die m.E. früher getroffene Fehlentscheidung« – gemeint ist die Einstellung des Ermittlungsverfahrens aufgrund einer Anzeige von

Wilhelm M. bereits im Jahre 1959 – »so belastet ist, daß wesentliche
Voraussetzungen für eine volle Objektivität seiner Person in dieser
Angelegenheit fehlen ... Der Staatsanwaltschaft Nürnberg-Fürth habe
ich mehrfach angeboten, sachverständige Hilfe zu leisten. Mir
scheint, daß kaum jemand sonst der Staatsanwaltschaft – die ja wohl
zur Suche von Beweismaterial jeglicher Art verpflichtet ist – bei ihren
Ermittlungen so gut helfen könnte wie ich. Ich wundere mich darüber, daß nunmehr – möglicherweise aufgrund von Gutachten, vielleicht auch aufgrund von Gegendarstellungen von Herrn Prof. H. und
anderen Klinikärzten – das Verfahren eingestellt werden soll, ohne
daß ich nochmals dazu gehört worden bin.«

Am 17. Februar 1964 stellte die Staatsanwaltschaft das Ermittlungsverfahren ein. Die Zusammenfassung lautet: »Im Falle L. haben
sich keinerlei Anhaltspunkte gegen Prof. H. und seine Mitoperateure
hinsichtlich eines Vergehens der fahrlässigen Tötung nach § 222 StGB
ergeben. Der ungeheuerliche Vorwurf, Prof. H. habe sich eines
Menschenversuches, das heißt eines Verbrechens der vorsätzlichen
Tötung schuldig gemacht, hat sich als haltlos erwiesen. Auch die
Überprüfung der angeblich überhöhten Mortalitätsziffern bei verschiedenen Operationsgattungen, die die Chirurgische Universitätsklinik und Prof. H. zu verzeichnen hätten, hat ergeben, daß die Vorwürfe Prof. Hackethals auf unwissenschaftlicher Grundlage beruhen,
unbegründet und haltlos sind. Das Verfahren war daher im gesamten
Umfange einzustellen; § 170/11 StPO.«

Es ist also festzustellen, daß die Staatsanwaltschaft vom Tage der
Erstattung der schriftlichen Anzeige durch mich mit Aufnahme eines
Vernehmungsprotokolls bis zur Feststellung der »Haltlosigkeit der
Vorwürfe« *nur 15 Tage* benötigt hat. Und dies war möglich, obwohl
der Erste Staatsanwalt P. gesagt hatte, die Angelegenheit sei sehr
schwierig, mit so etwas befasse sich jeder Staatsanwalt nur ungern,
weil sie medizinisches Gebiet betreffe. In der Regel würden staatsan-
waltschaftliche Ermittlungsverfahren bei weit einfacher liegenden
Tatbeständen viele Monate, ja Jahre dauern.

Sämtliche Vorwürfe zusammengenommen reichten nicht aus, um
zumindest auf eine sofortige Beurlaubung des Klinikdirektors beim
Kultusministerium zu drängen. Die Staatsanwaltschaft begnügte sich
mit eidesstattlichen Versicherungen des beschuldigten Klinikdirektors sowie von Oberärzten und Klinikassistenten, die von ihm mit Gegendarstellungen beauftragt worden waren. Außerdem war – wie er-

wähnt – zur Frage der Operationssterblichkeit allgemein ein Gutachten des Chirurgie-Ordinarius Prof. Dr. Zukschwerdt und zur Frage der Kunstfehler im Zusammenhang mit Herzoperationen das Gutachten des Kardiologen Prof. Dr. Franz Loogen der Medizinischen Universitätsklinik Düsseldorf eingeholt worden.

Beide Sachverständigen-Gutachten wurden innerhalb weniger Tage erstellt. Sie strotzten von unwahren, halbwahren oder irreführenden Darstellungen, ganz besonders das Gutachten des Chirurgie-Ordinarius. Die zur Entkräftung meiner Vorwürfe angeführten Behauptungen habe ich später fast ohne Ausnahme in einer 75 Seiten langen Gegendarstellung widerlegt. Die Staatsanwaltschaft verzichtete darauf, die zur Klärung notwendigen Untersuchungen durchzuführen.

Aus meiner Sicht damals und heute war es eine ungeheure Rechtsverletzung. Nach dem Legalitätsprinzip wäre die Staatsanwaltschaft nach den ersten Hinweisen bereits verpflichtet gewesen, sofort massiv in Aktion zu treten. Aus vergleichsweise weit geringerem Anlaß wurden und werden Patientenakten durch Staatsanwaltschaften beschlagnahmt. Hier hat die Staatsanwaltschaft von sich aus nie versucht, meine Stellungnahme zu offenen Fragen einzuholen. Sie hat die Gegenbehauptungen anderer immer als glaubhaft hingestellt und damit meine Behauptungen als unglaubhaft abqualifiziert, obwohl lediglich Behauptung gegen Behauptung stand.

Ich habe dem Staatsanwalt von Anfang an erklärt, daß man Gutachten von Universitätsprofessoren, insbesondere von Ordinarien, in dieser Angelegenheit wahrscheinlich nicht als objektiv ansehen könne. Es gehe schließlich um die Stellung eines Ordinarius, dessen Einfluß in den Universitäten äußert weitreichend sei. Trotzdem wurde Prof. Zukschwerdt als Hauptgutachter bestellt.

Schon 1959 war das Verfahren Susanne L. im Zuständigkeitsbereich des Oberstaatsanwaltes Dr. Sauter eingestellt worden. Damals dauerte die Bearbeitung immerhin vom 24. März bis 18. September 1959, also sechs Monate. Als einziger Gutachter war der hauptamtliche Gerichtsarzt beim Landgericht Nürnberg-Fürth gehört worden. Er hat in einer herz-chirurgischen Frage ein Gutachten abgegeben, obwohl er weder Chirurg war noch von Herzchirurgie auch nur theoretische Kenntnisse haben konnte. Denn zu dieser Zeit war im allgemeinen deutschen Schrifttum und in Lehrbüchern kaum etwas darüber veröffentlicht worden.

Durch den Einstellungsbeschluß der Staatsanwaltschaft ist mir außerordentlicher Schaden entstanden. Das Ergebnis wurde zum Anlaß für verschiedene Entscheidungen und Maßnahmen gegen mich genommen. Ganz besonders schwer mußte sich die Behauptung auswirken, daß meine Vorwürfe unwissenschaftlich, unbegründet und haltlos seien. Nach meiner damaligen und heutigen Auffassung wurde trotz schwerwiegendster Verdachtsmomente die Durchführung eines ordentlichen strafgerichtlichen Verfahrens unzulässigerweise unterdrückt.

Am 25. Januar informierte mich der Dekan, daß die Medizinische Fakultät am Montag, dem 27. Januar, in einer außerordentlichen Sitzung »zu dem Antrag Stellung nehmen« werde, »Ihnen die Venia legendi zu entziehen«.

Nach § 9 der Fakultätssatzung hätte ich das Recht, in der Sitzung gehört zu werden. Deshalb fordere er mich hiermit auf, mich »am Montagabend, ab 19.45 Uhr, im Dekanat der Medizinischen Fakultät, zur Verfügung zu halten«.

Nach dem, was im Kontakt mit dem Dekan und der Medizinischen Fakultät vorausgegangen war, versprach ich mir von einer persönlichen Teilnahme nichts. Deshalb ließ ich zu dieser Fakultätssitzung, in der nur das Recht, Vorlesungen zu halten, entzogen werden sollte, lediglich folgenden Brief übergeben:

»Hohe Medizinische Fakultät!
Für die Einladung zur o.a. Sitzung erlaube ich mir, meinen besten Dank zu sagen.
Ich möchte von meinem Recht auf Gehör heute keinen Gebrauch machen, und zwar aus folgenden Gründen:
1. Der Termin wurde so kurzfristig anberaumt – ich erhielt die Einladung am Sonntag, den 26. Januar 1964 um 12.45 Uhr –, daß ich mich nicht genügend vorbereiten konnte.
2. Die Frage des Entzuges der Venia legendi fällt – wenn überhaupt eine Zuständigkeit der Fakultät gegeben sein sollte – m.E. eindeutig in die Zuständigkeit der *weiteren* Fakultät. Es handelt sich ja um die Frage des Unterrichts (s. §§ 5 und 6).
3. Ich glaube fürchten zu müssen, daß auch in dieser Fakultätssitzung der gleiche schwerwiegende Verfahrensmangel Platz greift wie in der letzten mich betreffenden a.o. Fakultätssitzung, wo

Herr Prof. Dr. H. an entscheidenden Beratungen teilgenommen hat. Es kann wohl kein Zweifel bestehen, daß die Angelegenheit Herrn Prof. Dr. H. selbst unmittelbaren Vor- oder Nachteil bringen kann (§ 8 (1)).

Ich erkläre, daß ich mir keinerlei Verfehlungen gegen meine Pflichten als Hochschullehrer bewußt bin. Ich vermute, daß Herr Prof. Dr. H. eine erneute Serie von unrichtigen Behauptungen vorgebracht hat, um mir Schwierigkeiten zu machen. Herr Prof. H. weiß, daß ich allerschwerste Vorwürfe gegen ihn erhebe. Er wird – das ist meine feste Überzeugung – seine Stellung als Klinikdirektor und Hochschullehrer verlieren. Er wird darüber hinaus möglicherweise eine schwere Strafe erhalten. Ich habe – wie ich dem Herrn Dekan ausführlich bekanntgegeben habe – am 24. Januar 1964 Anzeige gegen Herrn Prof. Dr. H. wegen Verdachts auf Durchführung von Menschenversuchen mit tödlichem Ausgang (§ 211 StGB u.a.) gestellt und dies eingehend begründet. Ich habe den Verdacht, daß Herr Prof. Dr. H. aus maßlosem Ehrgeiz unter Ausnutzung seiner Vertrauensstellung als Arzt Frl. L. getötet hat. Ich bitte um schriftliche Bekanntgabe der Vorwürfe, damit ich dazu Stellung nehmen kann.
Ergebenst« (Unterschrift).

Vorweg hatte ich mich bei der Dekanatssekretärin darüber beschwert, daß ich die Aufforderung zur Sitzungsteilnahme erst 31 Stunden vorher bekommen habe. Gleichzeitig hatte ich beantragt, meinen Rechtsanwalt mitbringen zu dürfen. Daraufhin bekam ich am Sitzungstage einen weiteren Brief überbracht. Darin schrieben Ihre Spectabilität, die Fakultätssitzung sei dringend erforderlich und könne deshalb nicht verschoben werden. Der Termin sei mir »sogar über 48 Stunden vorher bekanntgegeben worden«. Im übrigen sei das Auftreten eines Rechtsbeistandes in der Fakultätssitzung nicht üblich. Die Fakultät könne sich damit nicht einverstanden erklären.

Am Samstag, den 25. Januar vormittags von neun Uhr bis kurz vor elf fand meine erste Vernehmung im Rahmen des »förmlichen Dienststraf-Verfahrens« gegen mich statt. Dabei war angekündigt worden, daß mein Klinikdirektor neues Belastungsmaterial gegen mich vorgebracht hätte. Deshalb sagte ich zu dem mit der Vernehmung beauftragten Prokanzler Prof. Dr. Herrmann in Gegenwart des Schriftführers, Oberregierungsrat Eberth, ich hätte vorweg die Bitte, daß mir das neue angebliche Belastungsmaterial in Schriftform übergeben würde, damit ich mit Gegenbeweisen dazu Stellung nehmen könne. Daraufhin wurde mir erklärt, es sei in der Dienststrafordnung nicht vorgesehen, mir Einsicht zu gewähren, also müsse mein Antrag abgelehnt werden.

Dann wurden mir zwei Briefe von G.H., und zwar vom 22. Januar und vom 23. Januar, wörtlich vorgelesen. Im wesentlichen hat mein Chef darin die alten, weithin falschen Vorwürfe wiederholt. Im übrigen hat er behauptet, ich hätte das *8-Uhr-Blatt* informiert. Das habe ich bestritten, weil es nicht wahr war. Zusätzlich wurde mir vorgeworfen, ich hätte einen Patienten auf der Station aufgesucht, bei dem eine Beinamputation geplant gewesen sei, und diesem von der notwendigen Operation abgeraten.

Es handelte sich um einen meiner früheren Patienten. Und nach meiner Meinung war die Amputation nicht nötig. Deshalb hatte ich mir den Patienten auf der Station nochmals angesehen und kam erneut zu der Überzeugung, daß es noch eine Chance zur Erhaltung des Beines bei dem Fünfundzwanzigjährigen gab. Dies habe ich ihm gesagt. In der Niederschrift über die Vernehmung wird das, was ich angeblich gesagt habe, wie folgt zitiert: »Sie sind erst im fünfundzwanzigsten Lebensjahr, überlegen Sie sich, daß Sie mit Prothese immer schlechter dran sind als mit einem leidlich gut funktionierenden eigenen Bein. Auch eine Rente kann das nicht ausgleichen. Sie müssen aber selbst wissen, was Sie tun. Es ist Ihr Bein. Ich kann Ihnen nur raten, meine aber, es wäre meine Pflicht, nachdem ich Sie und Ihre Krankheit so lange kenne, Ihnen das zu sagen.«

Anschließend wurde mir der Inhalt des Schreibens vom 23. Januar 1964 an den Kultusminister verlesen, welches von 51 Klinikärzten unterschrieben wurde. Ich habe ihn und meine Stellungnahme dazu in dem Kapitel »Vasallen-Nötigung« zitiert und dazu Stellung genommen.

Sodann wurde mir ein Beschwerdebrief des Vertreters der Medizinischen Fachschaft an das Rektorat vom 16. Januar verlesen. Darin ist mir vorgeworfen worden, ich hätte den Fachschaftsvertreter aufgefordert, zurückzutreten und die Fachschaft dem Dekan zu unterstellen. Dies war tatsächlich so, aber im Zusammenhang anders, als es von dem Fachschaftsvertreter geschildert worden ist. Ich hatte Steffen K. vorgeworfen, daß er seine Informationen nur vom Dekan beziehe, aber mich nicht zu dem frage, was mir vorgeworfen werde. Daraufhin hatte er mir geantwortet: »Mich interessiert die ganze Angelegenheit nicht mehr, ich trete sowieso zurück.« Deshalb hatte ich ihm gesagt: »Wenn das wirklich Ihre Meinung ist, dann treten Sie bitte sofort zurück. Denn die Studenten haben ein Recht darauf, von Ihnen zu erwarten, daß Sie Ihr Amt bis zur letzten Minute mit Interesse wahrnehmen.«

In gleicher Weise hatte ich mich in meinem Kolleg »Allgemeine Chirurgie« geäußert. Daraufhin gab es von den Hörern starken Beifall. Auch dies berichtete ich dem Untersuchungsführer.

Bei dem Fachschaftsvertreter hatte ich mich auch darüber beschwert, daß ich in meiner Vorlesung »Allgemeine Chirurgie« keine Kranken demonstrieren dürfe, und daß im übrigen meine 1000 Diapositive auf Anordnung von Prof. H. aus dem Dia-Positivschrank ausgeräumt und mir ungeordnet übergeben worden seien. Im übrigen sei meinen Doktoranden seit vielen Wochen das Archiv nicht mehr zugänglich, weswegen sie bei der Arbeit an ihren Dissertationen erheblich behindert seien. Deshalb habe zum Beispiel der Doktorand Rolf K. seine Doktorarbeit jetzt zurückgegeben.

Trotz dieser Informationen hätte Steffen K. in dem Rundschreiben vom 20. Januar erklärt, die Interessen der Medizinstudenten seien während der internen Kontroverse niemals beeinträchtigt worden. Dies aber sei objektiv falsch, und das müsse ich ihm vorwerfen.

Die Vernehmung wurde am 29. Januar fortgesetzt. Vorgehalten wurde mir ein Schreiben von Prof. H. vom 28. Januar über mein Kolleg »Allgemeine Chirurgie« vom gleichen Tage. Da hätte ich das Ansehen der Klinik durch Bekanntgabe von falschen Sterblichkeitsziffern herabgesetzt. Dazu äußerte ich mich laut Protokoll wie folgt:

»In der zweiten Hälfte der Vorlesung sprach ich über Infektionen der Bauchhöhle. Dabei wies ich u.a. darauf hin, daß die häufigste Ursache für Infektionen der Bauchhöhle die Wurmfortsatzentzündung (Appendicitis) sei. Schon vor etwa zwanzig bis dreißig Jahren sei in Chirurgenkreisen die Frage ausgiebig diskutiert worden, ob man 48 Stunden nach Symptombeginn noch operieren solle. Die weitaus meisten Chirurgen seien seither der Auffassung, daß man bei Wurmfortsatzentzündungen vom dritten Tage an mit der Operation sehr zurückhaltend sein müsse, weil es dabei leicht zu erheblichen Schädigungen kommen könne. Im Gegensatz dazu sei Prof. H. der Auffassung, daß bei Verdacht auf Appendicitis der Wurmfortsatz ohne Rücksicht auf einen Stillstand oder ein Fortschreiten der Erkrankung sofort entfernt werden müsse. Dieses Vorgehen sei meines Erachtens dafür verantwortlich, daß die Sterblichkeit bei Wurmfortsatzentfernungen an der Chirurgischen Universitätsklinik Erlangen in den letzten Jahren wesentlich höher liege als zu Zeiten der Klinikdirektion von Prof. Goetze.

Prof. H. selbst habe auf den Chirurgenkongressen 1959 und 1963 darüber vorgetragen. Demnach lag die Sterblichkeit bei Wurmfortsatzentfernungen aller Art, mit Perforation oder akuter Entzündung und ohne Entzündung, früher bei 0,26 Prozent. In den letzten Jahren habe aber die Sterblichkeit allein bei nichtentzündeten Wurmfortsätzen – also bei aufgrund von Fehldiagnosen operierten Kranken – 0,5 Prozent betragen, also etwa doppelt so hoch gelegen wie die Sterblichkeit bei sämtlichen unter Prof. Goetze operierten Wurmfortsatz-Entzündungen.«

Im Protokoll ist weiter festgehalten, was ich sonst dazu gesagt habe:

»›Ich halte es für meine Pflicht, die Studenten auf die Sterblichkeit bestimmter besprochener Operationen hinzuweisen. Das Kolleg soll ja vorwiegend darauf abgestellt sein, praktische Ärzte heranzubilden. Die praktischen Ärzte müssen die Kranken oft in die Klinik einweisen. Es ist ihre Pflicht, immer wieder zu überprüfen, ob die Klinik, der Kranke zugewiesen werden, in ihren Behandlungsmethoden, insbesondere im Hinblick auf die Sterblichkeitsquote, ›in der Norm‹ liegt. Der praktische Arzt trägt bei jeder Überweisung zu einer Operation eine große Verantwortung. Er muß den Kranken nach bestem Wissen und Gewissen beraten. Er muß deshalb auch über die allgemeine Sterblichkeit bei Wurmfortsatzoperationen im Bilde sein, und zwar insbesondere über die Sterblichkeit in Deutschland, und hier natürlich auch über die Sterblichkeit im Erlanger Bereich.

Ausdrücklich möchte ich darauf hinweisen, daß ich im gleichen Kolleg, das ich in früheren Zeiten las, den Studenten ebenfalls Sterblichkeitsstatistiken mitteilte.

Nach Abschluß des Kollegs – nach 18 Uhr – habe ich auf die Frage eines Studenten, ob ich wisse, wie diese Verlautbarung der Medizinischen Fakultät in die Dienstag-Ausgabe des *8-Uhr-Blattes* komme – der Student fragte in deutlich erregtem Ton –, folgendes sinngemäß erwidert: Von der Fakultät sei meines Wissens noch in der Nacht vom 27. zum 28. ein Brief beim *8-Uhr-Blatt* abgegeben worden, und zwar mit der Bitte um baldige Veröffentlichung. Ich ließ mein Befremden darüber erkennen, daß die Medizinische Fakultät anscheinend neuerdings der Auffassung sei, eine offizielle Stellungnahme im *8-Uhr-Blatt* sei der geeignete Weg, fakultätsinterne Dinge der Öffentlichkeit bekanntzugeben.

In diesem Zusammenhang ist von mir etwa sinngemäß geäußert worden: Seit fast acht Jahren habe es fast jede Woche eine kleinere oder größere Auseinandersetzung mit Herrn Prof. H. gegeben, die nie in die Öffentlichkeit gedrungen sei.

Zur Richtigstellung der Falschinformation des *8-Uhr-Blattes* habe ich sinngemäß folgendes gesagt: ›Es stimmt nicht, daß sich der Streit an der Frage entzündet hat, wer stellvertretender Klinikchef werden soll. Es ist vielmehr richtig, daß ein entscheidendes Problem die Frage war, ob es in Zukunft an der Chirurgischen Klinik drei wirklich gleichberechtigte Oberärzte und damit drei gleichberechtigte Patientenkategorien geben sollte.‹

Das Schreiben von Herrn Prof. H. vom 28. Januar 1964 zu dem Anruf des Herrn Klemm vom *8-Uhr-Blatt*, Nürnberg, wurde Herrn Prof. Hackethal vorgelesen. Er erklärte hierzu:

›Es ist richtig, daß ich vom *8-Uhr-Blatt* angerufen und gefragt wurde, ob ich bei der Staatsanwaltschaft Anzeige wegen Mordes (oder so ähnlich) gegen Prof. H. gestellt hätte. Daraufhin erwiderte ich sinngemäß: Woher wissen Sie das? Das ist nicht richtig, jedenfalls in dieser Formulierung nicht. An weitere Einzelheiten erinnere ich mich noch weniger deutlich, so daß ich sie nicht zu Protokoll geben möchte...‹«

In dem Vernehmungsprotokoll steht weiter: »Auf Vorhalt, warum er (Prof. Hackethal) trotz des Schreibens des Herrn Rektors vom 21.1.1964, in dem Professor Hackethal gebeten wurde, jede Äußerung oder einseitige Mitteilung gegenüber der Presse zu den Vorfällen in der Chirurgischen Klinik zu unterlassen, dennoch am 28.1.1964 einem Reporter des *8-Uhr-Blattes* eine Auskunft erteilt habe, erklärt Herr Prof. Hackethal folgendes:

›Ich glaube, die Bitte des Rektors, die ja konkret formuliert war, nicht mißachtet zu haben. Im übrigen darf ich darauf hinweisen, daß ich die Formulierung des Rektors in seinem Schreiben als Bitte und nicht als Anordnung aufgefaßt habe.‹«

Dem letzteren vorausgegangen war ein Brief des Rektors vom 28. Januar, in dem mir vorgeworfen wurde, ich hätte dem *8-Uhr-Blatt* ein

Interview gegeben und darin mitgeteilt, daß ich Prof. H. wegen Mordes angezeigt bzw. der Zeitung eine ähnliche Mitteilung gemacht hätte. Wörtlich heißt es weiter: »Falls dies der Fall sein sollte, muß ich zu meinem ernsten Bedauern darauf hinweisen, daß Sie sich damit in eindeutigen Widerspruch zu meiner brieflichen Bitte an beide Herren gesetzt haben, ohne auch nur den echten Versuch gemacht zu haben, sich diesbezüglich mit mir zu verständigen. Kein Mensch wird Ihnen eine gerechte Wahrnehmung Ihrer Interessen versagen. Gerade die Universität einschließlich des Unterzeichneten hat Ihnen diesbezüglich hinreichend Beweise geliefert. Sollten Sie sich jedoch über das Bestreben des Rektors, innerhalb der ganzen bedauerlichen Vorgänge das notwendige Maß einer menschlichen Kontaktpflege aufrechtzuerhalten und die nötigen Rücksichtnahmen beiden Seiten nahezulegen, einseitig hinwegsetzen, würden Sie mich zu meinem großen Bedauern möglicherweise nötigen, meinen Standpunkt Ihnen gegenüber, den ich im Verkehr mit Dritten selbst stets aufrecht erhalten habe, zu revidieren. Ich würde mich freuen, wenn Sie mir klar mitteilen könnten, daß die mir gewordene Mitteilung auf einem Irrtum beruht und zu jenen abwegigen Gerüchten zählt, die gegenwärtig in dem bekannten Zusammenhang von unbekannten Interessenten boykottiert werden. In Erwartung Ihres einschlägigen Bescheides bleibe ich mit kollegialer Begrüßung Ihr (Unterschrift:) Pölnitz.«

Am 28. Januar erhielt ich einen weiteren Brief des Rektors: »Herr Professor Dr. H. hat mir mitgeteilt, daß Sie am Freitag, den 24. Januar 1964, gegen ihn Strafanzeige bei der Staatsanwaltschaft beim Landgericht Nürnberg-Fürth wegen Mordes erstattet haben mit der Begründung, daß er Kranke ohne ausreichenden Grund operiert hätte. Ein solches Vorgehen, von dem Sie noch Angestellte der Chirurgischen Universitätsklinik unterrichtet haben, was aus der in Abdruck beiliegenden Aktennotiz zu ersehen ist, stellt ein ungeheuerliches Vorgehen dar, das nur verständlich erscheint, wenn überzeugende Beweise für die aufgestellte Behauptung zur Verfügung stehen.

Ich beabsichtige, das bayerische Staatsministerium für Unterricht und Kultus zu unterrichten, möchte Ihnen aber vorher Gelegenheit geben, mir noch kurz die Gründe darzulegen, die Sie zu diesem Schritt veranlaßt haben. Im Hinblick auf die große Dringlichkeit dieser Sache muß ich Sie bitten, mir Ihre Äußerung (dreifach) bis spätestens Mittwoch, den 29.1.1964, 12 Uhr vorzulegen.«

Im übrigen kritisierte der Rektor, daß ich am 24. Januar versucht hätte, die Herzoperation der Patientin Angelika M. zu verhindern. Deshalb habe G.H. nochmals meine sofortige Dienstenthebung beantragt.

Auf den Brief vom 28. Januar wegen meiner Strafanzeige gegen G.H. antwortete ich dem Rektor am 29. Januar, es sei richtig, daß ich beim Morddezernat der Staatsanwaltschaft Nürnberg gegen G.H. Strafanzeige wegen Verdachts auf Durchführung von Menschenversuchen mit tödlichem Ausgang (StGB §§ 211, 212, 223 bis 226 a, 230 (?)) gestellt hätte. Dazu überreichte ich den Text der Strafanzeige.

Im übrigen informierte ich den Rektor über den Text eines Telegramms, das ich am 29.1.64 um 7.25 Uhr an den bayerischen Kultusminister aufgegeben hatte.

Sein Inhalt: »Kranke der Chirurgischen Universitätsklinik Erlangen in akuter Gefahr. Vermute verbrecherisches Vorhaben von Prof. H. Mord-Dezernat der Staatsanwaltschaft Nürnberg kann operative Tätigkeit von Professor H. trotz schwerwiegender Verdachtsmomente und Verdunkelungsgefahr noch nicht unterbinden. Medizinische Fakultät gab in der Nacht vom 27. zum 28. Januar 1964 Falschmeldung an *8-Uhr-Blatt* zur sofortigen Veröffentlichung. Rektor informierte Presse unrichtig. Habe auch aus anderen Gründen kein Vertrauen mehr in Objektivität von Rektor und Medizinischer Fakultät.

Erbitte dringend Audienz zur Vorlegung von zum Teil neuem Beweismaterial. Habe meines Erachtens zweifelsfreie Beweise. Zehn Minuten Gehör genügen notfalls. Es geht um die Kranken der Chirurgischen Universitätsklinik, nicht um mein Dienststrafverfahren. Ich vertraue Ihnen, Herr Minister. Bitte empfangen Sie mich noch heute.

Prof. Dr. Karl Heinz Hackethal

Oberarzt der Chirurgischen Universitätsklinik Erlangen.«

RECHTSANWALTSPROBLEME MIT EINEM AGGRESSIONSTRIEBTÄTER

Am 16. Januar 1964 schrieb mir Josef Augstein folgenden Brief:

»Lieber Herr Hackethal

Leider muß ich Ihnen noch einmal sagen, daß ich mit Ihnen gar nicht zufrieden bin. Es ist nicht gelungen, Sie zu bremsen. Wenn auch Ihre Situation im Augenblick schlecht ist, bin ich der Meinung, Sie müßten jetzt eine Zeitlang Ruhe geben. Ein Amoklauf

nützt nichts. Wenn Patienten durch Verschulden der Klinik sterben, geht das Sie nichts an, solange Sie für die Klinik nicht mitverantwortlich sind. Man wird alles, was Sie jetzt tun, im Rahmen
Ihrer persönlichen Auseinandersetzung mit Herrn Professor Dr. H.
werten. Im allgemeinen bin ich sehr für Schärfe. Auch Schärfe
muß aber mit Sinn und Verstand angewandt werden. Anders geht
es nun einmal nicht. Ich befürchte sehr, daß das Ministerium Sie
vom Dienst doch noch suspendiert, wenn es weitere Schwierigkeiten durch Sie gibt. Das möchte ich mit aller Macht verhindern.
Deshalb bitte ich Sie noch einmal, meine Ratschläge anzunehmen. Sollte die Sache durch die *Bild*-Zeitung ohne jedes Zutun
von Ihnen publik werden, wäre mir das lieb. Dann mag die öffentliche Auseinandersetzung beginnen. Furchtbar wäre es aber,
wenn Sie mit einer Veröffentlichung in der *Bild*-Zeitung irgendwie
in Verbindung gebracht werden könnten. Sie wären dann an allen
Hochschulen erledigt. Gerade das wollte ich vermeiden. Auf der
anderen Seite kann ich einem Mann, wie Sie es sind, natürlich
nur Ratschläge geben. Ich kann keine Anordnungen treffen. Ich
möchte, daß wir auch diese Sache abschließend gewinnen. Dann
müssen Sie sich aber nach meinen Empfehlungen richten.
Freundlichen Gruß
Ihr
Unterschrift: Augstein.«

Das sind klare harte Vorwürfe aus der Sicht eines erfahrenen Rechtsanwaltes, der mit beiden Beinen auf dem Boden der Rechtsprechung
in unserem »Rechtsstaat« steht. Verkürzt hätte er auch schreiben können: »Nun sind Sie total verrückt geworden. Werden Sie endlich vernünftig, damit wir noch eine kleine Chance haben!«

Aus juristischer Fernsicht hatte Augstein natürlich recht, vom
Schreibtisch aus also, so wie es dann später auch die Richter sehen
würden. Aber aus ärztlicher Sicht gab es doch einen Unterschied. Ich
war mitten im Geschehen, in hautnaher Berührung mit den Klinikpatienten und vielen Mitarbeitern der Klinik, die weiterhin auf meiner
Seite standen. Durfte ich untätig bleiben, wenn Patienten mißhandelt
und mißbraucht wurden? Wäre das nicht das gleiche Fehlverhalten,
wie es den Mitmachern und Mitläufern des Nazi-Systems vorgeworfen wurde?

Das alles hatte ich selbst miterlebt. In der Nazi-Zeit gab es doch auch bestimmte Gesetze, Vorschriften und eine daran angehängte Rechtsprechungspraxis. Die Braven und Gehorsamen wurden mit Orden ausgezeichnet. Umgekehrt hat man diejenigen, welche der Nazi-Ideologie gegenüber ungehorsam oder gar widerspenstig waren, bestraft, sogar ins KZ gesteckt, wie meinen Großonkel Christoph Hackethal, der 1944 im KZ Dachau umgebracht wurde.

Mit der Niederlage von 1945 waren plötzlich die Ideale von früher Teufelswerk. Das hat mich damals mit meinen dreiundzwanzig Jahren nächtelang beschäftigt, und es war ein unendlicher Diskussionsstoff im Freundeskreis. Wir mußten alle einsehen, daß man sein Verhalten nicht nach irgendwelchen Zeitströmungen und den von ihnen bestimmten Gesetzen, Vorschriften und Gerichtsurteilen richten darf, sondern daß man zeitlose Anstandsregeln zum Maßstab seines Verhaltens machen muß. Damals habe ich geschworen – ich schrieb es schon: *Nie wieder Mitläufer in einem inhumanen System!* Dieser Schwur bezog sich auf alles: Auf mein Verhalten in der Familie und im Freundeskreis, im Beruf und als Staatsbürger.

Wie weit ich meine Vorsätze von damals dann tatsächlich praktiziert habe, soll hier nicht diskutiert werden. Zweifellos gab es Höhen und Tiefen in der Umsetzung. Aber ich bin sicher, daß ich mich um die bestmögliche Beachtung zeitloser Anstandsregeln als Grundmaxime meines Verhaltens bemüht habe.

Mein Jugendidol Wieland hatte mir nach Mutter überzeugend ins Gewissen geredet, wie man sich als Mitmensch zu benehmen hat. Von meinen Lehrern Franz Rose und Peter Pitzen war mir zwingend vorgelebt worden, welche Anstandsregeln im Arzt-Patient-Verhältnis zu beachten sind. Da ist von juristischen Überlegungen kein einziges Mal die Rede gewesen. Bis 1955, als Pitzen emeritiert wurde, und weit darüber hinaus, spielten rechtliche Fragen als Leitlinie für den Umgang mit Patienten allgemein überhaupt keine Rolle. Noch heute stehe ich auf dem Standpunkt, daß sie keine Rolle spielen dürfen. Meine Indikationsstellung zu irgendeiner Arzthilfe habe ich noch nie an juristischen Maßstäben orientiert.

Die »Verrechtlichung der Medizin« war zweifellos ein notwendiger Prozeß, um die Ärzteschaft vom hohen Roß herunterzuholen, sie dazu zu zwingen, ihre Rolle als Befehlshaber der Patienten gegen die Rolle eines Auftragnehmers einzutauschen. *Ohne jede Frage ist es ein Verdienst der hoch- und höchstrichterlichen Rechtsprechung, daß sich das Verhalten der Ärzte zu den Patienten geändert hat.* Freiwillig hätten die Ärzteführer in dieser Beziehung überhaupt nichts getan. Zu allem mußten sie mit brutaler juristischer Gewalt gezwungen werden.

Es hat mich in meinen vielen Prozessen immer wieder beeindruckt, wie akribisch viele Richter nach der Wahrheit suchen, wie mißtrauisch sie jeder Aussage gegenüber sind. Aber umgekehrt wurde ich auch zu oft von der Gutgläubigkeit der Richter den Ärzteführern gegenüber enttäuscht.

Für mich gab und gibt es übrigens im Rechtsanwalt-Mandant-Verhältnis keinen wesentlichen Unterschied zu einem Arzt-Patient-Verhältnis. Rechtsanwälte und Ärzte haben die Aufgabe, ihre Auftraggeber, ihre Kunden, zu beraten, ihnen die Lage aus ihrer fachmännischen Sicht deutlich zu machen und Hilfestellungen anzubieten, aber stets nur das zu tun, was der Auftraggeber in Auftrag gibt. Das entscheidende letzte Wort muß der Kunde haben.

Aus dieser Grundeinstellung heraus erklärt sich mein Brief an Josef Augstein vom 3. Januar, aus dem ich einiges zitiere. Er hatte mir am 30. Dezember einen Mahnbrief geschrieben, über den ich bereits berichtet habe. Meine Antwort darauf:

»Lieber Herr Augstein!
Vielen Dank für Ihren Brief vom 30. Dezember 1963. Ich konnte ihn erst gestern abend lesen, weil ich verreist war.

I. Der Inhalt des Schreibens hat mich beunruhigt. Er macht mir klar, daß ich es trotz zwei Besuchen in Hannover nicht fertiggebracht habe, folgendes unmißverständlich auszudrücken: Einen Star-Anwalt (im guten Sinne des Wortes) habe ich deshalb um Hilfe gebeten, weil ich unter seiner Mitwirkung schneller, zuverlässiger und eleganter zu erreichen hoffte:
1. Die sofortige Abstellung der Gefahren für Leben und Gesundheit von Kranken der Chirurgischen Uni-Klinik Erlangen.
2. Die Erhaltung meiner Position als (aktiver) Hochschullehrer.

II. Ich habe nach reiflicher (mindestens fünfwöchiger) Überlegung nicht die Absicht, folgende mir nahestehenden Menschen im Stich zu lassen:
1. meine Kranken,
2. meine mir treu ergebenen Mitarbeiter, deren Existenz bedroht ist,

3. meine Doktoranden (schätzungsweise 20, die im Moment unter meiner Regie an ihrer Doktorarbeit basteln), die es mir mit Recht sehr übel nehmen würden, weil ihre Arbeit zumindest in der Fertigstellung stark verzögert würde; und

4. meine Studenten, die sich von mir verraten fühlen müßten.

Selbst wenn ich das unter II. Angeführte jetzt als unklug betrachten müßte, könnte ich mein Versprechen, alles zu tun, um an die Klinik als Chirurg und Hochschullehrer zurückzukehren, nicht freiwillig brechen.

Ich werde nie freiwillig auf eine Position verzichten, die ich unter größten Opfern meiner ganzen Familie erkämpft habe. Es gibt seit fünfzehn Jahren für meine Familie fast keinen Sonntag und fast keinen Urlaubstag, wie er für die meisten deutschen Familien selbstverständlich ist.«

Was sonst in dem Brief steht, ist hier nicht wichtig. Wohlgemerkt war dies ein Brief, der für einen Rechtsanwalt unter die Schweigepflicht fällt. Bei Diktat und Korrektur habe ich nicht damit gerechnet, daß ich ihn je publizieren würde. Deshalb möchte ich auf die klar erkennbare Reihenfolge meiner Wünsche und Ziele hinweisen. An erster Stelle stand für mich immer die Sorge um die Patienten.

Nachdem ich etwa seit dem Jahreswechsel 1963/64 ständig in der Angst lebte, daß meine und andere Patienten der Klinik unter der Leitung von G.H. jederzeit höchster Gefahr für Leib und Leben ausgesetzt waren, gab es für mich nur eine Anstandspflicht: Das Äußerste zu tun, um dem dafür Verantwortlichen schnellstens das Handwerk zu legen! Dabei kam es auf jede Stunde, mindestens jeden Tag an.

Josef Augstein mußte mich zur Beachtung von Gesetz und Rechtsprechung einerseits und zu den Regeln der feinen Gesellschaft andererseits ermahnen. Er wußte: Wer das nicht tut, ist in unserem »Rechtsstaat« verloren. Für diesen Hinweis hatte ich ihm zu danken. Aber er entband mich nicht von meiner menschlichen und ärztlichen Anstandspflicht, nach bestem Wissen und Gewissen zu handeln.

Der am Anfang zitierte Mahn- und Tadelbrief meines Rechtsanwaltes blieb nicht der einzige. Denn ich habe seine Ratschläge auch sonst oft nicht befolgt, im Gegenteil öfters heftig mit ihm gestritten, dies allerdings mehr mündlich als schriftlich. Beispielsweise gab es ein Telefonat am 21. Januar. Da rief ich ihn verzweifelt an und er-

zählte ihm, daß in der Chirurgischen Klinik weiterhin Patienten aufs
äußerste gefährdet seien. Meiner Meinung nach müßte dagegen unbedingt etwas geschehen. Ich könne es mit meinem Gewissen nicht
verantworten, da untätig zu bleiben. Deshalb fragte ich ihn, ob es
nicht nun doch an der Zeit sei, die Staatsanwaltschaft zu informieren. Seine Antwort: »Nein, auf keinen Fall!« Ich: »Aber von Stunde zu
Stunde wird doch mehr Unheil über die Kranken der Chirurgischen
Universitätsklinik gebracht.« Er: »Das geht Sie nichts an!« Ich: »Das
geht mich doch an!« Er: »Nein, lieber Herr Hackethal, aus juristischer
Sicht dürfen Sie nichts tun. Was Sie tun, ist nach unseren Gesetzen
rechtswidrig. Die Verantwortlichkeit für die Chirurgische Klinik hat
G.H. und kein anderer!«

Am 31. Januar faßte Josef Augstein seine Kritik nochmals wie folgt
zusammen:

> »Nach wie vor bin ich mit der Entwicklung äußert unzufrieden.
> Ihre Sache war sehr gut. Es ist furchtbar, daß ich Ihnen sagen
> muß, daß sie seit meiner Tätigkeit für Sie immer ungünstiger ge-
> worden ist. Sie lassen sich aber ganz einfach nichts sagen und
> auch nicht abbremsen. Die Strafanzeige von Ihnen halte ich für
> mörderisch. Wenn ich Herrn Professor Dr. H. vertreten würde,
> würden Sie mit Sicherheit wegen vorsätzlich oder fahrlässig
> falscher Anschuldigung vor Gericht stehen. Ich habe Sie immer
> gewarnt. Sie haben sich aber nichts sagen lassen. Daß Sie unter
> diesen Umständen nicht an der Chirurgischen Klinik in Erlangen
> bleiben können, dürfte feststehen. Durch die nicht nachweisbaren
> Beschuldigungen haben Sie die Position geschwächt. Selbst wenn
> Professor Dr. H. ein unfähiger Operateur wäre, was durchaus sein
> mag, sind Operationen doch nie Menschenversuche. Sie berufen
> sich immer auf Ihre Fürsorge für die Kranken. Sehen Sie doch
> endlich ein, daß Sie damit auf dem Holzwege sind. Nicht nur Sie
> allein können Kranke versorgen.«

Was Augstein nicht wußte: Meine Anschuldigungen waren weder vorsätzlich noch fahrlässig falsch. Das hätte ich jederzeit vor Gericht beweisen können. Damals war ich ja noch in dem Glauben, daß mir
diese Möglichkeit gegeben würde. Auch lag aus meiner Sicht Augstein
insoweit falsch, als er von »nicht nachweisbaren Beschuldigungen«
ausging. Alles war nachweisbar. Völlig falsch lag der Rechtsanwalt

mit seiner Auffassung, daß »Operationen doch nie Menschenversuche« seien. Selbst der exzellente, hocherfahrene Jurist Augstein traute einem Chirurgie-Ordinarius nichts Schlechtes zu. Das hat der Meineid des Hippokrates tatsächlich in unnachahmlicher Weise bewirkt: Selbst die intelligentesten Nichtärzte in dieser Beziehung dumm und medizingläubig zu halten!

Augstein fährt fort:

> »Selbstverständlich helfe ich Ihnen weiter. Es kann aber einen Hund jammern, wie eine an sich aussichtsreiche Sache mit Gewalt kaputtgemacht wird. Und das ganz einfach nur deshalb, weil ein Beteiligter die Nerven verliert und unkontrolliert und untaktisch Amok läuft. Aber was soll das? Sie werden mir zugeben müssen, daß ich laufend gewarnt habe. Sie haben grundsätzlich das Gegenteil von dem getan, was ich Ihnen geraten habe. Mit einer schnellen Entscheidung können Sie jetzt schon gar nicht mehr rechnen. Ich befürchte sogar, daß Sie vom Dienst suspendiert werden. Dem Minister bleibt kaum etwas anderes übrig, weil man nunmehr Herrn Professor Dr. H. eine weitere Zusammenarbeit mit Ihnen nicht mehr zumuten kann. Warten wir also ab. Weitere Empfehlungen habe ich nicht mehr. Nachdem alles, was falsch gemacht werden konnte, falsch gemacht ist, kann jetzt kaum noch etwas Ungünstigeres geschehen.
> Mit freundlichen Grüßen
> bin ich Ihr
> Unterschrift: Augstein.«

Augstein irrt, wenn er unterstellt, daß ich die Nerven verloren hätte. Nein, auch aus heutiger Spätsicht hatte ich das nicht, und ich würde heute wieder genauso handeln. Das mag wie ein nachträglicher Entschuldigungsversuch klingen. Aber es ist so. Daß mein Verhalten »untaktisch« war, habe ich nie bestritten.

Ein anderer Rechtsanwalt hätte unter gleichen Bedingungen das Handtuch geworfen. Darauf haben übrigens damals viele spekuliert. Genau das aber entsprach den Vorstellungen von Dr. Josef Augstein über juristische Anstandspflichten nicht. Aus seiner Sicht war der Professorenkrieg für mich schon damals verloren. Er wußte auch, daß ich kein Geld hatte, daß ich möglicherweise sogar die Rechtsanwaltskosten gar nicht bezahlen konnte. Trotzdem ließ er mich nicht im Stich.

Um es vorwegzunehmen: Daß ich meinen Professorentitel behalten habe, verdanke ich in erster Linie ihm. Denn ich wollte diesen Titel damals den Ordinarien der Universität vor die Füße werfen. Augstein machte mir klar, daß es nun wirklich die größte Dummheit wäre, die ich begehen könnte. Ich wüßte doch, wie hoch die Professoren im Ansehen des Volkes stünden. In ein paar Jahren würde kein Mensch mehr von dem Erlanger Professorenkrieg sprechen. Da interessiere es meine Patienten nur, ob ich ein guter Chirurg sei und ob ich den Professorentitel hätte – oder nicht. Das sah ich dann ein.

Da wäre nur noch zu ergänzen: Gemessen an den Rechnungen, welche ich später von zahlreichen unfähigen Rechtsanwälten bekommen habe, war das, was mir Dr. Josef Augstein in Rechnung gestellt hat, geradezu lächerlich. Eigentlich hätte ich beleidigt sein sollen, daß ich ihm so wenig wert war.

Am 23. Oktober 1984 starb Augstein mit fünfundsiebzig in den Sielen. Er saß an seinem Schreibtisch, als ihn der Blitz ins Herz traf. Chirurgen und Intensivstationen sind ihm erspart geblieben. Diesen wunderbaren Tod hatte er sich verdient. Selbstverständlich habe ich ihn mit meiner Frau zu Grabe geleitet.

»ERLANGER PROFESSORENKRIEG«: MEIN »STALINGRAD« (FEBRUAR BIS APRIL 1964)

RAUSWURF UND LEHRVERBOT

Mein »Stalingrad« erschien drohend am Horizont, als ich am 30. Januar 1964 vom Rektor der Universität die Mitteilung bekam, daß der Große Senat in seiner Sitzung vom Vortag beschlossen habe, gegen mich ein Verfahren auf Widerruf der Lehrbefugnis und auf vorläufige Untersagung der Ausübung der Lehrbefugnis einzuleiten. Dieser Beschluß folge einem Antrag der Medizinischen Fakultät vom gleichen Tag, der dem Schreiben beigefügt sei.

Der Rektor räumte mir eine Frist zur Stellungnahme zu dem Antrag der Medizinischen Fakultät bis zum 3. Februar 1964, 12 Uhr, ein. Für den gleichen Tag sei eine Sitzung des Großen Senats anberaumt, in der über den Antrag der Medizinischen Fakultät unter Berücksichtigung sämtlicher Gesichtspunkte, insbesondere auch einer Stellungnahme von mir, entschieden werden solle. Am Schluß folgte der Hinweis des Rektors: »Vorsorglich möchte ich Sie darauf hinweisen, daß der Großen Senat nicht beabsichtigt, Sie vor oder in der Sitzung am 3. Februar 1964 mündlich anzuhören.«

Die Vorwürfe in dem Antrag des Dekans der Medizinischen Fakultät vom 29. Januar 1964 habe ich in einem Antwortschreiben vom 2. Februar 1964 auf insgesamt 31 Sätze bzw. Punkte präzisiert und dann Punkt für Punkt Stellung genommen. Weil es sich um Wiederholungen von Vorwürfen handelt, über die ich bereits geschrieben habe, möchte ich hier nur den Schluß meines Antwortbriefes zitieren: »Der Antrag ist meines Erachtens widerrechtlich gestellt. Ich verweise dazu unter anderem auf mein Schreiben an die Medizinische Fakultät zur außerordentlichen Sitzung am 27. Januar 1964. Alles zusammenfassend erlaube ich mir folgende Feststellung: Der Antrag der ›Medizinischen Fakultät‹ basiert unter anderem auf einer Serie unrichtiger Behauptungen. Er enthält meines Erachtens keinen einzigen stichhaltigen Beweis, der den Antrag rechtfertigen könnte. Ich erkläre vorsorglich, daß ich alle Mitglieder der engeren Medizinischen Fakultät, die für die beiden gefaßten Beschlüsse verantwortlich sind, für befangen halte. Der Dekan der Medizinischen Fakultät hat nicht nur falsche Informationen an die Presse gegeben, sondern sich in vielerlei Beziehung mir gegenüber nicht objektiv verhalten.«

Am 3. Februar 1964 erließ das Bayerische Staatsministerium für Unterricht und Kultus folgende Verfügung: »Oberarzt Prof. Dr. Karl Heinz Hackethal bei der Chirurgischen Universitätsklinik Erlangen wird mit sofortiger Wirkung vorläufig seines Amtes enthoben.« Begründet wird diese Verfügung mit dem Antrag des Rektors der Universität Erlangen-Nürnberg vom 29. Januar 1964 auf meine sofortige vorläufige Dienstenthebung »unter ausdrücklichem Hinweis auf die großen Gefahren, die ein weiteres Verbleiben von Prof. Hackethal in der Chirurgischen Universitätsklinik Erlangen für die Versorgung der Kranken dieser Klinik, den Lehr- und Forschungsbetrieb, insbesondere in der Medizinischen Fakultät und für das Ansehen der Universität Erlangen-Nürnberg haben würde.« Es folgt die halbwahre Behauptung: »So hat Prof. Hackethal am 23. Januar 1964 die Operation einer bereits in Narkose befindlichen Patientin dadurch zu verhindern versucht, daß er die Operationsabteilung der Chirurgischen Klinik betreten und die mit der Vorbereitung befaßten Ärzte Dr. Z. und Dr. R. aufgefordert hat, alles zu tun, um die Operation (Herzoperation) zu verhindern. Prof. Hackethal hat ferner fortgefahren, schwere Vorwürfe und Beleidigungen gegen den Direktor der Chirurgischen Klinik in seinen Vorlesungen öffentlich vor den Studenten auszusprechen. In der Vorlesung am 28. Januar 1964 hatte er den Studenten bekanntgegeben, daß er gegen Prof. H. wegen Verdachts auf Durchführung von Menschenversuchen mit tödlichem Ausgang (§§ 211, 212, 223 bis 226 a, 230 StGB) Strafanzeige erstattet habe. Schließlich hat Prof. Hackethal wiederholt Artikel in die Presse gebracht, durch die Prof. H. verunglimpft, seine Amtsführung angegriffen und angebliche schwere Mißstände in der Klinik angeprangert wurden.«

Es folgen weitere Vorwürfe, auf die ich weiter vorn schon eingegangen bin. Dann aber kommt ein Satz, der wiederum grob unwahr ist: »Prof. Dr. Hackethal hatte Gelegenheit, sich zu den vorerwähnten Vorwürfen schriftlich bzw. zur Niederschrift des Rektorats der Universität Erlangen-Nürnberg zu äußern (Art. 22 DStO). Er räumte hierbei die ihm zur Last gelegten Beschuldigungen teilweise ein.« Das ist irreführend. Natürlich habe ich nicht bestritten, Vorwürfe, die ich für berechtigt hielt, erhoben zu haben.

Am Schluß der Verfügung heißt es dann: »Prof. Hackethal hat die in der Einleitungsverfügung ausgesprochene Warnung, alles zu unterlassen, was das Ansehen der Universität in der Klinik sowie den Klinik-, Forschungs- und Lehrbetrieb beeinträchtigen könnte, nicht beachtet. Seine vorläufige Amtsenthebung ist nunmehr zwingend geboten.«

Ich habe gegen diese Verfügung am 4. Februar 1964 bei der Bayerischen Dienststrafkammer Ansbach Einspruch erhoben und dies wie folgt begründet:

»Die angeführten Gründe sind meines Erachtens in keinem wesentlichen Punkt stichhaltig. Sie enthalten eine ganze Reihe von Unrichtigkeiten und werden in ihrer Beurteilung der wahren Sachlage nicht gerecht.«

Am Dienstag, den 4. Februar 1964 bekam ich nach »Gegenempfangsbescheinigung« vom Rektor der Friedrich-Alexander-Universität Erlangen-Nürnberg den schriftlichen Todesstoß als Medizinlehrer:

»Der Große Senat der Universität Erlangen-Nürnberg hat in seiner Sitzung vom 3. Februar 1964, getragen von der Sorge um die Aufrechterhaltung eines ordnungsgemäßen Lehr- und Klinikbetriebes, folgende Beschlüsse gefaßt:

1. Herrn Prof. Dr. Karl Heinz Hackethal wird die Ausübung der Lehrbefugnis vorläufig, längstens aber bis zur Entscheidung über das eingeleitete Widerrufverfahren untersagt.

2. Die sofortige Vollziehbarkeit dieses Beschlusses wird angeordnet.

Die Gründe für den Beschluß zu (1) waren, daß Sie den Lehr- und Klinikbetrieb ernsthaft gefährdet und in den Vorlesungen ein Verhalten gezeigt haben, das eines Hochschullehrers unwürdig ist. Das öffentliche Interesse gebietet die Anordnung der sofortigen Vollziehung des Beschlusses zu (1). Der Senat wünscht damit jede weitere untragbare Gefährdung oder Störung des Lehr- und Klinikbetriebes in verlässiger Weise auszuschließen. Eine eingehende Begründung der Beschlüsse zu (1) und (2) mit Rechtsmittelbelehrung wird Ihnen in den nächsten Tagen zugestellt werden.«

Da blieb mir nur das, was ich in hochfeiner Untertanensprache wie folgt an den bayerischen Kultusminister telegrafiert habe:

»Hochzuverehrender Herr Kultusminister!

Ihre Großzügigkeit gegenüber Herrn Prof. H. erschreckt mich.
Gelten Leben und Gesundheit von Kranken und Wahrhaftigkeit in
Lehre und Forschung weniger als die Würde eines Ordinarius und
das Ansehen einer Universität?

Ich kündige hiermit mein Dienstverhältnis als Oberarzt der Chirurgischen Klinik mit Poliklinik der Universität Erlangen-Nürnberg
und Beamter auf Lebenszeit fristlos.

Entbinden Sie mich bitte von anscheinend grenzenloser Gehor-
samspflicht.

Ihr Karl Heinz Hackethal.«

Zwei Tage später, am Donnerstag, den 6. Februar 1964, stand morgens
auf der Titelseite des *8-Uhr-Blattes* die Schlagzeile: »Nach Professor
Hackethals Verbannung: Erlanger Studenten fürchten die ›Rache‹ –
Hagelt es Hinauswürfe?« Im Text heißt es dann:

»Der Erlanger Professoren-Krieg hat ein böses Nachspiel: Die vielen Hackethal-Anhänger unter den 3000 Medizinstudenten fürchten, daß sie jetzt, wo ihr Idol gestürzt worden ist und der Sieg H.s
beinahe feststeht, Nachteile erleiden. Ein Student soll der Universität verwiesen werden. Er hatte sich besonders leidenschaftlich
in die seit November 1963 währende Auseinandersetzung eingeschaltet und für Hackethal Position bezogen. Davor, daß es ihnen
ähnlich ergeht, fürchten sich die übrigen Anhänger. Angesichts
des Massenandrangs wird es schwierig für sie, an einer anderen
Universität unterzukommen. ›Ich habe Angst‹, erklärte uns ein
Doktorand. Er habe sich bisher aus reinem Selbsterhaltungstrieb
neutral verhalten. ›Wenn H. erfährt, daß ich auf der Gegenseite
stehe, fliege ich im hohen Bogen oder er läßt mich durch die Prüfung rasseln.‹«

Der Artikel fährt fort:

»Die Nervosität der Studenten zeigte sich deutlich am Dienstag-
abend. Hackethal hatte per Flugblatt zu einem Vortrag ›Die Chirurgie der Geschwulstkrankheiten‹ in die Gaststätte ›Deutsches
Haus‹ geladen. Es sollte ein Ersatz für die Vorlesungen an der Universität sein, die Hackethal verboten wurden. Der Saal war über-

voll, ein Teil der 250 Zuhörer stand sogar auf der Straße. Aber die meisten Zuhörer waren auf Umwegen in das Versammlungslokal gekommen mit hochgeschlagenem Mantelkragen. Sie wollten unter keinen Umständen erkannt werden und auf die ›Schwarze Liste‹ des Klinik-Chefs H. kommen… Zweimal haben die Hackethal-Anhänger ihrem Ärger Luft gemacht. Fast alle 400 Studenten verließen den Hörsaal, als Dr. G., Hackethals Nachfolger, eine Vorlesung halten wollte. Er hatte ganze 28 Zuhörer. Gestern morgen wurde der Klinikchef beim Betreten des Hörsaals ausgezischt. Ein paar Studenten standen auf und gingen hinaus.«

Am 8. Februar 1964 unternahm ich dann noch einen verzweifelten Versuch, eine amtliche Klärung meiner Vorwürfe bei verschiedenen Instanzen zu erreichen. Die entsprechenden Telegramme habe ich an den Präsidenten der Deutschen Gesellschaft für Chirurgie, an den Präsidenten der Bayerischen Landesärztekammer und an den Präsidenten des Berufsgerichts für die Heilberufe beim Oberlandesgericht Nürnberg geschickt.

Im Nachgang zu meinem Telegramm an den Kultusminister habe ich dann am 10. Februar beim Kultusminister meine sofortige Entlassung aus dem Dienstverhältnis als Oberarzt der Chirurgischen Klinik mit Poliklinik der Universität Erlangen-Nürnberg beantragt.

In einem weiteren Schreiben an das Kultusministerium vom 11. Februar 1964 steht: »Ich lege größten Wert darauf, daß die gegen mich erhobenen Vorwürfe geklärt werden. Deshalb bitte ich darum, nach Möglichkeit das Dienststrafverfahren oder ein analoges Verfahren durchzuführen.«

Mit Urkunde vom 14. Februar 1964 wird mir die Entlassung als Oberarzt der Chirurgischen Klinik und Poliklinik Erlangen-Nürnberg bestätigt. In nahezu allen Stellungnahmen und Einsprüchen habe ich mich nicht nur auf meine Position bezogen, sondern auf die Gefahren für die Patienten hingewiesen. Dieses Argument wurde regelmäßig mit Stillschweigen übergangen.

Auch einem Teil der Presse schien es mehr einzuleuchten, daß jemand aus Eigennutz oder aufgrund persönlicher Kränkung gegen die bestehenden Verhältnisse Sturm läuft als aus Sorge um andere. So wurde auch vom Ersten Deutschen Fernsehen, das am 13. Februar 1964 erstmals über den Erlanger Professorenkrieg berichtete, eingangs die alte Version wiederholt: »Prof. Hackethal war im November

vorigen Jahres bei einer Stellenneubesetzung übergangen worden. Er
sagt jedoch, ihm sei es nicht um die Position gegangen, sondern um
die bis dato angeblich nicht gleiche Behandlung aller Patienten, die
nicht durch einen neuen 1. Oberarzt, sondern nur durch die Gleichberechtigung aller drei Oberärzte der Klinik garantiert werden könne.
Der Klinikchef hatte jedoch statt dessen wiederum einen neuen
1. Oberarzt eingesetzt. Seither kämpft der fachlich vielerorts angese-
hene Chirurg Hackethal mit schweren Säbeln. Sein Gegner sitzt in
einer äußerst festen Position.«

In einer wie festen Position er saß, erhellt aus einem Artikel des
Stern vom 10. Februar 1964. Zu der Äußerung des Rektors, meine
Glaubwürdigkeit leide darunter, daß ich erst jetzt die Anschuldigungen erhoben hätte, schreibt das Magazin: »Immerhin, selbst wenn es
der Professor aus Existenzangst unterlassen hätte, gegen seinen Ordinarius aufzustehen, so wäre das nicht verwunderlich. Über die Stellung des Chefarztes in deutschen Universitätskliniken sagte der Präsident des Wissenschaftsrates, Prof. Ludwig Raiser: ›Der schwere
Nachteil des (Instituts-)Systems ist die totale Abhängigkeit von dem
allmächtigen Chef.‹ Universitätsärzte, die den Streit in Erlangen verfolgen, geben unumwunden zu, daß hier der Kernpunkt der Auseinandersetzung liegt. Ein Ordinarius sei in Deutschland ein Halbgott,
ihm zu widersprechen ist gleichbedeutend mit beruflichem Selbstmord. Hackethal ist sich dessen bewußt. Vor Bekannten verkündete
er: ›Seit dem Jahre 1917 ist in Deutschland kein einziger Ordinarius
gegangen, immer der Oberarzt. Er war stets der Schwächere. Diesmal will ich sorgen, daß es anders wird. Ich weiß, daß es nicht leicht
ist. Alle seine Kollegen halten zu ihm, denn was ich tue, ist wider die
Hierarchie. Und man rüttelt nicht ungestraft am Thron der Götter.‹«

Kriegsgegner Staatsanwaltschaft

Besiegelt wurde mein »Stalingrad« am 17. Februar 1964 mit der Einstellungsverfügung des staatsanwaltschaftlichen Ermittlungsverfahrens. Was ich als Kriegswende zu meinem Sieg vorausgesehen hatte,
erwies sich als kriegstaktische Fehlkalkulation: Ein Ermittlungsverfahren nach den Grundsätzen eines »Rechtsstaates«.

Ich war damals als Staatsbürger so informiert, daß die Staatsan-
wälte verpflichtet sind, bei Verdacht auf eine strafbare Handlung

nach dem Legalitätsprinzip und den Grundsätzen eines wahren Rechtsstaates unparteiisch und gründlich zu ermitteln und bei Feststellung ausreichender Verdachtsgründe Anklage zu erheben.

Umgekehrt hätte es zu den staatsanwaltschaftlichen Pflichten in einem Rechtsstaat gehört, gegen einen Falsch-Anzeiger nach den gleichen Maßstäben zu ermitteln und in meinem Falle bei ausreichendem Verdacht nicht nur mich als Staatsbürger wegen falscher Anschuldigungen und Verleumdung anzuklagen, sondern auch als Staatsbeamten wegen Amtsmißbrauchs.

Jedenfalls mußte ich bei falscher Anzeige – selbst in nur wenigen Punkten – damit rechnen, zu einer längeren Gefängnisstrafe verurteilt zu werden – und das mit vollem Recht. Dies alles hätte den Ausstoß aus der Gesellschaft mit Schimpf und Schande auf ewig bedeutet.

Insoweit hatte der Klinikdirektor und Chirurgie-Ordinarius völlig recht, wenn er dem Journalisten des *8-Uhr-Blattes* gegenüber am 20. Februar 1964 erklärte:»Das ist doch etwas Ungeheuerliches, daß ich einige Wochen praktisch als Mörder herumlaufen mußte. Wie kann in einem demokratischen Staat jemand wie Hackethal so etwas ungestraft sagen?«

Jawohl, man hätte mich anklagen und einsperren müssen, wenn ich gegen meinen Chef auch nur fahrlässig, also nicht einmal wissentlich falsche Anzeige erstattet hätte! Natürlich alles nur unter der Voraussetzung eines unparteiischen Ermittlungsverfahrens bis auf den Grund.

Ein Ermittlungsverfahren gegen uns beide nach den Grundsätzen eines wahren Rechtsstaates konnte jedoch nach meiner festen Überzeugung nur mit meinem *Sieg* in diesem Professorenkrieg enden. Insoweit war meine entscheidende kriegstaktische Fehlkalkulation eine Fehleinschätzung unseres Staates als wahrer Rechtsstaat.

Unterstellt, daß der endgültige Ausgang des oder der Strafverfahren offen gewesen wäre, mußte für jeden rechtschaffen denkenden Staatsbürger klar sein: Niemals konnten 15 Tage eines staatsanwaltschaftlichen Ermittlungsverfahrens ausreichen, um vor dem gegebenen Hintergrund meine Vorwürfe von insgesamt mindestens 138 strafbaren Handlungen, darunter mindestens 74 Tötungsdelikten, mit der amtlichen Feststellung zurückzuweisen, sie seien ausnahmslos »haltlos«, wie Oberstaatsanwalt Dr. Sauter am 7. Februar 1964 der Presse gemeldet hatte.

In der Regel dauerte es viele Monate, ja öfters ein Jahr und länger, bis nach der Anzeige auch nur eines einzigen Tötungsdeliktes die Ermittlungsakten rechtlich vertretbar geschlossen werden können.

Mit der Einstellung des Ermittlungsverfahrens innerhalb von fünfzehn Tagen hatte sich die Staatsanwaltschaft Nürnberg zum Verbündeten meines Gegners gemacht. Damit war für mich der Krieg verloren.

Mein »Stalingrad« war ein Stalingrad des Rechtsstaates Bundesrepublik Deutschland. Schlimmer kann die Justiz eines Staates nicht versagen, als es in meinem Fall geschehen ist. Das war Rechtsbeugung allein schon aufgrund des Tatbestandes, daß die Staatsanwaltschaft jene Gründlichkeit in der Ermittlung hat vermissen lassen, die allein angesichts der Anzahl und Schwere der angezeigten Verbrechen geboten gewesen wäre, auch angesichts der zu vermutenden Glaubwürdigkeit des Anzeigenden – immerhin Arzt, Professor und Beamter wie der von ihm Beschuldigte.

Die Einstellungsverfügung der Staatsanwaltschaft machte der Große Senat der Universität am 29. Januar 1964 zum Kernpunkt seiner Begründung für die Einleitung eines »Verfahrens auf Widerruf der Lehrbefugnis«, obwohl der Einstellungsbescheid erst am 17. Februar 1964 beschlossen und am 18. Februar 1964 öffentlich verkündet wurde. Der Schriftsatz des Rektors, in dem mir ein Verhalten »zur Last gelegt« wurde, »das mit den Pflichten und der Würde eines akademischen Lehrers unvereinbar« sei, trägt das Datum vom 23. März 1964. Es gliedert sich in die Vorwurf-Komplexe: »I. Drohungen, II. Anzeige bei der Staatsanwaltschaft Nürnberg-Fürth, III. Mißbräuchliche Benutzung Ihrer Vorlesungen zu Angriffen gegen Prof. H., IV. Störende Eingriffe in den Klinikbetrieb und V. Umgehung des Senatsbeschlusses vom 3. Februar 1964.« Dabei wird für den Beschluß des Großen Senats vom 29. Januar 1964 auf die Verfügung der Staatsanwaltschaft vom 17. Februar 1964 ausdrücklich Bezug genommen. Auch wird zur Begründung eine Vorlesung herangezogen, die ich erst am 30. Januar 1964 gehalten habe, und die Umgehung eines Senatsbeschlusses vom 3. Februar 1964 durch Vorträge im Gasthaus »Deutsches Haus« am 5. Februar 1964 und im »Altstädter Schießhaus« am 19. Februar 1964.

Allein die Begründung für die Einleitung des Verfahrens auf Widerruf der Lehrbefugnis mit Vorgängen, die erst bis zu drei Wochen später stattfanden, zeigt, mit welcher hoheitlichen Großzügigkeit die

Ordinarien des Großen Senats und ihre Juristen hier geurteilt haben, ganz zu schweigen davon, daß sie den »UHOIs« meines Gegners mehr Glauben schenkten als meinem Beweismaterial. Eine objektive neutrale Nachprüfung fand nicht statt. Mein Stalingrad war auch ein Stalingrad des Großen Senats der Universität Erlangen-Nürnberg.

Maulkorb von Amtsgericht und Landgericht

Nachdem Oberstaatsanwalt Dr. Sauter bereits am Samstag, dem 8. Februar, hatte veröffentlichen lassen, daß meine Vorwürfe gegen H. haltlos seien, war der Weg für den Rechtsanwalt des Klinikdirektors frei, für mich einen Maulkorb beim Amtsgericht Erlangen zu beantragen. Mit Schreiben vom 10. Februar beantragte er gegen mich »im Wege der *Einstweiligen Verfügung*, und zwar wegen Dringlichkeit ohne vorgängige mündliche Verhandlung, anzuordnen:

I.   Der Antragsgegner hat es zu unterlassen, Dritten gegenüber zu behaupten,
     a) der Antragsteller habe als Leiter der Chirurgischen Universitätsklinik
        1. Versuche am lebenden Menschen durchgeführt, teilweise mit tödlichem Ausgang,
        2. Operationen ausgeführt, die nicht erforderlich gewesen seien,
        3. dabei ›zu seinem Ruhm‹ gehandelt;
     b) die Sterblichkeit unter den durch den Antragsteller operierten Patienten (Mortalitätsquote) sei ungewöhnlich hoch, eine Anzahl Patienten sei gestorben, weil sie der Antragsteller fehlerhaft operiert habe.
II. Für den Fall der Zuwiderhandlung wird dem Antragsgegner Geldstrafe in unbeschränkter Höhe oder Strafe der Haft bis zu sechs Monaten angedroht.«

Es folgt eine sieben Seiten lange Begründung mit den bereits zitierten unwahren, halbwahren oder irreführenden Anschuldigungen. Die Vorgeschichte wird in einem Satz abgehandelt: »Im November 1963 stellte der Antragsgegner im Interesse seiner Stellung innerhalb der Klinik gewisse Forderungen, die der Antragsteller ablehnte.« Zu

deutsch: Ich hätte dem Klinikdirektor schuldigen Gehorsam verweigert. Danach folgen die »UHOIs« Schlag auf Schlag: Ich hätte angekündigt, zu bewirken, »daß der Antragsteller aus seinem Amt entfernt werde«. Später hätte ich ihn schriftlich aufgefordert, seine
Dienstgeschäfte niederzulegen, weil er »in unverantwortlicher Art
und Weise Leben und Gesundheit der ihm anvertrauten Kranken
gefährdet habe«. Nachdem ich mit Vorwürfen gegen G.H. »bei den
zuständigen Behörden keinen sichtbaren Erfolg erreicht« hätte, »bediente sich der Antraggegner der Presse, um seine Ziele zu verfolgen«.

Dies habe in der ganzen Bundesrepublik zu zahlreichen Presseveröffentlichungen geführt. Meine Anschuldigungen gegen den Klinikdirektor hätte ich auch in meinen Vorlesungen fortgesetzt. Als Beweis für meine Verfehlungen wird angeführt: Der Kultusminister von
Bayern habe mich nach eingehender Prüfung der Sachlage meines
Amtes enthoben. Von der Staatsanwaltschaft beim Landgericht Nürnberg-Fürth seien laut Veröffentlichung in den *Nürnberger Nachrichten*
vom 7. Februar 1964 und 8./9. Februar 1964 sämtliche Vorwürfe geprüft und »als haltlos befunden« worden. Schließlich wurden dem
Antrag eidesstattliche Erklärungen von Untergebenen des Klinikdirektors beigefügt, die meine Vorwürfe widerlegen sollten.

Das alles hielt das Amtsgericht Erlangen für ausreichend glaubhaft und erließ am 12. Februar 1964 die beantragte einstweilige Verfügung auf Unterlassung meiner Behauptungen.

Gegen den Maulkorberlaß des Amtsgerichts ließ ich von dem beim
Landgericht Nürnberg-Fürth zugelassenen Rechtsanwalt Dr. Hans
Bader als Korrespondenz-Anwalt von Dr. Augstein bei der 8. Zivilkammer des Landgerichts am 16. März 1964 Einspruch erheben und
beantragen, die Verfügung aufzuheben. Dies wurde mit einem 63 Seiten langen Schriftsatz begründet. In dieser Begründung sind nach
meiner Überzeugung alle Vorwürfe gegen den Klinikdirektor ausreichend bewiesen und die Gegenbehauptungen von ihm selbst und
seinen Vasallen widerlegt worden. Auf Einzelheiten kann ich zur Vermeidung unnötiger Wiederholungen verzichten.

Das Landgericht setzte dann die Gerichtsverhandlung auf Donnerstag, den 8. Mai 1964, an. Es war meine zweite Begegnung mit
einem deutschen Gericht, nach dem Strafgerichtsprozeß von 1937 wegen angeblicher Unsittlichkeit, in dem ich zu drei Monaten Gefängnis
verurteilt worden war. Die Erinnerung an das Unrechtsurteil ein Vier

teljahrhundert vorher war inzwischen verblaßt. Also hoffte ich dieses
Mal auf Gerechtigkeit, zumal sich ja inzwischen der Teil Deutschlands, in dem ich lebte, vom Nazi-Unrechtsstaat angeblich zum
Rechtsstaat gemausert hatte. Um so größer war die Enttäuschung
über den Ablauf der Gerichtsverhandlung.

Dr. Augstein war am Abend vorher aus Hannover angeflogen. Ich
hatte ihn am Abend vom Flughafen Nürnberg abgeholt und erst mal
mit nach Hause genommen. Schon unterwegs eröffnete er mir, daß
wir keine Chance hätten, nachdem die Staatsanwaltschaft meine Vorwürfe für haltlos erklärt habe und H. gegen alle meine Einzelvor-
würfe eine Gegenerklärung eines Oberarztes oder Assistenten in
Form eidesstattlicher Versicherungen habe abgeben lassen. Zu Hause
berichtete ich ihm dann, daß in der Klinik weiter drauflos gemurkst
würde, inzwischen sei wieder alles mögliche passiert. Dies wüßte ich
von ein paar Getreuen, die nach wie vor in der Klinik arbeiteten.

Mehr am Rande erwähnte ich, daß man zum Beispiel vor ein paar
Tagen einer älteren Frau nach einer harmlosen Verletzung den Daumen amputiert hätte. Da schaute er mich an und sagte: »Was braucht
die Alte 'n Daumen!« Diesen Satz werde ich mein Leben lang nicht
vergessen. Er machte mir deutlich, daß zwischen seiner Nüchternheit
als Anwalt und mir in der Bewertung ärztlicher Pflichten vielleicht
nicht Welten lagen, aber doch eine große Distanz. Und so wie er
mochten es auch die Richter sehen, nach dem Motto: »Was soll's: Wo
gehobelt wird, fallen Späne!« Einem Arzt jedenfalls, der einen solchen Standpunkt vertritt, müßte sofort die Lizenz entzogen werden.
Denn das beweist ein unerträglich gestörtes Verhältnis zu den ärztlichen Berufspflichten, zu denen ja ganz besonders auch die Sorgfalt
im kleinen gehört – und sei's ein Daumen!

An Einzelheiten der Gerichtsverhandlung erinnere ich mich nicht.
Es gibt ein Foto im *Erlanger Tagblatt* vom 9. Mai 1964, das mich zwischen meinen beiden Rechtsanwälten sitzend abbildet. Ich schaue zu
Augstein hin, der ein bedenkliches Gesicht macht. Dr. Bader blättert
in einem faustdicken Aktenordner. Die Überschrift des Zeitungsarti-
kels lautet: »Der erste Gerichtstermin im Streit der beiden Erlanger
Professoren – *Vergleich abgelehnt* – Professor Hackethal soll es in Zukunft unterlassen, die Angehörigen von Patienten zu beeinflussen. Er
hat angeblich immer noch Informanten in der Erlanger Klinik sitzen.«
Das Blatt berichtet, daß sich der Kammervorsitzende bemüht habe,
»die Parteien zu einem Stillhalteabkommen bis zum Hauptsache-Pro-

zeß zu veranlassen. Der Versuch war aber erfolglos. Rechtsanwalt Dr. Wolf wollte seinem Mandanten, Prof. H., einen Vergleich nur dann unterbreiten, wenn Prof. Hackethal sich verpflichten würde, sich in Zukunft nicht mehr in die Angelegenheiten von Patienten hineinzumischen ... Weiterhin verlangte der Anwalt, daß Prof. Hackethal sich keine Informationen mehr aus der Klinik verschaffe. ›Der Prozeßgegner‹ – so betonte er – ›hat seine Informanten in der Klinik sitzen. Da liegt eine flagrante Verletzung der ärztlichen Schweigepflicht vor.‹«

Weiter steht in dem Artikel: »Rechtsanwalt Dr. Augstein bemerkte zu diesem Thema, daß sich bei ihm ein Arzt der Klinik gemeldet habe, der erklärte, er könne nicht mehr zusehen, wie dort gegen Prof. Hackethal Stimmung gemacht werde. Dieser Arzt habe sich auch bereit erklärt, Aussagen über die Art zu machen, wie die Unterschriften gegen Prof. Hackethal in der Klinik gesammelt würden.«

Der Bericht fährt fort: »Die Bedingung, die die Anwälte von Prof. H. für das ›Stillhalteabkommen‹ stellten, wurden von der Gegenseite abgelehnt. Auch eine Anregung des Kammervorsitzenden, den Streit erst einmal vor das ärztliche Berufsgericht zu bringen, fand keine Gegenliebe. Sarkastisch erklärte dazu Rechtsanwalt Dr. Augstein: ›Der Fall ist beim Ordentlichen Gericht doch besser aufgehoben.‹ Er verwies darauf, daß beim Berufsgericht Ärzte mitzuentscheiden hätten. ›Ärzte‹, so meinte er, ›verbeugen sich aber schon bis zum Boden, wenn sie einen Ordinarius nur ansprechen.‹ Außerdem war er der Ansicht, daß ›leichter ein Kamel durch ein Nadelöhr zu bringen sei, als einen Arzt zu veranlassen, von einem anderen zu sagen, daß er einen Fehler gemacht habe‹. Wahrscheinlich, so sagte der Anwalt, werde es nötig sein, vom Ausland Ärzte als Gutachter beizuziehen.«

In unangenehmer Erinnerung ist mir der Vorwurf des Kammerpräsidenten, ich hätte nach meinen eigenen Ausführungen jahrelang zugesehen und erst zu einem Zeitpunkt Krach geschlagen, als die Stelle des Vertreters des Antragstellers und gleichzeitig des 1. Oberarztes besetzt werden sollte. Vor diesem Hintergrund habe die Kammer Bedenken, »anzunehmen, daß die in der einstweiligen Verfügung enthaltenen Erklärungen von dem Antragsgegner« – also von mir – »tatsächlich *nur* von dem ernstlichen und ehrlichen Willen getragen sind, berechtigte Belange wahrzunehmen.« So steht es später in der Urteilsbegründung. Laut Zeitungsbericht habe ich dazu erklärt: »Ich gebe zu, ich hätte es sofort melden müssen; denn das Wohl der Patienten sollte an erster Stelle stehen.«

Zu dieser Schuld, nicht schon viel früher Alarm geschlagen zu haben, habe ich mich immer bekannt und auch meine Ausreden geschildert, insbesondere die – wie sich zeigte – falsche Hoffnung, als Professor und Beamter eher gehört zu werden.

Aber immerhin war es schon von Anfang 1962 bis Ende 1963 zu ständigen kliniköffentlichen Auseinandersetzungen zum Teil höchst dramatischer Art mit meinem Chef gekommen.

Dafür jedoch hat sich das Gericht nicht interessiert, ebensowenig wie es den Hauptgrund meines Protestes ernst nahm: Mein Chef hatte angeordnet, daß meine Operierten in der kritischsten Phase nicht von mir, sondern von anderen hauptverantwortlich betreut werden sollten. Das aber wäre für viele Patienten tödlich gewesen. Ich zitierte, welch makabrer Verdacht in Universitätskliniken hinter vorgehaltener Hand weitergegeben wird, um das Wettrennen um die Gunst des Klinikdirektors zu erklären: »Ein Oberarzt freut sich, wenn dem anderen Oberarzt ein Patient stirbt!«

Ich hätte mir damals sogar gewünscht, daß mich ein Gericht wegen »Nichtvereitelung von Straftaten« angeklagt und verurteilt hätte. Damit wäre in der Medizin ein für allemal ein Zeichen gesetzt worden. Allerdings wäre es auch Anfang einer gewaltigen Prozeßlawine geworden. Denn es gibt fast keinen Chefarztbereich, in dem nicht ständig gegen irgendwelche Paragraphen der Strafprozeßordnung verstoßen wird. Man braucht nur den juristischen Begriff des »rechtswirksamen Einverständnisses« der Patienten zum Maßstab zu nehmen. Gegen dieses rechtswirksame Einverständnis wird in allen Kliniken in Diagnostik und Therapie, ganz besonders bezogen auf Operationen, fast täglich verstoßen. Auch hier gibt es Ausnahmen, aber sicher nur wenige. Weil ich seit spätestens 1976 der bestkontrollierte Arzt der Bundesrepublik bin – wohlgemerkt zum Segen für die Patienten –, mußte ich mich darum bemühen, zu diesen Ausnahmen zu gehören.

Kann es einen besseren Beweis für meine Darstellung geben als der Antrag der Gegenanwälte, ich solle mich verpflichten, mir keine Informationen mehr aus der Klinik zu verschaffen? Dies wurde mit der scheinheiligen Begründung vorgebracht: »Da liegt eine flagrante Verletzung der ärztlichen Schweigepflicht vor.« Derartige Begründungen liegen haargenau auf der Linie des Hippokrates-Meineides, nämlich die ärztliche Schweigepflicht auf Biegen und Brechen zum Verschweigen ärztlichen Fehlverhaltens auszunutzen. Wer als Chefarzt ein gutes Gewissen hat, braucht keine Informanten unter seinen Mitarbeitern zu fürchten. Genau das hätte das Kammergericht damals klarstellen und mißtrauisch machen müssen. Denn schließlich hatte sich ja kein Patient über mich wegen Verletzung der Schweigepflicht beschwert.

Zusammengefaßt waren die Gerichtsverhandlung vom 8. Mai 1964 und die Urteilsverkündung dazu vom 27. Mai 1964 aus meiner Sicht eines wahren Rechtsstaates unwürdig. Gewiß konnte das Landgericht die Verfügungen der Staatsanwaltschaft und des Kultusministers ebensowenig übergehen wie die eidesstattlichen Versicherungen der Klinikärzte. Aber es hätte auch die Gegenargumente meiner Rechtsanwälte angemessen würdigen und sich mehr um eine Tatsachenklärung bemühen müssen.

Gegen Schluß der Begründung des Urteils, das die einstweilige Verfügung bestätigte, mir die dort aufgeführten Behauptungen bei Androhung einer Geldstrafe zu untersagen, wird ergänzend auf §12 der Berufsordnung für Ärzte Bayerns Bezug genommen, und zwar unter dem Stichwort »Kollegiales Verhalten«:

»Der Arzt hat seinen Kollegen durch rücksichtsvolles Verhalten Achtung zu erweisen. In Form und Art herabsetzende Äußerungen über die Person, die Behandlungsweise oder das berufliche Wissen oder Können eines anderen Arztes sind mit der ärztlichen Standeswürde ebensowenig vereinbar wie jeder Versuch, einen Kollegen aus seiner Stellung oder seiner Behandlungtätigkeit zu verdrängen.«

Wenn das Gericht sich schon auf diese aus dem Geiste ärztlicher Geheimbündelei erwachsene Schutzvorschrift beruft, wie konnte es mir dann den Vorwurf machen, nicht schon früher meine Vorwürfe erhoben zu haben?!

KAPITULATION

Gegen das Maulkorb-Urteil blieb nur eine Klage auf »Hauptsache-Verhandlung«. Augstein informierte mich, daß da mit einer Prozeßdauer von vielen Jahren zu rechnen sei. Selbst wenn ich in erster Instanz gewänne, legte mein Gegner gegen das Urteil Berufung ein. Wenn wir verlören, müßten wir es tun. Nach seiner Erfahrung könnten solche Prozesse fünf bis zehn Jahre dauern. Das aber nähme mir die letzte Aussicht, auch nur Chefchirurg einer kleineren Krankenhausabtei-

lung zu werden. Denn wahrscheinlich würde mich vor einem für
mich günstigen Prozeßende kein Klinikträger anstellen wollen.

Da besann ich mich auf den Dekan der Juristischen Fakultät
Prof. Dr. Schwab, der mir schon früher vertraulichen Rat gegeben
und mir seine Hilfe angeboten hatte. Ich bat ihn um einen Ge-
sprächstermin, den ich auch sofort bekam. Zu ihm hatte ich großes
Vertrauen. Denn er war einer der wenigen Ordinarien der Erlanger
Universität, die mir von Anfang an das Gefühl gegeben hatten, daß
sie mir und nicht H. glaubten. Wir hatten den gleichen Vornamen –
Karl Heinz – und waren fast gleichaltrig. Er hatte eine glänzende
Karriere als Jurist hinter sich, war schon 1955 mit fünfunddreißig
Jahren Ordinarius geworden.

Karl Heinz Schwab riet mir, meine Rechtsanwälte sollten mit dem
Rektor der Universität Verhandlungen mit folgendem Ziel aufnehmen: Freiwilliger Verzicht auf die Venia legendi unter der Bedingung,
daß ich den Professorentitel behalte. Er sehe darin eine reelle
Chance. Dann brauche das Verfahren auf endgültige Aberkennung
der Lehrbefugnis und damit die Aberkennung des Professorentitels
nicht durchgeführt zu werden. Denn dieses Verfahren würde mit
größter Wahrscheinlichkeit zum Entzug des Professorentitels führen,
da die rechtlichen Verhältnisse, bezogen auf die Berechtigung meines
Vorgehens und anderes, vorerst gar nicht geklärt werden könnten.

Also sei die Aberkennung des Titels die zwangsläufige Folge. Andererseits wisse er, daß auch die Universität an einer Beilegung des
Konflikts interessiert sei und voraussichtlich keinen Antrag auf Aberkennung stellen werde, wenn die Verhandlungen entsprechend verliefen. Nach dem neuen Hochschullehrergesetz sei der Professorentitel genau wie der Doktortitel ein akademischer Grad und könne
deshalb auch ohne Lehrbefugnis geführt werden. Karl Heinz Schwab
betonte ausdrücklich, es habe keinen Sinn, einfach auf die Lehrbefugnis zu verzichten und dann darauf zu vertrauen, daß der Titel
bliebe. Nur auf dem Verhandlungswege sei das zu erreichen. Es
müsse aber unbedingt sofort nach Pfingsten damit begonnen werden,
da schon für die gleiche Woche der Verhandlungstermin zum Entzug
des Professorentitels vorgesehen sei.

Nicht nur dem Ratschlag, sondern vor allem wohl auch der aktiven Hilfe des damaligen Dekans der Juristischen Fakultät verdanke
ich es, daß ich meinen Professorentitel behalten habe. Ohne seine
Hilfe hätte ich nicht auf eine Verhandlungsbereitschaft des Univer-

sitätsrektors hoffen können. Ich bin sicher, daß er als Dekan der Juristischen Fakultät im Großen Senat der Universität erheblichen Druck ausüben mußte und auch ausgeübt hat, um den Rektor zur Verhandlungsbereitschaft zu drängen. Dafür habe ich ihm noch heute zu danken – und nachdem inzwischen dreißig Jahre vergangen sind, darf ich wohl diese Hilfestellung heute offenbaren. Ich tue es vor allem auch deshalb, um klarzustellen, daß meine Kritik am Ordinarien-System sich schwerpunktmäßig gegen die Medizin-Ordinarien richtet.

Schon eine Stunde nach dem Gespräch mit Karl Heinz Schwab schrieb ich einen Brief an Augstein, in dem ich ihm ausführlich berichtete und ihn um seinen Rat bat.

Daraufhin schrieb Augstein am 20. Mai 1964 an den Rektor. In seinem Brief heißt es unter anderem: »Ich persönlich neige dazu, meinem Mandanten zu empfehlen, den Streit zu beenden, und möchte darüber gern mit Ihnen einmal sprechen. Wie ich erfuhr, läuft vor dem Senat ein Verfahren gegen meinen Mandanten. Meine Bitte geht dahin, dieses Verfahren kurzfristig ruhen zu lassen und mir mitzuteilen, ob Sie zu einer Rücksprache mit mir über den ganzen Fragenkomplex bereit wären ... Ich glaube, Grund zu der Annahme zu haben, daß auch Herr Prof. Dr. H. es begrüßen würde, wenn weitere gerichtliche Auseinandersetzungen vermieden würden. Mein Mandant ist bereit, seinerseits dazu beizutragen, daß wieder Ruhe eintritt.«

Vorausgegangen war ein Schreiben meines Rechtsanwaltes Dr. Bader an den Rektor und den Großen Senat, in dem beantragt worden war, sowohl mich wie meine Rechtsanwälte in dem Verfahren auf Entzug der Lehrbefugnis mündlich zur Sache anzuhören und meine Vorwürfe gegen H. zum Gegenstand der Senatsverhandlung zu machen. Alle Vorwürfe wurden in vollem Umfange aufrechterhalten. Er ließ keinen Zweifel, daß es dem Senat nicht leicht gemacht würde, mir in der gegebenen Situation die Lehrbefugnis und damit den Professorentitel endgültig zu entziehen.

Vor dem Hintergrund auch dieses Schreibens erklärt sich die Antwort des Rektors auf den Brief von Augstein am 22. Mai: »Inzwischen führte Herr Rechtsanwalt Dr. Bader mit dem Herrn Prokanzler Prof. Dr. Herrmann und mir ... eine Besprechung, über deren Ergebnis er Sie selbst unterrichten wird. Wahrscheinlich entfällt dadurch die Notwendigkeit, daß Sie sich hierher bemühen müßten. Ich darf aber bemerken, daß ich Ihnen selbstverständlich zu einer Unterredung, wenn diese wünschenswert erscheint, nach vorheriger Terminvereinbarung zur Verfügung stünde. Ich würde es aufrichtig begrüßen, wenn den Bemühungen verschiedener Seiten eine menschlich und sachlich befriedigende Beilegung dieses bedauerlichen Vorganges gelingen würde.«

Selbstverständlich hatte ich auch Dr. Bader über das Gespräch mit dem Dekan der Juristischen Fakultät informiert. Auch über Augstein war mit den Rechtsanwälten des Klinikchefs über eine Beendigung des Professorenkrieges verhandelt worden. Über das Ergebnis berichtete Dr. Bader am 8. Juni 1964 dem Rektor und dem Großen Senat der Universität, »daß die Herren Professoren Dr. H. und Dr. Hackethal sich auf folgende *Vereinbarung* geeinigt haben:

Nach eingehender Erörterung der Vorwürfe, die von Herrn Prof. Dr. Hackethal gegen Herrn Prof. Dr. H. und die Chirurgische Klinik der Friedrich-Alexander-Universität Erlangen-Nürnberg erhoben wurden, die auch Gegenstand von Presseveröffentlichungen waren und die von Staatsanwaltschaft und Gericht überprüft wurden, hat Herr Prof. Dr. Hackethal *diese Vorwürfe zurückgenommen*. Er hat sich gleichzeitig damit einverstanden erklärt, daß diese Zurücknahme veröffentlicht wird.

Die beiden Herren Professoren haben darüber hinaus noch folgende nicht zur Veröffentlichung vorgesehene Vereinbarung getroffen:

1. Beide Herren werden keine weiteren Erklärungen, über die zur Veröffentlichung vorgesehene Erklärung hinaus, an die Presse geben.

2. Herr Prof. Dr. Hackethal wird gegen die Entscheidung des Landgerichtes Nürnberg-Fürth vom 27. Mai 1964 keine Berufung einlegen. Herr Prof. Dr. H. verzichtet im Hinblick auf die zur Veröffentlichung vorgesehene Grundsatzerklärung auf eine Widerrufsklage sowie auf eine Schadensersatzklage.

3. Herr Prof. Dr. H. wird durch seine Anwälte von der erfolgten außergerichtlichen Erledigung in dieser Angelegenheit Mitteilung machen:

    a. dem Großen Senat der Friedrich-Alexander-Universität Erlangen-Nürnberg,

    b. der Staatsanwaltschaft beim Landgericht Nürnberg-Fürth,

    c. der Deutschen Gesellschaft für Chirurgie,

    d. der Deutschen Gesellschaft für Unfallheilkunde,

    e. dem Ärztlichen Kreisverband Erlangen.

4. Herr Prof. Dr. Hackethal verpflichtet sich, keine berufliche Tätigkeit im Raume der Regierungsbezirke Ober-, Mittel- und Unterfranken künftig auszuüben.

5. Die Kosten dieser Vereinbarung und der etwaigen Presseveröffentlichungen übernimmt Herr Prof. Dr. Hackethal.

Es ist denkbar, daß an dieser grundsätzlichen Formulierung in dem einen oder anderen Punkt ergänzende oder erklärende Abänderungen erfolgen könnten. Im Prinzip besteht aber Einigkeit darüber, daß auf der vorgesehenen Basis die Angelegenheit endgültig erledigt und bereinigt werden soll.

Unser Mandant, Herr Prof. Dr. Hackethal, wird dem Großen Senat der Friedrich-Alexander-Universität Erlangen-Nürnberg mitteilen, daß er auf die Venia legendi verzichtet, daß er aber darüber hinaus bittet, daß ihm unter Weglassung der Bezeichnung a.p., entsprechend dem bayerischen Hochschullehrergesetz, gestattet wird, den Titel Professor weiterzuführen.

Der Beweis, daß zumindest ein großer Teil meiner Vorwürfe gegen Professor H. richtig war, war für mich mit dieser Vereinbarung erbracht. Denn für den Klinikdirektor und Chirurgie-Ordinarius lief ja die Zeit nicht davon. Er hatte seinen Posten behalten, konnte wie früher weiterarbeiten, also hätte er in aller Ruhe nicht nur den Ausgang des Hauptsache-Prozesses, sondern auch der Verhandlung vor dem Großen Senat wegen des Widerrufs meiner Lehrbefugnis abwarten können. Ja, er hätte das alles abwarten müssen, um seine Unschuld zu beweisen und damit auch endgültig in der Öffentlichkeit rehabilitiert zu werden. Denn schließlich wußte er auch, daß von meinen Vorwürfen in der Öffentlichkeit allgemein und vor allen Dingen in der Ärzteschaft vieles hängengeblieben war.

Mit dieser Vereinbarung hat der Heldenchirurg seinem höchsten Karriereziel, Präsident der Deutschen Gesellschaft für Chirurgie zu werden, endgültig den Todesstoß versetzt. Denn daß dies vom Vorstand der großen Chirurgenvereinigung als Schuldeingeständnis gewertet werden würde, daran konnte niemand zweifeln. Andererseits war diese Vereinbarung die letzte Chance, seine Position als Klinikchef und Chirurgie-Ordinarius zu retten. Denn sie vermied die Untersuchung der Vorwürfe im Rahmen eines ordentlichen Gerichtsverfahrens, an dessen Ausgang ich – trotz aller herben Enttäuschungen durch die Justiz – nicht zweifeln wollte.

Offen blieb eine endgültige Vereinbarung über den Wortlaut meiner Widerrufserklärung. Hier verlangte G.H., ich solle meine Vorwürfe gegen ihn und die Chirurgische Universitätsklinik mit dem Zugeständnis widerrufen, daß meine Vorwürfe »unbegründet« gewesen seien, daß ich »von unzutreffenden Voraussetzungen und nicht haltbaren Bewertungsmaßstäben ausgegangen sei«. Ich sagte meinem Rechtsanwalt, daß eine solche Erklärung für mich nicht in Frage komme. Ich sei lediglich bereit, meine Vorwürfe ohne jede Begründung zu widerrufen.

Also hat mein Rechtsanwalt den gegnerischen Anwälten gedroht, er werde gegen das Urteil des Landgerichts Nürnberg-Fürth Berufung beim Oberlandesgericht einlegen. Sie wüßten doch, daß bei einer Widerrufsklage Professor H. beweispflichtig sei und daß »bei dem ungeheuren Material, das sich noch durch Beiziehung der Krankenblätter ergänzt, auf alle Fälle H. zweifelsfrei nachgewiesen werden könnte, welch schwerwiegende Fehler und welch entscheidende falsche Einstellung bei ihm vorlag, die für die Kranken zu katastrophalen Ergebnissen geführt haben«. Dies war dann wohl der Gnadenstoß für den Versuch H.s, einen Rest an Glaubwürdigkeit zu retten. Er stimmte zu.

Ende Juni unterschrieb ich folgende *Erklärung*:

»Hiermit widerrufe ich alle Vorwürfe, die ich gegen Herrn Prof. Dr. G.H., gegen die Chirurgische Universitätsklinik, gegen die Medizinische Fakultät und gegen die Universität Erlangen-Nürnberg erhoben habe.
Zur Zeit Hamburg, den 28. Juni 1964
Unterschrift: Karl Heinz Hackethal.«

Diese Erklärung wurde am 29. Juni 1964 über *dpa* allgemein verbreitet und dann am 30. Juni 1964 in allen Tageszeitungen veröffentlicht.

Im *Erlanger Tagblatt* erschien am Tag der Veröffentlichung meines Widerrufs ein Bericht, den man als Ehrenrettungsversuch für den Klinikchef werten kann. Oberarzt Dr. G. hatte bei einem Vortrag in der Volkshochschule Erlangen von Erfolgen der Herzchirurgie berichtet. Bislang seien »schon über 200 Herzoperationen ausgeführt« worden. Wörtlich heißt es: »Auch an der Erlanger Chirurgischen Universitäts-

klinik konnten bis jetzt drei künstliche Herzklappen mit Erfolg eingesetzt werden. Die Patienten haben den Eingriff gut überstanden und
sind seit der Operation wesentlich gebessert.«

Was wohl kann das gestörte Verhältnis der Vasallen zur Wahrheit
des Klinikchefs besser dokumentieren als diese Aussage. Im Unterkapitel »Streitpunkt verfluchte Herzchirurgie« habe ich berichtet, daß
der zweiunddreißig Jahre alte Patient H.W. und der siebenundzwanzig Jahre alte Patient G.N. die Einpflanzung der künstlichen Herzklappe nicht überlebt haben, sondern ein paar Tage nach der Operation qualvoll verstorben sind. G. wurde für die treue Schützenhilfe
später überreichlich belohnt. H. sorgte dafür, daß er 1977 sein Nachfolger als Direktor der Chirurgischen Universitätsklinik Erlangen-
Nürnberg und Chirurgie-Ordinarius wurde.

Anfang August 1964 teilte mir der Rektor der Universität mit, der
Große Senat habe sich den Empfehlungen des in meiner Angelegenheit eingesetzten Senatsausschusses angeschlossen, mir den Professorentitel vorläufig nicht abzuerkennen. Dies war eine erlösende
Nachricht. Aber die Vokabel »vorläufig« war natürlich als drohende
Aufforderung zu Wohlverhalten gemeint. Das wäre an sich nicht
nötig gewesen. Denn meine bösen Erfahrungen mit unserem »Rechtsstaat« reichten aus, um mich für drei Jahrzehnte von einem Gegenangriff zur Verteidigung meiner Ehre abzuhalten.

Diese dreißig Jahre sind nun abgelaufen, und es scheint mir an der
Zeit, klarzustellen, warum ich damals meine öffentliche Anklage
widerrufen habe. Es gab nur einen einzigen Grund: *Meine Hoffnungslosigkeit*. Diese wiederum hatte drei Gründe, wie ich sie damals sah:

    1. Die mafiaartige Kumpanei der Ärzteführer;

    2. die vasallenartige Hörigkeit der Ärzte gegenüber den Medizin-
Ordinarien und

    3. die offenkundige Aussichtslosigkeit, in unserem »Rechtsstaat«
wirklich recht zu bekommen.

SCHMERZLICHES UND TRÖSTENDES

Ich kann den Bericht über den Erlanger Professorenkrieg nicht abschließen, ohne darüber zu berichten, was meine Familie und ich
während der 33 Wochen dauernden Kontroverse durchgemacht ha-

ben, ganz besonders in den 144 Tagen seit dem Beginn meines »Stalingrad«. Es hat keine Lebensperiode gegeben, in der ich, meistens in Gesellschaft meiner Frau, soviel geheult habe. Ich bekenne es ohne Reue und Scham. Denn es war keine Heulerei aus Angst oder Selbstmitleid, sondern es waren Tränen der Verzweiflung über den Zusammenbruch meiner Ideale und Wunschträume als Arzt.

Meine Lage mag ein Brief illustrieren, den mein alter Freund aus Studienzeiten, Dr. Hartwig Gotthardt, am 13. Februar 1964 an den damaligen Vorsitzenden der SPD von Bayern geschrieben hat.

Hartwig war aus der Tradition seines Elternhauses heraus ein engagierter Sozialdemokrat und ist es bis heute geblieben. Als solcher brachte er es 1964 zum Bezirksabgeordneten in Hamburg-Harburg. Ich habe nur wenige Menschen in meinem Leben mit einem so hohen Grad an menschlicher Verläßlichkeit, Anständigkeit und auch Unbestechlichkeit kennengelernt. Unaufrichtige Bittbriefe zu schreiben, war ganz und gar nicht seine Art. Dies vorausgeschickt, zitiere ich aus seinem Schreiben:

> »Lieber Genosse Zink!
> Von meinem Freund Prof. Hackethal erfuhr ich, daß er Sie in der Angelegenheit des Erlanger Professorenstreits aufgesucht und informiert hat. Mein heutiges Schreiben an Sie hat drei wichtige Gründe. Erstens möchte ich einer gerechten und guten Sache dienen, nämlich dem Wohle unserer Mitbürger, zweitens möchte ich unserer Sozialdemokratischen Partei einen Dienst erweisen und drittens möchte ich meinem Freunde helfen, der uns nahesteht und ganz allein den Kampf gegen eine allmächtige Institution aufgenommen hat. Unsere Partei hat sich in den hundert Jahren ihres Bestehens immer für die Gerechtigkeit und Wahrheit eingesetzt und den Schwachen und Unterdrückten geholfen ...«

Nach Zusammenfassung der Erlanger Vorgänge bis zum Erlaß der einstweiligen Verfügung gegen mich fährt Hartwig Gotthardt fort:

> »Ich bin der Meinung, und das ist ein Grund meines Schreibens, daß in dieser Sache Möglichkeiten einer politischen Wirksamkeit für unsere Partei stecken, und daß es sich für eine Oppositionspartei lohnt, sich dieser Sache anzunehmen. Prof. Hackethal ist mir seit über zwanzig Jahren gut bekannt. Seine Wahrhaftigkeit,

Aufrichtigkeit und Glaubwürdigkeit sind über jeden Zweifel erhaben. Diese Eigenschaften brachten ihn auch in Konflikt mit den vorherrschenden Ansichten des Dritten Reiches. Er ist mit Leib und Seele Arzt. Seine Bemühungen um die Verbesserung der Zustände an der Klinik dienten nur dem Wohle der ihm anvertrauten Patienten. Daneben ist er ein äußerst befähigter Forscher, was seine grundlegenden wissenschaftlichen Arbeiten beweisen. Auch als Lehrer hatte er Erfolg. Seine Vorlesungen und Kurse waren gut besucht, und er erwarb sich die Achtung und Zuneigung der Studenten. Mit einem Wort: Ich kann mich für die Persönlichkeit Prof. Hackethals voll und ganz verbürgen ...
Unterschrift: Gotthardt.«

Was dieser Brief bewirkt hat, weiß ich nicht. Im März 1964 hatte ich dann ein Interview mit Rudolph Bauer von der Zeitschrift *konkret*. Mir scheint, daß der Artikel dieser als sehr kritisch bekannten Zeitschrift etwas zur Aufklärung über mich beitragen kann. Ich zitiere:

»Und ich sitze einem Mann gegenüber, von dem man aus der *FAZ* und Boulevard-Stories von *Bild+Funk* nicht gerade das beste Bild zu gewinnen brauchte. Ein Unfallchirurg und Zyniker mit übersteigertem Selbstbewußtsein? Ehrgeizling? Geschickt im OP, ansonsten unbedacht? Ein Hitzkopf und Querulant? Ich hielt's für möglich und überzeugte mich eines anderen.«

Der Autor fährt fort:

»Ein Mann, mit dem man reden kann. In seiner blauen Hausjacke, ohne professorales Gehabe, umgänglich, offen und aufgeschlossen, ohne Geheimnisse, ohne die täuschende Mystik des Medizinmannes und Gesundbeters. Er reagiert vital und schlagfertig, aber nüchtern: Ein Praktiker des Arztberufes, ein Theoretiker seines Standes, einer, der die Wirklichkeit sieht und Möglichkeiten erkennt.
Assoziationen: Der Würzburger Arzt Dr. Herterich oder besser Ignaz Semmelweis, der Schrittmacher der Kindbettfieber-Prophylaktik: Für neue und bessere Methoden der Krankenbehandlung, gegen die mörderische Stagnation eines unbrauchbaren, aber althergebrachten Systems.«

Es folgte das Interview mit Fragen und Antworten zum Erlanger Professorenkrieg, die am Ende vom Persönlichen zum Grundsätzlichen kommen:

konkret: »War Ihr Wunsch nach Gleichberechtigung der Oberärzte der einzig strittige Punkt?«

Prof. Hackethal: »Was denken Sie! Es begannen schon nach etwa einem Vierteljahr meines Dienstes in Erlangen die Differenzen. Ich wurde am 1. April 1956 an die Erlanger Chirurgische geholt, und wir hatten in den acht Jahren fast jede Woche Aussprachen über Dinge, die mir nicht gefielen.«

konkret: »Worüber? Und wie stand Professor H. zu Ihren Anregungen – solche machten Sie doch wohl?«

Prof. Hackethal: »Es dauerte zum Beispiel zwei Jahre, bis alle Ärzte der Klinik bei Operationen das Mundtuch auch über die Nase zogen. Den Sinn begreift selbst jeder Laie. Anders in Erlangens Universitätsklinik. Es gab unzählige solcher selbstverständlicher Kleinigkeiten, die für den Klinikdirektor keineswegs selbstverständlich waren.«

konkret: »Und das führen Sie zurück ...«

Prof. Hackethal: »Er ist der Chef, der allmächtige Klinikdirektor und ein Allgemeinchirurg. Er rühmt sich selbst: ›Ich bin Universalchirurg‹, und glaubt, die ganze Chirurgie voll beherrschen zu können.«

konkret: »Sie denken anders?«

Prof. Hackethal: »Es ist unmöglich, sämtliche Spezial- und Unterfächer der Chirurgie zu übersehen. Bei den einzelnen Operationen handelt es sich teilweise um ganz andere organisatorische Erfordernisse, um andere Untersuchungs- und Operationsmethoden. Ich muß genauestens die anatomischen Gegebenheiten kennen und die Varianten anatomischer Natur etc.«

konkret: »Sie fordern also eine spezialisierte Chirurgie?«

Prof. Hackethal: »Genau.«

konkret: »Wie kommt es, daß Sie nicht schon früher in der jetzigen Form gegen Professor H. aufgetreten sind?«

Prof. Hackethal: »Das Problem war, daß ich nicht gehört worden wäre. Erst mit der Ernennung zum außerplanmäßigen Professor hatte ich das Ziel der Klasse erreicht und glaubte mich nun verpflichtet, massiv einzusteigen.«

konkret: »Ihr Ziel war?«

Prof. Hackethal: »Mein Fernziel, wenn ich es so ausdrücken darf:
Ich wollte im Rahmen meiner Möglichkeiten Voraussetzungen zu
einer Reform der Universität, besonders der Ausbildung junger
Ärzte, schaffen.«

Anschließend stellte der Autor noch einige Überlegungen über die
Notwendigkeit der Spezialisierung und über die Probleme der Ordinarien-Hierarchie an. Er zitiert den Göttinger Professor Orthner, der
für die »Chirurgische Subfakultät« neun Planstellen vorsieht, darunter eine eigene für Unfallheilkunde.

»Reformplaner Orthner: ›Die Erfahrung lehrt, daß der heute ver-
vielfachte Stoff Führerschaft verhindert. Meisterschaft und
Führungsaufgabe haben sich auf Teilbereiche verlagert, die meistens ebenso umfangreich geworden sind wie die früheren Ge-
samtfächer.‹ Nämlich: ›Man kann mit dem Messer nicht alles machen‹ (so der deutsche Chirurgenpräsident Prof. Derra), und auch
ein einzelner kann nicht alles, was mit dem Chirurgenbesteck
möglich ist. In den *Ärztlichen Mitteilungen* kritisierte der Kölner
Mediziner Dr. Dietrich Oeter ›die geistfeindlichen Bestandteile der
Tradition‹ im gegenwärtigen Organisationssystem. Er diagnostizierte eine Universitäts- und Klinik-Arteriosklerose: ›Wie bei dieser
(Krankheit) wird auch in der organisierten Gemeinschaft der
Strom des Lebens ganz allmählich in starre Formen gefaßt, es entstehen Einengungen der Strombahn und Durchblutungsstörun-
gen. Es leidet die Anpassungsfähigkeit gegenüber neuen Situationen.‹«

Danach zitiert der Autor aus dem Buch *Der Arzt* des Kölner Klinikchefs und Ordinarius für Innere Medizin Prof. Dr. Schulten:

»Der kleine Prozentsatz der Ärzte, der das Ziel – das Klinische Or-
dinariat – erreicht, gewinnt damit eine ungeheure Machtfülle und
meist auch ein sehr hohes Einkommen. Der Geist in vielen Kliniken ist nicht dazu angetan, aufrechte Männer zu erziehen, sondern nur zu oft macht derjenige das Rennen, der sich immer den
Wünschen des Chefs anzupassen versteht.«

Und *konkret*-Autor Rudolph Bauer folgert:

> »Hier, und nicht in dem – an sich natürlichen – beruflichen Ehr-
> geiz, dürfte der Schlüssel für das ungewöhnliche Verhalten des
> Klinikarztes gegen seinen Chef zu finden sein. Das überalterte Sy-
> stem einer akademischen Postenhierarchie ist im Zeitalter der
> spezialisierten Disziplinen fragwürdig geworden. Hackethals Ver-
> dienst bleibt es, auf diesen Mißstand hingewiesen zu haben.«

Soweit die Gedankenspiele des *konkret*-Autors.

Am 15. Mai 1964 schrieb ich an den ehemaligen Aufsichtsoffizier unseres Pépinière-Jahrganges, den Stellvertreter von Fritz Euler, den
folgenden Brief. Er scheint mir als Zeugnis für meine damaligen Gedanken und Pläne wichtig. Dr. Thiele, Chirurg wie ich, war ange-
sehener Chefarzt einer großen Chirurgischen Krankenhaus-Abteilung
in Waldshut.

> »Lieber Herr Thiele!
> Sie erinnern sich sicher an den vorletzten Chirurgenkongreß, als
> ich Ihnen von gewissen Zuständen an der Erlanger Klinik er-
> zählte. Sie sagten mir damals: Nur jetzt nicht durchdrehen, auch
> das geht vorüber. So ähnlich habe ich es jedenfalls in Erinnerung.
> Daran habe ich in der letzten Zeit oft denken müssen, nachdem
> ich doch durchgedreht habe. Ich glaubte, nicht mehr mitmachen
> zu dürfen, denn die Zustände waren wirklich schlimm. Nun bin
> ich ganz heraus und werde vielleicht bzw. wahrscheinlich auch
> noch den Professorentitel verlieren. Wer weltfremd handelt, muß
> solche Dinge tragen und darf sich nicht einmal beschweren!
> Ich schreibe diesen Brief nicht, um mich zu rechtfertigen. Dazu
> müßte ich ein paar Tage lang schreiben. Mir geht es vor allem
> darum, Ihnen überhaupt zu schreiben, nachdem Sie ja nur von
> anderer Seite und vor allen Dingen aus den Zeitungen unterrichtet
> wurden. Und da wurden viele Enten verbreitet, so daß die tatsäch-
> lichen Zusammenhänge kaum noch zu erkennen sind. Mir liegt
> sehr daran, daß Sie, lieber Herr Thiele, mich nicht über Bord wer-
> fen, bevor Sie einmal von mir darüber ausführlich gehört haben.
> Vorerst kann ich nur soviel versichern: Ich habe weder aus unsau-
> beren Motiven gehandelt noch die Unwahrheit gesagt. Im übrigen

allerdings kann ich zu meiner Rechtfertigung wenig vorbringen, denn was die Form anbetrifft, lag ich daneben. Aber ich war von meinem Recht so überzeugt, daß mich jede Einschränkung zu immer neuer Aktivität entfachte. Zu spät habe ich begriffen, daß es für Ordinarien und Nichtordinarien ganz verschiedene Rechtsnormen gibt.

Des Prozessierens bin ich müde. Sechs Monate geht es nun schon. Drei Jahre würde es noch dauern, prophezeien die Rechtsanwälte. Dann lieber unrecht behalten, als im Recht untergehen.

Ich will mich als Unfallchirurg und Orthopäde niederlassen. Es bleibt mir praktisch keine andere Wahl. Natürlich kommt es mir hart an, auf Krankenhaustätigkeit zu verzichten. Aber ich kann nicht länger warten. Finanziell bin ich am Ende. Vielleicht bekomme ich später einmal irgendwo Belegbetten. Wahrscheinlich gehe ich von Erlangen fort und nach Nürnberg oder Ingolstadt. Nächste Woche werde ich klarer sehen. Um ein kleines Krankenhaus habe ich mich außerdem beworben. Aber ob man mich nehmen wird, ist fraglich. Wer will schon einen Rebellen.

Zum Schluß kann ich nur wünschen, daß Sie ein geruhsames Pfingstfest verbracht haben. Bitte grüßen Sie Ihre Familie von uns allen.

Mit herzlichen Grüßen bin ich Ihr

Unterschrift: Hackethal.«

Dieser Brief wurde nach dem Prozeß vor dem Landgericht Nürnberg und vor der Urteilsverkündung geschrieben. Aus all den damals angedeuteten Plänen wurde nichts. Meine Bewerbung um das kleine Krankenhaus ist nicht einmal beantwortet worden.

Im Zusammenhang mit der Entwicklung meiner Bündelnagelung gab es einen guten Kontakt zu dem Chef der Fabrik chirurgischer Instrumente H. Pfau in Melsungen, Dr. Oppenauer. Dort wurden die Bündelnägel und das Zusatzinstrumentarium produziert. Dem Ingenieur Dr. Oppenauer schrieb ich am 3. September 1964, nachdem ich im Krankenhaus Lauenburg eine Arbeitsmöglichkeit als Assistenzarzt gefunden hatte, unter anderem:

»Hoch im Norden bin ich seit drei Monaten. Ich arbeite als Vertreter in einem kleinen Krankenhaus und überbrücke die Zeit. Zu tun gibt es reichlich. Anfangs war es fast nur Kleinkram, inzwischen waren auch schon ein paar anspruchsvollere chirurgische Aufgaben zu lösen. Dennoch ist es reichlich bunt, und ich war wohl noch nie von *meinem Idealziel, einer spezialistisch betriebenen Chirurgie,* so entfernt wie jetzt. Irgendwie hoffe ich, ihm jedoch im Laufe der Zeit wieder näher zu kommen. Doch das nur nebenbei, weil es mir gerade so in die Maschine rutschte.«

Später folgt in dem Brief:

»Wahrscheinlich hat Sie mein Widerruf überrascht. Ich glaube, daß er seinerzeit das Beste war, was ich tun konnte. Ein wichtiger Gesichtspunkt war für mich, die Dinge aus der Öffentlichkeit herauszuholen. Da waren sie doch falsch. Ich hoffe, daß jetzt die Ausgangsposition für das schwebende berufsgerichtliche Verfahren günstiger ist. Auf jeden Außenstehenden mußte es so wirken, daß ich in der Form zu weit gegangen bin. Und auch ich mußte einsehen, daß man selbst dann nicht bestimmte Formen verletzen darf, wenn es um Menschenleben geht. Also mußte ich zurückstecken, selbst wenn jetzt für viele der Eindruck entstanden ist, daß alles erlogen war (für Sie hoffentlich nicht!). Abgesehen davon war ich das Prozessieren leid, zumal ich finanziell am Ende war. Vielleicht wird eines Tages doch noch die Wahrheit bekannt, damit wenigstens die allgemeine Optik korrigiert wird.«

Am 23. September 1964 antwortete Dr. Oppenauer:

»Wie Sie in Ihrem Brief schon richtig vermuten, hat mich Ihr Widerruf doch etwas überrascht, nachdem die Presse zuerst brachte, daß Sie einen Ausgleich, den Prof. H. vorgeschlagen hatte, abgelehnt haben … Im Grunde genommen glaubt auch in Erlangen niemand daran, daß Sie Ihre Behauptungen nicht mit Recht aufgestellt haben. Aber das liebe Geld veranlaßt uns eben doch manchmal zurückzustecken. Ich hoffe es selbst aber auch, daß nach kurzer Zeit sich doch alles klären wird und Sie bestimmt wieder die Möglichkeit haben werden, zu operieren und Ihre Lehrtätigkeit auszuüben.«

NACHBEMERKUNG

Meine Kontakte zur Erlanger Chirurgischen Universitätsklinik rissen nach meinem Widerruf weitgehend ab. Ich hatte andere Sorgen, und für meine Sympathisanten dort galt das sicher auch. Ganz uninformiert blieb ich jedoch nicht. Und hier rundet ein Geheimbericht aus der Klinik das Bild der dortigen Herz-Heldenchirurgen ab.

Am 23. November 1968 wurde das zehnjährige Bestehen der von mir gegründeten Höheren Schwesternschule gefeiert. Das Fest begann am frühen Abend. Es wurde ausgiebig getrunken, ausgelassen gefeiert und getanzt. Als das Fest auf dem Höhepunkt war, kam plötzlich die Nachricht: Der Spender für die geplante erste Herzverpflanzungsoperation ist da! Darauf hatte man seit ein paar Wochen schon gewartet. Die Sternstunde für den Herz-Heldenchirurgen hatte geschlagen!

Nun endlich konnte er es zwar nicht mehr »denen in Marburg zeigen«, denn die Hauptakteure von Marburg hatte es inzwischen nach München und Köln verschlagen. Aber vor allem seinem angeblich hochverehrten Lehrer Rudolf Zenker wollte er nun wenigstens mit der ersten Herzverpflanzungsoperation zuvorkommen, nachdem es mit der ersten offenen Herzoperation nicht geklappt hatte.

Als Opfer war ein schon etwas älterer Patient vorgesehen, der an einer schweren irreparablen Herzerkrankung litt. Dieser hatte sein Einverständnis zu dem Eingriff gegeben, nachdem man ihm und seiner Ehefrau prophezeit hatte, daß er ohne ein fremdes Herz nur noch wenige Wochen zu leben habe.

Das Fest wurde abgebrochen, und man bereitete sich auf die größte Operation vor, die je in dieser Chirurgischen Universitätsklinik gemacht worden war.

Die *Münchener Abendzeitung* hat am fünften Jahrestag nach der ersten geplanten Herztransplantation unter der Überschrift »Vom Tanzabend in den Operationssaal« wie folgt berichtet: »Die Klinik war auf diesen Fall vorbereitet. Der Stab von Ärzten und Schwestern mußte jedoch erst zusammengetrommelt werden. Den größten Teil des Operationsteams erreichte der Alarmruf auf einem Tanzabend für Absolventinnen der Schwesternschule.«

Die Operationsvorbereitungen dauerten – trotz der ständigen Alarmbereitschaft seit vielen Tagen – dann doch weit länger als eine Stunde. Schließlich war es soweit. Der große Meister machte einen angemessen großen Schnitt vom Halsansatz bis zum Oberbauch. Ob danach noch das Brustbein in der Mitte gespalten wurde oder nicht, weiß ich nicht mehr. Jedenfalls verließ den Heldenchirurgen und seinen 1. Assistenten und späteren Nachfolger plötzlich die Courage. Wen zuerst, konnte ich nicht erfahren. Es soll aber einen kurzen Dialog zwischen den beiden gegeben haben. Dann sagte der potentielle erste Herzverpflanzer der Bundesrepublik: »Wir nähen wieder zu!«

Danach habe es ein so lautes Aufatmen der gesamten OP-Mannschaft gegeben, daß die Herz-Lungen-Maschine wackelte, erinnerte man sich. Denn so groß der Stolz des gesamten Herzverpflanzungsteams auch war, viele dachten wohl an die erste Operation am offenen Herzen neun Jahre zuvor und an ihr schreckliches Ende.

Später soll der Oberarzt PD Dr. Franz Paul G. bekanntgegeben haben: Nach der Eröffnung des Brustkorbes sei man auf eine Infektion gestoßen. Diese habe dann die Durchführung der geplanten Herzverpflanzung verboten. Meine Informantin, eine OP-Schwester, wußte nichts von einer solchen Infektion!

Der Patient, dem nur ein paar Wochen Überlebenszeit ohne fremdes Herz vorausgesagt worden waren, blieb noch fast ein ganzes Jahrzehnt am Leben und dies, wie ich von seiner Ehefrau erfuhr, in einem durchaus erträglichen Gesundheitszustand.

Mit der Kapitulation während der Premiere am 23. November 1968 – auf den Tag fünf Jahre nach Beginn des Erlanger Professorenkrieges – war die Chance für den Heldenchirurgen verpaßt, als erster deutscher Herzverpflanzer in die Chirurgiegeschichte einzugehen. Das ganze Erlebnis scheint ihn so geschockt zu haben, daß er meines Wissens keinen weiteren Versuch unternahm. Also gelang es seinem Demütiger und Rivalen Rudolf Zenker dann doch, ihm die Schau der ersten Herzverpflanzung zu stehlen. Zwar machte er sie nicht selbst, sondern sein Oberarzt Prof. Dr. K. Daß der Patient am nächsten Tag tot war, schmälerte den Ruhm des ersten deutschen Herztransplanteurs kaum. Auch nicht der rasche Tod des nächsten Herzverpflanzungsopfers in München. Keiner der beiden Fremdherzempfänger überlebte 27 Stunden! Das mag den Herz-Heldenchirurgen in Erlangen getröstet und ihm endgültig die Courage für die spektakulärste aller Operationen geraubt haben!

Was von 1968 bis zu dem plötzlichen Ausscheiden von G.H. als Klinikdirektor im Dezember 1977 noch alles passierte, kann man nur ahnen. Sicher mag einiges besser geworden sein. Auch der große Meister mag spätestens nach der gescheiterten Herztransplantation

vorsichtiger geworden sein. Aber im großen und ganzen dürfte sich
an der allzu großzügigen Indikationsstellung zu Operationen nicht so
furchtbar viel geändert haben. Das schließe ich vor allem aus dem
entsetzlichen Schicksal des Patienten Karl F., der am 17. August 1977
vom Klinikchef trotz zweifelhafter Indikationsstellung wegen eines
Speiseröhrenkrebses operiert wurde.

Das Schicksal dieses Patienten habe ich unter Anonymisierung der
Klinik in meinem Buch *Krankenhaus* beschrieben. Überschrift: »In-
tensivstationspatient Karl F. – Ein Tagebuch des Grauens aus dem
Jahre 1977«. Die 26 Seiten lange Schreckensgeschichte beginnt mit
dem Brief der Ehefrau: »Ich flehe Sie nicht um Hilfe an, denn Sie haben vor Jahren schon Ihr Bestes getan. Aber Sie sollten wissen: Die
Zustände in X haben sich nicht gebessert. Für mich ist es ein Verbrechen, was dort geschieht. Leider merkt man es erst, wenn man es zu
spüren bekommt.« Frau Grete F. schrieb den Brief am 13. Oktober
1977, während ihr Mann auf der Intensivstation der Chirurgischen
Universitätsklinik lag. Der Brief fährt fort: »Mein Mann hatte einen
Speiseröhrenkrebs mit guten Chancen, weil wir nach den ersten Anzeichen gleich in Behandlung gingen ...«

Der letzte Absatz des Kapitels lautet: »Frau Grete F. war gerade
bei der Hausärztin, als der Abschlußbericht aus der Universitätsklinik
ankam. Während des Durchlesens soll die Ärztin folgende Bemerkung gemacht haben: ›Hätte ich ihn doch nur nicht nach X überwiesen. Ich wußte ja, was dort los war. Auch die Intensivstation kannte
ich aus eigenen Anschauungen. Hätte ich ihn doch ins Krankenhaus
Y zurückgeschickt. Der Befund war ja nicht so schlimm. Damit hätte
er noch viele Jahre leben können.«

Wer dieses Kapitel liest, weiß alles. Wie es scheint, hat dieser
»Fall« dem Klinikdirektor den Rest gegeben. Denn am Todestag des
Patienten Karl F., am 1. Dezember 1977, trat er als Klinikdirektor
zurück und übergab seinen Posten seinem Stellvertreter. Am 17. August 1977 war die erste Operation gewesen, am 28. August die zweite.
Später wurde der da bereits totgeweihte Patient mehrere Male von
einem Herzstillstand ins Leben zurückgeholt. Die Ehefrau schrieb,
nach der ersten Wiederbelebung am 25. September habe ihr Mann gesagt, »daß er sich vorher umgebracht hätte, wenn er gewußt hätte,
was eine Intensivstation ist: Die Hölle, meinte er.«

MEIN »LAMBARENE« (1964–1970)

GHANA ODER LAUENBURG?

Viel schlimmer hätte ich für den verlorenen Krieg nicht bestraft werden können als mit der Position einer »Assistenzarzt-Vertretung« im
Städtischen Krankenhaus Lauenburg. Denn dieses Kleinkrankenhaus
für kleinstädtische Bedarfschirurgie von Kopf bis Fuß war 1964 bau-
lich, inventariell, apparativ und instrumentell das Letzte vom Letzten. Seit seiner Gründung im Jahre 1912 und einem späteren Anbau
hatte sich der Magistrat der Stadt für den Zuschußbetrieb keine wesentlichen Neuerungen mehr leisten wollen. Mein »Lambarene« habe
ich es immer genannt. Dabei mag der Vergleich mit dem Urwaldkran-
kenhaus meines Vorbildes Albert Schweitzer geprahlt gewesen sein.
Ganz sicher weiß ich es allerdings nicht, denn ich bin leider nie dort
gewesen.

Dieser Abstieg ins chirurgische 19. Jahrhundert war für mich jedoch, um es vorwegzunehmen, eine Lehre, eine Lernperiode, die ich
nicht missen möchte.

Wie kam es zu meinem »Lambarene«?

Im beruflichen Nichts gelandet, suchte ich verzweifelt nach einer
Arbeitsmöglichkeit. Dabei dachte ich zunächst an eine Niederlassung
als Chirurg irgendwo im Frankenlande, im nördlichen Bayern, wo ich
mir ja in den letzten acht Jahren schon ein paar tausend Patienten zu
Freunden gemacht hatte. Doch das mußte allein am Geld scheitern.
Denn ich hatte nur Schulden und war alles andere als kreditwürdig.

In dieser hoffnungslosen Situation kamen zwei Medizinstudenten
aus Ghana zu mir, Söhne von Ministern des äquatornahen Landes. Es
waren Hörer meiner Vorlesungen, die sich im Erlanger Professorenkrieg – auch mit lesbaren Unterschriften – für mich engagiert hatten.
Sie baten mich, in die Republik Ghana zu kommen, um an der Universität der Hauptstadt Accra zu arbeiten, zu forschen und zu lehren.
Damals war Nkrumah der Präsident der Republik, die Väter meiner
Medizinstudenten waren seine Minister.

Alles hatten die Medizinstudenten schon für meine tropische Karriere vorbereitet. Ich hätte nur noch ja zu sagen brauchen. Aber dieser Sprung in die Nähe des Äquators war uns, meiner Frau und mir, mit drei Kindern zwischen sieben und sechzehn Jahren und einer fünfundsechzigjährigen Schwiegermutter klimatisch, beruflich und familiär zu riskant. Zwei Jahre später wurden dann Nkrumah und sein Regime gestürzt. Ob ich das als importierter Ministergünstling überlebt hätte?

Mein »Lambarene« war mir vom Schicksal nicht am Golf von Guinea beschieden – in Accra, nur tausend Kilometer vom Lambarene Albert Schweitzers in Gabun entfernt, ebenfalls am Golf von Guinea gelegen –, sondern am Südpol von Schleswig-Holstein. Und das konnte in einer Zeit, als die Mächtigen und Halbmächtigen der feinen bundesdeutschen Gesellschaft mich, den Aussätzigen, nicht einmal mit der Kneifzange anfassen mochten, nur auf dem Gnadenwege dank brüderlicher Fürsprache klappen.

Mein zehn Jahre jüngerer Bruder hatte es schon 1962 viel weiter gebracht als ich: Ich war nur außerplanmäßiger Professor mit einem mageren Monatssalär und ungewisser Zukunft, er bestsituierter Chef der von ihm aufgebauten Kleiderfabrik »Gigi-Moden« in Lauenburg an der Elbe, 30 Kilometer vom Stadtrand Hamburgs. Sein rund 150-Frau/Mann-Betrieb hatte sich zu einem der drittgrößten Gewerbesteuerzahler der 12 000-Einwohner-Stadt hochgearbeitet. Also gehörte Bruder Wilbert, unser »Wille«, zu den Honoratioren der Kleinstadt. Als solcher hat er beim Bürgermeister und Magistrat »ein gutes Wort« für seinen gestrauchelten großen Bruder eingelegt, als der sich um die in den *Ärztlichen Mitteilungen* ausgeschriebene Stelle einer »Assistenzarztvertretung« beworben hatte.

Nur meinem Bruder zuliebe wollte man mich bei einer Vertretergebühr von 100 Mark brutto pro Tag plus freie Wohnung und Verpflegung vier Wochen lang von Mitte Juni bis Mitte Juli vom Chefarzt ausprobieren lassen. Der Chefarzt war mit mir einverstanden, aber nur, weil sich sonst keiner um die Stelle beworben hatte. Mit ärztlichem Abschaum wollte er sich eigentlich nicht beschmutzen. Denn was für ein Bösewicht ich war, hatte er in seiner Zeitung, der FAZ, ausführlich nachlesen können.

Am 14. Juni 1964 meldete ich mich bei Chefarzt Dr. Walter W. Der knapp sechzigjährige, gut 1,80 Meter große Feld-, Wald- und Wiesenchirurg betrachtete mich stolz von oben herab, so verächtlich und mitleidlos, wie sich das für den Chefchirurgen eines Städtischen

Krankenhauses einem Nestbeschmutzer gegenüber gehörte. Nach dem kraftvoll-preußischen Händedruck kam die zweite Pression: »Herr Kollege Hackethal, benutzen Sie bitte Ihren Professorentitel nicht!« Das Wort »bitte« war Befehl. Noch ein gutes halbes Jahr früher hätte er mich wohl mit »Herr Professor« angeredet und sich ehrerbietig verbeugt, obwohl ich fünfzehn Jahre jünger war!

Diese erste Dienstanweisung wäre nicht nötig gewesen, denn allein aus Scham hätte ich den Titel verschwiegen. Man stelle sich vor: Assistenzarztvertreter mit Professorentitel! So ein Professor konnte aus der Sicht von Krankenhauspersonal und Patienten nur Dreck am Stecken haben. Also blieb es bei »Herr Doktor«.

Dann ließ mir der Chefchirurg von der Oberschwester mein Tag-und-Nacht-Bereitschaftsdienstzimmer im vierten Stock der im wilhelminischen Stil erbauten, hochgeschossigen Krankenhausvilla zeigen. Der gebrechliche Fahrstuhl ging nur bis zum dritten Stock, das bewohnbar gemachte Kellergeschoß mitgerechnet. Es sollte also auch eine sportliche Herausforderung werden, dachte ich beim Treppensteigen.

Unter dem Dach neben dem Kinderzimmer mit fünf Bettchen angekommen, packte ich rasch meine beiden Koffer aus. Der größte und schwerste war voller Bücher. Dann warf ich mich schnell in die weiße Uniform. Denn die Oberschwester wartete bereits draußen, um mich durch das Krankenhaus zu führen.

Schon beim ersten Blick aufs Gebäude von außen und dem zweiten auf Flur und Treppen innen hatte mich leichte Übelkeit befallen. Was ich dann aber beim Durchgang durch den Uraltbau zu Gesicht und Gehör bekam, schüttelte mich. Nur mit Mühe konnte ich einen Heulkrampf unterdrücken. Es mag nicht nur eine Demonstration seiner »Würde« gewesen sein, daß mir der Chefarzt die Innereien seines Kleinbetriebes nicht selbst zeigen wollte, sondern – hoffentlich – auch ein wenig Scham.

Gewiß, der »Herr Chefarzt« hatte schon lange die Nase voll. Wie ich ein Vierteljahr später erfuhr, suchte er schon seit einiger Zeit nach einem Absprung. Aber eigentlich hätte er schon mindestens zehn Jahre früher seinen Chefarztmantel und OP-Kittel dem Magistrat vor die Füße werfen oder selbst einiges investieren müssen. So wie ich es ab 1965 sofort mit dem ersten verdienten Chefarztgeld getan habe.

Denn 1964 lagen Währungsreform und Beginn des Wirtschaftswunders bereits anderthalb Jahrzehnte zurück, und die ganze Bundesrepublik stand in Hochblüte. Im Vergleich etwa mit der nach modernstem technischen Stand ausgerüsteten Kleiderfabrik meines Bruders war dieses »Krätzekrankenhaus« ein einziger Skandal.

Strafanstalt »Krätzekrankenhaus« für Ordinarien-Hierarchie-Ketzerei

»Krätzekrankenhaus« war eine vielgebrauchte niveaucharakterisierende Vokabel meines ehemaligen Uniklinikchefs für die damaligen Stadt- und Kreiskrankenhäuser.

So wie das Städtische Krankenhaus Lauenburg 1964 mögen die Siechen- und Seuchenkrankenhäuser des Mittelalters ausgesehen haben. Nur halt jetzt mit Wasserleitung, Kanalisation, elektrischem Strom und Mobiliar aus dem 19. Jahrhundert.

In welch miserablem Zustand sich die 54-Betten-Klinik vor 1965 befand, habe ich sechs Jahre später – ich war inzwischen Chefarzt – dem Magistrat und dem Gesundheitsausschuß am 15. Februar 1973 vorgetragen und dazu dem Bürgermeister die im Folgenden wiedergegebene Dokumentation übergeben. Ich wollte die Genehmigung für »dringend erforderliche Reparaturen« erreichen, die man abgelehnt hatte. Da schien es mir zweckmäßig, daran zu erinnern, was für ein Krankenhaus ich am 1. Januar 1965 übernommen hatte und was bis Ende 1971 – in der Dokumentation mit »heute« bezeichnet – daraus geworden ist.

Ganz bewußt zitiere ich wörtlich, was ich damals vorgetragen und danach dem Bürgermeister zu den Akten gegeben habe. Es geht mir dabei um die Glaubwürdigkeit bis in die »unglaublichen« Einzelheiten hinein. Der Bericht müßte im Rathaus von Lauenburg archiviert sein.

Gewiß sah es damals in vielen kommunalen Krankenhäusern der Bundesrepublik ähnlich schlimm aus. Und zweifellos hat das Krankenhausfinanzierungsgesetz von 1972 wohl den entscheidenden Anstoß dazu gegeben, daß es danach rasch zu einer äußeren und inneren Modernisierung der Krankenhäuser allgemein gekommen ist. Dazu hätte es aber, wie das Beispiel Lauenburger Krankenhaus beweist, dieses Anstoßes nicht bedurft, wenn die Chefärzte allgemein ihre Tätigkeit von Mindestanforderungen an ein zeitgemäßes Versorgungsniveau abhängig gemacht hätten, statt ohne Rücksicht darauf ihre Millionen abzukassieren. Denn als Folge des Krankenhausfinanzierungsgesetzes ist es ja zu einer maßlosen Verschwendung gekommen, zu Landratsdenkmälern an Klinikfabriken aus Beton, Aluminium, Chrom, Glas, Stahl und Kunststoff, deren kalte Nüchternheit bei den meisten Patienten Angst erzeugen muß.

Ich zitiere aus meinem Vortrag vom Jahre 1973:

Zustand des Städtischen Krankenhauses Lauenburg vor 1965

1. Bau und Einrichtung

Äußerer und innerer Bau sowie die Einrichtung des Krankenhauses erfüllten im Hinblick auf Ausstattung und Hygiene bei weitem nicht die Voraussetzungen, die man in einem zivilisierten Lande an ein Krankenhaus nach 1960 stellen mußte. Seit Jahrzehnten war das (1912 für 22 Betten erbaute) Haus äußerlich nicht gepflegt worden. Das Dach war vielfach defekt, der Außenputz durch Kriegseinwirkungen beschädigt, verfallen. Etwa zehn Meter vom Krankenhaus entfernt stand ein altes Schweinehaus, in dem Schweine und Hühner gehalten wurden. Die typischen Geräusche und Gerüche drangen bis in die Krankenzimmer. Ungeziefer aller Art (Ratten, Mäuse, Aasfliegen etc.) fanden auch ihren Weg in das Kellergeschoß mit Vorratsräumen, Apotheke, Personalräumen und der Küche des Krankenhauses. Das Feldstück, auf dem die Gebäude liegen, war zu einem Viertel ungepflegter Gemüsegarten, zur Hälfte Umland mit zahlreichen Wildkaninchen (Seuchengefahr) und zu einem Viertel (vorn) recht und schlecht gepflegter »Park«. Fenster, Türen, Treppen, Wände, Fußböden waren weithin stark schadhaft, viele Waschbecken seit fünfzig Jahren nicht erneuert. Die Krankenzimmer sahen zum Teil unvorstellbar aus – vergleichbar mit Zellen alter Zuchthäuser. Ein primitiver Essensfahrstuhl aus der Zeit des Ersten Weltkrieges mußte mit Zugseilen (anstrengend und unfallträchtig) bewegt werden. Die Betten bestanden aus wackligen, altmodischen Gestellen, waren ohne Räder und nicht in sich verstellbar, ihre Matratzen fast allgemein völlig durchgelegen, mit vielen ekelerregenden Flecken bedeckt. Das sonstige Mobiliar war total veraltet, vielfach defekt.

2. OP-Abteilung, Ambulanz, Physiotherapie

Die »OP-Abteilung« war insgesamt 60 Quadratmeter groß (heute 160 Quadratmeter), bestand aus einem einzigen OP-Raum, der

zwar mit 35 Quadratmetern eine ausreichende Größe hatte, aber
schlecht belüft- und desinfizierbar war. Auf die restlichen 25 Quadratmeter verteilte sich ein OP-Flur (12 Quadratmeter), in dem
die Narkosen eingeleitet und Gipse gemacht wurden, ein primitiver Waschraum (5 Quadratmeter) und ein Sterilisierraum, der
gleichzeitig Aufenthaltsraum war (7,5 Quadratmeter einschließlich Sterilisator!). Die Sterilisationsmöglichkeiten waren begrenzt
(Wurstkocher zur Schnell-Sterilisation der Instrumente), die OP-
Tische total veraltet (wenig verstellbar, schlecht fahrbar, zum Teil
defekt). Ambulanz-, Untersuchungs- und Behandlungsräume entsprachen in ihrem Zustande dem Gesamtbild. Man mußte sich
vor den Kranken schämen. So dienten zum Beispiel die Massa-
geräume auch als Spül- und Behandlungsräume für Prostatiker
mit Dauerkatheter, von denen es viele gab. Der penetrante Geruch
zersetzten Urins war auch durch bestes Lüften nicht zu beseitigen. Küche, Wäscherei etc. waren nicht besser. Alles vermittelte
den Eindruck peinlicher Ärmlichkeit, rückständiger Geräteaus-
stattung und bedenklicher Unhygiene. Das Vorhandensein einiger
weniger neuer Geräte und Instrumente (Röntgeneinrichtung, verschiedene OP-Instrumente) fiel bei dem grundsätzlich unzureichenden Einrichtungszustand nur unwesentlich ins Gewicht.

3. Personal allgemein

Die Personalsituation war alarmierend schlecht, die Unterbringung des Personals vielfach menschenunwürdig. Der Stellen-
plan sah 1964 insgesamt 38 Stellen vor, 25 Angestellte und 13 Lohn-
empfänger. Das entspricht einem Personalschlüssel von 38:54
Betten = 0,7:1 B (heute 73:71 = 1:1 bei Berücksichtigung der zusätzlich von mir Angestellten).

4. Ärzte

Die ärztliche Versorgung war unzureichend, die Unterbringung
des Bereitschaftsarztes skandalös. Auf den zwei Assistenzarztstel-
len wechselten sich Vertreter in kurzer Folge ab, in den ersten
acht Monaten von 1964 8 verschiedene! (In den letzten 4 Monaten
war ich allein). Was das für die Krankenversorgung bedeutet,
dürfte auch einem Laien klar sein. In dieser »Bruchbude« (Schreiben eines Vertreters von 1964) hielt es niemand lange aus. Schon
die miserable Unterbringung dürfte ein wesentlicher Grund für

den häufigen Wechsel gewesen sein. Wenn der Bereitschaftsarzt
baden wollte – was ein Chirurg täglich tun sollte –, hatte er die
Wahl zwischen den Badewannen der Stationen und dem über den
Hof in größerer Entfernung liegenden Schwesternheim-Bad (siehe
unten). Oft genug mußte ich im Winter wegen zu schlechter Wit-
terung in der Wanne der Männerstation baden, nachdem kurz
vorher ein Patient mit eiternden Wunden gebadet worden war. Es
gab kein einziges Diktiergerät (heute 8) und keine Arztsekretärin
(heute 3). Lediglich eine Verwaltungsangestellte stand dem Chefarzt in beschränktem Umfang für seinen Schriftwechsel zur Verfügung.

5. Krankenpflege-Personal

Schwesternstellen (einschl. Pfleger) gab es 1964 planmäßig 17. Das
entspricht einem Pflegepersonal-Schlüssel von 17:54 Betten =
0,3:1 B (heute 36:71 = 0,5:1 B). Dieser wäre bei voller Besetzung
ausreichend gewesen. Tatsächlich aber waren viele Stellen nicht
oder mit nichtexaminierten Schwestern besetzt. Die Oberschwester hieß nur so, ihre Tätigkeit entsprach der eines »Mädchens für
alles«. Sie half auf Station, in der Ambulanz und im OP aus,
machte Sitzwachen, vertrat die Köchin, half in der Wäscherei, betreute die Hausapotheke und rechnete anhand der Fieberkurven
ab. Eine examinierte OP-Schwester gab es seit 1963 nicht mehr
(»OP-Schwester C. hat als eine der letzten examinierten Schwestern gekündigt« – Protokoll der Magistratssitzung vom 20. Februar 1963). Der OP-Schwesternschlüssel betrug 2:54 = 1:27 B
(heute 8:71 = 1:9). Die beiden OP-Schwestern versorgten die Ambulanz mit. Der Pfleger betreute OP, Stationen und Ambulanz und
war gleichzeitig der einzige Masseur (für Stationen und Ambulanz). Das übrige Personal wechselte oft, besonders viele waren
nur stundenweise beschäftigt. Bei 38 Planstellen (einschließlich
Ärzten) wurden 1964 an 76 Personen Gehälter und Löhne bezahlt.
Die Unterbringung des Pflegepersonals war trostlos. Die Personal-
räume hatten zum Teil den Stil von Slum-Wohnungen. Symbolisch
ist der Zustand des Badezimmers im Schwesternwohnheim 1964.
Boden und Wände waren stark beschädigt, das Dachfenster undicht, stark zugig. Sich in die vielfach beschädigte mißfarbene Badewanne zu legen, kostete stets neue Überwindung. Das Schwe-
stern-Eßzimmer und das Oberschwestern-Dienstzimmer waren

äußerst primitiv, und zwar noch bis 1966 (bis ich sie auf eigene
Kosten tapezieren ließ und zu einer menschenwürdigen Möblie-
rung beitrug). Es gehörte schon eine missionarische Einsatzbereitschaft dazu, unter solchen Umständen im Krankenhaus zu arbeiten.

6. Ergebnis amtlicher Besichtigungen

Die Berichte über die in mehrjährigen Abständen routinemäßig
durchgeführten Besichtigungen des Krankenhauses durch den
Leiter des Kreisgesundheitsamtes sprechen für jeden Fachmann
und für jeden, der zwischen den Zeilen zu lesen versteht, eine
deutliche Sprache. Im letzten mir zugänglichen Bericht vor meiner Zeit vom 29. April 1960 heißt es unter anderem: »...Es verfügt
über 54 Betten und 5 Kinderbetten... von den Schwesternstellen
sind 2 unbesetzt. Neben 6 Vollschwestern sind Pflegerinnen bzw.
Schwesternhelferinnen und ein staatlich geprüfter Pfleger, gleichzeitig Bademeister und Masseur, tätig... Die Küche, die vor zwei
Jahren letztmalig geweißt wurde, soll in diesem Jahr wieder geweißt werden. Es wird empfohlen, dies jährlich einmal zu tun...
Der Fliegenschrank ist repariert worden... Die Wäscherei ist nach
wie vor unzureichend untergebracht... Nach wie vor unzureichend untergebrachte Bügel- und Nähstube... Der Assistenzarzt
ist nach wie vor im Keller untergebracht, allerdings hat man die
Gitter von dem Fenster entfernt... Auch wurde (in der Teeküche
neben dem Säuglingszimmer) ein Schwenkhahn für das Waschbecken montiert...«
Jede primitivste Verbesserung wurde wohlwollend registriert!
Dennoch kann das abschließende Urteil nur lauten: »Die Kranken-
hausverhältnisse in der Stadt Lauenburg sind nicht besonders
günstig – verglichen mit denen in Geesthacht, Mölln und Ratzeburg.«
Und wenn man die Haushaltspläne der Städte Geesthacht und
Mölln für ihre Krankenhäuser – das Ratzeburger Krankenhaus
gehört dem DRK – im Jahre 1960 ansieht und das betrachtet, was
dort für das Krankenhaus-Personal etc. ausgegeben wurde, so
kann man wirklich nicht von einem strengen Maßstab sprechen.
Man kann sich den furchtbaren Eindruck vorstellen, den der Leiter der Gesundheitsabteilung des Innenministeriums nach einer
Besichtigung des Lauenburger Krankenhauses in damaliger Zeit

hatte. Dieser ist sicher unauslöschbar und wirkt noch heute auf die Krankenhaus-Landesplanung fort. Die Versorgung der Kranken konnte unter diesen Umständen nur zweitklassig sein. Das Ansehen des Krankenhauses war zwangsläufig nicht gut.

7. 1-Chef-Universal-Krankenhaus

Das Krankenhaus war (vor 1965) ein »*1-Chef-Universal-Krankenhaus*« für leichte bis mittelschwere (nur ausnahmsweise schwerere) Krankheitsfälle aus den verschiedensten Fachgebieten. Obwohl nichtchirurgische Erkrankungen – geburtshilflich-gynäkologische, internistische, dermatologische, neurologische, orthopädische und Pflegefälle – einen Großteil der stationären Patienten ausmachten, lag die Versorgung allein in den Händen eines Facharztes für Chirurgie (oder seiner Vertreter und Assistenten). Daß die offizielle Einordnung als »Spezial-Krankenhaus« (durch das Landesamt für Preisbildung ab 1. November 1955) nicht der tatsächlichen Belegung gerecht wurde, läßt sich leicht beweisen. Die AOK Ratzeburg, die den umfassendsten Überblick über die im Krankenhaus behandelten Fälle hatte, schrieb am 26. Januar 1956 entsprechend: »Wir sehen keinen Grund, das Städtische Krankenhaus in Lauenburg jetzt als Spezial-Krankenhaus einzustufen, da nach unserer Kenntnis nicht nur Spezialfälle behandelt werden, sondern das Krankenhaus alle anfallenden Krankheitsfälle – ausgenommen natürlich ganz besonders Spezialfälle, für die Behandlungsmöglichkeiten nicht vorhanden sind – aufnimmt.«

8. Operationen

Das Verhältnis der durchgeführten Operationen zur Zahl der stationär behandelten Kranken verdeutlicht die Zusammensetzung des »Krankengutes«: 1962 wurden bei einem Durchgang von 881 Klinik-Patienten 557 stationäre und ambulante »Operationen« gemacht, wobei gynäkologisch-geburtshilfliche Operationen, Punktionen, Gipswechsel, Mastdarmspiegelungen etc. mitgerechnet sind. 1963 waren es 921 stationäre Kranke und 561 Operationen insgesamt (einschließlich Ambulanz und Gipse). 1971: 1600 Klinikpatienten und 3156 Operationen!

9. Wieviel Lauenburger gingen in ihr Krankenhaus?

Daß ein Chirurg nicht gleichzeitig ein vollwertiger Gynäkologe sein kann, ist schon seit etwa dreißig Jahren eine Binsenweisheit. Das wußten wohl die Lauenburger auch, denn der Anteil von Hausentbindungen lag damals in Lauenburg zwischen 40 und 50 Prozent gegenüber 15 Prozent im gesamten Kreis Herzogtum Lauenburg (vgl. Schreiben des Kreisgesundheitsamtes vom 4. April 1967). Viele Lauenburger mit chirurgischen Erkrankungen ließen sich nicht in ihrem Krankenhaus behandeln. Darüber kann auch die Tatsache nicht hinwegtäuschen, daß der prozentuale Anteil der Lauenburger am Krankengut höher liegt als heute. Die absolute Zahl war im Vergleich zu heute sehr niedrig, insbesondere wenn man berücksichtigt, daß heute viele Fälle ambulant operiert werden, die damals stationär aufgenommen wurden. Wie die Einschätzung des Lauenburger Krankenhauses durch praktische Ärzte und Bevölkerung war, läßt sich am Beispiel der Gallensteinoperationen zeigen. Gallensteine sind ein häufiges Leiden, das oft operativer Behandlung bedarf. Gallensteinoperationen gehören zu den Standardoperationen jeder chirurgischen Abteilung. So haben wir von 1965 bis heute ca. 400 derartige Operationen gemacht, pro Jahr etwa 50. Weitaus die meisten Operierten waren Lauenburger. Im Städtischen Krankenhaus Lauenburg wurden dagegen 1962 zwei und 1963 eine Gallensteinoperation, das heißt drei in zwei Jahren ausgeführt. (Nach 1965 waren es mehrfach an einem einzigen OP-Tag vier Gallenblasen- bzw. Gallenwegsoperationen). Der durchschnittliche Krankenhausaufenthalt dieser drei Operierten betrug 58 Tage (gegenüber 18 Tagen im Schnitt seit 1965). Man muß wohl daraus schließen, daß über 90 Prozent der Lauenburger vor 1965 nach außerhalb reisten, um sich wegen ihrer Gallensteine operieren zu lassen. Ähnliches gilt für fast alle sonstigen Operationen aus dem Gebiet der Bauch-, Gliedmaßen-, Unfall-, Wiederherstellungs- und sonstigen »Bedarfs-Allgemein-Chirurgie«.

10. »Nach den Regeln der ärztlichen Wissenschaft?«

Kann man mit ein bis zwei Ärzten, einer OP-Schwesternhelferin, einer Röntgenassistentin und 17 Pflegekräften (davon 11 ohne Examen) ein Akutkrankenhaus mit 54 Betten und mit Zulassung zur Behandlung Schwerunfallverletzter (!) über Monate und Jahre

»nach den Regeln der ärztlichen Wissenschaft« (siehe Dienstanweisung vom 20. Januar 1956, Artikel 1), das heißt insbesondere
mit ausreichender Erfolgsaussicht versorgen?

11. Lohnt sich ein zweitrangiges Ortskrankenhaus?

Wirtschaftlich gesehen hielt sich der Zuschußbedarf des Krankenhauses mit 2,3 Prozent der städtischen Ausgaben von 1962 bis
1964 auf einer Höhe, die unter der vieler Städtischer Krankenhäuser lag und liegt. Wenn man aber den objektiven Wert dieses
Krankenhauses für die Stadt betrachtet, so ist fraglich, ob sich der
Einsatz von rund 100000 Mark jährlich von 1962 bis 1964 gelohnt
hat. Wie wenig haltbar der damals gegebene Zustand war, geht
aus der Tatsache hervor, daß mein Vorgänger im Frühjahr 1964
dem Magistrat vorschlug, das Krankenhaus zu schließen, und
diese Bitte Anfang Juni 1964 nachdrücklich wiederholte.

12. Nachwort

Diese Übersicht über den Zustand des Städtischen Krankenhauses
Lauenburg vor 1965 soll einen Einblick in die Ausgangssituation
am 1. Januar 1965 geben. Keineswegs ist sie als Vorwurf gegen Ein-
zelpersonen gedacht, die für die Führung und Verwaltung verantwortlich waren. Dafür sind die Probleme kleiner kommunaler
Krankenhäuser – wie ich aus achtjähriger Praxis weiß – zu viel-
schichtig… Ich habe es gewagt, dieses Krankenhaus zu übernehmen, nachdem bestimmte Bedingungen vom Krankenhausträger
zugesagt wurden. Die Lauenburger Bevölkerung mag selbst beurteilen, ob es für sie von Vorteil war.

Als wie skandalös ich es empfand, daß ein so kaputtes Krankenhaus
eine Zulassung als »staatlich anerkannte Krankenanstalt« besaß,
habe ich 1975 niedergeschrieben, um es in meinem ersten medizinkritischen Buch mit dem Arbeitstitel *Chirurgie – Handwerk zum Heilen und Töten* zu publizieren. Überschrift: »Bericht über ein kleines
Krankenhaus«. Untertitel: »Suchen Sie ein Spielzeug besonderer Art?«
Meine Antwort auf diese Frage lautete:

»Dann leisten Sie sich doch ein Krankenhaus. Die Kosten halten
sich in Grenzen, wenn Sie folgendes Rezept beachten: Man
nehme ein Darlehen und einen Architekten, beachte die Polizei-

verordnung über Anlage, Bau und Einrichtung von Krankenhäusern, suche einen Bauplatz, reiche den Bauantrag ein und lasse ihn drei Monate ziehen. Genehmigung erfolgt automatisch.

Wenn der Bau steht, stelle man in jeden Raum ein paar alte Möbel, suche sich einen anspruchslosen, aber mutigen Assistenzarzt – Bestallungsurkunde genügt –, einen leidlich ausgebildeten, daher billigen, aber sparsamen Buchhalter und ein paar Raumpflegerinnen. Dann ernenne man den Assistenzarzt zum Chefarzt, den Buchhalter zum Verwaltungsleiter und kröne die hübscheste Putzfrau mit einem weißen Häubchen. Auf geht's!

Jedermann darf ein Krankenhaus betreiben, also Krankenhausträger sein. Die Vorschriften der als fortschrittlich geltenden Krankenhaus-Polizeiverordnung von Schleswig-Holstein und wahrscheinlich auch anderer Bundesländer sind leicht zu erfüllen. Sie betreffen fast nur Anlage und Bau. Sie regeln: Lage, Mindestgröße der Krankenzimmer, erforderliche Funktions- und Nebenräume, Flure, Treppen, Heizung, Wirtschaftsräume etc. Alles ist ziemlich präzise definiert, wenn auch zum Teil antiquiert und mit vielen Ausnahme-Schlupflöchern versehen.

Einrichtungen bleiben weitgehend ins Ermessen des Krankenhausträgers gestellt. Der einzige entsprechende Paragraph lautet: ›Allgemeine ärztliche Einrichtungen: In allen Krankenhäusern müssen die nach Art und Größe des Krankenhauses und den jeweiligen wissenschaftlichen Erkenntnissen erforderlichen medizinisch-technischen Hilfseinrichtungen vorhanden sein.‹ Diese Formulierung könnte ausreichen, wenn nicht jedermann Krankenhausträger sein dürfte. Jedermann weiß nämlich oft nicht, was nach den jeweiligen wissenschaftlichen Erkenntnissen erforderlich ist. Und jedermann läßt sich auch nicht von einem Chefarzt beraten. Allenfalls fragt er den Buchhalter. Der hat aber kein Geld im entsprechenden Haushaltstitel. Behördliche Mindestanforderungen an die Einrichtungen von Krankenhäusern gibt es nicht. Als Operationstisch darf ein Küchentisch, als OP-Leuchte eine Nachttischlampe und zur Instrumentensterilisation ein Wurstkocher benutzt werden.

Während die noch gültige Polizeiverordnung des Innenministers von Schleswig-Holstein und des Ministers für Arbeit, Soziales und Vertriebene vom 4. Dezember 1962 immerhin einen Leitsatz für Einrichtungen enthält, gibt es Vorschriften für das *Krankenhaus-*

personal überhaupt nicht. Hier hat der Träger absolute Narrenfreiheit. Will er ein Krankenhaus allgemeiner Art betreiben und es
nicht Fachkrankenhaus nennen, genügt ein Arzt, der seine Medi-
zinal-Assistentenzeit gerade beendet hat. Dieser dürfte auch operieren, wenn er Lust und Mut dazu hat. Denn jeder Arzt darf jede
Operation machen.

Möchte der Besitzer eines Krankenhauses höher hinaus, leistet er
sich eine Fachklinik. Zum Beispiel eine chirurgische. Dann hat er
nur zu beachten, daß sein Chefarzt Facharzt für Chirurgie sein
muß. Wie lange schon, spielt keine Rolle. Wo er die Ausbildung
gemacht hat, auch nicht. Am billigsten ist es, einen frischgebackenen Fachchirurgen zu nehmen, oder einen, der nicht länger als
ein bis zwei Jahre Facharzt ist. Der stellt keine großen Ansprüche.
Hauptsache, er ist nett und artig. Oder er hat das richtige Partei-
buch.

Ein Krankenhausträger ist völlig frei in der Auswahl seiner Chefärzte. Er braucht sich von niemandem beraten zu lassen. Der
schlaue Krankenhausträger tut es aber. Er läßt sich von einem
Fachgremium Vorschläge machen. Das kommt in der Öffentlichkeit immer gut an. Zum Chefarzt kann er trotzdem machen, wen
er will. Auch von der Ärztekammer wird der neu ernannte Chefarzt immer akzeptiert, wenn er Arzt- und Facharztdiplom hat. Da
erhebt niemand Einspruch. Etwa weil der junge Draufgänger in
aller Regel gar nicht Chefarztqualifikation haben kann. Jedenfalls
für die Aufgabenstellung der betreffenden Fachklinik nicht. Im
Gegenteil: Ermächtigung für eine mindestens einjährige Weiterbildung von Assistenzärzten zum Facharzt für Chirurgie erteilt die
Ärztekammer automatisch.

Ob was passieren kann? Sicher kann was passieren. Dem Patienten schon, aber dem Krankenhausträger nie. Vielleicht einmal
dem Chefarzt. Und nur, wenn er sich mit seinem Brötchengeber
zankt. Sonst auch nicht. Dann müßte schon etwas ganz Tolles
passieren. Zum Beispiel das falsche Bein amputiert werden. Und
es müßte sich unter Kollegen kein Gutachter finden lassen, der
beweist, daß aus wissenschaftlicher Sicht das falsche das richtige
war. Und kein Staatsanwalt oder Richter, der das nicht glaubt.«

Dieser »Bericht über ein kleines Krankenhaus« sollte unter der Kapi-
telüberschrift »Urteil geändert – Klage abgewiesen« am Anfang jenes

Buches stehen, das 1976 mit dem Titel *Auf Messers Schneide* herauskam. Im ersten Zorn habe ich ihn zum Jahreswechsel 1974/75 niedergeschrieben, nachdem ich meinen Prozeß gegen die Stadt Lauenburg
wegen Nötigung zur fristlosen Kündigung in zweiter Instanz vor dem
Landesarbeitsgericht Kiel mit dem zitierten Urteilstenor verloren
hatte.

Dieses böse Urteil, mit welchem die Narrenfreiheit der Krankenhausträger und ein Krätzekrankenhaus-Niveau staatlicher bundesdeutscher Kliniken offiziell abgesegnet wurde, war der entscheidende
Anstoß zur Niederschrift des Buches. Das Kapitel ist dann einem
Handstreich meines damaligen Lektors Hermann Gieselbusch zum
Opfer gefallen, weil er anderes für interessanter hielt, womit er vielleicht recht hatte.

Aus meiner reformbesessenen Sicht wäre es jedoch eines der
wichtigsten Kapitel gewesen. Denn eine Verurteilung des Krankenhausträgers wäre einerseits richtungweisend für Mindestanforderungen an staatliche Krankenhäuser gewesen, andererseits wäre
klargestellt worden, daß Chefärzte sogar zur Kündigung eines
Halbmillionenjobs verpflichtet sind, wenn der Krankenhausträger
nicht für ein zeitgemäßes Versorgungsniveau sorgt. Das Landesarbeitsgericht Kiel hat sich mit seinem Urteil an der im Schnitt viel zu
schlechten Versorgungsqualität bundesdeutscher Krankenhäuser in
den siebziger Jahren mitschuldig gemacht.

Durch dieses »Krätzekrankenhaus« also führte mich an jenem Sonntag im Juni 1964, einen Tag vor meinem offiziellen Dienstantritt, die
Oberschwester und erzählte mir das Wichtigste von dem, was ich
1973 in einer Dokumentation für den Magistrat niedergelegt habe.

Da konnte ich am Schluß des Spaziergangs durch das Minikran-
kenhaus nicht schnell genug in mein Bereitschaftszimmer kommen,
um nicht öffentlich laut loszuheulen.

Gewiß, die war ich los: Den Unarzt als Klinikchef und meinen Status als sein Mitmacher und Mitläufer. Aber schlechter konnten die
Voraussetzungen für eine zeit-, also pflichtgemäße Patientenversorgung nicht sein. Dieses Krankenhaus lag im Niveau weit unter den
zeitgemäßen Mindestanforderungen, bot ein Bild sozialkulturellen
Krankenhauselends.

Mein erster Diensttag begann in der Ambulanz mit der Sprech-
stundenversorgung. Der Chefarzt residierte im Chefarztzimmer und

betreute seine Privatpatienten und ein paar ausgewählte Kassenpatienten. Ich war für die Kassenpatienten und alle niederen Arbeiten
zuständig. Es gab viel zu tun. An jedem der drei wöchentlichen Am-
bulanztage waren ein paar Dutzend Patienten zu verarzten, mehr Alt-
als Neupatienten, chirurgischer Kleinkram vor allem. Darunter viel
Bagatell-Unfallchirurgie, denn mein Chefarzt hatte die Zulassung als
Durchgangsarzt der Berufsgenossenschaften, D-Arzt genannt – wahrscheinlich auch wegen des D-Zug-Tempos, in dem die Versorgung ablief.

Der D-Arzt-Dienst bestand mehr im Ausfüllen von Formularen als
in chirurgischer Arzthilfe. Die D-Vertrauensärzte der gesetzlichen Un-
fallversicherer – nicht unbedingt der Patienten – sollen die Verletzten
sortieren: In Ernst- oder Bagatellfälle und Simulanten. Simulanten zu
überführen gilt seit eh und je als ärztlich-wissenschaftliche Höchstleistung. Im Wettrennen von ärztlichen Kriminalkommissaren ist
schon mancher Patient auf der Strecke geblieben. Denn die Faustregel
lautet: Für ärztliches Nichtwissen ist der Patient mit der Diagnose
Simulation zu bestrafen!

Es gab – wie geschrieben – viel zu tun. Doch je mehr Arbeit, um
so besser für meine Seele. Ich malochte wie ein Besessener. Außer
dem Chefarzt war ich der einzige Arzt. Im Notdienst durfte ich die
»Bagatellfälle« allein versorgen. Aber bei schwierigeren Fällen, ab
Blinddarmoperation aufwärts, mußte ich den Chefarzt rufen.

Immer zuständig war ich, wenn nachts ein Patient auf den Schieber gehoben werden mußte. Da holte die Nachtschwester mich.

Schneller bin ich im Notdienst nie aus dem Bett in den weißen
Kittel gekommen als in der zweiten Jahreshälfte 1964 in Lauenburg.
Nie habe ich die Flappe verzogen oder gar gemault. Nein, den Gefallen wollte ich der Nachtschwester nicht tun, mich, den titelverhin-
derten Professor einer Nachlässigkeit oder auch nur einer Unfreund-
lichkeit anzuklagen. Das hätte sie gern getan. Denn damit wäre sie
beim Chefarzt im Ansehen gestiegen. Alle wußten: Ich war ja nur sein
notwendiges Übel!

Zweimal in der Woche war OP-Tag. Viel war nicht zu operieren,
ich schilderte es bereits. Die Lustlosigkeit des Chefarztes hatte sich
herumgesprochen – vielleicht auch anderes! Meistens handelte es
sich um unschuldige Blinddarm-Wurmfortsätze, Leistenbrüche,
Wasserbrüche des Hodens, Vorhautverengungen, Grützbeutel und
Lipome der Haut, Zehennagelentfernungen und Abszeßeröffnungen.

Selten gab es mal eine Gallenblasenentfernung oder eine Magen- oder Darmteilausschneidung.

Patienten mit schwereren Unfallverletzungen wurden von den Transportsanitätern gleich ins dreißig Kilometer nahe Unfallkrankenhaus Hamburg-Bergedorf gefahren.

Wenn operiert wurde, machte die »Meisterin der Maske«, Schwester Elisabeth, die Narkose. Den Titel hatte ihr angeblich der Chefarzt wegen ihrer vorzüglichen Äthernarkosen verliehen, bei der das Betäubungsmittel auf die Schimmelbusch-Maske getropft wird. Darauf war sie wahnsinnig stolz, auch, daß sie bei ihm von allen Schwestern den größten Stein im Brett hatte. Das allerdings wäre für mich beinahe tödlich ausgegangen.

Bis kurz vor Ablauf meines Vier-Wochen-Vertrages hatte es sich wohl allgemein herumgesprochen, daß ich nicht nur ein fleißiger, stets dienstbereiter, freundlicher und hilfsbereiter Doktor sei, sondern auch ganz gut operieren konnte. Viel Gelegenheit, das zu beweisen, hatte ich zwar nicht. Die eine oder andere Operation aber gab es doch, und alle verliefen glücklich. Bald wurde unter der Hand das Gerücht verbreitet, manche Operationen mache ich besser als der »Herr Chefarzt«, wie er von jedem angeredet werden wollte, auch von mir!

Die gefährliche Lobesmär drang auch zu ihm, da wurde er eklig, und zwar nach den Manieren der feinen Gesellschaft. Wie der Lateiner sagt: Suaviter in modo, fortiter in re. Sanft in der Weise, stark in der Sache. In meiner Übersetzung: Lach ihn an und schlag ihn tot!

Nach Ablauf der vier Wochen verlängerte der Magistrat meinen Arbeitsvertrag bis zum 15. September, damit ich den Chefarzt im Urlaub vertreten konnte. Das traute man mir bereits zu. Entlohnt wurde ich dann nach BAT mit monatlich 2205,80 DM einschließlich Kinderzuschlag.

Wie mir Anfang September 1964 zumute war, habe ich in einem Brief nachlesen können, den ich damals an Dr. Augstein geschrieben habe:

»Lieber Herr Augstein!
Seit über einem Vierteljahr befinde ich mich im Dauerdienst. Nur zweimal habe ich das Krankenhaus für einen Nachmittag verlassen können. Viel Zeit zum außerdienstlichen Schreiben ist mir nicht geblieben... Zur Zeit mache ich dasselbe wie vor fast zwan-

zig Jahren, als ich anfing. Doch ich will nicht klagen. So schlimm, wie ich es nach jenem für mich wahrhaft dramatischen Nachmittag Augsteinscher Prozeßchancen-Offenbarung mit gleichzeitiger Kopfwäsche erwartet habe, ist es – noch – nicht gekommen. Daß buchstäblich von einer Stunde auf die andere bei einem ausgewachsenen Manne eine Persönlichkeitsveränderung stattfinden könnte, hätte ich so ohne weiteres nicht für möglich gehalten. Es war bei mir der Fall. Die Erkenntnis, bei schlechterdings unumstößlichen Beweisen für die skandalösen Zustände aus äußeren Gründen beweisunfähig zu sein, ist hart, wenn man sie am Tage vor einem Prozeß gewinnt, auf den alle Hoffnung gesetzt wurde. Über mir ist alles zusammengestürzt. Ich hatte ja keine Ahnung von ›Glaubhaftmachung‹ etc.«

Noch etwas möchte ich aus diesem Brief hier wiedergeben:

»In meiner Streitsache ist Waffenstillstand. Meine kommentarlose Widerrufserklärung wurde akzeptiert. Ein paar Wochen später allerdings wollte man noch eine Zusatzerklärung. Daß es ›unwahr‹ sei etc. Und ich ›sehr bedauerte‹. Da habe ich gepaßt. Das war vor fünf Wochen etwa. Seither ist Ruhe.
Die Universität hat auf meine Widerrufserklärung und den Lehrbefugnisverzicht ›vorläufig davon abgesehen‹, Antrag auf Widerruf meines Professorentitels zu stellen. Man will mich unter Kontrolle halten bzw. in Schach. Immerhin wurde – zumindest vorerst – das Versprochene gehalten. Ob ich mit Titel glücklicher werden kann als ohne, wird sich herausstellen. Zunächst war ich freudig überrascht. Bei tiefem Nachdenken wird alles problematischer. Und in der Praxis ebenso. Hilfsarzt Prof. Dr. … !?«

Ich zitiere weiter aus dem Brief an Augstein:

»Das berufsgerichtliche Verfahren ist anscheinend noch immer nicht eingeleitet. Jedenfalls habe ich noch keinen offiziellen Bescheid trotz aller Gerüchte. Ich bin naiv genug, mir davon noch eine Chance zu erwarten, zumal Ihre Worte über Professorenhörigkeit etc. nicht ungehört geblieben sind und vielleicht das Gegenteil bewiesen werden soll.
Nun zum wichtigsten Punkt: Haben Sie vielen herzlichen Dank,

lieber Herr Augstein, für Ihre große Hilfsbereitschaft und die vielen guten Ratschläge und Hilfestellungen, die Sie mir gegeben haben. Ich habe es Ihnen nicht leicht gemacht. Sicher wäre alles anders gekommen, wenn ich auf Sie gehört hätte. Aber ich war geradezu besessen von dem Gedanken, nicht nur gegen persönliches Unrecht, sondern auch für eine gute Sache zu kämpfen – und deshalb in der Wahl der Mittel unkonventionell sein zu dürfen. *Vor allem hatte ich täglich vor Augen, was mit Kranken passierte, mit Patienten, die ich größtenteils kannte. Das glaubte ich, nicht ertragen zu können. Noch heute könnte ich es nicht.*

Sie haben mir sehr geholfen. Nicht nur mir, ganz besonders auch meiner Frau, die den schwersten Teil zu tragen hatte. Nehmen Sie nochmals meinen allerherzlichsten Dank...«

CHEFARZT FÜR GEBORGTE 75 000 MARK

Nach einem Vierteljahr als Galeerensträfling im Assistenzarztdienst und als Chefarztvertretung hatte ich aus der Sicht der Stadtväter die Bewährungsprobe als Kandidat für die künftige Leitung ihres Krankenhauses weitgehend bestanden. Beim »Herrn Chefarzt« allerdings nicht.

Als er aus dem Sommerurlaub zurückkam, muß ihm wohl von seinen Lieben im Krankenhaus manches für ihn wenig Angenehmes berichtet worden sein, zum Beispiel, daß sich in der Stadt herumgesprochen hatte, ich sei Professor, und daß mich die Patienten und auch einige vom Krankenhauspersonal nun mit »Herr Professor« anredeten. Das aber mochte der »Herr Chefarzt« nicht hinnehmen. Er beantragte beim Magistrat – man lese und staune –, er möge mir verbieten, mich so anreden zu lassen, denn das setze sein Ansehen als Chefarzt herab.

Der damalige Erste Stadtrat Albert H. erinnert sich: Diesen Antrag des Chefarztes W. habe der Bürgermeister in einer Magistratssitzung vorgetragen. Nach allgemeinem Erstaunen habe er, Albert H., erklärt: Wer einen Doktortitel erworben habe, solle ihn benutzen dürfen. Gleiches gelte für einen Professor. Das könne und dürfe man wohl nicht verbieten. Der ganze Magistrat habe sich damals dieser Meinung angeschlossen und den Bürgermeister beauftragt, dies dem Chefarzt auszurichten. Der soll vor Ärger geschäumt und erklärt ha-

ben, nun wolle er so schnell wie möglich weg. Tatsächlich gab es
schon vorher Gerüchte, daß er sich in Garmisch-Partenkirchen ein
Haus gekauft habe und darin eine Praxis als Chirurg aufmachen
wolle. Laut Bericht über die Magistratssitzung vom 24. März 1964 hat
der Bürgermeister berichtet, es sei für 100 Mark täglich nur bis zum
11. April eine Assistenzarzt-Vertretung zu bekommen. Zwar habe sich
ein Arzt gemeldet, der aber wolle 120 Mark haben. Das lehnte der
Magistrat ab. 3600 Mark brutto im Monat wollte er dafür nicht aus-
geben.

Dann berichtete der Bürgermeister weiter, der Chefarzt habe gebeten, der Magistrat möge überlegen, ob man das Haus nicht schließen
solle. Er sei zum Rücktritt von seinem Chefarztvertrag bereit, wenn
er 100 000 Mark Abfindung und das medizinische Inventar bekomme.
Am 13. Mai berichtete der Bürgermeister dann dem Magistrat, es habe
den »Anschein, daß Dr. W. von Lauenburg fort will«.

Dies alles tröstete mich sehr, denn eines Verstoßes gegen einen
der wichtigsten Paragraphen der BÄO mit der Überschrift »Kollegiales
Verhalten«, nämlich einen Kollegen aus seiner Position gedrängt zu
haben, wollte ich mich nicht schuldig machen, mit nichts. Auch deshalb hatte ich mich an seinen Befehl gehalten, also meinen Titel nicht
benutzt, weder mündlich noch schriftlich. Auch meine Frau war von
mir gebeten worden, den Titel nicht als Briefadresse zu verwenden.
Sie vergaß das allerdings manchmal. Aber alle anderen schrieben
mich ohnehin als »Prof. Dr.« an. Also wußten es die Briefträger und
damit ganz Lauenburg.

Mein Arbeitsvertrag als Assistenzarzt-Vertreter wurde ein weiteres
Mal verlängert, über den 15. September hinaus. Ende September erfuhr ich vom Bürgermeister, daß W.W. mit der Auflösung seines Chefarztvertrages auf Lebenszeit zum Jahresende einverstanden sei,
wenn ich ihm eine angemessene Abfindung zahle. Ich erschrak und
fragte, wie hoch der Betrag wohl sein könne. Er wußte es nicht, deutete aber an, daß eine Abfindung in Höhe des Nebenverdienstes vom
letzten Jahr üblich sei. Ich rechnete mit mehreren hunderttausend
Mark.

Ein paar Tage später erfuhr ich vom Bürgermeister, der Chefarzt
sei mit dem Vorschlag grundsätzlich einverstanden. Was er wohl
nicht bedacht haben mag, war, daß er der Stadt nur 75 000 Mark an
Nebeneinnahmen gemeldet hatte. Darauf hing er nun fest – sehr zu
meinem Vorteil. Er kündigte, und ich bewarb mich im Oktober um

die Chefarztstelle des Städtischen Krankenhauses Lauenburg, nachdem mir der Bürgermeister versprochen hatte, daß mir die Stadt den Kredit zu banküblichen Zinsen zur Verfügung stelle.

Meiner Bewerbung stellte ich eine Kurzfassung meines Lebenslaufs voran. Der Schlußsatz lautet: »1964 Ausscheiden aus der Chirurgischen Universitätsklinik Erlangen-Nürnberg wegen schwerwiegender Differenzen mit dem Klinikchef über grundsätzliche Fragen der ärztlichen Betreuung von Kranken.« Dann versuchte ich mich wie folgt beim Magistrat anzuschmusen: »Ich habe mich um die Nachfolge des ausscheidenden Chefarztes beworben, weil ich in dem halben Jahr meiner Tätigkeit einen besonders guten Kontakt zu den Lauenburgern und den Kranken aus den Nachbarorten finden konnte… Weitere Gründe waren das gute Verhältnis zu den Mitarbeitern im Krankenhaus und die enge, vertrauensvolle Zusammenarbeit mit den Ärzten Lauenburgs und Umgebung. Schließlich war natürlich ein wesentlicher Faktor die positive und fortschrittliche Einstellung von Bürgermeister, Magistrat und Stadtverordneten zu ihrem Krankenhaus. Trotz großer anderweitiger finanzieller Belastungen werden die für eine neuzeitlichen Erfordernissen angepaßte Krankenversorgung benötigten Mittel zur Verfügung gestellt. Das ist für Kranke und Ärzte sehr beruhigend. Ein Krankenhaus, das mit den neuen Erkenntnissen Schritt halten will, ist nun einmal ein Zuschußbetrieb, auch wenn rationell gewirtschaftet wird.«

Der Schlußsatz: »Meine Zukunftspläne? Das Werk von Chefarzt Dr. W. fortzusetzen und auch meine ganze Kraft daran zu setzen, daß die Lauenburger vertrauensvoll in ihr Krankenhaus gehen können.«

Damit beendete ich den Schmusekurs. Daß »die für eine neuzeitlichen Erfordernissen angepaßte Krankenversorgung benötigten Mittel zur Verfügung gestellt« werden sollten, war mir vom Bürgermeister versprochen worden. Der letzte Satz entsprang dem Bemühen, mich an die heuchlerischen Sitten der feinen Gesellschaft zu halten, also den Vorgänger im Amt unbedingt zu loben, egal ob zu Recht oder nicht.

Zur nächsten Magistratssitzung wurde ich dann bestellt, um mich dem Bürgermeister als Vorsitzendem des Magistrats, den übrigen fünf Stadträten und dem Bürgervorsteher zu präsentieren, ihnen Rede und Antwort zu stehen. Das dauerte etwa eine Viertelstunde. Dann schickte man mich vor die Tür, um in geheimer Abstimmung über mich zu beschließen. Schon nach ein paar Minuten wurde ich wieder hereingerufen. Der Bürgermeister, ein vertrauenerweckender Sozialdemokrat, verkündete, der Magistrat habe mich zum Chefarzt ernannt und gratulierte mir. Ich bedankte mich überglücklich.

Der Magistratsbeschluß wurde am 30. Oktober 1964 in den *Lauenburger Nachrichten* veröffentlicht. Am Ende des Artikels hieß es:

> »Professor Dr. Hackethal kam vor etwa vier Monaten aus Gründen, die wir im Rahmen dieses Stadtvertretungsberichtes nicht weiter ausführen wollen, von der Universität Erlangen nach Lauenburg, wo er im Städtischen Krankenhaus den Chefarzt unterstützte.«

Man beachte den negativen Touch des Schlußsatzes. Bei der Presse stand ich schlecht im Kurs: Den Rachefeldzug eines karrierebesessenen Universitätsoberarztes, der seinen verdienstvollen Ordinarius – nur weil der ihn nicht zu seinem 1. Oberarzt gemacht hat – sogar des Mordes angezeigt, später jedoch alles widerrufen hat, solch miese Tour mochten auch die Medien nicht verzeihen.

Mein Chefarztvertrag entsprach dem damals in kommunalen Krankenhäusern üblichen. Ich bekam ein Angestelltengehalt nach BAT 1 und das Recht auf Nebeneinnahmen durch die Behandlung von Privatpatienten und ambulante Tätigkeit als Kassenarzt und Durchgangsarzt der Berufsgenossenschaften. Von den Nebeneinnahmen mußte ich nur »20 Prozent der Bruttoeinnahmen abzüglich Sachkosten und Mehrwertsteuer« abliefern. Das ließ hoffen. Da konnte ich auch aus eigener Tasche für eine rasche Verbesserung des desolaten Zustandes von meinem »Lambarene« beitragen.

Um es vorwegzunehmen: Es dauerte fünf Jahre. Dann war aus dem Krätzekrankenhaus eines der bestausgestatteten Krankenhäuser von Nordelbien, einschließlich Hamburg, mit der angeblich modernsten Operationsabteilung von Schleswig-Holstein geworden, und dies alles bei dem geringsten Zuschußbedarf eines norddeutschen kommunalen Krankenhauses.

Nachdem der Chefarztvertrag abgeschlossen war, überkam mich die große Euphorie, gepaart mit der Zwangsidee, mich bei allen bedanken zu müssen, gleich ob sie mir geholfen oder mich bekämpft hatten. Nur bei meinem Bezwinger und seinen Vasallen habe ich mich Gott sei Dank nicht bedankt, obwohl ich mich bei ihnen – allerdings erst sehr viel später – am meisten hätte bedanken sollen. Denn ohne ihre Gemeinheiten und UHOIs wäre ich wahrscheinlich zwar zu einem weitgehend systemkonformen, braven Ordinarius und vielfachen Millionär geworden. Und vielleicht hätte ich mir auch einige Verdienste erwerben können, wäre mir noch das eine oder andere zur Verbesserung der Chirurgie eingefallen. Aber so glücklich, wie ich heute und schon seit vielen Jahren privat und beruflich bin, hätte ich niemals werden können. Da bleibt nur die Frage, ob man auch denen Dank schuldet, *gegen* die man glücklich geworden ist.

Natürlich gab es auch ein paar, denen ich *wirklich* Dank schuldete, weil sie mich in meiner Not nicht im Stich gelassen, sondern mir tatkräftig geholfen haben. An erster Stelle steht meine damalige Frau Doris. Sie war damals zwar gar nicht glücklich über ihren angeheirateten Aggressionstriebtäter, hat wahrscheinlich mehr gelitten als ich, weil sie die Dinge von Anfang an nüchterner betrachtet hat. Und gar zu gerne wäre sie natürlich Ordinariusfrau geworden, wie sicher jede Frau in gleicher Lage. Aber im Stich gelassen hat sie mich damals nicht.

Im Gegenteil: Ohne ihren liebevollen Beistand Tag und Nacht hätte ich möglicherweise das ganze Drama nicht überlebt. Denn ich gehöre zu denen, die nicht um jeden Preis weiterleben wollen. Da gibt es eine ganze Menge Dinge, die für mich auf lange Sicht unverzichtbar sind. Mit am wichtigsten sind die Liebe und Treue einer Frau nach meinem Geschmack einerseits und andererseits mein Ansehen im Volke – also daß man mich für einen tüchtigen und anständigen Kerl hält. Ich kann viel verkraften, wie sich gezeigt hat, aber ohne Hoffnung auf Besserung nicht. Vor dem Totsein fürchte ich mich schon seit meinem vierzigsten Lebensjahr nicht mehr, seit ich schon einmal tot war. Pardon: Beinahe tot. Denn einen ganz Toten kann man nicht ins Leben zurückholen. Leute, die das erzählen und schreiben, sollten ihre Geschichte Märchen nennen. Ganz tot ist man allerdings nicht immer schon dann, wenn die Ärzte angeblich kein Lebenszeichen mehr feststellen können.

Später gab es durchaus ernste Suizid-Absichten. Aber 1963/64 überwog schließlich doch immer die Hoffnung meine Verzweiflung.

Mindestens den gleichen Dank wie meiner Frau schulde ich meiner Mutter, die damals in Hannover lebte und mir aus der Ferne nach besten Kräften beistand, vor allem nie müde geworden war, für mich zu beten. Die Kraft eines Gebetes hilft nicht nur den Betenden, sondern auch den Betbegünstigten, selbst wenn diese nicht zu den Glaubensstärksten gehören. Bevor ich es vergesse, bekenne ich es an dieser Stelle: Fast vor jedem Operationstag habe ich früher gebetet, dies selten vergessen. Es waren Bittgebete um eine glückliche Hand beim Operieren, also Angstgebete. Kürzlich rühmte sich ein sehr Prominenter: Er bete auch, aber nur, um sich zu bedanken. So wichtig ich das Dankesagen im Umgang mit meinen Mitmenschen auch halte, dem lieben Gott gegenüber habe ich es meistens vergessen. War das undankbar? Die Psychologen werden schon eine passende Antwort finden!

Zu den Treuesten der Treuen gehörte wohlgemerkt kein einziger Arzt, nur ein Medizinstudent. Ich zähle sie mal in der richtigen Reihenfolge auf: Meine Krankengymnastik-Lehrerin Elke Schmidt, meine Sekretärin Ingrid Rink, mein Vorlesungsassistent und Zeichner Günter Vogel, die Oberin meiner Schwesternschule Elfriede und die Krankengymnastin Alke Dietrich.

Von den Dankesgläubigern außerhalb von Familie und Klinik steht an erster Stelle mein Rechtsanwalt Dr. Josef Augstein. Es folgen der Dekan der Juristischen Fakultät, Prof. Dr. Karl Heinz Schwab, und der Theologie-Ordinarius Prof. Dr. Vorretsch. Bei letzterem habe ich mich am 22. August 1964 brieflich bedankt:

»Sehr verehrter, lieber Herr Vorretsch!
Sie mögen denken, daß ich Sie vergessen habe. Doch wie könnte ich das, nach allem, was Sie für mich getan haben. Der Anfang in Lauenburg hatte seine Schwierigkeiten und Belastungen. Einem weniger vom Schicksal Geschlagenen wäre es vielleicht manchmal zu viel geworden. Jetzt aber – nach gut einem halben Jahr – hat sich vieles eingespielt. Gute, verläßliche Mitarbeiter erleichtern die Arbeit sehr. Dankbare Patienten machen sie zur Freude. Eine schöne Wohnung unmittelbar neben dem Krankenhaus und darin eine liebevolle Frau und einigermaßen geratene Kinder schließlich vollenden das Glück. Ja, ich kann sagen, daß das Glück wieder eingezogen ist. Ein Wunder, wenn ich daran denke, was noch vor etwas mehr als einem Jahr war. Nichts hatte ich mir vom Leben erwartet. Gar nichts. Oft haben wir inzwischen von Ihnen, sehr verehrter Herr Vorretsch, gesprochen. Ohne Sie wäre das alles nicht... Kommen Sie nicht einmal in die Nähe Hamburgs? Sie würden uns eine riesige Freude mit Ihrem Besuch machen. Auch Lauenburg hat seine Reize.«

Das war am 22. August 1964. Mit einem ähnlich lautenden Brief habe ich mich bei Prof. Dr. Karl Heinz Schwab bedankt. Nicht bedanken durfte ich mich allerdings leider bei dem Nachfolger jenes Rektors, der mich gefeuert hatte, Prof. Dr. theol. Friedrich. Er war mir wohlgesonnen. Letztlich hat sicher er den Ausschlag gegeben, daß mir der Professorentitel belassen wurde. Aber weil das ja damals ausdrücklich nur »vorläufig« geschah, hätte ein Dankschreiben an ihn mißverstanden werden können.

Ganz ohne Schreckschuß sollte meine Chefarzttätigkeit aber doch nicht beginnen. Schon nach dem Abschluß des Vertrages hatte mich der alte Chefarzt allein werkeln lassen. Und Weihnachten passierte es: Die Tochter eines der prominentesten Bürger Lauenburgs stürzte vom Pferd und erlitt eine schwerere Verletzung. Früher hätte der Vater sein achtzehnjähriges bildhübsches Kind sicher ins nahe Unfallkrankenhaus gebracht. Aber man erzählte in der Elbestadt, daß ich ein guter Unfallchirurg sei. Also wurde die Prominententochter mir, dem Chefarztvertreter, zur Versorgung abgeliefert.

Ich diagnostizierte eine Hirnerschütterung, einen Jochbeinbruch links, eine Verstauchung der Halswirbelsäule und einen Verrenkungsbruch des oberen Sprunggelenks rechts. Den Verrenkungsbruch renkte ich in einer Kurznarkose ein und legte einen Gipsverband an. Die Röntgenkontrolle zeigte, daß der abgebrochene Innenknöchel verkippt blieb, also operativ eingerichtet und fixiert werden mußte.

Da die Hirnerschütterung nur leichter Natur war, wurde die Operation für den zweiten Tag nach der Aufnahme angesetzt. Zwei Tage vor Heiligabend fand sie dann statt. Die »Meisterin der Maske« machte die Äthernarkose, nachdem ich die Patientin mit einer Schlafspritze ins Land der Träume geschickt hatte. Ich richtete den abgerissenen Fußinnenknöchel ein und befestigte ihn mit Kirschner-Drahtnägeln. Alles klappte wie am Schnürchen. Nachdem der Gipsverband angelegt war, zog ich das Abdecktuch vom Gesicht der Patientin zurück. Danach hätte mir eigentlich das Herz stillstehen sollen. Denn die Operierte schien tot zu sein.

Da war es mit meiner sanften Tour als Sünder auf dem Bußwege zur Vergebung vorbei. Hatte die »Meisterin der Maske« sie etwa umgebracht? Vielleicht sogar absichtlich, um mir, dem Vertreiber ihres lieben »Herrn Chefarztes«, das Chefchirurgenmesser mit Äther aus der Hand zu tropfen? Denn sonst hätte sie es doch gemeldet, daß die

Patientin einen Atem- und Herzstillstand hatte?! Sie saß ja mit ihren
Augen und Ohren nur Zentimeter vom Gesicht der Patientin entfernt,
konnte das Aussetzen der Atmung gar nicht überhört und übersehen
haben. Falls sie nicht miteingeschlafen war, was schon öfters passiert
sein soll und woher der Chirurgenausspruch rührt: »Der Anästhesist
schlief fester als der Patient.«

Doch Schwester Elisabeth war hellwach und schaute mich frech
an. Da konnte und wollte ich nicht ruhig bleiben: »Sie haben sie
umgebracht«, schrie ich sie an, während ich sofort Herzmassage
machte. »Warum haben Sie nicht gemeldet, daß die Patientin nicht
atmet?« Sie antwortete nicht. Ich rief: »Geben Sie der Patientin Sauerstoff«, und drückte den Brustkorb zusammen, um das Mädchen
künstlich zu beatmen. Dann machte ich abwechselnd Herzmassage
und passive Beatmung. Nach ein paar Minuten legte ich mein Ohr auf
ihr Herz und traute meinen Ohren nicht: Es schlug wieder! Nur wenige Sekunden hatte es wohl stillgestanden. Ich beatmete weiter.
Mein kalter Schweiß wurde heiß. Das Herz der Patientin schlug, und
nach ein paar Minuten wurden die maximal weiten Pupillen eng.
Schließlich begann die Patientin selbst zu atmen. Wenig später
wachte sie auf und lächelte mich dankbar an. Da hätte ich im Boden
versinken mögen!

Diese böse Geschichte ist mir lange nicht aus dem Kopf gegangen.
Wollte sich die Lieblingsschwester meines Vorgängers wirklich für
die Vertreibung ihres Idols rächen? Aus ihrer Sicht war ich daran
schuld, daß er ging und sie wahrscheinlich als »Meisterin der Maske«
degradiert würde. Also konnte sie einen Patiententod mir unter den
OP-Kittel und mich abschieben. Denn sie hätte sich immer herausreden können. Ich aber nicht.

Wer solche Gedankenspiele für irreal hält, hat wohl vergessen, zu
was Schwestern und Pfleger in Wuppertal, Wien und Gütersloh fähig
waren. Die Dunkelziffer für vorsätzliche Patientenmißhandlung
durch Pflegepersonal – es muß ja nicht immer tödlich enden – dürfte
riesig sein. Ich könnte ein Buch über meine negativen Erlebnisse im
Verlauf von fünfzig Jahren schreiben, einen wahren Krimi. »Wie der
Herre, so's Gescherre«, heißt es im Volksmund. Wenn der »Meineid
des Hippokrates« als Berufsgesetz schon nicht die Ärzte zu einem
Verhältnis zu ihren Patienten wie von Freund zu Freund motiviert,
wie sollen dann Krankenschwestern und Pfleger in den Ärzten ein
vorbildliches Beispiel sehen für einen liebevollen Umgang mit den

Kranken? Es hat seine Gründe, daß ich es »meinen Schwestern« als Chefarzt und später als Regiearzt immer schwarz auf weiß gegeben habe, was ich von ihnen erwarte. In meinem Buch *Sprechstunde* (1978) steht es.

Und wie schützen unsere Gerichte die Patienten vor Mißhandlungen durch Schwestern und Pfleger? Indem die Arbeitsgerichte es verbieten, den mit Fug und Recht Gekündigten oder den Selbstkündigern aus Faulheit mit sicherem Arbeitslosengeldanspruch schlechte Noten zu geben! Also wird der nächste Krankenhausträger nicht vorgewarnt und weiteres Patientenunheil ist programmiert. Kündigen darf man ihnen selbstverständlich als Chefarzt oder Krankenhausträger erst recht nicht, ohne schwer draufzuzahlen. Die »Meisterin der Maske« habe ich herausekeln müssen, weil ich ihr nicht kündigen konnte. Damals hätte ich ihr fristlos gekündigt, falls wir nicht beide staatlich-städtische Angestellte gewesen wären. So aber war trotz schwerwiegender Beweise ein Kündigungsversuch hoffnungslos.

Der Patientin habe ich ihren »Beinahetod« verschwiegen. Ich durfte es, weil nicht das geringste zurückgeblieben war. Am Silvestertag konnte sie mit Gipsverband und Stockstützen entlassen werden. Der Bruch heilte rasch in formgerechter Stellung. Bald bestieg sie ihr Reitpferd wieder. Ihr Vater wurde ein paar Jahre später 1. Vorsitzender im »Freundeskreis des Städtischen Krankenhauses«, der viel für die Modernisierung meines »Lambarene« getan hat.

Auch dem Hausarzt habe ich nichts von dem Zwischenfall berichtet. Das wollte ich mir damals nicht antun. Denn seiner Verschwiegenheit war ich mir nicht sicher genug. Mit einer stadtbekannten Geschichte, eine Lauenburgerin mit einem Knöchelbruch beinahe umgebracht zu haben, wollte ich meine Chefarzttätigkeit nicht beginnen.

Bleibt nur die Frage: Durfte ich die OP-Schwester in dieser Situation anbrüllen? Meine Antwort: Vor Chirurgen, die im OP *nie* laut werden, sollten sich die Patienten fürchten. Denn die verkraften alles! Den Chirurgen allerdings, die ständig brüllen und mit Instrumenten werfen, sollte die OP-Schwester E 605 in den Kaffee schütten! Dann hätte sie ein gutes Werk getan, unzählige Patienten vor einem bösen Schicksal bewahrt.

ALLER ANFANG IST SCHWER!

Um die Chefarztstelle habe ich mich nur deshalb beworben, weil mir die Zusage gegeben worden war, daß sofort Mittel für die Beseitigung der baulichen, inventariellen und personellen Defizite und Mißstände zur Verfügung gestellt würden und ich darüberhinaus die Chance hatte, bei nur zwanzig Prozent Chefarztabgabe für die Nebeneinnahmen, selbst in erheblichem Umfang finanziell zur Niveauerhöhung beizutragen. Dies alles geschah dann auch sofort. Bereits am Jahresende 1965 gab es vielerlei Verbesserungen.

Das kommt auch in dem Bericht des Kreisarztes über das Ergebnis seiner Krankenhausbesichtigung vom 7. Dezember 1965 zum Ausdruck: »Ich habe mir alle Räume vom Keller bis zum Boden, die Nebengebäude und das Schwesternwohnheim angesehen... Es sind in der letzten Zeit eine ganze Reihe von durchaus notwendigen Verbesserungen vorgenommen worden, die der besseren Betreuung der Kranken und der leichteren Arbeit von Ärzten und Pflegepersonal dienen.«

Dann aber bemängelte er: »Die Anwesenden – (Kreisarzt, Bürgermeister und Chefarzt) – »waren sich darüber einig, daß das Haus in dem jetzigen Zustand nicht belassen werden kann. Neben einigen durchaus notwendigen Verbesserungen, insbesondere Schönheitsreparaturen, müssen wohl in Zukunft auch noch gewisse Umbauten vorgenommen werden. Möglichst bald sollte der Schweinestall abgerissen werden. Auch muß die Leichenhalle in einen sauberen und würdigen Zustand versetzt werden. Krankendurchgangszimmer sollte es in Zukunft nicht mehr geben; auch müßte eine weitere Auflockerung vorgenommen werden. Doch ist dies nur durch eine bereits erwähnte gewisse Erweiterung möglich.«

Der Kreisarzt forderte eine Erweiterung des Stellenplans und befürwortete die Gewährung von »anteilsmäßigen« Mitteln durch das Innenministerium in Kiel für eine »mäßige Erweiterung«. Wörtlich heißt es dann: »Es steht jedenfalls fest, daß das Krankenhaus in Lauenburg ausgelastet ist, daß es dort dringend gebraucht wird und daß in absehbarer Zeit nicht daran gedacht werden kann, es etwa aufzulösen. Ich bin der Meinung, daß die Stadt nach Kräften darum bemüht sein sollte, ihr Krankenhaus so zu halten und in einen derartigen Zustand zu versetzen, daß es den Anforderungen einer modernen stationären und auch ambulanten Krankenversorgung genügt. Unterschrift: Dr. Brandenburger, Amtsarzt.«

Am 22. Dezember legte der Amtsarzt bei der Gesundheitsabteilung des Innenministeriums von Schleswig-Holstein für mein »Lambarene« ein gutes Wort ein: »In Lauenburg gibt es eine beachtliche, sich noch ständig vermehrende Industrie, die unter vielen Mühen dort hingezogen wurde. Diese ist auf ein Krankenhaus angewiesen. Außerdem passieren doch immer wieder Unfälle im Berlin-Verkehr, die dann im Krankenhaus versorgt werden können. Es wäre auch mißlich, gerade hier am Übergang nach Berlin das Krankenhaus nicht ausreichend zu fördern.«

Dennoch kam schon im Januar 1966 ein Drohbrief der Gesundheitsabteilung des Innenministers, in dem insbesondere die schlechten räumlichen und inventariellen Voraussetzungen für die Geburtshilfe kritisiert und angekündigt wurde, daß sich das Land auf keinen Fall mit Zuschüssen an der vom Amtsarzt vorgeschlagenen Erweiterung beteiligen werde.

Am Jahresende 1965 waren die Gesamteinnahmen des Kleinkrankenhauses von 500 000 DM in 1964 auf knapp 700 000 DM gestiegen. Aber auch der Zuschußbedarf war größer geworden, hatte sich von 100 000 DM im Jahr vorher auf knapp 200 000 DM erhöht, obwohl ich immerhin 64 000 DM insgesamt zugeschossen hatte, 40 Prozent meiner Einnahmen in Höhe von 164 000 DM.

Meine Belastung als Chefarzt mit vielerlei Zusatzfunktionen bis hin zum Umbetthelfer von Schwerkranken, ab 1. April nur von einem und vom Sommer an dann von zwei Chirurgie-Lehrlingen unterstützt, konnte nicht größer sein. Ich war gleichzeitig 1., 2. und 3. Dienst für Notfälle. Fast jede Nacht mußte ich ein- bis zweimal, gelegentlich auch fünfmal raus. Am nächsten Tag ging's dann weiter, als ob ich eine geruhsame Nacht verbracht hätte. Aber der tägliche Fortschritt in vielen Kleinigkeiten hielt mich bei Laune und in Schwung.

Als Anhänger der Physiotherapie brauchte ich natürlich von Anfang an eine entsprechend leistungsfähige Abteilung. Die wollte mir der Magistrat nicht genehmigen. Also schlug ich vor, den Betrieb einer solchen Abteilung völlig in eigene Regie zu nehmen. Ich sagte, daß ich fest mit schwarzen Zahlen rechne, selbst wenn ich die Krankengymnastin für die stationären Patienten kostenlos zur Verfügung stellte. Der Magistrat glaubte es nicht. Ich baute die ambulante Physiotherapie so aus, daß sie sich nicht nur trug, sondern für mich zu einer zusätzlichen Einnahmequelle wurde.

Hier wäre zu ergänzen, daß ich ab 1. Januar 1965 nicht nur die Zulassung als Vertragsarzt der Krankenkassen für Überweisungen, sondern auch als D-Arzt der Berufsgenossenschaften bekommen hatte.

Eine meiner ersten Aktionen als frischgebackener Chefarzt war die Verlegung meines Dienstzimmers in das Kellergeschoß des Anbaus. Der große Raum im Erdgeschoß schien mir sehr viel sinnvoller verwendet, wenn er der Ambulanz zugeordnet wurde, für die bis dahin nur ein wesentlich kleinerer Raum zur Verfügung stand. Mit protzigen Chefarzt-Thronsälen wollte ich weder damals noch später renommieren. Selbstverständlich möblierte ich sowohl die Ambulanz wie auch mein Dienstzimmer sofort aus eigenen Mitteln neu und schaffte ebenfalls sofort Apparate und Instrumente, einen OP-Tisch mit Zusatzgerät für Bündelnagelungen und viele Dinge sonst an. Die zusätzlichen Schulden wollte ich mir leisten, um mich nicht länger schämen zu müssen und Spaß an der Arbeit zu bekommen.

Trotz schwerster körperlich-geistiger Belastungen war meine persönliche Glücksbilanz positiv. Ich steckte tief genug im Dreck, um mich über Kleinigkeiten wieder groß freuen zu können. Das klappt natürlich nur, wenn am Horizont die Sterne leuchten. Sie leuchteten von Silvester 1964/65 an so hell, daß auch kleinere Wolken ihr hoffnungsvolles Licht nicht verschlucken konnten. Erstmals in meinem Leben konnte ich Patienten vollverantwortlich nur nach meinem Wissen, Gewissen und Können versorgen – und das nicht als niedergelassener Chirurg oder Orthopäde, sondern als Chefarzt eines ausbaufähigen Krankenhauses. Endlich war ich in meinen Entscheidungen frei, mußte nicht mehr gegen meine Überzeugung die Befehle eines anderen ausführen.

Auch privat hing für mich der Himmel voller Geigen. Die Stadt hatte meinem Vorgänger sein neben der Klinik gelegenes Haus abgekauft und es mir als Dienstwohnung vermietet. Es war keine Luxusvilla mit Schwimmbad und vergoldeten Wasserhähnen. Aber komfortabler und schöner wollten wir es gar nicht. Für die sechsköpfige Familie gab es reichlich Platz. Am 18. Januar fand der große Umzug von der Palmstraße in Erlangen zur Berliner Straße in Lauenburg statt. Alle waren überglücklich.

Im Erdgeschoß befanden sich ein sehr großes Wohnzimmer, ein kleineres Eßzimmer, eine Küche und ein Vorratsraum. Oben wohnten meine Schwiegermutter, die beiden Mädchen und der Junge. Außerdem gab es ein Elternschlafzimmer und ein schönes Badezimmer. Besonders angenehm war die Nähe zum Krankenhaus. Also brauchte ich zu Haus kein Arbeitszimmer.

Hier verbrachte meine Familie fünf besonders glückliche Jahre. Zumindest ist es mir so in Erinnerung, und so klingt es auch aus den Briefen, die mir meine Frau und meine Kinder damals schrieben. Liebevollere und schmeichelhaftere Briefe kann kein Vater bekommen.

Ohne Frage war ich ein Leben lang in meinem Beruf so eingespannt, daß ich mich an der Erziehung meiner Kinder nur indirekt beteiligen konnte. Sie blieb meiner Frau überlassen, und da war sie auch in guten Händen. Richtig Zeit für die Familie hatte ich eigentlich nur im Urlaub. Das waren zweimal im Jahr drei Wochen, im Sommer am Meer – auf Sylt, an der Ostsee oder später in Südspanien – und im Winter in Cortina d'Ampezzo. In Cortina waren wir meistens im März, von 1966 bis 1974 neunmal hintereinander.

Das Haushaltsgeld habe ich meiner Frau nie zugeteilt. Sie hatte Generalvollmacht für alle Konten, durfte immer so viel abheben, wie sie für die Versorgung einer zwar nicht übermäßig anspruchsvollen, aber doch an etwas Luxus gewöhnten Familie brauchte. Das hat sie nie in übertriebenem Maße ausgenutzt. Die im Sternbild des Stieres Geborenen sind sparsam!

Abgesehen von den Urlaubswochen hatte ich für meine Familie, wie gesagt, nur wenig Zeit. Ein bißchen habe ich versucht, das auszugleichen. So drängte ich meine Frau, morgens immer auszuschlafen. Ich hielt es für nötig, sogar für erzieherisch gut, daß sich unsere Kinder selbst den Wecker stellten und ihren Morgenkaffee machten. Unsere zweite Tochter, Claudia, mußte sehr früh aus dem Haus, weil sie jeden Morgen per Bahn zur Kreisstadt Ratzeburg fahren mußte, um dort die sogenannte »Lauenburger Gelehrtenschule« zu besuchen. Die frühmorgendliche Selbstversorgung unserer Kinder spielte sich problemlos ein. Natürlich war da auch ein egoistischer Gesichtspunkt im Spiel. Ich wollte, daß meine Frau ausgeschlafen und ausgeruht war, wenn ich von meinem anstrengenden Dienst nach Hause kam.

Zu meinem persönlichen Glücksgefühl trug sehr viel bei, daß ich schon bald ehemalige Mitarbeiter für wichtige Positionen finden konnte. So zum Beispiel meine frühere Krankengymnastiklehrerin Elke Schmidt als Chefin der Physiotherapie-Abteilung und eine der besten ehemaligen Schülerinnen meiner Höheren Schwesternschule, Anneliese Weinhart, als Stationsschwester. Außerdem schickte mir der Himmel im März 1965 auch den ersten Arzt, zwar nur einen Chirurgie-Lehrling, aber einen talentierten, aus dem sich etwas machen ließ.

Und das kam so: Zu einem meiner letzten Erlanger Staatsexamens-Prüflinge gehörte Dimitri Daniel, ein griechischer Jüngling mit feurigen Augen. Dieser Apoll imponierte mir vor allem wegen seines medizinischen Wissens ebenso wie die anderen drei des Prüflings-quartetts. Am Schluß mußte ich allen eine »Eins« geben. Einzelne Prüflinge hatte ich in den Jahren zuvor öfters mal mit der Note »Sehr gut« beglücken können, aber einen ganzen Pulk noch nie. Das animierte mich zu dem Angebot: »Wenn mal einer von Ihnen später eine Stelle sucht, sollte er auch bei mir nachfragen!« Da allerdings glaubte ich noch, Chirurgie-Ordinarius oder mindestens Großklinikchef zu werden.

Jedenfalls muß sich Dimi daran 1965 erinnert haben, nachdem er seinen Wehrdienst in Griechenland abgeleistet hatte. Denn eines Tages stand er vor der Tür unseres Chefarzthauses, nicht wie Apoll, sondern wie Odysseus, völlig übernächtigt und verstaubt von der weiten Reise. Da hat ihn meine Frau erst einmal in die Badewanne und danach ins Bett gesteckt.

Dimi wurde zu meinem ersten Chirurgie-Lehrling im Range eines Assistenzarztes. Die ärztliche Tag- und Nachtversorgung in dem Akutkrankenhaus lag damit vom zweiten Quartal an nicht mehr nur in meinen zwei, sondern in vier Händen.

Auf Annoncen hatte sich im ersten Vierteljahr kein einziger als Assistenzarzt beworben. Kein jüngerer Arzt wollte das Risiko eingehen, seine Weiterbildungszeit bei einem von der Ordinarien-Hierarchie und den Ärzteführern Geächteten zu verbringen. Erst im Sommer 1965 hatte ein Deutscher den Mut, mein zweiter Chirurgie-Lehrling zu werden.

Die Zulassung meines Vorgängers zur Weiterbildung in Chirurgie für zwei Jahre war mir erstaunlicherweise belassen worden, obwohl ja mein schlechter Charakter als Arzt bundesweit bekannt gemacht worden war. Als Voraussetzung für die Verleihung des Weiterbildungsrechts in Chirurgie durch die Ärztekammern gelten ausdrücklich nicht nur Chefarztposition und Mindestzahl der Operationen und Betten seiner Klinik oder Abteilung, sondern auch ein guter Charakter, das heißt das, was Ärztekammerherren darunter verstehen. In Bayern wurde er später, ab 1981, als nicht gut bewertet. Da hat man mir das Weiterbildungsrecht für Chirurgie verweigert, obwohl ich es nur für ein Jahr haben wollte. Wäre ich als Ärztekammerdiener brav geblieben, hätte man mir das Weiterbildungsrecht sogar für sämtliche Jahre verliehen.

Als Anästhesisten arbeitete ich mir den einzigen examinierten Krankenpfleger ein, den ich von seiner Haupttätigkeit als Masseur entband und zum OP-Pfleger machte, dies mit der Hauptaufgabe, als Anästhesiepfleger zu arbeiten. Er erwies sich als sehr gelehrig und zuverlässig, so daß ich ihn bald voll als Narkotiseur einsetzen konnte, auch für die schwersten Operationen. Zwar wurden alle Operationen, bei denen dies möglich war, in örtlicher Betäubung gemacht, sowohl in Form von Umspritzungsanästhesien wie von Leitungsanästhesien für Arm- und Handoperationen und von Spinal- und Peridural-Anästhesien für Operationen im Bereich der unteren Körperhälfte, fälschlich auch Rückenmarksbetäubung genannt. Aber es blieben doch eine Menge Indikationen für Narkosen, insbesondere bei allen Arten von Bauchoperationen, die von Jahr zu Jahr häufiger wurden. Diese Vollanästhesien leitete mein nichtärztlicher Anästhesist mit einer Spritzennarkose ein und setzte sie dann mit einer apparativen Lachgas-Halothan-Maskennarkose fort, die mir bei richtiger Durchführung für die Patienten sowohl ungefährlicher als auch weniger beängstigend schien als die Intubationsnarkose mit Einführung eines Schlauches in die Luftröhre.

Daß dies die ärztlichen Anästhesisten heftig bestreiten werden, ist mir klar. Aber sie mögen darüber nachdenken, daß ich zum Beispiel am Ende meiner Chefarzttätigkeit im Lauenburger Krankenhaus selbst mehr als 300 Operationen der Gallenblase und der Gallenwege gemacht hatte, davon in 25 Prozent der Fälle unter komplikationsträchtigen Bedingungen, und daß es nicht einen einzigen Früh- oder Spät-Todesfall gab. Das kann nicht nur an der Operationstechnik, sondern muß auch an der Anästhesiemethode gelegen haben.

Das Vertrauen zu meiner Klinik wuchs bald über die Stadtgrenzen hinaus in den Umkreis. Dabei half mir die Professorengläubigkeit der Deutschen. Ich war weit und breit der einzige Chirurgieprofessor. Die nächste ernsthafte Professoren-Konkurrenz war in Lübeck und Hamburg. Aber auch von dort kamen viele Patienten zu mir nach Lauenburg, allerdings erst ab etwa 1969/70, nachdem das Krankenhaus auch äußerlich und innerlich mit den Krankenhäusern der Region konkurrieren konnte.

Sehr unterstützt hat mich damals der Bürgermeister Hermann Franck in seiner Eigenschaft als Vorsitzender des Magistrats und federführender Krankenhausträger der Städtischen Klinik. Er war allen meinen Änderungs- und Neuerungsvorschlägen gegenüber sehr aufgeschlossen und unterstützte mich, wo er nur konnte. Es entwickelte sich ein freundschaftliches Vertrauensverhältnis, das mir meine Arbeit sehr erleichterte. Auch von dem Ersten Stadtrat Albert Heinrich erfuhr ich schon bald wohlwollende Unterstützung. 1966 wählte man Karl-Heinz Wulff zum Bürgervorsteher von Lauenburg. Dieser förderte das Städtische Krankenhaus dann ebenfalls nach besten Kräften.

Natürlich gab es in den ersten Jahren auch Ärger. Aber gemessen an den Ärgernissen später war es ein Klacks, der mein Wohlbefinden nicht ernsthaft gefährden konnte. Den ersten Trouble hatte ich mit dem Kassenlöwen von Lauenburg, der den Vorsitz beim monatlichen Ärztetreffen in der Bahnhofsgaststätte führte. Man nannte ihn »Dr. Blitz«, weil er am schnellsten zur Stelle war, wenn ärztliche Nothilfe gebraucht wurde. Das muß man ihm zweifellos hoch anrechnen. Es soll zwar nicht allein die übergroße Hilfsbereitschaft gewesen sein, die ihn so sehr beflügelte. Die ärztliche Konkurrenz warf ihm vor, das habe er vor allem aus Geldgier getan, um ihnen Patienten abzujagen. Aber das glaube ich nicht.

Mit diesem Dr. Blitz bekam ich meinen ersten kollegialen Konflikt in Lauenburg. Von meinem Vorgänger war er es gewohnt, daß dieser jeden Blinddarm operierte, den er ihm als »Appendicitis« eingewiesen hatte, egal, ob die Untersuchung im Krankenhaus für eine dringend operationsbedürftige Appendicitis sprach oder nicht. Ich aber habe die meisten Patienten unoperiert gelassen und ihn damit indirekt einer Fehldiagnose bezichtigt. Das wollte er nicht auf sich sitzen lassen. Also rief er mich eines Tages an und beschwerte sich unter Hinweis auf seine große Erfahrung als praktischer Arzt. Gewiß: Er war zirka zwanzig Jahre älter als ich und entsprechend länger Arzt. Aber mir widerstrebte es schon immer, jeden Unschuldswurm herauszuschneiden, auch um die Diagnose des einweisenden Arztes zu bestätigen. Dafür bat ich um das Verständnis des Kassenlöwen. Doch das verweigerte er mir. Er wies fortan Patienten mit Blinddarm-Verdacht in das Nachbarkrankenhaus Geesthacht ein. Dort folgte man bereitwillig seinen Wünschen. Die übrigen Ärzte von Lauenburg und Umgebung störte meine Zurückhaltung gegenüber unnötigen Operationen weniger.

Den zweiten Ärger wesentlicher Art gab es mit dem Gewerk-schaftsboß von Lauenburg zum Jahreswechsel 1965/66. Der Kreisvor-sitzende des DGB beschwerte sich beim Magistrat über zu lange War-tezeiten bei der Versorgung von Unfallverletzten.

Sechs Patienten wurden für die Zeit von Juli bis November 1965 benannt. Sie hätten zehn bis dreißig Minuten warten müssen, was sich »auf den psychischen Zustand der Verletzten (zum Teil unter Schockwirkung stehend) sehr ungünstig ausgewirkt« hätte. Ein Pa-tient hätte sogar nach der Einlieferung drei Stunden bis zur Versor-gung warten müssen. Letzteres konnte er dann doch nicht beweisen.

Lange Wartezeiten gab es in der Tat, wohlgemerkt nie nachts, sondern immer nur während des Alltagsbetriebes. Im Schnitt wurden pro Jahr 1600 frischverletzte Unfallopfer behandelt, dazu ständig auch Patienten mit Vergiftungen, Herzanfällen, schweren Gebärmut-terblutungen usw. Alle mußte ich selbst versorgen. Meine Lehrlinge konnten mir anfangs nur Assistenzdienste leisten. Da kam es natür-lich öfter vor, daß ich im OP oder anderswo einen Patienten versorgte und dies länger als eine Viertelstunde dauerte. Widerlegen konnte ich allerdings für alle Patienten, daß sie angeblich nicht sofort nach der Einlieferung mindestens von einer Arzthelferin oder Schwester oder auch von einem meiner Lehrlinge angesehen worden waren, um fest-zustellen, wie dringlich die Versorgung war. Wenn nötig, habe ich eine andere Behandlung unterbrochen, um mich sofort um den Not-fall-Patienten zu kümmern.

Meine Ausreden besänftigten den Gewerkschaftsboß. Später wurde er zu einem engagierten Mitstreiter für den Ausbau und das Weiterleben meiner Klinik.

Die schlimmsten Querschüsse kamen in den ersten Jahren – na, woher wohl? – von einem Bürokraten der Stadtverwaltung aus dem Lauenburger Schloß, wo diese sich eingenistet hatte. Das konnte der mir wohlgesonnene Bürgermeister Franck nicht verhindern. Sein Stadtkämmerer wollte zeigen, daß er Befehlsgewalt über das Stadt-krankenhaus und damit auch über mich hatte. Er fungierte nämlich als direkter Vorgesetzter des Verwaltungsleiters, der mit dem Chefarzt gleichberechtigt, ihm in Verwaltungsdingen sogar vorgeordnet war.

Mit diesem Verwaltungsleiter tat ich mir von Anfang an schwer. Der frühere Chefarzt hatte ihn wohl mehr respektiert, seine als Be-dächtigkeit getarnte Langsamkeit wohl notgedrungen in Kauf genom-men. Mir war er viel zu langsam. Das ließ ich ihn merken, und es ärgerte ihn. Also ärgerte er mich. Dies geschah für ihn ohne jedes Risiko. Erstens saß er als langjähriger städtischer Angestellter viel fester im Sattel als ich, und zweitens stand er kurz vor seiner Pensionierung.

Mit dem Stadtkämmerer zog er am gleichen Strang, wenn es galt, Gegenmacht zu demonstrieren. Dieser bürokratische Finanzkammerherr von Lauenburg inszenierte gegen mich im Frühjahr 1966 eine böse publizistische Attacke. Am 28. April gab es im *Lauenburgischen Tageblatt* einen Alarmruf mit der Schlagzeile: »Krankenhaus wird immer kostspieliger – Trotz hundertprozentiger Belegung steigen die Kosten für Lauenburg immer weiter.« Der Artikel endet mit dem Schreckschuß: »Der gegenwärtige Pro-Bett-Zuschuß beläuft sich für das Lauenburger Krankenhaus auf über 4000 Mark und steht damit in keinem Vergleich zum Zuschußbedarf nach Bettenzahl in anderen Krankenhäusern Schleswig-Holsteins. Seit Jahren steht das Krankenhaus bei Finanzdebatten im Mittelpunkt kritischer Betrachtungen. ›Wir können uns das einfach nicht leisten‹, hieß es nicht selten. Bürgermeister Franck erklärte auf Anfrage, daß die Stadt mit allen Mitteln erreichen wolle, vom hohen Zuschußbedarf herunterzukommen.«

Hinter diesem Artikel konnte nur der Kämmerer stecken. Er hatte den Haushaltsplan für 1966 zugrunde gelegt, der auf seinem Mist gewachsen und nach meiner Überzeugung gezielt auf möglichst große rote Zahlen frisiert worden war. Es kam dann doch anders. Die Einnahmen lagen um 150 000 Mark höher als veranschlagt. Danach blieb nur ein kleiner Rest als Zuschußbedarf, weil ich selbst 124 000 Mark zugeschossen habe.

Sicher war die Haushaltsentwicklung 1966 im Frühjahr noch nicht absehbar. Aber dieser in die Presse lancierte Kassandra-Ruf war eindeutig ein feindseliger Akt gegen mich. Denn eine objektive Berichterstattung hätte zugleich auf den desolaten Zustand dieses Krätzekrankenhauses hinweisen müssen und auf die Notwendigkeit, die Mindestvoraussetzungen baulicher, inventarieller, personeller Art für eine zeitgemäße Versorgungsqualität zu schaffen.

Der Schreckschuß des Kämmerers sollte dann auch bald nach hinten losgehen und ihn selbst für längere Zeit seine Macht über das Krankenhaus kosten. Im Anschluß an eine Sitzung des »Gesundheitsausschusses der Stadt Lauenburg« am 28. Juni 1966 erhielt ich – nach einem Rundgang durchs Haus – das Wort zu einem »Bericht über die

wirtschaftliche Lage des Krankenhauses«. Ich sollte mich zu den
Schreckensmeldungen über den künftigen Zuschußbedarf äußern.
Natürlich tat ich das in der richtigen Reihenfolge. Zunächst berichtete ich über die Verbesserungen der Versorgungsqualität und ihre
Folgen. Ich wies darauf hin, daß sich die Zahl an stationären und ambulanten Operationen von 792 im Jahre 1964 auf 1351 im Jahre 1965
erhöht hatte – bei einem von 7 auf 23 Prozent gewachsenen Anteil
von großen Operationen – und daß bis Ende 1966 mit einer weiteren
Zunahme auf fast 2000 Operationen zu rechnen sei. Statt 54 Betten
waren inzwischen 69 Betten aufgestellt worden, um dem Andrang an
Patienten gewachsen zu sein. Auch die 15 Zusatzbetten seien fast
ständig belegt. Außerdem konnte ich auf eine starke Zunahme des
Ambulanzbetriebes hinweisen und auf zahlreiche Verbesserungen
apparativer, instrumenteller und personeller Art.

Ich ließ keinen Zweifel, daß ich mit dem Versorgungsniveau noch
bei weitem nicht zufrieden sei. Natürlich wisse ich, daß der Magistrat
über den starken Zuschußbedarf stöhne. Aber dazu hätte ich einen
Vorschlag: Man solle doch die Krankenhausverwaltung einmal probe-
weise mir unterstellen. Ich sei sicher, daß dadurch eine erhebliche
Verminderung des Zuschußbedarfs erreicht werden könne.

Das überzeugte wohl vor allem den anwesenden Ersten Stadtrat
und Finanzminister der Stadt, Albert Heinrich. Jedenfalls folgte der
Magistrat später einem entsprechenden Antrag von mir. Im Magi-
strats-Protokoll vom 14. Juli steht: »Der Magistrat faßt einstimmig folgenden Beschluß: Prof. Hackethal übernimmt vorläufig die Gesamt-
leitung des Städtischen Krankenhauses. Die Dienstanweisung ist
entsprechend zu ändern, wenn sich herausstellt, daß dadurch eine
Verbesserung der Arbeitsleistungen erreicht wird.«

Wirtschaftswunder eines Städtischen Krankenhauses

Wer über einen zu hohen Zuschußbedarf staatlicher Krankenhäuser
klagt, den sollte man an das »Wirtschaftswunder eines Städtischen
Krankenhauses« von Mitte 1966 bis Ende 1969 erinnern. Dreieinhalb
Jahre lang konnte ich als Chefarzt und Chefverwalter einer Städtischen Klinik beweisen, daß sich bei einem weit überdurchschnitt-
lichen Maß an Leistungsfähigkeit der Zuschußbedarf auf ein weit un-
terdurchschnittliches Maß senken läßt.

Wohlbemerkt wurde der Beweis eines hochpositiven Nutzen-Kosten-Verhältnisses bei einer Klinikführung nach privatwirtschaftlichen Grundsätzen nicht für eine Kurklinik, ein Sanatorium oder für eine Klinik *ohne* Akut- und Notfallversorgung, sondern für ein staatlich-städtisches Akut-Krankenhaus mit Tag- und Nacht-Versorgungsdienst erbracht. Gleichzeitig konnte die angebliche Binsenwahrheit für die Wirtschaftlichkeit eines Krankenhauses widerlegt werden, daß nur große Krankenhäuser wirtschaftlich arbeiten könnten, und zwar je größer, um so wirtschaftlicher.

Ich behaupte, daß für die Klinikgrundversorgung der Bevölkerung das Kleinkrankenhaus unter hundert Betten ein weit positiveres Nutzen-Kosten-Verhältnis erwirtschaften kann als jede größere Klinik. Voraussetzung: Der Chefarzt muß an den Einnahmen und Ausgaben prozentual in einem bestimmten Mindestumfang beteiligt werden. Bei einem gleichberechtigten Triumvirat von Chefarzt, Oberschwester und Verwaltungsleiter unter bürokratischer staatlicher Oberhoheit kann das nicht funktionieren!

Der neue Verwaltungsleiter wurde mir rückwirkend ab 1. Juli 1966 unterstellt. In Zukunft machte ich die Vorschläge für den Haushalt. Der Bürgermeister Hermann Franck, sein Erster Stadtrat und Finanzminister Albert Heinrich und auch der neue Bürgervorsteher Karl-Heinz Wulff berieten und unterstützten mich wohlwollend.

Trotz weiterer Anschaffungen und personeller Verbesserungen konnte ich den Zuschußbedarf bereits für Ende 1967 auf rund 100 000 Mark herunterdrücken, wobei in den Ausgaben ein durchschnittlicher Schuldendienst von jährlich 108 000 Mark steckte. Die Einnahmen erreichten Ende 1967 erstmals die 1-Millionen-Grenze. Der Zuschußbedarf betrug 60 000 Mark bei einem Schuldendienst von 108 000 Mark. Umgerechnet auf den Ausgabenetat der ganzen Stadt Lauenburg betrug er für das Krankenhaus 1967 0,9 Prozent.

1968 ging die Entwicklung weiter nach oben. Der Zuschußbedarf ermäßigte sich auf 30 000 Mark = 0,4 Prozent der Stadtausgaben insgesamt. Mein Zuschuß zum Krankenhausbetrieb betrug 179 000 Mark. Auch 1968 gab es im Krankenhaus weitere Niveauverbesserungen im Sach- und Personalbereich.

Ab 1. Januar 1968 war Bürgermeister Hermann Franck durch einen Rechtsassessor abgelöst worden, auf den ich noch im einzelnen zu sprechen komme. Er konnte es gemeinsam mit seinem Kämmer, der es nie hatte verwinden können, daß der Verwaltungsleiter nicht mehr

ihm unterstellt war, 1968 nicht verhindern, daß der Zuschußbedarf
des Krankenhauses trotz Niveauverbesserungen geringer wurde. Allerdings gelang es ihm ab 1969 durch immer häufigere Querschüsse,
auch meine Arbeit als Chefverwalter zu behindern. In diesem Jahr
war auch mit dem von mir beantragten Erweiterungsbau der Klinik
begonnen und der Kreiszuschuß auf nur 150 000 Mark begrenzt worden. Die gesamten Umbaukosten betrugen aber fast eine halbe Million Mark. Also mußte ein Teilbetrag schon im Haushalt 1969 verkraftet werden. Die Einnahmen stiegen auf 1,2 Millionen, die Ausgaben
betrugen 80 000 Mark mehr, immerhin nur knapp 1,1 Prozent des
Stadtgesamtetats. Ich butterte 173 000 Mark ins Krankenhaus, zog
aber aus Groll über die ständigen Ärgernisse durch den neuen Bürgermeister bei meinem Zuschuß erstmals die Bremse. Ansonsten
hätte ich meinen Zuschußanteil auf über 200 000 Mark erhöht.

Am 1. März 1969 legte ich dem Magistrat die erste Bilanz meiner
»Gesamtverantwortung für die Wirtschaftsführung des Städtischen
Krankenhauses« vor und erklärte gleichzeitig meinen Rücktritt als
Chefverwalter. Einleitend wies ich sie auf die erhebliche Verbesserung der Leistungsmöglichkeiten des Krankenhauses hin, auf die
Steigerung der medizinischen Leistungen, die ständige Steigerung
des Haushaltsvolumens bei einem ständigen Absinken des Zuschußbedarfs und auf die Höherstufung des Krankenhauses um zwei Tarif-
gruppen nach Gr. A 6. Ich betonte in diesem Zusammenhang die
Bedeutung des Krankenhauses als Wirtschaftsfaktor der Stadt, da von
den 1,16 Millionen Mark Ausgaben allein 841 000 Mark den Lauenburger Bürgern zugute kamen (Löhne, Stadtwerke, sonstige Betriebe).

Dann folgte meine Rücktrittserklärung: »Ich habe die mit der freiwilligen Übernahme der Gesamtverantwortung verbundene Mehrar-
beit gern getan. Sie hat mir aber einen derartigen Ärger mit der Stadtverwaltung gebracht, daß ich ihn jetzt nicht länger ertragen kann.
Zunächst war es der Stadtkämmerer allein, der mir immer wieder
Hindernisse in den Weg legte – im großen und im kleinen.« Als Beispiele nannte ich ganz offensichtlich zweckpessimistische Fehlkalku-
lationen beim Ansatz des Zuschußbedarfs durch die Haushaltssa-
tzung – zum Teil fünfmal so hoch, wie der von mir vorausgesagte und
tatsächlich ermittelte Bedarf; entsprechende Fehlinformation der
Presse und schließlich ein Schreiben des Stadtkämmerers, daß der
Verwaltungsleiter nicht mir, sondern ihm unterstellt sei. »Damit«, so
schrieb ich, »wurde der bis dahin praktizierte, aber nie genau defi-

nierte Magistratsbeschluß de facto weitgehend außer Kraft gesetzt und eine Lage geschaffen, die zwangsläufig Ärger bringen mußte. Niemand kann zwei Herren dienen – schon gar nicht zweien, die völlig verschiedene Auffassung von dem haben, was für das Krankenhaus und die Stadt gut ist, und was nicht… Mein Antrag auf Änderung der Satzungen des Städtischen Krankenhauses wurde bis heute nicht behandelt, obwohl ich wiederholt darum gebeten habe. Die ständig notwendigen Wiederholungen meiner mündlichen und schriftlichen Anträge machen mich des Querulantentums verdächtig. Sie haben jetzt meine Kraft verbraucht. Wegen der Gefahr einer Gesundheitsschädigung durch den dauernden Ärger bin ich nicht länger in der Lage, die Zusatz-Verantwortung zu tragen, solange keine klare Regelung erfolgt.«

Mit meinem Rücktritt als Chefverwalter des Städtischen Krankenhauses steigerte sich der Zuschußbedarf bereits 1970 auf etwa den Wert von 1966, nämlich 240 000 Mark, auch weil ich meine freiwilligen Zuschüsse weiter kürzte. Hätte man mich nicht durch ständige Querschüsse daran gehindert, als Chefverwalter weiterzuarbeiten, wäre es mein ganzer Ehrgeiz gewesen, aus der Städtischen Klinik schwarze statt rote Zahlen herauszuwirtschaften. Aufgrund meiner späteren Erfahrungen als Regiearzt des EUBIOS-Zentrums am Chiemsee und aufgrund der Nutzen-Kosten-Bilanz meiner eigenen EUBIOS-Gutspark-Klinik bin ich ganz sicher, daß ich für die Stadt Lauenburg ein erhebliches Plus erwirtschaftet hätte.

In einem Schreiben vom 17. März 1969 habe ich dem Magistrat der Stadt Lauenburg vorgerechnet, daß schon ab 1970 mit einem jährlichen Überschuß von zirka 140 000 Mark zu rechnen sei. Voraussetzung sei allerdings die Verwirklichung eines OP-Erweiterungsbaus mit Wachstation bei voraussichtlichen Gesamtkosten von 380 000 Mark einschließlich Zusatzinventar. Diese würden bereits Ende 1971 auch aus Überschüssen finanzierbar sein, falls der Erweiterungsbau schon im Oktober 1969 in Betrieb gehen könne.

Der Stadtkämmerer versuchte mit einem Vermerk vom 17. März 1969 den Magistrat an meiner Vorausschätzung irrezumachen. Er tat dies durch ähnliche Hochrechnungen, wie er sie auch früher und später immer angestellt hat, um die Finanzlage möglichst ungünstig darzustellen.

Freud und Leid als Klinik-Geburtshelfer von Lauenburg

Für Geburtshilfe habe ich mich schon als Medizinstudent sehr interessiert. Heinrich der Große, Prof. Dr. Martius, hatte sie mir in Göttingen so schmackhaft gemacht, daß ich mich an der Universitäts-Frauenklinik um eine Doktorarbeit bemühte.

Später, von 1945 an, gehörte auf der chirurgisch-gynäkologisch-geburtshilflichen Abteilung des Kreiskrankenhauses Eschwege die Geburtshilfe mit zu meiner täglichen Weiterbildungsarbeit. Der Mitchirurg meiner Lehrers Franz Rose und spätere Chefarztnachfolger, Dr. Kessler, war auch ein exzellenter Klinik-Geburtshelfer. Anderenfalls hätte ich ihm 1948 nicht meine Frau zur Geburtshilfe fürs erste Kind anvertraut und erst recht 1950 nicht für Nummer zwei. Bei ihm lernte ich nicht nur die größere Kunst der konservativen, sondern auch die kleinere der operativen Geburtshilfe.

Es gehört sicher weniger geburtshilfliches Können dazu, einen Kaiserschnitt zu machen, als eine Geburt von den ersten Wehen bis zum ersten Schrei des Neugeborenen so zu leiten, daß sie auf natürliche Weise verläuft und Mutter und Kind keinen Schaden nehmen. Natürlich ist dafür auch die zeitlich optimale Indikationsstellung zu Operationshilfen wichtig. Hans Kessler beherrschte beides und war ein guter Geburtshilfe-Lehrer. Also konnte ich es 1950 wagen, die Vertretung des erkrankten Chefarztes einer Eschweger Privatklinik für ein Vierteljahr zu übernehmen, deren Schwerpunkt auf Gynäkologie und Geburtshilfe lag. Im Kreiskrankenhaus selbst gehörte zu meinem Bereitschaftsdienst nachts und an den Sonn- und Feiertagen auch die Klinik-Geburtshilfe.

Danach aber, von 1952 bis 1964, konnte ich zwölf Jahre lang keine geburtshilflichen Erfahrungen mehr machen.

Ein bißchen hatte ich meinem Lauenburger Vorgänger noch abgucken können, als ich sein Assistenzarzt war. Aber der allergrößte Meister der klinischen Geburtshilfe war er gerade nicht. So mußte ich eifrig Bücher wälzen, um nicht gar zu viel Mist zu machen. Tatsächlich ist mir ein schwerwiegender Fehler wohl auch nicht passiert. Am sichersten fühlte ich mich bei den Kaiserschnitt-Operationen, mit deren Hilfe ich auch ein paar Lauenburger ans Licht der Welt befördert habe.

Nichts hat mir in den ersten drei Jahren mehr Sorgen gemacht als die Geburtshilfe. Deshalb habe ich mich schon bald darum bemüht,

wenigstens diese aus meinem riesigen chirurgischen Versorgungs-
auftrag von Kopf bis Fuß loszuwerden. Als sich das aber in Lauenburg herumsprach, sollen viele geklagt haben: »Nun haben wir einen
Professor, und der kann nicht mal mehr unsere Kinder zur Welt bringen!«

Zwei Jahre nach Beginn meiner Chefarzttätigkeit schrieb ich einen Brief an den Magistrat der Stadt, in dem ich um die Genehmigung dafür bat, am Städtischen Krankenhaus Lauenburg auf die Ausübung der Geburtshilfe zu verzichten.

Zur Begründung wies ich darauf hin, daß die Frauenheilkunde in
Deutschland – wie in allen fortschrittlichen Ländern – seit mehr als
zwanzig Jahren ein selbständiges Fachgebiet mit eigener Facharztanerkennung sei und daß sie wegen der fortschreitenden Spezialisierung
nur noch in sehr wenigen Krankenhäusern vom Chirurgen mitbetrie-
ben werde. Auch sei inzwischen die Ausübung der Geburtshilfe durch
Chirurgen in mehreren offiziellen Stellungnahmen als nicht mehr zeitgemäß abgelehnt worden. Deshalb schlug ich vor, die praktischen
Ärzte im Einzugsgebiet des Städtischen Krankenhauses Lauenburg
sollten per Rundschreiben gebeten werden, in Zukunft die geburtshilflichen Behandlungsfälle anderen Krankenhäusern zuzuweisen. Zur
Verfügung stünden vor allem die benachbarten Krankenhäuser in
Geesthacht (mit einem Facharzt für Frauenheilkunde am Ort), in
Bergedorf, in Lüneburg und in Mölln. Diese Krankenhäuser seien in
zwanzig bis vierzig Minuten erreichbar. Für geburtshilfliche Patienten
sei eine derartige Verzögerung in der Krankenhauseinlieferung deshalb
vertretbar, weil sich Geburtsbeginn und Schwangerschaftskomplikatio-
nen für den erfahrenen Arzt und die erfahrene Hebamme rechtzeitig
ankündigen. Auf jeden Fall sei auch in besonders dringlichen Fällen
ein Zeitverlust in der Regel durch die besseren Behandlungsmöglichkeiten eines erfahrenen Frauenarztes bei weitem aufgewogen.

»Es ist mein Bestreben«, so schloß ich meinen Brief, »daß das
Städtische Krankenhaus Lauenburg in jeder Beziehung als erstklassi-
ges Krankenhaus gewertet wird. Was die Ausübung der Geburtshilfe
anbetrifft, so glaube ich, nicht länger die volle Verantwortung für
eine modernsten Erkenntnissen entsprechende optimale Versorgung
der Patienten tragen zu können.«

In Kollegenkreisen wunderte man sich, daß ich mir damit eine
gute Einnahmequelle verstopfen wollte. Das konnten sie in ihren
Köpfchen nicht unterbringen: Ein Chefarzt will etwas abgeben, was

ihm traditionell zugewachsen war. Auch der Kreisarzt unterstützte mich in meinen Bemühungen, die Geburtshilfe loszuwerden, anfangs nicht. Deshalb dauerte es volle drei Jahre, bis ich endlich von der Gewissensnot befreit wurde, vielleicht doch kein ausreichend qualifizierter Geburtshelfer zu sein.

Zu meinem Glück standen mir zwei sehr erfahrene Hebammen zur Seite. Nein, es war umgekehrt: Ich ihnen! Die Stadt-Hebammen leiteten die Geburt ein und sagten nur, was ich wann zu tun hatte. Ich folgte ihrem erfahrenen Rat gehorsam. Deshalb gab es für uns drei eine positive Bilanz am Schluß der gemeinsamen 3-Jahres-Geburtshilfe-Periode. Immerhin brachten wir 326 Lauenburger zur Welt.

In den ersten zwei Jahren waren es 254, 1967 nur noch 72. Im letzten Jahr hatte ich schon heimlich die Weichen in Richtung auf die Nachbarstädte gestellt. Ab 1968 stieg in Lauenburg die Zahl der Hausentbindungen. Aber insgesamt gab es doch viel weniger gebürtige Lauenburger. Das sollen mir die alteingesessenen Lauenburger nie ganz verziehen haben.

Auch zur Wiedergutmachung dieses Verlustes habe ich 1968 ein »Lauenburg-Lied« gedichtet und vertont. Das geschah im Skiurlaub der Familie in Cortina. Die Melodie zu dem Lied fabrizierte ich mit Hilfe eines Flöten-Klavierchens. Es hat den Refrain:

Mein kleines Lauenburg (ch) am Elbehang,
Dich liebe ich durch und durch, mein Leben lang.
Du alte Schifferstadt, in Deinem Hafen
mach einst mein Schiff ich fest zum ew'gen Schlafen.

Das »Lauenburg-Lied« wurde dann von einem Tonstudio in Hamburg auf Schallplatte gepreßt und damit zur »Lauenburg-Hymne«. Soweit ich weiß, hat es bis heute keinen Nachfolger gegeben. Die erste Strophe lautet:

Wo der Ostsee Brise und der Heide Duft,
Hamburgs steifer Sturmwind und Berliner Luft
sich umarmen, küssen und verbinden,
da bist Du, mein Lauenburg, zu finden.

Wo die Elbchaussee verschlungen und verträumt,
wo die Elbe an 'ner lütten Mole schäumt,

auf der Reeperbahn die Liebe ohne Geld,
da ist mein Zuhause, da ist meine Welt.

1970 habe ich dann noch ein paar Strophen »Nur für Eingeweihte«
hinzugefügt.

Wo's dem Stadtrat Tränen in die Augen treibt,
weil das Krankenhaus partout im Minus bleibt,
statt sowohl die Kranken zu kurieren
als auch noch zich Mille abzuführen.

Und auf den Bürgermeister gezielt, den man inzwischen zum Schüt-
zenkönig gemacht hatte:

Wo die Schützenbrüder schon seit eh und je
auf die Scheibe schießen nach dem alten Dreh,
wird's beim Königsschießen bald gelingen,
einen Blinden auf den Thron zu bringen!«

AUFWÄRTSTREND AUF DER GANZEN LINIE

Nach vierjähriger Schwerstarbeit konnte ich es Anfang 1969 wagen,
den bereits erwähnten Antrag auf einen Erweiterungsbau der Klinik,
insbesondere zur Vergrößerung der OP-Abteilung und zur Schaffung
einer Wachstation, zu stellen. Um die Genehmigung des Ausbaus zu
beschleunigen, verfaßte ich im Mai 1969 eine »Denkschrift zur Frage
der Förderungswürdigkeit des Städtischen Krankenhauses Lauenburg«. Dabei verwies ich auf den 1966/67 durchgeführten inneren
Um- und Ausbau von Krankenstation, OP-Abteilung, Ambulanz,
Röntgenabteilung, Krankengymnastikabteilung, Verwaltung und allgemeinen Versorgungsanlagen. Es folgt:

»Die Kranken sind auf drei Stationen untergebracht, die Zimmer
sind weitgehend mit modernen fahr- und kippbaren Betten ausgestattet. Die Einrichtungen der Funktionsabteilung wurden in den
letzten Jahren nach neuzeitlichen Gesichtspunkten ergänzt, das
Schwesternwohnheim kürzlich (1969) umgebaut und moderni-
siert. Durch die zahlreichen institutionellen und personellen Ver-

besserungen ist das Städtische Krankenhaus Lauenburg in der
Lage, eine fortschrittliche Chirurgie – mit Schwerpunkt Bauch-,
Unfall- und Wiederherstellungs-Chirurgie – zu betreiben. Es verfügt inzwischen über einen Stab tüchtiger Schlüsselkräfte und
darüber hinaus über viele zuverlässige und einsatzfreudige Mitarbeiter. Für Nebenkrankheiten, die andere Fachgebiete betreffen,
stehen qualifizierte Beratungs-Fachärzte zur Verfügung, die bei
Bedarf in wenigen Minuten (Internisten), spätestens aber in
dreißig bis sechzig Minuten (übrige) im Krankenhaus sein können. Eine enge Zusammenarbeit besteht mit Instituten der Universität Hamburg. Zu jeder Tages- und Nachtzeit ist eine OP-
Mannschaft einsatzbereit, um auch schwierige Notoperationen
durchzuführen.«

Die Denkschrift fährt fort:

»Das Krankenhaus war in den letzten Jahren ständig überbelegt.
Bis zu 70 Betten mußten notgedrungen zeitweise aufgestellt werden, um den Andrang an aufnahmebedürftigen Kranken zu bewältigen. Trotzdem konnten nicht alle chirurgischen Kranken aufgenommen werden, die überwiesen wurden. 21 334 Pflegetage
wurden für 1967 errechnet. Die Belegung betrug 108 Prozent (Landesdurchschnitt: 85 Prozent). Dabei war die mittlere Verweildauer
pro Patient 1967 nur 16,3 Tage (Landesdurchschnitt: 19,5 Tage).
1968 hat die Zahl der Pflegetage noch zugenommen.«

Für das Jahr 1968 errechnete ich eine erstaunliche Zahl: 2500 stationäre und ambulante Operationen und chirurgische Versorgungen
(nicht gerechnet die Behandlungen in der chirurgischen Ambulanz).
Über 20 Prozent der stationären Operationen waren Große, das heißt
langdauernde und schwierige Operationen, darunter komplizierte
Spezialeingriffe, wie sie nur an relativ wenigen chirurgischen Kliniken regelmäßig gemacht werden, wie Hüftgelenksersatzplastiken
mit Totalendoprothesen, gezielte Wirbelsegmentfusionen, schwierige
Korrekturoperationen am Skelettsystem. Das war insgesamt nicht
weniger als an der chirurgischen Universitätspoliklinik München und
an der allgemeinchirurgischen Abteilung der Chirurgischen Universitätsklinik Würzburg im Durchschnitt der letzten Jahre (*Ärztliche
Praxis* 19, 603 (1967); *Chirurg* 40, 80 (1969)).

Meine Argumentation zugunsten des kleinen Krankenhauses möchte ich hier ausführlich wiederholen, weil sie auch heute, nach mehr als einem Vierteljahrhundert, ohne Einschränkung gilt:

»Zweifellos ist eine bestimmte Mindest-Bettenzahl erforderlich, um ›in der Routine‹ zu bleiben. Der Patienten-Durchgang muß so groß sein, daß auch seltenere Krankheiten genügend oft behandelt werden. Nur was man oft tut, beherrscht man sicher. Die Mindest-Bettenzahl kann sich aber nur auf die Größe der Fachabteilung, nicht aber des Gesamtkrankenhauses beziehen. Eine chirurgische Abteilung mit im Durchschnitt 65 belegten Betten ist keine kleine, sondern eine mittelgroße Fachabteilung. Abteilungen dieser Größenordnung haben auch in Deutschland zum Teil international anerkannte Chirurgen als Chefarzt, wie zum Beispiel Prof. Dr. Holle an der Chirurgischen Universitätspoliklinik München. In den anglo-amerikanischen Ländern haben weitaus die meisten chirurgischen Abteilungen weniger als 80 Betten. In Dänemark gibt es ein Gesetz, nach dem eine derartige Fachabteilung nur so groß sein darf, daß sie von einem Chefarzt und drei Assistenten (einschließlich Oberarzt) versorgt werden kann. Das sind ca. 70 Betten.«

Mein Plädoyer kommt dann auf den wichtigsten Punkt:

»Auch in unserem technisch perfektionierten Zeitalter entscheiden – eine gute apparative Grundausstattung vorausgesetzt – drei menschliche Dinge in erster Linie das Schicksal des chirurgischen Kranken: Das medizinische Wissen, das handwerkliche Können und nicht zuletzt der persönliche Einsatz des Chirurgen und seiner Mitarbeiter. Das kleine Krankenhaus in der kleinen Stadt bedingt einen intensiven Kontakt des Personals zu den Patienten, zueinander und zur Bevölkerung von Stadt und Umkreis. Dadurch ist das persönliche Engagement der Schlüsselkräfte besonders stark. Jeder einzelne hat am Erfolg und Mißerfolg einer Behandlung einen überschaubareren Anteil als an einer großen Klinik. Dieser positive Faktor des kleinen Hauses sollte in seiner Bedeutsamkeit nicht unterschätzt werden.«

Ich wies im einzelnen nach, daß sowohl in der medizinischen Leistungsfähigkeit als auch wirtschaftlich eine chirurgische Spezialklinik vom Typ des Lauenburger Krankenhauses als sogenanntes »Kleines Krankenhaus« nicht zwangsläufig schlechter gestellt sei als größere Häuser.

Bei der gegebenen Verkehrslage und Industriedichte und einem Einzugsgebiet von etwa 40 000 Menschen erwiese sich, wie ich ausführte, ein leistungfähiges und schnell erreichbares Krankenhaus zur Versorgung der Opfer von Verkehrs- und Arbeitsunfällen als unverzichtbar.

Zur vollen Leistungsfähigkeit allerdings benötige das Krankenhaus dringend den geplanten OP-Erweiterungsbau mit Wachstation. »Erst mit dessen Fertigstellung«, schrieb ich, sei »eine normale Belastung des OP-Personals (einschl. Ärzte) gewährleistet, da dann die meisten Operationen nicht mehr hintereinander, sondern nebeneinander in zwei großen OP-Sälen durchgeführt werden können. Darüber hinaus kann man aufgrund der Vorplanung schon übersehen, daß – bei einem vergleichsweise sparsamen finanziellen Aufwand – die neue OP-Abteilung und die Wachstation den modernsten Anforderungen an die Asepsis sowie an die Intensiv-Überwachung und -Pflege Rechnung tragen.«

Starke Schützenhilfe bekam ich vom Landesverband Nordwestdeutschland der Gewerblichen Berufsgenossenschaften. Dem Geschäftsführer hatte ich meine Nöte und Wünsche zur Kenntnis gegeben. Also schrieb er an den Kreisausschuß des Kreises Herzogtum Lauenburg und drohte mit einer Rücknahme der Zulassung des Städtischen Krankenhauses zur Behandlung Schwerunfallverletzter, falls der von mir beantragte Erweiterungsbau nicht genehmigt würde.

Aufgrund dieses Schreibens faßte der Magistrat am 20. März 1968 den Beschluß: »Der Magistrat ist grundsätzlich bereit, das Krankenhaus nach den von den Gewerblichen Berufsgenossenschaften geforderten Grundsätzen auszubauen und einzurichten. Die Durchführung dieses Vorhabens ist jedoch von den finanziellen Möglichkeiten der Stadt Lauenburg/Elbe abhängig.«

Die Bauzeichnung für den Erweiterungsbau habe ich selbst in allen Einzelheiten gefertigt. Das Stadtbauamt hat sie übernommen. Geplant waren ein großer Aseptischer OP und ein zweiter kleinerer OP, beide mit Anästhesie-Vorbereitungsraum, Endoskopieraum, Händedesinfektionsraum, ein Aufenthaltsraum, je ein Umkleideraum für weibliches und männliches OP-Personal, eine Diktatnische für OP-Berichte, eine Anlage für die Musikberieselung der Patienten während der Operation in örtlicher Betäubung. Die Gesamtgröße des Erweiterungsbaus betrug 250 Quadratmeter.

Auch die an den OP angrenzende Wachstation habe ich selbst bis in die kleinste Einzelheit hinein geplant. Sie bestand aus zwei Zweibett- und einem Einbettzimmer mit Zugang sowohl von der OP-Abteilung wie vom Stationsflur. Es gab eine Beobachtungskanzel auf einem Holzpodest, von der aus die Gesichter aller fünf Wachstationspatienten gesehen werden konnten. Die beiden Zwischenwände waren doppelt verglast mit einer Jalousie, die von der Wachkanzel aus je nach Bedarf geöffnet oder geschlossen werden konnte.

Der Kostenvoranschlag betrug schließlich doch 470 000 Mark, einschließlich 10 Prozent für Unvorhergesehenes.

Der 8. Juli 1969 war ein großer Tag für das Krankenhaus: Besichtigung durch den Leiter der Gesundheitsabteilung des Innenministeriums, Ministerialrat Dr. Beske. Nach der Besichtigung begründete ich meinen Antrag auf den geplanten Erweiterungsbau. Soweit ich feststellen konnte, fiel meine Argumentation bei dem Regierungsvertreter auf fruchtbaren Boden.

Im Oktober 1969 konnte ich dem Gesundheitsausschuß berichten, daß der Ausbau zügig vorankomme und der neue OP-Trakt pünktlich in Bezug genommen werden könne. Gleichzeitig beantragte ich beim Gesundheitsausschuß eine Oberarzt-Planstelle ab 1970. Dies wurde befürwortet.

Schon zum Jahresbeginn 1969 hatte ich bei der Ärztekammer Schleswig-Holstein beantragt, die Zulassung zur Weiterbildung auf dem Fachgebiet Chirurgie auf drei Jahre zu verlängern, da es durch einen systematischen inneren Krankenhausumbau, die Neuanschaffung zahlreicher Einrichtungen, Geräte und Instrumente und Vermehrung des Personals zu einer erheblichen Steigerung der Leistungsfähigkeit gegenüber früher gekommen sei. Das Krankenhaus habe insbesondere nach Einstellung der Geburtshilfe den Charakter einer Spezialklinik für Chirurgie angenommen.

Der Antrag enthält auch eine Aufstellung über die Art der seit 1965 durchgeführten Großen Operationen (inzwischen 2700 Eingriffe, darunter 28 Prozent Große Operationen). Ich gebe sie hier für interessierte Ärzte unter meinen Lesern wieder:

Bauchchirurgie:
Magenresektionen aller Variationen mit B I- und B II-Anastomosen,
selektive Vagotomien, Hiatushernien-Operationen, Duodenal-Diver-
tikel-Operationen, Dünn- und Dickdarm-Resektionen, Hemikolek-
tomien, Rektum-Amputationen, Noblesche OP, Milzexstirpationen,
Cholezystektomien mit Hepato-Choledochus-Revisionen und -Pla-
stiken, Papillotomien, Pankreasbiopsien, Prostatektomien verschiedener Art, Nephrektomien, Nieren-, Harnleiter- und Blasenstein-
operationen, Uterus-Exstirpationen, Bauchdecken-Plastiken.

Unfallchirurgie:
Geschlossene und offene Repositionen von Knochen und Gelenken aller Art, Osteosynthesen (Laschen-Nagelungen und -Ver-
schraubungen, Marknagelungen ohne und mit Markraumaufboh-
rungen), Schädeltrepanationen, große Gipsverbände.

Extremitäten- und Wirbelsäulen-Chirurgie:
Hüftkopf-Ersatzplastiken, Hüft- und andere Versteifungs-Operatio-
nen, Gelenk-Verriegelungs-Operationen, Umstellungs-Osteotomien
verschiedener Art, Meniskus-Operationen, Sehnen- und Bandpla-
stiken, Nervenersatz-Plastiken, Gefäßoperationen, Bandscheiben-
Prolaps-Operationen, Knochentumor- und -herd-Operationen, Kno-
chen-Transplantationen verschiedener Art.

Sonstige Operationen:
Radikale Mamma-Ca-Operationen, Struma-Resektionen, große
Haut-Plastiken.

Schließlich wies ich darauf hin, daß als ständige Berater Fachärzte für folgende Gebiete zur Verfügung ständen, die regelmäßig
konsultiert wurden: Anästhesie, Innere Medizin, Neurologie und
Psychiatrie, Gesichts- und Kiefer-Chirurgie, Augenkrankheiten, HNO-
Krankheiten. Eine enge Zusammenarbeit bestehe mit dem Zentral-
laboratorium in Geesthacht, in dem alle praktisch wichtigen Labora-
toriums-Untersuchungen unter fachärztlicher Kontrolle durchgeführt
würden und zu dem das Untersuchungsmaterial in dringenden Fällen
innerhalb von 15 Minuten gebracht werden könne. Sehr intensiv sei
auch die Zusammenarbeit mit dem Pathologischen Institut der Universität Hamburg unter Leitung von Prof. Dr. Seifert.

TOP-KLINIK FÜR BEDARFSCHIRURGIE (1970–1974)

»In Schleswig-Holstein ohne Beispiel«

Am 12. Februar 1969 war der Antrag auf den Erweiterungsbau meines Stadtkrankenhauses vom Magistrat beim Innenminister des Landes Schleswig-Holstein gestellt worden. Am 11. März 1969 kam die Genehmigung, die dem Krankenhaus nach Fertigstellung des neuen OP-Traktes die Aufnahme von insgesamt 59 Patienten erlaubte, nämlich 54 erwachsenen Patienten und 5 Kindern bis zu 12 Jahren.

Dann mahnt der Schreiber für das Innenministerium: »Ich darf in diesem Zusammenhang noch einmal darauf hinweisen, daß sich der Krankenhausträger an die Bedingungen dieser Genehmigung zu halten hat und daß die zugelassene Bettenzahl nicht überschritten werden darf. Dies ist schon aus dem Grunde nicht zulässig, weil bei der Festsetzung der Bettenkapazität sehr großzügig verfahren worden ist.« Die Finanzierung der Baumaßnahmen, hieß es in dem Schreiben, sei ausschließlich Angelegenheit des Magistrats; Landesmittel könnten dafür nicht zur Verfügung gestellt werden.

Bald danach wurde mit den Erweiterungs- und Umbauarbeiten begonnen. Der Krankenhausbetrieb durfte dadurch nicht behindert werden. Es gelang, nicht nur den Leistungsstand des Vorjahres zu erreichen, sondern ihn noch erheblich zu verbessern.

Am 21. Januar 1970 berichtete die *Lauenburgische Landeszeitung* unter der Schlagzeile »In Schleswig-Holstein ohne Beispiel« über die Besichtigung des neuen Operationstraktes durch den Magistrat, den Bürgervorsteher, den Gesundheitsausschuß und das Bauamt:

»Es steckt ein großes Maß wissenschaftlicher Entwicklungsarbeit Professor Hackethals in diesem Neubau. Alle praktischen und wissenschaftlichen Erkenntnisse seiner bisherigen medizinischen Laufbahn sind hier realisiert worden. Der Operationstrakt verfügt über eine grüne, hochaseptische und eine blaue, teilaseptische Abteilung, die während der Operationsstunden keinerlei Zugangsmöglichkeiten zueinander besitzen. Der Patient, der in den hochaseptischen OP kommt, wird durch einen Korridor in den blauen Trakt gefahren und bis an die Trenntür zum grünen Trakt transportiert. Hier steht der OP-Tisch bereit, auf den er gelegt wird. Dabei wird durch eine eingebaute Schwelle vermieden, daß der grüne Trakt von den Helfern betreten wird. Der Zugang für die Ärzte, Schwestern und Helfer führt durch eine Umkleidekabine, in der das Operationsteam seine Kleidung fast völlig wechselt. Schuhe, Strümpfe und alle Oberbekleidungsstücke werden gegen eine grüne Operationskluft eingetauscht, die nur im grünen Trakt getragen werden darf. Der weitere Weg führt von den Fußwaschbecken an einer automatischen Desinfektionsanlage vorbei in den hochaseptischen OP.

Die Einrichtung des OPs ist ebenfalls nach den Erkenntnissen Professor Hackethals erstellt worden. Es gibt hier einen hypermodernen Sterilisator, in dem innerhalb von drei Minuten das Instrumentarium sterilisiert werden kann. Daneben ist auch ein Äthylen-Sterilisator für Kunststoff- und Gummigegenstände vorhanden. Für die Instrumentenreinigung gibt es einen Ultraschallreiniger, für die Handschuhreinigung sind ebenfalls Maschinen vorhanden. Neben dem Blitzsterilisator ist eine neue, von Professor Hackethal entwickelte Methode der Instrumentenanordnung das Prachtstück des Traktes. In einem in die Wand eingelassenen Regal werden über 150 komplette Instrumentensätze für die verschiedenen Operationen gelagert.

Selbstverständlich sind der grüne und blaue Trakt durch die verschiedenfarbige Kachelung zu unterscheiden. Ebenso sind die blauen und grünen Operationsbekleidungsstücke nur für die gleichfarbigen OPs vorgesehen. Die Reinigungsmöglichkeiten in den OPs sind so angelegt, daß eine optimale Reinigung und Desinfektion möglich ist. Nur eines der vielen kleinen, technischen Details neben Gegensprechanlagen, Verdunkelungsvorrichtungen für die Arbeit mit Röntgengeräten und Bildverstärkern sowie ausgeklügelten Durchreichvorrichtungen sei noch erwähnt. Beim Auftreten von Eiter im Operationstrakt werden rote Warnlampen an allen Eingängen betätigt, die bedeuten, daß der Trakt für das Verlassen und Betreten ab sofort gesperrt ist.

Mit dieser Einrichtung dürfte das Lauenburger Städtische Krankenhaus außer der Universität in Kiel über den modernsten Operationssaal des Landes Schleswig-Holstein verfügen.«

Die Abbildungen in der Zeitung zeigten unter anderem die von mir entwickelten Instrumententische in Treppenform. In diesen sind Kuchenbleche aus Aluminium eingesetzt, auf denen die OP-Instrumente geordnet liegen. Die Kuchenbleche hatte ich von einer Lieferfirma für Bäckereizubehör in Hamburg für wenig Geld erworben. Sie waren mindestens so brauchbar wie die allgemein üblichen, sündhaft teuren Operationssiebe. Auch sonst gab es in meiner Klinik viele Einrichtungsgegenstände, Geräte und Instrumente, die ich in irgendwelchen Geschäften und Warenhäusern eingekauft hatte. Sie waren erheblich billiger als chirurgisches Handwerkszeug aus Instrumentenfabriken.

Kurz vor dem Presselob für unser Krankenhaus war in den *Lübecker Nachrichten* ein Bericht über die katastrophalen baulichen und inneren Zustände der Chirurgischen Klinik der Medizinischen Hochschule Lübeck erschienen. Darin war ein Krankensaal mit 15 Betten abgebildet, wahrscheinlich fünfzig Jahre alt. Die Gesichter der Patienten waren nicht zu erkennen, sehr fröhlich können sie jedoch nicht gewesen sein. Berichtet wurde nicht nur über den Zustand der Chirurgie, sondern auch den anderer Kliniken der Hochschule. Alles in allem: Ein Bild hospitalen Elends – und dies in einer der beiden Medizinischen Hochschulen des Landes Schleswig-Holstein!

Bei der Eröffnung des neuen Operationstraktes war der Erweiterungsbau noch nicht abgeschlossen. Es fehlte noch die Wachstation. An der wurde zügig weitergebaut. Aber allein durch die Inbetriebnahme der modernen Operationsabteilung setzte sich der Aufwärtstrend des Stadtkrankenhauses verstärkt fort. Die Nachfrage von Patienten nach stationärer und ambulanter Behandlung nahm weiter zu. Die Operationen wurden immer anspruchsvoller.

Auch zur Hamburger Universität hatte ich inzwischen eine Verbindung bekommen. Der Ordinarius für Zahnmedizin, Prof. Dr. Horst Ritze, hatte in der Nähe von Lauenburg eine Zweitwohnung. Er machte mir eines Tages mit seiner Frau einen Besuch, und es bahnte sich rasch eine dicke Freundschaft an. Daß er später Dekan der Medizinischen Fakultät wurde und außerdem mit dem Rektor befreundet war, mag dazu beigetragen haben, daß es für mich trotz des Widerstandes der Humanmedizinischen Fakultät eine Chance gab, sogar wieder einen Lehrauftrag zu bekommen.

Am 10. März 1970 konnte ich dem Magistrat der Stadt mitteilen,

daß die Hochschulabteilung der Hamburger Schulbehörde mir auf
Vorschlag des Fachbereichs Medizin einen Lehrauftrag für »Chirurgische Prothetik« erteilt habe:

> »Die Vorlesung ist ab Sommersemester 1970 vierzehntägig als
> Doppelstunde vorgesehen. Sie wird entsprechend der großen
> Breite des Themas Innere (Endo-)Prothetik (von Knochen-, Haut-,
> Gefäßverpflanzungen etc. bis Gelenkersatz und dergleichen durch
> Allo-Plastik) und Äußere (Exo-)Prothetik (Gliedmaßen-, Zahn-
> und sonstige Prothesen) einschließlich Grundlagenforschung,
> Vor- und Nachbehandlung etc. gemeinsam bzw. abwechselnd mit
> anderen Dozenten der Universität gehalten. Mein Anteil betrifft
> die allgemeinchirurgischen Grundlagen sowie ausgewählte Kapi-
> tel der Endo- und Exo-Prothetik im Rahmen meines derzeitigen
> chirurgischen Arbeitsgebietes.«

Damit der Magistrat sich gar nicht erst beunruhigte, fügte ich hinzu:

> »Selbstverständlich wird meine Tätigkeit als Chefarzt des Städti-
> schen Krankenhauses durch den Lehrauftrag nicht beeinträchtigt.
> Im Gegenteil ist zu erwarten, daß dadurch die Anziehungskraft
> des Städtischen Krankenhauses auf ärztlichen und krankenpflege-
> rischen Nachwuchs erhöht wird. Vor allem aber wird sich die For-
> schungs- und Lehrtätigkeit befruchtend auf die tägliche prak-
> tische Arbeit auswirken.«

Mit der Inbetriebnahme des neuen OP-Traktes und der Zunahme an
Großen Operationen wuchs auch der Bedarf an OP-Assistenten. Mir
standen weiterhin nur drei Assistenten zur Verfügung. Operiert
wurde in beiden Operationsräumen nebeneinander. Da bei großen
Operationen wie künstlichen Hüftgelenken, die immer häufiger wurden, ein OP-Assistent nicht genügt, kam ich auf die Idee, an den beiden planmäßigen OP-Tagen, Dienstag und Donnerstag, Medizinstudenten aus Hamburg anzuwerben. Ich beantragte beim Magistrat die
Genehmigung, daß an den OP-Tagen zwei Studenten zur Assistenz
bei Operationen beschäftigt werden konnten, die dafür einen Betrag
von netto 50 DM sowie freies Mittagessen bekämen.

Dies wurde vom Magistrat unter der Bedingung genehmigt, daß
»der Chefarzt ausdrücklich schriftlich bestätigt, daß gegen die Be-

schäftigung von Studenten im OP keine Bedenken bestehen«. Ja, dies
bekam ich schriftlich! Anscheinend war man davon ausgegangen,
daß ich eine solche OP-Assistenz auch trotz eigener Bedenken beantragt hätte. Jedenfalls hatten wir von nun an zwei zusätzliche OP-Assistenten. Die Medizinstudenten waren von dieser Möglichkeit, bei
Operationen zu assistieren, begeistert. Als OP-Assistenten waren sie
brauchbarer als Assistenzärzte, die das Hakenhalten als niedere Arbeit betrachten und es entsprechend lustlos praktizieren.

Am 31. Mai 1970 fand die offizielle Einweihungszeremonie statt,
nachdem man mir den Schlüssel für den Erweiterungsbau schon
Mitte April übergeben hatte. Ich benutzte die Gelegenheit, um mich
in einer längeren Ansprache zu bedanken, das Erreichte gebührend
zu loben, aber auch an den steinigen Weg von 1965 bis 1970 zur Verbesserung des Krankenhausniveaus zu erinnern. Dabei zeigte ich
Diapositive von dem Zustand des Krankenhauses, wie ich es 1965
übernommen hatte. Da gab es erstauntes Gemurmel; so schlimm
hatte niemand das Krankenhaus in Erinnerung. Der Kreispräsident
schüttelte wiederholt den Kopf. Die Stadtvertreter, welche dies schon
vor 1965 gewesen waren, schauten betreten unter sich. Der Bürgermeister und sein Stadtkämmerer blickten ärgerlich drein, vor allem
wohl, weil die Echtheit der Fotos und damit der Wahrheitsgehalt meiner Darstellung nicht zu bezweifeln waren.

Besonders betont habe ich die Wichtigkeit des Stadtkrankenhauses für die Notfallversorgung. Anhand von Beispielen konnte ich beweisen, daß in den letzten Jahren mehrere Schwerverletzte gerettet
werden konnten, die einen Transport in eines der nächstgelegenen
Krankenhäuser nicht überlebt oder doch schwere Spätschäden erlitten hätten. Dann konnte ich eine stolze Bilanz über die seit 1965
durchgeführten Operationen von Kopf bis Fuß vorweisen, darunter
viele Bauchoperationen, urologische Operationen, Kropf- und Brust-
drüseneingriffe, Unfalloperationen und orthopädisch-chirurgische
Eingriffe wie insbesondere künstliche Hüftgelenke und Bandscheibenoperationen.

Ich verwies auf den relativ kleinen Zuschußbedarf trotz der viel-
fältigen Verbesserungen baulicher, inventarieller und personeller Art.
Ausdrücklich bedankte ich mich beim Kreispräsidenten für den Zuschuß des Kreises von 150 000 Mark. Mit besonderer Genugtuung
konnte ich darauf hinweisen, daß sich die Kosten des Erweiterungsbaus für die Stadt in jener Größenordnung gehalten hatten, die von

mir prophezeit worden war. Auch da zogen der Bürgermeister und
sein Stadtkämmerer lange Gesichter.

In meinem privaten Leben war es ebenfalls immer steiler aufwärts gegangen. Trotz einer hohen Selbstbeteiligung an den Anschaffungen
für das Krankenhaus habe ich schon 1970 fast 300 000 Mark versteu-
ert. Gewiß, gemessen an den Einkünften meines Chirurgie-Ordinarius in Erlangen war es ein Pappenstiel. Aber für meine Ansprüche an
Komfort und Luxus reichte es dicke! Ich hatte mir ja schon 1968 ein
Haus und Grundstück in wunderschöner Lage am Elbhang von Lauenburg kaufen können. Das schon 1821 von dem verdienstvollen Lauenburger Justizrat Christian Albinus im Stil von Goethes Gartenhaus
in Weimar gebaute und später von ihm der Stadt geschenkte Haus
sah 1968 zwar innendrin noch fast so aus wie 1821, denn die Stadt
wollte sich keine großen Renovierungskosten aufladen. Aber es hatte
die schönste Lage in ganz Lauenburg. Die Lauenburger gönnten mir
dieses Elbgrundstück. Denn ich hatte mich zu einem ihrer prominentesten Bürger emporgearbeitet und sehr zur Vergrößerung des Re-
nommees ihrer Stadt beigetragen.

1970 reichte das Geld bereits, um mit einem großzügigen Umbau
unseres »Haus Albinus« zu beginnen. Es lag inmitten eines mehr als
dreitausend Quadratmeter großen Wiesengrundstückes mit starkem
Baumbewuchs. Nach seiner Fertigstellung im Juli 1971 konnten wir
bei gutem Wetter im Sitzen bis tief in die Lüneburger Heide hinein-
schauen, am Horizont die Türme von Lüneburg sehen. Außerdem
war der Elb-Blick frei und man sah und hörte die Dampfer strom-
aufwärts und stromabwärts fahren. Schöner kann man nirgendwo
wohnen.

Bevor wir aber in unser erstes eigenes Haus einzogen, gab es ein
schreckliches Erlebnis. Am 14. Juni 1970 kam spätabends gegen elf
Uhr ein Telefonanruf des Butlers meines Bruders Wilbert, dem ich es
zu verdanken hatte, daß ich in Lauenburg als Assistenzarztvertreter
überhaupt eingestellt worden war. Zu ihm gab es nicht nur ein gutes
Bruder-Schwager-Onkel-Verhältnis der ganzen Familie, sondern eine
herzliche Freundschaft. Er war ein wohlhabender Junggeselle, hatte
ein sehr schönes Haus neben seiner Kleiderfabrik in Lauenburg. Als
passionierter Reitersmann war er Mitglied des Hamburger Reiterver-
eins Flotbek. Selbst besaß er sieben Reitpferde und für Haus und
Reitstall eben jenen Butler, der am Sonntagabend Mitte Juni anrief.

Völlig außer Atem sagte er: »Herr Professor, schnell, schnell, kommen Sie bitte. Ihr Bruder liegt regungslos in seiner Sauna!« Daß er schon tot war, wollte er mir am Telefon nicht sagen.

Die Sauna lag etwa dreißig Schritte von seinem Haus entfernt im Garten. Sie wurde mit Propangas betrieben, nicht mit elektrischem Strom. Wilbert hatte – wie ich später erfuhr – an diesem Sonntag an einem Reitturnier in Hamburg teilgenommen. Weil eine Erkältungskrankheit im Anmarsch war, hatte es ihn am Nachmittag schnell von Hamburg nach Hause und in seine Sauna getrieben. Da muß es dann wohl passiert sein, ohne daß es dem Butler, der abends die restlichen sechs Pferde gefüttert hatte – das beste Reitpferd war in Flotbek geblieben –, aufgefallen war.

Nach der Abendfütterung war der Haus- und Stallmann zurück ins Nachbardorf gefahren, wo er wohnte. Als er spät abends in Haus und Stall noch einmal nach dem Rechten sehen wollte, fiel ihm auf, daß das Auto meines Bruders noch immer vor dem Haus stand und ein schwacher Lichtschein aus der Sauna fiel. Das kam ihm merkwürdig vor und er schaute nach. Regungslos lag mein Bruder auf der untersten Liege. Der Saunaofen brannte auf vollen Touren.

Ich raste nach dem Hilferuf zur Sauna und fand meinen Bruder tot. Die ganze linke Körperhälfte war verbrannt. Er muß also wohl lange Zeit bewußtlos in zirka eineinhalb Metern Entfernung vom Saunaofen gelegen haben, der glühte. Ich vermutete eine Propangasvergiftung. Wiederbelebungsversuche waren zwecklos, denn Wille war zweifellos schon längere Zeit tot.

In Panik benachrichtigte ich die Polizei. Sie kam, machte eine Ortsbesichtigung und stellte abschließend fest, daß ein Fremdverschulden auszuschließen sei. Auch die Polizei vermutete eine Propangasvergiftung. Weitere Untersuchungen sollten nicht stattfinden.

Die Todesnachricht ging wie ein Lauffeuer durch Lauenburg. Schon am Morgen gab es die ersten Gerüchte. Es wurde von Selbstmord geredet. Ich füllte die Todesbescheinigung aus und kreuzte an: »Todesursache ungeklärt.« Also war der Staatsanwalt verpflichtet, die Todesursache klären zu lassen. Mein Bruder wurde zur Obduktion in das Gerichtsmedizinische Institut der Universität Hamburg gebracht. Dort diagnostizierte man ein paar Tage später: Tod durch Kohlenmonoxydvergiftung.

Also recherchierte die Kriminalpolizei nach der Ursache dieser Rauchvergiftung. Es stellte sich folgendes heraus: Der Schornstein des Saunahäuschens war von einem Spatzennest verstopft. Dadurch konnte der Rauch nicht abziehen. Mein Bruder hatte ein paar Wochen vorher eine längere Reise durch die Modezentren Italiens unternommen, wo er sich Anregungen für seine »Gigi-Moden« zu holen pflegte, deren Modelle er anschließend selber skizzierte. Während dieser Italienreise müssen die Spatzen ihr todbringendes Nest in den Schornstein gebaut haben.

Der Tod meines jüngsten Bruders war für unsere ganze Familie ein schreckliches Ereignis. Wir hatten nicht nur unseren besten Freund, sondern auch unseren stärksten Lachmuskelaktivator verloren. Von Mutters Frohnatur hatte ihr Jüngster das allermeiste geerbt. Er war ein Meister im Witzeerzählen. Überall, wo er hinkam, freute man sich auf den neuesten Witz. Es gab Vermutungen, daß er sich seine Geschäftsbeziehungen vor allem als Spaßvogel aufgebaut hatte. Die Zahl seiner Geschäftsfreunde war riesig.

Bruder Wille starb einen Monat vor seinem neununddreißigsten Geburtstag und hinterließ ein Millionenvermögen – zur Hälfte seiner Mutter und zu je einem Sechstel seinen drei Geschwistern. Mutter war untröstlich und sollte den Tod ihres Jüngsten, dem sie immer wieder wochenlang den Haushalt geführt hatte, nie ganz verwinden. Erbschaftsstreitigkeiten gab es nicht. Meine plötzlich reich gewordene Mutter hat mich später, als ich beim Aufbau einer eigenen Praxisklinik in Lauenburg in Geldnöte geriet, großzügig unterstützt.

Einige Wochen vor dem Tod meines Bruders, zu Beginn des Sommersemesters 1970, hatte ich an der Universität Hamburg mit meinen Vorlesungen über »Chirurgische Prothetik« begonnen. Zur Verfügung stand mir der hochmoderne Hörsaal der Zahnklinik. Meine Vorlesung war von Anfang an, wie früher in Erlangen, sehr gut besucht. Mir hat sie großen Spaß gemacht, den Studenten anscheinend auch. Die Humanmedizin-Ordinarien beäugten meinen Lehrauftrag allerdings scheel. Aber sie waren machtlos. Ich hatte den Dekan der Medizinischen Fakultät und auch den Rektor der Universität auf meiner Seite.

Im Dauerdienst wurde ich im Sommer 1970 auch entlastet. Mein Apoll-Odysseus Dimi hatte sich zum 1. Assistenten gemausert. Mit ihm konnte ich mich im 2. Dienst abwechseln. Also bekam ich mehr Freizeit, konnte mich auch immer mal von Lauenburg absetzen und in die Großstadt nach Hamburg fliehen. Besonders bot sich dafür der Donnerstag an, und zwar der Nachmittag nach Beendigung des OP-Programms.

Auch beim Operieren wurde ich mehr und mehr entlastet. Meine Assistenten durfte ich zu immer größeren Eingriffen als Operateure einsetzen, nachdem ich sie Schritt für Schritt eingearbeitet hatte, auch für Hüftgelenks-Ersatzplastiken.

Alles in allem war ich schon in der zweiten Jahreshälfte 1970 fast am Ende meiner hochgesteckten Ziele als Allgemein- und Unfallchirurg angekommen. Es waren nur noch wenige Wünsche offen. Ich begann mit Forschungsreisen ins Ausland, nachdem ich öfters in Hamburger Kliniken gastiert hatte. Zunächst flog ich nach England zu dem britischen Orthopädischen Chirurgen Charnley, der die Methode der Totalendoprothese des Hüftgelenks, der TEP von Hüftpfanne und Hüftkopf, weiter ausgebaut hatte und als der beste Hüftoperateur der Welt galt.

Von ihm wurde ich sehr freundlich empfangen. Ich blieb etwa eine Woche und konnte für den künstlichen Hüftersatz viel dazulernen. Nur seine Anästhesiemethode und sein Zugang zum Hüftgelenk gefielen mir nicht. Er operierte in Intubationsnarkose und in Rückenlage der Patienten. Ich behielt nach meiner Rückkehr die Operation in örtlicher Betäubung, das heißt in Spinalanästhesie bei, also mit Einspritzung der Betäubungslösung in die Rückenmarkflüssigkeit. Die Patienten wurden in Seitenlage operiert und das Hüftgelenk von einem hinteren seitlichen Schnitt aus eröffnet, so wie es der amerikanische Chirurg Moore angegeben hatte. Dabei müssen nur kleine Muskeln, aber nicht ein großer Gesäßmuskel abgetrennt werden. Der Zugang zum Gelenk ist wesentlich schonender als nach der Methode von Charnley. Während der Operation spielte ich meinen Patienten, wie bereits früher, ihre Lieblingsmusik vor. Das war wohlgemerkt bereits 1970, also fast ein Vierteljahrhundert vor jener Zeitungsmeldung 1994, daß neuerdings in einer deutschen Klinik unter Musikbegleitung operiert werde. Meine männlichen Patienten hatten am liebsten Marschmusik. Die hörte ich dann beim Operieren mit. Was das Operationstempo um ein paar Minuten beschleunigte.

Auch die unfallchirurgischen Eingriffe wurden immer häufiger und immer größer. Für die Durchführung meiner Bündelnagelung hatte ich schon 1965 alles Notwendige an Operationstisch-Zubehör und Instrumentarium angeschafft. Bei der Röntgenkontrolle mußten wir uns allerdings bis 1972 mit dem optischen Bildverstärker behelfen. In Erlangen gab es dafür bereits 1959 Fernseh-Bildverstärker, an deren Fortentwicklung ich mich maßgeblich beteiligt hatte. Die Ausgabe für diesen Operationsluxus wäre aber vor 1972 in Anbetracht all dessen, was sonst angeschafft werden mußte, zu groß geworden. Also gab es bei der Bündelnagelung eine Arbeitsteilung zwischen Nagler und Röntgenbildbetrachter. Das war zwar ein Rückschritt gegenüber Erlangen, insbesondere verlängerte es auch die Operationsdauer. Aber zum damaligen Zeitpunkt hatten auch die Nachbarkrankenhäuser noch keinen Fernseh-Bildverstärker. Also war das vertretbar.

WEITER AUFWÄRTS ZUM HÖHEPUNKT

Nachdem die baulichen und apparativen Voraussetzungen für ein hohes Versorgungsniveau geschaffen waren, konnte ich mich vermehrt um die personellen Innereien kümmern, um das Klinikarzt-Patient-Verhältnis und auch das Arzthelfer-Patient-Verhältnis zu optimieren. Arzthelfer gebrauche ich hier als Oberbegriff für alle nichtärztlichen Mitarbeiter in der Gesundheitshilfe.

Ich machte häufiger Ärztebesprechungen und beteiligte mich selbst am Arzthelfer-Unterricht. Im übrigen führte ich ein Formular mit der Überschrift »Chefarzt-Anordnung« ein. Dieses wurde jeweils namentlich an die Mitarbeiter in den einzelnen Funktionsbereichen adressiert. Die Empfänger mußten mir die Kenntnisnahme quittieren und wurden aufgefordert, Einwendungen oder Änderungsvorschläge möglichst bald vorzutragen.

Die Chefarzt-Anordnung vom 13. Januar 1971 zum Beispiel galt den Abschlußberichts- und Entlassungsblättern mit der Aufforderung: »Bitte vermerken Sie bei Hüft-Endoprothesen in jedem Fall die Beweglichkeit des Hüftersatzgelenkes (z.B. 1/2 eingeschränkt) und die Beinlänge (zum Beispiel Beinverlängerung rechts 1 Zentimeter oder Beinverkürzung links 1 Zentimeter oder Beinlänge beiderseits gleich). Die Angabe muß sich immer auf das operierte Bein beziehen. Wenn postoperativ eine Hüftluxation eintritt, so ist das eine Folgekrankheit. Wenn postoperativ eine Fistel auftritt, so ist das die Folge einer Weichteilentzündung. Die Abschlußberichtsblätter müssen noch prägnanter ausgefüllt werden. Es steht zum Teil zu viel drin. Röntgenbefunde sind nur stichwortartig, nicht aber vollinhaltlich anzugeben. Unwichtige Befunde brauchen nicht erwähnt zu werden.«

Um sicherzugehen, daß in unseren Abschlußberichten alle wichtigen Daten enthalten waren, habe ich auch dafür ein Formular entwickelt, das meine ärztlichen Mitarbeiter dazu zwang, alles Wichtige aufzuschreiben, und es mir erleichterte, dies zu kontrollieren. Dieses Abschlußberichtsblatt mußte möglichst am Entlassungstage, spätestens aber am nächsten Tage an den Hausarzt abgeschickt werden. Als Anlage waren alle wichtigen Dokumentationsblätter aus der Krankengeschichte beigefügt. Verantwortlich dafür waren die Arztsekretärinnen, von denen es 1970 bereits vier gab, weil ich auf eine sorgfältige Dokumentation immer ganz besonderen Wert gelegt habe.

Noch heute müssen nach der Krankenhausbehandlung eines Patienten in Deutschland die weiterbehandelnden Ärzte in der Regel Wochen, oft Monate auf das Abschlußberichtsblatt warten. Darin stehen dann Therapievorschläge, die sofort nach der Entlassung hätten umgesetzt werden müssen. Ersatzweise wird ein Schmierblatt ausgefüllt, auf dem die Klaue des Stationsarztes fast unleserlich ist. Darauf stehen dann zwar ein paar Stichwörter, aber alles in allem ist es viel zu wenig an wichtiger Information für den weiterbehandelnden Arzt. Man redet sich damit heraus, daß nicht genügend Schreibkräfte zur Verfügung stünden. Zur Hauptsache liegt es aber an einer unzureichenden Organisation durch den Chefarzt und an der Schludrigkeit der Stationsärzte. Sie schieben lästige Arbeit – dazu gehört das Diktat des Abschlußberichtsblattes – möglichst lange vor sich her. Fast alle Chefärzte sind von ihren Assistenten und Oberärzten erpreßbar, weil zu viel Vermeidbares passiert. Also dulden sie solche Schlampereien.

1970 habe ich auch ein eigenes »Kurvenblatt« entwickelt. In den Krankenhäusern war es damals seit ewigen Zeiten üblich, die gesamte Verlaufsdokumentation auf Eintragungen in die »Fieberkurve« zu beschränken. Dadurch gab es natürlich erhebliche Dokumentationsdefizite. Ich entwarf ein Kurvenblatt, welches die Information sehr viel präziser und übersichtlicher machte.

Besonders wichtig war mir der Entwurf eines eigenen »Operationsblattes«. Dies hat sich übrigens bis heute so, wie es damals entwickelt wurde, erhalten. Es gab eine Chefarztanordnung, daß das Diktat für das Operationsblatt vom Operateur, aber nicht, wie fast allgemein üblich, vom OP-Assistenten zu diktieren sei, und zwar sofort nach der Operation. Das schloß Defizite durch Erinnerungslücken und auch Verschönerungsmärchen am zuverlässigsten aus. An erster Stelle meines Operationsblattes stand der Eintrag der Uhrzeit vom Schnitt bis zur letzten Naht auf die Minute genau und danach die Gesamt-OP-Dauer in Minuten. Auf jedem OP-Blatt mußte auch der Name der instrumentierenden OP-Schwestern eingetragen werden.

Ich erzog meine Mitarbeiter zu einem redundanzarmen Diktat, also zur Vermeidung jedes überflüssigen Wortes. Das hatte ich von meinem Lehrer Peter Pitzen gelernt. In das Operationsblatt mußte auch eingetragen werden, welches Nahtmaterial verwendet wurde. Zur damaligen Zeit gab es in keiner chirurgischen Abteilung und Klinik ein Operationsblatt mit solch präzisen Angaben. Noch heute gibt es fast keinen Operationsbericht, in dem die Operationsdauer – eine der wichtigsten Informationen – eingetragen ist, geschweige denn die Uhrzeit auf die Minute genau.

Selbstverständlich gab es zusätzlich zum Operationsblatt ein Formular für das »Narkoseprotokoll«. Auch das habe ich selbst entworfen. Für größere Operationen war die Trapanal-Halothan-Äther-Lachgas-Narkose üblich, abgekürzt THAL, ausgeführt von unserem Anästhesie-Pfleger oder auch von einer entsprechend eingearbeiteten Anästhesie-Schwester. In den ersten Jahren waren es reine Maskennarkosen, später dann, bei lang dauernden Eingriffen, auch Intubationsnarkosen.

Selbstverständlich habe ich auch ein eigenes »Intensivblatt« entworfen, das eine genaue Überwachung der Schwerkranken ermöglichte. Auch die Aufstellung unseres »Operationsprogrammes« unterschied sich vom üblichen. In Erlangen war es, wie an vielen anderen Kliniken fast bis in die letzte Zeit hinein, üblich gewesen, das Operationsprogramm mit Kreide auf eine Tafel im Flur der Operationsabteilung zu schreiben. Auch auf den später entwickelten schriftlichen Operationsprogrammen fehlten viele wichtige Einzelheiten. Ich entwickelte Operationsprogramm-Blätter für die drei OPs: A (Aseptischer OP), B (Bedingt-aseptischer OP) und E (Endoskopie-OP). Darin wurden für die einzelnen Operationen die Uhrzeiten vorausgeschätzt und unter der Rubrik »Zeitplan von… bis…« eingetragen. Sicher gab es da später immer auch mal Abweichungen. Aber im großen und ganzen stimmten die Vorausschätzungen, so daß sich nicht nur das OP-Personal, sondern auch die Stationsschwestern zeitlich einrichten konnten.

Als Beispiel möchte ich das Operationsprogramm vom 13. April 1972 anführen. Für den A-OP waren 9 Operationen vorgesehen, darunter 2 künstliche Hüftgelenke mit Ersatz von Pfanne und Hüftkopf und einer OP-Dauer von 60 Minuten, 2 Hüftkopf-Ersatzplastiken (45

Minuten), 1 Ersatzplastik der inneren Kniegelenkshälfte (60 Minuten), 1 Bündelnagelung des Unterschenkels (60 Minuten).

Auf dem B-OP-Programm standen für den gleichen Tag 10 Operationen, darunter 1 Magenresektion mit einer geplanten OP-Dauer von 90 Minuten, 1 Probelaparatomie mit Darmresektion (60 Minuten), 1 Laschennagel-Entfernung (30 Minuten), 1 Oberschenkelamputation (45 Minuten), 2 Blinddarm-Entfernungen (20 Minuten), 1 Leisten-Hoden-Operation (45 Minuten), 1 Leistenbruch-Operation (30 Minuten), 1 Laschennagel-Entfernung im Schenkelhalsbereich (30 Minuten), 1 Probe-Ausschneidung aus der Brustdrüse rechts und links (30 Minuten) und die Anlegung eines Steinmann-Nagel-Streckbügels wegen eines Oberschenkelbruches (10 Minuten).

Mit Ausnahme der OP-Dauer für die Probelaparatomie mit Darmresektion konnten alle Operationszeiten im wesentlichen eingehalten werden. Nur für diese Operation verlängerte sich die Operationszeit auf 121 Minuten, weil doch viel mehr zu tun war als voraussehbar: Abszeßentleerung, teilweise Dünndarmresektion mit End-zu-End-Anastomose, Ausschneidung von Eierstocktumoren und eines Teiles des großen Netzes sowie Bauchhöhlen-Spülung.

Selbstverständlich gab es auch eine »Dienstordnung« sowohl für den Arztdienst im allgemeinen wie extra für den 1. Dienst, also den Arzt, der für die Erstversorgung zuständig war. Ich weise nur deshalb darauf hin, weil es solche schriftlichen Dienstordnungen für Ärzte damals an keinem anderen Krankenhaus gab.

Unter dem Stichwort »Sofortuntersuchung« hieß es in der Dienstordnung für den 1. Dienst: »Jeder Akutfall soll möglichst sofort, das heißt innerhalb von fünf Minuten untersucht werden. Jeder Akutfall kann ein ›Minutenfall‹ (= Exitusgefahr in wenigen Minuten) sein. Für Akutkranke dauert jede Warteminute eine Ewigkeit! Deshalb ist es wichtig, daß der 1. Dienst a) jederzeit telefonisch erreichbar ist und dafür ständig Vorsorge trifft, b) das Krankenhausgelände nicht verläßt, c) andere, weniger dringliche Tätigkeiten sofort unterbricht und schnellstens zum Akutfall geht.«

Der 1. Dienst war zur Sofortbenachrichtigung des 2. Dienstes, das heißt des Oberarztes bzw. Chefarztes, verpflichtet bei jedem lebensbedrohenden Ereignis, bei jedem Exitus, bei jedem Problemfall (diagnostischer, therapeutischer und psychologischer Art) und so weiter sowie für den Fall, daß der 1. Dienst eine dringliche Versorgung nicht unterbrechen könnte.

In der Dienstordnung für den 1. Dienst gab es eine genaue Anleitung für die »Einleitende Lebensrettungs-Therapie bei Minutenfällen« und vieles andere mehr. Nur durch solche schriftliche Anordnungen kann erreicht werden, daß nichts versäumt wird. Der 1. Dienst trug – darauf wies ich in der Dienstordnung hin – »für alle Handlungen und Unterlassungen die Verantwortung, solange der 2. Dienst nicht benachrichtigt oder nicht vollständig (über den tatsächlichen Schweregrad etc.) informiert wurde. Eventuell muß er die Untersuchung und/oder Mitbehandlung des Patienten durch den 2. Dienst ausdrücklich fordern.«

Die allgemeine Dienstordnung ermunterte den 1. Dienst grundsätzlich zu Kritik an speziellen Anordnungen und Maßnahmen von Oberärzten und Chefarzt. Bedenken sollten sofort – jedoch in der Regel nicht in Gegenwart des Patienten – vorgebracht werden und Einwände gegen allgemeine Anordnungen oder Verbesserungsvorschläge bei den gemeinsamen Ärztebesprechungen.

Auch für die pietätvolle Behandlung Verstorbener erließ ich Anweisungen: »Nach Möglichkeit sollen die Angehörigen von dem Verstorbenen nach entsprechender Bettung in einem Krankenzimmer Abschied nehmen. Ist die Isolierung in einem Krankenzimmer nicht möglich, muß der Verstorbene im Leichenraum aufgebahrt und der Raum entsprechend hergerichtet werden.«

Die letzte Anordnung in der allgemeinen Dienstordnung lautete: »Der Kranke ist König! Möglichst jeder Kranke soll ein Freund des Lauenburger Krankenhauses werden und bleiben. Darauf ist die Versorgung einzurichten.«

Ich erwähne das alles nur, weil dies zumindest zur damaligen Zeit nicht allgemein üblich war. Vielfach ist es das heute noch nicht. Um dieses Thema abzuschließen, verweise ich noch auf meine »OP-Nachschubregeln« mit ihren 11 Punkten und folgendem Vorspann: »Die zügige Abwicklung des OP-Programmes liegt im Interesse der Kranken und aller an der Abwicklung des OP-Programms Beteiligten. Eine wichtige Voraussetzung ist der rechtzeitige Patientennachschub. Verantwortlich ist (der im OP-Programm eingetragene) Anästhesist. Mitverantwortlich sind der Anästhesiehelfer und die OP-Sekretärin.« Dazu gab es noch die »11 heißen Nachschubfragen«, in denen abgefragt wurde, ob die Nachschubregeln beachtet worden sind.

Dies alles hat es an der Chirurgischen Universitätsklinik Erlangen-Nürnberg nicht gegeben.

Natürlich gab es trotz meines strengen Regiments auch immer wieder Ärger durch Versorgungsmängel. In böser Erinnerung ist mir ein Narkosezwischenfall bei einer Kleinen Operation. Im Februar 1969 sollte bei einer vierundsiebzigjährigen Frau wegen Verdachts auf Brustkrebs ein pflaumengroßer Knoten zur histologischen Untersuchung ausgeschnitten werden. Als Operateur setzte ich einen Assistenzarzt ein. Die OP-Dauer war auf 15 Minuten veranschlagt worden, als Anästhesie nur »Trapanal-Narkose« angesetzt, also die intravenöse Einspritzung eines Schlafmittels. Der Operateur schnitt den Knoten mit einem nur 4 Zentimeter langen Schnitt zügig heraus. Am Schluß stellte er fest, daß die Patientin nicht mehr atmete. Ich operierte im A-OP und wurde sofort dazugerufen. Die Patientin hatte einen Atem- und Herzstillstand. Ich begann sofort mit Herzmassage und manueller Brustkorb-Beatmung. Dann wurde die Beatmung mit dem Narkoseapparat fortgesetzt. Es gelang, die Patientin wiederzubeleben. Sie blieb noch mehrere Tage bewußtlos, wachte dann langsam auf. Etwa vierzehn Tage später antwortete sie auf Fragen, war aber immer noch desorientiert. In den nächsten Wochen hellte der Bewußtseinszustand weiter auf. Es dauerte sechs Wochen, bis die Patientin das erste Mal mit Unterstützung aufstehen konnte. In den folgenden vier Wochen besserte sich der Zustand weiter. Dann aber kam es plötzlich zu einem akuten Herz- und Kreislaufversagen, an dem die Patientin verstarb.

Selbstverständlich war der Tod eine Spätfolge des Narkosezwischenfalls. Es war nicht genügend aufgepaßt worden. Die Anästhesie-Schwester mußte anschließend einen ausführlichen Narkosebericht erstellen, aus dem sich ergab, daß Anästhesie-Schwester und Operateur gemeinsam für den Vorfall verantwortlich waren. Der Operateur war insoweit mit schuld, als er die Anästhesie-Schwester zu einem Nachschuß der Narkoselösung aufgefordert hatte, als die Operation bereits beendet war. Weil die Patientin unruhig wurde, sollte sie ruhiggestellt werden. Diesen Assistenzarzt habe ich übrigens bald zur Kündigung genötigt, weil auch sonst unnötig viel passiert war, was er zu verantworten hatte. Von unzuverlässigen Ärzten habe ich mich immer schnell getrennt. Da gab es kein Pardon!

Schon in Lauenburg habe ich das Anzeichnen des Hautschnittes vor der Operation als Pflicht eingeführt. Auch in dieser Beziehung dürfte ich ein Vorreiter gewesen sein. Anlaß war ein Schlüsselerlebnis besonderer Art. Einer meiner Assistenzärzte hatte die falsche Schulter operiert. Der Patient litt nach einem Unfall an einer Instabilität seines Schulter-Eckgelenkes zwischen Schlüsselbein und Schulterblatt. Es handelte sich um eine relativ leichte Operation. Das Gelenk liegt dicht unter der Haut. Es sollte nur eine Drahtnaht gemacht werden.

Bei der ersten Visite nach der Operation bemerkte ich, daß die falsche Seite operiert worden war. Ich war so erschrocken, daß ich kein Wort herausbekam. Der Patient machte ein fröhliches Gesicht, bedankte sich für die Operation, obwohl der Pflasterverband auf der falschen Seite lag. Also hätte ihm eigentlich die Seitenverwechslung aufgefallen sein müssen. Doch er sagte kein Wort, beschwerte sich nicht. Da hielt auch ich den Mund. Draußen vor der Tür stellte ich dann den Operateur zur Rede, der den Fehler selbst noch gar nicht bemerkt hatte. Es war ihm schrecklich unangenehm, denn er gehörte zu den Ärzten mit einem besonders sensiblen Gewissen. Vorwürfe konnte ich ihm gar nicht mehr machen, nachdem ich sah, wie stark er unter seiner Fehloperation litt.

Und nun möchten Sie sicher gern wissen, ob uns der Patient wegen Kunstfehlers verklagt hat. Nein! Der weitere Verlauf war so, als ob die richtige Seite operiert worden wäre. Der Patient beklagte sich nicht ein einziges Mal. Die Operationswunde verheilte glatt. Irgendwelche Behinderungen blieben nicht zurück. Auch die Instabilität des Schulter-Eckgelenks der anderen Seite scheint ihn nicht mehr wesentlich behindert zu haben. Jedenfalls konnte er schon nach ein paar Wochen arbeitsfähig geschrieben werden. Das war es dann. Wir haben den Patienten später nie mehr gesehen.

Das Positive an dieser Geschichte: Ich ordnete an, daß ab sofort kein Patient mehr operiert werden durfte, bei dem nicht vorher der Hautschnitt in kräftiger Farbe angezeichnet worden war. Diese Anordnung habe ich bis heute beibehalten. So ist es bei mir nie mehr zu einer Seitenverwechslung gekommen. Obwohl sie so leicht zu vermeiden ist, liest man auch heute noch immer mal in der Zeitung, daß das falsche Bein amputiert wurde. Die verantwortlichen Operateure sollten mit Gefängnis bestraft werden!

Selbstverständlich war ich immer auf sparsamste Wirtschaftsführung bedacht. Etwas amüsiert stellte ich bei der Durchsicht meiner Papiere fest, daß ich mich sogar um die Auswahl der Mülleimer kümmerte. So steht in einem Brief an den Verwaltungsleiter, daß ich »am 18. Januar 1971 um 7.35 Uhr« feststellte, »daß von 15 Mülleimern 10 leer sind. In Anbetracht der Tatsache, daß in etwa einer halben

Stunde mit der Leerung der Mülleimer durch die Müllabfuhr zu rechnen ist, kann wahrscheinlich ohne weiteres auf 5 Mülleimer verzichtet werden. Ich habe aber die Bitte, daß Sie am Donnerstagmorgen kurz vor der nächsten Müllabfuhr nochmals persönlich die Füllung der Mülleimer kontrollieren und mir darüber berichten.«

Vielleicht darf ich an dieser Stelle auch mal prahlen. Immer häufiger bekam ich schriftliche Dankesbriefe von Patienten. So auch am 24. Januar 1971 von Dr. Winfried B. aus Adendorf bei Lüneburg, dem er später ein Schreiben an den Magistrat von Lauenburg folgen ließ. Sicher hatte dieser Patient von den Querelen mit dem Bürgermeister gehört und wollte mir helfen. In seinem Brief schreibt er:

»Am vergangenen 29. Dezember wurde ich endlich durch Herrn Chefarzt des dortigen Krankenhauses von einer über zwölf Jahre anhaltenden qualvollen Leidenszeit befreit… Wegen der daraus resultierenden Folgen mußte ich in den zurückliegenden sechsundzwanzig Jahren zwanzigmal wiederholt längere Zeit unter anderem auch in den Universitätskliniken Göttingen und Eppendorf stationär behandelt werden; leider ohne nachhaltig von den oft fast unerträglich auftretenden Schmerzen befreit worden zu sein. In keinem dieser Krankenhäuser erhielt ich aber eine so vorbildliche ärztliche Betreuung und Pflege wie in der wohltuenden Atmosphäre des von Herrn Prof. Hackethal geleiteten Hauses… Wenn Lauenburg schon das Glück hat – um das es zweifellos von wesentlich größeren Städten unverhohlen beneidet wird –, einen solch begnadeten Arzt als Leiter seines Krankenhauses gefunden zu haben, so sollte man diesem auch durch jede Art der Förderung dieses Hauses die Möglichkeit zur vollen Entfaltung seiner ungewöhnlichen medizinischen Befähigung zu geben versuchen, zum Wohl der betroffenen Bevölkerung.«

Am 16. März 1971 wurde auf meine Anregung hin der »Freundeskreis Krankenhaus Lauenburg«, abgekürzt FKL, gegründet, der dazu beitragen sollte, »die Erhaltung des Krankenhauses in Lauenburg zu sichern und seine Leistungsfähigkeit im Interesse der Kranken zu fördern«. Der Jahresbeitrag wurde auf eine Mark festgesetzt in der Hoffnung, daß dies die Mitgliedszahl vergrößerte, aber der Spendenbereitschaft keinen Abbruch tat. Für die Spender wurde eine Ehrentafel im Wartebereich des Krankenhauses aufgestellt. Auf die Ehrentafel kamen die Namen aller, welche eine Spende im Wert von mindestens 1000 DM machten.

Den Vorsitz des FKL übernahm Hans-Georg Peters, ein prominenter Lauenburger Fabrikant, zweiter Vorsitzender war der Vorsitzende der Arbeiterwohlfahrt von Lauenburg. Der Verein wuchs auf über tausend Mitglieder an und wurde zu einer wichtigen Hilfe für mich in meinem Kampf gegen die Behörden.

Trotz aller Fortschritte geisterte immer wieder das Gerücht von einer beabsichtigten Schließung des Lauenburger Krankenhauses umher, gestärkt durch Zeitungsmeldungen. Um das zu verhindern, haben sich immer wieder ehemalige Patienten an die Gesundheitsabteilung des Innenministeriums von Schleswig-Holstein gewandt. Der Chef war damals der Leitende Ministerialrat Dr. F. Beske mit einer Amtsarzt-Laufbahn. Anfang März 1971 hatte ein ehemaliger Patient in einem ausführlichen Brief an ihn auf die Wichtigkeit der Erhaltung des Lauenburger Krankenhauses hingewiesen. Später schickte er mir den Antwortbrief von Beske vom 11. März 1971, in dem es unter anderem hieß:

»Der entscheidende Grund dafür, daß wir dieses Krankenhaus einer anderen Verwendung zuführen müssen, liegt darin, daß nach einheiliger wissenschaftlicher Meinung Spezialkrankenhäuser so viele Nachteile haben, daß auf sie verzichtet werden sollte. In jedem Krankenhaus ist das Zusammenspiel mehrerer Disziplinen erforderlich, und jede Disziplin muß über eine Funktionsausstattung und Bettenzahl verfügen, die es ihr ermöglicht, ohne Überbeanspruchung ihrer Ärzte jederzeit einsatzbereit zu sein… In allen Fragen der Planung stoßen sich die Gesichtspunkte der Planungsbehörde und die örtliche Situation oft sehr hart im Raum. Begrenzte Investitionsmittel und eine sich verschärfende Personalsituation, verbunden mit der einhelligen Auffassung der Fachwelt, zwingen uns jedoch dazu, den vorgezeichneten Weg zu gehen.«

Ich habe diesen Brief bewußt ausführlich zitiert, weil es der Brief eines Schreibtisch-Mediziners ist, der von der Praxis keine Ahnung hat. Leider bestimmen ja solche Schreibtischtäter auch weiterhin die Richtlinien der Medizinpolitik. Sie sind schuld an der Schaffung monströser Großkliniken wie die von Aachen und Großhadern. Mich würde man als Patienten in eine solche anonyme Fabrik nie hineinbringen.

Bestmögliche zeitgemäße Technik läßt sich auch in kleinen Krankenhäusern unterbringen, bei deren Betreten man als mitdenkender, leidlich sensibler Patient nicht in Angst und Schrecken kommen muß. Die irrsinnige Planung von Großkliniken läßt sich mit der im Wohnungsbau ab 1950 vergleichen. Die Bauherren der Betonkasernen haben ebensowenig eine Entschuldigung wie die Bauherren der Mammutkliniken. Hätte man nicht vom Schreibtisch aus geplant, sondern sich die Mühe gemacht, in die Kliniken zu gehen und den Klinikbetrieb ein paar Tage selbst zu beobachten, dürfte es niemals zu diesen Fabrikmonstren, Ausgeburten schieren Größenwahns, gekommen sein.

Zum Jahreswechsel 1970/71 führte ich einen monatlich stattfindenden Vortragsabend für die Ärzte von Lauenburg und seinem Umkreis ein, den ich »Colloquium Lauenburgense« nannte. Dieses entwickelte sich zu einer sehr gut besuchten Veranstaltung. Zusammen mit meinen Mitarbeitern berichtete ich beispielsweise im Mai 1971 unter anderem über den interessantesten Fall des letzten Jahres, führte einen Film über die Lauenburger Technik der Hüftgelenks-Ersatzplastik mit Totalendoprothesen auf, demonstriert an drei am gleichen Tag operierten Kranken, diskutierte mit den einweisenden Ärzten über ihre Hüft-Endoprothesen-Patienten und erläuterte unsere Methode ihrer Nachbehandlung.

Um einen Eindruck über die Beanspruchung unserer Klinik in der Notversorgung zu vermitteln, zitiere ich einen Brief, den ich am 14. Juni 1971 dem Magistrat geschrieben habe:

»Am Pfingst-Wochenende wurden in der Zeit vom 29. Mai, 8 Uhr, bis zum 1. Juni, 8.15 Uhr, 15 chirurgische Patienten zur stationären Behandlung eingewiesen und aufgenommen. Nur ein Teil konnte in den (zu allen Feiertagen in vermehrtem Umfange) freien Betten untergebracht werden. Zusätzlich waren die vorzeitige Entlassung von Kranken und die Unterbringung in Notbetten und auf Notliegen erforderlich. Außerdem mußten akute Notfälle ambulant versorgt werden, insbesondere Verletzungen infolge von Sport-, Verkehrs-, Camping- und sonstigen Unfällen. Eine ähnlich starke Inanspruchnahme des Städtischen Krankenhauses durch dringliche Fälle an Wochenenden und nachts ist nicht eine Ausnahme, sondern häufig.«

In der Physiotherapie- bzw. Krankengymnastik-Abteilung, untergebracht in zwei größeren Räumen des Kellergeschosses im Nebengebäude, wurde es bald zu eng. Deshalb schlug ich dem Magistrat vor, nach meinem Auszug aus dem Chefarzthaus diese Abteilung dorthin zu verlegen. Die notwendigen Renovierungen würde ich auf eigene Kosten durchführen lassen und auch die Miete im bisherigen Umfang weiterbezahlen. Der Magistrat signalisierte sein grundsätzliches Einverständnis, und so ließ ich sofort nach meinem Auszug mit den Umbauarbeiten beginnen. Die neue Lösung verbesserte nicht nur die Möglichkeiten für die Physiotherapie, sondern machte auch Räume im Krankenhaus zur Erweiterung der Verwaltung und zur Schaffung eines größeren Archivs frei.

Bei allem Ehrgeiz, die technisch besten Einrichtungen zu installieren, verzichtete ich auf manches, was damals – und heute – als notwendig galt. Als ich 1969 bei der Planung des Erweiterungsbaues für die OP-Abteilung gefragt wurde, ob nicht auch eine Klimaanlage eingebaut werden müsse, um dem neuesten Stand von Wissenschaft und Technik gerecht zu werden, antwortete ich: »Eine solche Dreckschleuder kommt in meinen OP nicht!«

Ich sollte auf spektakuläre Weise recht bekommen, denn am 13. August 1971 war in einer norddeutschen Zeitung zu lesen, daß eine zweiundzwanzig Jahre alte Patientin drei Wochen nach einer Kaiserschnittentbindung aufgrund postoperativer Infektion in der Universitätsfrauenklinik Eppendorf gestorben sei. »Bei einer genaueren Untersuchung der Belüftungsanlage stellte sich der ›dringende Verdacht‹ heraus, daß der unter Bodenhöhe gelegene Ansaugstutzen bei warmem Wetter stark bakteriell verseuchte Luft einsaugte. Am Boden der mit einem Rost bedeckten Grube des Ansaugrohres wurden ›schmuddeliges Wasser und sogar verendete Regenwürmer gefunden‹, berichtete der Chefarzt Prof. Dr. Thomsen. Bei anhaltender Wärme, vermutete er, wurde stark staubhaltige Luft angezogen, die die Filter nicht mehr bakterienfrei halten konnten.« Später mußte der Gynäkologie-Ordinarius zugeben, daß weitere sechs Frauen an Infektionen der Bauchhöhle erkrankt und davon drei gestorben seien. Zu seiner Entschuldigung soll er sich darauf berufen haben, von der Gesundheitsbehörde nicht über ähnliche Situationen in anderen Krankenhäusern

informiert worden zu sein, wo man weitere Sicherheitsfilter eingebaut habe, um neue Infektionen zu verhindern.

Meine Stellungnahme dazu damals vor meinen Ärzten: Für diese
Dreckinfektionen gibt es überhaupt keine Entschuldigung. Als Chefoperateur wäre der Ordinarius verpflichtet gewesen, den Keimgehalt
der Luft zu kontrollieren. Schließlich wußte man längst aus den USA,
daß Klimaanlagen sehr häufig schwere Infektionen verursachten.

Am 3. September 1971 machte ich einen Besuch beim Chefarzt der
Chirurgischen Klinik des Hamburger Mammutkrankenhauses St.
Georg, Prof. Dr. Buchholz, der sich als Hüft-TEP-Operateur einen
großen Namen gemacht hatte. Ich wollte mich über seine OP-Technik
für künstliche Hüftgelenke und über Besonderheiten in seiner OP-Abteilung informieren.

Aus meinen Notizen über diesen Gastarztbesuch geht hervor, daß
in St. Georg ein ungeheurer Aufwand betrieben wurde. Allein 40 Personen pro OP-Saal gegenüber 17 bei uns und nur insgesamt 18 Operationen pro Tag. Und zwar das alles bei gleichem Schwierigkeitsgrad
und ohne bessere Versorgungsqualität. All das bestärkte mich auch
für den operativen Bereich in der Auffassung, daß in kleineren chirurgischen Abteilungen mit kleineren OPs sehr viel rationeller gearbeitet werden konnte als in größeren.

Da der Keimgehalt der Raumluft eines OPs mit jeder weiteren Person steigt, habe ich immer darauf geachtet, die Zahl der OP-Beteiligten so klein als möglich zu halten. 1974 bin ich sogar dazu über-
gegangen, das gesamte OP-Personal vorher durch die Sauna zu
schicken, damit es sich porentief entkeimte. Dies wurde in meinen
OP-Abteilungen bis heute beibehalten. Ergebnis: Weit unterdurch-
schnittliche OP-Infektionsquote.

Anfang 1973 trat das Krankenhaus-Finanzierungsgesetz in Kraft. Dies
führte zu Jubelrufen der Klinikträger staatlicher Krankenhäuser. Der
entscheidende Satz des Gesetzes lautet: »Die Krankenhäuser werden
nach Maßgabe dieses Gesetzes durch Übernahme von Investitions-
kosten öffentlich gefördert. Dabei müssen die Förderung aus diesem
Gesetz und die Pflegesätze zusammen die Selbstkosten eines sparsam wirtschaftenden und leistungsfähigen Krankenhauses decken,
soweit die nachstehenden Bestimmungen dieses Gesetzes nichts anderes vorsehen.« In der *Krankenhaus-Umschau,* der Zeitschrift für

das gesamte Krankenhauswesen, steht dann auch die Empfehlung: »Um die nach dem Gesetz vorgesehene Förderung in vollem Maße in Anspruch nehmen zu können, müssen die Krankenhäuser alle Möglichkeiten des Gesetzes ausschöpfen... Das setzt natürlich eine gute Gesetzeskenntnis sowie die Kenntnis der von den Ländern praktizierten Verfahrensweisen voraus.«

Man hätte es auch einfacher formulieren können: »Krankenhausträger, bedient euch bis zum Gehtnichtmehr! Die Krankenkassen müssen es bezahlen!« Der sogenannte Selbstkostennachweis eines sparsam wirtschaftenden und leistungsfähigen Krankenhauses entwickelte sich zum Anreiz für immer größere Verschwendungssucht der Krankenhausträger. Wenn es in den folgenden Jahrzehnten zu einer gewaltigen Kostenexplosion gekommen ist, das heißt zu einer Kostenvermehrung weit über die Durchschnittsteuerung hinaus, so trägt eine Hauptschuld dafür die den Krankenhausträgern gesetzlich garantierte Narrenfreiheit zur Verschwendung öffentlicher Gelder. Für mein Krankenhaus hat dieses hirnrissige Finanzierungsgesetz keine wesentlichen Vorteile gebracht, weil zum Zeitpunkt meiner fristlosen Kündigung unser Selbstkostennachweis noch nicht auf den Krankenhaus-Etat durchschlagen konnte. Ich habe das Krankenhaus-Finanzierungsgesetz von Anfang an als ebenso blödsinnige Fehlplanung bewertet wie den Selbstbedienungsladen Kassenarztpraxis.

Anfang 1973 bekam ich ein Problem. Ich hatte im Haupthaus meiner Klinik einen 4. Stock zur Station III ausbauen lassen, wobei jeder Quadratmeter für die Aufstellung von Betten genutzt wurde. Weil diese Station mit ihren 22 Betten keinen Fahrstuhlanschluß hatte, mußten an den OP-Tagen 5 bis 10 Patienten auf Tragen treppauf und treppab transportiert werden. Was das auf den engen und steilen Treppen an körperlicher Anstrengung bedeutet hat, konnte nur der ermessen, der einmal an einem solchen Transport beteiligt war.

Also war eines Tages für die Transporteure, die beiden Pfleger und den Hausmeister, das Maß voll und ich forderte zum wiederholten Mal die Installation eines Fahrstuhls.

Weil ohne Hinweis auf finanzielle Auswirkungen erfahrungsgemäß jeder Antrag an den Magistrat abgeschmettert wurde, wies ich nicht nur auf die Gefahren für die Patienten hin (zum Beispiel »nicht rechtzeitiger Antransport eines Lebensrettungsgerätes oder Abtransport eines Schwerkranken, Sturz des Transportpersonals mit einem

Kranken etc.«), sondern drohte auch mit den Folgen einer möglicherweise unvermeidbaren Schließung von Station III: »Die Sperrung der Station würde bedeuten, daß von den aufgestellten 22 Betten 10 bis 15 Betten leerstehen müßten, was einen Einnahmeverlust von zirka 680 bis 1020 Mark pro Tag bzw. 20 000 bis 30 000 Mark pro Monat ausmacht. Die durch Einsparung von Verpflegungskosten etc. gewonnenen Beträge würden demgegenüber nicht sehr wesentlich ins Gewicht fallen. Das Krankenhaus könnte also sehr rasch in eine bedrohliche finanzielle Situation kommen.«

Schon ein Jahr zuvor hatte ich aus den genannten Gründen eine weiterführende Lösung beantragt, nämlich »alle Möglichkeiten auszuschöpfen, um zu erreichen, daß noch in diesem Jahr oder spätestens Anfang nächsten Jahres die Station III an einen befahrbaren Transportweg angeschlossen wird«. Die Finanzierung der Verlegung der gesamten Station in einen im Krankenhausgarten zu errichtenden Bettenpavillon könnte aus Krankenhausmitteln bestritten werden. »Die Stadt müßte trotz voller Finanzierung nur wenig mehr als 1 Prozent ihres Haushaltsvolumens als Gesamtzuschuß für das Krankenhaus aufbringen. Das neue Krankenhaus-Finanzierungsgesetz wird die Einnahmemöglichkeiten des Krankenhauses voraussichtlich noch verbessern, weil jetzt auch Inventarisierungskosten etc. im Pflegesatz berücksichtigt werden können. Gerade im Hinblick darauf wäre es ohnehin notwendig, mehr Geld für das Krankenhaus auszugeben, um nicht eine Pflegesatzkürzung zu riskieren.«

Den letzten Satz bitte ich besonders zu beachten. Tatsächlich forderte das Krankenhaus-Finanzierungsgesetz zu einer Verschwendung geradezu heraus. Meinem Krankenhaus hätte man in Zukunft wahrscheinlich die Mittel gekürzt, weil der Zuschußbedarf im Vergleich zu den übrigen Krankenhäusern Schleswig-Holsteins weit unterdurchschnittlich war.

Erst nach mehrmaliger Wiederholung eines Antrags beim Magistrat auf eine »interne Aussprache über dringliche Fragen, die die Zukunft des Städtischen Krankenhauses betreffen«, konnte ich nach erheblichen Einwänden den Magistrat zu dem Beschluß nötigen: »Seitens der Verwaltung ist auf dem schnellsten Wege zu klären, welche Finanzierungsmöglichkeiten für die Weiterführung der Station III bestehen.«

In den nächsten Wochen passierte natürlich nichts. Die Langsamkeit der Bürokraten in der Stadtverwaltung war kaum zu übertreffen.

Also setzte ich ein weiteres Druckmittel ein. Ich verschickte einen Brief an alle einweisenden Ärzte, in dem ich unter Hinweis auf den Ausfall von 22 Betten darum bat, in Zukunft keine chirurgischen Akutfälle mehr ohne Rücksprache mit dem diensthabenden Arzt einzuweisen, und längere Wartezeiten für nichtdringliche chirurgische Operationen ankündigte. Der Brief schloß mit dem Satz: »Ich hoffe sehr, daß dieser Zustand nur wenige Wochen dauern wird. Der Anbau eines modernen Station-III-Pavillons in Fertigbauweise liegt der Stadtvertretung zur Genehmigung vor.«

Von der örtlichen Presse bekam ich dann auch bald Schützenhilfe. Überschrift in der *Lauenburgischen Landeszeitung* vom 1.3.73: »Lauenburgs Krankenhaus muß funktionsfähig bleiben.« Man verwies auf einen Appell des Freundeskreises Krankenhaus Lauenburg, der inzwischen rund 1400 Mitglieder hatte und damit zum größten Verein der Elbestadt geworden war. Diesem Freundeskreis war es dann zu verdanken, daß der Bau des Bettenpavillons bald genehmigt und in Angriff genommen wurde. Zusätzlich war von der *Lauenburgischen Landeszeitung* eine Umfrage veranstaltet worden, die ein stark positives Echo zugunsten des Bettenpavillons ergab wie überhaupt zur Erhaltung des Krankenhauses, das längst nicht nur bei der Bevölkerung Lauenburgs einen hervorragenden Ruf besaß, sondern von weither Patienten anzog, wie folgende Zahlen belegen:

Ende April forderte das Kreisgesundheitsamt in Ratzeburg eine Aufstellung über die Zahl der 1972 im Stadtkrankenhaus durchgeführten Hüftgelenks-Ersatzplastiken an. Ergänzend wollte man wissen, wieviel Prozent der Patienten im Kreis Herzogtum Lauenburg und anderswo beheimatet seien. Der Verwaltungsleiter meldete: Es seien 298 Hüftgelenks-Ersatzplastiken gemacht worden, davon in 44 Prozent der Fälle an Patienten aus dem Kreis, in 11 Prozent aus dem übrigen Schleswig-Holstein und in 45 Prozent aus den übrigen Bundesländern.

»Medizinische Höchstleistungen« im letzten Chefarzt-Jahr

Die Aufwärtsentwicklung meiner Klinik für Allgemein- und Unfallchirurgie erreichte 1973 einen neuen Höhepunkt. Inzwischen hatte ich einen planmäßigen Oberarzt, drei Assistenten und zwei Medizinstudenten als OP-Assistenten. Auch die Zahl an nichtärztlichen Mitarbeitern hatte sich weiter vergrößert und die Durchschnittswerte in Schleswig-Holstein pro Krankenhausbett weit überschritten.

Es gab eine sehr tüchtige Oberschwester, die ich mir selbst herangezogen hatte. Nachdem sie jahrelang Stationsschwester meiner wichtigsten Station I gewesen war, hatte sie die Nachfolge der früheren Oberschwester angetreten. Auch auf meine 1. OP-Schwester konnte ich mich hundertprozentig verlassen. Alle 15 Funktionsbereiche, von den 4 Stationen einschließlich Wachstation, über die OP-Abteilung, die Ambulanz, die Röntgenabteilung, die Physiotherapie-Abteilung, die Arztsekretärinnen, die Apotheke, die Klinikküche, die Wäscherei etc., waren gut geleitet und besetzt. Die Chefs der jeweiligen Funktionsbereiche versammelte ich bei der Führungsstabbesprechung einmal pro Woche um mich, um zu hören, was es zu kritisieren und zu verbessern gab.

Am 21. April 1973 erschien als Sonderdruck der *Bergedorfer Zeitung* ein »Krankenhaus-Report: Städtisches Krankenhaus Lauenburg«. Die Schlagzeile lautete: »Medizinische Höchstleistungen unter dem Damokles-Schwert des Krankenhausplanes«. Abgebildet ist die Südseite des Krankenhauses ohne den Bettenpavillon, mit einem schmucken Äußeren in frischer weißer Farbe. Wenn daneben eine Abbildung von jenem Krätzekrankenhaus gestanden hätte, wie ich es 1965 übernommen habe, wäre der enorme Aufstieg auch bildlich zum Ausdruck gekommen.

Neben der Abbildung des Äußeren meiner Klinik findet sich ein Foto des damaligen Ärzteteams: In der Mitte sitze ich, rechts von mir der zum Oberarzt avancierte Dr. Dimi D. Er hatte drei Jahre seiner Weiterbildungszeit bei mir abgeleistet und ein Jahr in Hamburg. Danach war er zurückgekommen. Wobei zu ergänzen wäre, daß wir auch familiär enger verbunden waren. Ich darf wohl auch schreiben, daß ich es war, der ihm zu seiner Frau, einer »guten Partie« in jeder Beziehung, verholfen hat. Ich erinnere mich noch an das Anbahnungsgespräch. Eines Tages habe ich ihm gesagt. »Dimi, ich wüßte eine tolle Frau für Sie, die Tochter des größten Lauenburger Unternehmers, des Besitzers der Hitzler-Werft, eine höchst attraktive junge Dame!« Ich hatte sie auf dem Tennisplatz kennengelernt. Sie war etwa in dem Alter meiner Töchter. Ich riet ihm, doch auch mit dem Tennisspielen anzufangen. Das tat er dann; und bald war es geschehen. Jedenfalls konnten wir 1972 auf einem der von seinem Schwiegervater gebauten Schiffe im Zuge eines Elbausfluges Hochzeit feiern.

Neben meinem Oberarzt saß Dr. Gerd H., dem ich in Erlangen den Weg zum Medizinstudium geebnet und geraten hatte, zur Universität zu wechseln, um Unfallchirurg zu werden. Er wurde Professor und einer der qualifiziertesten Unfallchirurgen der Bundesrepublik.

Auch aus den beiden anderen Assistenzärzten, Dr. W. und Dr. H., sind besonders tüchtige Ärzte geworden, wie ich später erfahren habe. Jedenfalls hat es mich beim Betrachten dieses Fotos ein bißchen stolz gemacht, daß aus meinen Schülern etwas Überdurchschnittliches geworden ist.

Ein weiteres Bild in der Zeitung zeigt Gerd H. bei einer Wundversorgung unter Instrumentierassistenz durch die OP-Schwester Lu von den Philippinen. Wegen des Schwesternmangels war ich 1972 selbst nach Manila geflogen und hatte dort drei Schwestern und einen Röntgenassistenten angeworben.

Den vier ärztlichen Mitarbeitern war es besonders mit zu verdanken, daß 1973 medizinische Höchstleistungen in meinem 70-Betten-Kleinkrankenhaus erbracht werden konnten. Es wurden in diesem Jahr mehr als 3000 Operationen gemacht, ein Drittel davon Große Operationen, darunter noch mehr künstliche Hüftgelenke als 1972. Ich selbst hatte eine Routine als Operateur erreicht wie nie zuvor. Man muß kein begnadeter Chirurg sein, es reicht durchschnittliches handwerkliches Geschick, um als Operateur Überdurchschnittliches zu leisten, wenn man pro Woche mehr als ein Dutzend Große Operationen macht. Ich habe die Operationsblätter von 1973 durchgesehen und festgestellt, daß meine durchschnittliche OP-Dauer für Totalendoprothesen der Hüfte 46 Minuten (mein persönlicher Rekord: 31 Minuten), für Hüftkopf-Ersatzplastiken 25 Minuten, für Bandscheibenoperationen 28 Minuten, für Gallenblasenoperationen 30 Minuten und für Meniskusoperationen 15 Minuten betrug. Da ist vom Schnitt bis zur letzten Naht keine Minute weggemogelt worden. Nach meinen Umfragen damals lagen die Durchschnittszeiten anderer Operateure für die gleichen Operationen zwei- bis sechsmal so hoch. Es gab, wie ich sicher weiß, Hüftoperateure, welche vier Stunden für eine normale Hüft-TEP brauchten, dazu dann vier bis fünf Blutkonserven. Wir haben für Hüftoperationen 1973 nur in Ausnahmefällen eine Blutkonserve gebraucht. Das galt wohlgemerkt auch für meinen Oberarzt und die Assistenten als Mitoperateure.

Unter der Überschrift »Eine Chance für Minutenfälle« heißt es in dem Report der *Bergedorfer Zeitung*: »Mit mehr als einer Personalkraft pro Bett – das Haus hat jetzt 73 Angestellte – einem ›Rund-um-die-Uhr-Dienst‹ mit einem stets einsatzbereiten OP-Team von 8 Personen und zusätzlichen Operationsassistenten, die von der Universität Hamburg an den OP-Tagen nach Lauenburg kommen, verfügt der Chefarzt über eine ›schlagkräftige‹ Mannschaft, die pro Woche 50 bis 60 Operationen bewältigt. 1971 waren es 1600 stationäre Kranke, die im Lauenburger Haus behandelt wurden. In der dem OP-Trakt angeschlossenen Wachstation ist für ›Minutenfälle‹, deren Leben bei einem weiteren Transport in höchster Gefahr wäre, die Möglichkeit einer Intensivbehandlung gegeben. Mit einer Normalbelegung von 5 Betten kann diese Station im Notfall auf 8 Betten erweitert werden...«

Der Report war als Schützenhilfe zur Erhaltung des Lauenburger Krankenhauses gedacht, dessen Schließung im Landeskrankenhausplan eigentlich schon in den sechziger Jahren vorgesehen, aber insbesondere unter dem Eindruck der Aufwärtsentwicklung seit 1965 immer weiter hinausgeschoben worden war. Nach dem neuesten Planungsstand war seine Schließung als staatlich-städtisches Krankenhaus für Ende der siebziger Jahre vorgesehen. Wahrscheinlich hätte es wohl noch zehn Jahre länger gedauert, wenn ich Chefarzt geblieben wäre.

Leider gab es auch 1973 Komplikationen, die – rückblickend betrachtet – vermeidbar gewesen wären. Ich erinnere mich an einen Herzstillstand auf dem Operationstisch bei einem sechsundsechzigjährigen Mann mit einem hüftnahen Oberschenkelbruch während einer sogenannten Laschennagelung. Wir hätten mit der Operation noch ein paar Tage warten sollen. Aber ich fürchtete mich gerade bei den Älteren mit Schenkelhalsbrüchen immer vor Venen-Thrombosen und einer tödlichen Lungenembolie, deren Gefahr mit jeder Stunde fester Bettlägerigkeit zunimmt. Deshalb war mein Bestreben, den Bruch bei diesen Patienten so rasch als möglich durch Laschennagelung zu fixieren, damit sie früh mobilisiert, das heißt möglichst schon am OP-Tage das erste Mal vors Bett gestellt werden konnten. Bei diesem Patienten war bis zur Operation unnötig viel Zeit verstrichen. Er bekam auf dem OP-Tisch eine Lungenembolie. Zwar gelang es nach meiner Erinnerung, das Herz für ein paar Tage zum Schlagen zu bringen, aber er starb dann schließlich doch.

Jeder Todesfall in meiner Klinik hat mich seelisch belastet, ganz besonders, wenn eine Operation vorausgegangen und mitursächlich war. Nachts lag ich danach oft stundenlang wach und grübelte, was wir falsch gemacht haben könnten. Am meisten fürchtete ich mich natürlich immer vor dem »Exitus in tabula«, dem Tod eines Patienten auf dem Operationstisch. Soweit ich mich erinnere, ist das in den mehr als neun Jahren meiner Chefarztzeit in Lauenburg nur einmal passiert. Es war bei einer schwierigen Gallenoperation. Obwohl ich sie nicht selbst gemacht hatte, machte ich mir Vorwürfe, denn verantwortlich war selbstverständlich ich.

Zu keiner Zeit früher und später habe ich vor Operationstagen so selten das Beten vergessen wie während meiner Chefarztzeit in Lauenburg. Die Gesamtbelastung des Chefchirurgen einer Akutklinik für Bauch- und Unfallchirurgie, der sich darum bemüht, jeden Patienten wie einen Freund zu behandeln, ist wohl kaum zu übertreffen, weder vom Chefarzt eines anderen medizinischen Fachbereichs noch von einem »Anders-Berufler«. Zwar gab es für mich in den fünf folgenden Jahren in eigener Praxisklinik eine noch größere körperliche Anstrengung, aber gegenüber der Anspannung bei der Notfallversorgung Schwerverletzter und Schwerstkranker war die seelische Beanspruchung weit geringer. Extrem wurde der Streß immer dann, wenn nachts oder an einem Wochenende unter eingeschränkten Voraussetzungen operiert werden mußte.

Alles in allem war mein berufliches und privates Glücksgefühl trotz oder vielleicht sogar wegen der Belastung durch Höchstleistung groß – und dies trotz schwerster Ärgernisse mit meinem Dienstvorgesetzten. Aus dieser Eudaimonie heraus habe ich in einem Briefwechsel mit dem damaligen Präsidenten der Deutschen Gesellschaft für Chirurgie, Gelbke, geschrieben: »Nach einer Galeerensträflingszeit von mehreren Jahren habe ich in Lauenburg erreicht, daß ich zufrieden bin. Es bietet sich hier eine abwechslungsreiche klinische und ambulante Chirurgie und auch ein wenig Forschungsmöglichkeit. Nachdem auch das Finanzielle stimmt und ich nach getaner Arbeit die Elbe vom Sessel aus vorbeifließen sehen kann, möchte ich mein Chirurgendasein in Lauenburg beenden.«

Der Briefwechsel mit Gelbke hatte sich ergeben, nachdem er mir vorgeschlagen hatte, wieder Mitglied der Deutschen Gesellschaft für Chirurgie zu werden. Das wäre ich 1972 sehr gern geworden, obwohl mich der Vorstand acht Jahre früher schmählich im Stich gelassen und mich schließlich zum Austritt genötigt hatte.

Es mag interessieren, was ich dem Chirurgenpräsidenten damals auch geschrieben habe: »Wäre es nicht höchste Zeit, daß sich die

Chirurgen ein Organ zur Selbstkontrolle schaffen? Sie wissen wie ich, daß die Chirurgen Einzelmenschen gegenüber die mächstigsten Männer der Welt sind, fast unkontrollierbar von Nichtchirurgen... Ich werde das Gefühl nicht los, daß unglückliche Chirurgenhände in aller Welt mehr Opfer gefordert haben und täglich fordern als alle Kriege zusammen. Müßte es nicht mindestens ein Kontrollorgan für die Sauberkeit chirurgischer wissenschaftlicher Arbeit geben? Ist es nicht deprimierend, daß man so wenig von dem, was da so geschrieben wird, glauben kann und darf?

Wenn Sie einen Weg sehen«, schrieb ich weiter, »der dazu führt, daß ich in Zukunft zu Chirurgenkongressen fahren kann, ohne dort die Augen niederschlagen zu müssen, würde ich herzlich gern wieder in die Gesellschaft eintreten. Aber nur dann. An Buße habe ich mit fünfjähriger Galeerensträflingszeit und fast zehnjähriger Verbannung mein Soll wohl erfüllt. Sie können sich sicher nicht vorstellen, unter welchen Bedingungen ich in Lauenburg in den ersten Jahren gearbeitet habe.«

Schon fünf Jahre später hätte ich einen solchen Brief sicher nicht mehr geschrieben. Aber 1973 war die Welt für mich im großen und ganzen in Ordnung. Durch meinen Oberarzt und drei tüchtige Assistenzärzte wurde ich beruflich erheblich entlastet. Es gab so viel Freizeit, daß ich sie mit Tennisspielen, Feierei im »Orkus« meines Traumhauses am Elbhang, Ausflügen in die Großstadt Hamburg und anderem nicht so ausfüllen konnte, daß es mir nicht auch schon öfters langweilig wurde. Finanziell ging es mir glänzend. Mein persönlicher Bruttoumsatz pro Jahr lag bei einer halben Million Mark. Zwar investierte ich nach wie vor sehr viel Geld in die Klinik, aber so großzügig wie in den Jahren vorher zeigte ich mich nicht mehr. Schließlich hatten mich der Magistrat als Krankenhausträger im Stich gelassen und der Bürgermeister schwerstens schikaniert. Da schien mir Großzügigkeit fehl am Platze.

Bei der Durchsicht meiner Unterlagen habe ich auch meine bei der Kassenärztlichen Vereinigung eingereichten Aufstellungen über die Quartalsabrechnungen von 1973 gefunden. In den vier Quartalen hatte ich als auf Überweisung zugelassener Vertragsarzt Gesetzlicher Krankenkassen pro Quartal im Schnitt knapp 1200 Scheine abgerechnet, davon mehr als 900 für die RVO-Kassen und knapp 300 für die Ersatzkassen. Als nur überweisungsabhängiger Facharzt war ich beinahe ein Kassenlöwe. Ich konnte also schon als Chefarzt in der Ambulanz große Erfahrungen in der Kassenmedizin sammeln. Sicher waren 1200 Scheine pro Quartal vor dem Hintergrund zu viel, daß zu meiner Ambulanz außerdem eine große D-Arzt- und eine kleine Privatpraxis gehörten. Aber ich stand ja unter Handlungszwang, durfte keine Behandlung ablehnen.

Schon zum Zeitpunkt meiner Kündigung hätte ich aufgrund meiner Erlebnisse mit der Kassenmedizin nachweisen können, daß dieser Medizinsozialismus abschußreif war. Aber die Chance, ihn abzuschaffen, war damals noch viel geringer, als sie es heute ist. Zu viele Machthaber unserer Gesellschaft profitieren von diesem Kassenmedizin-System als Oberbosse von KV, Krankenkassierern, Gewerkschaft oder einer Partei. Da wird die soziale Tour bis zum Gehtnichtmehr geritten. Die Edelwörter Sozialität und Solidarität werden zu Soso-Floskeln entwertet und mißbraucht. Jede auf Fakten aufgebaute vernünftige Logik spricht für die sofortige Abschaffung der Kassenmedizin. Die Anstandspflichten Sozialität und Solidarität im angemessenen Rahmen hat der Staatsbürger für die Kranken über die Steuer zu erledigen, aber nicht über ein Kassenmedizin-System, das die Gesundfaulheit stärkt und den Gesundfleiß bestraft.

MEIN ZWEITER REFORMATIONSKRIEG (1968–1974)

VORBEMERKUNG

Wie die Überschrift über dieses Hauptkapitel zeigt, gab es in meiner Laufbahn nicht nur einen Krieg, sondern mehrere. Um die Zielrichtung zu verdeutlichen, nenne ich sie Reformationskriege. Das hört sich überheblich an, weil der Begriff »Reformation« weitgehend für das Reformwerk unseres großen Martin Luther reserviert ist. Damit möchte ich meine Aktivitäten für eine bessere Patientenversorgung und für ein pflichtgemäßes Arzt-Patient-Verhältnis »von Freund zu Freund« nun wirklich nicht vergleichen. Aber in seiner Zielsetzung war auch schon der »Erlanger Professorenkrieg« ein Reformationskrieg, begonnen mit einer Gehorsamsverweigerung gegenüber inhumanen Befehlen eines Chirurgie-Ordinarius und in der Gegenoffensive nicht nur auf den Sturz dieses Medizin-Ordinarius ausgerichtet, sondern auch darauf, den Startschuß für die Beseitigung der Medizin-Ordinarien-Hierarchie allgemein zu geben.

Mein Zweiter Reformationskrieg richtete sich gegen ein anderes Willkürsystem, nämlich gegen den Machtmißbrauch eines Krankenhausträgers zu Lasten der Patienten. Er begann wieder als Angriffskrieg gegen mich, dieses Mal durch einen Bürgermeister, meinem federführenden Dienstvorgesetzten als Chefarzt, und mit einer Gehorsamsverweigerung gegenüber seinen »Verfügungen«. Was von den Kriegsoffizieren grundsätzlich »Befehl« genannt wird, obwohl es vielfach nur eine Bekanntmachung ist, heißt bei den Bürokratie-Offizieren »Verfügung«, um ihre Machtbefugnis den Untergebenen stets deutlich vor Augen zu führen.

Auch der Zweite Reformationskrieg war in Konsequenz nicht gegen eine bestimmte Person, sondern gegen das bürokratische System staatlicher und indirekt auch konfessioneller Klinikträgerschaft gerichtet. Die Ereignisse dieses Zweiten Reformationskrieges dürften ein allgemeingültiger Beweis für die Schwächen und Nachteile staatlicher Unternehmen sein. Für die Wirtschaft allgemein braucht es dieses Beweises nicht mehr. Denn der wurde spätestens mit dem Zusammenbruch

des staatsdirigistischen Diktatur-Sozialismus erbracht. Aber man tut ja
noch heute so, als ob für das »Unternehmen Krankenhaus« als Einrichtung der Volksgesundheitshilfe marktwirtschaftliche Regeln nicht gelten dürften, weil sie zu sehr profitorientiert seien.

Ich bin sicher, daß die weitere gesellschaftliche Entwicklung dazu
zwingen wird, auch die staatlichen Krankenhäuser in der Träger-
schaft von Städten, Kreisen, Ländern oder des Bundes zu privatisie-
ren, ebenso wie es zur Zeit bei Bahn und Post geschieht. Nur damit
ist eine internationale Konkurrenzfähigkeit im Nutzen-Kosten-Verhältnis der Krankenhaushilfe zu erreichen. Letztlich kann für das
»Unternehmen Krankenhaus« wie überall nur das Niveau in den
Industrieländern der ganzen Welt Maßstab sein, wie das ebenso für
Unternehmen der Autoindustrie und andere Produktionszweige gilt.

Ich sehe aus einer fünfzigjährigen Klinikarzt-Erfahrung heraus
das Optimum in der *Praxisklinik*, dem modernen Nachfolger des
Iatreion im alten Griechenland, und zwar für sämtliche Fachbereiche. Die allein aus finanziellen Erwägungen des Kassenarzt-
systems heraus gewachsene Trennung zwischen Praxis – hier als
Oberbegriff für die ambulante Sprechstundenpraxis gebraucht – und
Klinik war immer die widernatürliche Trennung eines Institutions-
paares, das nur zusammen optimale Leistungen erbringen kann.

Selbstverständlich muß die *Grund*motivation, das *primum movens*
für die Arztberufsausübung, immer eine überdurchschnittliche Motivation zum Helfenwollen sein, letztlich das Ziel, sich als »Patientenarzt aus Liebe« im parazelsischen Sinne zu verhalten. Und selbstverständlich muß diese Grundmotivation immer der alleinige
Beweggrund für das notwendige zweite Berufsziel sein, Privateigentum zu erwerben, also auch Geld zu verdienen.

Klar, daß es immer auch einer staatlichen Überwachung des Pri-
vatunternehmens Praxisklinik bedarf, und zwar weit mehr, als es sie
heute gibt. Selbstverständlich müssen die einzelnen Praxiskliniken
für die verschiedensten Fachbereiche engstens zusammenarbeiten.
Und ebenso selbstverständlich muß es eine obere Grenze für die dem
Regiearzt zugeordneten Klinikplätze geben (mehr darüber in den
späteren Kapiteln über meine Erfahrungen mit eigenen Praxiskliniken). Entscheidend aber ist, daß sowohl die medizinische Versorgung
wie die Patientenunterbringung und -verpflegung (Patientenhotelversorgung) in der alleinigen Verantwortung des privaten Krankenhausträgers liegen.

ERSTE ANGRIFFSWELLE IM BÜRGERMEISTER-CHEFARZT-KRIEG

Der Zweite Reformationskrieg war der Krieg des Bürgermeisters Dieter W. gegen mich, den Chefarzt des Städtischen Krankenhauses Lauenburg.

Dieser Krieg begann wohlgemerkt nicht schon unter meinem ersten Bürgermeister Hermann Franck, sondern erst unter seinem Nachfolger. Zu Hermann Franck hatte ich im Gegenteil ein sehr gutes Verhältnis. Natürlich mußte auch er »Verfügungen« erlassen. Aber seinen Stadtkämmerer, einen wichtigtuerischen Bürokraten, bremste er so weit, daß mich dessen Gekläff nicht ernstlich störte, wenn er immer mal wieder zeigen wollte, daß er der direkte Dienstvorgesetzte des Krankenhaus-Verwaltungsleiters war und damit in Verwaltungsangelegenheiten auch meiner.

Ende 1968 lief die Amtszeit des alten Bürgermeisters ab. Als neuen Bürgermeister wählte die Stadtvertretung einen relativ jungen Verwaltungsjuristen vom Nordpol Schleswig-Holsteins. Körperlich war er der Größte nicht, aber geistig fühlte er sich wohl so. Jedenfalls hielt er es für richtig, mir schon bei der ersten Begegnung klarzumachen, mit wem ich es zu tun hatte.

Kurz nachdem uns der Bürgervorsteher beim Neujahrsempfang des Magistrats im Lauenburger Schloß miteinander bekanntgemacht hatte, blitzte er mich mit Befehlsblick an und erklärte, er habe etwas gegen Chefarztverträge in staatlichen Krankenhäusern. Mir schien, daß ihm der blanke Neid aus seinen Beamtenaugen funkelte. »Das kann ja lustig werden«, dachte ich. Aber irgendwelche Ängste wollten in meinem Herzen nicht aufkommen. Schließlich war es mir als Professor und Chefchirurg gelungen, die oberste Stufe des kleinstädtischen Reputationstreppchens zu erklimmen. Aber genau das war dem neuen Bürgermeister sicher schon geschildert worden. Und genau das dürfte ihn eifersüchtig gemacht haben.

Im ersten Halbjahr nach seiner Amtsübernahme hatte ich noch Schonzeit. Er war damit beschäftigt, sich erst einmal allgemein einzuarbeiten. Da konnte er sich um das Stadtkrankenhaus noch nicht richtig kümmern. Dies aber tat er dann schon vom zweiten Halbjahr an um so mehr. Seine Aktivitäten konzentrierten sich auf eine Politik ständiger Nadelstiche gegen mich als Chefarzt. Am meisten ärgerte ihn der Magistratsbeschluß vom Sommer 1967, der mich zum Chefverwalter des Krankenhauses gemacht hatte. Diesen ignorierte und boykottierte er nach besten Kräften. Er nutzte jede Gelegenheit, um den Dienstvorgesetzten herauszukehren, der er angeblich für mich war.

Tatsächlich stand in meinem Chefarztvertrag, daß mein Dienstvorgesetzter nicht der Bürgermeister, sondern der Magistrat der Stadt Lauenburg sei. Dieser Magistrat bestand aus sechs Personen: Dem Bürgermeister als Magistratsvorsitzendem und fünf Stadträten als Magistratsmitgliedern. Bis Ende 1967 hatte es keine Rolle gespielt, ob der Magistrat im ganzen, konkret die Magistratsmehrheit, oder der Bürgermeister mein Dienstvorgesetzter war. Denn der Bürgermeister ließ mich ein Dienstvorgesetzten-Verhältnis im negativen Sinne nicht spüren. Im Gegenteil wurde unser Verhältnis zueinander von Halbjahr zu Halbjahr positiver, im letzten Jahr war es sogar ausgesprochen freundschaftlicher Art. Also spielte es praktisch überhaupt keine Rolle, ob mir die Magistratsmehrheit oder der Bürgermeister übergeordnet war.

Der neue Bürgermeister allerdings zwang mich dazu, die von ihm praktizierte Dienstvorgesetzten-Funktion schon bald nicht mehr hinzunehmen.

Seine Politik der Nadelstiche begann im Sommer 1968 damit, daß er sich demonstrativ hinter den Hausmeister des Krankenhauses stellte, der mir als Chefverwalter unterstellt war und den ich wegen unzulässigen Vermischens privater und dienstlicher Verrichtungen schriftlich zur Ordnung gerufen hatte.

Doch bei Nadelstichen allein beließ es der Bürgermeister schon bald nicht mehr. Ende Juni feuerte er den ersten Querschuß ab. Er erreichte durch Falschinformation folgenden Magistratsbeschluß »bei einer Stimmenthaltung«, den er mir dann schwarz auf weiß präsentierte: »Der Magistrat nimmt das eigenmächtige Vorgehen von Prof. Hackethal mit Befremden zur Kenntnis. In Zukunft ist keine bauliche Veränderung im Städtischen Krankenhaus ohne Zustimmung des Magistrats durchzuführen. Die Kosten für den zusätzlichen Durchbruch sollen bei Prof. Hackethal verbleiben.«

Was war geschehen? Die Röntgenassistentin hatte schon lange darüber geklagt, daß es keine Öffnung zwischen Dunkelkammer und Röntgenraum als Durchreiche gab. Also beantragte ich beim Stadtbauamt telefonisch, daß ein 40 mal 40 Zentimeter großer Mauerdurchbruch in Auftrag gegeben wurde. Man sagte mir, grundsätzlich sei nichts dagegen einzuwenden, aber zunächst müßten die Kosten dafür vom Magistrat genehmigt werden. Dies zog sich dann so lange hin, daß ich den kleinen Mauerdurchbruch auf eigene Kosten bei der Firma in Auftrag gab, die ihn auch vom Bauamt bekommen hätte. Das erfuhr der Bürgermeister, und er machte daraus eine Staatsaktion. Was er dem Magistrat im einzelnen erzählt hat, weiß ich nicht. Aber ohne eine UHOI-Information hätte es zu einem solchen Magistratsbeschluß nicht kommen können.

Zur Politik der Nadelstiche des Bürgermeisters gehörte, mich über Magistratsbeschlüsse, die mein Krankenhaus betrafen, ungenügend zu informieren. Diesen Informationsmangel gab es auch in wesentlichen Dingen, obwohl es ihn laut Vertrag nicht hätte geben dürfen. Darüber habe ich mich dann in einem Brief an den Magistrat vom 15. Juli 1968 beschwert. Der Anlaß für diesen Beschwerdebrief war die Verzögerung in der Antragstellung für die krankenhausaufsichtliche Genehmigung des Erweiterungsbaus. Seit meinem entsprechenden Antrag vom 16. März 1968 waren bereits vier Monate vergangen, ohne daß etwas passierte. Allein diese vier Monate Verzögerung bedeuteten für mein Krankenhaus einen Einnahmenverlust von fast 50 000 Mark – eine gewaltige Summe damals.

Darüber beschwerte ich mich Mitte Juli beim Magistrat, der dann auch in der gleichen Sitzung, in der mein Brief bekanntgegeben wurde, beschloß, daß das Versäumnis sofort nachgeholt werden sollte. Aber es geschah nichts. In der Sitzung des Gesundheitsausschusses vom 2. Oktober mahnte ich den notwendigen Antrag an das Land dringend an und wies darauf hin, daß der Entzug der Zulassung als Schwer-Unfallverletzten-Krankenhaus durch die Berufsgenossenschaften drohe, wenn der dringend erforderliche Umbau des Krankenhauses nicht in Angriff genommen würde. Meine Beschwerde verband ich mit der Drohung, ich würde meine Chefarztposition in Lauenburg aufgeben, falls diese Zulassung entzogen würde. Genau das dürfte den Bürgermeister animiert haben, die Antragstellung weiter zu verzögern.

Auch meine Anträge auf Höhergruppierung des Krankenhauses in der Pflegesatzgruppe wurden dreieinhalb Monate lang verzögert. Ich hatte eine Höhergruppierung von der Stufe A4 zur Stufe A7 beantragt. Am 8. Februar hatte der Bürgermeister dem Magistrat berichtet, der Antrag sei abgeschickt worden. Auch das war unwahr.

Ich wurde über alle Verzögerungen im unklaren gelassen, erfuhr immer nur mehr oder weniger zufällig davon. Meine Beschwerden über diese Informationsmängel tat der Bürgermeister als lächerlich und unberechtigt ab und schürte beim Magistrat so den Eindruck, als hätte ich es nur auf Streitereien mit ihm angelegt.

Das nächste Ärgernis provozierte der Bürgermeister, indem er die dringend notwendige Renovierung des Schwesternhauses blockierte. Und zu einem entsetzlichen Dauerärgernis wurde das ewige Hin und Her im Schriftwechsel mit dem Magistrat wegen der Besetzung von im Haushalt ausgewiesenen Stellen für Assistenzärzte, Schwestern, Labor- und Röntgenassistentinnen. Immer wieder mußte ich seiten-lange Schriftsätze verfassen, um dringend notwendige Einstellun-gen durchzusetzen. Dann gab es völlig überflüssige Rückfragen und Zwänge, erneut lange Schreiben zu verfassen. Der Bürgermeister muß gemerkt haben, wie sehr er mich vor dem Hintergrund schwer-ster Belastungen durch Patientenarbeit mit unnötigem Schreibkram zermürben konnte. Also ließ er keine Gelegenheit zur Wiederholung aus. Vor allem, weil ich ihn weiterhin nicht als Dienstvorgesetzten, sondern nur als Sprecher des Magistrats akzeptierte, stänkerte er in den Magistratssitzungen gegen mich, wo es nur ging.

Beispielsweise behauptete er in der Magistratssitzung vom 20. März 1969, ich wolle den Magistrat zu Beschlüssen zwingen. So hätte ich in einem Brief vom 30. Januar 1969 geschrieben, der Magistrat hätte zu beschließen, was ich vorschlüge. Das darf ich sogar Lüge nennen, ohne einen verlorenen Verleumdungsprozeß zu riskieren. Aber der Magistrat glaubte sie. Also stand im Magistratsprotokoll vom 20. März 1969: »Ansichten, wie etwa, der Magistrat hätte zu be-schließen, was Herr Prof. Hackethal vorschlägt, können nicht hinge-nommen werden.«

Im April 1969 versuchte der Bürgermeister sogar, sich in mein Ver-hältnis zu den Assistenzärzten einzumischen und auch hier meine Autorität zu untergraben. Ich hatte einen Assistenzarzt zur Kündi-gung gedrängt, weil er durch Schlampereien wiederholt Patienten in Gefahr gebracht hatte. So hatte er mich nach der Einlieferung eines Schwerunfallverletzten, bei dem der Verdacht auf einen Milzriß und einen Dünndarmriß bestand, nicht gerufen, er wurstelte vielmehr selbst eine Stunde lang mit ihm herum. Nur durch Zufall traf ich in der Röntgenabteilung auf den Schwerverletzten. Danach gelang es mir mit Müh und Not, tödliches Unheil zu verhindern. Solche Schlamperei konnte ich nicht ungerügt lassen. Also schnauzte ich den Chirurgie-Azubi in Anwesenheit der Röntgenassistentin an, als ich den Verletzten in der Röntgenabteilung entdeckt hatte. Da gab er eine freche Antwort. Später nahm ich ihn in mein Dienstzimmer und rügte ihn auch wegen seiner frechen Antwort. Da erklärte er, ich hätte ihn in Gegenwart anderer zurechtgewiesen und das verstoße gegen das Kollegialitätsprinzip. Tatsächlich hatte er sogar recht, aber manchmal muß man – im Interesse von Patienten – als Chirurg auch in Gegenwart anderer ein starkes Wort sagen dürfen.

Es blieb in der Zusammenarbeit mit diesem Assistenzarzt nicht bei diesem Ärger. Vieles war schon vorausgegangen, und es kam noch einiges nach. Dabei hätte er noch mehr Grund als die anderen gehabt, sich korrekt zu verhalten. Denn ich hatte ihm sogar zu einer Doktorarbeit an der Universität Hamburg verholfen. Auf meine Bemühungen hin hatte sich ein Hamburger Ordinarius bereit erklärt, eine Doktorarbeit zu akzeptieren, deren Grundlage die Auswertung von Krankengeschichten meiner Klinik war. Es hatte wahrlich einige Mühen gekostet, dies zu erreichen. Also hätte der Assistenzarzt eigentlich allen Grund zur Dankbarkeit gehabt, auf jeden Fall dazu, seinen Dienst besonders pflichtgetreu auszuüben. Genau das hielt er nicht für nötig. Also mußte ich ihn immer und immer wieder rügen und ermahnen. Das wurde ihm schließlich zu bunt. Er kündigte am 26. Februar zum Quartalsende am 31. März. Ich war sehr froh, ihn durch seine Selbstkündigung losgeworden zu sein. Denn der Gesetzgeber hatte schon damals die Kündigungshürden so hoch gehängt, daß der Arbeitgeber eine Kündigung kaum wagen konnte.

Selbstverständlich war mit seiner Kündigung auch die Doktorarbeit beendet. Ich informierte den Doktorvater von der Kündigung und teilte mit, daß ich seinem Doktoranden in Zukunft die Krankengeschichten meiner Klinik nicht mehr zur Auswertung zur Verfügung stellen könnte. Das sei selbstverständlich, antwortete er mir.

Auch der verhinderte Doktorand wußte von dem Bürgermeister-Chefarzt-Krieg. Also wandte er sich an den Bürgermeister mit der Bitte, mich zu zwingen, die Krankengeschichten weiterhin zur Auswertung an ihn herauszugeben. Der Bürgermeister tat so, als habe der Magistrat das Recht, darüber zu befinden, ob unsere Krankenblätter herausgegeben werden dürften oder nicht. Scheinheilig versuchte er, die Aufforderung an mich zur Herausgabe der Krankengeschichten in Kreide zu packen: »Ich bitte Sie auch zu bedenken, ob es nicht großzügiger wäre, auf Schritte bei Herrn Prof. Roemer« – den Doktorvater –, »die ohnehin nur von Ihnen privat, nicht seitens des

Dienstherren eingeleitet wurden, zu verzichten.« Dann ließ er die Katze doch aus dem Sack, nutzte auch diese Gelegenheit, mir eins draufzugeben: »Besteht irgendein Interesse, Herrn H. insoweit Schwierigkeiten zu machen?«

Also schrieb ich am 29. April: »Die Ausführungen des Bürgermeisters im Hinblick auf die Empfehlung, ›großzügiger‹ zu verfahren, und die Frage nach einem ›Interesse, Herrn H. insoweit Schwierigkeiten zu machen‹, sind völlig fehl am Platze. Ich werde den Magistrat auf Wunsch ausführlich informieren. Da dazu nähere Erläuterungen über die Voraussetzungen für eine Doktorarbeit im allgemeinen – die dem Bürgermeister nicht geläufig sein können – und im Falle des Herrn H. im besonderen zu machen sind, wäre ein mündlicher Vortrag am zweckmäßigsten.« Weil mir der Bürgermeister verschwiegen hatte, mit welcher Begründung mein Assistenzarzt an ihn herangetreten war, beendete ich den Brief wie folgt: »Abschließend habe ich die Bitte an den Magistrat, daß mir vorher bekanntgegeben wird, ob und mit welcher Begründung Herr H. um eine Intervention des Magistrats nachgesucht hat.«

Nun versuchte der Verwaltungsjurist gegenüber dem Magistrat seine Rechtskenntnisse als Druckmittel auszuspielen. Er verfaßte ein Schreiben, um den Magistrat zu einem Beschluß gegen mich zu nötigen. Der Schlußsatz lautet: »Ein ungerechtfertigtes Festhalten an dem Verbot… könnte möglicherweise zu erheblichen Schadenersatzansprüchen führen. Zuständig für den Ausspruch eines Verbots, wenn es tatsächlich gerechtfertigt ist, ist der Magistrat.«

Über diese Rechtsverdrehung konnte ich den Magistrat dann doch aufklären. Ich wies auf meinen Chefarztvertrag hin, in dem ausdrücklich festgelegt war, daß »Krankengeschichten sowie Abschriften, Auszüge und Ablichtungen… nur an Berechtigte und nur mit Zustimmung des Chefarztes oder seines Nachfolgers herausgegeben werden« dürfen. Unter anderen Voraussetzungen hätte ich nichts dagegen gehabt, die Krankengeschichten auch einem ausgeschiedenen Assistenzarzt und Doktoranden zur Auswertung zu überlassen. Aber in diesem Fall wäre es einer Sanktionierung von Schlampereien und Schludereien nachgeordneter Ärzte gleichgekommen. Da wollte ich meine anderen Assistenzärzte nicht in Versuchung führen. Diese Zuständigkeitsschlacht gegen den Bürgermeister gewann ich. Aber das verschärfte nur seine Kampfeswut und den Bürgermeister-Chefarzt-Krieg noch mehr.

Großangriff zur Allmachtergreifung

Im Mai 1969 startete der Bürgermeister zum Großangriff. Wie schon geschrieben, hatte ich mich geweigert, ihn als Dienstvorgesetzten zu akzeptieren, und mich dabei auf den Chefarzt-Vertrag bezogen. Diese Weigerung hatte ich verschärft, seine »Verfügungen« immer kritischer an der Frage gemessen, ob sie von ihm persönlich oder von einer Magistratsmehrheit stammten. Da entschloß er sich, meinen Chefarztvertrag für nichtig erklären zu lassen, weil er gegen die Gemeindeordnung verstoße, derzufolge der Bürgermeister grundsätzlich »Dienstvorgesetzter der Beamten, mit Ausnahme der zwei Stadträte, sowie der Angestellten und Arbeiter der Stadt« sei. Deshalb bat er den Landrat um Rechtsauskunft, wie der Widerspruch zwischen Dienstvertrag und Gemeindeordnung zu lösen sei.

Man kann kaum daran zweifeln, daß es vor diesem Brief ein Telefonat zwischen Bürgermeister und Landrat gegeben hatte. Auf positiven Bescheid konnte der Bürgermeister deshalb hoffen, weil es ja vergleichbare Machtinteressen gab: Die Position des Landrats im Kreisausschuß entsprach der des Bürgermeisters im Magistrat.

Jedenfalls konnte der Bürgermeister in der Magistratssitzung vom 26. Juni 1969 zu Protokoll geben lassen, daß nach Auffassung des Landrats jener Absatz des Dienstvertrages, wonach der Dienstvorgesetzte des Chefarztes der Magistrat ist, unwirksam sei. Dienstvorgesetzter sei nach §70, Abs.1 der Gemeindeordnung der Bürgermeister der Stadt. »Diese Vorschrift des öffentlichen Rechts kann durch privatrechtliche Verträge nicht abgeändert werden.« Ein bißchen Mißtrauen mag mitgespielt haben, daß der im Verwaltungsrecht unbewanderte fünfköpfige Restmagistrat dann nur folgenden Beschluß faßte: »Die Stellungnahme der Kommunal-Aufsichtsbehörde wird zur Kenntnis genommen. Sie ist Herrn Prof. Hackethal mit der Bitte um Rückäußerung innerhalb von vier Wochen zu übermitteln.« Einen Beschluß in dem Sinne, den Bürgermeister mit sofortiger Wirkung vorläufig als Dienstvorgesetzten einzusetzen, wollte man dann doch nicht fassen.

Ich holte meinerseits eine Rechtsauskunft beim Landesverband Schleswig-Holstein des Marburger Bundes sowie beim Verband der Leitenden Krankenhausärzte ein. Dabei wies ich u.a. darauf hin, daß das Städtische Krankenhaus wie die Städtische Volksschule und die Städtische Realschule zu den »Einrichtungen« der Gemeinde gehöre, nicht aber zur Stadtverwaltung, und der Bürgermeister entsprechend auch nicht der Dienstvorgesetzte der Schulleiter sei.

Beide Rechtsgutachten fielen weitgehend zu meinen Gunsten aus, und zwar mit dem ausdrücklichen Hinweis, daß der Bürgermeister der Stadt meinen Vertrag als Vorsitzender des Magistrats doch unterschrieben und damit selbst für Recht erklärt habe. Diese Rechtsgutachten schickte ich dem Magistrat. Der Bürgermeister brachte es fertig, sie als positiv für sich zu deuten und dies dem Magistrat glaubhaft zu servieren.

Für mich war die Frage des Dienstvorgesetzten inzwischen unwichtig geworden. Denn der Bürgermeister hatte es ja durch seine pausenlosen Aktivitäten geschafft, die Mehrheit des Magistrats gegen mich zu mobilisieren. Also konnte er seine »Verfügungen« bei Bedarf von der Magistratsmehrheit absegnen lassen und damit als Dienstvorgesetzter agieren.

Größter Dorn im Auge des Bürgermeisters war der Magistratsbeschluß vom Sommer 1967, der mich auch zum Chef*verwalter* des Stadtkrankenhauses gemacht hatte. Der Beschluß sah vor, daß die Dienstordnung für das Krankenhaus zu ändern sei, falls sich diese Regelung in der Zukunft bewähre. Daß dies zutraf, war schon vor dem Bürgermeisterwechsel klar gewesen. Deshalb wollte der alte Bürgermeister die Dienstordnung in diesem Sinne ändern. Er hatte mir einen entsprechenden Entwurf einer neuen Dienstordnung zugeschickt, in dem dies vorgesehen war. Damals konnte ich nicht ahnen, mit welchem Bürgermeister ich es später zu tun haben würde. Also schien mir eine Änderung der Dienstordnung allein in diesem Punkt weder wichtig genug noch ausreichend. Ich ließ mir Zeit, arbeitete in vielen, vielen Freizeitstunden einen neuen Entwurf für die Dienstordnung aus, der alles strich, was auf staatsbürokratische Chefarztgängelei hinauslief. Damit hatte ich jedoch den alten Bürgermeister, der weder Jurist noch Verwaltungsjurist war, wohl in einigen Punkten überfordert. Jedenfalls ließ er das Ganze erst einmal liegen, um es später von einem Fachmann abklären zu lassen. Hätte ich die Dienstordnung damals erst mal so unterschrieben, wie sie der alte Bürgermeister hatte abfassen lassen, wäre ich sicher besser dran gewesen.

Um mich ergänzend zu demütigen, war dem neuen Bürgermeister schon im April 1969 folgendes eingefallen: Er ordnete die Krankenhausverwaltung und damit mich in meiner Eigenschaft als Chefverwalter als Verwaltungsnummer ein. Von da an wurden alle Schreiben

an mich als Verwaltungsleiter »An 51« gerichtet. Eine bodenlose
Frechheit! Ich schrieb an den mir unterstellten Verwaltungsleiter, daß
ich mich als Briefnummer nicht mißbrauchen lasse. »An 51« gerichtete Briefe würde ich in Zukunft nicht mehr beantworten, das möge
er dem Bürgermeister ausrichten. Ich erkundigte mich bei anderen
Chefärzten der Umgebung, ob sie vom Krankenhausträger auch als
Nummer eingeordnet und angeschrieben wurden. Das erwartete Ergebnis: Dieses Vorgehen eines Krankenhausträgers gegenüber dem
Chefarzt war beispiellos.

Eines Tages ließ mich der Bürgermeister im Rahmen seiner Nadel-
stichpolitik schriftlich wissen, ich hätte kein Recht, dem Krankenhauspersonal Zeugnisse zu erteilen. Dies sei Sache des Krankenhausträgers. Lediglich Ärzte hätten einen Anspruch auf ein vom Chefarzt
und vom Krankenhausträger ausgestelltes Zeugnis.

Ich weiß, daß auch andere Krankenhausträger ähnliche Vorschriften erlassen. Dafür kann es nur einen Grund geben: Machtgeilheit
von Bürokraten. Schließlich haben die Chefärzte die volle Verantwortung für die Klinik. Also müßte ihnen auch das alleinige Recht einer
Zeugniserteilung für medizinisches Personal zustehen. Allein der
unnötige Arbeitsaufwand spricht gegen eine andere Regelung. Denn
im Grunde kann der Krankenhausträger nichts anderes schreiben, als
es der Chefarzt ins Zeugnis diktiert hat.

Große Probleme machte mir in den sechziger und siebziger Jahren
die Gewinnung von qualifiziertem Krankenhauspersonal. Da mußte
man sich einiges einfallen lassen, um nicht nur alle Planstellen zu
besetzen, sondern gute Arzthelfer zu bekommen. Öfters half es nur,
etwas mehr Geld und andere Vergünstigungen anzubieten. Dies tat
ich vielfach aus eigener Tasche, weil sich die ständige Antragstellung
an die Stadtverwaltung nicht nur als lästig, sondern auch als hoffnungslos erwies. Aber ganz wollte ich diese Extras natürlich nicht
übernehmen. Ich wußte, daß in den staatlichen Krankenhäusern der
Umgebung häufig von dem Recht Gebrauch gemacht wurde, in besonderen Situationen von den BAT-Vorschriften abzuweichen. Das
aber verweigerte mir der neue Bürgermeister konstant. Allein der
Schriftwechsel in diesem Zusammenhang ist zu einem Papierberg angewachsen.

Den Schlußstrich unter den Streit um die Frage des Dienstvorgesetzten setzte ein Brief des Magistrats vom 10. April 1970, in dem es

hieß, für den Magistrat bestünden »keine Zweifel, daß der §21, Abs.3 Ihres Dienstvertrages im Widerspruch zu §70, Abs.1, Satz 3 Gemeindeordnung steht und damit nichtig ist. Nach Ansicht des Magistrats ist der Bürgermeister ohne Ausnahme Dienstvorgesetzter der Beamten, Angestellten und Arbeiter der Stadt.« Das Schreiben fährt fort: »Übereinstimmung bestand weiterhin darüber, daß an der bisherigen gleichrangigen Stellung des Chefarztes als ›Ärztlicher Direktor‹ und des Verwaltungsleiters als Träger der Finanz- und Wirtschaftsführung festgehalten werden sollte. Die Dienstanweisung sollte jedoch daraufhin überarbeitet werden, daß in ihr in jeder Hinsicht die Verpflichtung des Verwaltungsleiters zu engster Zusammenarbeit mit dem Chefarzt zum Ausdruck kommt. Entsprechend dem Beschluß des Magistrats habe ich eine Neufassung der Dienstanweisung ausgearbeitet, die ich in der Anlage beifüge. Ich wäre Ihnen dankbar, wenn Sie sich kurzfristig einmal mit der Dienstanweisung befassen und mir gegebenenfalls Ihre Stellungnahme zuleiten könnten. Dem Magistrat wird die Dienstanweisung in der Sitzung vom 16. April 1970 erneut zur Erörterung vorliegen.«

Aus der früheren »Dienstordnung« war also eine »Dienstanweisung« geworden. Wichtigster Punkt: »Die Leitung des Krankenhauses besteht aus dem Chefarzt und dem Verwaltungsleiter.« Die Oberschwester wurde zur Hälfte dem Chefarzt und zur Hälfte dem Verwaltungsleiter unterstellt, wobei jeder weiß, daß niemand zwei Herren dienen kann.

Damit schuf man neues Konfliktpotential. Die Küchenleiterin unterstellte man jener Hälfte der Oberschwester, die dem Verwaltungsleiter untergeordnet war. In der Vorschrift für den Küchenbetrieb steht kein einziges Wort über Pflichten und Rechte des Chefarztes, die Ernährung der Kranken verantwortlich zu leiten und zu überwachen. Dazu gab es nur einen einzigen Satz: »Verpflegungszulagen bedürfen ausnahmslos der ärztlichen Verordnung.«

Alles in allem war der Entwurf Ausdruck der Machtgier eines Bürokraten, der ohne Rücksicht auf Verluste auch im Krankenhaus herrschen wollte. Und zu dieser Dienstanweisung sollte ich mich innerhalb von drei Tagen äußern! Unter Hinweis auf sehr starke dienstliche Beanspruchung – unter anderem am Dienstag, dem 14. April, 25 Operationen – teilte ich dem Magistrat am 16. April brieflich mit, ich könne zu dem Entwurf nicht im einzelnen Stellung nehmen:

»Soweit ich beim oberflächlichen Durchlesen gesehen habe, ist beabsichtigt – entgegen der bisherigen Regelung – den Verwaltungsleiter nicht mehr dem Chefarzt zu unterstellen. Damit begibt sich das Städtische Krankenhaus meines Erachtens eines sehr wesentlichen Vorteiles bezüglich optimal rationeller Haushaltsführung. Ich fürchte, daß in Zukunft nicht günstiger gewirtschaftet werden kann als beim Durchschnitt anderer Krankenhäuser der Gruppe A6, weil dem Chefarzt eine wirksame Kontrolle der Wirtschaftsführung nicht mehr möglich ist…

Wenn dagegen der Verwaltungsleiter in der Dienstanweisung ausdrücklich dem Chefarzt unterstellt würde, so wäre es in Zukunft nach meiner festen Überzeugung möglich, noch günstiger zu wirtschaften als bisher, weil die Unterstellung des Verwaltungsleiters bisher vom Magistrat zwar beschlossen, aber nur etwa zur Hälfte praktiziert wurde.

Ich wiederhole bei dieser Gelegenheit nochmals meine Bitte, versuchsweise die Dienstanweisung in der von mir am 1. Juni 1968 vorgeschlagenen Form zu beschließen. Es bestünde dann die Möglichkeit, diese Dienstanweisung zunächst nur für ein Jahr oder vielleicht besser – bis zum Ende des Haushaltsjahres 1971 – zu befristen. Falls sich meine Prognosen bezüglich der Wirtschaftsführung nicht zur Zufriedenheit des Magistrats bestätigen sollten, wäre ohne weiteres die Möglichkeit, die Dienstanweisung im Sinne des jetzt erarbeiteten Entwurfs zu ändern.

Abschließend möchte ich darauf hinweisen, daß ich selbstverständlich nicht in der Lage bin, die Gesamtverantwortung für die Wirtschaftsführung des Krankenhauses zu tragen, falls mir der Verwaltungsleiter nicht unterstellt wird. Ich wäre dem Magistrat dankbar, wenn er mir vor der endgültigen Beschlußfassung über die Dienstanweisung Gelegenheit geben würde, meine Stellungnahme mündlich vorzutragen.«

Im Grunde glaubte ich selbst nicht daran, daß der Magistrat diesem Antrag zustimmen würde. Denn inzwischen war es dem Bürgermeister gelungen, mich bei den meisten Magistratsmitgliedern madig zu machen. Immer wieder hatte er mich als Streithammel hingestellt und dabei auch kräftig den Neid auf meine hohen Nebeneinnahmen geschürt. Trotzdem wollte ich dem Magistrat keine Ausrede lassen, wenn sich in Zukunft der Zuschußbedarf wesentlich erhöhte. Also

machte ich ihm das Angebot, mit dem ich sogar eine erneute Bewährungsprobe anbot und damit auf die an sich verbindlich gewordene Zusage des Magistrats auf Änderung der Dienstordnung im
Sinne des Direktorialprinzips verzichtete. Wie zu erwarten, erreichte
ich nichts.

Zur gleichen Zeit wurde ich durch ein Schreiben des Deutschen
Städtebundes – Landesverband Schleswig-Holstein – vom 17. April
1970 auf eine erneute Falschdarstellung des Bürgermeisters aufmerksam. Es ging um einen Erfahrungsaustausch über die Frage der Stellung des Chefarztes zum Verwaltungsleiter in einem kommunalen
Krankenhaus. Man hatte bei der Stadt Lauenburg angefragt, ob sich
der Magistratsbeschluß vom Mai 1967 bewährt habe, »wonach dem
Chefarzt des Städtischen Krankenhauses die Verwaltungsleitung
übertragen und der bisherige Verwaltungsleiter ihm unterstellt worden ist«. Daraufhin muß der Bürgermeister wider besseres Wissen
eine falsche Auskunft gegeben haben. Denn in dem Schreiben des
Deutschen Städtebundes steht: »Der Beschluß ist bisher nicht in
vollem Umfang durchgeführt worden, da die Belastung des Chefarztes als ärztlicher Direktor es kaum erlaubt, ihm die volle Verantwortung der Verwaltungsleitung aufzubürden.« Diese Auskunft konnte
nur von unserem Bürgermeister stammen. Tatsächlich hätte der Bund
in dem Sinne informiert werden müssen, daß ich die Position »Chefarzt plus Chefverwalter« in vollem Umfange mit hochpositivem Ergebnis erfüllt hatte.

CHEFARZT-VERNICHTUNGSSCHLACHT

Im Februar 1971 begann dann die Vernichtungsschlacht im Bürgermeister-Chefarzt-Krieg. Die Größenordnung der Chefarzteinnahmen
wollte dem Allmächtigen der Stadt nicht aus dem Kopf. Gewißheit
darüber hatte er durch die Zusammenstellung meines Steuerberaters
über meine vom Finanzamt bestätigten Steuererklärungen für die
Jahre 1965 bis 1969. Er hatte sie dem Magistrat geschickt, um nachzuweisen, daß meine vertraglichen Verpflichtungen zur Abgabe von 20
Prozent meiner »Nebeneinnahmen abzüglich Sachkosten und Umsatzsteuer« erfüllt waren. Da müssen dem Bürgermeister bei der
Durchsicht die Augen basedowartig aus dem Beamtengesicht heraus-
getreten sein, als er die Zahlen las. Zusätzlich zu meinem Chefarzt-

gehalt hatte ich an Nebeneinnahmen 1965: zirka 200 TDM; 1966: 264 TDM; 1967: 337 TDM; 1968: 443 TDM; 1969: 414 TDM. Die Zahl für 1970 kannte er noch nicht, weil die Steuererklärung dafür am 20. April 1971 noch nicht abgegeben war. Aber er konnte sich denken, daß ich in dem Jahr wohl rund eine halbe Million Gesamteinnahmen gehabt hatte, daß also die Einnahmen nach Inbetriebnahme des Erweiterungsbaus, einschließlich meines Chefarztgehalts, noch wesentlich gestiegen waren.

Hinzu kam, daß der Bürgermeister neben meinem inzwischen umgebauten Traumhaus am hohen Elbhang wohnte – und das in einem viel kleineren Diensthaus ohne Elbsicht. Mein Luxushaus sah er, der sich als mein Dienstvorgesetzter fühlte, wenn er morgens zur Stadtverwaltung fuhr, mittags während der Essenspause und abends nach der Heimkehr. An den Sonn- und Feiertagen mußte er sich das sogar den ganzen Tag lang ansehen. Und da sollte er ruhig bleiben? Das war wohl zuviel verlangt.

Zur Klarstellung möchte ich anführen, daß ich, vom Finanzamt bestätigt, folgende Zuschüsse zum Krankenhausbetrieb geleistet habe: 1965: 64 TDM; 1966: 124 TDM; 1967: 149 TDM; 1968: 179 TDM und 1969: 173 TDM. Im Schnitt steuerte ich also als Zuschuß zum Krankenhausbetrieb mehr als 40 Prozent meines Umsatzes aus Nebeneinnahmen zu, von 1966 bis 1969 insgesamt 625 TDM bei einem vertraglichen Pflichtanteil von nur 167 TDM. Wohlgemerkt wäre die Stadt verpflichtet gewesen, mir alles an Mobiliar, Apparaten, Instrumenten und Personal in einem angemessenen Umfange zur Verfügung zu stellen, was ich für die Erwirtschaftung der Nebeneinnahmen brauchte. Denn das war im Chefarzt-Vertrag so ausgemacht, und nur dafür bestand im Grunde der Anspruch auf die 20 Prozent Nebeneinnahmen abzüglich Sachkosten und Umsatzsteuer. Aber selbstverständlich hätte die Stadt keinen Pfennig mehr dafür aufgewendet, als im Haushaltsplan dafür vorgesehen war. Also wäre »Mein Lambarene« in dem Zustand geblieben, wie ich es 1965 übernommen hatte!

Selbstverständlich muß es eine Diskussion darüber geben, was ein Chefarzt verdienen darf, wenn der Krankenhausträger ein anderer als er selbst ist – ganz besonders der Staat, also eine Stadt, ein Kreis, ein Land oder der Bund. Die Diskussion darf aber nicht auf dem Hintergrund von Mißgunst und Neid, sondern muß auf der Grundlage dessen geführt werden, was in der Wirtschaft allgemein üblich ist. Denn im Grunde sind Kliniken nichts anderes als Wirtschaftsunternehmen, zumindest sollten sie nicht anders bewertet werden. Also können nur die Gehälter von Geschäftsführern entsprechend großer Unternehmen zum Vergleich herangezogen werden. Wenn das nicht geschieht, werden sich in Zukunft nur geistig und körperlich Minderbemittelte um Chefarztpositionen bewerben.

Maßstab darf nur der Umsatz sein, für den der Regie- oder Chefarzt persönlich verantwortlich ist. Sofern es bei der jetzt üblichen Trennung zwischen Klinikträger und Regie- bzw. Chefarzt bleibt, sollte eine Regelung eingeführt werden, wie sie in den Jahren 1981 bis 1988 zwischen dem Klinikträger der früheren EUBIOS-Praxisklinik im EUBIOS-Zentrum am Chiemsee und mir als Regiearzt bestand. Es gab einen Hauseigentümer und eine Vermietung des Hauses für zwei völlig getrennte Bereiche: Medizinische Versorgung und Patientenhotel-Versorgung. Als Sub-Unternehmer für die Medizinische Versorgung hatte ich die Räumlichkeiten anzumieten, die ich dafür brauchte, und sie wie ein Mieter sonst mit Möbeln, Apparaten und Instrumenten auszustatten sowie das erforderliche medizinische Personal selbst anzustellen und zu bezahlen. Ich war also in der Situation eines Unternehmers in einem Miethaus, angewiesen auf eine ersprießliche Kooperation mit dem Unternehmer, der auch als Krankenhausträger und Chef der Patientenhotel-Versorgung fungierte. Ich bezog vom Klinikträger kein Chefarztgehalt und war ihm auch nicht untertan, sondern in meinen Entscheidungen völlig frei. Laut Vertrag war ich verpflichtet, eine Mindestbelegung von 80 Prozent sicherzustellen, im übrigen lief alles auf eigenes Risiko.

Völlig abzulehnen ist die zur Zeit allgemein übliche Lösung: Zuschußbetrieb Klinik – bezogen auf die einzelne Chefarztabteilung in Höhe von hunderttausend Mark, Beamtengehalt des Chefarztes mit Pensionsanspruch, Zurverfügungstellung allen Inventars und Personals für die Erwirtschaftung von Nebeneinnahmen und die Möglichkeit zum Abkassieren eines jährlichen Mehrmillionen-Betrages ohne jedes persönliche Risiko. Gewiß sind in den letzten Jahren die Abgaben für Klinikdirektoren und Chefärzte stark erhöht worden, meines Wissens auf maximal 50 Prozent. Aber die Umsatzhöhe für die medizinischen Leistungen seines Chefarztbereiches ist für den einzelnen Chefarzt viel zu wenig an seiner persönlichen Leistung orientiert, als an Umständen anderer Art – wie zum Beispiel am Status Universitätsklinik, an dem Wohlwollen und der Bestechlichkeit der Krankentransporteure und vielem anderen.

Am 16. Februar 1971 bekam ich ein Schreiben von der Kämmerei der Stadt, unterschrieben vom Bürgermeister. Darin wurde die Forderung erhoben, ich solle der Kämmerei, also ihm, Einsicht in die Unterlagen geben, aus denen sich der Abzug der Sachkosten und der Umsatzsteuer ergäbe. Man wollte also einen Streit darüber anfangen, was ich aus der Sicht des Bürgermeisters als Sachkosten abziehen dürfe und was nicht. Das aber wollte und durfte ich mir nicht bieten lassen. Denn für dieses Verlangen des Krankenhausträgers gab es keine Rechtsgrundlage. Von Anfang an war die vom Finanzamt geprüfte und anerkannte jährliche Steuererklärung zur Grundlage der Berechnung gemacht und von der Stadtverwaltung ausdrücklich anerkannt worden. So wurde es seit sechs Jahren mit mir praktiziert, und so war es auch mit meinem Vorgänger geschehen.

Also weigerte ich mich, die vom Finanzamt als Betriebsausgaben anerkannten Sachkosten vom Bürgermeister im einzelnen nachprüfen zu lassen. Auch das eskalierte zum Streit ohne Ende. Am Schluß wollte mir der Bürgermeister meinen freiwillig geleisteten Zuschuß zum Krankenhausbetrieb nicht als Sachleistung anrechnen, sondern ich sollte das meinen Einnahmen zurechnen und davon noch 20 Prozent extra an die Stadt abführen – insgesamt rund 400 TDM. Falls er allerdings dieser Rechtsansprüche der Stadt sicher gewesen wäre, hätte er selbstverständlich den Betrag gerichtlich einklagen müssen. Das aber wollte der Magistrat dann wohl doch nicht riskieren.

Was von der Glaubwürdigkeit dieses Bürgermeisters zu halten war, hat ihm später das Amtsgericht bestätigt. Laut Gerichtsbeschluß durfte und darf ich ihm öffentlich vorwerfen, im Magistrat mit Unwahrheiten wider besseres Wissen, also Lügen, gegen mich agiert zu haben – allein in der Sitzung vom 11. März 1971 in zwanzig Fällen!

In dieser Situation gab es für mich nur noch eins: Möglichst schnell den Schikanen des Bürgermeisters und auch der Magistratsmehrheit entfliehen!

Da boten sich mir zwei Möglichkeiten an: Die Übernahme der renommierten Privatklinik des Orthopädischen Chirurgen Dr. Voss in Lübeck und die ausgeschriebene Chefarztstelle für Allgemeinchirurgie im Kreiskrankenhaus Eschwege. Am meisten reizte es mich, Nachfolger meines in Pension gegangenen letzten Chirurgiechefs, Dr. Hans Kessler, in der neuerbauten elfstöckigen »Hessen-Klinik« zu werden, so genannt nach dem hessischen Modell für Kreiskrankenhäuser. In den Iden des März 1971, am Todestage von Gajus Julius

Caesar, bewarb ich mich um die Chefarztstelle für Allgemeinchirurgie, kurz vor der Abfahrt in den Skiurlaub nach Cortina. Auf der Reise
nach Italien machte ich einen Abstecher zum Landrat von Eschwege,
der das entscheidende Wort bei der Vergabe der Chefarztposition zu
sprechen hatte. Er offenbarte sich mir als ein junger, sehr tatkräftiger
Mann, der mir sofort gefiel. Der Landrat wußte von meiner früheren
Tätigkeit am Kreiskrankenhaus Eschwege, hatte davon angeblich
sehr viel Positives gehört. Es wurde ein langes, sehr gutes Gespräch.
Am Schluß konnte ich mir seiner Sympathie recht sicher sein.

Trotzdem schickte ich aus dem Skiurlaub einen Brief hinterher.
Daraus zitiere ich ausführlich, weil sein Inhalt für die Beurteilung der
damaligen Lage aufschlußreich ist:

»Sehr geehrter Herr Landrat!
Zunächst möchte ich mich vielmals für die mir am 19. März ge-
währte Unterredung bedanken. Das lang dauernde Gespräch gibt
mir den Mut, Ihnen persönlich ein paar Dinge zu schreiben, die
sich schlecht in einem Bewerbungsschreiben unterbringen lassen.
Ein wichtiger nicht genannter Grund für meine Bewerbung war
das schlechte Verhältnis zum derzeitigen Lauenburger Bürgermeister. Sicher steht es mir nicht gut an, daß – nach dem spektakulären ›Erlanger Professorenstreit‹ – wiederum Differenzen mit
einem Vorgesetzten das Arbeitsverhältnis schwer belasten. Vielleicht kann ich aber zu meiner Entschuldigung anführen, daß die
›Schuldfrage‹ im Erlanger Fall offengeblieben ist und daß in Lauenburg drei Jahre lang ein gutes Verhältnis zum früheren Bürgermeister bestanden hat. Mit dem jetzigen Bürgermeister W. klappte
es vom ersten Tage an nicht. Dem elf Jahre jüngeren unerfahrenen
Juristen war es das Hauptanliegen, dem Chefarzt (und Professor)
zu zeigen, wer das Sagen hat. Sie, Herr Landrat, haben W. neulich
intuitiv treffend charakterisiert. Dem ist wenig hinzuzufügen.«

Nach der Bewerbung hatte der Landrat mit dem Bürgermeister ein
längeres Telefongespräch geführt, um sich von ihm über mich informieren zu lassen. Sehr viel Schmeichelhaftes scheint dieser über
mich nicht gesagt zu haben. Aber der Landrat hatte meinen Bürgermeister rasch durchschaut. Denn er charakterisierte ihn später mir
gegenüber mit einer Vokabel, die das Papier beschmutzen würde,
falls man sie abdruckte.

Ich zitiere aus meinem Brief an den Landrat weiter:

>>Zwar haben sich die Lauenburger Stadträte am 18. März bei einer ultimativen Vertrauensfrage geschlossen hinter mich und gegen den Bürgermeister gestellt. Doch bleiben auch in Zukunft Möglichkeiten genug, mich zu ärgern. Er wird mir die Niederlage nicht verzeihen, zumal er wenige Tage zuvor vor dem Krankenhauspersonal eine noch größere erlitten hat. Ärgern möchte ich mich aber im bisherigen Umfange nicht mehr lassen.<<

Am 8. März hatte ich das Krankenhauspersonal zu einer Besprechung über die vom Bürgermeister entworfene Dienstanweisung eingeladen und dazu auch den Bürgermeister, den Stadtkämmerer und den Leiter des Amtes für Soziales. Letzterem war vom Bürgermeister das Stadtkrankenhaus inzwischen per ordre du Mufti untergeordnet worden. Ich eröffnete die Sitzung und übergab zunächst dem Bürgermeister das Wort. Der fing dann an, seine Dienstanweisung zu loben und zu beschönigen. Anschließend mußte ich ihm das Übliche vorwerfen, nämlich unzählige Halb- und Unwahrheiten in Wort und Schrift. Darüber hinaus beschwerte ich mich öffentlich über seine Flegeleien im Umgang mit mir. Besonders kritisierte ich, daß neuerdings die Krankenhausleitung eine Abteilung des Amtes für Soziales und Gesundheit werden und dabei dem Oberinspektor E. unterstellt werden solle, einem kleinkarierten Stadtbeamten schlimmster Sorte. Besonders heftig wandte ich mich gegen seine geplante Dienstanordnung und bekam wiederholt Zwischenbeifall.

Am Schluß der Personalversammlung stellte der Betriebsrat den anwesenden 54 Mitarbeitern drei Fragen zur Abstimmung:

1. Ist das Krankenhauspersonal der Meinung, daß die vom Bürgermeister erlassene Dienstanordnung vom 1. März 1971 gut und für den Chefarzt tragbar ist? Abstimmungsergebnis: Alle stimmten mit Nein, nur einer (der Krankenhausverwalter) enthielt sich der Stimme.

2. Wäre das Krankenhauspersonal mit der alten Dienstanweisung vom 20. Januar 1956 in der vom Magistrat im Mai 1967 geänderten Form einverstanden?

3. Wäre das Krankenhauspersonal mit der von Prof. Hackethal vorgeschlagenen Dienstanweisung vom 8. Januar 1971 einverstanden?

Diese Fragen wurden – wieder unter Stimmenthaltung des Verwaltungsleiters – einstimmig mit Ja beantwortet. Am Schluß stellte der Betriebsratsvorsitzende die Frage: »Hat der Chefarzt noch das volle Vertrauen des Krankenhauspersonals?" Diese Frage wurde einstimmig mit Ja beantwortet.

Die Betriebsversammlung beschloß eine Resolution an den Magistrat im Sinne der Abstimmung. Am Schluß kochte der Bürgermeister vor Wut.

Mein Schreiben an den Landrat in Eschwege fährt fort:

»Wenn das mit Eschwege nicht klappt, werde ich sehr wahrscheinlich eine renommierte größere Privatklinik in Lübeck übernehmen, mit dessen Besitzer die Verhandlungen schon weit gediehen sind. Ich würde das aus verschiedenen Gründen einer neuerlichen Anstellung in einem kommunalen Krankenhaus – ein konfessionelles scheidet von vornherein aus – vorziehen. Noch vor dem Gespräch mit Ihnen war ich im Zweifel, ob nicht die Privatklinik mir die besseren Entfaltungsmöglichkeiten böte. Ich übernehme gern Verantwortung, brauche aber einen entsprechend großen Entscheidungsspielraum…

Was meine Bereitschaft zu guter Zusammenarbeit anbetrifft, so könnten Sie – glaub' ich – unbesorgt sein. Hier lassen sich im übrigen Sicherungen in den Vertrag einbauen, die ich Ihnen in Anbetracht meiner Vorgeschichte gern zugestehen will…«

Als Postscriptum fügte ich an: »Ich gehöre keiner politischen Partei an.« Dieses PS habe ich deshalb angefügt, weil ich schon seit eh und je den Ehrgeiz hatte, niemals aufgrund eines Partei- oder Gebetbuches irgendwo Chefarzt zu werden. Erst am 1. Januar 1974 bin ich in die FDP eingetreten. Damals glaubte ich, mich nun doch auch als Staatsbürger engagieren zu sollen. Da hat mich fasziniert, was der Parteiideologe Karl-Hermann Flach zur Devise erhoben hatte: Möglichst viel Freiheit für möglichst viele einzelne! Damals stand eine neue Wahl an. Ich orderte eine Postkutsche aus der Lüneburger Heide und fuhr hoch auf dem Gelben Wagen durch Lauenburg, um Wahlwerbung zu betreiben. Was es in Lauenburg noch nie gegeben hatte, gelang: Die FDP bekam so viele Stimmen, daß sie erstmals sogar zwei Sitze in der Stadtverwaltung bekam.

Na bitte!

Bald danach erhielt ich den Bescheid, daß ich für die Chefarztstelle für Allgemeinchirurgie in Eschwege in die engere Wahl gekommen sei. Man bat mich um ein Vorstellungsgespräch beim Kreisausschuß. Dies fand am 7. April 1971 statt. Am Nachmittag danach teilte
mir der Landrat mit, ich sei nun zusammen mit einem anderen Bewerber in die engste Wahl gekommen, die endgültige Entscheidung
falle in den nächsten Tagen. Ein paar Tage später erfuhr ich, daß der
andere Bewerber seine Bewerbung zurückgezogen hatte. Ich mußte
nur noch den Vertrag unterschreiben.

Das ließ ich den Lauenburger Magistrat wissen. Der Bürgermeister war in Urlaub. Ich wurde aufgefordert, einen schriftlichen Entwurf für einen Zusatzvertrag zu machen, der meine Wünsche für das
künftige Chefarzt-Krankenhausträger-Verhältnis fixiere. Dann wolle
man darüber beraten und entweder zustimmen oder nicht. Bei Zustimmung erwarte der Magistrat allerdings, daß ich meine Bewerbung für Eschwege zurückziehe.

Ich formulierte meine Wünsche für eine Ergänzung des Chefarzt-
Vertrages auf zwei DIN-A-4-Seiten und übergab sie dem Ersten Stadtrat als Bürgermeistervertreter. Der berief eine Magistratssitzung für
den 14. April ein und lud mich dazu. Alle meine Wünsche wurden im
einzelnen diskutiert. Die Sitzung dauerte bis 22 Uhr. Danach wurde
mir mitgeteilt, der Magistrat akzeptiere den von mir vorgeschlagenen
Zusatzvertrag.

Durch böse Erfahrungen mißtrauisch gemacht, fragte ich vor versammelter Mannschaft nach, ob denn der Vertrag nicht sofort unterschrieben werden müsse, um wirksam zu sein. Daraufhin erklärte
der Erste Stadtrat, das sei unnötig. Der Zusatzvertrag müsse doch erst
ordentlich niedergeschrieben und danach unterzeichnet werden. Dieser Magistratsbeschluß habe die Rechtskraft eines Vertrages.

Am nächsten Tag überlegte ich mit meiner Frau die Vor- und Nachteile eines Stellenwechsels. Ich erkundigte mich auch nach der
Rechtsgültigkeit des Magistratsbeschlusses. Diese wurde mir von anderen Magistratsmitgliedern und auch von meinem Rechtsanwalt bestätigt. Nach längerem Hin und Her in der Familie und im Freundeskreis entschied ich mich dann doch, in Lauenburg zu bleiben. Am 16.
April rief ich beim Landratsamt in Eschwege an und zog mündlich
meine Bewerbung um die Chefarztstelle zurück.

Wenn es noch einen Zweifel geben könnte, mit wem ich es als
Dienstvorgesetzten zu tun hatte, bleibt nur zu berichten: Der Zusatz-

vertrag wurde nie unterschrieben und nie respektiert. Der Verwaltungsjurist brachte es fertig, den Magistratsbeschluß als rechtsunwirksam hinzustellen.

Die Lage wurde für mich immer unerträglicher. Zum Hauptärgernis wurde ein Fernseh-Röntgenbildverstärker. Im Frühjahr 1972 war unser Optik-Bildverstärker, den wir für unfallchirurgische Operationen unbedingt brauchten, zu Bruch gegangen. Inzwischen hatten die Gewerblichen Berufsgenossenschaften gefordert, daß in den zur Behandlung Schwerunfallverletzter zugelassenen Krankenhäusern ein Fernseh-Bildverstärker vorhanden sein müsse, um die bestmögliche Versorgung von Unfallverletzten sicherzustellen. Deshalb beantragte ich beim Magistrat die Anschaffung eines Gerätes, das damals 90 000 Mark kosten sollte. Der Antrag wurde auf Betreiben des Bürgermeisters abgelehnt.

Also rief ich bei Röntgen-Müller in Hamburg an und bat darum, uns einen Fernseh-Bildverstärker leihweise zur Verfügung zu stellen. Ich drohte, daß ich bei einer Ablehnung die Firma Siemens in Erlangen bitten würde, mit der ich früher bei der Entwicklung der Fernseh-Bildverstärker zusammengearbeitet hätte. Selbstverständlich fügte ich hinzu, daß das Gerät eines Tages von der Stadt gekauft würde. Daraufhin stellte mir Röntgen-Müller das neueste Modell kostenlos zur Verfügung. Bei den nächsten Knochennagelungen wurde der gesamten OP-Mannschaft klar, wie unzulänglich der Optik-Bildverstärker gewesen war. Die Zuverlässigkeit der Nagelungs-Kontrolle war mit dem neuen Gerät viel größer, die Operationsdauer sehr viel kürzer. Schon bald stand nicht nur für mich, sondern für alle Mitglieder des Operationsteams fest: Niemals konnte in Zukunft mehr auf einen Fernseh-Bildverstärker verzichtet werden.

Bald später führte ich den Fernseh-Röntgenbildverstärker auch dem Gesundheitsausschuß vor und schilderte die dadurch gewonnenen Verbesserungen. Dann beantragte ich den Beschluß, die Anschaffung in den Nachtragshaushalt aufzunehmen. Ich begründete das zusätzlich damit, daß es aufgrund des Krankenhaus-Finanzierungsgesetzes notwendig sei, Mehrausgaben zu planen. Anderenfalls müßte nach meinen Berechnungen sogar mit schwarzen Zahlen gerechnet werden, was eine Rückstufung in der Eingruppierung des Pflegesatzes befürchten lasse. Der Gesundheitsausschuß beschloß einstimmig, die Anschaffung des Fernseh-Bildverstärkers in den Nachtragshaushalt aufzunehmen.

Das interessierte den Bürgermeister und seinen Stadtkämmerer herzlich wenig. Der Nachtragshaushalt wurde nicht geändert. Da hoffte ich dann auf ein Stillhalten der Lieferfirma bis 1974. Jedenfalls vertröstete ich sie bei telefonischen Rückfragen auf Anfang 1974. Röntgen-Müller ließ sich vertrösten.

Dem Bürgermeister wollte mein hohes Einkommen keine Ruhe lassen. Immer wieder nahm er neue Anläufe, um eine Kontrolle der Sachausgaben durch ihn selbst zu erzwingen. Ich verweigerte sie ihm mit Hinweis auf eine Stellungnahme des Justitiars des Verbandes der Leitenden Krankenhausärzte. Da versuchte er es zum Jahreswechsel 1973/74 mit einer Erpressung. Er erließ im Einverständnis mit einer Magistratsmehrheit die Verfügung, daß mir in Zukunft der Oberarzt und die drei Assistenzärzte nicht mehr bei der Ausübung der Nebentätigkeit helfen dürften. Dies teilte er nicht nur mir, sondern auch den Ärzten schriftlich mit.

Alle Ärzte bekamen von mir für ihre Mithilfe in der Ambulanz und bei der Versorgung von Privatpatienten selbstverständlich eine Zusatzvergütung. Zusammen mit den Gutachten kam für jeden ein stolzes Sümmchen zusammen. Sicher trug das wesentlich zu ihrer großen Einsatzbereitschaft bei. Ich beriet mich mit ihnen, und wir beschlossen, der Verfügung des Bürgermeisters keine Folge zu leisten. Dies teilten wir ihm mit, und so wurde verfahren.

Das trieb ihn auf die Palme. Er weigerte sich, den Betrag für die Anschaffung des Fernseh-Bildverstärkers in den Haushaltsplan 1974 aufzunehmen. Anfang 1974 rief Röntgen-Müller an und erinnerte an die Bezahlung. Ich informierte den Verwaltungsleiter und sagte ihm, er möge dem Bürgermeister ausrichten: Ich kündige fristlos, falls der Bildverstärker von der Lieferfirma abgeholt würde. Von einem Magistratsmitglied erfuhr ich später, daß der Bürgermeister dies bei der nächsten Sitzung mit der Bemerkung kommentiert habe, meine Kündigungsandrohung sei bei Einnahmen von einer halben Million Mark nicht ernst zu nehmen.

Sicher hätte ich die 90 000 Mark für den Verstärker selbst bezahlen und als Sachkosten abbuchen können. Das aber schien mir vor dem Hintergrund der extremen Mißhandlungen durch den Bürgermeister und die Magistratsmehrheit – ein bis zwei Mitglieder muß ich immer ausnehmen – nicht nur inkonsequent, sondern als unnötige Sanktionierung dieser Mißhandlungen. Schon seit 1971 hatte ich eine größere Zurückhaltung bei meinem freiwilligen Zuschuß zum Krankenhausbetrieb geübt. Seit Ende 1972 geschah das auch vor dem Hintergrund von Überlegungen, meine Chefarztposition zu kündigen und in Lauenburg eine eigene Praxisklinik zu eröffnen. Dafür mußte ich Kapital ansammeln.

Im März 1974 kam ein Brief von Röntgen-Müller, man werde am 1. April den Fernseh-Bildverstärker abholen lassen, falls er nicht vorher bezahlt würde. Diesen Brief gab ich dem Verwaltungsleiter zur Kenntnis und drohte erneut mit der fristlosen Selbstkündigung. Dann fuhr ich Anfang März mit meiner Familie in den traditionellen Skiurlaub nach Cortina.

Eine Woche später rief ich dann den Verwaltungsleiter aus dem Urlaub an. Ich fragte ihn, ob eine Aussicht auf Bezahlung des Verstärkers bestünde, und bat ihn, doch noch einmal bei der Stadtverwaltung nachzufragen. Er rief bald danach an, um mir mitzuteilen, es sei auch weiterhin im Haushalt kein Geld für die Anschaffung vorgesehen. Also telefonierte ich noch einmal mit der Geschäftsleitung der Firma Röntgen-Müller und bat darum, die Frist für die Bezahlung des Röntgengerätes über den 1. April hinaus zu verlängern. Man beschied mich, daß dies nicht möglich sei.

Ich besprach mich mit meiner Frau und beschloß, eine Woche früher als geplant aus dem Skiurlaub nach Lauenburg zurückzureisen. Einen letzten Versuch wollte ich unternehmen, entweder die Bezahlung des Gerätes zu erreichen oder die Abholfrist verlängern zu lassen.

In Lauenburg angekommen, liefen die Telefondrähte zur Krankenhausverwaltung, zu Mitgliedern des Magistrats und des Freundeskreises sowie zu Röntgen-Müller heiß. Alles war vergebens. Ich besprach mich mit meinen Ärzten und erklärte, ich würde am 21. März fristlos kündigen. Alle stellten sich hinter mich und erklärten: Auch sie alle würden sofort ihren Vertrag zum nächsten Termin kündigen. Auch mit den übrigen Mitgliedern des Krankenhaus-Führungsstabes bestand Einigkeit, daß man den Magistrat gemeinsam zwingen wolle, meine Kündigung nicht anzunehmen und die Bezahlung des Fernseh-Bildverstärkers zu beschließen. Das gesamte Krankenhauspersonal stand hinter mir. Es mag ein paar Ausnahmen gegeben haben. Nach der Information durch den Betriebsratsvorsitzenden gab es sie angeblich nicht.

Am Frühlingsanfang 1974, am 21. März, kündigte ich meinen Chefarztvertrag fristlos. Den Kündigungsbrief gab ich selbst bei der Stadtverwaltung ab.

Da mögen der Bürgermeister und die Magistratsmehrheit dann doch erschrocken, zumindest aber recht verwundert gewesen sein. Das hatte man nicht für möglich gehalten, daß jemand so blöd sein konnte, sich selbst eine Einnahmequelle von einer halben Million zu verstopfen, nur aus dem Ehrgeiz, keine Abstriche an der Versorgungsqualität der Patienten zu machen. Da hatte man mich wohl doch unterschätzt, mich zu Unrecht für einen Sprücheklopfer gehalten. Also mußte man es mir nun wohl doch abnehmen, daß mir die Versorgungsqualität wichtiger war als ein hohes Einkommen.

Doch solche Vorstellungen waren bei diesem Bürgermeister und seinen Vasallen offensichtlich fehl am Platze. Zu solchen Überlegungen dürften sie gar nicht fähig gewesen sein. Bei ihnen überwogen Neid und Machtgelüste.

Fristlose Selbstkündigung

»Hiermit kündige ich – schweren Herzens und notgedrungen – mein Dienstverhältnis fristlos, weil durch Verschulden von Herrn Bürgermeister W.

1. das Vertrauensverhältnis zwischen Magistrat (als Krankenhausträger) und mir weitgehend zerrüttet ist,

2. die ständige Angst vor neuen Schikanen und erpresserischen Drohungen (unter scheinheiliger Bezugnahme auf angebliche Vertragsverletzungen) meine Arbeitskraft lähmt,

3. laufende Fehlentscheidungen und Verzögerungen der Stadtverwaltung die Leistungsfähigkeit des Krankenhauses und seine Entwicklungsfähigkeit untragbar beeinträchtigen,

so daß ich meinen Auftrag zu bestmöglicher Versorgung der mir anvertrauten Kranken nicht mehr erfüllen kann.

Den derzeitigen Stadträten, insbesondere dem Ersten Stadtrat und Bürgermeisterstellvertreter muß ich vorwerfen, daß sie seit Jahren den unwahren Behauptungen, Beschuldigungen, Verdächtigungen und Verleumdungen durch Herrn Bürgermeister W. nahezu blind vertrauten, sein vielfach vertrags- und rechtswidriges Verhalten stillschweigend geduldet und sich in völlig unzureichendem Maß um eine Klärung von Fall zu Fall bemüht haben.

Ich kann es nicht länger ertragen, Angestellter einer Stadt zu sein, die in wichtigen Bereichen nicht demokratisch und sachverständig regiert, sondern gefühl- und herzlos diktatorisch verwaltet wird. Beim Arbeitsgericht Bad Oldesloe wird Klage auf die Feststellung erhoben werden, daß diese fristlose Kündigung durch Verschulden der Stadt für mich nunmehr unausweichlich geworden ist. Um durch meine Kündigung keine Kranken zu gefährden, werde ich mich darum bemühen, unter Verzicht auf Entschädigung durch die Stadt und ohne Unterordnung unter die Stadtverwaltung, die Übergangsversorgung des Krankenhauses bestmöglich zu gewährleisten.«

Wie schon geschrieben, war der Kündigung ein Gespräch mit meinen Ärzten vorausgegangen. Alle hatten erklärt, ebenfalls zu kündigen. Der Betriebsrat und das gesamte Krankenhauspersonal standen auch voll hinter mir. Also durfte ich hoffen, daß die Magistratsmehrheit einlenken und mir einen Zusatzvertrag anbieten würde, mit dem ich als Chefarzt leben konnte.

Das aber erwies sich als Irrtum. Auch meine ärztlichen Mitarbeiter fielen um, nicht alle. Ich möchte auf dieses traurige Kapitel hier nicht näher eingehen. Damals hat mich der Wortbruch meiner Chirurgieschüler schwer verletzt, und ich habe später auch entsprechend reagiert. Schwamm drüber!

Die Stadt bot meinem Oberarzt Dr. Dimi D., zu dem eine Art väterliches Freundschaftsverhältnis bestand, die Chefarztstelle an. Diesem verlockenden Angebot konnte Dimi dann doch nicht widerstehen. Er nahm es an und vergaß sein Versprechen, ebenfalls fristlos zu kündigen. Ich wurde peinlich an das Verhalten meiner Chirurgieschüler in Erlangen erinnert, die wirklich auch sehr viel Grund zur Treue aus Dankbarkeit gehabt hätten. Aber auch denen habe ich später ebenso verziehen wie meinem Apoll-Odysseus Dimi. Wahrscheinlich sind fast alle Ärzte vor dem Hintergrund ihrer Erziehung nach den Regeln des Hippokrates-Meineides und seiner Nachfolger überfordert, in einer solchen Situation berufliche Aufstiegsmöglichkeiten irgendwelchen zwischenmenschlichen Anstandspflichten hintanzustellen.

Mein Kündigungsschreiben hatte ich auch an die Presse gegeben, weil ich mir dadurch einen verstärkten Druck auf den Magistrat erhoffte. Auch dies erwies sich als großer Irrtum. Ein Gutinformierter sagte mir später, die Stadtverwaltung sei eine wichtige Informations- und Einnahmequelle für die lokale Presse – letzteres durch Inserate –, die man sich nicht verstopfen wolle. Die beiden lokalen Zeitungen verhielten sich jedenfalls auffallend bürgermeisterfreundlich, und es war für mich sehr enttäuschend zu lesen, was dann über die Kündigungsgründe publiziert wurde. Auch im *Spiegel* gab es nur eine kurze Notiz, aus der eigentlich alle entnehmen mußten: Der notorische Querulant Hackethal hat wieder zugeschlagen!

Am 23. März 1974 bekam ich das Antwortschreiben auf meine Kündigung: »Die Stadt widerspricht der von Ihnen ausgesprochenen fristlosen Kündigung des Dienstverhältnisses. Sie wird gegen Sie Klage erheben mit dem Ziel festzustellen, daß die Kündigung unbegründet ist. Der Inhalt Ihres Schreibens und seine Bekanntgabe an die breite Öffentlichkeit machen es der Stadt allerdings unzumutbar, das Dienstverhältnis mit Ihnen fortzusetzen. Die Stadt kündigt daher ihrerseits das Dienstverhältnis mit Ihnen fristlos. Ihnen wird ab sofort jede ärztliche Tätigkeit im Städtischen Krankenhaus Lauenburg/Elbe untersagt. Die Stadt erwartet, daß Sie sich auch sonst aller Einmischung in einen geregelten Ablauf des Krankenhausbetriebes enthalten.«

Gegen diese fristlose Kündigung des Städtischen Krankenhausträgers habe ich Klage beim Arbeitsgericht Bad Oldesloe, mit Nebenstelle im Nachbarort von Lauenburg, Schwarzenbek, eingereicht. Es sollte eine ganze Kette von Prozessen werden, über das Landesarbeitsgericht bis hin zum Bundesarbeitsgericht.

In der ersten Instanz, beim Arbeitsgericht Bad Oldesloe, habe ich gewonnen. Das mag damit zu tun gehabt haben, daß mich die Arbeitsrichter kannten und seit mehreren Jahren aus nächster Nähe beobachtet hatten, was aus dem Städtischen Krankenhaus Lauenburg durch mich geworden war. In der Nachbarstadt Schwarzenbek gab es inzwischen sehr viele Patienten, die ich mit Erfolg operiert hatte. Höchstwahrscheinlich war auch den Arbeitsrichtern klar, was von dem Lauenburger Bürgermeister zu halten war. Also wurde die Gegenklage der Stadt abgeschmettert. Ich lasse Ausschnitte aus der Begründung folgen, so wie sie das spätere Landesarbeitsgericht in seiner Beschreibung des Prozeßverlaufs zusammengefaßt hat:

»Das Arbeitsgericht hat festgestellt, daß das zwischen den Parteien bestehende Dienstverhältnis durch die mit Schreiben des Klägers vom 21. März 1974 ausgesprochene fristlose Kündigung am 21. März 1974 geendet habe, und der Beklagten die Kosten auferlegt. In den Gründen hat es ausgeführt: Der Kläger habe als Arbeitnehmer einen wichtigen Grund für eine Kündigung gehabt, da ihm die Fortdauer des Arbeitsverhältnisses nicht mehr zuzumuten gewesen sei…

Zwar habe der Kläger nicht sofort und innerhalb der Frist des §626, Abs.2 BGB gekündigt. Sein Recht zur fristlosen Kündigung habe er hierdurch aber nicht verloren, da die Vorfälle um den Fernseh-Röntgenbildverstärker so schwerwiegend seien, daß sie ihm zusammen mit den bisherigen Tatsachenzusammenhängen ein Recht zur fristlosen Kündigung gegeben hätten. Es habe kein Anhaltspunkt für die Annahme bestanden, daß der Kläger das Gerät mit vertraglicher Bindungswirkung für die Beklagte beschafft habe« – was die Gegenseite behauptet hatte. »Es sei zu berücksichtigen, daß der Kläger nicht nur den Weisungen der Beklagten als Arbeitgeberin, sondern auch seinem ärztlichen Gewissen unterlegen habe. Wenn der Kläger erklärt habe, er könne es nicht verantworten, künftig weiter mit dem alten optischen Gerät arbeiten zu müssen, sei diese Entscheidung wie jede Gewissensentscheidung gerichtlich nicht nachprüfbar. Schon aus diesem Grunde habe der Kläger die fristlose Kündigung aussprechen können.

Darüber hinaus habe das Verhalten der Beklagten auch hier gezeigt, daß eine vertrauensvolle Zusammenarbeit zwischen ihr und dem Kläger nicht mehr möglich war. Der Beklagten sei bekannt gewesen, für wie wichtig der Kläger das Verbleiben des Gerätes im Krankenhaus gehalten habe. Es sei daher ein Gebot des Vertrauens, daß die Beklagte den Kläger auf den Wegfall des Einsatzes dieses Gerätes hingewiesen hätte. Nur so habe der Kläger angemessen im Bereich der Neuaufnahme von Patienten sachgerecht verfahren können. Wenn die Beklagte ihn indessen über die künftige Ausstattung des Krankenhauses im ungewissen lasse und nicht einmal über die eingeleiteten Verhandlungen mit der Firma Röntgen-Müller oder über die geplante Reparatur des alten Gerätes informiere, zeige es sich erneut, daß es an einer künftigen vertrauensvollen Zusammenarbeit gefehlt habe. Aus diesem Grunde sei die Kündigung des Klägers gerechtfertigt.«

Dieser Urteilsbegründung ist aus meiner Sicht kaum etwas hinzuzufügen. Hier haben Arbeitsrichter geurteilt, denen die bestmögliche

Klinikversorgung der Bevölkerung ihres Wirkungsbereichs am Herzen lag. Sie mögen dabei auch ein wenig an sich selbst und ihre Angehörigen gedacht haben. Auch das muß man wohl als ihr gutes Recht werten.

Gegen dieses Urteil legte die unterlegene Stadt am 28. Juni 1979 beim Landesarbeitsgericht in Kiel Berufung ein. Zur Begründung wurde eine Perlenkette aus UHOIs auf den Richtertisch gelegt. Mein Rechtsanwalt hatte Perle für Perle nachgewiesen, daß alle unecht waren. Das Gericht tagte am 19. November und erklärte eine Woche später die Perlenkette als echt. Dies mit dem Wortlaut: »Urteil geändert – Klage abgewiesen.« Kurze Zeit später brachte ich meine Erlebnisse zu Papier. Es sollte das erste Kapitel eines lange geplanten Buches mit dem Titel *Chirurgie – Handwerk zum Heilen und zum Töten* werden. Es mag den Leser interessieren, am Anfang des folgenden Kapitels zu lesen, was ich damals, vor zwanzig Jahren, niederschrieb.

URTEIL GEÄNDERT – KLAGE ABGEWIESEN

Am 19. November 1974, zehn nach zwölf, erschien das hohe Gericht. Zehn vor eins, nach vierzig Minuten, beendete es die Beweisaufnahme schon. Nach den je zehn Minuten langen Plädoyers der beiden Rechtsanwälte hatte Herr Landesgerichtspräsident Dr. Dr. Z. keine Frage mehr. Nicht eine einzige. Ihm war alles klar.

Er schaute weniger fragend als bedeutsam in die Runde. Niemand sagte etwas. Erschrocken fragte ich den neben mir sitzenden Rechtsanwalt leise: »War das alles?« »Ja!«

Mit der Ehrerbietigkeit eines Untertanen und der Existenzangst eines Etablierten – oder umgekehrt – sagte ich artig: »Herr Präsident, gestatten Sie mir bitte eine ergänzende Bemerkung. Vielleicht ist sie wichtig für das Gericht. Ende 1973 gab es in der näheren Umgebung Lauenburgs keine chirurgische Abteilung ohne Fernseh-Röntgenbildverstärker. Keine. Und wahrscheinlich gab es in der ganzen Bundesrepublik keine chirurgische Akut-Abteilung ohne ein solches Gerät. Das wollte ich doch noch sagen«, ergänzte ich überflüssigerweise mit der Redundanz eines Erschreckten. »Was heißt nähere Umgebung?« forschte der Herr Vorsitzende. Ich nannte die nächstgelegenen fünf Städte mit chirurgischen Abteilungen.

Darauf Herr Dr. Dr. Z.: »Ich war zweimal in Krankenhäusern. Einmal bei einem Orthopäden, einmal bei einem Chirurgen. Mit einem Fernseh-Röntgenbildverstärker bin ich dabei nicht in Berührung gekommen.«

Ich erschrak. So einfach konnte sich doch der Präsident seine Urteilsbildung nicht machen. Hatte er die Akten nicht gelesen? Waren sie zu umfangreich? Deshalb die mißbilligende Bemerkung zu Beginn der Sitzung, er habe die letzte Sitzung vertagt, um einen Vergleich zu erreichen, nicht aber eine Aktenvermehrung?

Meine Siegeszuversicht für diese zweite Instanz war leicht angeschlagen. Aber nur leicht. Nach Lage der Dinge konnte das für mich positive Urteil des Arbeitsgerichtes doch nur bestätigt werden. Zuviel war in den letzten Jahren passiert, vieles in den Akten schwarz auf weiß nachzulesen. Daran konnte das Gericht nicht vorbeigehen, beruhigte ich mich. Wenn nicht alles so klar und eindeutig wäre, hätte es auch länger verhandelt!?

Ein gutes Gefühl hatte ich eigentlich schon bei der Begegnung mit dem Präsidenten des Landesarbeitsgerichtes beim ersten Termin nicht gehabt. Das war am 3. September 1974. Da hatte er schon so merkwürdig aus den Akten vorgetragen. Etwa wie folgt:

»Herr Professor Hackethal wurde Ende 1964 von der Stadt Lauenburg als Chefarzt des Städtischen Krankenhauses angestellt. In dem Vertrag ist unter anderem festgelegt, daß er für die Beschäftigung der nachgeordneten Ärzte bei der Versorgung von Selbstzahlern und von ambulanten Kranken die Genehmigung des Krankenhausträgers einholen muß und dafür eine Entschädigung zu zahlen hat. Dies ist nicht geschehen, wie der erst mehrere Jahre später von der Stadt eingestellte Bürgermeister W. dann feststellte. Daraufhin hat die Stadt Ende 1973 von Professor Hackethal verlangt, daß er für die Mitarbeit nachgeordneter Ärzte eine Abgabe an die Stadt leisten solle. Dies hat Professor Hackethal abgelehnt. Die Stadt hat dann mit Kündigung gedroht.«

Der Gerichtsvorsitzende fuhr dann fort:

»Im Vertrag steht weiter, daß für die Erledigung der Verwaltungsgeschäfte und der wirtschaftlichen Angelegenheiten des Krankenhauses die Krankenhausverwaltung nach Abstimmung mit dem

Chefarzt zuständig ist. Das gilt auch für den Fernsehröntgen-Bild-verstärker, der später vom Chefarzt ohne Mitwirkung der Verwaltung besorgt wurde.«

Dann verlas der Präsident wörtlich das Kündigungsschreiben vom 21. März 1974. Er wies darauf hin, daß ich dieses Kündigungsschreiben der Presse voll inhaltlich bekanntgegeben hätte. Daraufhin habe die Stadt ihrerseits gekündigt.

Herr Dr. Dr. Z. fuhr fort: Das Arbeitsgericht habe zwar die Kündigung von Professor Hackethal für Recht erklärt. Aber man könne sich ebensogut auf den Standpunkt stellen, daß eine Mitarbeit der nachgeordneten Ärzte ohne Genehmigung durch den Magistrat vertragswidrig gewesen sei. Im übrigen sei es fraglich, ob ein Krankenhaus mit nur siebzig Betten unbedingt einen Fernseh-Röntgenbildverstärker haben müsse.

Besser hätte der Rechtsanwalt der Stadt die Position der Stadt nicht verteidigen können. Nicht mit einem Wort würdigte der Landesgerichtspräsident unsere Gegenargumente. Hatte er nur den gegnerischen Schriftsatz gelesen? Oder wollte er mich für einen Vergleich sturmreif schießen?

Danach konnte kaum noch trösten, daß der Vorsitzende den Vertretern der Stadt zu bedenken gab, die vieljährige Vertragsübung ohne Widerspruch der Stadt könne ein Gewohnheitsrecht geschaffen haben.

Diese Bemerkung verstärkte hingegen meinen Verdacht, daß das Gericht unbedingt einen Vergleich erreichen wollte.

Das wurde dann zur Gewißheit, als der Vorsitzende fortfuhr, die Nachteile einer weiteren Prozeßführung in den düstersten Farben zu schildern. Es sei zu erwarten, daß der Verlierer der Berufungsinstanz das Bundesarbeitsgericht anrufe. Danach komme eventuell noch eine Rückverweisung an die Vorinstanz. Jedenfalls sei mit einer jahrelangen zermürbenden Prozeßdauer zu rechnen. Und am Ende bliebe auch dem Gewinner nichts, weil die Prozeßkosten den Gewinn verschlungen hätten.

Das klang alles sehr einleuchtend. Jedenfalls für jemanden, der annahm, es ginge in diesem Prozeß nur um Schadensersatzforderungen und sonst nichts. Hier irrte der Herr Präsident. Es ging in erster Linie um die Frage: Darf ein Bürgermeister über Leben und Tod von Patienten entscheiden?

Die Antwort auf diese Frage konnte ich erst eineinhalb Jahre später geben, nach dem Urteil der letzten Instanz: Ja, er darf! Das Bundessozialgericht hat es mit Urteil vom 7. April 1976 bestätigt.

Nach der mündlichen Verhandlung am 19. November 1974 war der Urteilsspruch des Landesarbeitsgerichtes Schleswig-Holstein für den 26. November angekündigt worden. Eine Woche schlechter Nachtschlaf folgte dem Prozeßtag. Denn schon während der Gerichtsverhandlung und vor allem danach war mein Optimismus erheblich gedämpft worden, den Prozeß auch in der zweiten Instanz gewinnen zu können. Doch total begraben hatte der Prozeßverlauf meine Hoffnungen auf eine gerechte Gerichtsentscheidung nicht. Im Zustande von ein bißchen guter Hoffnung erwartete ich den Anruf meines Rechtsanwaltes aus Kiel. Ich selbst war nicht nach Kiel zur Urteilsverkündung gefahren, wollte mir den Weg sparen. Also hatte ich mit meinem Rechtsanwalt verabredet, daß er mich sofort danach anrief.

Dies geschah dann am späten Vormittag des 26. November. Ich saß am Schreibtisch in der Ambulanz meiner Praxisklinik in Lauenburg. Schon an der Stimme des Rechtsanwalts konnte ich hören, daß wir den Prozeß verloren hatten. Er stotterte schon bei der Begrüßung, nicht im Ton, sondern im Inhalt. Dann ließ er den Teufel raus: »Urteil geändert – Klage abgewiesen«, habe das Gericht entschieden. Ich erschrak wie kaum vorher in meinem Leben. Diese Hiobsbotschaft verschlug mir so die Sprache, daß der Rechtsanwalt nachfragte: »Sind Sie noch am Apparat, Herr Professor?« Es dauerte noch ein paar lange Sekunden, bis ich antworten konnte: »Ja! Aber sagen Sie das bitte noch mal. Ich kann es nicht glauben!« Das tat er dann nicht, sondern erklärte: »Ich habe zwar schon vor einer Woche damit gerechnet, aber es dann doch nicht für möglich gehalten. Denn ich habe als Rechtsanwalt auch mit oberen Gerichtsinstanzen schon einiges erlebt. Aber ein solches Skandalurteil noch nicht!« So habe ich seine Worte in Erinnerung, mit denen er sich herausreden und mich trösten wollte. Ich stammelte irgendeine Danksagung, verabschiedete mich und legte den Hörer auf.

In meinem Bauernschädel dröhnte es. Und dort dröhnt es noch heute, wenn ich das Urteil nachlese. Nicht nur in der juristischen Bewertung, sondern vor allem in der Darstellung und Interpretation der Sachlage strotzt es von vorn bis hinten von Unrichtigkeiten.

Ich will die eingehende Analyse meinen Lesern ersparen und nur auf einige eklatante Unrichtigkeiten in den Entscheidungsgründen hinweisen: Man kann als Chefchirurg mit dem »Höchstmaß an Verantwortlickeit« aus dem zornigen Erstaunen nicht herauskommen: Insbesondere zur Unzumutbarkeit einer Fortsetzung des Arbeitsverhältnisses als Voraussetzung für eine fristlose Kündigung machte sich das Gericht keine Mühe, sich in die »persönliche Lage und Einstellung des Kündigenden« hineinzudenken. Es leugnet den Vertrauensverlust und die Aussicht auf ein gedeihliches Zusammenarbeiten mit der ebenso lapidaren wie wahrheitswidrigen Feststellung: »Diese Voraussetzungen liegen für den Kläger nicht vor.«

Das hohe Gericht wäre verpflichtet gewesen, sich in meine Lage zu versetzen, sich für die Entwicklung dieses Bürgermeister-Chefarzt-Krieges vom ersten bis zum letzten Tage unserer Zwangskooperation zu interessieren. Es mag sein, daß andere Chefärzte sehr viel kompromißbereiter gewesen wären als ich. Aber solch extreme Mißhandlungen hätten wohl nur Ärzte mit dem Charakter eines Sandsackes oder Punchingballes ertragen können.

»Von einer Erschütterung des Vertrauens«, so das Gericht, »kann nur dort die Rede sein, wo der Partner trotz Vertragstreue des einen dem Ziel des Vertrages bewußt zuwiderhandelt, oder wo sich Mißverständnisse so tief eingewurzelt haben, daß sie in jede Rechtsbeziehung der Partner eingreifen und eine Verständigung unmöglich machen. Das ist hier aber nicht der Fall. Der Kläger hat vielmehr selbst die vertragliche Bestimmung nicht so ernst genommen, wie es eine vertrauensvolle Zusammenarbeit erfordert hätte.«

Im Grunde war gerade diese Begründung eine Ungeheuerlichkeit. Dem Gericht stand in reichlichem Umfang Beweismaterial zur Verfügung, so daß es hätte klären können, ob meine Kündigungsgründe lediglich auf aus der Luft gegriffenen Behauptungen bestanden haben oder eine Grundlage hatten.

Was muß denn noch alles passieren, um den Anforderungen eines solchen Gerichtes an die Vertrauensgrundlagen zu entsprechen?! War das »Vertragstreue« des Krankenhausträgers, mir durch Magistratsbeschluß Chefarztrechte zu geben, sie anschließend aber zu ignorieren? Wo ist der Beweis dafür, daß ich »selbst die vertragliche Bestimmung nicht so ernst genommen habe, wie es eine vertrauensvolle Zusammenarbeit erfordert hätte«?

Die Behauptung, daß ich mich nicht ausreichend mit meinen Klagen an den Gesundheitsausschuß gewandt habe, ist schlicht unwahr. Mehr als ich es getan habe, kann man es überhaupt nicht tun.

In diesem Stil ging es fort. Sowohl was das Verbot der Heranziehung nachgeordneter Ärzte betraf – ich hätte mich zu einer sofortigen Klärung dieser Frage bereitfinden oder eine gerichtliche Klärung abwarten können – wie auch in der Frage des Fernseh-Bildverstärkers – ich hätte es an angemessenen Schritten zur Anschaffung fehlen lassen, zumal ich ja jahrelang ohne das Gerät ausgekommen sei –, in all diesen Fällen gab man mir die Schuld an den Mißhelligkeiten.

Im Grunde hat das Gericht von mir erwartet, noch weit mehr an Zumutungen zu ertragen, als ich sie mir ohnehin schon von dem Bürgermeister hatte gefallen lassen müssen.

Mit keinem Wort hat das Gericht gewürdigt, daß unser Krankenhaus fast bis zum Schluß den niedrigsten Zuschußbedarf aller staatlichen Krankenhäuser von Schleswig-Holstein hatte. Keine Stadt in der Nachbarschaft hat prozentual so wenig an Haushaltsmitteln für ihr Krankenhaus aufgewendet wie Lauenburg.

Aus Kostengründen hätte die Anschaffung des Fernseh-Röntgenbildverstärkers, um noch einmal auf ihn zurückzukommen, niemals verweigert werden dürfen. Doch dafür hat sich das Gericht nicht interessiert. Nach meiner Überzeugung wußte es vorher, wie es entscheiden wollte, und mußte dann nur noch entsprechende Klimmzüge machen, um das alles so zu begründen, daß man ihm keine Rechtsbeugung vorwerfen konnte.

Schließlich gelingt es dem Landesarbeitsgericht, mich mehr und mehr auf die Anklagebank eines Strafverfahrens zu plazieren: »Selbst wenn seine Kritik berechtigt wäre, hätte sie doch so vorgebracht werden müssen, daß Ehrverletzungen vermieden worden wären. Durch die Form der Vorwürfe in seinem Kündigungsschreiben, die Art und Weise der Verbreitung und die Aufforderung und Äußerungen auf der Betriebsversammlung hat der Kläger seine Pflichten gröblichst verletzt und zugleich Tatsachen geschaffen, die bei der Beklagten das Vertrauen in eine ordnungsgemäße weitere Zusammenarbeit mit ihr zerstört haben. Der Kläger forderte unstreitig die übrigen Beschäftigten auf, seinem Schritt zu folgen und ebenfalls zu kündigen. Damit forderte er diese zu Vertragsverletzungen gegenüber der Beklagten auf. Dieses Verhalten kann nur als unmittelbare Absicht, die Beklagte zu schädigen, erklärt werden und bedeutete daher die Zerstörung jedes Vertrauens in eine weitere Zusammenarbeit.«

Das Gericht ignoriert völlig, daß sich der Bürgermeister mir gegenüber unzähliger Ehrverletzungen schuldig gemacht hat. Bei dem, was an Ungeheuerlichkeiten vorausgegangen war, habe ich auch in meinem Kündigungsschreiben die Verhältnismäßigkeit im Einsatz der Mittel gewahrt. Ohne daß ich meine Kündigungsgründe in der Öffentlichkeit genannt hätte, wären ein schiefes Bild und mir eine schwere Ehrverletzung in der öffentlichen Meinung entstanden. Das ist in keiner Weise vom Gericht gewürdigt worden. Mir zu unterstellen, es könne nur als unmittelbare Absicht erklärt werden, daß ich den Krankenhausträger habe schädigen wollen, ist eine Ehrverletzung durch das Gericht.

Die Urteilsbegründung des Landesarbeitsgerichts fährt fort: »Noch schwerer wiegt der vom Kläger in seinem Kündigungsschreiben erhobene und überall verbreitete Vorwurf, daß die Beklagte ›gefühl- und herzlos diktatorisch verwaltet wird‹. Die darin liegende Beschuldigung, daß sich die Beklagte bei ihrem Handeln außerhalb des demokratischen und rechtsstaatlichen Grundsatzes begeben habe, bedeutet eine untragbare Belastung und läßt keine Aussicht auf eine zukünftige gedeihliche Zusammenarbeit bestehen. Aufgrund dieses Verhaltens des Klägers kann es der Beklagten nicht mehr zugemutet werden, das Vertragsverhältnis fortzusetzen. Es rechtfertigt ihre außerordentliche Kündigung. Daher ist das Vertragsverhältnis zwischen den Parteien durch die mit Schreiben vom 23. März 1974 von der Beklagten ausgesprochene fristlose Kündigung beendet worden.«

Das Gericht wollte offensichtlich nicht unterscheiden zwischen meinen gegen die Person des Bürgermeisters gerichteten Angriffen und dem, was ich dem Krankenhausträger, also der Mehrheit des Magistrats vorgeworfen habe. Kann man das Verhalten des Bürgermeisters wirklich anders nennen als »gefühl- und herzlos diktatorisch«? Das Gericht wäre aus meiner Sicht sogar verpflichtet gewesen, ein Strafverfahren gegen den Bürgermeister bei der Staatsanwaltschaft zu beantragen. Allein der § 340 des Strafgesetzbuchs (Körperverletzung im Amt) war mir gegenüber voll erfüllt. Er hat mich zwar nicht geschlagen, aber auf die grausamste Weise geistig-seelisch mißhandelt. Dies hätte ein Berufsrichter erkennen und anklagen müssen. Auch die Straftat nach § 348 (Falschbeurkundung im Amt) dürfte vielfach von ihm begangen worden sein. Die Niederschrift über eine Magistratssitzung ist eine Urkunde. Diese Niederschrift mußte der

Bürgermeister jeweils kontrollieren und genehmigen. In den Nieder-
schriften steht vielfach Falsches. Also handelt es sich um eine Falschbeurkundung.

Mehr möchte ich aus meinem Startkapitel zu meinen medizinkritischen Büchern nicht zitieren. Ich halte meine damaligen Behauptungen und Vorwürfe voll aufrecht.

Dies kann ich nur riskieren, weil ich mich vor unserer höchstrichterlichen Rechtsprechung nicht fürchte, jedenfalls nicht total. Denn
sonst könnte ich mich ja gleich bei der Justizvollzugsanstalt in Bernau anmelden!

Zusammengefaßt war dieses Arbeitsgerichtsurteil ein Tiefschlag
schlimmsten Grades gegen die Gerechtigkeit. Das Landesarbeitsgericht hätte die Möglichkeit gehabt, endlich in der Krankenhausträger-
Chefarzt-Beziehung für klarere Verhältnisse zu sorgen. Dabei möchte
ich keineswegs ausschließen, daß vielleicht auch mein Chefarzt-Vertrag in dem einen oder anderen Punkt korrekturbedürftig war, vielleicht sogar mit finanziellen Nachteilen für mich. Aber dies hätte ich
vor dem Hintergrund einer größeren allgemeinen Rechtssicherheit
für Ärzte und damit letztlich für die Patienten hingenommen. Meine
Vorschläge für ein besseres Arzt-Patient-Verhältnis habe ich nicht ein
einziges Mal nur deshalb gemacht, um selbst davon geschäftlich zu
profitieren. Im Gegenteil war es vielfach umgekehrt.

Dafür möge mein Verhältnis zum Bundesgesundheitsminister Horst
Seehofer sprechen. Seine Aktivitäten für das Gesundheitsstruktur-
gesetz können meiner Klinik schwere finanzielle Nachteile bringen.
Denn es verbietet den Gesetzlichen Krankenversicherern, für Kassen-
patienten bei der Behandlung in unserem Nicht-Vertragskrankenhaus
Kostenersatz zu leisten. Damit werden meine Kassenpatienten be-
straft, denen gegenüber ich ja im Wort stehe, sie »von Freund zu
Freund« zu behandeln. Dazu gehört natürlich auch, ihre finanziellen
Nöte zu berücksichtigen. Ein direkter finanzieller Schaden ist meiner
Klinik deshalb zwar *noch* nicht entstanden, weil es noch immer eine
Warteliste gibt. Aber es bedrückt mich schon sehr, daß ich nun allzu
oft Kassenpatienten aus finanziellen Gründen im Stich lassen muß.
Es geht besonders um die Patienten mit einer Krebskrankheit, denen
wir zwar gut helfen konnten, die wir aber nicht weiterbehandeln
können, weil es an der Kostenersatz-Verweigerung der Gesetzlichen
Krankenkassen scheitert. Andere Kollegen mögen das nicht glauben,
aber mich belastet das schwer!

Trotz alledem unterstütze ich den Bundesgesundheitsminister! Warum? Weil in seiner Person die größte Hoffnung darauf besteht, daß die Ärzteführer und die Ärzteschaft insgesamt gezwungen werden, das Arzt-Patient-Verhältnis immer mehr im Sinne eines Verhältnisses von Freund zu Freund zu ändern. Freiwillig tun sie es nicht. Genau das aber ist mir in meinem Reformationsstreben das Hauptanliegen.

Die Berichterstattung über die Prozesse durch die Presse war mager und wiederum mit negativem Zungenschlag. Am 24./25. August 1974 fand sich in der *Lauenburgischen Landzeitung* ein Bericht unter der Schlagzeile »Krankenhausstreit geht weiter«, dieses Mal allerdings mit einem für mich positiven Inhalt. Es wurde über das Angebot berichtet, das ich dem Bürgervorsteher gemacht hatte: Ich wolle das Lauenburger Krankenhaus auf der Grundlage eines langfristigen Pachtvertrages übernehmen, um die Akutversorgung von Lauenburg und seiner Umgebung im bisherigen Umfang zu sichern und die Stadt von allen Kosten freizuhalten. In dem Artikel steht auch, daß ja laut Haushaltsplan für 1974 »zirka 600 000 Mark an Zuschüssen erforderlich« seien! Auch der Freundeskreis Krankenhaus Lauenburg habe sich für die Annahme des Angebotes ausgesprochen, das ich bis zum 31. August befristet hatte.

Selbstverständlich wurde auch dieses Angebot von der Mehrheit des Magistrats abgelehnt. Sicher hatte der Bürgermeister wieder mal alles getan, um dies zu verhindern. Denn schlimmer hätte ich ihn nicht blamieren können als mit dem Beweis, daß ich diese Klinik für Bauch- und Unfallchirurgie als Privatklinik mit schwarzen Zahlen präsentieren konnte.

Wohlgemerkt konnten damals weder die Stadt noch ich wissen, wie der Prozeß vor dem Landesarbeitsgericht ausgehen würde. Denn die Urteilsverkündung erfolgte erst im November 1974. In erster Instanz hatte ich ja gewonnen. Und eigentlich haben wohl alle – außer dem Bürgermeister, der aus Kiel, dem Sitz des Landesarbeitsgerichts, nach Lauenburg gekommen war – damit gerechnet, daß ich den Prozeß auch in dieser Instanz gewinnen würde.

Das Urteil des Landesarbeitsgerichts Schleswig-Holstein wurde mir am 4. Februar 1975 mit dem Hinweis zugestellt, eine Revision beim Bundesarbeitsgericht sei zulässig. Mein Rechtsanwalt legte rechtzeitig Revision ein und schickte mir eine Abschrift der Begründung. Seine Kritik am Urteil des Landesarbeitsgerichts deckt sich im wesentlichen mit meiner eigenen. Sie widerlegt praktisch alles, was in der Urteilsbegründung gegen mich vorgebracht wurde. Wiederholen will ich das nicht, sondern nur aus dem Schluß der Revisionsbegründung zitieren:

»Das vom Kläger beanstandete Verhalten der Beklagten berührte nicht bloß seine Bezüge oder sonstigen vertraglichen Rechte. In der Sache Fernseh-Röntgenbildverstärker ging es nicht um persönliche Vorteile des Klägers, sondern um Leben und Gesundheit anderer Menschen. Dies und die Verantwortung des Chirurgen für Wohl und Wehe seiner Patienten hat das Berufungsgericht nicht berücksichtigt. Es hat sich keine Vorstellung von der Last der Verantwortung gemacht, die auf einem Chirurgen ruht, der sich täglich und stündlich fragen muß, ob er mit seinen Händen zur Heilung und Besserung oder zu Tod und Siechtum beigetragen hat. Es hat sich deshalb auch nicht klargemacht, wie auf den Kläger die Drohung wirken mußte, auf ein Gerät in Zukunft verzichten zu müssen, das bis dahin ständig benutzt worden war, und er darauf verzichten sollte nur deshalb, weil die Beklagte trotz seiner Warnungen nichts getan hatte, um für das weitere Verbleiben des Gerätes bis zur endgültigen möglichen Anschaffung zu sorgen. Daß der Fernseh-Röntgenbildverstärker täglich genutzt worden war, konnte und mußte das Berufungsgericht dem Zeitungsartikel vom 21. April 1973 entnehmen, den die Beklagte mit Schriftsatz vom 7. Mai 1974 überreicht hatte; ein Exemplar wird anliegend wieder zu den Akten gegeben. Das Berufungsgericht mußte sich sagen, daß der Kläger mit Recht entsetzt war, als er das erfuhr, und daß er mit Recht davon ausgehen mußte, unter diesen Umständen die Verantwortung für eine weitere Leitung des Krankenhauses nicht mehr übernehmen zu können.«

Auf die Gegendarstellung des Gegenanwaltes verzichte ich, weil sie keine neuen Gesichtspunkte enthält. Der Termin zur mündlichen Verhandlung beim Bundesarbeitsgericht in Kassel wurde auf Mittwoch, den 7. April 1976, um 9.45 Uhr anberaumt. Für mich war es der erste Prozeß vor einem Bundesgerichtshof. Entsprechend klopfte mein Herz, als das Gericht mit seinen drei hauptamtlichen und zwei ehrenamtlichen Richtern in eindrucksvollem Ornat den Gerichtssaal betrat. Dieses Herz rutschte mir während der Verhandlung immer mehr in die Hose. An Einzelheiten erinnere ich mich zu schwach, um sie hier niederzuschreiben. Aber am Schluß war das Urteil für mich nicht mehr überraschend. Es lautete: »Die Revision des Klägers gegen das Urteil des Landesarbeitsgerichts Schleswig-Holstein vom 26. November 1974 wird auf Kosten des Klägers zurückgewiesen.«

Man bestätigte dem Landesarbeitsgericht die Richtigkeit seiner Entscheidung, daß das Arbeitsverhältnis durch meine fristlose Kündigung vom 21. März nicht aufgelöst worden sei. Daraus ergab sich dann automatisch, daß die fristlose Kündigung durch den Bürgermeister Rechtskraft hatte. Immer wieder wird das Landesarbeitsgericht vom Bundesarbeitsgericht gelobt. Und zwar genau für das, was ich im Vorangehenden scharf kritisiert habe. Wieder unterstellt man einfach, daß die Vorwürfe des Bürgermeisters richtig waren. Meine fristlose Kündigung wird als »übereilt« eingeordnet und nur auf die Abholung des Fernseh-Röntgenbildverstärkers bezogen. Ich hätte die Beklagte – also die Stadt – vor einer eigenen fristlosen Kündigung zunächst abmahnen müssen, »was selbst von Arbeitnehmern in Stellen von weit weniger großer Bedeutung in vergleichbarer Situation verlangt« werde. Damit wurde mir lediglich vorgeworfen, nicht die Rechtsvokabel »Abmahnung« benutzt zu haben. Denn selbstverständlich waren meine Drohungen, fristlos zu kündigen, die stärkste Form der Abmahnung, die man überhaupt geben kann. Und diese Drohung hatte ich in mehrwöchigen Abständen vielmals wiederholt!

　　Obwohl mein Anwalt in seiner Revisionsbegründung ausdrücklich gerügt hat, daß das Berufungsgericht meine Selbstkündigungsgründe in ihrer Gesamtheit nicht ausreichend gewürdigt hatte, wiederholt das Bundesarbeitsgericht die gleiche Unterlassungssünde. Von den sechs Seiten seiner Entscheidungsbegründung beziehen sich fünf Seiten auf den Fernseh-Röntgenbildverstärker, der – wie schon erwähnt – nur am Schluß das Faß der Kündigungsgründe zum Überlaufen gebracht hat, aber am Gesamtkomplex der Kündigungsgründe höchstens zu zehn Prozent beteiligt war. Der wichtigste Zwang zur Anschaffung des Fernseh-Röntgenbildverstärkers, nämlich die von der Berufsgenossenschaft mitgeteilte »Mindestvoraussetzung« für die Zulassung als Schwerunfallverletzten-Klinik blieb unberücksichtigt, und wahrheitswidrig wurde unterstellt, die haushaltsrechtlichen und

finanziellen Möglichkeiten der Stadt seien mit der Anschaffung überfordert gewesen.

Auch das Urteil des Bundesarbeitsgerichts war aus meiner Sicht
ein Schandurteil – für Chefchirurgen ebenso wie für Patienten. Insgesamt hat mich der Prozeß in den drei Instanzen grob geschätzt rund
hunderttausend Mark gekostet. Vor dem Hintergrund dessen, was ich
vorher kassiert hatte, traf es wahrlich keinen Armen. Aber gemessen
an dem, was ich schon wenige Tage nach meiner Selbstkündigung in
Angriff genommen habe, nämlich den Betrieb einer eigenen Praxisklinik in Lauenburg, war es ein Betrag, dessen Fehlen mich später mit
an den Rand der Pleite gebracht hat.

Auch den Zweiten Reformationskrieg hat mich unser Rechtsstaat
verlieren lassen. Dieses Mal kann ich ihm nicht vorwerfen, daß es
keine gerichtliche Überprüfung meiner Vorwürfe gegeben hat, wie es
im Ersten Reformationskrieg der Fall war. Aber genau das stellt den
Rechtsstaat noch mehr in Frage.

EIGENE PRAXISKLINIK (1974–1978)

Vom Karl Heinz zum Julius

Am Frühlingsanfang 1974, dem Tage meiner Selbstbefreiung vom Sklaventum staatlicher Chefarztgängelei, habe ich beschlossen, einen dicken Strich unter mein bisheriges Leben zu ziehen und dies durch Änderung meines Vornamens zu unterstreichen. Ich wollte weiterhin kein Karl Heinz mehr sein, sondern ein Julius. Dabei habe ich nicht an Julius Caesar, auch nicht an den Renaissance-Papst Julius II., sondern an meinen Großvater mütterlicherseits gedacht, dessen Name auf Drängen meiner Mutter dem Karl Heinrich angehängt worden war. Großvater Julius, für den ich bereits als Kleinkind schwärmte, wurde mir später ob seiner Tüchtigkeit als Pfarrgutspächter von Duderstadt zum Vorbild.

Den 21. März hatte ich bewußt als Kündigungstag gewählt, um den Frühlingsanfang des Kalenders zum Frühlingsbeginn für ein neues Arztleben in Freiheit zu machen. Für mich stand fest, daß ich mich als Arzt nie wieder einem Staatsbürokraten unterordnen würde. Offen war nur, ob ich meine Freiheit als Chefarzt des Städtischen Krankenhauses Lauenburg mit entsprechend geändertem Vertrag oder in einer eigenen Praxisklinik verwirklichen konnte.

Mit meiner fristlosen Kündigung wollte ich den Magistrat als Krankenhausträger zu einem Zusatzvertrag zwingen, welcher den Bürgermeister für mich zum impotenten Dienstvorgesetzten machte und sicherstellte, daß er nie wieder per »Verfügung« über mich verfügen konnte, auch in der kleinsten Verwaltungsangelegenheit nicht.

Schon bei meiner fristlosen Selbstkündigung stand fest, daß ich anschließend gegen den Magistrat der Stadt Lauenburg klagen würde. Dabei war es gleichgültig, ob ich als Kläger gegen die Nötigung zur Selbstkündigung oder als Kläger gegen die Gegenkündigung agieren würde. In dem Prozeß sollte es nicht nur um ein Gerichtsurteil zu meiner Weiterbeschäftigung als Chefarzt unter angemessenen Bedingungen gehen, sondern auch um Grundsätzliches im Krankenhausträger-Chefarzt-Verhältnis. Ich hoffte durch Gerichtsurteil folgen-

des erzwingen zu können: Das Ende der praktizierten Allmacht-
willkür von Krankenhausträgern gegenüber den Chefärzten und damit das Ende der Narrenfreiheit in der Befehlsgewalt eines Bürgermeisters oder einer Magistratsmehrheit über den leitenden Arzt.
Diese Hoffnung ist dann an einer anderen Narrenfreiheit gescheitert:
An der der Gerichte in unserem »Rechtsstaat«.

Meine Aktivitäten, selbständiger Klinikchef zu werden, richteten
sich sofort nach meiner Kündigung gleichzeitig darauf, das bislang
städtische Krankenhaus für Allgemein- und Unfallchirurgie als Privatklinik weiterzubetreiben oder eine eigene Praxisklinik in Lauenburg
zu gründen. Das erstgenannte Ziel verfolgte ich durch ein Angebot an
den Magistrat von Lauenburg, das zweite durch praktisches Handeln.

Schon ein Jahr früher hatte ich vorsorglich für 140 000 Mark ein
Haus an der Berliner Straße gekauft, das sich als Praxishaus eignete.
Es war eine Lauenburger Patriziervilla auf etwa dreitausend Quadratmetern Grund, nur gut hundert Schritte vom Städtischen Krankenhaus entfernt. Nach meiner Kündigung wurden die Mieter, meine
Tochter Ulrike mit Mann und Enkelkind Julia, ins Untergeschoß unseres Elbhang-Schlößchens umquartiert. Dann holte ich mir mein
Eigentum aus Ambulanz und OP-Abteilung des Städtischen Krankenhauses. Mobiliar, Instrumente und Apparate reichten für eine
zeitgemäße Praxisausstattung weitgehend aus. Nur eine Röntgeneinrichtung und Laborgerät mußte ich zusätzlich anschaffen. Das
benötigte Personal nahm ich aus dem Krankenhaus mit. Hier konnte
ich mir die Besten aussuchen. Alles ging in Chirurgenmanier zack-
zack.

Schon ein paar Wochen nach Frühlingsanfang, am 10. April 1974,
hielt ich die erste Sprechstunde in meinem Praxishaus in Lauenburg.

Es gab ein großes Sprechzimmer mit einem Sekretariat nebenan,
einen kleinen OP, der auch als Verbands- und Gipsraum fungierte,
eine Röntgenapparatur für Aufnahmen von Knochen und Gelenken,
ein kleines Labor, eine Anmeldung, einen behaglich möblierten War-
teraum und ein kleines Archiv für meine Ambulanzkartei aus dem
Krankenhaus. Als Praxishelfer standen mir zur Verfügung: Zwei Arzthelferinnen, eine Arztsekretärin, eine OP-Schwester, ein OP-Pfleger,
eine Röntgenlaborassistentin und eine Angestellte für mein Rech-
nungsbüro. Vor der Praxis prangte das Schild mit der Aufschrift:
»Prof. Dr. med. Julius Hackethal – Facharzt für Chirurgie – Zugelassen zu allen Krankenkassen«. Über den Vornamen Julius wunderten

sich die Lauenburger. Nicht allen konnte und wollte ich erzählen, warum ich meinen Rufnamen geändert hatte.

Die Kassenzulassung wurde mir förmlich am 24. April zugeteilt, und zwar für alle Gesetzlichen Krankenkassen. Schon Anfang April konnte ich das Nachbargrundstück mit der darauf gelegenen Villa für 130 000 Mark hinzukaufen, um sie als OP-Haus zu nutzen. Ich ließ sie rasch zweckentsprechend umbauen. Danach gab es im Praxis- und OP-Haus außer einer Bettenstation alles, was für eine hohen Ansprüchen genügende, zeitgemäße Praxisklinik erforderlich war. Nur die Physiotherapie-Abteilung befand sich in der ersten Jahreshälfte weiterhin im ehemaligen Chefarzthaus des Städtischen Krankenhauses, bis auch sie ins Praxishaus verlegt wurde.

Schon am 21. Mai 1974 konnte die Praxisklinik mit dem ersten Operationsprogramm eröffnet werden. Damit waren auch die Voraussetzungen für die Zulassung als Durchgangs- und Beratungsarzt der Berufsgenossenschaften geschaffen.

Alle Kassenpatienten konnten mit Krankenschein direkt zu mir kommen. Mein Nachfolger als Chefarzt hatte keine Zulassung als Überweisungskassenarzt bekommen, weil es ja mit mir nun einen niedergelassenen Chirurgen am Ort gab. Damit profitierte ich vom Sicherstellungsauftrag der Kassenärztlichen Vereinigungen nicht nur für die kassenärztliche Versorgung der Bevölkerung, sondern auch für das Wohlergehen niedergelassener Ärzte. Die KV-Ärzteführer sorgten dafür, daß das Geschäft der niedergelassenen Kassenärzte blühte. Hier gab es ja eine Konkurrenz zwischen den Chefärzten der verschiedenen Fachbereiche und den niedergelassenen Fachärzten. Zulassungsmaßstab waren nicht Mindestanforderungen an die Versorgungsqualität, angebunden an Wissen und Können des Facharztes und die Ausstattung seiner Praxis, sondern allein die Geschäftssicherung der niedergelassenen Ärzte. Das ist wohlgemerkt weitgehend noch heute so!

Als Kassenarzt war ich nicht mehr wie früher auf das Wohlwollen meiner »lieben Kollegen« angewiesen, also darauf, daß die einen Überweisungsschein zum Facharzt für Chirurgie ausstellten. Jeder Patient konnte mit seinem Krankenschein direkt zu mir kommen. Ich konnte dann meine Kassenarztleistungen auf der Rückseite des Krankenscheins abrechnen. Zusätzlich war ich auch als Facharzt für Chirurgie auf Überweisung durch andere Kassenärzte zugelassen.

Meine Praxis florierte vom ersten Tage an. Bereits bis Anfang Au-

gust 1974 waren im Praxishaus und später dann in der Praxisklinik
1200 Einzelbehandlungen und 129 ambulante Operationen durchgeführt worden.

Schon in den ersten Wochen konnte ich dank der gewonnenen
Freiheit tief aufatmen. Endlich hatte ich die Möglichkeit, in meinem
Praxishaus völlig frei zu entscheiden. Endlich wurde meine Arbeitskraft nicht mehr mit unnötiger Verwaltungsarbeit belastet. Und endlich war ich den Tag- und Nachtärger mit dem Bürgermeister los. In
meinem Praxishaus herrschte ein fröhliches Arbeitsklima.

Nur ein Wunsch blieb offen: Der nach einer eigenen Bettenstation.
Die wollte ich mir anfangs durch den Anbau eines Bettenhauses an
mein Praxishaus selbst schaffen. Deshalb beauftragte ich einen Architekten mit der Bauplanung. Natürlich mußte ich fürchten, daß es im
Baugenehmigungsverfahren Hindernisse geben würde. Wahrscheinlich
würde es lange dauern, bis das Bettenhaus bezugsbereit war.

Deshalb sondierte ich nebenher die Möglichkeiten, Belegbetten in
einem nahegelegenen Krankenhaus zu finden. Da gab mir der Himmel einen Fingerzeig. Ich erfuhr, daß es in dem Badeort Bevensen
eine neuerbaute Rehabilitationsklinik gab, Diana-Klinik genannt,
nach der römischen Göttin der Jagd – eigentlich unpassend, denn als
Freiwild wurden die Patienten dort wahrlich nicht behandelt.

Erbauer und Besitzer der Diana-Klinik waren ein paar Geldleute
aus der Lüneburger Heide unter Führung von Dr. med. Wilhelm
Born. Der Arztkollege Born hatte im letzten Weltkrieg ein Bein verloren und bald danach festgestellt, daß er als freier Unternehmer sehr
viel rascher zu Geld kommen konnte denn als Arzt. Also erwarb er
eine Sandgrube und damit bald das erforderliche Kleingeld, um gemeinsam mit ein paar anderen für die Banken ausreichend kreditwürdig zu sein. Es entstand eine 500 Betten große Rehabilitationsklinik im Zentrum der Badestadt Bevensen mit Anschluß an das
großzügig ausgebaute Moorbad, das der Stadt dann später den Namen »Bad Bevensen« gab.

Ich meldete mich bei dem Kollegen Wilhelm Born an, um nachzufragen, ob man mir Belegbetten zur Verfügung stellen könne und
wolle. Er konnte und wollte. Wir beide mochten uns auf Anhieb. Er
erzählte, daß er eigentlich auch Chirurg hatte werden wollen. Aber
das Stehen beim Operieren mit Oberschenkelprothese sei bei Großen
Operationen allzu beschwerlich gewesen. Auch deshalb habe er um-
gesattelt.

Dr. Born bot mir für meine Patienten im sechsten Stock der Klinik eine Station mit zwanzig Belegbetten an. Besser hätte ich es nicht treffen können. Die Diana-Klinik sah mehr wie ein komfortables Hotel als ein Krankenhaus aus, galt damals als eine der modernsten Reha-Kliniken der Bundesrepublik. Sie war 1974 eröffnet und offiziell als Krankenanstalt anerkannt worden. Der Landesverband der Ortskrankenkassen Niedersachsen hat in einem Rundbrief vom Mai 1974 ausdrücklich darauf hingewiesen, daß »Anschlußheilverfahren bei orthopädischen Erkrankungen, zum Beispiel nach Endoprothesenoperationen, nach der Einrichtung der Klinik für diesen Fachbereich sehr gut möglich« seien. In der beigefügten Information wurden als Indikationen unter anderem aufgeführt: »Wirbelsäulenleiden (auch sofort nach der Operation), Gelenkleiden, Nachbehandlung von Endoprothesen, Traumafolgen« und anderes.

Die neuerbaute Klinik lag im Kurpark von Bevensen. Sie hatte nur Ein- und Zweibettzimmer mit WC und Bad. In den Krankenzimmern waren fahr- und verstellbare Klinikbetten. Die gesamte Klinikatmosphäre entsprach der eines anspruchsvollen Hotels. Zu den Regelleistungen gehörte eine Hörfunkanlage mit mehreren Programmen. An Wahlleistungen konnte jeder Kranke zusätzlich Telefon, Fernseher und anderes haben.

Die Einrichtungen der Klinik ermöglichten eine optimale Frührehabilitation. Außer einer bestausgestatteten Krankengymnastikabteilung und einem breiten Leistungsangebot der Bäderabteilung stand ein großräumiges Bewegungs- und Schwimmbad zur Verfügung. 320 Quadratmeter Wasserfläche boten eine Bewegungsfreiheit für die Patienten, wie sie damals nur in sehr wenigen Kliniken der Bundesrepublik zur Verfügung stand. Die Diana-Klinik war durch einen Verbindungsgang an das Kurmittelhaus von Bevensen angeschlossen. Dadurch waren auch die Jod-Sole-Heilquelle und andere von Fall zu Fall wünschenswerte Kurmittel für die Klinikpatienten verfügbar.

Alles in allem entsprach die Diana-Klinik meiner Vorstellung von einem »Gastlichen Krankenhaus ohne Angst für Jedermann«, wie ich sie später (1979) in meinem Buch *Krankenhaus* als Konzept für die Klinik der Zukunft beschrieben habe.

Es gab nur ein Problem: Die Entfernung von Lauenburg nach Bevensen beträgt 44 Kilometer. Also konnte zunächst nur ein Probevertrag für eine »Lauenburger Station« mit Belegbetten geschlossen werden. Die Voraussetzung für einen langfristigen Vertrag war, daß sich beim ersten Transport keine schwerwiegenden Hindernisse ergaben.

WORV in der Lüneburger Heide

Der 13. August 1974 war der mit viel Hoffen und Bangen erwartete Tag der ersten probeweisen Patientenversorgung, der ich die Bezeichnung WORV gegeben habe. WORV war eine weitere Ausgeburt meines sprachlichen Dranges zu Kürzeln und plakativen Wortschöpfungen. Meine zweite Frau hat diesen Drang später als Sucht deklariert und jede Gelegenheit benutzt, um sich darüber lustig zu machen. Dies geschah vor allem vor unseren Mitarbeitern – nicht gerade ein autoritätsstützendes Verhalten. So erzählt sie immer wieder folgende Geschichte: Eines Tages sei sie als meine Klinikassistentin in das EU-BIOS-Zentrum am Chiemsee gekommen. Dort habe sich eine Arztsekretärin verzweifelt an sie gewandt, weil sie das Kürzel ARM nicht deuten könne. Da habe sie ihr erklären müssen, das sei keine Abkürzung, sondern bedeute wirklich nur Arm.

WORV aber war nun wahrlich ein notwendiges Kürzel für einen ellenlangen Begriff: Weiträumige Operativ-Rehabilitive Verbundversorgung. Diese WORV begann am Dienstag, dem 13. August 1974, um sieben Uhr mit einer Bandscheibenoperation bei einem vierunddreißig Jahre alten Mann. Es folgten eine Leistenbruchoperation bei einem Siebzigjährigen, eine Laschenschraubenentfernung aus der Hüfte bei einer sechsundsechzigjährigen Frau und eine Radikaloperation der Brust – damals glaubte ich noch an den schulmedizinischen Totalen Krieg gegen Krebs. Alle Operationen verliefen glatt. Nach der Operation wurden die vier Patienten in der Wachstation des OP-Hauses nachbehandelt. Der WORV-Transport war für den späten Nachmittag geplant. Zwischenzeitlich machte die OP-Crew noch einige ambulante Operationen.

Als Transportfahrzeug diente ein Großraum-Krankentransporter, in dem 12 liegende Patienten befördert werden konnten. Da hinein brachten wir dann die ersten 4 WORV-Patienten. Vorher hatten sie eine schmerzstillende Spritze bekommen. Während des Transportes liefen die Infusionen weiter. Selbstverständlich fuhr ich im Krankentransporter mit. Vorn saßen zwei Transportsanitäter des Roten Kreuzes, mir assistierte ein OP-Pfleger. Der Fahrer hatte die Anweisung, den Krankentransporter behutsamst an den Schlaglöchern vorbei oder noch behutsamer durch sie hindurch zu steuern. So geschah es. Der Transport dauerte mit 70 Minuten etwas länger als im Durchschnitt später. Kein Patient hatte während des Transports Schmerzen. Bei keinem kam es zu Erbrechen oder Übelkeit. Die Atem- und Kreislauffunktionen blieben stabil. Aus den Operationswunden blutete es kaum nach. Am Schluß des Transports fand sich in den Redon-Saugdrainageflaschen bei allen nur wenig Blut. Alles verlief so glatt und so gut durchschaubar, daß am Ende des Transports kaum noch ein Zweifel blieb: Ein wägbares Transportrisiko gab es nicht.

Selbstverständlich wurde die gelungene Jungfernfahrt ausgiebig begossen. Das durfte schon aus Aberglauben nicht unterbleiben. Nachdem die vier WORV-Reisenden in ihren Betten lagen, wenig später das erste Mal vor das Bett gestellt worden waren und ich bei jedem noch ein paar Minuten Händchen gehalten hatte, war mein Soll als Arzt für diesen Tag erst einmal erfüllt. Also durfte ich auch mit allen auf den gelungenen Transport und eine glückliche Zukunft anstoßen.

Die Stationsschwester und die Schwesternhelferinnen der Bettenstation hatte ich selbst angestellt, auch die Nachtschwester. Als Belegarzt war ich für alles, was zur medizinischen Versorgung gehörte, selbst zuständig. Nur der Bereitschaftsarzt der Diana-Klinik stand mir als 1. Dienst zur Nothilfe bei Komplikationen zur Verfügung. Den 2. Dienst mußte ich selbst übernehmen.

Für meine Patienten erarbeitete ich ein spezielles Merkblatt über die WORV, um sie über alle Einzelheiten der Versorgung aufzuklären:

»Liebe Patientin! Lieber Patient!
Die WORV zwischen der Operationsabteilung meiner Praxisklinik in Lauenburg und der Lauenburger Station der Diana-Klinik Bevensen ermöglicht es mir, auch Operationen durchzuführen, die einer stationären Nachbehandlung bedürfen. Es ist auf diese Weise möglich, eine Versorgungslücke im Bereich der Chirurgie des Haltungs- und Bewegungssystems zu verkleinern.
Die WORV läuft wie folgt ab:
1. Durchführung der Operation durch mich.
2. Nachsorge in der Wachstation der OP-Abteilung für mehrere Stunden, in der Regel bis zum Spätnachmittag, im Bedarfsfall so lange, wie für einen risikofreien Transport nötig.

3. Behutsamer Transport nach Bevensen in einem Rettungswagen mit allem modernen Zubehör in Begleitung durch mich auf wenig befahrenen Nebenstraßen. Transportdauer: 60 Minuten (Entfernung 44 Kilometer).

4. Weiterbehandlung auf der ›Lauenburger Station‹ der modernen Diana-Klinik in Ein- und Zweibettzimmern mit WC und Bad. Tägliche Visite durch mich. Ärztlicher Tag- und Nacht-Bereitschaftsdienst durch Klinikärzte. Modernste Nachbehandlungseinrichtungen: Bestausgestattete Krankengymnastik- und Bäderabteilung, großflächiges Bewegungsbad (Badezeug!). Zusätzliche Betreuung durch Fachärzte der Klinik im Bedarfsfall.

5. Besuchszeit ist täglich von 9 bis 19 Uhr.

Die Ärztekammer Schleswig-Holstein hat ›Bedenken‹ gegen die WORV erhoben. Sie sieht ein Risiko im Transport und darin, daß ich als Operateur in 44 Kilometern Entfernung wohne. Aufgrund der praktischen Erfahrung kann mit Sicherheit gesagt werden, daß ein wägbares Transportrisiko nicht besteht. Bei akuten chirurgischen Komplikationen kann ich in 30 Minuten in Bevensen sein. Für akute internistische Erkrankungen oder Zwischenfälle (Herz-Kreislauf-Störungen etc.) ist in der 500-Betten-Klinik ein Diensthabender Arzt Tag und Nacht im Einsatz.«

Auf dem Doppel des Merkblattes mußten mir die Patienten am Schluß folgendes bestätigen: »Das Merkblatt über die WORV habe ich erhalten, gelesen und seinen Inhalt verstanden. Insbesondere habe ich auch die Bedenken der Ärztekammer zur Kenntnis genommen. Ich erkläre, daß ich die WORV ausdrücklich wünsche und das Unfallrisiko des Transports von Lauenburg nach Bevensen auf mich nehme.« Es ging mir auch bei diesem Merkblatt nicht vorrangig um juristische Absicherungen. Schon damals habe ich meinen Patienten ausdrücklich eine Behandlung »von Freund zu Freund« zugesichert. Freunde informiert man ausreichend, bevor man ihnen irgend etwas zumutet.

Selbstverständlich gab es strenge Auswahlkriterien bei der Entscheidung für die WORV. Grundsätzlich ungeeignet waren Kranke, die vor der Operation fest bettlägrig waren und bei denen nach der Operation unsere »Vertikale Frühmobilisation«, das heißt erste Aufstehübungen innerhalb von 24 Stunden, nicht möglich war. Als ebenfalls nicht geeignet galten Patienten mit schweren Herz-Kreislauf-Erkrankungen und auch mit schwereren Erkrankungen der inneren

Organe. So waren auch Patienten mit Eingriffen innerhalb der Bauchhöhle von vornherein ausgeschlossen. Deshalb habe ich Bauchoperationen aus meinem WORV-Versorgungsprogramm ganz gestrichen. Im Zweifelsfall galt der Indikationsgrundsatz: Kein Risiko!

Alle Kranken kamen vom OP-Tisch auf stabile Spezial-Transportmatratzen. Auf diesen wurden sie ohne Zwischenumlagerung bis ins Klinikbett gebracht. Falls nach der Operation eine Röntgenaufnahme erforderlich war, konnte dies vor dem Transport im Röntgenraum des Praxishauses auf der durchleuchtbaren Matratze ohne Umlagerung geschehen.

Als Transportfahrzeuge standen außer dem Großraum-Krankentransporter für 12 liegende Patienten ein Krankenkraftwagen für 2 Patienten mit den Standard-Rettungsgeräten, ein Klinomobil für 2 bis 3 Patienten mit zusätzlichem Rettungsgerät wie Herz-Lungen-Wiederbelebungsapparat, EKG, Defibrillator etc. und ein speziell eingerichteter Mercedes-PKW zur Verfügung, falls ausnahmsweise mal nur ein einzelner Kranker zu transportieren war. Alle Sanitätsfahrzeuge hatten Blaulicht.

Die Operationsabteilung im OP-Haus bestand aus 10 Räumen, von denen 4 zur Hochaseptischen A-Zone und 6 zur Bedingt-aseptischen B-Zone gehörten. An modernem Gerät gab es einen Hochleistungssterilisator mit Programmkarten-Steuerung, eine automatische Spülmaschine für OP- und Anästhesie-Instrumentarium, viele Spezial-Instrumente, einen Fernseh-Röntgenbildverstärker und anderes mehr. Ebenso modernes Gerät gab es für die Anästhesie, ihre Überwachung und ihre Frühnachsorge: Ein Narkosegerät mit Halothan-Verdampfer, Volumeter und Beatmungs-Druckmesser, ein vollständiges Intubations-Instrumentarium, ein elektronischer Kreislaufüberwachungsapparat, automatische Puls- und Blutdruckmesser und ein Oxator zur Sauerstoffmessung. Selbstverständlich stand Spezialinstrumentarium für Regionär-Anästhesien aller Art zur Verfügung.

Auf eine sehr strenge Operationshygiene wurde ganz besonderer Wert gelegt. Es gab eine Trennung zwischen der grünen A-Zone und der blauen B-Zone und für jede Zone eine Spezialkleidung. Bei den Patienten wurde eine sogenannte Zweiraum-Lagerung gemacht, das heißt der Kopf des Patienten lag in der B-Zone, dahinter das ganze Anästhesie- und Überwachungs-Gerät, und der übrige Körper lag in der A-Zone. Abgetrennt wurden die Zonen durch eine Holzwand mit einer entsprechenden Öffnung, der Rest durch Tücher. Während der

Operation machten wir wiederholt »Wundwaschungen« mit mehreren Litern Kochsalzlösung, um eingetragene Luftkeime auszuwaschen.

An Operationspersonal gab es eine OP-Crew aus 8 Personen: Mich als einzigen Operateur und Lokalanästhesisten, einen Zahnmedizinstudenten als Anästhesie-Assistenten, einen Anästhesie-Helfer, zwei Arzthelferinnen als OP-Assistenten, eine Instrumentierschwester und zwei Springschwestern. Die gesamte OP-Crew mußte vor Beginn des OP-Programms durch die Sauna im Untergeschoß des OP-Hauses, um sich zusätzlich zum Sauberduschen porentief reinzuschwitzen. Im einzelnen habe ich die wie eine Kulthandlung gepflegte OP-Hygiene in meinem Buch *Sprechstunde* beschrieben. Ergebnis: Keine einzige Frühinfektion während der gesamten vierjährigen Dauer der WORV. Es gab lediglich eine Spätinfektion nach einer Hüftgelenk-Ersatzplastik, die sich ein paar Wochen nach der Entlassung entwickelt hat. Ob sie wirklich als Operationsinfektion zu werten ist, muß offenbleiben.

Diese Rekordquote von null Prozent Frühinfektion nach Operationen wurde meines Wissens von keinem Operateur sonst erreicht, auch nicht bei Operationen in sogenannten Sterilboxen. Ich bekenne, daß ich selbst diesen Wunschtraum eines jeden Chirurgen später auch nie wieder erreicht habe, weder in meiner hervorragend ausgestatteten OP-Abteilung der EUBIOS-Klinik am Chiemsee noch in meinem jetzigen OP-Bereich in der EUBIOS-Gutspark-Klinik. Hier gab es immer mal wieder auch eine OP-Frühinfektion, allerdings in weit unterdurchschnittlicher Häufigkeit.

Am 15. März 1975 habe ich ein *WORV-Grünbuch* mit dem Untertitel *Erfahrungsbericht über die ersten 100 Fälle einer WORV zwischen der Operationsabteilung der Praxisklinik Berlinerstraße 57/59 in Lauenburg und der 44 Kilometer entfernten Diana-Rehabilitationsklinik in Bevensen* abgeschlossen, um mich gegen die ständigen Attacken der Landesärztekammer Schleswig-Holstein und ihrer Verbündeten zu wehren. Einzelheiten sind im folgenden Unterkapitel »Mein Dritter Reformationskrieg« nachzulesen. Hier nur die summarische Übersicht über die ersten 100, vom 13. August 1974 bis 25. Februar 1975 operierten Patienten: Bei etwa 75 Prozent waren es große bzw. schwierige Eingriffe. Das Durchschnittsalter aller Kranken betrug 51 Jahre. Der älteste Operierte war 79 Jahre alt und hatte ein totales künstliches Hüftgelenk bekommen. Der jüngste Patient, mit einer korrigierenden Fußoperation, war 10 Jahre alt. Unter den ersten 100 Großen Operationen waren 36 Hüftgelenks-Ersatzplastiken (einschließlich Auswechslungsoperationen), 19 Knieoperationen (einschließlich Totalendoprothesen), 13 Ischiaswurzel-Entlastungs-Operationen infolge Bandscheibenvorfalls und 6 Bündelnagelungen bei Knochenschaftbrüchen. Die Ergebnisse waren so gut, daß ich die WORV in meinem *Grünbuch* vor dem Hintergrund der sonst gegebenen – im allgemeinen eher ungenügenden – Versorgungsmöglichkeiten in der Bundesrepublik »als Weg zur rascheren Überbrückung eines Notstandes im Bereich der Chirurgie und Orthopädie des Haltungs- und Bewegungssystems« rechtfertigen und empfehlen konnte.

Mein Dritter Reformationskrieg gegen Ärztekammer und Kassenmedizin

Mit meiner fristlosen Selbstkündigung hatte ich den Zweiten Reformationskrieg in der Hoffnung beendet, daß nun die böse Kriegerei mit dem Hauptziel, die jeweils bestmögliche Patientenversorgung zu erzwingen, vorbei sei. Doch das sollte sich als ein weiterer Irrtum erweisen. Da hatte ich die Rechnung ohne das Wirtsgremium für die in freier Praxis niedergelassenen Ärzte gemacht, nämlich Ärztekammer, Kassenärztliche Vereinigung und Krankenkassen.

Zwar hatte ich als auf Überweisung zugelassener Vertragsarzt mit den KV-Ärzteführern und den Krankenkassenführern schon einige böse Erlebnisse. Aber sie waren nicht über das hinausgegangen, was viele andere, das Durchschnittsniveau ihrer Facharztgruppe übertreffende Vertragsärzte der Krankenkassen erlebt haben und immer noch erleben.

Mit dem Kuriosum einer WORV und einem Leistungsniveau, welches sogar das der letzten Jahre meiner städtischen Klinik für Allgemein- und Unfallchirurgie noch übertraf, mochten sich die Allmächtigen der niedergelassenen Ärzteschaft nicht ohne weiteres abfinden. Schließlich haben Kassenpatienten nur einen Anspruch auf ein durchschnittliches Leistungsniveau!

Der Dritte Reformationskrieg begann damit, daß sich die AOK des Kreises Herzogtum Lauenburg mit Schreiben vom 8. August 1974 weigerte, vollen Kostenersatz für die WORV eines Kassenpatienten zu leisten, dem ich ein künstliches Hüftgelenk eingepflanzt hatte. Dafür bedürfe es vorweg einer »grundsätzlichen Zustimmung zur WORV«, an der es fehle. Also beantragte ich mit einem Schreiben vom 12. August 1974 bei der Kassenärztlichen Vereinigung die Zustimmung zur WORV. Die aber wurde mir verweigert.

Am 12. September 1974 mischte sich auch die Ärztekammer ein. Sie forderte mich auf, »diese Art von Verbundbehandlung zu unterlassen«. Zur Begründung wurde das Gutachten des Lübecker Chirurgen Dr. Edelhoff angeführt, der die Risiken als unverantwortbar hingestellt hatte. Eine Ortsbesichtigung hielt er nicht für erforderlich. In meinem Einspruchschreiben konnte ich darauf verweisen, daß dieser Chirurg – laut einem Bericht in den *Lübecker Nachrichten* – schon seit langer Zeit eine Allgemein- und Unfallchirurgie unter nicht mehr verantwortbaren Bedingungen betrieb, also als Gutachter unglaubhaft sei.

Als der Brief der Ärztekammer ankam, hatte ich bereits 21 Patienten im Rahmen der WORV behandelt, darunter 9 mit Totalendoprothese des Hüftgelenkes. Also verweigerte ich meiner Obrigkeit, dieses Mal dem Ärztekammer-Präsidium, erneut den Gehorsam. Ich schrieb sinngemäß zurück: Das seien theoretische Bedenken, die sich nicht einmal theoretisch begründen ließen. Die Praxis habe jedenfalls inzwischen das Gegenteil bewiesen. Ergänzend telefonierte ich zirka zwanzig Minuten lang mit dem zwar nicht ranghöchsten, aber federführenden Kammerherren, verwies auf die erfolgreich behandelten einundzwanzig WORV-Patienten. Darauf antwortete der Schreibtischtäter von oben herab: »Was sind schon einundzwanzig Fälle, einhundert müßten es sein!« Damit hatte er sich festgelegt. Später mag er das bereut haben. Denn es dauerte genau ein halbes Jahr, bis ich ihm mein *WORV-Grünbuch* mit einhundert erfolgreich behandelten WORV-Patienten schicken konnte.

Am 17. Dezember 1974 bekam ich von der Ärztekammer den offiziellen Ablehnungsbescheid für die WORV. Er wurde mit einem Gutachten des Präsidiums der Deutschen Gesellschaft für Chirurgie vom 2. Dezember 1974 begründet, später ergänzt durch ein ablehnendes Gutachten des Präsidenten der Deutschen Gesellschaft für Anästhesie. Vier Tage später kam dann auch der Ablehnungsbescheid der Kassenärztlichen Vereinigung. Man teilte mir mit, daß Große Operationen im Rahmen der WORV nicht kassenärztlich abrechenbar seien. Dagegen legte ich am 15. Januar 1975 Widerspruch ein und verwies auf die Versorgung von bislang 67 Patienten im Rahmen der WORV.

Diesem Widerspruch wurde nur begrenzt stattgegeben. Also erhob ich am 10. März 1975 Klage gegen die KV beim Sozialgericht.

Schon seit Anfang 1975 lief die Klage eines Patienten gegen die AOK Lauenburg mit Sitz in Ratzeburg beim Sozialgericht Lübeck auf Kostenersatz für seine WORV einer Hüftgelenks-Ersatzplastik. Die Gesamtkosten von 4853 Mark setzten sich zusammen aus den Operationskosten für mich in Höhe von 856 Mark, aus 128 Mark Transportkosten von Lauenburg nach Bevensen und aus den Kosten für die stationäre Behandlung in der Diana-Klinik für 29 Tage mit einem Tagessatz von 96 Mark in Höhe von 2784 Mark. Hinzu kamen 1085 Mark für die Endoprothese und sonstiges Operationsmaterial.

Man beachte: Für die Hüftgelenks-Ersatzplastik des wie ein Privatpatient versorgten Patienten habe ich den Kassensatz von 856 Mark in Rechnung gestellt. Nicht einmal den wollten die Kassenmedizin-Machthaber bezahlen. Mein ehemaliger Assistent und Nachfolger als Oberarzt hat mir erzählt, daß er damals für die Einpflanzung eines künstlichen Hüftgelenks 20 000 Mark – beinahe 25mal so viel – kassiert habe.

Am 26. September 1975 entschied das Sozialgericht Lübeck, daß die AOK Ratzeburg die vollen Kosten für die WORV zu erstatten habe. Der auf die ärztlichen Gutachten gestützte Einwand, der Transport sei zu riskant und außerdem bestehe während des Transports eine erhöhte Infektionsgefahr der Operationswunde, wurde zurückgewiesen. Wörtlich steht in dem Urteil: »Denn mit dem Verkehrsrisiko lebt jeder Versicherte täglich. Und daß sich die Operationswunde wegen des Transports entzündet, ist zu wenig wahrscheinlich, um ins Gewicht zu fallen. Weitere – besondere – Gefahren enthält die WORV nicht.«

Wahrlich ein wegweisendes Urteil! Denn die Sozialrichter glaubten den hochrangigen Medizingutachtern ihre hochnäsig theoretisierende Beweisführung nicht. Sie ließen sich nicht mit medizinbabylonischem Blabla übertölpeln, folgten ihrem nicht medizinblindgläubigen, sondern gesunden Menschenverstand. Wann endlich wird das bei Gerichten allgemein üblich?!

Mit diesem Traumurteil nicht nur für mich, sondern für die Gesundheitshilfe allgemein, war die Bresche geschlagen. Die vom Sozialgericht zugelassene Berufung wollte die AOK nicht riskieren.

Auch mein Prozeß vor dem Sozialgericht Kiel gegen den RVO-Beschwerdeausschuß bei der KV, der meinen Antrag auf Zulassung der

WORV abgelehnt hatte, wurde im Herbst 1977 zu meinen Gunsten entschieden. Also konnte ich meine ärztlichen Leistungen per Krankenschein bis zum Ende des zweiten Quartals 1977 abrechnen. Danach allerdings nicht mehr, weil ich zum 1. Juli 1977 meine Tätigkeit als Kassenarzt aufgekündigt hatte.

Entscheidend für die Siege bei beiden Sozialgerichten war mein *Grünbuch* über die ersten hundert WORV-Fälle Mitte März 1975. Mit Bezug auf die Beweisanforderung der Ärztekammerherren: »Hundert müßten es sein«, steht am Anfang des Vorwortes: »Inzwischen sind es einhundert. Nicht in einem einzigen Falle kam es zu einer gefährdenden Transportkomplikation, auch nicht minimaler Art.« Nicht nur das. Ich konnte sogar schwärmen: »Es gibt nur wenige Perioden meiner dreißigjährigen chirurgischen Tätigkeit, in denen mir Patientenglück und -dankbarkeit so häufig und so betont gezeigt wurden. Dank der kleinen, ohne Zwischenschaltung von Assistenz- und Oberärzten zu betreuenden Station wurde ich zwangsläufig zum Leibarzt für jeden. Leibarzt für Nicht-Könige scheint mir seither die höchste Stufe des Arzttums zu sein. Ohne dieses Gefühl wäre der in einigen Einzelheiten fast teuflische Boykott der WORV nicht zu ertragen gewesen!«

Boykottiert wurde ich bis an den Rand der Existenzbedrohung. Sowohl die KV-Ärzteführer wie der wichtigste Kassenführer versuchten alle Möglichkeiten auszuschöpfen, um mir die Bezahlung meiner Leistungen für Kassenpatienten zu verweigern oder doch so lange wie möglich zu verzögern. Auch den Patienten selbst verweigerte man den Kostenersatz für vorausgezahlte Operationsgebühren.

Obwohl mir 1,8 Millionen Mark an Kredit von der Raiffeisenbank zur Verfügung gestellt worden waren, mit denen ich zunächst arbeiten konnte, kam ich durch diese Schwierigkeiten bald in Existenznöte.

Erst im Sommer 1976, als ich allen Gegnern meine Verteidigungswaffe *WORV-Grünbuch* auf den Schreibtisch serviert hatte, war die erste Vernichtungsschlacht überstanden. Dieser Beweisführung konnten sie nun wahrlich nichts Überzeugendes mehr entgegensetzen.

Das *Grünbuch* gliedert sich in 13 Kapitel und einen Anhang mit der Auflistung sämtlicher einhundert WORV-Patienten unter Angabe der Namenskürzel, des Alters, der Diagnose, der Operation und der Anästhesie. Im ersten Kapitel begründe ich die Notwendigkeit der

WORV: »Tausende von Hüftkranken mit starken Schmerzen und schweren Gehbehinderungen müssen in der Bundesrepublik schon seit langem viele Monate bis Jahre auf die erlösende Gelenkersatzplastik warten. Über die Not der Betroffenen mag der folgende Brief einen Eindruck vermitteln, den mir Mitte September 1974 eine vierundsiebzigjährige, stark hüftgeplagte, sonst sehr rüstige Rentnerin schrieb. Ich hatte einen festgeplanten Operationstermin auf ein Schreiben der Landesärztekammer hin kurzfristig absagen müssen.

In dem Brief heißt es: »Für Ihren Anruf bedanke ich mich, bin aber untröstlich, daß ich nicht am Dienstag zur Operation kommen kann, zumal ich so froh war, daß Sie, geehrter Herr Professor, nicht so lange Wartezeiten haben. Ich kann vor Schmerzen kaum noch gehen. Von vielen Krankenhäusern habe ich überall Bescheid erhalten, daß sie Wartezeiten bis zu zwei bis drei Jahren haben, unter anderem in St. Georg in Hamburg zwei bis drei Jahre, im Albertinen in Hamburg eineinhalb Jahre, im Barmbeker Krankenhaus zirka ein Jahr. Sie sehen, daß ich mich überall erkundigt habe…«

Eine Fotokopie dieses Briefes schickte ich der Ärztekammer. Die von zunehmenden Schmerzen geplagte Patientin rief mich fast täglich an. Anfang Oktober konnte sie die Schmerzen nicht mehr ertragen. Sie ging in ein Krankenhaus, das keine Wartezeiten für Hüft-Endoprothesen hatte. Wenige Tage nach der Operation verstarb sie!

»Ob die allgemeine Hüftmisere dadurch gemildert werden kann«, fragte ich in dem *Grünbuch*, »daß jeder Allgemeinchirurg in jedem Krankenhaus sein ohnehin recht umfangreiches Lieferungsangebot ausgerechnet um die leicht verderbliche Delikatesse Totalendoprothese erweitert, gilt in eingeweihten Kreisen als zweifelhaft. Immerhin werden im medizinischen Schrifttum über Hüftgelenks-Ersatzplastiken bereits Mißerfolgsquoten von mehr als zwanzig Prozent angegeben (Seewald u.a.), von denen ein hoher Anteil auf technische und sonstige Fehler, Infektion etc. zurückzuführen ist. Prof. Dr. M. E. Müller, Bern, einer der führenden Hüftchirurgen der Welt, hat kürzlich dringend davor gewarnt, daß Totalendoprothesen der Hüftgelenke von ›ungeübten Chirurgen‹ gemacht werden.«

Dann gehe ich zum Gegenangriff über: »Das bundesweite Hüftübel scheint den Verantwortlichen ebensowenig Schmerzen zu machen wie andere seit längerer Zeit bestehende Versorgungslücken in der Chirurgie und Orthopädie des Haltungs- und Bewegungssystems. Den damit befaßten niedergelassenen Ärzten macht das aber Sorgen.

Denn ihnen wird die menschliche Pein nicht im Briefumschlag auf den grünen, sondern in Person hautnah auf den Untersuchungstisch serviert.«

Am 14. September 1974 hatten achtzehn niedergelassene Ärzte von Lauenburg und Umgebung auf die Initiative von ein paar Ärzten hin, mit denen ich in den letzten Jahren besonders gut zusammengearbeitet hatte, ohne meine Mitwirkung eine Petition an die Ärztekammer unterschrieben. Darin steht: »Sehr geehrte Herren Kollegen! Wir, die unterzeichnenden Ärzte des Kreises Herzogtum Lauenburg, richten an Sie die Bitte, Herrn Prof. Hackethal die Verbundbehandlung zwischen seiner Praxis in Lauenburg und der Diana-Klinik in Bevensen für die Übergangszeit bis zur Eröffnung seiner Bettenstation in Lauenburg zu erlauben. Aufgrund langjähriger Zusammenarbeit mit ihm sind wir der Überzeugung, daß Prof. Hackethal dieses Verfahren so ausübt, daß in der Gesamtheit gesehen dessen Vorteile die in der größeren Entfernung gelegenen Nachteile weit überwiegen. Das Ausscheiden von Prof. Hackethal als Krankenhausarzt in Lauenburg hat unsere Schwierigkeiten, Kranke zeitgerecht in geeigneten und leistungsfähigen Krankenhäusern unterzubringen, vergrößert. Die seit vier Wochen geübte Verbundbehandlung ist im Interesse vieler unserer Kranker. Diese sollten schon aus grundsätzlichen Erwägungen der freien Arztwahl heraus die Möglichkeit haben, sich auch hier – nach Aufklärung über die besondere Behandlungsart – frei zu entscheiden.«

Den Hinweis auf die durch mein Ausscheiden aus dem Krankenhaus entstandenen Probleme habe ich dann im *Grünbuch* durch genaue Angaben über die Zahl der anstehenden Fälle und die langen Wartelisten qualifizierter Krankenhäuser noch vertieft: »Nur wenige«, schrieb ich, »hatten Vertrauen zu Krankenhäusern mit kurzen Wartezeiten. Aus dieser Notsituation zahlreicher Kranker heraus, die unter Schmerzen auf ihre Operation warteten und verständlicherweise ungeduldig drängten, entstand die Idee der WORV. Täglich erlebte Not verfolgt bis in die Nacht und macht bekanntlich erfinderisch.«

Bei meinen Überlegungen zum »Theoretischen Transportrisiko« erinnerte ich daran, daß die Medizin eine Erfahrungswissenschaft ist.

»Das gilt ganz besonders für die Chirurgie. Theorie ist wichtig und für den Fortschritt unentbehrlich. Maßstab für den Fortschritt, das heißt für den Wert einer Behandlungsmethode, kann nur die

Praxis sein. Es klingt abenteuerlich und weckt Kriegserinnerungen, wenn 1974/75 Frischoperierte 44 Kilometer weit zu ihrem Klinikbett transportiert werden. Doch die Geschichte der Chirurgie ist reich an zur Methode gewordenen Abenteuern und Kriegserlebnissen.

Als der vierzigjährige Oberarzt und Privatdozent Dr. Gerhard Küntscher auf dem Chirurgenkongreß 1940 erstmals empfahl, bei Brüchen langer Röhrenknochen einen ellenlangen und fingerdicken Metallnagel in die Markhöhle einzuschlagen, mag manchem der mehreren hundert zuhörenden Chirurgen trotz der rauhen Kriegszeiten ein leichter Schauer über den Rücken gelaufen sein.

Der Chirurgenpräsident Prof. Nordmann konnte nicht umhin, *prima facie* – das heißt auf den allerersten Blick, allein aufgrund theoretischer Überlegungen – eine düstere Prognose zu stellen. Obwohl dem Abenteuer ›Marknagelung‹ sehr sorgfältige Untersuchungen seines Begründers vorausgegangen waren, erhob Nordmann ›gegen dieses Verfahren die allergrößten Bedenken‹. ›Der Knochen braucht zum Aufbau das Mark so gut wie das Periost‹, so belehrte der weise Hochschullehrer den jungen Draufgänger. So stärkte er gleichzeitig mahnend den Glauben der Zuhörer an die Unfehlbarkeit schulmedizinischer Grundlehren. Der Kongreßbericht vermerkt dann auch ausdrücklich ›Zustimmung‹, als sich der präsidiale Wegweiser abschließend verpflichtet sieht, ›grundsätzliche Bedenken dagegen auszusprechen, daß es Mode wird, auf diese Weise Knochenbrüche zu behandeln‹.

So unfein war der ranghöchste großdeutsche Chirurg nicht, seinen jungen Kollegen mit dem bösen Wort ›Kunstfehler‹ direkt zu attackieren. Doch der letzte Zweifel, daß solcher Vorwurf mutige Nacheiferer erwartete, wurde abschließend vom Podium aus sofort zerstreut. Prof. Fritz König, der deutsche Internationale der Operativen Knochenchirurgie umschrieb das Schicksalswort für entartete Chirurgische Kunst ebenso drastisch wie delikat-diplomatisch. Wenn selbst er, der im Gegensatz zu anderen berühmten Internationalen wie Lorenz Böhler und anderen ›immer sehr für die blutige Behandlung von Knochenbrüchen eingetreten‹ sei, es ›nicht für ganz unbedenklich‹ (!) hielt, ›das Knochenmark auf eine so lange Strecke zu stören‹, so mußte das jeder brave Chirurg als Gnadenstoß für das heroische Nagelwerk Küntschers empfinden. Doch es war Krieg. Die dadurch bedingte Epidemie von Schußbrüchen schrieb den Chirurgen mit blutiger Schrift ihr Gesetz zum Handeln und ließ präsidiale Theorie verblassen. Bald wurde es in der ganzen Welt Mode, Knochenbrüche nach Küntscher zu nageln.«

»Theoretisch«, schrieb ich, »scheint die WORV zunächst bedenklich, aber nur *prima facie*, das heißt bei oberflächlicher Betrachtung. Transporte Frischoperierter über Entfernungen von mehreren Kilometern sind auch nach krankenhausüblichen ambulanten Operationen an vielen chirurgischen und orthopädischen Abteilungen üblich, ohne daß darüber breiter publiziert worden ist.« Ich führte Beispiele an, darunter die Erfahrungen von Prof. Dr. R. Bernbeck, Hamburg-Barmbek, der von 1963 bis 1972 3689 orthopädische Operationen ambulant durchgeführt hat. Dabei waren unter mehr als 2000 ambulant durchgeführten orthopädischen Operationen etwa 800 große Eingriffe, bei denen die Frischoperierten noch am OP-Tag bis (mindestens) 92 Kilometer (von Hamburg-Barmbek nach Uelzen) transportiert wurden, wie ein überweisender Orthopäde berichtete (Dr. Bauer-Tertius). Nach Bernbeck ist innerhalb von diesen zehn Jahren »keine einzige schwerere Komplikation« aufgetreten.

Ich habe auch Bernbeck genannt, weil ich damals das entsetzliche Massaker, welches dieser in den vergangenen Jahren unter seinen Patienten angerichtet hat, nicht ahnen konnte. Sonst hätte ich mir ausgerechnet diesen Massenverstümmler von Patienten nicht zum prominenten Zeugen gewählt. Aber damals habe ich mich auf sein Renommee berufen, zumal seine guten Ergebnisse unter wesentlich riskanteren Bedingungen erzielt wurden, als bei unserer WORV:

»Einerseits wurden fast alle Eingriffe in Vollnarkose gemacht, und die weitaus meisten bei Säuglingen und Kindern mit – im Vergleich zu Erwachsenen – erhöhter Schockgefahr schon bei kleineren Blutverlusten, wie sie theoretisch unterwegs eintreten könnten. Zum anderen fand der Transport vielfach auf Straßen mit großer Verkehrsdichte und ohne ärztliche Begleitung statt. Schließlich endete der Transport nicht in einer Klinik, sondern in der häuslichen Wohnung, wo zweifellos ein theoretisches Versorgungsdefizit bei Eintreten akuter Komplikationen für längere Zeit besteht.«

Auch auf die vollkommen unangefochtene Praxis von Verlegungs-
transporten Frischoperierter in Reha-Kliniken konnte ich mich berufen, obwohl ein theoretisches Transportrisiko durch eine mögliche
Thrombus-Embolisation gegeben ist.

»Während eine derartige Embolie bei vor der Operation nichtbett-
lägerigen Frischoperierten höchst unwahrscheinlich ist, muß man
insbesondere in der zweiten und dritten Woche nach der Operation damit rechnen. Dies gilt um so mehr, wenn die Patienten
nach der Operation mehrere Tage fest im Bett liegen. Auch eine
medikamentöse Thrombose-Prophylaxe schützt davor nicht zuverlässig. Dennoch hat die Praxis bewiesen, daß auch diese
Transporte bei richtiger Auswahl der Patienten ohne wägbares
Risiko sind.«

Schließlich führte ich aus, daß ein theoretisches Transportrisiko beim
Urteil über die WORV nicht isoliert betrachtet werden dürfe:

»Der Transport ist nur einer von hundert bis tausend Einzelfakto-
ren der Gesamtbehandlung, die mit dem Betreten der OP-Abteilung
beginnt und mit der Entlassung aus der Klinik noch nicht beendet
ist. Jeder Einzelfaktor hat sein Risiko: Die Vorspritze vor der Operation, die Anlegung der Infusion, die Wahl der Infusionsflüssig-
keit, der Einstich zur Anästhesie, die Wahl des Anästhesiemittels,
die Lagerung nach der Anästhesie, die Lagerung zur OP, die Vorbereitung der OP-Instrumente, die Abdeckung des OP-Feldes, um nur
einige wenige zu nennen. Jeder Handgriff des Operateurs ist ein
Einzelfaktor und hat ebenfalls sein Risiko. Es sind Hunderte bei
einer Großen Operation. Jeder falsche Handgriff kann wie jeder
andere Risikofaktor verhängisvolle Auswirkungen haben.
Die Qualität des operativen Eingriffs selbst – vom Hautschnitt bis
zum Ende des Wundverbandes – ist ganz besonders abhängig von
bestimmten Voraussetzungen personeller, instrumenteller, apparativer und baulicher Art. Das gilt um so mehr, je anspruchsvoller
eine Operation in biologischer und technischer Hinsicht ist. Hierbei nehmen Ersatzplastiken mit Endoprothesen und auch Bandscheibenoperationen an der Wirbelsäule einen hohen Rang ein.
Ein technisch versierter Operateur kann ohne moderne Instrumente und Apparate ebensowenig optimale Leistungen erbringen

wie der weniger erfahrene Chirurg mit einer Luxusausrüstung. Eine seit zehn Jahren nicht umgebaute OP-Abteilung erfüllt die Mindestanforderungen an die heutige OP-Luft-Hygiene nicht mehr. Auch die auswahllose Anwendung von Vollnarkosen bei Eingriffen, bei denen harmlosere örtliche Betäubungsarten zuverlässige Schmerzausschaltung gewährleisten, beeinträchtigen die Erfolgssicherheit. Gleiches gilt für fehlende Rehabilitations-Einrichtungen moderner Art (Bewegungsbad etc.). Schließlich kann selbst eine liebevolle Patientenbetreuung auf der Station den auch vom seelischen und allgemeinkörperlichen Wohlbefinden abhängigen Genesungsprozeß nur mangelhaft fördern, wenn die Kranken in unhygienischen Vielbett-Quartieren fünfzig Jahre alter Krankenhäuser untergebracht sind oder ständig vom Straßenlärm am erholsamen Schlaf gehindert werden.«

Nach diesen Hinweisen wollte ich den Ärztekammerherren und den KV-Bossen von Schleswig-Holstein sowie auch den für den Süden zuständigen Krankenkassenführern keine Ausrede mehr lassen. Also erinnerte ich sie an folgendes:

»Es gibt keinen Zweifel, daß in vielen Krankenhäusern der Bundesrepublik keine optimalen Voraussetzungen für den wünschenswert hohen Grad von Erfolgsumfang und -sicherheit gegeben sind. Am 9. September 1974 – also zu Beginn der WORV – gab es laut *Lübecker Nachrichten* in einer großen Chirurgischen Klinik eines norddeutschen Großstadtkrankenhauses ›keine Wachstation, keine Schnellsterilisation, keine Durchgangsschleusen zum OP, keinen septischen OP usw. usw., von baulichen Unzulänglichkeiten ganz abgesehen... Nach dem Gipsen folgen septische Behandlungen, dann innere Eingriffe zum Teil in ein und demselben OP-Raum. Der Klinikchef mag recht haben, daß ›Arbeiten unter den gegebenen Umständen... in unseren alten Häusern nur noch unter äußerster Anstrengung aller an der Krankenpflege Beteiligten möglich ist‹. Ob ein solches Arbeiten aber heutzutage wirklich noch verantwortet werden kann? Allein das zwangsläufig erhöhte Infektionsrisiko dürfte im Hinblick auf die Gesamterfolgssicherheit der Operationen in keinem Verhältnis zum Risiko eines Frischoperierten-Transports über 44 Kilometer stehen. Die Verhältnisse an der zitierten Großstadtklinik sind keineswegs einmalig, eher beispielhaft. Etwa ein Drittel aller westdeutschen Krankenhäuser sind über fünfzig Jahre alt, und viele Operationsabteilungen auch jüngerer Kliniken sind seit zehn Jahren nicht umgebaut. Wenn es genügend Krankenhäuser mit einer für anspruchsvolle Operationen des Bewegungssystems wünschenswerten Leistungsfähigkeit gäbe und keine monate- und jahrelange Wartezeiten in den wenigen wirklich leistungsfähigen, hätte die WORV von vornherein keine Existenzberechtigung. Es gibt sie aber nicht.«

Das muß die verantwortlichen Ärzteführer von Schleswig-Holstein dann doch ausreichend beeindruckt haben. Denn danach haben sie es nicht mehr gewagt, irgendwelche Großattacken gegen meine WORV zu unternehmen.

Obwohl sie das weniger interessiert haben mag, habe ich ihnen anschließend doch meinen »Indikationskatalog für WORV«, geordnet nach den angebotenen Operationsarten schwarz auf weiß aufgeschrieben und dazu die Anzahl vermerkt, in der sie bei uns durchgeführt worden sind – alles bezogen auf die ersten hundert Operationen, so daß die Anzahl auch gleichzeitig die Prozentzahl war.

Ausführlich beschrieb ich meine OP-Techniken bei Hüftgelenks-Ersatzplastiken mit Totalendoprothesen (36 Prozent) und Ischiaswurzel-Entlastungsoperationen bei Bandscheibenvorfall. Damals war ich wahrscheinlich einer der erfahrensten TEP-Operateure der Bundesrepublik. Ich hatte mir eine eigene Operationstechnik ausgetüftelt, auch aus Veröffentlichungen und durch Gastarztbesuche zusammenspioniert. Das Wichtigste zur Schonung der Patienten und Minderung des Gesamtrisikos: Lumbalanästhesie statt Vollnarkose; kurze OP-Dauer (durchschnittlich unter 60 bzw. 45 Minuten); Verringerung der psychischen Belastung durch Prämedikation, OP-Musik, Gespräche mit dem Anästhesisten; optimale Lagerung durch anmodellierbare Vakuum-Matratzen; bei der Hüftgelenks-Eersatzplastik »werden Knochenansätze nicht abgemeißelt und das Endoprothesenbett in Pfanne und Oberschenkel nur sparsam angefrischt«, hielt ich den Adressaten für das *Grünbuch* unter die Nase.

Auch meine Operationstechnik für Bandscheibenoperationen hatte gegenüber den üblichen Techniken erhebliche Vorteile. Nachdem 13 Prozent meiner WORV-Operationen Ischiaswurzel-Entlastungsoperationen bei Bandscheibenvorfall gewesen waren, beschrieb ich diese eigene OP-Technik: »Diese Operationen werden dadurch erleichtert, daß die Patienten in Seitenlage so zusammengeschnürt werden, daß sich die Zwischenbogenräume gut weiten (sogenannte Schnürpaketlagerung). In letzter Zeit wird die Zusammenschnürung durch Lagerung auf der überall anmodellierbaren Vakuummatratze ersetzt. Diese Lagerung gewährleistet eine gute Übersichtlichkeit und eine relativ rasche Operation. Die durchschnittliche Operationszeit hat bei den letzten fünfzig Wurzel-Entlastungsoperationen 44 Minuten betragen. Früher wurde der Eingriff in Vollnarkose (Trapanal-Halothan-Lachgas-Narkose) durchgeführt. In den letzten Monaten hat sich auch hier die Lumbalanästhesie hervorragend bewährt. Dadurch wird nicht nur die Operation technisch erleichtert, sondern auch das erhöhte Risiko einer Vollnarkose ausgeschaltet.«

Wichtig schien mir ein weiterer Hinweis: »Bei der Auswahl der Krankheitsfälle spielt eine Rolle, daß wir eine Thromboseprophylaxe mit stark wirkenden Antikoagulatien (Gerinnungsblockern) grundsätzlich *nicht* betreiben. Dadurch ist die akute Nachblutungsgefahr minimal. Ich habe in den letzten Jahren bei den im Indikationskatalog aufgeführten Operationen in keinem einzigen Falle eine akute operationsbedürftige Nachblutung erlebt. Die grundsätzlich eingelegte Redon-Drainage gibt zusätzliche Sicherheit.«

Hier möchte ich gleich ergänzen, daß es mir im Gegensatz zur Frühinfektionsquote bei der Thrombus-Embolie nicht gelungen ist, 0,0 Prozent zu erreichen. Zwar lag die Häufigkeit an postoperativen Thrombosen nach Hüftgelenks-Ersatzplastiken unter 5 Prozent. Im Schrifttum wurde sie damals mit 30 Prozent und mehr angegeben. Aber es gab in den vier Jahren der WORV zwei tödliche Lungenembolien. Auch diese Zahl lag und liegt weit unter dem Durchschnitt. Dies allerdings mindert die Dramatik im Einzelfall nicht.

Ein Embolie-Todesfall passierte ausgerechnet bei einem wichtigen Mitarbeiter des Rowohlt Verlages, wo mein erstes medizinkritisches Buch erschienen war. Voller Vertrauen war der noch nicht sechzigjährige athletische Mann zu mir gekommen, nachdem er mein Buch gelesen hatte. Bei mir fühlte er sich am sichersten. Und ich habe ihn dann umgebracht. Ohne meine Hüftgelenks-Ersatzplastik wäre er nicht gestorben. Irgend etwas habe ich falsch gemacht. Was es war, konnte ich trotz nächtelangen Grübelns nicht herausfinden, sondern nur vermuten. Wahrscheinlich hatten wir ihn auf dem OP-Tisch, sofort nach Anlegung des Klebeverbandes, nicht ausreichend ausmassiert und bewegt, um die während der Operation entstandenen Kleinstblutpfröpfe in der unteren Körperhälfte zu embolisieren.

Meine »OP-Tisch-Embolisierung« gründete sich auf Publikationen, in denen nachgewiesen wurde, daß sich fast alle postoperativen Thrombosen bereits auf dem Operationstisch entwickeln. Das gilt zumindest für die Thrombusköpfe – wie sie von den Pathologen genannt werden –, an die sich dann die Thrombusschwänze anschließen, welche in den Beinblutadern einen halben Meter lang und länger werden können.

Wenn man diese Thrombusköpfe im Miniformat schon auf dem Operationstisch durch kräftige Beinmassagen, vielfaches ruckartiges Anheben des Beckens und zusätzliche Massage von Leisten, Gesäß und Unterleib mobil macht, werden sie in die Lungen geschwemmt, ohne daß es zu den Zeichen einer auch nur leichten Lungenembolie kommt. Ich habe nicht eine einzige diagnostizierbare Lungenembolie bei weit mehr als fünftausend OP-Tisch-Embolisationen erlebt. Bis heute nicht. Leider ist mir auch auf diesem Wege keiner der Chefchirurgen nachgefolgt. Man zieht es vor, die weitaus komplikationsträchtigere und unsicherere Methode der chemischen Thrombo-Embolie-Vorsorge zu betreiben. Auch da hat sich die Pharmaindustrie voll durchgesetzt.

Eine kleine Schlamperei bei meiner OP-Tisch-Embolisation mag der Grund für den Blitztod meines Patienten gewesen sein, vielleicht auch eine Schluderei bei den Bewegungsübungen und Massagen während des WORV-Transportes. An einer Verzögerung des Frühaufstehens in der Klinik hat es jedenfalls nicht gelegen.

Das Unglück ereignete sich in der Nacht. Das Rote Telefon klingelte neben dem Bett in meiner inzwischen an die Raiffeisenbank verpfändeten Luxusvilla in Lauenburg. Wie immer erschrak ich heftig. An der Notstrippe war die Nachtschwester meiner Lauenburger Station: »Herr Professor! Kommen Sie bitte schnell! Der Patient XY ist auf der Toilette kollabiert. Der Dienstarzt sagt, es sei eine schwere Lungenembolie!« Der Langsamste war ich beim Einsteigen in die weiße Dienstuniform noch nie. Aber so schnell wie nach diesem Notruf dürfte es nicht oft gegangen sein. Ich stürzte die Treppen herunter in die Garage und ins Auto. Meinen ikonengoldenen Mercedes hatte ich längst verkauft und mich seitdem mit dem Zweitwagen meiner Frau begnügen müssen. Trotzdem schaffte ich die 44 Kilometer in einer halben Stunde. Als ich ankam, lag der Patient tot im Bett. Die Wiederbelebungsversuche des 1. Dienstes hatten nichts gefruchtet. Trotzdem probierte ich noch eine Herzmassage. Aber die Pumpe sprang nicht mehr an.

Insgesamt kann ich es an den zehn Fingern abzählen, wie oft ich in den vier Jahren meiner WORV nachts oder am Tag von Lauenburg nach Bad Bevensen gerufen wurde. Soweit ich mich erinnere, war es zweimal wegen einer Lungenembolie und sonst wegen nichtlebensgefährlicher Komplikationen, wie der Ausrenkung eines künstlichen Hüftgelenks oder nur aus blindem Alarm. Nicht ein einziges Mal rief man mich wegen einer schweren Nachblutung. Nachblutungen sind sonst der häufigste Grund für einen Alarm in der Nacht nach einer Großen Operation. Nach den vier Jahren meiner WORV wußte ich, fast alle Nachblutungen beruhen – jedenfalls bei Bewegungssystemoperationen – auf Schlampereien des Operateurs, spätestens beim Anlegen des Klebe-Druckverbandes. Da habe ich »wie der Deubel« aufgepaßt, auch damit ich nachts durchschlafen konnte.

Ein eigenes Kapitel ist in dem *WORV-Grünbuch* den »Transport- und Verlaufsbeobachtungen« gewidmet. Der erste Satz faßte unsere Beobachtungen zusammen: »Bei keinem der hundert Fälle kam es während des Transportes zu einem Zwischenfall, der auch nur ein Minimalrisiko bedingt hätte. Vier Kranke erbrachen während des Transports. In allen Fällen verlief dies ohne jede Dramatik und ohne die geringste Bedrohung.«

Ich hatte ein eigenes »Transport-Überwachungs-Blatt« entwickelt, ein Formular, in das im 5- bis 10-Minuten-Abstand unter genauer Zeitangabe und unter Angabe des Standorts während der Transportreise Pulszahl, Blutdruckhöhe, Medikamente und alles Wichtige sonst eingetragen werden mußten, wie etwa Schmerzen und Erbrechen. Alle hundert Transport-Überwachungs-Blätter wurden später sorgfältig ausgewertet. Abweichungen von den individuellen Puls- und Blutdruckwerten (= durchschnittliche Ruhewerte vor dem Operationstag), so konnten wir feststellen, bildeten sich oft während des Transports zurück, falls die Individualwerte nicht schon vorher wieder erreicht waren. Positiv wirkte der Transport offensichtlich im Sinne der Thrombosevorsorge während des Transportes: »Die Horizontal-Früh-Mobilisation der Kranken durch die fahrtbedingten Horizontalschwankungen in wechselnden Richtungen und die zusätzlichen Vertikalschwankungen scheint sich herz-kreislauf-regulierend auszuwirken. Dabei beeinträchtigt die schmerzstillende und sedierende Medikation den Regulierungseffekt der Horizontal-Früh-Mobilisation anscheinend nicht wesentlich.«

Als Ergebnis der Transport- und Verlaufs-Beobachtungen konnte ich im *Grünbuch* zusammenfassen: »Keiner der hundert Kranken fühlte sich durch den Transport belästigt. Die meisten verdämmerten und verschliefen den größten Teil der Fahrt. Nicht wenige verfolgten den ganzen Transport hellwach und empfanden ihn als interessante Abwechslung. Andere genossen entspannt und von der Operations-angst befreit das durch die ärztliche bed-side-Überwachung vermittelte Gefühl der Geborgenheit. Für mich gehören die einstündigen Fahrten an der Seite Frischoperierter zu den schönsten Erlebnissen meiner ärztlichen Tätigkeit.«

Das Wichtigste des *WORV-Grünbuches* zur Abwehr der Attacken gegen mich steht im Kapitel »Patienten-Urteil«. Ich hatte einen eigenen Fragebogen entwickelt, auf dem die Patienten ein Urteil über die WORV aus ihrer Sicht abgeben konnten.

»Das Ergebnis spricht für sich: Sämtliche Patienten würden sich unter gleichen Bedingungen wieder operieren lassen. Kein einziger Patient fühlte sich durch den Transport belästigt. 93 von 100 hatten keine, 6 leichte Schmerzen. Nur bei einem (schon vielfach operierten) Kranken blieben trotz Pantopon-Injektion starke Schmerzen. Diese waren aber unabhängig von den Transport-Erschütterungen, wie der Patient ausdrücklich angab. Deshalb hat auch er den Transport nicht als Belästigung empfunden... 91 der 100 Patienten benoteten die Versorgung in der Diana-Klinik mit Sehr gut, 8 mit Gut. Nur einer gab die Note Ausreichend. Es war ein funktioneller Ohnhänder. Er hatte wegen Boxer-Frakturen Gipsverbände an beiden Händen. Total gehandicapt, aber im übrigen gesund, mußte er öfters etwas länger auf die schwesterlichen Ersatzhände warten. Netterweise ersparte er uns die Note 5.

Wenn von den 85 Kranken, die schon in anderen Krankenhäusern gelegen hatten, 67, also fast 80 Prozent, die Versorgung als besser bewerteten, so ist das schmeichelhaft. Dennoch ist unser Ziel, bei den nächsten 100 über 90 Prozent zu erreichen.«

Im Nachwort des *Grünbuches* schrieb ich: »Die ständige Suche nach besseren Methoden ist eine elementare ärztliche Pflicht, die jeder auf seinem Platz und mit seinen Methoden zu erfüllen hat. Diese Selbstverständlichkeit war für mich eine wesentliche Triebfeder zum Ausbau der WORV, nachdem die Grundüberlegungen für diese Methode sprachen. Die Praxis hat bestätigt, was eine auf sorgfältige Analyse aufgebaute Theorie erwarten ließ: Die WORV ist für viele Krankheiten des Haltungs- und Bewegungssystems ein leistungsfähiges Behandlungsverfahren ohne wägbares Transportrisiko. Darüber hinaus hat die WORV mit ihren anspruchsvollen Anforderungen an die OP-Abteilung auch eine erweiterte ambulante operative Tätigkeit, das heißt unter Einschluß krankenhausüblicher (Mittlerer und Großer) Operationen ermöglicht.«

Und der Schlußsatz lautet schließlich: »Die dargelegten Erfahrungen und Begründungen rechtfertigen nicht nur die bisherige und künftige Ausübung der WORV, sondern zeigen allgemein einen Weg zu rascherer Optimierung der Chirurgie des Haltungs- und Bewegungssystems. Denn es dürfte noch Jahrzehnte dauern, bis die derzeitigen Engpässe durch Finanzierung genügender Neu- und Umbauten von Krankenhäusern und sonstigen Verbesserungen inventarieller und personeller Art in allen Ländern der Bundesrepublik beseitigt werden können.«

Der Schilderung des ersten Kriegsjahres in meinem Dritten Reformationskrieg, dieses Mal gegen die Obrigkeitstroika Ärztekammer, Kassenärztliche Vereinigung und Gesetzliche Krankenkassen, mag hiermit genug sein. Selbstverständlich ging der Krieg, unter anderem in Form heftiger Auseinandersetzungen um Honorarkürzungen, in den nächsten Jahren weiter. Auch er endete, im Sommer 1977, mit meiner Kapitulation. Der Sozialismus Kassenmedizin mit »Zwergen an den Hebeln der Macht« läßt dem fortschrittlichen Humanismus in der Gesundheitshilfe ebensowenig eine Chance wie der Staatssozialismus sonst. Ein System, das den niedrigen Leistungsgrad belohnt und den höheren bestraft, ist im Kern inhuman, weil fortschrittsfeindlich.

Unter welchen Anspannungen und Gewissenskonflikten ein Arzt arbeiten muß, wenn ihm durch bürokratische, mißgünstige oder sonstwie übelwollende Bedenkenträger ständig Knüppel zwischen die Beine geworfen werden, mag das im folgenden Kapitel geschilderte Erlebnis beleuchten.

EINE ERZÄHLUNG ZU WORV:
OP-PATIENTIN VOM EMBOLIEBLITZ ERSCHLAGEN

Wir sitzen beim Mittagessen im Dachgeschoß meiner Praxisklinik in Lauenburg. Das Telefon klingelt.

»Herr Professor, für Sie, Schwester Edeltraut.«

Sofort ein Schreck: »Jetzt Schwester Edeltraut?« Die Stationsschwester meiner kleinen Station in der Diana-Klinik Bevensen?

»Edeline, was ist?«

»Frau Zech ist tot. Wahrscheinlich Lungenembolie. Meint Dr. Bauer.«

»Ich komme!«

So schnell bin ich die Treppe noch nie heruntergekommen. Jacke über den weißen Klinikdress, auf den Hof, ins Auto und Start zum Sprung über die Elbe, durch die Heide zu meiner Station. Ich war wie von Sinnen: »Das darf doch nicht wahr sein. Jetzt auch das noch. Und ausgerechnet die nette Frau Zech. Wozu rase ich eigentlich so? Sie ist doch tot. Völlig sinnlos, wie ein Wilder durch die Dörfer zu jagen.« Doch die Angst saß mir im Nacken. Die Schreckangst. Und so raste ich weiter.

Frau Zech war tot. Ihr konnte ich nicht mehr helfen. Was mich aber so in Panik versetzte und über die Landstraßen fegen ließ, war wohl auch die nackte Existenzangst. Meine neu aufgebaute und noch nicht sehr stabile Existenz stand auf dem Spiel.

Noch war nicht entschieden, ob ich mit WORV würde weitermachen dürfen oder ob man mir diese Form der Behandlung verbieten konnte. Ich hatte gute Gründe, letzteres anzunehmen. Wenn mir nur das Allergeringste nachzuweisen wäre, das sich als erhöhtes Behandlungsrisiko im WORV-System deuten ließ – dann wäre die WORV verboten worden und ich hätte vor dem Nichts gestanden.

Und nun war es passiert. Eine meiner WORV-Patientinnen war in Bevensen gestorben. Lungenembolie. Meine Gedanken rasten weiter: ›Hätte ich doch die Finger davon gelassen. Warum habe ich sie nur operiert! Nun sitze ich in der Tinte.‹

Frau Zech war schon kurz nach Eröffnung meiner Praxisklinik zu mir gekommen. Danach in kurzen Abständen immer wieder. Jedesmal am Sprechstundentag saß sie mir gegenüber. »Operieren Sie mich doch, Herr Professor. Bitte. Zu wem soll ich denn gehen? Sie haben doch die andere Hüfte operiert. Sie kennen doch meinen Körper.«

Meine stereotype Antwort: »Ich kann doch nicht. Das geht doch nicht ambulant. Das wissen Sie doch.«

»Wann geht es denn? Wann haben Sie denn wieder Betten? Ich warte. So lange werde ich es auch noch aushalten. Sie kennen meinen Körper. Und mit der anderen Hüfte ist alles gut. Sie wissen doch, wie schlimm meine Schmerzen waren.« Ich wußte es natürlich nicht. Bei zirka 700 Hüftgelenks-Ersatzplastiken, die von mir oder unter meiner Regie gemacht worden waren, vergißt man leider doch einiges. Für jeden einzelnen Patienten ist sein persönliches Leiden eine riesengroße, überwältigende Wirklichkeit. Trotz aller inneren Bemühung vergißt man als Arzt angesichts der großen Leidensmenge doch so manches Individuelle.

Die Masse wirkt entpersönlichend.

Ich hatte Frau Zech vor ein paar Jahren wegen eines zerstörten Hüftgelenks ein künstliches Gelenk eingepflanzt. Nun war die andere Hüfte kaputt, sie inzwischen natürlich auch älter und gewiß nicht robuster geworden. Die ziemlich große Hüftoperation bei ihr war mit Risiken verbunden. Eigentlich durfte ich sie in meiner wackeligen Lage zu WORV-Beginn nicht operieren.

Warum habe ich es trotzdem getan? Weil ich es nicht ertragen konnte. Sie saß vor meinem Schreibtisch in der Praxisklinik ohne Betten. Wieder das übliche Gespräch: »Aber ich kann Sie doch noch nicht operieren, Frau Zech. Ich habe es Ihnen doch erklärt. Sie sind zwar gut in Form, aber immerhin achtundsiebzig. Sie haben starke Krampfadern. Und die Schlankste sind Sie auch nicht.«

»Ich halte es nicht mehr aus, Herr Professor«, rief sie beschwörend, und die Tränen schossen ihr in die Augen. »Dann will ich sterben. Ich bin ja alt genug. Ich halte das nicht mehr aus. Operieren Sie mich! Mit den Schmerzen kann ich nicht weiterleben.«

Frau Zech hatte mir nicht allein gegenübergesessen. Ihre Tochter war dabei gewesen. Oder ihr Sohn. Genau erinnere ich mich nicht. Aber es gab einen Zeugen, der alles mitangehört hatte. Gott sei Dank gab es Angehörige, die bezeugen konnten, wie Frau Zech gebettelt und gedrängt hatte, wie ich mich wehrte, wie sie mich gewissermaßen erpreßte. In meiner Angst klammerte ich mich an diesen Strohhalm. Natürlich hätte der mich im Ernstfall nie über Wasser halten können. Eiskalt wäre ich damals als Hasardeur beruflich hingerichtet worden!

Aus Mitleid hatte ich mich dem Flehen der Patientin doch schließlich gefügt. Ich habe ihr eine neue Hüfte eingesetzt und sie dann nach Bevensen gefahren. Das war vor gut drei Wochen gewesen. Und jetzt der Schuß aus dem Hinterhalt. Lungenembolie. Das hatte natürlich nichts, absolut nichts mit der geruhsamen Autofahrt im Spezialkrankenwagen am Tage der Operation zu tun. Aber wem meine ganze Richtung nicht paßte, der konnte mir natürlich leicht jeden Todesfall auf meiner Station in Bevensen zur Last legen, das gesamte WORV-System kippen. Zeugen konnten dagegen auch nicht helfen. Auch nicht, wenn sie die Kinder der Frau Zech waren.

Gestern, am 22. Tag nach Hüftgelenks-Ersatzplastik mit Totalendoprothese, hatte sie mir stolz noch etwas vorgelaufen. »Gucken Sie mal, wie ich laufen kann, Herr Professor. Keine Schmerzen. Auch nachts nicht mehr.«

Sie war über den Berg, hatte ich gedacht. Über den Embolieberg. Nun lag sie im Bett mit der Decke über dem Gesicht. Diese entsetzliche letzte Demonstration eines umgebrachten Patienten.

Ich schlug das Tuch vom Kopf zurück. Blutlos das gestern noch so lebendige Gesicht der seit über drei Wochen Immernurfröhlichen. Bei jeder Visite hatte sie gestrahlt, mich angehimmelt. Mir gezeigt, wie dankbar sie mir war. Sie wollte mir keinen Kummer machen. Sie wollte doch weiterleben. Auch mir zuliebe. Noch ein paar Jahre ohne Schmerzen mit der neuen Hüfte.

Die Stationsschwester berichtete: Während der Stationsvisite sei es passiert. Die Patientin habe sich ausgesprochen wohl gefühlt und schon von Entlassung gesprochen. Kurz vorher sei sie noch allein im Zimmer herumgelaufen, wie an den Tagen vorher. »Dann mal weiter so«, oder so ähnlich, hatte der Chefarzt der Orthopädischen Abteilung, der mich bei der Morgenvisite vertrat, ermunternd gesagt und die Visite fortgesetzt. Ein paar Zimmer weiter kam die Schreckensnachricht. Sofortige Wiederbelebungsversuche waren vergeblich.

Sie war tot. Aber ohne die Operation hätte sie ja auch nicht weiterleben wollen, versuchte ich mich zu trösten. Ein wahrlich schwacher Trost!

Vier Jahre Sisyphusarbeit

Sisyphusarbeit nennt man es, wenn die Arbeitslast übergroß und ihr Ergebnis ein Nichts ist. Nach der griechischen Mythologie wurde der König von Korinth Sisyphos dafür, daß er den Todesgott Thanatos überlistete, von den Göttern damit bestraft, daß er in der Unterwelt einen Felsbrocken auf einen Berg wälzen mußte, der Felsbrocken aber kurz vor dem Ziel in die Tiefe rollte, und das für alle Ewigkeit.

Ich weiß nicht, ob Sisyphos beim Bergaufwälzen des Felsbrockens wußte, daß es ihm nie gelingen würde, den Lohn für diese gewaltige Arbeit zu bekommen: Das ehrgeizbelohnende Gefühl, die Spitzenleistung auf den Berggipfel hinauf geschafft und sich damit verdient gemacht zu haben. Wenn es ihm von den Göttern nicht als Strafe verkündet, sondern als ungewisses Schicksal auferlegt wurde, mag dem Überstarken die übergroße Arbeitslast sogar Spaß gemacht haben. Vielleicht glaubte Sisyphos, daß der Felsbrocken das Fundament, der Grundstein für einen Musentempel werden sollte und er zum Gründer eines Hauses für die schönen Künste werden könne.

Unterstellt, daß man es auch Sisyphusarbeit nennen darf, wenn eine übergroße Arbeitslast im Glauben an ein hochgestecktes erreichbares Ziel geschah, scheint mir die Bezeichnung der vier WORV-Jahre als Sisyphusarbeit nicht nur berechtigt, sondern zwingend. Dem berühmten »Höchstmaß an Verantwortlichkeit« eines jeden Chefchirurgen, der seinen Beruf mit Leib und Seele ausübt, ist immer ein Höchstmaß an Arbeitslast zugeordnet. Und von diesem war meine leiblich-geistig-seelische Arbeitslast in den Jahren 1974 bis 1978 wohl nicht weit entfernt. Gewiß gab es auch Freizeit. In der Regel täglich von 7 Uhr abends bis 7 Uhr früh, am Samstag und Sonntag auch von 6 bis 9 Uhr vormittags und von 12 bis 7 Uhr nachmittags zusätzlich, dazwischen je drei Stunden Arbeit für die Visite einschließlich Fahrzeit.

Außerdem habe ich jedes Jahr sechs Wochen Urlaub gemacht. In dieser Zeit hat mich mein ehemaliger Oberarzt im Städtischen Krankenhaus Lauenburg, Dr. Jussuf el Sourani, vertreten. Aber außer den acht Stunden Nachtschlaf war jede praxisklinikfreie Minute mit Bücherschreiben ausgefüllt. Immerhin habe ich in den vier WORV-Jahren vier medizinkritische Bücher verfaßt: *Auf Messers Schneide* (1976), *Nachoperation* (1977), *Sprechstunde* (1978) und *Keine Angst vor Krebs* (1978). Am ersten arbeitete ich bis zur Ablieferung des Manuskriptes 21 Monate, am zweiten 12, am dritten 9 und am vierten nur noch 6 Monate. Auch für Schriftsteller gilt: Übung macht den Meister!

Es war eine 99-Stunden-Woche, davon arbeitete ich 46 Wochen lang 66 Stunden als Chirurg und 33 Stunden als Schriftsteller, in den 6 Urlaubswochen nur als Schriftsteller. Wieviel Zeit ich für meine Familie und meine Freunde hatte? Das, was von den 168–99 = 69–56 (7 x 8 Schlaf) = 13 Stunden pro Woche minus die Zeit für Morgentoilette, Morgenkaffee und Abendessen übrig war. Sie meinen, ich übertreibe? Nein! Eher waren es auch mal in einer Woche ein paar Stunden Arbeit mehr.

Von den 66 Arbeitsstunden als Praxiskliniker war ich je zweimal 10 Stunden pro Woche, dienstags und donnerstags, von 7 bis 17 Uhr als Operateur beschäftigt. Pro OP-Tag gab es im Schnitt sechs Große und 6 Kleine Operationen. Der Tagesrekord betrug 5 künstliche Hüftgelenke sowie 2 weitere Große und 4 Kleine Operationen. Ersatzplastiken von Hüft- und Kniegelenken sind Schwerstarbeit. Man muß mit schwerem Gerät sägen, fräsen und bohren, mit Hammer und Meißel arbeiten, das Gelenk aus- und einrenken und all das mit höchster Präzision. Bei vielen Einzelschritten kommt es auf wenige Millimeter an, manchmal nur auf einen. Ein fixer, sensibler Operateur verliert bei jeder Hüft-Ersatzplastik einen halben bis einen Liter Schweiß, vor allem heißen, nicht selten einen Achtelliter kalten Angstschweiß. Langsame und dickfellige Operateure kommen ebensowenig ins Schwitzen wie Langweiler sonst. Da schwitzen dann die Patienten hinterher viel öfter im Infektionsfieber oder an Thrombosefolgen. Gelungene Schwerstarbeit bei Operationen wird durch dankbares Patientenlächeln und -handdrücken am OP-Tag entschädigt. Die Gebührenordnungen für Kassenpatienten machen sie zur Sisyphusarbeit. Da bleibt nicht nur nichts, sondern da zahlt der Operateur drauf.

An die vier WORV-Jahre denke ich mit einem lachenden und einem weinenden Auge zurück. Gern erinnere ich mich an diese Zeit, weil es die fruchtbarsten Jahre in meinem Leben als Arzt und Operateur gewesen sind. Für alle meine Patienten war ich der Leibarzt. Alle Patienten waren meine Privatpatienten, auch als Kassenpatienten. Es gab keinen anderen in die Versorgung eingeschalteten Arzt, außer für die Nothilfe in den ersten dreißig Minuten auf der Lauenburger Station. Als Opera-

teur erreichte ich eine Perfektion und Sicherheit wie niemals zuvor
und auch nie mehr danach. Ich erreichte Rekordzeiten.

Damit darf man allerdings nur dann prahlen, wenn das Opera-
tionsergebnis nicht unter der Schnelligkeit leidet. Es hat nie gelitten,
vielmehr hat sich die chirurgische Regel bewährt, daß bei gleicher
OP-Qualität die schnellere Operation die bessere ist. Als OP-Assistenten hatte ich nie einen Arzt, sondern nur Arzthelferinnen, zum Teil
Arzthelferin-Lehrlinge. Es gibt keine besseren OP-Assistenten. Mit
ärztlicher Assistenz hätte ich solche Rekordzeiten wahrscheinlich
nicht erreicht, weil ärztliche OP-Assistenten zu oft träumen oder sich
langweilen. Darunter leiden dann Schnelligkeit, Exaktheit und Zuverlässigkeit.

Zu dem Klinikträger bestand vom ersten bis zum letzten Tag ein
ausgezeichnetes Verhältnis, sowohl zu Dr. Born wie zu seinem Verwaltungsleiter. Ihnen oblag die Patientenhotelversorgung, mir die
Medizinische Versorgung. Keiner redete dem anderen in seinen Versorgungsbereich hinein. Beide Partner profitierten von der reibungs-
losen Kooperation. Also klappte es.

Bemerkenswert ist die Zahl der von mir allein betreuten Klinikpatienten. Im ersten Halbjahr standen mir nur zwanzig Belegbetten zur
Verfügung, danach aber fünfzig und 1977 sogar hundert Betten, dies
dann auf zwei großen »Lauenburger Stationen« der Diana-Klinik.
Etwa ein Jahr lang habe ich hundert stationäre Patienten als Leibarzt
betreut, allein vom Notdienstarzt der Klinik bei einer Notkomplika-
tion für eine halbe Stunde vertreten. Sämtliche ärztlichen Dokumen-
tationsarbeiten wie Aufnahmebefunde, OP-, Verlaufs- und Abschluß-
berichte mußte ich allein diktieren, kontrollieren, unterschreiben.
Jeder Patient bekam seinen OP- und Abschlußbericht, und zwar am
OP-Tag und am Entlassungstag. Das alles war nur möglich, weil ich
fleißige, gut eingearbeitete Arztsekretärinnen hatte.

Mit Unterstützung des Klinikträgers organisierte ich den ersten
deutschen, möglicherweise den ersten weltweiten Arzt-Patient-Kon-
greß 1978 im großen Kursaal von Bad Bevensen. Es kamen mehr als
tausend »Patienten« und ein paar Ärzte. Ich berichtete über meine
Arbeit, stellte Patienten vor und stellte mich allen Fragen. Über diese,
von mir als beispielhaft propagierte, gemeinsame Tagung von Ärzten
und Patienten soll man noch heute in Bad Bevensen und seinem weiteren Umkreis schwärmen. Ich will es gerne glauben.

Schon ab 1975 plante ich gemeinsam mit Dr. Born eine Diana-

Klinik II. Die Planung orientierte sich an meinem Konzept für eine Organspezialisierung, wie sie 1976 in dem Buch *Auf Messers Schneide* beschrieben wurde.

Es sollte beispielhaft demonstriert werden, was in einer Klinik geleistet werden kann, in der nur Organspezialisten arbeiten mit maximal 60 Betten »pro Organ«.

Das Ziel der Diana-Klinik II war die Aufteilung in 8 Organbereiche: 3 für das Achsenorgan Wirbelsäule, wobei das Kineton, die Bewegungseinheit aus Skelett, Muskulatur und Haut, nach Hals-, Brust- und Lenden-Teil getrennt betreut werden; 3 für die Beine: Hüfte, Knie und Fuß; und 2 für die Arme: Schulter/Ellenbogen und Hand.

Jeder Organspezialist ist für seinen Organbereich Chirurg, Unfallchirurg, Kinderchirurg, Neurochirurg, Orthopäde, Neurologe, Internist, Kinderarzt, Rheumatologe, Hautarzt, Röntgenologe und Histologe. Das zur Zeit erforderliche Vielorganwissen wird zum Organvielwissen. Das kann nur positive Auswirkungen haben.

»Die Befürchtung von Scheuklappendenken«, schrieb ich in meinem damaligen Entwurf, »hat beim Organspezialisten des Bewegungssystems ebensowenig Boden wie bei den Augen-Organspezialisten, wo sich die Organspezialisierung seit Anfang des Jahrhunderts bewährt hat. Es besteht keinerlei Grund mehr, andere Organbereiche heute noch schlechter zu behandeln als die Augen. Selbstverständlich wäre der Organspezialist kein guter Arzt, der sein Organ nicht auch psychologisch, psychiatrisch und seelsorgerisch betreut, der die Leib-Seele-Zusammenhänge nicht richtig versteht und in seiner Therapie einplant. Daß Organspezialisierung noch mehr Gruppenarbeit, Teamwork fordert als das jetzige System, scheint ein weiterer Vorteil zu sein.«

Organspezialisierung und Ganzheitsmedizin schließen sich nicht aus. Im Gegenteil: Die Indikation zur Organbehandlung muß ganzheitsärztlich begründet werden, sonst taugt sie nichts.

Soweit mein Konzept für die Diana-Klinik II. Leider bzw. Gott sei Dank wurde die Verwirklichung dann auf dem Behördenweg so lange verschleppt, daß ich die Lust verlor und mich bei der Suche nach meiner Traumklinik auf eine Sonnenklinik im Kleinen Walsertal konzentrierte.

»Wer als Kassenarzt nicht betrügt, macht Pleite.« Diese bittere Wahrheit wurde mir in den Jahren meiner Lauenburger Praxisklinik zur Gewißheit und zum geflügelten Wort.

Schon seit dem ersten Quartalsabrechnungsbescheid der Kassenärztlichen Vereinigung über meine Leistungen im zweiten Quartal 1974 als Kassenarzt war ich mir meiner Kassenarzt-Betrugsthese sicher. Aber im Extrem wurde mir die Richtigkeit erst durch meine WORV-Erlebnisse als Kassenarzt bewiesen. Bezogen auf meine Leistungen und Erfolge als Chirurg des Bewegungssystems konnte die WORV kaum überboten werden. Aber finanziell betrachtet war sie eine totale Katastrophe.

Wenn es noch eines Beweises bedurfte oder bedarf – denn geändert hat sich seit den siebziger Jahren nicht viel –, daß nicht nur unser Kassenarzt-, sondern unser Medizinsystem insgesamt leistungs- und erfolgsfeindlich ist, weil es Überdurchschnittliches an Leistung und Erfolg bestraft, so wurde er damals erbracht. Die folgenden Zahlen stammen aus dem Jahr 1977, meinem arbeitsintensivsten und umsatzstärksten Jahr, in dem ich noch in der ersten Hälfte Kassenarzt war. Auch in der zweiten Hälfte habe ich meine Rechnungen – mit Ausnahme der für Sprechstundenuntersuchung und -beratung – nach den kassenmedizinischen Gebührenordnungen geschrieben, sie nur nicht mit Kassen, sondern mit den Patienten direkt abgerechnet.

In jenem Jahr hatte ich als Praxisklinikchef mit einer 100-Betten-Station rund 1,2 Millionen Mark Einnahmen und rund 1,3 Millionen Mark Ausgaben, also einen Verlust von rund 100 000 Mark. Der größte Ausgabenposten betraf die Personalkosten in Höhe von 727 000 Mark. Für Darlehensschulden mußte ich 133 000 Mark Zinsen zahlen. Der Wert des Anlagevermögens betrug Ende 1977 rund eine Million Mark, die Tilgungsrate 158 000 Mark.

Die Jahre davor und vor allem das Jahr danach waren finanziell noch ungünstiger. Ohne meine Einnahmen aus schriftstellerischer Tätigkeit hätte ich Konkurs anmelden müssen. Da wäre auch von meinem Vermögen nichts übriggeblieben. Denn ich hatte ausnahmslos alles den Banken als Sicherheit übereignen müssen.

Mit der Niederschrift meines ersten medizinkritischen Buches habe ich im November 1974 nicht begonnen, um damit Geld zu verdienen, sondern aus Ärger über das ungerechte Landesarbeitsgerichtsurteil und in dem »Wahn«, noch zu meinen Lebzeiten an dem patienten- und leistungsfeindlichen Arzt- und Gesundheitssystem etwas zum Positiven ändern zu können. Damit, daß das erste Buch ein Bestseller werden würde, habe ich fest gerechnet. Aber die Hoffnung, mit dem Buch Geld verdienen zu können, hat als Beweggrund keine Rolle gespielt.

Anfangs wußte ich gar nicht, daß so etwas mit einem Sachbuch möglich ist. Und für das erste Buch war die Bilanz eher negativ, obwohl es über ein Jahr lang oben auf der Bestsellerliste stand. Ich habe weit, weit mehr an Arbeitskraft und -zeit investiert, als ich dafür als Gegenwert an Geld kassieren konnte.

Später allerdings änderte sich das überraschenderweise, und zwar schon vom zweiten Buch an, das im Oktober 1977 unter dem Titel *Nachoperation* erschien. Da haben mich allein die Einnahmen aus meinen Büchern, ganz besonders aus den Vorabdrucken in der Zeitschrift *Quick*, vor dem Konkurs bewahrt. 1977 bezog ich laut Steuererklärung 231 000 Mark Einnahmen aus schriftstellerischer Tätigkeit. Damit konnte ich die rund 100 000 Mark Schulden aus meiner ärztlichen Tätigkeit nicht nur abdecken, sondern auch rund 130 000 Mark, also gut 10 000 Mark pro Monat, verdienen. Alles in allem errechnete mein Steuerberater trotzdem für 1977 eine »Unterbilanz« von 204 000 Mark und 1978 sogar von 388 000 Mark, ohne eine einzige schwarz verbuchte Mark wohlgemerkt, denn den Gefallen, mich des »Kavaliersdelikts Steuerhinterziehung« bezichtigen zu können, wollte – und will – ich meinen Feinden nicht antun.

Zum 1. Juli 1977 habe ich meinen Vertrag als Kassenarzt gekündigt. Warum, steht in dem Buch *Nachoperation*, das noch im selben Jahr erschien. Im Hauptkapitel »Zum Thema Gesundheitskostenexplosion« habe ich »RVO und Patprof-Industrie als Zuvielkostengründe« erstmals öffentlich angeklagt. »RVO« ist das Kürzel für Reichs-Versicherungs-Ordnung, der ersten gesetzlichen Grundlage des Medizinsozialismus Kassenmedizin. »Patprof-Industrie« habe ich jene Konzerne genannt, die an der Patientenversorgung verdienen, und dabei drei Komplexe unterschieden:

»1. Die Dr. med.-Industrie, zu der alles gehört, was die Ärzte und ihre nichtärztlichen Helfer in Praxen und Kliniken tun oder veranlassen.

2. Die Paramed-Industrie: Apotheken, Arzneimittel-, Apparate- und Instrumentenhersteller und

3. die Assmed-Industrie: Gesetzliche und private Versicherungen im Medizinbereich, insbesondere gegen Krankheits- und Unfallverletzungs-Folgen.«

Leider gilt fast alles, was ich damals an Kritik geübt habe, noch heute.

Im nächsten Buch *Sprechstunde* – niedergeschrieben in der Freizeit vom Mai 1977 bis Mai 1978 und erschienen im Oktober 1978 – habe ich meine Kritik am Kassenarzt-System erneut auf den aktuellen Stand gebracht. Sie gipfelt in dem Satz: »In der Ärzteschaft hat sich eine Art Medizin-Mafia entwickelt, eine Medmafia.« Vorsichtshalber habe ich mich »der Mittäterschaft in dieser Medmafia« angeklagt. Am Schluß des Kapitels verspreche ich dann aber: »Ich will Patientenarzt sein, aber kein auf Kosten von Patienten Privilegierter.« Das Nachwort beginnt mit: »VORSICHT ARZT! Diese vorsorgliche Warnung sollte neben jedem Arzt- und Klinikschild stehen. Denn viele Ärzte verdienen das Vertrauen ihrer Patienten nicht, jedenfalls nicht in dem Umfang, in dem es gutgläubig entgegengebracht wird.«

VORSICHT ARZT stand jahrelang in großer Schrift unter meinem Arztschild vor dem Eingang zu meiner Praxisklinik an der Berlinerstraße in Lauenburg. Alle dürften es gelesen haben, die damals auf der Hauptdurchgangsstraße von Berlin nach Hamburg dort vorbeigefahren sind!

ALLERLEI WICHTIGE NEBENSÄCHLICHKEITEN
DER VIER SISYPHUSJAHRE

Aus finanzieller Sicht war es die größte Dummheit meines Lebens, einen Halbmillionen-Job als Chefarzt des Städtischen Krankenhauses fristlos zu kündigen. Weder meine Freunde noch meine Frau vermochten mir in der Auffassung zu folgen, dieses finanzielle Verlustrisiko – mehr war es in meinen Augen nicht, da ich in dem Streit zu siegen hoffte – sei ich meinen Patienten schuldig. Sie meinten, es sei nicht meine Schuld, wenn sich die Versorgungsqualität bei Unfallverletzten verschlechtere. Denn schließlich hätte ich ja dem Krankenhausträger unmißverständlich klargemacht, wie wichtig der Fernseh-Röntgenbildverstärker für eine ausreichende Unfallchirurgie sei. Versorgungsdefizite seien also von ihm zu verantworten.

Dem wiederum konnte und wollte ich nicht folgen. Aus meiner Sicht war die Verantwortung für die Patienten nicht zwischen Chefarzt und Krankenhausträger aufteilbar. Ich hatte sie allein und vor meinem Gewissen keine Ausrede, wenn der nächste Schenkelhalsbruch schlecht genagelt wurde und der Patient an einer tödlichen Embolie starb, weil er deshalb nicht frühmobilisiert werden konnte. Für mich konnte es nicht den geringsten Zweifel geben, daß in Kürze schwerwiegende Versorgungsmängel – auch mit tödlichen Komplikationen – eintreten mußten.

Natürlich hätte ich dem Krankenhausträger nachgeben und weiterwursteln können. Höchstwahrscheinlich wären dadurch ernsthafte persönliche Schwierigkeiten nicht zu befürchten gewesen, vor allem juristisch betrachtet nicht. Denn Versorgungsmängel durch Verschulden des Krankenhausträgers gab es ringsum und überall, und kein Chefarzt war deshalb je angeklagt worden. Aber solche Kompromisse zu Risikolasten meiner Patienten widersprachen nun mal meiner Berufsauffassung. Also durfte ich sie nicht eingehen.

Warum weise ich extra darauf hin? Weil mir meine erste Frau diese Kündigung nie verziehen hat. Das ist kein Vorwurf. Wahrscheinlich hätten sich viele Ehepartner in vergleichbarer Situation genauso verhalten. Zwar hatte sie sich in den Jahren vorher immer auf meine Seite gestellt, wenn ich ihr über die Schikanen des Bürgermeisters berichtete. Aber dafür, daß ich eine gesicherte Existenz für eine berufliche Marotte aufs Spiel setzte, hatte sie kein Verständnis. Ich bin sicher, nur deshalb nicht, weil ihr jener hautnahe Umgang mit den Patienten fehlte, den ich täglich hatte, und weil sie meine Angst, Fehler zu machen, nicht nachempfinden konnte.

Niemand kann sich in die Gedanken, Sorgen und Nöte eines Chefchirurgen hineindenken, auch eine liebende Ehefrau nicht. Wobei ich unterstelle, daß mich meine Frau damals noch liebte. Vieles sprach dafür. Aber mittragen mochte sie die Last, die ich mir mit der Selbstkündigung aufgebürdet hatte, dann doch nur sehr begrenzt. Trost jedenfalls spendete sie mir in meinen zunehmenden Stunden tiefer Mutlosigkeit nicht. Genau das aber hat mich an den Rand der Verzweiflung gebracht.

So reifte in mir 1976 nach und nach der Entschluß, meinem Leben ein Ende zu setzen. Erleichtert wurde diese Absicht dadurch, daß ich schon seit langem fest glaubte, Totsein sei schlimmstenfalls ewig Schlafen, vielleicht sogar Wiedergeburt zu einem neuen, besseren Leben.

Was also sollte mich an der Beendigung meines Sisyphusdaseins hindern?

Meine Frau als wichtigste »Bezugsperson«? Nein, denn dafür bestand zu wenig Hoffnung auf liebevolle Akzeptanz meiner Vorstellungen von einem lebenswerten Leben als ehrgeiziger Arzt.

Meine Kinder? Nein, sie waren Mutterkinder, aus gutem Grund.

Meine Mutter? Eventuell Ja, denn sie war die einzige, der ich vielleicht ein Weiterleben schuldete. Aber zum Lebensunterhalt brauchte sie mich nicht. Und ich wollte ja keinen spektakulären Suizid begehen, sondern mich davonmogeln. Also traf es sie wohl schmerzlich, aber nicht lebenzerstörend. Denn sie hatte ja noch zwei Kinder und viele Enkelkinder, die ihr herzlich zugetan waren.

Meine nahen Verwandten, soweit sie Freunde waren? Nein, fehlen würde ich denen nicht.

Meine Freunde? Nein, so eng und verpflichtend waren meine Freundschaften nicht. Wer seinen Chirurgenberuf zur persönlichen Leidenschaft gemacht hat, vernachlässigt seine Freunde zwangsläufig.

Meine Mitarbeiter? Eventuell Ja, denn da gab es schon ein paar, von denen ich hoffen durfte, daß ich ihnen nicht nur ein guter Lohnzahler, sondern ein Chef war, den sie verehrten, der sie ihren Arzthelferberuf lieben ließ. Aber alles in allem reichte das nicht, mich zum Weiterleben zu verpflichten.

Meine Patienten? Ja, ihnen schuldete ich ein Weiterleben als ihr Leibarzt wohl am ehesten. Sehr vielen von ihnen war ich der Arzt ihres stärksten Vertrauens. Sie brachten mir Hoffnung, ja Liebe entgegen. Aber ein Weiterleben als Sisyphus schuldete ich ihnen trotzdem nicht.

Ergo: Sterben durfte ich, nur eines durfte ich nicht: Meine Frau auf dem Schuldenberg sitzenlassen. Deshalb kam nur ein Unfalltod in Frage, versichert mit zwei Millionen Mark.

Wäre das unanständiger Versicherungsbetrug gewesen? Nein, aus meiner damaligen Sicht jedenfalls nicht. Denn gegen einen Unfalltod hatte ich mich ja, genötigt durch die Bank, versichern müssen. Das war halt Versichererrisiko. Ich wollte doch nicht durch Versicherungsbetrug herrlich und in Freuden weiterleben, sondern mein Leben opfern. Schließlich hatte ich nicht nur für mich gelebt, sondern sogar überdurchschnittlich viel für andere, insbesondere für meine Patienten, also für viele jener großen Lebensgemeinschaft, die staatlich als Solidargemeinschaft hochgelobt und in die Pflicht genommen wurde und wird.

Das mag als Ausrede genügen. Jedenfalls hatte ich keinerlei schlechtes Gewissen, als ich damals meinen Unfalltod plante. Dies tat ich auf chirurgische Art, wie bei den Vorbereitungen für eine große Operation. Ein Autounfall mußte es sein, und zwar auf meiner täglichen 44-Kilometer-Fahrt zur Diana-Klinik. Also suchte ich nach dem Baum, der als Sterbehelfer am geeignetsten war: Zuverlässig und schweigsam. Ich fand ihn und würde ihn wohl auch heute noch wiederfinden. Denn altersschwach sah er nicht aus. Ich war fest entschlossen, für meine Frau das schuldige Opfer Verkehrsunfalltod zu bringen, mich also nicht mit Hilfe einer Überdosis von Schlaftabletten in einem Hotel aus dem Leben davonzuschleichen, koste es andere, was es wolle.

Diesen Entschluß zur Selbsttötung jeweils in der nächsten Woche schleppte ich bis 1978 mit mir herum. Immer wieder gab es einen wichtigen Grund, ihn um eine weitere Woche aufzuschieben. Dabei blieb es dann bis zum lebensrettenden Anruf der Orthopädenwitwe im Mai 1978, über den ich noch berichten werde. Er gab mir neue Hoffnung auf ein lebenswertes Leben. Bedanken muß ich mich aber nicht dafür, wie noch zu erzählen sein wird.

Nicht verschweigen will ich, daß es in den Jahren meiner eigenen Praxisklinik schöne Nebensächlichkeiten gab, Hochs an Lebensfreude und Glücksgefühlen, an die ich mich gern erinnere. Allem voran marschierten immer die Erfolgserlebnisse als Operateur am Abend eines OP-Tages. Internisten können von jenem glücklichen Stolz nur träumen, den ein Chirurg nach einem komplikationslosen OP-Tag mit mehreren schwierigen Operationen haben darf. Und die dankbaren Patientenaugen mögen es vor allem gewesen sein, die mich immer wieder am Suizid gehindert haben.

Aber es gab auch anderes. Da war das Fest, nachdem mein erstes Buch im Herbst 1976 kurz nach der Buchmesse auf Platz eins der Sachbuch-Bestsellerliste katapultiert worden war.

Nie vorher und nie nachher wurde in unserem Elbschlößchen in so prominenter Gesellschaft und so ausgelassen gefeiert. Einer der illustren Gäste war mein Erstverleger Heinrich Maria Ledig-Rowohlt, siebzig Jahre alt, ein Grandseigneur und einiges mehr. Er hatte es gewagt, jenes Ketzerbuch zu publizieren, das mir von zwei anderen Großverlagen mangels Erfolgsaussichten zurückgeschickt worden war. Der Titel *Auf Messers Schneide* ist seinem Hirn entsprungen. Mein Vorschlag »Chirurgie – Handwerk zum Heilen und Töten« schien ihm zu aggressiv.

Den Blitzstart zum Bestseller verdanke ich übrigens auch der Bundesärztekammer. Sie bat kurz nach der Buchmesse zu einer Pressekonferenz nach Köln und engagierte Top-Heldenchirurgen für die pu-

blizistische Hinrichtung eines Nestbeschmutzers. Das hat dann viele
neugierig gemacht.

Sehr gern erinnere ich mich an das allwöchentliche Tennisspiel
mit meinem Freund Hans Jablonka, dem international renommierten
Chef der Wilhelmsburger Maschinenfabrik im Nachbarort von Lauenburg, Geesthacht. Ja, mit dieser Freundschaft möchte ich prahlen!
Hans war nicht nur der bessere Tennisspieler, sondern fast noch ehrgeiziger als ich. Wenn ich mal ganz gut drauf war und ihn geschlagen
hatte, bestand er darauf, daß die Revanche ausnahmsweise früher als
in einer Woche stattfand. Eine volle Woche Verlierer zu sein, konnte
er nicht ertragen. Mehr noch als auf das Tennisspiel mit ihm habe ich
mich auf die Streitgespräche gefreut. Denn sie waren gespickt mit
zwerchfellerschütternder Ironie, wie sie nur bei echter Freundschaft
möglich ist. Dabei kam auch die Selbstironie nicht zu kurz.

Gern erinnere ich mich auch an meine Reise zur MAYO-Clinic in
Rochester nach Ablieferung des Buchmanuskripts im Juli 1976. Sie
wurde zum größten Erlebnis meines Chirurgenlebens bis dahin. Einzelheiten stehen in dem Buch *Nachoperation*. Im Kapitel »Leibarzt
statt Chefarzt« schildere ich den Umgang der MAYO-Clinic-Ärzte mit
ihren Patienten im Vergleich zu dem in der Bundesrepublik üblichen
Verhalten. Am Anfang steht der Satz: »Nach meiner Rückkehr sagte
ich zu meiner Frau: ›Wäre ich zehn Jahre jünger, müßtet ihr mit mir
nach Rochester auswandern. Oder ich würde allein fahren.‹« Das
Schlüsselerlebnis MAYO-Clinic wurde zu einem der stärksten Aktiva-
toren meiner Rebellion gegen die hiesigen Zustände. Gewiß war und
ist nicht alles Gold für die Patienten, was aus dem High-Tech-Amerika
zu uns herüberglänzt. Es wird viel zu viel operiert, zu wenig Naturmedizin betrieben, und die Absicherung der Armen im Krank-
heitsfall könnte besser sein. Aber das Arzt-Patient-Verhältnis war und
ist generell weit besser, weil es die bevormundende und niveau-
senkende Kassenmedizin nicht gibt, jeder Patient Privatpatient ist.

Auch das Buch *Nachoperation* stand lange an der ersten Stelle der
Bestsellerliste. Es enthält eine ausführliche Schilderung der Kunstfeh-
lerproblematik. Nach Erscheinen meines ersten Buches bekam ich
innerhalb eines halben Jahres 700 Anforderungen von Kunstfehler-
Gutachten. Das überforderte mich so, daß ich auf die meisten Zu-
schriften nicht einmal antworten konnte, eine Unhöflichkeit, die
mich noch heute belastet. Also beschloß ich, an meine Praxisklinik
eine Kunstfehler-Gutachtenstelle anzuschließen und dafür einen Juri-

sten und einen Arzt anzustellen. Der Jurist war Dr. Bernhard Giese, der später ein Institut für Medizinschaden-Begutachtung in Tübingen gründete, mit dem er sich große Verdienste als Patienten-Schutzengel erworben hat. Ich habe ihn damals in die Kunstfehler-Begutachtung eingearbeitet. Er war zehn Monate Angestellter meiner Praxisklinik und mein engster juristischer Berater.

Bis heute hat er fast sechstausend Kunstfehler-Gutachten erstattet, die ersten paar hundert gemeinsam mit mir. Vor gut fünfzehn Jahren war das noch Neuland.

Auch das, was ich in meinen beiden nächsten Büchern *Krankenhaus* (1979) und *Operation – Ja oder Nein?* (1980) beschrieb, beruht zu einem großen Teil auf den Erfahrungen, die ich in der WORV-Zeit gemacht habe.

DRITTER TEIL:
HIN ZUR WUNSCHTRAUM-
ERFÜLLUNG

AUF DER SUCHE NACH DER TRAUMKLINIK (1978-1981)

ANGEBOT NR. 1: »HOCHGEBIRGSKLINIK IM KLEINEN WALSERTAL« – »BRAUCHT ÖSTERREICH HACKETHAL?«

Nach Ostern 1978 tat sich plötzlich Licht am Horizont der düsteren Sisyphuswelt auf. Mein ärztlicher Mitarbeiter in der Kunstfehler-Gutachtenstelle erzählte, er habe in den Osterferien eine »tolle Klinik« besichtigt, die wahrscheinlich meinen Vorstellungen von einer Wunschklinik inmitten heilkräftiger Natur entspreche. Es sei die ehemalige Sonnenheilstätte in Riezlern nahe Oberstdorf. Die Lage der Klinik hoch über dem Kleinen Walsertal und inmitten alpiner Gebirgsriesen sei einzigartig. Das einstige Sanatorium für Helio-Therapie chronischer Krankheiten sei zu einer Orthopädischen Klinik umgebaut und modern ausgestattet worden. Auch verfüge sie über eine große Operationsabteilung. Er habe der Besitzerin, der Witwe des Stuttgarter Orthopäden Dr. B., gegenüber angedeutet, daß ich möglicherweise an der Klinik interessiert sei, und sie habe sich sehr interessiert gezeigt, mit mir Verbindung aufzunehmen.

Ich erinnerte mich sofort daran, daß mein ehemaliger Medizinlehrer an der Orthopädischen Universitätsklinik in Münster, Prof. Dr. Peter Pitzen, regelmäßig Patienten mit Knochentuberkulose nach Riezlern geschickt hatte. Damals stand die Klinik noch unter Leitung des Bruders ihres Gründers Dr. Sepp Backer. Ein Assistent unserer Klinik hatte 1954/55 dort mehrere Monate als Gastassistent gearbeitet und uns nach seiner Rückkehr im Kasino davon vorgeschwärmt. Er berichtete über eindrucksvolle Heilerfolge bei Knochentuberkulose und anderen Chronischen Krankheiten. Besonders beeindruckt hatte uns damals alle, daß der Kollege knackig braun gebrannt zurückkam. Seither bin ich ein Fan der Helio-Therapie!

Der Gründer Dr. Max Backer, so erzählte er, habe vor dem Bau des Sanatoriums lange im Alpengebiet nach dem günstigsten Ort für eine Helio-Therapie nach dem Vorbild von Leysin, der Wirkungsstätte des international renommierten Schweizer Helio-Therapeuten Dr. Rollier, gesucht. Mit Hilfe eines Meteorologen der Technischen Hochschule Aachen sei dann der Platz oberhalb Riezlern entdeckt worden. Die

völlig reine, staubfreie Luft, die Gleichmäßigkeit des Klimacharak-
ters, die geringen Niederschläge, die nahezu vollkommen windge-
schützte Lage und vor allem eine hohe Sonnenscheindauer von über
1500 Stunden pro Jahr – Davos und Lausanne vergleichbar – seien für
den Standort bestimmend gewesen.

Ich beschloß, mit der Witwe Kontakt aufzunehmen, mußte dies
aber wegen starker anderweitiger Belastung um ein paar Wochen ver-
schieben. Da bekam ich dann im Mai 1978 einen Anruf aus Riezlern.
Es meldete sich eine Frauenstimme mit schwäbischem Dialekt und
einschmeichelnden Worten. Sie habe von Dr. N. gehört, daß ich nach
einer Klinik im Grünen suche, die mehr Patientenhotel als Krankenhaus sei. Die könne sie mir bieten. Das Haus verfüge über 129 Betten
in 73 Einzel- und 28 Doppelzimmern. Es stünde mir für meine Patienten zu günstigsten Bedingungen zur Verfügung.

Ich war begeistert, und das Herz schlug mir vor hoffnungsvoller
Erwartung bis zum Hals. Genau so hatte ich mir meine Traumklinik
vorgestellt. Zwar nur halb so groß, aber in solch wundervoller Lage!
Doch schon nach wenigen Sekunden mußte sich der Traum in Luft
auflösen. »Das hört sich allzu schön an«, sagte ich. »Aber ich habe leider kein Geld, nur Schulden. Deshalb kann daraus wahrscheinlich
nichts werden.«

Da wurde die Stimme aus der Ferne noch lieblicher. Das Geld
spiele keine Rolle, das habe sie. Schließlich sei ihr Mann einer der bekanntesten Orthopäden der Bundesrepublik gewesen. Ihr größter
Wunsch sei, daß die Klinik ihres verstorbenen Mannes, sein wichtig-
stes Lebenswerk, erhalten bliebe. Sie kenne mich nicht nur aus Gesprächen mit ihm als tüchtigen Orthopädischen Chirurgen, sondern
habe auch meine beiden medizinkritischen Bücher gelesen. Nach ihrer Überzeugung sei die Klinik bei mir in den besten Händen. Wir
könnten sie ja gemeinsam betreiben, mit ihr als Klinikträger. Das Finanzielle sei jedenfalls kein Problem.

Da war ich kurz vor dem Ausflippen. Dies mußte ein Wink des
Himmels sein. Der liebe Gott wollte mich wohl nun doch für meine
Sisyphusarbeit belohnen. In solchen Situationen werde ich irrational
gottgläubig. Aus meinem anerzogenen Kindheitsglauben konnte und
wollte, kann und will ich mich nur begrenzt lösen.

Am Schluß des Gesprächs kündigte mir die Orthopädenwitwe
Irmgard B. das schriftliche Verkaufsangebot einer Maklerfirma in Bremen an. Dies diene aber nur dazu, mich näher über die Klinik zu

informieren. Von dem Kaufpreis solle ich mich nicht erschrecken lassen, der spiele in diesem Fall keine Rolle.

Schon ein paar Tage später traf der angekündigte Brief ein. Auf einem vierfarbigen Prospekt sah man die Südansicht eines langgestreckten fünfstöckigen Gebäudes, durchgängig mit Liegebalkons und Sonnenschirmen bestückt, ringsum Almwiesen, Tannen und Gebirgsgipfel. Im Innenteil fand sich eine Patientin fast nackt in einem Liegebett auf dem Balkon mit Blick in eine herrliche Alpenlandschaft. Die Patientenzimmer sahen wie komfortable Hotelzimmer aus. Es gab einen herrlichen Speisesaal und einen schönen Aufenthalts- und Leseraum. Ein Blick auf das winterliche Riezlern im Kleinen Walsertal rundete die gedruckte Augenweide ab.

Der Prospekttext ließ das Herz noch höher schlagen: »Die Hochgebirgsklinik wird dank ihrer unvergleichlichen Lage mit der uneingeschränkten Fülle von Heilkräften der Natur beschenkt, welche sie in ärztlich wohlerwogener Weise und ausgerichtet auf die speziellen Bedürfnisse des einzelnen Heilungssuchenden zur Anwendung bringt…

Der Anblick einer schönen Gebirgslandschaft, die Höhenlage von 1150 Metern, das alpine Reizklima, die gleichbleibende Intensität der Sonneneinstrahlung und die grüne Lunge der angrenzenden Nadelwälder sind einmalige Voraussetzungen für einen vortrefflichen Heilerfolg…«

Aus dem Schreiben ging weiter hervor, daß zur Klinik zirka 40 000 Quadratmeter Grund und außer dem Hauptgebäude mehrere Nebengebäude wie ein luxuriöses Chefarzt-Wohnhaus, ein Personalwohnheim und drei Pavillons gehörten, ebenso genehmigte Bauplätze für weitere Gebäude. Am Schluß des Briefes stand: »Kaufpreis: Verhandlungsbasis DM 6,5 Mio.« Doch das brauchte mich ja Gott sei Dank nicht zu interessieren.

Ein bißchen naiv mag dieser Glaube schon gewesen sein. Aber das Träumen hatte ich ja beim Kühehüten auf Vaters Hof gelernt. Warum sollte es sie nicht geben: Eine millionenschwere Orthopädenwitwe, die ein gutes Werk tun wollte?!

Am 30. Mai 1978 war ich anläßlich einer Buchpräsentation in München. Dort holte mich Irmgard B. zusammen mit ihrem Berater, einem Herrn B., ab. Wir fuhren zusammen ins Kleine Walsertal zur Besichtigung der Klinik und um weiteres zu besprechen. Am 6. Juni konnte ich mich dann in einem zwei Seiten langen Brief bedanken:

»Sehr verehrte, liebe Frau B.!

Zunächst nochmals danke für die Reise nach Riezlern und das ausführliche Gespräch. Alles war für mich sehr informativ, angenehm und vielversprechend. Ihre schöne Klinik bietet genau das, was ich suche. In ihr ließe sich mein Wunschtraum einer »EUBIOS-Strategie« gegen Krebs und auch gegen andere Chronische Krankheiten verwirklichen. Deshalb möchte ich alles daran setzen, daß der Plan realisiert wird. Die Haupthürde liegt zweifellos im Finanziellen. Von mir persönlich ist da nicht viel zu erwarten. Ich sitze nämlich noch auf einem Schuldenberg von knapp 1,6 Millionen DM, nachdem ich in die Einrichtung meiner Praxisklinik rund 2 Millionen DM investiert habe.

Zwar sind entsprechende Gegenwerte vorhanden, doch lassen sie sich nicht ohne weiteres flüssig machen. Meine finanzielle Hoffnung hat sich hauptsächlich auf eine Mobilisierung potentieller Spender durch mein Buch über Krebs gerichtet. Obwohl es fast fertig ist und insbesondere das Konzept für ein Alternativ-Programm zur derzeitigen Rabiat-Strategie gegen Krebs enthält, dürfte das Buch wohl kaum vor Oktober erscheinen können. Und das ist angesichts Ihrer Pläne, insbesondere der bevorstehenden Verhandlungen mit anderen Interessenten, wahrscheinlich zu spät.

Im Moment konzentriert sich alles auf die Frage, ob Sie in der Lage und bereit wären, die Klinik unter meiner Mitarbeit zu starten und in ähnlicher Weise wie früher in Ihre Regie zu nehmen. Wenn diese Möglichkeit bestünde, könnte und sollte es am 1. Oktober 1978 losgehen. Für sehr wesentlich halte ich nach wie vor eine möglichst rasche Kontaktaufnahme zur Bundesversicherungsanstalt für Angestellte. Hier müßte lediglich das grundsätzliche Einverständnis erreicht werden, daß Krebspatienten, die dies wünschen, unter Kostenübernahme durch die BfA in der Klinik behandelt werden dürfen. Bei einer derartigen Zustimmung der BfA könnte meines Erachtens überhaupt nichts mehr schiefgehen. Im übrigen habe ich bereits konkrete Vorstellungen, was zu tun wäre, um alles rasch zum Laufen zu bringen.

Sehr verehrte Frau B.! Ich müßte nun schnellstens wissen, ob Sie an einer Zusammenarbeit mit mir im o.a. Sinne interessiert sind. Herr B. kann gern Einsicht in alles nehmen, was ihn interessiert. Ich werde die Unterlagen entsprechend vorbereiten.«

Herr B. hat mich dann am 12. Juni 1978 besucht. Ich zeigte ihm meine Praxisklinik und informierte ihn über meine finanzielle Situation. Eine Woche später schrieb er mir, daß die Klinikbesitzerin bereit sei, mit mir »in das gemeinsame Risiko zu gehen«. Alles weitere werde Irmgard B. dann mit mir bei dem für kommenden Freitag vereinbarten Besuch besprechen.

Für diesen Besuch habe ich mich dann mit einem Brief am 17. Juni wie folgt bedankt:

»Liebe, sehr verehrte Frau B.! Es ist Samstag, 21.30 Uhr. Ich bin auf der Rückfahrt vom Flughafen nach Hause. Da möchte ich die Gelegenheit gleich nutzen, Ihnen zu schreiben, vor allem mich für Ihre liebenswürdige Gastfreundschaft und alles sonst herzlich zu bedanken. Nach dem neuerlichen Besuch in Ihrer herrlichen Klinik und unseren Gesprächen bin ich voller Optimismus, daß unser partnerschaftliches Vorhaben klappen und zu dem gewünschten Erfolg führen wird. Vor allem bin ich sehr froh darüber, daß nur relativ kleine bauliche Veränderungen notwendig sind, um alles in Gang zu bringen. Die Rückreise habe ich bereits genutzt, um weiterzuplanen. Zu den Zeichnungen habe ich noch ein paar Fragen, die ich morgen oder Montag stellen werde.
Als kleinen Ausdruck meines Dankes und meiner Verehrung schicke ich Ihnen anliegend meine Bücher Nummer eins und zwei, Nummer drei habe ich noch nicht. Es folgt später nach. Ich kann mein Glück noch immer nicht fassen. Jedenfalls danke ich Ihnen von Herzen für Ihre Großzügigkeit, Ihr Vertrauen und Ihr Engagement. Ich werde mich sehr anstrengen, daß alles so wird, wie wir es uns erhoffen…«

Wie ich die Besitzerin eingeschätzt und was ich mir für die Klinik vorgenommen habe, ist am besten einem Brief zu entnehmen, den ich wenige Tage später einem einflußreichen guten Freund geschrieben habe:

»Mein lieber Fred!
Frau B. ist eine vitale Mittvierzigerin – sie war eine der ersten zehn deutschen Springreiterinnen –, die diese Klinik etwa zehn Jahre lang nicht nur besessen, sondern auch unmittelbar wirtschaftlich geleitet hat…

Nachdem Frau B. und ich in Verbindung gekommen sind, möchte sie gern die Klinik mit mir zusammen partnerschaftlich nach meinen Ideen weiterbetreiben. Das nötige Kleingeld hat sie, auch recht gute Beziehungen, insbesondere zu den Österreichern, die dort das Sagen haben. Das Kleine Walsertal gehört ja zu Österreich, ist aber deutsches Wirtschaftsgebiet. Du wirst besser darüber Bescheid wissen als ich…

Geplant habe ich eine EUBIOS-Reha-Klinik mit angeschlossener Ambulanz- und Operationseinheit, letzteres in Form einer Organspezialisierung – also superspezialisiert – betrieben. Ich möchte zwei Fliegen mit einer Klappe schlagen: 1. Operative Top-Repratur und 2. Vor- und Nachsorge unter maximaler Ausnutzung natürlicher klimatischer und sonstiger Heilkräfte. Diese Idee schwirrt mir schon lange im Kopf herum. Erst jetzt bietet sich mir aber die Möglichkeit, sie zu realisieren. Gerade auch im Hinblick auf den Krebs bieten sich damit therapeutische Möglichkeiten besonderer Art. Es ist daran gedacht, jene Krebsarten umfassend – also auch operativ – mitzuversorgen, die in den jeweiligen organspezialistischen Bereich gehören, zunächst Knochenkrebs, Brustdrüsenkrebs und Genital-Blasen-Mastdarmkrebs. Im übrigen generelle Vorsorgekuren bei Krebsgefährdeten sowie Nachkuren bei Krebs verschiedenster Art. Alles auf eubiotischer Grundlage, das heißt unter Verzicht auf die übliche schulmedizinische Rabiat-Therapie: Also keine Radikaloperation, sondern nur örtlicher Reparatureingriff, keine Radikal-Bestrahlungstherapie, sondern nur (in seltenen Ausnahmefällen) rein örtliche Krebsherd-Ausschaltung dort, wo nicht operiert werden kann, keine Zellgift-Therapie, sondern im Gegenteil maximale Mobilisation der Abwehrkräfte.

Ich weiß nicht, ob Du *Die Welt* vom 9. Juni 1978 gelesen hast. Auf der Titelseite stand ein Artikel aus New York mit der Überschrift ›Eine Schlacht gegen den Krebs verloren‹. Der Direktor des Nationalen Krebsinstituts, Arthur C. Upton, hat den Bankrott der in den USA seit 1971 praktizierten Krebsstrategie erklärt. Es ist also hohe Zeit für ein Alternativprogramm. Dies glaube ich zu haben. Einzelheiten finden sich in dem kurz vor der Vollendung stehenden Buch mit dem Arbeitstitel ›Kronzeuge Prostatakrebs – ein Vorsorgebuch für Krebsverängstigte‹. Es wird Ende August druckreif sein – und vorabdruckreif!«

Am 27. Juni 1978 habe ich dann – in grober Unkenntnis der österreichischen Bundesländer – an die »Landesregierung Niederösterreich« (statt Vorarlberg) »zu Händen Herrn Hofrat Dr. Tschofen in Bregenz-Bodensee« geschrieben und zum 1. Oktober 1978 folgendes beantragt:

1. Die Zulassung der Hochgebirgsklinik Dr. B. zur Krankenversorgung entsprechend dem als Anlage beigefügten »Konzept für die Hochgebirgsklinik Dr. B.«;

2. Meine Zulassung als Ärztlicher Leiter dieser Klinik.

Als Anlage habe ich ein 11 Seiten langes »Konzept für den künftigen Betrieb der Hochgebirgsklinik Dr. B.« beigelegt und außerdem auf zwei Seiten erläutert, was ich unter »EUBIOS-Strategie« verstehe.

»EUBIOS-Reha-Klinik zur Vorsorge, Allgemeinbehandlung und Nachsorge bei Chronischen Krankheiten und nach Operationen.« Gemeinsame Klinikträger sollten Irmgard B. und ich sein. Geplant war – zusätzlich zur Bewegungssystem-Chirurgie – Krebschirurgie mit Schwerpunkt auf nichtverstümmelnde Krebsoperationen. Die ärztliche Versorgung sollte gemeinsam mit einem Facharzt für Chirurgie und Gynäkologie, meinem ehemaligen Oberarzt Dr. Jussuf el Sourani, sowie einem Facharzt für Anästhesiologie durchgeführt werden. Der Ausbau einer hochmodernen Operationsabteilung war in Aussicht genommen.

Meine Erläuterung dessen, was unter »EUBIOS-Strategie« zu verstehen ist, zitiere ich hier deshalb etwas ausführlicher, weil dieses Konzept für mich bis heute Programm meiner Arbeit ist. Ich entwickelte es etwa zu der gleichen Zeit, in der ich an dem Manuskript für mein Buch *Keine Angst vor Krebs* arbeitete, das gleichzeitig mit dem Buch *Sprechstunde* im Oktober 1978 erschienen ist.

»›EUBIOS-Strategie‹ ist eine Kontra-Definition, ein Gegenbegriff. Er steht für ein Kontrastprogramm zur schulmedizinischen ›Rabiatstrategie‹ im Hinblick auf Krankheitsvorbeugung und -bekämpfung. Die Methoden zur Erkennung (Diagnostik), Vorbeugung (Prophylaxe) und Bekämpfung (Therapie) von Krankheiten – einschließlich Unfall- und Operationsfolgen – sind parallel zur ständig gesteigerten industriellen Technifizierung seit etwa dreißig Jahren von Jahrfünft zu Jahrfünft weltweit immer aggressiver, nebenwirkungs- und komplikationsreicher geworden. Gefährliche Diagnostik, Prophylaxe und Therapie mit operativer und nichtoperativer Technik und stark giftigen Medikamenten gelten als notwendiges Übel, als akzeptabler Preis für den vermeintlichen medizinischen Fortschritt. Naturgemäße Heilmethoden, milde Arzneien, Psychotherapie (= Bekämpfung seelischer Störungen) und auch nichtradikale Reparatur- und Korrektur-Operationen rangieren weit hinten im Krankheitsvorsorge- und -heilplan. Ihre Extremform erreicht die Rabiatstrategie im Kampf gegen den Krebs, wo sie als Strategie der verbrannten Erde praktiziert wird, unter Einsatz der RAC-Waffen Radikaloperation, Atomsprühfeuer-Großfeldbestrahlung und Chemische Zellgifte.

EUBIOS (griechisch) leitet sich ab von eu = gut, wohl und bios = Leben, Natur.
Konkret bedeutet EUBIOS-Strategie:
Krankheitsvorbeugung und -bekämpfung durch:
1. Maximale Nutzung und Anregung der guten, heilungsfördernden Naturkräfte, insbesondere unter Einsatz von lebensfreudesteigernden Maßnahmen und Mitteln und ergänzender Therapie mit Naturprodukt-Arzneien in Berücksichtigung der Leib-Seele-Einheit.
2. Einschränkung belästigender und gefährdender technischer Eingriffe und stark wirkender Medikament-Chemikalien – also von Rabiatdiagnostik und -therapie – auf das nach Dosis und Dauer unumgängliche Minimum.
3. Strikte Vermeidung aller den Einzelpatienten gefährdenden Experimente und einer nicht therapierelevanten Diagnostik.
4. Exakte Wirkungskontrolle und gezielte Verordnung nach wissenschaftlichen Grundsätzen.
5. Systematische Gesundheitsinformation (Gesundheitsfortbildung und -erziehung) der Patienten.
6. Langzeitnachsorge durch Korrespondenz und Kontroll-Untersuchungen.«

Anschließend habe ich im einzelnen erläutert, welche 14 naturgemäßen Heilmethoden in der Klinik angewandt werden sollten.

Nach meinem Brief an den Hofrat gab es noch ergänzende Kontakte. Mir wurde der Eindruck vermittelt, daß die Landesregierung stark daran interessiert war, daß ich die Klinik gemeinsam mit der Besitzerin in dem dargestellten Sinne betreibe. Ich kündigte meine Belegarzttätigkeit in der Diana-Klinik zum 30. September 1978 in der Überzeugung, daß ich schon am 1. Oktober als Regiearzt der Hochgebirgsklinik im Kleinen Walsertal anfangen könne. Die meisten Mitarbeiter wollte ich von meiner Praxisklinik mitnehmen.

Um möglichst vielen den Ortswechsel ins Kleine Walsertal schmackhaft zu machen, organisierte ich für Donnerstag, den 13. Juli, einen großen Omnibus für die gemeinschaftliche Reise ins Kleine Walsertal. Am Schluß des OP-Tages fuhren wir um 20 Uhr in Lauenburg ab. Es wurde eine lustige Nachtreise mit Zwischenstation in Nürnberg. Am Freitagabend kamen wir dann in der Hochgebirgsklinik an und verteilten uns auf die Ein- und Zweibettzimmer. Am nächsten Morgen begann die große Besichtigung. Die weitaus meisten waren begeistert und entschlossen, ins Kleine Walsertal umzusiedeln. Am Samstagabend fuhren wir dann nach Lauenburg zurück.

Mit Schreiben vom 6. Juli 1978 bestätigte mir der Landesamtsdirektor der Vorarlberger Landesregierung den Eingang meines Antrags. Man habe die Ärztekammer für Vorarlberg von meinem Vorhaben in Kenntnis gesetzt. Zuständig sei aber das Bundesministerium für Gesundheit und Umweltschutz in Wien: »So ersuchen wir Sie, ein entsprechendes Ansuchen an das Bundesministerium… zu richten. Das Ansuchen sollte im Wege des Amtes der Vorarlberger Landesregierung eingebracht werden.«

Am 18. August antwortete mir der Hofrat Dr. Tschofen auch selbst: »Mit Interesse lese ich Ihre Ausführungen, die von einer langjährigen und reichen medizinischen Erfahrung sprechen. Zu Ihrem Antrage selbst kann ich Ihnen mitteilen, daß dieser inzwischen vom Amt der Vorarlberger Landesregierung *befürwortend* dem zuständigen Bundesministerium für Gesundheit und Umweltschutz vorgelegt wurde.«

Danach wurde der Arbeitsablauf für die restlichen Wochen in meiner Praxisklinik schriftlich festgelegt. Vorgesehen waren noch 2 WORV-Wochen mit 4 OP- und 4 Ambulanztagen. Der letzte OP-Tag sollte am 27. Juli sein, mit Nachbehandlung der operierten Patienten auf der Lauenburger Station. Für die Zeit vom 28. Juli bis 27. August war ein Betriebsurlaub geplant, allerdings ohne die Versorger der Lauenburger Station. Danach lief die Ambulanz in meiner Praxisklinik weiter, mit der WORV war Schluß!

Auf der Lauenburger Station wurden nur noch Patienten behandelt, bei denen keine Operation mehr vorgesehen war. Am Samstag, dem 30. September, sollte dann nach vorausgegangenem Umzug die Abfahrt der künftigen Mitarbeiter im Bus zur Hochgebirgsklinik ins Kleine Walsertal stattfinden. Zwanzig Mitarbeiter hatten sich bereiterklärt, im Kleinen Walsertal weiter mitzuarbeiten. Es gab auch schon eine lange Warteliste mit Patienten für geplante Operationen, insbesondere für künstliche Hüftgelenke, künstliche Kniehalbgelenke und Bandscheibenoperationen.

Inzwischen hatten Frau B. und ich uns – anders als ursprünglich vorgesehen – darauf geeinigt, daß ich allein der Klinikträger werden sollte, vorausgesetzt selbstverständlich, daß die erforderlichen Genehmigungen zum Erwerb der Klinik erteilt wurden. An sich hatte ich nicht beabsichtigt, mich in so hohem Maße zu verschulden. Mir lag nicht an dem Erwerb der Klinik als Eigentum, sondern allein daran, in dieser Klinik nach meinen Vorstellungen arbeiten zu können. Doch nach Lage der Dinge war der Kauf der Klinik durch mich von allen Lösungen die zweckmäßigste. Darum ergänzte ich meine Anträge entsprechend, insbesondere ersuchte ich um Zulassung der Klinik als Krankenhaus. Denn die Genehmigung für eine Sonnenheilstätte genügte nicht, weil dann meine Patienten aus der Bundesrepublik Schwierigkeiten mit der Kostenübernahme bekommen hätten. Auch beantragte ich die nötigen Arbeitsgenehmigungen für meine ärztlichen und nichtärztlichen Mitarbeiter, die zu meinem eingearbeiteten Team gehörten. Auch bat ich um die Zusage, weitere Spezialisierung (Organspezialisierung) und die uneingeschränkte Behandlung chronischer Krankheiten, insbesondere auch von Krebs, zuzulassen.

Schließlich drängte ich auf eine baldige Entscheidung, da ich auf den Beginn meiner Tätigkeit am 1. Oktober 1978 hingeplant und bereits eine große Menge Geld aufgewendet habe. Auch sei bei einem späteren Termin mit größeren Schwierigkeiten bei der Einstellung von Personal zu rechnen.

Am 19. September 1978 kam ein Brief des Bürgermeisters vom Kleinen Walsertal, in dem mir bestätigt wurde, daß nach Auffassung der Gemeinde »aus volkswirtschaftlichen Gründen die Wiedereröffnung der Klinik Dr. B. von entscheidender Bedeutung ist«. Aus diesem Grunde werde die Gemeinde das geplante Projekt tatkräftig unterstützen.

Doch der 19. September hatte außer dieser guten Nachricht auch eine Hiobsbotschaft für mich. Der Briefträger bescherte mir mit gleicher Post das neueste Exemplar der *Österreichischen Ärztezeitung* vom 10. September. Auf der Titelseite stand die Schlagzeile: »Braucht Österreich Hackethal?« Vornweg wird dann aus meinem ein paar Tage zuvor erschienenen Buch *Sprechstunde* zitiert: »Ich bin sicher, daß die Medmafia in den letzten zwanzig Jahren mehr Unheil angerichtet hat als die Kriege und Verbrechen im gleichen Zeitraum.«

Dann folgte es Schlag auf Schlag: »Bestsellerautor und Arzt Dr. J. Hackethal will sich in Österreich niederlassen. Der siebenundfünfzigjährige deutsche Staatsbürger hat am 27. Juni 1978 das Ansuchen gerichtet, ab 1. Oktober 1978 als ›Ärztlicher Leiter‹ der Hochgebirgsklinik Dr. B. im Kleinen Walsertal in Vorarlberg zugelassen zu werden. Nach § 3a Ärztegesetz kann eine solche Bewilligung vom Bundesministerium für Gesundheit und Umweltschutz unter der Voraussetzung erteilt werden, daß ein entsprechender Bedarf vorliegt. Nun ist Prof. Hackethal nicht irgendwer, sondern ein Chirurg, der, wie er selbst zugibt, durch das Schreiben von Büchern reich geworden ist. Von Büchern, in welchen er in erster Linie ›Kunstfehler‹ anderer Ärzte darstellt, aber auch einzelne eigene Fehler zugibt, offenbar, um seine Objektivität damit unter Beweis zu stellen.«

Anschließend zitierte der Präsident der Österreichischen Ärztekammer und Schriftleiter der *Österreichischen Ärztezeitung* Dozent Dr. H. Neugebauer aus meinen Büchern *Auf Messers Schneide* und *Nachoperation*, in denen ich auch eigene Fehler beschrieben habe. Der Orthopäde bewertete zwei davon als besonders böse Arztfehler, die eigentlich nur einem ganz schlimmen Pfuscher passieren könnten. Er bezeichnete mich als »Alles-Besser-Wisser« und schloß: »Bevor die Frau Bundesminister jedoch die Entscheidung über die Zulassung von Herrn Dr. Hackethal trifft, seien noch zwei Sätze aus seinem letzten Buch *Sprechstunde* zitiert: ›Um auf diese Weise zu helfen, das Kassenarztsystem zu stürzen...‹ und ›Ich will Mißtrauen säen!‹ Darum frage ich: Besteht in Österreich wirklich ein Bedarf nach Herrn Prof. Dr. Hackethal? Das letzte Wort – die Entscheidung, aber auch die Verantwortung – hat die Frau Bundesminister.«

Diese Ausgabe der *Österreichischen Ärztezeitung* war mir von einem befreundeten Medizin-Journalisten zugeschickt worden. Zu meinem Glück bekam ich sie noch rechtzeitig, um die erforderlichen Konsequenzen zu ziehen. Welche das waren, steht in meinem Brief an den Bürgermeister vom Kleinen Walsertal vom 19. September 1978:

»Sehr geehrter Herr Bürgermeister!

Danke für Ihren Brief vom 15. September, den ich gerade bekommen habe. Mit gleicher Post bekam ich den Artikel ›Braucht Österreich Hackethal?‹ Eine Fotokopie ist beigefügt.

Ich fürchte mich davor, in ein Land zu gehen, in dem solche Schreiber wie der Orthopäde Dr. Neugebauer als Präsident die Arztpolitik mitbestimmen. Deshalb habe ich mit gleicher Post an die Bundesgesundheitsministerin geschrieben, daß ich meinen Antrag, als Arzt in Österreich tätig zu sein, zurückziehe. In der Bundesrepublik kann ich mich gegen derartige Arzt-Präsidenten wehren, in Österreich vielleicht nicht!

Ich bedaure diese Entwicklung sehr. Sicher wäre die Hochgebirgsklinik Dr. B. als ›EUBIOS-Klinik‹ besonders gut geeignet gewesen.

Natürlich tut es mir besonders leid für Frau B. Aber ich möchte nicht jede Nacht mit Alpträumen aufwachen. Dafür wird Frau B. sicher Verständnis haben.

Ihnen, sehr geehrter Herr Bürgermeister, danke ich herzlich für Ihre Unterstützung. Man kann das Kleine Walsertal um einen derartigen Bürgermeister nur beneiden.

Mit herzlichen Grüßen bin ich

Ihr Julius Hackethal.«

Am 19. September zog ich dann in einem Brief an die österreichische Bundesministerin für Gesundheit und Umweltschutz meinen Antrag auf Bewilligung der Arztberufsausübung in Österreich zurück. Später las ich in einer Allgäuer Zeitung: »Österreichs Gesundheitsministerin, Frau Leodolter, hatte den Bedenken der österreichischen Ärzte zum Trotz eine Sondergenehmigung in Aussicht gestellt.« Davon wußte ich nichts. Aber es hätte an meinem Rückzug nichts geändert, obwohl durch Vorverhandlungen mit Banken die Finanzierung der Klinik weitgehend sichergestellt war.

Zu meinem Glück hatte ich mich vertraglich nie auf irgend etwas festgelegt. Zwar wurde später versucht, juristische Verpflichtungen zu konstruieren, und man drohte mir mit einer Schadenersatzklage. In *Bild am Sonntag* stand die Schlagzeile: »271 000 Mark! Arztwitwe verklagt Prof. Hackethal.« Angeblich hatte die Orthopädenwitwe erklärt, sie hätte auf meine Veranlassung »einen Operationssaal und Sprechzimmer einrichten lassen und Personal eingestellt. Alles in allem hat mich das 271000 Mark gekostet.« Die Klage wollte sie aber dann doch nicht riskieren, nachdem ich am 20. April 1979 an ihren Berater B. schrieb: »Ich habe mich von Frau B. in den ersten Wochen gründlich täuschen lassen. Der Gedanke, daß sie es mir finanziell ermöglichen könnte, eine vorbildliche Klinik aufzubauen und zu leiten, hat mich geblendet, ebenso wie manches andere. Was für eine... Frau sie ist, habe ich erst richtig begriffen, als sie mir im Alkoholrausch einiges ausplauderte.« Ich nannte drei böse Dinge, die sie mir voll des guten Weines gebeichtet hatte. Da mögen beide dann so einen Schrecken vor den möglichen Folgen bekommen haben, daß es ihnen endgültig Sprache und Schreibe verschlug. Übrigens hatte schon nach jener Beichte für mich festgestanden, daß ich mit dieser Frau die Klinik niemals gemeinsam betreiben würde. Deshalb hatte ich nolens volens die Genehmigung zum Erwerb der Klinik beantragt.

Angebot Nr. 2: Eubios-Zentrum Münstertal – Mit Porsche und Jaguar eingefangen

Es war schon eine herbe Enttäuschung, daß mein Wunschtraum einer EUBIOS-Klinik in wunderschöner Hochgebirgslage nicht in Erfüllung gegangen war. Aber rückblickend betrachtet, hätte das aus vielerlei Gründen nicht gutgehen können. Wahrscheinlich wäre ich sogar wenige Monate nach Aufnahme meiner ärztlichen Tätigkeit eingesperrt oder des Landes verwiesen worden. Denn zum Versorgungsprogramm gehörte auch die Krebskrankheit. Das hätte bedeutet, daß auch viele Krebskranke in hoffnungsloser Situation zu mir geflüchtet wären. Natürlich hätte ich sie nicht im Stich gelassen, sondern alles Mögliche versucht, um ein lebenswertes Leben so lange wie eben möglich zu verlängern. Das aber konnte nicht bei allen gelingen.

Da wäre es nur eine Frage der Zeit gewesen, daß mich ein Mitarbeiter oder ein Patientenangehöriger, dem sein Erbteil durch die Behandlungskosten geschmälert worden wäre, wegen »fahrlässiger Tötung« angezeigt hätte. Denn schon 1978 war ich nicht mehr bereit, den schulmedizinisch befohlenen Totalen Krebskrieg zu führen. Darauf hatte ich mich in meinem Buch *Keine Angst vor Krebs* festgelegt.

Mit Sicherheit hätte sich in dieser Lage ein Ordinarius gefunden, der das Abweichen von der schulmedizinischen Strategie als schuldhaften Arztfehler gedeutet hätte. Und weil in Österreich die Medizin-Ordinarius-Gläubigkeit der Gerichte noch größer als bei uns war, hätte ich nicht die geringste Chance gehabt. Auch eine eventuelle passive Sterbehilfe wäre mir als aktive ausgelegt und entsprechend verfolgt worden. Noch heute tröste ich meine deutschen Patienten, wenn sie sich über das bei uns praktizierte Arzt-Patient-Verhältnis beschweren, mit dem Wort: »In Österreich ist alles noch viel schlimmer!«

Aber immer noch war ich fest entschlossen, meine Traumklinik zu verwirklichen. Also griff ich eine Idee auf, mit der ich schon 1977 geliebäugelt hatte, nämlich mein Konzept für ein »Gastliches Krankenhaus ohne Angst für Jedermann« in Lauenburg zu realisieren. Dafür bot sich ein Grundstück im »Fürstengarten«, hoch über dem Fluß an, ähnlich gelegen wie mein Elbhang-Schlößchen. Die Breitseite des Patientenhotels sollte nach Süden schauen. Selbstverständlich waren Liegebalkons geplant, von denen man auf den vorbeifließenden Strom und bei klarem Wetter weit hinein in die Heide bis zu den Kirchtürmen von Lüneburg blicken konnte.

Um dieses Projekt zu verwirklichen, gründete ich gemeinsam mit Ekkehard Scharnick, dem Präsidenten des größten Heilpraktikerverbandes von Deutschland (VDH) in Hannover, eine »EUBIOS-Gesellschaft Pro Patiente mbH«, mit dem Ziel, eine »Praxisklinik für Bewegungssystem-Chirurgie und Ausgewählte Krebskrankheiten« zu errichten. Dann konnte ich auf einer Rede zum fünfundsechzigsten Geburtstag des ehemaligen Bürgervorstehers von Lauenburg und meines Freundes Karl Heinz Wulff am 29. September 1978 das Vorhaben bekanntgeben. Im Anschluß daran bat ich am 2. Oktober 1978 den Magistrat der Stadt Lauenburg, das Projekt zu fördern. In dem Brief steht, daß das geplante Patientenhotel im Verbund mit meiner Praxisklinik als Ambulanz- und Operationseinheit betrieben werden solle.

Leider amtierte damals noch mein alter Gegner als Bürgermeister, aber das Ende seiner Amtszeit war bereits absehbar. Man konnte kaum daran zweifeln, daß er am Ende der zweiten Amtsperiode abgewählt würde, also bei Beginn der Patientenhotel-Eröffnung am 1. Januar 1980 nicht mehr im Amt sein würde.

Die Planung des Projekts zog sich in die Länge. Da kam im Februar 1979 erneut eine hoffnungsvolle Botschaft per Telefon. Der Anrufer stellte sich als Hans Joachim Sch. aus Fulda vor. Er sei ein erfahrener Unternehmensberater, dem man in Münstertal, im Süd-schwarzwald, nahe Freiburg, ein knapp zwei Hektar großes Grund-stück für den Bau eines Sanatoriums oder einer Klinik angeboten habe. Er kenne meine Bücher und habe gehört, daß ich eine Klinik suche, in der ich meine Ideen verwirklichen könne. Dafür biete das Gelände am Rande des klimatisch günstig gelegenen Luftkurortes Münstertal sehr gute Voraussetzungen. Die Finanzierung sei durch eine »Kurbau- und Verwaltungsgesellschaft mbH«, die er gemeinsam mit dem in Fulda sehr angesehenen Steuerberater Winfried H. ge-gründet habe, und durch eine Gruppe von Investoren sichergestellt. Er schlage vor, daß wir uns beim Bürgermeister in Münstertal zu einem Vorgespräch träfen. Die Gemeinde Münstertal sei an dem Pro-jekt außerordentlich interessiert.

Durch meine Erfahrungen mißtrauisch gemacht, reagierte ich zurückhaltend. Das höre sich nicht schlecht an, antwortete ich, aber ich müsse ihm gleich sagen, Geld sei von mir nicht zu holen, auch später nicht. Seine Antwort sinngemäß: »Wir wollen von Ihnen kein Geld, sondern wir bieten Ihnen welches an. Sie bekommen ein statt-liches Beratungshonorar bis zur Fertigstellung der Klinik und werden ärztlicher Leiter mit entsprechendem Liquidationsrecht und einer in-teressanten Umsatzbeteiligung.«

Nach solch verlockendem Angebot war ein Termin im Rathaus von Münstertal rasch vereinbart. Ein paar Tage später bestieg ich meinen zweiten ikonengoldenen Mercedes, einen gebrauchten Wa-gen, den ich mir mit der Ausrede gekauft hatte: Auf die 50 000 Mark Schulden mehr kommt es nun auch nicht mehr an.

Wobei zu ergänzen wäre, daß die Schuldenlast an dem gewohn-ten, mäßig luxuriösen Lebensstil meiner Familie nichts geändert hatte. Allerdings war die finanzielle Belastung durch unsere Kinder auch recht gering. Denn leider konnte oder wollte keines von ihnen studieren.

Dies hätte ich mir sehr gewünscht. Aber es scheiterte bei unserer Tochter Ulrike daran, daß sie nach der Mittleren Reife Arzthelferin werden wollte. Claudia zog abenteuerlustig in die weite Welt. Sie wurde nach dem Abitur an der Gelehrtenschule zu Ratzeburg Flugbe-gleiterin bei der Lufthansa. Ulrich gehörte zu dem Jahrgang, der 1974 als erster mit achtzehn den offiziellen Erwachsenenstatus erreichte. Das verführte ihn zu einer Machtdemonstration gegenüber seinen autoritären Eltern. Er erklärte, daß er nach der Mittleren Reife die

Schule verlasse, um gemeinsam mit Freunden in einer Kommune zu leben. Dann kam er uns für mehrere Jahre abhanden. Einzelheiten sind unwichtig. Ich erzähle das alles nur, um klarzustellen: Meine Familie hat unter meinen beruflichen Wunschträumen und dem dadurch verursachten Schuldenberg finanziell nicht gelitten.

Als ich an einem sonnigen Märztag in der Schwarzwaldgemeinde Münstertal ankam, wurde ich im Rathaus bereits erwartet. Der Bürgermeister begrüßte mich sehr herzlich, der Unternehmensberater schaute mir unternehmungslustig in die Augen, und der Steuerberater drückte seine Zuneigung durch einen besonders kräftigen Händedruck aus. Vierter im Bunde war ein Abgesandter des Architekturbüros Diener aus Basel, eines – wie ich später erfuhr – international renommierten Großunternehmens, das angeblich zu den Investoren gehörte und dem der Bau übertragen werden sollte.

Die Gemeinde Münstertal, erklärte der Bürgermeister, sei an dem Betrieb einer größeren Klinik außerordentlich interessiert. Sie stelle dafür ein knapp zwei Hektar großes, besonders geeignetes Hanggrundstück zu dem günstigen Verkaufspreis von 1,2 Millionen Mark zur Verfügung. Aufgrund der Vorgespräche mit den beiden Initiatoren sei er von den Möglichkeiten, das Projekt zu realisieren, überzeugt. Außer der naturbegünstigten Lage in einem der schönsten Schwarzwaldtäler sei eine kurze Anbindung an die Hauptverkehrsadern des Oberrheintals zwischen Karlsruhe und Basel besonders vorteilhaft. Günstig sei auch die unmittelbare Nähe zur Universität Freiburg.

Dann übernahm der Unternehmensberater H.J.Sch. das Wort. Die Finanzierung, so führte er aus, solle mit Hilfe einer Abschreibungsgesellschaft geschehen. Solche Abschreibungsmodelle hätten zwar nicht den besten Ruf, weil in der Vergangenheit damit mancherlei Mißbrauch getrieben worden sei. Aber solches sei hier ausgeschlossen. Denn bei ihm und dem Steuerberater Winfried H. liege das Projekt in den Händen von zwei besonders erfahrenen Wirtschaftsleuten. Vor allem gebe es schon finanzstarke Investoren. Man rechne mit einem Investitionsvolumen von 30 Millionen Mark. Die Finanzierung in dieser Größenordnung sei schon weitgehend gesichert. Der Steuerberater bekräftigte dies durch kräftiges Kopfnicken.

Dann wurde ich gebeten, meine Konzeption zu erläutern. Zunächst kritisierte ich unser Arzt- und Gesundheitssystem und formulierte meine schwersten Vorwürfe gegenüber der Schulmedizin: Zu radikal, zu giftig, zu quälerisch, zu naturfeindlich, zu riskant, zu lieblos und zu anfällig für technische und methodische Kunstfehler. Deshalb laute meine Hauptforderung: Mehr Behutsamkeit, mehr Sorgfalt und liebevolle Zuwendung, mehr Sicherheit und Information für alle Patienten. Für besonders schwerwiegend erklärte ich die Mängel im Krankenhausbereich. Vor allem mit diesen befasse sich mein fünftes Buch *Krankenhaus – Über Patientenschicksale und Zustände in unseren Kliniken*, das im Herbst 1979 erscheinen werde.

Jetzt kam ich zum Punkt. Wichtiger als Kritik sei es, die Dinge besser zu machen. Seit vielen Jahren hätte ich mich im eigenen Bereich darum bemüht, neue Wege einer patientenfreundlichen Betreuung zu beschreiten. Mein Konzept für ein »Gastliches Krankenhaus ohne Angst für Jedermann« würde ich gern in Form eines EUBIOS-Zentrums Münstertal verwirklichen.

Abschließend erläuterte ich meine EUBIOS-Heilstrategie und stellte meine ersten Entwürfe eines Programms vor.

Das Zentrum sollte ein »Organ-Spezial-Klinikum zur Vorsorge, Diagnostik, Therapie und Nachsorge ausgewählter Krankheiten, insbesondere von Frauen- und Männerkrebs sowie Schäden an Wirbelsäule, Hüfte und Knie werden und aus folgenden Teilen bestehen: 1. Patientenhotel mit zirka 200 Betten; 2. Praxisklinik mit Sprechstunden-, Diagnostik-, Operations-, Physiotherapie-Abteilung etc.; 3. EUBIOS-Akademie für Forschung, Information und Lehre; 4. Gesundheitsmuseum nach dem Vorbild der MAYO-Clinic; 5. Zentrale eines zu gründenden Vereins mit Namen ›EUBIOS gegen Krebs‹ und 6. Institut für Kunstfehler-Begutachtung und -Forschung.«

Für dieses EUBIOS-Zentrum Münstertal wolle ich die ärztliche Regie übernehmen. Dafür wünschte ich mir die Bezeichnung Regiearzt, nicht aber Chefarzt oder gar Ärztlicher Direktor. Das Wort Chefarzt sei für den denkenden Patienten negativ belastet, die Vokabel Ärztlicher Direktor zu hochtrabend. Ich stellte mir eine Teamarbeit vieler Organ-Spezialisten vor, von denen ich einer sei, und zwar mit der Funktion eines Primus inter pares, eines Ersten unter Gleichen, dafür verantwortlich, daß die EUBIOS-Idee verwirklicht werde.

Am Schluß bekam ich händeklatschenden Beifall. Das alles hatte sich wohl recht vielversprechend angehört, vor allem auch, was den zu erwartenden Umsatz betraf. Wahrscheinlich ging es den vier Zuhörern nur darum. Warum auch nicht?! Geld stinkt ja nicht, wenn es auf anständige Art und Weise verdient wird. Es duftet sogar fast

unwiderstehlich. Für mich gab es deshalb keinerlei Grund zu Mißtrauen.

Danach schlug der Bürgermeister vor, das vorgesehene Gelände
gemeinsam zu besichtigen. Er werde mit seinem Wagen vorausfahren,
und wir möchten ihm folgen. So geschah es dann. Der Unternehmensberater bestieg einen Porsche, der Steuerberater einen Jaguar
und der Abgesandte des Architekturbüros einen dicken Mercedes. Da
fühlte ich mich finanziell in bester Obhut. Der Geleitzug setzte sich in
Bewegung. Wir erreichten ein wunderschönes Hanggrundstück am
Ortsrande von Münstertal. Das versprach für meine Klinikpatienten
einen fast so schönen Panoramablick wie in der Hochgebirgsklinik
über Riezlern. Weit besser waren die Verkehrsanbindung und das i-
Tüpfelchen: Vor österreichischen Ärzteführern brauchte ich mich
nicht zu fürchten. Da kam in mir Hochstimmung auf.

Am 25. März 1979 unterschrieben die beiden Initiatoren und ich
eine »Absichts- und Verpflichtungserklärung« über die Gründung und
den Betrieb eines EUBIOS-Zentrums Münstertal. Ich solle ärztlicher
Berater und künftiger Regiearzt werden und für meine Beratungs-
tätigkeit eine Vergütung von stolzen 525 000 Mark erhalten, zahlbar
in sechs Quartalsraten. Dazu müsse ich meine ärztliche Tätigkeit
kurzfristig, spätestens bis zum 31. Dezember 1979, in den Raum Münstertal verlegen, um ständig vor Ort zu sein. Zwischenzeitlich solle
ich schon mit einer kleinen Praxisklinik anfangen. Unter anderem
war geplant, ein Fertighaus mit einer Praxisfläche von rund 500 Quadratmetern für die Übergangszeit zu errichten. Die Gemeinde wollte
dafür ein geeignetes Gelände zur Verfügung stellen. Die Praxisklinik
sollte in Form einer Tagesklinik betrieben werden, mit Unterbringung
der Patienten in den Pensionen und Hotels der Gemeinde. Die damit
verbundenen Kosten, wie für die Pachtung von Gebäuden, für Umbauten und Einrichtungen, würden von der Investoren-Kommandit-
Gesellschaft getragen. Der endgültige Vertragsabschluß sollte innerhalb von neunzig Tagen stattfinden.

Bereits für den 12. April 1979 organisierte der Unternehmensberater eine Pressekonferenz in einem Hotel in Münstertal. Dazu gab er
über das Projekt EUBIOS-Zentrum Münstertal eine Presseinformation
heraus. »Nach den vorliegenden Berechnungen«, hieß es darin, »werden hierfür insgesamt 36 000 000 Mark benötigt, die durch Komman-
dit-Anteile aufgebracht werden sollen. Die Beteiligung ist mit einem
Steuervorteil von zirka 140 Prozent ausgestattet. Ohne Aktivitäten

einer Anlagenberatungsgesellschaft sind bis jetzt zirka 10 Prozent des benötigten Kapitals gezeichnet. Durch die Bereitschaft der Gründungsgesellschafter der Kommanditgesellschaft, mit Gesellschafter-Darlehen zur Verfügung zu stehen, und durch Angebote namhafter Kreditinstitute, der Gesellschaft langfristig die Kosten bis zu 90 Prozent zu kreditieren, ist die Gesamtfinanzierung gesichert. Deshalb konnten die Gründungsgesellschafter den Geschäftsführer... beauftragen und bevollmächtigen, das in Rede stehende Grundstück von der Gemeinde nach Eintrag der Gesellschaft in das Handelsregister zu erwerben.«

Als Eröffnungstermin für das EUBIOS-Zentrum wurde der 1. April 1981 in Aussicht gestellt.

Bald darauf zog ich nach Münstertal um, in die Hälfte eines sehr schönen Zweifamilienhauses. Die geplante Zwischenlösung erwies sich als erste große Hilfe, und es begann eine schöne Zeit für mich, an die ich mich besonders deshalb gern erinnere, weil es dort das Romantikhotel »Am Spielweg« gab, dessen Stammgast ich wurde. Aber auch sonst erwies sich der Luftkurort Münstertal als ein besonders schönes Fleckchen Erde. Ein weiterer Wunschtraum näherte sich seiner Verwirklichung: Dort wohnen und arbeiten, wo andere Urlaub machen!

Der Rest ist schnell erzählt. Die Abschreibungsgesellschaft entpuppte sich als eine Betrugsgesellschaft. Im Oktober 1979 gab es daran keinen Zweifel mehr und ich stieg sofort aus dem Projekt aus. Von dem vertraglich vereinbarten Beratungsgeld hatte ich nur einen Bruchteil bekommen, der bei weitem nicht zur Deckung von Unkosten und Verdienstausfall reichte. Die Initiatoren hatten es wohl von Anfang an nur darauf abgesehen, anderen Leuten unter Vorspiegelung von Steuervorteilen möglichst viel Geld aus der Tasche zu ziehen, möglicherweise um mit einem Koffer voller Tausendmarkscheine zu verschwinden, bevor mit dem Bau begonnen wurde. Es gab auf Anzeige betrogener Investoren ein Strafverfahren in Fulda, zu dem ich als Zeuge geladen wurde. Soweit ich mich erinnere, wurden die Abschreibungshaie zu einer Freiheitsstrafe verurteilt.

Die beiden Luxuskarossen, der Porsche und der Jaguar, mit denen die Haie aus Fulda angereist waren und die außer mir auch dem Bürgermeister von Münstertal gewaltig imponiert hatten, entpuppten sich später als vertrauensbildende Maßnahmen für den Rathausbesuch in Münstertal. Es waren Leihwagen!

ANGEBOT NR. 3: EUBIOS-ZENTRUM ASCHAU IM CHIEMGAU –
HINGELOCKT VON GLÄUBIGEN BESTER PROVENIENZ

Im Spätherbst 1979 stand in allen Zeitungen, daß es auch mit dem
EUBIOS-Zentrum Münstertal nicht geklappt hatte. Da bekam ich einen
Anruf aus Stuttgart. Es meldete sich eine Männerstimme in schwä-
bischer Mundart: »Mein Name ist Rolf Deyhle. Ich habe gehört, daß
aus dem Projekt in Münstertal nichts geworden ist. Da kann ich
Ihnen etwas Ähnliches an einer noch besseren Stelle anbieten, und
zwar in Aschau im Chiemgau, nahe dem Chiemsee, auf halber
Strecke zwischen München und Salzburg. Dort habe ich ein großes
Grundstück in sehr schöner Lage mit der Zusage der Gemeinde, dar-
auf eine Kurklinik zu bauen. Wenn Sie wollen, bauen wir dort eine
Klinik nach Ihren Wünschen.«

Das klang ja wieder verdammt verlockend. Aber dieses Mal wollte
ich jenes Hochgefühl wie bei den telefonischen Klinikangeboten zuvor gar nicht erst aufkommen lassen. Weil öfters auch aller schlechten Dinge drei sein können!

Also erklärte ich mit aufgerichteter Stimme: »Hört sich gut an.
Aber sicher geht es doch um ein Abschreibungsprojekt. Und da muß
ich leider passen. Mein Bedarf daran ist auf ewig gedeckt!«

»Herr Professor«, beeilte sich der Anbieter zu versichern, »da kann
ich Sie beruhigen. Ich finanziere das selbst!«

Da wurde ich in meiner Verweigerungshaltung schon ein wenig
unsicherer. Aber meine kleinen grauen Zellen ermahnten mich: »Geh
nicht jedem Klinik-Vogelhändler auf den Leim.« Also schwieg ich und
wartete, was er zur Glaubhaftmachung vorzubringen hatte.

»Herr Professor, ich verstehe Ihr Mißtrauen. Mein Vorschlag: Ich
zeige Ihnen meine Kurklinik am Wörthersee in Österreich. Da können
Sie mit dem Chefarzt reden und ihn fragen, was für Erfahrungen er
mit mir gemacht hat.«

Jetzt ließ er seinen Trumpf heraus: »Wenn Sie wollen, hole ich Sie
mit meinem Flugzeug ab und fliege Sie hin und zurück. Dann können
Sie mich und die Klinik kennenlernen. Danach reden wir weiter.«

Eigentlich gefielen mir die kurzen knappen Sätze. Schon wollte
mein Herz erneut zu hüpfen anfangen. Da fiel mir die Geschichte
mit den vertrauensbildenden Jaguar- und Porscheautos ein. Hatte
ich es dieses Mal mit dem König der Abschreibungshaie zu tun, der
mich mit einem drei Nummern größeren Angebot übers Ohr hauen

wollte? Weiß Gott auch, was das für eine Krätzeklinik in Österreich ist?

»Herr Professor, sind Sie noch da?«

»Ja. Aber ich muß das alles erst einmal vorverdauen. Das klingt eigentlich zu schön, um wahr zu sein!«

Nun schwieg er. Vielleicht war ihm mein Zögern ein bißchen zuviel an Mißtrauen. Bevor er den Hörer auflegen konnte, kapitulierte ich: »Nun gut, Herr Deyhle. Vielleicht sollten wir es doch miteinander probieren.«

Am 10. November 1979 saßen wir zusammen in einem Cessna-Düsenjet und flogen von Hamburg in Richtung Wörthersee. Schon nach ein paar Minuten gab es keinen Zweifel: Es war *sein* Flugzeug und nicht nur *seine* Kurklinik, sondern eine Klinik vom Feinsten. Ich hatte Mühe, meine Hochgefühle zu verbergen.

Nach ein paar Stunden gab es keinen Zweifel mehr: Alles machte einen hervorragenden Eindruck – der Anbieter, sein Pilot, der Düsenvogel und die Kurklinik mit dem Namen »Golfhotel am Wörthersee«.

Ich redete mit dem Chefarzt Dr. R., einem international bekannten und angesehenen Naturarzt, von dem ich ein Buch über die Mayr-Kur hatte. Er gab sich mir gegenüber recht reserviert. Sicher hatte er nicht nur die fettgedruckte Frage auf dem Titelblatt des *Österreichischen Ärzteblattes* »Braucht Österreich Hackethal?« gelesen, sondern auch die abfällige Antwort seines Präsidenten auf die Titelfrage.

Ich war der Nestbeschmutzer auch seiner hochehrbaren Zunft. Man konnte es ihm ansehen in seinem Chefarztkittel, daß er auf seinen Beruf und sich selbst stolz war. Gewiß hatte er als Naturarzt auch einen Außenseiterstatus. Aber zwischen einem inneren und äußeren Außenseiter der Schulmedizin gibt es einen riesigen Unterschied. Einem Außen-Außenseiter der hippokratischen Eidgenossenschaft, also einem Verräter, zeigt man keine Sympathie. Da beschränkt man sich knapp auf jenes würdevolle Gehabe, das in einem Beruf, in dem »Ehre, Würde und edle Überlieferung« ganz, ganz oben rangieren, eine der wichtigsten Pflichten ist.

Mit einem Systemketzer mochte auch Chefarzt Dr. R. nicht paktieren. Aus dieser Distanz heraus lobte er den Klinikeigentümer. Der mische sich in die Medizinische Versorgung nicht ein, lasse ihm völlig freie Hand. Auch seinen Verwaltungschef, zuständig für die Patientenhotel-Versorgung, habe der Eigentümer entsprechend angewiesen. Da gebe es keinerlei Probleme.

Anschließend flogen Rolf Deyhle und ich nach Bayern zurück und besuchten gemeinsam den Luftkurort Aschau im Priental am Vorfuß der Alpen, direkt unter der Kampenwand. Das nahm mir nicht nur die allerletzten Zweifel, sondern versetzte mich in Hochstimmung. Ja, Rolf Deyhle hatte nicht zuviel gesagt, Aschau war als Klinikort noch besser als Münstertal. Nicht nur wegen seiner außerordentlichen Lage vor dem mächtigen Alpenmassiv, sondern auch wegen seiner vorzüglichen Anbindung an die nur wenige Minuten entfernt liegende Autobahn München-Salzburg. Das von der Gemeinde für eine Klinik zur Verfügung gestellte Grundstück lag an der Prien, jenem Gebirgsfluß, der dem Ort an seiner Mündung in den Chiemsee seinen Namen gab. Es bot einen großartigen Blick südwärts zur knapp 2000 Meter hohen Kampenwandspitze und westwärts zur prachtvollen Burg Hohenaschau.

Der Empfang beim Bürgermeister Karl Bauer war so liebenswürdig wie bei dem von Münstertal. Davon, daß in dem Luftkurort als i-Tüpfelchen eine Klinik gebaut würde, hatte er mit seinem Gemeinderat gewiß schon seit langem geträumt.

Nun fehlte nur noch eine positive Information über das finanzielle Polster von Rolf Deyhle. Mit Hilfe befreundeter Banker bekam ich heraus: 50 Millionen dick sei es. Und fast ebenso gut gepolstert sei Walter Veyhle, den mir Rolf Deyhle als seinen Geschäftspartner bei dem Projekt vorgestellt und schmackhaft gemacht hatte. Auch der machte einen soliden, verläßlichen Eindruck. Mit ihm sollte ich in Zukunft weit mehr zu tun haben als mit dem Anbahner der Beziehung.

Es begannen die Planungen und Verhandlungen mit den Finanziers meines Wunschtraumes, einschränkend gesagt: Mit den potentiellen Geldgebern. Denn noch gab es weder einen konkreten Plan noch einen Vertrag, nur die Hoffnung, daß es dieses Mal klappen würde. Gestärkt wurde meine Zuversicht durch die Glaubensstärke von Deyhle, sein Vertrauen in mich, den zweifachen »Möchtegern«. Erstens bezogen auf die Ausübung meines Arztberufes als »Patientenarzt aus Liebe« im parazelsischen Sinne in einem EUBIOS-Gesundheitshilfe-Zentrum, das nach meiner Vorstellung errichtet und unter meiner Regie betrieben werden sollte. Zweitens mit Blick auf meine Aktivitäten als Medizin-Reformator, meinen Kampf für ein pflichtgemäßes Arzt-Patient-Verhältnis wie von Freund zu Freund, statt wie von Herr zu Knecht, von Herrscher zu Untertan. Den Gesprächen mit Rolf Deyhle durfte ich entnehmen: Er glaubte an mich, traute mir zu-

79 Kampf gegen die neunköpfige Hydra »Hippo-
krates-Medizin« mit Futterklistier aus Kassenarztkoffer.
Karikatur von Joe Zucker, 1977

84 und 85 *(oben)*
Besuch bei Christian
Barnard in Kapstadt,
1980. Mit Barnards
Patientin im
Grote Schuur Hospital

86 *(rechts)* Auf
Werkspionage-Reise
zur University
of California, 1986

87 *(rechte Seite oben)*
Eröffnungsfeier der
Praxisklinik Aschau
im Chiemgau,
mit Landrat, Bürger-
meister und
anderen Honoratio-
ren, Herbst 1980

88 *(rechte Seite
unten)* »Seifenblase«
Hochgebirgsklinik

79 Kampf gegen die neunköpfige Hydra »Hippo-
krates-Medizin« mit Futterklistier aus Kassenarztkoffer.
Karikatur von Joe Zucker, 1977

Heute von 10⁰⁰ – 11⁰⁰ ...
m. Herrn Prof. Dr. Hackethal ... Nachop...

80 *(oben)* Beim
Signieren des Buches
Nachoperation, 1977

81 *(rechts)* Mit
Ekkehard Scharnick,
Präsident des
Verbandes deutscher
Heilpraktiker und
des Internationalen
Kongresses für Natur-
heilkunde in Mainz,
1978

82 *(links)* Von der Reformationsbewegung junger Mediziner auf dem ersten Gesundheitstag 1980 in Berlin als Hauptredner engagiert und als Vorkämpfer gefeiert

83 *(unten)* Mit Claus Hinrich Casdorff in der Sendung »Schlag auf Schlag«

SCHLAG AUF SCHLAG

84 und 85 *(oben)*
Besuch bei Christian
Barnard in Kapstadt,
1980. Mit Barnards
Patientin im
Grote Schuur Hospital

86 *(rechts)* Auf
Werkspionage-Reise
zur University
of California, 1986

87 *(rechte Seite oben)*
Eröffnungsfeier der
Praxisklinik Aschau
im Chiemgau,
mit Landrat, Bürger-
meister und
anderen Honoratio-
ren, Herbst 1980

88 *(rechte Seite
unten)* »Seifenblase«
Hochgebirgsklinik

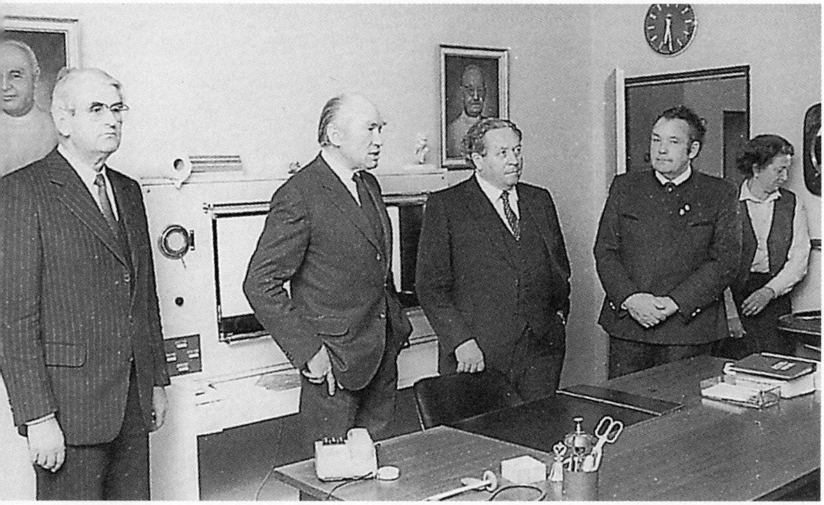

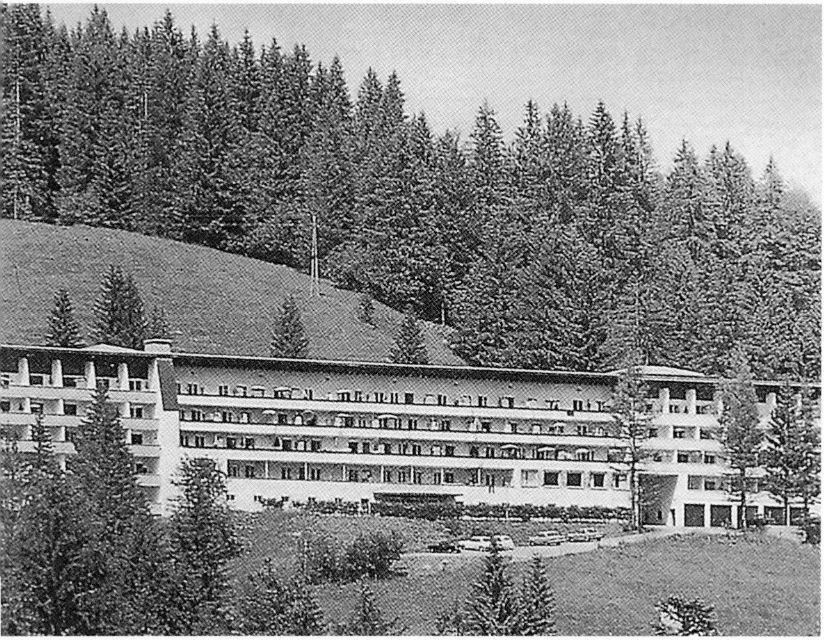

89 *(oben)* Mutter mit
Ihren Kindern Hansi,
Doris, Julius und
Enkelkind Julia, 1980

90 *(rechts)* Sohn
Ulrich mit seiner
Frau Joyce und Sohn
Alexis, 1981

91 *(rechte Seite oben)*
Sommer 1981:
Es geht steil aufwärts

92 *(rechte Seite
unten)* Mit O-Frau Li,
1982

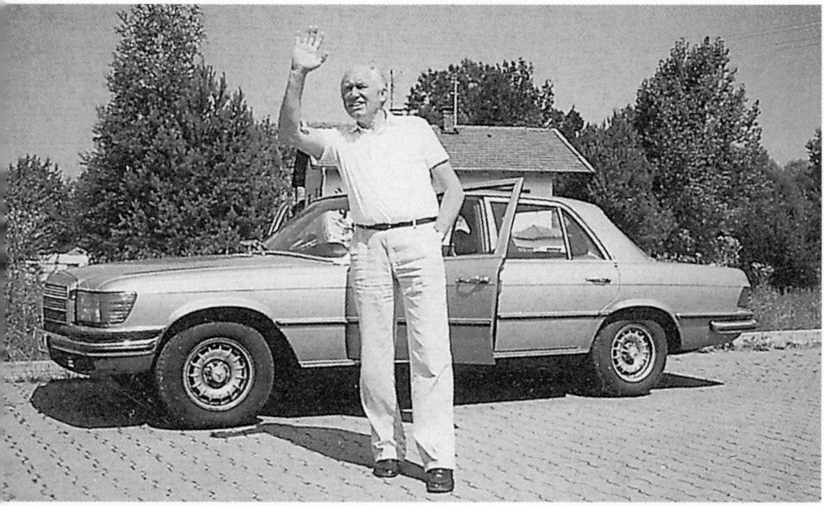

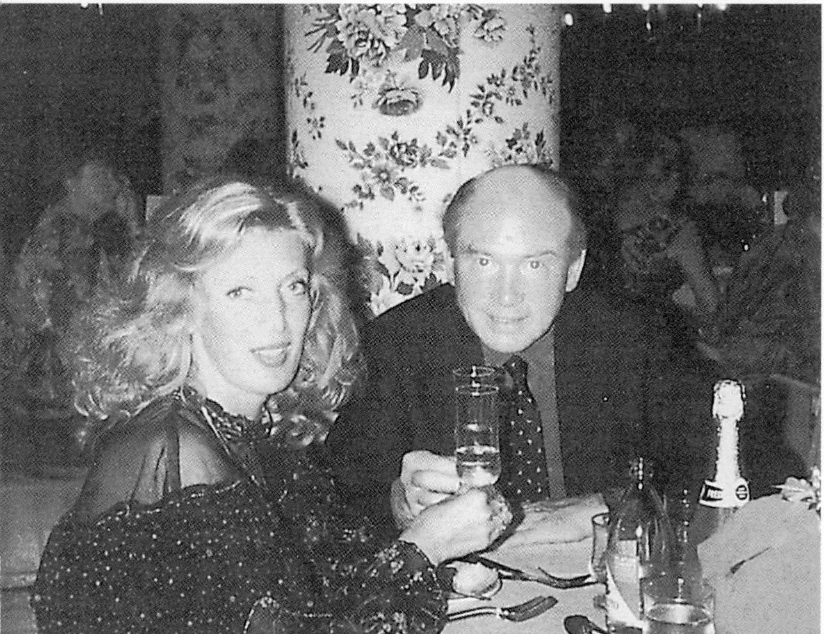

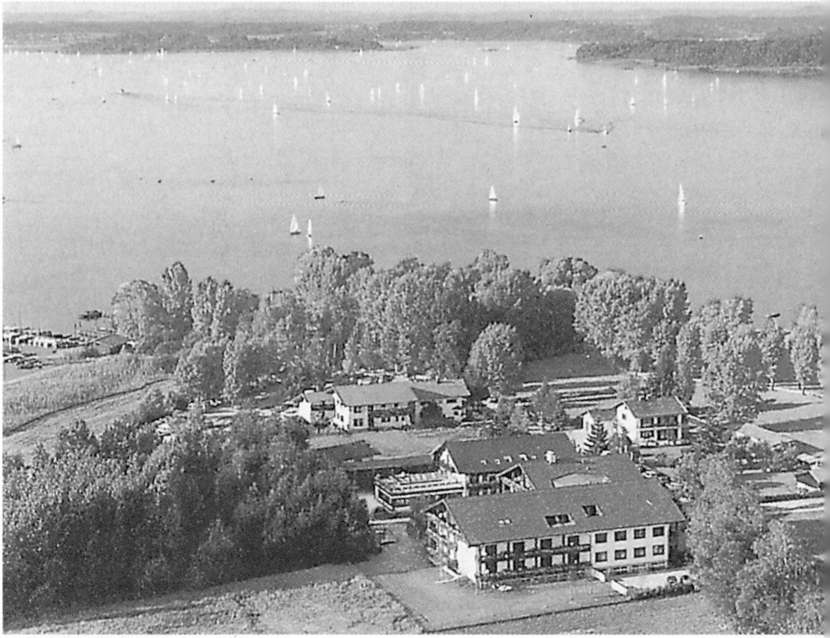

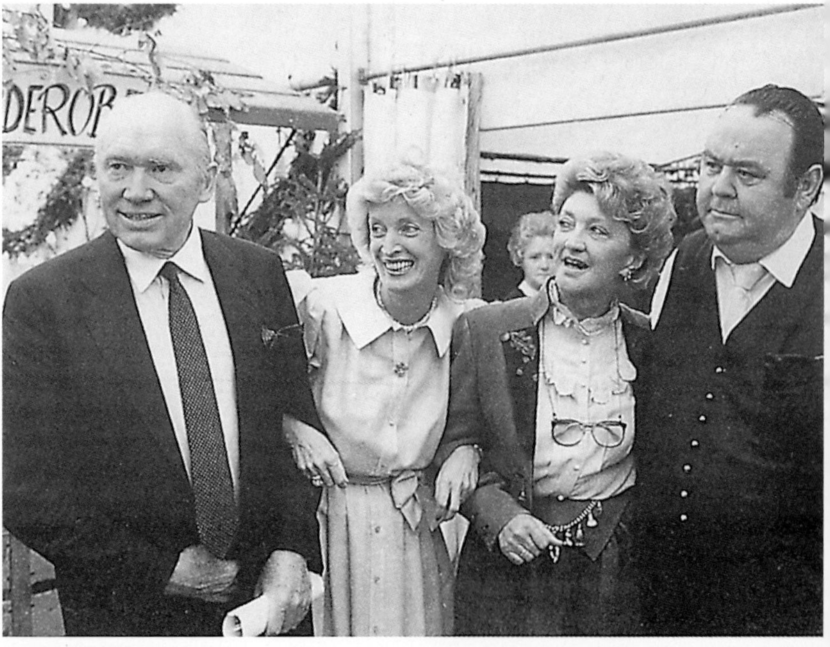
DEROP

93 *(linke Seite oben)* Das EUBIOS-Zentrum am Chiemsee

94 *(linke Seite unten)* JuHa mit Li und dem Klinik-Ehepaar Else und Ernst Freiberger, 1983

95 *(links)* 1985 als Regiearzt des EUBIOS-Zentrums am Chiemsee, bewacht von seinen Haupt-lehrern (links: Franz Rose, rechts: Peter Pitzen)

96 *(unten)* Hochzeit von Julius und Li Hackethal am 5. Juli 1984

97 *(oben)* Das Gut
Spreng bei Riedering
im Rosenheimer Land

98 *(rechts)* Guts-
besitzer-Ehepaar von
Hypobanks Gnaden,
1989

99 *(rechte Seite oben)*
Der Aufenthaltsraum
der EUBIOS-Klinik im
Gut Spreng

100 *(rechte Seite
Mitte)* Im Helikon der
Tagesklinik mit TV-
Schirmen für die täg-
liche Sendung »Julius
am Mittag«

101 *(rechte Seite
unten)* Frischoperierte
Tagesklinikpatientin
außerhalb der
Wachstation, 1989

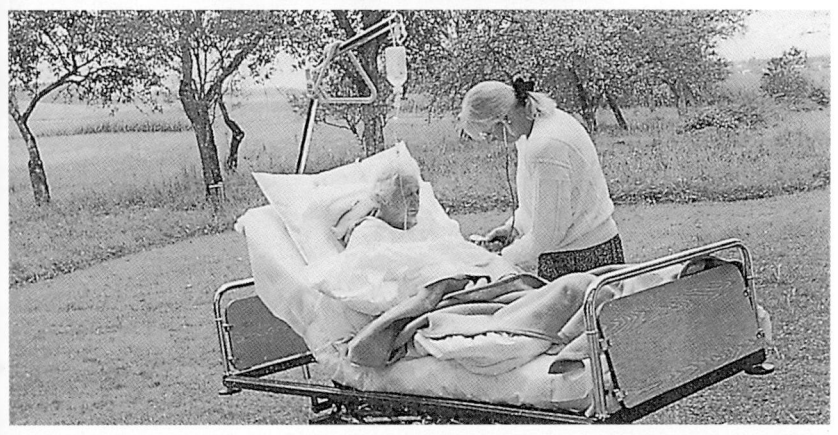

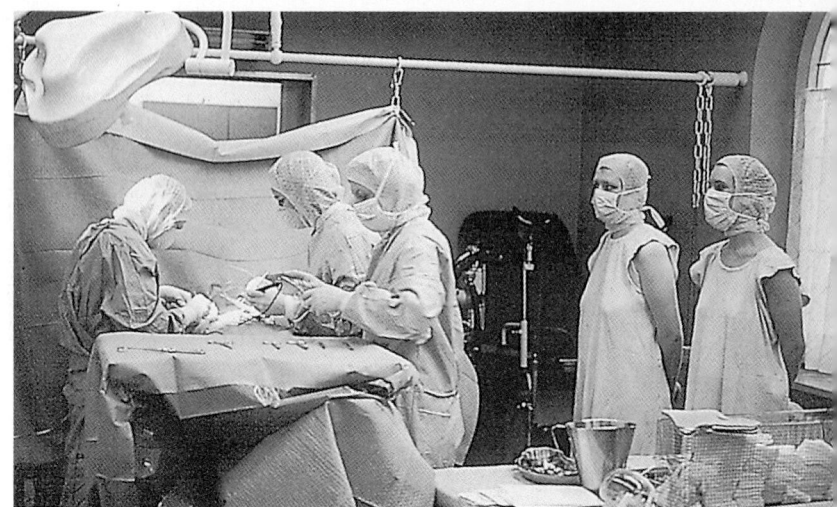

102 *(oben)* Operation in der EUBIOS-Gutspark-Klinik

103 *(rechts)* Als »OP-Trainer mit Aktiv-lizenz auf der Reser-vebank« in der EUBIOS-Gutspark-Klinik, Februar 1994

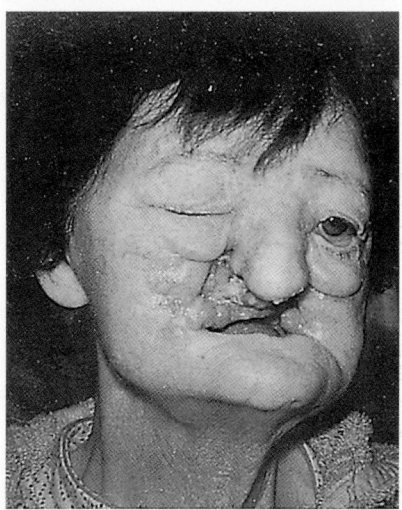

104 und 105 *(oben)* Hermy E., unheilbar an
Krebs erkrankt, bat Julius Hackethal ausdrücklich
darum, sich bei seinem Eintreten für eine
rechtlich erlaubte ärztliche Erlösungstodhilfe auf
ihr Schicksal zu berufen

106 *(unten)* Julius Hackethal mit dem Ärzte-
kammerpräsidenten von Berlin, Dr. Ellis Huber,
Oktober 1992

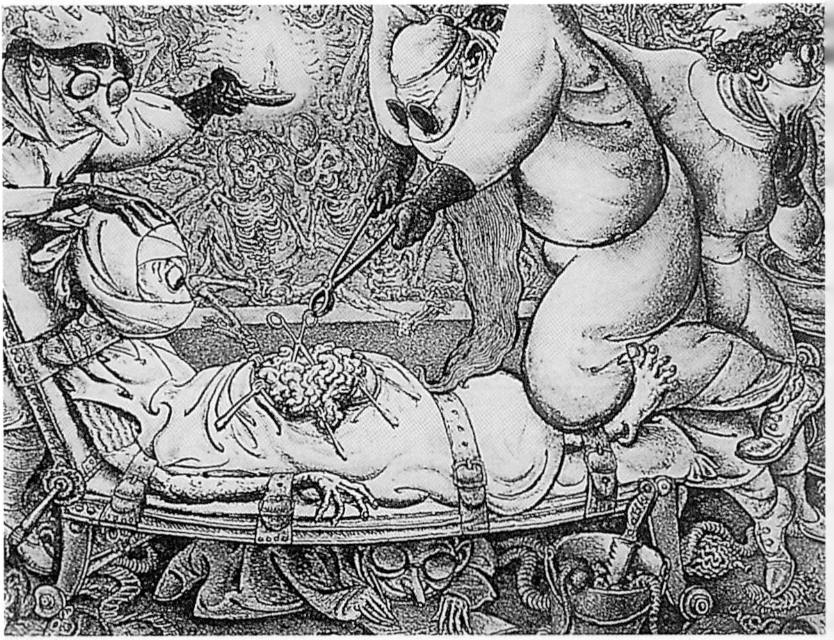

107 *(linke Seite oben links)* Ein später Freund:
A. Paul Weber

108 *(linke Seite oben rechts)* »Das Begräbnis«,
Lithographie, 1980

109 *(linke Seite unten)* »Der Kunstfehler«,
Lithographie, 1980

110 *(oben)* Der Bildhauer Hans Jörg Limbach

111 *(links)* Bildnis Julius Hackethal

112 (oben) Li mit ihren Katzen, 1988

113 (unten) Die vier Eichen von Gut Spreng

mindest zu, aus dem gemeinsam geplanten Klinikprojekt etwas Gutes zu machen. Zur Glaubensstärkung mag seine Bett-, Haus- und Betriebsfrau Rita, damals noch ohne Trauschein, beigetragen haben. Denn sie war von nun an die Mittlerin aller Kontakte, wie weit schon vorher, weiß ich nicht. Jedenfalls durfte ich mir ihrer Sympathie nach vielen Vor- und Zwischengesprächen sicher sein. Und wie stark Glauben und Nichtglauben, Vertrauen und Mißtrauen von den Partnern einer guten BHB-Ehe – weniger präzise auch Familienbetrieb genannt – beeinflußbar sind, weiß niemand besser als ich, seit ich selber in guter BHB-Ehe lebe.

Mein direkter Planungs- und Verhandlungspartner wurde Walter Veyhle. So richtig warm bin ich mit ihm leider nie geworden. Sicher lag es an mir. Denn dem Herrn, der sich in seinem Namen von seinem Geschäftspartner nur durch den Anfangsbuchstaben unterschied, waren Träumer wie ich nicht geheuer. Das ließ sein streng sachlicher Charakter nicht zu. Er betrachtete alles ganz nüchtern. Das mag auch seinem Allround-Geschäftspartner Deyhle bei der Verwirklichung seiner Wunschträume sehr geholfen haben, der allerdings im Gegensatz zu mir ein streng machbarkeitsorientierter Wunschträumer ist, wie die vorläufige Krönung seiner Unternehmungen zeigt: Das am 3. Dezember 1994 eröffnete Halbmilliardenprojekt »SI« = »Freizeit- und Erlebniszentrum Stuttgart-International« – ein Deyhl*elysion* – von (griech.) elysion = Paradies. Walter Veyhle war es dann auch, der einen kurzen knappen Vertragsentwurf ausarbeitete. Unendlich dehnbar, wie sich später herausstellte. Doch ich war bereits wieder auf dem Höhenflug hin zu meiner Traumklinik. Da wollte ich über Formulierungen nicht lange kleinlich nachdenken. Ich unterschrieb und ließ alle anderen Pläne sausen, auch den von einem EUBIOS-Zentrum Lauenburg ob der Elbe.

Nun gab es nur noch ein Ziel: So rasch wie möglich nach Aschau! Ich schloß meine Praxisklinik in Lauenburg, in der ich noch eine Sprechstundentätigkeit ausgeübt hatte, und bot die beiden Villen zum Verkauf an. Schließlich mußte ich von meinem Schuldenberg in Höhe von 1,2 Millionen Mark herunterkommen. Tatsächlich fand sich bald ein Käufer, der sich für beide Häuser interessierte. Was er damit vorhatte, wußte ich nicht. Es wäre mir auch egal gewesen.

Einige Zeit später erfuhr ich, daß mein OP-Haus einem gemeinnützigen Zweck zugeführt worden war. Als Lockmittel dienten rote Laternen. Im Gegensatz zu früher änderten sich die Öffnungszeiten von frühmorgens auf spätabends. Das gemeinnützige Angebot wechselte von der Gesundheitshilfe zur Befriedigungshilfe. Die Zielsetzung beider Institutionen ähnelte sich zweifellos. Auch die Absichtserklärungen der Lauenburger sollen den gleichen Wortlaut gehabt haben: »Wir gehen zu Hackethal!« Der kleine Unterschied: Zu meinem OP-Haus ging man mit einer anderen Sorte von Herzklopfen als zu seinem Nachfolger! Und am Eingang hing eine rote Laterne!

In Aschau wurde die Sparkasse zu meinem wichtigsten Schrittmacher. Sie war gerade dabei, in Ortsmitte ein großes Sparkassengebäude zu errichten. Man bot mir an, das gesamte Obergeschoß nach meinen Wünschen auszubauen. Besser hätte ich es nicht treffen können. Also beauftragte ich die Sparkasse mit dem Ausbau des ersten Stockes zu einer Praxisklinik, mit Praxis für die Sprechstundentätigkeit und Tagesklinik, bestehend aus Therapie- und Wachstation sowie Operationsabteilung für eine Klinikversorgung. Mit meinen Vertragspartnern war mündlich vereinbart, daß ich den Ausbau vorfinanzierte, die Praxisklinik später aber ins EUBIOS-Zentrum Aschau eingegliedert würde. Von der Praxisklinik bis zum geplanten Patientenhotel waren es nur ein paar hundert Meter. Die Fertigstellung der Praxisklinik wurde mir für Ende August 1980 in Aussicht gestellt.

Die Sparkasse besorgte mir auch eine halbe Haushälfte am Ortsrand von Aschau, in bester Lage mit Blick zum Kampenwandkreuz. Dorthin zog ich Ende April 1980 mit dem Mobiliar meiner Münstertalwohnung um.

Es war ein denkwürdiger Tag. Eine Schneekatastrophe hatte zum Zusammenbruch der Stromversorgung geführt. Es dauerte drei Tage, bis ich abends keine Kerzen mehr brauchte. Aber als böses Omen mochte ich diesen Start in Aschau nicht werten.

Für mich begann erst einmal ein recht ungebundenes Junggesellendasein. Meine Frau hatte klipp und klar erklärt: Mit Münstertal sei sie noch einverstanden gewesen, aber nach Oberbayern würde sie mit mir nicht ziehen. Das hatte nicht nur landschaftliche Gründe. Also mußte ich mich erst einmal allein versorgen. Ganz allein blieb ich jedoch nicht, wenigstens nicht ständig. Langweilig wurde es jedenfalls für mich nicht.

Ich plante mal wieder, sowohl für den Ausbau der Praxisklinik wie auch für den des Patientenhotels im Kurpark von Aschau. Außerdem schrieb ich weiter an meinem sechsten Buch *Operation – ja oder nein*, dessen Manuskript ich Ende Juni 1980 beim Goldmann Verlag abliefern sollte.

Dazwischen gab es ein Erlebnis unvergeßlicher Art. Ich besuchte das Idol der Heldenchirurgie, dem 1967 die wahrscheinlich spektakulärste Operation aller Zeiten gelungen war, nämlich die erste Herzverpflanzung. Der Wunsch, Chris Barnard in Kapstadt selbst operieren zu sehen, war etwa ebenso groß wie mein Wunsch früher, die MAYO-Clinic in Rochester und das Sloan-Kettering-Cancer-Center in New York zu besuchen.

Eine Patientin aus Südafrika hatte es möglich gemacht. Und das kam so: Sally G. hatte mich in meiner Praxis wegen eines Wirbelsäulenleidens aufgesucht, das bislang jeglicher operativen und nichtoperativen Therapie ungerührt widerstanden hatte und das von Jahr zu Jahr schlimmer geworden war. Sie hatte mein Buch *Sprechstunde* gelesen und suchte nun Rat und Hilfe bei mir. Da ich zu der Zeit als Operateur außer Gefecht gesetzt war und auch nicht voraussehen konnte, wann ich die zweifellos schwierige Nachoperation unter bestmöglichen Bedingungen durchführen konnte, riet ich ihr, sich in Johannesburg operieren zu lassen. Dort fand sie dann auch einen geeigneten Orthopädischen Chirurgen.

Eines Tages bat sie mich, nach Johannesburg zu kommen, um mit ihrem ausgewählten Chirurgen zu sprechen und dann auch bei der Operation dabei zu sein. Ich versprach es, verband aber das Versprechen mit der Bitte, für mich einen Besuch bei Chris Barnard zu arrangieren. Es klappte.

Also flog ich am Donnerstag, den 21. August, nach Johannesburg und von dort weiter nach Kapstadt. Es war ein wunderschönes Reiseerlebnis, vor allem der Flug von Johannesburg nach Kapstadt und dann Kapstadt selbst, diese Perle am Kap der Guten Hoffnung.

Sally hatte mir erzählt, daß Barnard in Kapstadt ein eigenes Restaurant betreibe. Das wollte ich natürlich unbedingt sehen. Also bestellte ich mir einen Tisch und machte mich vom Hotel aus auf den Weg. Am Eingang stand ein imposanter Herr, den ich für den Geschäftsführer hielt, auch wenn sein Gesicht jenen Portraits ähnelte, die ich von Barnard in den Zeitungen gesehen hatte. Aber da ich mir nicht vorstellen konnte, daß sich das Idol der Heldenchirurgie als Grüßaugust eines Restaurants betätigte, konnte es ja wohl schlecht Chris Barnard selbst sein. *Er war es doch!*

Apropos Idol der Heldenchirurgie. Ich selbst halte ihn längst nicht mehr für einen Heldenchirurgen, also für einen Operateur, der es mit der Indikationsstellung zu Großen Operationen und vor allem mit der Größe der Operationen zu oft übertreibt, sondern für einen Patientenarzt aus Liebe. Denn ich konnte ihn in seinem Umgang mit den Patienten einen ganzen Tag lang in seiner Klinik beobachten und mich sowohl mit Patienten wie auch mit seinen Mitarbeitern unterhalten. Da kann man sich als erfahrener Chirurg schon ein relativ verläßliches Urteil bilden. Doch darauf komme ich noch zurück.

Das Restaurant machte einen sehr gepflegten Eindruck. Es gab ein erlesenes Abendessen und einen besonders köstlichen südafrikanischen Wein. Auch die Rechnung stimmte. Zu guter Letzt erstand ich zwei Aschenbecher mit seinem Namenszug, einen zum Verschenken. Mein eigenes Exemplar hat sich sehr gut erhalten. Kein Wunder, es wurde von mir, der ich nur gelegentlich eine Zigarre rauche, um meinen Appetit in Grenzen zu halten, höchstens ein Dutzend Mal in den letzten fünfzehn Jahren benutzt.

Im Groote-Schuur-Hospital, einem Mammutkrankenhaus ähnlich dem Krebszentrum in New York, meldete ich mich am nächsten Morgen schon eine halbe Stunde vor dem Beginn des geplanten Operationsprogramms bei Barnards Sekretärin. Ich mußte nicht lange warten, da kam er und reichte mir seine goldene Hand. Golden sollte sie ja sein, die Arbeitshand eines Chirurgen, zumindest was ihre Geschicklichkeit betrifft. Es folgte ein guter Händedruck, nicht zu lasch und nicht zu fest, ohne parkinsonverdächtige Schüttelei. Hunderten von Chefchirurgen bin ich im Laufe meines Lebens begegnet, nur wenige waren mir auf Anhieb so sympathisch wie er. Das Symbol ärztlicher Arroganz, den weißen Kittel mit Stehbündchen, trug er nicht, auch nicht später bei der Visite.

Kurz danach stand ich in der hausüblichen OP-Kleidung am Kopfende des Operationstisches, an dem Chris Barnard mitoperierte. Operateur war sein Vize, Barnard assistierte. Auf dem Programm stand keine Herztransplantation, sondern eine Bypassoperation. An Einzelheiten erinnere ich mich nicht genau, nur daran, daß Barnard immer mal wieder dem Operateur Messer, Schere und Nadelhalter aus der Hand nahm, um einen schwierigen Operationsschritt selbst zu übernehmen. Durch die Gummihandschuhe hindurch erkannte man seine verdickten Langfingergelenke. Er litt ja seit Jahren an einem chronischen Vielgelenk-Rheumatismus. Dies allerdings schien die Geschicklichkeit nicht zu beeinträchtigen, zumindest nicht bei den kleinen Operationszwischenschritten.

Später lud er mich ein, mit ihm Visite zu machen. Dies geschah in jener lockeren Umgangsart mit den Patienten, wie ich sie auch in vielen Kliniken der USA kennengelernt hatte. Sie war eher noch lockerer, spaßiger und herzlicher. Dabei setzte er sich immer wieder auf einen Bettrand und hielt Händchen, nahm ein blaß aussehendes Kind auf den Arm, neckte es mit seinem Bärchen oder umarmte einen Patienten oder einen Angehörigen. Mit uns gingen nur ein Arzt und eine Schwester. Krasser kann der Unterschied zu einer Ordinarienvisite mit riesigem »Fluor albus« in bundesdeutschen Universitätskliniken nicht sein!

Zum Höhepunkt wurde die Vorstellung seiner berühmten Herzverpflanzungspatientin Dorothee Fisher, in deren Brust damals schon seit mehr als zehn Jahren das Herz eines gar zu wilden Motorradfahrers schlug. Ausgerechnet an meinem Besuchstag kam sie zur Kontrolle, und ich konnte mich selbst davon überzeugen: Chris Barnard hatte ihr ein lebenswertes neues Leben geschenkt, was nun schon mehr als zehn Jahre währte. Seine Leistung war einzigartig, immerhin hat sein erster Patient zehn Tage überlebt, sein zweiter viele Monate und spätere Patienten Jahre bis Jahrzehnte. Ich erinnere daran, daß zwei Jahre später die beiden Herzverpflanzungspatienten in der Bundesrepublik nicht einmal siebenundzwanzig Stunden überlebt haben, obwohl die Operateure unter den besten technischen Voraussetzungen arbeiteten und auf den Erfahrungen nicht nur von Barnard, sondern von US-amerikanischen Herzchirurgen aufbauen konnten.

Bleibt von Südafrika nur zu berichten, daß ich bei der Operation von Sally G. dabei war. An Operationsplanung und -technik hat dies mit Sicherheit nicht das geringste geändert, aber Sally G. hat es subjektiv auf jeden Fall sehr geholfen, weil ich ihr damit ein wenig die Angst vor der Operation nahm. Auch konnte ich ihr hinterher zu ihrer Beruhigung sagen, daß an der OP-Technik überhaupt nichts auszusetzen war.

Der Ausbau der Praxisklinik in Aschau machte gute Fortschritte. Im Juni konnte ich bereits den 1. September als ersten Arbeitstag planen. Ich gab Inserate für Arzthelferinnen auf. Den OP-Betrieb wollte ich zunächst mit bewährten Mitarbeitern meiner Lauenburger Praxisklinik aufnehmen. Geplant war *ein* OP-Tag pro Woche.

In Aschau fand ich gute Freunde in dem Zahnarzt-Ehepaar Dr. Köhler – eine Freundschaft, die bis heute gehalten und mir oft geholfen hat. Gitti und Klaus kannten mich schon von Erlangen. Dort studierte er Zahnmedizin, sie war Bibliothekarin in der Universitätszahnklinik. In den sechziger Jahren waren sie mit mir als Konsiliarchirurgen der Zahnklinik in lose Berührung gekommen. Später hatten sie auch den Professorenkrieg miterlebt und hatten mich, wie sie sagten, immer im Recht gesehen und sogar ein wenig bewundert. Nun waren sie ein bißchen stolz, daß ich ausgerechnet da Regiearzt einer Klinik werden wollte, wohin es die beiden schon vor Jahren gezogen hatte.

Durch Klaus habe ich ein ganz anderes Verhältnis zum Zahnarztberuf bekommen. Früher rangierte für mich der Zahnarzt als Berufswunsch noch hinter dem Orthopäden. Nichtchirurgische Berufe waren für mich immer indiskutabel. Seit Klaus mein Zahnarzt ist, weiß ich, daß Zahnärzte organspezialisierte Chirurgen sind, ähnlich handwerklich gefordert wie Chirurgen anderer Organbereiche und wohl auch mit den gleichen Erfolgserlebnissen gesegnet, von denen nichtchirurgische Ärzte nur träumen können. Seither gönne ich allen tüchtigen Zahnärzten von Herzen, daß sie angeblich mehr verdienen als der Durchschnitt der »Humanärzte«, wie wir Nichtzahnärzte zur Unterscheidung merkwürdigerweise genannt werden.

Im großen und ganzen erlebte ich im Frühjahr und Sommer 1980 eine recht glückliche Zeit in Aschau. Das einzige, was mir zunehmend Sorgen bereitete, waren die Planungen für das EUBIOS-Zentrum Aschau im Chiemgau.

Aus Gründen, über die sich Walter Veyhle – wie ich kürzlich lesen konnte – eine andere Aktennotiz gemacht hatte als ich, zogen sich Planung und Vertragsverhandlung endlos hin. Direktgepräche mit Rolf Deyhle gab es im Gegensatz zur Anfangsphase nicht mehr. Eingeschaltet wurde dann auch noch eine Münchner Bauträgergesellschaft, deren Name mir nicht in den Bleistift will, weil ich mich nur mit Widerwillen daran erinnere.

Jedenfalls rückten von nun an die Planungen für Eigentumswohnungen im Kurparkgelände von Aschau in den Vordergrund, ursprünglich als Nebensache behandelt. Der genannte Bauträger wurde mein Hauptverhandlungspartner. Damit war das Ende des Wunschtraumes programmiert.

Den JuHa-Gläubigen Rita und Rolf Deyhle verdanke ich meine Rückkehr ins Land der Bajuwaren und damit das »Gottesgeschenk

Bett-, Haus- und Klinikfrau«. Das war programmierter Zufall, vom Sternenhimmel geschickt. Danach ging es zwar über Hürden, aber nur noch aufwärts.

ERSTE BEINAHE-TRAUMKLINIK-ERFÜLLUNG: EUBIOS-WORV ZUM CHIEMSEEUFER

Wieder einmal auf der Talsohle beruflicher Hoffnungen angekommen, konzentrierte ich mich darauf, aus meiner Praxisklinik das Beste zu machen, insbesondere die Tagesklinik auszubauen. Es gab gediegene Hotels und Pensionen in Aschau und näherer Umgebung. Dort konnten meine Patienten untergebracht werden. Ich mußte mich halt auf Operationen beschränken, nach denen die Patienten höchstens für eine Nacht in der Wachstation untergebracht werden mußten. Es blieben trotzdem viele übrig. Nicht nur Bandscheibenoperationen, sondern auch Hüftkopf-Ersatzplastiken waren möglich, vor allem auch Knieoperationen. Nur mit Totalendoprothesen des Hüftgelenks mußte ich vorerst noch warten. Ganz auszuschließen war auch für sie nicht, daß sie bei entsprechender Auswahl später im Rahmen einer Tagesklinikversorgung möglich sein würden. Denn schließlich durften auch meine Patienten mit fest einzementiertem Hüftkopf und ebenso fest verankerter künstlicher Pfanne das operierte Bein schon am OP-Tage voll belasten. Allein der Wundschmerz machte es notwendig, daß sie zwei Stockstützen benutzten.

Am 1. Oktober konnte die Praxisklinik eröffnet werden. Vor die Eingangstür kam ein Schild mit der Aufschrift »Praxisklinik für Chirurgie«. Dies gab prompt den ersten Ärger mit der Bayerischen Landesärztekammer. Laut Berufsordnung ist eine so weitgehende Information der Patienten über das, was ein Arzt kann und nicht kann, verboten. Das Hinweisschild »Vorsicht Arzt« hatte ich erst gar nicht aus Lauenburg mitgebracht. Denn ich wußte inzwischen, daß in Bayern die Uhren anders tickten als bei den Nordlichtern. So ein Schild hätte mir hier mit Sicherheit ein Berufsgerichtsverfahren zum Zweck der Entziehung der Approbation eingetragen.

Zur Praxiseröffnung gab es große Worte, besonders von mir. Sogar der Landrat des Kreises Rosenheim war gekommen. Denn damals hoffte man noch auf das Projekt EUBIOS-Zentrum Aschau im Chiemgau. Also durfte ich noch von meinem Konzept für ein »Gastliches

Krankenhaus ohne Angst für Jedermann« vorschwärmen. Es gab
auch genug Vorauslob, insbesondere vom Bürgermeister, mit dem ich
inzwischen sehr intensiven Kontakt gepflegt hatte. Man gab sich positiv beeindruckt von der Ausstattung, die ich zum größten Teil von
Lauenburg mitgebracht hatte. Alles war noch relativ neu. In der OP-
Abteilung hätte ich von der Ausstattung her sogar künstliche Total-
hüftgelenke machen können. In der Wachstation standen fünf Klinikbetten, und mein Sprechzimmer war eines künftigen Regiearztes
»würdig«.

Auf unserer Warteliste standen viele Patienten. Die Sprechstunde
auf Voranmeldung war von Anfang an randvoll. Der erste OP-Tag
verlief komplikationslos. So ging es auch in den nächsten Wochen
weiter. Nur mit der Abrechnung klappte es nicht. Da gab es ähnliche
Probleme wie in Lauenburg. Das existenzsichernde Gesetz für Klein-
betriebe schlug voll durch: Ohne die Bett-, Haus- und Betriebsfrau ist
man finanziell bald am Ende.

Dank meiner Buchvorabdrucke hatte ich noch immer eine finanzielle Reserve. Vor allem galt ich weiterhin als kreditwürdig. Mein
Haus in Lauenburg blieb mit 600 000 Mark belastet. Den Rest an
Schulden hatte ich durch den Verkauf meines Praxis- und OP-Hauses
abgetragen. 100 000 Mark lieh mir die Sparkasse von Aschau. Damit
konnte ich erst einmal arbeiten.

Fürs Jahresende plante ich einen dreiwöchigen Betriebsurlaub,
der kurz vor Weihnachten begann. Ich reiste zu meiner Familie nach
Lauenburg. In meiner Ehe hatte es schon seit längerer Zeit erheblich
gekriselt, und mir schien es an der Zeit, dies in Ordnung zu bringen.
Ein schönes Weihnachtsfest 1980 bahnte sich an. Alle drei Kinder
waren da, auch mein erstes Enkelkind Julia. Unsere Boxerhündin
Anuschka hatte sich darauf präpariert, der Familie die schönste Weih-
nachtsbescherung zu bereiten: Sie entband pünktlich zu Weihnachten von nicht weniger als acht Boxerwinzlingen. Unser Sohn Ulrich
und ich spielten Hebamme und Geburtshelfer. Drei Neugeborene erwiesen sich als nicht überlebensfähig. Die fünf anderen wurden in
die Großfamilie aufgenommen.

Es war eines der schönsten Weihnachtsfeste meines Lebens. Mit
meiner Frau Doris gab es eine totale Versöhnung. Ich versprach, in
Zukunft nicht mehr ein so wildes Arbeitstier und ein treuerer Ehemann zu sein. Sie glaubte es mir. Da war es dann nicht mehr weit bis
zu ihrem Gegenversprechen, so bald wie möglich zu mir nach

Aschau umzuziehen. Wir beschlossen, daß meine Frau mit Ulrike und Julia Anfang April zu mir kommen sollten. Ulrike wollte mir wie früher als Arzthelferin in der Praxis zur Hand gehen. Aber noch wichtiger war für mich die Zusage meiner Frau, nun auch als Klinikfrau aufsichtsführend in der Praxisklinik mitzuarbeiten.

Überglücklich reiste ich vor Jahresende nach Aschau zurück. Da allerdings ergaben sich bald die ersten Großprobleme in Form des voralpenländischen Schneewinters. Es schneite und schneite, bis der Schnee in Aschau eineinhalb Meter, im Nachbarort Sachrang zwei Meter hoch lag. Auch dort hatte ich im Hotel Sachranger Hof meine Tagesklinikpatienten nach Hüftkopf-Ersatzplastiken, Bandscheiben- und Knieoperationen untergebracht. Da sich der hohe Schnee als erhebliches Versorgungsrisiko erwies, mußte ich mir einen Ausweg einfallen lassen.

Was lag näher, als mich an ein Angebot zu erinnern, das ich bereits im Sommer 1980 bekommen, aber in der Hoffnung abgelehnt hatte, daß doch noch etwas aus dem Patientenhotel in Aschau werden konnte. Reumütig rief ich bei dem Besitzer der Privatklinik Chiemseewinkl, Ernst Freiberger, an und fragte, ob sein Angebot vom Sommer noch gelte. Es galt noch. Wir trafen uns erneut in seiner Kurklinik direkt am Yachthafen des Chiemsees im Ortsteil Felden von Bernau. Diese Klinik hatte genau den Zuschnitt, den ich mir für ein Patientenhotel wünschte, war eher noch komfortabler, als man es sich für ein »Gastliches Krankenhaus ohne Angst für Jedermann« wünschen konnte. Denn »für Jedermann« bedarf es leider doch gewisser Abstriche, obwohl ein bißchen Luxus für Kassenpatienten mindestens genauso wichtig ist wie für Privatpatienten.

Die Privatklinik Chiemseewinkl hatte den Zuschnitt eines kleinen Vier-Sterne-Hotels, umfunktioniert zu einer Kurklinik. Es gab nicht nur 29 Betten in besteingerichteten Ein- und Zweibettzimmern und einen Speisesaal wie in einem erstklassigen Restaurant, sondern auch eine Physiotherapie-Abteilung mit allen modernen Einrichtungen, einschließlich eines kleinen Hallenschwimmbads. Die sieben Kilometer Entfernung von der Praxisklinik in Aschau konnten vor dem Hintergrund der 44-Kilometer-WORV von früher kein Hindernis sein. Die einzige Unsicherheit steckte in den Kurklinikbetten, von denen ich nicht wußte, ob sie für meine Bandscheiben- und Hüftoperierten geeignet seien. Um das herauszufinden, bedurfte es eines Probelaufs, der dann für Februar 1981 zwischen Herrn Freiberger und mir per

Handschlag vereinbart wurde. Falls es in den drei Versuchswochen klappte, sollte ein Zehnjahresvertrag abgeschlossen werden.

Kaum hatte sich diese hoffnungsvolle Perspektive aufgetan, geschah etwas Schreckliches. Am 12. Februar 1981 erhielt ich von der Lufthansa einen Anruf: Unser Sohn Ulrich sei auf einer Flugreise als Steward in Athen tötlich verunglückt. Es war die schlimmste Nachricht meines Lebens. Erst kurz vorher hatte unser drittes Kind – der nach den beiden Mädchen sehnsüchtig erwartete Junge – zu unserer Familie zurückgefunden, nachdem es uns, wie ich bereits schrieb, ein paar Jahre lang weitgehend verlorengegangen war.

Er war 1974 eines der Opfer jener Gesetzesänderung, die auch den Unreifen schon mit achtzehn Jahren das volle Selbstbestimmungsrecht über ihre Person verliehen hatte. An seinem achtzehnten Geburtstag ist dann der Freiheitsdrang mit ihm durchgegangen, wahrscheinlich ein väterliches Erbteil. Zum Entsetzen der ganzen Familie erklärte er, er sei die Büffelei auf der Oberschule nun endgültig leid, ihm reiche die Mittlere Reife und er werde von der Schule abgehen.

Kurz vorher hatte mir sein Schuldirektor, mit dem ich regelmäßig im Doppel Tennis spielte, erklärt: »Der Ulrich macht sich inzwischen ganz gut. Der schafft das Abitur!« Dies war für mich eine besonders frohe Botschaft gewesen, zumal er schon zweimal die Schule gewechselt hatte. Jetzt durfte ich sogar darauf hoffen, daß er eventuell Arzt werden würde, auch wenn er öfters erklärt hatte: »Chirurg niemals!« Dafür hatte ich mich ihm zu sehr als Arbeitstier präsentiert. Außerdem konnte er »kein Blut sehen« – wie sich die loben, die gern Blutwurst essen. Ja, er hatte sich als besonders liebenswerter und zartfühlender Junge erwiesen, mit einer praktizierten Tierliebe, wie ich sie später nur bei meiner zweiten Frau erlebt habe. Seinen Boxerhund »Abbas« hatte er abgöttisch geliebt. Dessen Tod konnte er nie ganz verwinden.

Und dieses, unser problemlosestes Kind flippte zu seinem achtzehnten Geburtstag total aus. Selbstverständlich muß sich da vorweg eine ganze Menge an verborgenem Frust durch die autoritäre Erziehung angesammelt haben, insbesondere von seiten des Vaters, aber ebenfalls von seiner Mutter, wenn auch bei ihr sicher liebevoller verpackt. Von uns unbemerkt war er an Freunde geraten, die ihn zum Haschen verführt hatten. Dies dürfte dann der entscheidende Grund für den radikalen Verhaltenswandel gewesen sein.

Er war also am 15. Juli 1974 achtzehn geworden. Da jedoch das – auch aus meiner heutigen Sicht unvernünftige – Gesetz, grünes Menschenobst für reif zu erklären, erst am 1. Januar 1975 in Kraft trat, bestanden meine Frau und ich darauf, daß er mindestens bis zum Jahresende weiter auf der Oberschule blieb. Daraufhin tyrannisierte er uns in den nächsten Wochen so sehr, daß wir es nicht mehr ertragen konnten und ihn laufen ließen. Er schloß sich irgendeiner jener Kommunen an, wie sie damals Mode waren.

Nach ein paar Jahren hatte er dann Gott sei Dank die Nase voll. Wir konnten ihn zurückholen und erfolgreich dazu überreden, wie seine Schwester Claudia Flugbegleiter bei der Lufthansa zu werden. Die Möglichkeit, in der Welt herumzufliegen, gefiel ihm. Bald heiratete er auch und machte damit meinen unehelichen Enkel Alexis zum ehelichen Kind.

Weihnachten 1980 erklärte er, es sei seine Absicht, das Abitur nachzumachen und dafür eine Abendschule zu besuchen. Alles entwickelte sich positiv.

Wenige Tage vor seinem Tode schnitt ich ihm in meiner Praxisklinik in Aschau in örtlicher Betäubung ein kleines harmloses Hautgewächs heraus. Dabei erzählte er, daß er am Montag einen Flug nach Athen habe. Bald nach seiner Rückkunft wollte er mich wieder besuchen.

Von der Lufthansa erfuhr ich, was geschehen war: Nach der Ankunft der Maschine in Athen hatte die Crew bis zum nächsten Tag frei. Also war man abends vom Flughafen in die Stadt gefahren, um sich im Nachtleben von Athen zu vergnügen. Dabei hatte sich Ulrich in einem Lokal mit einem etwa gleichaltrigen griechischen Pärchen angefreundet. Bis nach Mitternacht saß man zusammen – und nicht auf dem trockenen. Ausgerechnet an diesem Tag streikten die Taxifahrer, und so ließen er und eine Stewardeß, die mit von der Partie war, sich von den neugewonnen Freunden zum Hotel fahren. Da passierte es dann. Der Fahrer raste mit hoher Geschwindigkeit gegen einen Laternenmast. Dabei erwischte es die Insassen auf der linken Wagenseite, ganz besonders Ulrich auf dem linken Rücksitz. Es schaudert mich noch, wenn ich an die Verletzungen denke. So gewaltig war der Aufprall, daß ihm das linke Bein abgerissen wurde. Es hieß, er sei auf der Stelle tot gewesen.

Nach dem Anruf der Lufthansa war ich wie betäubt. Dann telefonierte ich mit meiner Frau. Es war die größte Katastrophe, die wir in unserer inzwischen dreiunddreißigjährigen Ehe erlebt hatten. Im ersten Augenblick wollte ich sofort nach Athen fliegen. Aber nachdem ich ja ohnehin nichts mehr für ihn tun konnte, entschied ich mich anders. Ich wollte ihn einfach so in Erinnerung behalten, wie er sich von mir wenige Tage vorher verabschiedet hatte.

Statt dessen flog ich sofort nach Hamburg, um meiner Frau beizustehen. Er war immer mehr ein Mutterkind gewesen. Für sie war es also noch schlimmer als für mich. Da durfte ich sie nicht allein lassen. So hat gerade der schreckliche Tod von Ulrich dazu beigetragen, unsere Ehe wieder auf die Basis vertrauensvoller Liebe zu stellen.

Am 18. Februar 1981 haben wir ihn dann am Wohnort seiner Familie in Wiesbaden zu Grabe getragen. Außer der engeren Verwandtschaft war ein großer Freundeskreis gekommen, um Abschied zu nehmen. Kaum jemand konnte die Tränen zurückhalten, als Ulrichs Lieblingslied »Imagine« von John Lennon gespielt wurde.

Gut, daß es in meiner Praxisklinik in Aschau viel zu tun gab. Nichts vertreibt wohl seelischen Schmerz rascher als ein großes Arbeitspensum. Nach dem Vertrag auf Probe hatten sich zwar mit der vorübergehenden Schneeschmelze die Versorgungsmöglichkeiten meiner Tagesklinik-Patienten in den Hotels und Pensionen von Aschau und Umgebung etwas verbessert. Aber ich war durch die Herumfahrerei nach Art eines gut ausgelasteten Landarztes zusätzlich zu allem anderen stark gefordert. Also war ich schließlich recht froh, mit der probeweisen WORV von Aschau zum Chiemsee im Februar zu beginnen. Endlich hatte ich alle operierten Patienten in einem Haus.

Die Kurklinikbetten waren nach Auswechslung von ein paar Matratzen auch für meine Bandscheibenoperierten geeignet. Lediglich den Transportsanitätern und Krankenschwestern machten die kurzen Bettbeine beim Lagern und Umlagern Rückenprobleme. Trotzdem, schon nach dem ersten OP-Tag stand fest: Die Probe-WORV würde sich bewähren.

Mitte März 1981 wurde ein Zehnjahresvertrag geschlossen zwischen Ernst und Else Freiberger als Klinikträger und mir als einzigem Belegarzt mit alleiniger Zuständigkeit für die Medizinische Versorgung unter der eigenwilligen Bezeichnung »Regiearzt«. Nun hing der Himmel wieder voller Geigen, nicht nur beruflich, sondern auch familiär. Nur noch drei Wochen mußte ich mich allein mit den Problemen eines Kleinbetriebes herumärgern. Anfang April würde meine

Frau kommen, um den Betrieb in der Praxisklinik zu beaufsichtigen. Ulrike sollte die Position einer Klinikassistentin übernehmen.

Patientennachschub gab es jede Menge. Finanziell mußte es einen Auftrieb geben. Ich bekam zwar kein Chefarztgehalt, hatte aber das Recht, die medizinische Versorgung der Patienten selbst voll in Rechnung zu stellen. Lediglich für mein Sprechzimmer in der Klinik mußte ich eine kleine Miete bezahlen. Die Erfüllung eines Wunschtraumes zeichnete sich nun ab: Ein EUBIOS-Zentrum in eigener Regie. Ein neues Leben sollte beginnen, für das ich lauter gute Vorsätze hatte. Als Ehemann war ich so treu wie fast nie zuvor. Die Familie rückte zusammen. Inzwischen waren meine Frau und meine Kinder zu Besuch gewesen und hatten sich von der hoffnungsvollen Perspektive überzeugt. Da konnte eigentlich nichts mehr schiefgehen!

BEINAHE-TRAUMKLINIK-ENDE: SELBSTTÖTUNGSPLAN

Anfang April reisten sie an: Meine Frau Doris als prospektive Bett-, Haus- und Klinikfrau, meine Tochter und künftige Klinikassistentin Ulrike, Enkeltochter Julia und Boxerhündin Anuschka – genannt Nuschi. Gemessen an unserem Elbschlößchen war die halbe Haushälfte in Aschau gewiß ein Abstieg. Aber immerhin standen uns drei Etagen mit Kellergeschoß zur Verfügung – und das in einem Neubau mit Sonnenterrasse und Liegewiese in schönster Alpenlage.

Wir begannen, uns häuslich einzurichten. Ulrike und Julia zogen in das sehr schöne Dachgeschoß. Meine Frau sollte sich erst einmal eingewöhnen und sich zunächst nur um den Haushalt und das Enkelkind kümmern. Ulrike nahm ich gleich am Sonntag, dem 5. April, mit in die Praxisklinik, stolz, meine Tochter den Patienten als meine künftige rechte Hand vorstellen zu können. In diesem erhabenen Gefühl machten wir die erste gemeinsame Visite. Alles schien bestens.

Am nächsten Tag begann der übliche Montagsbetrieb in der Praxisklinik und im Patientenhotel Chiemseewinkl. Ich machte ab acht Uhr Sprechstunden, Ulrike fuhr ins Patientenhotel. Die Sprechstunde war voll. Sie dauerte ohne Pause bis zum frühen Nachmittag. Dann fuhr ich zu meinen Patienten in die Klinik. Dort erwarteten mich meine Angestellten: Die Klinikassistentin und drei Schwestern. Ich untersuchte zunächst die für den nächsten Morgen vorgesehenen OP-Patienten. Dann machte ich zusammen mit Ulrike Visite und einen

Rundgang durchs übrige Haus. Wir besuchten die Masseure und Bademeister der Physiotherapie-Abteilung, die Hausdame, die Rezeptionistin und das Küchenpersonal. Die gesamte Atmosphäre war wohltuend. Abends konnte ich beim Abendessen zufrieden von den Tagesereignissen erzählen. Julia hatte sich mit Ulf, dem etwa gleichaltrigen zweiten Sohn von Klaus und Gitti Köhler, angefreundet. Es schien, daß alle zufrieden waren.

Am nächsten Tag war OP-Tag, 10 Operationen, soweit ich mich erinnere. Als zusätzliche Hilfe waren meine OP-Schwester und mein Anästhesieassistent von Hamburg eingeflogen. Alles lief gut. Der WORV-Transport klappte reibungslos. Im Patientenhotel gab es zwar keinen Fahrstuhl für Lieger. Aber der Treppauftransport war kein unüberwindbares Hindernis.

Das Abendessen zu Haus mußte am OP-Tag zwar sehr verspätet stattfinden, doch konnte ich über einen gelungenen Tag berichten. Ich bat um Verständnis dafür, daß ich mein Versprechen, weniger zu arbeiten und mich mehr um die Familie zu kümmern, im Moment noch nicht einlösen könne. Schließlich sei es ja ein Neubeginn. Begeisterte Zustimmung kam aus dem Familienkreis nicht, aber auch keine Beschwerde. Natürlich hätte ich mir ein bißchen mehr Anfangsenthusiasmus gewünscht, aber das war wohl zuviel verlangt.

In den folgenden drei Tagen von Mittwoch bis Freitag war bis zum Spätnachmittag Sprechstunde und danach Visite. Freitag, den 10. April, hatte Julia ihren achten Geburtstag, den sie mit ihren neuen Gespielen feierte. Ein bißchen Heimweh nach den Lauenburger Freunden mag dabeigewesen sein. Aber starke Klagen gab es deswegen nicht. Für das Wochenende hatten wir uns einen kleinen Ausflug vorgenommen. Telefonisch mußte ich allerdings immer erreichbar sein, weil es für die Klinikpatienten außer mir keinen Arzt gab. Auch war sowohl am Samstag wie am Sonntag eine Stippvisite fällig. Aber im großen und ganzen verlief das erste Wochenende recht häuslich und, wie mir schien, sehr harmonisch.

Es folgte die Osterwoche, in der zunächst alles verlief wie in der Woche zuvor. Am Gründonnerstag kam dann ein Anruf aus Lauenburg. In unser Elbschlößchen sei eingebrochen worden. Anrufer war Ulrikes Freund, den sie eigentlich loswerden wollte, der aber immer noch in der früheren gemeinsamen Wohnung in unserem Haus wohnte. Jedenfalls bot sich Ulrike, die den Anruf entgegengenommen hatte, sofort an, nach Hamburg zu fliegen und in Lauenburg nach dem Rechten zu sehen. Der Familienrat war einverstanden. Also flog sie. Da muß ihn ihr »Freund« – der es ja eigentlich nicht mehr war – wohl im Bett eingeläutet haben: Den Anfang vom bösen Ende.

Nach ihrer Rückkunft am Ostersamstag berichtete Ulrike. Beschädigt und gestohlen worden war wenig bis nichts. Ein Gespräch über den »Freund« vermied ich. Am Ostermontag fuhren wir am Vormittag gemeinsam zur Visite in die Klinik. Es war der 20. April, mir, einem Mann des Jahrgangs 1921, als »Führers Geburtstag« zum unvergeßlichen Denkmalstag eingehämmert worden. In der Klinik herrschte, wie auch draußen, blauer Himmel. Danach fuhren wir zusammen nach Aschau zurück. Etwa in der Mitte des Weges erklärte meine Klinikassistentin plötzlich: »Du, Papi, ich gehe wieder zurück nach Lauenburg!«

Ich weiß nicht, was mich mehr erschreckt hat: Die drohende Flucht oder die Bestimmtheit ihrer Erklärung. Ich mußte ihr sofort ins Gesicht sehen und wäre dabei fast in den Graben gefahren. Sie schaute mich fest an, ein wenig zu forsch angesichts einer Nachricht, die mich in tausend Ängste versetzen mußte. Zuviel Hoffnung hatte ich darein gesetzt, daß meine Klinikassistentin meine Tochter war. Ich antwortete: »Das kannst du mir doch nicht antun!« Da wurde sie dann wohl doch ein wenig unsicher und begann entsprechend umständlich zu erklären, warum sie weg wolle – hauptsächlich, weil sie sich der verantwortungsvollen Aufgabe nicht ausreichend gewachsen fühle. Doch je länger sie redete, um so sicherer wurde ich, daß der Grund ein anderer war.

Noch vor der Ankunft in Aschau tröstete ich mich damit, daß mir ja meine Frau für die Praxisklinik blieb. Zu Hause angekommen, stürzte ich auf sie zu und sagte: »Du, Schatz, weißt du schon, daß Ukki zurück nach Lauenburg will?« Sie antwortete, ohne mich anzuschauen: »Ja, ich weiß es, und ich werde mit ihr zurückgehen!«

Eigentlich hätte mich auf der Stelle ein tödlicher Herzinfarkt treffen müssen: Elf Wochen zuvor die Hiobsbotschaft vom Crash-Tod unseres Sohnes und nun die Schreckensnachricht vom Crash-Tod meiner Ehe, der jede Hoffnung auf Rentabilität meines Kleinunternehmens zunichte machte. Das war zuviel auf einmal. Ich geriet völlig aus der Fassung. Denn in den Gesichtern der beiden las ich, daß der Entschluß unabänderlich war. Sicher stand er schon seit Tagen fest. Man hatte ihn so gut verheimlichen können, daß mich die Nachricht wie ein Blitz aus heiterem Himmel traf.

Dies war in meinen Augen schlimmster Vertrauensbruch: Die

Nichteinlösung eines festen Versprechens, die mindestens tagelange Verheimlichung von Trennungsabsichten und das Imstichlassen, das Alleinlassen mit einer schweren beruflichen Aufgabe, die ich ohne eine Ehefrau als Partner wahrscheinlich nicht bewältigen konnte.

In Bruchteilen von Sekunden wurde mir das alles bewußt. Da war es dann auch nicht weit zu dem bösen Verdacht: Man war zu faul, mit mir gemeinsam die Aufbauarbeit zu leisten, spekulierte darauf, daß unser Elbschlößchen in Lauenburg zirka 1,5 Millionen Mark wert war und nur 700 000 Mark Schulden dagegen standen. Man kannte mich als unverbesserliches Arbeitstier. Jetzt, wo ich auch eine kleine Bettenstation hatte, würde ich die Schulden schon abarbeiten. Das schaffte ich sicher auch alleine. Also konnten sie weiter in dem Elbschlößchen wohnen und leben. Mindestens die Hälfte des Hauswertes müßte ihnen bleiben. Und mit einer Dreiviertelmillion hätten sie ganz gut leben können, ohne zu arbeiten.

In die Wut flossen sofort auch Selbstvorwürfe ein. Eigentlich war ich ja selbst schuld, hatte meine Frau geschont, jahrelang aus meiner Arbeit herausgehalten. Bis zur Selbstkündigung meines Chefarztverhältnisses am 21. März 1974 war es für mich selbstverständlich gewesen, daß meine Frau sich nur um die Familie kümmerte, natürlich vor allem auch um mich. Nach meiner schweren Tagesarbeit wollte ich ein gemütliches Zuhause vorfinden. Aber das war es nicht allein. Ein bißchen wollte ich meine Frau auch dafür entschädigen, daß meine Arbeit mir kaum Zeit für die Familie ließ. Auch hatte ich ihr, damit sie sich nicht mit irgendwelchen begrenzten Haushaltsbudgets herumschlagen mußte, immer freies Verfügungsrecht über unser Geld eingeräumt. Auch in dieser Beziehung war sie sicher sehr viel besser dran als die meisten Ehefrauen sonst.

Gewiß hatte ich sie früher betrogen und war dabei auch mehrmals erwischt worden. Aber in welcher Ehe passiert das nicht? Das Entscheidende: Sie hatte mir doch verziehen und dies ausdrücklich wiederholt erklärt, nicht nur Weihnachten 1980, sondern auch bei unserem Zusammensein nach dem Tod von Ulrich und bei ihrem Besuch in Aschau. Auch bei unseren Telefonaten zwischendurch schwang dieses Verzeihen immer mit. Und ich hatte mich seit Weihnachten fest an mein Versprechen gehalten, nur ihr treu zu sein.

All das flog mir in Sekundenschnelle durch den Kopf. Und in diesen Sekunden brach für mich alles zusammen, restlos alles.

Doch sofort aufgeben wollte ich nicht. »Das könnt ihr mir doch nicht antun«, sagte ich. »Ihr habt es mir doch fest versprochen, bei mir zu bleiben und mir bei dem Neuanfang zu helfen. Seit ihr hier seid, gab es keine einzige Disharmonie und kein einziges Wort der Klage. Was ist? Warum wollt ihr weg?«

»Es ist doch wieder dasselbe wie früher«, antwortete meine Frau. »Du arbeitest wie ein Besessener, hast keine Zeit für uns. Das wird sich nie ändern. Also gehen wir lieber nach Lauenburg zurück.«

Nun verlor ich die Beherrschung. Ich wurde laut und ließ allerlei Vorwürfe, Verdächtigungen und Beschimpfungen los. Am Schluß drohte ich mit dem, was mir als erstes in den Kopf gekommen war, als ich von der Fluchtabsicht meiner Frau erfuhr: »Jetzt bringe ich mich um, mache das, was ich schon auf dem Weg von Lauenburg nach Bevensen vorhatte. Nun reicht es mir endgültig, dieses Scheißleben!« Dann drehte ich mich herum und verließ das Zimmer.

Ich überlegte, wie ich meinen Vorsatz so rasch und unauffällig wie möglich in die Tat umsetzen konnte. Da fielen mir die Seychellen im Indischen Ozean ein. Dorthin hatte ich schon immer mal gewollt. Auf Jamaica war ich schon zweimal gewesen, einmal mit meiner Enkeltochter Julia, einmal mit Bleistift, kariertem Papier und Radiergummi allein. Tropische Inseln schienen mir seither das Paradies auf Erden. Ja, dahin wollte ich fliegen, schon morgen, spätestens übermorgen.

Ich beschloß, mir 20 000 Mark von der Bank abzuheben, ein paar Klamotten zusammenzupacken und damit zum Flughafen Frankfurt zu fahren, um mich für einen Flug auf die Seychellen einzuchecken. Dort wollte ich in einem Spitzenhotel in etwa zwei Wochen das Geld verprassen, mich dann im Hotelzimmer einschließen und mit einem Stich ins Herz mein »Scheißleben« beenden.

Nachdem ich das alles durchdacht hatte und meines Entschlusses sicher geworden war, beruhigte ich mich mehr und mehr. »So ist es mir also bestimmt«, dachte ich. Ich schrieb mir zwei Schecks aus, mit denen ich das Geld abheben wollte, damit es nicht so auffiel. Dabei fiel mir ein, daß ich meine Frau trotz allem wohl nicht ganz ohne Geld zurücklassen durfte. Immerhin waren wir ja gut dreiunddreißig Jahre miteinander verheiratet gewesen, aus meiner Sicht eher glücklicher als die meisten anderen Paare, die ich kannte. Also unterschrieb ich noch zwei weitere Schecks blanko und gab sie meiner Frau mit der Bemerkung: »Hier hast du zwei Blankoschecks. Heb dir ab, was du kriegen kannst, sobald ich weg bin. Bald danach kriegst du wahrscheinlich nichts mehr.« Sie hat abgehoben, was sie kriegen konnte!

Wie ich die Nacht verbracht habe, weiß ich nicht mehr. Ich erinnere mich nicht einmal, ob ich an dem Dienstagmorgen noch einmal in der Klinik war, wahrscheinlich nicht mehr. In meiner Praxis erklärte ich, nachdem ich das Geld abgehoben hatte, daß ich unerwartet verreisen müsse. Dann bestieg ich meinen ikonengoldenen, inzwischen schon etwas gealterten Mercedes und fuhr in Richtung Frankfurt davon. Von den Wortbrüchigen verabschiedete ich mich nicht. Zumindest erinnere ich mich nicht daran.

Am Flughafen Frankfurt angekommen, quartierte ich mich im Sheraton-Hotel ein. Da war ich als »Vielflieger« seit 1976 ein gern gesehener Gast. Vorher hatte ich mir im Flughafen Prospekte von den Seychellen besorgt. Ich war sehr müde, auch weil ich in der letzten Nacht kaum geschlafen hatte. Also legte ich mich erst einmal ins Bett. Dann studierte ich den Flugplan, um zu erkunden, wann ich am nächsten Morgen abfliegen mußte. In welchem Hotel ich mich auf den Seychellen einquartierte, wollte ich erst nach meiner Ankunft entscheiden.

Ganz ohne Abschied von meiner Tochter Claudia, die ja an der ganzen Aktion völlig unbeteiligt war und zu der ich ein gutes Verhältnis hatte, wollte ich mich nicht davonmachen. Außerdem gab es noch jemanden, von dem ich mich anständigerweise verabschieden mußte. Wir hatten zwar unsere Liebesbeziehung seit Weihnachten 1980 beendet. Aber wenigstens ihr mußte ich erzählen, was passiert war und warum ich nun jegliche Lebenslust verloren hatte.

An mein Gespräch mit Claudia erinnere ich mich nicht in den Einzelheiten, um so besser an das mit meiner Exgeliebten. Sie war nicht einmal überrascht, als sie meine Stimme hörte. Beinahe schien es so, als ob sie auf meinen Anruf gewartet hätte. Ich erzählte ihr alles bis in die kleinste Kleinigkeit. Als kluge Frau, die mich bis tief ins Herz hinein kannte, ließ sie mich dieses Herz voll ausschütten, ohne Zwischenfragen zu stellen. Immer wieder mußte ich nachfragen, ob sie noch da sei. Als ich mich ausgeweint hatte, fragte sie als erstes: »Ist denn deine Klinik leer?« »Nein, randvoll.« Kurze Pause, dann sie: »Vertritt dich dort jemand?« »Nein, niemand.« Ich hatte zwar schon Verbindung mit einer Ärztin und einem Arzt in der Nähe aufgenommen, um einen Bereitschaftsdienst sicherzustellen. Aber außer für den Notfall gab es keine Vertretung.

Da sagte sie dann deutlich vorwurfsvoll: »Aber das kannst du doch nicht machen, einfach wegfliegen, ohne die Patienten jemandem übergeben zu haben.« Bevor ich widersprechen konnte, setzte sie nach: »Natürlich mußt du das tun, was du dir vorgenommen hast. Das kann dir in dieser Situation niemand verdenken. Ich wünsche es mir nicht, aber du mußt es selbst entscheiden. Vielleicht überlegst du dir's ja auf deinen Inseln noch mal. Aber bevor du fliegst, mußt du erst noch einmal zurück und deine Patienten einem anderen Arzt übergeben.«

Als ich nicht sofort antwortete, nötigte sie mich: »Ju, erinnere dich bitte, was du deinen Patienten versprochen hast. Wie einen Freund würdest du jeden behandeln, und nun willst du dich sang- und klanglos davonmachen! Ich meine, das dürftest du nicht!«

Damit hatte sie mich an etwas erinnert, was ich in der Torschlußpanik verdrängt hatte, nämlich an mein im Buch *Nachoperation* publiziertes Arztgelöbnis. Damit hatte mich meine zur allerletzten Gesprächspartnerin meines irdischen Daseins Auserkorene genau darauf festgenagelt, was für mich eigentlich seit eh und je die Grundbedingung für mein Tun und Lassen gewesen war, auf das ich mich aber 1977 auch öffentlich festgelegt hatte.

Gemessen an der gängigen Praxis wäre an meiner Flucht nicht so sehr viel zu beanstanden gewesen. Das soll es ja öfters geben, daß Ärzte für einige Wochen in den Urlaub verschwinden, ohne die Patienten richtig übergeben zu haben. Schließlich gibt es ja auch eine Karteikarte oder eine Patientenakte, an der sich der Nachfolger orientieren kann. Auch habe ich noch nie gehört, daß ein Arzt eine Rüge von der Ärztekammer bekommen hätte, weil er seine Kranken nicht persönlich Patient für Patient an seinen Nachfolger übergeben hatte.

Aber ich wollte mein Verhalten nicht an der gängigen Praxis messen. Ich hatte etwas anderes gelobt. Also mußte ich zurück.

Viel bleibt nicht zu berichten: Ich kam in die Klinik, sah meine Patienten – und meine Erpresserin siegte!

Nachbemerkung:

Inzwischen sind seit diesem meinem vielleicht schlimmsten Lebenstief dreizehn Jahre vergangen. Nach dreizehnjährigem Hadern habe ich meiner ersten Frau – auch auf Drängen meiner zweiten – verziehen. Wahrscheinlich hatte sie wohl doch andere Gründe, als ich sie ihr in der Rage des Verschmähten unterstellt habe. Jedenfalls pflegen wir nun schon seit mehreren Jahren wieder freundschaftliche Kontakte.

ZWEITGRÖSSTER WUNSCHTRAUM ERFÜLLT (1981–1994)

GOTTESGESCHENK BETT-, HAUS- UND KLINIK-FRAU

Mein größter Wunschtraum als Arzt war, Höchstverantwortlicher –
von mir Regiearzt genannt – für die Medizinische Versorgung eines
»Gastlichen Krankenhauses ohne Angst für Jedermann« – später mit
dem Kennwort EUBIOS-Klinik charakterisiert – zu werden. Daneben
stand als großer *Wunschtraum sonst* nach meiner Flucht als Chef-
arztsklave eines bürokratischen Krankenhausträgers eine Bett-, Haus-
und Klinikfrau als Regieassistentin. Dieser doppelte Wunschtraum –
der zweitgrößte nach dem von einem neuen Arzt-Patient-Verhältnis,
meinem Reformationswahn – wurde mir ausgerechnet an jenem Datum erfüllt, das nach einem alten Schlager für den Weltuntergang
vorgesehen ist: Am 30. Mai. An diesem Tag des Jahres 1981 begann für
mich der »Himmel auf Erden«. Der Himmel hier unten ist zwar nicht
nur voller Geigen, wie man weiß. Aber deshalb heißt er ja auch nur
»Himmel auf Erden«.

Rückblickend betrachtet war also mein tiefstes Lebenstief am
Ostermontag 1981 zugleich das Startloch zu meinem *eu bios* als Arzt,
Möchtegern-Reformator und Liebessüchtiger.

Als ich von Frankfurt zurückkam, blickten mich viele meiner Mitarbeiter und Patienten fragend an. Da hatte es zwar Gerüchte gegeben, nachdem meine töchterliche Klinikassistentin am Dienstag nach
Ostern nicht in der Klinik erschienen war und erst recht nachdem
dann Frau, Tochter, Enkelkind und Boxerhündin abgereist waren.
Aber den wahren Grund meiner plötzlichen, für manche auch be-
sorgniserregenden Abwesenheit, auf die sich niemand einen Reim zu
machen wußte, kannte und ahnte wohl niemand.

Nach meiner Rückkehr mußte ich als erstes nach einer neuen Klinikassistentin suchen. Ich blätterte in dem Ordner, in dem ich die Namen
und Unterlagen jener Bewerberinnen abgeheftet hatte, die sich im Februar auf die Ausschreibung einer Arzthelferinstelle gemeldet hatten.

Während ich darin blätterte, fiel mir ein, daß ich auf einer Bahn-
reise ein paar Monate zuvor die Witwe des Chefarztes der Inneren

Abteilung der Diana-Klinik getroffen hatte. Von ihr wußte ich, daß sie jahrzehntelang die rechte Hand ihres Ehemanns als Praxis- und Klinikassistentin gewesen war. Ich hatte ihn deshalb besonders gemocht, weil er kein Chemotechno-Internist war, sondern ein internistischer Naturarzt. Also hatte er seine Frau vor allem in die naturgemäßen Heilmethoden eingearbeitet. Sie war in der ganzen Klinik als tüchtig und umgänglich bekannt.

Nach dem Tod ihres Mannes bereitete sie sich auf eine Prüfung als Heilpraktikerin vor, um Kranken all das zugutekommen zu lassen, was sie von ihrem Mann und Lehrmeister gelernt hatte. Schon bei der Begegnung im Zug hatte ich daran gedacht, daß sie vielleicht auch eines Tages für mich eine geeignete Klinikassistentin sein könnte.

Ich legte den Aktenordner zunächst einmal beiseite, rief sie an, schilderte die Situation und machte ihr ein attraktives Angebot. Sie hatte sich erst kurz zuvor als Heilpraktikerin niedergelassen, schien aber trotzdem interessiert. Am Telefon wollte sie sich nicht sofort entscheiden und bat um Bedenkzeit. Am nächsten Tag rief sie an und gab mir einen Korb. Ihre Absage begründete sie mit ihrer heimatlichen Bindung an die Lüneburger Heide und damit, daß sie ihre neugewonnenen Patienten nicht im Stich lassen wolle. Also blieb mir nichts anderes übrig, als die Bewerbungsakte erneut vor die Nase zu nehmen. Darin fielen mir die Unterlagen der Arzthelferin Waltraud Pfeffer, geborene Assmann, damals fünfunddreißig Jahre jung, ins Auge. Sie hatte sich schon im Februar vorgestellt und glänzende Zeugnisse vorgelegt. Darunter war eines, das sie als langjährige rechte Hand des ehemaligen Besitzers und Leitenden Arztes der Privaten Frauenklinik von Rosenheim auswies, damals die beste frauenärztliche und geburtshilfliche Adresse der Stadt und ihrer Umgebung.

Recht gut war mir auch ihr Erscheinungsbild in Erinnerung geblieben: Eine attraktive Blondine mit himmelblauen Augen, adrett kostümiert und mit auffallend gepflegten Händen. Die hätte ich schon damals nicht nur wegen ihrer guten Zeugnisse gern als Arzthelferin in der Praxisklinik gehabt. Aber sie hatte sich mir zunächst verweigert, weil sie nicht nur – wie es die Stelle vorsah – hauptsächlich Sprechstunden-, Operations- und Tagesklinikberichte schreiben wollte.

Später erzählte sie mir, daß dies aber nicht der einzige Grund gewesen sei. Sie habe sich damals bei dem Vorstellungstermin, der auf einen OP-Tag fiel, auch gefürchtet. Dabei habe sie weniger der Haufen blutiger Wäsche erschreckt, der noch nicht in Säcken versteckt worden war, als vielmehr die 1. OP-Schwester und ich selbst. Mit blutiger Wäsche sei sie ja auch bei ihrer früheren Stelle in Berührung gekommen, aber meine Chef-OP-Schwester – damals zu jedem OP-Programm eigens von Hamburg eingeflogen – habe sie in einer Operationspause recht unfreundlich empfangen und allzu sehr die spätere Vorgesetzte herausgekehrt. Danach sei sie dann auf mich als furchterregendes »Grünes Männchen« gestoßen. Unser OP-Kufi, das einem Arabergewand nachempfundene lindgrüne Baumwollkleid – als OP-Kluft inzwischen zwanzig Jahre lang bewährt –, und die martialische Kopfbedeckung mit hochgeklapptem papierenem Maulkorb hat auf sie wohl nicht sehr attraktiv gewirkt.

Aber noch weniger einladend sei dann ein Telefongespräch gewesen, das ich zwischendurch mit der Oberschwester in der Chiemseewinkl-Klinik führte, wo gerade der Probebetrieb begonnen hatte. Da müsse wohl irgend etwas passiert sein. Jedenfalls hätte ich furchterregend auf sie einkommandiert. Ob sie da nicht ein bißchen übertrieben hat?!

Mittwoch war ich aus Frankfurt zurückgekommen, am Donnerstag hatte ich meine erste Wahl angerufen, am Freitag früh den Korb bekommen. Gegen Mittag fragte ich dann telefonisch bei meiner zweiten Wahl an, ob sie an einer Stelle als Klinikassistentin interessiert sei. Ja, sie war meine zweite Wahl, und ich habe sie erst nach dem Weglaufen meiner Frau angeworben, hatte sie vorher völlig aus dem Gedächtnis verloren. Ich muß das betonen, weil es später in den Medien so dargestellt wurde, als ob ich meine Ehefrau ihretwegen davongejagt hätte.

Während meines Telefonats gab sich die Umworbene wortkarg und reserviert. Später erfuhr ich den Grund dafür. Ihr Mann, von dem sie seit September getrennt lebte, hatte einen Vorstoß unternommen, sie am Vorabend ihres Geburtstages zum Abendessen eingeladen. Da wußte sie nicht so recht, ob sich die Stelle bei mir mit einer eventuellen Versöhnung mit ihm vertrüge. Ich ließ sie jedoch nicht los, drängte sie, mich am nächsten Tag in der Klinik zu besuchen. Allerdings wußte ich nicht, daß dies ihr sechsunddreißigster Geburtstag war. Sie stimmte zu.

Pünktlich wie verabredet kam sie am Samstagvormittag. Sie wurde in mein winziges Dienstzimmer in der Klinik geführt, mit sei-

ner Dachschräge wirklich nicht besonders repräsentativ für einen
»Chefarzt«. Mir reichte es zwar völlig für die 29 Betten. Aber großen
Eindruck konnte ich damit bei einer etwas anspruchsvolleren Arzthelferin mit Befähigung zur Klinikassistentin wohl nicht machen. Die
schlanke, eher ein bißchen zu schlanke Blondine beeindruckte mich
durch ihre Klinikerfahrungen, die ich aus ihr herausfragte.

Aus mir holte ich das Letzte an Charmereserven heraus, um sie
wenigstens zu einem Probelauf zu animieren. Außerdem machte ich
ihr ein verlockendes Gehaltsangebot. Es folgte ein Rundgang durch
die Klinik, der sie sicher am positivsten beeindruckt hat. Denn die
Chiemseewinkl-Klinik war wahrlich ein Schmuckstück.

Am Schluß fragte Frau Pfeffer, wann sie denn anfangen solle. Ich
antwortete: »Am besten gleich«, und zeigte auf einen Stapel Krankengeschichten. Sie lächelte und sprach das erlösende Wort: »Einverstanden, Herr Professor, ich komme am Montag!« Mehr kann ich
mich über meine Ernennung zum Professor auch nicht gefreut haben. Doch den hörbaren Jubelschrei hielt ich zurück.

Da gab es nur ein Problem: Sofort hatte ich mich ein bißchen in
sie verliebt. Wohlgemerkt nur ein bißchen. Ich verdrängte diese Emp-
findung gleich wieder. Denn immerhin marschierte ich auf mein
sechzigstes Lebensjahr zu. Sie war mit ihren sechsunddreißig Jahren
gerade mal drei Jahre älter als meine älteste Tochter. Da verbot sich
vernünftigerweise jeder weitergehende Gedanke!

Den Montag konnte ich kaum erwarten. Für acht Uhr hatten wir
uns in der Klinik verabredet. Dort wollte ich sie kurz einweisen und
danach wie üblich in meine Praxisklinik fahren, um Sprechstunde
zu halten. Fünf Minuten vor der verabredeten Zeit erschien sie. So
mochte und mag ich es. Ich machte sie zunächst mit der Oberschwester und den anderen Schlüsselkräften der Chiemseewinkl-Klinik bekannt. Danach stellte ich sie bei der ersten gemeinsamen Visite meinen Patienten vor. Alle schienen erleichtert, daß ich auf meiner Suche
nach einer neuen Klinikassistentin so rasch fündig geworden war.

Nach der Visite übergab ich ihr die Patientenakten mit der Bitte,
sie rechnerisch aufzuarbeiten. Da gab es einigen Nachholbedarf.
Denn seit Beginn des Probebetriebs im Februar war noch keine einzige der Patientenakten abgerechnet worden. Da mußte ich dann
doch ein beruhigendes Wort sagen. Ich machte es locker: »Aber, liebe
Frau Pfeffer, das alles müssen Sie nicht heute aufarbeiten!« Damit
verabschiedete ich mich bis zum Nachmittag.

Als ich vom Chiemsee in Richtung Aschau fuhr, kam ich an jene Stelle, an der mir meine Tochter eine Woche vorher die fristlose Kündigung ins Gesicht geworfen hatte. Eigentlich konnte ich es nicht glauben, daß dies erst sieben Tage her sein sollte. Vom schlimmsten Tief meines knapp sechzigjährigen Lebens hatte ich schon wieder die erste Stufe eines neuen Hochs erklommen. Hoffnungsvoll schwärmerische Gedanken überfielen mich. Wenn sie wirklich eine so erfahrene Klinikassistentin war, und alles sprach dafür, konnte es nun eigentlich nur noch aufwärts gehen!

Dann aber ermahnte ich mich: »Fang auf keinen Fall ein Techtelmechtel mit ihr an. Denn wenn sie wirklich darauf eingeht, wäre das wahrscheinlich der Anfang vom Ende ersprießlicher Zusammenarbeit.« Der Beharrlichkeit meiner verliebten Gefühle mochte ich doch nicht recht trauen.

Ganz zu Ende denken konnte ich das nicht, weil ich inzwischen in der Praxisklinik angekommen war. Dort erwartete mich eine lebhafte Sprechstunde, die bis zum Nachmittag dauerte. Die Praxishelferinnen sollen sich über meine überaus gute Laune gewundert haben. Als ich nachmittags verspätet wieder in die Klinik kam, war meine neue Assistentin noch da. Sie hatte auf mich gewartet, obwohl ihre Dienstzeit schon vor gut einer Stunde zu Ende gewesen wäre. Auch so etwas mochte und mag ich als Arbeitgeber. In meinem Dienstzimmer war alles picobello aufgeräumt. Auch lag da neben dem großen schon ein kleinerer Packen Patientenakten, der bereits abgerechnet war. Fix schien sie also auch zu sein. Das hätte ich eigentlich schon an ihrem Gang erkennen können.

Wir machten gemeinsam die Abendvisite. Ich gab mich ausgelassen und aufgeräumt. Für jeden Patienten hatte ich irgendeinen lockeren Spruch. »Solcher Umgang mit Patienten müßte ihr eigentlich gefallen«, hoffte ich hintergedanklich. Sie ließ es mich hoffen.

Schon nach einer Woche wußte ich: Des Teufels Geburts- und mein Höllentag, der 20. April 1981, hatte mir eine Himmelstür auf Erden geöffnet. Ich begann zu ahnen, daß sich nun mein zweitgrößter Wunschtraum doch erfüllen könne. Welcher das war, schrieb ich bereits.

Trotz aller gegenteiligen Vorsätze konnte ich dann doch nicht länger widerstehen, einen Anbandelungsversuch zu unternehmen. Ich lud das blonde Gift zum Abendessen ein. Sie zögerte mit der Zusage und gab zu bedenken: Sie habe eine zehnjährige Tochter, die sie abends schlecht allein lassen könne. Scheinheilig sagte ich: »Bringen Sie die einfach mit. Die stört uns doch nicht!« Das muß ihr gewaltig imponiert haben. Jedenfalls erzählte sie später, dieses Angebot habe sie angenehm überrascht. Denn daß ich sie gleich nach dem Abendessen mit ins Bett nehmen wollte, habe sie nun nicht mehr fürchten müssen. Wahrscheinlich wollte ich sie doch nur für ihre gute Arbeit bisher belohnen.

Schließlich kam sie dann doch allein. Angeblich hatte sich eine Freundin angeboten, Nicole zu verwahren. Es wurde ein beschwingter Abend, eigentlich zu beschwingt für mich, der ich gut zwanzig Kilometer bis zu meinem Bett nach Aschau hatte. Ihr Alkoholspiegel blieb sicher unter 0,5 Promille. Eine Alkoholikerin war sie also als verlassene Ehefrau auch nicht geworden. Noch ein Pluspunkt!

Später verabschiedeten wir uns auf dem Parkplatz. Ich hielt ihre Hand länger fest als zwischen Arbeitgeber und Arbeitnehmer allgemein üblich. Sie hielt still. Das wiederum machte mich stark an – wie die jungen Leute heute sagen. Scheinheilig winkte ich ihr nach, bis sie um die Ecke war, und sprang rasch ins Auto, um ihr nachzurasen.

Voll des süßen Weines war ich wohl besserer Hoffnung, als vernünftig sein konnte. Ich vermutete, daß wir zunächst die gleiche Fahrtrichtung hatten, und trat das Gaspedal voll durch. Aber es war vergebliche Liebeslustmühe. Denn einholen konnte ich sie nicht, weil sie in eine ganz andere Richtung gefahren war. Ein gütiges Schicksal hatte mich vor überstürzten Skorpion-Aktivitäten bewahrt. Zumindest behauptete sie später, bei allzu forscher Vorgehensweise wäre sie mir davongelaufen.

In den nächsten Wochen hing der Praxisklinikhimmel voller Geigen. Sprechstunden, Operationsprogramme und Klinikbetten waren nicht nur voll, es gab bereits eine kleine Warteliste. Ernst und Else Freiberger strahlten vor Zufriedenheit, wenn sie die Klinik besuchten. So voll war ihre Kurklinik früher nie gewesen. Ich hatte mich vertraglich auf eine Belegungsgarantie von durchschnittlich 80 Prozent festgelegt. Bei Mehrbelegung mußte er zahlen, bei Minderbelegung hätte ich zahlen müssen. Doch dazu kam es nie.

Das Tollste an der ganzen Geschichte: Die Konten bei den Banken, auf die ich meine Einnahmen verteilt hatte, wuchsen in früher nie erreichtem Tempo. Meine stiergeborene Klinikassistentin machte es möglich. Die Lieblingsblumen der Stierfrauen sollen ja die Hundert-Mark-Scheine sein! Sie kümmerte sich nicht nur unermüdlich um die

Abrechnung in der Bettenklinik, sondern arbeitete auch in der Praxis mit, obwohl dafür eine Praxisassistentin zuständig war.

Ende Mai, am Vatertag 1981, besuchte mich meine damals zwei-undachtzigjährige Mutter in Aschau, begleitet von meinem Bruder Hansi und meiner Schwester Doris, die aus Kanada auf Urlaub war. Voller Stolz zeigte ich ihnen meine Praxisklinik. Die drei wußten, was in der Nachosterwoche passiert war. Vor allem Mutter hatte schwer mitgelitten. Nun waren sie alle heilfroh, daß sich so viel Licht an meinem beruflichen Horizont aufgetan hatte. Ich schwärmte auch von meiner überaus tüchtigen Klinikassistentin, lobte sie so sehr, daß mich Mutter mit ihrem durchdringenden Blick anschaute und sagte: »Junge, du wirst dich doch nicht in sie verliebt haben?!« Und eingedenk entsprechender Erfahrungen mit mir fügte sie hinzu: »Sachte, sachte, mein lieber Junge!!«

Am nächsten Tag geschah dann etwas, was ich nur als »programmierten Zufall« bewerten kann. Ich saß an meinem kleinen Schreibtisch in der Klinik. Daneben lag wie immer ein kleines Häufchen von Patientenakten Entlassener. Da kam meine schöne Klinikassistentin herein. Sie trug ein zauberhaftes Sommerkleid und sah zum Anbeißen verführerisch aus. Dienstbeflissen eilte sie schnellen Schrittes auf die Patientenakten zu und ging vor ihnen auf die Knie, wohlgemerkt nicht vor mir. Aber dabei geriet mir ihre zwar blasse, aber unwiderstehlich aus einem tiefen Ausschnitt herausschauende Rückenhaut in verführerisch greifbare Nähe. Da konnte und wollte ich meine Fühlhand nicht mehr bremsen. Die Kuppen der vier Langfinger strichen über den Rücken meiner Klinikassistentin vom Nackenansatz hinunter bis zum Ausschnittende. Ich dosierte die Streicheleinheiten sehr behutsam und riskierte nur einen einzigen Strich. Denn eine Ohrfeige wollte ich mir durch allzu forsches Vorgehen nicht einhandeln. Ohne Zweifel war es eine Grenzüberschreitung – nicht nur des gebotenen Ab- und Anstands zwischen Chef und Assistentin, sondern womöglich sogar in Richtung des Strafparagraphen »Unzucht mit Abhängigen«.

Es folgte ein Augenblick zwischen Bangen und Hoffen. Dann hätte ich einen Jubelschrei ausstoßen können: Ich bekam keine Ohrfeige, nicht einmal einen vorwurfsvollen Blick. Die gestreichelte Blondine griff sich ein paar Patientenakten, richtete sich auf und schritt zur Tür. Ob sie wenigstens ein bißchen errötet war? Sie ließ es mich nicht erkennen.

Später wurde dann diese Streichelpartie jeweils zur Ouvertüre, falls sich jemand für unsere Liebeslaufbahn interessiert. Ich necke sie immer damit, daß der tiefe Rückenausschnitt nebst Hinknien vor mich ein ganz raffinierter Schachzug gewesen sei, um einen hoffnungsvollen Spätling als Endversorger einzufangen. Denn als kluge Frau habe sie sicher gewußt, daß man nur mit einem ein paar Jahrzehnte älteren gestandenen Mann so richtig glücklich werden kann! Aber das wollte und will sie nicht auf sich sitzen lassen. Immer wieder dementiert sie es auf das heftigste. Nichts anderes habe sie im Sinn gehabt, als die Patientenakten an sich zu nehmen, die nun mal dicht neben mir lagen. Sie sei vielmehr zutiefst erschrocken gewesen, als sie den Streifzug meiner linken Hand über ihren Rücken gespürt habe. Deshalb sei sie geradezu panikartig geflohen.

Wer kann schon in ein kluges Weiberherz schauen?! Geflohen jedenfalls war sie auf keinen Fall!

Das Ausbleiben der erwarteten Ohrfeige hat mir jedenfalls so viel Mut gemacht, daß ich meine Klinikassistentin für den nächsten Tag zu einer gemeinsamen Fahrt nach Salzburg einlud. Den Zauber dieser Stadt wollte ich schamlos für mein Liebeswerben ausnutzen.

Die Reise nach Salzburg war möglich geworden, weil es für mich nun doch schon einen größeren Freiheitsgrad gab. Inzwischen hatte ich eine Vertretung für den Bereitschaftsdienst in der Klinik, die jederzeit Nothilfe leisten konnte. Also mußte ich nicht mehr innerhalb weniger Minuten erreichbar sein. Es reichte, wenn ich im Abstand von ein paar Stunden immer mal in der Klinik anrief, um an diesem 30. Mai nach dem Rechten zu fragen.

Es war ein herrlicher Frühlingstag. In Salzburg angekommen, bummelten wir zunächst durch die Getreidegasse. Ich gab mich höflich distanziert, zog allerdings alle Register dessen, was an feinem Benehmen in mir steckte. Dann lud ich sie zum Abendessen in das Gourmet-Restaurant »Alt-Salzburg« neben dem historischen Pferdebrunnen ein. Es war früh am Abend, wir waren die ersten Gäste.

Bald füllte sich das Nobelrestaurant. Es gab verstohlene und weniger verstohlene Blicke von den Nachbartischen. Schließlich war ich 1981 auch in Salzburg kein ganz Unbekannter mehr. Einigen etwa Gleichaltrigen war der Neid aus dem Gesicht herauszulesen. Ein größeres Lob für einen Besitz, und sei er auch nur vorgetäuscht, gibt es ja nicht. Man tuschelte auch. »Es wird wohl seine Tochter sein oder eine Nichte«, mag man sich und mir gewünscht haben. Eine so schöne Frau für einen so alten Dackel und ausgerechnet für einen solchen Nestbeschmutzer – das durfte einfach nicht wahr sein. Es ist schon ein Erlebnis, als alter Herr mit einer bildhübschen jungen Frau andere von Herzen neidisch zu machen!

Während wir die Speisekarte studierten, animierte ich sie zum teuersten Gericht und bestellte den besten Rotwein des Hauses. Lumpen lassen wollte ich mich auf keinen Fall. Selbstverständlich mußten es vier Gänge sein. So bot sich mir auch die Möglichkeit, ihre Tischmanieren zu beobachten. Mutter hatte uns eingebleut, daß man von den Tischmanieren unfehlbar auf den Charakter schließen könne. Sicher war das übertrieben, aber ich habe immer darauf geachtet. Jedenfalls hat mir der gepflegte Umgang meiner Begleiterin mit dem Dinier-Instrumentarium enorm imponiert. Da mußte ich selbst aufpassen, daß ich nicht unangenehm auffiel!

Ich drängte sie immer wieder, kräftig zuzulangen, nicht ganz ohne den Hintergedanken, daß sie ruhig ein paar Kilo mehr haben dürfe. Denn sie wog bei 1,68 Meter Größe nur sage und schreibe 44 Kilo. Die Überschlankheit tat ihrer Schönheit zwar keinen Abbruch, doch ein bißchen mehr, fand ich, durfte es schon sein. Vor allem aber animierte ich sie zu dem köstlichen Rotwein aus dem Rhônetal. Wohlgemerkt tat ich das nicht, um sie betrunken zu machen. Das wäre mir auch niemals gelungen. Aber ein kleiner Schwips konnte nicht schaden für das, was ich mir vorgenommen hatte.

In Hochstimmung verließen wir »Alt-Salzburg« und gingen zum Pferdebrunnen. Weil es Glück bringen sollte, warf ich erst einmal eine Münze hinein. Danach überstürzten sich die Ereignisse. Plötzlich lagen wir uns in den Armen. Und nicht nur das! So ein Blondinenkuß eines sechsunddreißig Jahre gereiften vollippigen Mundes geht einem Sechzigjährigen durch und durch!

Später hat meine Li vor Freunden immer behauptet, ich sei es gewesen, der den Angriff gestartet hätte, und zwar wieder für sie völlig überraschend. Ich bestreite das. Zumindest hat sie mich genötigt, indem sie mir vor dem Brunnen so nahe kam, daß sie jedes Zögern im Zugriff als eine Beleidigung hätte auffassen müssen. Das wiederum bestreitet sie heftigst. Es ist mir auch egal. Jedenfalls gehört das Bild vom Pferdebrunnen in Salzburg zum wichtigsten Wandschmuck unseres Wohnzimmers. Was sonst noch an diesem »Tag des Weltuntergangs« passierte, geht außer uns beiden niemanden etwas an.

Auf den Tag fünf Wochen hatte es vom Handschlag auf die probe-

weise Zusammenarbeit bis zum Beginn unserer ebenfalls probeweisen Ehe ohne Trauschein gedauert. Man mag einwenden, daß
dies eigentlich für ein Liebesverhältnis auf Dauer zu schnell sei. Aber
wir waren ja beide in der gleichen Situation: Unsere Ehepartner hatten uns im Stich gelassen. Allein das mußte anziehend wirken. Aber
eine noch stärkere Anziehungskraft steckte wohl in etwas anderem.
In der Sehnsucht von uns beiden nach liebevoller Zärtlichkeit vor
dem Hintergrund einer hoffnungsvollen gemeinsamen beruflichen
Zukunft. Und was kann schon stärker sein als die Anziehungskraft
einer Bett-, Haus- und Betriebsehe?!

Nach dem 30. Mai wurde Li zwar zu meiner ständigen Klinikfrau,
aber als Bett- und Hausfrau zunächst nur eine Gespielin auf Verabredung. Den Vornamen Li habe ich ihr übrigens schon kurz nach dem
30. Mai verliehen. In die O-Ehe brachte sie die Vornamen Waltraud
und Sieglinde ein. Ich aber mag keine langen Namen, kürzele, wo es
nur geht. Waltraud war mir zu wäldlich, Sieglinde zu ritterfraulich.
Also pickte ich das Li aus der Sieglinde, zumal es die Anfangsbuchstaben für Liebe waren, für das Wichtigste in unserer geplanten Lebensgemeinschaft. Eine Chinesin ist jedenfalls an der Namensgebung
nicht beteiligt.

Meine Li wohnte zunächst weiter in Bruckmühl, zirka dreißig Kilometer von der Chiemseewinkl-Klinik entfernt. Ihr Mann war schon
im September aus dem Haus ausgezogen. Die Distanz nicht nur zur
Klinik, sondern auch zu meiner Haushälfte in Aschau erschwerte unsere Kontaktmöglichkeiten, konnte sie aber nicht ernsthaft gefährden. Auch Nicole gewöhnte sich langsam an den potentiellen Stiefvater.

Nach Dienst trafen wir uns abwechselnd in Aschau, seltener auch
in Bruckmühl. Bei meinem ersten Besuch dort gab es eine böse Überraschung. In der Küche entdeckte ich einen Korb voller leerer Sekt-
und Weinflaschen. »Also war sie doch eine Alkoholikerin«, schoß es
mir beklemmend in die Magengrube. Ich wollte es sofort genau wissen, holte die vorsorglich eingepackte Champagnerflasche aus dem
Auto und animierte sie zum Mittrinken. Aber mehr als zwei Glas in
zwei Stunden konnte ich ihr nicht hineinnötigen. Den Rest mußte ich
selbst trinken. Da war es mir am Schluß egal, ob meine neue Geliebte
eine Alkoholikerin war oder nicht.

Ein paar Wochen lang blieb ich unsicher, dann konnte ich mir die
freche Nachfrage nicht mehr verkneifen. Sie lachte hellauf. Das halbe

Dutzend leerer Flaschen hatte sich seit langer Zeit angesammelt. Eine ihrer Freundinnen war die Hauptgenießerin gewesen.

Ganz allein war ich in meiner Aschauer Wohnung nicht. Es gab eine Ersatzfrau. Sie hatte auch ein seidig weiches Fell wie meine Li, war aber etwas stärker behaart und lebte auf vier winzig kleinen Füßen. Es war Lili, mein Findelkind.

Gefunden hatte ich sie im Bett einer Klinikpatientin an deren Entlassungstag. Durch die offene Terrassentür war sie ihr eines Tages zugelaufen und ins Bett gesprungen. Bei der Entlassungsvisite sagte die Patientin, daß sie die weißgraue Bauernkatzenschönheit leider nicht mit nach Hause nehmen könne, und fragte frech und ungeniert, ob sie denn nicht eine Ersatzfrau für mich wäre. Allein wollte ich es nicht entscheiden, also fragte ich Li – eine völlig überflüssige Frage bei dieser Katzennärrin.

Auf der Heimfahrt muß es dann wohl meiner Lili auf dem Rücksitz des Autos angst und bange geworden sein. Denn kurz hinter Bernau sprang sie mir von hinten auf die Schulter. Sofort danach wurde es mir auf Schulter, Brust und Rücken ganz warm und feucht. Die Angst vor einem bösen Schicksal hatte den kätzlichen Dickdarm in heftige Bewegung versetzt. Zu meinem Glück trug ich eine Lederjacke.

Rasch steuerte ich an den Straßenrand und sprang aus dem Auto. Ich säuberte meine Lederjacke mit abgerupftem Gras, mehr schlecht als recht. Der Rest ließ sich zu Hause in meiner Strohwitwerwohnung leicht abwaschen.

Lili wurde zu meiner Bettersatzfrau. Früher wäre es für mich undenkbar gewesen, eine Katze als Beischläferin zu dulden. Auf unserem Bauernhof in Reinholterode waren die Katzen im Gegensatz zu Hunden wenig geliebte und unbeachtete Haustiere. Auch später konnte ich nie eine Tierliebesbeziehung zu Katzen aufbauen. Das änderte sich nun mit Lili total, steigerte sich später sogar, ab 1993, bis hin zum Dreikatzenhaus von heute.

Von Lili bleibt noch etwas zu erzählen, was man in feiner Gesellschaft gar nicht erzählen darf. Ich tue es aus wichtigem Grund. Denn seither redet mir keiner mehr ein, daß Katzen nicht denken können.

Lili war es seit vielen Wochen gewohnt, bei mir im Bett zu schlafen. Meistens lag sie am Fußende, öfters auch neben meinem Kopf. Da hielt sie es allerdings nicht lange aus. Denn mein Schnarchen war für sie wohl alles andere als wohliges Schnurren. Eines Abends bekam ich Besuch von meiner menschlichen Bettfrau auf Bestellung. Während sie sich im Badezimmer präparierte, war Lili wie üblich zu mir aufs Bett gesprungen. Da schien mir, daß sie wohl in Kürze zu sehr stören würde. Also redete ich mit ihr, bat um Verständnis, daß sie heute nicht bei mir schlafen könne. Um das ganz deutlich zu machen, schubste ich sie behutsam in Richtung Bettrand. Dort blieb sie stehen.

Was danach passierte, erzähle ich lieber mit den Worten der auf meinen Hilfeschrei hin herbeigeeilten O-Frau: »Blankes Entsetzen im Gesicht, saß er aufrecht im Bett. Von Stirn, Brille und Wange tropfte die Katzenpisse auf die Zeitung, während Lili an mir vorbeisprang. Es war wahrlich ein Bild herz- und würdezerreissenden Elends: Die bepißte Visage eines Medizinprofessors!«

Ja, so frech redet sie mit mir und über mich. In einem allerdings mag sie recht haben: Wenn eheliche Untreue immer auf diese Weise bestraft würde, hätten Ehemänner weniger und Ehefrauen später Falten. Denn Katzenharn ins Gesicht gespritzt, ist Vorsorge und Therapie gegen Faltenbildung.

Weil ich gerade dabei bin, erzähle ich die Lobeshymne auf meine Bett-, Haus- und Klinik-Frau zu Ende, soweit sie sich auf die Bett- und Hausfrau bezieht. Eigentlich wollten wir überhaupt nicht heiraten. Denn O-Ehen sollen ja stärker aneinander binden als M-Ehen. Aber mich störte es sehr, daß meine O-Frau immer mit Frau Pfeffer angeredet wurde. Das erinnerte mich zu sehr an meinen Vorgänger als Geliebten.

Dies mag allerdings doch nicht der einzige Grund für meine und unsere Willenserklärung gewesen sein. Nachdem jedenfalls meine Scheidung im Frühjahr 1984 mit böser Begleitmusik vor Gericht und in den Medien über die Bühne gegangen war – dieser Trennungsakt allerdings auf mein Betreiben hin –, wollten wir beide dann doch den gleichen Nachnamen haben – und nicht nur das. Also steckten wir uns am 5. Juli 1984 zu Bernau am Chiemsee gegenseitig den Ehereif auf die Ringfinger. Bei mir blieb er da allerdings nur am Hochzeitstag, weil an Chirurgenfinger kein Ring gehört. Schon in der Hochzeitsnacht legte ich ihn mir an einem Kettchen um den Hals. Dort hängt er seither wie bei einem Teenager.

Zurück aber in die Zeit unserer Ehe ohne Trauschein. Es gab noch ein paar Hürden zu überwinden, bis ich Li im September 1981 endlich ständig zu Hause in Aschau hatte. Ihr Kind Nicole zog zu uns. Meinen sechzigsten Geburtstag am 6. November 1981 feierten wir zu dritt in Berlin. Zwar gab es im Kampf um die Liebe der Hausfrau immer mal Eifersüchteleien zwischen Stiefkind und Stiefvater, aber sie hielten sich in Grenzen, wuchsen sich nicht zum Hindernis für das neue Eheglück aus.

Im September 1982 konnten wir in Bernau ein eigenes Haus beziehen. Die größere Nähe zu Klinik und Chiemsee machte für uns das gemeinsame Nest noch liebenswerter, ganz besonders aber das Ergebnis der innenarchitektonischen Begabung meiner Hausfrau.

Vom 15. Dezember bis zum 7. Januar verbrachte ich mit meiner O-Frau und Nicole einen wunderschönen Urlaub auf Fuerteventura. An dem herrlichen Sandstrand konnte ich meinen nahezu unersättlichen Sonnenhunger stillen und im Meer meiner Tauchlust frönen. Sie war für mich schon lange eine große Leidenschaft, die mich seit Ende der fünfziger Jahre zunächst nur im Sommer nach Sylt und in andere Badeorte an Nord- und Ostsee, von den siebziger Jahren an dann vorwiegend nach Südspanien, Thailand, auf die Philippinen und Jamaica führte. Mit den jeweils dreiwöchigen Ferien im Sommer und im Winter, wie ich sie mit meiner Familie vierzehn Jahre lang gewohnt war, war es ab Mai 1981 endgültig vorbei.

Seither konnten meine Li und ich, von wenigen Ausnahmen abgesehen, immer nur eine Woche Urlaub machen. Denn nur so konnte ich meine Patienten mindestens eine Woche lang als Regiearzt begleiten, falls ihr Klinik-Heilhilfe-Kompakt-Programm nur zwei Wochen dauerte. Darauf bestanden fast alle Patienten. Leider! Da wir beide Sonnenfans sind, haben wir diesen einwöchigen Urlaub zwei- bis dreimal im Jahr in der Regel auf den Kanarischen Inseln und nur im Sommer zu Hause verbracht.

Gut drei Jahre hat unsere O-Ehe gedauert. Das Liebesverhältnis wurde durch zahlreiche markante Ereignisse immer mehr gefestigt. Dazu gehörten auch häufige Streitgespräche, öfters von einer Heftigkeit, »daß die Fetzen flogen«. Zwischen Stierfrau und Skorpionmann gibt es keine totale Harmonie. Gott sei Dank nicht! Denn was ist schöner als die Versöhnung im Ehebett nach einer wilden Auseinandersetzung? Mit jedem Streit wurde unsere Bindung stärker. Denn an *eine* Abmachung haben wir uns immer gehalten: Nach dem letzten heftigen Wort muß der Streit sofort restlos begraben werden. Als erster ist der Streitanzünder in der Pflicht mit dem Versprechen: »Will lieb sein!«

Nicht immer klappt es sofort. Manchmal muß der Klügere nachgeben. Und der wollte und will ich dann meistens sein.

Knapp drei Monate vor dem Ende unserer O-Ehe gab es für die geplante M-Ehe die stärkste Bewährungsprobe. Es war an jenem Abend, an dem ich mein Versprechen wahrmachen mußte, unserer unheilbar kranken Patientin Hermy E., die durch einen Gesichtskrebs aufs Schwerste entstellt war, dabei zu helfen, den ersehnten Erlösungstod zu finden. Wir hofften zwar beide, daß meine geplante indirekt-aktive Sterbehilfe nicht öffentlich bekannt werden würde, mußten aber doch damit rechnen, also auch mit einer Anklage wegen »Tötung auf Verlangen«.

Ich wußte, daß meine Frau aus Prinzip ein Muster an Gesetzestreue war. So war es ihr anerzogen: Gesetzestreue und Anstand seien ein siamesischer Zwilling – was, wie wir wissen, ja nicht immer zutrifft. Aber vor diesem Hintergrund war ich mir nicht sicher, ob sich meine Frau direkt-aktiv an meiner indirekt-aktiven Mitleidstötung beteiligen würde, wie ich es mir wünschte.

Manches sprach dafür. Denn Li hatte sich bei den früheren Klinikaufenthalten von Hermy E. ganz besonders liebevoll um die Patientin gekümmert. Fast täglich war sie mit ihr spazierengegangen, auch weil sich sonst niemand anbot. Alle anderen ekelten sich wohl vor dem schwerst entstellten Gesicht, aus dessen Mundöffnung – oder dem, was davon geblieben war – ständig der Speichel troff. Bei Li aber durfte die Patientin ihr Gesicht fest an ihre Schulter drücken, wenn sie sich bei der Begegnung mit einem Fremden schämte. Und sie schämte sich vor fast jedem.

Ich überlegte lange hin und her, ehe ich es wagte, behutsam bei meiner Li anzufragen, ob sie mir bei meinem Vorhaben helfen würde. Ich habe über den Fall und meine grundsätzlichen Gedanken dazu, sowie über die strengen Anforderungen an jede Form von Sterbehilfe in meinem Buch *Humanes Sterben* (1988; als Taschenbuch unter dem Titel *Humanes Leben bis zuletzt* erschienen) ausführlich berichtet.

Li, zutiefst überzeugt von der Richtigkeit meiner Entscheidung, den flehentlichen Bitten der Patientin zu entsprechen, fand meine Frage so beleidigend, daß ich mich sofort bei ihr entschuldigen mußte. Also gingen wir am 18. April 1984 kurz nach acht Uhr abends gemeinsam zu der Patientin im ersten Stock der Klinik. Ein bißchen hofften wir beide auf einen Sinneswandel der Patientin im letzten Augenblick.

Als wir ins Zimmer kamen, wurden wir bereits erwartet. Bei Hermys Anblick flossen uns sofort die Tränen in Strömen. Da schaute sie uns an und sagte: »Warum weinen Sie denn? Da drüben kann es mir doch nur besser gehen!« Daraufhin umarmte und küßte Li die Patientin, vor der sich andere ekelten, so fest, wie es nur jemand tun kann, der ein ganz großes Herz hat. Von diesem Moment an liebte ich sie noch mehr.

Später wurde ich von der Staatsanwaltschaft angeklagt – nicht nur wegen »Tötung auf Verlangen«, sondern, nach dem Wortlaut der Anklage, wegen Tötung aus niedrigem Beweggrund, also des Mordes. Gerade deshalb hätte sie mitangeklagt werden müssen. Denn ein solcher Verdacht mußte den engsten Helfershelfer eigentlich in die Anklage einbeziehen. Schließlich hatte sie von meiner Mordabsicht gewußt und nichts dagegen unternommen, und schließlich war sie ja auch mindestens der »Unterlassenen Hilfeleistung« stark verdächtig. Das alles hatte sie für mich riskiert – und für meine Patientin, von der sie sich beispielhaft liebevoll verabschiedet hat.

Habe ich sie nun genug gelobt? Dann darf ich an dieser Stelle wohl auch ein paar Worte des Tadels loswerden: Li hat keinerlei Respekt vor dem Alter und vor professoraler Würde. Mich tadelt sie für jedes angeblich nicht gehörte Wort. Mich schimpft sie aus bei der kleinsten Unordentlichkeit und für jede Kleckerei auf Tischdecke oder Hemd. Die Katzen dürfen alles, ich darf nichts. Meinen ganzen »Frust« habe ich auf ein paar Reime gebracht und ihr vor zwei Jahren auf dem Weihnachtstisch serviert:

Nachruf auf ein Putz-Engelchen

Sie war so überaus pinge- und reinlich.
Alles glänzte und blinkte so blitzblank-peinlich.
Kein Stäubchen oben und unten kein Fleckchen.
Kein Tröpfchen auf Tischchen, kein Krümchen im Eckchen.
Man sah nicht die kleinste Flieg' an der Decken.
Und konnte fürwahr gar vom Boden lecken.

Doch eines Tages, da lag sie im Bett,
pieksauber gepflegt, zum Verlieben adrett.
Drum fällt's mir arg schwer, es zu sagen:
Im Händchen 'ne Bürste, vom Ehmann erschlagen!

Der stärkste Kitt unserer Ehe ist wohl der überaus lockere Umgang miteinander. Dafür ist Mutter mitverantwortlich, teils direkt, teils indirekt über die mir vererbten Gene. Direkt insoweit, als Li noch knapp zwei Jahre lang häufigen Kontakt zu meiner Mutter hatte.

Dies begann im Sommer 1981 damit, daß ich meine Mutter in unsere Klinik holte. Sie war plötzlich gelb geworden, infolge eines eingeklemmten Gallensteines, wie sich bald herausstellte. Da wollte ich sie keinem anderen Arzt überlassen. Es gelang, den Stein schon nach wenigen Tagen zum Abgang zu bringen. Danach blieb sie noch ein paar Tage in der Klinik und saß in dieser Zeit öfters bei meiner Klinikassistentin, um mich eines Tages beiseite zu nehmen und hinter vorgehaltener Hand zu sagen: »Die kannste nehmen. Die kann arbeiten!« Bei allen meinen früheren Heiratsgelüsten hatte sie mir stets abgeraten.

Früher habe ich es nur geahnt, meine zweite Frau hat es mir dann bewiesen: Ein Betrieb mittlerer Größenordnung braucht die mithelfende Ehefrau, um zu schwarzen Zahlen zu kommen. In den sieben Jahren meines Praxisklinik-Betriebes vor 1981 hatte ich ungleich mehr geschuftet und immer nur Minus gemacht. Das änderte sich vom 28. April 1981 an schlagartig.

Seit wir eine eigene Privatklinik haben, ist meine Frau nicht nur weiterhin meine Regieassistentin, sondern die sogenannte Klinikträgerin und als solche für die Patientenhotel-Versorgung direkt zuständig. Mehr als sie kann sich keine Klinikträgerin um die bestmögliche Unterbringung und Verpflegung der Patienten kümmern. So sehr sie mich zu Hause öfters auch als Putzengel nervt, so wenig kann ich diese Eigenschaft für unsere Klinik missen. Wenn es so etwas wie ein Gottesgeschenk gibt – sie ist eins!

BEWÄHRUNGSPROBE: REGIEARZT EINER EUBIOS-KLINIK

EUBIOS-Klinik ist mein Oberbegriff für das, was man einerseits Praxisklinik nennen sollte, weil selbstverständlich die ambulante Sprechstundentätigkeit zum integrierenden Bestandteil einer umfassenden klinischen Versorgung hinzugehört, wobei das Wort Klinik von (griech.) kline = Lager zum Ruhen, Bett und (griech.) klinikos = bettlägerig, auch Arzt, der bettlägerige Kranke besucht, und schließlich (griech.) klinike = die Kunst oder Heilart desselben alles umfaßt, was über eine ambulante Sprechstundentätigkeit hinausgeht, auch wenn diese in Abständen wiederholt wird. Zur Klinikversorgung gehört ein für den Patienten reservierter Klinikplatz, egal ob es ein Liegeplatz für die Tageklinikversorgung oder ein Bettplatz für die Stationäre Versorgung ist. Ich erwähne das, weil zur Zeit mit dem Begriff Klinik zu sehr eigennützig herumjongliert wird.

Andererseits steckt in meinem Begriff EUBIOS-Klinik vor allem das Kennwort EUBIOS – von (griech) eu = gut, wohl, glücklich und bios = Leben. Oberstes Gebot für eine EUBIOS-Klinik ist die Wiederherstellung und Erhaltung eines möglichst glücklichen Lebens auf möglichst lange Sicht nach den Lebenswertmaßstäben des Patienten und niemandes anderen.

Es mag aufgefallen sein, daß ich nicht – wie allgemein üblich – jegliches ärztliches Tun als Behandlung, sondern als Versorgung einordne. Dies habe ich mir seit vielen Jahren angewöhnt, um die beiden Arzthilfeaufgaben Diagnostik und Therapie unter einem gemeinsamen Oberbegriff einzuordnen. Denn unter Behandlung bzw. Therapie versteht man normalerweise nur das, was im Anschluß an die Diagnose zu tun ist.

Der Betrieb meiner ersten EUBIOS-Klinik in Form einer »Praxisklinik für Ganzheitsmedizin und Ausgewählte Chirurgie« im Verbund mit meiner Praxis in Aschau und der Chiemseewinkl-Klinik in Bernau hatte bereits Mitte März 1981 begonnen, kam jedoch erst in Schwung, seit meine Frau Li mitmischte. Dabei entwickelte sich die Klinikversorgung aufgrund der Nachfrage von Patienten geradezu zwangsläufig in Richtung chronische Volkskrankheiten, allem voran die Krebskrankheit.

Nach Erscheinen meines Buches *Keine Angst vor Krebs* (1978) nahm in der Sprechstunde die Zahl der Ratsuchenden wegen Krebsverdachts und auch mit gesicherter Krebsdiagnose rapide zu. Dies galt ganz besonders für die von der gesetzlichen Vorsorgeuntersuchung erfaßten Krebsarten, und zwar nach der Häufigkeit unserer Inanspruchnahme in der Organreihenfolge: Brustdrüsen, Prostata, Gebärmutterhals und Dickdarm. Danach folgten Haut und Gebärmutterkörper und schließlich auch andere Krebsarten.

Im übrigen kamen aber auch immer häufiger Patienten mit anderen chronischen Volkskrankheiten: Aderenge von Herz, Hirn, Beinen und allgemein Bluthochdruckleiden wie Arthritis durch »Rheuma-Gicht-Syndrom« – Oberbegriff für rheumaartige Gelenkerkrankun-

gen – und Arthrose; Allgemeine Abwehrschwäche und Mikroben-Dis-
harmonien des Magen-Darm-Systems. Natürlich kamen weiterhin
auch die Patienten mit Problemen am Bewegungssystem über Arthritis und Arthrose hinaus, insbesondere mit Wirbelsäulenproblemen.

Größten Wert legte ich von Anfang an darauf, daß die naturgemäßen Heilmethoden Basis jeglicher EUBIOS-Klinik-Versorgung
wurden. Dabei rangierten *Psychotherapie* und *Physiotherapie* als
naturgemäße Ganzheitsbehandlung gleichrangig nebeneinander;
Psychotherapie im Sinne einer Geist-Seele-Behandlung lebensnaher
Art, das heißt ohne spezialistische Spitzfindigkeiten, und Physiotherapie mit Ausschöpfung aller natürlichen Gesund- und Heilhilfen
für den Leib bzw. den Körper, von der Ernährung über Packungen
und Massagen bis hin zur Krankengymnastik und allem, was sonst
dazu gehört.

Unser »Klinik-Heilhilfe-Kompakt-Programm« umfaßte im Einzelfall pro Therapiewoche zwei bis drei Dutzend verschiedene Heilhilfen, von der Arzneibehandlung abgesehen. Bei chronischen Krankheiten hat es nur Sinn, den Behandlungsrhythmus nicht nach Tagen,
sondern nach Therapiewochen zu ordnen.

Unsere Therapiewoche in der ersten EUBIOS-Klinik begann am
Samstag und endete am Freitag. Dies hatte erst in zweiter Linie den
Grund, eine Vollbelegung auch am Wochenende zu erreichen. Hauptgrund war, daß auch der Samstag und Sonntag unbedingt zum
Behandlungsprogramm einer Therapiewoche gehören. Sie sind als
Ruhe-, Entspannungs- und Entschlackungstage unverzichtbarer Bestandteil eines Therapiewochenprogramms, aber natürlich nur, wenn
sie entsprechend für den Patienten organisiert werden. Besonders gut
lassen sie sich auch für die ergänzende Psychotherapie nutzen, was
gerade bei chronischen Krankheiten zum Abbau des immer mitur-
sächlichen Negativstresses unbedingt wünschenswert ist.

Die meisten unserer Patienten kamen vor Beginn einer Klinikversorgung in die ambulante Sprechstunde. Dort erfolgte bereits eine
Vordiagnostik und eine Vorplanung des Behandlungsprogrammes.
Das erleichterte und verkürzte die Aufnahmeuntersuchung am Samstag. Trotzdem wurde der Samstag für mich und meine Regieassistentin fortan nicht – wie allgemein üblich – zu einem Tag der Erholung,
sondern zum angestrengtesten Arbeitstag. Für eine EUBIOS-Klinik
kann es keine Feiertage geben, weil ja Krankheiten auch keine Feiertage einlegen. Unsere Mitarbeiter haben sich daran gewöhnen müs-

sen. Selbstverständlich gewähren wir ihnen für die Feiertagsarbeit einen Zeitausgleich.

Der Dienstag wurde zum festen OP-Tag der Woche. Ich war einziger Operateur und operierte weiterhin unter Assistenz von Arzthelferinnen. Das OP-Programm war stark gemischt. In der Reihenfolge ihrer Häufigkeit aufgezählt waren es: Ischiaswurzel-Entlastungsoperationen wegen Bandscheibenvorfalls, Knotenausschneidungen wegen Brustkrebsids, Hüftkopf- und Hüftgelenks-Ersatzplastiken, Knie-, Tennisellenbogen- und Handoperationen, dazu kleinere Operationen im Mastdarmbereich und in der Blase. Bis zu zwölf Operationen, darunter zur Hälfte Große, waren es an einem OP-Tag.

Als Anästhesistin konnte ich eine außerordentlich tüchtige Fachärztin gewinnen, welche jeweils am Vortage anreiste, um die Operationspatienten vorzuuntersuchen, und am OP-Tag so lange blieb, bis der letzte Patient aus der Narkose aufgewacht war. Sie führte bei uns die ESA (Elektro-Stimulations-Anästhesie) ein, bei der mit Hilfe von Akupunktur eine besonders schonende Narkose erreicht wird.

Immer wichtiger als die Operationen wurden die nichtoperativen Gesund- und Heilhilfen. Auch in den Klinikbetten lagen bald mehr Nichtoperierte als Operierte. Immer öfter konnte ich beweisen, daß die wichtigste Aufgabe eines Chirurgen nicht die Operation, sondern die Vermeidung unnötiger Operationen ist.

Die Zahl der Mitarbeiter für die Medizinische Versorgung in der EUBIOS-Klinik steigerte sich bald auf zwei Dutzend, eingeschlossen zwei Ärzte, die Klinikassistentin, die Oberschwester sowie das Praxis- und das Pflegepersonal. Letzteres hatte ich nach einer Übergangszeit vom Klinikträger übernommen, um einen klaren Trennungsstrich zwischen Medizinischer und Patientenhotel-Versorgung zu ziehen.

Bei dieser Zweiteilung der Patientenversorgung blieb es bis heute. Sie ist die sicherste Garantie für eine harmonische Zusammenarbeit zwischen dem Klinikträger als Patientenhotelier und dem Regiearzt für die Medizinische Versorgung. Ernsthafte Differenzen zwischen dem Ehepaar Freiberger einerseits und mir als Regiearzt sowie meiner Regieassistentin andererseits hat es in den knapp acht Jahren unserer Zusammenarbeit nicht gegeben. Keiner redete dem anderen in seinen Betriebsteil hinein.

Die entscheidende Wende für mich gegenüber meiner Zeit als chefärztlicher Sklave der Klinikträger: Ich brauchte niemanden zu fragen, ob ich ein für notwendig erachtetes Gerät kaufen durfte oder nicht. Ein Privatklinikträger kann sich Behinderungen des Chefarztes gar nicht leisten. Sein Hauptinteresse ist darauf gerichtet, daß die Betten zu dem vereinbarten Durchschnittsprozentsatz belegt sind und darüber hinaus die Patientenhotel-Versorgung weiterempfohlen wird.

Zum Schwerpunkt unseres Klinik-Heilhilfe-Kompakt-Programms zur Bekämpfung chronischer Krankheiten entwickelte sich erwartungsgemäß die Krebskrankheit. Hier waren die Möglichkeiten der nichtoperativen Therapie in der ersten Hälfte der achtziger Jahre sehr viel geringer als später. Zusätzlich zur Behutsamen Operation nach dem Leitsatz »so klein als möglich, so groß wie nötig« wurde zur direkten Bekämpfung von Krebsidherden die Gezielte Strahlentherapie – im Gegensatz zur Großfeldbestrahlung »weit im Gesunden« – eingesetzt. Dies geschah in Zusammenarbeit mit einem Röntgeninstitut in der Nachbarstadt Rosenheim. Die Zellkiller-Chemotherapie blieb in meiner Klinik tabu. Das sprach sich herum und zog immer mehr Patienten an.

Der Einsatz der naturgemäßen Heilmethoden Psycho- und Physiotherapie als insbesondere auf Stärkung der Abwehrkräfte ausgerichtete Ganzheitsmedizin blieb eine Säule unseres Krebsbekämpfungsprogramms. Lediglich die Möglichkeiten zur arzneilichen Hemmung des Krebsidherdwachstums blieben im Vergleich zu später begrenzt. Wir verwendeten hauptsächlich Mistelspritzen und Carnivora, einen Extrakt aus einer fleischfressenden Pflanze.

Es gab auch schon die Anfänge einer Liebeshormontherapie durch Infusionen von Schwangerenharn in den Mastdarm. Wir gingen davon aus, daß bei der Zellvermehrung in der Schwangerschaft und in einem Krebsidherd ähnliche hormonelle Steuerungsvorgänge wirksam sein mußten. Darüber hinaus war bekannt, daß sich Krebsidherde in der Schwangerschaft öfters zumindest teilweise zurückbilden, leider auch um hinterher manchmal noch schneller zu wachsen als vorher. Ich wußte natürlich auch, daß es das Gegenteil gab, also eine Beschleunigung des Krebsidherdwachstums in der Schwangerschaft. Aber insgesamt, schloß ich, mußte das Liebeshormonmilieu eine Schlüsselstellung auch für die Vermehrung von Krebsidzellen haben. Den Schwangerenurin für die Einlaufbehandlung bezog ich von einer in der Nähe gelegenen geburtshilflichen Klinik. Tatsächlich gab es einige bemerkenswerte Rückbildungen von Krebsidherden speziell im Unterleibsbereich, darunter die vollständige Heilung eines vorher vielfach vergeblich operierten Blasenkrebsids.

Schon Anfang 1982 begann die Klinik aus allen Nähten zu platzen. Nicht nur aus der Bundesrepublik, auch aus den westeuropäischen Nachbarländern und sogar aus so entfernten Gegenden wie Australien suchten immer mehr Patienten bei uns Hilfe. Meine 29 Betten waren mir zu wenig. Deshalb liebäugelte ich schon mit Angeboten zur Vergrößerung meiner Bettenkapazität. Eines davon war ein geplantes Klinikprojekt im niederbayerischen Haustein bei Deggendorf. Damit ich gegenüber dem Ehepaar Freiberger vertragstreu bleiben konnte, war bereits eine Hubschrauberverbindung zu meiner EU-BIOS-Klinik Chiemseewinkl in der Planung.

Aber wieder einmal hatte ich mich von einem Betrüger vorübergehend einfangen lassen, dieses Mal für ein 70-Millionen-Projekt, also noch eine Nummer größer als Münstertal. Nicht einmal Li mit ihrer weit besseren Menschenkenntnis durchschaute anfangs den Schwindel. Auch der Landrat von Deggendorf, der sich für seinen Kreis einen kräftigen Gewerbesteuerzahler erhoffte, ließ sich aufs Glatteis führen, sogar weit länger als wir. Sonst bleibt nur der Trost, daß wir mit einem blauen Auge davongekommen sind.

Jedenfalls mag mein fremdgängerisches Treiben, das Ernst Freiberger nicht verborgen blieb, mit ein Grund dafür gewesen sein, mir eine großzügige Klinikerweiterung für ein »EUBIOS-Zentrum am Chiemsee« anzubieten. Ich war sofort Feuer und Flamme. Aber meine Frau bremste gewaltig. Sie wollte lieber auf Nummer Sicher gehen, zumal unser Kleinbetrieb bestens florierte.

Doch Ernst Freiberger und ich konnten sie überreden. Also wurde am 15. September 1982 ein neuer Vertrag geschlossen, der einen Erweiterungsbau für zirka 35 Bettplätze mit den notwendigen Funktions- und sonstigen Räumen sowie die Errichtung einer Praxis und einer OP-Abteilung – kurz »PRAXOP« – mit einer Gesamtnutzfläche von nicht weniger als 540 Quadratmetern vorsah.

Schon ein Jahr später, am 10. September 1983, war Richtfest, in Bayern Hebfeier genannt. Im Richtspruch hieß es:

»Viel Ärzten ist heut' nicht zu trauen!
Will man so eine Klinik bauen,
dann braucht man keine Koryphäe,
von dene' gibt's viel in der Nähe!

Man braucht an' Arzt, der Menschen liebt
und ihnen nur sein Bestes gibt!
Der freundschaftlich reicht seine Hände,
von Anfang bis zum guten Ende,
der Schmerz vermeidet, Qualen mildert,
der Krankheit Grund ganz offen schildert,
der Glück im Sterben und im Leben
voll Nächstenliebe sucht zu geben.
Ich sag es jetzt ganz unumwunden:
So einen hat der Bauherr g'funden!«

Und da soll man nicht stolz werden bei so viel Lob aus dem Volk der angeheirateten Wahlheimat.

»Es gehört schon Mut dazu«, sagte ich in meiner Ansprache, »sich mit mir auf Gedeih und Verderb zu verbünden. Ich bin ja ein Mann mit Vergangenheit, dem so einiges nachgesagt wird… Vieles, was ich tue, ist ja nicht normal – wie Sie wissen. Nicht normal muß ja nicht unbedingt geistesgestört sein. Verrückt schon. Aber was wäre das Leben ohne Verrücktheiten!… Sicher ist es nicht normal… ein Hotel in ein chirurgisches Krankenhaus umzufunktionieren. Sicher ist es auch nicht normal, unter 304 Operationen seit Februar 1981 nur eine Wundinfektion gehabt zu haben, also eine Infektionsquote von unter vier Promille. Und das i-Tüpfelchen der Nichtnormalität: Es gab nicht eine einzige ernsthafte Meinungsverschiedenheit zwischen Klinikträger und Regiearzt mit Regieassistentin. Danke, liebe Else und lieber Ernst Freiberger, für das Vertrauen in die verrückte EUBIOS-Idee, für das unnormale Wagnis EUBIOS-Zentrum am Chiemsee!«

Belohnung: Regiearzt des EUBIOS-Zentrums am Chiemsee

Am 1. April 1984 war der größte Teil des Erweiterungsbaus betriebsbereit. Ganz hatte sich Ernst Freiberger nicht an unsere vertragliche Abmachung gehalten, nach der es nur 35 Bettplätze mehr werden sollten. Am Schluß waren es dann 106, dies allerdings in besonders komfortablen Ein- und Zweibett-Patienten-Appartements. Das waren 35 Betten mehr als jene Bettenzahl, welche ich als obere Grenze für eine Klinik ansehe, die sich nicht auf die Behandlung von Sanatoriums-, Kur- oder Reha-Patienten beschränkt. Aber ich mußte mich damit abfinden. Gut vier Jahre später wurde die zu große Bettenzahl denn auch zu einem der Gründe für meine Kündigung des Vertrages, weil ich nur unter größten Anstrengungen die Verantwortung für alle Patienten übernehmen konnte und es dabei trotzdem öfters Versorgungsdefizite gab.

Auf Wunsch des Klinikträgers wurde die Einweihung ganz groß gefeiert, in einem riesigen Zelt neben dem EUBIOS-Zentrum. Ich konnte und wollte das auch nicht verhindern, obwohl vorauszusehen war, daß Neid und Mißgunst nicht nur Presseärger hervorrufen würden.

Wie es sich vor allem in Bayern gehört, war auch eine kirchliche Einweihung geplant. Doch die oberbayerischen Kirchenführer beider Konfessionen verweigerten dies mit der Begründung, eine Klinik, in der einem Patienten »Selbstmordhilfe« geleistet worden sei, könne den Segen ihrer Kirche nicht bekommen.

Ohne Gottes symbolischen Segen wollten weder Freibergers noch wir das gemeinsame Unternehmen starten. Also suchte ich mit Hilfe meines Freundes Heinrich Ziemes nach einem Ersatzmann. Er fand ihn in Gestalt eines Kapuzinerpaters aus Altötting. Pater Markus erwies sich als wahrer Christ: Er besprengte Einweihungsgästeschar und Gesundheitshilfezentrum trotz Verbots mit geweihtem Wasser und wurde deshalb strafversetzt.

Zu der Feier am 25. Mai war viel Prominenz aus der Künstlerschaft und dem Geldadel Bayerns und darüber hinaus angereist. Die Festansprachen waren mit allerlei Narreteien gespickt, und am Ende war es wie im Refrain jenes Liedes, das wir zur Pflege alter Burschenherrlichkeit als Studenten gesungen hatten: »Es war halt doch ein schönes Fest: Alles wieder voll gewest!«

Zurück zum Mittwoch, dem 18. April 1984, dem spektakulärsten Tag in der Geschichte des EUBIOS-Zentrums am Chiemsee. Alle Einzelheiten meiner Erlösungstodhilfe für die Patientin Hermy E. sind, wie erwähnt, in dem Buch *Humanes Leben bis zuletzt* nachzulesen. Ich beschränke mich darum hier auf einen knappen Hinweis und auf das, was dort nicht nachzulesen ist.

Ausgerechnet kurz nach der auch öffentlich bekannt gewordenen Inbetriebnahme des fertiggestellten Teiles vom Erweiterungsbau hatte mich meine Patientin Hermy E. telefonisch zur Einlösung meines Versprechens genötigt, sie von ihrem Martyrium zu erlösen.

Nachdem ich mich bei ihren Hilferufen um eine feste Zusage herumgedrückt hatte, blieb mir am Freitag, dem 13. April 1984, keine andere Wahl als zu antworten: »Montag nehmen wir Sie auf!«

So geschah es, zugegeben auch in der Hoffnung, daß sich bei der Aufnahmediagnostik doch noch eine Chance ergab, die Patientin zum Weiterlebenwollen zu überreden. Das erwies sich dann angesichts ihres fürchterlichen Leidens als unverantwortbar. Daß weder ihr betreuender Leibarzt noch ich auf einen weiteren Therapieversuch drängen durften, war dann am Mittwoch unzweifelhaft geworden. Also wurde die Übergabe des Erlösungstrunks auf die Zeit zwischen acht und halb neun Uhr abends festgelegt. Wenig später, um 20.35 Uhr übergab ich dann dem Lebensgefährten der Ziehtochter meiner Patientin in meinem Dienstzimmer vier Gramm Zyankali, die zehnfach tödliche Dosis, von der wir alle den Blitztod erwarteten.

Es war der schwerste Liebesdienst meines ganzen Arztlebens für einen Patienten. Später habe ich ihn leider öffentlich als »beste Operation meines Chirurgenlebens« bezeichnet. Dafür wurden mir dann allerdings so heftige hör- und lesbare Ohrfeigen von den Medien verpaßt, daß ich diese unglückliche Formulierung mehr als abgebüßt habe.

Ich hatte damit gerechnet, diesen Akt der Tötung aus Mitleid zumindest vorerst geheimhalten zu können. Denn einen schlechteren Zeitpunkt für ein Bekanntwerden hätte es nicht geben können. Gut ein bis zwei Jahre später wäre einer der schlimmsten Schmähvorwürfe nicht mehr möglich gewesen, nämlich der, meine Erlösungstodhilfe sei ein übler Propagandatrick gewesen, um mein EUBIOS-Zentrum weltweit bekanntzumachen. Als was denn? Als Sterbehilfezentrum?

Selbstverständlich wollte ich vor dem Hintergrund eines Krebsmartyriums, wie es schrecklicher nicht sein kann, zu einem geeigneten Zeitpunkt öffentlich die Frage stellen: »Darf man als Arzt solchen Patienten die Mitleidstötung verweigern?« Auch deshalb habe ich kurz vor ihrem Tod einen Film von meinem Gespräch mit der Patientin drehen lassen. Doch der Hauptgrund war ein anderer: Ich wollte mich gegen den Vorwurf absichern, die Patientin habe erstens gar nicht sterben wollen, sie sei zweitens für die rechtliche Wirksamkeit ihrer Willensäußerung gar nicht hinreichend zurechnungsfähig gewesen und hätte drittens durch die Gabe von Schmerzmitteln von ihrem Selbsttötungswunsch abgebracht werden können. Das Gegenteil zu beweisen, war nur mit einem Film möglich, selbst die schrecklichste Schilderung ihrer Qualen hätte das nicht vermocht. Aber angesichts von fünfzig Jahren Arbeit für Patienten, Forschung und auch Lehre hat es mich schon traurig gemacht, daß meine ärztliche Tätigkeit bei den meisten Menschen nur in Zusammenhang mit meiner unbeabsichtigt publik gewordenen Erlösungstodhilfe breite Anerkennung und Zustimmung findet. Gewiß war meine Mitleidstötung nicht die aus der Hüfte geschossene Heldentat eines unreifen Idealisten, sondern nur die Konsequenz meines aus jahrzehntelanger Erfahrung erwachsenen Gelöbnisses, jeden Patienten wie den besten Freund zu behandeln. Doch habe ich eigentlich zu lange gezögert und bis zur letzten Umarmung meiner Patientin gebetet: »Herr, laß diesen Kelch an mir vorübergehen.« Aber der Herr wollte es nicht. Jedenfalls waren es alles in allem höchstens ein paar Stunden meines ärztlichen Arbeitslebens, wahrlich nur ein Tropfen, wenn ich allein an die Hektoliter von heißem und kaltem Schweiß denke, die ich als Patientenarzt in Praxis und Klinik sowie auch als Medizinforscher und -lehrer vergossen habe. Aber es ist wohl so, daß nur das Spektakuläre von der großen Zahl der Zeitgenossen wahrgenommen wird.

Die Patientenappartements, kurz Patapps genannt, unterschieden sich von den üblichen Krankenhauszimmern im EUBIOS-Zentrum am Chiemsee durch die behagliche Wohnatmosphäre nicht nur für Aufstehkranke, sondern auch für Liege- und Intensivpflegepatienten. Die meisten Zweibett-Patapps hatten getrennte Schlafabteile. Fast alle Badezimmer waren mit Wannen, Ganzduschen, Mundduschen, Inhalatoren und WC- bzw. Mastdarmduschen ausgestattet. Privatsphäre und Ruhebedürfnis jedes einzelnen Patienten wurden durch »Schlüsselgewalt« und »Rot-Grün-Ampeln« an den Türen garantiert. Die Patienten durften abschließen, wenn die/der Geliebte zu Besuch kam. Durch Einschaltung der Rotampel konnten sie sogar störendes Anklopfen des Pflegepersonals verhindern. Mir ist weltweit keine Akutklinik bekannt, in der die Intimsphäre der Patienten so gesichert war – und ist.

Es gab – außer auf besondere ärztliche Verordnung – keine Besuchszeitbeschränkungen, vor allem auch nicht in den Intensivpflege-Patapps. In allen Patapps standen Fernseh- und Hörfunkgeräte, über die regelmäßig auch hauseigene Programme zur

ergänzenden Gesund- und Heilhilfe und zur Gesundheitsinformation
gesendet wurden.

Damals habe ich die tägliche Haus-Informationssendung »Julius
am Mittag« eingeführt. An jedem Therapietag habe ich während der
Zeit, in der die Patienten zirka 45 Minuten in ihren Moorerdepackun-
gen lagen, 20 bis 30 Minuten lang seh- und hörbar zu allen Patienten
gesprochen, um sie zum Gut Informierten Mitdenkenden Patienten
(GIMP) zu machen. Auch das dürfte sogar bis heute, zumindest in
dieser Intensität und Regelmäßigkeit, weltweit einmalig sein. Inzwischen gibt es ein vierwöchiges Patienten-Lehrprogramm auf Fernseh-
Kassetten und dazu eine sehr große Zahl kassettengespeicherter Live-
sendungen.

Die Kosten für die Medizinische Versorgung und die Patientenhotel-Versorgung wurden für mich und den Klinikträger getrennt abgerechnet. Dabei haben wir streng darauf geachtet, daß unsere Preise
unter dem Durchschnitt vergleichbarer Kliniken lagen. Trotzdem gab
es für beide Betriebspartner einen starken finanziellen Aufschwung.
Denn es konnte für knapp 300 Therapiewochen insgesamt eine
Durchschnittsbelegung von mehr als 80 Prozent erreicht werden,
was eine nahezu ständige Vollbelegung bedeutete.

Es gab mehr Mitarbeiter als Patienten. Für die Medizinische Versorgung standen im Schnitt 70, für die Patientenhotel-Versorgung 40
Angestellte zur Verfügung. Ich hatte 12 bis 15 Primär- und Sekundär-
ärzte als Angestellte. Zu den Klinik-Primärärzten mit einer Verantwortlichkeit zwischen der eines Ober- und Chefarztes zählten mehrere neu erworbene, gestandene Fachärzte für Chirurgie und einer
für Anästhesie. Hier war das größte Problem, sie im EUBIOS-Sinne
umzuerziehen und auf EUBIOS-Pflichten festzulegen. Dies gelang mir
nur sehr begrenzt, also gab es anfangs einen häufigen Primärarzt-
wechsel schon nach kurzer Zeit.

Allgemein war es schwer, Nachwuchsärzte zu finden. Denn die
Bayerische Landesärztekammer verweigerte mir die Zulassung zur
Weiterbildung in Chirurgie und Orthopädie, obwohl ich nicht nur
Facharzt, sondern sogar als »Professor für Chirurgie und Orthopädie«
urkundlich lizensiert war. Zugestanden hätte mir für beide Fächer als
Facharzt und Professor eine mindestens dreijährige Weiterbildungszeit wie in meinen Lauenburger Chefarztjahren. Aber der Präsident
der Ärztekammer in Bayern, Dr. Sewering, verhinderte mit Erfolg,
daß ich auch nur ein Jahr Weiterbildungszeit anbieten konnte. Die

Begründung: Ich sei charakterlich nicht zum Medizinlehrer geeignet.
Dabei ist es bis heute geblieben. Dagegen zu klagen, hält mein
Rechtsanwalt bei den herrschenden Verhältnissen für chancenlos.

Besonders hervorheben muß ich die Großzügigkeit, mit der vom
Klinikträger das »PRAXOP-Haus« für die Medizinische Versorgung
in Sprechstunden-, Diagnostik-, Operations- und Ambulanztherapie-
Abteilung sowie für die Dokumentations- und Anmeldezentrale und
schließlich das Büro errichtet wurden. Insgesamt standen mir knapp
sechshundert Quadratmeter Nutzfläche zur Verfügung, für die ich
Miete zu zahlen und die ich selbst mit Mobiliar, Apparaten und Instrumenten auszustatten hatte. Auch für mein Heiligtum als Chirurg,
die OP-Abteilung, wurde mir ein Wunschtraum erfüllt. Sie bestand
aus zwei Hochaseptik-OP-Einheiten mit getrennten Lufträumen zwischen OP und Anästhesie, für die von mir schon in Lauenburg konzi-
pierte Zweiraumlagerung. Unsere Infektionsquote für Operationswunden blieb in den knapp fünf Jahren weit unter dem allgemeinen
Durchschnitt, erreichte allerdings den idealen Prozentsatz von 0 Prozent wie in meinem Lauenburger OP-Haus nicht ganz.

Besonders stolz war ich auf den Ausbau einer »EUBIOS-Akademie«
für Gesundheitsinformation, Forschung und Lehre im EUBIOS-Sinne.
Dafür standen an Einrichtungen ein EUBIOS-Informationsbüro mit
Sendezentrale für hauseigene Fernseh- und Hörprogramme (»JULIUS
am Mittag«), Bibliothek und Sekretariat der Gemeinnützigen Stiftung
EUBIOS-Gesundhilfe e.V., ein EUBIOS-Konferenzraum, eine EUBIOS-
Aula mit 120 Sitzplätzen für größere Vortragsveranstaltungen, eine
EUBIOS-Galerie und ein großes EUBIOS-Forschungslaboratorium zur
Verfügung, in dem ein Pathologe mit modernsten Forschungseinrich-
tungen und entsprechender Assistenz mehrere Jahre lang tätig war.
Hierfür standen insgesamt 858 Quadratmeter Nutzfläche zur Verfü-
gung.

Das alles unterschied sich aufs vorteilhafteste von den Beton-,
Stahl-, Chrom-, Glas-, Fliesen- und Kunststoff-Kliniken in vollklimati-
sierten Hochhäusern, verkehrsgünstig inmitten von Großstadtlärm
und -luft gelegen, die immer noch letzter Chirurgieklinik-Modeschrei
sind, auch wenn sich aufgeklärte Patienten vor solchen Medizinfabri-
ken zu Recht fürchten.

Neben meiner Regiearzttätigkeit habe ich mich vor allem auf die
Krebsforschung konzentriert und dazu auch das Forschungslabor der

EUBIOS-Akademie benutzt. Ihr spektakulärstes Ergebnis war eine Pressekonferenz im Januar 1986, auf der ich über wahrlich aufsehenerregende Rückbildungen von Krebsidherden bei den verschiedensten Krebsidarten berichten konnte, wobei der Angriffsschwerpunkt auf der Liebeshormon-Blockade-und-Stör-Therapie lag, allerdings begleitet von zwei bis drei Dutzend anderen Heilhilfen. Damals habe ich erstmals die These verkündet: »Eine kastrierte Krebszelle kriegt keine Kinder.« Möglich geworden war die vorübergehende chemische Kastration von Frau und Mann durch die Entdeckung des LH-RH-Analogon Buserelin, bei uns als Suprefact in den Handel gebracht. Im einzelnen hatte ich dies in meinem zuletzt erschienenen Buch *Der Meineid des Hippokrates* (1992) dargestellt, das sich einleitend mit dem sogenannten Hippokrateseid und seinen fatalen Folgen für die Schulmedizin auseinandersetzt, zum größten Teil aber mit Krebs und anderen chronischen Erkrankungen nach den Erkenntnissen meiner EUBIOS-Gesundheitshilfe.

Ich will mich hier nicht unnötig wiederholen. Zweifellos habe ich Anfang 1986 unter dem Eindruck zuvor erlebter Rückbildungen von Krebsidherden bei den verschiedensten Krebsidarten meine hoffnungsvolle Botschaft an Ärzteschaft und Öffentlichkeit stark übertrieben. Damals gab es auch einen ausführlichen Bericht im *Spiegel*, aufgrund eines Interviews mit den zwei erfahrenen Medizinjournalisten Dr. Hans Halter und Jürgen Petermann. Es war nicht das erste Mal, daß mir der *Spiegel* große Publicity verschaffte. Da hatte es schon 1978 das Titelfoto mit meiner weitgehend verhüllten Chirurgenvisage gegeben, unterschrieben mit der Titelzeile »Krebs: Hackethal gegen die Ärzte – Aufruhr in der Medizin«, und 1984 das Titelbild, auf dem man mich wie einen betenden Mönch serviert hatte, mit der Zeile »Sterbehelfer Hackethal« als Heiligenschein und unterhalb der Gürtellinie »Gift für Todkranke«.

Bislang hatte ich die *Spiegel*-Medizinjournalisten weitgehend auf meiner Seite gehabt. Bei diesem Interview habe ich es mir dann endgültig mit ihnen verdorben. Da steht bereits am Anfang des Heftes als Hausmitteilung vom 20. Januar 1986 »Betr. Hackethal« unter anderem: »Als ungemein tüchtigen, patientenfreundlichen Arzt, als ›chirurgisches Vollblut‹ in seiner Lauenburger Praxis hatte *Spiegel*-Reporter (Dr. med.) Hans Halter ihn porträtiert (*Spiegel* 22/1977). Doch dann, nach Gründung der ›EUBIOS‹-Klinik am Chiemsee, driftete Hackethal immer weiter vom schulmedizinischen Tugendpfad ab.

Von seinen ärztlichen Kollegen alleingelassen und schikaniert, ließ sich der von seinem Beruf Besessene mit Heilpraktikern und ihren obskuren Methoden ein.« Danach folgt dann ein journalistisches Quasi-Todesurteil: »Nun ist seinem – von jeher riskanten – Höhenflug nicht mehr zu folgen: Mit einem Hormon-Blocker (›Suprefact‹) glaubt er, ›absolut sicher‹ jede Krebsgeschwulst wegbringen zu können: ›Der Krebs verschwindet völlig‹ (siehe *Spiegel*-Gespräch Seite 172).«

In diesem Gespräch habe ich zwar immer wieder eingrenzend formuliert, was auch aus folgenden Zitaten ersichtlich ist: »Prof. Hackethal hofft, sicher zu wissen…« und »Ich kann immer nur sagen: Ich glaube zu wissen, oder ich hoffe zu wissen, ich kann nie sagen, ich weiß. So überheblich bin ich nicht.« Aber was ich da zum Teil wörtlich gesagt haben soll, trage ich bis heute als schwere Last mit mir herum.

Wohlgemerkt hat man mir das Manuskript des Interviews zur Durchsicht geschickt, mir die Möglichkeit zu Korrekturen gegeben. Aber jeder interviewte Wissenschaftler weiß, welche Problematik in einem komprimierten Text steckt. Da werden in der Regel gerade die Sätze weggelassen, welche bestimmte Thesen in die richtige Verpackung bringen und/oder sie relativieren. Aber bei allen nachträglichen Ausredeversuchen bleibt ein bitterer Nachgeschmack.

Ein paar Ausreden für die hoffnungmachende Publikation meiner Krebsthese habe ich schon. Die erste kritische Bilanz konnte ich in einem Vortrag am 21. Juli 1986 vorlegen, zu dem mich die Universität von Kalifornien in San Diego eingeladen hatte. Dort habe ich vor einem sehr kritischen Arztpublikum ein Referat mit dem Titel »Geschlechtshormon-Blockade als Basistherapie bei Krebs allgemein?« gehalten. Es war ein »Vorläufiger Erfahrungsbericht« über eine systematische Antikrebs-Therapie bei vielen verschiedenen Krebsarten mit Buserelin (Suprefact) als Hauptarznei bei insgesamt 676 Patienten.

Die publizierte Zusammenfassung des Inhalts lautete: »Die bisherigen Beobachtungen lassen es gerechtfertigt erscheinen, bei fortschreitendem Krebs immer zunächst einen Versuch mit der Geschlechtshormon-Blockade plus Zusatztherapie zu machen, bevor verstümmelnde Therapieformen wie Radikaloperation, Massivbestrahlung und/oder aggressive Chemotherapie zum Einsatz kommen. Bei guter Erfolgskontrolle verliert man durch einen Therapieversuch mit der Geschlechtshormon-Blockade nur wenige Wochen, also in der Regel nichts Wesentliches, kann aber viel gewinnen.«

Der Vortrag wurde mit Beifall aufgenommen. Es gab eine lebhafte Diskussion. Am stärksten reserviert gab sich Prof. Dr. Samuel Yen, der Chef des Department of Reproductive Medicine, wie es schien, ein engagierter Zellkillerchemotherapeut. Aber erschüttern konnte er die Glaubhaftigkeit meiner Aussagen nicht. Anwesend war auch der Nobelpreisträger Guillemin, der für die Entdeckung des Buserelins gemeinsam mit Schally den Nobelpreis bekommen hatte. Ich hatte mich mit ihm schon Anfang 1986 in Paris getroffen, um ihm über meine Behandlungsergebnisse und meine Thesen zu berichten.

Die Reaktion der deutschen Medien auf meine publizistischen Aktivitäten, mit denen ich einerseits die Krebsärzte nötigen wollte, mindestens einen Therapieversuch zu unternehmen, und andererseits die Patienten auf die Behandlungsmöglichkeit hinweisen wollte, war verheerend.

Was im *Spiegel* stand, habe ich schon erzählt. Alle anderen Medien zogen nach. Ich mußte mir eingestehen, daß ich in meinen Prognosen zu weit gegangen war.

Schon Mitte März 1986 hatte mich mein schlechtes Gewissen so krank gemacht, daß ich dem Klinikträger in einem handschriftlichen Brief meinen Rücktritt als Regiearzt anbot. Ich zitiere aus dem vertraulichen Brief an Ernst Freiberger vom 16. März 1986:

»Ich kann die Last des Regiearztes Deines und unseres EUBIOS-Zentrums am Chiemsee nicht mehr tragen. Das haben mir die letzten Monate – seit Anfang Dezember '85 etwa – so klargemacht, daß die notwendigen Konsequenzen zu ziehen sind… Deshalb möchte ich Dich bitten, unsere Zusammenarbeit am 30. Juni 1986 zu beenden. Mein Gesundheitszustand reicht nicht länger aus… Ich habe meine Kraft überschätzt, mir zuviel vorgenommen. Das war eigentlich schon immer mein Problem. Leider hat mich das Alter nicht klüger gemacht, was dies anbetrifft. Vor allem habe ich unterschätzt, was gemeinsam mit anderen machbar, zum Besseren änderbar ist. Das ist meine Schuld wohlgemerkt. Das hätte ich in den ersten vierzig Lebensjahren erkennen sollen. Doch ich bin immer ein Träumer geblieben. Ich habe so weitergeträumt wie beim Kühehüten als Kind, mit offenen Augen in den blauen Himmel hinein. Und die Kühe sind durchgebrannt. Vaters Schläge waren bald vergessen.«

Ich nannte weitere Gründe:

»Meine größte Enttäuschung: Ich kann nur einen kleinen Teil meiner Mitarbeiter dazu bringen, im Sinne von EUBIOS mitzuarbeiten. Die meisten sind zu faul und zu unzuverlässig, wollen weit
mehr nehmen als geben. Ich kann diese Einstellung der meisten
nicht länger ertragen. Es gibt zu viele Versorgungslücken und
-mängel. Am schlimmsten ist es mit den Ärzten: Die fast allen eingepflanzte Arroganz vernebelt ihre Gehirne. Hundert Jahre lang
eingeimpfter Hochmut sitzt tief im Erbgut. Sie wollen nicht wahrhaben, daß man Patienten nicht von oben herab, sondern wie den
besten Freund versorgen muß. Und sie wollen nicht weg vom
mühsam erlernten Denken in komplizierten Formeln, die sie
selbst nie begriffen haben. Ich hatte gehofft, die ganz jungen
Ärzte könne man ändern. Es schien Ansätze zu geben. Sie sind
zum Teil willig, aber zu faul. Sie wollen – wie die Jungen allgemein – das Leben genießen auf Kosten anderer... 12 Ärzte gab es
außer mir ein ganzes Jahr lang: Für durchschnittlich 90 Klinik-
und 30 Sprechstundenpatienten pro Woche! Zwei Drittel der wesentlichen Versorgungsarbeit für Ärzte habe ich mit Li gemacht.
Ein Drittel die anderen zusammen. Wir können nicht mehr! Alles
hat keine EUBIOS-Zukunft.
Ein Mitgrund für meinen Wunsch, als Regiearzt des EUBIOS-Zentrums aufzuhören, ist mein Übereifer in der zweiten Januarhälfte.
Auf dem Hintergrund eines ›Glaubens und Hoffens zu wissen‹,
habe ich die praktischen Möglichkeiten der Krebsbekämpfung
vielleicht überschätzt. Meine sechs Thesen, an die ich nach wie
vor fest glaube, waren wohl mit rosaroter Brille niedergeschrieben. Das, was ich gesagt habe, entsprach meiner Überzeugung.
Nicht ein einziges Mal habe ich eine Rückbildung oder einen Stillstand bei einem Krebskranken wider besseres Wissen behauptet.
Lügen halte ich für das größte Übel im Zusammenleben überhaupt. Aber alles in allem habe ich wohl den Mund zu voll genommen. Und auch dafür habe ich einzustehen, die Konsequenz
zu tragen.
Ein anständiger Minister bietet seinen Rücktritt an, wenn er in
einem wichtigen Punkt versagt hat. Mein Trost: Hoffnungslosen
muß man als Arzt sofort jede ehrliche Hoffnungshilfe geben, sogar
im Zweifel. Selbst wenn man irrtümlich falsche Hoffnungen

weckt, ist das meist ein kleineres Übel als das größere der absoluten Hoffnungslosigkeit. Das war mir immer Richtschnur, auch wenn nur ein Funke an Hoffnung blieb...«

Der Brief an Ernst Freiberger schloß mit meinem Wunsch, bald über alles persönlich mit ihm zu sprechen, und mit einem PS vom nächsten Tag:

»Den Brief habe ich mit Li besprochen und eine Nacht darüber geschlafen. Es muß bei dem Entschluß bleiben. Vieles ist nicht angesprochen, was im Hintergrund mitspielt. Aber das Entscheidende bleibt: Mein Gesundheitszustand ist schlecht. Ich habe seit Monaten einen beschleunigten Puls, zwischenzeitlich Herzrasen und Herzschmerzen. Ich kann nicht schlafen und leide unter Depressionen. Mein Haustierkrebs wächst beunruhigend. Seit vielen Wochen habe ich eitrigen Schnupfen. Der ganze Julius ist krank, müde und lustlos. Hoffentlich halte ich die drei Monate durch. Eigentlich müßte ich gleich aufhören. Aber das kann ich Dir nicht antun. Dir nicht und anderen nicht... Eines steht fest: Du warst immer ein fairer, verläßlicher Partner, einen besseren Klinikbetreiber kann man sich nicht wünschen. Tausend Dank! Und Entschuldigung!
Dein Julius«

Ernst Freiberger antwortete mir freundschaftlich, aber bestimmt:

»Wie ich Dir bereits bei meinem Telefongespräch unmittelbar nach Erhalt Deines Briefes mitteilte, ist ein Ausscheiden von Dir im EUBIOS-Zentrum derzeit für uns undenkbar. Ich nehme auch an, daß Du den Termin vom 30. Juni '86 mehr als Vorschlag gedacht hast und nicht als Kündigung. Wie Du weißt, haben wir nach Deinen Wünschen und auf Deinen Bedarf zugeschnitten bedeutende Investitionen getätigt. Du wirst deshalb verstehen, daß wir hiermit einer eventuellen Kündigung von Dir widersprechen müssen.«

Rückblickend bin ich froh darüber, daß Ernst Freiberger meine Quasikündigung nicht akzeptierte. Die Krise war Anlaß, daß ich meinen Medizinischen Versorgungsbereich teilweise neu organisierte – mit dem Ergebnis, daß auch die zweite Hälfte der Arbeit des EUBIOS-Zentrums am Chiemsee hoch positiv ausfiel. Und wenn ich die Gesamtbilanz ziehe, so bin ich heute noch sicher, daß trotz teilweiser Überschätzung der in der Liebeshormon-Blockade steckenden Wirkungspotenz keinem Patienten dadurch geschadet wurde, daß etwa wirksamere Behandlungsmöglichkeiten versäumt worden wären. Da mag es im Einzelfall auch eine Ausnahme geben. Aber solche Ausnahmen werden auf ewig unabänderlich sein.

Die sehr positive Gesamtbilanz schließt schlimmste Zwischenerlebnisse nicht aus. In einer großen Illustrierten gab es unter dem Titel »Der Besessene vom Chiemsee« einen Bericht, der tief unter die Anstandsgürtellinie zielte. Man hatte weithin falsche Behauptungen weniger einzelner Patienten und Angehörigen einfach als wahr unterstellt und daran die schlimmsten Vorwürfe und Verdächtigungen angehängt. Dies geschah unter Federführung einer Journalistin, mit der ich es mir gründlich verdorben hatte, nachdem sie früher immer auf meiner Seite gewesen war. Was ich falsch gemacht habe, weiß ich nicht.

Aber nachdem sie um die Klinik herumstrich, war zu ahnen, was auf mich zukam. Also rief ich den für das Gesundheitsressort des Blattes verantwortlichen Redakteur an und bat ihn, selbst die Klinik zu besuchen, um sich vor Ort ein eigenes Bild zu machen. Dabei dürfe er sich mit jedem Patienten, der einverstanden sei, unterhalten. Auch alle meine Mitarbeiter und ich stünden für jede kritische Frage zur Verfügung. Danach könne er schreiben, was er wolle. Ergebnis meiner Petition: Der Mann lehnte ab. Der Bericht war wohl schon in Druck gegeben.

Nach Erscheinen dieses diffamierenden Artikels bat ich meinen Rechtsanwalt, eine Widerrufs- und Schadensersatzklage vorzubereiten. Da fragte er mich: »Wieviele Patienten sind denn seit dem Erscheinen des Artikels im Vergleich zum Vorjahr weniger in Sprechstunde und Klinik gekommen?« Da mußte ich antworten: »Es sind nicht weniger, sondern weit mehr geworden!« Sein Rat: »Was soll's, lieber Herr Hackethal, das lohnt sich doch nicht. Denken Sie an die Showbusinessregel: Lieber eine negative Schlagzeile als gar keine!« Ob er mich da richtig eingeschätzt hat?

Später gab es noch eine ähnliche Geschichte. Das Magazin *Wiener* brauchte einen Aufmacher fürs Titelbild des ersten Heftes. Dafür wurde ich auserkoren. Man schleuste einen Journalisten als Hilfspfleger in die Klinik. Der suchte zehn Tage lang nach Dreckecken jeglicher Art. Dann schmierte er eine Lügengeschichte zusammen, an der aber auch nichts der Wahrheit entsprach.

Der Chefredakteur ließ sich noch einen besonders üblen Trick einfallen. Er spielte mir den zur Publikation vorgesehenen Text über einen Mittelsmann in der Hoffnung zu, daß ich vor dem Erscheinen eine einstweilige Verfügung dagegen beantragte. Diesen Propagandatrick für den Erstverkauf der Illustrierten durchschaute meine Frau. Also fiel ich nicht darauf herein. Allerdings habe ich das Blatt verklagt. Man mußte widerrufen und mit einer deftigen Geldstrafe büssen.

1987 war das Geburtsjahr unserer Vereins- und Hauspostille, der ich den Namen EU-LALIA gab – von (griech.) eu = (in diesem Fall) gar sehr und lalia = schwatzhaftes Gerede. Ja, ein wenig närrisch wollte ich den Titel, um jeglichem Hochstapelei-Vorwurf vorzubeugen. Das erste Heft erschien im Frühling 1987. Auf dem Umschlag war eine Lithographie meines späten Freundes A. Paul Weber mit dem Titel »Zwischen zwei Stühlen«. Dieses Bild, ursprünglich als Selbstbildnis skizziert, hatte mir Paul 1978 augenzwinkernd geschenkt. Die Redaktion der Zeitschrift übernahm ich selbst. Ursprünglich sollte sie jedes Vierteljahr erscheinen, dann wurde die Arbeitsbelastung jedoch zu groß. Ab Winter 1988/89 erschien sie zweimal pro Jahr, jeweils Mitte April und Mitte Oktober.

Im ersten Heft habe ich eine Attacke gegen die staatliche AIDS-Strategie unter dem Titel geritten: »Ritterrüstung und Arztpolizeistaat gegen AIDS? – Sorgen und Hoffnungen eines Ganzheitsarztes«. Sie gipfelt in der Feststellung: »Das gefährlichste an AIDS ist nicht die Krankheit, sondern die Diagnose und das, was Ärzte daraus machen (können). Hier ähnelt AIDS sehr stark dem Krebs.« Vor allem habe ich sehr eindringlich vor der Infektionsgefahr durch Blutübertragungen gewarnt. Hätte man spätestens damals – schon 1976 habe ich lautstark lamentiert – auf mich gehört, wäre einer unendlichen Zahl von AIDS-infizierten Blutern ihr böses Schicksal erspart geblieben.

In dem ersten Heft findet sich auch ein Bericht über die Arbeit der seit dem 1. April 1987 bestehenden »Forschungsstelle für Mikrobiologie der EUBIOS-Akademie«. Die von einem Pathologen geleitete Forschungsarbeit legte den Schwerpunkt auf die Mikroskopdiagnostik

von Ausscheidungen aller Art, von Abstrichen aus Haut- und Schleim-
hautwunden sowie von Proben aus operativ entferntem Gewebe.

Mehr als 80 Prozent unserer Patienten waren Kassenpatienten. Die
Gesetzlichen Krankenkassen leisteten aufgrund unserer Notwendigkeitsbescheinigungen in aller Regel Kostenersatz. Dies geschah in un-
terschiedlicher Höhe. Es gab Krankenkassen, welche vollen Kostenersatz – das heißt bis zur Höhe des Tagessatzes der nächstgelegenen
Universitätsklinik – zusagten. Andere wiederum verweigerten jeg-
lichen Kostenersatz. Die Mehrzahl allerdings übernahm die Kosten
außer einem kleinen Selbstbeteiligungsbetrag.

Bereits Anfang 1988 zogen immer düsterere Wolken am Horizont
unserer Kassenpatienten auf. Norbert Blüm plante sein sogenanntes
Gesundheitsreformgesetz, ausgerichtet auf Dämpfung der Kostenexplosion. Im Sommer 1988 gab es kaum noch Hoffnung, daß die Gesetzlichen Krankenkassen ab 1. Januar 1989 weiterhin Kostenersatz
bei Behandlung von Kassenpatienten durch Nichtkassenärzte und in
Krankenhäusern, die keine Vertragskliniken der Kassen waren, leisten durften. Damit war das Ende des EUBIOS-Gesundheitshilfe-Zen-
trums am Chiemsee eingeläutet.

Über alle Gründe und Hintergründe der Schließung des EUBIOS-
Zentrums am Chiemsee informieren am besten Auszüge aus meiner
Ansprache vom 13. September 1988. Vorausgegangen war eine gemeinsame Erklärung von mir und dem Ehepaar Freiberger über die
Beendigung unserer Zusammenarbeit, nachdem ich eine ausreichende Belegung der 106 Klinikbetten ausschließlich mit Privatpatienten nicht mehr sicherstellen konnte.

Meine Ansprache fand in der vollbesetzten EUBIOS-Aula statt und
wurde auf die Monitore aller Patientenzimmer übertragen:

»Meine lieben EUBIOS-Patienten! Liebe EUBIOS-Mitarbeiter!
Lieber Ernst Freiberger!
Noch nie wohl habe ich vor und bei einer Ansprache soviel Be-
klemmung und Trauer empfunden wie heute… In gut drei Monaten soll unser EUBIOS-Heilhilfe-Zentrum nicht mehr sein: Mein
erfüllter Wunschtraum eines ›Gastlichen Krankenhauses ohne
Angst für Jedermann‹, Ihre Zufluchtsstätte in Krankheitsnot,
meine lieben Patienten, und Ihre berufliche Wirkungsstätte, Ihr
Arbeitsplatz, liebe Mitarbeiter, enden nach knapp fünf Jahren.

Da befällt mich nicht nur Trauer, sondern auch Zorn. Der Zwang zur Schließung ist nicht nur ein Unglück für viele Patienten und fast alle, die hier arbeiten, sondern eine Schande für die Verantwortlichen...

Ich hatte an den Arbeits- und Sozialminister Dr. Norbert Blüm geschrieben, daß wir bei Inkrafttreten des GRG unsere Klinik schließen müßten. Darauf bekam ich am 15. August einen Brief von einem seiner Staatssekretäre. Darin steht unter anderem: ›Auch ein Außenseiter kann Kassenarzt werden, und auch ein Außenseiter-Krankenhaus kann einen Versorgungsvertrag erhalten.‹ Das ist doch praxisferne Theorie: Ein EUBIOS-Arzt macht als Kassenarzt sofort Pleite, weil er kein Mediziningenieur ist und weil seine Leistungen aus dem Durchschnitt fallen. Vieles kann er nicht abrechnen, weil es nicht ›wissenschaftlich allgemein anerkannt‹ ist...

Dieses GRG wird sich als nationales Unglück erweisen, nicht aus den Gründen, die Ärzteführer, Pharma-Industrie und andere Nutznießer der Kostenexplosion kritisieren, sondern weil es einerseits nicht an den Wurzeln des Übels angreift und damit das Ziel einer Kostendämpfung nie erreichen kann, und weil es andererseits eine fortschrittliche Reform für Jahrzehnte blockiert. Es wird die gesetzlich Zwangsversicherten noch mehr zur Kasse zwingen!

Sicher gibt es in dem Gesetz auch ein paar gute Ansätze. Aber insgesamt gesehen ist es ein schlechtes Flickwerk, das – wie gesagt – an den Wurzeln des Übels nicht angreift. Und die sind:

1. Die mangelhafte Information der Bevölkerung über gute und schlechte Medizin. Weit über die Hälfte dessen, was Ärzte heute machen und verordnen, ist unnötig, schadet meistens mehr als es nützt. Bei richtiger Information – zum Beispiel durch kontroverse Diskussion im Fernsehen – würden die Patienten das meiste ablehnen.

2. Die fehlende Selbstbeteiligung und Arztleistungskontrolle der Kassenpatienten. 25 Prozent des jetzigen Mitgliedsbeitrages für die Gesetzliche Krankenversicherung sollten auf einem »Gesund-Sparkonto« gutgeschrieben und anteilig zur Bezahlung späterer Krankheitskosten benutzt, was übrigbleibt, aber eines Tages ausgezahlt werden. Und selbstverständlich muß jeder Kassenpatient quittieren, daß er die abgerechnete Kassenarzt-Leistung auch bekommen hat.

3. Die vielfachen Behinderungen der freien Arzt- und Krankenhauswahl von Kassenpatienten. Eine bedarfsgerechte Versorgung der Kassenpatienten kann nur sichergestellt werden, wenn diese selbst die Möglichkeit haben, sich die Ärzte und Krankenhäuser ihrer Wahl zu suchen und damit die Spreu vom Weizen zu trennen.

Wenn das Übel an den Wurzeln angepackt würde, sänken die beanspruchten Arzt- und Gesundheitshilfe-Leistungen allgemein auf jenes Niveau, das Ärzte für sich selbst und ihre Angehörigen in Anspruch nehmen. Es beträgt nach meinen Informationen weniger als die Hälfte dessen, was Ärzte bei Kassenpatienten machen und verordnen...«

Ich mußte das etwas näher erläutern. Es hätte ja sein können, daß wir vor allem das Opfer einer guten, einer fortschrittlichen Gesundheitsreform geworden wären. Dann ließe sich diese Schließung leichter verkraften. All das floß 1992 in mein Buch *Der Meineid des Hippokrates* ein. Ich fuhr in meiner Begräbnispredigt fort:

»Zur absoluten Gewißheit wurde der Schließungszwang erst am 8. September durch folgende zwei Sätze im *Deutschen Ärzteblatt* vom gleichen Tag: ›Sicher ist zweierlei: Das Gesundheitsreformgesetz... kommt‹ und ›die Grundstruktur des... Gesetzentwurfes bleibt erhalten‹.

Bis zuletzt hatte ich gehofft, daß das Gesetz doch noch an der starken Lobby der Nutznießer der Kostenexplosion scheitern würde. Wenn es gescheitert wäre, hätten wir sogar mit erheblichem Aufwind rechnen können. Dann nämlich durften unsere Kassenpatienten sogar hoffen, daß die Gesetzlichen Krankenkassen von den Sozialgerichten zur vollen Kostenerstattung verurteilt worden wären. Anbauen hätten wir dann müssen, statt schließen! Dieser Traum eines Zwanges der Krankenkassen zur Achtung des Selbstbestimmungsrechtes ihrer Mitglieder ist nun ausgeträumt. Am 1. April 1984 wurde der erste Abschnitt des Erweiterungsbaus der Privatklinik Chiemseewinkl eröffnet. Ende Mai dann das EUBIOS-Heilhilfe-Zentrum in seiner ganzen Größe mit insgesamt 106 Betten eingeweiht. Ernst und Else Freiberger haben mir meine Wunschklinik gebaut. Darin steckte ein großes Risiko. Ich wollte erst gar nicht, später dann nur 35 Betten mehr als es im Altbau waren, insgesamt also nur rund 65 Betten, vor allem aber eine Operationsabteilung und alles wichtige Zubehör sonst. Ernst Freiberger riskierte noch 40 Betten dazu. Dies erwies sich als richtig. Ihm und seiner Frau bin ich von Herzen dankbar.«

Anschließend erinnerte ich die Zuhörer daran, was in all den Jahren geleistet worden war. Ich wies auf die minimale Infektionsquote, die weit unter dem Durchschnitt lag, und das Fehlen von Hospitalismus hin; es gab ihn weder körperlich noch seelisch. Ich nannte die Höhe der Investitionen – allein ich selbst hatte 1,5 Millionen Mark investiert, um für die Medizinische Versorgung optimale technische und sonstige Voraussetzungen zu schaffen. Besonders eindringlich wies ich auf die Versorgung unserer Patienten unter dem Schutz des »EUBIOS-Patientenarzt-Gelöbnisses« hin, wobei ich unsere »Behutsame Anti-Krebs-Strategie mit Augenmaß und Liebe«, abgekürzt: BAKSALI, als beispielhaft hinstellte.

Dieses Konzept, insbesondere die ihm zugrundeliegende Auffassung von Krebs als Ganzheitserkrankung und die wesentliche Unterscheidung von »Raubtierkrebs« und »Haustierkrebs«, habe ich in meinem Buch *Der Meineid des Hippokrates* ausführlich entwickelt – auch die daraus folgenden Therapiewege.

Dann wandte ich mich noch einmal ausdrücklich an die Mitarbeiter:

»Unser EUBIOS-Zentrum war für viele Patienten die allerletzte Hoffnung, und ich muß mich an dieser Stelle bei Ihnen, meine lieben EUBIOS-Mitarbeiter, ganz besonders bedanken. Sie wissen, in welch grauenhaftem Zustand viele Patienten zu uns kamen: Gerade noch gehfähig – ein paar Schritte, sonst hätten wir sie nicht aufnehmen dürfen –, aber total kaputtbehandelt und kurz vor dem Ende. Viele junge Patientinnen und Patienten waren darunter, die sich verzweifelt an ihr Leben klammerten, denen jeder Tag Hoffnung ein riesiger Gewinn war. Sie ist einer der schwersten aller Liebesdienste von Ärzten und Arzthelfern aller Art, insbesondere auch von Krankenschwestern: Die aufopferungsvolle Versorgung Schwerst-Krebskranker, die hoffen wollen, für die jeder Tag Hoffnung trotz Qualen ein lebenswerter Tag ist.
Ich selbst und alle Mitglieder des Führungsstabes haben viele unserer Mitarbeiter vor der Tür des Krankenzimmers weinen sehen,

sehr viele. Und wir brauchen uns unserer Mitleidstränen nicht zu schämen. Im Gegenteil.

Vor ein paar Tagen stand in der Zeitung, was ein Krankenpflege-Funktionär gesagt haben soll: Der des Krankenpflegers sei kein Samariter-Beruf. Das sei schon lange vorbei! Ich sage Ihnen: Wer als Arzt- oder Arzthelfer seinen Beruf nicht vor allem gewählt hat, um bei Krankheitsnot in Mitleid zu helfen, hat seinen Beruf verfehlt. Mitleid und Barmherzigkeit sind eine Charaktereigenschaft. In einem Mitleidsberuf darf man auch Geld verdienen. Warum denn nicht?! Aber ohne Mitleid werden Gesundheitshilfe-Berufe zu einer riesigen Gefahr für Patienten.

Ich danke Ihnen, meine lieben EUBIOS-Mitarbeiter, daß Sie nicht davongelaufen sind, obwohl Ihnen öfters danach war. Unser aller Trost darf sein: Wir könnten viele Wände mit Dankesbriefen tapezieren, auch mit Dankesbriefen von Angehörigen, weil die Patienten bei uns in Würde gestorben sind.

Wenn man Bilanz zieht, sollte man auch die Probleme nicht verschweigen. Es waren in den viereinhalb Jahren seit Bestehen unseres EUBIOS-Zentrums sehr viele Schwierigkeiten zu überwinden, fast alles Schwierigkeiten, die nicht hätten sein müssen.

Es begann damit, daß die Kirchenführer der christlichen Kirchen uns die Einweihung verweigerten. Wir mußten uns auf Schleichwegen einen Gottesmann für den Segen von oben besorgen. Warum? Weil aus christlicher Nächstenliebe heraus einer end- und hoffnungslos Kranken auf ihren ausdrücklichen Wunsch hin Erlösungstodhilfe gegeben wurde. Als ›Sterbeklinik‹ versuchte man unsere Klinik zu verteufeln. Dazu gab es ein paar böse Lügengeschichten neidischer Papierhelden.

Doch das alles war nicht das Hauptproblem. Die meisten Schwierigkeiten entstanden durch das Verhalten der Krankenkassen, sowohl der Gesetzlichen wie der Privaten, das zum Teil in einen regelrechten Boykott unseres EUBIOS-Zentrums ausartete. Mißerfolge unserer Behandlung sind zu einem sehr großen Teil dem boykottartigen Verhalten der Krankenkassen anzulasten. Die Patienten konnten aus Kostengründen nicht lange genug bleiben oder nicht mehr wiederkommen. Vor dem Hintergrund unseres Grundgesetzes, das jedem Patienten das Selbstbestimmungsrecht über Gesundheit und Leben garantiert, war das Verhalten vieler Gesetzlicher Krankenkassen – es gab auch wohltuende Ausnahmen – rechtswidrig. Es gibt eine neue richtungsweisende Entscheidung des Bundessozialgerichtes, die leider unseren alten Patienten nicht mehr helfen kann, nur rückwirkend für noch laufende Prozesse: Die Kassen sind verpflichtet, Kostenersatz zu leisten, wenn Patienten bei Krankheiten, deren Ursachen ungeklärt sind und für die es keine wissenschaftlich gesicherte Heilhilfe gibt – wie es ja für Krebs gilt –, zu Außenseitern flüchten.

Ich hatte auf der Rückseite unserer Notwendigkeitsbescheinigung für Patienten und Krankenkassen seit einem Jahr etwa den Hinweis gegeben, daß die Ablehnung eines Kostenersatzes durch die Krankenkassen für eine Behandlung in unserer Klinik rechtswidrig ist. Das hat man mir schwer übelgenommen und unsere Klinik noch mehr blockiert als vorher.

Eine Kassenpatientin schrieb uns kürzlich, ihre Krankenkasse habe die Kostenübernahme zunächst zugesagt, aber dann ablehnen müssen, weil keine Notwendigkeitsbescheinigung von einem Kassenarzt vorgelegt werden könne. Wörtlich steht in dem Brief: ›Die Kassenärztliche Vereinigung hat ihren Mitgliedern untersagt, solche Bescheinigungen für EUBIOS auszustellen.‹

Trotzdem: Das alles hätte uns nicht umgeworfen. Denn ohne das GRG war zu erwarten, daß die Sozialgerichte die Gesetzlichen Krankenkassen schon bald zum Kostenersatz zwingen würden. Nicht wir, der Klinikträger und ich, haben unter diesem Boykott gelitten, sondern unsere Patienten, die zwangsversicherten Kassenpatienten. Wir hatten immer genügend Nachschub, so daß die Wirtschaftlichkeit unseres EUBIOS-Zentrums nicht in Frage stand. Aber es hat mich sehr bedrückt, daß viele unserer Patienten die dringend erforderliche Verlängerung und/oder Nachbehandlung wegen der Kostenverweigerung nicht durchführen konnten. Eine derartige Diktatur der Krankenkassenfunktionäre über ihre zwangsversicherten Mitglieder ist in einer humanen Welt unerträglich! Sie wird durch das GRG noch schlimmer.

Ich hatte es schon am Anfang gesagt, daß das GRG der Hauptgrund für die Schließung unseres EUBIOS-Zentrums ist, aber nicht der einzige. Es gibt andere wichtige Nebengründe:

Der erste Nebengrund: Eine Fortsetzung meiner Regiearzt-Tätigkeit auf Biegen und Brechen konnte und wollte ich dem Erbauer und Besitzer meiner Wunschklinik nicht antun. Laut Vertrag war meine Regiearzt-Position bis 31. Dezember 1991 unkündbar. Im

Altbau hätte ich auf jeden Fall noch drei Jahre weitermachen können, mußte nur eine achtzigprozentige Belegung der 29 Planbetten garantieren. Bei einer Belegung von weniger als 20 Betten hätte ich eine Ausgleichszahlung leisten müssen. Doch dazu wäre es wohl trotz GRG nicht gekommen.

Für den Neubau war vertraglich vereinbart, daß es nur ›zirka 35 Betten‹ mehr gab. Ein Kündigungsgrund für den Neubau wäre gewesen, wenn ich weniger als 50 Prozent dieser Betten, also weniger als 18 Betten im Jahresdurchschnitt belegt hätte.

Sogar 20 + 18 = 38 Betten wären als Jahresdurchschnittsbelegung vielleicht zu schaffen gewesen. Wirtschaftlich hätte ich das bei entsprechender personeller und sonstiger Verkleinerung meines Betriebes sicher durchgestanden. Aber für Ernst und Else Freiberger hätte es große Probleme gegeben. Das aber wollte ich nicht.

Der zweite Nebengrund dafür, daß ich das Handtuch geworfen habe, ist meine Amtsmüdigkeit als Regiearzt eines Krankenhausbetriebes mit so großer Verantwortlichkeit.

Man kann schon mürbe werden bei den ständigen Fußtritten, wie es sie seit der Übernahme meiner Regiearzt-Tätigkeit im EUBIOS-Zentrum gab. Das Berufsgericht hat mich für arztunwürdig erklärt und im Februar den Entzug meiner Bestallung beantragt. Im April schon sollte die Entscheidung der Regierung von Oberbayern fallen. Sie steht noch immer aus. Wenn man mir die Arztlizenz entzieht, muß ich vor Gericht gehen. Höchstwahrscheinlich hat meine Gegenklage aufschiebende Wirkung über 1991 hinaus. Aber ein neuer Kampf beginnt!

Die Ärzteführer geben keine Ruhe, um meine ärztliche Tätigkeit zu behindern, wo es nur geht. Nur ein Beispiel ist das Verhalten vieler Kassenärzte, die meine Patienten ständig unter Druck setzen. Die die schlimmsten Geschichten erzählen, was ich angeblich alles falsch gemacht habe und was ich für ein ›Beutelschneider‹ bin. Die ihnen die Notwendigkeitsbescheinigungen für eine stationäre Behandlung bei uns verweigern und und und!

Auf Biegen und Brechen hätte ich meine Regiearzt-Tätigkeit in einem EUBIOS-Zentrum mit ausschließlich Privatversicherten bzw. ›Alleinzahlern‹ wahrscheinlich weiterbetreiben können, insbesondere auch bei einer entsprechend starken Werbung im Ausland, was mir von einer Seite vorgeschlagen wurde. Es gibt ja eine Klinik in Hannover, die vor allem von den aus USA einfliegenden Pa-

tienten lebt. Das aber will ich nicht! Nur als ›Arzt für alle‹ will ich
weiter Arzt sein!
Auf keinen Fall lasse ich meine Kassenpatienten im Stich, insbesondere die nicht, bei denen ich eine Krebsbehandlung angefangen habe und die mich weiter brauchen. Als ›Nur-Pri-
vatversicherten-Arzt‹ weiterzuarbeiten, wäre Verrat an den
Kassenpatienten, die mir zum Teil schon seit vierzig Jahren die
Treue halten. Wir, meine Frau und ich, werden uns was einfallen
lassen, wie ich als ›Arzt für alle‹, die mich wollen, weiterarbeiten
kann. Und für viele unserer Patienten wird sich eine gute Lösung
zu erschwinglichen Preisen finden lassen. Weh ums Herz wird
mir aber, wenn ich an die Schwerstkranken denke, an jene, die
zu uns kamen, nachdem die Schulmedizin sie im Stich gelassen
hatte, für die wir die allerletzte Hoffnung waren und weiter sein
könnten, wenn …«

Die Zeit bis zum Ende des Jahres und dieses EUBIOS-Zentrums verging wie im Fluge, aber mit vielen schlaflosen Nächten für meine Regieassistentin und mich, wohlgemerkt nicht aus Sorge, daß wir nun
verhungern würden. Nein, in den letzten acht Jahren waren wir reich
geworden, so reich, daß wir für die Zukunft, auch als Rentier-Ehe-
paar, aller finanzieller Sorgen ledig gewesen wären. Und wir hätten
uns deswegen nicht zu schämen brauchen, denn es dürfte weithin
kein Arztehepaar gegeben haben, das gemeinsam so lange so geschuftet und sich so wenig Freizeit genommen hatte, wie wir in jenen
acht Jahren. Trotzdem oder vielleicht gerade deswegen war es für jeden von uns die bis dahin glücklichste Zeit seines Lebens.

Ob es für uns beide in einer künftigen reinen Bett- und Haus-Ehe
ohne Klinik auch weiterhin ein *eu bios* geben würde?

KRÖNUNG: EIGENES EUBIOS-GESUNDHEITSHILFE-ZENTRUM

Was wir im Herbst 1988 auch nicht entfernt hoffen konnten, wurde
danach Wirklichkeit – die Erfüllung meines größten Wunschtraumes
als Klinikarzt: Ein EUBIOS-Gesundheitshilfe-Zentrum in total eigener
Regie, mit meiner Frau nicht nur als Regieassistentin, sondern als
Patientenhotel-Chefin unter dem staatlichen Titel Klinikträgerin und
mit mir als ihr Regiearzt. Ja, so fühle ich mich seither in allererster

Linie, als ihr Regiearzt. Ohne meine Klinikfrau hätte ich das Wagnis
einer eigenen Privatklinik nie riskiert.

Ohne ihren Fleiß, ihre Flinkheit, ihre Umsicht und ihr Organisa-
tionstalent gäbe es das EUBIOS-Zentrum im Gut Spreng nicht. Sie
hatte die besten Ideen für den Umbau des Gutshauses aus dem Jahre
1836, das in den einhundertfünfzig Jahren zuvor zwar mehrfach als
bäuerlicher Gutshof erweitert, in den siebziger Jahren dann teilweise
zu einer Kurpension umgebaut worden war, inzwischen aber schon
viele Jahre nicht als solche benutzt wurde. Da steckte nicht nur der
Schwamm in den Grundmauern und der Wurm im Gebälk, sondern
es war nichts ohne große bauliche Veränderungen nutzbar. Das alles
bekam sie in den Griff. Noch aber war es nicht soweit.

Der Abstieg hatte Ende Mai 1988 begonnen. Da schickte mir der
damalige Arbeits- und Sozialminister Dr. Norbert Blüm den von den
Regierungsfraktionen abgesegneten Entwurf des geplanten Gesund-
heitsreformgesetzes (GRG). Trotz des persönlichen, sehr liebenswür-
digen Begleitbriefs traf mich die 288 Seiten dicke Schwarte wie ein
Hammer. Gehofft hatte ich auf eine echte staatliche Strukturreform
unserer wahrlich reformbedürftigen, weil weithin inhumanen Arzt-
und Gesundheitshilfe. Das Geplante aber war maßlos enttäuschend.
Am meisten traf mich natürlich der §116 des Entwurfs, das grundsätzliche Verbot des Kostenersatzrechtes der Gesetzlichen Krankenkassen
bei der Behandlung von Kassenpatienten in Nicht-Vertragskranken-
häusern.

Dann kam als schwerer Tiefschlag der Vorabdruck einer großen Il-
lustrierten aus meinem Buch *Humanes Sterben – Mitleidstötung als
Patientenrecht und Arztpflicht,* das später unter dem Titel *Humanes
Leben bis zuletzt* als Taschenbuch herauskam.

Er brachte mir den Ruf als Muttermörder ein. Von allen meinen
bis dahin erschienenen Büchern war mir dieses am schwersten gefallen. Es wurde – wie zu erwarten – von der Presse zerrissen oder tot-
geschwiegen. Danach hatte ich zu nichts mehr Lust. Ich weiß nicht,
was ohne die Liebe meiner Frau und die meiner Patienten und Mitarbeiter aus mir geworden wäre.

Ende Oktober gab es dann plötzlich Hoffnung. Ich erfuhr, daß die
Regierungsfraktion doch eine Änderung des §116 beschlossen hatte.
Die Krankenkassen dürften weiter Kostenersatz leisten. Sofort erkun-
dete ich die Möglichkeiten, wenigstens eine kleine Bettenstation an
die inzwischen bereits geplante neue Praxis in Bernau anzuhängen.

Eine Fertighausfirma bot uns an, die Klinik mit zirka 25 Betten am 1. März 1989 schlüsselfertig zu übergeben. Die Gemeindevertretung riß sich die Beine aus, um dies in Bernau am Chiemsee zu ermöglichen. Noch am 15. November 1988 schien alles zu klappen, aber drei Tage später kam das Aus: Die Fertigbaufirma telefaxte als Fertigstellungstermin den 30. Juni 1989. So lange durfte ich nicht warten. Die Versorgungslücke wäre für zu viele meiner Patienten, die eines Klinik-Heilhilfe-Kompakt-Programmes bedurften, zu groß geworden.

Doch nun tat sich plötzlich der Himmel auf. Wir entdeckten das Gut Spreng, zu dem stolzen Ort Riedering mit 1200 Jahre alter Tradition gehörig, eine verwaiste Kurpension in einer Traumlage. Es lag ganz allein in einem knapp zehn Hektar großen, wunderschönen Gutspark mit altem Baumbestand, bunten Blumengärten und einem Fisch- und Entenweiher, mit weiten Wiesentälern und Hügeln und einem kleinen Waldstück am Rande. Um diese Idylle am Vorfuße der bayerischen Alpen herum lagen das Seglerparadies Chiemsee im Osten, die Skigebiete von Samerberg, Hochries und Zahmem Kaiser im Süden, der Innstrom im Westen und der romantische Simssee im Norden. Trotz Ruhe und Stille befand sich das Gut Spreng nicht abseits der Welt, sondern nahe der Autobahn München–Salzburg, nur neun Kilometer vom Eisenbahnknotenpunkt Rosenheim und jeweils eine Stunde vom Flughafen München-Riem im Westen und vom Flugplatz Salzburg im Osten entfernt.

Den entscheidenden Tip gab uns eine Schulfreundin meiner Frau, die Wirtin vom Gocklwirt am Simssee, ganz in der Nähe vom Gut Spreng. Der Bürgermeister der Gemeinde Riedering war von meinem Plan, aus der verwaisten Kurpension eine Klinik zu machen, sehr angetan. Es hatte schon seit mehreren Jahren immer wieder Anträge auf Zustimmung der Gemeinde zu andersartigen Vorhaben gegeben, die nicht den Wunschvorstellungen der traditionsbewußten Gemeinde entsprachen. Man hatte wohl auf mich gewartet.

Jedenfalls dauerte es vom Telefax der Fertigbaufirma bis zum notariellen Abschluß des Kaufvertrages mit dem Besitzer von Gut Spreng am 22. November 1988 in Würzburg, meinem chirurgischen Temperament angepaßt, ganze vier Tage. So wurden wir für drei Millionen Mark »Gutsbesitzer von Hypobanks Gnaden«. Ganz wohl war uns zwar nicht, nachdem wir unser gesamtes Vermögen zur Sicherung der Kredite einerseits und zur Finanzierung der notwendigen Umbauten andererseits einbringen mußten, also all das an Gut und

Geld, was wir in den letzten knapp acht Jahren erworben hatten. Volle drei Jahre lang kreiste der Pleitegeier drohend über Gut Spreng. Ob ich bei meinem Ehrgeiz einen Offenbarungseid trotz der Liebe meiner Frau hätte überleben wollen, bezweifle ich.

Zunächst einmal überwog bei uns die euphorische Aufbruchstimmung. Besser hätte es nicht kommen können, als direkt mit Mobiliar, Apparaten und Instrumenten des PRAXOP-Bereichs und auch allem Inventar der EUBIOS-Akademie aus dem EUBIOS-Zentrum am Chiemsee in das weitgehend leerstehende Gut Spreng mit seiner Nutzfläche von 1250 Quadratmetern umzuziehen. Da hatte sich ja inzwischen recht viel angesammelt, was nun nicht in irgendeinem Lagerhaus zwischengelagert werden mußte.

Am 23. Dezember 1988 war der letzte Versorgungstag im EUBIOS-Zentrum am Chiemsee, und bereits vom nächsten Tag an konnten wir eine Notversorgung in der provisorisch hergerichteten »Park-Klinik Julius Hackethal« anbieten. Am 23. Januar 1989 war dann der erste ambulante Sprechstundentag, und schon am 18. Februar hofften wir mit der Tagesklinik-Versorgung beginnen zu können, die aus der Not heraus geboren wurde, weil ja eine stationäre Klinikversorgung wie in der EUBIOS-Klinik am Chiemsee noch nicht möglich war. Der Beginn dieser Tagesklinik-Versorgung verzögerte sich allerdings bis zum 4. März. Aber bis dahin lief alles ziemlich planmäßig. Die Sprechstunden waren gut angelaufen, die mit viel Schwung begonnenen Renovierungs- und Umbauarbeiten zügig vorangegangen, die Bau- und Nutzungsänderungen mit den Behörden abgesprochen und beantragt.

Dann brach es über uns herein. Es folgte Tiefschlag auf Tiefschlag: Ablehnung des Bau- und Nutzungsänderungsantrages für eine Bettenklinik – und zwar für immer, wie es schien; enorme Verteuerung auch für die Nutzungsmöglichkeit als Praxis mit Tagesklinik-Versorgung durch die Notwendigkeit einer Trafostation für 180 000 Mark und eines Kanalisationsanschlusses an die drei Kilometer entfernte Gemeinde Riedering für 500 000 Mark; unerwartet hohe Baukosten; drohender Entzug der Arzt-Approbation, die wegen des »Falles Hermy E.« vom Berufsgericht der Regierung von Oberbayern beantragt, aber nicht entschieden worden war; Drohschreiben der Ärztekammer und so weiter.

Das alles entlud sich Anfang Mai bei mir in einem geistig-körperlichen Zusammenbruch mit Wiederholung einer schweren Blutvergiftung, wie ich sie im Frühjahr 1985 schon einmal hatte, dieses Mal aber weit schlimmer.

Daß unsere Abwehr vom Geist gesteuert wird, habe ich dabei in eindrucksvoller Weise selbst erlebt. Ohne den fürchterlichen Streß von März bis Mai hätte ich zweifellos keine Sepsis bekommen. Meine Herzaderung jedoch muß wohl recht üppig gewesen sein, jedenfalls lag dort kein Schwachpunkt meiner Organstatur. Sonst wäre es wohl aus gewesen. Ich hab's gepackt, wie man weiß.

Danach ging es langsam wieder aufwärts. Mitte Mai 1989 entschied die Regierung von Oberbayern, mir meine Arztlizenz zu belassen. Zum gleichen Zeitpunkt konnten wir die OP-Abteilung mit Wachstation eröffnen und die Tagesklinik-Kapazität auf 40, bald danach auf 50 Plätze erweitern. Im September gab es bereits 35 Mitarbeiter, darunter mit mir fünf Ärzte. Mehr als 1000 Sprechstunden-Patienten waren seit Januar und fast 500 Tagesklinik-Patienten seit März mit einer Verweildauer von durchschnittlich 19 Tagen versorgt worden. Zwei Drittel der Patienten kamen mit einer Begleitperson, was zu einem Belegungsboom der Hotels, Gasthäuser und Privatpensionen im Umkreis von Gut Spreng wie nie zuvor führte.

Bürgermeister, Gemeinderat und Gemeindeverwaltung unterstützten uns großzügig. Die Gemeinde beschloß einstimmig eine Änderung des Flächennutzungs- und Bebauungsplans des Ortsteils Gut Spreng für eine Klinik mit Bettenstation und brachte die Anträge auf den entsprechenden Behördenweg.

Es gab die formelle Anerkennung als Staatlich anerkannte Private Krankenanstalt, auf die Genehmigung der Bettenstation mußten wir jedoch warten, da das Landratsamt sie von einer entsprechenden Änderung des Flächennutzungs- und Bebauungsplans durch die Regierung abhängig machte.

In der EU-LALIA vom September 1989 schrieb ich: »Die Vergrößerung des Versorgungsumfangs auf 22 stationäre, 38 Tagesklinik- und zirka 50 bis 60 Sprechstunden-Patienten pro Woche macht eine weitere Investition von gut 1 Million DM erforderlich. Es soll ja Leute geben, die mit jeder Million mehr Schulden noch tiefer und ruhiger schlafen. Wir gehören leider nicht dazu. Aber die Liebe unserer Patienten macht es erträglich.«

Die Tages-Klinik-Versorgung (TKV) hatte sich bald so sehr bewährt, daß wir sie auch nach der späteren Zulassung der stationären Klinik-Versorgung im September 1990 nicht mehr missen wollten. Es

gab kein entsprechendes Vorbild in der Bundesrepublik, auf das wir
hätten zurückgreifen können. So wurde unsere TKV, über die auch in
den Medien immer wieder berichtet worden ist, zum Schrittmacher
für die Tagesklinikversorgung in Deutschland. Sie hat inzwischen
viele Nachahmer gefunden, wobei meine Rolle, wie seit Veröffentlichung meines ersten medizinkritischen Buches 1976 üblich, tun-
lichst verschwiegen wird.

Die EUBIOS-TKV umfaßt ein ganztägiges Versorgungsprogramm
in der Praxisklinik mit Vermittlung eines geeigneten Quartiers, mit
einem Mittagstisch als Hauptmahlzeit, einer Abendsprechstunde bei
Bedarf, insbesondere um Schlafstörungen und nächtlichen Zwi-
schenfällen vorzubeugen, und einer Notdienstversorgung rund um
die Uhr durch einen Arzt. Die Versorgungsqualität und -intensität
der EUBIOS-TKV kommt der einer stationären Klinikversorgung sehr
nahe. Sie beginnt mit der Anfangsuntersuchung und der Festlegung
des höchstpersönlichen Klinik-Heilhilfe-Kompakt-Programms, das
dann in Form eines Vormittags- und eines Nachmittagsprogramms
nach Stundenplan durchgeführt wird. Sie umfaßt Zwischensprech-
stunden und Visiten zur ergänzenden Diagnostik und zur Kontrolle
von Wirkung und Verträglichkeit des Behandlungsprogramms, das
bei Bedarf geändert wird. Selbstverständlich gibt es eine gründliche
Verlaufsdokumentation in der Patientenakte wie bei einer stationären
Versorgung und eine Abschlußsprechstunde mit einem Abschlußbericht für den Patienten sowie mit Verordnungen und Ratschlägen für
die Nachsorge. Ein Transportdienst vom Quartier zur Klinik sowie
auch zur Versorgung durch die »Verbundärzte« und Institute im Umkreis ist sichergestellt. In einer Wachstation können die Patienten
notfalls mit den Möglichkeiten der Intensivmedizin versorgt werden.

Als besonderer Vorteil hat sich die Möglichkeit erwiesen, eine Begleitperson mitzubringen und mit dieser gemeinsam die Zeit außerhalb
der unmittelbaren Tagesklinikversorgung zu verbringen. So können
auch etwas stärker behinderte und komplikationsgefährdete Patienten
im Rahmen der Tagesklinik versorgt werden. Diese ist im übrigen billiger als die stationäre Klinikversorgung – wichtig für manche Kassenpatienten, die sich die unbedingt erforderliche Weiterbehandlung sonst
nicht leisten könnten, wenn ihre Krankenkasse den Kostenersatz verweigert oder auf einen sehr geringen Betrag beschränkt.

Zu dem ursprünglichen Tagesklinik-Programm gehörten auch
»EUBIOS-Gesundhilfe-Kuren«. Mein großer Wunsch war es schon im-

mer, den Schwerpunkt meiner ärztlichen Tätigkeit mehr und mehr
auf die Gesunderhaltung statt auf die Krankheitsbekämpfung zu verlegen. Es waren zwei verschiedene »EUBIOS-Kuren« geplant: Die
»Große Ganzheitskur« einerseits und die »Organkur« gegen bestimmte Gesundheitsstörungen, die zu einer bestimmten organbeton-
ten Krankheit auszuarten drohen, andererseits. Beides diente letztlich zur Vorbeugung gegen jene chronischen Krankheiten, gegen die
auch unsere Klinik-Heilhilfe-Kompakt-Programme gerichtet sind.
Diese »EUBIOS-Kuren« mußten wir dann aber bald aus unserem Programm streichen, weil damit unsere Klinik nach den Statuten privater
Krankenversicherer als »Gemischte Krankenanstalt« einzuordnen
war, was den Privatversicherern das grundsätzliche Recht gab, den
Kostenersatz auch bei Behandlung in einer zugelassenen Privatklinik
zu verweigern oder doch erheblich einzuschränken.

In der EU-LALIA vom Oktober 1990 berichtete ich über zwei neue
Einrichtungen: Das Helikon und das EUBIOS-Restaurant. Helikon
nennen wir die so sonnennah wie möglich »unter dem Dach juchheh«
etablierte Ganzheitstherapie-Etage für Seele, Geist und Leib, unseren
»EUBIOS-Musentempel« im licht- und luftdurchfluteten Dachgeschoß
der Park-Klinik. Es besteht aus einem 105 Quadratmeter großen
»Heuboden«– inzwischen von den Patienten zur »EUBIOS-Alm«
umgetauft – mit seinen Liegeplätzen für die täglichen Heublumen-
Packungen und seiner Helikon-Bar, aus den vier Badestuben für Heil-
kräuter-, Voll-, Teil- und Dampfbäder und aus dem Physiotherapie-
Saal... Helikon nannten die alten Griechen ein Gebirge in der Nähe
von Korynth, das als Wohnsitz ihrer »Mousai« galt, den Töchtern von
Gottvater Zeus und seiner Gemahlin Mnemosyne, die sie als Göttin-
nen der edlen Geistesbildung, der Weisheit und der schönen Künste
verehrten. Oft »von den Musen geküßt« zu werden, wünschten sich
alle Hellenen. Wir erhoffen uns für unsere Tagesklinik-Patienten in
ihren Ruheliegen »auf der Alm« unter den Klängen der Auswahlmusik
aus ihrem Kopfhörer viele Musenküsse in Form von schönen Gedanken, wohligen Gefühlen und hoffnungsvollen Träumen... Zum EU-
BIOS-Restaurant gehören der große Speisesaal und der Kaminsalon.
Der Schlager des Küchenchefs heißt »Naturmischkostplus«. So nennen wir unsere Weiterentwicklung der Vollwertkost, gewachsen aus
unseren Erfahrungen mit der Vollwerternährung in den letzten zehn
Jahren. Zweifellos war die Erfindung der klassischen Vollwertkost ein
großer Fortschritt für eine gesunde Ernährung, und sicher läßt sie

sich auch ganz schmackhaft zubereiten. Aber für zu viele unserer Patienten war die allzu naturbelassen-rohe Kost zu schlecht verdaulich. Sie lag ihnen im Bauch wie dem Wolf die Wackersteine der sieben Geißlein. Die allzu vegetarische Ernährung erwies sich als zu arm an wichtigen Kraftstoffen, Vitaminen, Hormonen, Vorhormonen, Mineralien und Spurenelementen. Wir Menschen sind eben doch als »fleischfressende Pflanzen« geboren, weniger als Raubtiere – obwohl sich manche so benehmen –, aber mehr als Schafe und Kühe. Als Drittes schließlich war uns das zu sehr auf Gesundheit programmierte Angebot bei der klassischen Vollwertkost etwas zu wenig vorfreude- und freudespendend.

Gutes Fleisch ist überreich an lebensnotwendigen Nährstoffen. Es enthält Eiweiß von hoher biologischer Wertigkeit, viele wertvolle Vitamine und Mineralstoffe, die man in pflanzlicher Nahrung allein zum Teil nicht oder nur wenig bekommt.

Das Angebot einer Vielzahl von Nährstoffen geschieht aus der Überlegung heraus, dem Organismus eine Vielzahl von Wirkstoffen der verschiedensten Art anzubieten, damit er sich das an »Arznei« herausholen kann, was er braucht. Denn man kann nicht daran zweifeln, daß in unseren Nahrungsmitteln Heilkräfte gegen sämtliche Erkrankungen stecken. Insbesondere dürfte durch eine solche Naturmischkostplus auch der Bedarf an Vitaminen, Mineralien und Spurenstoffen voll gedeckt werden, so daß künstliche Präparate nicht erforderlich sind. Für alle Wirkstoffe, auch für Vitamine, gilt, daß ein Zuviel meist mindestens genauso schädlich ist wie ein Zuwenig. Das »Plus« an raffinierten Zutaten, um die Gerichte besonders schmackhaft zu machen, soll die Lebensfreude steigern und damit auch die Abwehrzentrale im Gehirn aktivieren.

Mit der Bereitstellung des EUBIOS-Mittagstisches wurde gleichzeitig erreicht, daß die Tagesklinik-Patienten nicht zwischenzeitlich die Klinik zum Mittagessen verlassen mußten, sondern sich auf ihrem Tagesklinik-Platz im Helikon nach dem Mittagstisch ausruhen konnten.

Als Extrageschenk des Himmels entpuppte sich die Analyse des Riederinger Leitungswassers durch einen der erfahrensten Trink- und Heilwasser-Spezialisten, Prof. Dr. Karl Höll in Hannover. Das Ergebnis war zum Frohlocken: Unser Riederinger Leitungswasser ist ein natürliches Mineralwasser, genauer definiert: Ein natriumarmes Kalzium-Magnesium-Hydrogen-Karbonat-Wasser, von dem Prof. Höll schreibt: »Für Trinkkuren ist dies Wasser besonders geeignet.« Wie sich später herausstellte, entspricht das Riederinger Mineralwasser in seiner Zusammensetzung weitgehend dem »Gerolsteiner Brunnen«, der sich ja inzwischen als Mineralwasser in ganz Deutschland durchgesetzt hat.

Seit Eröffnung der Bettenstation verteilte sich die Zahl der Klinikplätze gleichmäßig auf 24 stationäre Betten und 24 TKV-Plätze, mit 3 Reserveplätzen für die Tagesklinik-Versorgung.

Anfang April 1991 haben wir beim Bayerischen Staatsministerium für Arbeit und Sozialordnung einen Antrag auf Aufnahme in den Krankenhausplan des Freistaates Bayern gestellt. Dies geschah nicht, weil wir zu viele leere Klinikplätze gehabt hätten. Im Gegenteil gab es schon im Frühjahr 1991 eine längere Warteliste, woran sich bis heute nichts geändert hat. Mit dem Antrag wollten wir vielmehr den Kassenpatienten helfen. Den größten Kummer bereitet uns nämlich bis heute die Tatsache, daß zu viele von ihnen sich wegen Kostenersatzverweigerung einer dringend notwendigen Wiederholungsbehandlung nicht oder nicht rechtzeitig unterziehen können, was dann allzu oft der Anfang vom bösen Ende ist. Sehr viele unserer Patienten haben den Antrag durch persönliche Schreiben an das Staatsministerium unterstützt und sich dabei auf ihre spezielle Notsituation berufen. Das hat jedoch das Staatsministerium bis heute nicht beeindrucken können. Der Antrag wurde abgelehnt und der Weg eines erneuten Antrages mit so vielen und so hohen Hürden bestückt, daß wir kapituliert haben.

Ich hatte das Glück, für unsere »Praxisklinik für Ganzheitsmedizin und Ausgewählte Chirurgie« als Chefoperateur einen nicht nur technisch sehr talentierten Chirurgen zu finden, sondern vor allem einen, der bereit war, sich von mir in die Besonderheiten meiner Operationstechnik einarbeiten zu lassen. So wurde ich, der »OP-Trainer mit Aktivlizenz auf der Reservebank« seit meinem 65. Lebensjahr, immer seltener als Reservist für die operative Nothilfe gebraucht, in den letzten Jahren (leider!) fast überhaupt nicht mehr.

In dem EU-LALIA-Heft zu meinem siebzigsten Geburtstag machte ich mir Gedanken über die Zukunft:

»Mein Lebenswunsch ist es, die EUBIOS-Gesundheitshilfe ›auf ewig‹ fortzupflanzen. Dazu braucht es Mitstreiter, die viel jünger als ich sowie in der Lage und bereit sind, sich von mir in die Theorie und Praxis meines geistigen Berufskindes einführen und einarbeiten zu lassen, um dessen Zukunft zu sichern. Es gibt wohl keine bessere Möglichkeit, einen anderen in die eigene berufliche Gedanken- und Wunschwelt einzuführen und einzuarbeiten, als die Kombination von Haus- und Berufsehe.

Zehn Jahre lang haben Li und ich Tag für Tag und manche Nacht über die Besonderheiten der EUBIOS-Gesundheitshilfe hin- und hergeredet, gestritten und harmonisiert. Li mit dem Herzen und dem Realitätssinn einer Stier-Frau, ich mit den Träumen eines Skorpions und Patienten-Weltverbesserers. All unsere daraus gewachsenen Theorien mußten der täglichen Praxis im Umgang mit unseren Patienten standhalten...

Nicht nur die Medizinische Versorgung im ersten und zweiten, auch das ganze dritte EUBIOS-Zentrum haben Li und ich gemeinsam geplant und aufgebaut. Das dritte Mal ging es nicht nur um die Medizinische Versorgung, sondern auch um das Patientenhotel und die Wirtschaftlichkeit insgesamt. Ein 152 Jahre altes, vielfach umgebautes, erneuertes und wieder gealtertes Großgebäude mußte zu einer EUBIOS-Klinik umgebaut und eingerichtet werden...

Fast noch schwieriger war die Sicherstellung der Finanzierung und der rechnerische Teil der Klinikführung seit Ende 1988. Auch da lag die Hauptarbeit bei meiner Klinik-Frau. Ohne Geld läuft nichts in dieser Welt, ohne unermüdliches Bemühen um Wirtschaftlichkeit machen nur staatliche und anderweitig subventionierte Krankenhäuser nicht Konkurs, aber Privatkliniken immer...

Das mag genügen, um deutlich zu machen: Mir scheint die Lebensfähigkeit unserer Klinik nach mir am ehesten gesichert, wenn Li die Zwillingsschlüsselposition zum Regiearzt, nämlich die als Patientenhotel-Chefin und Wirtschaftsführerin des Gesamtbetriebes, behält und eine harmonische Zusammenarbeit des Zwillings gewährleistet ist.«

Ich zitiere weiter aus der EU-LALIA vom Spätherbst 1990:

»Inzwischen hatte sich der Wertzuwachs unserer Klinik so gesteigert und unsere Schuldenlast so weit reduziert, daß auch im schlimmsten Fall kein Offenbarungseid – für mich die größte

Schande, weil immer auch mit einem Betrugsvorwurf verbunden – mehr fällig werden könnte. Insgesamt hatten wir sieben Millionen Mark aufgewandt, um die bestmögliche Versorgung unserer Patienten gewährleisten zu können. Da hätten die Restschulden von knapp vier Millionen Mark jederzeit vom Gegenwert der Klinik aufgefangen werden können.

Ich bin also doch noch ein reicher Mann geworden, sogar überreich an Eheglück und Patientenlob, aber auch reich an Hab und Gut. Letzteres hätte ich sicher als Ordinarius für Orthopädische Chirurgie oder für Allgemein- oder Unfallchirurgie schon sehr viel früher werden können. Denn nach neuesten Meldungen verdienen Top-Chirurgen pro Jahr drei bis zehn Millionen Mark. Und das ohne das kleinste unternehmerische Risiko und bei weit geringerer Arbeitsbelastung, als ich sie hatte. Da darf man wohl doch fragen, ob dies vor dem Hintergrund eines Zwangsversicherungssystems in Ordnung sein kann, in das der ›Kleine Mann‹ und die ›Kleine Frau‹ mit einem monatlichen Durchschnittseinkommen von dreitausend Mark (1991) in 35 Berufsjahren eine halbe Million Mark als Solidarleistung einbringen müssen. Denn damit wird der Hightech- und Highchem-Luxus finanziert, der die Rechnungen der Multimillionen-Kassierer möglich macht. Wohlgemerkt stehe ich auf dem Standpunkt, daß in dem Beruf mit jener ›Sonderstellung‹, die im ›Höchstmaß an Verantwortlichkeit gipfelt‹ (K. H. Bauer), zwar nicht ein Höchstmaß, aber doch – gemessen an anderen Berufen – ein hohes berufliches Jahreseinkommen recht und billig ist. Aber zu Lasten einer Zwangssolidargemeinschaft der Kleinverdiener eines Volkes – die Großverdiener sind ja befreit – sollte das nicht sein dürfen!«

Bleibt nur zu berichten, daß es seit dem Herbst 1991 weiter aufwärts ging. Vor allem konnten wir auch unser Heilhilfe-Kompakt-Programm zur Bekämpfung der Krebskrankheit immer mehr ausbauen. Die Zahl unserer »N1-Fall-Beweise« für die Qualität unserer bereits erwähnten »Behutsamen Anti-Krebs-Strategie mit Augenmaß und Liebe« vergrößert sich – gemessen am Lebenswert-mal-Lebenszeit-Index – immer mehr. Das galt vor allem für jene Patienten, die ohne vorausgegangene Verstümmelung durch den Totalen Krebskrieg der Schulmedizin im Frühstadium zu uns in Behandlung kamen. Bei den bei uns am häufigsten versorgten Krebsarten Brust- und Prostatakrebsid reicht die Zahl der NL-Fall-Beweise seit Einführung unserer Liebeshormon-Blockade zum Jahreswechsel aus, um inzwischen weit mehr an Heilungsaussichten versprechen zu dürfen, als es die Schulmedizin mit ihren Radikaloperationen, Großfeldbestrahlungen und Chemotherapien kann. Ebenso können wir für die übrigen Krebsarten in der Reihenfolge Schwarzes Hautkrebsid, Haut-Basalzell-Krebsid (Basaliom), Schleimhaut-Krebsid von Mundhöhle, Blase und Mastdarm inzwischen, insbesondere auch dank ergänzender Laser- und Vereisungsoperationen, meistens weit bessere Ergebnisse versprechen als die Schulmedizin.

Aber auch auf unsere Behandlungsergebnisse bei anderen chronischen Volkskrankheiten wie Aderenge von Herz, Hirn und Beinen, wie Arthritis und Arthrose infolge Rheuma-Gicht-Syndrom, Fehlbelastung oder Alterung, wie Osteoporose und so weiter dürfen wir deshalb stolz sein, weil sie schwerpunktmäßig gegen die Ursachen, nicht aber gegen die Symptome gerichtet sind. Denn alle chronischen Krankheiten haben als Hauptursache eine Schwächung der Selbstheilungskräfte, also der Abwehrkraft, deren Stärkung unsere Versorgungsprogramme hauptsächlich dienen. Ich verweise auch hierzu auf mein Buch *Der Meineid des Hippokrates*.

Trotz der unausbleiblichen Ärgernisse, wie die Politik der Kostenverringerung durch die Krankenkassen und Schwierigkeiten, geeignete und engagierte Mitarbeiter zu finden, ist unser EUBIOSZENTRUM IM GUT SPRENG zur Krönung meiner beruflichen und privaten Lebensgeschichte geworden. So kann ich zum Zeitpunkt der Niederschrift dieses Kapitels im Mai 1994 zusammenfassend als stolze Bilanz eines wahrlich extremen Auf und Abs meines beruflichen Lebens verkünden, auch um den Neid der Gleichaltrigen zu erregen, die es zur höchsten schulmedizinischen Würde eines Chirurgie-Ordinarius gebracht haben: HEUREKA! *Ich habe es gefunden!*

Geblieben ist mein Wahn, das seit mehr als zweitausend Jahren inhumane Arzt-Patient-Verhältnis zu einer humanen Arzt-Patient-Partnerschaft von Freund zu Freund zu reformieren. Oder am Ende wirksam dazu beigetragen zu haben.

Begleitmusik im Land der Bajuwaren

Endgültig hat es mich im April 1980 ins Land der Bajuwaren verschlagen. Knapp fünfzehn Jahre lebe ich nun in meiner wohl letzten Wahlheimat, an einem ihrer schönsten Plätze nahe dem Bayerischen Meer, dem Chiemsee. Wenn ich meine Erlanger Zeit hinzurechne, habe ich im Bundesland Bayern mit knapp einem Vierteljahrhundert die weitaus längste Zeit meines Lebens verbracht. Mehr als in Schleswig-Holstein (15 Jahre), in Thüringen (14 Jahre), Hessen (10 = 3 + 7 Jahre), Nordrhein-Westfalen (4 Jahre), die raschen Ortswechsel während des Studiums einmal außer Acht gelassen. Und wenn ich alles bilanziere, waren die letzten dreizehn Jahre in Bayern wohl die glücklichsten meines ganzen Lebens. Durch die öffentliche Begleitmusik wurde mein Wohlbefinden teils gefördert, meist jedoch beeinträchtigt, aber nie so, daß die Glücksbilanz ernsthaft gefährdet werden konnte.

»Muttermörder!« lautete der schlimmste Vorwurf nach Erscheinen meines Buches *Humanes Sterben*. Vor dem Hintergrund derartiger Schmähungen möchte ich noch ein wenig von ihr erzählen. Denn ein bißchen zu kurz gekommen ist in meiner Lebensgeschichte der Anteil meiner Mutter in ihren letzten Jahren. Sie starb am 18. März 1983. Ihre Liebe und Treue wurde von niemandem übertroffen. Darüber hinaus war sie immer meine ehrlichste Kritikerin. Als Leseratte hat sie auch alles verfolgt, was über mich publiziert wurde. Da ist sie über manche Schlagzeile erschrocken, öfters mit dem Ergebnis, daß sie mir dann Vorhaltungen gemacht hat. Aber im großen und ganzen war sie mit ihrem Ältesten zufrieden und oft auch ein bißchen auf ihn stolz.

Natürlich war ich immer Mutters Leibarzt. Als solcher bin ich wohl mit schuld daran, daß sie fast vierundachtzig Jahre in guter Gesundheit verlebte. Erst die letzten vier bis sechs Monate waren wohl nicht mehr lebenswert. Sie starb etwa zehn Wochen nach ihrem vierundachtzigsten Geburtstag. Seit ihrem fünfundsiebzigsten Lebensjahr gab es Unregelmäßigkeiten des Herzschlags. Dagegen hatte ihr ein Internist das Herzmittel Digitalis verordnet, und zwar in so starker Dosis, daß sie beinahe daran gestorben wäre. Danach habe ich ihr nicht nur das, sondern alle rezeptpflichtigen Medikamente verboten. Wir telefonierten etwa einmal wöchentlich miteinander. Dabei war immer mein erster Satz: »Nimmst du irgendwelche Medika-

mente?« Ihre ebenso regelmäßige Antwort: »Nein, du hast es mir
doch verboten.« Darauf ich: »Schwindle nicht, schwöre es!« Ihr
Schlußwort immer: »Alberner!«

Im Sommer 1978 wurde Mutter erstmals schwer krank. Ich holte
sie in meine Praxisklinik nach Lauenburg und entdeckte als Ursache
einen Lungenkrebs mit einem großen Rippenfell-Erguß. Wahrscheinlich lag der Beginn ihrer Krebskrankheit schon mehrere Jahre zurück.
Es gelang, sie aus der akuten Lebensgefahr herauszubringen. Ich verschwieg ihr die Diagnose nicht, lachte aber laut dabei, als ich sie ihr
mitteilte, obwohl mir selbst gar nicht so recht zum Lachen war. »In
deinem Alter stirbst du nicht mehr daran«, prophezeite ich ihr, wobei
mehr der Wunsch als der Glaube der Vater des Gedankens war. Tatsächlich lebte sie noch sechs Jahre, und im März 1984 war der Bronchialkrebs dann nur eine der sechs Krankheiten, die ihr gemeinsam
das Lebenslicht ausgeblasen haben. Wäre Mutter im Sommer 1978
nach den Regeln der schulmedizinischen Krebs-Strategie behandelt
worden, hätte sie auf keinen Fall so viele lebenswerte Jahre vor sich
gehabt.

Natürlich hat Mutter von allen meinen Büchern immer das erste
Exemplar erhalten, stets mit dem gleichen handschriftlichen Dankes-
wort vorweg. Mein sechstes Buch *Operation – ja oder nein* habe ich ihr
allein gewidmet. Dafür hat sie mir am 29. September 1980 mit ihrer
unverwechselbaren großbuchstabigen Schrift einen Dankesbrief geschrieben. Darin heißt es unter anderem: »Möge es Dir weiter reich-
lichen Erfolg bringen und mögen alle Menschen einsehen, was Du damit für alle Patienten erreichen willst.« Dann übertreibt sie: »Es ist ja
so wunderbar geschrieben, daß jeder verstehen kann, wie Deine Gesinnung ist und was Du damit zu erreichen gedenkst. Ich bin sehr stolz
auf Deinen Erfolg, den man mir immer und immer wieder versichert.
Mit nochmals herzlichem Dank für all Deine Liebe, Deine Mutter.«

Ein wenig stolz hat mich der Brief eines prominenten Patienten
gemacht, den er meiner Mutter am 17. Dezember 1978 geschrieben
hat. Ich habe ihn erst in ihrem Nachlaß gefunden. »Leider kenne ich
Sie nicht persönlich«, schreibt er, »trotzdem drängt es mich, Ihnen zu
schreiben. Vor einigen Wochen war ich bei Ihrem Sohn als Patient.
Die so wohltuende Atmosphäre, die insbesondere von Ihrem Sohn,
aber auch von seinen Mitarbeiterinnen ausging, und überhaupt das
ganze ›Drumunddran‹ haben mich sehr beeindruckt und haben mir
wohlgetan. Noch mehr aber hat mir gefallen und hat mich zum

Nachdenken angeregt, wie Ihr Sohn über Sie sprach. Wie viel mehr als nur Dankbarkeit und Verehrung standen hinter diesen Worten und der Art, wie er es sagte! Nie in meinem Leben bisher habe ich einen Sohn so über seine Mutter sprechen hören. Immer wieder in den vergangenen Wochen mußte ich daran denken, obwohl ich stark beschäftigt war. Ich hatte den Wunsch, dies Ihnen gegenüber auszusprechen.«

Nachdem wir im Herbst 1982 unser neues Haus in Bernau bezogen hatten, bekamen wir einen Brief von Mutter, der besonders tief in ihr offenes, selbstkritisches Herz schauen läßt. Ich zitiere: »Meine Lieben! Ich muß Euch doch mal schreiben und Euch Glück und Freude in Euerem neuen Hause wünschen. Ich bin ja eine alte Frau geworden, mit wenig Sinn und Verstand, und damit müßt Ihr Euch abfinden. Ich vergesse viel und rede oft Blödsinn! Aber an Euch denke ich nur mit Liebe und in der Hoffnung, daß ich Euch doch bald mal wiedersehe. Mir geht es gut, außer den kleinen Fehlern, die bei so alten Frauen vorkommen.«

Mitte November 1982 kam von Mutter ein kleines Päckchen mit einem Beibrief. In dem Päckchen waren acht verschiedene Pillen. Dazu schrieb Mutter in ihrer unverwechselbaren Großschrift: »Meine Lieben! Diese Tabletten soll ich jeden Tag nehmen, morgens. Ist das richtig? Ich habe es aber noch nicht. Viele liebe Grüße Euch beiden, Eure Mutter. PS: Dr. Kaselmann war in Urlaub. Der Neue hier ist ein Depp!«

Ich verbot ihr – als liebender Sohn darf man einem Patienten auch etwas verbieten –, auch nur eine dieser Tabletten zu nehmen. Bei dem Besuch zu ihrem vierundachtzigsten Geburtstag am 6. Januar 1983 fand ich alle acht Tabletten auf ihrem Frühstückstisch. Ich erschrak furchtbar und fotografierte »Mutters Pillen-Mahlzeit«. Auf meine Beschwerde hin erklärte sie: »Du hast mir prophezeit, daß ich mich mit diesen Tabletten umbringen würde. Das will ich nun. Ich habe jede Lebenslust verloren!«

Was sonst noch mit Mutter geschah, habe ich in dem ihr und Li gewidmeten Buch *Humanes Leben bis zuletzt* berichtet. Dem wäre nur hinzuzufügen, was mir am 24. März 1983 der Leiter des Altersheimes von Duderstadt schrieb, in dem Mutter zuletzt mehrere glückliche Jahre verbracht hat. Ich zitiere: »Auf Sie, Herr Professor Hackethal, war sie unheimlich stolz. Bei jedem Gespräch, wenn die Rede auf Sie kam, sah man, wie ihre Augen glänzten und ein glück-

liches Lächeln über ihr Gesicht ging. Sie muß Sie furchtbar lieb gehabt haben. Ich selbst habe Ihre Mutter immer bewundert in ihrer
Geradlinigkeit. Sie schaute nicht nach rechts und nicht nach links,
sondern immer geradeaus. Sie war in ihrem Leben eine stolze, aber
auch gütige Frau. Der liebe Gott gebe ihr nun die ewige Ruhe.«

So viel noch über Mutter. Nun ein paar ergänzende Worte über
meinen späten Freund A. Paul Weber. Am Sonntag, den 19. Oktober
1980, erfuhr ich, daß er, einer der größten deutschen Zeichner und
Maler des 20. Jahrhunderts, in seinem Haus in Schretstaken, nicht
weit von Lauenburg, schwer erkrankt war. Also setzte ich mich am
nächsten Tag ins Flugzeug und reiste zu ihm. Er lag in seinem großen
Atelier im Bett, wollte sich seine schwere Krankheit nicht anmerken
lassen. Ich stellte eine Lungenentzündung fest und verordnete einiges. Dann redeten wir in der üblichen lockeren Art über alles mögliche so miteinander, wie wir es seit mehreren Jahren getan hatten.
Es sollte mein letztes Gespräch Auge in Auge mit ihm sein.

Die Beisetzungsfeier fand im Dom zu Ratzeburg statt. Ich nutzte
das Zeremoniell zur Rückerinnerung an eine kurze, aber sehr frucht-
bare Freundschaft. 1976 war mir A. Paul Weber, nur ein Jahr später
geboren als mein Vater, zum väterlichen Freund geworden. Wie ich
ein Skorpion, und ebenfalls ausgerüstet mit einem Giftstachel, ist er
mir im Kampf für eine bessere Welt zum großen Vorbild geworden.
1978 hatte ich ihm mein Buch *Keine Angst vor Krebs* mit dem Satz gewidmet: »Dem begnadeten Kritiker der schulmedizinischen Rabiat-
Strategie.« Wer heute mein Haus besucht, begegnet an den Wänden
seinen brillanten – und leider immer noch hochaktuellen – Gemälden
und Lithographien.

Wenn ich im Folgenden in kurzen Abschnitten auf die große Zahl von
Vorträgen, Interviews für Presse, Rundfunk und Fernsehen, sonstigen
Medienauftritten und einige wenige Gerichtsverhandlungen »im Land
der Bajuwaren« seit 1980 eingehe, so will ich damit jene publizistischen Aktivitäten unterstreichen, die ich über meine Bücher hinaus
entfaltet habe. Sie kreisten jeweils um die gleichen Themen, die ich
in meinen Büchern angeschnitten habe, so daß ich nicht näher darauf
einzugehen brauche. All das hat sicher dazu beigetragen, daß eine
Umfrage etwa Mitte der achtziger Jahre ergab, mein Bekanntheitsgrad in den deutschsprachigen Ländern betrage mehr als 90 Prozent.
Wieviele allerdings von denen, die mich mehr oder weniger stark im

Gedächtnis behalten hatten, sich im positiven oder negativen Sinne erinnerten, ging aus der Meinungsumfrage Gott sei Dank nicht hervor. Ein hoher Bekanntheitsgrad als solcher ist jedenfalls nicht immer schon Grund zum Stolz.

Kurz nach meinem Umzug nach Aschau Anfang April 1980 verlieh man mir am 12. April auf dem großen Deutschen Heilpraktiker-Kongreß in Mainz die Hahnemann-Medaille. Bei den Heilpraktikern stehe ich seit meinem ersten großen Vortrag 1978 hoch im Kurs. Daran hat sich zu meiner großen Freude bis heute nichts geändert. Immerhin habe ich dadurch die Möglichkeit, meine Gedanken zum Arzt-Patient-Verhältnis und vielem anderen sonst zumindest an die heilpraktischen Ärzte weiterzugeben, nachdem sich mir die schulmedizinischen Ärzteführer verweigern. Heilpraktiker sind Ärzte, auch wenn ihnen die Führung des Arzttitels behördlich verweigert wird. Die Tatsache, daß sie sich auf Naturmedizin beschränken und folglich auch an ihre Grundausbildung wesentlich kleinere Anforderungen gestellt werden, berechtigt nicht dazu, ihnen die Bezeichnung Arzt zu verweigern.

Zu mir kommen seit vielen Jahren Patienten in großer Zahl, die vorher von Heilpraktikern behandelt wurden. Sehr viele kamen ohne deren Wissen, einfach nur, um sich ergänzenden Rat zu holen. Ich kann mir also ein Urteil über die Qualität der heilpraktischen Arztversorgung erlauben. Im Vergleich zu dem, was ich an Versorgungsqualität von Schulmedizinern erlebt habe, ist die Bilanz für Heilpraktiker hochpositiv. Deshalb habe ich mich über die Verleihung der Hahnemann-Medaille gefreut. Wenn ich allerdings vorher gewußt hätte, daß man mir diesen Halsbandorden umhängen wollte, hätte ich das abgelehnt. Orden stinken mir zu sehr nach Mitläufertum und Speichelleckerei! Aber natürlich wollte ich den Präsidenten nicht vor den paar tausend Anwesenden brüskieren.

Am 25. April 1980 hat mir Frau Dr. Mildred Scheel, die Gründerin der Deutschen Krebshilfe, in Bonn eine Audienz gewährt. Darum hatte ich in der Hoffnung gebeten, sie etwas von ihrem unbeirrbaren schulmedizinischen Kurs der Krebsbekämpfungsstrategie, ganz besonders bezogen auf die sogenannte Vorsorgeuntersuchung, abzubringen. Sie empfing mich um 16.30 Uhr. Auf ihrem Tisch stand eine halbgeleerte Flasche Wein, aus der sie mir ein Glas anbot. Ich wollte aber nüchtern bleiben. Das Gespräch dauerte eine gute Stunde. An ihrem angeheiterten Zustand kann es wohl nicht allein gelegen haben, daß es zu einer in die Tiefe der Krebsproblematik gehenden Diskussion nicht gekommen ist. Jedenfalls konnte ich ihr seit diesem Gespräch nicht mehr den Vorwurf machen, daß sie den schulmedizinischen Totalen Krebskrieg wider besseres Wissen unterstützte. Sie wußte über Krebs und die Krebskrankheit fast nichts!

Am 17. Mai 1980 hielt ich auf einer Gegenveranstaltung zu dem alljährlichen Deutschen Ärztetag in Berlin mit dem Titel »Gesundheitstag« einen Hauptvortrag. Es war die erste große Tagung von jungen Ärzten und von Medizinstudenten gegen den offiziellen Kurs schulmedizinische Ärzteführer, die der jetzige Ärztekammerpräsident von Berlin, Ellis Huber, mitorganisiert hatte. Weit mehr als tausend engagierte Jungärzte, Medizinstudenten und Angehörige anderer Heilberufe saßen in dem überfüllten Hörsaal, einem der größten Hörsäle Berlins. Selten habe ich so viel begeisterten Beifall bekommen, und nie wieder wurde ich von Kollegen so sehr gefeiert.

Am 18. Juni 1980 fand eine Verhandlung vor dem Landgericht zu Berlin statt, zu der ich als Sachverständiger geladen worden war. Es ging um die Frage, ob das Zurücklassen eines großen Bauchtuches in der Bauchhöhle einer Patientin ein schuldhafter Fehler war – und wenn ja, ob er dem Operateur oder der Operationsschwester anzulasten sei. Ich stellte mich auf den Standpunkt, es sei ein Kunstfehler des chefärztlichen Operateurs gewesen. Verurteilt wurde die OP-Schwester!

Am 19. Januar 1981 gab es in München eine Gerichtsverhandlung gegen mich. Der Chirurgie-Ordinarius von München, Prof. Dr. H., hatte mich angezeigt, weil ich ihm eine Mitschuld an den starken Behinderungen angelastet hatte, die bei dem Oetker-Sohn nach dessen schrecklichem Entführungsmartyrium zurückgeblieben waren. Daraus hatte *Bild* eine riesige Schlagzeile gemacht. Noch heute bin ich der Meinung, daß meine Kritik berechtigt war und daß ich sie so, wie ich sie formuliert hatte, auch äußern durfte. Aber mein damaliger Rechtsanwalt war nicht in der Lage, das dem Gericht überzeugend deutlich zu machen. Auf dem gemeinsamen Weg zum Oberlandesgericht mußte ich feststellen, daß er den wesentlichen Inhalt der Prozeßakte gar nicht kannte. Ich habe die Verurteilung zur Unterlassung und, wenn ich mich recht erinnere, auch zu einer Geldstrafe nur deshalb hingenommen, weil ich mit diesem Rechtsanwalt nicht weiterprozessieren wollte, ein Rechtsanwaltswechsel aber andere Probleme gebracht hätte. Mit Prof. Dr. jur. Karl Egbert Wenzel hätte ich den

Prozeß nach meiner Überzeugung in der nächsten Instanz nicht verlieren können.

Am 19. Mai 1981 trat ich abends in einer Fernsehsendung des WDR unter dem Titel »Schlag auf Schlag« auf. Den Hinrichtungsversuch übernahm Claus Hinrich Casdorf, damals einer der bekanntesten Fernsehmoderatoren. Gelungen sei er nicht, meinten später auch meine kritischeren Freunde.

In der Wochenendausgabe vom 7./8. November 1981 der *Süddeutschen Zeitung* erschien ein ganzseitiges »Exklusiv-Interview« mit mir unter der Überschrift: »Ich will zeigen, wie man es besser macht.« Einleitend heißt es: »Der streitbare Professor... wurde von der Schulmedizin lange Jahre als Querulant und Außenseiter abgetan. Ein Außenseiter ist Hackethal gewiß, seine Ansichten und Absichten jedoch werden inzwischen von immer mehr Menschen geteilt. Auch die Ärzteschaft selbst ist mittlerweile nachdenklicher geworden: Der Mensch selbst muß wieder im Mittelpunkt aller ärztlichen Kunst stehen.« Auf der Suche nach Alternativen habe »kaum ein anderer Arzt in Europa... die konventionelle Medizin so in Frage gestellt«.

»Sie wurden in der Steigerung *Barnard – Köhnlechner – Hackethal* genannt... Was können Sie von diesem langen Kampf generell sagen?« fragte der Interviewer. »Hat er sich gelohnt, auch für Sie persönlich?« Meine Antwort: »Ich bin schon der Meinung, daß es sich gelohnt hat. Auf jeden Fall bin ich sehr glücklich, daß ich diesen Weg gegangen bin, und ich kann es ja an dem Echo spüren, das mir aus der Bevölkerung, überall wo ich hinkomme, entgegenschlägt.« Schon damals habe ich meine Gedanken zu einer humanen Sterbehilfe öffentlich gemacht: »Ich bin der Meinung, daß sehr viel mehr getan werden muß, quälerische Bedingungen für sterbende Patienten abzuschaffen. Es ist eines meiner Anliegen, daß ich... versuche, auch etwas zu tun, was uns weiterbringt. Sobald wir im Bau weiter fortgeschritten sind« – damals war noch der Bau eines EUBIOS-Zentrums im Bayerischen Wald im Gespräch – »werde ich die Sterbeklinik in England besuchen, um mir einen Eindruck zu machen. Dort wird jetzt schon die Sterbehilfe praktiziert, und auf der Grundlage möchte ich feststellen, ob und was man bei uns tun kann, um das Los von Menschen in ausweglosen Situationen zu erleichtern.« Das war fast drei Jahre vor meiner Erlösungstodhilfe für die Patientin Hermy E.

In der wütenden Schlammschlacht gegen mich hat mir, als es dann soweit war, kein Geringerer als der damalige Präsident des

Bundesverfassungsgerichts Wolfgang Zeidler Beistand geleistet. Er erklärte, nachdem gegen mich ein Ermittlungsverfahren eingeleitet
worden war, Anfang 1986, daß das Verbot der Tötung auf Verlangen,
»eine Insel der Inhumanität als Folge kirchlichen Einflusses auf unsere Rechtsordnung« sei. Dies allerdings brachte ihm böse Schelte
ein, nicht nur von seiten des Kardinals Joseph Höffner, sondern auch
vom damaligen rechtspolitischen Sprecher der CSU, der laut *Welt*
vom 17. Januar 1986 geäußert haben soll: »Hier werde Hackethal von
einem Bundesverfassungsrichter freigesprochen, noch bevor sich der
erste Richter der ordentlichen Gerichtsbarkeit mit der Anklage befaßt
habe.« Wenig später verunglückte diese überragende Höchstrichter-
Persönlichkeit auf mysteriöse Art und Weise tödlich. Er stürzte bei
einem Alpenausflug in die Tiefe.

Nach einer Meinungsumfrage der Wickert-Institute vom Januar
1985 haben nach Eröffnung des Ermittlungsverfahrens gegen mich
nur acht Prozent der über Fünfzigjährigen meine Verurteilung wegen
»Tötung auf Verlangen« gefordert – 92 Prozent also nicht!

Ein Kapitel für sich ist meine gerichtliche Auseinandersetzung mit
dem damaligen Präsidenten der Deutschen Gesellschaft für Humanes
Sterben, der sich 1985 bei einer meiner Patientinnen erstmals als
Zyankali-Händler zu erkennen gegeben hat. Ich habe ihn daraufhin
öffentlich angeklagt. Er wartete den Suizidtod der Patientin ab und
zeigte mich danach wegen Verleumdung an. Später haben ihm alle
Gerichte mehr geglaubt als mir, obwohl die Indizien gegen ihn er-
drückend gewesen sind. Ich hatte gegen ihn nur deshalb prozessiert,
um ihn als Zyankali-Händler zu entlarven und andere Menschen vor
ihm zu schützen. An der öffentlichen Anklage hatte ich keinerlei persönliches Interesse. Auch das wollten die Gerichte nicht zur Kenntnis
nehmen. Nur der Hartnäckigkeit und dem Spürsinn einer Journalistin
ist es zu verdanken, daß diesem Mann sein makabres Handwerk gelegt wurde und ich ihn nun wegen Prozeßbetrugs anzeigen konnte …

Daß es 1984 auch sehr erfreuliche Ereignisse gab, habe ich bereits
berichtet. Am 26. Mai war die glanzvolle Eröffnungsfeier unseres EU-
BIOS-Zentrums am Chiemsee. Fünf Wochen später, am 5. Juli, folgte
dann unsere Hochzeit, mit der meine Li auch zu einer Hackethal
wurde.

Über ärztliche Erlösungstodhilfe hielt ich auf Einladung der
Hemlock-Society im Januar 1985 einen Vortrag. Er fand in Los Angeles
in einem überfüllten Saal vor vielen hundert Zuhörern statt. Ein we-

nig Sorge machte mir mein nicht gerade glänzendes Englisch. Aber das muß wohl dann doch nicht den Ausschlag gegeben haben. Jedenfalls bekam ich einen so frenetischen Beifall, wie ich ihn nie sonst erlebt habe, weder früher noch später. Nach meinem letzten Wort sprangen die Zuhörer wie auf Kommando von ihren Sitzen auf und verhielten sich so, wie man es sonst nur auf Rock-Festivals von Teenagern erlebt. Viele liefen auf mich zu und umarmten mich. Mehrere kamen hinterher zu mir, um mir zu raten, nach Kalifornien auszuwandern und dann bei ihnen zu wohnen. Schon seit der Befreiung von den Nazis durch die Amerikaner empfinde ich den USA gegenüber große Dankbarkeit. Aber dieses Kalifornien-Erlebnis hat meine Zuneigung zu diesem Volk noch mehr gesteigert.

Zum gleichen Thema hielt ich am 23. März 1985 einen Vortrag vor der Schweizerischen Gesellschaft für Humanes Sterben EXIT. Auch hier wurde ich im Anschluß daran so gefeiert, daß mir die Tränen kamen. Man nahm mich sogar als Mitglied auf, obwohl das nach der Satzung gar nicht möglich war, weil ich kein Schweizer bin. Diese Mitgliedschaft besteht bis heute, und ich bin sehr stolz darauf. Denn von allen Gesellschaften für Humanes Sterben der Welt scheint mir EXIT die vorbildlichste zu sein.

Im Januar 1986 brach geradezu explosionsartig aus mir heraus, was mir seit September 1984 angesichts der erfolgreichen Anwendung eines Liebeshormonblockers bei verschiedenen Krebsarten zur Gewißheit geworden war, aber mir erst nach höherer Dosierung und in Kombination mit anderen Heilhilfen wie eine Wunderwaffe imponierte. So rasch und so stark hatten sich Krebsidherde zurückentwickelt. Gewiß habe ich damals aus dem mir eingepflanzten chirurgischen Irrglauben heraus, einen »Soforterfolg als Dauererfolg« zu werten, die Möglichkeiten überschätzt. Aber immerhin kann ich zu meiner Entlastung doch anführen, daß kurze Zeit später die beiden Chemotherapie-Päpste der Bundesrepublik, Prof. Dr. Nagel aus Göttingen und Prof. Dr. Gallmeier aus Nürnberg, einen ganzen Tag lang als Kontrolleure in meiner Klinik waren, um mich gegebenenfalls des Patientenbetrugs zu überführen. Es gelang ihnen nicht. Soweit ich mich erinnere, waren sie von der »Deutschen Krebshilfe« geschickt.

Ich demonstrierte ihnen meine N1-Fall-Beweise sowohl anhand von Patientenakten, in Schrift und Bild dokumentiert, als auch direkt an Krebspatienten, die gerade auf diese Weise behandelt worden waren.

Sie stellten viele zweifelnde Fragen, deren Beantwortung sie teilweise mit Achselzucken quittierten. Aber es gab auch sehr viel nickendes Einverständnis. Am Schluß durfte ich den Eindruck einer positiven Bilanz haben. Ich bat um ein zusammenfassendes Urteil. Da aber mochte man sich noch nicht festlegen. Man versprach, spätestens in sechs Wochen wiederzukommen und sich dann zusammenfassend zu äußern. Man kam nicht, auch lange Zeit später noch nicht. Deshalb habe ich dann schriftlich daran erinnert. Das Versprechen wurde bis heute nicht eingelöst!

Allerdings erfuhr ich bald später, daß Prof. Nagel als Chefarzt einer Klinik für biologische Krebstherapie in Freiburg vorgesehen war. Und was Prof. Gallmeier betraf, so las ich immer öfter Berichte über Vorträge, in denen er die Wichtigkeit der Ganzheitsbehandlung von Krebskranken und von größerer Behutsamkeit stark betonte. Also ist wohl unsere vielstündige Diskussion im EUBIOS-Zentrum am Chiemsee nicht spurlos an den beiden vorübergegangen.

Nur weil ich wegen meiner Erfolgsbotschaft aus der Sicht der *Spiegel*-Interviewer total verrückt geworden zu sein schien, möchte ich an dieser Stelle aus der ausführlichen handschriftlichen Stellungnahme des Arztes Dr. Johannes G. vom 28. Mai 1986 zitieren, der in dieser Zeit mein Krebspatient in der Klinik war, wohlgemerkt eines Haus- und Landarztes mit fast einem halben Jahrhundert Erfahrung, auch im Umgang mit Krebspatienten:

»Als alter praktischer Arzt einerseits und zugleich Patient der EU-BIOS-Klinik andererseits, hatte ich die Freude, das Antikrebs-Symposion vom 24. Mai miterleben zu dürfen. Professor Hackethals ausgezeichneten Einführungsbericht mit Demonstrationen möchte ich aus der Perspektive meiner jahrzehntelangen ärztlichen Tätigkeit kurz kommentieren. Dies vor allem auch als Vertreter der Naturheilverfahren und Mitkämpfer für eine in Zukunft unabdingbare vernünftige Synthese von Schulmedizin und Naturheilverfahren im Interesse einer optimalen Hilfe für unsere vor allem Chronischkranken.

1. Professor Hackethals Bemühungen gehen um eine möglichst milde, aber doch effektive Krebsbehandlung ohne große Nebenwirkungen oder gar Verstümmelungen.

2. Dabei wird der Kranke als Mensch mit seiner nur ihm eigenen individuellen Erkrankung und Reaktionsfähigkeit erfaßt und nicht

über ein allgemeines Schema therapiert. Er bleibt ein Mensch und wird nicht zum Objekt.

3. Es erfolgt hier in der großartigen Klinik die oben erwähnte Synthese schulmedizinischer Methoden mit den verschiedensten Maßnahmen aus den bekannten Naturheilverfahren im Sinne einer unterstützenden Zusatzbehandlung, um damit die Erfolge zu optimieren,

4. ergibt sich hier auch für den Hausarzt die Möglichkeit, unterstützend oder vikariierend mitzubehandeln.«

Dann lobt er mich: »Abschließend zu Professor Hackethal selbst: Trotz jahrzehntelanger Tätigkeit als Spezialist der Schulmedizin ist es seiner geistigen Flexibilität gelungen, die dadurch eingefahrenen, meist später nicht mehr korrigierbaren Denkmechanismen zu durchbrechen und neuen Überlegungen aus dem Gebiet der Naturheilverfahren zusätzlich Platz zu gewähren. Sein ungeheurer Fleiß und sein unermüdlicher Arbeitseinsatz mit Begeisterung, unterstützt von der ebenso eifrigen, vor allem den Patienten zugewandten Mitarbeit seiner charmanten Gattin, haben seine Erfolge ermöglicht. Die fleißigen jungen Kollegen und das immer freundliche Personal in der Klinik sollen nicht unerwähnt bleiben.

Daß sich gegenüber solchen Persönlichkeiten auch Neider und Feinde einstellen, deren Kritik er mit bewunderswerter Ruhe und Gelassenheit übersieht, ist eine fast regelmäßige Gegebenheit. Jedenfalls kann man nur wünschen, daß die hier geübte Forschung und Tätigkeit weiter erfolgreich bleiben wird, im Interesse der Kranken, aber auch im Interesse des Image der Medizin.«

1987 begann ich dann mit der Arbeit an dem Buch mit dem ungkücklichen Titel *Humanes Sterben*, unglücklich deshalb, weil man ein solches Buch ja nicht verschenken kann, vor allem nicht an Ältere. Das war dann wohl ein Mitgrund dafür, daß dieses Buch nicht auf einen der ersten zehn Plätze der Bestsellerliste gekommen ist. Leider lesen es nicht einmal die, welche mich ständig in Vorträgen und auch Fernsehdiskussionen über Sterbehilfe angreifen. Es ist wie mit all meinen Thesen und Forderungen: Man kritisiert, verurteilt und schmäht, aber gelesen hat man von mir überhaupt nichts!

Seit dem Frühling 1987 habe ich als Chefredakteur der Zeitschrift EU-LALIA die EU-PHIs – von (griech.) phi, meinem Kürzel für (griech.) philos = Freund, phile = Freundin und philia = Liebe, Zuneigung, Freundschaft –, der Bezeichnung für die Mitglieder des Vereins EUBIOS-Gesundhilfe e.V. sowie die EU-LALIA-Leser sonst, auch regelmäßig über die »Begleitmusik« meiner Tätigkeit als Regiearzt berichtet, ganz besonders über meine Aktivitäten als Möchtegern-Reformator. Vieles von meinen reformatorischen Wunschträumen bis Wahnideen ist in diese EU-LALIA und dann in meine späteren Bücher eingeflossen.

In der EU-LALIA Nr. 1 berichte ich stolz über eine Schlagzeile, die am 1. Juni in vielen Zeitungen stand: »Und Hackethal hat doch recht«. Man bezog sich auf einen Bericht in der angesehenen britischen Medizinerzeitschrift *The Lancet*, daß nach »Feinnadel-Biopsien« im Stichkanal »genau entlang der Linie« zahlreiche kleine Krebsherde gefunden worden waren. Damit werde also bestätigt, daß ich mit meinen Warnungen vor der Feinnadel-Biopsie recht hätte.

Anfang 1987 starb der bekannte Showmaster Hans Rosenthal. Dazu hatte ich einem *Bild*-Reporter einen bissigen Kommentar gegeben. Danach erhielt ich den handschriftlichen Brief eines Kollegen vom 12. Februar 1987: »Zu Ihrem Artikel in der *Bild*-Zeitung vom 11. Februar 1987: Ihre Courage habe ich schon immer bewundert. Endlich ist hier ein Arzt, *ein Mensch*, der es wagt, öffentlich über Fehler von Kollegen zu reden. Keiner von uns ist unfehlbar. Aber diese Wahnsinnsoperation, die an Hänschen Rosenthal vorgenommen wurde, ist mehr als Wahnsinn. Mein Gott! Sind viele unserer Kollegen eigentlich nur noch bessere Metzger?! Zu Ihrer Sterbehilfe (so wie von Ihnen gehandhabt) gebe ich meine absolute Zustimmung. Darüber haben sich viele Mediziner aufgeregt. Mit welcher ›Sterbehilfe‹ wird hinter den Kulissen gearbeitet? Ich glaube, jeglicher Kommentar erübrigt sich. Mit kollegialen Grüßen. Unterschrift: Dr. med. U.U. aus M.«

Im Juni 1987 erschien das Buch der EUBIOS-Patientin Ingrid Benedict mit dem Titel *Laßt mir meine bunten Farben*. Darin schildert sie ihr Schicksal als Brustkrebspatientin, der man den Totalen Krebskrieg mit Radikaloperation, Atomsprühfeuer-Kanonade und Chemischem Zellkiller-Giftkrieg angeboten hatte, die aber zu uns geflüchtet war. Im Pressetext für das Buch heißt es unter anderem: »In der Nacht vor der entscheidenden Operation entschloß sie sich, den vorgeschriebenen Weg zu verlassen. Sie zog ihre Unterschrift, wonach sie mit einer Amputation einverstanden gewesen wäre, wenn sich im Rahmen einer histologischen Untersuchung Krebs ergeben hätte, zurück... Ingrid Benedict schildert in ihrem Buch Begegnungen mit kranken Menschen, sie stellt Prof. Hackethal, diesen umstrittenen Mediziner, als liebevollen Arzt und behutsamen Therapeuten vor…«

Wobei im Einverständnis mit unserer Patientin zu berichten wäre, daß Ingrid Benedict inzwischen die Zehn-Jahres-Überlebenszeit unverstümmelt und bei bester Gesundheit überstanden hat und einer von inzwischen sehr vielen N1-Fall-Plus-Beweisen für die Richtigkeit der »Behutsamen Anti-Krebs-Strategie mit Augenmaß und Liebe« ist.

Im April 1987 bekam ich den Brief eines Patienten aus Südafrika, der ein Jahr vorher bei uns in Klinikbehandlung gewesen war. Darin steht unter anderem: »Sie haben Ihr Versprechen von damals mehr als gehalten, ja sogar übertroffen. Mein Arzt in Pretoria, Herr Dr. Papke, der mich in Südafrika an Sie empfohlen hatte, wie auch mein Orthopäde… konnten ihren Augen nicht glauben, als sie meine hier gestern in Pretoria gemachten Röntgenbilder betrachteten. Ich wußte vor einem Jahr noch nicht, daß ich ›noch zirka drei Monate‹ hatte. Ich habe es jetzt erst gehört. Die typischen Kennzeichen von Krebsiden im Röntgenbild… sind durch die bei Ihnen erfolgte Klinikbehandlung… vollkommen verschwunden. Die Suprefact-Injektionen haben praktisch bei mir Wunder bewirkt.«

Etwa zur gleichen Zeit kam der Brief einer Medizinisch-Technischen Assistentin, deren Vater in unserer EUBIOS-Klinik behandelt worden war. Ich zitiere: »Ich glaube, niemand, der nicht Patient oder Angehöriger eines Ihrer Patienten ist, kann das Gefühl beschreiben, welches man gegenüber Ihnen und Ihren Mitarbeitern empfinden kann. Ich möchte Ihnen aus ehrlichem Herzen sagen: Auch wenn bei meinem Vater Kurt W. nicht dieser sagenhafte und für mich unfaßbare Erfolg unter Ihrer Therapie erzielt worden wäre, die Art und Weise Ihrer ärztlichen Tätigkeit, der rein psychische Aufbau der Patienten in Ihrer Klinik sowie das humane menschliche Verhalten Ihrer Mitarbeiter finden meine allergrößte Bewunderung und Achtung. Schon das Wissen ›Ich stehe nicht allein mit diesem Angstphantom Krebs‹ hilft nicht nur dem Patienten, sondern auch seiner Familie in einer Weise, die nicht von denen zu verstehen ist, denen dieses schwerwiegende Problem nicht widerfahren ist. Genauso tief war das Erschrecken und die Hilflosigkeit bei den Worten: ›Als Zufallsbefund ist bei Ihrem Vater ein metastasierendes Bronchial-Ca. festgestellt worden.‹«

Der Brief der Patientenangehörigen fährt fort: »Hier im Krankenhaus, in dem ich als Röntgenassistentin arbeite, sehe ich die oft unmenschlichen und schmerzvollen Untersuchungen und das unmenschliche Sterben der Patienten fast täglich. Und das wollte ich meinem Vater ersparen. Davor hatte und habe ich die allergrößte Angst... Aber mein Vater ist zu Ihnen gekommen, und das war sein und unser größtes Glück. Wir stehen auch mit anderen Patienten von Ihnen in Verbindung, auch mit Angehörigen von Patienten, die bei Ihnen verstorben sind. Auch sie sind voll des Dankes für Ihre Hilfe, einen Menschen auch menschlich sterben zu lassen.

Ich spreche auch hier im Krankenhaus sehr viel von Ihnen und dem EUBIOS-Zentrum und muß Ihnen sagen: Ganze zwei Ärzte der dreißig tätigen Assistenzärzte stehen Ihnen und Ihrer Sache positiv gegenüber. Von den Ober- und Chefärzten will ich gar nicht berichten. Die vorgefaßte Meinung ändert sich auch nicht, wenn sie zähneknirschend auf die Frage, wie es meinem Vater geht, hören müssen: ›Danke, sehr gut und er lebt noch.‹... Bei Fernsehdiskussionen habe ich immer das Gefühl, man *will* Sie mißverstehen, *will* Sie provozieren, Sie als kalten Geschäftsmann hinstellen. Dadurch wird schon vielen Betroffenen der Mut genommen, sich bei Ihnen zu melden...

Vielen Dank im Namen der Familie. Wir hoffen, daß Ihre Hilfe in der EUBIOS-Klinik immer fortgesetzt wird.«

Auch der Schlußsatz der MTA ist einer Publikation wert: »Ich möchte Sie noch bitten, bei eventueller Veröffentlichung einiger Stellen aus diesem Brief meinen Namen nicht mit zu nennen, da ich aufgrund meiner provokatorischen Äußerungen in dem Krankenhaus, in dem ich arbeite, schon einiges an Mißkredit geerntet habe. Bei der konservativen Krankenhausleitung wäre eine Kündigung dann nicht auszuschließen.«

Inzwischen könnte ich allein mit Dankesbriefen unserer Patienten und auch Patienten-Angehörigen mehrere Bände füllen, deren Lob und Dank mir als die wichtigste Anerkennung meiner Arbeit überhaupt erscheint.

Am 3. Februar 1988 fand vor dem Berufsgericht für die Heilberufe in München der Prozeß gegen mich statt, den der Ärztliche Kreisverband am 14. September 1984 gegen mich beantragt hatte und für den der Eröffnungsbeschluß am 14. Januar 1985 gefaßt worden war. Hauptanklagepunkt war die Erlösungstodhilfe für meine Patientin Hermy E. Man hatte erst die Entscheidung des Oberlandesgerichts München abwarten müssen, ob ein Strafprozeß gegen mich eröffnet

werden sollte oder nicht. Das OLG lehnte die Eröffnung eines Straf-
prozesses ab, sprach mich de facto frei. Also war das Berufsgericht
am Zuge, mich der gerechten Strafe zuzuführen.

Über das Ergebnis des Prozesses habe ich in der EU-LALIA vom
März 1988 unter der Überschrift berichtet: »Bayerisches Amtsgericht
von Sewerings Gnaden zur Bestrafung eines Ärzteführer-Anklägers«.
Aus meiner Urteilsschelte: »Der Prozeß begann nach ärztlicher Sitte
mit Ehre, Würde und nach edler Überlieferung. Der Vorsitzende
fragte, wie er mich denn anreden solle. Professor schien ihm wohl zu
wenig oder zu viel? Wer weiß. Was sollte ich da antworten? ›Sie können Julius zu mir sagen‹, schlug ich vor. Doch so viel Kameraderie
wollte er dann doch nicht. Es gab viel Possierliches, wie es sich für
ein bayerisches Amtsgericht gehört. Der Jura-Richter leitete fair, ließ
alle ausreden. Die Medizin-Richter versuchten Pokergesichter aufzusetzen, was streckenweise gelang.«

Später schreibe ich dann: »Nach mir kamen die Ankläger zu Wort.
Zunächst die rechte Hand des Landesärzteführers Sewering, sein Ju-
stitiar. In flammender Rede bezichtigte er mich schlimmster Arztver-
brechen, wohlgemerkt aus Ärzteführersicht. Aus Patientensicht fiel
ihm nichts Anklagendes ein: Kein einziger Kunstfehlervorwurf oder
dergleichen. Schlußantrag des Ärztekammeranwalts: Entzug der
Arztlizenz, unehrenhafter Ausstoß aus der Arzt-Heilsarmee … Urteilsverkündung war am nächsten Tag, punkt 12 Uhr: Antrag auf Berufsverbot an die Regierung von Oberbayern. Am nächsten Morgen verkündete der NDR das Ergebnis einer Meinungsumfrage. 91 Prozent
der Befragten des Volkes wollen, daß ich Arzt bleibe.«

Zu diesem Berufsgerichtsprozeß habe ich eine öffentliche Erklärung abgegeben. Darin heißt es unter anderem: »Seit 25 Jahren (1963)
kämpfe ich in der Öffentlichkeit für humane Arzthilfe unter Beachtung der Therapie-Hoheit des Patienten und für freie Ganzheitsmedi-
zin-Wissenschaft, um die Gesundheitshilfe allgemein, insbesondere
aber für Kassenpatienten, verbessern zu helfen. Dafür habe ich sechs
wissenschaftliche Bücher in Volkssprache geschrieben und unzählige
Veröffentlichungen in Vorträgen und Schriften sonst gemacht. Als
Hauptschuldige für die Mißstände in der Gesundheitshilfe habe ich
die Ärzteführer der Schulmedizin von gestern und heute angeklagt.
Dafür wollen sie mich jetzt bestrafen lassen. Die Schuldvorwürfe der
Ärzteführer in diesem Berufsgerichtsprozeß sind ausnahmslos unberechtigt und/oder unwahr.« Dann habe ich die vier Hauptvorwürfe:

»1. Sterbehilfe gegen Berufsvorschriften, 2. Unkollegiales Verhalten, 3. Verstoß gegen das Werbungsverbot und 4. Falsche Hoffnungen mit der EUBIOS-Heilhilfe gegen Krebs« Punkt für Punkt widerlegt.

In der *Welt am Sonntag* vom 7. Februar 1988 hat Rolf Hochhuth zu diesem Berufsgerichtsprozeß Stellung genommen. Er beginnt: »Seit Jahren schon hat keines der Münchner Theater mehr eine solche Komödie im Programm gehabt, wie vergangene Woche der Justizpalast zwischen Bahnhof und Stachus sie anzubieten hatte... Dieses Urteil ist irreal, hart und berücksichtigt nicht, daß schon zweimal der Staat Oberbayern kundgetan hat, er sei nicht bereit, Hackethal mit Berufsverbot zu belegen. Was in Zimmer 331 in der Münchner Prielmayrstraße 5 ablief, verkam zu einer Justizkomödie, die den großen Dichter, den Dachauer Rechtsanwalt Ludwig Thoma, inspiriert haben würde, gäbe es heute einen Thoma. Ihn gibt es nicht mehr, leider. Doch seine bayerischen Groteskfiguren gibt es, wie man hier im Justizpalast studieren kann, noch immer. Schon deshalb gibt es sie, weil – wie Hackethals Verteidiger sehr bald nach Beginn der Verhandlung geltend machte – das sogenannte ›Standesrecht‹, das die Ärzteführer gegen ihren berühmtesten deutschsprachigen Kollegen per Gerichtsbeschluß durchsetzen wollen, das Rechtsempfinden jedes Laien – natürlich bin ich auch ein Laie – empfindlich verletzt...«

Rolf Hochhuth kritisiert weiter: »Wann ist das Recht je so verhöhnt worden?... Hackethal hat ja nicht gegen das Recht verstoßen, sondern allenfalls gegen ein unmenschliches Gesetz, wie ihm ausdrücklich im August 1987 das mutige Oberlandesgericht München in höchster Instanz durch Freispruch bestätigt hat, als er jener Neunundsechzigjährigen Zyankali hinstellte... Es ist schon so, hier erlebt man es wieder: In der Diktatur richten Einzelne Viele. Doch in der Demokratie Viele Einzelne!... Und am infamsten, wie immer, wenn weniger Erfolgreiche einen sehr Erfolgreichen verhören, ist die kleinkarierte Neugierde der ›Standes‹-Vertreter nach Hackethals Einkommen. Merken Ärzte, deren jeder im Vollbesitz einer Krankenkassenzulassung ist, denn wirklich nicht, wie lächerlich sie sich machen, wenn sie ›beanstanden‹, was ein Berufskollege, dem der bayerische Staat die Krankenkassenzulassung verweigert, für Rechnungen schreibt? Hackethal konnte souverän das Schnüffeln in seinem Geldbeutel durch den lakonischen Hinweis abwehren, er habe schon vor zwanzig Jahren, als er noch keine Risiken eingegangen war, 500 000 DM im Jahr verdient, müsse im übrigen eine sehr hohe Miete (rund

30 000 DM im Monat) dem Klinikbesitzer zahlen, auch eine Menge Gehälter – und so könne er Kollegen nur einladen, sich doch einmal einem Risiko auszusetzen. Wie komisch auch dies war: Daß Berufskollegen, von denen nie auch nur der Name – weil sie keinen haben – in einer Zeitung genannt wurde, dem Arzt Hackethal die Tatsache, Zeitungen zu beschäftigen, vorhalten wie eine Unterschlagung.«

Am Schluß empört sich Rolf Hochhuth: »Ein Prozeß, der hätte dokumentiert werden müssen, was freilich deshalb nicht möglich war, weil – ganz zu Recht – Tonbänder in Gerichten nicht zulässig sind. So hätte dieser Prozeß einen bedeutenden Beitrag leisten können, zu jener Wurzelbehandlung, der auch unsere Demokratien von Zeit zu Zeit unterzogen werden müssen. Die nächste Runde wird noch spannender werden, es sei denn, die Kläger zögen sich zurück – was sie gewiß nicht tun werden, dank ihrer Erfahrung, daß unsere Berufsverbände jene Staaten im Staate sind, in denen man sich nicht mehr lächerlich machen kann.«

Hier allerdings hat der große, höchst verdienstvolle Schriftsteller und Mahner Rolf Hochhuth geirrt. Tatsächlich zogen sich die Kläger zurück, allerdings nicht offen und ehrlich, sondern klammheimlich.

Die Regierung von Oberbayern hatte nach der Ablehnung der beantragten Entziehung meiner Arztlizenz den Prozeß an das Berufsgericht zurückverwiesen, damit es seine Bestrafungsmöglichkeiten ausschöpfen konnte. Man verhandelte nicht weiter, wartete ab, bis die Möglichkeit, den Berufsgerichtsprozeß fortzusetzen, verjährt war. Ob man befürchtet hat, daß Rolf Hochhuth nochmals in der bundesweit verbreiteten Sonntagszeitung schreiben könnte, daß es nun die zweite Komödie sei, welche keines der Münchner Theater schon seit Jahren mehr im Programm gehabt hätte?

In meinem Streit für eine Legalisierung aktiver ärztlicher Erlösungstodhilfe machte sich im August 1988 auch der *Spiegel* zu meinem Gegner. Im Vertrauen auf eine objektive Berichterstattung hatte ich mich dem Reporter Erich Wiedemann im August 1988 in meiner Wohnung in Bernau für ein ausführliches Interview zur Verfügung gestellt. Leider verpflichtete ich den Journalisten nicht auf ein »Autorisiertes Interview«, denn der Bericht traf mich anschließend tief unter der Gürtellinie. Er wurde unter die Überschrift gestellt: »Machen wir es feierlich mit Kerzen und Oma? – *Spiegel*-Reporter Erich Wiedemann über den tödlichen Konkurrenzkampf der Sterbehelfer Atrott und

Hackethal«. In dem Artikel werde ich mit einer Frankenstein-Visage abgebildet, darunter die Zeile »Sterbehelfer Hackethal: ›Wir haben telefoniert wie Verliebte.‹« Atrott steht mit attraktivem Gesicht daneben.

Der Artikel ist an bösartigem Zynismus kaum zu überbieten. Der Journalist versucht, mein Eintreten für ein aktives Erlösungstodhilfe-Recht als einen Rivalitätsstreit um den ersten Rang im »Suizid-Busineß« hinzustellen. Es gibt kaum einen Zeitungsbericht sonst, in dem man mich vor den Augen einer kritischen Leserschaft so schwer beleidigt hat.

Dagegen war der Artikel im *Deutschen Ärzteblatt* vom 29. August 1988 mit der Überschrift »Die eigene Mutter vermarktet« nur eine Lappalie. Denn immerhin stand sie ja nur im *Deutschen Ärzteblatt*, dem Organ der von mir angegriffenen Schulmedizin. Da konnte sich jeder denken, was unter anderem hinter folgenden Sätzen steckte: »Denn treffender und schonungsloser hätte er die Persönlichkeitsstruktur seines Autors« – gemeint ist der Hinweis des Verlags in der Vorankündigung, daß Detailinformationen in der Öffentlichkeit großes Aufsehen erregt hätten – »nicht treffen können. ›Aufsehen erregen‹: Das ist spätestens seit 1964 die Devise des Unruhestifters Hackethal. Obwohl in regelmäßigen Zeitabständen mit seinem Troublemakertum konfrontiert und an seinen abstoßenden Narzismus gewöhnt, hätte man allerdings erwarten können, der EU-EU-Guru vom Chiemsee werde mit der (noch keineswegs endgültig erledigten) ›Affäre Hermy Eckert‹ die äußerste Grenze erreicht haben. Weit gefehlt! Hackethal überschritt jetzt auch diese Grenze. In der bestürzenden Hybris propagierte er erneut jenes selbstgebastelte Arztbild, das im krassen Gegensatz zu der zweieinhalb Jahrtausende alten Grundregel steht, wonach ein Arzt helfen und heilen soll, aber niemals töten darf... So vermarktet er nun in *Humanes Sterben* den Tod seiner eigenen Mutter.« Dann wird am Schluß die angebliche Aussage eines ehemaligen Mitarbeiters, den ich hinausgeworfen hatte, zitiert: »Dieser Mensch ist verrückt!«

Im Folgenden zitiere ich einige Berichte und Stellungnahmen zur Krebsdiagnose und -therapie, die teilweise meine Strategie bestätigen. So gab es in der *Ärzte-Zeitung* vom Juli 1989 einen Bericht mit der Überschrift »Therapie kleiner Brusttumore: Mamma-Amputation bringt keine Vorteile«. Darin heißt es: »Beim kleinen Mamma-Karzinom bis zu einer Größe von 2,5 Zentimetern werden mit einer brusterhaltenden Therapie im Vergleich zur modifiziert radikalen Mastektomie befriedigende Ergebnisse erzielt, wie zwei österreichische Chirurgen anhand eigener Erfahrungen bestätigt haben.« Ich weise nur darauf hin, weil es ähnliche Bestätigungen für die Richtigkeit meiner Forderung, sich bei Brustkrebs auf eine brusterhaltende Operation zu beschränken, sowohl vorher wie auch hinterher in großer Zahl gegeben hat.

Die Erkenntnis, daß nicht jeder kleine Krebstumor sich zu einer lebensbedrohenden Krebskrankheit entwickeln muß, läßt mehr und mehr Forscher auch an dem Wert der Früherkennung zweifeln. Erst jüngst berichtete der *Spiegel* (48/1994): »Viele der Kleinsttumoren, so haben Kritiker an verschiedenen amerikanischen Hochschulen und Kliniken festgestellt, entwickeln sich niemals zu gefährlichen Karzinomen. Wenn sie nicht mit immer empfindlicheren neuen Suchtests aufgespürt würden, blieben diese Krebsformen unbemerkt – und die Patienten unbehelligt.«

Sogar bei Krebsformen, die ausufern und mit den Jahren lebensbedrohlich werden, bringe eine Früherkennung mit rasch einsetzender Behandlung nicht immer Hilfe, behaupten häretische Medizinforscher. Vermutlich, so fürchten die Kritiker, werde mancher Patient ohne Nutzen operiert und mit quälender Chemotherapie vergeblich traktiert. Ich warne davor seit mehr als fünfzehn Jahren, ebenso wie vor einer »erschreckenden Rate an Fehldiagnosen in der Beurteilung von Zervix-Befunden« durch den PAP-Test, die eine britische Studie 1989 feststellte.

Der Präsident des 15. Internationalen Krebskongresses in Hamburg im Herbst 1990, Prof. Dr. Dieter Kurt Hossfeld, stellte sich für ein *Spiegel*-Interview über Nutzen und Nachteile der Chemotherapie zur Verfügung. Darin bestätigte er weitgehend meine Warnungen vor und meine Kritik an der seit 1978 praktizierten Chemo-Zellkiller-Therapie. Ich zitiere einige seiner Antworten: »Die Entscheidung für die Chemotherapie ist für die, die etwas von ihr verstehen, immer ein wahnsinnig schwerer Entschluß... Zumindest ist die Gefahr sehr groß, daß die Kranken falsch behandelt werden. Sie werden einer im Einzelfall toxischen, ihre Lebensqualität verschlechternden Therapie ausgesetzt, die womöglich sogar zu einer Lebensverkürzung führt.« Auf die Frage des Interviewers »Wie ruhig können Sie bei dem Gedanken schlafen, daß niedergelassene Ärzte Chemotherapien durchführen, die dazu in keiner Weise qualifiziert sind?« antwortete Hossfeld unter anderem: »Und es geht kein Weg daran vorbei, daß es in Anbetracht der zunehmenden Arztzahl einen Kampf um jeden Patient gibt. Ich werfe vor allem der Bundesärztekammer vor, daß sie trotz intensiver Ansätze von seiten der medizinischen Onkologen es bisher nicht geschafft hat oder auch nur für nötig hält, eine spezielle Qualifikation oder einen Kriterienkatalog für diejenigen Ärzte zu erstellen, die mit den Chemotherapeutika umgehen dürfen.« Auf die Frage, ob es in den Ethik-Kommissionen, die ja auch über Menschenversuche mit der Chemotherapie entscheiden, Patientenvertreter gibt, antwortet Hossfeld: »Patientenvertreter nicht. Das mögen Sie vielleicht zu Recht kritisieren. Aber es ist mir nicht bekannt, daß es irgendwo eine Ethik-Kommission gibt, in der Patienten oder ehemalige Patienten vertreten sind. Vielleicht sollte man darüber noch einmal nachdenken.«

Das *Deutsche Ärzteblatt* vom 27. August 1990 berichtet über eine Publikation der britischen Zeitschrift *Lancet* zum »Natürlichen Verlauf des lokalisierten Prostata-Karzinoms«. Ein britisches Forschungsteam hatte festgestellt, daß die Fünf-Jahres-Überlebensrate bei unbehandelten Patienten mit einem neudiagnostizierten Prostatakrebs ohne Fernmetastasen 93,8 Prozent beträgt. Dies unterstreicht die Berechtigung meiner Forderung, zwischen »Haustierkrebs« und »Raubtierkrebs« zu unterscheiden.

Eine weitere Bestätigung meiner Prostatakrebs-Strategie brachte *Die Welt* am 19. Juni 1993 in einem Artikel mit der Schlagzeile »Abwarten ist besser als operieren – Neue Erkenntnisse eines amerikanischen Urologen in der Prostatakrebsbehandlung«. Dort heißt es: »Ärzte behandeln mehr Männer wegen Prostatakrebs, als eigentlich nötig wäre.‹ Das behauptet der Urologe Thomas Stamey von der amerikanischen Stanford-Universität. Der Urologe beklagt, daß viel zu oft radikal operiert und radikal bestrahlt wird: ›Dies, obwohl zwischen 10 und 20 Prozent der Tumore zu klein sind oder viel zu langsam wachsen, um jemals irgendeinen Schaden anzurichten. Statt jeden Tumor operativ zu entfernen, sollen die Ärzte die kleinen eher in Ruhe lassen und nur beobachten.‹«

Am 21. Juni 1991 schrieb ich an »Die Damen und Herren Mitglieder des Deutschen Bundestages« einen »Bittbrief zum 20. Jahrestag des ›Krebsvorsorge-Gesetzes‹ am 1. Juli 1991«. Darin steht unter anderem: »Diesen Brief schreibe ich Ihnen als Präsident des Gemeinnützigen Vereins EUBIOS-Gesundhilfe, dessen Zielsetzung sich auf die Formel bringen läßt: Glückliches Leben durch mehr Gesundheit für alle. Leider hat sich in den letzten zwanzig Jahren meine Befürchtung bewahrheitet, daß das vom Deutschen Bundestag beschlossene Gesetz zur Früherkennung von Krebs weit mehr Schaden als Nutzen stiften würde. Um das ändern zu helfen, schreibe ich diesen Bittbrief... Der Hauptgrund war und ist: Die Mißachtung des Verhältnismäßigkeitsgebots der Krebsbekämpfungsstrategie. Das schon damals voraussehbare Ergebnis hat sich inzwischen bestätigt: Keine Senkung der Krebs-Sterberate, Verängstigung und Verstümmelung unzähliger Gesunder, Verschlimmerung des Leidensweges unzähliger Krebskranker. Die verantwortlichen Ärzte habe ich vielfach öffentlich angeschuldigt, sie hätten die Bundestagsabgeordneten durch unwahre, halbwahre und/oder irreführende Behauptungen betrogen. Leider hat mich deshalb kein Staatsanwalt, kein Ärzteführer und keiner sonst angeklagt oder angezeigt, um eine gerichtliche Klärung zu erzwingen.«

Am Schluß meiner Petition an den Deutschen Bundestag: »Ich halte es für meine satzungsgemäße Pflicht, den 20. Jahrestag des Inkrafttretens dieses Gesetzes zum Anlaß zu nehmen, um durch eine allgemeine Aufklärungsaktion vor den Gefahren der Früherkennungsuntersuchung auf Krebs zu warnen. Bitte haben Sie dafür Verständnis. Denn ich möchte der selbstgewählten und inzwischen durch die Entwicklung begründeten Rolle als ›Möchtegern-Patientenschützer‹ auch weiterhin treu bleiben. Immerhin darf ich dafür wohl doch meine fast nunmehr fünfzigjährige Erfahrung als chirurgischer Krebsarzt und meine intensive Krebsforscher-Tätigkeit seit fünfzehn Jahren als Legitimation anführen.«

Meine Petition schickte ich auch an die damalige Bundesministerin für Gesundheit Gerda Hasselfeldt. Sie hielt es nicht für notwendig, mir auf den Brief zu antworten. Statt dessen antwortete sie dem Vorsitzenden der CSU Dr. Theo Waigel, der sie um eine Stellungnahme gebeten hatte.

Das Antwortschreiben der Bundesgesundheitsministerin an ihn vom 16. August 1991 schickte mir Dr. Waigel als Fotokopie. Darin heißt es unter anderem: »Prof. Hackethal opponiert seit über zehn Jahren gegen das Krebs-Früherkennungsprogramm. In der Sache steht Prof. Hackethal mit seiner globalen Kritik in der Ärzteschaft weitgehend allein. Nationale und internationale Studien konnten nachweisen, daß das bisherige Krebs-Früherkennungsprogramm wirksam ist… Demgegenüber haben bedauerlicherweise die Angriffe von Prof. Hackethal zu einer Verunsicherung der Bevölkerung geführt, insbesondere bei Männern, bei denen – ohne wissenschaftlich akzeptable Begründung – Angst vor der Krebs-Früherkennungsuntersuchung geschürt wird.«

Danach gesteht mir die Bundesgesundheitsministerin immerhin zu: »Einzelne Aspekte der Kritik von Herrn Prof. Hackethal verdienen Aufmerksamkeit. So müssen teilweise die bestehenden Krebs-Früherkennungsuntersuchungen hinsichtlich der Diagnosesicherheit und der Methoden verbessert werden. Ferner sind auch Fragen der richtigen Festlegung von Zielgruppen und der Untersuchungsintervalle immer wieder überprüfungsbedürftig.«

Das mangelhafte Wissen der Gesundheitsministerin korrigierte ich wie folgt: »Ich verfolge seit 21 Jahren das nationale und internationale Schrifttum über die Effektivität von Krebs-Früherkennungsprogrammen. Bislang gibt es keine Veröffentlichung, die ein positives Nutzen-Schaden-Verhältnis und noch viel weniger ein positives Nutzen-Kosten-Verhältnis beweist. Jedenfalls kenne ich keine. Ich wäre Ihnen sehr verbunden, wenn Sie mich auf eine derartige Veröffentlichung hinweisen lassen könnten, damit ich sie mir besorge und dazu Stellung nehmen kann. Ich weiß andererseits von zahlreichen Publikationen, in denen namhafte Ärzte die Effektivität der Krebs-Vorsorgeuntersuchung bestreiten oder doch anzweifeln. Dies gilt auch und gerade für die von Ihnen angeführten Krebs-Lokalisationen an Dickdarm, Brustdrüsen und Prostata.«

Die Bitte um Information hätte ich mir, rückblickend betrachtet, sparen können. Denn es fehlte dieser Bundesgesundheitsministerin offensichtlich an jeglicher Bereitschaft, sich mit Kritikern des Gesundheitssystems auseinanderzusetzen. Wahrscheinlich war sie da auch völlig überfordert.

Bundesgesundheitsminister sind dazu da, das Nutzen-Schaden-Kosten-Verhältnis der Gesundheitshilfe für das Volk zu kontrollieren, Mängel abzustellen und Verbesserungen zu erreichen. Das aber können sie nur, wenn sie auch angemessen auf kritische Stimmen hören und reagieren. Eigentlich wäre es eine selbstverständliche Pflicht der Bundesgesundheitsministerin gewesen, sich für meine kritische Information zu bedanken und mich dazu auch anzuhören. Das hat sie nicht getan, also trifft auch sie für viele unnötigen Verstümmelungen und Tötungen von Krebspatienten Mitverantwortung.

Am 18. Juni 1991 gab es in der *Ärzte-Zeitung* die Schlagzeile: »Wer nie erkältet ist, hat ein vielfach erhöhtes Risiko für eine Krebskrankheit.« Das hat eine Untersuchung des Heidelberger Tumorzentrums ergeben. Schon seit Jahrzehnten habe ich meinen Patienten gesagt, sie sollten sich nicht vor Erkältungskrankheiten fürchten, sondern vielmehr beten: »Lieber Gott, ich danke Dir. Ich habe mich erkältet. Jetzt werde ich gesund!« Denn die Erkältungskrankheiten sind aus meiner Sicht – von Ausnahmen abgesehen – Manöver des Abwehrsystems zum Training der Abwehr.

Im Oktoberheft 1990 der EU-LALIA konnte ich über ein »Traumurteil für Krebspatienten zu Kostenersatzrecht und -pflicht Privater Krankenversicherer« berichten. Das Oberlandesgericht in Braunschweig hatte entschieden, daß von einer Privatversicherung die Kostenübernahme nicht mit der Begründung verweigert werden kann, die durchgeführte Versorgung sei »nicht wissenschaftlich allgemein anerkannt«. Auch verliere ein Patient seinen Versicherungsanspruch nicht, wenn er eine Biopsie-Operation einer krebsverdächtigen Verhärtung ablehne.

Wiederholungen von Behandlungsprogrammen bei Krebs(id) wurden vom OLG als »erforderlich und sinnvoll« bewertet. Die Notwendigkeit einer stationären Behandlung wurde bestätigt, wenn Behandlungsmaßnahmen zur Anwendung kommen, wie sie zum EU-BIOS-Antikrebsid-Programm gehören. Es sei unzulässig, sich auf den Standpunkt zu stellen, die gleiche Behandlung hätte auch in einer Kurklinik oder sogar ambulant durchgeführt werden können.

Ich habe immer dafür gekämpft, daß von den Krankenversicherern das Selbstbestimmungsrecht der Patienten über ihre Gesundheit und ihr Leben, auch bezogen auf das Recht zur Wahlfreiheit für den Arzt und das Krankenhaus, angemessen beachtet werden muß. Dieses Recht wurde inzwischen, jedenfalls bezogen auf eine Reihe von chronischen Volkskrankheiten, sowohl von Sozialgerichten wie auch von Zivilgerichten vielfach bestätigt.

Drei Jahre später, am 23. Juni 1993, erging ein richtungsweisendes Urteil des Bundesgerichtshofes. Damit wird die sogenannte Wissenschaftlichkeitsklausel der Privaten Krankenversicherung für unwirksam erklärt. Im Klartext bedeutet dies, Krankenversicherer können ihre Leistungspflicht nicht mit der Begründung ablehnen, daß eine Behandlungsmethode oder ein Arzneimittel »wissenschaftlich nicht allgemein anerkannt« seien. Geklagt hatte der Verbraucherschutzverein Berlin, vor dem Bundesgerichtshof vertreten durch den Rechtsanwalt Dr. Harald Wozniewski-Häusele. Dieser schrieb mir später, daß ihm mein Buch *Der Meineid des Hippokrates* »bei der Erstellung der Revisionsbegründungsschrift wertvolle Dienste geleistet« habe.

Na also!

Im Sommer 1990 erschien in der *Münchener Medizinischen Wochenschrift* ein Bericht, der einen der bekanntesten französischen Krebsärzte, Prof. Dr. Leon Schwartzenberg, als Erlösungstodhelfer an meine Seite stellt. Dieser habe öffentlich bekannt, einer unheilbar Kranken Sterbehilfe geleistet zu haben. Wörtlich heißt es: »In dem Interview habe er Mediziner, die dem Leiden anderer zusehen könnten, Folterer genannt und erklärt, die Tartuffes unter den Ärzten seien Legion.« Am Schluß folgt der Hinweis: Auch die sozialistische Partei sei solidarisch mit Schwartzenberg.

Der Meineid des Hippokrates – Von der Verschwörung der Ärzte zur Selbstbestimmung des Patienten lautet der volle Titel des Buches, an dem ich vom Spätsommer 1991 an arbeitete. Das Manuskript dafür lieferte ich Mitte Januar 1992 bei meinem Lektor ab. Der Buchtitel führt insoweit irre, als sich nur das erste Viertel des Werks mit dem sogenannten Eid des Hippokrates beschäftigt; der weitaus größte Teil des Buches setzt sich aber mit meiner Kritik an der zur Zeit praktizierten Schulmedizin einerseits sowie der EUBIOS-Gesundheitshilfe andererseits, das heißt jener Art der Gesundheitshilfe, wie ich sie mir als Schulmedizin der Jahrtausendwende wünsche, auseinander. Der Titelvorschlag stammt von meinem Lektor. Er trifft zweifellos das Leitmotiv, welches sich wie ein roter Faden durch das ganze Buch zieht. Es läßt sich auf die Formel bringen: Weg von dem patientenfeindlichen Selbstverständnis des Arztberufes, hin zu einem Arzt-Patient-Verhältnis von Freund zu Freund. Das Buch wurde im Mai 1992 der Öffentlichkeit übergeben. Wenige Wochen später erreichte es eine gute Position auf der Bestsellerliste der zehn meistgelesenen Sachbücher.

Am 9. Februar 1992 hielt ich im Bernhard-Theater Zürich eine Matinee-Gedenkrede für den Bildhauer Hans Jörg Limbach, der sich am 18. März 1990 selbst getötet hatte, weil er sich für unheilbar krank hielt. Meine Rede hatte ich unter den Titel gestellt: »Hans Jörg Limbach, der Rocher-de-Bronce-Michelangelo – Bildhauer, Plastikchirurg, Dramaturg, Philosoph, Humanist und Mensch mit Herz – Ein Leben für das Gute mit dem ›Tod durch Erschießen‹ bestraft«.

Ich hatte das Glück, mit diesem begnadeten Künstler, diesem engagierten Streiter für eine humanere Welt, in seinen letzten fünf Lebensjahren befreundet gewesen zu sein. Von dieser Freundschaft habe ich ähnlich profitiert wie von der mit A. Paul Weber. Zwischen beiden gab es eine große Ähnlichkeit in der Zielsetzung. A. Paul Weber äußerte seine Kritik mit Hilfe von Lithographien zweidimensional, Hans Jörg Limbach dreidimensional. Beide ernteten auch reichlich böse Schelte in den Medien, waren insoweit für mich oft Tröster in der Schmähnot.

Hans Jörg Limbach hat von mir eine Bronzebüste in Lebensgröße modelliert. Sie steht inzwischen im EUBIOS-Zentrum im Gut Spreng. Meine Ausrede dafür hängt daneben: »1985 hielt ich auf Einladung der Schweizerischen Gesellschaft für Humanes Sterben einen Vortrag in Zürich. Am Schluß meiner Predigt kam eine attraktive Frau und gab mir einen Brief. Absender: Hans Jörg Limbach. In dem Brief stand, er möchte ein bildhauerisches Portrait von mir machen.

Damals hatte ich noch nie etwas von diesem Bildhauer gehört. Ich machte mich schlau, erfuhr, daß er einer der größten lebenden Bildhauer sei. Das machte mich zwar ein bißchen stolz, aber ich schrieb ihm sinngemäß: Das sei wahrlich ein schmeichelhaftes Angebot. Aber es lohne sich nicht. Meinen Bauernschädel würde sicher niemand kaufen und aufstellen wollen. Ich auch nicht. Denn von einer solchen Selbstbeweihräucherung hielte ich nichts.

Hans Jörg Limbach schrieb zurück: Er wolle es trotzdem machen. Finanzielle Überlegungen spielten keine Rolle. Dann machte er ein paar Komplimente über meine Visage und anderes, schickte mir seinen Katalog und bat um einen Gesprächstermin. Was er an meinem Dickkopf eindrucksvoll oder gar schön fand, war mir ein Rätsel. Ich mochte meinen Oberkörper – medizinisch Stamm genannt – eigentlich noch nie. Eines Tages dann saßen wir uns in unserem Haus in Bernau gegenüber. Der große Meister der Bildhauerkunst war uns sofort sehr sympathisch. Ich dachte: »Des Menschen Wille ist sein Himmelreich!« Also stimmte ich zu. Er machte sich sofort an die Arbeit und skizzierte meinen Kopf von allen Seiten. Außerdem schoß er ein paar Polaroid-Aufnahmen von Kopf und Händen. Dann zog er von dannen.

Anschließend gab es eine große Pause. Ich war überzeugt, diese

verrückte Idee hatte er sich dann doch ausgeredet. Um so überrasch-
ter waren wir, daß er Anfang Juli 1986 schrieb, das Bronzemodell in
klein sei fertig, und Fotos mitschickte. Ich antwortete am 7. Juli 1986:
»Vom Wachskopf zum Gipskopf und nun zum rocher de bronce mit
Glatze. Welch ein Aufstieg!« Im Brief hatte er gebeten, wenn ich das
nächste Mal nach Zürich käme, möge ich doch bei ihm in Hombrechtikon vorbeischauen. Dann wolle er das Modell Auge in Auge nach-
arbeiten. Dies geschah dann ein paar Wochen später. Danach gab es
wieder eine große Sendepause.

Irgendwann 1987 war es dann soweit. Ich bekam Fotos des drei-
dimensionalen Kolossalgemäldes. Da wurde ich noch stolzer. Die
Neugierde trieb uns nach Hombrechtikon. In dem riesigen Atelier von
Hans Jörg Limbach stand der auf »Hebammenhände« – wie Mutter
sie immer nannte – gestützte Bauernschädel zwischen zahlreichen
anderen, viel imponierenderen Kunstwerken. Auch meine Frau war
der Meinung: Das seien tatsächlich mein Kopf und meine Hände. Ob
schön oder nicht, mochten andere beurteilen.

Aus der Künstler-Modell-Beziehung entwickelte sich ein herzliches Freund-Freund-Verhältnis. Wir besuchten uns in Abständen gegenseitig, feierten ausgelassen miteinander. Plötzlich entdeckte ich
im *Spiegel* ohne Vorwarnung mein Bronze-Standbild als Werbegag
einer großen Firma: »Oh je«, dachte ich, »wenn das der Ärztekammer-Präsident erfährt!« Aber mein Name stand Gott sei Dank nicht
drunter. Also blieb mir dieser Berufsgerichtsprozeß erspart.

1989 erschien der zweite große Katalog von Hans Jörg Limbach.
Darin war mit der Unterschrift »Julius Hackethal« auch meine Büste
abgebildet. Kaufinteressenten gab es anscheinend keine. Der Preis
war mir nicht bekannt. Dann passierte etwas Schreckliches: Am 18.
März 1990 erschoß sich Hans Jörg Limbach in seiner Duschkabine zu
Haus – er hielt auf Sauberkeit, mußte zweimal schießen. Sein Irr-
glaube als Selbsttötungsgrund: Er sei unheilbar leberkrebskrank. Mir
hatte er davon nichts erzählt. Ein bißchen fühle ich mich deshalb an
seinem Tod mitschuldig, weil wir vierzehn Tage vorher für einen Besuch in Hombrechtikon verabredet waren. Diesen Termin habe ich
dann kurzfristig absagen müssen. Daß Hans Jörg sich krank fühlte,
wußte ich nicht. Wahrscheinlich hätte ich ihm seinen Irrglauben ausreden können.

Im Anschluß an die Matinee-Gedenkrede am 9. Februar 1992 gab
es eine kleine Nachfeier im Künstler-Atelier von Hombrechtikon.

Dolly, seine Witwe, hatte ein kleines Museum daraus gemacht. Meine wichtigsten Körperteile nach 1987 – vorher gab es noch einen wichtigsten – waren in Bronze gegossen mit dabei. Später erfuhren wir, daß ein Hans Jörg Limbach-Museum woanders geplant sei. In irgendein Museum wollte ich auf Dauer noch nicht. Deshalb entschlossen wir uns, mich nach Haus zu holen. Da stehe ich nun: Als Denkmal für Hans Jörgs Bildhauerkunst.

Ich habe die Matinee-Gedenkrede vor allem dazu benutzt, um angehängt an die Selbsttötung von Hans Jörg Limbach aus falschem Grund ein Plädoyer für die Arztpflicht zur aktiven Sterbehilfe abzugeben. Meine Schlußfolgerung: Gäbe es für uns Ärzte das Recht und die Pflicht zu einer aktiven Erlösungstodhilfe, hätte Hans Jörg Limbach seinen Arzt darum gebeten. Der aber wäre dann in der Lage gewesen, ihm die falsche Vorstellung einer Unheilbarkeit seiner Krankheit auszureden. Dann wären ihm die menschenunwürdige Selbsttötung mit Pistolenschüssen und seiner Frau der schreckliche Anblick erspart geblieben.

Von Hans Jörg Limbach gibt es eine Büste mit dem Titel »Arzt und Patient«. Sie steht in einer Züricher Privatklinik. Besser kann man es nicht ausdrücken, wie die Beziehung zwischen Arzt und Patient sein sollte: Der Arzt umfaßt mit seinem rechten Arm Schulter und Kopf einer liegenden Patientin und mit seiner linken Hand ihren rechten Arm. Dabei beugt er sich vornüber zu ihr und schaut ihr hoffnungmachend ins Gesicht.

Mit fünfundsechzig habe ich offiziell das Chirurgenmesser aus der Hand gelegt. Meine operative Tätigkeit seitdem beschränkt sich auf die eines »OP-Trainers mit Aktivlizenz auf der Reservebank«, das heißt, ich plane die Operationen bis in die Einzelheiten hinein mit und bin während des ganzen Operationsprogramms als Berater, Rückenstütze und Nothelfer dabei oder jederzeit abrufbar in der Nähe. Anfangs passierte es fast an jedem OP-Tag, daß ich meinem Vize zur Seite sprang, um eine schwierige Operationsphase selbst zu übernehmen. Schon bald aber gab er mir immer weniger Möglichkeit dazu, was ich mit einem lachenden und einem weinenden Auge sah. Seit gut zwei Jahren kann er mit seinen jungen flinken Händen alles sehr viel besser als ich. Seither muß ich mich aufs Händchenhalten vor der OP in der Wachstation beschränken und auf die Kontrolle der richtigen Position des Farbstriches für den Hautschnitt, etwa bei Brustkrebsoperationen. Im übrigen schaue ich bei besonderen Operationen aus Neugierde zu. Dabei macht es mich immer wieder glücklich zu sehen, daß mein Vize und Nachfolger als Regiearzt vieles von meiner Operationstechnik übernommen hat, so daß die »Art des Hauses« auch im operativen Bereich gewahrt bleibt.

Wie gesagt, habe ich mit fünfundsechzig offiziell als Messerheld aufgehört. Inoffiziell gab es noch die eine oder andere Operation als messerführender Chirurg. Ich bekenne es. Denn in meinem ersten Buch hatte ich ja 1976 gefordert, daß ein Chirurg mit sechzig als Schnittarzt aufhören sollte. Damals war ich fünfundfünfzig. Warum ich trotzdem noch bis fünfundsechzig weiteroperiert habe, schrieb ich schon.

Der »programmierte Zufall« wollte es, daß ich kurz vor meinem siebzigsten Geburtstag noch eine Großoperation gemacht, zum allerletzten Mal ein künstliches Hüftgelenk eingepflanzt habe. Inzwischen sind vier Jahre vergangen. Dem Patienten geht es nicht nur gut, sondern großartig, wovon ich mich kürzlich bei einem Hausbesuch überzeugen konnte. Er marschiert auf seinem künstlichen Hüftgelenk flott daher und strotzt geradezu vor Gesundheit. Ohne mich wäre er wahrscheinlich schon mehr als vier Jahre tot.

Das alles kam so: Anfang Oktober 1990 erzählte mir meine Frau, dem Vater unserer Arzthelferin Susi H. gehe es sehr schlecht. Er sei schon seit vielen Monaten bettlägerig. In den letzten Tagen habe sich sein Zustand so verschlimmert, daß die Angehörigen das Schlimmste befürchteten. Sie habe die Bitte, daß ich den Vater von Susi mal zu Haus in Bernau besuche. Vielleicht könne man ja doch noch was machen.

Noch am gleichen Tag machte ich den Hausbesuch. Ich fand den vierundsechzigjährigen Frührentner auf einem Sofa im Wohnzimmer, das zum Krankenzimmer umfunktioniert worden war. Er hatte ein eingefallenes Gesicht, war sehr blaß, schaute mich mit verängstigtem Blick an. Mein »Guten Abend« und meine Fragen beantwortete er mit schwacher Stimme. Ich fühlte den Puls. Er war sehr schnell und unregelmäßig. Ich hob die Bettdecke. Darunter erschienen zwei spindeldürre Beinchen. Um den rechten Oberschenkel war ein großer Verband gewickelt. Das linke Bein lag nach außen verdreht, war verkürzt. Aus eigener Kraft konnte er es nicht anheben. Ich prüfte vorsichtig die Beweglichkeit der Hüfte. Sie war stark eingeschränkt, jede Bewegung äußerst schmerzhaft. Die Füße und Unterschenkel waren relativ kühl, die Fußpulse links gerade eben und rechts überhaupt nicht tastbar. Der Patient klagte über starke Schmerzen im Rücken und in der linken Hüfte.

Unsere Arzthelferin Susi war mitgekommen. Ich bat sie, den Verband vom rechten Oberschenkel abzunehmen. Die Wundauflage war durchgeeitert. Es bestand an der Streckseite des rechten Oberschenkels außen ein großflächiger tiefer geschwüriger Wundkrater mit stark eitrigen Belägen. Entstanden war die Wunde durch eine Granatsplitter-Verletzung im Krieg mit nachfolgendem Gasbrand, den der damals neunzehnjährige athletische Soldat überlebt hatte. Seither hatten vielfache Nachoperationen stattgefunden. Aber es ist nie gelungen, die Kriegswunde zur Abheilung zu bringen. Vor allem infolge der chronischen Wundeiterung hatte sich eine schwere Blutarmut entwickelt. Diese mag auch der Hauptgrund für die nachfolgende Aderenge beider Beine gewesen sein, die schließlich im Dezember 1983 zu einem akuten Verschluß der Oberschenkelschlagader geführt hatte. Damals war eine Embolektomie gemacht worden. Deshalb hatte er zehn Wochen im Rosenheimer Krankenhaus gelegen.

Ein paar Tage vor meinem Besuch war der Patient gefallen, als er mit großer Mühe sein Krankenbett verlassen hatte. Seither konnte er mit dem linken Bein überhaupt nicht mehr auftreten. Ins Krankenhaus wollte der Patient nicht mehr. Davon versprach er sich nichts, nach alledem, was er bei seinen vielfachen Krankenhausaufenthalten erlebt hatte. Lieber wollte er zu Hause sterben.

Es sah schlimm aus. Eigentlich war in der gegebenen Situation nicht viel Hoffnung. Aber ich nahm mir vor, alle Register meiner Chirurgenjahre an Erfahrung zu ziehen, die etwa genau so alt waren, wie die chronische Oberschenkeleiterung nach der Granatsplitterverletzung.

Fest stand, daß zu allererst etwas gegen die schwere Blutarmut und die extreme Abwehrschwäche getan werden mußte, dies in Kombination mit einer erneuten gezielten Antibiotikum-Behandlung. Ich sprach dem Patienten Mut zu und versprach, alles zu tun, damit er gesund würde. Schließlich sei er ja der Vater unserer Susi, einer unserer Schlüsselkräfte in der Klinik seit 1985. Auf diese Tochter könne er stolz sein. Damit rang ich ihm ein müdes Lächeln ab.

Wegen der starken Schmerzen bekam der Patient schon seit Jahren stärkste Schmerzmittel. Darunter die chemische Keule Diclofenac, ohne Frage ein sehr potenter Schmerzkiller, aber auch ein halber Totschläger der Selbstheilungskräfte.

Noch am gleichen Abend wurde die Behandlung eingeleitet. Zusätzlich verordnete ich eine Blutkontrolle und bat darum, mir die letzten Röntgenbilder zu besorgen. Mitte August war die linke Hüfte und Mitte September die Wirbelsäule geröntgt worden. Was dabei rausgekommen war, wußten weder der Patient noch seine Angehörigen!

Nach ein paar Tagen stand die Diagnose der lebensbedrohenden chronischen Vielursachen-Krankheit mit einem Ganzheitsgesundheitsgrad von minus 90 (bei einer GGG-Skala von plus 100 = ideal gesund bis minus 100 = tot) fest. Ich zähle auf:

1. Rechts eine fünfundvierzig Jahre alte Oberschenkel-Weichteileiterung nach Granatsplitterverletzung mit Gasbrand und vielen Operationen, unter anderem mit Hautverpflanzungen, vielen Antibiotikum-Behandlungen, Röntgenaufnahmen etc. Im Abstrich Mischinfektion von Staphylococcus aureus und hämolysierende Streptokokken Gruppe B mit dem Pilz Candida albicans.

2. Nicht verheilter Schenkelhalsbruch links.

3. Schwere Ganzskelett-Osteoporose mit vielen Wirbelkörperbrüchen.

4. Starke Aderenge beider Beine, besonders links, bei Zustand nach Embolektomie links.

5. Starke Blutarmut und extreme Abwehrschwäche (Ery 2,7, Hb 8,8, Leuko 14,600, Lympho 11,7, BKS 75/120).

6. Herzschwäche mit starker Herzschlag-Unregelmäßigkeit.

Zunächst wurde der Patient zu Haus mit einem hochdosierten Penicillin-Stoß, Thymus-Frischextrakt-Injektionen, Lebertran-Kapseln, Vital-Sonnenbestrahlungen sowie Infusionen, Strophantin-Spritzen und abwechslungsreicher Naturmischkost-Plus behandelt. Bereits da besserte sich der Ganzheitsgesundheitsgrad erheblich auf zirka minus 60. Anfang Januar 1991 hatte sich der Zustand so weit gebessert – die Blutarmut war vollständig zurückgebildet –, daß die erste Operation geplant werden konnte, nämlich die Revisions- und Ausschneidungsoperation des großen Geschwürkraters am rechten Oberschenkel. Dies geschah dann im Rahmen einer stationären Behandlung in der EUBIOS-Klinik vom 7. bis 15. Januar 1991. Der Geschwürbereich wurde in Spinal-Anästhesie vollständig ausgeschnitten, die 14 Zentimeter lange Wunde primär verschlossen. Sie heilte unter entsprechendem Antibiotikum-Schutz glatt und ist nie mehr aufgebrochen.

Am 26. März 1991 war es dann so weit, daß die Hüft-Ersatzplastik gewagt werden konnte. Die Operation dauerte von 9.10 Uhr bis 9.55 Uhr, also 45 Minuten. Sie wurde, wie früher üblich, in örtlicher Betäubung mit Musikbegleitung durchgeführt. Die Aufnahme war am Tag vor der Operation, die Entlassung eine Woche später.

Der weitere Verlauf war völlig komplikationslos. Schon nach ein paar Wochen konnte der Patient ohne Stock laufen. Sein Ganzheitsgesundheitsgrad beträgt heute zirka plus 50, ist also insgesamt um nicht mehr als ein Viertel eingeschränkt. Dies ist das Maximum, was bei der gegebenen Ausgangssituation erreichbar ist.

Am 6. November 1991 feierte ich dann meinen siebzigsten Geburtstag. Dazu bekam ich einen Waschkorb voller Liebesbriefe. Zwei davon habe ich in der EU-LALIA vom März 1992 veröffentlicht. Sie stammen von einem Chirurgie-Hochschullehrer und von einem hochrangigen Richter, deren Namen ich nicht genannt habe, weil ich ihnen keine Probleme bereiten wollte. Ich zitiere aus dem Brief des Chirurgen: »Bei einem sicherlich jetzt erlaubten Rückblick können Sie mit Stolz feststellen, daß Sie vieles bewegt haben, wenn auch gelegentlich mit der Brechstange. Auch auf unserem ureigensten Gebiet, der Unfallchirurgie, setzen sich in den letzten Jahren Ihre Ideen, wie Vermeidung von kühnen Markhöhlen-Aufbohrungen und unnötiger Frakturfreilegung, wie ›Unreamed nails‹ und Verfall der Platten-Osteosynthese, mehr und mehr durch. Lieber Herr Hackethal, verehrter Jubilar, auch wenn ich gelegentlich noch einen Krebsverstümmelten zu heilen versuche, fühle ich mich Ihnen, als meinem unfallchirurgischen Lehrer, immer verbunden und verbleibe mit meinen besten Grüßen und Wünschen...«

In dem Geburtstagsbrief des hochrangigen Richters und Handbuchautors steht unter anderem: »Lassen Sie mich die Gelegenheit benutzen, Ihnen noch einmal ganz herzlich für viel Freundlichkeit zu danken, aber auch für vieles, was Sie in den letzten Jahren in der deutschen Medizin und vor allem auch bei der deutschen Ärzteschaft bewirkt haben, wenn Sie auch nach wie vor ein ›ungeliebtes Kind‹ dieses Berufsstandes sind. Wie Sie wissen, habe ich Ihnen vor Jahren schon geschrieben, daß, wenn es einen Julius Hackethal nicht gäbe, man diesen erfinden müßte. Sie können nicht nur auf ein beachtliches Lebenswerk zurückblicken, sondern sich am Ende der siebzig Jahre auch rühmen, viel zur Lockerung der in Deutschland teilweise ›verkrusteten Schulmedizin‹ getan zu haben. Man mag Ihnen nicht in allen Punkten zustimmen, bewegt haben Sie unglaublich viel! Und Sie haben vielen Patienten geholfen... Das EUBIOS-Patienten-Arzt-Gelöbnis sollte jeder Arzt in seinem Wartezimmer oder Ordinationszimmer hängen haben. Juristisch scheint inzwischen auch die Möglichkeit eines Patienten-Anwalts – wie er von Ihnen als Modell entwickelt worden ist – zumindest anerkannt zu werden. Zahlreiche Beiträge befassen sich mit der Rechtsfrage, ob ein Dritter die höchstpersönlichen Erklärungen im Rahmen des Sterbevorgangs für den Patienten abgeben kann. Ihr Buch *Humanes Sterben* mit der so freundlichen Widmung zählt zu den bibliophilen Kostbarkeiten meiner Bibliothek. Im Rahmen des Handbuchs sind mir leider von Mitarbeitern des Mitautors und des Verlags angeblich aus Raumgründen viele Passagen gestrichen worden, die sich mit Ihren Gedanken auseinandersetzen. Aber vielleicht läßt sich das in künftigen Auflagen ändern...«

Meinen Geburtstagsgratulanten habe ich in fröhlicher Runde »Gereimtes Ungereimtes eines Jung-Verheirateten« vorgetragen. Daraus eine Kostprobe:

Mein Gott: 70!
Alles gibt sich,
beinah alles!
Bestenfalles
bleibt ein Restchen
Gier im Nestchen.
Ohne Frage:
Eh'r 'ne Plage,
eh'r ein Früstchen
als ein Lüstchen.

So geht es dann noch vier Strophen weiter. Doch dann verkünde ich:

Nun in Panik?
Nee doch! Ga-nick!
Endlich 70!
Früher *trieb's mich,*
Karriere,
Geiz nach Ehre,
Pauer, äkschen
for Konnekschen

Aber heute,
liebe Leute:
Nix dergleichen
Aus! Vor-bei-chen!
Schluß! Paletti!
Früh ins Betti.
Falls mal Stau-chen,
hin zu Frauchen.

Nach einer weiteren Strophe lautet der Schluß:

Endlich 70!
Endlich gibt's sich!
Welch ein Glücke!
Nie zurücke!

Am 8. November 1992 habe ich auf dem Krebskongreß der Deutschen Gesellschaft für Onkologie in Baden-Baden einen Vortrag vor Ärzten gehalten, für den mir die Kongreßleitung als Titel »Im Kampf gegen Krebs und Konvention« vorgeschlagen hatte. Es war das erste Mal seit knapp dreißig Jahren, daß mir die Möglichkeit gegeben wurde, auf einem Ärztekongreß zu reden. Natürlich mußte ich mit heftigen Gegenattacken rechnen, auch damit, am Schluß des Vortrags ausgebuht zu werden. Wie schnell mein Puls vor dem Vortragsbeginn war, habe ich nicht gezählt. Aber es dürften nicht weniger Herzschläge gewesen sein als vor meinen früheren Vorträgen auf Chirurgenkongressen, nämlich zirka 140 pro Minute.

Der Vortrag fand an einem Sonntagvormittag statt, kurz vor Mittag. Noch eine Viertelstunde vorher war der Vortragssaal ziemlich leer, aber bei Beginn war er brechend voll. Es gab sehr viel Neugierige. Wieviele Unfans darunter waren, konnte ich nicht erkennen. Wie üblich baute ich in den Vortrag einige selbstkritische Narreteien ein. Beispielsweise: »Aber ich weiß auch, daß das Geschehnis zwischen Arzt und Patient Auge in Auge und Ohr in Ohr ›Sprechstunde‹ heißt und nicht ›Schweigeminute‹, in der der Patient schnell, schnell sagen muß, wo es weh tut, und der Doktor schon Medizintechnik und Medikamente verordnet, bevor der ausgeredet hat.«

In dem Vortrag habe ich dann gefragt: »Haben Sie einmal darüber nachgedacht, wie das bei uns seit vierzig Jahren läuft? Auf dem Heilgottesthron sitzen Leute, welche im Naunynschen Sinne zum Medizin-Ingenieur der Sonderklasse auf Hochtechnik und Hochchemie getrimmt wurden. Die Hohe-Priesterweihe bekamen sie dann, weil sie entweder rechtzeitig in die richtige Partei eingetreten waren oder aus dem richtigen Gesangbuch so laut vorsangen, daß es auch der richtige Bischof hörte. Das Kreuz war ihnen schon in der Assistenz- und Oberarztzeit herausoperiert worden... Ohne herausoperiertes Rückgrat wird man kein Medizin-Ordinarius. Ausnahmen bestätigen auch diese Regel. Und ohne eine mit einer Vielzahl von Patientenleichen abgestützte Treppe nach oben wird man nicht zum Preisträger eines Ordinariusornats.«

Ich habe den vollen Inhalt des Vortrages in der EU-LALIA Nr. 13 des ersten Halbjahrs 1993 veröffentlicht. Auf Einzelheiten kann ich hier nicht eingehen. Aber es mag den Leser interessieren, wie der Vortrag aufgenommen worden ist. Ich darf es stolz erzählen. Obwohl ich mich über mangelhaften Applaus nie beklagen mußte: Bei keinem Ärztekongreß früher habe ich so viel Zwischenbeifall und so viel Schlußapplaus bekommen. Der war so stark, daß mir die Tränen kamen.

Mir hat das Ergebnis dieses Vortrags doch viele Selbstzweifel an der Glaubwürdigkeit meiner Bemühungen um ein besseres Arzt-Patient-Verhältnis genommen. Ich hatte ja nie vorher die Gelegenheit, das Echo meiner Arztkollegen auf das selbstgesprochene, unverfälschte Wort zu testen. Also blieb immer eine gewisse Unsicherheit darüber, wie glaubhaft meine Argumente für ein anderes Arzt-Patient-Verhältnis auf die Kollegenschaft wirken konnten. Das hochpositive Echo auf meinen Vortrag in Baden-Baden bestärkte mich dann darin, daß es mir gelingen könnte, eine große Mehrheit meiner Arztkollegen auf meine Seite zu ziehen, falls mir die Gelegenheit gegeben würde, ihnen meine Gedanken und Thesen direkt vorzutragen. Nun war mir auch plötzlich klar, warum dies die Ärzteführer immer wieder verhindert hatten.

Am 20. Dezember 1992 habe ich im Auftrag des Verteidigers der Nebenklägerin im Prozeß gegen Erich Honecker ein Obergutachten zur Frage seiner Verhandlungsfähigkeit abgegeben. Die Vorgutachter hatten sich auf den Standpunkt gestellt, Honecker sei aufgrund einer Krebserkrankung der Leber verhandlungsunfähig und habe nur eine Lebenserwartung von wenigen Monaten. Ich habe den Vorgutachtern mehr als zwanzig Fehler in der Darstellung der Vorgeschichte und/oder in der Bewertung von Befunden des Angeklagten vorgeworfen und mich auf den Standpunkt gestellt, daß das Gutachten den »zeitgemäßen Anforderungen an ein ärztlich-wissenschaftliches Gutachten« nicht genüge. Meine abschließende Stellungnahme lautet: »E.H. ist zur Zeit im gleichen Umfange wie bisher beschränkt verhandlungsfähig und dies auf unabsehbare Zeit.«

Diese meine Beurteilung hat sich in der Folgezeit voll bestätigt. Die Berichte aus seinem späteren Aufenthaltsort in Chile beweisen, daß Honecker höchstwahrscheinlich mindestens ein Jahr lang beschränkt verhandlungsfähig gewesen wäre. Erst in den letzten Monaten vor seinem Tod dürfte das nicht mehr der Fall gewesen sein. Daß mein Obergutachten sich als zutreffend erwies, betone ich deshalb, weil die Glaubwürdigkeit meiner Gutachten auch in anderen Gerichtsverfahren öfters angezweifelt wurde und dadurch vielen Patienten Unrecht widerfahren ist.

Am 17. November 1992 habe ich auf Einladung der Juristischen Fakultät der Universität Bochum eine Gastvorlesung mit dem Thema »Werdendes Leben in einer sterbenden Mutter – Der Erlanger Fall in medizinischer und medizin-ethischer Sicht« gehalten. Der größte Hörsaal der Universität Bochum war vollbesetzt. Zirka 1200 Jurastudenten und Juristen haben zugehört. Vorausgegangen war der schreckliche Mißbrauch einer angeblich hirntoten schwangeren Patientin. Deshalb habe ich das Thema im Laufe des Vortrags wie folgt neu formuliert: »Makabrer Weltrekordversuch unter Mißbrauch einer Patientin als Brutmaschine für einen 14 Wochen alten Keimling, noch ohne Geist und Seele, unter Inkaufnahme schwerer geistig-seelischer Mißbildung, falls es zur Geburt eines Menschenkindes kommt, was Gott durch Erleuchtung unserer Juristen verhüten möge.« Dies habe ich dann wie folgt ergänzt: »Und mein Nebenthema heißt auf chirurgisch: ›Beherrscht der Ungeist des Chirurgie-Ordinarius Prof. Dr. G.H., der die Patienten in den sechziger und siebziger Jahren weithin als Versuchskaninchen mißhandelt, gequält und getötet hat, noch immer das Versorgungsklima in dieser Chirurgischen Universitätsklinik Erlangen-Nürnberg?‹« Die Antwort darauf habe ich den Juristen gegeben. Es war eine erneute schwere Anklage gegen das in dieser Universitätsklinik praktizierte Arzt-Patient-Verhältnis.

Am 18. März 1993 konnte ich vor dem Bundesverfassungsgericht ein richtungweisendes Urteil erstreiten. Es ging um die Frage, wie weit mir ein positiver Bericht in einer Illustrierten über unsere Be-

handlungsergebnisse bei Krebskrankheit als berufswidrige Werbung
ausgelegt werden könnte. Vom Oberlandesgericht Karlsruhe war ich
deshalb wegen unlauterer Werbung verurteilt worden. Das Bundesverfassungsgericht hob das Urteil des Oberlandesgerichts auf und bestätigte das Informationsrecht von Ärzten.

Bleibt am Schluß noch, über eine neue Groteske der Landesärztekammer zu berichten. Sie hat mich vor dem Landgericht München
verklagt, weil es bei uns ein »Patienten-Sorgentelefon« gibt. An meinem siebzigsten Geburtstag hatte ich eine »Hackethal-Stiftung Pro
Patiente« gegründet und eine Ärztin für Allgemeinmedizin angestellt,
welche von Montag bis Freitag von neun bis zwölf Uhr per Telefon
und im übrigen rund um die Uhr per Telefax kostenlose Ratschläge
erteilte. Dies hat die Landesärztekammer in Erfahrung gebracht und
mich auf Unterlassung verklagt, weil dieses Patienten-Sorgentelefon
gegen den §1, Abs.8 und gegen den §21 der Berufsordnung für die
Ärzte Bayerns verstoße. Damit, so der Vorwurf, betreibe ich unlau-
tere Werbung für mich.

Die Unterlassungsklage wurde vom Landgericht München I mit
Urteil vom 28. Juli 1993 abgewiesen und die Ärztekammer verurteilt,
die Kosten des Rechtsstreites zu tragen. Man mag es nicht für möglich halten: Die Berufungsinstanz gab der Landesärztekammer recht.
Sie erlaubte mir zwar die Revision beim BGH. Das wiederum war mir
des Prozessierens zu viel.

Fazit: Die »Monethik« (Ellis Huber) beherrscht die Medizinszene
weiterhin mit hoch- (*nicht* höchst-)richterlicher Absegnung. Und: Der
Ständestaat des Mittelalters läßt noch grüßen!

ERFÜLLTE UND NOCH UNERFÜLLTE WÜNSCHE DES MÖCHTEGERN-REFORMATORS

Diese Selbstlebensbeschreibung darf nicht ohne kritische Bilanz schließen. Was hat meine Ketzerei für das Verhältnis zwischen Arzt und Patient im einzelnen sowie für das Gesundheitswesen im ganzen gebracht? Was hat sich seit Beginn meiner öffentlichen Kritik an der Medizin-Ordinarien-Hierarchie, seit meinem Aufstand 1963/64 gegen einen der Heilgötter auf einem Lehrstuhl der Glaubenswissenschaft Schulmedizin und damit gleichzeitig gegen die Falsch- und Irrlehren der Medizin-Ordinarien mit den daraus resultierenden Fehlversorgungen und »Mißhandlungen« zum Positiven oder auch zum Negativen geändert? Was habe ich seit 1976, seit Beginn meiner lautstarken Schelte, in acht Büchern, unzähligen Vorträgen, Schriften, Diskussionen und Interviews und durch beispielhafte Aktivitäten vielfacher Art zum Besseren oder auch zum Schlechteren bewirkt?

Im voraus zusammengefaßt: Es gab große Fortschritte hin zum mündigen Patienten, hin zu mehr Patientenrecht bei Schädigungen durch »Kunstfehler«, also schuldhafte Arztfehler, und auch hin zu mehr Patientenschutz vor unnötigen und unnötig großen Operationen, vor Rezeptarznei-Vergiftungen und vor Pfusch und Schlamperei in der medizinischen Versorgung allgemein.

Selbstverständlich gehe ich nicht so weit, alles, was sich in den letzten dreißig Jahren, vor allem aber seit 1976, in der Gesundheitshilfe allgemein zum Besseren geändert hat, auf mein Konto zu schreiben. Da ist auch ohne meine Mitwirkung einiges an positivem Fortschritt zu verzeichnen. Aber ich darf wohl in Anspruch nehmen, daß ich sowohl als Initiator wie als Beschleuniger in vielen Bereichen der Medizin wesentlich mithelfen konnte, daß es aufwärts ging.

Die Medien machten mich zum Patientenschutzengel der Nation, obwohl sie mich oft genug auch verteufelten. Laut Meinungsumfragen kennen mich mehr als 90 Prozent der Erwachsenen. Durch meine steten Mahnungen »Vorsicht Arzt! Vorsicht Krankenhaus! Vorsicht Schulmedizin!« gelang es, schädliches Blindvertrauen in die

»ärztliche Kunst«, in die Schulmedizin »als einzig wahre Lehre« abzubauen und auf breiter Front kritische Diskussionen anzuregen. Demgegenüber sind negative Auswirkungen auf das Patient-Arzt-Verhältnis durch einen Vertrauensschwund zu Lasten rechtzeitiger oder bestmöglicher Patientenversorgung mit Sicherheit verschwindend gering.

Arg Federn lassen mußte der von Ärzteführern seit Urzeiten gezüchtete Arztpfau im Hühnerhof akademischer und nichtakademischer Berufe. Doch das kann nur in eine heilsame Zukunft des Arzt-Patient-Verhältnisses führen.

Die folgende kritische, insbesondere selbstkritische Darstellung des Erreichten und (noch) Unerreichten geschieht in der zeitlichen Reihenfolge meiner Aktivitäten. Diese begannen mit meinem Aufstand gegen einen prominenten Chirurgie-Ordinarius und damit gegen die Heldenchirurgie und die Medizin-Ordinarien-Hierarchie allgemein. Was passierte danach?

An der Medizin-Ordinarien-Hierarchie hat sich fast nichts zum Positiven geändert. Narrenfreiheit und fast schrankenlose Allmacht für den Erlaß von Geboten für die Glaubenswissenschaft Schulmedizin sind ungebrochen. Damit bleibt ein riesiges Hemmnis für bessere Gesundheitshilfen. Wer als Arzt gegen diese Gebote verstößt, riskiert nach wie vor Kopf und Kragen.

Dies läßt sich am Beispiel der Krebskrankheit besonders deutlich machen. Je größer die Operation, um so höher die Rechnung für Privatpatienten, für diejenigen also, welche den Medizin-Ordinarien das große Geld bringen – nach neuesten Berichten bis zu mehreren Millionen im Jahr. So halten die Urologie-Ordinarien fast ohne Ausnahme an der These fest, daß auch bei kleinstem Krebsidherd in der Prostata die Radikaloperation die »Methode der Wahl« sei, obwohl es inzwischen – gemessen an dem einzig akzeptablen Maßstab, nämlich dem Lebenswert-mal-Lebenszeit-Index – viel bessere, nämlich nichtverstümmelnde und risikoärmere Methoden gibt. Radikaloperation mit Großausschneidung der Prostata und ihrer Anhängsel sowie Ausräumung aller Lymphknoten hinter der Bauchhöhle – egal ob gesund oder krank – bedeutet in den weitaus meisten Fällen totale Entmannung mit Verlust von Ejakulations- und Erektionspotenz und häufig dazu Dauernässen und Dauerinfekt der Blase.

Dafür ein Beispiel aus unserer Sprechstunde vor Abschluß dieses Manuskripts: Im März 1991 war bei dem im übrigen kerngesunden

Patienten im Alter von sechsundfünfzig Jahren in einer vergrößerten Prostata eine Verhärtung getastet und eine Biopsie-Operation gemacht worden. Die mikroskopische Untersuchung der Gewebsprobe hatte ein »Prostatakarzinom« ergeben. Daraufhin nötigte man den Patienten in der Urologischen Universitätsklinik zur Radikaloperation mit der Prophezeiung, daß er ohne diese Operation in kurzer Zeit tot sei. Also stimmte er zu. Es kam bei der Operation zu einer Gefäßverletzung mit schwerer Blutung. Nur mit Hilfe von 11 Blutkonserven konnte der Patient lebend vom OP-Tisch gebracht werden. Nach der Operation bekam er eine Blaseninfektion und am zehnten Tag als Folge der Bluttransfusionen prompt eine schwere Lungenembolie. Auch diese schwere Komplikation überlebte er mit knapper Not. Erst nach zehnwöchigem Krankenhausaufenthalt konnte der Patient schwerstverstümmelt entlassen werden.

Außer der totalen Impotenz bestand eine totale Harninkontinenz mit der Folge, daß er einen an ein Urinal angeschlossenen Dauerkatheter tragen muß. Seither ist der Patient ein menschliches Wrack, als Technischer Angestellter völlig berufsunfähig. Er hat höchstwahrscheinlich Knochenmetastasen, dazu einen kindskopfgroßen Bauchnarbenbruch, einen schweren Leberschaden und muß das gefährliche gerinnungshemmende Medikament Marcumar einnehmen, vielleicht für immer.

Wir hätten dem Patienten 1991 eine nichtoperative Behandlung mit einer weit größeren Erfolgsaussicht – gemessen am Lebenswertmal-Lebenszeit-Index – anbieten können, mit der er nur für wenige Monate impotent geworden, im übrigen aber auch während der Therapie voll leistungsfähig geblieben wäre. Auf unsere vergleichsweise weit besseren Therapiemöglichkeiten des Prostata-Krebses habe ich schon seit Anfang 1986 in vielen Vorträgen und Interviews hingewiesen. Ich habe dem Patienten geraten, den Operateur wegen vorsätzlicher schwerer Körperverletzung unter Inkaufnahme eines tödlichen Ausganges, begangen aus niederem Beweggrund Habgier (Geschäftemacherei mit einem Großoperationspreis), also wegen Verdachts auf Mordversuch, anzuzeigen. Mindestens müßte er wegen Aufklärungsmängeln und damit dem Fehlen eines rechtswirksamen Einverständnisses mit der Operation zu hohem Schmerzensgeld und hohem Schadensersatz verurteilt werden.

Ein Medizin-Ordinarius, der sich in dieser und ähnlicher Weise an seinen Patienten vergeht, gehört auf die Anklagebank. Hier sollte das

Urteil eines Genfer Gerichtes vom Juli 1994 Vorbild sein: Dies hat einen zweiundsechzig Jahre alten Gynäkologen zu vier Jahren Zuchthaus verurteilt, weil er Patientinnen unnötig operiert und so Tausende von Franken kassiert hatte. Fünf Patientinnen haben den Arzt angezeigt. Er gab zwar zu, sich manchmal in der Diagnose geirrt zu haben, doch habe er nicht in böser Absicht gehandelt. Die Geschworenen billigten dem Gynäkologen zu, sich in einer finanziellen Notlage befunden zu haben, fanden ihn aber der Körperverletzung und des Betruges für schuldig (*Münchener Merkur* vom 15. Juli 1994).

Erst nach der spektakulären Verurteilung von Medizin-Ordinarien täte sich eine Chance auf, daß deren Narrenfreiheit und fast schrankenlose Befugnis zum Erlaß von fehlerhaften Geboten für Diagnostik und Therapie unter dem Etikett »wissenschaftlich allgemein anerkannt« ein Ende fänden. Da gibt es zwar inzwischen die Entscheidung des Bundesgerichtshofes, welche die sogenannte Wissenschaftlichkeitsklausel als Indiz für die Kostenersatzpflicht von Krankenversicherern für unwirksam erklärt hat, ein Urteil, das sich nach Angaben des Rechtsanwalts der Klagepartei in der Begründung im wesentlichen auf mein Buch *Der Meineid des Hippokrates* stützt. Aber das allein genügt nicht. Ärzteführer, die in ihren Lehrbüchern die Richtlinien der Patientenversorgung festlegen, müssen für schuldhaft falsche Lehren strafrechtlich zur Verantwortung gezogen werden.

Unbefriedigend ist nach wie vor auch die sonstige Machtfülle der Medizin-Ordinarien. So haben sie das alleinige und auch bei krassestem Mißbrauch de facto unantastbare Recht, akademische Titel wie Dr. med., Privatdozent und Professor zu verleihen. Dies hat in der Ärzteschaft allgemein zu der These geführt, daß man ohne gebrochenes Kreuz weder Medizinprofessor, noch Medizin-Ordinarius werden kann.

Nur untertänigste Ordinarienvasallen haben in der Regel eine Chance, einen medizinischen Lehrstuhl zu bekommen. Wen wundert es da, wenn es schon seit vielen Jahrzehnten keine international anerkannten Fortschritte gibt, die auf den Forschungen deutscher Medizinprofessoren beruhen.

Ein wenig mag meine Rebellion gegen einen Vertreter der Ordinarien-Hierarchie 1963/64 mit dazu beigetragen haben, daß es 1968 zu der Studentenrevolte gekommen ist. Immerhin wurde einer der ersten Studentenaufstände in meinen Gasthausvorlesungen geprobt. Wie ich schon weiter vorn begründet habe, ist die Studentenrevolte gegen den »Muff aus 1000 Jahren« der Ordinarien-Hierarchie im Ergebnis positiv zu bewerten, auch wenn dabei teilweise das Kind mit dem Bade ausgeschüttet wurde.

Insgesamt betrachtet hat meine Rebellion 1963/64 fast nichts bewirkt. Im Gegenteil dürfte mein »Stalingrad« im Erlanger Professorenkrieg anderen aufstrebenden Wissenschaftlern den Mut genommen haben, gegen das Ordinariensystem zu rebellieren – und dies bis heute.

Wesentlich erfolgreicher war das, was ich ein Dutzend Jahre später, 1976, mit meinem ersten medizinkritischen Buch *Auf Messers Schneide* in Gang bringen konnte. Erstmals in der deutschen Medizingeschichte kam es unter Beteiligung aller Medien zu einer breiten Information der Öffentlichkeit über meine Kritik an der praktizierten schulmedizinischen Chirurgie. Erstmals wurde in Presse, Rundfunk und Fernsehen eine kritische Diskussion über die Vertrauenswürdigkeit der Operateure in den verschiedensten Fachbereichen zur kritischen Diskussion gestellt und damit eine große Bresche in das gezüchtete Blindvertrauen zur ärztlichen Kunst geschlagen. Das hatte es in den deutschsprachigen Ländern, im sonstigen europäischen Ausland und weltweit noch nie gegeben, jedenfalls in dieser Größenordnung nicht. Zwar gab es schon immer kritische Publikationen einzelner Ärzte, am wenigsten allerdings im deutschsprachigen Raum. Aber noch nie hat ein Chirurgieprofessor der Schulmedizin, ein ehemaliger Anwärter auf ein Chirurgie-Ordinariat, so heftig öffentliche Kritik geübt, dies mit so starken Beweisen begründet und selbst beispielhaft bewiesen, daß es besser geht. Das mußte zum Schrittmacher für die öffentliche Medizin-Systemkritik werden.

Auf dem nächsten Chirurgenkongreß, 1977, wurde erstmals die Forderung nach strengeren Indikationen, nach mehr Sorgfalt und nach Kontrollen zu einem Hauptthema. Der Präsident der Deutschen Gesellschaft für Chirurgie konnte sich unter dem Druck der Medien dem Zwang zu Reformen nicht entziehen. Fortan gab es keinen großen Deutschen Chirurgenkongreß mehr ohne Anstöße zu mehr Qualitätskontrolle. Meine Forderung, Standardoperationen zum Qualitätsmaßstab für das Können von Chirurgen zu machen, hat sich durchgesetzt. Inzwischen spricht man von »Tracer-Diagnosen zur Qualitätssicherung« (*Med-Report* 6/94 über den 111. Kongreß der Deutschen Gesellschaft für Chirurgie vom 5. bis 9. April 1994). Man fordert, daß zum Beispiel Gallenblasen-Entfernungen wegen Gallensteinen, Leistenbruch- und Schenkelhalsbruch-Operationen als Tracer, als Meßlatte zur Qualitätskontrolle, herangezogen werden.

Der Präsident des Chirurgen-Kongresses von 1994, Prof. Dr. Michael Trede, hat die Jahrestagung unter das Leitthema gestellt: »Die Ambivalenz des Fortschritts – Ist weniger mehr?« Dazu von einem Journalisten befragt, erklärte er: »Es ist tatsächlich ein Leitthema, daß man vielleicht von Chirurgen nicht so unbedingt erwartet hat. Die Chirurgen sind ja überwiegend zupackende, forsche Tatmenschen. Aber gerade ihnen steht das Nachdenken gut an... Uns allen steht es gut an, einmal zu überlegen, ob nicht bei vielem, auch in unserem Beruf, weniger mehr sein könnte... Und auch der sogenannte chirurgische Fortschritt hat seine zwei Seiten, er ist ambivalent. Die eine Seite sind die immer größeren, komplizierteren, ja heroischen Verfahren, die in der Multiorgantransplantation ihren Höhepunkt erreicht zu haben scheinen. Die andere Seite sind die eher schonenden, einfachen, sparsamen und naheliegenden Methoden, die vordergründig ›weniger‹ bedeuten. Sicher haben beide Seiten von Fall zu Fall ihre Berechtigung, doch wir müssen an der Maxime messen: Mit dem kleinsten Eingriff so viel Effekt wie möglich zu erzielen.«

Als »interessanten Brennpunkt« des Kongreßprogrammes hob der Chirurgen-Präsident die sogenannten onkologischen Außenseiter-Methoden hervor: »Da sprachen natürlich überhaupt keine Außenseiter, sondern Schulmediziner, Chirurgen, jedoch über marginale, neue Methoden, die zum Teil noch im experimentellen Stadium sind. Ich hatte auch ein paar – möchte sagen – Fast-Außenseiter eingeladen, um ihnen dieses Forum zur Verfügung zu stellen. Sie haben es jedoch vorgezogen, nicht zu kommen, was auch irgendwie aufschlußreich ist.« Wen er eingeladen hatte, verschweigt der Chirurgen-Präsident. Mich jedenfalls natürlich nicht!

Auf die Zukunft der Chirurgie angesprochen, lobt der Chirurgen-Präsident auch die MIC, die Minimal Invasive Chirurgie, also Operationen mit kleinstem Verletzungsgrad. Diese war ja von Anfang meiner chirurgischen Tätigkeit an das Ziel meiner Wünsche. Besonders im Erlanger Professorenkrieg habe ich kritisiert, daß eine Unzahl von unnötig risikoreichen und unnötig verstümmelnden Operationen gemacht worden sind, und diese Kritik habe ich in allen meinen späteren Büchern wiederholt. Damals gab es das sehr treffende Kürzel MIC für solche Operationen noch nicht. Ich habe es mit den Vokabeln »behutsam« und »so wenig verstümmelnd als möglich« umschrieben.

Sicher kann man seit gut einem Jahrfünft dank endoskopischer Hochtechnik die Möglichkeiten der MIC allgemein noch besser nutzen. Aber meine Zielsetzung war immer darauf ausgerichtet, die operative Verletzung und jegliche Verstümmelung auf das mögliche Minimum zu begrenzen, weil jedes Stück verlorenes gesundes Gewebe, auch das kleinste, ein Stück verlorene Gesundheit ist.

Die MIC bei Krebs als Kongreßthema ist also ein gewaltiger Fortschritt. Aber mehr noch gefällt mir, wenn ich lese, was der jetzige Chirurgen-Präsident bei dem Interview wörtlich gesagt haben soll, nachdem das Pro und Contra der sogenannten Roboter-Chirurgie zur Sprache kam: »Aber bei alledem sollten wir unbedingt (be)denken, daß das Menschliche, der Kontakt, das Anfassen des Patienten die natürlichen, primären, originären, chirurgischen Aufgaben sind, die nicht vergessen werden dürfen.« Ein Chirurgen-Präsident plädiert für das »Anfassen des Patienten«! Noch vor wenigen Jahren hielt ich es für einen zu meinen Lebzeiten unerfüllbaren Wunschtraum, daß ein Chirurgen-Präsident seine Kollegen zum Händchenhalten auffordert!

Zu den sogenannten Außenseitern rechnet man zur Zeit noch jene Chirurgen, welche bei kleinem Krebsidherd von Radikaloperationen »weit im Gesunden« abraten, wie etwa beim Mastdarmkrebs, für den in den Lehrbüchern auch bei Frühestdiagnose noch immer die Amputation des gesamten Mastdarmes mit Anlegung eines künstlichen Ausgangs als »Methode der Wahl« bezeichnet wird. Auch sonst zeichnet sich in der Krebschirurgie eine Tendenz zur MIC immer mehr ab. Ein Hemmnis für das Entwicklungstempo: Nicht nur der Eingriff ist minimal, sondern – im Vergleich zur Radikaloperation – auch die Operationsgebühr!

Stolz bin ich darauf, daß mein Appell zu »Behutsamer Krebsbekämpfung mit Augenmaß und Liebe« auch bei Ärzteführern der schulmedizinischen Krebs-Strategie zu einem Umdenken geführt hat. Die verstümmelnde »Rabiat-Strategie« verliert sowohl im operativen Bereich wie im Bereich der Strahlen- und Radioaktiv-Therapie sonst sowie durch größere Zurückhaltung der Zellkiller-Chemotherapeuten immer mehr an Terrain. Darüber hinaus war meine lautstarke Propaganda für die Aktivierung der körpereigenen Abwehrkräfte gegen Krebsid seit 1978 höchstwahrscheinlich zumindest ein wichtiger Denkanstoß, daß sich inzwischen auch die Führer der schulmedizinischen Krebs-Strategie um diese sogenannte Vierte Krebswaffe intensiv bemühen. Hier wird zwar zur Zeit noch mehr Propaganda für bestimmte Präparate gemacht, als – bezogen auf den Lebenswert-mal-Lebenszeit-Index – positive Heilungsergebnisse nachgewiesen werden können. Aber es bewegt sich in dieser Richtung vieles.

Welche Reformationswünsche haben sich sonst erfüllt?

Allem voran ist das von Ärzteführern gezüchtete Blindvertrauen des Volkes allgemein auf ärztliche Hochanständigkeit, auf die »ärztliche Kunst« als Hochpotenz handwerklicher Tätigkeit, seit Beginn meiner öffentlichen Schulmedizinkritik erheblich abgebaut worden. Fast alle sind mindestens ein wenig mißtrauischer geworden, willigen nicht mehr so blind in alles ein, was Ärzte empfehlen. Die allgemeine »Noncompliance«, wie die Ärzteführer die Untreue, die Gehorsamsverweigerung von Patienten tarnend einordnen, hat erheblich zugenommen.

Ganz besonders deutlich zeigt sich das an der riesigen Zahl von rezeptpflichtigen Arzneien, die nicht nur nicht eingenommen, sondern oft sogar auf den Müll geworfen werden. Aber auch riskante Apparatediagnostik, insbesondere mit Röntgenstrahlen, und komplikationsträchtige Operationen werden seit Mitte der siebziger Jahre viel öfter abgelehnt als früher, vielfach unter Mithilfe besser informierter Angehöriger. Die Zahl der GIMPs – wie ich die Gut Informierten Mitdenkenden Patienten gerne nenne – hat sich zwar nur von schätzungsweise 1 Prozent vor zwanzig Jahren auf vermutlich 10 Prozent erhöht. Aber bezogen auf mehr als hundert Millionen Erwachsene in den deutschsprachigen Ländern, dürften es immerhin schon mehr als zehn Millionen Menschen sein, deren medizinisches Allgemeinwissen, gepaart mit starkem Mißtrauen gegenüber der Schulmedizin und entsprechenden Nachfragen und Absicherungen, so zugenommen hat, daß sie als Auftraggeber medizinischer Versorgung die Therapiehoheit voll ausüben können. In diesen zehn Millionen GIMPs steckt ein starkes Vervielfältigungspotential, so daß auf eine rasche Vermehrung von Jahr zu Jahr gehofft werden kann.

Ganz besonders nützlich hat sich meine plakative Warnung »Vorsicht Arzt« – von den Ärzteführern und ihren Gehilfen in den Medien als böse »Verunsicherung« getadelt – als Schutz gegen den schulmedizinischen »Totalen Krebskrieg« ausgewirkt. Die anfangs stetig ansteigende Prozentzahl an Krebsvorsorgewilligen stagnierte 1978, um sich dann sogar rückläufig zu entwickeln. Hohen Anteil daran hatte ohne Zweifel mein Buch *Keine Angst vor Krebs* und meine freche

Äußerung zur Prostata-Vorsorgeuntersuchung in der damals sehr beliebten Fernsehsendung *3 nach 9* von Radio Bremen: »Wenn Sie einen Urologen sehen, laufen Sie so schnell Sie können!« Ich bin sicher, mit meinen Warnungen vor der Krebs-Vorsorgeuntersuchung seit 1978 mehrere Millionen Bundesbürger vor unnötiger Verstümmelung und Quälerei und viele tausend vor dem »Krebsheldentod« durch den Totalen Krebskrieg der Schulmedizin bewahrt zu haben.

Wohlgemerkt habe ich nie grundsätzlich vor risikoarmen Untersuchungen zur Krebsfrüherkennung gewarnt, sondern nur vor der »Rabiatdiagnostik« und vor den bösen Folgen der Schulmedizin-Strategie danach.

Dank des von mir geschürten Mißtrauens hat sich auch im Umgang der Ärzte mit ihren Patienten so manches hin zu mehr Gesprächsbereitschaft und mehr Zuwendung in den Sprechstunden geändert. So soll sich der durchschnittliche Zeitaufwand der Kassen-Primärärzte von 80 Sekunden 1975 inzwischen auf mehr als 3 Minuten verlängert, also mehr als verdoppelt haben. Das läßt hoffen! Auch die Aufklärung über Arzthilferisiken soll allgemein umfangreicher geworden sein. Dafür dürften entsprechende Gerichtsurteile in Kunstfehlerprozessen nach meinen publizistischen Aktivitäten für größeren Patienten-Rechtsschutz wesentlich mitverantwortlich sein.

In allen meinen Büchern habe ich über schreckliche Patientenschicksale berichtet und die ungenügende Rechtshilfe von Staatsanwaltschaften und Richtern für kunstfehlergeschädigte Patienten beklagt. Vielen Patienten konnte ich durch ein Gutachten direkt zu Schmerzensgeld und Schadensersatz verhelfen, nachdem die Gutachter vorher Kunstfehler verneint hatten. Das ging bis zu einer Entschädigung in Höhe von 400000 Mark im Fall einer Patientin, bei der die Vorgutachten jegliches schuldhafte Verhalten des verantwortlichen Cheforthopäden kollegial verneint hatten.

Die Einrichtung einer Kunstfehler-Gutachtenstelle an meiner Lauenburger Praxisklinik 1978 unter Leitung des von mir angestellten Dr. jur. Bernhard Giese gab der Kunstfehlerbegutachtung allgemein starken Auftrieb. Daraus wuchs später das »Institut für Medizinschaden-Begutachtung« von Dr. Giese in Tübingen, über das ich bereits berichtete. Wohlgemerkt hat sich durch meine Aktivitäten im Bereich der Kunstfehlerbegutachtung auch für meine Kliniken die Prämie für die ärztliche Haftpflichtversicherung seit 1976 vervielfacht!

Sicher wäre wünschenswert, daß im Bereich der Kunstfehlerrechtsprechung bald noch mehr im gerechten Interesse der Patienten geschieht. Es müssen ja nicht auf der ganzen Linie »amerikanische Verhältnisse« eintreten. Aber ein sehr viel größeres Mißtrauen gegenüber Gutachten von Medizin-Ordinarien, damit es zu sehr viel häufigerer Verurteilung bei schuldhaft verursachten Medizinschäden und zu vielfach höherem Schadensersatz kommt, ist unbedingt erstrebenswert. Einer der erfahrensten Anwälte auf dem Gebiet der Medizinschaden-Begutachtung hat kürzlich in einem Brief an mich die Situation beklagt:»Nach eingetretenem Schaden beginnt die Arzthaftpflicht häufig damit, daß der Patient sich an eine Gutachterkommission oder Schlichtungsstelle wendet. Man weiß, daß diese Einrichtungen von der Ärztekammer und vom Haftpflichtverband bezahlt werden. Entsprechend funktionieren sie auch. Die Funktion der Gutachterkommissionen ist durchweg patientenfeindlich. Die beteiligten Ärzte erhalten Gelegenheit, sich auf den zu erwartenden Prozeß vorzubereiten. Wenn Fehler festgestellt werden, werden sie so festgestellt, daß der beklagte Arzt im Prozeß beste Aussichten hat, die Fehlerfeststellung der Kommission zu widerlegen. Durch das Anlocken der geschädigten Patienten durch kostenfreies Verfahren wird der Patient an die Brust der Ärztekammer gedrückt und dann versenkt. Negative Kommissionsbescheide haben bei der Ziviljustiz einen Echoeffekt. Die Richter beten nach, was die Kommission vorgebetet hat. Auf dem Rechtsweg ist das schlimmste Übel die professionelle Ahnungslosigkeit der Anwälte. Anwälte gewinnen immer, gleichgültig, ob der Prozeß gewonnen oder verloren wird. Es gilt die Maxime ›Rasch verloren ist rasch verdient‹. Für Anwälte gibt es fast keinen beruflichen Anreiz, sich auf Arzthaftpflicht zu spezialisieren. Die schlechten Erfolgsaussichten der Patienten im Medizinschaden-Prozeß haben vier Ursachen, nämlich: 1. Verzerrung des Falles durch die Gutachterkommissionen, 2. Ahnungslosigkeit der Anwälte vom Spezialrechtsgebiet der Arzthaftpflicht, 3. Kollegenschutz-Begutachtung, 4. Ahnungslosigkeit der Richter in der Arzthaftpflicht.«

Abschließend verweist der Jurist aber ausdrücklich darauf, daß seine Kritik vor allem für die unteren Instanzen gilt. Dies deckt sich mit meinen Erfahrungen. Bei den höheren Gerichten ist die Entwicklung sogar ausgesprochen positiv, insbesondere in der höchstrichterlichen Rechtsprechung. Jedenfalls kann ich allen Patienten, die einen Prozeß wegen Kunstfehlerverdachts in der ersten Instanz verloren haben, nur dringend raten, in die nächste Instanz und notfalls bis zu den Bundesgerichten zu gehen. Ich wünsche es mir sogar sehr, weil die stärkste Reformationskraft hin zu größerer Patientensicherheit in der gerichtlichen Verurteilung von Ärzten steckt.

Aufgrund entsprechender Gerichtsurteile hat sich auch die Information des Patienten über seine Krankheit und über Einzelbefunde durch die behandelnden Ärzte wesentlich verbessert. Schrittmacher war hier sicher die Strahlenschutzverordnung der Bundesregierung für den Medizinischen Bereich vom Oktober 1979, aufgrund derer die Ärzte durch entsprechende Gerichtsurteile verpflichtet wurden, Röntgenbilder auf Wunsch des Patienten an den nachbehandelnden Arzt herauszugeben. Dies hat dann indirekt dazu geführt, daß diese Röntgenbilder auch für die Patienten selbst verfügbar wurden, auch um damit schuldhafte Arztfehler zu beweisen. Darüber hinaus gibt es inzwischen höchstrichterliche Urteile, welche die Ärzte zur Herausgabe von Krankenblättern bzw. Patientenakten oder auch von Einzeldokumenten in Schrift oder Bild verpflichten. Auch dazu haben wahrscheinlich meine publizistischen Aktivitäten in Büchern und Vorträgen beigetragen.

Aber leider ließ es sich noch nicht erreichen, was ich bereits seit dem Sommer 1977, also seit 17 Jahren, praktiziere, nämlich nicht einen Arztkollegen, sondern den Patienten zum Adressaten Nr. eins für sämtliche ihn betreffenden Dokumente der Patientenakte zu machen. Es gab und gibt keinen vernünftigen Grund, dies nicht zur Arztpflicht zu erklären. Allerspätestens hätten dies die Ärzteführer zu Beginn der achtziger Jahre einführen müssen, nachdem ich es beispielhaft vorgemacht und publiziert hatte. Alle unsere Patienten sind seither im vollständigen Besitz ihrer Patientenakte.

Es muß sogar als Verstoß gegen den Art. 2 des Grundgesetzes, welcher das Selbstbestimmungsrecht des Patienten über Gesundheit und Leben garantiert, gewertet werden, wenn er nicht umfassend informiert und dadurch in die Lage versetzt wird, dieses Recht auch auszuüben.

Vor wenigen Tagen übergab uns eine Patientin den Entlassungsbericht aus einem Akademischen Lehrkrankenhaus der Universität Göttingen mit dem Stempel: »*Vertraulich!* Dieser Bericht dient ausschließlich der Information des behandelnden Arztes. Er darf daher – auch auszugsweise – weder an den Untersuchten noch an nichtärztliche Stellen weitergegeben werden.« – »Ich glaub', mich tritt ein Pferd«, möchte man da mit dem ehemaligen Bundesminister Hans Apel ausrufen!

Es gibt inzwischen ein *Handbuch des Arztrechts* von (Prof. Dr. Dr. jur.) Adolf Laufs und (Prof. Dr. jur.) Wilhelm Uhlenbruch (Verlag C. H. Beck, München 1992), das nicht nur umfassend über Arztpflichten und Arztrechte informiert, sondern auch Fortschritte in der Rechtsprechung für Behandlungsfehler beispielhaft belegt. In dem Buch wird unter anderem über 545 rechtskräftige Gerichtsurteile aus den Jahren von 1982 bis 1990 berichtet, geordnet nach Behandlungsfehlern, Aufklärungsfehlern und nach Fachbereichen. Soweit es zu Verurteilungen von Ärzten gekommen ist, handelt es sich aus der Insider-Sicht nur um die Spitze des Eisberges an Kunstfehlern. Aber immerhin gibt es eine Tendenz zu immer höheren Ansprüchen der Gerichte an die Sorgfaltspflicht der Ärzte. Bei den zitierten Freisprüchen schwingt meines Erachtens in vielen Fällen eine zu große Bereitschaft der Richter mit, auch durchschaubaren Kollegenschutz-Gutachten zu vertrauen.

Einer der Herausgeber hat mir dieses *Handbuch des Arztrechts* mit der Widmung geschenkt: »Herrn Prof. Dr. med. Julius Hackethal, der in der Medizin so viel bewegt hat und an den Juristen nicht verzweifelt ist, in Verehrung...« Das tröstet mich darüber hinweg, daß in dem 1097 Seiten starken Werk, soweit ich feststellen konnte, nur ein einziges Mal, nämlich durch Hinweis auf mein Buch *Humanes Sterben*, auf meine diesbezüglichen Aktivitäten hingewiesen wurde, während andere Ärzte, die sich sehr viel weniger publizistisch mit Arztpflichten und Arztrechten auseinandergesetzt haben, zum Teil recht ausführlich zitiert werden. Aber das habe ich mir ja selbst eingebrockt. Kein Akademiker verstößt ungestraft gegen die Moralregel der feinen akademischen Gesellschaft: Keine ungeschminkte Kritik gegen Kollegen, gar keine gegen akademische Würdenträger. Wer das tut, wird fakultätsübergreifend durch Totschweigen bestraft!

Um nicht in den Verdacht zu großer Selbstzufriedenheit über erfüllte Wünsche als Möchtegern-Reformator zu kommen, schließe ich mit dem Eingeständnis, daß aus meiner Sicht *viel zu wenig* geschehen ist.

So konnte ich beispielsweise die Bundesregierung nicht dazu bewegen, die Gesetzliche Vorsorgeuntersuchung auf Krebs so lange außer Kraft zu setzen, bis der Beweis ihres positiven Nutzen-Schaden-Kosten-Verhältnisses erbracht worden ist. Seit Erlaß des Gesetzes steigt die jährliche Zahl der Krebstoten. Bei den wichtigsten »Vorsorge-Krebsen« – Dickdarm, Brustdrüse, Prostata – kam es nach Einführung der gesetzlichen Vorsorgeuntersuchung sogar zu sprunghaftem Anstieg der Sterbeziffern. Das habe ich schon 1978 in *Keine Angst vor Krebs* und erneut 1992 in *Der Meineid des Hippokrates* nachgewiesen. Mein Appell an die Bundestagsabgeordneten zum 20. Jahrestag des Krebsvorsorgegesetz-Erlasses 1991 hat trotzdem nichts genutzt. Man glaubt mir nicht.

Unerfüllt ist mein Wunschtraum, den ich in *Sprechstunde* (1978) geäußert und begründet habe, nämlich endlich einen prominenten wissenschaftlichen Ärzteführer als Straftäter wider Gesundheit und Leben eines Patienten öffentlich anzuklagen und ins Gefängnis zu stecken. Nichts würde Ärzteführer und Ärzteschaft insgesamt rascher zu besserer Patientenversorgung nötigen als das.

Unzufrieden bin ich auch darüber, daß am leistungsfeindlichen Sachleistungssystem der Kassenmedizin trotz meiner Forderungen in *Nachoperation* (1977) und späteren Schriften gesetzlich nichts geändert wurde. Was per Gesetz erreichbar ist, hat der Rückgang der Arzneiverordnungen durch Kassenärzte um mehr als 20 Prozent in wenigen Wochen bewiesen. Man stelle sich vor: Jene Ärzteschaft, die Blindvertrauen in ihre Versorgungsqualität beansprucht und das Recht und die Pflicht hat, alles zu verordnen und zu tun, was – bezogen auf den Stand von Wissenschaft und Technik – für die zeitgemäß bestmögliche Gesundheitshilfe »notwendig, ausreichend und wirtschaftlich« ist, verordnet plötzlich mehr als ein Fünftel an Medikamenten weniger als vorher! Entweder nimmt es die Mehrheit der Kassenmedizin-Vertragsärzte kaltschnäuzig in Kauf, daß nun Notwendiges und Ausreichendes für die Heilhilfe zum gesundheitlichen Schaden ihrer Patienten unterbleibt, oder sie hat schon seit Jahrzehnten vertragswidrig Unwirtschaftliches verordnet. Vor dem Hintergrund, daß die Kassenrezeptverweigerung der Ärzte die eigenen Einkünfte aus dem gemeinsamen Zwangsbeitragstopf erhöht, muß man wohl auf böse Gedanken kommen. Hier fehlt es am gesetzlichen Schutz der Patienten.

Besonders traurig macht es mich, daß ich durch meine Aktivitäten für Humanes Sterben in Wort und Tat nicht einmal einen Trend der politischen Machthaber zu einer Änderung des Strafparagraphen »Tötung auf Verlangen« erreichen konnte. Wahrscheinlich bin ich mit schuld, daß die Prozentzahl der deutschen Staatsbürger, welche eine Legalisierung ärztlicher Mitleidstötung unter kontrollierbaren und kontrollierten Bedingungen wünschen, seit meiner indirekt-aktiven

Sterbehilfe für Hermy E. erheblich angestiegen ist. Trotz heftigster Gegenwehr von Kirchenfürsten und Ärzteführern soll sie nach neuesten Umfrageergebnissen auf knapp 80 Prozent angewachsen sein. In Holland und in der Schweiz gibt es inzwischen zumindest eine verläßliche Duldung aktiver ärztlicher Sterbehilfe, wozu wahrscheinlich die länderübergreifenden Fernsehberichte über meine Aktivitäten mit beigetragen haben. Aber bei uns tut sich in dieser Beziehung zur Zeit noch nichts.

Gewiß gehöre ich nicht zu denen, für die der Glaubenssatz »vox populi, vox dei« – Volkeswort = Gotteswort – umfassend überzeugend ist. Aber wer mit der politischen Herrschaftsvokabel Demokratie prahlt, wie es ja inzwischen weltweit in fast allen Staaten geschieht, sollte sich nicht nur parteibezogen auf die vox populi als Stimmviehstimme stützen, sondern sie in Lebensbereichen berücksichtigen, die das wichtigste Privateigentum eines jeden betreffen, nämlich Gesundheit und Leben. Hier werte ich es als eine grundgesetzwidrige Mißachtung des Volkswillens, daß der Gesetzgeber nichts Entscheidendes tut, um eine der größten Lebensängste, nämlich die vor einem inhumanen Sterben, per Gesetz zu beseitigen. Wenn sich Patienten darauf verlassen könnten, daß sie im Fall des Falles von ihrem behandelnden Arzt nicht im Stich gelassen werden, also gegen ihren Willen ein nichtlebenswertes Leben nicht weiterleben müssen, ginge ein gewaltiges Aufatmen durch das Volk der Alten. Bei den weitaus meisten kommt es ja gar nicht dazu, daß sie eines Tages ihren Arzt um die Gnadentodspritze bitten wollen oder müssen. Warum zögert man, diesen Menschen ihre schlimmsten Ängste zu nehmen?

Erfreulicherweise darf ich auf meinem Pluskonto mitverbuchen, daß es Licht am Horizont der Patienteninformation gibt. Hier haben ja die Ärzteführer zur Sicherung der Medizin als Geheimwissenschaft den Paragraphen »Unerlaubte Werbung« in die Ärztliche Berufsordnung aufgenommen. Zwar hat es seit 1976 schon gewisse Lockerungen durch Umformulierungen des Verbotstextes in den Berufsordnungen gegeben. Beispielsweise galten nicht mehr so strenge Verbote für Informationen der Medien über neue Diagnostik- und Therapieverfahren. Aber das, was die Ärzteführer im Rahmen ihrer Selbstverwaltungsrechte unter dem Druck von Medien geändert haben, ist viel zu wenig. Hier haben fortschrittliche Entscheidungen von Hoch- und Höchstgerichten erheblich viel mehr bewirkt. Auch daran bin ich durch eigene Gerichtsprozesse mitbeteiligt. Es gibt eine richtungweisende Entscheidung des Oberlandesgerichts Stuttgart für mehr Informationsfreiheit gegenüber den Medien und außerdem eine Entscheidung des Bundesverfassungsgerichts, mit der das gegenteilige Urteil eines Freiburger Gerichts aufgehoben worden ist.

Im übrigen sind da viele Kleinigkeiten, in denen das nachgemacht wurde, was ich vorgemacht habe, selbstverständlich unter Verschweigen meiner Vorreiterschaft. Und nachdem »Kleinigkeiten die Summe des Lebens ausmachen« (Charles Dickens), darf ich vielleicht auch ein bißchen darauf stolz sein. Eine solche Kleinigkeit ist die OP-Musik, mit der man Patienten, die in örtlicher Betäubung operiert werden, von ihrer Operationsangst ablenken kann. Ich habe sie schon 1970 in meiner OP-Abteilung in Lauenburg systematisch praktiziert und darüber in meinem Buch *Sprechstunde* 1978 berichtet. Seither kann man immer öfter von Anästhesisten lesen, die die OP-Musik angeblich neu erfunden haben.

Eine solche Kleinigkeit ist auch das Anzeichnen des Schnittes auf der Haut des Patienten vor der Operation, ein Verfahren, das vor mir in Einzelfällen wahrscheinlich auch schon von anderen Operateuren praktiziert wurde, das aber ich erst als Routinemaßnahme vor jeder Schnittoperation praktiziert und als unverzichtbare Operationshilfe allgemein propagiert habe. Dies mag inzwischen viele Patienten vor Operationen der falschen Glieder bewahrt haben. Publikationen darüber, wie oft solche »Versehen« früher vorkamen, gibt es verständlicherweise nicht.

Nicht nur in der Krebschirurgie, sondern auch im Bereich der operativen Unfallchirurgie, wo ich knapp zehn Jahre richtungweisend mitwirken konnte, haben meine frühzeitigen Warnungen vor zu häufigen und zu großen Operationen einiges Positive bewirkt. Was einer der führenden Unfallchirurgen der Bundesrepublik, einer meiner ehemaligen Schüler, mir dazu schrieb, steht auf Seite 855.

Er ist nicht der einzige aus dem Kreise der Ärzteführer, der mich wissenschaftlich lobt. Am 2. Oktober 1992 bekam ich den Brief eines führenden Ordinarius der Medizinsoziologie, in dem unter anderem folgendes steht: »Sehr geehrter Herr Kollege Hackethal, nachdem ich lange Zeit nichts von Ihnen persönlich gehört habe, habe ich mir Ihr Buch – gemeint ist *Der Meineid des Hippokrates* – gekauft und möchte Ihnen spontan dazu gratulieren. Es ist Ihnen wieder einmal in unnachahmlicher Weise gelungen, kritikwürdige Aspekte ärztlichen Handelns gezielt anzusprechen und damit längst überfällige

Diskussionen und Klärungsprozesse auszulösen. Leider gibt es viel
zu wenige Ärzte, die Ihren Mut und Ihre Fähigkeiten haben.« In dem
Brief bittet mich der Ordinarius um »Mitarbeit bei einem Buchprojekt«, mit dem »das große Bedürfnis bei den jungen Medizinstudenten nach Vorbildern und Verhaltensmodellen, die Orientierungen vermitteln können, mitgestillt« werden solle.

Am Schluß dieser Bilanz möchte ich das Lob eines Ärztekammer-
Präsidenten zitieren, da es mich ermutigt, mein Reformationsstreben
hin zu einem Arzt-Patient-Verhältnis von Freund zu Freund als Arztpflicht und Arztrecht nicht nur für eitlen Wahn zu halten. Der Ärztekammer-Präsident von Berlin, Dr. Ellis Huber, schrieb mir am 25. August 1992:

»Lieber Julius Hackethal,
ich freue mich über Ihre Einladung zum Vortrag in Bad Harzburg.
Sehr gerne hätte ich Ihnen mit meinem Besuch auch meinen Respekt vor Ihrer Lebensleistung und meine Anerkennung für Ihre
unerschöpfliche Energie zur Veränderung der Medizin bekundet.
Ich bitte jetzt um Verständnis dafür, daß die aktuellen Auseinandersetzungen um die Gesundheitsreform mich daran hindern, Ihnen zuzuhören.
Ihr Pioniergeist und Ihr Widerstand gegen Fehlentwicklungen in
der Medizin haben viele Kolleginnen und Kollegen in der deutschen Ärzteschaft ermutigt, gegen patientenfeindliche Verhältnisse im Gesundheitswesen einzutreten und dafür auch Nachteile
in Kauf zu nehmen. Ich denke an den Gesundheitstag 1980 in Berlin, den wir als Kontrast zum Deutschen Ärztetag veranstaltet haben und an dem Sie auch mit einem Vortrag beteiligt waren...
Die Beteiligung der Menschen an ihrer Gesundheitsversorgung
und die Ertüchtigung zur Selbsthilfe zieht sich wie ein roter Faden
durch Ihre gesundheitspolitische Aktivität. Ihre treffsicheren Diagnosen zu den Krankheiten des Gesundheitssystems helfen uns,
therapeutische Strategien zu verbessern. Sie haben sich also um
die Gesundheitsbewegung in Deutschland verdient gemacht.
Heute stehen wir Jüngeren davor, nach bestem Wissen und Gewissen Verantwortung zu übernehmen und eine Gesundheitsreform umzusetzen, die den kranken Menschen dient und die
Größen-Phantasien der Ärzte abbauen hilft. Dazu brauchen wir
nach wie vor Ihren erfahrenen Rat.«

GEDANKEN HINTERHER

Als ich im Sommer 1993 mit der Niederschrift meiner Lebensgeschichte begann, ahnte ich nicht, welche Last ich mir damit aufgeladen hatte. Laut Vertrag sollten es 350 Buchseiten werden, abzuliefern am Jahresende. Es wurden 1326 eng beschriebene DIN-A-4-Seiten. Die ersten knapp 400 Seiten habe ich meinem Lektor schon Anfang Dezember 1993 ausgehändigt. Sie umfaßten den Zeitraum von 1921 bis 1963 unter dem Begriff »Karriere«, richtiger gewesen wäre: »Berg- undtalfahrt zum Professorentitel«. In meinem Beibrief schrieb ich damals, daß es »voraussichtlich wohl 750 Manuskriptseiten werden. Bis 31. März schaffe ich das (hoffentlich).«

Es wurden 1994 fast doppelt so viele. Das letzte Hauptkapitel konnte ich erst Ende Juli abliefern. Meinen Lektor mag angesichts des Papiergebirges beinahe der »Bergschlag« getroffen haben. Denn im Verlagsprospekt waren inzwischen »464 Seiten mit zirka 32 Seiten Abbildungen« angekündigt, zwar nur gut 100 Seiten mehr als ursprünglich geplant, aber am Ende wurde es noch einmal so viel, was aus der Lebensgeschichte ausgeplaudert werden sollte.

Wie kam es zu dieser Ausuferung? Erstens habe ich unterschätzt, was in den zweiundsiebzig Jahren alles passiert ist und wieviel davon doch erzählenswert zu sein schien. Zweitens wurde die Erforschung meines Lebensweges immer mehr zur Spurensuche nach den guten und bösen Gründen für mein Tun und Lassen in den einzelnen Lebensjahrfünften – sprich zur Selbsterforschung gemäß der Forderung, die am Eingang des Apollontempels zu Delphi steht: »Gnothi seauton« = Erkenne dich selbst. Und drittens ging es mir auch um eine glaubhafte Beweisführung, ganz besonders in der Lebensperiode nach 1960, die unter dem Motto »Ketzerei« fast zwangsläufig in ein allzu nüchternes Weißbuch ausgeartet ist, jedenfalls bis 1981, jenem Jahr, von dem an sich mein »Zweitgrößter Wunschtraum« zu erfüllen begann. Da dies letztlich das Ergebnis meiner ketzerischen Aktivitäten war, mag das Wort »Ketzerei« auch diese Lebensperiode ebenso miterfassen wie das, was am Ende unter »Erfüllte und noch unerfüllte Wünsche des Möchtegern-Reformators« zu berichten war.

Die Niederschrift meiner Lebensgeschichte bis zur dramatischen Schicksalswende am 22. November 1963 geschah aus der Erinnerung, nur aufgefrischt durch spärliche Dokumente in Wort und Bild. Das brachte mehr Vergnügen als Schreiblast. Danach erst begann die Arbeit. Rund hundert Aktenordner mit je 500 bis 1000 Blättern, meist beidseitig beschrieben, mehr als 15000 Seiten mußten gelesen und das Gelesene abgewogen werden. Denn seit Ende 1963 habe ich alles, aber auch alles, gesammelt und aufbewahrt, was sich dienstlich und privat ereignet hat und in Buchstaben und Bildern dokumentiert wurde.

Diese Arbeit hat mich einerseits fast zur Verzweiflung gebracht. Andererseits wollte ich es aber genau wissen, was und warum mich wer oder was dies und jenes so und nicht anders hat machen lassen oder auch nicht.

Besonders schwer getan habe ich mich mit der Aufarbeitung des »Erlanger Professorenkrieges« und seiner Vorgeschichte sowie auch mit »Meinem Lambarene« und den bösen Folgen. Mir ist erst dadurch vieles, was ich bereits vergessen hatte, wieder bewußt geworden. Immer wieder hat mich beim Nachlesen auch heiliger Zorn gepackt. Wenn es eines Beweises bedurft hätte, daß unser Rechtsstaat große Lücken aufweist, zu groß für eine humane Welt, und daß sich dies aus meiner Sicht auf die Volksgesundheit – gemessen an den Möglichkeiten des Hochtechnik- und Hochchemie-Zeitalters – geradezu verheerend ausgewirkt hat, so dürfte er mit meinem beruflichen Schicksal erbracht sein. Denn was mir widerfahren ist, ereignet sich auf allen Ebenen der medizinischen Wirklichkeit.

Ich kann es nur als Falschbehauptung aus Unwissenheit oder in Betrugsabsicht einordnen, wenn unser Arzt- und Gesundheitssystem unter dem Eindruck von Klinikfabriken aus Beton, Glas, Stahl und Kunststoff auf ein »hohes Niveau« hochgelobt und sogar anderen Kulturstaaten als »beispielhaft« angepriesen wird, wie es nicht nur Schulmedizin-Ärzteführer, sondern auch unsere Nachkriegsregierungen ohne Ausnahme getan haben.

Allein das, was ich in den letzten Wochen weiterhin in Sprechstunde und Klinik an schrecklichen Patientenschicksalen durch Schlamperei, Pfusch und Betrug von den Patienten selbst und ihren Angehörigen erfahren habe, treibt mir den Zorn in Herz und Seele.

Weil ich immer wieder lautstark gesagt und geschrieben habe, daß alles viel, viel schlechter ist, als es sein dürfte, und daß von den Machthabern unseres Staates viel zu wenig und viel zu langsam etwas zur Besserung getan wird, bleibt für die verantwortlichen Wenig- bis Nichtstuer wohl nur die Ausrede, meine Glaubwürdigkeit sei zweifelhaft. Da hat es ja in der Vergangenheit einiges an Publikationen, bis hin zu wahren Schreckensmeldungen, gegeben, welche diese Glaubwürdigkeit – neben der Anständigkeit die wichtigste Charaktereigenschaft eines Menschen – bei mir in Zweifel gezogen haben. Das Vertrauen meiner Patienten, also derjenigen, die mich im Umgang mit Kranken wirklich kennenlernen konnten, ist dadurch zwar – von recht seltenen Ausnahmen abgesehen – nie ernsthaft erschüttert worden. Aber in der Öffentlichkeit wünschte ich mir mehr. Deshalb mußte es mir bei der Niederschrift dieser Lebensgeschichte allem anderen weit voran um den Beweis meiner Glaubwürdigkeit gehen.

Sogar in dem ursprünglichen ungekürzten 1326-Seiten-Text fehlte einiges an wichtigen Begebenheiten, teils aus zwingender Diskretion, teils infolge von Gedächtnislücken und auch aus anderen Gründen. Aber ich habe nichts Wesentliches weggelassen, was nur mich und niemanden sonst belasten würde. Insoweit ist dieses Buch auch eine vollständige Beichte meiner Sünden.

Während ich diese »Gedanken hinterher« niederschreibe, quält sich mein Lektor mit der Auswahl dessen, was aus einem ermüdenden Weißbuch ein interessantes bis spannendes Mittelding zwischen Sachbuch und »Lebensroman«, den der Leser vielleicht auch in einer Autobiographie sucht, macht. Ich habe ihn auch schriftlich gebeten, »die Skorpionstachel-Schreibe eines ›Aggressionstriebtäters‹ aus Bleifeder und Diktat mehr durch Streichungen und weniger durch Zutaten zu glätten«. Denn »ich möchte, daß der Leser mein Herz schlagen hört, spürt, wie mir zumute war, als mir der Text fürs Papier so aus den Fingern und so aus dem Schnabel floß, wie mir beides gewachsen war«.

Da gab es auch mal den Plan, die »Selbstlebensbeschreibung« in nur wenig gekürzter Form, also mit insgesamt mehr als 1000 Seiten, in zwei Bänden herauszugeben. Er scheiterte vor allem aus verkaufstaktischen Gründen. Denn: Wer soll das bezahlen (wollen)?! So muß dieses Buch ein Fragment, ein Bruchstück, aus meinen heute beinahe dreiundsiebzig Lebensjahren bleiben, das manches nicht enthält, was eigentlich darin stehen sollte, damit insbesondere auch den Skeptikern und Kritikern nicht zu viel Spielraum für weitere unsachliche Kritik bleibt. Doch mein Lektor hat wohl recht: Viel ist wenig, wenn es langweilt – und wer nicht glauben will, glaubt sowieso nicht.

Bernau am Chiemsee und Riedering-Spreng am 20. Juli 1994, dem 25. Jahrestag der ersten Mondlandung

Julius Hackethal

Nachgewidmet mit Respekt allen Rechtsanwälten und Richtern, die in den letzten Jahrzehnten für das Menschenrecht auf Selbstbestimmung über Gesundheit und Leben eingetreten sind und den Rechtsschutz von Patienten und »Patientenärzten aus Liebe« erheblich verbessert haben.